초등수학 교수 단위 사전

강완 · 나귀수 · 백석윤 · 이경화 지음

KM 경문사

초등 수학 교육의 지도 내용과 교수 방법을 충분히 이해하기 위해서는 새로운 접근 방식이 필요하다. 기존의 국내외 관련 문헌들은 방대한 분량의 초등 수학 교육 내용에 대하여 나름대로의 해설을 하고 있지만, 이들은 마치 실에 꿰지 않은 구슬처럼 보일 때가 있다.

초등 수학 교육의 지도 내용을 체계적으로 정리하는 일은 의외로 복잡하고 많은 노력을 요구한다. 중등 수학 교육의 지도 내용은 수학적인 체계에 어느 정도 접근한 형태로 제시되기 때문에 교수학적 변환의 과정에서 고려하여야 할 수학 외적 요소들이 그다지 복잡하지 않다. 그러나 초등학교의 경우에는 학생들의 인지 발달 과정이 구체적 조작 단계에서 추상적 조작 단계로 이행하는 매우 중요한 시기인데다가, 발달 단계의 위계에 관계없이 우선적으로 알아야 할 기본 상식 또는 지식이 제시되어야 하기 때문에 수학적인 체계에 따르기도 어렵고 심리학적인 논리에만 따라 진술하기도 어렵다.

예를 들어, 측정 영역의 경우 길이 재기 같은 경우에는 직접 비교, 간접 비교, 임위단위, 보편단위의 순서로 지도가 가능하다. 그러나 시간의 개념을 지도할 경우에는 이러한 발달 단계를 적용할 수 없다. 우선 시계보기를 통하여 시간을 읽는 방법을 알려준 후에 시간에 대한 양감을 형성시켜나가는 수밖에 없다. 그런가 하면 가장 기본적인 자연수의 개념과 그 연산에 관해서도 수 감각의 지도와 함께 계산 알고리즘의 지도가 병행되어야 한다. 계산 알고리즘조차도 학생들의 자발적인 활동과 구성에 맡기자고 하는 급진적 구성주의(radical constructivism)자의 주장이 존재하기도 하지만, 교육 현실은 그러한 이상론에만 매달릴 수도 없다.

이 책은 초등 수학 교수단위 사전이라고 이름이 붙여졌지만, 본래의 취지는 초등 수학 교육의 지도 내용에 관한 교수단위 데이터베이스를 구축하려는 것이다. 교수단위의 의미와 구성 방법 등에 대하여는 본문 앞부분에 서술하기로 하고 머리말에서는 생략한다. 다만 이러한 교수단위 데이터베이스의 개발은 마치, 옥편(玉篇)이 한자(漢字)의 체계적 분류에 기초가 되듯이, 또는 조선 후기 정약전(丁若銓)의 자산어보(玆山漁譜)가 훗날 해양 생물학 연구의 밑거름이 되듯이, 초등 수학 지도 내용의 체계적인 학문적 정리와 연구에 큰 도움이 될 것이라는 점을 강조하고자 한다.

의외로 방대한 분량의 교수단위를 개발하고 데이터베이스로 정리하는 데에는 이 책의 저자를 비롯하여 많은 사람들의 도움이 큰 힘이 되었다.

교수단위의 초기 개발에는 윤정민, 김신영, 김연 선생님(자연수와 그 연산), 송은아, 조주연, 최혜령 선생님(분수 소수와 그 연산), 이은희, 김수현, 배수진, 김요한 선생님(도형,

규칙성과 문제해결), 김민정, 전형옥, 문승호 선생님(측정, 확률과 통계)께서 수고해 주셨다. 방대한 교수단위 데이터베이스의 초석을 다듬어 주신 이분들에게 매우 깊은 감사의 뜻을 표한다.

초기에 개발된 교수단위들은 각 영역 사이의 진술 방식이 차이를 보이고, 내용이 중복되거나 누락된 부분이 일부 있어서 이러한 내용을 검토, 보완하고 다듬어야 했다. 이 작업에 도움을 주신 분들은 김미영, 김상정, 김연희, 김은하, 노시현, 도주원, 민병채, 박경랑, 박은률, 신근미, 안양엽, 오지연, 이대현, 정나영, 조영준, 주미정, 한채린, 허도하, 허준호 선생님이다. 이분들의 적극적인 도움이 없었다면 교수단위 데이터베이스 구축의 꿈은 중도에 무산되었을지도 모른다.

이렇게 정리된 800여개에 이르는 교수단위를 꼼꼼하게 통일된 모습이 되도록 헌신적으로 다듬어주신 김남준 선생님께 감사를 드린다. 김남준 선생님께서는 교수단위의 정리 작업 외에도 교수단위의 이론적 배경을 정리하여 논문으로 발표해 주셨고, 이러한 학문적 노력에 김현미 선생님께서도 후속 연구로 뒷받침을 해 주셨다. 마지막 작업 과정에서 이분들의 노력은 저자들에게 매우 큰 힘이 되었다.

무엇보다도 이러한 교수단위 데이터베이스를 책으로 출판하기까지 경문사 관계자 여러분들의 이해와 도움에 감사를 드린다. 사실 이러한 종류의 서적을 출판하려면 많은 투자가 뒤따라야 하는 어려움이 있다. 이러한 어려움을 극복하고 초등 수학 교육의 학문적 발전을 위하여 출판을 결심해 주신 경문사 박문규 사장님과 편집을 담당해 주신 문소영 과장님께 깊은 감사의 뜻을 표한다.

이 책은 크게 제 I 부와 제 II 부로 구성된다. 제 I 부를 시작하기 전에 우선 교수단위의 개념과 그 활용에 대하여 개략적으로 소개하는 글을 실었다. 이 부분의 글을 통하여 교수단위의 개념을 이해하고 활용하는 기본 아이디어를 마련하기 바란다.

제 I 부에서는 초등 수학 학습 지도 방법에 관한 글을 ① 수와 연산, ② 도형, ③ 측정, ④ 확률과 통계, ⑤ 규칙성과 문제해결의 각 영역에 따라 제시하였다. 제 I 부에 제시된 내용을 통하여 초등학교 수학 학습 지도 내용에 대한 교수학적 이해를 도모하기 바란다. 기존의 문헌에서 모호하게 취급된 일부 내용들이 이 책에서는 분명하게 설명된 부분이 많이 있으므로 참고하기 바란다. 또한, 각 내용의 설명 중 구체적 지도 방법에 관한 부분에서는 관련 교수단위를 예시함으로써 이해에 도움이 되도록 하였다.

제 II 부는 교수단위 데이터베이스이다. 800여개에 이르는 교수단위들을 ① 수와 연산 (0과 자연수), ② 수와 연산 (분수와 소수), ③ 도형, ④ 측정, ⑤ 확률과 통계, ⑥ 규칙성, ⑦ 비와 비례, ⑧ 방정식, ⑨ 문제해결의 순서로 분류하여 제시하였다. 각 교수단위들 사이의 연관성을 고려하여 각 교수단위에 대한 관련 교수단위를 제시하였다.

부디 이 책이 초등 수학 교육 내용과 그 지도 방법을 체계적으로 이해하려는 여러 노력에 조금이나마 도움이 되기를 희망한다.

강완, 나귀수, 백석윤, 이경화

제1부 초등 수학 학습 지도 방법론

제2부 교수단위사전

서론, 교수단위의 구성과 활용

1 교수단위의 기본 개념

교수단위(teaching unit, Unterrichtsbeispiele)는 1984년 독일의 수학교육학자 비트만(Erich Wittmann)에 의해 주창된 개념이다. 비트만은 수학교육학이 다음 그림(Wittmann, 1984, p. 26)과 같이 수학, 교육학, 심리학, 수학 지도의 실제 등의 여러 분야에 둘러싸여 통합된 독자적인 목소리를 내지 못하고 있다고 보고, 수학, 교육학, 심리학, 사회학 등 수학교육을 둘러싼 제반 학문을 융합시키는 중심 개념으로 '교수단위'를 제안하였다.

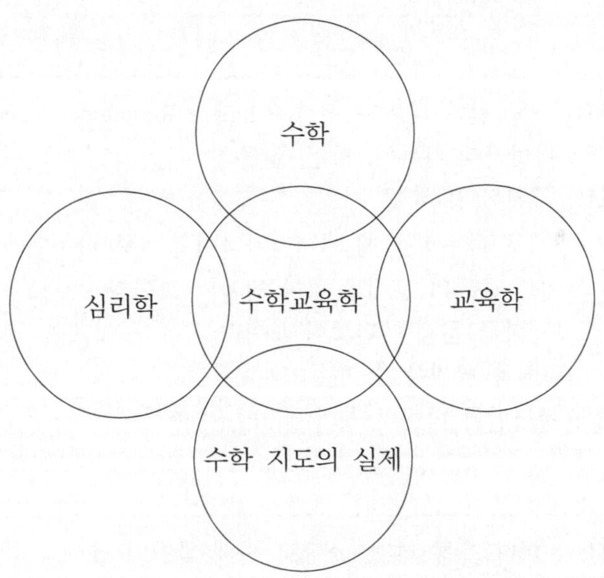

비트만(1984, p. 30)에 의하면 적절한 교수단위는 교수-학습 과정을 연구하거나 실제적인 교수를 계획하고 실행, 분석하고 평가하기 위한 기회를 제공하며, 수학교수법의 연구에 탁월하게 효과적인 방법을 제공할 수 있다.

비트만이 제시한 교수단위는

1) 가르쳐야할 교수 목적(O)
2) 교수 목적을 달성하기 위해 필요한 자료(M)
3) 각 교수단위의 내용에서 생기는 수학적 문제들(P)
4) 이러한 목표를 수행하기 위한 수학적, 심리학적 배경(B)

을 포함하는 형태로 나타난다. 실제로 비트만이 제시한 교수단위의 예는 다음과 같다.

TU : 계산 다각형(Arithmogons)
O : 더하기, 빼기, 이들 합성의 탐구, 규칙 발견
M : 계산 삼각형, 계산 사각형 (학습활동지)
P : 삼각형 또는 사각형의 꼭짓점과 변에 숫자들이 쓰여 있다. 이러한 숫자들의 규칙을 발견하여 보아라. 이러한 문제들을 만들어 보아라.

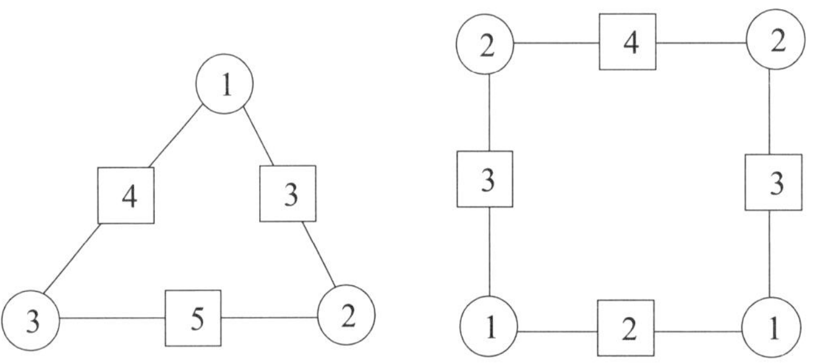

B : 꼭짓점과 변 위에 있는 수들의 일차독립, 일차연립방정식을 의미하는 체계적인 풀이와 효과적인 원리

TU : 중국인의 나머지 정리 (Chinese Remainder Theorem)
O : 나머지로 나누기, 발견, 논증
M : 수직선(정수)
P : 3으로 나누었을 때 나머지가 1이고, 4로 나누었을 때 나머지가 2인 수를 찾아라.
이런 종류의 문제를 하나 만들어 보아라.
또 다른 문제를 만들어 보아라.
규칙을 발견할 수 있는가?
B : 중국인의 나머지 정리

TU : 미니 그룹 티켓 (소규모 단체 할인 요금)
O : 조합의 수, 덧셈, 뺄셈, 금액을 반분하기, 실제 상황을 수학화하기, 문장을 해석하기, 표 읽기
M : 열차 요금 및 시간표
P : 미니 그룹 티켓이란 무엇인가?
미니 그룹이란 무엇인가?
미니 그룹은 몇 개 존재하는가?
미니 그룹 티켓을 사용하면 돈을 얼마나 절약할 수 있는가?
B : 조합의 수, 덧셈 뺄셈의 계산 알고리즘, 함수

TU : 갈턴 판 (Galton Board)
O : 확률론적 상황의 수학화
M : 다양한 크기의 갈턴 판, 구슬
P : 첫 구슬은 어디에 떨어지는가?
둘째 구슬은 어디에 떨어지는가? …
왜 그런가?
구슬이 내려가는 경로에는 어떤 것들이 있는가?
구슬이 몇 개 있는가?
같은 지점으로 떨어지기 위해 어떤 경로들을 택할 수 있는가?
각 경로의 확률을 비교해 보아라. …
B : 베르누이(Bernoulli) 시행, 이항분포

위의 예에 표기된 'TU'는 teaching unit를 줄인 말로 교수단위를 뜻하며, teaching unit를 간단히 'TU'로 나타내기도 한다. 교수단위(TU)는 그 아래에 제시된 목적(O), 자료(M), 문제(P)와 배경(B)을 아우르는 것으로 여기서는 하나의 교수단위를 뜻하는 이름 정도로 설명될 수 있다.

목적(O)은 해당 교수단위를 통해 학생들이 성취하여야 할 학습 목표로 여기서는 교사의 입장에서 가르쳐야 할 교수 목표를 기술하고 있다.

자료(M)는 목적을 달성하기 위한 활동에 필요한 준비물이나 관련 자료를 뜻한다. 자료는 구체물이나 반구체물 또는 영상자료 등 다양한 형태로 제시될 수 있다.

문제(P)는 주어진 교수단위에서 해당 목적을 달성할 수 있도록 하기 위해 필요한 수학적 문제들이다. 초등학교 수준에서는 다양한 학습 활동들이 제시될 수 있다. 여기에 제시된 활동은 고정된 것이 아니라 교사나 수학연구자의 능동적인 연구 활동을 통해 개선되고 새롭게 만들어 질 수 있다. 비트만의 교수단위에서 사용된 문제(P)라는 용어를 이 책에서는 초등학교 수학 학습의 실정에 맞게 활동(A)이라는 용어로 변환하여 사용하였다.

배경(B)은 교수단위의 목적을 달성하기 위해 교사가 알아야 할 배경 지식으로서, 수학과 교육과정에 대한 이해, 학생들에 대한 발단 단계의 심리학적 이해 등 다양한 내용이 포함될 수 있다.

교수단위는 교사가 학생들을 가르치는 교수 자료에 국한되지 않는다. 교수단위는 어떤 수학적 아이디어나 개념들을 가르치기 위한 교수학적 개념의 설명으로 제시되어지며, 교수 활동에서 실현가능한 다양한 아이디어나 제안들로 이루어진 집합체이다. 따라서 교수단위는 교사 연수, 교수학적 연구 등에서 활발히 활용될 수 있으며, 효과적으로 잘 조직되면 여러 가지 분야에 응용될 수도 있다.

2 교수단위의 구성

비트만이 초기에 제안한 교수단위의 아이디어는 비교적 간단한 형태로서, 좀 더 체계적으로 개선되어야 할 여지가 있다. 특히 교수단위의 요소 중 문제(P) 부분은 학생들이 수동적으로 접하는 문제를 주기 보다는 학생들의 적극적인 탐구 활동으로 주는 것이 바람직하다. 또한 배경(B)에 주어진 내용은 더 많은 교사들이 쉽게 이해하고 개념을 공유할 수 있도록 더욱 상세하게 기술되어야 한다. 목적(O) 부분도 학습 지도 목표로서 학습자의 입장에서 좀 더 행동적으로 기술될 필요가 있다. 이러한 점들을 고려하여 이 책에서는 교수단위의 형태를 다음과 같이 정리하여 제시하였다.

① 교수단위: (분류 번호) − (제목) − (관련 교육과정)
② 목표: 학습을 통하여 구성하게 될 인지 능력을 학습자의 행동으로 표현한 학습 목표
③ 자료: 교수단위에 제시된 학습 활동을 위해 필요한 도구, 학습지, 기본 도식 등
④ 활동: 학습 목표를 달성하기 위해 학생들이 경험해야 할 학습 문제, 탐구 내용 등
⑤ 배경: 교수단위를 이해하기 위한 수학적, 교육학적, 심리학적, 역사적 배경 및 관련 교수단위 사이의 연관성 등에 대한 설명

우리나라 초등학교 수학과 교육과정의 내용은 약 800여개의 교수단위로 분해될 수 있다.(강완, 김남준 2010, p. 53) 이것은 명시된 교육과정을 분해하였을 때 나올 수 있는 최소 분량으로 간주되며, 이상적인 수업 개선, 교수 아이디어의 개발 등을 고려하여 좀 더 적극적으로 교수단위를 개발하면 1200여 개 이상의 교수단위가 개발될 수 있다고 보인다. 이렇게 많은 분량의 교수단위를 체계적으로 정리하고 활용하여 데이터베이스로 구축하기 위해서는 각각의 교수단위에 적절한 분류기호를 부여하여야 한다.

분류기호는 교수단위의 내용을 미리 알아볼 수 있는 영역 요소, 교수단위의 수량과 연계성을 고려한 일련번호, 교수단위 개발의 확장성을 고려한 확장자 등으로 구분하였다. 예를 들어 교수단위 번호

TUAN-0070.10

에서 TUAN은 자연수와 그의 연산을 다루는 영역을 표시하고, 0070은 일련번호, .10은 확장자이다.

영역 요소는 우선 다음과 같이 설정하였다.

TUAN: 수와 연산 영역 중 자연수 부분
TUAQ: 수와 연산 영역 중 분수와 소수 부분
TUAG: 도형 영역
TUAM: 측도 영역
TUST: 확률과 통계 영역
TUEQ: 규칙성과 문제해결 영역 중 방정식 부분
TUPS: 규칙성과 문제해결 영역 중 문제해결 부분

TUPT: 규칙성과 문제해결 영역 중 규칙성 부분
TURT: 규칙성과 문제해결 영역 중 비와 비례 부분

영역 요소의 기호는 이외에도 새로 추가되는 내용에 따라 TU 다음에 오는 영문자 2개를 사용하여 얼마든지 만들어낼 수 있다. 초등학교 수학과 교수단위에 이어 중, 고등학교의 교수단위를 개발하고자 할 때에도 위의 기호를 그대로 채용하거나 적절한 기호를 새로이 적용하여 붙이면 된다.

일련번호는 네 자리 수로 정하였다. 따라서 산술적으로는 각 영역별로 10,000개의 교수단위가 개발 가능하다. 모든 영역을 통틀어 초등학교 교육과정을 분해하여 나온 교수단위의 수가 최소 800여 개이므로 이를 각 영역별로 나누면 이러한 네 자리 수의 일련번호는 교수단위의 수량을 수용하기에 충분하다고 볼 수 있다.

유의할 점은 하나의 일련번호에는 하나의 교수단위 제목이 대응하여야 한다는 점이다. 예를 들어, TUAN-0070에는 "19까지의 수 읽고 쓰기"라는 교수단위 제목이 붙었는데, 이와 유사한 내용에 대해서 "19까지의 수에 대한 우리말 수사와 한자 수사", "19까지의 수에 대한 쓰기와 기수법" 등 여러 가지 교수단위가 제시될 수 있다. 이 경우를 대비하여 이 책에 제시된 교수단위 일련번호는

…, 0070, 0080, 0090, …

등과 같이 10 단위로 번호를 붙여 나갔다. 따라서 예를 들어 "19까지의 우리말 수사와 한자 수사"라는 교수단위를 새로이 개발하고자 할 때에는 TUAN-0071, "19까지의 수에 대한 쓰기와 기수법"이라는 교수단위를 새로이 개발하고자 할 때에는 TUAN-0072와 같은 방식으로 새로운 일련번호를 삽입하여 부여할 수 있도록 하였다.

하나의 교수단위 일련번호, 즉 같은 교수단위 제목 하나에 대하여 여러 가지 활동이 제시될 수 있다. 예를 들어 TUAN-0070 "19까지의 수 읽고 쓰기"에 대하여 이 책에 제시된 수모형 활동 외에도 수 세기 활동 등 다양한 활동이 제시될 수 있다. 이 경우에는 ".10"과 같은 확장자를 이용하여 교수단위 분류기호를 작성한다. 즉 이 책에 제시된 TUAN-0070.10 외에 TUAN-0070.11, TUAN-0070.20, … 등 무수한 교수단위가 개발되고 이들 각각에 대하여 고유의 분류기호가 배정될 수 있다.

3 교수단위의 활용

교수단위는 교수-학습 지도 내용을 체계적 파악하는 데 매우 유용하므로, 이를 데이터베이스로 체계화 하면 교사 교육, 교사 연수, 교육과정 구성 작업, 교과서 개발 작업, 수업 설계 등에 두루 활용될 수 있다.

가. 교사 교육 및 연수

교사들이 수학 교육에 관하여 생각할 때 가장 먼저 머리에 떠오르는 것은 실제 교실에서 수업을 어떻게 이끌어 갈 것인가에 관한 것이라고 볼 수 있다. 이때 여러 가지 교수 방법이나 교육과정의 취지와 내용 구성 등을 설명하면서 그에 따른 구체적인 예시가 함께 제시되지 않을 수 없다. 이러한 상황에서 어떠한 내용들을 선정하여 제시할 것인가 하는 문제에 부딪히게 된다.

교수단위 데이터베이스는 이러한 경우에 매우 적절하게 활용될 수 있다. 각 학습 활동이 어떠한 영역에 해당되는지, 어떠한 학습 목표를 달성하여야 하는지, 구체적인 발문과 탐구 활동은 어떻게 구성되는지, 이러한 학습 내용은 교육과정과 어떠한 관련이 있고, 어떠한 수학적 배경을 지니고 있으며, 교수학적 구성 원리는 무엇인지, 심리학적으로는 무엇을 고려하여야 하는지 등을 한 번에 알 수 있도록 구성된 것이 바로 교수단위이다.

교사 교육 및 연수에는 이미 개발된 기존의 교수단위 데이터베이스만을 활용할 필요는 없다. 교육과정이 개편되어 새로운 내용이 추가되었을 경우, 이에 따른 교수단위 데이터베이스를 새로이 개발하여 사용할 수도 있고, 교육과정에 제시된 지도상의 유의점을 설명하기 위하여 특정한 교수단위를 예를 들어 사용할 수도 있다. 또는 교사들로 하여금 새로운 교수단위를 스스로 개발하여 보도록 하는 기회를 제공하는 것도 좋은 방법이 될 수 있다.

이 책에 제시된 교수단위들이 모두 완벽하고 이상적인 것들이라고 할 수는 없다. 교사들은 이 책에 제시된 교수단위들을 적절히 변형하고 다듬어서 사용할 수 있고, 부족하거나 잘못된 부분은 수정하여 새로운 교수단위 분류기호를 부여할 수도 있다.

나. 교육과정 개발

우리나라를 비롯하여 세계 여러 나라의 교육과정 진술 방식은 가르치고자 하는 학습 내용을 상세하고 구체적으로 제시하는 데 한계가 있다. 특히 우리나라의 경우, 예를 들어 2007년 개정교육과정에서 "3학년 (가) 수와 연산 영역, 1 10000까지의 수, ② 네 자리 수의 계열을 이해하고, 크기를 비교할 수 있다."고 진술하고 있는데 이를 구현하기 위한 학습 활동이 무엇인지, 이 내용이 선수 학습 및 후속 학습 내용과 어떻게 관련되는지, 지도방법상의 유의점은 무엇인지 등에 관하여는 교육과정 해설서를 참고하여야 하거나, 교육과정 해설서를 참고하더라도 잘 알 수 없고 모호한 경우가 많다.

또한 교육과정에 새로운 내용을 추가하거나 삭제하려고 할 경우에도, 어느 정도 어느 범위의 내용을 다루어야 하는지에 대한 설명이 따로 제시되지 않는 한 그 개정 취지를 충분히 이해하는 것이 쉽지 않다. 이러한 문제들은 교수단위 데이터베이스를 활용하면 비교적 수월하게 해결될 수 있다. 예를 들어 교육과정을 위와 같이 간략히 기술한 후, 관련 교수단위를 TUAN-2080, TUAN-2090이라고 적어주면 그 교육과정 항목에 따른 제반 요소를 구체적으로 이해할 수 있다.

1 10000까지의 수
① 일, 십, 백, 천의 자릿값의 의미와 위치적 기수법을 이해하고, 10000까지의 수를 읽고 쓸 수 있다(관련 교수단위: TUAN-2010, TUAN-2020, TUAN-2030, TUAN-2040, TUAN-2050, TUAN-2060, TUAN-2070).
② 네 자리수의 계열을 이해하고, 크기를 비교할 수 있다(관련 교수단위: TUAN-2080, TUAN-2090).

교육과정 해설서의 경우에도 교육과정 내용의 여러 가지 배경을 설명하면서 구체적인 예시를 교수단위 분류기호로 제공한다면 교육과정 해설서의 내용을 이해하기에 훨씬 용이해진다. 교육과정 해설서에는 기존에 개발된 교수단위 뿐만 아니라 새로이 추가된 항목에 대하여 새롭게 개발한 교수단위를 제공함으로써 새로운 내용에 대한 이해를 도울 수 있다.

교육과정 시스템 상으로는 막연하게 일반적이고 포괄적인 표현 방식으로 "이러이러한 내용을 이해한다."라고 표현하기보다는 아예 해당 교수단위 모두를 체계적으로 나열하는 것이 더 바람직할 수도 있다.

다. 교과서 개발 및 수업 설계

교과서 개발 작업은 실제로 하나하나의 교수단위 개발 그 자체이다. 이때 이미 개발해 놓은 교수단위 데이터베이스가 존재한다면 이것을 적절히 활용할 수 있다. 교수단위 데이터베이스로부터 필요한 교수단위를 취사선택하여 교과서의 기본 골격을 수월하게 구성할 수 있다. 이러한 기본 골격이 구성되고 난 다음에 적절한 그림과 학습 보조 요소를 추가하는 것은 매우 효율적인 작업이 될 수 있다.

교과서에 제시된 내용들은 수학적으로 체계적인 연관성이 있어야 한다. 이러한 경우에도 교수단위 데이터베이스를 활용하면, 누락된 교수단위나 중복된 교수단위를 쉽게 찾아낼 수 있고, 잘못된 위계 순서의 경우 이를 바로 잡을 수 있다.

교사의 수업 설계에 있어서도 교수단위 데이터베이스는 효과적으로 사용될 수 있다. 가르치고자 하는 내용의 전후 관계의 맥락을 이해할 수 있고, 지정된 교수단위 하나에 대해서도 여러 가지의 활동을 고려하여 취사선택할 수 있는 기회가 주어진다. 교사는 수업을 위하여 새로운 교수단위를 개발할 수도 있지만, 기존의 교수단위 데이터베이스를 활용하면 이러한 수고를 덜 수 있다.

라. 새로운 교수단위의 개발과 보충

이 책에 제시된 교수단위 데이터베이스 구축은 이제 초보 단계이다. 또한 주로 2007년 개정교육과정과 2009년 개정교육과정에 근거하였기 때문에, 앞으로 또 다른 개정교육과정이 나올 때에는 이에 따른 여러 가지 교수단위를 추가로 개발하여 수록하여야 한다. 새로운 교육과정에 대한 대비 뿐만 아니라, 이상적인 교육과정과 수업이라는 일반적인 목적을 위해서도 추가적인 교수단위의 개발이 필요하다. 이를 위해서 후속 연구와 개발 작업이 계속되어야 하며, 여러 사람들의 도움과 협력이 필요하다.

초등 수학 학습 지도 방법론

1. 수와 연산

1.1 자연수와 그 연산

1) 자연수 개념의 발달

가) 역사적 발달

인류는 무척 오래 전부터 자연수를 사용하였을 것으로 추정된다. 아프리카 콩고의 에드워드 호수 주변 이상고(Ishango) 지방에서 발견된 8000년 전의 것으로 보이는 뼈에서는 인위적인 금이 새겨진 것을 볼 수 있는데 이것은 당시의 인간들이 필요한 수를 기록한 것으로 여겨진다.

인류는 여러 가지 필요에 의해서 수를 사용하게 되었을 것인데, 특히 소유물을 관리하는 일에는 수를 사용하지 않을 수 없었을 것이다. 예를 들어, 1898년 히에라콘폴리스에서 퀴벨(Quibell)이 발견한 고대 이집트 유물은 당시 나메르(Namer) 왕의 전리품을 나타내는 창머리에는 100,000을 나타내는 문자가 올챙이이고, 100을 나타내는 문자는 구부러진 손가락이다.

The scene above is taken from the great stone macehead of Narmer, which J. E. Quibell discovered at Hierakonpolis in 1898. There is a summary of the spoil taken by Narmer during his wars, namely "cows, 400,000 goats, 1,422,000, and captives, 120,000, ."

큰 수를 세다 보면 어느 정도씩 묶어서 다시 새로운 단위를 사용할 필요성이 생기는데, 이러한 필요에서 생긴 것이 진법이다. 많은 사람들이 손가락을 사용하여 수를 세었을 것으로 생각되는데 그에 따라 열이 되면 한 묶음으로 간주하는 십진법이 발달하였다고 본다. 십진법은 고대 중국, 고대 이집트, 그리스, 로마 등에서 널리 사용되었으며 오늘날에는 전 세계적인 보편적 진법으로 받아들여지고 있다. 그러나 십진법 이외에도 고대 잉카 문명에서는 이십진법을 사용한 기록이 남아 있으며, 고대 바빌로니아 지방에서는 육십진법을 사용한 흔적도 찾아볼 수 있다.

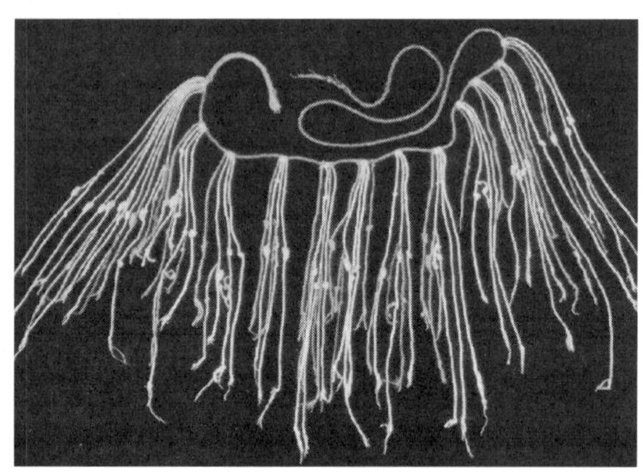

마야인이 사용한 퀴푸

나) 심리적 발달

(1) 분류

어린이들은 각자 저마다의 경험을 바탕으로 수 개념을 익혀가지만, 근본적으로는 모두 분류하기로부터 시작한다. 분류 기능은 유의미한 수학적 활동의 필수적 조건이다. 어린이들은 세기 전에 무엇을 셀 것인지 알아야만 하는데 이때 분류 활동은 세어야 할 대상을 인식하는 데 도움이 된다.

(2) 규칙성

수학은 규칙성의 과학이다. 수 감각, 순서 짓기, 수 세기, 수열에 대한 어린이들의 능력은 규칙성 찾기에서부터 발달한다. 수학적 아이디어를 발달시키는 데 사용될 수 있는 규칙성 활동의 네 가지 유형은 규칙 복사, 다음 것 찾기, 규칙성 확장하기, 자신의 규칙성 만들기이다(강문봉 외 18인 1999, pp. 205-207).

(3) 비교

수 세기의 또 다른 중요한 단계는 양의 비교이다. 양의 비교는 수 인식의 발달에도 필수적이다. 직접적 또는 간접적으로 비교와 관련되는 질문은 일대일 대응이라는 매우 중요한 수학적 개념을 이끌어낸다. 비교를 할 때 어린이들은 관련이 있는 중요한 속성과 관련이 없는 속성을 구별할 수 있어야 한다. '더 많다', '더 적다', '같다' 등의 관계를 익숙하게 말하는 훈련은 수 개념 발달에 필수적이다.

(4) 보존성

5~6세가 되기 전의 어린이들은 물체의 배열이나 전체의 형태에 따라 수가 변한다고 생각한다. 예를 들어 흰 공과 검은 공을 다음과 같이 배열한 후,

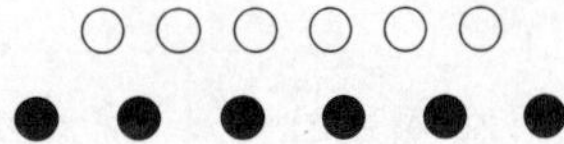

흰 공과 검은 공이 각각 몇 개인지 물어보면 각각 6개라고 답해 놓고도, 어느 공이 더 많은가라고 물으면 검은 공이 더 많다고 답하게 된다. 이것은 주어진 수가 변하지 않는다는 수의 보존 현상에 대한 인식이 결여되어 있기 때문이다. 이 나이에 이를 때까지 어린이들은 한 집합 내에서 사물을 움직이는 것이 사물의 개수에 영향을 미치지 않는다는 것을 깨닫지 못한다. 이러한 어린이들은 수 세기에는 매우 잘 적응하지만, 수의 보존성에는 여전히 미숙할 수 있다.

(5) 묶음

대부분의 취학 전 어린이들은 수 세기 기능을 사용하지 않고도 단지 보는 것만으로 세 개 이하의 양을 인식할 수 있다. 따라서 초기 수 세기 교육 목표의 하나는 다섯 또는 여섯 개의 사물에 대한 즉각적인 수 인식을 발달시키는 것이다. 다섯 또는 여섯에 대한 즉각적인 인식은 수 세기의 시간을 절약한다는 점에서 중요하다. 작은 묶음으로 수를 인식하는 것은 그 묶음에 속하는 낱개를 일일이 세는 것보다 훨씬 더 빠르다. 묶음으로 수를 세는 기능은 더 복잡한 수 세기 기능을 발달시킬 뿐만 아니라, 덧셈과 뺄셈의 발달을 가속화한다.

다) 수 세기의 발달

수 세기란 어린이가 수 값의 이름을 부르는 상당히 복잡한 과정이다. 수 세기의 과정을 살펴보면 두 가지의 서로 다른 활동이 관련되어 있다. 어린이는 '하나'에서부터 시작하여 수의 이름을 순서대로 말해야 하면서 동시에 각 수의 이름을 부를 때마다 다른 사물을 지

적해야 한다. 수 세기의 원리와 수 세기 전략에 대하여 R. E. Reys, M. N. Suydam, M. M. Lindquist, & N. L. Smith(1998, pp. 215-222)가 주장하는 바를 요약하면 다음과 같다.

(1) 수 세기의 원리

수 세기 과정의 네 가지 중요한 원리는 다음과 같다.

① 세려는 각 대상에는 단지 하나의 수 이름이 할당되어야만 한다. 다음 그림에서 보이듯이, 각 대상과 수 이름 사이에는 일대일 대응이 성립한다.

하나 둘 셋 넷 다섯 여섯 일곱

② 수 이름은 각 사물이 셀 때마다 고정된 순서로 사용되어야만 한다. 위의 그림에서는 "하나"에서 시작하여 "둘, 셋, …, 일곱"으로 세고 있다.

③ 사물을 세는 순서는 문제가 되지 않는다.

④ 마지막으로 사용된 수 이름이 전체 대상의 개수이다.

(2) 수 세기 전략

일단 10이나 20까지 합리적인 수 세기의 숙달이 이루어지고 나면 앞으로 세기, 거꾸로 세기, 뛰어 세기 등 더 효율적이고 복잡한 수 세기 전략이 사용될 수 있다.

(가) 앞으로 세기

앞으로 세기는 어떤 수에서 출발하든 옳은 수 이름을 부르면서 수 세기를 하는 것이다. 예를 들어, 8개에서 시작해서 '아홉, 열, 열하나, …'로 셀 수 있다. 또는 78에서 시작해서 '칠십 구, 팔십, 팔십 일, …'로 센다. 앞으로 수 세기 전략은 가치 있는 규칙성을 많이 발견하도록 이끌 뿐만 아니라, 덧셈 기능의 발달에 핵심적인 역할을 한다.

(나) 거꾸로 세기

거꾸로 세기는 한 점에서 시작해서 반대 순서로 올바르게 수 이름을 부르는 것이다. 예를 들어, "토끼 22마리가 있었는데 3마리가 달아났다. 몇 마리가 남았는가?"라는 문제를 풀기 위해서 거꾸로 세기 전략을 사용할 수 있는데, "스물 하나, 스물, 열아홉"을 세고 19마리가 남았다고 답할 수 있다. 거꾸로 세기 전략은 뺄셈 기능의 발달에 도움이 된다.

(다) 뛰어 세기

뛰어 세기는 하나씩 세는 대신 둘씩, 셋씩, 다섯씩, 또는 열씩 세는 것이다. 시작점과 방향은 선택적이다. 뛰어 세기는 다양한 규칙성을 제공할 뿐만 아니라, 곱셈과 나눗셈에 대한 준비 학습에 도움이 된다.

2) 자연수의 기능

자연수는 사물의 양, 순서, 이름 등을 나타낼 때 사용된다.

가) 집합수

‘한 개, 두 개, 세 개, …’와 같이 사물의 양을 나타낼 때 사용되는 자연수는 집합수의 기능을 한다. 집합수는 자연수의 인식에 있어서 공간적 개념을 내포하고 있다고 볼 수 있다. 수학적으로 집합수는 두 집합 사이의 일대일 대응을 통해 동치 관계를 정하고 이러한 동치 관계에 따른 동치류로 정의된다.

나) 순서수

‘첫째, 둘째, 셋째, …’와 같이 사물의 순서를 나타낼 때 사용되는 자연수는 순서수의 기능을 한다. 순서수는 자연수의 인식에 있어서 시간적 개념을 내포하고 있다고 볼 수 있다. 수학적으로 순서수는 정렬집합의 개념과 페아노 공리 중의 하나인 수학적 귀납법의 원리에 의한 동치류로 정의된다.

다) 명칭수

사물을 지칭하기 위하여 사용되는 자연수는 명칭수의 기능을 한다. 전화번호, 아파트의 동-호수, 차량 번호 등에 사용되는 자연수가 이에 해당한다. 명칭수는 대체로 집합수 또는 순서수를 적용한 결과로 정해지지만 수학적으로는 특별한 의미가 없는 경우가 거의 대부분이다.

3) 기수법과 명수법

가) 기수법

수를 기록하기 위해서는 숫자를 사용한다. 기수법은 숫자를 구성하고 사용하는 방법이다. 기수법은 가법적 기수법, 승법적 기수법, 위치적 기수법 등으로 구별된다.

(1) 가법적 기수법

가법적 기수법은 적혀있는 각각의 수 기호가 나타내는 수 값을 모두 더하여 전체 수 값을 나타내는 방법이다. 가법적 기수법의 대표적인 예는 고대 이집트의 기수법이다. 고대 이집트에서는 다음과 같은 숫자를 사용하였다.

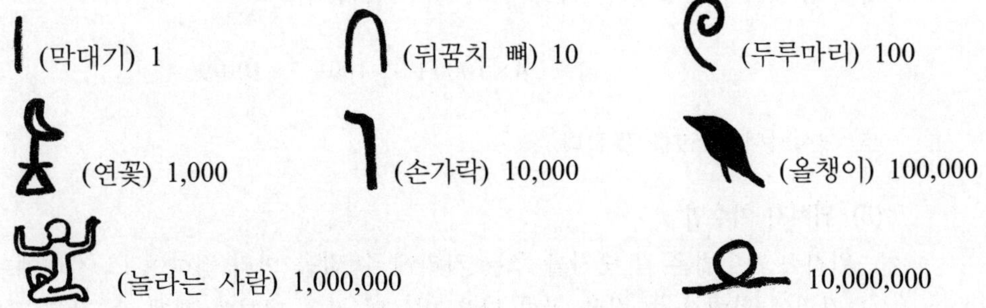

예를 들어, 1에서 9까지는

1	2	3	4	5	6	7	8	9
|	||	|||	||||	|||||	|||||	|||||	|||||	|||||
					|	||	|||	||||

와 같이 기록하고, 10, 20, 30, ⋯ 등은 ∩, ∩∩, ∩∩∩, ⋯ 등으로 기록한다. 이러한 숫자와 방법을 사용하면 376은

ℯℯℯ∩∩∩∩∩∩∩||||||

으로 나타낼 수 있다.

고대 로마도 가법적 기수법을 사용하였다. 그들이 사용한 숫자는 다음과 같다.

1=I, 2=II, 3=III, 4=IV, 5=V, 6=VI, 7=VII, 8=VIII, 9=IX, 10=X
50=L, 100=C(centum), 500=D, 1,000=CD (⇒M mille)

정확히 말하면, 고대 로마의 기수법은 감법적 기수법도 혼용하였다고 볼 수 있는데, 왼쪽에 쓰인 한 단위 낮은 숫자를 오른쪽 수에서 빼는 방법이다. 예를 들어 4, 9, 40, 90은

IV, IX, XL, XC

으로 나타내었다. 이러한 기수법에 따르면 1944는

MCMXLIV

로 나타낼 수 있다. 그러나 가끔 승법적 기수법을 사용할 때도 있어서 VM은 4995가 아니라 5,000을 나타내었다.

(2) 승법적 기수법

승법적 기수법은 가법적 기수법과 함께 사용되는데, 두 개의 수 기호가 나타내는 수 값을 서로 곱하여 두 기호의 수 값을 나타내는 방법이다. 승법적 기수법의 대표적인 예는 중국 한자의 기수법이다. 한자에서는

一, 二, 三, 四, 五, 六, 七, 八, 九, 十, 百, 千, 萬, 億, 兆

등의 숫자를 사용하는데, 예를 들어 四千八百五十九는

$$4\times1000+8\times100+5\times10+9$$

로 해석하여 4859를 뜻한다.

(3) 위치적 기수법

위치적 기수법은 각 숫자를 쓰는 자리에 수 값을 미리 정하여 그 자리에 쓰이는 숫자와 그 자리에 정해진 수 값을 곱한 다음 이들의 값을 더하여 전체 수 값을 나타내는 방법이

다. 위치적 기수법의 대표적인 예는 오늘날 우리들이 전 세계적으로 사용하는 기수법으로서 인도-아라비아 기수법이라고도 불린다. 예를 들어 3403은

$$3\times1000+4\times100+0\times10+3$$

으로 해석한다. 위치적 기수법에서 중요한 것은 아무 것도 없음을 나타내는 숫자 0의 사용이다.

고대 마야인들도 위치적 기수법을 가법적 기수법과 함께 사용한 것으로 보이는데, 그들은 다음과 같은 숫자를 사용하고, 이들을 세로로 적어서 나타내었다.

1	6	11	16
2	7	12	17
3	8	13	18
4	9	14	19
5	10	15	0

특이한 것은 이들은 변형된 20진법을 사용하였는데, 밑에서 세 번째 자리의 값은 20의 제곱이 아닌 18×20이었다. 따라서

이라고 쓰인 것은

$$6\times(18\times20^2)+0\times(18\times20)+14\times(20)+7$$

로 해석하여 43,487을 나타낸다.

마야인의 기수법은 예외이지만, 위치적 기수법의 가장 큰 장점은 세로형식의 계산이 가능하다는 점이다.

$$\begin{array}{r} {}^{1} \\ 45 \\ +15 \\ \hline 62 \end{array} \qquad \begin{array}{r} {}^{4\ 10} \\ \not{5}3 \\ -28 \\ \hline 25 \end{array} \qquad \begin{array}{r} 13 \\ \times24 \\ \hline 52 \\ 26 \\ \hline 312 \end{array} \qquad \begin{array}{r} 40 \cdots 5 \\ 13\overline{)425} \\ 42 \\ \hline 05 \end{array}$$

와 같이 편리한 계산 방법은 바로 위치적 기수법이기 때문에 가능한 것이다.

나) 명수법

명수법은 수를 부르는 말 즉, 수사(數詞)를 나타내는 방법을 말한다. 명수법은 각 민족의 언어와 밀접한 관련이 있다. 우리나라의 경우에는 우리 말 고유의 수사가 있지만, 중국 문화의 오랜 영향으로 한자 수사가 같이 쓰이고 있다.

(1) 우리 말 수사

오늘날 우리들이 사용하는 우리 말 수사는

하나, 둘, 셋, 넷, 다섯, 여섯, 일곱, 여덟, 아홉,
열, 스물, 서른, 마흔, 쉰, 예순, 일흔, 여든, 아흔,

등이 있으며, 이제는 잘 사용하지 않는 온(100), 즈믄(1000) 등의 수사도 있다. 이들은 모두 집합수를 지칭할 때 사용되며, 순서수를 나타낼 때에는 끝에 '~째'를 붙여 말한다. 다만, 맨 처음을 말할 때에는 '첫째'라고 말한다.

(2) 한자 수사

한자 수사는

일, 이, 삼, 사, 오, 육, 칠, 팔, 구, 십, 백, 천, 만, 억, 조

등과 같이 한자 기수법에 따른 숫자를 그대로 읽으면 된다. 바른 우리 말 사용을 위해서는 백미만의 개수를 말할 때에는 예를 들어 '34개'를 '삼십사 개'라고 읽기보다는 '서른 네 개'라고 읽는 것이 바람직하다. 이러한 수를 "셈수"라고도 부른다. 셈수 이외의 경우에는 대체로 한자어 수사를 사용한다. 특히 연속량의 경우에는 예를 들어 67km를 '예순일곱 킬로미터'라고 하지 않고 '육십칠 킬로미터'라고 읽는다.

4) 자연수와 자연수 연산의 수학적 정의

자연수를 수학적으로 엄밀하게 정의할 때에는 페아노(Peano)의 공리계를 도입한다. 페아노의 공리계는 다음과 같이 정의된다.

[자연수의 정의] 자연수 전체의 집합 ℕ은 아래의 네 조건을 만족시킨다.

① $1 \in \mathbb{N}$

② 일대일 사상 $\mathbb{N} \to \mathbb{N}$, $x \mapsto x^+$가 존재한다. 즉,

$x^+ = y^+ \Rightarrow x = y$

③ 모든 $x \in \mathbb{N}$에 대하여 $x^+ \neq 1$

④ (귀납법 공리) ℕ의 부분집합 $S(\neq \varnothing)$가 두 조건

$1 \in S$,

$x \in S \Rightarrow x^+ \in S$

를 만족하면 $S = \mathbb{N}$이다.

이러한 자연수의 집합 ℕ에 대하여 덧셈과 곱셈 그리고 순서 관계를 다음과 같이 정의한다.

[자연수의 덧셈] 임의의 $x,\ y \in \mathbb{N}$에 대하여
① $x+1=x^{+}$
② $x+y^{+}=(x+y)^{+}$

[자연수의 곱셈] 임의의 $x,\ y \in \mathbb{N}$에 대하여
① $x\times 1=x$
② $x\times y^{+}=x\times y+x\times 1$

[자연수의 순서 관계] 임의의 $x,\ y \in \mathbb{N}$에 대하여
$x=y+z$인 $z\in\mathbb{N}$이 존재할 때 $x>y$라고 정의한다.

이러한 정의에 따르면, 다음 성질들이 유도된다.

① (교환법칙) $a+b=b+a,\ a\times b=b\times a$
② (결합법칙) $(a+b)+c=a+(b+c),\ (a\times b)\times c=a\times(b\times c)$
③ (배분법칙) $a\times(b+c)=a\times b+a\times c$
④ (소약법칙) $a+b=a+c$이면 $b=c$, $a\times b=a\times c$이면 $b=c$
⑤ (삼일률) $a<b,\ a=b,\ a>b$의 셋 중 하나만 성립한다.
⑥ (추이율) $a<b,\ b<c$이면 $a<c$
⑦ $a<b$이면 $a+c<b+c,\ a\times c<b\times c$

5) 자연수의 성질

가) 약수와 배수

자연수 a, b에 대하여 $b=a\times c$인 자연수 c가 존재할 때, a를 b의 약수 또는 인수라고 하고, b를 a의 배수라고 한다. 이때 "a는 b를 나눈다", 또는 "b는 a로 나누어떨어진다"라고 말한다.

나) 소수와 합성수

자연수 a가 1과 a 이외의 약수를 가지지 아니할 때, a를 소수(prime number)라고 말한다. 1과 소수 이외의 자연수는 합성수(composite number)라고 말한다. 1은 소수도 아니고 합성수도 아니다.

소수를 찾는 방법에는 다음과 같이 에라토스테네스의 체(Eratosthenes' sieve)라는 것이 있다. 예를 들어, 100 이하의 자연수 중에서 소수를 찾기 위해서는 1에서 100까지 써 놓은 다음,

① 1은 소수가 아니므로 지운다.

② 남은 수 중 2는 소수이므로 남겨 놓고, 2의 배수를 모두 지운다.
③ 남은 수 중 3은 소수이므로 남겨 놓고, 3의 배수를 모두 지운다.
④ 남은 수 중 5는 소수이므로 남겨 놓고, 5의 배수를 모두 지운다.
⑤ 이와 같은 방법을 차례로 계속한다.

합성수를 소수인 약수들의 곱으로 표시하는 것을 소인수분해라고 한다. 예를 들어 90은

$$90=2\times3\times3\times5$$

로 소인수분해 된다.

다) 최대공약수

두 자연수 a와 b에 대하여 c가 a의 약수이면서 동시에 b의 약수일 때, c를 a와 b의 공약수라고 부른다. 두 자연수 a와 b의 공약수 중에서 가장 큰 수를 a와 b의 최대공약수라고 부른다. 두 자연수 a와 b의 공약수는 최대공약수의 약수이다.

두 자연수 a와 b의 최대공약수를 구하는 방법의 하나는 소인수분해를 이용하는 것이다. 예를 들어, 36과 90의 최대공약수를 구하기 위하여 두 수를 소인수분해 하면 다음과 같다.

$$36=2\times2\times3\times3$$
$$90=2\times3\times3\times5$$

이 중 두 수의 공약수를 모두 찾아 곱하면 $2\times3\times3=18$이 되는데, 이 18이 두 수 36과 90의 최대공약수이다.

두 자연수의 최대공약수를 구하는 또 다른 방법에는 다음과 같은 연제법이라는 것이 있다.

$$\begin{array}{r|rr} 2 & 36 & 90 \\ \hline 3 & 18 & 45 \\ \hline 3 & 6 & 15 \\ \hline & 2 & 5 \end{array}$$

$$2\times3\times3=18$$

위의 방법을 정리하면 다음과 같다.
① 1 이외의 공약수로 두 수를 나누고 각 몫을 밑에 쓴다.
② 1 이외의 공약수로 밑에 쓴 두 몫을 나누고 각 몫을 밑에 쓴다.
③ 1 이외의 공약수가 없을 때까지 나눗셈을 계속한다.
④ 구한 공약수들의 곱을 구하면 이것이 처음 두 수의 최대공약수가 된다.

세 자연수 a, b, c의 최대공약수는 a와 b의 최대공약수 x를 구하고, 이 x와 c의 최대공약수 y를 구하여 y를 세 자연수 a, b, c의 최대공약수라고 정의한다. 세 수 a, b, c의 최대공약수를 연제법으로 직접 구할 수도 있고, 제5차 교육과정까지는 초등학교에서 이것을 지도하였으나, 오늘날에는 학생들의 이해 능력 범위를 넘는 것으로 간주하여 지도하지 않고 있다.

라) 최소공배수

두 자연수 a와 b에 대하여 c가 a의 배수이면서 동시에 b의 배수일 때, c를 a와 b의 공배수라고 부른다. 두 자연수 a와 b의 공배수 중에서 가장 작은 수를 a와 b의 최소공배수라고 부른다. 두 자연수 a와 b의 공배수는 최소공배수의 배수이다.

최대공약수를 구할 때와 마찬가지로, 두 자연수 a와 b의 최소공배수를 구하는 방법의 하나는 소인수분해를 이용하는 것이다. 예를 들어, 36과 90의 최소공배수를 구하기 위하여 두 수를 소인수분해 하면 다음과 같다.

$$36=2\times2\times3\times3$$
$$90=2\times3\times3\times5$$

이 중 각 수의 약수를 모두 찾아 곱할 때, 공약수는 한 번씩만 곱하면 $2\times2\times3\times3\times5=180$이 되는데, 이 180이 두 수 36과 90의 최소공배수이다.

두 자연수의 최소공배수를 연제법으로도 다음과 같이 구할 수 있다.

$$\begin{array}{r|rr} 2 & 36 & 90 \\ \hline 3 & 18 & 45 \\ \hline 3 & 6 & 15 \\ \hline & 2 & 5 \end{array}$$

$$2\times3\times3\times2\times5=180$$

위의 방법을 정리하면 다음과 같다.

① 1 이외의 공약수로 두 수를 나누고 각 몫을 밑에 쓴다.
② 1 이외의 공약수로 밑에 쓴 두 몫을 나누고 각 몫을 밑에 쓴다.
③ 1 이외의 공약수가 없을 때까지 나눗셈을 계속한다.
④ 구한 공약수들과 밑에 남은 몫을 구하면 이것이 처음 두 수의 최소공배수가 된다.

세 자연수 a, b, c의 최소공배수는 a와 b의 최소공배수 x를 구하고, 이 x와 c의 최소공배수 y를 구하여 y를 세 자연수 a, b, c의 최소공배수라고 정의한다. 세 수 a, b, c의 최소공배수도 연제법으로 직접 구할 수도 있고, 제5차 교육과정까지는 초등학교에서 이것을 지도하였으나, 오늘날에는 학생들의 이해 능력 범위를 넘는 것으로 간주하여 지도하지 않고 있다.

6) 자연수의 학습 지도 방법

가) 0에서 9까지의 지도

0에서 9까지의 기본수에 대한 지도는 한때 1960년대에 일대일 대응의 집합수 개념으로 지도했던 때도 있었으나 오늘날에는 수세기의 원리에 바탕을 두고 있다. 0에서 9까지의 기본수는 1~5, 0, 6~9의 순서로 나누어 지도한다.

(1) 1, 2, 3, 4, 5의 지도

어린이들은 사물의 수를 셀 때, 세 개까지는 거의 직관적으로 파악한다. 이것을 바탕으로 4개는 3개보다 하나 더 많은 것, 5개는 4개보다 하나 더 많은 것으로 이해하여 세어보게 한다. '하나, 둘, 셋, 넷, 다섯'의 우리말 수사를 이용하여 수 세기에 익숙하여진 어린이에게는 그 수를 '1, 2, 3, 4, 5'라고 숫자로 써보게 한다. 동시에 이것을 '일, 이, 삼, 사, 오'라고 읽으면서 한자 수사에도 익숙하게 되도록 지도한다.

수사와 숫자가 적절하게 결합되도록 하는 데에는 예를 들어 다음과 같은 수도를 사용하는 것이 구체물의 추상화와 시각적 인식에 도움이 된다.

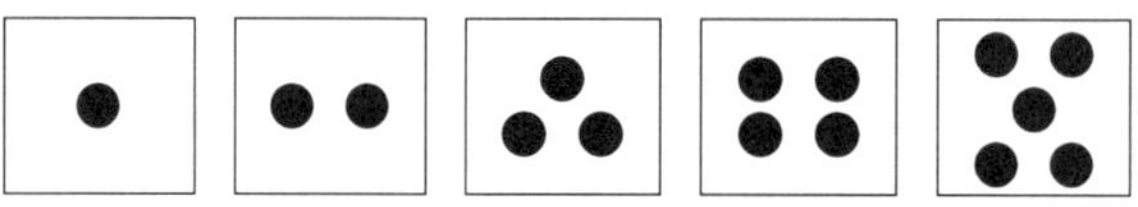

사물의 양으로서 지도된 자연수는 순서수의 개념으로 발전하여야 한다. '첫째, 둘째, 셋째, 넷째, 다섯째'라고 말하면서 수의 크기 순서 관계를 이해하도록 한다.

(2) 0의 지도

0은 위치적 기수법에 따른 표기에 없어서는 안 되는 중요한 개념이다. 0은 자연수가 아니지만, 공집합 ∅의 농도를 나타내는 집합수이다. 따라서 0의 지도는 예를 들어 다음과 같이 '아무 것도 없음'을 나타내는 상황을 연출하여 이것을 기호 0으로 나타낸다고 이해하도록 지도한다.

동시에 0은 공집합 ∅을 대표하는 순서수이기도 하다. 따라서 1~5의 순서수 학습을 이용하여 0 → 1 → 2 → 3 → 4 → 5를 지도한다. 이 과정을 마친 후, 거꾸로 5 → 4 → 3 → 2 → 1 → 0을 학습하게 하면 어린이들이 수 계열을 익히는 데 도움이 된다.

(3) 6, 7, 8, 9의 지도

6은 5보다 1 큰 수, 7은 6보다 1 큰 수, … 등으로 지도한다. 6, 7, 8, 9의 지도에서도 수사(우리 말 수사와 한자 수사)와 숫자, 수도 사이의 관계를 연결 지어 이해하도록 지도한다. 이어서 '여섯째, 일곱째, 여덟째, 아홉째'의 순서수 개념을 지도하고, 0에서 9까지의 수 계열을 익히도록 한다.

나) 두 자리 수의 지도

(1) 10~19의 지도

10은 9보다 1 큰 수로 지도한다. 11~19의 지도는 10을 한 묶음으로 하여 10보다 얼마 더 큰 수라는 개념으로 이해되도록 지도한다. 이것은 나중에 배우게 될 자리 잡기의 원리를 배우는 기초에 해당된다. 10~19의 수사도 우리 말 수사와 한자 수사가 있음에 유의한다.

(2) 20~99의 지도

20은 10개씩 2묶음, 30은 10개씩 3묶음, … 등으로 20, 30, 40, 50, 60, 70, 80, 90을 먼저 지도한다. 이어서 예를 들어 24의 경우에는 10개씩 묶음이 2, 낱개가 4인 수라는 방식으로 두 자리 수를 지도한다. 99까지의 두 자리 수의 경우에도 우리 말 수사와 한자 수사를 같이 익히도록 지도한다.

순서수로서의 개념도 익히기 위해 수를 순서대로 나열하는 활동을 하게 한다. 수들이 0이나 1부터 시작하여 세기에는 너무 클 수 있으므로, 예를 들어

$$28-29-30-31$$

과 같이 부분적인 구간을 떼어서 순서를 익히도록 한다. 수의 순서를 익히고 나면 두 수의 크기 비교를 지도한다.

다) 세 자리 수의 지도

100은 99보다 1 큰 수의 개념으로 지도한다. 그러나 동시에 100은 90보다 10 큰 수, 100은 10씩 열 묶음 등의 개념도 익히도록 하는 것이 바람직하다. 이어서, 100이 2이면 200, 100이 3이면 300, … 등의 개념을 사용하여 일반적인 세 자리 수의 지도에 앞서 '몇 백'을 먼저 지도하도록 한다.

일반적인 세 자리 수는 100씩, 10씩 묶어 세기 활동을 통해 지도한다. 예를 들어, 376의 경우, 100이 3, 10이 7, 1이 6인 수로 이해하도록 한다. 이어서, 자리 잡기의 원리를 지도하는 것이 필수적이다. 즉, 376에서 3은 백의 자리 숫자로 300을 나타내고, 7은 십의 자리 숫자로 70을 나타내며, 6은 일의 자리 숫자로 6을 나타내는 것임을 이해하도록 한다.

100 이상의 수에 대한 수사는 한자 수사만을 사용하도록 한다. 세 자리 수의 수 계열도 부분적인 구간을 떼어서 익히도록 하고, 이어서 두 수의 크기 비교를 지도한다. 두 수의 크기를 비교할 때에는 '높은 자리'부터 비교하는 것을 익히도록 한다.

라) 네 자리 수의 지도

네 자리 수의 지도 방법은 세 자리 수의 지도 방법과 유사하다. 우선, 1000은 999 다음의 수로 지도한 후, 2000, 3000, … 등을 지도한다. 일반적인 네 자리 수는 1000씩, 100씩, 10씩 묶어 세기 활동을 통해 도입한 다음, 자리 잡기의 원리를 지도하도록 한다. 네 자리 수의 수 계열, 두 수의 크기 비교 등도 세 자리 수의 지도 방법에 따르도록 한다.

마) 10000 이상의 수의 지도

10000 이상의 큰 수는 자리 잡기의 원리에 기초하여 지도한다. 유의할 점은 큰 수에 대한 수 감각을 익히는 것인데, 이를 위하여 신문이나 잡지의 통계 자료, 천문학적 사실 등을 활용하는 것이 바람직하다.

7) 자연수 계산의 학습 지도 방법

가) 자연수 사칙 연산의 구체적 의미

자연수의 범위 내에서만 본다면, 덧셈, 뺄셈, 곱셈, 나눗셈 중 뺄셈과 나눗셈은 수학적 연산으로서 불완전하다. 그러나 사칙 연산 개념의 역사적 발달은 수학의 논리적 발달 체계를 벗어나 다른 순서로 발전하여 왔으며, 심리적 발달도 수학적 논리적 발달 체계와 일치하지 않는 측면이 많다. 특히, 초등학교에서 지도되는 사칙 연산은 어린이의 생활 속에서 일어나는 상황을 바탕으로 지도되어야 하기 때문에, 자연수 사칙 연산의 구체적인 실생활 맥락을 짚어보는 일은 중요하다.

(1) 덧셈

덧셈의 실생활 맥락은 합병과 첨가의 상황으로 구분된다. 합병은 두 양이 동시에 존재하고 이들을 합하여 전체를 구하는 경우이다. 예를 들어 흰 구슬이 3개 있고 검은 구슬이 2개 있으면 구슬은 모두 5개라고 답하는 경우이다. 도식으로는 다음과 같이 나타낼 수 있다.

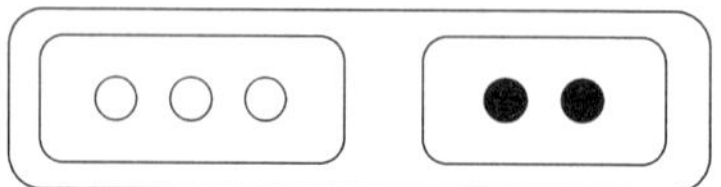

첨가는 하나의 부분에 다른 부분을 더 추가해서 전체를 구하는 경우이다. 예를 들어 나무에 새가 3마리 앉아 있는데 2마리가 더 날아와 앉으면 새는 모두 5마리라고 답하는 경우이다. 도식으로는 다음과 같이 나타낼 수 있다.

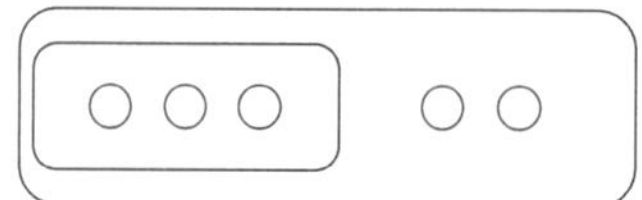

(2) 뺄셈

뺄셈의 실생활 맥락은 구잔과 구차의 상황으로 구분된다. 구잔은 전체에서 그 중의 한 부분을 제거하여 나머지 부분을 구하는 경우이다. 예를 들어 구슬 5개에서 3개를 꺼내면 2개가 남는다고 답하는 경우이다. 도식으로는 다음과 같이 나타낼 수 있다.

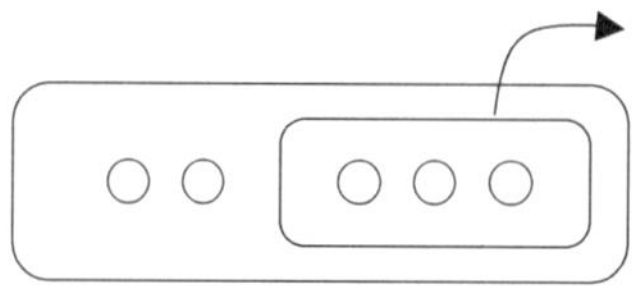

구차는 두 부분을 그 차이로 알아보는 경우이다. 예를 들어 흰 구슬이 5개, 검은 구슬이 3개 있다면, 흰 구슬이 검은 구슬보다 2개 더 많다고 답하는 경우이다. 도식으로는 다음과 같이 나타낼 수 있다.

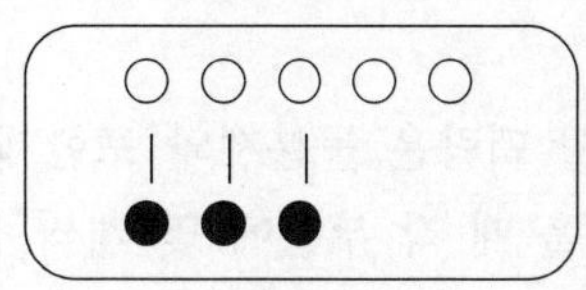

(3) 곱셈

곱셈의 실생활 맥락은 곱집합과 동수누가의 상황으로 구분된다. 곱집합 상황은 두 집합의 각 원소들끼리 짝짓는 순서쌍의 전체 수를 구하는 경우이다. 예를 들어 웃옷 3가지와 바지 2가지를 가지고 입는 방법은 모두 6가지라고 답하는 경우이다. 그러나 이러한 상황은 곱셈이 도입되는 초등학교 저학년 단계의 어린이들에게는 매우 추상적인 것이어서 지도에 무리가 많이 따른다. 실제로도 1970년대의 수학 교과서에는 이러한 방법을 사용하였지만(그림 참조), 오늘날에는 이러한 방법으로 곱셈을 도입하는 것을 바람직하게 여기지 않고 있다.

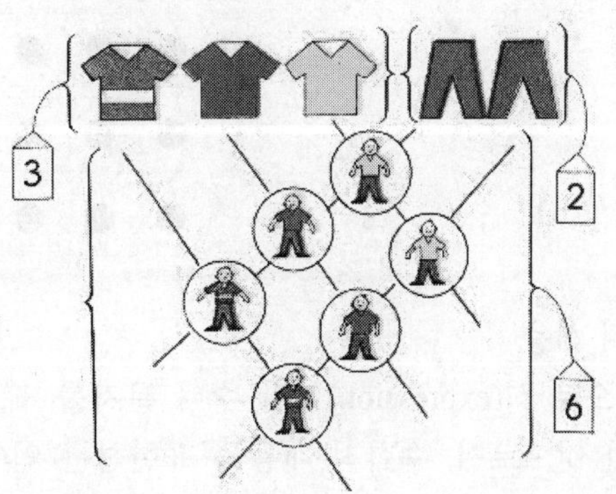
웃옷 세 가지와 바지 두 가지를 가지고 입는 방법은 몇 가지가 되는지 알아봅시다.

3씩 2이면 6입니다.
이것을 '3×2=6'이라고 쓰고, "3 곱하기 2는 6과 같습니다."라고 합니다.

76

[1979년 발행된 국민학교 산수 2-1 76쪽]

동수누가 상황은 몇씩 몇을 구하는 경우이다. 예를 들어, 빵이 한 접시에 2개씩 3접시 있으면 빵은 모두 6개라고 답하는 경우이다. 실제적으로 동수누가는 묶어 세기, 뛰어 세기 등의 활동으로 지도된 후, 배 개념으로 발전된다. 도식으로는 다음과 같이 직사각형 배열을 사용하여 나타낼 수 있다.

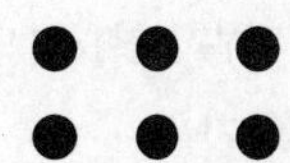

(4) 나눗셈

나눗셈의 실생활 맥락은 등분제와 포함제로 구분된다. 등분제 상황은 전체를 몇 부분으로 똑같이 나누었을 때 각 부분에 몇 개씩 들어가는지를 구하는 경우이다. 예를 들어 사과 10개를 5접시에 똑같이 나누어 담으면 한 접시에는 사과가 2개씩 놓이게 된다고 답하는 경우이다. 이 상황은 도식으로 다음과 같이 나타낼 수 있다.

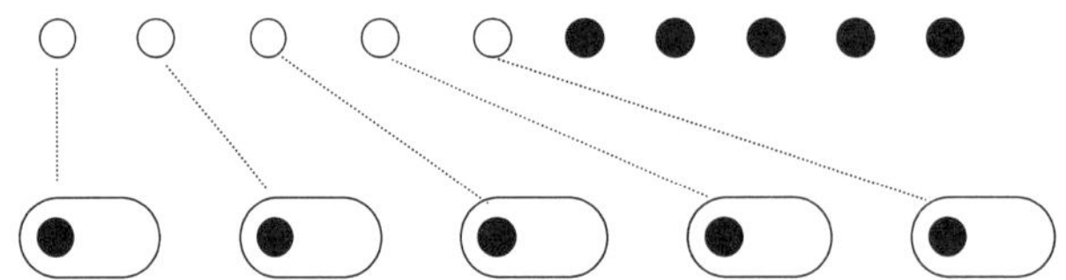

포함제 상황은 전체를 몇 개씩 덜어내면 모두 몇 덩어리가 되는지를 구하는 경우이다. 예를 들어 사과 12개를 한 접시에 4개씩 담으면 모두 3접시가 된다고 답하는 경우이다. 이것은 실질적으로 다음과 같은 동수누감에 해당된다.

$$12-4-4-4=0$$

이 상황은 도식으로 다음과 같이 나타낼 수 있다.

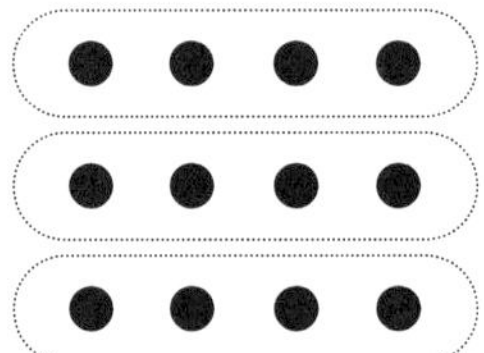

(5) 용어의 사용

수학적으로 식(expression)이란 수나 문자를 $+$, $-$, $\times$, $\div$, $\sqrt{\ }$ 등 여러 가지 연산 기호로 연결한 것으로서, 수학적 내용을 표현하는 언어나 문장과 같은 것이다. 따라서 $3+4$, $5\times8=40$ 등은 수학적으로 모두 식이라고 부를 수 있다. 심지어 예를 들어 6이나 a와 같이 문자나 숫자 하나만으로 된 것도 단항식이라고 하여 식으로 분류할 수 있다.

그러한 의미에서 $3+4$는 '덧셈', $3+4=7$은 '덧셈식'이라고 구분하여 부르자는 제안은 수학적으로 모순을 불러일으킬 수 있다. $3+4$도 하나의 식이기 때문이다. 차라리 $3+4=7$을 '덧셈 등식'이라고 부르자는 제안은 일리가 있으나, 초등학생들에게 등식, 부등식의 개념을 지나치게 초기에 도입하기에는 부적절하다는 점을 감안하여야 한다. 따라서 $3+4$나 $3+4=7$과 같은 것을 모두 '덧셈식'이라고 부르고, $5-2$나 $5-2=3$과 같은 것을 모두 '뺄셈식'이라고 부르기로 한다. '곱셈식', '나눗셈식'도 같은 방법으로 사용하기로 한다.

나) 덧셈과 뺄셈의 지도

초등학교에서는 덧셈과 뺄셈이 병행하여 지도된다. 덧셈과 뺄셈의 초기 지도 단계는

① 9 이하의 수에 대한 가르기와 모으기

② (몇)+(몇)=(몇), (몇)−(몇)=(몇)

③ 10을 가르기와 모으기

④ (몇)+(몇)=10, 10−(몇)=(몇)

⑤ (몇)±(몇)±(몇)=(몇)

⑥ 받아올림이 없는 두 자리 수의 덧셈, 받아내림이 없는 두 자리 수의 뺄셈

⑦ (몇)+(몇)+(몇)=(십 몇) (두 수의 합이 10인 경우)

⑧ (몇)+(몇)=(십 몇), (십 몇)−(몇)=(몇) (받아올림, 받아내림의 기초)

⑨ 받아올림이 있는 (몇십 몇)+(몇), 받아내림이 있는 (몇십 몇)−(몇)

⑩ 받아올림이 있는 (몇십 몇)+(몇십 몇), 받아내림이 있는 (몇십 몇)−(몇십 몇)

으로 구분될 수 있다.

(1) 9 이하의 수에 대한 가르기와 모으기의 지도

덧셈과 뺄셈의 지도에 앞서 자연스러운 합, 차의 개념을 형성시키기 위해서는 가르기 활동과 모으기 활동이 효과적이다. 두 수를 가르고 모으는 활동을 통해서 학생들은 자연수가 두 수의 합 또는 차로 변형될 수 있음을 알게 된다.

이때 가르기 활동을 뺄셈, 모으기 활동을 덧셈으로 고정시켜 인식시킬 필요는 없다. 가르기 활동은 얼핏 뺄셈과 같아 보이지만 감수와 피감수의 개념이 정해지지 않았으므로 뺄셈으로 간주하기 어렵다. 모으기 활동도 가수와 피가수의 개념이 정해진 것이 아니므로 덧셈으로 볼 수도 없다. 또한 덧셈을 배우고 뺄셈을 배우는 순서와 달리, 가르기 활동이 모으기 활동에 선행된다는 점에서도 굳이 덧셈과 뺄셈으로 연관시키는 것은 곤란하다.

또 한 가지, 초기 가르기 활동에서 주의해야 할 점은 예를 들어 가르기 활동에서 2를 0과 2로 가르는 활동, 또는 0과 2를 2로 모으는 활동은 불필요할 뿐만 아니라 개념의 혼란을 가져올 수 있다. 가르기와 모으기를 처음 배우는 학생들에게 있어서 '가른다' 또는 '모은다'는 개념을 추상적, 형식적으로 이해하는 것은 아직 어려운 일이라고 볼 수 있다. 그러나 덧셈의 기초 개념을 배우고 난 후에 덧셈 형식에 따라 0을 더하는 방법과 뺄셈 형식에 따라 0을 빼는 활동을 배우고 나면 이것이 가능하다. 그에 따라 차후 10의 보수 개념 또는 10을 가르기와 모으기 활동을 배우는 경우에는 10을 0과 10으로 가르거나 모으는 활동이 가능하게 되지만 많은 어린이들에게는 아직도 추상적 활동으로써 어려움을 느끼게 만들 수 있다.

(2) (몇)+(몇)=(몇), (몇)−(몇)=(몇)의 지도

합이 9 이하인 덧셈, 피감수가 9 이하인 뺄셈의 지도는 9 이하의 수에 대한 가르기와 모으기를 학습한 이후에 이루어진다.

덧셈은 덧셈 상황을 2+3과 같은 덧셈식으로 나타내도록 도입한다. 이때 합병이나 첨가의 상황이 고루 주어져야 한다. 덧셈 상황을 덧셈식으로 나타낼 수 있는 능력이 형성되면 덧셈의 합을 같이 나타내는 2+3=5와 같은 덧셈식을 쓰는 능력이 형성되도록 지도한다. 덧셈에 관한 개념적 이해와 더불어 형식적 이해가 이루어지고 난 다음에는 0을 더하거나 0에다 더하는 경우도 함께 학습하도록 한다.

뺄셈도 덧셈과 같은 방법으로 뺄셈 상황을 뺄셈식으로 나타내게 한 다음 계산 결과도 함께 나타내는 뺄셈식을 쓰도록 지도한다. 뺄셈의 경우에는 구잔과 구차의 상황이 고루 주어져야 한다. 뺄셈에 관한 개념적 이해와 더불어 형식적 이해가 이루어지고 난 다음에

는 0을 빼는 경우도 함께 학습하도록 한다.

(3) 10을 가르기와 모으기

10을 가르기와 모으기 활동은 9 이하의 수에 대한 가르기와 모으기 활동과 달리 0을 포함할 수 있지만, 실제지도에서는 바람직하지 않다. 9 이하의 수에 대한 가르기와 모으기 활동은 단순히 더하기와 빼기의 초기 개념 형성에 목적이 있는 반면. 10을 가르기와 모으기 활동의 주안점은 10의 보수 관계 파악과 덧셈에서의 받아올림, 뺄셈에서의 받아내림에 대한 사전 개념 형성에 있다고 보면 10을 10과 0으로 가르고 모으는 활동을 지도하여야 한다고 주장할 수 있지만 가르기와 모으기라는 활동자체가 구체적 조작활동에 해당되기 때문에 저학년 학생들에게 10을 10과 0으로 가르거나 모아보게 하는 활동을 제시하는 것은 그다지 바람직하지 않다.

(4) (몇)+(몇)=10, 10－(몇)=(몇)의 지도

합이 10인 덧셈, 피감수가 10인 뺄셈의 지도는 10을 가르기와 10이 되게 모으기를 학습한 이후에 이루어진다. 이 과정은 10의 보수 관계를 익히는 과정이며, 동시에 받아 올림, 받아 내림을 하기 위한 기초가 되는 과정이기도 하다. 이 과정을 익히고 나면, 결과가 한 자리 수인 세 수의 덧셈과 뺄셈을 하게 되는데 이것 역시 받아 올림, 받아 내림의 기능을 익히기 전 단계의 필수 과정이다.

(5) (몇)±(몇)±(몇)=(몇)

수학의 모든 연산은 이항연산으로부터 출발한다. 세 수의 계산도 앞에서부터 차례로 이항연산을 계속하는 과정의 연속이다. 10 미만의 간단한 세 수의 계산은 덧셈의 받아 올림, 뺄셈의 받아 내림을 위한 기초가 된다. 이 단계에서는 계산의 결과가 10을 넘지 않는 것들만을 대상으로 학습하도록 한다.

(6) 받아올림이 없는 두 자리 수의 덧셈, 받아내림이 없는 두 자리 수의 뺄셈의 지도

본격적인 받아 올림, 받아 내림의 기초를 학습하기 이전에, 받아 올림, 받아 내림이 없는 두 자리 수의 덧셈과 뺄셈을 익히는 과정을 거치게 할 수도 있다. 이 과정에서 중요한 것은 세로 형식의 계산 기능 익히기로서, 각 자리 수를 세로로 정렬하여 덧셈이나 뺄셈을 써 보도록 하는 것이다.

세로 형식의 계산은 흔히 세로셈이라고도 불리는데 이것은 우리가 위치적 기수법에 따른 인도-아라비아 숫자를 사용하기 때문이다. 사칙연산을 세로형식으로 계산할 수 있다는 것은 위치적 기수법이 지닌 큰 장점의 하나이다.

(7) (몇)+(몇)+(몇)=(십 몇) (두 수의 합이 10인 경우)의 지도

받아 올림이 가능하려면 가수나 피가수를 적절하게 분해하고 합성하는 기능(regrouping)이 필수적이다. 즉, 6+4+3과 같이 앞의 두 수의 합이 10이 되거나 4+3+7과 같이 뒤의 두 수의 합이 10이 되는 세 수의 덧셈을 익히는 것이 중요하다. 경우에 따라서는 2+6+8과 같이 첫 번째 수와 세 번째 수의 합이 10이 되는 경우를 익히는 것도 필요하다.

(8) (몇)+(몇)=(십 몇), (십 몇)−(몇)=(몇) (받아 올림, 받아 내림의 기초)의 지도

받아 올림이나 받아 내림의 기능을 익히는 핵심적 단계이다. (몇)+(몇)=(십 몇)의 경우에는 가수를 분해하거나 피가수를 분해하여 10의 보수 관계를 이용한 세 수의 덧셈으로 바꾸어 계산하는 기능이 요구된다. 이러한 기능을 리그룹핑(regrouping)이라고 부른다. 가수를 분해하는 경우는 예를 들어

$$9+4$$
$$9+1+3$$
$$10+3=13$$

와 같이 할 수 있고, 피가수를 분해하는 경우에는 예를 들어

$$5+8$$
$$3+2+8$$
$$3+10=13$$

과 같이 할 수 있다. 어느 경우이든 각자 편리한 방법을 취할 수 있도록 충분히 연습시키는 것이 중요하다.

(십 몇)−(몇)=(몇)의 경우에는

① 피감수를 (십)+(몇)으로 분해한 다음 10의 보수 관계를 이용한 뺄셈을 하고 이어서 남은 수끼리 덧셈을 하는 감가법과

② 감수를 적절히 분해하여 처음 뺄셈의 결과가 10이 되게 한 다음 10의 보수 관계를 이용한 뺄셈을 하는 감감법

으로 나누어 볼 수 있다.

피감수를 분해하는 감가법의 경우는 예를 들어

$$12-7$$
$$10+2-7$$
$$10-7+2$$
$$3+2=5$$

와 같이 할 수 있고, 감수를 분해하는 감감법의 경우에는 예를 들어

$$12-7$$
$$12-2-5$$
$$10-5=5$$

와 같이 할 수 있다. 덧셈의 경우와 마찬가지로 어느 경우이든 각자 편리한 방법을 취할 수 있도록 충분히 연습시키는 것이 중요하다.

이 과정을 마치면 다음과 같은 덧셈구구와 뺄셈구구의 학습이 완성된 것으로 볼 수 있다.

+	0	1	2	3	4	5	6	7	8	9
0	0	1	2	3	4	5	6	7	8	9
1	1	2	3	4	5	6	7	8	9	10
2	2	3	4	5	6	7	8	9	10	11
3	3	4	5	6	7	8	9	10	11	12
4	4	5	6	7	8	9	10	11	12	13
5	5	6	7	8	9	10	11	12	13	14
6	6	7	8	9	10	11	12	13	14	15
7	7	8	9	10	11	12	13	14	15	16
8	8	9	10	11	12	13	14	15	16	17
9	9	10	11	12	13	14	15	16	17	18

−	0	1	2	3	4	5	6	7	8	9	10	11	12	13	14	15	16	17	18
0	0	1	2	3	4	5	6	7	8	9									
1		0	1	2	3	4	5	6	7	8	9								
2			0	1	2	3	4	5	6	7	8	9							
3				0	1	2	3	4	5	6	7	8	9						
4					0	1	2	3	4	5	6	7	8	9					
5						0	1	2	3	4	5	6	7	8	9				
6							0	1	2	3	4	5	6	7	8	9			
7								0	1	2	3	4	5	6	7	8	9		
8									0	1	2	3	4	5	6	7	8	9	
9										0	1	2	3	4	5	6	7	8	9

(9) 받아 올림이 있는 (몇십 몇)+(몇), 받아내림이 있는 (몇십 몇)−(몇)의 지도

본격적인 받아 올림, 받아 내림 기능을 익히는 첫 단계이다. 그러나 알고리즘의 지도에 앞서 받아 올림, 받아 내림의 원리를 이해하도록 하는 조작 활동을 해 보도록 하는 것이 중요하다. 이러한 조작 활동을 위해서는 수모형과 같은 도구가 많은 도움이 된다.

받아 올림의 경우에는 낱개 모형의 합이 10이 넘는 것을 확인하게 한 후, 낱개 모형 10개를 십 모형 1개로 바꾸는 활동을 하게 한다. 이러한 조작 활동을 세로 형식의 알고리즘으로 발전시킨 후, 숙달된 덧셈구구 기능을 바탕으로 일의 자리의 합 중 10을 받아 올려 십의 자리에 1을 더하게 한다.

받아 내림의 경우에는 낱개 모형에서 덜어내고자 하는 만큼의 수가 되지 않음을 확인하게 한 후, 십 모형 1개를 낱개 모형 10개로 바꾸어 빼고자 하는 일의 자리의 수만큼 덜어내게 한다. 이러한 조작 활동을 세로 형식의 알고리즘으로 발전시킨 후, 먼저 일의 자리의 계산에서 작은 수에서 큰 수를 뺄 수 없음을 인식하게 하고, 십의 자리에서 1을 빼서 일의 자리의 피감수를 (십 몇)으로 만든 다음, 숙달된 뺄셈구구 기능을 바탕으로 일의 자리의 계산을 완성하게 한다.

이 단계에서는 세로 형식의 계산에서 받아 올림이나 받아 내림의 인지 기능을 돕기 위해 작은 글씨로 십의 자리 위쪽에 1이라고 쓰게 하는 과정을 지도하기도 하는데 받아 올림이나 받아 내림이 익숙해진 학생에게는 굳이 강조할 필요가 없다.

(10) 받아올림이 있는 (몇십 몇)+(몇십 몇), 받아내림이 있는 (몇십 몇)−(몇십 몇)의 지도

받아 올림(내림)이 있는 두 자리 수의 덧셈(뺄셈) 역시 알고리즘의 지도에 앞서 받아 올림(내림)의 원리를 이해하는 조작 활동을 해 보도록 하는 것이 중요하다. 받아 올림이나 받아 내림의 원리를 이해한 다음에는 이것을 바탕으로 세로 형식의 덧셈, 뺄셈 알고리즘을 익히도록 한다.

(11) 세 자리 수 이상의 덧셈과 뺄셈의 지도

받아 올림이 있는 두 자리 수의 덧셈과 받아 내림이 있는 두 자리 수의 뺄셈에 익숙해지고 나면 세 자리 수 이상의 덧셈과 뺄셈을 할 수 있는 기초가 완성된 것이라고 볼 수 있다. 세 자리 수 이상의 덧셈과 뺄셈에서는 받아 올림이나 받아 내림이 두 번 이상 나타나기도 하지만 원리를 잘 이해하고 있는 학생에게는 크게 문제될 것이 없다.

다) 곱셈의 지도

곱셈의 초기 지도 단계는
① 곱셈의 기초
② 곱셈 구구
③ (두 자리 수)×(한 자리 수)
④ (세 자리 수)×(한 자리 수)
⑤ (두 자리 수)×(두 자리 수)
로 구분될 수 있다.

(1) 곱셈의 기초 지도

곱셈의 개념은 동수누가 상황으로 도입된다. 동수누가 상황을 익히는 활동으로는 묶어 세기와 뛰어 세기 활동이 있다.

동수누가 상황을 곧바로 곱셈으로 나타내는 것보다는 동수누가 상황을 배 개념으로 발전시킨 다음, 배 개념을 바탕으로 곱셈을 도입하는 것이 바람직하다. 예를 들어 2의 3배는 2×3으로, 5의 2배는 5×2로 나타낸다. 영어권에서는 2의 3배를 3×2로 나타낸다. 곱셈의 계산 결과는 곱이라고 부른다. 예를 들어 2와 3의 곱은 6이다. 이것을 곱셈식으로

$$2\times3=6$$

이라고 쓴다.

(2) 곱셈구구의 지도

곱셈구구는 곱셈 계산을 위한 기본 기능에 해당된다. 곱셈구구의 암기에 앞서 각 곱셈구구의 구성 원리(동수누가)를 조작 활동을 통해 익혀두는 것이 바람직하다. 곱셈구구의 암기는

2의 단, 5의 단, 3의 단, 4의 단, 6의 단, 7의 단, 8의 단, 9의 단

순서로 외우는 것이 합리적인 방법이다.

9의 단 구구를 익히고 난 다음에는 1의 곱셈과 0의 곱셈 개념을 익히게 한다. 1을 곱하는 경우와 0을 곱하는 경우는 동수누가로 이해시키는 것이 적당하지 않으므로, 배 개념으로 지도하도록 한다.

(3) (두 자리 수)×(한 자리 수)의 지도

두 자리 수와 한 자리 수의 곱셈은

① 10×(몇), (몇)×10

② (몇십)×(몇) (예: 30×4)

③ 받아 올림이 없는 (두 자리 수)×(한 자리 수) (예: 32×3)

④ 받아 올림이 있는 (두 자리 수)×(한 자리 수) (예: 37×5)

의 순서로 지도한다. 어느 경우이든 수 감각을 익히기 위해 계산 알고리즘의 지도에 앞서 구체적인 조작 활동을 통해 계산 원리를 이해하도록 하는 것이 중요하다.

이 단계에서는 세로 형식의 계산 알고리즘이 도입되는데, 위치적 기수법에 따른 수 값의 의미에 유의하도록 지도하는 것이 바람직하다.

(4) (세 자리 수)×(한 자리 수)의 지도

(세 자리 수)×(한 자리 수)도 받아 올림이 없는 경우(예: 231×2)부터 지도하도록 한다. 받아 올림이 있는 경우는 일의 자리 수와의 곱셈에서 받아 올림이 있는 경우(예: 214×3)와 십의 자리 수와의 곱셈에서 받아 올림이 있는 경우(예: 241×3), 그리고 받아 올림이 두 번 생기는 경우(예: 234×4)로 나누어 볼 수 있다. 어느 경우이든 수 감각을 익히는 구체적 조작 활동이 선행되어야 한다.

(5) (두 자리 수)×(두 자리 수)

두 자리 수와 두 자리 수의 곱셈은

① (몇십)×(몇십)

② (몇십 몇)×(몇십)

③ (몇십 몇)×(몇십 몇)

의 순서로 지도한다. 비교적 큰 수를 다루게 되므로 구체물을 이용한 조작 활동은 적당하지 않다. 이 경우에는 다음과 같은 도식을 이용하여 세로 형식의 계산 알고리즘의 원리를 이해시키도록 하는 것이 좋다.

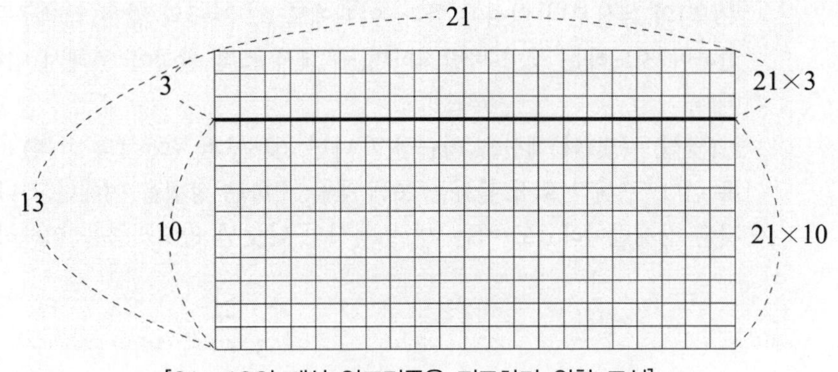

[21×13의 계산 알고리즘을 지도하기 위한 도식]

(6) 세 자리 수와 두 자리 수 이상의 곱셈

세 자리 수와 두 자리 수 이상의 곱셈은 계산 알고리즘의 숙달을 목표로 한다. 세로 형식의 계산에서 일의 자리의 곱셈, 십의 자리의 곱셈 등 각 자리의 곱셈의 결과를 쓰는 과정에서 자릿값에 따른 수의 의미에 유의하도록 지도한다.

라) 나눗셈의 지도

나눗셈 지도의 초기 단계는

① 나눗셈의 도입
② 곱셈구구로 나눗셈의 몫 구하기
③ 몫이 두 자리 수인 (두 자리 수)÷(한 자리 수)
④ 나머지가 있는 나눗셈
⑤ (십의 배수)÷(몇십)
⑥ (두 자리 수)÷(몇십)
⑦ (세 자리 수)÷(두 자리 수) (가상 몫 세우기)

로 구분될 수 있다.

(1) 나눗셈의 도입

나눗셈은 포함제 상황과 등분제 상황을 통해 도입된다. 포함제와 등분제 중 어느 것을 먼저 취급하여야 할지에 대해서는 분명한 결론이 없다. 다만 어느 상황이든 고루 구체적으로 경험해보게 함으로써 나눗셈의 개념을 익히도록 하는 것이 중요하다.

(2) 곱셈구구로 나눗셈의 몫 구하기

곱셈 계산과 마찬가지로 나눗셈 계산에 필요한 기본 기능은 곱셈구구이다. 예를 들어 28÷4를 계산할 때에는 4의 단 곱셈구구 중에서 4×7=28을 기억해내야 한다. 이러한 계산에 숙달되기 위해서는 충분한 연습이 필요하다.

(3) 몫이 두 자리 수인 (두 자리 수)÷(한 자리 수)의 지도

몫이 한 자리 수인 나눗셈은 모두 곱셈구구의 범위 내에서 해결된다. 다음 학습 단계는 몫이 두 자리 수인 나눗셈이다. 이러한 나눗셈을 하기 위해서는 60÷2=30과 같이 (몇십)

÷(몇)의 계산부터 익혀야 한다. 이때에도 6÷2=3과 같은 곱셈구구를 이용한 나눗셈과 관련하여 지도하는 것이 바람직하며, 구체적 조작 활동을 통해서 이해가 이루어지도록 지도한다.

(몇십)÷(몇)의 계산을 학습하고 나면, 63÷3과 같은 (몇십 몇)÷(몇)의 계산을 학습하도록 한다. 구체적 조작 활동을 통해 몫을 구하는 방법을 이해하고 나면, 그 다음으로 중요한 것은 장제법이라고도 하는 세로 형식의 나눗셈 알고리즘을 이해하고 학습하는 것이다.

$$\begin{array}{r} 21 \\ 3\overline{)63} \\ \underline{6} \\ 3 \\ \underline{3} \\ 0 \end{array}$$

(4) 나머지가 있는 나눗셈의 지도

세로 형식의 나눗셈 계산 알고리즘을 익히고 나면 나머지가 있는 나눗셈의 개념을 지도하는 것이 중요하다. "연필이 17자루 있습니다. 한 사람에게 5자루씩 나누어 주면 몇 사람에게 줄 수 있고, 몇 자루가 남는지 알아보시오."와 같이 구체적인 상황을 통해서, 나눗셈의 나머지 개념을 이해한 다음, '나머지'라는 용어를 정의하도록 하고,

$$17 \div 5 = 3 \cdots 2$$

와 같이 쓰도록 지도한다. 나머지의 개념을 정의할 때, 0도 나머지임을 주지시키도록 한다.

(5) (세 자리 수)÷(두 자리 수)의 지도

(세 자리 수)÷(두 자리 수)의 계산 방법을 이해하기 위해서는 60÷30 또는 120÷40과 같은 (10의 배수)÷(몇십)의 계산을 이해하는 것이 선행되어야 한다. 이때에도 6÷3=2 또는 12÷4=3과 같이 곱셈구구를 이용한 나눗셈이 연관된다.

다음 단계는 (두 자리 수)÷(몇십)의 계산에 대한 이해인데, 나머지가 있는 나눗셈이므로 세로 형식의 계산에 익숙해지도록 지도한다.

다음 단계는 (두 자리 수)÷(두 자리 수)의 지도인데, 이 계산은 두 자리 수 이상의 모든 나눗셈의 기본이 되기 때문에 중점을 두어 지도하여야 한다. 이 나눗셈에서 핵심적인 기능은 적당한 몫을 찾아 쓰는 일이다. 즉 '가상 몫 세우기' 기능을 익히는 것을 말한다.

가상 몫을 세우는 방법은 두 가지로 나누어 생각할 수 있다. 첫 번째 방법은 피제수의 앞의 한 자리 또는 두 자리 숫자를 제수의 십의 자리 숫자로 나누어 보는 방법이다. 즉 제수의 일의 자리의 수를 버림하여 나눗셈의 가상 몫을 정하여 보는 것이다.

$$27\overline{)93} \rightarrow 2\overline{)9}$$

두 번째 방법은 피제수의 앞의 한 자리 또는 두 자리 숫자를 제수의 십의 자리 수보다 1 큰 수를 사용하여 나누어 보는 방법이다. 즉 제수의 일의 자리의 수를 올림하여 나눗셈의 가상 몫을 정하여 보는 것이다.

$$27\overline{)93} \rightarrow 3\overline{)9}$$

어떠한 방법을 사용하여도, 가상 몫이 실제 몫보다 클 수도 있고 작을 수도 있다. 가상 몫이 실제 몫보다 클 경우에는 다시 가상 몫을 1 작게 하여 나눗셈을 시도하고, 가상 몫이 실제 몫보다 작을 경우에는 다시 가상 몫을 1 크게 하여 나눗셈을 시도하도록 한다.

가상 몫 세우기 기능이 숙달되면 (세 자리 수)÷(두 자리 수)의 세로 형식 계산 알고리즘을 익히도록 한다. 이후의 나눗셈 계산 방법 학습은 (세 자리 수)÷(두 자리 수)의 계산 방법에 따르도록 한다.

마) 혼합 계산의 지도

사칙 연산이 혼합되어 있는 계산의 순서는 수학자들 사이의 약속에 따른다. 덧셈이나 뺄셈보다는 곱셈이나 나눗셈을 먼저 계산하고, 괄호가 있을 경우에는 괄호 안의 계산을 먼저 하도록 지도한다. 계산식의 문법을 익히는 것이 중요하므로, 복잡한 계산으로 인하여 학습자가 학습에 흥미를 잃지 않도록 무리한 연습을 시키지 않는 것이 바람직하다.

1.2 분수와 그 연산

1) 분수 개념의 발달

분수 개념을 사용한 인류의 기록은 기원전 2000년경까지 거슬러 올라갈 수 있다. 수 개념의 발생 과정을 역사적, 심리적 관점에서 살펴볼 때 분수 개념은 자연수 개념 획득 이후 개개로 분리 취급 가능한 특정의 물리적 양을 자연수로 등분하고자 하는 필요성에서 비롯되었을 가능성이 크다. 그리고 한 단위의 물리적 양에 대한 등분은 여러 단위의 물리적 양을 자연수 등분으로 발전시키면서 유리수의 개념으로 이어진다고 볼 수 있다. 이러한 양으로서의 분수의 개념은 고대 바빌로니아, 이집트 등에서 널리 사용된 기록을 볼 수 있다.

분수가 양의 개념으로만 발생한 것은 아니다. 고대 그리스의 학자들은 양으로서의 분수 개념을 사용하기를 꺼려하였다. 그들은 1이라는 단위는 더 이상 쪼갤 수 없는 신성한 것으로 여기는 철학에 사로 잡혀 있었다. 그들에게 있어서 분수는 비(ratio)로서의 개념으로만 사용되었다. 예를 들어 $\frac{3}{4}$은 4 단위에 대한 3 단위의 비를 의미한다. 그러나 고대 그리스 학자들과는 달리 고대 그리스의 상인이나 무역업자들은 양으로서의 분수를 사용하는데 전혀 거리낌이 없었다. 그들은 단위분수의 개념도 알고 사용하였고, 분수를 표기하는 여러 가지 간편한 방법도 알고 있었다. 그들은 분자 다음에는 악센트 표시 1개, 분모 다음에는 악센트 표시 2개를 붙여서 분수를 표기하기도 했는데, 예를 들어 3′4″(γ′δ″ 또는 Γ′Δ″)는 $\frac{3}{4}$을 의미한다.

오늘날 우리들이 사용하는 분수의 분자와 분모를 구별하는 '—' 기호는 12세기경 아랍의 알 하사르(Al-Hassar)에 의해서 발명 사용되었다고 전해진다.

분수를 수학적으로 엄밀하게 정의하면 다음과 같다.

순서쌍 $(n, m)=\frac{n}{m}$을 분수(分數, fraction)라 하고, n을 분자, m을 분모라 한다. 단, n은 정수, m은 0이 아닌 정수이다.

분수는 분모, 분자가 정수이므로, 예를 들어 $\frac{1}{\sqrt{2}}$과 같은 수는 분수의 모양을 하고 있어도 분수의 정의에 비추어 보면 분수가 아니다. 유리수(有理數)는 영어로 rational number라고 하는데, rational의 어원은 ratio로 두 수의 비(比)를 말한다. 따라서 분수는 유리수의 전형적인 표현 방법이다. 그러나 유리수는 소수로도 표현되므로 분수가 유리수의 유일한 표현 방법은 아니다.

모든 유리수는 분수로 표현될 수 있다. 그러나 모든 분수의 집합이 모든 유리수의 집합과 일대일 대응이라고 말할 수는 없다. 예를 들어 유리수로서의 $\frac{1}{3}$에 대한 분수 표현은 무수히 많다. 즉 $\frac{1}{3}$, $\frac{2}{6}$, $\frac{3}{9}$, … 등은 같은 값을 갖는 동치분수들이므로, 서로 다른 유리수라고 볼 수 없다. 수학적으로 말하면, 유리수 $\frac{1}{3}$은 분수 $\frac{1}{3}$과 동치인 분수들의 집합 $\left\{\frac{1}{3}, \frac{2}{6}, \frac{3}{9}, \cdots\right\}$의 이름이라고 말할 수 있다. 즉 유리수 $\frac{1}{3}$은 분수 $\frac{1}{3}$의 동치류(同値類 equivalent class)이다.

2) 분수의 의미와 유형

가) 분수의 의미

분수 개념은 발생 과정에서도 다양한 상황과 의미를 포함하며 발달하였지만, 특히 학교수학에서 분수를 다룰 때에는 생활에서 발생하는 상황에 따라 같은 분수 $\frac{n}{m}$에 부과하는 의미를 다음 세 가지로 정리한다.

(1) 양

단위량을 m 등분한 것이 n개가 모인 것을 의미하는 것으로, 유리수의 고유 개념인 특정 양으로서의 분수 $\frac{n}{m}$을 생각해 볼 수 있다. 학교수학에서의 단위량은 연속량과 이산량으로 구분한다. 일반적으로는 연속량의 등분할(전체-부분)을 먼저 지도하고, 후에 이산량의 등분할(부분-전체)을 지도하게 된다.

(2) 비율

기준량 m에 대한 n의 비율로, 즉 '$n : m$'이란 비의 값으로서의 분수 $\frac{n}{m}$을 생각해 볼 수 있다.

(3) 나눗셈의 몫

n을 m으로 나눈 즉 '$n \div m$' 의미인 나눗셈의 몫으로서 분수 $\frac{n}{m}$을 생각해 볼 수 있다.

나) 분수의 유형

분수 $\frac{n}{m}$은 다음과 같이 여러 가지 유형으로 분류된다.

(1) 진분수

분자가 분모보다 작은 분수, 즉 1보다 작은 분수로서 $\frac{1}{4}$, $\frac{2}{5}$, $\frac{7}{15}$ 등과 같은 분수를 말한다. 분자나 분모와 같은 개념과 분수의 표기 방법이 발달하기 이전에는 분수 개념을 다룰 때에 단위 1보다 작은 양을 표시할 때에만 분수를 사용하는 경우가 많았기 때문에 '진분수(眞分數, proper fraction)'란 이름이 붙여졌다.

(2) 가분수

분자가 분모와 같거나 큰 분수를 말한다. 가분수(假分數)를 영어로 improper fraction이라고 부르는데, improper라는 수식어가 붙은 것은 예전의 사람들이 1보다 큰 양을 분수로 표시하는 일에 거리낌을 많이 느꼈었을 것이라는 추정을 가능하게 한다. 그러나 수학적으로 본다면, 가분수가 부적절(improper)하거나 그릇되었거나 틀렸다고 할 이유가 하나도 없다. 한자로는 '거짓' 가(假)를 사용하는데 그렇다고 하더라도 수학적으로는 분수가 거짓이라고 불리어야 할 아무런 근거가 없다. 오히려 $\frac{4}{3}$와 같은 가분수는 계산할 때에 $1\frac{1}{3}$ 같은 대분수보다 편리하게 사용할 수 있다.

(3) 대분수

$1\frac{1}{3}$과 같이 자연수와 진분수의 합으로 이루어진 분수를 말한다. 모든 대분수(帶分數, mixed fraction)는 가분수로 고칠 수 있으며, 모든 가분수는 대분수로 고칠 수 있다. 일반적으로 분수의 양감을 느끼기에는 대분수가 편리하고, 분수의 계산 과정에서는 가분수가 편리하게 사용된다. 대분수의 '대' 자는 한자로 '큰' 대(大)가 아니고 '띠' 대(帶)이다.

(4) 단위분수

$\frac{1}{2}$, $\frac{1}{3}$, $\frac{1}{4}$, … 등과 같이 분자가 1인 분수를 말한다. 고대 이집트 사람들은 단위분수(單位分數, unit fraction)를 기술적으로 잘 사용하였다. 예를 들어,

$$\frac{2}{5} = \frac{1}{5} + \frac{1}{5} \text{ 또는 } \frac{1}{3} + \frac{1}{15}$$

$$\frac{2}{101}=\frac{1}{101}+\frac{1}{202}+\frac{1}{303}+\frac{1}{606}$$

과 같이 분수를 단위분수의 합으로 표시하는 방법에 능숙하였다.

(5) 번분수

$\frac{\frac{2}{3}}{\frac{5}{9}}$, $\frac{2}{\frac{4}{7}}$, $\frac{\frac{4}{5}}{9}$와 같이 분자나 분모가 다시 분수로 이루어진 분수를 번분수(繁分數, complex fraction)한다. 예를 들어,

$$\frac{\frac{2}{3}}{\frac{5}{9}}=\frac{2}{3}\div\frac{5}{9}=\frac{2}{3}\times\frac{9}{5}=\frac{18}{15}=\frac{6}{5}$$

와 같이 모든 번분수는 분수의 나눗셈 과정을 통해서 분모, 분자가 모두 자연수인 분수로 고칠 수 있다.

(6) 여분수

어떤 분수와 합했을 때 1이 되는 분수를 그 분수의 여분수(餘分數, complementary fraction)라고 한다. 예를 들어 $\frac{1}{3}$은 $\frac{2}{3}$의 여분수이다.

(7) 동분모분수

$\frac{1}{5}$, $\frac{3}{5}$, $\frac{7}{5}$, … 와 같이 분모가 서로 같은 분수를 일컫는 말이다. 동분모분수(同分母分數, like fraction)의 분모를 공통분모(共通分母 common denominator)라고 부른다.

(8) 이분모분수

$\frac{1}{5}$, $\frac{2}{3}$, $\frac{9}{8}$, … 과 같이 분모가 서로 다른 분수를 일컫는 말이다. 이분모분수(異分母分數, unlike fraction)의 덧셈이나 뺄셈을 할 경우, 이들을 통분하여 동분모분수로 고쳐서 계산하여야 한다.

(9) 영분수

$\frac{0}{3}$과 같이 분자가 0인 분수를 말한다. 영분수(零分數, zero fraction)는 0과 같다.

(10) 역수

1을 어떤 수로 나눈 값을 그 수의 역수(逆數, reciprocal)라고 부른다. 자연수 a의 역수는 $\frac{1}{a}$이고, 분수 $\frac{n}{m}$의 역수는 $\frac{m}{n}$이다. 0의 역수는 없다.

(11) 동치분수

$\frac{1}{2}$, $\frac{2}{4}$, $\frac{3}{6}$, $\frac{5}{10}$, … 과 같이 같은 값을 나타내는 분수들을 서로 동치분수(同値分數, equivalent fraction)라고 부른다. 어떤 분수의 동치분수는 그 분수의 분모, 분자에 0이 아닌 같은 수를 곱하거나 나누어서 구할 수 있다.

(12) 기약분수

$\frac{3}{7}$, $\frac{6}{13}$, $\frac{355}{113}$와 같이 분모와 분자 사이에 공약수를 갖지 않는 분수를 말한다. 분수는 약분에 의하여 같은 값을 갖는 기약분수(旣約分數, irreducible fraction)로 고칠 수 있다. 동치분수끼리 모아 놓고 보면, 분모가 가장 작은 분수가 기약분수가 된다.

3) 분수의 성질

유리수의 한 표현 방법으로서 분수가 갖는 성질은 유리수로서 갖는 성질과 분수라는 표기방식에서 갖게 되는 성질들이 복합적으로 만들어 내는 성질이지만, 여기서는 분수로 표기하는 과정에 갖는 성질만 언급하고, 유리수로서 갖는 성질은 소수의 성질에서 언급하기로 한다.

① 분수의 분모, 분자에 0이 아닌 어떤 정수를 곱하여도 처음의 분수와 같은 분수(동치분수)가 된다.

$$\frac{n}{m}=\frac{n\times a}{m\times a}\ (\text{단, } a\neq0)$$

② 분수의 분모, 분자를 0이 아닌 어떤 정수로 나누어도 처음의 분수와 같은 분수(동치분수)가 된다.

$$\frac{n}{m}=\frac{n\div b}{m\div b}\ (\text{단, } b\neq0)$$

③ 분수는 같은 유리수의 또 다른 표현 방식인 소수와 비교할 때, 이분모분수의 경우 덧셈과 뺄셈은 불편하지만, 동분모분수인 경우는 오히려 분수가 더 편리하다. 그리고 곱셈과 나눗셈은 소수의 경우보다 월등 편리하다.

④ 두 수의 대소 비교에서 소수의 경우와 비교해 볼 때, 분수가 더 불편함을 알 수 있다.

⑤ 자연수를 분수로 표현하는 것도 가능하다. 예를 들어 3은 $\frac{3}{1}$으로 표현할 수 있다.

4) 분수의 학습 지도 방법

초기 분수 개념의 도입은 연속량이든 이산량이든 등분할의 개념을 올바르게 이해할 수 있게 하는 활동으로부터 시작한다. 그 다음에는 m개로 등분할 된 것 중 몇 (n)개에 해당하는가를 각각 분모, 분자로 나타내어 $\frac{n}{m}$으로 나타낸다는 것을 지도하게 된다. 지도 순서는 다음과 같다.

가) 전체와 부분의 관계 이해하기

① 분수의 개념은 처음에 주어진 양과 그 양의 부분과의 관계에서 비롯되기 때문에 분수 학습 초기 단계에서는 연속량의 전체에 대한 부분이나 이산량의 여러 개 중 일부분에 대한 이해를 강화시키는 것이 필요하다.
② 이어서 역으로 부분들이 어떻게 모여서 처음에 주어진 양과 같게 되는지를 알아보는 활동이 필요하다.

나) 전체를 등분할하는 방법과 등분할 된 부분과 전체의 관계 이해하기

① 주어진 연속량을 똑같이 분할하는 방법에 대하여 체험을 통한 이해를 시킨다.
② 등분할 된 부분들을 겹쳐보기 등의 방법으로 서로 같음과 또 같아야 됨을 알게 한다.
③ 등분할 된 것이 모여서 다시 전체가 되는 과정에 대하여 알아보게 한다.

다) 등분할 된 것이 몇 개 모여 이루어진 것인지 이해하기

① 부분이 전체를 몇으로 등분할 하면 되는지를 알게 한다.
② 부분과 전체를 각각 몇으로 등분할 하여야 최종 등분할 된 것이 서로 같게 되는지를 알게 한다.

라) 주어진 부분은 전체를 몇으로 등분할 한 것 중 몇인가를 분수로 나타내기

① 전체를 등분할 한 수가 분모, 부분은 전체가 등분할 된 것이 몇 개인가에 해당하는 수가 분자가 되어 전체에 대한 부분을 나타내는 분수로 나타냄을 알게 한다.
② 분수와 그 분수 값을 나타내는 전체와 부분의 관계를 연속량이나 이산량으로 나타낸 예를 찾거나 직접 만들어 보게 한다.

마) 동치분수를 구체물의 그림을 통해서 이해하기

① 특정 부분을 구성하는 등분할 된 것의 개수는 전체를 등분할하는 수에 따라 달라진다는 것을 구체물을 통하여 이해시킨다.
② 동치분수는 서로 표시 방법만 다르지 같은 분수임을 알게 한다.

이상의 분수 개념 지도 과정을 거쳐 분수 개념을 발전시킬 때 주의할 점은 해당 분수를 나타낸 구체물의 상대적 크기나 모양과는 무관하며, 다음 그림과 같이 단지 전체를 몇(분모)으로 등분할하고, 그 결과 부분은 몇 개(분자)에 해당하는지가 분수를 결정함을 이해시켜야 한다. 즉, 아래의 그림에서 회색으로 칠하여진 부분은 모두 $\frac{2}{5}$를 나타내고 있음을 이해할 수 있어야 한다.

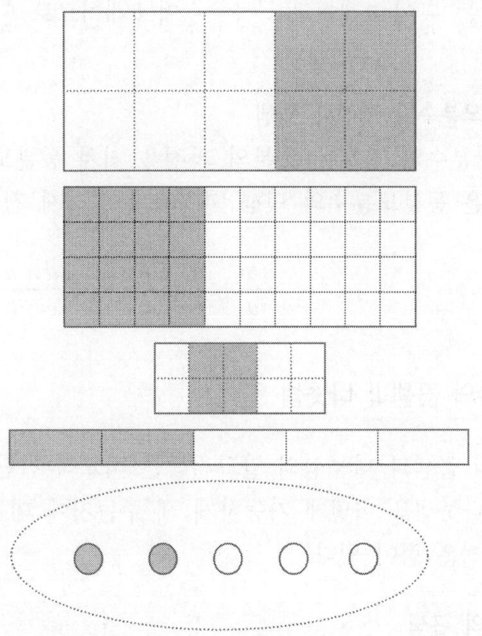

초기 분수 도입 단계에서는 간단한 분수의 뜻을 알고, 이를 분수로 표기하는 방법을 이해함을 목표로 하기 때문에 복잡한 분수나 분수를 나타내는 복잡한 방법은 다루지 않는 것이 좋다.

5) 분수의 계산

분수는 유리수의 한 표현 방법이므로 유리수가 사칙연산에 대하여 닫혀 있는 성질을 갖고 있듯이 분수도 사칙연산에 대하여 닫혀 있는 성질을 동일하게 갖고 있다. 물론 0으로 나누는 경우는 제외한다.

가) 분수의 덧셈과 뺄셈

분수의 덧셈과 뺄셈은 동분모분수의 경우에만 가능하므로 이분모분수인 경우 우선 동분모분수로 만들기 위한 통분이란 과정을 거쳐야 한다.

(1) 동분모분수의 덧셈과 뺄셈

일단 덧셈이나 뺄셈을 하고자 하는 분수의 동분모분수 처리가 완료된 경우에 분수의 덧셈과 뺄셈은 자연수의 덧셈, 뺄셈과 방법이 유사하기 때문에 두 동분모분수의 덧셈과 뺄셈에서 분모는 그대로 두고 분자만 더하거나 빼는 방식으로 분수 덧셈과 뺄셈의 알고리듬이 진행됨을 이해, 숙달시키면 된다.

이때, 분수 $\frac{n}{m}$의 개념을 $\frac{1}{m}$이 n개가 모인 것으로 이해시키면 앞에서 설명한 방법처럼 분수의 덧셈과 뺄셈을 진행시킬 수 있게 된다.

즉, $\frac{a}{n}$는 $\frac{1}{n}$이 a개이고, $\frac{b}{n}$는 $\frac{1}{n}$이 b개이므로 $\frac{a}{n}\pm\frac{b}{n}=\frac{a\pm b}{n}$가 된다.

(2) **이분모분수의 덧셈과 뺄셈**

이분모분수의 경우는 통분의 과정을 거쳐 동분모분수로 만드는 과정만 추가하면 나머지 과정은 동분모분수의 덧셈 과정과 동일하게 진행된다. 즉,

$$\frac{b}{a}\pm\frac{d}{c}=\frac{b\times c}{a\times c}\pm\frac{d\times a}{c\times a}=\frac{bc\pm ad}{ac}$$

나) 분수의 곱셈과 나눗셈

분수의 곱셈과 나눗셈의 알고리듬은 비교적 간단하다. 그러나 그런 알고리듬이 분수의 곱셈과 나눗셈을 어떻게 가능하게 해 주는지에 대한 설명은 초등학생 입장에서는 이해하기가 어려운 점이 있다.

(1) **분수의 곱셈**

곱셈의 알고리즘 $\frac{b}{a}\times\frac{d}{c}=\frac{b\times d}{a\times c}$의 의미를 이해하게 한다. 어떤 수에 $\frac{d}{c}$를 곱한다는 것은 어떤 수를 c등분하여($\frac{1}{c}$을 곱하는 것과 같음) 그 중 d개를 취하는 것이므로(분자에 d를 곱하는 것과 같음), $\frac{b}{a}\times\frac{d}{c}$는 $\frac{b}{a}$를 먼저 c로 나누고, 따라서 $\frac{b}{a\times c}$가 되고 여기에 d를 곱하여 $\frac{b\times d}{a\times c}$가 되는 것으로 설명이 가능하다. 하지만 이 과정에는 c등분하는 것과 동치인 것으로 $\frac{1}{c}$을 곱하는 것을 설명 없이 사용하고 있기 때문에 그림이나 조작물을 사용한 구체적인 방법으로 어떤 수를 c로 나눈다는 것이 $\frac{1}{c}$을 곱하는 것과 같은 의미임을 설명할 필요가 있다.

(2) **분수의 나눗셈**

나눗셈의 알고리즘 $\frac{b}{a}\div\frac{d}{c}=\frac{b}{a}\times\frac{c}{d}=\frac{b\times c}{a\times d}$의 의미를 이해하게 한다. 다음과 같이 설명하면 비교적 간단하면서 명쾌하게 초등학생에게 이해시킬 수 있다.

$$\frac{b}{a}\div\frac{d}{c}=\frac{bc}{ac}\div\frac{ad}{ac}=bc\div ad=\frac{bc}{ad}=\frac{b\times c}{a\times d}$$

6) 분수의 계산 지도 방법

가) 분수의 덧셈과 뺄셈 지도 방법

(1) 동분모분수의 덧셈과 뺄셈

동분모분수의 덧셈, 뺄셈은 $\frac{b}{a}$는 $\frac{1}{a}$이 b개이고, $\frac{c}{a}$는 $\frac{1}{a}$이 c개이므로, $\frac{b}{a} \pm \frac{c}{a}$는 $\frac{1}{a}$이 b개와 c개의 합 또는 차로 설명된다. 즉,

$$\frac{b}{a} \pm \frac{c}{a} = \frac{b \pm c}{a} \text{(단, 뺄셈에서는 } b > c \text{인 경우만 다룬다.)}$$

동분모분수의 덧셈과 뺄셈의 지도 순서는 대체로 다음의 같다.

① 구체물 조작활동을 통해 동분모분수의 덧셈, 뺄셈의 원리를 알아보게 한다.
② 선분도와 같은 반구체물을 통해서 동분모분수의 덧셈, 뺄셈의 원리를 알아보게 한다.
③ 수직선상에 표시를 하여 동분모분수의 덧셈, 뺄셈의 원리를 지도한다.
④ 최종적으로 형식화하여 다음과 같은 다양한 경우를 구분하여 동분모분수의 덧셈, 뺄셈을 숙달시킨다.

a. 진분수가 되는 진분수끼리의 덧셈과 뺄셈
b. 합이 1보다 큰 진분수끼리의 덧셈
c. 받아 올림이 없는 대분수끼리의 덧셈
d. 받아 올림이 있는 대분수끼리의 덧셈
자연수 부분은 자연수끼리 진분수 부분은 진분수끼리의 합으로 계산하고, 합의 결과에 해당하는 분수가 가분수로 나타나면 가분수를 대분수로 고치면서 자연수 부분은 받아 올림을 하여 답을 대분수로 쓰도록 지도한다.
e. 받아 내림이 없는 대분수의 뺄셈
f. 받아 내림이 있는 대분수의 뺄셈
대분수의 진분수 부분에서 피감수의 진분수가 감수의 진분수보다 작기 때문에 피감수에서 받아 내림을 하여 분수 부분을 가분수로 만들어 계산하도록 지도한다.

(2) 이분모분수의 덧셈과 뺄셈

통분의 과정을 거쳐 동분모분수로 고쳐서 앞에서와 같은 방법으로 계산한다.

$$\frac{b}{a} \pm \frac{d}{c} = \frac{bc}{ac} \pm \frac{ad}{ac} = \frac{bc \pm ad}{ac} \text{(단, 뺄셈에서는 } bc > ad \text{의 경우만 다룬다.)}$$

이분모분수끼리의 덧셈, 뺄셈의 지도는 대체로 다음의 과정을 따른다.

① 동치분수를 만들어 덧셈, 뺄셈의 방법을 알아본다. 즉, 0이 아닌 같은 수를 분모, 분자에 곱하여도 분수의 크기는 같다는 성질을 이용한다.
② 구체물 조작 활동을 통해서 이분모분수의 덧셈과 뺄셈의 의미를 파악하게 한다.
③ 선분도와 같이 반구체적인 물체의 사용을 통하여 이분모분수의 덧셈과 뺄셈의 의미를 파악토록 한다.

④ 다음과 같은 각 경우의 이분모분수의 덧셈과 뺄셈은 분모끼리의 최소공배수를 공통 분모로 하는 통분의 과정을 거쳐 동분모분수를 만들어 계산하도록 형식화하여 숙달 지도를 한다.

a. 이분모진분수의 덧셈

아래와 같이 연속량의 등분할 조작을 통하여 통분의 개념을 이용한 계산 원리를 이해시킨다.

$$\frac{1}{3} \Rightarrow \frac{5}{15},\ \frac{2}{5} \Rightarrow \frac{6}{15} \qquad \frac{1}{3} + \frac{2}{5} = \frac{5}{15} + \frac{6}{15}$$

b. 받아 올림이 없는 이분모대분수의 덧셈

c. 받아 올림이 있는 이분모대분수의 덧셈

대분수 상태로 통분하여 자연수끼리, 분수끼리 각각 덧셈을 하고 합의 결과가 가분수이면 대분수로 나타내도록 지도한다.

d. 받아 내림이 없는 이분모대분수의 뺄셈

e. 받아 내림이 있는 이분모대분수의 뺄셈

두 대분수를 통분하여 피감수의 분수 부분을 1만큼 받아 내려 가분수로 고치고 자연수끼리, 분수끼리 각각 뺄셈을 하도록 지도한다.

나) 분수의 곱셈 지도 방법

분수의 곱셈 알고리즘을 효율적으로 학습하기 위해서는 다음 순서에 따라 지도하는 것이 바람직하다.

① (단위분수)×(자연수)
② (진분수)×(자연수)
③ (가분수)×(자연수)
④ (대분수)×(자연수)
⑤ (자연수)×(단위분수)
⑥ (자연수)×(진분수)
⑦ (자연수)×(가분수)
⑧ (자연수)×(대분수)
⑨ (단위분수)×(단위분수)
⑩ (진분수)×(단위분수)
⑪ (단위분수)×(진분수)
⑫ (진분수)×(진분수)
⑬ (가분수)×(가분수)
⑭ (대분수)×(대분수)

(1) (분수)×(자연수)

(가) (단위분수)×(자연수)

단위분수의 자연수 배 개념으로 이해시킨다. 예를 들어 $\frac{1}{5}\times 4$의 경우 $\frac{1}{5}$의 4배로 해석해서 $\frac{1}{5}\times 4=\frac{1}{5}+\frac{1}{5}+\frac{1}{5}+\frac{1}{5}=\frac{4}{5}$로 계산한다.

(나) (진분수)×(자연수)

수직선 또는 구체물을 이용하여 동수누가의 의미로 곱셈의 원리를 이해시킨다.

$$\frac{2}{15}\times 5$$

0 $\frac{5}{15}$ $\frac{10}{15}$ 1 $1\frac{5}{15}$

$$\begin{aligned}\frac{2}{15}\times 5&=\frac{2}{15}+\frac{2}{15}+\frac{2}{15}+\frac{2}{15}+\frac{2}{15}\\&=\frac{2+2+2+2+2}{15}\\&=\frac{2\times 5}{15}\\&=\frac{10}{15}\\&=\frac{2}{3}\end{aligned}$$

(가분수)×(자연수)의 경우는 (진분수)×(자연수)의 방법에 따른다.

$$\begin{aligned}\frac{5}{3}\times 4&=\frac{5}{3}+\frac{5}{3}+\frac{5}{3}+\frac{5}{3}\\&=\frac{5\times 4}{3}=\frac{20}{3}\end{aligned}$$

(다) (대분수)×(자연수)

분배법칙을 이용하여 곱셈을 하거나, 대분수를 가분수로 고쳐서 계산한다.

$$1\frac{2}{3}\times 2$$

×2

대분수를 가분수로 고치는 경우: $1\frac{2}{3}\times 2=\frac{5}{3}\times 2=\frac{10}{3}$

분배법칙을 이용하는 경우: $1\frac{2}{3}\times 2=\left(1+\frac{2}{3}\right)\times 2=(1\times 2)+\left(\frac{2}{3}\times 2\right)$

$$=2+\frac{4}{3}=2+1+\frac{1}{3}=3\frac{1}{3}$$

(2) (자연수)×(분수)

(자연수)×(분수)의 지도는 (분수)×(자연수)를 지도할 때 계산 방법의 절차적 원리만 놓고 보면 교환법칙을 이용하여 함께 지도하여도 된다고 할 수 있다. 그러나 연산의 의미에 적용되는 개념은 사뭇 다르다. (분수)×(자연수)의 경우에는 동수누가의 개념을 적용할 수 있지만, (자연수)×(분수)의 경우에는 '분수 배'의 개념, 즉 연산자로서의 분수 개념이 적용되고, 이 개념을 계산 방법의 절차적 원리로 발전시키는 과정도 그다지 간단하지 않다.

(가) (자연수)×(단위분수)

도입 부분에서는 이산량의 단위분수 배 개념으로 이해시킨다. 예를 들어 $18\times\frac{1}{3}$의 경우, 18의 $\frac{1}{3}$배 즉, $18\div 3=6$으로 이해시킨다. 그러나 이 경우는 $\frac{18}{3}$을 약분하여 자연수의 형태가 된 경우이므로, 약분이 되지 않고 분수 형태로 남는 경우를 위해 계산 알고리즘을 함께 다루어 주는 것이 좋다.

$$18\times\frac{1}{3}=\frac{18\times 1}{3}=\frac{18}{3}=6$$

이어서, 약분이 되지 않고 분수 형태로 남는 경우의 예를 보여준다.

$$18\times\frac{1}{5}=\frac{18\times 1}{5}=\frac{18}{5}=3\frac{3}{5}$$

(나) (자연수)×(진분수)

(자연수)×(단위분수)에서 익힌 계산 알고리즘을 이용하여 다음과 같이 지도한다.

$$18\times\frac{2}{5}=\frac{18\times 2}{5}=\frac{36}{5}=7\frac{1}{5}$$

(자연수)×(가분수)의 경우는 (자연수)×(진분수)의 방법에 따른다.

$$18\times\frac{7}{5}=\frac{18\times 7}{5}=\frac{126}{5}=25\frac{1}{5}$$

(다) (자연수)×(대분수)

대분수를 가분수로 고쳐서 계산하도록 지도한다.

$$4\times 2\frac{1}{3}=4\times\frac{7}{3}=\frac{4\times 7}{3}=\frac{28}{3}=9\frac{1}{3}$$

분배법칙을 이용한 곱셈으로 지도할 수도 있다.

$$4\times 2\frac{1}{3}=4\times\left(2+\frac{1}{3}\right)=4\times 2+4\times\frac{1}{3}=4\times 2+\frac{4}{3}=9\frac{1}{3}$$

(3) (분수)×(분수)

(가) 단위분수의 곱

그림을 이용하여 다음과 같이 지도한다.

① (단위분수)×(단위분수)

$$\frac{1}{3}\times\frac{1}{2}$$

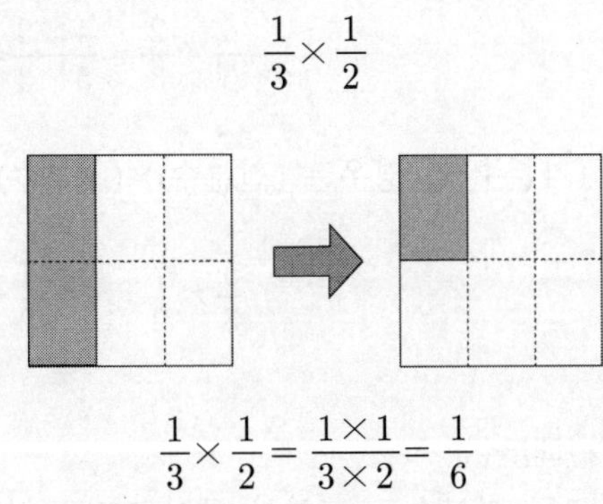

$$\frac{1}{3}\times\frac{1}{2}=\frac{1\times 1}{3\times 2}=\frac{1}{6}$$

② (진분수)×(단위분수)

$$\frac{2}{3}\times\frac{1}{5}$$

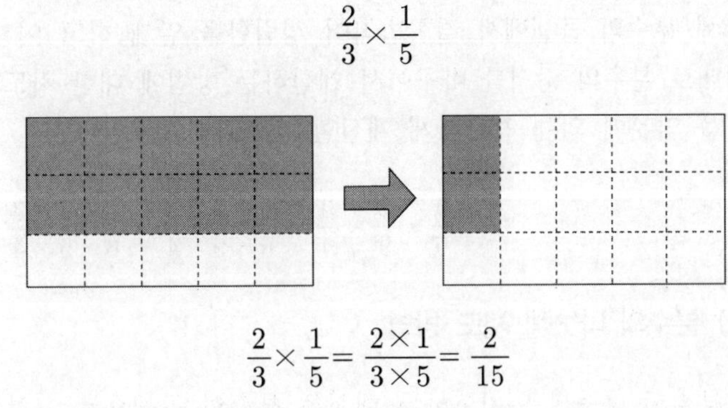

$$\frac{2}{3}\times\frac{1}{5}=\frac{2\times 1}{3\times 5}=\frac{2}{15}$$

③ (단위분수)×(진분수)

$$\frac{1}{2}\times\frac{3}{5}$$

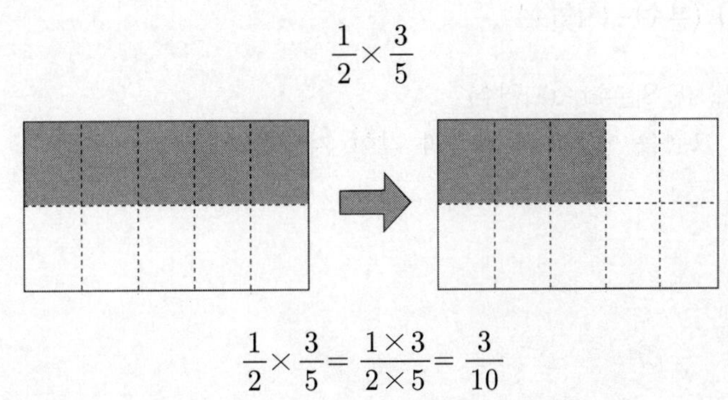

$$\frac{1}{2}\times\frac{3}{5}=\frac{1\times 3}{2\times 5}=\frac{3}{10}$$

(나) (진분수)×(진분수)

진분수끼리의 곱셈의 원리를 그림을 이용하여 이해시킨 후 이에 대한 형식화의 과정을 거쳐 숙달시킨다.

$$\frac{4}{5} \times \frac{2}{3}$$

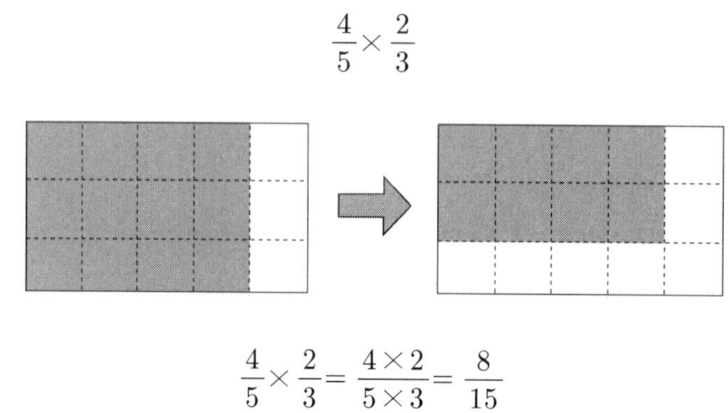

$$\frac{4}{5} \times \frac{2}{3} = \frac{4 \times 2}{5 \times 3} = \frac{8}{15}$$

(가분수)×(가분수)의 경우는 (진분수)×(진분수)의 방법에 따른다.

$$\frac{5}{3} \times \frac{7}{2} = \frac{5 \times 7}{3 \times 2} = \frac{35}{6}$$

(다) (대분수)×(대분수)

대분수는 모두 가분수로 고쳐서 계산하도록 지도한다.

(라) 세 분수의 곱셈

세 분수의 곱셈에서 결합법칙이 성립함을 알게 하고 이 법칙을 이용하여 좀더 간편한 형태로 분수의 순서를 바꾸어서 계산하는 방법에 대한 지도를 한다. 그리고 세 분수의 곱셈을 약분에 의해 간단하게 계산할 수 있게 지도한다.

$$\frac{5}{6} \times \frac{2}{9} \times \frac{3}{4} = \frac{5 \times 2 \times 3}{6 \times 9 \times 4} = \frac{5 \times \overset{1}{\cancel{2}} \times \overset{1}{\cancel{3}}}{\underset{2}{\cancel{6}} \times 9 \times \underset{2}{\cancel{4}}} = \frac{5}{36}$$

다) 분수의 나눗셈 지도 방법

분수의 나눗셈을 지도하는 핵심은 분수의 곱셈으로 고쳐서 계산하도록 하는 것이다.

(1) (분수)÷(자연수)

(가) (단위분수)÷(자연수)

그림을 이용하여 다음과 같이 지도한다.

$$\frac{1}{3} \div 2$$

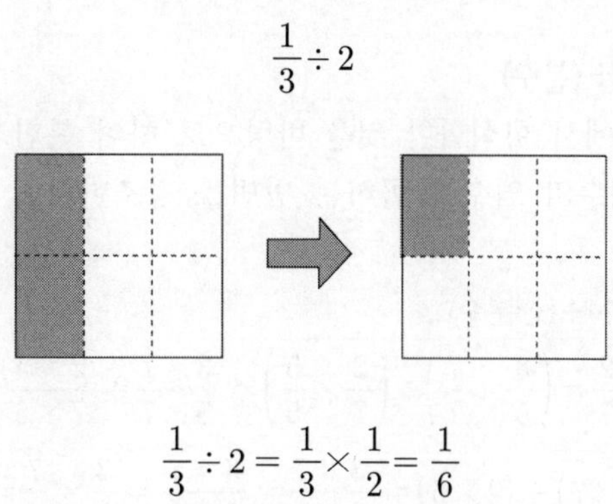

$$\frac{1}{3} \div 2 = \frac{1}{3} \times \frac{1}{2} = \frac{1}{6}$$

즉 (단위분수)×(단위분수)의 개념을 적용하는 것이다.

(나) (진분수)÷(자연수)

(진분수)×(단위분수)의 개념을 활용하여 지도한다.

예를 들어 $\frac{3}{4} \div 5$의 지도는 다음과 같다.

$$\frac{3}{4} \div 5 = \frac{3}{4} \times \frac{1}{5} = \frac{3 \times 1}{4 \times 5} = \frac{3}{20} \text{(제수의 역수를 곱한다)}$$

(2) (자연수)÷(분수)

예를 들어 $4 \div \frac{2}{3}$의 지도는 다음과 같이 분모가 같은 분수끼리의 나눗셈의 원리를 이용한다.

$$4 \div \frac{2}{3} = \frac{4 \times 3}{3} \div \frac{2}{3} = \frac{12}{3} \div \frac{2}{3} = (12 \div 2) = 6$$

(자연수)÷(분수)의 계산 알고리즘을 체계적으로 익히기 위해서는 다음과 같은 순서에 따르는 것이 좋다.

① 1÷(단위분수) (예: $1 \div \frac{1}{3}$)

② (자연수)÷(단위분수) (예: $3 \div \frac{1}{2}$)

③ 1÷(진분수) (예: $1 \div \frac{2}{3}$)

④ (자연수)÷(진분수) (계산 결과가 자연수가 되는 경우) (예: $6 \div \frac{3}{4}$)

⑤ (자연수)÷(진분수) (계산 결과가 분수가 되는 경우) (예: $5 \div \frac{2}{3}$)

이 단계에서 구태여 (자연수)÷(가분수)나 (자연수)÷(대분수)를 지도할 필요는 없다. 구체적 조작 활동도 중요하지만 더욱 강조해야 할 점은 나누는 수가 분수인 경우, 그 분수의 분자와 분모를 바꾸어 곱한다는 계산 원리를 익히는 것이다.

(3) (분수)÷(분수)

(1), (2)에서 형식화한 것을 바탕으로 하여 복합적인 방법을 사용하여 계산한다. 궁극적으로는 제수의 역수를 곱하는 방법을 강조한다.

(가) (진분수)÷(진분수)

예 $\frac{3}{5}\div\frac{2}{7}=\left(\frac{3}{5}\times\frac{7}{7}\right)\div\left(\frac{2}{7}\times\frac{5}{5}\right)=\frac{3\times7}{5\times7}\div\frac{2\times5}{7\times5}$

$=(3\times7)\div(2\times5)=\frac{3\times7}{2\times5}=\frac{3\times7}{5\times2}=\frac{3}{5}\times\frac{7}{2}=\frac{21}{10}$

즉, $\frac{3}{5}\div\frac{2}{7}=\frac{3}{5}\times\frac{7}{2}$

이 경우에도 계산 알고리즘을 체계적으로 익히기 위해서는 다음과 같은 순서에 따르는 것이 좋다.

① (단위분수)÷(단위분수) (계산 결과가 자연수가 되는 경우) (예: $\frac{1}{2}\div\frac{1}{6}$)

② (단위분수)÷(단위분수) (계산 결과가 분수가 되는 경우) (예: $\frac{1}{2}\div\frac{1}{3}$)

③ (진분수)÷(단위분수) (계산 결과가 자연수가 되는 경우) (예: $\frac{3}{4}\div\frac{1}{8}$)

④ (진분수)÷(단위분수) (계산 결과가 분수가 되는 경우) (예: $\frac{3}{4}\div\frac{6}{7}$)

⑤ (동분모 진분수)÷(동분모 진분수) (예: $\frac{3}{8}\div\frac{5}{8}$)

⑥ (이분모 진분수)÷(이분모 진분수) (예: $\frac{6}{7}\div\frac{3}{4}$)

중요한 것은 계산 알고리즘 즉, 나누는 수의 분모와 분자를 바꾸어 곱한다는 방법을 익히는 것이다. 이 부분에서 구체적 조작 활동을 강조하는 것은 그다지 큰 도움이 되지 않는다. 오히려 계산 알고리즘을 익히는 데 방해가 될 수도 있다.

(나) (가분수 또는 대분수)÷(진분수)

대분수는 가분수로 고쳐서 진분수끼리의 나눗셈과 동일한 알고리듬으로 계산한다.

(다) (대분수)÷(가분수)

대분수는 가분수로 고쳐서 진분수끼리의 나눗셈과 동일한 알고리듬으로 계산한다.

(라) (대분수)÷(대분수)

대분수는 가분수로 고쳐서 진분수끼리의 나눗셈과 동일한 알고리듬으로 계산한다.

1.3 소수와 그 연산

1) 소수 표기 방법의 발달

유리수를 표현하는 또 다른 방법인 소수(小數)는 영어로 decimal 또는 decimal fraction 이라고 불린다. Decimal fraction은 십진소수 또는 십진분수라고 부를 수 있는데, 분모가 10의 거듭제곱인 분수를 의미한다. 소수 사용의 역사는 기원전 2000년까지 거슬러 올라간다. 고대 바빌로니아 사람들이 사용한 소수는 십진소수라기 보다는 육십진소수(sexagesimal) 라고 부를 수밖에 없는데 그 이유는 그들이 육십진법을 사용하여 소수를 표기했기 때문이다. 예를 들어,

$$2 \quad 27 \quad 18$$

이라고 표기한 것은

$$2+\frac{27}{60}+\frac{18}{60^2}$$

이라고 해석된다. 육십진법 소수 표기 방법은 훗날 고대 그리스 사람들에게서도 사용되었다.

십진 소수 표기법은 인도, 중국, 페르시아 등에서 15세기경까지 사용되었다. 십진 소수 표기법의 체계적인 발달에 기여한 사람으로는 프랑스의 비에트(Francois Viete, 1540~1603), 벨기에의 스테빈(Simon Stevin, 1548~1620), 스코틀랜드의 네이피어(John Napier, 1550~1617) 등을 들 수 있다.

스테빈이 제안한 방법은 분수의 개념과 십진법을 접목시키려는 의도에서 시작되었다. 즉, 분수 중 분모가 10의 거듭제곱인 경우에 착안하여 1보다 작은 수를 십진법에 맞추어 표현하는 방법이다. 스테빈은 소수 표기법을 소개한 그의 1579년 논문에서 소수의 성질에 대하여 다음과 같이 설명하고 있다.

- 소수는 십진법의 전개 방법과 동일한 방법으로 전개한다.
- 표기하는 방법은 아라비아 기수법을 따른다.
- 소수를 사용하면 분수의 도움 없이도 어떤 유리수라도 표현 가능하다.
- 실제 계산에 있어서도 소수를 사용하면 분수 도움 없이 가능하다.

스테빈이 제안한 당시의 표기 방법은 현재와 달라 다소 불편한 방법이었다. 예를 들어 27.847을 표기하는 스테빈의 방법은 다음과 같다.

⓪①②③
2 7 8 4 7 또는 2 7⓪8①4②7③

소수점의 사용은 네이피어에 의해 도입되었고, 현재의 소수 표기 방법으로 발전시킨 것

은 스위스의 수학자 뷰에지(Joost Bürgi, 1552~1632)이다. 그러나 소수점을 나타내는 기호는 국제적으로 통일되어 있지 않다. 미국에서는 우리와 같이 마침표(.)를 사용하여 3.18로 나타내지만, 영국에서는 가운데 점(·)을 사용하여 3·18로 나타낸다. 그런가 하면 프랑스나 독일 같은 유럽 국가에서는 쉼표(,)를 사용하여 3,18로 나타내고, 스칸디나비아 국가들에서는 $3,^{18}$과 같이 소수점 아래의 숫자들을 위첨자로 표기한다. 컴퓨터가 발달한 오늘날에는 1보다 작은 양을 나타낼 때 분수보다는 소수가 널리 사용되고 있다. (West, B. H. et al. 1982, pp. 135-137)

2) 소수의 유형

소수는 그 표기 상황에 따라 다음과 같이 구분한다.

가) 순소수

0.5와 같이 1보다 작은 크기의 소수로 정수 부분이 0인 소수를 순소수(純小數, pure decimal)라 한다.

나) 대소수

3.14나 12.085와 같이 정수 부분이 0이 아닌 소수를 대소수(帶小數, mixed decimal)라 한다. 분수에서는 대분수가 이에 해당된다.

다) 유한소수

3.875와 같이 소수점 아래 0이 아닌 숫자가 유한 번 나타나는 소수를 유한소수(有限小數, finite decimal, terminating decimal)라 한다.

라) 무한소수

$\frac{1}{3}$을 소수로 나타내면 0.3333⋯와 같이 3이 끝없이 반복된다. 이와 같이 소수점 아래 0이 아닌 숫자가 무한히 계속되는 소수를 무한소수(無限小數, infinite decimal)라고 한다.

마) 순환소수

$\frac{2}{3}=0.6666\cdots$, $\frac{5}{11}=0.45454545\cdots$와 같이 소수점 아래의 어느 자리 이후부터는 한 개 또는 여러 개의 숫자가 계속 반복하여 나타나는 무한소수를 순환소수(循環小數, recurring decimal, repeating decimal, periodic decimal)라고 한다. 이 반복하는 숫자들을 순환마디(period 또는 repetend)라고 하는데, 순환소수를 간략하게 표기하기 위해서 다음과 같이 순환마디 위에 점을 찍거나 줄을 그어서 나타내기도 한다.

$$\frac{2}{3} = 0.6666\cdots = 0.\overline{6} = 0.\dot{6}$$

$$\frac{5}{11} = 0.454545\cdots = 0.\overline{45} = 0.\dot{4}\dot{5}$$

$$6\frac{37471}{99900} = 6.37508508508\cdots = 6.37\overline{508} = 6.37\dot{5}0\dot{8}$$

순환소수의 경우 소수 첫째 자리부터 순환마디가 시작되는 경우 순순환소수(純循環小數)라고 하고, 소수 둘째 자리 이하에서 순환마디가 시작되는 순환소수를 혼순환소수(混循環小數)라고 한다.

어떠한 분수도 유한소수나 순환소수로 나타낼 수 있으며, 어떠한 순환소수도 분수로 나타낼 수 있다.

바) 비순환무한소수(非順換無限小數, nonterminating, nonrepeating decimal)

0.101100111000…이나 $\sqrt{3} = 1.732050807\cdots$과 같이 유한하지도 않고 순환하지도 않는 소수를 비순환무한소수라고 한다. 비순환무한소수는 무리수(無理數 irrational number)이다. 무리수는 분수로 나타낼 수 없다. 대표적인 무리수는 π=3.141592…이다. 비순환무한소수를 제외한 나머지 소수들은 모두 분수로 나타낼 수 있으며 이들이 유리수(有理數 rational number)이다. 영어의 rational은 ratio에서 나온 말인데, ratio는 두 수의 비(比)를 의미한다.

3) 소수의 성질

여기서 소수의 성질은 유리수의 성질을 포함하며, 이 유리수의 성질은 분수의 성질이기도 하다. 그러나 소수에는 유리수로서 가지는 성질 외에 무리수를 부분적으로 표현할 수 있다는 부가적인 성질을 갖는다. 소수가 갖는 성질을 종합하여 정리하면 다음과 같다. 이 중 가), 나), 다), 라)는 유리수의 성질에 해당한다.

가) 무한성

유리수에는 최대수와 최소수가 없다. 유리수를 수직선상에 표시하였을 때 정수의 경우와 같이 수직선의 음의 방향과 양의 방향으로 한 없이 뻗어나가 그 한계가 없다.

나) 삼일률

유리수 집합에서 임의의 두 원소 p, q를 취했을 때, 이 두 유리수 사이에는 다음 세 가지 경우 중 한 가지만을 반드시 성립시키는 성질을 갖는다. 이것을 삼일률(三一律, law of trichotomy)이라 한다.

$$p > q,$$
$$p = q,$$
$$p < q,$$

다) 조밀성

유리수 집합에서 임의의 아무리 근접된 두 수 p, $q(p < q)$를 취하더라도 두 유리수 사이에는 p, q와 다른 제 3의 유리수 $r(p < r < q)$이 반드시 존재한다. 그런 r은 $\frac{p+q}{2}$, 즉 두 수 p와 q의 중간에 위치한 수를 비롯하여 무수히 많이 만들어 낼 수 있는데 이 과정은 아무리 서로 근접해 있는 두 유리수라도 무한히 반복하여 일어날 수 있기 때문에 무리수의 집합은 조밀하다고 말하며, 이를 가리켜 조밀성(稠密性, density)이라고 한다.

라) 비순서수

유리수는 임의의 유리수에 대하여 크기 순서로 볼 때 그 수 바로 다음이나 전에 올 수 있는 수를 유일하게 정할 수 없기 때문에 순서를 나타낼 수 있는 수인 순서수가 될 수 없다. 이를 비순서수(非順序數)라 한다.

마) 무리수 표현

원주율 3.141592⋯와 같은 무리수도 비순환무한소수로 표현할 수 있다. 즉 소수는 분수와 달리 완전하진 않지만 부분적으로 무리수를 표현을 할 수 있다는 특성을 가지고 있다. 따라서 모든 분수는 다 유리수라고 말할 수 있지만, 모든 소수가 다 유리수가 되는 것은 아니다.

4) 소수의 학습 지도 방법

유리수의 표현 방법으로서 소수를 도입하는 과정은 분수를 도입하는 경우보다 초등학생의 입장에서는 편하게 느낄 수 있다. 소수 개념을 초등학교에서 처음 도입할 때는 1보다 작은 수를 나타내는 방법을 아는 활동부터 시작하게 되는데, 일반적으로 다음과 같은 두 가지의 방법을 사용하게 된다.

가) 10의 거듭제곱을 분모로 갖는 분수 개념

분수를 이미 배운 상태에서 1보다 작은 수를 나타낼 때,

1이란 양을 10으로 나눈 것 중 1개$\left(\frac{1}{10}\right)$를 $\Rightarrow$ 0.1

1이란 양을 10으로 나눈 것 중 2개$\left(\frac{2}{10}\right)$를 $\Rightarrow$ 0.2

1이란 양을 10으로 나눈 것 중 2개$\left(\frac{3}{10}\right)$를 ⇒ 0.3

⋮

1이란 양을 10으로 나눈 것 중 9개$\left(\frac{9}{10}\right)$를 ⇒ 0.9

1이란 양을 100으로 나눈 것 중 1개$\left(\frac{1}{100}\right)$를 ⇒ 0.01

1이란 양을 100으로 나눈 것 중 2개$\left(\frac{2}{100}\right)$를 ⇒ 0.02

⋮

1이란 양을 100으로 나눈 것 중 37개$\left(\frac{37}{100}\right)$는 (30개+7개)이므로,

1을 100으로 나눈 것 중 30개인 $\frac{30}{100}$은 10으로 나눈 것 중 3개인 $\frac{3}{10}$이므로 0.3,

1을 100으로 나눈 것 중 7개인 $\frac{7}{100}$은 0.07인데, 이것의 소수 표현방법은 0.37이다.

이상의 방식으로 10의 거듭제곱을 분모로 갖는 분수의 개념을 이용하여 소수 개념과 표기 방법을 도입할 수 있다.

나) 십진법의 응용

537에서 5는 100의 자리, 3은 10의 자리, 7은 1의 자리인 것처럼, 1보다 작은

$\frac{1}{10}$의 자리는 소수점 '.' 오른쪽 첫 번째 자리,

$\frac{1}{100}$의 자리는 소수점 '.' 오른쪽 두 번째 자리,

$\frac{1}{1000}$의 자리는 소수점 '.' 오른쪽 세 번째 자리,

⋮

예를 들어, $\frac{7}{10}+\frac{2}{100}+\frac{5}{1000}=0.725$

이상과 같이 1보다 작은 수의 자릿값과 그 위치를 정해서 십진법을 응용하는 설명 방법을 생각해 볼 수 있다.

특히, 소수의 개념과 표기 방법의 도입 시 한 유리수의 소수 표기 방법과 분수 표기 방법 사이의 관계를 명확하게 이해하도록 지도하는 것이 중요하다. 그리고 정수 부분이 없는 경우는 소수점 바로 왼쪽에 0을 표기한다는 점과 소수점 왼쪽 첫 번째 자리부터 일의 자리, 십의 자리, 백의 자리, …인 반면, 소수점 바로 오른쪽 첫 번째 자리부터 소수 첫째 자리($\frac{1}{10}$의 자리), 소수 둘째 자리($\frac{1}{100}$의 자리), 소수 셋째 자리($\frac{1}{1000}$의 자리), … 와 같은 방식으로 전개됨을 주의시킬 필요가 있다.

5) 소수의 계산

소수는 1보다 작은 양을 십진법의 원리에 따라 표현하도록 고안한 표기 방법이므로 소수로 표현된 유리수의 사칙 계산의 알고리듬도 두 수의 소수점의 위치와 관련된 부분을 제외하고는 자연수의 사칙 계산의 알고리듬과 같다. 이것은 위치적 기수법에 따른 결과이다.

가) 소수의 덧셈과 뺄셈

소수의 덧셈과 뺄셈은 자연수의 계산 방식에 따르면 된다. 특히 세로 형식의 계산 방법이 편리하다. 소수의 세로 형식 계산에서는 두 수의 소수점의 위치를 일치시키고, 위아래 수의 오른쪽 끝을 맞추어 주기 위하여 빈자리에 0을 채워 준 다음, 자연수의 덧셈과 뺄셈의 알고리듬을 그대로 적용한 후, 합이나 차에 위의 소수점 위치와 동일한 위치에 소수점을 표시하면 된다.

나) 소수의 곱셈

소수의 곱셈은 소수점의 위치를 맞출 필요 없이 소수점을 무시한 채로 자연수의 곱셈과 같이 배열하여 같은 알고리듬을 적용하여 계산한 후, 곱하는 두 수의 소수점 아래 자리 숫자의 수만큼 곱의 소수점의 위치를 정하여 주면 된다.

다) 소수의 나눗셈

소수의 나눗셈은 먼저 나누는 수를 자연수로 변환하는 절차가 중요하다. 자연수로 변환하는 절차는 그저 소수점을 제거하면 되므로 아주 간단하지만, 소수점을 제거하기 전에 소수점 아래 숫자가 몇 개인지 기억해 두어야 한다. 나누는 수를 자연수로 변환하고 나면 그에 따라 나누어지는 수의 소수점의 위치를 정하여야 한다. 나누어지는 수의 소수점은 처음 나누는 수의 원래 소수점 아래 숫자의 수만큼 오른쪽으로 이동하면 된다. 그 다음에는 나누어지는 수의 새로 설정된 소수점을 무시하고 자연수에서의 나눗셈 알고리듬을 적용하여 몫을 구하고, 나누어지는 수의 새로 설정된 소수점 위치와 동일한 위치에 소수점을 표시해준다.

라) 소수 나눗셈에서의 몫과 나머지

소수의 나눗셈에서 몫과 나머지는 수학적으로 아무런 의미가 없다. 원래 수학에서의 몫과 나머지는 정수의 집합이 나눗셈에 관하여 닫혀있지 않으므로, 그에 따라 파생된 개념에 해당된다. 즉 정수의 집합에서는 다음과 같은 나눗셈 알고리즘(division algorithm)이 성립한다.

두 정수 a, $b(b \neq 0)$에 대하여

$$a = bq + r,\ (0 \leqq r < |b|)$$

인 두 정수 q, r가 존재하고 이와 같은 정수 q, r는 각각 하나뿐이다.

소수는 이미 정수의 범위를 벗어나므로 정수의 집합에서 성립하는 나눗셈 알고리즘을 적용할 수 없다. 몫이 유일하지도 않고, 나머지도 구하기 나름이다. 그러나 일상생활에서 자연수의 나눗셈을 다룰 때 지녔던 몫과 나머지의 의미를 소수의 나눗셈에도 적용할 필요가 가끔 생기는데 그것은 몫이 자연수에 한정될 때이다(TUAQ-4660 참조).

몫이 자연수가 아닌 경우에 나머지를 구하는 상황은 매우 작위적(作爲的)이다. 예를 들어, $13.7 \div 2.41 = 5.6846\cdots$인데 이 경우에 다음과 같이 몫과 나머지는 수학적으로 유일하게 결정되지도 않고, 현실적으로도 아무런 의미를 갖지 못한다.

$$\begin{aligned}
13.7 \div 2.41 &= 5.6 \ \cdots\ 0.204 \\
13.7 \div 2.41 &= 5.68 \ \cdots\ 0.0112 \\
13.7 \div 2.41 &= 5.684 \ \cdots\ 0.00156 \\
13.7 \div 2.41 &= 5.6846 \ \cdots\ 0.000114 \\
&\ \ \vdots
\end{aligned}$$

소수의 나눗셈에서 몫이 자연수로 나누어떨어지지 않을 경우에는 몫을 분수로 나타내던가, 적당한 위치에서 반올림하여 근삿값으로 구하는 방법을 사용하는 것이 바람직하다. 또는 수감각을 기르기 위하여 어림셈을 하는 것도 좋은 방법이다. 소수의 나눗셈에서 몫과 나머지를 구하는 경우는 몫이 자연수인 경우에 한정하도록 하고, 검산을 통하여 계산 결과의 정확성을 확인하도록 한다.

6) 소수의 계산 지도 방법

가) 소수의 덧셈과 뺄셈 지도 방법

(1) 소수점의 위치가 같은 경우

① 수직선을 이용하여 소수 첫째 자리의 수의 덧셈과 뺄셈의 원리를 이해시킨다.

② 받아 올림(받아 내림)이 없는 소수 둘째 자리의 수의 덧셈(뺄셈)의 원리를 이해시킨다. 자연수의 덧셈(뺄셈)방법과 관련지어서 자릿값에 의하여 수를 분해하여 같은 자리의 수끼리 더하거나 뺀다.

③ 받아 올림(받아 내림)이 있는 소수 둘째 자리의 수의 덧셈(뺄셈)의 원리를 이해시킨다.

④ 소수의 덧셈(뺄셈) 원리가 수직선을 통한 조작 활동에 의해 충분히 이해된 다음 세로 형식으로 계산하도록 숙달시킨다. 특히 소수의 덧셈에 있어서는 합의 소수점 위치를 정확히 잡아내도록 지도하여야 된다.

(2) 소수점의 위치가 다른 경우

① 우선 같은 자리 수를 만들기 위해 자리 수가 적은 소수의 소수점 오른쪽에 0을 보충한다.

② 두 소수의 소수점을 서로 같은 자리에 맞추고 나서 자연수의 덧셈(뺄셈)과 같은 방법으로 소수의 끝자리부터 계산하여 왼쪽으로 진행한다. 예를 들어, 받아 올림(받아 내림)이 없는 소수 둘째 자리수와 소수 셋째 자리수의 덧셈(뺄셈)이나, 받아 올림(받아 내림)이 있는 소수 둘째 자리수와 소수 셋째 자리수의 덧셈(뺄셈)과 같은 경우, 우선적으로 소수점 이하의 자리수를 0을 사용하여 맞추고 나서 소수점을 무시한 채로 덧셈(뺄셈)을 한 후 그 합(차)에 소수점의 위치를 정확히 파악하여 소수점을 표시하는 방식으로 덧셈(뺄셈)을 진행하도록 지도한다.

(3) 분수, 소수의 혼합 계산

① 분수와 소수의 혼합 계산은 분수와 소수 중 어느 한 쪽으로 통일시켜서 계산한다.

② 계산 순서는 괄호 안을 먼저 하되 곱셈과 나눗셈을 순서에 따라 먼저 계산하고 다음 덧셈과 뺄셈을 한다.

③ 괄호의 순서는 소괄호 ( ), 중괄호 { }, 대괄호 [ ]의 순서대로 한다.

(4) 자연수, 분수, 소수가 섞인 혼합 계산

① 편의에 따라 어느 한 가지의 형태로 통일하여 계산한다. 단, 분수를 소수로 고쳤을 때 무한소수가 되는 경우는 분수로 통일시켜 계산하는 것이 편리하다.

② 연산의 순서는 자연수의 사칙 계산 규칙을 적용한다.

나) 소수의 곱셈 지도 방법

(1) (소수)×(자연수)

① 동수누가의 개념으로 도입한다.

$$2.3 \times 3 = 2.3 + 2.3 + 2.3 = 6.9$$

② 소수를 분수로 고쳐서 계산한다.

$$1.3 \times 3 = \frac{13}{10} \times 3 = \frac{13 \times 3}{10} = \frac{39}{10} = 3.9$$

③ 소수를 1보다 작은 소수와 정수 부분으로 분해하여 곱셈의 분배법칙을 이용하여 풀어 나간다.

$$\begin{aligned} 21.3 \times 3 &= (20 + 1 + 0.3) \times 3 \\ &= (20 \times 3) + (1 \times 3) + (0.3 \times 3) \\ &= 60 + 3 + 0.9 = 63.9 \end{aligned}$$

$$\begin{array}{rl} 21.3 & \\ \times \quad 3 & \\ \hline 0.9 & \cdots 0.3 \times 3 \\ 3 & \cdots 1 \times 3 \\ 60 & \cdots 20 \times 3 \\ \hline 63.9 & \end{array}$$

(2) (자연수)×(소수)

① 곱하는 수가 자연수인 경우는 '배 개념'이 성립하지만 곱하는 수가 소수인 경우는 '배 개념'을 적용하기 어렵다.

② (자연수)×(소수 한 자리 수), (자연수)×(소수 두 자리 수), …의 순서로 지도한다.

③ 소수를 분해한 다음 분배법칙을 이용하여 계산한다.

$$3\times 1.2=3\times(1+0.2)=(3\times 1)+(3\times 0.2)=3+0.6=3.6$$

④ 소수를 분모가 10의 거듭제곱인 분수로 고쳐서 분수의 곱셈으로 계산한다.

$$\begin{aligned}232\times 2.7&=232\times\frac{27}{10}\\&=\frac{232\times 27}{10}\\&=\frac{6264}{10}\\&=626.4\end{aligned}$$

$$\begin{array}{r}232\\ \times\ 2.7\\ \hline 1624\\ 464\ \\ \hline 626.4\end{array}$$

이 방법은 소수의 곱셈을 세로형식으로 할 때, 답의 소수점의 위치를 결정하는 데 중요한 원리를 제공한다.

(3) (소수)×(소수)

① 소수를 분모가 10의 거듭제곱인 분수로 고쳐서 분수끼리의 곱으로 생각하여 계산한다.

$$0.7\times 0.3=\frac{7}{10}\times\frac{3}{10}=\frac{7\times 3}{10\times 10}=\frac{21}{100}=0.21$$

② 소수점을 생각하지 않고 자연수끼리의 곱으로 생각하여 계산한 다음, 두 수의 소수점 오른쪽 숫자의 수만큼 곱의 소수점의 자리를 옮긴다. 소수점의 위치는 끝자리에서부터 세어서 맞춘다.

$$\begin{aligned}&1.2\times 0.3(\Rightarrow 12\times 3=36)\\&\qquad\Rightarrow 1.2\times 0.3=0.36\end{aligned}$$

$$\begin{array}{r}1.2\\ \times\ 0.3\\ \hline 0.36\end{array}$$

소수점의 위치를 결정할 때에는 소수를 십진분수로 고쳐서 계산할 때의 과정을 참고하면 판단하기 쉽다.

(4) (분수)×(소수)

① (단위분수)×(소수)의 경우에는 소수를 분수로 고쳐서 분수끼리의 곱으로 계산한 후 그 결과를 소수로 고쳐 준다.

② (진분수)×(소수)의 경우에는 소수는 분수로 고쳐서 계산하고 그 결과를 소수로 다시 고친다.

③ (대분수)×(소수)의 경우에는 대분수를 가분수로 고치고 소수를 분수로 고쳐서 분수끼리의 곱으로 계산한 후 그 결과를 소수로 고쳐 준다. 분수가 소수로 고쳐지기 쉬운 경우 분수를 소수로 고쳐서 소수끼리의 계산을 할 수도 있다.

다) 소수의 나눗셈 지도 방법

(1) (소수)÷(자연수)

(가) 수직선으로 도입

(소수)÷(자연수)의 계산을 처음 도입하는 경우, 수직선 활동을 통해 양감을 기르도록 한다. 예를 들어 2.8÷2의 경우 다음과 같은 그림을 사용한다.

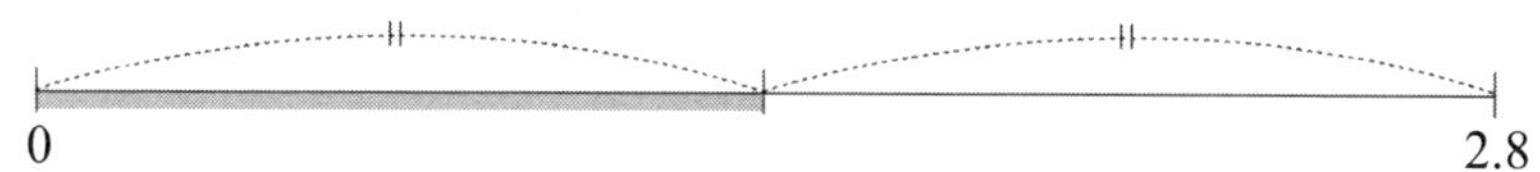

(나) 분수로 고쳐서 계산

수직선 활동을 통해 양감이 익혀지면, 소수를 분수로 고쳐서 계산해 봄으로써 계산 원리를 이해하도록 한다.

$$\begin{aligned} 2.8 \div 2 &= \frac{28}{10} \div 2 = \frac{28}{10} \times \frac{1}{2} = \frac{28 \times 1}{10 \times 2} \\ &= \frac{28}{2} \times \frac{1}{10} \\ &= \frac{14}{10} \\ &= 1.4 \end{aligned}$$

(다) 형식화

계산 원리를 익히고 나면, 세로 형식의 계산 방법을 통해 형식화하도록 한다.

$$2.8 \div 2 \quad \Rightarrow \quad 2\overline{)\,2.8} \quad \Rightarrow \quad \begin{array}{r} 14 \\ 2\overline{)\,28} \end{array} \quad \Rightarrow \quad \begin{array}{r} 1.4 \\ 2\overline{)\,2.8} \end{array}$$

세로 형식의 나눗셈 계산에서 소수점 아래 0 내림이 생기는 경우에 대한 주의가 필요하다. 예를 들어 5÷4의 경우 계산 원리는 다음과 같다.

$$\begin{aligned} 5 \div 4 &= 5 \times \frac{1}{4} \\ &= \frac{5 \times 100}{1 \times 100} \times \frac{1}{4} \\ &= \frac{500}{100} \times \frac{1}{4} \\ &= \frac{125}{100} \\ &= 1.25 \end{aligned}$$

이것을 세로 형식의 계산으로 형식화 하면 다음과 같이 소수점 아래에서 0을 받아 내려 적어야 할 필요성이 생긴다.

$$\begin{array}{r l} & 1.25 \\ \cline{2-2} 4\big) & 5 \\ & 4 \\ \cline{2-2} & 10 \\ & 8 \\ \cline{2-2} & 20 \\ & 20 \\ \cline{2-2} & 8 \end{array}$$

(2) (소수)÷(소수)

(가) 소수점의 위치가 같을 경우

나누는 수와 나누어지는 수의 소수점의 위치가 같은 경우 바로 자연수의 나눗셈으로 고쳐서 계산할 수 있다.

예 $1.2 \div 0.2 \Rightarrow 12 \div 2$

$1.2 \div 0.2 = (1.2 \times 10) \div (0.2 \times 10) = 12 \div 2$

소수점이 사라지는 이유는 십진분수로 고쳐서 계산하는 과정을 보여주면 쉽게 설명할 수 있다.

$$1.2 \div 0.2 = \frac{12}{10} \div \frac{2}{10} = \frac{12}{10} \times \frac{10}{2} = \frac{12}{1} \times \frac{1}{2} = 12 \div 2$$

(나) 소수점의 위치가 다를 경우

나누는 수의 소수점의 위치가 나누어지는 수의 소수점의 위치와 다를 경우, 나누는 수를 자연수로 고치고 이에 따라 나누어지는 수의 소수점의 위치를 이동한다는 점에 유의한다.

예 $14.58 \div 2.7 \Rightarrow 145.8 \div 27$

소수점의 위치 이동과 점의 위치를 결정하는 방법은 십진분수로 고쳐서 계산하는 과정을 보여주면 쉽게 설명할 수 있다.

$$14.58 \div 2.7 = \frac{1458}{100} \div \frac{27}{10} = \frac{1458}{100} \times \frac{10}{27} = \frac{1458}{27} \times \frac{1}{10} = (1458 \div 27) \times \frac{1}{10} = 145.8 \div 27$$

나누어지는 수의 소수점 아래 자리 숫자의 수가 나누는 수의 소수점 아래 자리 숫자의 수보다 작을 경우에는 나누어지는 수의 끝에 0을 알맞게 추가한다.

예 $145.8 \div 2.75 \Rightarrow 14580 \div 275$

0을 알맞게 추가하는 이유와 추가하는 0의 개수를 결정하는 방법은 십진분수로 고쳐서 계산하는 과정을 보여주면 쉽게 설명할 수 있다.

$$145.8 \div 2.75 = \frac{1458}{10} \div \frac{275}{100} = \frac{1458}{10} \times \frac{100}{275} = \frac{1458}{275} \times 10$$
$$= (1458 \div 275) \times 10 = 14580 \div 275$$

(다) (자연수)÷(소수)

나누는 수를 자연수로 고쳐야 하므로, 나누어지는 수의 끝에 0을 알맞게 추가한다.

예 $75 \div 12.5 = (75 \times 10) \div (12.5 \times 10) = 750 \div 125$

나누어지는 수의 끝에 0을 알맞게 추가하는 이유와 추가하는 0의 개수를 결정하는 방법은 십진분수를 고쳐서 계산하는 과정을 보여주면 쉽게 설명할 수 있다.

$$75 \div 12.5 = 75 \div \frac{125}{10} = 75 \times \frac{10}{125} = \frac{750}{125} = 750 \div 125$$

(라) 검산

검산은 소수점을 이동시키지 않은 처음 식으로 한다.

$$25.4 \div 4 \quad \Rightarrow \quad 4\overline{)\,25.40\,} \text{ (몫 } 6.35\text{)} \qquad \text{검산: } 6.35 \times 4 = 25.40$$

(마) 소수 나눗셈에서의 몫과 나머지

소수 나눗셈에서 몫과 나머지를 구하는 경우는 몫을 자연수로 나타낼 필요가 있을 경우에만 한정하여 지도한다.

(바) 몫을 분수로 나타내기(나누어떨어지지 않을 경우)

예를 들어 $5 \div 3$은 계산 결과가 $1.666666\cdots$과 같이 무한소수로 나타난다. 이러한 경우에 몫을 $\frac{5}{3}$와 같이 분수로 나타내는 방법이 있다.

(사) 몫을 근삿값으로 나타내기(나누어떨어지지 않을 경우)

예를 들어 $13.7 \div 2.41$은 계산 결과가 $5.6846\cdots$과 같이 무한소수로 나타난다. 이러한 경우에 몫을 '약 5.7' 또는 '약 5.68' 등과 같이 근삿값으로 나타내는 방법이 있다. 소수의 나눗셈에서 몫을 근삿값으로 나타낼 경우에는 필요한 자리의 바로 아래에서 반올림하여 근삿값으로 몫을 구한다.

2. 도형

2.1 도형 학습 지도의 기초

1) 도형 지도의 의의

도형에 대한 학습은 우리가 살고 있는 세상을 정돈된 방식으로 나타내고 기술(記述)하는 것을 돕는다. 도형과 관련된 지식과 공간 감각은 일상생활에서 매우 유용하고 수학의 다른 분야 및 다른 교과의 학습에서도 기본 토대가 된다. 학생들은 도형과 관련된 지식을 활용하여 주변 환경을 더 능숙하게 기술하고 표현하고 조절할 수 있어야 한다.

도형은 수의 세계와는 다른, 그러나 수의 세계와 연결되는 수학적 사고의 한 측면을 제공한다. 학생들은 도형, 구조, 위치, 변환 등을 이해하고 공간 추론을 발달시킴으로써 공간적 세계, 수학, 예술, 자연과학, 사회과학에서의 다른 주제를 이해할 수 있는 토대를 쌓게 된다. 일부 학생들의 도형 개념과 공간 추론 능력은 수치적 능력을 능가하기도 한다. 학생들은 기하에서의 우수한 성취를 통해 수학에 대한 열정을 키울 수 있다.

초등학교에서 도형 역역은 다른 영역과의 연결성이 강한 분야이다. 도형 개념과 표현은 학생이 수와 측정(길이, 넓이, 부피)에 관한 사고를 학습하는 데에 효과적으로 도움을 준다. 예를 들어 수직선은 자연수, 분수, 정수, 확률을 표현하는 방법을 제공하며, 도형과 도형의 영역은 곱하기, 분수, 백분율, 넓이에 관한 모델을 제공한다. 도형과 수는 함수 개념, 좌표 평면, 그래프를 개발하는 데 있어서 밀접한 관련을 맺으며, 닮은 삼각형은 비율과 비 개념 발달에 활용될 수 있다.

초등학교에서의 도형 학습의 목표는 크게 네 가지로 살펴 볼 수 있다. 첫째는, 도형 개념과 관련성 이해이며, 둘째는 도형의 대칭과 이동의 이해이며, 셋째는 문제해결에서 공간적 사고의 활용이며, 넷째는 수학적 추론 능력의 함양이다.

첫째, 도형 개념과 관련성 이해에서는, 점, 직선, 선분, 각, 삼각형, 사각형, 원 등의 평면도형과 직육면체, 정육면체, 각기둥, 원기둥, 각뿔, 구 등의 입체도형의 개념을 이해하고 그 성질을 파악하는 것이 중요하다. 여기에서는 다음과 같은 학습 목표를 달성할 수 있도록 지도할 필요가 있다.

- 평면도형과 입체도형을 인식하고 명명하고 만들고 그리고 비교하고 분류할 수 있다.
- 평면도형과 입체도형의 성질을 확인하고 분석하고 비교하고 기술할 수 있으며, 그 성질을 기술하기 위한 적절한 용어를 구사할 수 있다.

- 평면도형과 입체도형을 공통 성질에 따라 분류하고, 그 공통 성질을 이용하여 이등변삼각형, 평행사변형, 직육면체 등의 정의를 이해하고 말할 수 있다.
- 도형의 정의와 성질을 이용하여 여러 도형들 사이의 관련성을 정확하게 기술하고 이해할 수 있다.

둘째, 도형의 이동과 대칭의 이해 및 적용에서는 다음과 같은 학습 목표를 달성할 수 있도록 지도하는 것이 중요하다.

- 평면도형의 밀기, 돌리기, 뒤집기 등을 알고 적용할 수 있다.
- 평면도형의 밀기, 돌리기, 뒤집기의 결과를 예측하고 기술할 수 있다.
- 도형에서 선대칭과 점대칭을 확인하고 기술할 수 있다.
- 선대칭성과 점대칭성을 갖는 도형을 알고 만들 수 있다.
- 선대칭성과 점대칭성을 갖는 도형과 관련된 성질을 이해하고 적용할 수 있다.

셋째, 문제해결에서의 공간적 사고의 활용에서는 문제를 해결하기 위하여 시각화, 공간적 추론 등을 활용하도록 지도하는 것이 중요하다. 여기에서는 다음과 같은 학습 목표를 달성할 수 있도록 지도할 필요가 있다.

- 공간 기억과 공간 시각화를 이용하여 도형에 대한 정신적 이미지를 만들 수 있다.
- 기하학적 대상을 만들고 그릴 수 있다.
- 입체도형의 2차원 표현을 보고 입체도형을 확인하고 만들 수 있다.
- 입체도형의 2차원 표현을 확인하고, 입체도형을 2차원으로 표현할 수 있다.
- 여러 위치에서 본 입체도형을 시각화하고, 입체도형의 단면을 이해할 수 있다.
- 수, 측정과 같은 다른 수학 영역의 문제를 해결하기 위하여 도형과 관련된 아이디어를 사용할 수 있다.
- 다른 교과 및 예술, 건축, 과학, 일상생활 등의 영역에서 기하적 개념과 관련성을 인식하고 적용할 수 있다.

넷째, 기하학은 오랫동안 수학 교육과정에서 학생들이 추론을 배우고 수학의 공리 구조를 이해할 수 있는 영역으로 간주되어 왔다. 기하는 학생들의 추론 및 정당화 능력을 발달시키는 데 필요하며, 이는 중학교에서 증명을 학습할 때 정점에 도달하게 된다. 여기에서는 다음과 같은 학습 목표를 달성할 수 있도록 지도할 필요가 있다.

- 여러 도형의 성질과 관련성에 대한 수학적 추측을 만들 수 있다.
- 수학적 추론을 활용하여 추측을 조사하고 정당화할 수 있다.
- 수학적 추론을 수학의 가장 근본적인 측면으로 인식할 수 있다.
- 다양한 유형의 추론 방법을 이해하고 활용할 수 있다.

초등학교에서 다루는 대부분의 수학적 원리 및 사실이 귀납적 추론 방식에 의존하고 있다. 그러나 초등학교 수학에서도 간단한 연역적 추론을 다루고 있다는 사실에 주목해야 한다. 예를 들어, 사각형의 내각의 합이 360°라는 수학적 사실을 지도함에 있어서 두 가지 추론 방식이 가능하다. 첫 번째는 귀납적 추론 방식으로서, 서로 모양이 다른 사각형 2개를 제시하고, 각각의 사각형에서 내각의 크기를 각도기로 측정하고 모두 더하여 360°가 됨을 확인한 다음, 이를 토대로 사각형에서 내각의 크기가 360°라고 설명하는 방식이다. 두 번째는 연역적 추론 방식으로서, 임의의 사각형을 제시한 후 그 사각형을 두개의 삼각형의 분해하고 삼각형의 내각의 합은 180°이므로 사각형의 내각의 합은 2×180°=360°라고 설명하는 방식이다. 이와 같은 방식은, '삼각형의 내각의 크기의 합은 180°'라는 수학적으로 참인 성질을 이용하여 '사각형의 내각의 합은 360°'라고 설명하고 있으므로 연역적 추론이라고 할 수 있다. 이와 같이 초등학교에서도 간단한 수준의 연역적 추론을 다루고 있다. 초등학교에서의 연역적 추론은 중학교에서 본격적으로 다루는 연역적 추론인 증명에 비해 매우 간단한 수준이다.

2) 기하학의 생성과 발달

가) 기하학의 발생

기하학의 발생은 고대의 이집트 문명과 바빌로니아 문명으로 거슬러 올라갈 수 있다. 기하학의 영문 표기인 'geometry'라는 명칭에서 알 수 있듯이, 기하학은 '토지(geo)'를 '측정하는(metry)' 것으로부터 시작되었다. 이집트와 바빌로니아 시대에는 실용성을 위해 땅의 넓이, 도형의 길이, 부피 등을 연구하였으며, 도형의 관찰보다는 계산법을 중요시하여 구체적인 문제를 처리하기 위한 기술을 발달시키는 데에 주요한 목적이 있었다. 고대 문명에서 발달된 기하학은 논리적 체계가 결여되어 있으므로 학문으로 보기에는 어려움이 있다. 그러나 고대에 발생된 기하학의 싹은 이후 그리스에서 체계적인 학문으로 발달된 기하학(유클리드 기하학)의 밑거름이 되었다.

학문으로서의 기하학은 그리스에서부터 시작되었다. 그리스인은 기원전 8세기경부터 동쪽은 흑해, 소아시아로부터 서쪽은 남부 이탈리아에 이르는 넓은 영역을 상업무역의 활동무대로 삼아 여러 가지 자연환경과 생활풍습, 문화를 접함으로써 풍부한 지식을 흡수하였다. 서로 다른 자연환경과 사회 및 관습에서 발생된 여러 가지 기술과 학문, 사상 등을 접하면서 모순에 부딪치자 '왜 그럴까?'하는 의문과 호기심에서 비롯하여 일반적인 원리에 따라 조리 있게 따져 들어가는 논리적 사고가 싹트기 시작한 것이다. 탈레스(Thales), 피타고라스(Pythagoras) 등의 뛰어난 학자들은 이집트, 바빌로니아의 수학을 받아들여 수학적 지식을 이론적으로 체계화하였다. 이런 학문적 전통은 유클리드(Euclid)에게로 계승되었으며, 유클리드는 수학의 역사에서 매우 중요한 책인 ≪원론(*Elements*)≫을 저술하였다.

나) 유클리드 기하

(1) 유클리드 ≪원론≫의 형성

유클리드는 기원전 365년쯤 태어나 나중에 알렉산드리아에 초빙되어 당시의 대학이라고 할 수 있는 무제이온(Museion)에서 교수로서 수학을 가르쳤다. 유클리드는 탈레스와 피타고라스를 거쳐 축적된 수학 지식을 체계적으로 집대성하여 ≪원론≫을 저술하였다. 원론이라는 제목은 그리스어로 스토이케이아(Στοιχεία)인데 이것은 '알파벳'이라는 뜻을 지니고 있다. 당시까지 알려진 수학적 사실들을 연역적으로 정리하여 구성한 책으로서 모두 13권으로 이루어져 있으며, 기하학, 수론, 약간의 기하학적 대수 등과 관련된 명제 465개가 수록되어 있다. 다음 그림은 중세에 라틴어로 출판된 유클리드 ≪원론≫의 일부이다.

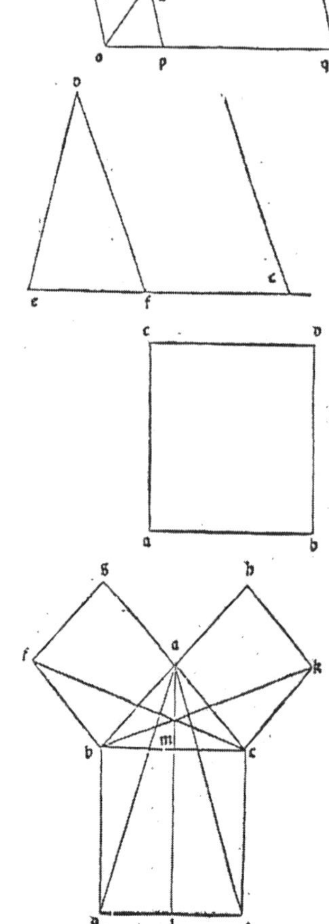

LIBER

linee .a.b.ſm rectitudinem:quã põno equalem linee.c.f. baſi trianguli dati:ſ per quã cõſtituo triangulũ vnũ ei eq̃le ⁊ equilaterũ .qd hoc modo facio. Conſtituo ãgulum.a.g.k.equalem angulo.c.⁊ angulum.g.a.k.equalem angulo.f.per.23.⁊ quia g.a.poſita fuerat equalis.c.f.erit per.26.triangulus.g.a.k. equalis ⁊ equilaterus triangulo.c.f.d.diuidã ergo.g.a.per equalia in puncto.h.⁊ ꝓtrahã.k.h.⁊ producam a puncto.k.lineã .m.k.n. equidiſtantẽ linee.g.b.eritq; per.35.triangulus.a.h.k.equalis triangulo.g.h.k.tunc ſuper punctũ.a.linee.g.a.faciã angulum.g.a.l.p 23. equalem angulo.c.dato:⁊ complebo ſup baſim.a.b.⁊ inter lineas.g.b.⁊.m.n. equidiſtantes ſuperficiem equidiſtantiũ laterum.m.l.b.a.que p.41.dupla erit ad triangulũ.k.h.a quare equalis totali triangulo.k.g.a.quare ⁊ triangulo.d.c.f.ꝓpoſito:protrahã ergo.b.n.equidiſtantẽ.a.l.⁊ producã diametrum. n.a.quã ꝓtrahã quouſq; cõcurrat cũ.m.b.in puncto.o.⁊ cõplebo ſuperficiem equidiſtãtium laterum .m.o.n.q.⁊ protrabam.l.a.vſq; ad.p.eritq; per precedentẽ ſupplementũ a.b.p.q. equale ſupplemento.m.l.h.a.quare ⁊ triangulo.d.e.f.⁊ q: per.15.angulus .l.a.h.ẽ equalis angulo.b.a.p.⁊ ideo angulus.b.a.p.eſt equalis angulo.c. p; ſuper datam lineã .a.b.deſcriptã eſſe ſuperficiem equidiſtantiũ laterum.a.b.p.q. equalem dato triangulo.d.e.f.cuius vterq; duorum angulorum contra ſe poſitorum qui ſunt.a.⁊.q.ẽ equalis dato angulo.c.quod fuit propoſitum.

Propoſitio .45.

Ex data linea quadratum deſcribere.

Sit data linea .a.b. ex qua volo q̃dratum deſcribere:a punctis.a ⁊.b.linee .a.b.educo p.11.lineas.a.c.⁊.b.d.perpendiculares ad lineam.a.b.que erũt equidiſtantes per vltimã ꝑtem.28.⁊ pono vtrãq; earũ eidem.a.b.per ſcdãm equalem ⁊ protrabo lineam.c.d.eritq; ipſa equalis et equidiſtans linee.a.b.per.33.⁊ quia vterq; duorum angulorũ. a.⁊ b.eſt rectus.erit vterq; duorũ.c.⁊.d.rectus per vltimã ꝑtem.29.ergo per diffinitionem.a.b.c.d.ẽ quadratum quod eſt propoſitũ. Idem aliter ſit.a.c. perpendicularis ſuper lineam.ab.per.11.⁊ ſit ei equalis vt prius ⁊ a puncto.c.per.31. ducatur c.d.equidiſtans.a.b.⁊ ponatur equalis ei ⁊ ducatur linea.d.b.que per.33.erit eq̃lis ⁊ equidiſtans .a.c.⁊ omnes anguli recti per vltimã ꝑtem.29.quare per diffinitionem habemus propoſitum.

Propoſitio .46.

In omni triangulo rectangulo quadratum qd a latere recto angulo oppoſito in ſemetipſo ducto deſcribit̃ equũ ẽ duobus quadratis que ex duob⁹ reliquis lateribus conſcribuntur.

Sit triangulus.a.b.c.cuius angulus.a.ſit rectus dico ꝙ quadratũ lateris .b.c.equũ ẽ quadrato.a.b.⁊ quadrato.a.c.ſil' ſumptis. Quadrabo ĝ hec tria latera ſm doctrinã ꝑcedentis:ſitq; q̃dratũ.b.c.ſupficies.b.c.d.e.⁊ q̃dratũ.b.a.ſupficies .b.f.g.a.⁊ q̃dratũ.a.c.ſupficies.a.c.b.k.ab ãgulo.a.recto ducã ad baſim.d.e. baſis maximi q̃drati tres lineas .ſ.a.l eq̃diſtãtẽ vtriq; lateri.b.d.⁊.c.e.q̃ ſecet.b.c i pũcto.m.⁊ ypothemiſas.a.d.⁊.a.e.itẽq; a duob⁹ reliq̃s ãglis triãgli q̃ ſũt b.⁊.c.ducã ad duos anglos duoꝝ q̃dratoꝝ mioꝝ duas licãs ſe interſecãtes itra ipſũ

유클리드는 ≪원론≫에서 기본적인 수학적 대상을 정의로 설정하고, 인간이 직관적으로 자명하게 느끼는 진리를 공리와 공준으로 상정하였다. 그리고 정의, 공리, 공준으로부터 수학의 모든 명제들을 체계적으로 연역적으로 이끌어내었다.

유클리드는 ≪원론≫의 제1권에 23개의 정의, 9개의 공리, 5개의 공준을 제시하였다. 유클리드가 상정한 정의, 공리, 공준의 일부를 제시하면 다음과 같다.

정의

- 점이란 부분이 없는 것이다.
- 선이란 폭이 없는 길이이다.
- 직선이란 그 위의 모든 점이 곧게 놓여 있는 선이다.
- 면이란 길이와 폭만을 갖는 것이다.
- 평면이란 그 위의 모든 직선이 곧게 놓여 있는 면이다.
- 한 직선이 다른 직선과 만났을 때 이루어지는 서로 이웃한 각이 서로 같을 때, 같게 되는 이 각을 각각 직각이라고 한다. 또 이때 한 쪽 선분은 다른 직선과 수직이라고 한다.
- 동일한 평면상에서 양쪽 방향으로 한없이 연장하여도 서로 만나지 않는 두 직선을 평행선이라고 한다.

공리(Axiom)

- 같은 것에 같은 것은 모두 서로 같다.
- 같은 것에 어떤 같은 것을 더하면 그 전체는 서로 같다.
- 같은 것에서 어떤 같은 것을 빼면 나머지는 서로 같다.
- 서로 포개어지는 것은 같다.
- 전체는 부분보다 크다.

공준(Postulate)

P1. 한 점에서 또 다른 한 점으로 한 직선을 그릴 수 있다.
P2. 유한직선(선분)을 무한히 연장시킬 수 있다.
P3. 임의의 점을 중심으로 하고 그 중심으로부터 그려진 임의의 유한 직선과 동일한 반지름을 갖는 원을 그릴 수 있다.
P4. 모든 직각은 서로 같다.
P5. 한 직선이 두 직선과 만날 때, 같은 쪽에 있는 내각의 합이 두 직각보다 작으면 이 두 직선은 무한히 연장될 때 그 쪽에서 만난다.

위에 제시된 공리는 일반적인 수준에서 인간이 직관적으로 자명하게 느끼는 이치나 상식 수준의 내용을 기술한 것이며, 공준은 보다 특별하게 도형과 관련하여 인간이 자명하게 느끼는 것을 기술했음을 알 수 있다.

한편, ≪원론≫의 정의에 나타난 특징을 살펴보면, 유클리드는 점(point)을 부분이 없는 것으로 정의하였다. 그러나 현실 세계에서 부분이 없는 점을 상상할 수 있을까? 종이에 점을 찍으라고 하면, 대부분의 학생들은 종이에 '•'을 그릴 것이다. 그런데 종이에 그린 '•'은 아무리 작게 그린다고 하더라도 크기를 갖게 된다. 그러므로 유클리드가 ≪원론≫에서 정의한 점은 우리 눈에 보이는 현실 세계에서는 찾을 수 없다. 유클리드가 ≪원론≫에서 정의한 점은 우리 눈에 보이지 않는 세계인 이데아(idea)의 대상인 것이다. 종이에 그린 '•'은 이데아의 대상인 점(point)을 현실 세계에 나타내기 위한 모델이며, 학자에 따라서는 '•'을 'spot'이라고 부르기도 한다.

여기에서 유클리드의 ≪원론≫이 플라토니즘(Platonism)에 근원을 두고 있음을 확인할 수 있다. 플라톤(Plato)의 수학적 관점은 '이데아론'에서 비롯되며, 이데아는 영구불멸의 완전한 실재인 이상적 세계로 상정된다. 플라톤에 따르면 수학적 대상은 실재하며, 수학적 대상의 존재성은 인간의 활동과는 전혀 무관한 것이다(Davis & Hersh, 1981). 수학의 대상인 수나 도형은 불변의 이데아로 간주되며, 수학을 한다는 것은 이미 존재하는 그러한 수학적 대상의 성질과 관계를 발견하는 과정이다. 유클리드는 이러한 플라톤의 수학관을 ≪원론≫에서 구현했다고 할 수 있다.

(2) 공리적 방법

유클리드가 ≪원론≫에서 체계화한 방법을 이해하기 위해, '삼각형의 내각의 합은 180°이다'라는 명제를 증명해 보자. 다음은 중학교 교과서에서 흔히 볼 수 있는 증명이며, 대부분의 대학생들도 이러한 방법으로 증명할 것이다.

정리 삼각형의 세 내각의 크기의 합은 180°이다.

증명 [가정] 삼각형의 세 꼭짓점은 A, B, C이다.

[결론] ∠A+∠B+∠C=180°

[증명] 다음 그림과 같이 △ABC의 꼭짓점 C를 지나며 변 AB에 평행한 직선 CD를 긋고, 변 BC의 연장선 위에 점 E를 잡는다.

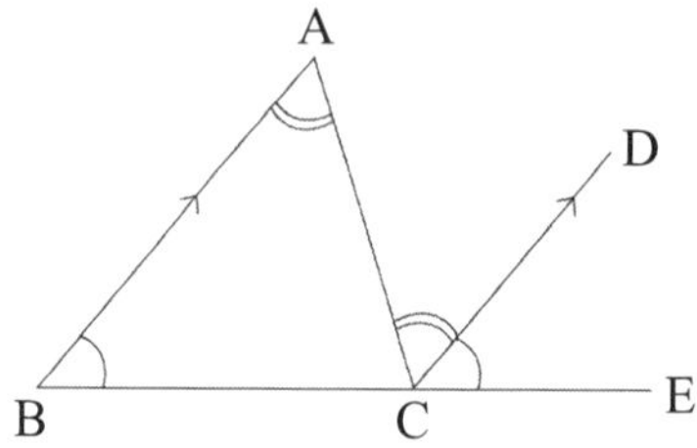

평행선의 성질에 의하여

∠A=∠BAC=∠ACD (엇각)

∠B=∠ABC=∠DCE (동위각)

∠C=∠BCA 이므로

∠A+∠B+∠C=∠ACD+∠DCE+∠BCA=180° (증명 끝)

위의 증명 방법이 어디에 근원을 두고 있는가를 자세히 살펴보도록 하자. 삼각형의 내각의 크기의 합은 180°임을 증명하기 위해, 먼저 꼭짓점 *C*를 지나고 변 *AB*에 평형한 반직선 *CD*를 그은 다음에, 이미 참이라고 알려진 성질인 '평행인 두 직선에서 엇각의 크기는 같다'를 이용하였다. 그렇다면, 정말 평행인 두 직선에서 엇각의 크기는 같은가? 대부분의 대학생들은 이 명제를 쉽게 증명할 수 있을 것이다.

'평행인 두 직선에서 엇각의 크기가 같다'는 '평행인 두 직선에서 동위각의 크기가 같다'와 '맞꼭지각의 크기는 같다'는 성질을 이용하여 쉽게 증명할 수 있다. 그렇다면, 여기에서 다시, '맞꼭지각의 크기는 같다'와 '평행선에서 동위각의 크기는 같다'라는 명제를 증명해 보자. '맞꼭지각의 크기는 같다'라는 명제는 평각의 크기가 180°임을 이용하여 쉽게 증명할 수 있으며, 평각의 크기가 180°라는 것은 '모든 직각은 서로 같다'는 ≪원론≫의 제4공준(공준 P4)로부터 비롯된다.

그렇다면 이제 남은 일은 '평행선에서 동위각의 크기는 같다'는 명제를 증명하는 것이다. 이 명제는 어떻게 증명할 수 있는가? 이 명제를 증명하기 위해서는, 보통 '평행선 공준'으로 알려져 있는 ≪원론≫의 제5공준이 필요하다. 이제 '평행선에서 동위각의 크기가 같다'를 증명해 보자. 평행인 두 직선에서 동위각의 크기가 같지 않다고 하면, 어느 한 쪽에 있는 내각의 합(예를 들어 다음 그림에서 $\angle a+\angle b$)이 두 직각(180°)보다 작게 된다. 그러면 '평행선 공준'에 의해 두 직선은 만나게 되고 두 직선은 평행하지 않게 되어, 처음의 가정인 두 직선이 평행이라는 것에 모순이 된다. 따라서 평행인 두 직선에서 동위각의 크기는 같다.

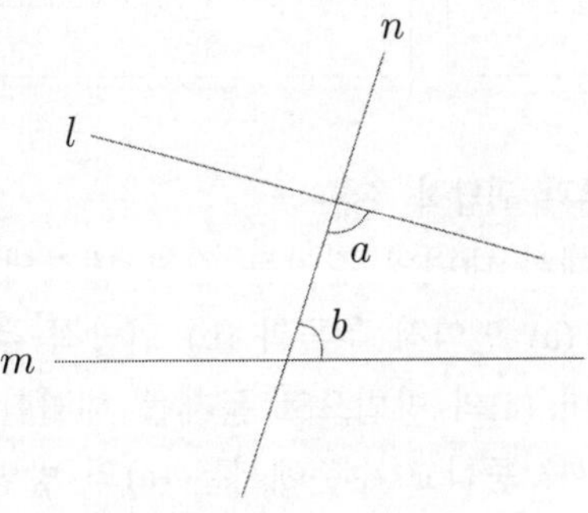

다음 그림에서 알 수 있는 바와 같이 '삼각형의 내각의 합은 180°'가 성립하는 이유를 계속해서 찾아가다 보면, 그 뿌리가 모두 공리와 공준에 닿아 있다. 이와 같은 맥락에서 유클리드가 ≪원론≫에서 체계화한 방법을 공리적 방법이라고 한다. 유클리드 ≪원론≫의 수학사적 의의는 그 방대한 내용과 함께 수학적 명제들을 체계화한 방법에 있으며, 그 체계화 방법이 바로 공리적 방법인 것이다. 공리적 방법은, 인간이 직관적으로 자명하게 참으로 인정하는 진리를 공리와 공준으로 상정한 다음, 공리와 공준으로부터 다른 모든 수학적 명제를 이끌어내는 것이다. 이와 같이 정의, 공리, 공준, 이미 참이라고 알려진 성질을 이용하여 새로운 참인 명제를 이끌어내는 것을 연역적 추론이라고 한다. 이런 의미에서 유클리드가 ≪원론≫에서 수학적 지식을 체계화한 방법을 공리적 방법, 연역적 방법이라고 한다. 유클리드의 공리적 방법, 연역적 방법은 이후 수학의 학문적 발전에 근본 토대를 제공하였으며, 수학이라는 학문의 고유한 방법으로 정착되었다.

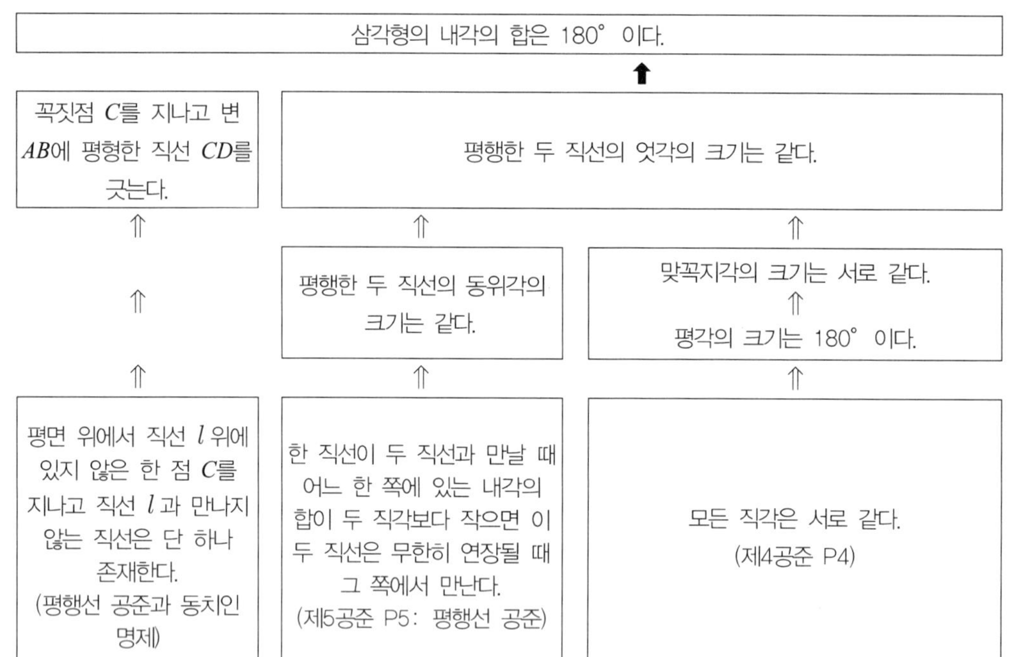

(3) 연역적 추론과 귀납적 추론

'평행사변형에서 대변의 길이는 같고 대각의 크기가 같음을 보여라'는 문제에 대하여 다음에 제시된 (a) 연역적 추론과 (b) 귀납적 추론의 해결 방법을 비교해 보자. 대부분의 대학생들은 아마 (a)의 방법으로 문제를 해결할 것이다. 그렇다면, 방법 (a)와 방법 (b)의 차이는 무엇일까? 중학교 수준에서는 (a)의 방법을 다루며, (a)에서는 '평행사변형에서 대변의 길이는 같고 대각의 크기가 같음을 증명했다'고 말한다.

(a) 연역적 추론

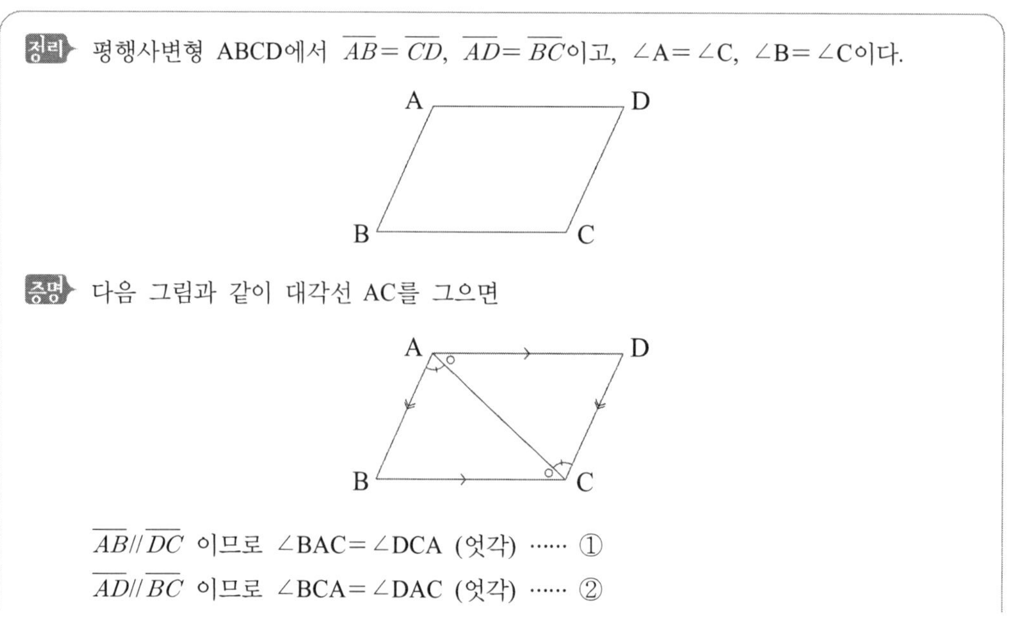

정리 평행사변형 ABCD에서 $\overline{AB}=\overline{CD}$, $\overline{AD}=\overline{BC}$이고, $\angle A=\angle C$, $\angle B=\angle C$이다.

증명 다음 그림과 같이 대각선 AC를 그으면

$\overline{AB}//\overline{DC}$ 이므로 $\angle BAC=\angle DCA$ (엇각) ······ ①

$\overline{AD}//\overline{BC}$ 이므로 $\angle BCA=\angle DAC$ (엇각) ······ ②

$\overline{AC}$ 는 공통 …… ③

①, ②, ③ 으로부터 △ABC≡△CDA (ASA 합동)

∴ $\overline{AB}=\overline{CD}$, $\overline{AD}=\overline{BC}$, ∠B=∠D

또, ∠A=∠BAC+∠DAC=∠DCA+∠BCA=∠C (증명 끝)

(b) 귀납적 추론

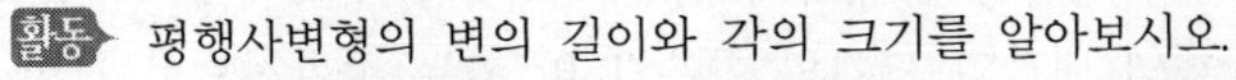

활동 평행사변형의 변의 길이와 각의 크기를 알아보시오.

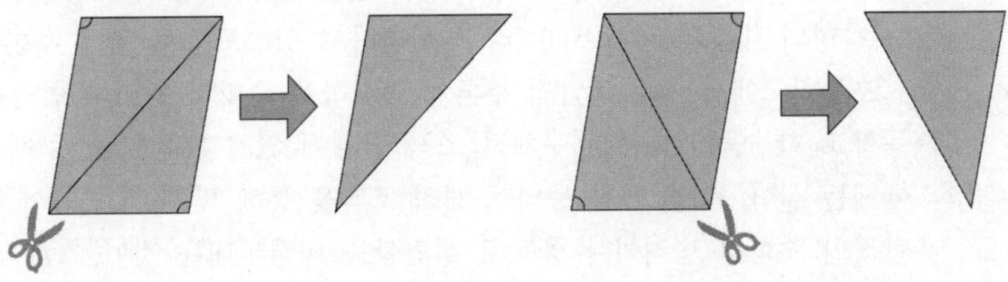

- 평행사변형 종이를 그림과 같이 대각선으로 잘라서 겹쳐 보시오.
- 평행사변형의 마주 보는 변의 길이는 같습니까?
- 평행사변형의 마주 보는 각의 크기는 같습니까?
- 평행사변형에서 마주 보는 변의 길이는 같고, 마주 보는 각의 크기는 같습니다.

(b)에서는 평행사변형에서 대변의 길이는 같고 대각의 크기가 같음을 증명한 것은 아니다. 그렇다면, (b)의 방법에 대해 어떻게, 또는 무엇이라고 이야기할 수 있을까? (b)에서는 평행사변형에서 대변의 길이는 같고 대각의 크기가 같음을 증명하지는 못했지만, 나름대로 정당화하였다. 여기에서 정당화는 어떤 수학적 명제가 참임을 주장하는 것을 의미한다.

(b)에서는 평행사변형을 대각선을 따라 가위로 오린 다음 분해된 두 부분을 맞대어 봄으로써 대변의 길이와 대각의 크기가 같음을 확인하고 있다. (b)에서는 평행사변형에서 대변의 길이는 같고 대각의 크기가 같음을 귀납적 추론을 통해 또는 비형식적 추론을 통해 정당화한 것이다. 귀납적 추론은 실험, 측정, 관찰, 구체적 조작 등을 통하여 몇 가지 사례에 대해 어떤 명제가 참임을 보인 다음에 이 사례들이 속한 전체 범주의 대상들에 대해 그 명제가 참임을 주장하는 것이다.

(a)에서는 두 쌍이 대변이 평행인 사각형이 평형사변형이라는 정의, 평행선에서 동위각과 엇각의 크기가 각각 같다는 성질, 합동인 삼각형에서 대응하는 변의 길이와 대응하는 각의 크기는 같다는 성질 등을 이용하여 평행사변형에서 대변의 길이는 같고 대각의 크기가 같음을 이끌어내었다. 이와 같이 정의, 공리, 공준, 이미 참이라고 알려진 성질 등을 이용하여 새로운 참인 명제를 이끌어내는 것을 연역적 추론이라고 한다. 보통 수학에서 '증명'이라는 용어는 '연역적 추론을 통해 어떤 명제가 참임을 밝히는 것'으로 규정한다.

초등학교에서는 방법 (b)와 같이 대부분의 수학적 원리나 법칙을 귀납적 추론을 통해 정당화한다. 그러나 초등학교 수학에서 간단한 연역적 추론도 다루고 있다는 사실에 주목해야 한다. 예를 들어 사각형의 내각의 합이 360°라는 것을 연역적 추론을 통해 다음과 같이 정당화할 수 있다.

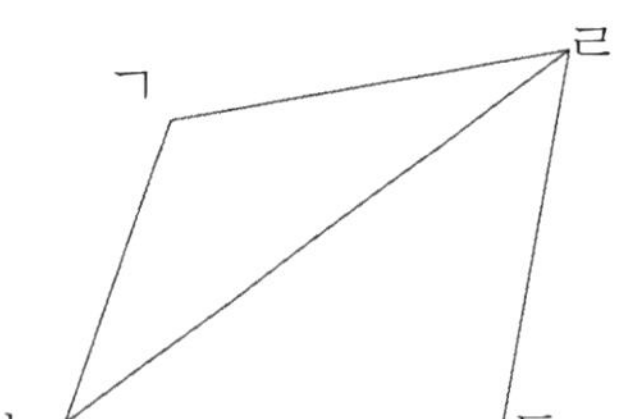

(사각형에서 네 각의 크기의 합)
=(삼각형에서 세 각의 크기의 합)×2
=180°×2
=360°

즉, 임의의 사각형을 제시한 후 그 사각형을 두 개의 삼각형으로 분해하고 삼각형의 내각의 합은 180°이므로 사각형의 내각의 합은 180°×2=360°라고 설명하는 것이다. 이와 같은 방식은, '삼각형의 내각의 크기의 합은 180°'라는 수학적으로 참인 성질을 이용하여 '사각형의 내각의 합은 360°'라고 설명하고 있으므로 연역적 추론이라고 할 수 있다.

초등학교에서 주로 귀납적 추론에 의지하여 수학적 원리나 법칙을 이끌어내는 것은, 초등학교 학생들이 대부분 구체적 조작 단계에 있기 때문이다. 구체적 조작 단계의 학생들에게는 실험, 측정, 관찰 등의 구체적 조작을 통해 몇 가지 사례에 대한 조사를 토대로 일반적인 수학적 법칙이나 공식이 성립함을 이끌어내는 것이 효과적이다.

(4) 유클리드 ≪원론≫의 교수학적 변환

현재 초등학교 수학에서 다루는 많은 내용은 유클리드 ≪원론≫에도 수록된 내용들이다. 초등학교 수학에 유클리드 ≪원론≫의 내용들이 어떤 방식으로 반영되어 있는지 살펴보자.

일반적으로 '학교수학'은 초·중·고등학교에서 일반 학생들을 대상으로 대중교육의 일환으로 지도되는 수학을 의미한다. 반면에, 전문 수학자들이 연구하는 학문 분야로서의 수학을 '학문수학'으로 부를 수 있다. 학문수학을 가르치고 배우기 위한 목적에서 학교수학으로 변환하는 것을 '교수학적 변환'이라고 하며, 따라서 교수학적 변환은 교육과정 개발자, 교과서 저자, 교사 등의 다양한 주체에 의해 이루어진다.

유클리드 ≪원론≫은 학문수학에 해당하며, 초등학교 교과서의 수학 내용은 학교수학에 해당된다고 할 수 있다. 학문수학의 내용이 학교수학의 내용으로 어떻게 변환되어 있는가에 주목할 필요가 있다. 앞에서 살펴본 바와 같이, 유클리드는 점을 '부분이 없는 것'으로, 직선을 '그 위의 모든 점이 곧게 놓여 있는 선'으로 정의하였다. 또한 '한 점에서 또 다른 한 점으로 한 직선을 그릴 수 있다'를 제1공준(P1)으로 설정하였다.

그러나 초등학교 수학에서는 점에 대해 별도의 정의를 하지 않고 있으며, 직선은 '양쪽으로 끝없이 늘인 곧은 선을 직선이라고 합니다. 점 ㄱ, ㄴ을 지나는 직선을 직선 ㄱㄴ이라고 합니다.'라고 설명할 수밖에 없다.

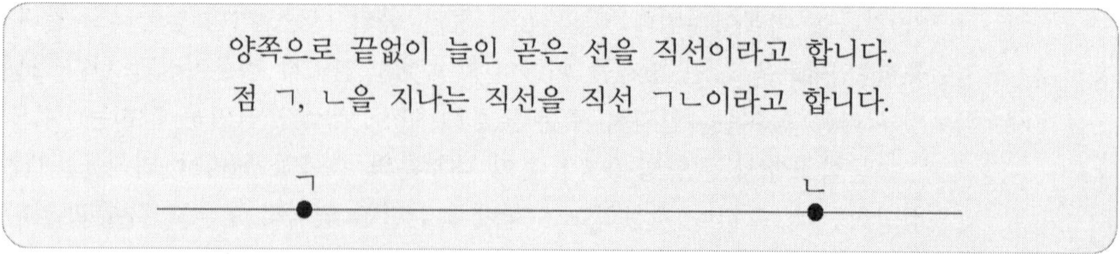

그러나 이러한 설명에도 유클리드 ≪원론≫에 제시된 직선에 대한 정의와 공준이 스며들어 있다고 할 수 있다. 교과서 저자들은 학문수학으로서의 유클리드 ≪원론≫에 제시된

내용을 초등학교 학생들의 인지 수준에 맞추어 학교수학의 내용으로 변환한 것이다.

유클리드 ≪원론≫에서는 제5공준(P5. 평행선 공준)을 사용하여 '평행인 두 직선에서 동위각의 크기가 같음'을 다음과 같이 증명한다.

정리 두 직선이 평행이면 동위각의 크기는 같다.

증명 평행인 두 직선(l, m)에서 동위각의 크기가 같지 않다고 하자.
그러면, 다음 그림과 같이 어느 한 쪽에 있는 내각의 합($\angle a + \angle b$)이 두 직각(180°)보다 작게 된다.

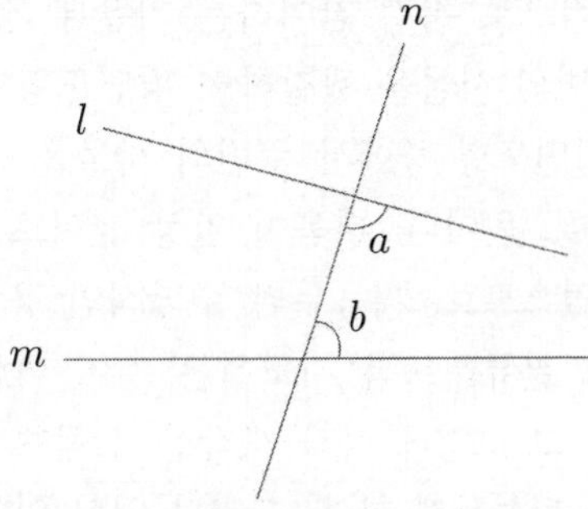

제5공준에 의해 두 직선 l, m은 만나게 되고 평행하지 않게 된다. 이것은 두 직선 l, m이 평행이라는 것에 모순이 된다.
그러므로 평행인 두 직선에서 동위각의 크기는 같다.

그러나 초등학교 학생들에게 '공준'의 의미를 설명하는 것은 어려우므로, 교과서 저자들은 학문수학의 대상인 공준을 내세우지 않고 다음과 같이 평행선의 동위각의 크기를 각도기로 재어 보고 비교하도록 함으로써 귀납적, 활동적으로 이해하도록 설명하고 있다.

평행선과 한 직선이 만날 때 같은 쪽에 생기는 두 각의 크기를 각도기로 재어 보시오.

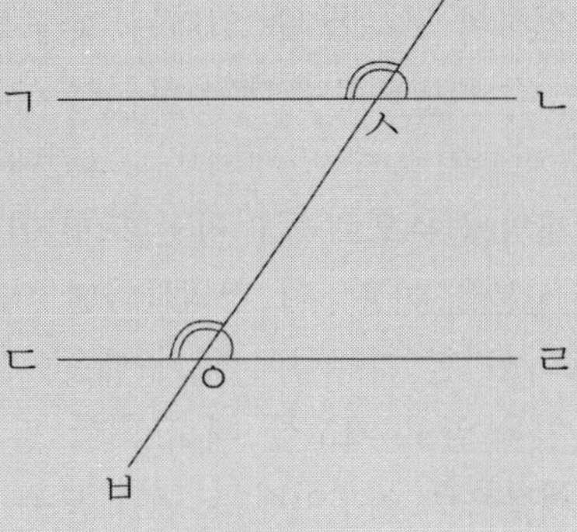

2.2 평면도형

1) 평면도형의 개념과 지도

가) 선분, 사각형, 삼각형, 원

초등학교에서 평면도형을 다룰 때에는, 정확한 정의와 용어를 사용하기보다는 직관적으로 그리고 활동적으로 직접 참여하는 가운데 점차 개념을 형성하도록 하는 것이 필요하다. 그러므로 주변의 사물을 관찰하여 평면도형에 대한 개념을 발달시키도록 지도해야 한다. 여러 가지 평면도형 중에서 주변의 사물을 통하여 쉽게 그 모양을 파악할 수 있는 것이 사각형, 삼각형, 원이다. 더욱이 일상 언어로 '네모', '세모', '동그라미'가 어떤 모양을 뜻하는지 알고 있으므로, 처음부터 수학적인 용어를 도입하기보다는 친숙한 일상 언어로 대상을 표현하고 분류하도록 지도하는 것이 바람직하다.

주변의 사물을 그 모양에 따라 사각형, 삼각형, 원으로 분류하는 활동은 평면도형에 대한 대략적인 심상을 형성하게 한다. 그러나 일상 언어로 표현하는 '네모'는 정확하게 사각형이 아닌 경우까지 포괄한다. 네 개의 각과 네 개의 선분으로 이루어지지 않아도 '네모'로 분류할 수 있기 때문이다. 이제 일차적으로 형성한 심상을 대상으로 분석적 사고를 하게 되면, 사각형에 대한 보다 자세하고 수학적인 의미를 형성할 수 있다. 그러므로 주변의 사물과는 독립적으로 존재하는 도형으로서의 사각형을 대상으로 탐구하는 단계라고 할 수 있다. 사각형의 구성 요소 중 하나인 선분을 직선과 구분하여 파악하도록 한다. 점과 면에 대해서도 엄밀한 정의가 아니라 예를 들어 확인한 후 직관적으로 의미를 파악하도록 한다.

선분을 배우고 나면 아동들은 평면도형을 선분으로 이루어진 삼각형과 사각형, 곡선으로 이루어진 원으로 다시 구분할 수 있음을 알게 된다. 그리고 삼각형과 사각형, 원을 그려봄으로써 평면도형의 구성 요소에 주목할 수 있게 된다. 이러한 활동을 통하여 삼각형과 사각형이 단지 모양에 따라 구분하는 것이 아니라, 변의 개수, 꼭짓점의 개수라는 구성 요소의 차이에 의하여 구분할 수 있다는 것을 알게 된다.

이제 아동들은 각 평면도형에 대한 분석적 사고에 의하여 공통점을 찾아 삼각형과 사각형, 원의 정의를 만들어낼 수 있게 된다. 그런데 사각형을 '4개의 각을 가진 도형'으로 정의하지 않고 '4개의 선분으로 둘러싸인 도형'이라고 정의한다는 점이 아동들에게는 혼동을 줄 수 있다. 선분을 이용하여 정의한다면 사각형이 아니라 사변형이라고 부르는 것이 더 자연스럽다고 생각할 가능성이 있기 때문이다. 수학적인 용어와 그 정의 내용이 일치하지 않는 경우임을 알고 지도할 때 유의할 필요가 있다.

한편, 4개의 선분으로 이루어진 도형이 모두 사각형이 되는 것은 아니라는 점도 다룰 수 있어야 한다. 이와 같이 도형을 모양에 따라 인식하고, 분류하고, 분류 활동을 되돌아보고, 구성 요소에 주목하면, 각 평면도형의 정의만을 암기하여 학습하는 것에 비하여 개념적으로 풍부한 이해를 가능하게 하고, 오랫동안 기억하여 적용할 수 있는 능력을 발전시킬 수 있다.

나) 각

각은 도형의 구성 요소 중 하나이며, 사각형, 삼각형, 원을 도입할 때와 마찬가지로 주변의 사물 중에서 모난 부분을 찾아 본을 떠보는 방식으로 서서히 도입해야 한다. 각의 정의를 정확하게 도입하기보다는 나무젓가락 두 개의 밑 부분을 고무줄로 묶은 뒤에 다양한 각의 크기를 표현하는 방식과 같이 직관적으로 각의 의미를 파악하게 하는 것이 중요하다.

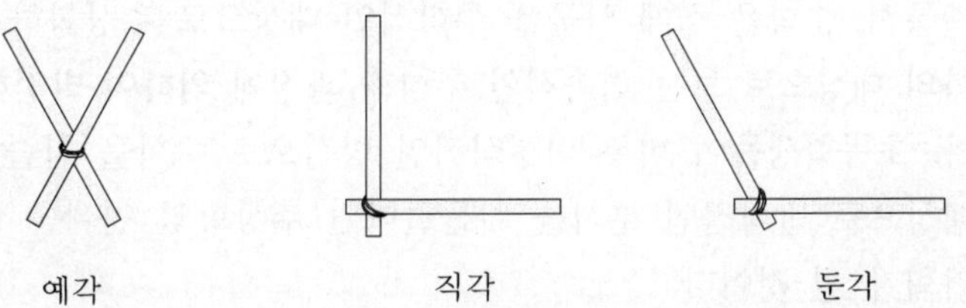

이어서 각의 꼭짓점과 변을 기호로 나타냄으로써, 평면도형의 한 구성 요소를 수학적으로 명확하게 표현하면 편리한 점이 있음을 학습하도록 한다. 마지막으로 특수한 각의 하나로 직각을 도입함으로써, 직각삼각형, 직사각형, 정사각형, 예각삼각형, 둔각삼각형의 이해를 위한 기초를 마련해야 한다.

다) 사다리꼴, 평행사변형, 마름모

사다리꼴은 '마주보는 한 쌍의 변이 서로 평행인 사각형'으로 정의하는 도형이다. 프로이덴탈(Freudenthal, 1983)에 의하면, 학생들이 수학적인 정의를 전달받는 것에 의하여 학습하기보다 스스로 만들어내도록 하는 것이 의미가 있다. 사다리꼴의 경우에도 주변에 실제로 사용하고 있는 사다리 사진이나 그림을 살펴보고, 그 특징을 도출하게 하여 정의를 발견하도록 하는 것이 바람직하다. 사진이나 그림을 이용하여 적절한 예를 제시하면, 학생들의 마음속에 정의와 더불어 각인되어 이후의 학습을 도울 것이다. 앞서 살펴본 다른 도형과 마찬가지로 사다리꼴도 직접 만들어보도록 하면 자기주도적 학습을 촉진할 수 있다.

사다리꼴의 사진이나 그림을 살펴볼 때 주목했던 '마주보는 한 쌍의 변이 서로 평행'이라는 특징을 활용하려면, 아래와 같은 종이띠를 어떻게 분할하여 사다리꼴을 만들 수 있는지 생각해낼 수 있다. 이 활동은 사다리꼴에 대한 개념을 강화할 것이다. 이어서 모눈종이 위에 사다리꼴을 그려보도록 한다면, 사다리꼴의 개념을 바르게 적용하는 연습의 기회가 될 것이다.

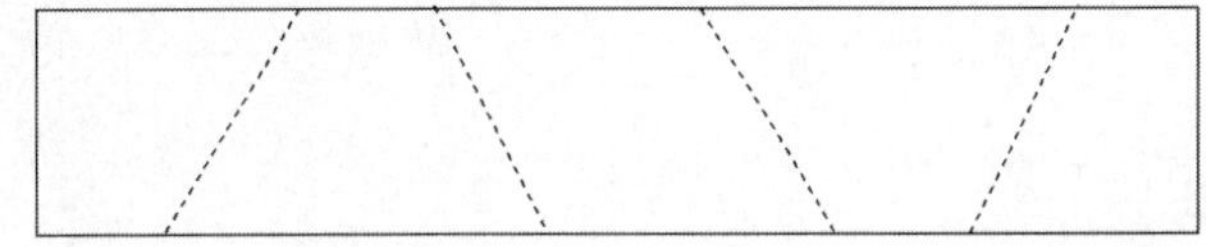

‘마주보는 한 쌍의 변이 서로 평행인 사각형’이라는 사다리꼴의 정의를 일부 변형한다면 ‘마주보는 두 쌍의 변이 서로 평행인 사각형’이라는 평행사변형의 정의에 자연스럽게 도달할 것이다. 평행사변형 역시 계단의 난간이나 문 등 일상의 많은 대상에 들어 있으므로, 사진이나 그림 자료를 이용하여 도입할 수 있다. 그러나 한편으로는 앞서 배운 사다리꼴의 정의를 반성하게 하여 평행사변형의 정의를 발견하게 하는 활동도 적극적으로 활용할 필요가 있다. 이후에 사각형 사이의 관계를 학습할 때 혼동하는 학생들이 많은데, 이는 단지 고립된 개념으로 여러 사각형을 학습하기 때문이다.

특히, 수학은 실제 사물을 수학적인 대상으로 추상화하고, 그 추상화 과정을 다시 추상화의 대상으로 보는 연속적인 추상화 과정에 의하여 발전하였다는 것을 고려할 필요가 있다. 초등학생들이 비록 비형식적인 방식으로 수학을 학습하더라도 이전에 학습한 내용을 대상으로 반성적인 분석을 거듭한다면 추상화의 연쇄를 초등화하여 경험하는 매우 좋은 기회가 될 것이다.

마름모 역시 주변의 사물 중에서 마름모 모양을 띠는 자료를 이용하여 도입할 수 있다. 다음 그림과 같이 종이를 접어 오려서 마름모를 만들도록 하는 것도 마름모의 정의인 ‘네 변의 길이가 같다’는 것을 확인하게 하는 좋은 방법이다.

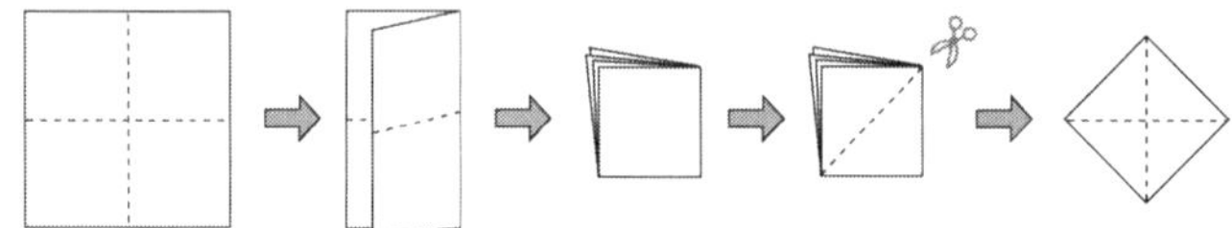

라) 원

원을 ‘동그라미’라는 일상 언어에 의존하여 직관적으로 도입할 때는, 원의 정의를 스스로 만들기보다 그 대략적인 모양에 주목하도록 한다. 이어서 사각형이나 삼각형과 마찬가지로 원에 대해서도 그 구성 요소를 파악하도록 해야 하며, 이 때 원이 사각형이나 삼각형과 다른 점이 무엇인지 생각해보도록 해야 한다. 아동들이 원은 곡선으로 이루어졌다는 것을 알아내기는 쉽지만, 한 점에서 일정한 거리에 있는 점들의 집합이라는 것을 발견하기는 어렵다. 그러므로 여러 사람이 양 손을 잡고 둥글게 서 보거나, 동그란 모양을 본 떠 그려보면서 어느 한쪽도 일그러지지 않은 도형이라는 것, 곧 대칭적인 도형이라는 것을 인식하게 할 필요가 있다.

다음으로 컴퍼스를 사용하기 전에 두꺼운 종이를 이용하여 원을 그려보도록 하면, 원의 중심과 반지름이 원의 구성 요소가 될 수 있음을 발견하게 할 수 있다. 마지막으로 컴퍼스를 이용하여 반지름의 길이를 변화시켜가면서 원을 그려보도록 해야 한다.

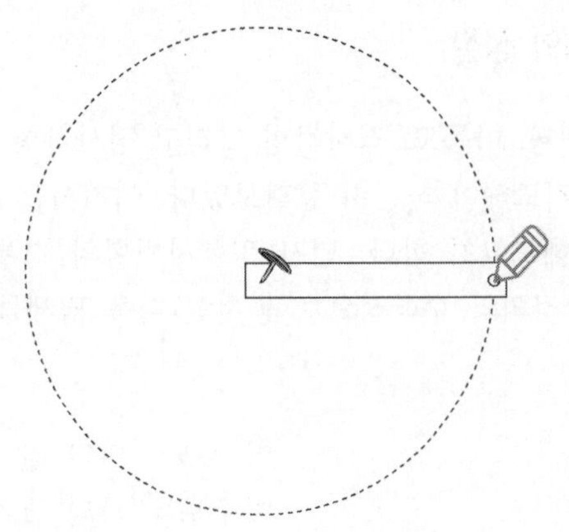

2) 평면도형의 성질의 지도

가) 삼각형의 성질

사각형, 삼각형 등 평면도형의 개념을 학습할 때에 주변의 사물을 모양에 따라 분류하고, 분류 활동을 대상으로 반성적 사고를 함으로써, 꼭짓점, 변, 면을 구성 요소로 하는 평면도형의 개념을 발전시키는 것에 주목하였다. 이제 개념화한 평면도형을 대상으로 사고함으로써 평면도형의 속성을 구체적으로 파악하는 활동을 해야 할 때이다.

먼저 삼각형의 경우, '세모' 모양의 사물에 대한 직관적 인식, '3개의 선분으로 둘러싸인 도형'이라는 정의에 대한 이해를 바탕으로, 삼각형을 더 세분화할 수 있는 속성을 배울 차례이다. 만약 각의 크기에 주목한다면 직각삼각형, 예각삼각형, 둔각삼각형으로 구분할 수 있다. 그러나 직각삼각형, 예각삼각형, 둔각삼각형의 성질에 대해서는 중학교 이후에 다루게 되며, 초등학교에서는 분류하여 이름을 붙이는 정도로만 다룬다.

한편, 변의 길이에 주목한다면, 이등변삼각형과 정삼각형을 구분해낼 수 있다. 이에 대해서도 역시 중학교 이후에 자세한 성질을 배우지만, '이등변삼각형의 두 밑각의 크기가 같다', '정삼각형의 세 내각의 크기가 같다'는 성질의 경우에는 조작 활동에 의하여 파악하도록 한다. 예를 들어, 색종이를 오려서 이등변삼각형을 만들면 두 밑각의 크기가 같다는 것을 겹쳐보는 활동에 의하여 쉽게 알아볼 수 있다. 색종이로 만든 이등변삼각형을 겹쳐봄으로써 두 밑각의 크기가 같다는 성질을 확인하는 것은 수학적인 증명이라고 볼 수는 없지만, 수학적인 성질의 정당성을 비형식적으로 파악하는 과정으로 수학적 경험과 직관을 풍부하게 함으로써 증명 능력을 향상시키는 데 기여할 수 있다.

정삼각형의 경우에도 컴퍼스로 직접 그려봄으로써 대칭성을 만족하는 도형이라는 것을 직관적으로 파악하게 한다. 세 내각의 크기가 같다는 성질 역시 직관적으로 발견할 수 있으므로 아동에게 탐구의 기회를 제공하는 것이 중요하다.

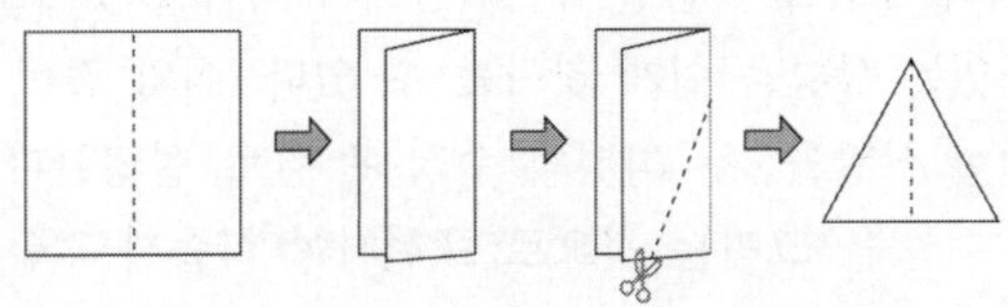

나) 사각형의 성질

평행사변형, 마름모, 직사각형 그리고 정사각형 각각에 대해서 어떤 방식으로 정의를 이해하도록 지도해야 하는지 살펴보았다. 여기서는 각각의 도형에 대한 성질을 이해하는 문제를 생각해보고자 한다. 먼저 평행사변형의 경우, '마주보는 두 쌍의 변이 평행인 사각형'이라는 정의와 수학적으로 동치인 다음 명제들을 평행사변형의 성질로 학습하도록 해야 한다:

마주보는 변의 길이가 같다.
마주보는 각의 크기가 같다.

중학교에서는 이들 명제를 증명하고, 형식화하여 표현하는 것까지 학습하지만, 초등학교에서는 종이를 접어 오리고 겹쳐보면서 관찰함으로써 평행사변형의 일반적인 성질로 파악하도록 지도해야 한다. 단 한 번의 구체적인 조작 활동에 의하여 일반적인 성질을 발견하는 것 그리고 이것이 성립할 것이라고 확신하는 것을 기대하기는 어렵다. 그러므로 학생들 스스로 확신을 얻고 활동 없이도 논리적 사고만으로 성질로 인정할 때까지 다양한 탐구의 기회를 제공하는 것이 중요하다.

마름모의 경우, '네 변의 길이가 모두 같은 사각형'이라는 정의를 기초로 '마주보는 두 쌍의 변이 평행'이라는 성질을 도출하도록 해야 한다. 모눈종이 위에 마름모를 그리도록 한 후, 직접 동위각 또는 엇각의 크기를 측정하여 같다는 것을 확인하도록 해야 한다. 이는 실제로 평행선에 대한 명제를 이해하고, 그 정당성을 기초로 새로운 명제를 만들어 다시 그 정당성을 확인하는 매우 어려운 추론 과정이다. 초등학생들이 이러한 추론 과정을 충분하게 파악하여 성질의 의미와 정당성을 이해하기는 매우 어려울 것이다.

직사각형과 정사각형 역시 '마주보는 두 쌍의 변이 평행'이라는 것을 이해할 수 있어야 하며, 이는 단순히 각각의 도형에 대한 성질이 아니라 도형과 도형 사이의 관계에 대한 성질로 발전되는 추론 과정에 대한 이해 능력을 필요로 한다. 그러므로 초등학교에서 평면도형의 성질을 지도할 때는, 구체적인 조작과 직관적인 논의에 의하여 그 정당성을 확신하는 데 도움을 주는 것이 중요하며, 엄밀한 추론은 강조하지 않아야 한다.

3) 관계 개념의 지도

가) 수직과 평행

초등학교에서는 평면도형에 대하여 개념을 형성하고, 속성을 파악하는 활동과 더불어 서로 다른 도형 사이의 관계에 대하여 지도한다. 먼저 두 직선 사이의 관계를 알아볼 수 있다. 직각 개념을 학습한 후, 주변에서 직각을 찾아보면 실제로 두 선분이 직각을 이루며 만나고 있는 상황을 쉽게 찾아볼 수 있다. 이와 같이 두 직선이 만나서 이루는 각이 직각인 특별한 상황을 '두 직선의 수직 관계'로 설명한다. 두 직선의 수직 관계를 '한 직선에 대하여 수선'을 그리는 것으로 표현하여 학습하도록 할 수도 있다. 이 경우, 주어진 직선과 수직으로 만나도록 하는 방법을 탐구하는 것이 핵심이다. 모눈종이 또는 삼각자를 이용하면 수직 관계에 있는 두 직선 또는 주어진 직선에 대하여 수선인 직선을 쉽게 그릴 수 있다. 각도기를 이용하여 그릴 수도 있다.

'두 직선의 평행 관계'는 기하학의 역사에서 매우 중요한 것이었다. '평행선 공준'을 둘러싼 오랜 기간 동안의 논쟁과 많은 수학자의 헌신은 '비 유클리드 기하'라는 새로운 기하학의 탄생으로 마무리되었다. 초등학교에서 이와 같은 역사적인 의미를 살리기는 어려울 것이다. 그러나 매우 특별하면서도 수학적으로 의미 있는 상황이라는 것을 느끼도록 지도하는 것은 가능할 수 있다. 문제는 평행선 사이의 동위각, 엇각에 관련된 많은 논의가 중학교에서 다루어지고, 초등학교에서는 직관적으로만 다루어야 한다는 점이다. 초등학교에서는 한 직선에 수직인 두 직선을 그으면, 두 직선이 만나지 않는다는 것에 주목하도록 하여 '두 직선의 평행 관계'를 도입한다. 물론 주변에서 평행선을 찾아보도록 하여 만나지 않는다는 말의 의미를 분명하게 파악하도록 도울 필요도 있다.

'만나지 않는 두 직선'이라는 매우 행동적이고 직관적인 표현이 학생들에게 어떤 개념 이미지를 심어줄 것인지 미리 예측하고, 평행인 직선에 대한 성질을 지도하는 것이 중요하다. 다음 그림과 같이 삼각자를 이용하여 평행선을 그려보게 하는 것은 직관을 강화하는 중요한 기회가 될 것이다.

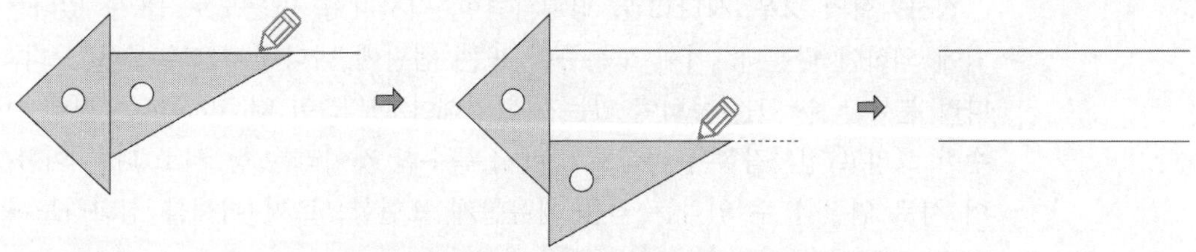

평행선 사이의 선분 중에서 수직인 선분의 길이가 가장 짧고, 그 선분의 길이는 모두 같다는 성질을 파악하게 하는 것 역시 평행선을 이해하는 데 매우 핵심적인 역할을 한다. 동위각과 엇각의 크기를 측정하여 평행 관계인지 여부를 파악하는 활동은 표현만 비형식적일 뿐 연역 추론과 연결된다. 그러므로 기계적으로 모방하거나 암기하여 학습하도록 이끌기보다는 수학적으로 정당한 추론을 거쳐 설명하는 과정을 배우도록 하는 것이 매우 중요하다.

프로이덴탈은 이해하지 않고 학습하는 것을 비판하였으며, 이해하도록 이끈다는 의도로 장황하게 설명하는 것 역시 적절하지 않다고 하였다. 두 직선의 평행 관계를 다루는 과정은 표면적으로 조작 활동에 의존하지만, 사실상 명제를 서술하고, 증명하는 연역적 추론을 배경으로 한다는 점에서 지도하기 어려운 부분이다. 프로이덴탈이 지적한 바와 같이, 이해를 간과해서도 너무 장황한 설명에 의존해서도 안 될 것이다.

나) 사각형의 포함 관계

사각형 사이의 포함 관계 역시 명시적으로는 조작 활동 또는 직관적인 설명에 의하여 다루지만 사실상 연역적 추론 능력을 필요로 한다는 점에서 가르치고 배우기 어려운 내용이다. 마름모는 네 변의 길이가 모두 같은 사각형으로 도입하였지만, 마주보는 두 쌍의 변이 평행이라는 조건을 만족시키므로 평행사변형이 된다. 그러므로 어떤 사각형이 마름모라는 가정으로부터 연역적인 추론 과정에 의하여 평행사변형이 된다는 결론을 얻는 과정을 비형식적으로 다루고 있는 것이다.

다음 그림과 같이 구체적이고 직관적으로 이를 다루기 위하여, 실제로 마름모를 그려서 마주보는 두 쌍의 변이 평행인지 파악하도록 지도해야 한다.

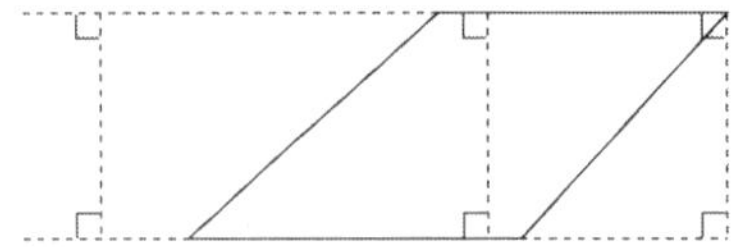

학습이 끝난 후에도 학생들은 '마름모는 마름모일 뿐, 마름모를 평행사변형이라고 볼 수 없다'라는 생각, 곧 하나의 사물에 2개의 이름을 부여할 수 없다는 신념을 발전시킬 가능성이 있다.

직사각형의 경우에도 마찬가지로 추론 과정을 조작 활동과 직관적인 설명으로 대치하여 지도한다. 직사각형은 평행사변형이라고 볼 수 있으며, 사다리꼴이라고 볼 수도 있다는 점을 파악하도록 한다. 직사각형의 정의와 성질이 평행사변형의 정의와 사다리꼴의 정의를 만족시킨다는 점을 이해하도록 도와야 한다.

정사각형의 경우, 사다리꼴, 평행사변형, 직사각형, 마름모로 볼 수 있다는 점을 같은 방법에 의하여 다룬다. 이제 모눈종이 또는 점판에 나타낸 사각형들을 보다 정교한 관점에 따라 분류할 수 있는 능력이 있는지 확인해야 한다. 이 때, 마름모는 평행사변형 중에서 특수한 그리고 정사각형은 마름모 중에서 특수한 것이라는 등 서로 다른 이름을 가진 도형들이 서로 연결될 수 있다는 점을 자유롭게 표현함으로써 이해를 심화하도록 해야 한다.

2.3 입체도형

1) 입체도형의 개념과 지도

입체(solid) 또는 입체도형(solid figure)은 공간도형(space figure)이라고도 하며, 유계(有界 bounded)인 3차원 공간의 일부이다. 입체의 경계는 면이며, 이 면은 평면 또는 곡면이다. 모두가 평면으로 둘러싸인 입체를 다면체(polyhedron)라고 한다. 입체도형은 크게 다면체와 곡면체(solid bounded by curved surface)로 나눌 수 있다.

가) 다면체

다면체(polyhedron)는 다각형의 영역으로 둘러싸인 입체도형을 말한다. 다면체는 기준에 따라 여러 가지로 분류될 수 있는데, 다음은 그 몇 가지 예이다.

- 각기둥(prism), 빗각기둥(oblique prism)
- 각뿔(pyramid), 겹각뿔(di-pyramid), 엇겹각뿔(trapezohedra)

• 볼록다면체(convex polyhedron), 오목다면체(concave polyhedron)
• 정다면체(regular polyhedra/ platonic solid)
• 준정다면체(archimedean polyhedra)
• 케플러-푸앵소 다면체(Kepler-Poinsot polyhedra)
• 존슨 다면체(Johnson solid)

(1) 각기둥

각기둥(prism)은 평행인 두 평면 위에 있는 합동인 두 다각형과 두 다각형의 대응하는 꼭짓점을 연결하여 만들어지는 평행사변형 또는 직사각형으로 둘러싸인 입체이다. 각기둥에서 평행인 두 다각형을 밑면(base)이라고 하고, 위아래의 두 밑면을 이어주는 면을 옆면(lateral face)이라고 한다. 각기둥은 밑면의 모양에 따라 이름이 붙여지며, 각기둥의 옆면이 직사각형이고 밑면에 수직이면 직각기둥(right prism)이라 하고, 옆면이 평행사변형이고 밑면에 수직이 아니면 빗각기둥(oblique prism)이라고 한다.

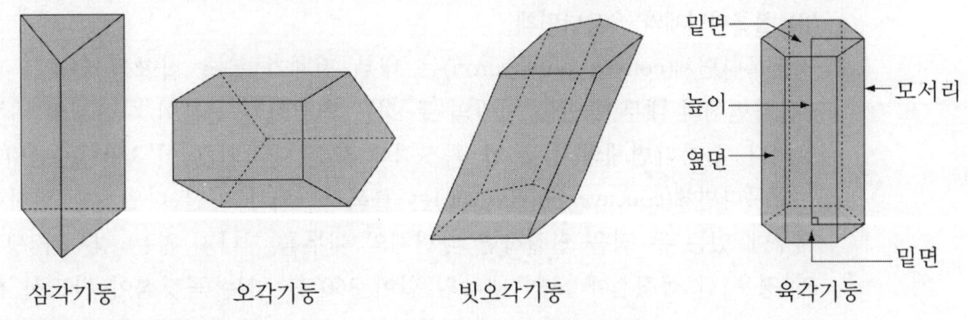

[그림 1] 각 기둥의 예

각기둥을 정의하는 방법은 여러 가지가 있다. 그러나 초등학생에게는 연역적, 논리적으로 도형을 지도할 수 없으므로, 면의 모양을 관찰하게 하여 공통되는 조건들을 찾아서 정의하여야 한다. 즉 옆면은 모두 평행사변형이고, 위와 아래에 있는 면은 합동인 다각형이며 서로 평행인 입체도형으로 정의할 수 있다.

옆면, 밑면, 모서리, 꼭짓점 등은 그림으로 설명하여 정의하는 것이 좋다. 다만 높이는 두 밑면 사이의 거리라는 것을 확실하게 정의하여, 모서리의 길이와 높이를 혼동하지 않도록 해야 한다.

(2) 각뿔

각뿔(pyramid)은 한 다각형과 그 다각형이 포함된 평면 밖의 한 점에서 다각형의 이웃한 두 꼭짓점을 잇는 여러 개의 삼각형으로 둘러싸인 입체도형이다. 이때 다각형은 각뿔의 밑면(base)이고 다각형 영역에 있지 않은 점은 "각뿔의 꼭짓점"(vertex of pyramid, apex)이라 하고, 밑면인 다각형의 꼭짓점과 구별하여 부른다. 각뿔의 꼭짓점에 연결되는 삼각형들은 옆면(lateral face)이다. 각뿔은 밑면의 모양에 따라 이름이 붙여진다.

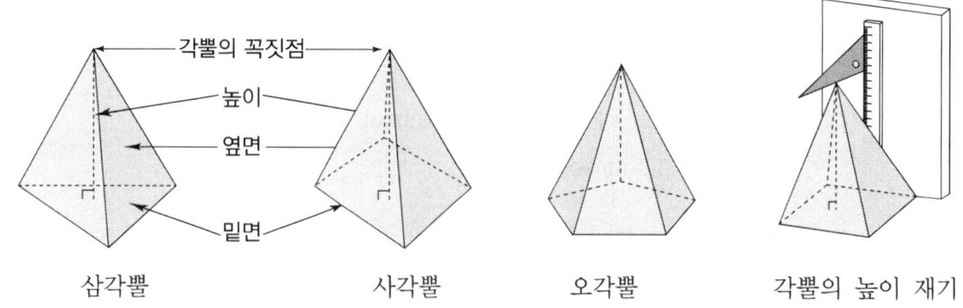

초등수학에서는 실제 모형이나 그림을 보면서 밑면이 하나의 다각형이고 옆면이 모두 삼각형인 입체도형이라는 조건들을 찾아 정의하여야 한다. 각뿔의 꼭짓점, 모서리, 옆면, 밑면 등도 모형을 사용하여 직접 설명한다. 각뿔의 높이는 꼭짓점에서 밑면에 그은 수선의 길이, 즉 꼭짓점과 밑면과의 거리라는 것을 명확히 이해하도록 한다.

(3) 볼록다면체와 오목다면체

볼록다면체(convex polyhedron)는 내부 전체가 볼록 집합을 이루는 다면체를 말한다. 즉, 다면체의 내부에 있는 임의의 두 점을 연결하는 선분이 다면체의 내부에 포함되는 경우이다. 볼록다면체의 경우 한 꼭짓점에 모인 내각의 합이 360°를 넘지 않는다.

오목다면체(concave polyhedron)는 볼록다면체가 아닌 다면체를 말한다. 오목다면체의 내부에 있는 두 점을 연결하면 다면체의 내부를 지나지 않는 경우가 생긴다. 오목다면체의 경우 한 꼭짓점에 모인 내각의 합이 360°를 넘는 꼭짓점이 반드시 존재한다.

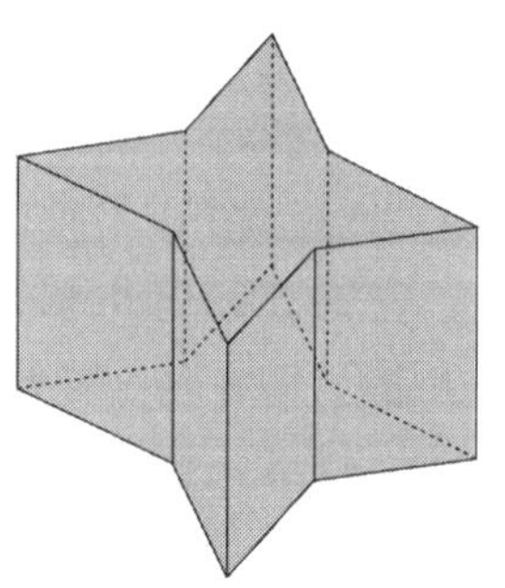

[그림 2] 오목다면체의 예

(4) 정다면체

정다면체(regular polyhedra)는 모든 면이 합동인 정다각형이고, 모든 꼭짓점에서 만나는 모서리의 수가 같은 볼록다면체이다. 모든 면이 합동이고, 모든 꼭짓점에서 만나는 모서리의 수가 같으면서도 오목다면체인 것은 케플러-푸앵소 다면체(Kepler-Poinsot polyhedra)라고 한다. 정다면체는 다면체 중에서 가장 아름다운 다면체라고 할 수 있다. 어느 방향에서 보더라도 모양이 같은, 가장 완벽한 대칭 구조를 갖고 있는 다면체이기 때문이다.

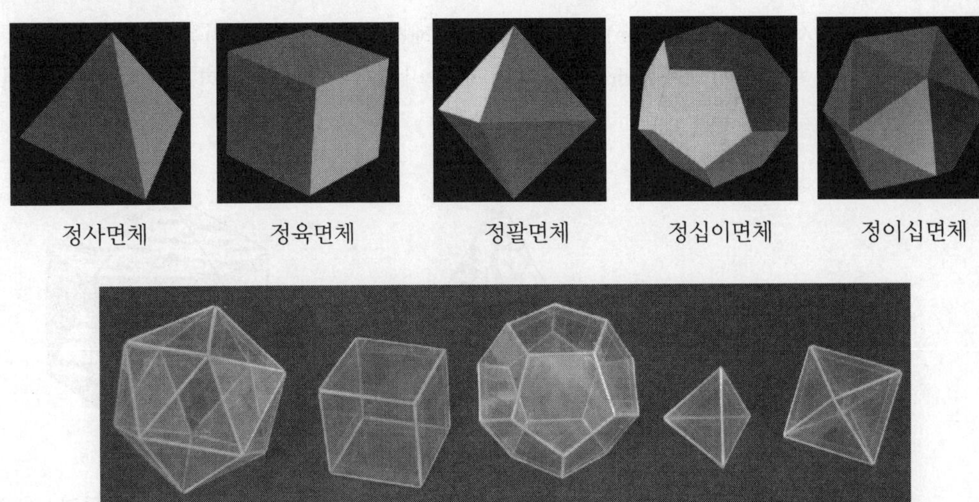

다음 표는 정다면체의 겨냥도와 전개도, 꼭짓점에 모이는 다각형의 수를 나타낸 것이다.

[표 2] 정다면체의 겨냥도와 전개도, 꼭짓점에 모이는 다각형의 수

정다면체	겨냥도	전개도(예시)	다각형	꼭짓점에 모이는 다각형의 수
정사면체			정삼각형	3
정팔면체			정삼각형	4
정이십면체			정삼각형	5
정육면체			정사각형	3
정십이면체			정오각형	3

다섯 종류의 정다면체에 관한 연구는 기원전 500년경 피타고라스 또는 그 이전부터 이루어졌다. 기원전 400년경 그리스의 철학자 플라톤은 이 다섯 종류의 정다면체를 가장 이상적인 입체로 보았으며, 이러한 이유로 정다면체를 플라톤의 도형(platonic solid)라고도 부른다. 고대 그리스 사람들은 우주가 불, 물, 땅, 공기의 4원소로 이루어졌다고 믿었으며,

정사면체(tetrahedron)는 표면적에 비해서 가장 작은 부피를 지녔기 때문에 불을 상징하고, 정이십면체(icosahedron)는 표면적에 비해서 가장 큰 부피를 지녔기 때문에 물을 상징한다고 보았다.

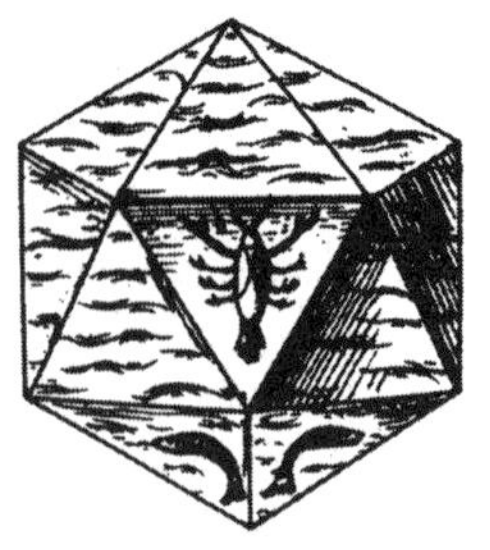

가장 안정적인 모양인 정육면체(cube, hexahedron)는 안정을 의미하는 땅, 즉 지구를 상징하고, 반면에 보다 동적인 정팔면체(octahedron)는 공기 또는 바람을 상징한다. 그리고 정십이면체(dodecahedron)의 12면은 당시 그리스 천문학의 12궁(宮 zodiac)에 대응한다고 보아서 우주 전체를 상징한다고 보았다.

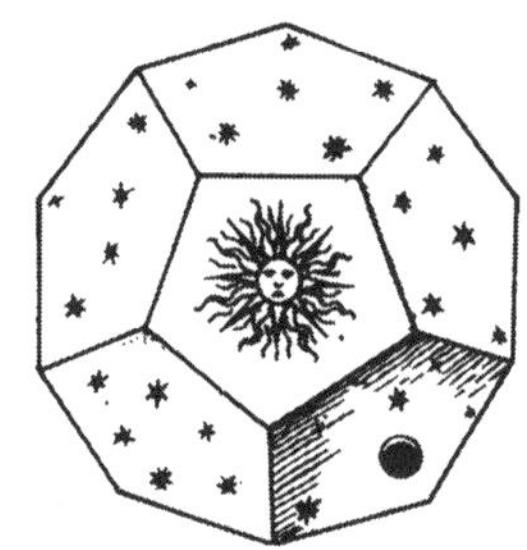

나) 곡면체

곡면체는 적어도 그 표면의 일부가 곡면으로 된 입체도형을 말한다. 곡면체는 곡면기둥, 곡면뿔, 회전체 등으로 분류할 수 있다. 초등수학에서는 곡면기둥인 원기둥, 곡면뿔인 원뿔, 구를 포함한 기타 회전체를 다룬다.

(1) 원기둥

원기둥(circular cylinder)은 평행이고 합동인 두 원과 이 두 원의 원주(圓周)에 있는 대응점들을 연결하는 선분들로 만들어지는 입체도형이다. 원기둥을 한자로 원주(圓柱)라고도 부른다. 이 때 합동인 두 원을 밑면(base)이라 하고, 선분을 모선(母線 generator), 모선에 따라 이동하면서 생긴 면을 옆면(lateral surface)이라고 한다. 특히, 원기둥을 형성하는 모선이 밑면과 수직이면 직원기둥(right circular cylinder)이라 하고, 수직이 아닐 때 빗원기둥(oblique circular cylinder)이라고 한다. 초등수학에서는 직원기둥만을 다룬다. 직원기둥은 직사각형을 그 한 변을 회전축으로 하여 만들어지는 회전체로 정의할 수도 있다.

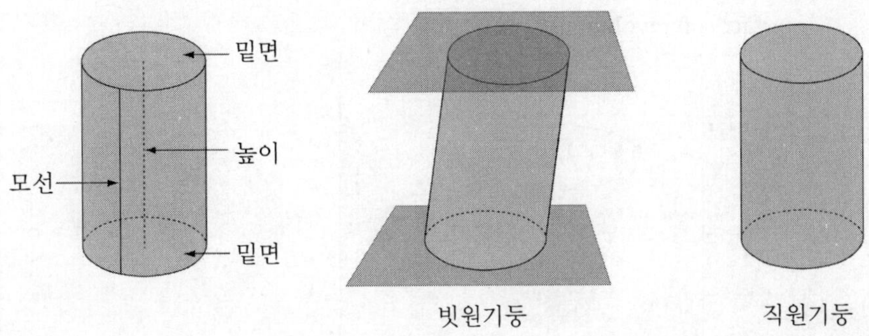

초등수학에서는 원기둥의 모형을 관찰하고, 각기둥과 비교하여 그 개념을 이해하는 것이 아동들에게 훨씬 더 효과적이다. 원기둥을 모형이나 그림과 함께 제시하여 이와 같이 위와 아래에 있는 면이 서로 평행이고 합동인 원으로 되어 있는 입체도형이라고 예시적으로 정의한다.

(2) 원뿔

원뿔(circular cone)은 주어진 원과 이 원을 포함하는 평면 밖의 한 점에서 주어진 원의 원주 위의 각 점을 연결하는 선분들로 만들어지는 입체도형이다. 이 때 원주의 각 점과 공통으로 연결되는 한 점을 원뿔의 꼭짓점(vertex of the circular cone)이라 하고, 주어진 원의 영역을 밑면(base), 밑면에 있지 않은 원뿔의 점들을 옆면(lateral surface)이라고 한다. 또, 밑면의 원주 위의 점과 꼭짓점을 연결한 선분을 모선(generator)이라 하고, 꼭짓점에서 밑면에 수직인 선분을 높이(altitude)라고 한다. 높이가 밑면인 원의 중심에서 만날 때 이 원뿔을 직원뿔(right circular cone)이라 하고, 원의 중심에서 만나지 않을 때 빗원뿔(oblique circular cone)이라고 한다. 직원뿔의 경우에는 직각삼각형을 직각을 낀 한 변을 회전축으로 하여 만들어지는 회전체로 정의할 수도 있다.

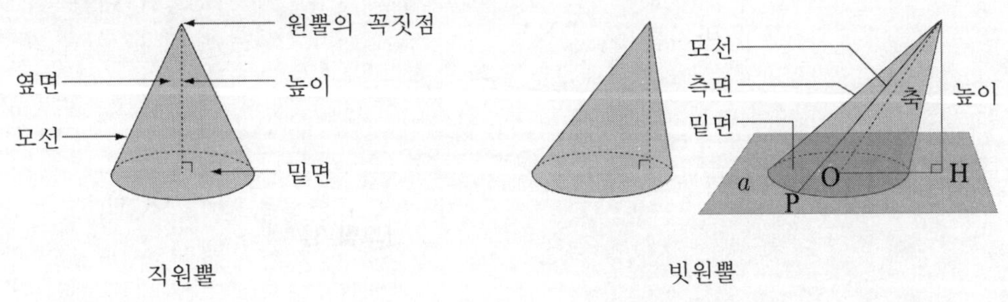

원뿔의 개념도 실제 몇 개의 원뿔 모형을 제시해 놓고 관찰하게 하면서 원기둥, 각뿔과 비교하여 그 특징을 찾아보면서 이해하게 하는 것이 좋다. 원뿔은 모형이나 그림과 함께 제시하여 이와 같이 밑면이 원이고 옆면이 곡면인 뿔 모양의 입체도형이라고 예시적으로 정의한다.

(3) 회전체

평면도형을 같은 평면 위에 있는 한 직선을 축으로 하여 회전하였을 때 생기는 입체를 회전체(solid of revolution)라고 한다. 회전시킨 평면도형이 그리는 곡면을 회전면(surface of revolution)이라 하고, 처음 평면도형을 이루는 각 선의 위치를 모선(generator of surface of revolution)이라고 한다.

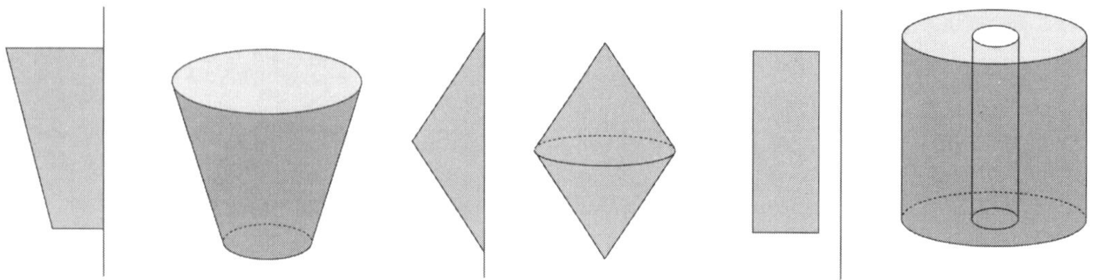

(4) 구

구(球, sphere)는 주어진 점 O로부터 주어진 일정한 거리에 있는 3차원 공간의 점의 자취이다. 이 때, 주어진 점 O를 구의 중심(center), 중심과 구의 점을 연결하는 선분을 구의 반지름(radius)이라고 한다. 구의 두 점을 연결한 선분 중 가장 긴 것을 구의 지름(diameter)이라고 한다. 구의 지름은 구의 중심을 지나고, 반지름의 2배이다.

구를 회전체로 정의할 수도 있다. 원 또는 반원을 그 지름을 축으로 하여 회전했을 때 생기는 회전체는 구가 된다. 회전체의 단면과 관련하여, 구를 평면으로 자르면 그 단면은 원이다. 또한 구의 중심을 지나도록 자른 단면(가장 큰 원)은 대원(great circle)이며 기타의 방법으로 자른 단면은 소원(small circle)이다. 구의 또 하나의 특이한 점은 구의 전개도는 평면 위에 그릴 수 없다는 것이다.

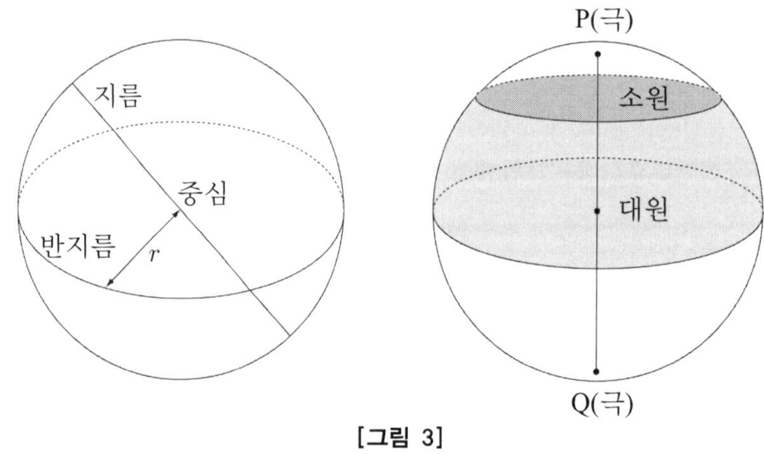

[그림 3]

2007개정교육과정에 따른 초등수학에서는 구를 반원의 회전체로서 설명한다. 다음과 같이 반원 모양의 종이를 나무젓가락에 붙여서 돌리면서 모양을 관찰하여 구의 개념을 이해하게 하고, 회전체와 관련하여 구의 중심과 구의 반지름도 정의한다.

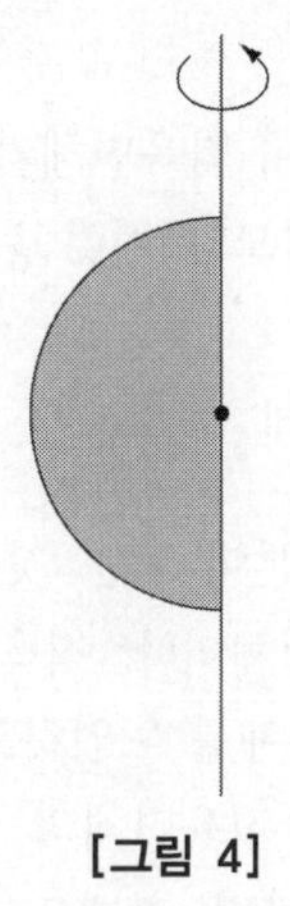

[그림 4]

2) 입체도형의 성질의 지도

입체도형을 지도할 때, 먼저 주변의 입체도형과 그 모형을 관찰, 비교, 분류하여 입체도형의 개념을 이해하고 입체도형의 성질을 발견할 수 있게 한다. 다음에 3차원의 입체를 2차원에 표현하는 방법과 입체도형을 전개도 등을 이용하여 만드는 방법을 지도한다. 입체도형의 지도 내용을 살펴보면 보통 다음과 같은 계열을 갖는다.

→ 관찰하기
→ 분류하기
→ 그리기(특성 탐구하기)
→ 특성 탐구하기(그리기)
→ 도형 사이의 관계 파악하기
→ 추상화, 일반화

가) 상자 모양, 둥근기둥 모양, 공 모양

초등학교 저학년에서는 생활 주변에서 쉽게 접할 수 있는 구체물을 관찰하여 상자 모양, 둥근기둥 모양, 공 모양을 구분하고 익힘으로써 입체도형에 대한 기본 개념을 익히도록 지도한다. 도형을 도입함에 있어 평면도형보다는 일상생활에서 늘 접하던 입체도형을 이용함으로써 보다 친숙하게 도형에 대한 감각을 익힐 수 있도록 한다. 또, 용어 역시 '상자 모양', '둥근 기둥 모양', '공 모양' 등의 일상용어를 그대로 사용한다. 이를 통하여 상자 모양, 둥근 기둥 모양, 공 모양으로 여러 가지 재미있는 모양을 만들어 보거나 여러 가지 물건을 모양에 따라 구별하고 특징을 알아보는 응용 활동, 나아가 상자 모양, 둥근 기둥 모양, 공 모양의 물건들이 나열된 것을 보고 규칙성을 찾는 활동 등을 할 수 있다.

이렇게 구체물을 이용하여 입체도형의 모양과 크기 인식하기, 도형 사이의 공통점과 차이점 인식하기 등 구체적이고 비형식적인 활동을 함으로써 기하와 공간감각이 무엇인지에 대해 직접 경험하고 학습할 수 있도록 한다. 이는 구체물을 통해 입체도형의 기본적인 개념을 지도함으로써 앞으로의 입체도형 학습에 대한 기초를 감각적으로 익히도록 하는 데 의미가 있다.

요즈음에는 상자모양이 직육면체가 아닌 경우도 많이 볼 수 있으므로 "상자모양"이라고 부르기보다는 "네모상자모양"이라고 부르는 것이 좋다는 의견도 있다.

나) 직육면체와 정육면체

입체도형 중 가장 기본이 되는 것은 직육면체이다. 직육면체 중 모서리의 길이가 모두 같은 직육면체는 정육면체이다. 직육면체를 지도할 때는 주변에서 볼 수 있는 여러 가지 물체를 분류하여 직육면체를 도입하고 직육면체와 정육면체의 구성 요소인 면, 모서리, 꼭짓점을 이해하게 한 후 직육면체의 면 사이의 관계를 지도한다. 이를 바탕으로 겨냥도의 개념과 겨냥도 그리는 방법, 전개도의 개념과 전개도 그리는 방법을 지도하여 직육면체와 정육면체의 전개도를 그린다.

(1) 직육면체와 정육면체의 개념과 성질 지도

(가) 직육면체와 정육면체의 도입과 개념

직육면체의 개념 도입은 생활 주변에서 직육면체 모양과 유사한 물건들을 수집하여 관찰하고 분류하는 활동을 통해 직관적으로 하는 것이 좋다.

직육면체의 개념을 확실히 하기 위해서 다음과 같은 활동을 할 수 있다. 주변에서 수집한 여러 가지 물체 중에서 상자 모양을 선택하여 각 면의 본을 뜨게 한다. 먼저, 준비된 상자 모양의 각 면에 가, 나, 다, … 의 기호를 붙이게 한다. 그런 다음 상자 모양의 본을 떠서 본이 어떤 도형인지를 알아보게 한다. 본의 도형처럼 6개의 직사각형으로 이루어진 것이 직육면체임을 알도록 한다. 그리고 직육면체의 각 부분의 명칭을 알려 준다. 이와 같이 상자 모양의 본을 뜨는 활동을 통해 직육면체의 면은 직사각형임을 알게 한다.

특히, 직육면체의 모든 면이 정사각형일 때 이 직육면체는 정육면체이다. 정사각형은 직사각형이므로 정육면체는 직육면체의 특수한 경우임을 알게 한다.

(나) 직육면체의 구성 요소: 면, 모서리, 꼭짓점

직육면체의 구성 요소인 면, 모서리, 꼭짓점은 구체물을 통해 설명하도록 한다. 예를 들면 직육면체 모형을 들고 각 요소를 지적하면서 설명하는 것도 좋은 방법이다.

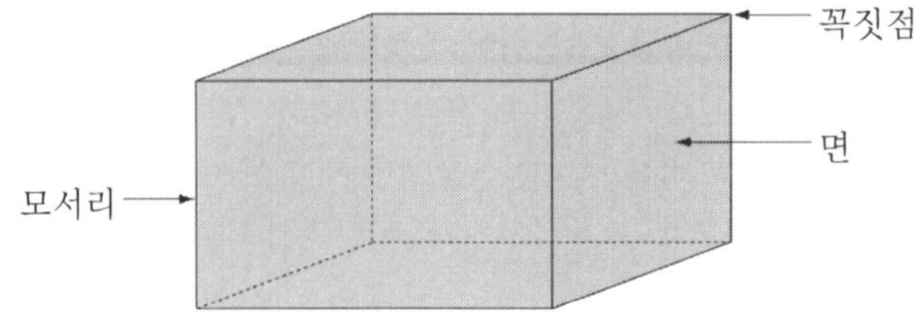

(다) 직육면체의 면 사이의 관계

직육면체에서 마주 보는 두 면은 서로 평행이다. 다음 그림에서 면 ㄱㄴㄷㄹ과 면 ㅁㅂㅅㅇ은 계속 늘여도 서로 만나지 않는 것을 확인하기 위하여 직육면체 모형에 넓은 책받침과 같은 물건을 대어보게 한다. 직육면체에서 평행인 두 면을 밑면이라고 하고, 밑면과 수직인 면을 옆면이라고 한다.

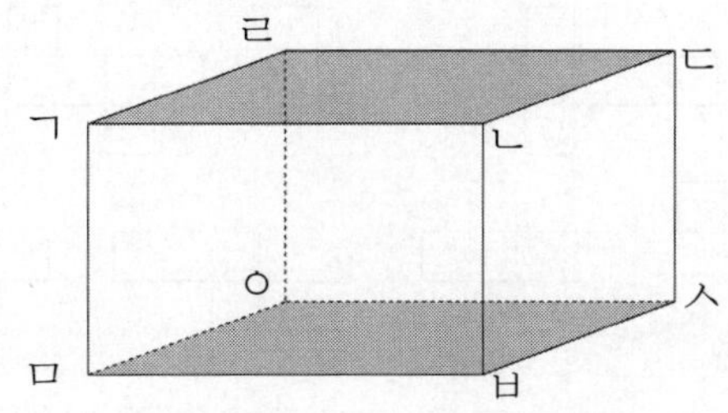

(라) 직육면체의 성질

직육면체의 모형을 제시하여 여러 가지 특징, 면의 모양, 면의 개수, 모서리의 길이 등을 관찰하게 한다. 직육면체는 마주 보는 면이 합동이며 평행이고, 이러한 면이 3쌍 있다. 이 3쌍이 각각 밑면이 될 수 있음을 함께 지도한다. 위의 그림에서 면ㄱㅁㅇㄹ과 면ㄴㅂㅅㅇ, 면ㄱㅁㅂㄴ과 면ㄹㅇㅅㄷ이 밑면이 될 수 있다.

(2) 직육면체의 겨냥도와 전개도

3차원의 입체도형을 2차원에 표현하는 방법을 지도한다. 겨냥도와 전개도를 그려 봄으로써 평면과 공간 사이의 관계를 보다 잘 이해하고, 공간감각을 향상시킬 수 있다. 겨냥도와 전개도는 모눈종이나 점판 위에 그려 보는 것이 좋다.

(가) 겨냥도

입체를 한 시점(視點) 혹은 한 방향에서 보고, 보는 그대로 평면 위에 그린 그림을 겨냥도라고 한다. 특히 겨냥도는 한 번 보고 그것이 어떤 입체인가를 곧 알 수 있는 것이 특징이므로 입체도형을 직관하는 데 중요하다. 지도할 때는 겨냥도가 잘 그려져 입체의 형태(image)가 머릿속에 바르게 떠오르도록 하는 것이 중요하다.

겨냥도는 개인이 알고 있는 도형을 표현하는 것만이 아니라, 다른 사람이 입체의 형태로 알아볼 수 있도록 그려야 한다. 겨냥도를 그릴 때 유의점은 다음과 같다.

- 평행인 모서리는 반드시 평행으로 그린다.
- 보이지 않는 모서리와 면은 점선으로 나타낸다.
- 각의 크기와 모서리의 길이는 크게 고려하지 않아도 된다.

(나) 전개도

전개도는 입체도형을 펼쳐서 평면 위에 그린 그림이다. 전개도는 3차원 물체를 2차원 평면에 나타내기 때문에 평면과 공간 사이의 관계를 잘 이해하고 있어야 한다. 전개도를 통하여 면의 수나 모양, 면과 모서리의 대응 관계와 그 연결성을 이해할 수 있다.

직육면체의 전개도를 알아볼 때는 직육면체의 모양의 종이 상자를 직접 잘라 펼쳐 보는 활동을 통해 지도해야 하나, 직접 잘라 보는 것에 앞서 머릿속에서 직육면체의 전개도를 상상해 보도록 하는 것이 좋다. 즉, 머릿속에서 직육면체의 전개도를 상상하고, 직육면체 모양을 여러 가지 방법으로 잘라보고, 펼쳐진 직육면체를 그림으로 나타내는 활동을 한다. 전개도를 그릴 때는 접는 부분은 점선으로 나타내고, 나머지 부분은 실선으로 나타내도록 한다.

정육면체의 전개도는 다음 11가지이다.

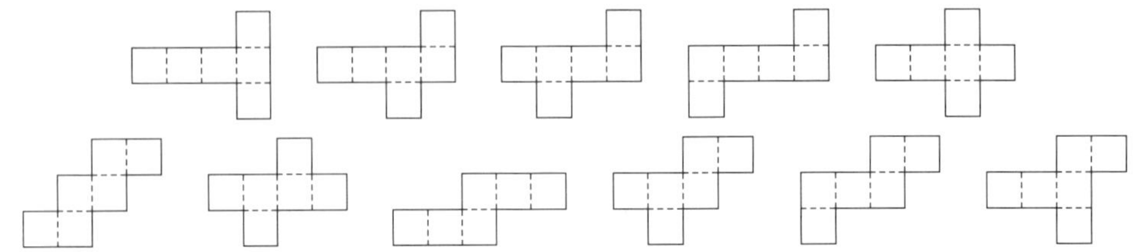

다) 각기둥

(1) 각기둥의 개념과 성질 지도

직육면체는 사각기둥이라고 할 수 있으므로 각기둥의 개념을 지도하기 전에 직육면체의 밑면과 옆면을 상기시키는 것이 좋다. 각 기둥은 그 밑면의 모양이 각각 삼각형, 사각형, 오각형, …일 때, 삼각기둥, 사각기둥, 오각기둥, …이라고 한다. 따라서 각기둥의 개념은 밑면의 모양을 관찰함으로써 이해할 수 있다.

그러나 사각기둥의 경우에서는 서로 만나지 않은 두 면이 세 쌍이 있으므로 사각기둥의 밑면과 옆면은 세 쌍이 될 수 있다. 따라서 각기둥의 밑면과 옆면을 처음 지도할 때에는 학생들에게 어려움을 줄 수 있으므로 사각기둥으로 밑면을 약속하는 것은 적절하지 않다.

각기둥을 지도할 때에는 수학적인 정의는 가급적 자제하고 실물이나 모형을 통하여 구성 요소의 수와 위치 관계를 관찰하고 직관적으로 이해하도록 해야 한다. 예를 들어, 삼각기둥, 사각기둥, 오각기둥의 구성 요소는 다음 [표 3]과 같다.

[표 3]

	삼각기둥	사각기둥	오각기둥
꼭짓점	6	8	10
모서리	9	12	15
면	5	6	7

초등학교에서는 각기둥의 구성 요소인 모서리는 '각기둥에서 면과 면이 만나는 선'으로, 꼭짓점은 '모서리와 모서리가 만나는 점'으로, 높이는 '두 밑면 사이의 거리'로 설명한다.

또, 각기둥 모형을 관찰하는 과정에서 다음과 같은 성질들을 발견할 수 있다.

- 두 밑면은 서로 평행이다.
- 두 밑면은 서로 합동이다.
- 옆면은 모두 직사각형이다.
- 밑면이 정다각형이면 옆면은 모두 합동인 도형이다.
- 밑면에 수직인 평면으로 자른 단면은 직사각형이다.

(2) 각기둥의 전개도와 겨냥도

각기둥의 겨냥도를 통해 각기둥의 보이지 않는 면을 이해하고, 전개도를 통하여 구성 요소 사이의 관계를 이해하고 입체를 구성할 수 있다. 이를 위하여 입체모형을 다음의 관점에서 관찰하도록 한다.

- 평행한 면은 어느 것인가?

• 수직 관계에 있는 면은 어느 것인가?
• 어느 변과 어느 변이 연결된 모서리인가?

라) 원기둥

(1) 원기둥의 개념과 성질 지도

초등학교에서는 모선이 밑면에 수직인 직원기둥만을 취급한다. 원기둥 모양을 이용하여 상하좌우에서 원기둥의 모양을 살펴보고, 두 밑면의 관계를 조사하게 한다. 이를 통하여 원을 수직으로 이동하였을 때 생기는 도형이 원기둥임을 알게 한다. 또, 원기둥의 모형을 굴려보고 조작함으로써 다음의 성질을 발견하게 한다.

• 두 밑면은 합동인 원이다.
• 두 밑면은 평행하다.
• 옆면은 어느 쪽에서 보더라도 모양이 같다.
• 옆면을 전개하면 직사각형이 된다.
• 두 밑면의 중심을 잇는 직선은 밑면에 수직이다.
• 꼭짓점이 없다.

(2) 전개도

원기둥의 옆면을 잘라 전개하면 직사각형이 된다. 이 직사각형의 세로의 길이는 원기둥의 높이와 같고 가로의 길이는 밑면의 원둘레와 같다. 이를 이해하기 위하여 원기둥을 직접 잘라보게 한다.

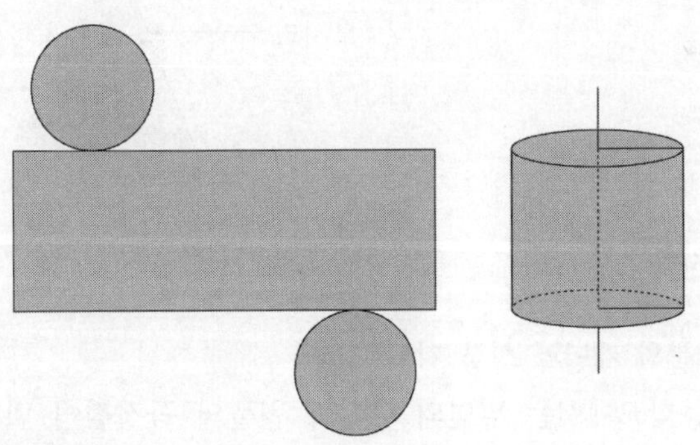

원기둥의 전개도를 지도하는 과정은 다음과 같다.

① 원기둥의 옆면을 모선을 따라 자른다.
② 두 밑면의 원이 옆면의 전개도인 직사각형의 양쪽에 하나씩 접하도록 한다.
③ 밑면의 원둘레와 직사각형의 가로의 길이가 같다.

마) 각뿔

(1) 각뿔의 개념과 성질 지도

초등학교에서는 각뿔의 수학적 정의는 가급적 피하고, 모형을 통하여 이해한다. 예를 들어 모형을 이용하여 꼭짓점, 모서리, 옆면, 밑면 등을 설명하고 그 수를 알아보게 한다. 특히, 각뿔의 밑면이 삼각형, 사각형, 오각형일 때 각각 삼각뿔, 사각뿔, 오각뿔이라고 한다. 그러나 각뿔의 높이는 각뿔의 꼭짓점에서 밑면에 내린 수선의 길이이므로 옆면의 삼각형의 높이와 같지 않다는 것을 이해시킨다.

각뿔 모양을 통하여 발견할 수 있는 성질은 다음과 같다.

- 밑면은 다각형이다.
- 옆면은 모두 삼각형이다.
- 옆면의 삼각형의 밑변은 다각형의 한 변이다.
- 밑면의 꼭짓점은 옆면의 꼭짓점이 된다.

각뿔의 구성 요소인 모서리, 꼭짓점, 높이를 다음과 같이 설명할 수 있다.

- 모서리: 각뿔에서 면과 면이 만나는 선
- 꼭짓점: 모서리와 모서리가 만나는 점
- 각뿔의 꼭짓점: 옆면을 이루는 모든 삼각형의 공통인 꼭짓점
- 높이: 각뿔의 꼭짓점에서 밑면에 수직인 선분의 길이

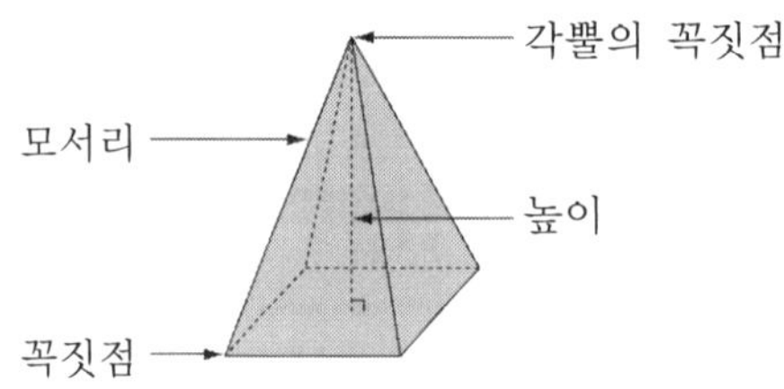

바) 원뿔

(1) 원뿔의 개념과 성질 지도

초등학교에서는 밑면의 중심과 원뿔의 꼭짓점이 밑면에 수직인 직원뿔만을 다룬다. 원의 영역과 곡면으로 둘러싸인 입체를 원뿔임을 알게 한다. 또, 밑면, 꼭짓점, 모선, 옆면 등의 의미를 모형을 통해 이해시킨다. 모형을 관찰하고 조작함으로써 발견할 수 있는 원뿔의 성질은 다음과 같다.

- 꼭짓점은 1개 있고, 모서리는 없다.
- 옆에서 보면 삼각형 모양이다.
- 모선은 무수히 많다.
- 위에서 보면 원 모양이다.

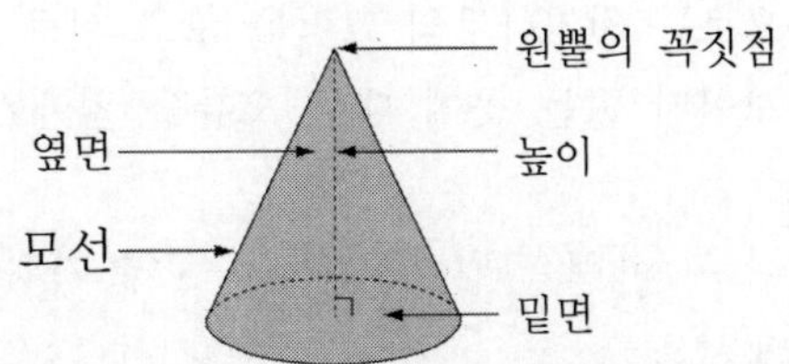

(2) 원뿔의 전개도

원뿔의 전개도는 밑면이 원이고, 옆면이 부채꼴로 이루어진다. 전개도를 그릴 때 유의해야 할 점은 부채꼴의 반지름과 원뿔의 모선의 길이가 같고, 부채꼴의 호의 길이는 그 밑면의 원주의 길이와 같음을 알게 하는 것이다.

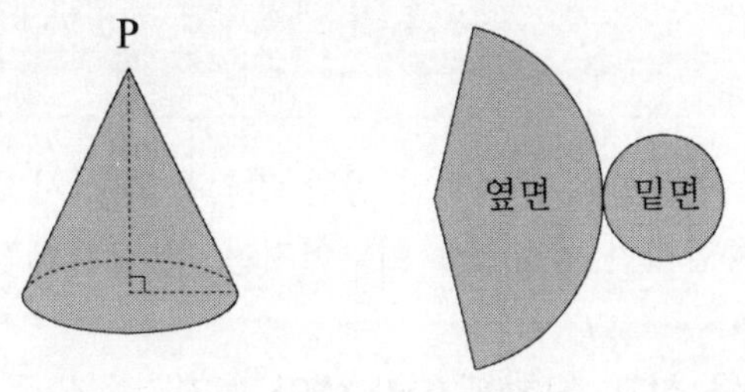

2.4 공간 감각

1) 쌓기나무

주어진 모양을 보고 쌓기나무로 똑같은 모양을 만들거나 쌓기나무로 만들어진 입체 도형에서 쌓기나무의 수를 세는 활동은 학생들이 도형에 대한 감각을 기르는 데 도움이 된다.

가) 주어진 모양을 보고 똑같은 모양 만들기

다음과 같이 주어진 그림을 보고 같은 모양이 되도록 쌓기나무를 쌓아보게 하는 활동을 먼저 지도한다.

쌓기나무로 다음과 같은 모양을 만들어 보시오.

다음으로는 쌓기나무의 그림을 보고 서로 같은 모양인지를 알아보게 하는 활동을 한다. 이 때 보이지 않는 곳에 대한 오류를 없애기 위해서 쌓기나무의 수를 정해주어야 한다.

쌓기나무 5개로 그림과 같은 두 모양 가와 나를 만들고, 두 모양이 서로 같은 것인지 알아보시오.

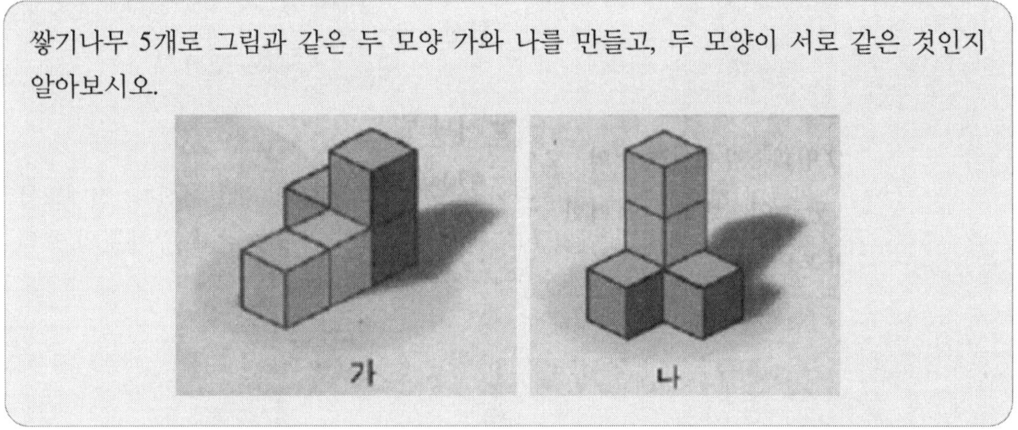

이러한 활동들은 분석적인 공간 감각을 향상시킬 수 있다. 공간 감각은 분석적으로 접근하여 종합적인 방식으로 이루어지는 것이 바람직하다.

나) 규칙을 찾고, 규칙에 따라 쌓아 보기

우리 주변에 돌담이나 창고에 쌓여있는 상자들이나 성곽 등을 보면 직육면체 모양들을 가지고 특정 규칙에 따라 형성된 경우가 많다. 그런 물체를 보고, 그 안에 담겨 있는 규칙성을 수학적으로 분석해 내는 것은 규칙성 탐구뿐만 아니라, 공간 감각을 기를 수 있게 한다. 이런 규칙을 찾아 쌓기나무로 이를 모방해 봄으로써 실제 생활 속의 입체도형이 어떤 규칙성을 가지고 배열·구성되어 있는지를 분석적으로 학습할 수 있게 된다. 이 과정에 각 입체도형의 기능성이나 부분적인 성질들을 유추해 볼 수 있게 된다.

다) 쌓기나무의 수 세기

만들어진 쌓기나무의 모양을 보고, 그 안에 들어 있는 쌓기나무의 수를 알아보는 활동은 입체도형의 부피감이나 공간적 관계 등을 이해하는 데 좋은 활동이 된다. 이 경우에도 주어진 모양을 전체적으로 파악하기보다는 분석적으로 파악하는 활동이 필요하다. 쌓기나무의 수를 세는 활동에는 다음과 같은 것들이 있다.

① 각 층마다 사용된 쌓기 나무의 수 알아보기
② 바탕 그림의 각 칸 위에 놓여 있는 쌓기나무의 수 알아보기
③ 몇 개의 부분으로 나누어 쌓기나무의 수 알아보기
④ 돌출된 부분의 쌓기나무를 다른 곳으로 옮겨서 생각하여 쌓기나무의 수 알아보기

라) 위 · 앞 · 옆에서 본 모양 알아보기

쌓기나무와 같이 정육면체로 만들어진 입체로 구성된 모양을 위, 앞, 옆과 같이 3차원의 각 축 방향에서 관찰하는 것은 입체 모양에 대한 분석적 파악의 기본이 되기 때문에 공간

감각을 학습하는 데 중요하다.

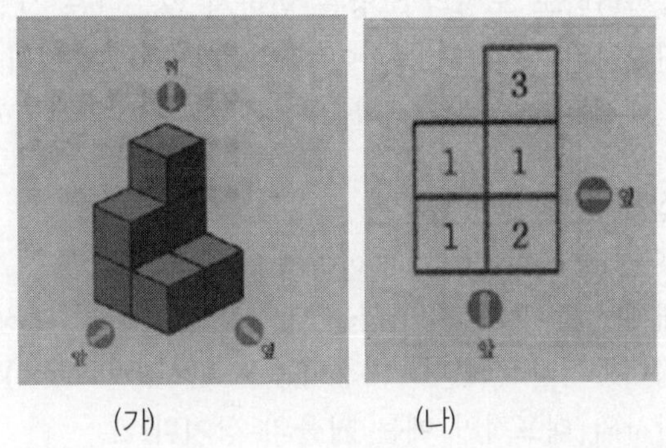

(가) (나)

(가)의 경우에는 일종의 겨냥도로서 이 모양을 쌓기나무로 직접 쌓아 보고, 그것을 다시 위, 앞, 옆에서 관찰하고 그려서 확인해 봄으로써 입체 모양에 대한 정확한 관찰 능력을 기를 수 있다. (나)의 경우에는 그 모양을 직접 쌓기나무로 쌓아서 관찰하는 것이 아니라, 머릿속으로 해당 입체 모양을 상상해서 그로부터 앞, 옆에서 본 모양을 그리는 것이기 때문에 학생들에게는 어려울 수 있다. 그러나 우리가 생활하면서 공간적인 예상을 해야 되는 경우가 많기 때문에 이러한 활동을 연습하는 학습은 공간 감각 훈련에 있어 매우 효과적인 방법이라고 할 수 있다.

2) 평면도형의 변환

가) 밀기, 뒤집기, 돌리기의 개념

(1) 밀기(평행이동)

평행이동(parallel translation, slide)은 직관적으로 이해하기는 쉬우나, 수학적으로 정의하기에는 까다로운 개념이다. 평면 위의 좌표축 $O-xy$를 다른 좌표축 $O'-x'y'$으로 옮겼을 때, $Ox//O'x'$이고 $Oy//O'y'$이면 평면 위의 점들을 평행이동 하였다라고 말한다. 점 P가 점 P'으로 평행이동하면 P의 $O-xy$에 관한 좌표와 P'의 $O'-x'y'$에 관한 좌표는 같다. 좌표축 $O-xy$에 관하여 $P(x, y)$와 $P'(x', y')$의 관계를 식으로 나타내면 $x'=x+a$, $y'=y+b$이다.

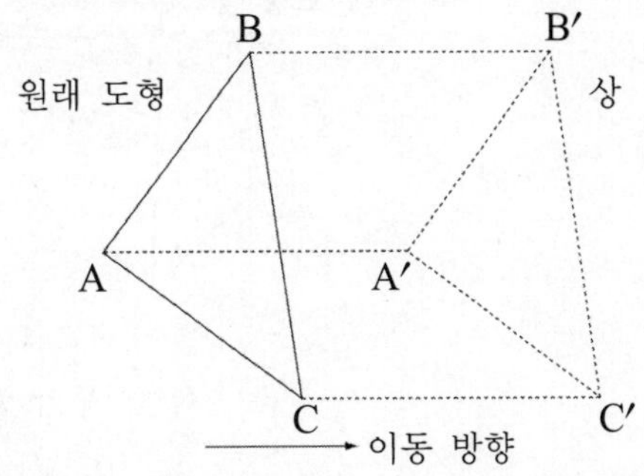

밀기는 초등학교 학생들이 평행이동의 개념을 쉽게 이해할 수 있도록 도입한 생활 속 용어이다. 평행이동은 원래 도형, 이동 방향, 상(image) 등의 용어에 대한 이해가 있어야

하나 초등학교에서는 이러한 정의에 입각해서 지도하는 것이 아니라, 단지 물건이나 도형이 이동하더라도 도형의 모양은 변하지 않는다는 사실을 직관적으로 이해하고 도형의 변화를 관찰하는 데 지도 목적이 있다. 따라서 '평행이동'이나 '상'이라는 용어를 사용하지 않으며 대신 '밀기'라는 생활 용어를 사용하여 지도하도록 한다.

(2) 뒤집기(반사, 대칭이동)

대칭이동(symmetric transformation)에서의 대칭은 선대칭을 의미한다. 평면 위의 한 직선에 대해서 점 P가 이 직선을 대칭축으로 하여 대칭인 점 P'으로 이동하면 이러한 이동을 대칭이동이라고 한다. 대칭이동은 반사(reflection)라고도 부른다. 일상생활에서 볼 수 있는 반사의 대표적인 예는 거울의 상이다.

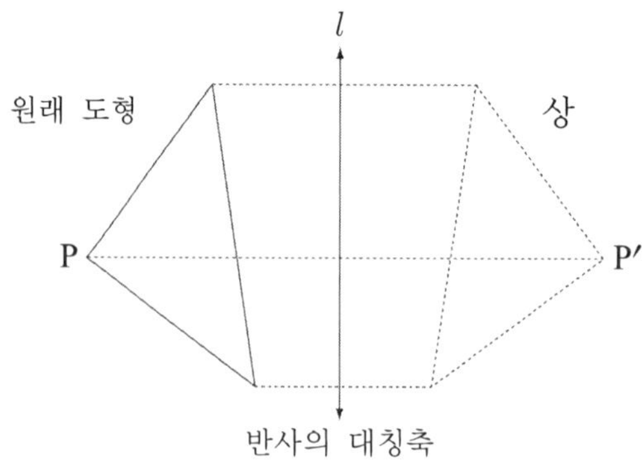

뒤집기는 반사(대칭이동)와 관련된 생활 용어이다. 초등학교에서는 물건이나 도형이 반사되더라도 도형의 상하 또는 좌우만이 바뀔 뿐, 모양은 변하지 않는다는 사실을 직관적으로 이해하도록 하고 그 변화를 관찰하는 데 지도 목적이 있다.

(3) 돌리기(회전이동)

평면에서 점 P가 주어진 점 O로부터 일정한 거리를 유지하면서 이동할 때, 점 P는 점 O의 둘레를 회전(rotate)한다고 하고, 점 O를 회전의 중심(center of rotation)이라고 한다. 점 P가 회전의 중심 O의 둘레를 일정한 각만큼 회전하였을 때 이 이동을 회전이동(rotation)이라고 한다.

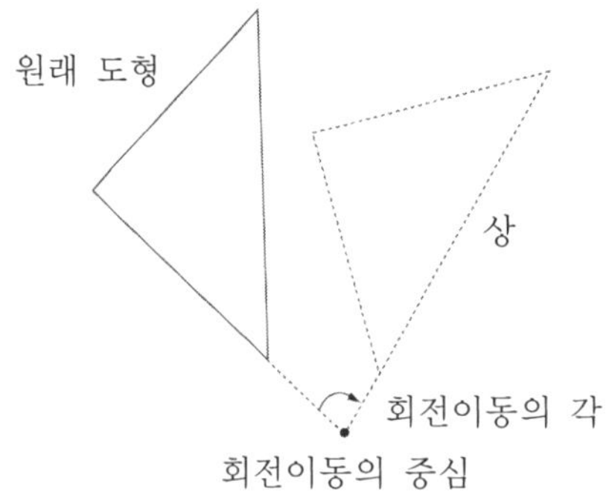

돌리기도 밀기와 뒤집기와 마찬가지로 초등학교 학생들이 회전이동의 개념을 쉽게 이해할 수 있도록 도입한 생활 용어이다. 초등학교에서는 물건이나 도형이 회전하더라도 모양은 변하지 않는다는 사실을 직관적으로 이해하고 그 변화를 관찰하는 데 지도 목적이

있다.

나) 밀기, 뒤집기, 돌리기의 지도

초등학교에서는 구체물을 활용하여 학습자의 흥미를 유발하고 생활 속에서 '밀기, 뒤집기, 돌리기'의 상황을 찾아보게 하는 활동을 함으로써 공간 감각을 지도하도록 하고 있다. 원래 평면도형의 이동과 관련된 부분이기 때문에 평면도형을 사용해야 한다. 그러나 초등학생은 수학적으로 정확한 평면도형의 변환을 학습하는 것이 아니라 다양한 경험을 통해 생기는 모양들을 관찰하고 직관적으로 평면도형의 변환을 이해하는 데 그 목적이 있기 때문에, 평면도형 대신 구체물을 통한 다양한 밀기, 뒤집기, 돌리기 상황을 경험하도록 한다.

평면도형의 밀기, 뒤집기, 돌리기의 작도는 학생들이 모눈종이 위에 일련의 활동을 통해 생기는 상을 예측하여 그려보는 활동을 통해 익숙해질 때까지 반복적으로 지도해야 한다. 평면도형의 변환은 변환의 방법을 외우는 것이 아니라 학생 스스로 이해하고 경험해 보도록 하는 데 주안점이 있기 때문에 반복 연습하는 과정을 거쳐야 한다. 따라서 작도를 중심으로 하는 지필 평가보다는 학생들이 활동 중에 갖는 의문점, '밀기, 뒤집기, 돌리기'를 한 후의 도형을 보고 올바르게 그렸는지 직관적으로 판단하는 능력을 중심으로 수행 평가를 하는 것이 더 바람직하다.

3) 선대칭도형과 점대칭도형

가) 선대칭도형

주어진 한 직선의 양쪽에 두 점 A와 A'이 있고, 선분 AA'이 이 직선에 의해서 수직 이등분될 때 A와 A'은 이 직선에 대하여 대칭(symmetry) 또는 선대칭(axial symmetry)이라고 하고, A는 A'의 대칭점(point of symmetry)이라고 하며, 주어진 직선을 대칭축(axis of symmetry, line of symmetry)이라고 한다. 어떤 도형이 그 내부를 지나는 한 직선에 의하여 두 부분으로 나누어지고 각 부분에 있는 대응하는 모든 점들이 서로 선대칭이 될 때 그 도형을 선대칭도형(a figure symmetric with respect to a straight line)이라고 하고, 이때 이 직선을 대칭축이라고 한다. 이를테면, 선분, 직사각형, 정사각형, 마름모, 이등변삼각형, 정삼각형, 부채꼴 등은 모두 선대칭도형이다.

초등학교에서는 선대칭도형을 "어떤 직선으로 접어서 완전히 겹쳐지는 도형"이라는 정도의 쉬운 표현으로 설명한다.

선대칭도형의 성질을 이해하려면 도형의 합동에서 다루었던 대응점, 대응변, 대응각의 개념을 확실히 알아야 한다. 선대칭도형의 성질을 알아보기 위하여 구체적인 조작 활동을 통해 학생 스스로 대응변과 대응각은 각각 길이와 크기가 같다는 것을 이해하도록 해야 한다.

선대칭도형의 대응점을 잇는 선분은 대칭축에 의하여 수직 이등분 된다. 또, 선대칭 도형의 대칭축은 여러 개 있을 수 있다.

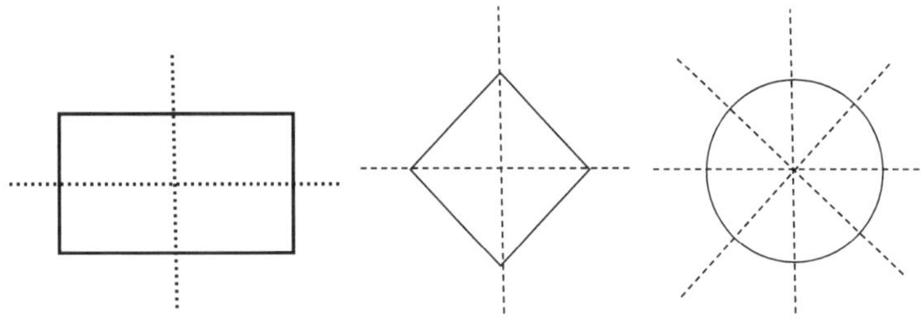

[그림 5] 선대칭도형의 대칭축

나) 선대칭의 위치에 있는 도형

평면 위에 두 도형 F와 F'이 있고 주어진 직선에 대하여 F 위의 모든 점의 대칭점이 F' 위에 있고, F' 위의 모든 점의 대칭점이 F 위에 있을 때, F와 F'은 이 직선에 대하여 선대칭의 위치에 있는 도형(symmetric figures with respect to a line)이라고 한다. 선대칭의 위치에 있는 두 도형은 대칭축을 따라 평면을 접었을 때 서로 완전히 겹쳐진다.

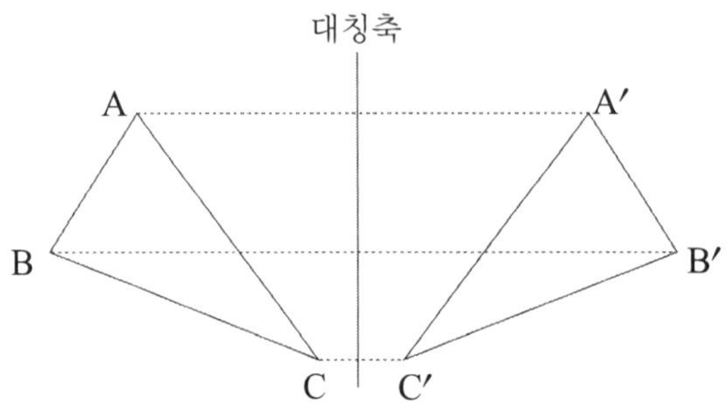

[그림 6] 선대칭의 위치에 있는 도형

선대칭의 위치에 있는 도형의 개념과 성질의 지도는 종이를 반으로 접고 자국을 내어 그린 후 두 도형이 완전히 포개어지는지를 살펴보는 활동, 투명 종이에 대고 두 도형을 그린 후 포개어 보는 활동, 모눈 종이위에 선대칭의 위치에 있는 도형을 그려보는 활동들을 통하여 학생 스스로 이해하도록 해야 한다. 이러한 활동들을 통하여 '선대칭의 위치에 있는 도형에서 대응점을 연결한 선분이 대칭축에 의하여 직각이 되고, 길이가 똑같이 나누어진다.'는 것을 학생 스스로 찾아 낼 수 있도록 충분한 시간을 주고 활동할 수 있도록 지도해야 한다.

다) 점대칭 도형

두 점 A와 A'이 있을 때, 선분 AA'의 중점을 O라고 하면 A와 A'은 점 O를 중심으로 하여 점대칭(symmetry with respect to a point)이라고 하고, 점 O를 점대칭의 중심(point of symmetry)라고 한다. 한 도형 위의 각 점의 점대칭인 점이 다시 그 도형 위에 있고 이들 점대칭의 중심이 일치할 때 이 도형을 점대칭도형(a figure symmetrical with respect to a point)이라고 한다. 점대칭도형은 대칭의 중심을 중심으로 180° 회전이동하면 자기 자신과 완전히 겹쳐진다. 점대칭도형에서 점대칭의 중심은 도형의 내부 또는 그 경계 위에 오직 하나 존재한다. 점대칭 도형으로는 선분, 정삼각형, 정사각형, 직사각형, 마름모, 평행사변형, 원, 구 등이 있다.

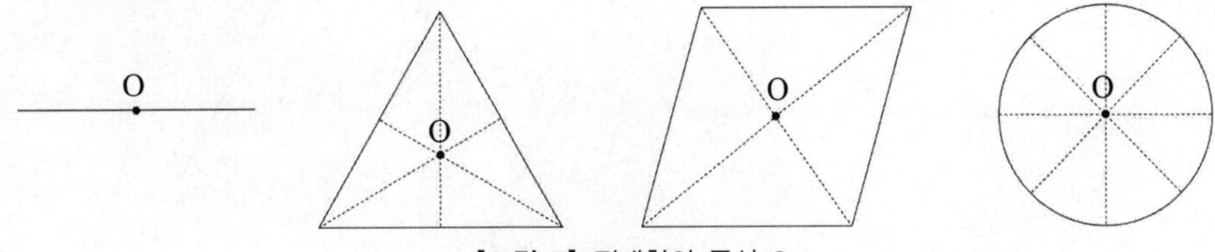

[그림 7] 점대칭의 중심 O

초등학교에서는 점대칭도형을 "한 점을 중심으로 180° 돌렸을 때, 처음 도형과 완전히 겹쳐지는 도형"이라는 정도의 쉬운 표현으로 설명한다.

점대칭도형은 한 정점을 중심으로 대칭 이동하더라도 그 위치와 모양이 변하지 않으므로 대응점을 이은 선분은 대칭의 중심에 의해서 이등분된다. 이를 이용하여 대칭의 중심에서 대응점까지 거리를 측정함으로써 점대칭도형인지를 확인할 수 있다. 점대칭도형의 성질은 다음과 같다.

- 대칭의 중심은 오직 한 개 있다.
- 대응점을 잇는 모든 선분은 대칭의 중심에서 만난다.
- 대칭의 중심에서 대응점까지의 거리는 각각 같다.
- 대칭의 중심에서 180° 회전한 도형은 변하지 않는다.

점대칭도형의 성질을 이해한 후, 점대칭도형을 그리려면 '대칭의 중심'과 '대응점은 대칭의 중심에서 같은 점에 있어야 한다'는 사실을 알고 이를 활용하여야 한다. 이를 이용하여 점대칭도형을 그리는 순서는 다음과 같다.

① 각 점에서 대응점을 찾는다.
② 대응점을 잇는다.
③ 점대칭 도형을 완성하다.
④ 점대칭 도형이 되는지 확인한다.

점대칭도형도 선대칭도형과 마찬가지로 학생들이 개념을 익히고 성질을 알아보기 위하여 생활 속에서 일어나는 여러 가지 사실을 이용하여, 학생 스스로 체험해 나가는 활동을 통해 자연스럽게 개념을 형성하는 것이 중요하다.

라) 점대칭의 위치에 있는 도형

두 도형 F와 F'이 한 점 O에 관하여 점대칭이 되어 있을 때, 이 두 도형은 점대칭의 위치에 있는 도형(symmetric figures with respect to a point)이라고 한다. 점대칭의 위치에 있는 두 도형은 대칭의 중심을 중심으로 180° 회전 이동하였을 때 서로 완전히 겹쳐진다. 점대칭의 위치에 있는 두 도형의 대응하는 두 점을 잇는 선분은 점대칭의 중심에 의하여 이등분된다.

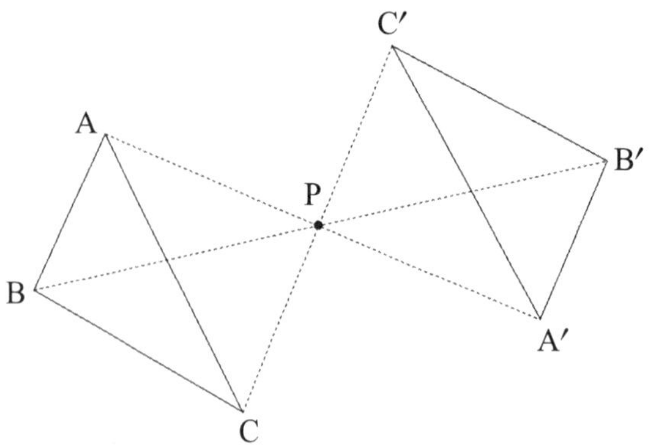

[그림 8] 점대칭의 위치에 있는 도형

점대칭의 위치에 있는 도형은 다음과 같이 지도할 수 있다.

- 대응점을 이용하여 점대칭의 중심을 찾게 한다.
- 점대칭의 중심을 주고 자를 이용하여 점대칭의 위치에 있는 도형을 그려보게 한다.
- 모눈종이를 이용하여 칸 수를 세어 점대칭의 위치에 있는 도형을 그려보게 한다.

특히, 모눈종이를 이용하여 칸 수를 세어 점대칭도형을 그리게 하는 것은 대칭의 의미를 이해하고, 나아가 좌표계를 도입하기 이전의 단계로서 매우 중요하다.

점대칭의 위치에 있는 도형의 성질을 이해한 후 점대칭의 위치에 있는 도형을 그리는 방법은 두 가지가 있다. 하나는 '대칭의 중심'을 중심으로 점대칭의 위치에 있는 도형을 그리는 것이고, 다른 하나는 모눈종이에 도형만 있고 대응점을 찾기 위해 대칭의 중심을 지나는 직선도 그려져 있는 않는 도형의 점대칭의 위치에 있는 도형을 그리는 방법이다. 학생들은 이러한 방법으로 문제를 해결한 뒤 180° 돌려보는 활동을 통해 그 결과가 참인지 알아보는 습관을 기르도록 지도해야 한다.

3. 측정

3.1 양

1) 양 개념

양(quantity)은 사물의 속성 또는 측정 활동의 속성 중 하나이며, 자연수(multitude) 또는 크기(magnitude)로 표현된다. 예를 들어, 사탕의 수, 빨대의 수, 발의 길이, 원기둥의 부피, 설탕물의 농도 등이 모두 각각의 사물이 가진 속성 또는 측정 활동의 속성으로서의 양이다. 같은 사물을 이용해도 때로는 자연수로, 때로는 크기로 양을 표현한다. 사탕의 경우, 총 몇 개인지 확인하기도 하고, 무게가 몇 g인지 알아볼 때도 있다.

자연수로 표현되는 양을 이산량 또는 분리량(discrete quantity)이라고 한다. 자동차, 꽃, 사탕, 귤의 수 등은 모두 이산량 또는 분리량이다. 이산량은 개수를 세어 그 결과를 표현하며, "자동차는 몇 대인가?", "장미는 몇 송이인가?"와 같이 각각의 사물에 대한 고유의 단위를 사용하기도 한다. "자동차는 몇 송이인가?" 또는 "장미는 몇 대인가?"와 같이 각각의 사물에 대한 고유의 단위를 잘못 사용한다면 수학적인 의사소통이 원활하게 이루어지지 않을 것이다. 그러므로 이산량에 대한 수학적인 표현은 일상적인 언어 관습과 밀접하게 관련되어 있음을 알 수 있다.

크기로 표현되는 양을 연속량(continuous quantity)이라고 한다. 연필의 길이, 카드의 넓이, 점심시간 등은 모두 연속량이다. 연속량은 측정한 결과로 표현하며, "연필의 길이가 15 cm이다.", "교실의 넓이는 40 m^2이다."와 같은 고유의 단위 체계를 이용하여 나타낸다. 길이를 다루면서 'm^2'를 사용하거나 넓이를 다루면서 'cm'를 사용하면 역시 수학적인 의사소통이 잘 이루어지지 않을 것이다. 그러므로 연속량을 지도할 때에는 각각의 양에 대한 단위체계와 함께 다루어야 한다.

한편, 연속량은 다시 내포량(intensive quantity)과 외연량(extensive quantity)으로 구분한다. 내포량은 측정하는 사물의 크기에 좌우되지 않으면서 사물에 내재된 특성으로서의 양이다. 예를 들어, 농도의 경우, 같은 농도의 설탕물 두 컵을 혼합해도 전체 농도는 변하지 않는다. 마찬가지로 찻숟가락에 담아도 농도는 변하지 않는다. 그러므로 내포량 자체의 덧셈과 뺄셈은 의미를 갖지 않는다. 속력, 밀도도 같은 이유로 모두 내포량이다.

반면에 외연량은 사물의 크기에 좌우되는 양이다. 예를 들어, 같은 길이의 빨대를 이으면 길이는 2배가 된다. 절반으로 자르면 길이도 반으로 줄어든다. 그러므로 외연량에 대해서는 덧셈과 뺄셈을 통해 그 양의 변화를 확인할 수 있다. 넓이, 부피도 같은 이유로 모두 외연량이다.

2) 양 개념의 지도

초등학교에서는 사물의 수를 세고, 측정하도록 하면서 다양한 종류의 양을 지도한다. 양을 어림하거나, 정확하게 세고 측정하는 활동을 이용한다. 양에 대한 다양한 사고를 통해 수 개념을 형성하고 정교하게 발전시키도록 하기 위함이다. 그러므로 양 개념은 수와 연산, 도형, 확률과 통계, 규칙성과 함수를 지도하는 데 중요한 도구가 된다. 또한 여러 영역에서 다양한 양을 다루어야 적절한 양 개념을 획득할 수 있기도 하다. 측정 영역에서만 양을 다룬다고 생각하거나, 양 개념이 단기간에 제한된 예를 통해 획득될 수 있다고 보아서는 안 된다.

사탕 10개가 있다고 하자. 낱낱의 사탕을 세면 10개의 사탕이 되고, 포장하듯이 2개를 한 단위로 묶어서 세면 5묶음의 사탕이, 5개를 한 단위로 묶어서 세면 2묶음의 사탕이 된다. 각각의 경우에 10, 5, 2와 같은 수가 대응되고, 곱셈과 나눗셈까지도 연결하여 다룰 수 있다. 비율 또는 몫을 고려해서 유리수와 연결시킬 수도 있다.

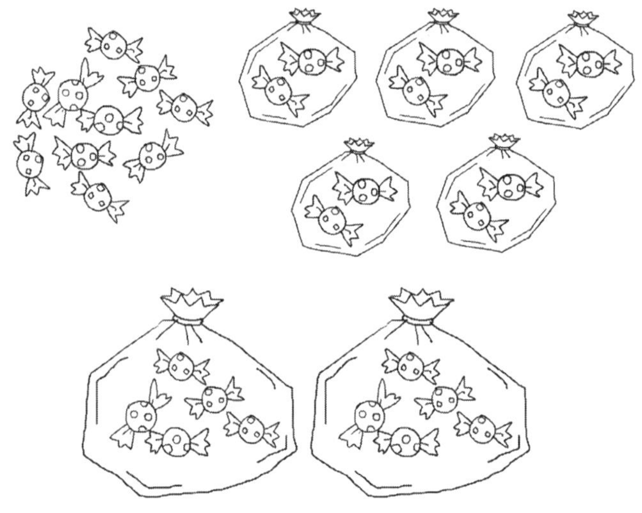

직육면체의 부피를 가르칠 때에는 왜 부피가 가로의 길이, 세로의 길이, 높이를 구하여 곱하면 되는지 지도해야 한다. 부피가 어떻게 길이라는 다른 종류의 양과 특별한 방식으로 연결되는지 그 이유를 파악하도록 하는 것이 공식을 외우도록 하는 것에 비해 훨씬 중요하다. 양과 양 사이에는 이렇게 밀접한 관계가 있으며, 이 관계로부터 수학적인 원리 또는 법칙을 도출하는 경우가 많음을 깨닫게 하는 것이 필요하다.

아버지의 나이와 내 나이를 비교해서 둘 사이의 관계를 식으로 표현하는 것도 지도한다. 식으로 표현한 나이라는 동일한 종류의 양 사이에 성립하는 수학적인 관계는 함수 개념과 연결된다. 물론 초등학교에서는 함수의 정의를 본격적으로 다루지 않지만, 규칙성을 파악하고 따라 변하는 현상을 경험하는 것은 중요한 학습 내용으로 설정되어 있다. 마찬가지로 전체 도수와 일부분의 도수 사이의 관계를 확률 개념으로 정돈하기도 한다. 양이 수로 표현되고 나면 다양한 수학적인 조작의 대상이 되는 것이다. 그러므로 양은 초등학교 수학의 출발점이자, 여러 내용 영역의 배경이 된다는 것을 암암리에 강조하면서 지도가 이루어져야 한다.

3) 어림과 양감의 지도

일상생활에서는 종종 대략적으로 양을 파악한다. 예를 들어, 새로 산 가구의 가로의 길이가 대략 얼마나 될지, 무게가 얼마나 될지 생각해서 새로 산 가구를 배치하고, 짐을 몇 사람이 나누어 들 것인지 정한다. 내 키와 비교해서 친구의 키가 어느 정도일지 추측하고, 나누어 주어야 할 사탕의 수가 어느 정도인지 추측해서 한 사람에게 몇 개를 주어야 할지 정하기도 한다. 이와 같이 양을 수 세기나 정확한 측정을 거치지 않고 대략적으로 파악하는 것을 어림한다고 한다.

어림할 때에도 전략이 필요하다. 새로 산 가구의 가로의 길이를 단번에 어림한다면 오차가 큰 값을 얻을 것이다. 적당한 도구가 없다면 손으로 몇 뼘이 나오는지 재어보고 한 뼘의 길이를 어림한 후 전체 가로의 길이를 어림한다면 오차가 줄어들 것이다. 마찬가지로 사탕 바구니에 들어 있는 사탕을 쏟아서 직사각형 모양으로 펼쳐놓고 그 중 $\frac{1}{10}$ 정도에 들어 있는 사탕의 수를 어림해서 전체 사탕의 수를 어림하는 전략도 사용할 수 있다. 이러한 전략을 학생들 스스로 개발하게 한다면 자연스럽고 친숙한 상황에서 수학적 모델을 세우고 적용하는 경험이 될 것이다.

앞서 양 개념은 단위체계와 밀접하게 관련되어 있음을 확인하였다. 각각의 양마다 적절한 단위체계가 연결되어 있으므로, 단위체계를 학습하는 것이 양 개념을 획득하는 데 중요한 조건이 된다. 또한 역으로 가지고 있는 양 개념에 비추어 단위체계를 학습하는 면도 있어서 반드시 어느 것이 먼저 갖추어져야 할 조건이라고 볼 수는 없다.

문제는 단위체계와 양 개념을 서로 연결시키지 않고 학습하는 상황이다. 예를 들어, 누군가가 어느 학교 운동장의 둘레의 길이가 10 cm라고 하면 실제로 있을 법하지 않은 일이라는 것을 알아야 한다. 책상의 가로의 길이가 10 m라고 해도 마찬가지로 의심을 품어야 한다. 만약 단위체계와 양 개념이 서로 무관하게 다루어진다면 10 cm와 10 m가 의미를 가지지 못하는 양이 되고, 사물의 속성 또는 측정 활동의 속성이 되는 양 개념도 제대로 파악하지 못하게 된다.

이와 다르게 10 cm와 10 m가 어느 정도인지 감각적으로 알 수 있고, 적절한 대상에 대해 적절한 방식으로 사용한다면 양감을 가지고 단위체계를 이해하는 것이 된다. 그러므로 초등학교에서 길이, 넓이, 부피, 들이 등을 지도할 때에는 구체적으로 감각적으로 학습하도록 해야 한다. 예를 들어, 10 cm가 어느 정도의 길이인지, 엄지손가락의 길이보다 긴지 짧은지, 주변에서 10 cm의 길이가 되는 사물은 어느 것이 있는지 등 양감을 기를 수 있는 방식으로 다룰 필요가 있다.

3.2 측정

1) 측정 개념

넓은 의미에서는 사물의 개수를 세는 과정도 측정이라고 할 수 있지만, 일반적으로는 연속량을 기준이 되는 양을 단위로 하여 비교한 후, 수로 나타내는 활동을 측정이라고 한다. 예를 들어, 연필의 길이를 단위로 정하여 책상의 가로의 길이를 연필 길이의 5배로 표현할 수 있다. 지우개의 길이, 수학책의 길이, 등 단위를 무엇으로 정하는가에 따라 측정 결과가 달라진다. 또한, 자로 재어 55 cm라고 표현할 때에는 단위가 1 cm이다.

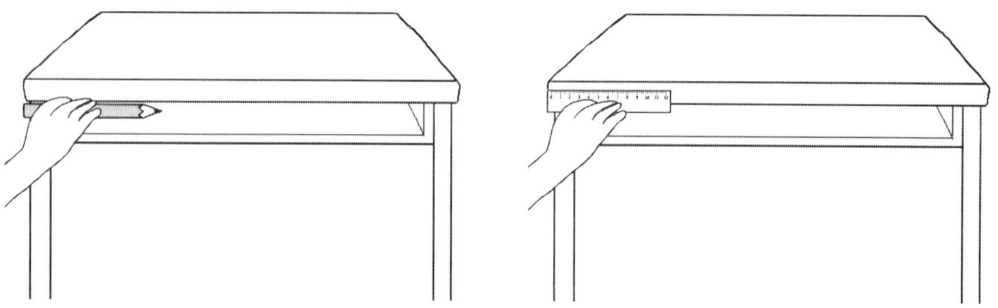

측정의 목적은 양을 크기라는 수학적 표현으로 바꾸어 대소 관계를 파악하는 것이다. 색과 모양 등의 속성과 다르게 길이와 무게 같은 양 개념에 비추어 연필과 젓가락을 비교하면, 어느 것의 길이가 더 큰지, 어느 것이 더 무거운지 등 대소 관계를 파악할 수 있다. 대소 관계는 사물이 가진 양에 대한 상대적인 위치를 의미하기 때문에, 의사결정이나 수학적인 또는 과학적인 탐구에 활용할 수 있게 된다. 예를 들어, 새로 개발된 사진기의 가로와 세로의 길이, 무게 등 측정 결과가 있다면 소비자는 편리성을 확인할 수 있다. 길이의 변화, 온도의 변화 등 측정 결과에서 규칙성을 발견하여 함수로 표현하거나 과학적인 의미를 찾아내는 일은 관련 분야의 중요한 탐구 도구이다.

2) 측정 개념의 지도

측정을 통하지 않고도 두 사물의 대소 관계를 파악하는 것이 가능하기는 하다. 예를 들어, 연필과 젓가락을 맞대어보면 어느 것의 길이가 더 긴지 알 수 있다. 이와 같이 직접 맞대어보고 대소 관계를 정하는 것을 직접 비교라고 한다. 실제로 일일이 직접 비교한다면 비효율적이며 무엇보다 체계적인 정보를 얻을 수 없다. 둘이 아니라 여러 개의 사물을 비교한다면 각 사물의 크기가 상대적으로 어떤 위치에 있는지를 파악하는 데 상당한 시간과 노력이 든다.

서로 멀리 떨어져 있어서 직접 비교할 수 없는 경우도 있다. 예를 들어, 방문의 가로의 길이와 창문의 가로의 길이는 직접 비교하기 어렵다. 이때에는 매개체 역할을 하는 사물, 즉 줄넘기 줄, 허리띠 등을 사용하여 간접적으로 두 길이를 비교할 수 있다. 이때에도 줄넘기 줄보다 얼마나 긴지, 얼마나 짧은지를 파악하기 어렵기 때문에 체계적인 정보를 얻기는 어렵다. 그러므로 간접 비교 역시 각 사물의 크기가 상대적으로 어떤 위치에 있는지 파악하는 효율적인 방법은 아니다.

초등학교에서는 직접 비교, 간접 비교가 단위를 사용한 측정의 필요성을 확인하게 하는 계기를 제공하기 때문에, 측정 개념 지도의 출발점으로 제시한다. 직접 비교와 간접 비교를 통해 양 사이의 크기 비교가 가능하다는 것을 알고, 보다 체계적인 방법으로 양을 비교하기 위해 단위를 사용하게 되었음을 지도하는 순서를 따른다.

듀이(Dewey, 1896)는 측정을 모호한 전체에 대해 단위를 정하고, 그 단위와의 상대적인 크기를 정함으로써 명확한 전체로 재인식하는 과정이라고 설명하였다. 그러므로 측정 개념을 획득하기 위해서는 모호한 전체, 즉 단위에 의해 명확해질 수 있는 전체를 인식하는 것이 우선 필요하다. 모호하기 때문에 명확하게 바꾸어야 하고, 그러려면 단위가 필요하다는 것을 깨달아야 한다. 이 때 단위는 외부에서 강제로 부과하기보다 스스로 적절한 것을 찾아야 한다.

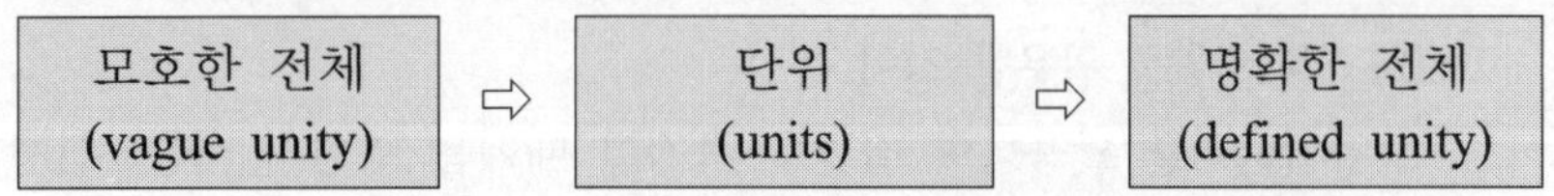

임의의 사물의 양을 단위로 하여 측정하는 것을 임의단위에 의한 측정이라고 한다. 널리 통용되는 1 cm를 단위로 한 길이 측정과 같은 경우는 보편단위에 의한 측정이라고 한다. 초등학교에서는 보편단위에 의한 측정을 최종 학습 목표로 다루지만 임의단위에 의한 측정에서 출발하여 그 문제점을 인식하는 단계도 중요하게 다룬다. 단위체계 자체도 중요하지만 그 체계에 도달한 과정을 이해하는 것도 측정 개념의 학습에서 중요하기 때문이다.

지금까지 논의한 측정 개념 지도의 과정을 그림으로 나타내면 다음과 같다.

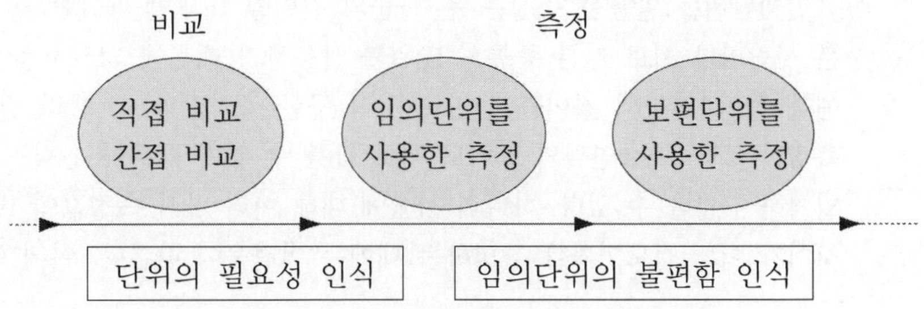

가) 길이의 지도

길이는 사물의 속성 중에서도 가장 쉽게 느낄 수 있는 양이다. 초등학교에 입학하기 전에도 아동들은 "기차는 길고, 자동차는 짧다.", "바나나는 길고, 사과는 짧다."와 같이 주변의 사물을 길이에 비추어 직관적으로 비교하고 언어로 표현할 수 있다. 초등학교에서는 이렇게 아동들이 이미 소유하고 있는 직관적인 길이 비교 능력을 이용하여 "더 길다, 더 짧다.", "가장 길다, 가장 짧다."로 표현하도록 한다. 다음으로는 직접 비교, 간접 비교 활동에 참여하게 함으로써 단위를 이용한 측정의 필요성을 인지하게 한다. 이어서 연필, 크레용과 같은 임의단위를 활용한 길이 측정, 미터법에 의한 길이 측정으로 나아가게 한다.

(1) 길이의 직접 비교, 간접 비교

연필과 크레용처럼 길이가 다른 두 사물을 보면서 어느 것이 더 긴지 말하도록 하여 길이의 직접 비교 활동을 시작할 수 있다. 직접 비교하지 않고도 연필이 더 길다고 말하는 학생이 있을 수도 있다. 그러면 어떻게 알게 되었는지 또는 왜 그렇다고 말할 수 있는지 물어서 직접 비교가 필요하다는 것을 깨닫게 할 수 있다. 두 사물 또는 셋 이상의 사물을 동시에 직접 비교할 수도 있으며, 대소 관계를 일목요연하게 정돈할 수 있다. 이 때 길이 비교가 바르게 이루어지려면 시작점을 일치시켜야 한다는 것을 확인하도록 해야 한다.

직접 비교 활동이 끝난 후에는, 책상의 가로와 세로의 길이 중 어느 것이 더 긴지 알아보도록 하는 활동과 같이 직접 비교가 불가능한 경우를 제시한다. 역시 눈짐작으로 가로의 길이가 더 길다고 말하는 학생에게는 어떻게 가로의 길이가 더 길다는 것을 알게 되었는지, 왜 그렇다고 말할 수 있는지 설명하게 하여 간접 비교의 필요성을 인식하도록 한다. 줄넘기 줄처럼 비교하려는 것보다 길이가 더 긴 사물과, 수학책처럼 길이가 더 짧은 사물을 모두 이용할 수 있음을 확인하게 한다. 수학책을 이용하여 비교한 경우에 보다 주목하게 하면서 임의단위를 활용한 길이 측정으로 진행할 수 있다.

(2) 임의단위를 활용한 길이 측정

임의단위를 활용하여 길이를 측정할 때에는 주변의 사물, 신체의 일부 등 친숙한 것을 이용하도록 권장해야 하며, 임의단위를 이용하여 측정하지 않으면 비교가 어려운 상황을 제공해야 한다. 예를 들어, 화장실 창문의 가로의 길이와 거실 문의 가로의 길이는 임의단위를 전혀 쓰지 않고도 어느 것이 더 긴지 판단할 수 있다. 피아노의 가로의 길이와 거실 문의 가로의 길이가 비슷해 보인다고 하자. 연필의 길이를 단위로 하여 피아노의 가로의 길이와 거실 문의 가로의 길이를 측정할 수 있다. 손 뼘의 길이, 손에서 팔꿈치까지의 길이, 팔을 좌우로 펼친 길이를 단위로 할 수도 있다. 이 때 아동 스스로 단위를 선택하고, 측정 결과를 "~배 조금 못 된다.", "~배 조금 더 된다."와 같은 방식으로 표현하도록 한다.

임의단위를 활용한 측정은 두 사물의 길이를 비교할 때에는 좋은 도구가 되지만, 대부분 사람마다 서로 다른 종류의 단위를 사용하기 때문에 의사소통에 혼란이 생길 수 있다. 예를 들어, 연필의 길이를 단위로 하여 구한 측정값과 손 뼘의 길이를 단위로 하여 구한 측정값은 다르다. 연필의 길이도 서로 다를 수 있기 때문에 연필 길이의 몇 배인지가 서로 일치하지 않을 수 있다. 하나의 사물에 대해 여러 가지 측정값이 나오기 때문에 그 사물의 길이가 어느 정도인가를 설명하는 데에는 어려움이 따른다. 이제 아동들이 공통의 단위에 대한 필요성을 인식하게 되면 보편단위를 소개한다.

(3) 보편단위를 활용한 길이 측정

길이의 보편단위로 초등학교에서 처음 다루는 것은 '1 cm'이다. 아동들에게는 검지 손톱의 너비 정도의 길이임을 확인하게 하고, 어떻게 읽는지, 어떻게 쓰는지 지도한다. 영어로 읽고 쓰는 점이 아동들에게는 생소하겠지만, 전 세계 어느 곳에서나 1 cm의 길이는 같기 때문에, 이 길이를 단위로 하여 몇 배인지 나타내면 전 세계 어느 곳에서나 같은 길이라는 장점이 있음을 알게 한다.

[그림 9]

보편단위를 도입하면서 함께 도입한 측정 도구인 자를 바르게 사용하도록 지도해야 한다. 기준점을 맞추지 않고 길이를 재거나, 자를 비스듬히 놓고 측정하면 정확한 값을 알 수 없음을 확인하도록 한다. 이어서 1 m, 1 km, 1 mm를 도입하고, 각 단위 사이의 관계와 환산 방법도 지도한다. 이때에는 자를 활용해서 측정한다기보다 이미 측정하여 얻은 결과를 이해하거나 계산하는 방법을 배우는 것으로 초점을 바꾼다. 이상과 같은 길이의 보편단위 체계는 주로 초등학교 저학년에서 지도한다. 직사각형의 둘레의 길이나 넓이 등을 다룰 때가 되면 길이에 대해 배운 내용을 각각 다른 관점으로 적용하고 발전시키게 된다.

(4) 길이 읽기, 표현, 계산

보편단위를 사용하여 표현한 길이는 영어 발음법을 따라 읽고 쓴다. 이에 따라 '1 cm', '1 m'를 각각 '일 센티미터', '일 미터'로, '1 km', '1 mm'를 각각 '일 킬로미터', '일 밀리미터'로 바르게 읽고 기호로 쓸 수 있도록 지도한다. 아직 영어에 익숙하지 않은 연령의 아동들에게 왜 그런 약자로 나타내고 읽는지 지도하는 것은 매우 어렵다. 특히 다음 표와 같이 국제도량형총회(GCWM: General Conference on Weights and Measures)에서 정한 '킬로', '밀리' 등 미터법 체계에서 일관되게 사용하는 접두어가 있음에도 불구하고, 그 규칙과 의미를 부각시켜 다루지 않기 때문에 지도하는 교사로서도 어려움이 있다.

기호	호칭	인자(m)
dm	deci	10^{-1}
cm	centi	10^{-2}
mm	mili	10^{-3}
μm	micro	10^{-6}
nm	nano	10^{-9}
pm	pino	10^{-12}
fm	femto	10^{-15}
am	ato	10^{-18}
zm	zepto	10^{-21}
ym	yokto	10^{-24}

기호	호칭	인자(m)
dam	Decca	10^{1}
hm	Hecto	10^{2}
km	Kilo	10^{3}
Mm	mega	10^{6}
Gm	giga	10^{9}
Tm	tela	10^{12}
Pm	peta	10^{15}
Em	exa	10^{18}
Zm	zeta	10^{21}
Ym	yota	10^{24}

길이를 표현할 때에는 여러 단위를 동시에 사용하기도 하고, 한 단위만을 사용하기도 한다. 예를 들어, 키가 140 cm라고 표현하기도 하고, 1 m 40 cm로 나타내기도 한다. 한 종류의 단위만을 사용하는 것을 단명수(單名數 a simple denominate number), 두 종류 이상의 단위를 사용하는 것을 복명수(復名數 a compound number)라고 한다. 복명수는 예전에 제등수(諸等數)라고도 불렀다.

단명수를 사용한 길이의 덧셈과 뺄셈은 십진법에 의해 계산한다. 그러므로 140 cm와 180 cm를 더하면 320 cm가 된다. 복명수를 사용하여 나타낸 길이의 덧셈과 뺄셈은 단위 사이의 관계를 이용하여 받아 올림 또는 받아 내림하여 계산한다. 예를 들어, 1 m=100 cm이므로 2 m 40 cm와 1 m 80 cm를 더하면, 3 m와 120 cm이고, 이를 변환하면 4 m 20 cm이다. 마찬가지로 복명수를 사용하여 나타낸 길이의 뺄셈도 다음과 같이 계산한다.

$$\begin{array}{r} 13\text{ cm}\ \ 6\text{ mm} \\ -\ \ 8\text{ cm}\ \ 3\text{ mm} \\ \hline \end{array} \Rightarrow \begin{array}{r} 13\text{ cm}\ \ 6\text{ mm} \\ -\ \ 8\text{ cm}\ \ 3\text{ mm} \\ \hline 3\text{ mm} \end{array} \Rightarrow \begin{array}{r} 13\text{ cm}\ \ 6\text{ mm} \\ -\ \ 8\text{ cm}\ \ 3\text{ mm} \\ \hline 5\text{ cm}\ \ 3\text{ mm} \end{array}$$

나) 시각과 시간의 지도

시각과 시간도 일상생활과 밀접하게 관련되어 있기 때문에 친숙한 양이다. 아동들은 초등학교에 입학하기 이전에 이미 시각과 시간을 생활 속에서 경험했을 것이다. 초등학교에서는 시계를 읽는 것으로 시각과 시간 학습을 시작한다. 길이와 다르게 직접 비교, 간접 비교, 임의단위를 활용한 측정을 생략하고, 보편단위 학습으로 시작하는 것이다. 시각과 시간은 길이와 달리 구체물의 속성이 아니어서, 직접 비교, 간접 비교, 임의단위를 활용한 측정에 대해 다루다보면 너무 추상적이고 어려울 가능성이 많기 때문이다.

시간 개념을 지도할 때에는 시간의 두 가지 속성을 고려하여야 한다. 하나는 '현재'를 나타내는 시간(a point of time, synchronism)이고, 다른 하나는 '양'을 나타내는 시간(a length of time, isochronism)이다. 전자를 '시각(時刻)' 후자를 '시간(時間)'이라고 부르지만, 시각과 시간을 통틀어서 '시간'이라고 부르기도 한다. 영어로는 time이라는 단어로 통틀어 부르는 것을 보면, 시간에 대한 인류의 분석적 사고는 상당히 나중에 발달한 것으로 이해된다.

(1) 시각 읽기

시계를 보고 '몇 시', '몇 시 30분'까지의 시각을 읽도록 함으로써 시각 개념 지도를 시작한다. 이어서 '몇 시 몇 분'까지 읽도록 한다. 이 때 시계를 관찰하여 1부터 12까지의 수의 의미, 긴 바늘과 짧은 바늘의 역할과 특징을 파악하게 하는 것이 중요하다. 아동들 모두가 시계를 본 경험은 있으므로, 시계가 왜 필요한지, 시각을 읽는 것이 왜 필요한지 등을 아동의 수준에서 함께 이야기하는 것도 시각의 배경을 이해하는 데 도움이 된다.

시각 읽기를 지도할 때에는 모형시계를 활용해서 시계의 긴 바늘과 짧은 바늘의 움직임을 직접 확인하도록 해야 한다. 두 바늘의 속도가 다르며, 서로 어떤 관계에 있는지, 즉 30분이 되면 짧은 바늘은 어느 지점에 위치하는지도 알 수 있도록 해야 한다.

이어서 초 단위까지 시각을 읽는 방법을 지도한다. 어떤 상황에서 초 단위까지의 시각을 읽게 되는지 다루는 것도 중요하다. 또한 시 바늘, 분 바늘, 초 바늘의 움직임과, 각 바늘 사이의 관계를 알고 바늘의 위치에 대해 이해하도록 해야 한다.

(2) 시간의 의미와 계산

시간은 시각과는 다른 의미와 역할을 가진다. '지금 시간', '축구한 시각'과 같은 표현은 뜻은 통하겠지만 그다지 적절한 표현은 아니다. 고정된 위치로서의 양은 시각(a point of time, synchronism)이며, 지속된 양은 시간(a length of time, isochronism)이다. 그러므로 언제부터 언제까지라는 범위에 대한 조건과 더불어 다루는 양은 시간이지 시각이 아니다. 아동들이 시계를 보거나, 몇 시쯤 무엇을 했는지 기억하는 것은 쉬우나, 얼마 동안 어떤 일이 발생했음을 인식하고 표현하기는 어렵다. 시각에 비해 시간을 이해하고 활용하기가 어려운 이유이다.

'무엇을 하는 데 걸린 시간'이라는 언어적 표현은 아동들에게도 친숙하다. 30분 동안 밥을 먹고, 1시간 동안 축구를 하고 등등, 생활 속에서 사용하는 표현이기 때문이다. 그러나 아동들에게는 언제부터 언제까지인지 수학적으로 명확하게 계산해서 얻는 값이라기보다는 부모님, 선생님 등의 성인으로부터 듣는 표현일 뿐이다.

초등학교에서는 이러한 경험을 토대로 정해진 시점에서 다른 정해진 시점까지의 간격을 정확하게 계산하는 방법을 지도하며, 60진법, 곧 1시간은 60분, 1분은 60초라는 것을 고려해서 더하고 빼어 시간을 구하도록 한다. 초등학교에서는 주로 십진법을 다루기 때문에 학생들은 60진법의 계산에 어려움을 느낄 것이다. 시간에 대한 양감을 동시에 지도해야 계산 자체에만 연연하지 않게 될 것이다.

시간을 잘못 계산한 결과가 실제로 있을 법한지 그렇지 않은지 판단하게 지도할 수 있다. 예를 들어, 양치질을 40분 동안 한 것으로 시간을 계산했다면 무언가 잘못되었음을 알고 계산 과정을 차근차근 살펴보도록 할 수 있다. 생활계획표, 열차시각표 등 어떤 시점에서부터의 시간을 계산할 수 있는 다양한 상황을 다룰 필요가 있다.

시간은 길이, 넓이와 같이 외연량이므로 덧셈과 뺄셈을 통해 시간의 변화량을 표현할 수 있으며, 여러 형태로 상황을 설정할 수 있다. 예를 들어,

① 1시간 운동하고, 1시간 공부했다고 하면 1시간에 1시간을 더해서 2시간이 지났음을 알 수 있다(시간+시간).

② 운동을 시작한 시각이 오후 2시이고, 운동 후 공부를 끝낸 시각이 오후 4시라면 얼

마의 시간이 흘렀는지를 물을 수도 있다(시각－시각).

③ 오후 2시에 시작하여 1시간 동안 운동하다가 이어서 1시간 공부했다면 몇 시이겠는가를 확인할 수도 있다(시각+시간).

④ 1 시간 동안 운동하다가 이어서 1시간 공부했더니 오후 4시라면 몇 시에 운동을 시작했는지도 알 수 있다(시각－시간).

⑤ 의자를 만드는 데 1시간 걸리고, 책상을 만드는 데 2시간 걸렸다면, 책상을 만드는 데 1시간이 더 걸렸음을 알 수 있다(시간－시간).

이와 같이 시각과 시간을 다양하게 관련지으면서 상황 속에서 계산하도록 하는 것이 중요하다.

길이와 마찬가지로 단명수를 사용하여 나타낸 시간의 덧셈과 뺄셈은 다음과 같이 십진법에 따라 계산한다. 복명수를 사용하여 나타낸 시간의 덧셈과 뺄셈은 아래 오른쪽과 같이 육십진법에 따라 받아 올림 또는 받아 내림하여 계산한다.

180초 － 140초 40초	4시간 40분 － 1시간 50분	⇨	3시간 100분 － 1시간 50분 2시간 50분

다음으로는 1일, 1주일, 1개월, 1년 등 보다 확장된 시간 체계를 도입하고, 각각의 시간 사이의 관계를 이해하도록 한다. 1년은 몇 개월, 몇 주, 며칠인지, 3주는 며칠인지 등 다양한 문제를 해결하도록 한다. 국제적으로 정한 관례를 따라 실제 생활 속에서 활용하는 개념이므로 일상생활에 관련된 문제 상황을 통해 충분히 사용하도록 기회를 제공하는 것이 중요한 학습 과정이다.

다) 들이의 지도

들이는 용기에 담을 수 있는 양을 의미한다. 역시 일상생활에서 많이 사용하는 친숙한 양이지만 종종 용기의 겉모양에 따라 판단하기 때문에, 용기에 담을 수 있는 정확한 양을 들이 표시에 의해 파악해야 한다는 것을 지도한다. 들이와 부피는 속성이 똑같은 물리적 양이다. 다만, 들이는 액체의 부피를 측정할 경우에 주로 사용된다. 들이는 길이와 마찬가지로 외연량이며, 다음 세 단계에 따라 지도한다.

(1) 들이의 간접 비교

들이는 용기 내부의 모양에 의해 결정되기 때문에 진정한 의미에서의 직접 비교가 불가능하다. 예를 들어, 화장품이나 약품과 같이 동일한 제품을 동일한 모양이지만 크기가 다른 용기에 담아 판매하는 경우에는, 용기를 나란히 놓으면 어느 용기의 들이가 더 큰지 판단할 수 있다. 그러나 이때에는 굳이 맞대어보지 않아도 직관적으로 어느 것의 들이가 더 큰지 알 수 있으며, 맞대어본다고 해도 용기의 높이나 폭을 비교해서 미루어 짐작하는 것이지 들이를 직접 비교했다고 보기 어렵다. 그러므로 들이의 경우에는 직접 비교가 아니라 간접 비교로 출발하는 것이 좋다.

들이의 간접 비교는 두 가지 방법으로 가능하다. 첫 번째로 용기에 액체가 들어 있다면,

그것을 일정한 크기의 다른 용기에 담으면서 양을 비교할 수 있다. 외형적으로는 더 커 보이는 용기라도 내용물의 양이 더 적을 수 있다. 두 번째로는 용기에 아무런 액체가 들어 있지 않을 때, 일정한 크기의 용기에 물을 담아 두 용기에 넣으면서 들어가는 양을 비교할 수 있다. 비교하려는 용기보다 들이가 작은 용기를 활용하는 것이 판단하는 데 도움이 된다.

(2) 임의단위를 활용한 들이 측정

비교하려는 용기보다 들이가 작은 용기를 활용하여 간접 비교하는 동안, 길이와 마찬가지로 임의단위를 활용한 측정임을 파악하게 한다. 이 때 몇 번 들어가는지를 자연수로 표현하고 '조금 더 된다.', '조금 덜 된다.'와 같이 덧붙이도록 지도한다. 임의단위로 사용할 용기는 너무 작아서도 너무 커서도 안 된다는 점을 아동들 스스로 파악해서 선택하도록 하는 것이 필요하다.

길이에 대한 학습을 상기시키면서 임의단위를 활용한 들이 비교와 들이 측정의 한계를 논의하도록 한다. 그러면 아동들은 보편단위의 필요성을 인식하는 단계로 나아갈 것이다.

(3) 보편단위를 활용한 들이 측정

길이와 마찬가지로 임의단위를 사용하여 들이를 비교하고 측정할 경우, 체계적인 정보를 얻기도 어렵고 의사소통에도 혼란이 올 수 있음을 알게 한다. 길이 단위처럼 들이 단위에도 국제적으로 통일된 단위가 있음을 소개한다. 초등학교에서 다루는 들이의 보편단위는 L와 mL이다.

우유, 화장품, 음료수 등 L와 mL로 표시된 용기를 사용하는 제품의 용기 또는 모형을 이용하여 보편단위로 표현된 들이 사이의 대소 관계를 다룰 수 있다. 메스실린더, 비커와 같은 실험도구를 이용하여 보편단위로 표현된 들이의 양이 얼마나 되는지 비교하고 느끼도록 하는 것도 좋다.

(4) 들이의 표현과 계산

들이도 미터법 체계에 따른 보편단위로 표현하고 읽고 쓴다. 양의 종류가 달라지면 그에 따른 보편단위가 각각 결정되어 있기 때문에, 들이에 대한 기호를 바르게 읽고 쓰는 것이 중요하다는 것을 지도한다.

들이 역시 단명수로 나타내는 경우와 복명수로 나타내는 경우가 있다. 또한 외연량이므로 단위 환산에 의한 덧셈과 뺄셈이 가능하다. 예를 들어, 500 mL에 800 mL를 더하면 1300 mL이다. 이것을 1 L 300 mL로 표현할 수 있다. 복명수로 나타낸 들이의 덧셈과 뺄셈도 받아 올림과 받아 내림에 의해 다음과 같이 계산한다.

$$\begin{array}{r} 5\text{ L }\ 600\text{ mL} \\ +\ 2\text{ L }\ 500\text{ mL} \\ \hline 8\text{ L }\ 100\text{ mL} \end{array} \qquad \begin{array}{r} 5\text{ L }\ 300\text{ mL} \\ -\ 2\text{ L }\ 500\text{ mL} \\ \hline 2\text{ L }\ 800\text{ mL} \end{array}$$

라) 무게의 지도

물리학적으로 질량은 장소나 상태에 따라 달라지지 않는 물질의 고유한 양으로 접시저울이나 양팔저울을 사용하여 측정한다. 무게는 지구가 물체를 잡아당기는 중력의 크기이므로 장소에 따라 달라진다. 예를 들어, 달의 중력은 지구 중력의 $\frac{1}{6}$이므로 똑같은 물체일 경우 달에서의 무게는 지구에서의 무게의 $\frac{1}{6}$이다. 초등학교에서는 무게에 대한 정확한 정의를 하지 않고, 저울로 질량을 측정하여 무게라고 설명한다. 달과 지구에서 무게가 달라진다는 내용은 다루지 않는다. 무게의 양감은 주로 물건을 들고 있는 팔의 근육의 긴장도로 느낄 수 있다.

(1) 무게의 직접 비교, 간접 비교

들이와 마찬가지로 무게도 외형에 의해서 그 크기를 판단할 수 없는 양이다. 다만 모양이 같고 재질도 같은 사물이라면 외형만으로 무게의 대소 관계를 파악할 수 있다. 그러므로 측정 도구 없이 무게를 직접 비교한다는 것은 원칙적으로 불가능하다. 무게의 차이가 분명한 두 사물의 경우에, 양 손에 들어보고 어느 것이 더 무거운지 알 수 있는 정도로만 다룬다.

비교하고자 하는 두 사물과 무게가 다른 사물을 번갈아 들어보면서 간접적으로 두 사물의 무게를 비교할 수도 있다. "~보다 더 무겁다.", "~보다 더 가볍다."의 표현에 의해 두 사물의 무게를 표현해서 어느 것이 더 무거운지 설명할 수 있다. 보다 정교하게 바둑돌, 공깃돌과 같은 사물을 단위로 이용해서 간접적으로 비교하게 되면 임의단위를 활용한 무게 측정으로 진행할 수 있다.

(2) 임의단위를 활용한 무게 측정

양팔저울에 측정하고자 하는 사물과 단위로 택한 사물을 올려놓고 평형이 될 때까지 기다린 다음, 단위 무게의 몇 배가 되는지 표현하면 서로 다른 사물의 무게를 비교할 수 있다. 단위로 택한 사물이 서로 다르기 때문에 체계적인 정보를 얻기도 어렵고, 서로 의사소통하기도 어렵다는 것에 주목한다.

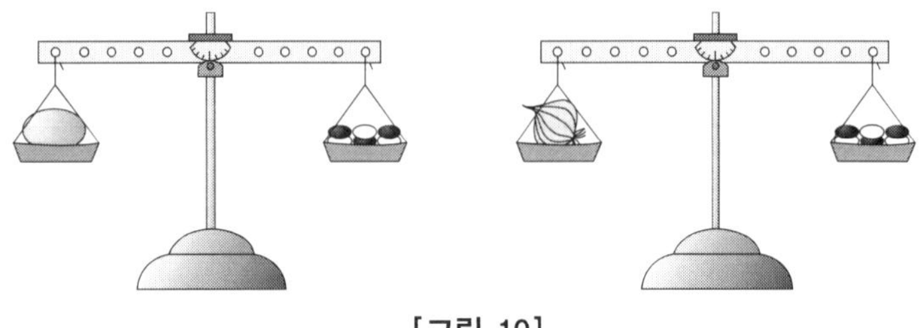

[그림 10]

(3) 보편단위를 활용한 무게 측정

임의단위의 불편함을 근거로 보편단위가 필요하다는 것을 논의한 후, 무게를 나타내는 보편단위에는 어떤 것이 있는지 도입한다. 초등학교에서 다루는 무게의 보편단위는 g과 kg이다. 휴대폰, 사진기 등 무게가 표시되어 있는 주변의 사물을 관찰하고 들어보아 양감을 가지도록 해야 한다. 1 g과 1 kg의 무게를 가지는 사물이 어떤 것이 있을지, 만약 모래를 1 g과 1 kg만큼 모으면 어느 정도인지 등을 확인하게 하는 것도 양감을 키우는 데 도움이 된다.

보편단위로 무게를 측정할 때에는 저울을 이용하기 때문에, 저울의 눈금을 바르게 읽을 수 있도록 지도한다. 측정하기 전에 저울이 바르게 놓였는지, 바늘이 영점에 잘 맞추어져 있는지를 살펴보도록 하는 것도 필요하다.

(4) 무게의 표현과 계산

무게도 미터법 체계에 따른 보편단위로 표현하고 읽고 쓴다. 들이와 다른 기호를 사용해서 무게를 표현한다는 것에 주목하게 하고, 바르게 읽고 쓰도록 지도한다.

무게 역시 단명수로 나타내는 경우와 복명수로 나타내는 경우가 있다. 또한 외연량이므로 단위 환산에 의한 덧셈과 뺄셈이 가능하다. 예를 들어, 500 g에 800 g을 더하면 1300 g이다. 이것을 1 kg 300 g으로 표현할 수 있다. 복명수로 나타낸 무게의 덧셈과 뺄셈도 받아 올림과 받아 내림에 의해 다음과 같이 계산한다.

$$\begin{array}{r} {\scriptstyle 1} \quad\quad\quad\quad \\ 3\text{ kg }500\text{ g} \\ +\ 2\text{ kg }800\text{ g} \\ \hline 6\text{ kg }300\text{ g} \end{array} \qquad \begin{array}{r} {\scriptstyle 2}\quad {\scriptstyle 1000}\quad\quad \\ \not{3}\text{ kg }500\text{ g} \\ -\ 2\text{ kg }800\text{ g} \\ \hline 700\text{ g} \end{array}$$

마) 각도의 지도

각도는 도형 영역에서 삼각형, 사각형을 다룬 후, 각각의 도형을 좀 더 자세하게 분석하기 위해 필요한 양이다. 그러므로 수학적인 맥락에서 각도를 측정하고 이해하는 활동이 많아서 추상적이고 형식적인 지도를 피하기 어렵다. 직각과 평각을 중심으로 양감을 가지면서 각도를 이해하도록 돕는 것이 필요하다.

(1) 각도의 직접 비교, 간접 비교

투명한 종이나 OHP 필름에 두 각을 그리면 직접 겹쳐보고 어느 각이 더 큰지 알 수 있다. 그러나 일반적으로 각 또는 평면도형을 불투명한 종이에 그리기 때문에 직접 비교하는 것이 불편하거나 불가능하다.

서로 떨어져있는 두 각을 간접 비교하기 위해서도 투명한 종이나 OHP 필름을 활용해야 한다. 기준으로 택한 각보다 큰지 작은지를 볼 수도 있고, 기준의 몇 배인지 확인하여 비교할 수도 있다.

(2) 임의단위를 활용한 각도 측정

각의 간접 비교를 위해 기준으로 택한 각의 크기가 서로 일치하지 않으면, 체계적인 정보를 얻을 수 없고 의사소통에도 혼란이 올 수 있으므로 역시 보편단위가 필요함을 깨닫게 한다. 삼각형과 사각형, 각이 모두 추상적인 대상이므로 주변의 사물에서 비슷한 모양을 찾아 각도가 큰 것과 작은 것의 느낌이 어떤지 알아보도록 하는 것도 학습에 도움이 된다.

(3) 보편단위를 활용한 각도 측정

각도도 외연량이므로 더하고 뺄 수 있으며, 초등학교에서 도입하는 보편단위의 기호는 '°'이다. 보편단위를 활용한 각도 측정을 위한 도구는 각도기이므로 각도기의 구조와 사용법을 지도해야 한다.

각도의 직접 비교, 간접 비교, 임의단위를 활용한 각도 측정에서 투명한 종이 또는 OHP 필름을 사용했듯이, 각도기도 투명하게 만들어져있음을 주목하게 한다. 현재 사용하는 각도기는 평각 180°를 180으로 나누어 눈금으로 제시하기 때문에 1°가 단위이다. 각의 모양과 위치를 고려해서 각도기를 올려놓고 각도기의 중심과 각의 꼭짓점, 각도기의 영도선과 각의 한 변을 일치시킨다. 이제 나머지 한 변과 일치하거나 가까운 선분의 눈금을 읽으면 주어진 각의 각도가 된다.

각도기를 이용하여 45°인 각을 그릴 수도 있으며, 주어진 각과 크기가 같은 각을 그리도록 할 수도 있다. 각의 한 변을 먼저 그리고, 꼭짓점을 표시한 후, 각도기를 이용해서 주어진 각의 크기를 나타내는 지점을 표시한다. 각의 꼭짓점과 표시한 지점을 연결하면 주어진 크기를 가지는 각을 그릴 수 있다.

초등학교에서는 90°를 "1 직각"이라 읽고, 이를 강조하여 다룬다. 각에 대한 양감을 가지는 데 1 직각은 중요한 역할을 하기 때문이다. 또한 1 직각보다 큰지 작은지에 따라 예각, 둔각 등이 결정되며, 정사각형, 직사각형, 마름모를 도입하거나, 수직과 평행을 다룰 때에도 1 직각은 중요한 역할을 한다.

(4) 삼각형과 사각형의 내각의 합

각의 크기는 외연량이므로 더하고 뺄 수 있음을 알고, 기본도형인 삼각형과 사각형의 내각의 합을 구해보도록 한다. 그러나 임의의 삼각형 그리고 임의의 사각형의 내각의 합이 일정하다는 성질은 초등학생들이 이해하기 어려운 이른바 '기하학적 불변성'의 하나이다. 이 성질은 평행선 사이의 동위각, 엇각에 대한 성질을 이용하여 연역적으로 증명될 수 있으나, 초등학생들에게는 구체적인 예시와 활동을 통한 귀납적 추론을 이용하여 이 성질을 발견하도록 하는 것이 적절하다.

색종이를 준비하여 각자 원하는 삼각형을 만들도록 한 후, 세 내각에 해당하는 부분을 오려 아래 그림과 같이 모아보면, 그 값이 평각, 곧 180°임을 알 수 있다.

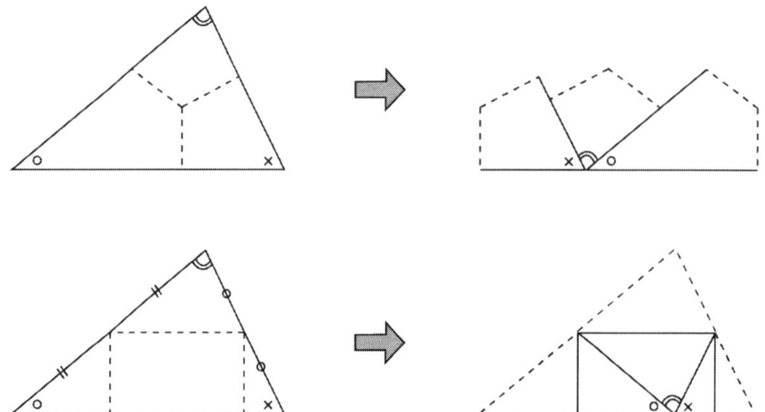

삼각형들을 제시하고, 각도기로 세 내각의 크기를 구한 후, 합하도록 할 수도 있다. 몇 가지 사례에 대해 삼각형의 내각의 합이 일정하다는 것을 추측하게 하는 것이 매우 중요하다. 이 때, "세 내각의 합은 일정할까요?"와 같은 직접적인 발문보다는 "삼각형의 세 내각의 크기를 재어보세요. 다른 삼각형에 대해서도 재어보세요. 공통적으로 성립하는 성질이 있을 것 같나요?"와 같은 간접적인 발문이 적절하다. 측정 오차 때문에 정확하게 동일한 값을 구하지 못하더라도 '합의 불변성'에 대한 직관적인 통찰을 얻을 수 있도록 하는 것이 중요하기 때문이다.

컴퓨터 소프트웨어를 이용하여 삼각형을 그린 후, 한 꼭짓점의 위치를 변화시키면서 세 내각의 합을 살펴보도록 한다면, 한편으로는 좀 더 많은 사례에 대한 관찰의 기회를 제공하며, 다른 한편으로는 '크기가 증가하는 내각'과 '크기가 감소하는 내각'을 확인하여 그 합은 불변일 것이라는 추측을 가능하게 할 것이다.

사각형의 경우에도 동일한 방식을 따라 탐구하도록 할 수 있다. 다시 말하여, 색종이로 만든 사각형의 네 내각을 오려 모으면, 어떤 모양의 사각형이라도 그 합이 360° 임을 알 수 있도록 한다. 삼각형의 세 내각의 합이 일정하다는 것을 학습한 이후이기 때문에, '불변성'에 대한 통찰은 수월할 것으로 기대된다. 그러므로 여러 종류의 사각형에 대해서 동일한 결과가 나오는 이유를 설명하는 활동에 강조점을 둘 수 있다. 결국 내각의 크기의 합이 불변이라는 것은 임의의 다각형이 가지는 본질의 일부임을 구체적이고 직관적인 방식으로 확인하도록 하는 것이 매우 중요하다.

바) 넓이의 지도

넓이는 평면도형을 분석하는 중요한 도구이며, 일상생활 속에서도 종종 사용하는 양이다. 그러나 앞서 다룬 양인 길이, 시간, 들이, 무게, 각도와 달리 직접 측정할 수 없다는 점, 길이와의 관계를 이용해서 계산하여 구한다는 점 때문에 좀 더 상위 수준의 학습 내용이다.

(1) 넓이의 직접 비교, 간접 비교

생활 속에서 직관적으로 쉽게 넓이를 비교할 수 있는 경우에는 '더 넓다', '더 좁다'와 같이 표현한다. 아래 그림과 같이 직사각형 모양의 색종이라면 겹쳐봄으로써 어느 것이 넓은지 더 분명하게 비교할 수 있다. 이와 같이 비교하는 것을 넓이의 직접 비교라고 한다.

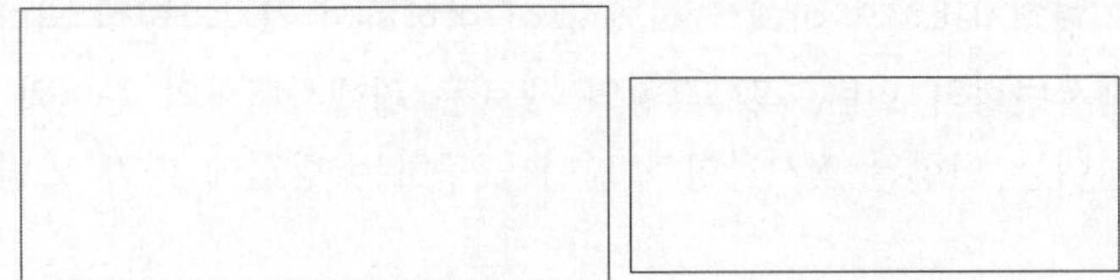

삼각형, 원 등 다양한 평면도형의 넓이를 직접 비교에 의해 모두 비교할 수는 없다. 이때에는 간접적으로 매개가 되는 평면도형을 도입하여 두 도형의 넓이를 비교한다. 비교하려는 도형들보다 작은 도형을 단위로 택하고 그 도형의 몇 배쯤 되는지 판단해서 넓이를 비교한다. 이것이 곧 임의단위를 활용한 넓이 측정이 된다.

(2) 임의단위를 활용한 넓이 측정

동전, 삼각형, 사각형 등 두 도형의 넓이를 비교하기 위해 사용할 수 있는 임의단위를 찾아보게 한다. 각 단위별로 어떤 문제점이 있는지 다룬다. 예를 들어 원을 이용하여 넓이를 측정하다보면 빈 부분이 많아서 제대로 구하기 어렵다는 것을 알 수 있다. 삼각형의 경우에는 더 불규칙해서 넓이의 단위로 적합하지 않음을 확인하게 한다. 서로 다른 단위를 사용했을 경우 의사소통에 혼란이 있을 수 있음을 논의하도록 하여 보편단위에 관심을 가지게 한다.

(3) 보편단위를 활용한 넓이 측정

한 변의 길이가 1 cm인 정사각형의 넓이를 보편단위 1 cm^2로 약속한다. 양감을 기르기 위해 검지손톱의 넓이가 대략적으로 1 cm^2 정도임을 느껴보도록 한다.

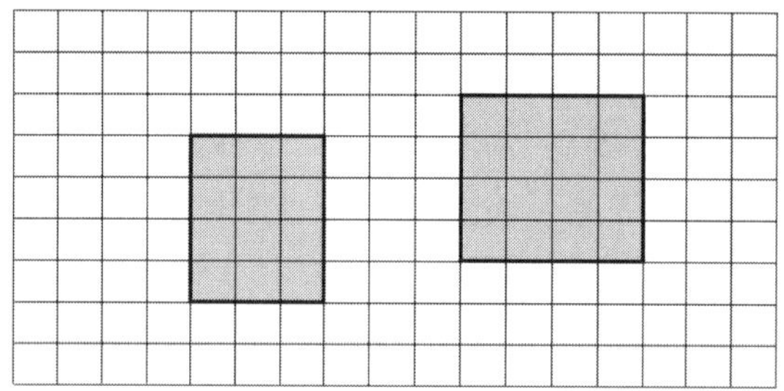

보편단위 1 cm^2를 한 칸으로 하는 모눈종이는 도형의 넓이를 구하는 데 매우 유용하다. 투명종이 또는 OHP 필름에 모눈을 그린 후, 앞서 다룬 여러 가지 도형, 주변에서 찾을 수 있는 평면도형에 겹쳐놓으면 넓이를 구할 수 있다. 이를 이용하면 원, 삼각형 등 다른 도형의 넓이도 대략적으로는 구할 수 있다.

직사각형의 넓이는 모눈의 수를 일일이 세지 않고도 가로와 세로에 놓인 모눈의 수를 곱하여 구할 수 있다는 것을 확인한다. 여러 모양의 직사각형에 대해서 확인해보고 귀납적으로 가로의 길이와 세로의 길이를 곱하면 직사각형의 넓이를 구할 수 있다는 것으로 정돈한다. 정사각형의 경우에는 가로의 길이와 세로의 길이가 같으므로, 한 변의 길이를 거듭 곱해서 구할 수 있음을 유도한다.

(4) 평행사변형의 넓이

평행사변형은 아래 그림과 같이 변형하면 직사각형이 된다. 이 때 직사각형의 가로는 평행사변형의 밑변, 직사각형의 세로는 평행사변형의 높이와 같다. 그러므로 평행사변형의 넓이는 변형된 직사각형의 넓이를 구하는 방식에 따라 밑변의 길이와 높이의 곱이 된다.

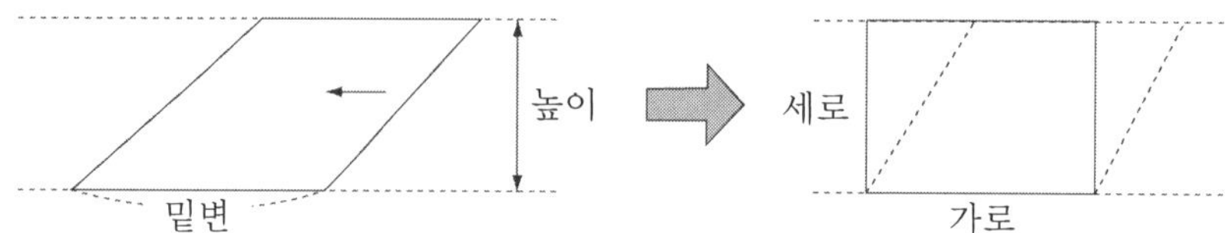

평행사변형을 직사각형으로 바꾸는 방법에 관해서는 충분히 생각할 시간을 주고, 모눈종이까지 활용하게 하여 아동들이 스스로 찾아내도록 유도한다. 또한 평행사변형의 높이는 아래 그림과 같이 수직을 이루도록 하면서 구해야 한다는 것도 확인한다.

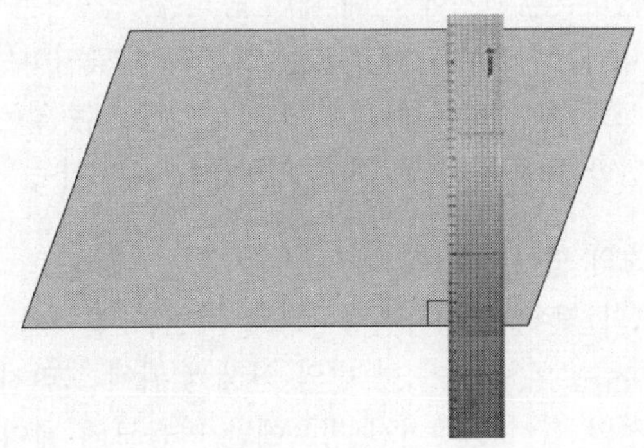

(5) 삼각형의 넓이

삼각형의 넓이는 아래 그림과 같이 평행사변형의 넓이를 구하는 방법을 이용하여 구할 수 있다. 주어진 삼각형과 합동인 삼각형을 그려서 평행사변형을 만들어 넓이를 구한 후, 그 넓이를 2로 나누어 구하면 된다.

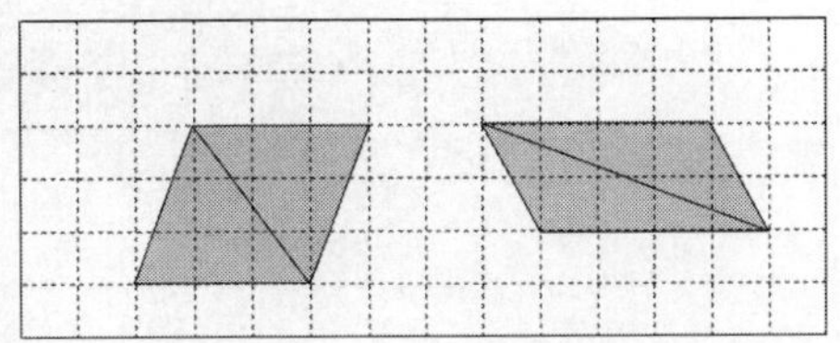

평행사변형의 높이가 곧 삼각형의 높이가 되므로, 삼각형의 넓이를 구하는 방법은

$$(\text{밑변의 길이}) \times (\text{높이}) \div 2$$

이다. 삼각형의 높이도 꼭짓점을 지나면서 밑변에 수직인 선분임을 확인하도록 한다.

(6) 사다리꼴의 넓이

사다리꼴의 넓이는 양쪽의 두 삼각형과 중앙에 있는 직사각형의 넓이를 구해서 합하여 구할 수도 있다. 그러나 좀 더 수학적인 방법은 역시 아래 그림과 같이 평행사변형을 만들어 구하는 것으로,

$$(a+b)\times c \div 2$$

와 같이 표현된다는 것을 도출해야 한다.

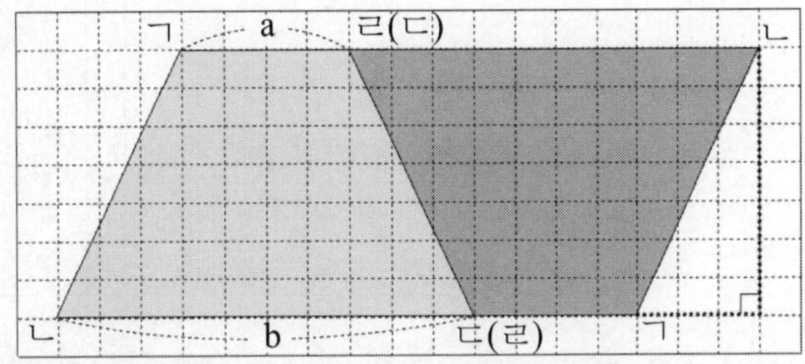

논리적인 추론 과정에 의해 넓이 공식을 도출하는 만큼 초등학생들에게는 쉽지 않을 것이다. 이미 넓이 공식을 알고 있는 도형과 관련지어보도록 하는 것, 윗변과 아랫변의 길이를 모두 고려해야 바르게 넓이 공식을 얻을 수 있는 것 등 세부적으로 학습의 어려움을 야기할 만한 내용을 수업 전에 파악하고 준비하는 것이 중요하다.

(7) 마름모의 넓이

마름모의 경우, 평행사변형이므로 밑변의 길이와 높이를 곱하면 넓이를 구할 수 있다. 그런데 마름모의 높이가 한 변의 연장선 위에 그려지므로 초등학교에서는 아래 그림과 같이 대각선의 길이가 주어진 경우에만 마름모의 넓이를 구하도록 한다. 그림과 같이 마름모의 꼭짓점을 지나는 직사각형을 그리면 넓이가 2배이므로, 두 대각선의 길이의 곱을 2로 나누어도 넓이를 구할 수 있다.

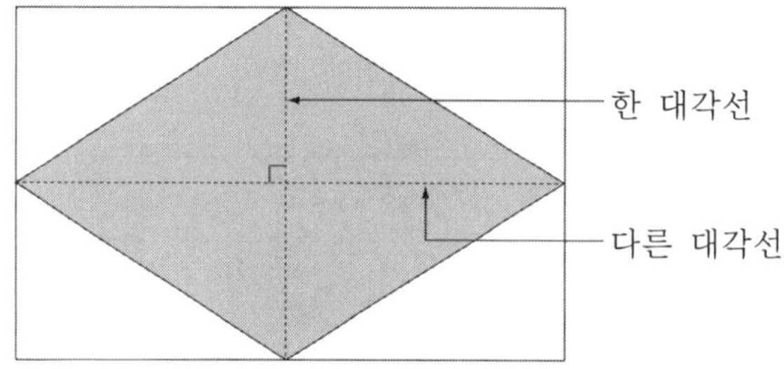

(8) 원의 넓이

원의 넓이는 앞에서 구한 다른 도형의 넓이와 매우 다른 방법을 이용하여 구하기 때문에, 아동 스스로 구하는 방법을 생각해내기는 어렵다. 수학자 아르키메데스(Archimedes)가 내접다각형과 외접다각형의 변의 수를 늘려가면서 원하는 만큼 원의 넓이에 가까운 값을 구한 것을 아동의 수준에 맞게 변형하여 탐구하도록 유도하는 것이 필요하다.

그러나 초등학생들이 극한 개념을 이해하기 어렵기 때문에, 그림과 같이 원에 내접하는 마름모의 넓이보다는 크고, 원에 외접하는 정사각형의 넓이보다는 작다는 것을 직관적으로 확인하게 할 뿐, 내접다각형과 외접다각형의 변의 개수를 체계적으로 늘려가면서 변화를 관찰하게 하지는 않는다. 다만 몬테카를로 방법(Monte-Carlo method)를 사용하여 지도할 수는 있다.

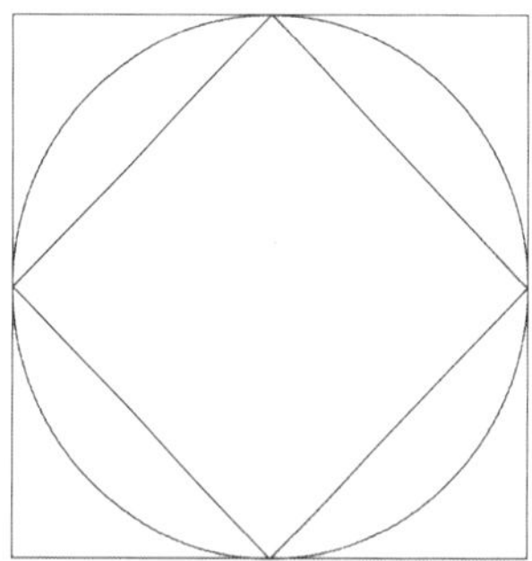

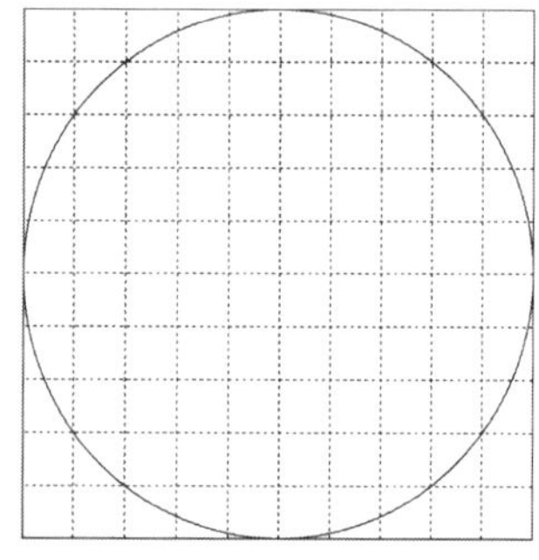

이어서 다음 그림과 같이 원을 그리고 지름을 따라 등분한 부채꼴 모양의 조각을 엇갈

리게 붙이면 가로 방향의 길이는 원주의 $\frac{1}{2}$이 되고, 세로 방향의 길이는 반지름의 길이가 된다는 것에 주목하게 한다.

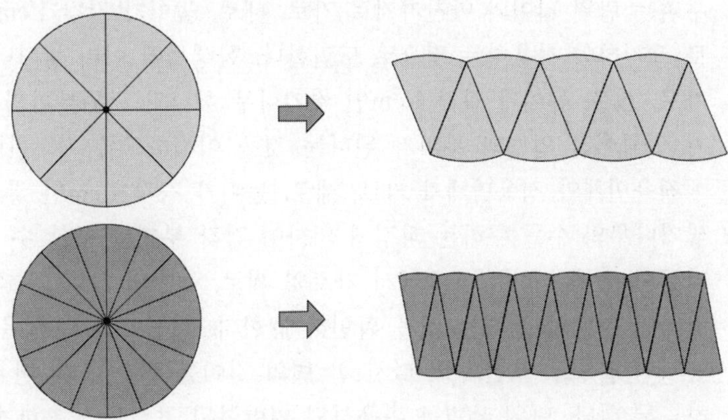

역시 극한 개념에 의존할 수는 없으므로, 원을 더 많은 조각으로 등분할수록 등분한 조각을 엇갈리게 붙인 것이 직사각형 모양에 더 가까워진다는 것을 직관적으로 확인하도록 한다. 처음 원의 넓이가 잘게 잘라 붙인 직사각형의 넓이와 같아질 수 있다는 것에 대하여 토론하도록 함으로써, 단지 원의 넓이를 구하는 공식만 암기하지 않도록 해야 한다.

특히, 컴퓨터를 이용하면 어느 정도의 등분만으로, 예컨대, 256조각으로만 등분하여 잘게 잘라 붙여도 직사각형으로 보일 수 있기 때문에, 무한 개념을 충분히 파악하지 못한 학생들은 유한 번만 등분해도 직사각형의 넓이와 같게 만들 수 있다는 오개념을 형성할 수 있다. 아직 극한 개념을 다루지 못하는 단계이지만, 이러한 오개념을 가지게 되면 이후의 학습에서 문제가 생길 수 있으므로, 컴퓨터 화면에서 곡선이 직선으로 보인다는 점에 현혹되지 않도록 유의하여 지도해야 한다.

사) 부피의 지도

부피는 공간도형을 분석하는 중요한 도구이며, 일상생활 속에서도 종종 사용하는 양이다. 그러나 넓이와 마찬가지로 직접 측정하기보다는 물체의 길이 사이의 관계를 이용해서 계산하여 구한다는 점 때문에 역시 길이, 무게보다 복잡한 사고 과정을 필요로 한다. 들이는 부피와 속성이 같은 물리적 양이지만 주로 액체의 양을 측정할 때 사용하고, 부피는 주로 고체의 양을 측정할 때 사용한다.

(1) 부피의 비교

두 물체의 부피가 매우 다르다면 어느 것의 부피가 큰지 쉽게 판단할 수 있지만, 서로 부피가 비슷하면서 모양이 다른 물체의 부피를 비교하기는 어렵다. 앞서 다룬 다른 종류의 양과 달리 직접 측정하여 부피를 구하기 어렵기 때문이다. 그러므로 초등학교에서는 모양이 직육면체로 동일하면서 부피가 매우 다른 물체의 양을 비교하도록 함으로써, 부피에 대한 직관적인 개념을 형성하는 것으로 출발해야 한다.

(2) 직육면체와 정육면체의 부피

불규칙한 모양의 부피는 액체에 담가 수면의 높이의 변화를 측정하여 구하지만, 직육면체 또는 정육면체 모양의 물체는 단위 부피를 도입하여 부피를 구하도록 지도한다. 단위부피는 단위 넓이와 마찬가지로 가로, 세로, 높이가 각각 1 cm인 정육면체의 부피를 1 cm^3로 표기하여 사용하는 것으로 도입한다. 학생들이 이미 쌓기나무를 다룬 경험이 있으므로, 가로, 세로, 높이가 각각 1 cm인 쌓기나무 하나가 단위부피의 역할을 하며, 쌓기나무의 수가 만들어진 입체의 부피가 된다는 것을 이해하도록 지도한다.

직육면체와 정육면체가 가로, 세로, 높이가 각각 1 cm인 쌓기나무로 이루어졌다고 보면, 쌓기나무의 수를 구하는 과정에 의하여 각각 부피를 구할 수 있음을 지도한다. 특히, 쌓기나무의 수를 구하는 과정에서 가로와 세로, 높이의 곱이 곧 직육면체의 부피를 구하는 일반적인 방법이 된다는 것을 확인하게 한다. 마찬가지로, 정육면체의 부피는 가로와 세로, 높이의 곱으로 표현되고, 다시 한 변의 길이를 연달아 세 번 곱하여 구할 수 있음을 확인하도록 한다. 단위 부피를 활용하되 일반화된 공식을 도출하게 하고, 그 공식이 나오게 된 원리와 배경을 이해하도록 하는 것이 핵심적인 학습 내용이다.

(3) 원기둥의 부피

원기둥의 부피를 구할 때는 원의 넓이를 구할 때와 마찬가지로 원기둥을 잘게 등분하여 이어붙이면 각기둥이 만들어진다는 것을 이용한다. 다음 그림과 같이 유한 번 등분하면 각기둥과 정확하게 일치하지 않지만 무한 번 등분하면 각기둥이 될 수 있음을 이해하도록 해야 한다. 그러나 극한 개념을 직접 언급할 수 없기 때문에 원의 넓이를 구할 때와 마찬가지로 직관적으로만 변형 과정과 그 결과를 이해하도록 해야 한다.

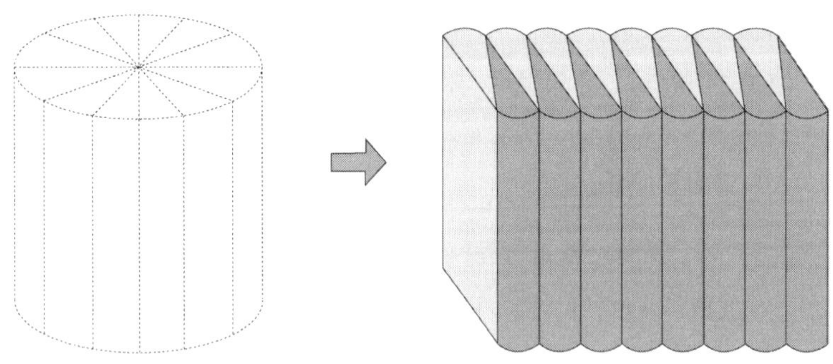

4. 확률과 통계

초등학교 확률과 통계 영역에서는 자료의 표현 방법으로 표와 그래프를 다루고, 경우의 수와 초보적인 확률 개념을 도입한다. 세부적으로는 자료를 어떻게 분류할 것인가, 어떤 자료를 어떤 방법으로 수집하고 정돈하여 표와 그래프를 나타낼 것인가, 표와 그래프로 나타낸 자료를 어떻게 이해하고 현실에 적용할 것인가, 경우의 수를 고려하여 가능성을 수로 나타낸다는 것이 어떤 의미인가를 다룬다.

4.1 통계

1) 자료

초등학교에서 통계 지도는 주어진 자료를 한 가지 기준에 따라 분류하는 것으로 시작한다. 이때부터 이미 자료를 수집하고, 정돈한다는 의미가 다루어진다. 자료는 '연구나 조사의 바탕이 되는 재료'라는 사전적인 의미를 가진다. 통계학의 역사는 인구, 수명, 등의 사회현상과 자연현상에 대한 다양한 자료에 대하여 수학적인 처리와 이해 방법을 발전시켜 온 역사라고 할 수 있다. 초등학교에서 처음으로 자료를 분류해보게 하는 것은 연구나 조사의 기본이 분류하는 활동이기 때문이다.

가) 자료의 구분

자료는 수치형 자료(numerical data)와 범주형 자료(categorical data)의 두 가지 형태로 나눈다. 수치형 자료는 관측된 값이 수로 표현되는 자료를 의미한다. 몸무게, 수학 성적, 줄넘기 횟수 등이 수치형 자료이다. 수치형 자료는 다시 몸무게와 같은 연속형 자료(continuous data), 줄넘기 횟수와 같은 이산형 자료(discrete data)로 구분한다. 혈액형이나 남학생과 여학생처럼 몇 개의 범주 또는 항목으로 표현한 자료가 범주형 자료이다. 범주형 자료는 다시 '매우 좋음', '좋음', '그저 그럼', '싫음', '매우 싫음'과 같은 순위형 자료(ordinal data)와 혈액형과 같은 명목형 자료(nominal data)로 구분한다.

나) 자료와 통계

통계는 인류가 기록을 시작한 때부터 이미 사고의 대상이었던 것으로 알려져 있다. 고대 농경사회에서는 농사와 생활에 관련된 통계가, 산업 사회에서는 인구, 소비와 생산에 대한 통계가, 오늘날 정보화 사회에서는 정치, 경제를 포함한 거의 모든 분야에 대한 통계가 의사결정의 근거로 활용되었다. 미래는 언제나 예측할 수 없는 불확실성을 가지고 있기 때문에 통계는 근거의 신뢰성과 타당성을 보장하는 중요한 수단이다.

통계의 기본은 연구 또는 조사 의도에 부합되는 자료의 수집과 정리, 해석이다. 자료가 없다면 예측하기 어려운 현상 속에서 규칙성을 찾는 것이 곧 통계인 것이다. 그러므로 초등학교에서 통계를 지도할 때에도, 왜 자료를 수집해야 하는가, 왜 수집한 자료를 보기 좋게 정리해야 하는가, 왜 주어진 자료를 해석해야 하는가를, 어떻게 자료를 수집하고 정리하고 해석하는가라는 문제와 더불어 중요하게 다루어야 한다.

2) 통계의 지도

교육과정의 통계 영역은 목적에 맞는 자료를 조사하고, 목적에 맞게 정리하여 해석한 후, 합리적인 의사결정을 내리는 것을 목표로 한다. 이에 따라 초등학교에서는 주로 기준에 따라 자료를 분류하고, 표와 그래프로 나타내어 해석하는 것을 지도한다.

가) 표

표를 만들기 위해서는 목적에 맞게 수집한 자료를 기준에 따라 분류해야 한다. 이때의 자료는 범주형 자료 중 명목형 자료를 다루는 것이 좋다. 예를 들어, 한 가지 기준에 따라 분류하기 활동은 '우리 반 학생들이 좋아하는 과일'을 조사하여 종류별로 분류하는 것이다. 분류가 끝나면 과일마다 몇 명의 학생들이 좋아하는지 세어 아래와 같이 표로 정리할 수 있다. 이와 같이 정리한 표를 보고 가장 많은 학생들이 좋아하는 과일은 무엇인지, 가장 적은 학생들이 좋아하는 과일은 무엇인지 간편하게 알 수 있다.

[표 4] 과일별 좋아하는 학생 수

과일	복숭아	수박	포도	바나나	귤	계
학생 수(명)						

두 가지 기준에 따라 자료를 분류하기의 예는 안경 쓴 학생들이 성별에 따라 어떻게 분포하는지를 알아보는 경우이다. 이때에는 다음과 같이 가로축과 세로축으로 이차원적인 표를 사용하여야 한다.

	남학생	여학생
안경을 쓴 학생		
안경을 안 쓴 학생		

현재 초등학교 교육과정에서는 두 가지 기준에 따라 분류하는 분류 활동은 지도하지만 그 결과를 표로 나타내는 행동은 제시되어있지 않다.

초등학교에서는 수치형 자료의 경우에도 위의 표와 같이 단순하게 종류별로 도수를 제시하는 수준에서 다룬다. 그러나 중학교에서는 아래와 같이 계급을 정하여 도수분포표를 만들어 분석한다.

[표 5] 공던지기 기록의 도수분포표

공던지기 기록(m)			도수(명)
$15^{\text{이상}}$	15~20	$20^{\text{미만}}$	
$20^{\text{이상}}$	20~25	$25^{\text{미만}}$	
$25^{\text{이상}}$	25~30	$30^{\text{미만}}$	
$30^{\text{이상}}$	30~35	$35^{\text{미만}}$	
$35^{\text{이상}}$	35~40	$40^{\text{미만}}$	
$40^{\text{이상}}$	40~45	$45^{\text{미만}}$	
$45^{\text{이상}}$	45~50	$50^{\text{미만}}$	
합 계			

나) 그래프

그래프는 자료를 시각적으로 표현함으로써 자료의 특징을 빨리 파악할 수 있게 하는 도구이다. 초등학교에서 처음 그래프를 도입할 때에는 아래와 같이 그림으로 도수를 표현하기도 하고, 그림 대신 ○ 또는 ×를 이용하여 도수를 나타내기도 한다.

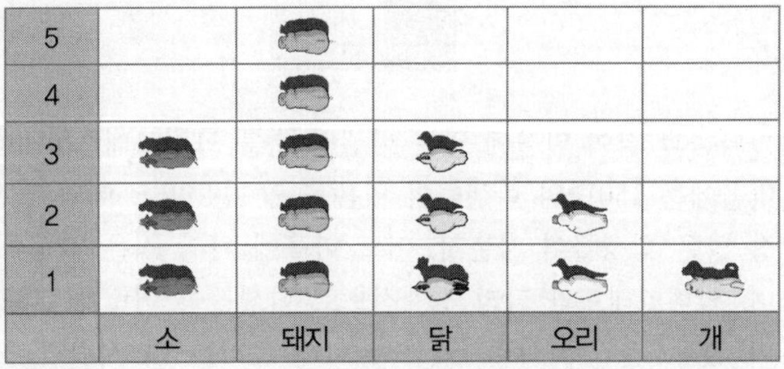

5					
4					
3					
2					
1					
	소	돼지	닭	오리	개

그래프로 표현된 자료를 보고도 가장 많은 학생들이 좋아하는 과일, 가장 적은 학생들이 좋아하는 과일을 알 수 있으며, 좋아하는 학생 수가 많은 순서로 과일을 늘어놓을 수도 있음을 확인한다. 다음 그림과 같이 가로축과 세로축에 어떤 내용을 어떻게 써넣는지도 논의하게 한다.

8					
7					
6					
5					
4					
3					
2					
1					
학생 수(명) / 과일	복숭아	수박	포도	바나나	귤

위의 그래프는 막대그래프(bar graph, column graph) 관련 내용으로 발전된다. 막대그래프의 특징은 도수를 막대의 높이로 나타내기 때문에, 자료 중 최댓값과 최솟값 등을 확인하기가 편리하다는 장점이 있다.

수치형 자료로 만든 표는 다음과 같이 줄기와 잎 그림(stem-leaf graph)으로 나타내기도 한다. 학생들이 철봉에 매달리기 한 기록이 23초, 20초, 21초··· 라면, 50초 이상 60초미만 동안 매달린 학생들이 가장 많았음을 알 수 있다. 막대그래프와 마찬가지로 자료 중 최댓값과 최솟값 등을 쉽게 알 수 있으며, 자료의 분포를 대략적으로 파악할 수 있다. 이를테면 40초 대와 50초 대 학생들이 많음을 알 수 있다. 줄기와 잎 그림에서의 줄기는 도수분포표에서의 계급과 마찬가지 의미를 가진다.

줄기	잎						
2	3	0	1				
3	0	5	7	9			
4	3	5	6	0	8	9	
5	0	3	0	4	2	5	7
6	2	0	5	3			
7	0	1	3	5			
8	3	0					

다음과 같이 마을에 있는 학생의 수를 그림그래프(pictograph)로 나타낼 수도 있다. '가' 마을에는 150명의 학생들이 있음을 알 수 있다. 이와 같은 그림그래프는 어느 마을에 가장 많은 학생들이 사는지, 어느 마을에 가장 적은 학생들이 사는지 등을 파악할 수 있으며, 막대그래프와 달리 전체적으로 학생들이 어떻게 분포되어 있는지를 드러낸다는 장점이 있다. 반면에 막대그래프에 비해 그리는 데 시간과 노력이 많이 든다는 단점이 있다. 이러한 장점과 단점을 잘 알고 상황에 맞게 선택하는 것이 바람직하다.

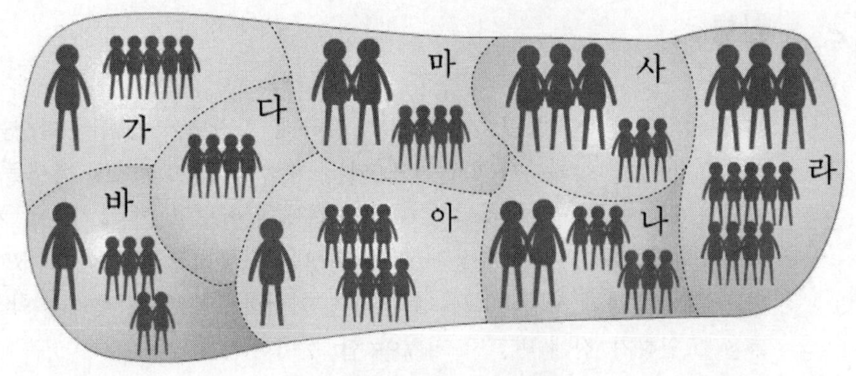

키나 몸무게, 온도 등을 시간의 흐름에 따라 조사했을 때에는 꺾은선그래프(broken line graph)로 나타낸다. 꺾은선그래프는 시간의 흐름에 따른 자료의 변화 또는 추세를 알고자 할 때 사용하면 편리하다. 따라서 꺾은선그래프로 나타낼 필요가 있는 자료의 특성은 이산적이 아니라 연속적이다. 꺾은선그래프에서는 자료의 변화를 보다 쉽게 알아보게 하기 위해서 변화의 범위에 해당하지 않는 아래 부분을 물결선을 사용하여 생략하는 방법을 사용하기도 한다.

자료 사이의 비율을 정확하게 구하여 나타낼 때에는 띠그래프(band graph)나 원그래프(circle graph, pie chart)를 사용한다. 띠그래프는 전체를 직사각형으로 표현했을 때, 비율에 따라 그 직사각형의 일부분으로 나타내는 것이다. 원그래프는 전체를 원으로 나타내고 역시 중심각의 크기를 비율대로 분할하여 나타내는 것이다.

자료를 표로 나타내어도 어느 정도는 자료의 특징을 파악할 수 있다. 예를 들어, 최댓값과 최솟값을 찾을 수 있다. 그럼에도 불구하고 왜 그래프로 나타내는지 그 이유를 신문, 방송에서 어떻게 그래프를 활용하는지 살펴보면서 논의하는 것이 좋다. 초등학교에서 다루는 자료는 그 전체 도수가 그리 크지 않지만 생활 속에서는 매우 큰 경우를 다룬다는 점도 주목할 필요가 있다. 그래프를 잘못 해석한다면 어떤 현상이 나타날지, 그래프를 개선한다면 어떤 점을 할 수 있는지 등 다양한 관점을 도입하는 것이 좋다.

다) 평균

평균은 자료를 대표하는 값의 하나이다. 자료를 대표하는 값으로는 최빈값(mode), 중앙값(median), 평균(mean)의 세 가지가 있다. 최빈값은 도수가 가장 높은 변량이며, 자료 하나하나를 크기 순서로 나열했을 때 중앙에 위치하는 값이 중앙값이다. 평균은 변량의 값의 총합을 전체 도수의 합으로 나눈 값이다. 평균은 최빈값과 중앙값에 비해 극단적으로 큰 값 또는 극단적으로 작은 값에 영향을 많이 받기 때문에, 극단적인 값을 제외하고 평균을 구하여 대푯값으로 택하기도 한다. 초등학교에서는 평균을, 중학교에서는 최빈값과 중앙값을 지도한다.

4.2 확률

확률은 일상생활의 많은 상황과 밀접하게 관련되어 있어서 학생들이 이미 직관적으로 개념을 형성한 상태에서 학습하게 되는 개념이다. 그러므로 학생들의 경험 속에서 확률 개념과 관련이 될 만한 것이 있는지 사전에 알아보고 이를 기초로 개념을 도입하는 것이 바람직하다. 특히, 우연 현상과 필연 현상을 구분하고, 가능성의 크기를 판단하거나 서로 비교하고, 특정한 사건의 확률에 대하여 어림하도록 하는 것은 수학적인 개념으로서의 확률을 도입하기 전에 반드시 거쳐야 할 것이다.

초등학교에서는 매우 초보적이고 직관적인 수준에서 확률을 다룬다. 나뭇가지 그림을 그려서 경우의 수를 구해보고, 전체 도수와 특정 사건이 일어나는 도수 사이의 비율을 확인하여 확률을 구하게 한다. 본격적으로 확률의 정의와 의미를 다루고, 다양한 맥락 속에서 확률 개념과 계산을 하는 것은 중학교의 학습 내용이다. 그러므로 초등학교에서는 적절한 기초 확률 개념과 직관을 형성하도록 지도할 필요가 있다.

1) 확률의 의미

확률은 고전적 관점, 빈도적 관점, 주관적 관점, 공리적 관점에 따라 각각 다소간 다른 의미를 가진다.

먼저 고전적 관점은 라플라스(Laplace)에 의하여 제시된 것으로, "각각의 경우가 일어날 가능성이 같은 실험이나 관찰에서, 모든 경우의 수에 대한 사건 A가 일어날 경우의 수의 비율"을 확률의 정의로 택한다. 이 정의에 따른 확률을 수학적 확률 또는 이론적 확률이라고도 한다. 주사위와 동전처럼 물리적으로 대칭적이어서 가능성이 균등한 경우에는 이 정의에 따라 확률을 구할 수 있다. 기원전 3500년경부터 활용되어 로마 군인들이 즐겨 하였다는 양의 복사뼈 주사위 놀이, 기원전 300년경에 바빌론에서 만들어져 사용되었다는 정육면체 모양의 도자기 주사위 놀이, 우리나라의 통일 신라 시대에 사용되었다는 14면체 나무 주사위 놀이는 모두 가능성이 균등하게 배분되어 있다는 가정 아래 확률을 구하여 게임에 이용하였다.

빈도적 관점에서는 일정한 조건 밑에서 시행을 n번 반복하였을 때, 이 중에서 A라는 사건이 a번 일어났다고 하면, n을 충분히 크게 하였을 때, 상대도수 $\frac{a}{n}$가 일정한 값 p에 한없이 가까워지는 값, 즉 $\lim_{n\to\infty}\frac{a}{n}=p$인 p를 사건 A가 일어날 확률로 정의한다. 이 정의에 따른 확률을 통계적 확률 또는 실험적 확률이라고도 한다. 압정이나 윷짝과 같이 물리적으로 대칭이 아닌 물체에 대해서도 상대도수의 극한값으로 확률을 구할 수 있다.

확률개념의 주관적 관점과 공리적 관점은 베이스(Bayes)와 콜모고로프(Kolmogorov)의 연구에 힘입어 확립된 것으로 확률을 보다 엄밀한 이론 체계로 만드는 데 기여하였다. 2007년 개정초등학교교육과정에서는 앞서 제시한 고전적 관점에 따라 확률을 지도하도록 하였으나, 2009년 개정교육과정에서는 '확률'이라는 용어도 배제하고 "사건이 일어날 가능성"을 수치로 나타내는 활동만을 지도하도록 하고 있다.

2) 확률의 지도

고전적 관점에 따라 확률을 구하려면 전체 경우의 수와 구하는 사건의 경우의 수를 구할 수 있어야 한다. 빈도적 관점에 따라 확률을 구하려면 동전을 던지는 것과 같은 무작위 시행을 반복한 후 상대도수를 구할 수 있어야 한다. 초등학교에서는 이 두 가지 접근 중 주로 고전적 관점에 치중하고 있다.

가) 경우의 수

확률을 구하기 위해서는 먼저 일어날 수 있는 모든 경우가 어떤 것인지 구해야 한다. 예를 들어, 동전을 던지면 일어날 수 있는 모든 경우가 앞면과 뒷면으로 2가지이다. 가위바위보를 할 때, 한 사람이 낼 수 있는 경우의 수, 원판을 돌렸다가 멈추었을 때, 바늘이 가리키는 경우의 수 등을 구함으로써, 관찰 또는 실험 상황에서 일어날 수 있는 모든 경우가 어떤 종류가 있는지, 모두 몇 가지인지 알아보도록 한다.

동전 하나를 던지는 것과 같은 단일사건 뿐 아니라, 두 종류의 동전을 던지는 것과 같은 복합사건의 경우의 수를 구하는 방법도 지도한다. 이 때, 일어날 수 있는 모든 경우를 체계적으로 파악하기 위해서는 나뭇가지 그림과 같은 그림을 그릴 필요가 있음을 확인하게 한다. 체계적으로 경우의 수를 구하지 않으면 빠뜨리는 경우도 있을 수 있고, 중복하여 세는 경우도 있음을 학생들 스스로 발견하게 한다.

이어서 나뭇가지 그림은 복잡한 상황에서 일어날 수 있는 모든 경우의 수를 체계적으로 구하게 하는 매우 효율적인 도구임을 탐구하도록 한다. 예를 들어, 주머니 속에 빨간색, 파란색, 노란색 구슬이 하나씩 들어 있을 때, 하나씩 차례로 모두 꺼내면 나오는 구슬의 순서는 모두 몇 가지 경우인지를 나뭇가지 그림을 이용하여 구할 수 있다.

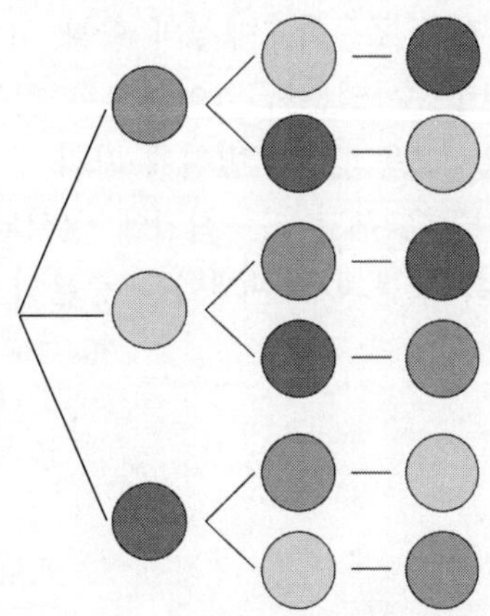

초등학교에서는 일어날 가능성이 같은 상황에 대해서만 경우의 수를 구하도록 하고 있으며, 이는 고전적 관점에 의하여 확률을 구하도록 하기 위한 조치이다. 한편, 동전이나 주사위를 직접 던지는 상황과 달리 주머니 또는 상자에서 구슬이나 제비를 꺼내는 상황에서는 복원추출(sampling with replacement)인지 비복원추출(sampling without replacement)인지에 따라 경우의 수가 달라진다. 초등학교에서는 앞서 구슬을 꺼내는 상황과 같이 꺼낸 구슬을 다시 넣지 않는 비복원추출 상황만 다루며, 혼동의 여지가 있으므로 복원과 비복원 추출에 대하여 구분하여 다루지 않는다.

나) 확률

초등학교에서 확률을 도입할 때는 고전적 관점과 빈도적 관점 두 가지를 고려하여야 한다. 2009년 개정교육과정에서는 고전적 관점에 따라 실생활 속에서 사건이 일어날 가능성을 0, $\frac{1}{4}$, $\frac{1}{2}$, $\frac{3}{4}$, 1 정도로만 표현할 것을 유의사항으로 제시하고 있다. 빈도적 관점에 따라 지도하려면, 동전을 여러 번 던져보고 그림면이 나온 경우의 수를 구해보게 한다. 이어서 던진 횟수에 대한 그림면이 나온 횟수의 비율을 직접 구해보게 함으로써 우연 현상에 대하여 생각해보게 한다. 그림면이 나온 횟수의 비율은 던진 횟수가 10회, 20회, 30회로 바뀜에 따라 점차 0.5에 가까워진다는 것을 확인하게 하지만 명시적으로 상대도수의 극한에 주목하지는 않는다.

다음으로 주사위를 던져 3의 눈의 나올 경우의 수의 비율을 구하도록 하는데, 이때는 실험이 아니라 이론적으로 6가지 가능성 가운데 1가지 가능성, 곧, $\frac{1}{6}$이라는 비율을 기대할 수 있음을 확인하게 한다. 이어서 모든 경우의 수에 대한 어떤 사건이 일어날 경우의 수의 비율을 확률이라고 정의한다.

이후의 활동은 모두 이론적으로 확률을 구하는 연습으로 이루어진다. 예를 들어, 상자 안에 50개의 제비가 들어 있고 그 중 15개가 당첨제비일 경우, 한 개의 제비를 뽑아 당첨될 확률을 구해보게 한다. 이미 학습한 확률의 정의에 비추어 $\frac{15}{50}$라는 것을 쉽게 알 수 있다.

서로 다른 2개의 주사위를 던질 때, 두 눈의 합이 2이상 4미만일 확률과 같이 복잡한 문제까지 해결하도록 하지만, 확률의 덧셈과 곱셈에 대한 형식적인 계산 원리가 아니라 모든 경우의 수를 나열한 후 해당되는 경우의 수를 구하여 확률을 구하는 단계에 그치도록 지도해야 한다. 결국 초등학교에서의 확률 지도는 계산 원리보다는 확률 개념을 언제 어떤 상황에서 생각할 수 있는지 알아보도록 하는 기회를 제공하는 데 의의가 있다.

확률개념의 지도는 교육과정의 변천에 따라 언제든지 초등학교 수준에서 지도될 수 있는 내용이므로, 교사들은 해당하는 시기에 실시되는 교육과정에서 제시하는 수준에 맞추어 지도할 수 있도록 확률의 기본개념을 충분히 이해하고 있어야 한다.

5. 규칙성과 문제해결

5.1 규칙성

1) 규칙성 지도의 의의

인간은 음악 작품이나 비디오 영상에서, 장식 디자인과 자연에서, 교통 규칙 등에서 여러 가지 규칙성을 접한다. 규칙성은 인간이 순서를 인식하고 세계를 조직하는 하나의 방식으로서 의미를 갖는다. 인간이 주변 환경에서 규칙성을 직관적으로 감지하며, 학교에서의 학습을 통해 규칙성을 인식하고 확장하게 된다.

수학은 자연에 내재된 규칙성, 인간의 정신 속에서 발명되는 규칙성, 그리고 다른 규칙성에 의해서 창조되는 규칙성 등 모든 종류의 규칙성을 이해하고 탐구하는 학문이라고 할 수 있다. 학생들은 수학적으로 성장하기 위해서 자신들에게 적합한 풍부하고 다양한 규칙성을 경험할 필요가 있다. 학생들은 이를 토대로 다양성, 규칙성, 상호관련성 등을 알 수 있게 된다. 다양한 규칙성을 인식하고 해석하고 창조해 내는 능력은 우리의 주변 세계에서 핵심적인 것이다.

초등학교에서의 규칙성 지도의 의의는 크게 네 가지로 살펴볼 수 있다.

첫째, 규칙을 찾고 이를 수학적으로 표현하는 기회를 통해, 학생들은 자신이 살고 있는 주위 환경에서 수학이 어떻게 활용되고 있는가를 이해할 수 있다.

둘째, 규칙을 찾는 것을 통해 주어진 정보를 분류하고 조직하는 능력을 향상시킬 수 있다.

셋째, 수, 도형, 측정 등의 학습을 규칙성과 관련지어 학습하면서 수학의 통합적 이해에 도움이 된다.

넷째, 초등학교에서 학습하는 규칙성은 이후의 함수 학습이나 대수 학습에 토대가 된다.

2) 초등학교에서의 규칙성 지도

초등학교에서의 규칙성 지도는 대체로

① 규칙성의 인식(규칙 찾기)
② 규칙성의 확장(규칙에 따라 배열하기)
③ 규칙성의 설명
④ 규칙을 수로 나타내기

⑤ 규칙을 말이나 글로 표현하기

⑥ 두 양 사이의 규칙을 찾고, □, △를 사용하여 식으로 나타내기

의 순서로 이루어진다.

초등학교에서 학습한 규칙성은 이후의 대수 학습과 함수 학습의 토대가 된다. 교사는 학생들에게

"이 규칙성을 어떻게 설명할 수 있을까?",

"이 규칙성은 어떻게 반복되고 어떻게 확장되지?",

"이 규칙성들은 어떤 점에서 비슷하지?"

등을 질문함으로써 학생들이 규칙성을 탐구를 토대로 일반화 형성 능력을 발달시킬 수 있도록 도와야 한다. 예를 들어, 학생들은 다음의 두 규칙성이 같은 형식의 규칙성임을 인식할 수 있다.

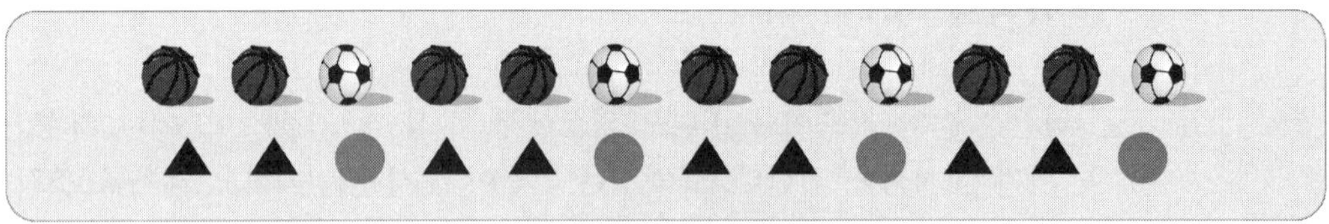

학생들은 이러한 경험을 통해 두 개의 서로 다른 상황이 수학적으로는 같은 특징을 가진다는 것을 알 수 있다. 즉, 학생들은 서로 다른 상황이라고 하더라도 어떤 방식에서는 같을 수 있다는 아이디어를 갖게 된다. 이러한 인식은 두 개의 서로 다른 상황이 수학적으로는 같은 특징을 가지며, 따라서 서로 다른 상황이라고 하더라도 어떤 중요한 방식에서는 같을 수 있다는 아이디어의 기본 토대가 된다. 학생들은

'파랑, 파랑, 빨강, 파랑, 파랑, 빨강',
'손뼉, 손뼉, 발, 손뼉, 손뼉, 발'

의 각 규칙성은

$$a\ a\ b\ a\ a\ b$$

와 동일한 형식임을 통해 대수의 아이디어를 소개받게 된다.

교사는 더 나아가 규칙성과 수를 연결하는 활동을 토대로 매우 초보적인 형태의 함수 개념을 제공할 수도 있다. 예를 들어, 교사는 다음과 같은 규칙성을 제시하고 학생들에게

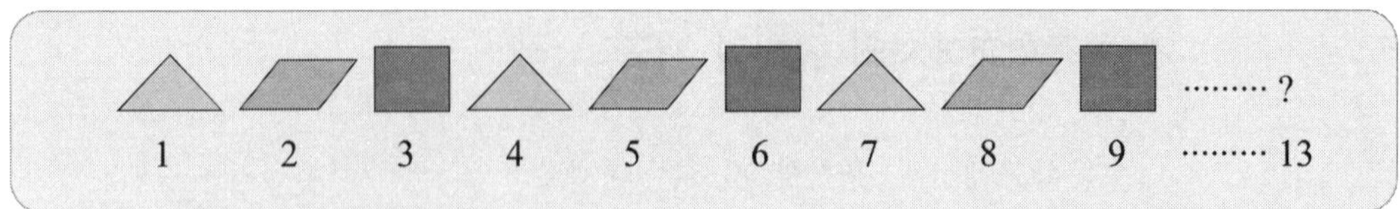

• 두 번째 도형은 무엇일까?
• 이 규칙성이 계속되기 위해서는 다음에 어떤 도형이 와야 할까?
• 삼각형 밑에 나오는 수들은 어떤 수들일까?
• 13에는 어떤 도형이 나올까?

등을 질문함으로써 학생들이 초보적인 형태의 함수 개념을 경험하도록 할 수 있다.

2) 규칙성의 유형

가) 규칙성의 속성에 따른 유형

규칙성은 수 사이의 관계를 활용한 것인가, 도형의 모양이나 성질을 활용한 것인가, 또는 방향, 크기, 색을 활용한 것인가에 따라 관계적 속성에 따른 규칙성, 기하적 속성에 따른 규칙성, 물리적 속성에 따른 규칙성의 세 가지로 구분할 수 있다.

(1) 관계적 속성에 따른 규칙성

관계적 속성에 따른 규칙성은, 규칙적인 배열에서 각 항들 사이의 관계적 속성을 기초로 하는 규칙성을 말한다. 예를 들어, 다음의 첫 번째 규칙성은 앞의 항에 2를 더하면 다음 항이 나오는 관계에 의해 생성된 규칙성이며, 두 번째 규칙성은 앞의 두 항을 더하면 다음 항이 나오는 관계에 의해 생성된 규칙성이다.

① 2 4 6 8 10 12 14 16 18 20 22

② 1 2 3 5 8 13 21 34 55 89 144

(2) 기하적 속성에 따른 규칙성

기하적 속성에 따른 규칙성은, 도형의 모양이나 성질과 같이 기하적 성질을 기초로 하는 규칙성을 말한다. 예를 들어, 다음의 규칙성은 정사각형과 원이라는 도형의 모양을 기초로 하여 생성된 규칙성이다.

(3) 물리적 속성에 따른 규칙성

물리적 속성에 따른 규칙성은 방향, 크기, 색 등과 같은 물리적 속성을 기초로 하는 규칙성을 말한다. 예를 들어, 다음의 규칙성은 크기(큰 마름모, 작은 마름모)라는 물리적 속성을 기초로 하여 생성된 규칙성이다.

나) 규칙성의 생성 방식에 따른 유형

규칙성은 어떤 방식으로 만들어지는가에 따라 반복 규칙성, 증가 규칙성, 대칭 규칙성, 회전 규칙성, 카오스 규칙성의 다섯 가지 유형으로 구분할 수 있다.

(1) 반복 규칙성

반복 규칙성은 반복되는 부분, 즉 기본 단위가 변화 없이 그대로 유지되면서 계속 반복되는 규칙성을 말한다. 다음의 규칙성은 기본 단위 ▲-●가 반복되어 생기는 규칙성이다.

반복 규칙성은 단지 두 개의 반복 요소들만 포함하는 규칙, 즉 *ab*와 같은 형태의 반복 규칙성부터 시작하는 것이 좋다. 반복 규칙성에는 반복되는 부분이 *ab* 형태가 아닌 다양한 형태가 있다. 예를 들면 다음과 같은 다양한 반복 규칙성이 존재한다. 첫 번째 규칙성에서 반복되는 부분은 *aab*로 표현할 수 있고, 두 번째와 세 번째 규칙성에서 반복되는 부분은 *aba*로 표현할 수 있다.

① 노랑 노랑 파랑 노랑 노랑 파랑 노랑 노랑 파랑

② ◆ ■ ◆ ◆ ■ ◆ ◆ ■ ◆ ◆ ■ ◆

③ 1 2 1 1 2 1 1 2 1 1 2 1 1 2 1

(2) 증가 규칙성

증가 규칙성은 반복되는 부분, 즉 기본 단위가 증가하면서 생성되는 규칙성을 말한다. 예를 들면, 다음의 첫 번째 규칙성에서는 농구공과 축구공의 개수가 동시에 하나씩 증가하고 있다. 두 번째 규칙성에서는 사과의 개수는 하나로 반복되는데, 바나나의 개수는 하나씩 증가하고 있다.

(3) 대칭 규칙성

대칭 규칙성은 기본 단위가 대칭되면서 생성되는 규칙성을 말한다. 예를 들면, 다음의 첫 번째 규칙성에서는 기본 단위인 이 대칭되면서 규칙성을 만들고 있다.

①

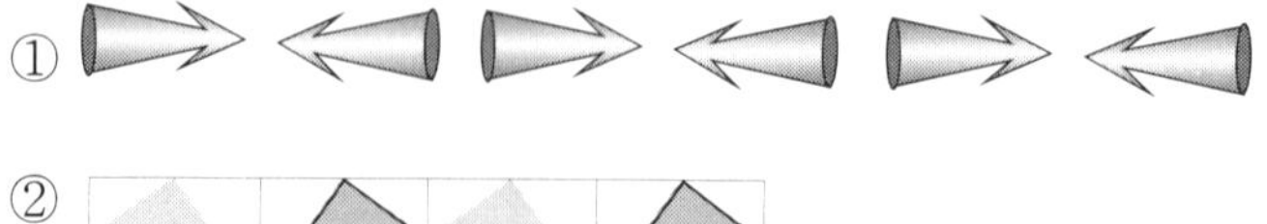

②

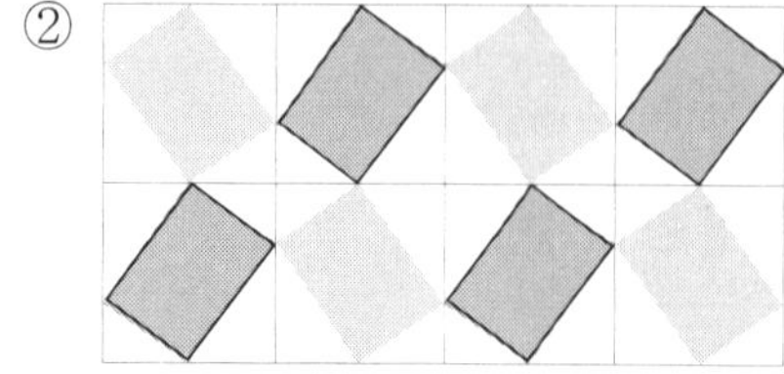

(4) 회전 규칙성

회전 규칙성은 기본 단위가 회전하면서 생성되는 규칙성을 말한다. 예를 들면, 다음의 첫 번째 규칙성에서는 기본 단위인 ↟이 시계 방향으로 90°씩 회전하면서 규칙성을 만들고 있다.

① ↟ ↠ ↡ ↞ ↟ ↠ ↡ ↞ ↟ ↠ ↡ ↞

②

(5) 카오스 규칙성

카오스(chaos) 규칙성은 자연계에서 볼 수 있는 비정규적인 규칙성을 말한다. 예를 들어, 구름 모양, 번개 모양, 나뭇잎 모양, 산, 고사리, 연기, 향수나 커피 입자 등의 운동에서 카오스 규칙성을 볼 수 있다. 이런 카오스 규칙성을 갖는 도형을 프랙탈(fractal) 도형이라고 한다. 카오스 규칙성은 반복성과 자기유사성이라는 성질을 갖는다. 반복성은 동일한 모양이 반복되어 나타나는 것을 의미하여, 자기유사성은 '자기 안에 자기를 가지고 있음(나 안에 내가 있음)'을 의미한다.

다음은 카오스 규칙성을 갖는 대표적인 프랙탈 도형인 코흐 곡선과 시어핀스키 삼각형과 그 도형이 만들어지는 과정을 제시한 것이다. 코흐 곡선을 예로 들어 살펴보면, 동일한 모양 이 반복되고 있으며(반복성), 모양을 확대하면 모양이 수없이 많이 포함되어 있음(자기유사성)을 알 수 있다.

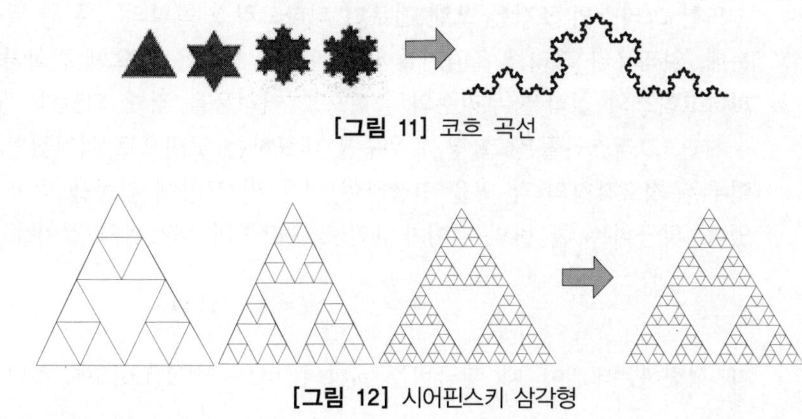

[그림 11] 코흐 곡선

[그림 12] 시어핀스키 삼각형

이와 같이 수, 무늬, 도형 등의 배열과 관련된 규칙성에 대한 연구는 시각적으로 규칙적인 대상뿐만 아니라 불규칙적으로 보이는 대상까지도 연구하는 것으로 그 범위가 확장되고 있다.

5.2 비와 비율

1) 비 개념의 발달

가) 역사적 발달

여기에서 기술하고 있는 '비 개념의 역사적 발달'의 내용은 나귀수, 최승현이 지어 펴낸 "초등학교 수학과 교수학습 방법과 자료 개발 연구"(서울: 한국교육과정평가원)에서 정영옥이 기술한 내용을 발췌하여 정리한 것이다.

비의 개념은 수 개념과 관련하여 아주 오래 전부터 존재해 왔다. 비를 뜻하는 그리스어는 logos였고, 라틴어로는 ratio가 되었다. 그런데 잘 알고 있듯이 ratio에는 비라는 의미 외에도 이성(理性)이라는 의미가 동시에 포함되어 있다. 이 단어가 두 가지의 다른 의미를 동시에 표현하게 된 이유는 피타고라스(Pythagoras)까지 거슬러 올라갈 수 있다.

피타고라스가 비의 생각을 바탕으로 음악 이론을 세웠다는 이야기는 잘 알려져 있다. 이는 현악기에서 화음을 내는 두 현의 길이의 비에 주목한 것을 의미한다. 예를 들어 한 개의 현 a에 잘 어울리는 화음을 내는 현 b, c, d를 생각해 보면, $a:b=4:3$, $a:c=3:2$, $a:d=2:1$과 같은 정수의 비, 즉 4:3, 3:2, 2:1의 비를 얻을 수 있다. 이러한 화음 사이에 아름다운 정수비가 존재한다는 것을 발견한 피타고라스는 우주의 삼라만상은 모두가 서로 조화를 이루고 있을 뿐만 아니라 엄밀한 수학적 비에 의해 표현할 수 있다고 주장하였다. 이 때 조화(harmony)가 바로 '이성'이자 비를 의미하는 것이었다. 따라서 피타고라스는 모든 선분은 적당한 단위를 취하면 그 단위의 정수배로 나타낼 수 있다고 생각하였다.

또한 그리스의 조각은 오랜 전부터 피타고라스 학파의 수론과 밀접한 관계를 맺고 있었는데, 일찍부터 그리스 조각가들에게 비례의 생각은 중요한 관심거리였다. 그러나 이러한 피타고라스의 철학은 무리수의 출현으로 어려움을 겪게 되었다.

한편, 그리스인들은 그 당시 우주를 대표하는 도형으로 여겨졌던 정십이면체의 각 면을 이루는 정오각형의 각 변을 연장하여 얻은 별 모양에 감동을 받아 황금비를 연구하게 되었다. 황금비는 한 변의 길이가 a인 정오각형의 대각선의 길이를 l이라 할 때

$$a:l=(l-a):a$$

가 성립하는데, 이 때 황금비는 $a:l$의 비로 약 1:1.618에 해당되며, 그 정확한 값은 $1:\frac{1+\sqrt{5}}{2}$이다.

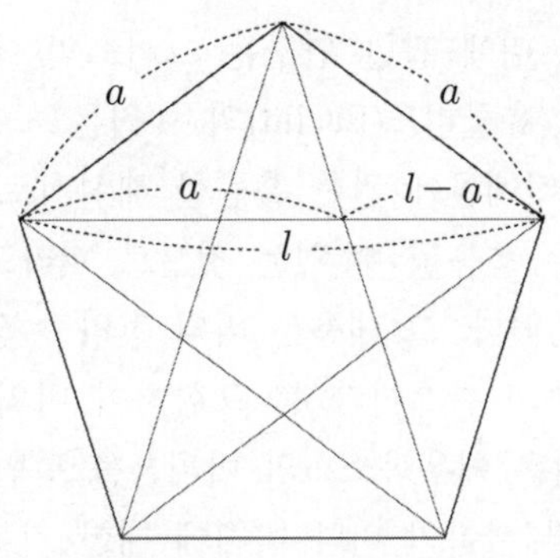

△ABC에서 ∠B=90°, AB=2BC라 하고 AC위에 BC와 같게 CD를 취한다. 이 때 AB 위에 AD와 같게 AP를 취하면 점 P는 AB를 황금분할 한다.

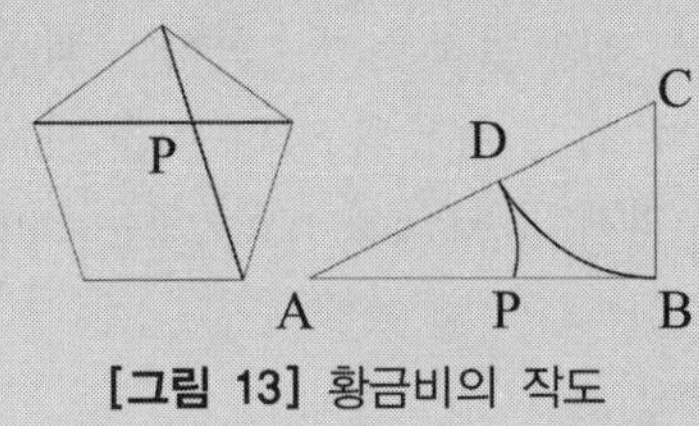

[그림 13] 황금비의 작도

이러한 황금비는 르네상스 시대에는 '신의 비례'로 존중되었으며 가장 아름다운 비례로 여러 디자인에 이용되고 있다. 실제로 이러한 황금비가 적용되거나 살펴볼 수 있는 예는 다음의 그림과 같은 파르테논 신전, 석굴암 등의 건축물이나 인체, 계란의 가로축과 세로축의 비, 전화카드, 신용카드 노트북, 명함, 스케치북, 담뱃갑 등을 들 수 있다.

[그림 14] 황금비가 적용된 예

그 이후에도 비에 관한 연구는 그리스의 에우독소스(Eudoxos)에게 이어졌으며 이론적 수학의 전형인 유클리드(Euclid)의 ≪원론≫ 제5권, 제6권, 제8권에 포함되었다. 제5권은 에우독소스의 비례론에 관한 훌륭한 해설서로 같은 단위로 잴 수 있는 크기나 그렇지 않은 크기에 모두 응용될 수 있는 것으로 피타고라스 학파의 무리수의 출현으로 인한 어려움을 해결해 주었다. 그 내용은 비의 정의 '<정의 3> 비란 같은 종류의 양 사이의 대·소·상등에 관한 일종의 관계이다.'를 포함하여 비의 상등 및 비례관계의 여러 성질들이 포함되어 있다. 제6권은 에우독소스의 비례론을 평면 기하에 응용한 것으로 닮은 삼각형이나 사각형 및 다각형 사이의 비나 비례에 대한 기본 정리를 비롯하여 피타고라스 정리의 일반화 등 다양한 내용 등을 포함하고 있다. 제8권은 연속 비례와 등비수열을 다루는데, 예를 들면, $a:b=b:c=c:d$이면 a, b, c, d는 등비수열을 이룬다는 등의 내용이 들어 있다.

이 당시의 비는 같은 종류의 양의 비로 제한되었는데 이는 이론적 과학에서는 오랜 기간 동안 유지된 반면 상업수학과 공업수학에서는 이미 서로 다른 종류의 양의 비를 허용하였다. 그러나 자연 법칙을 대수화하는 과정에서 서로 다른 종류의 양의 비에 관심이 집중되었다. 이 때 같은 종류의 양의 비를 내적비(internal ratio 또는 ratio), 서로 다른 종류의 양의 비를 외적비(external ratio 또는 rate)라고 한다.

나) 심리적 발달

피아제(Piaget et al., 1977)는 아동들에게 길이가 각각 5 cm, 10 cm, 15 cm인 생선 A, B, C가 있고, 생선 B는 생선 A보다 두 배 많이 먹고, 생선 C는 생선 A보다 세 배 많이 먹는다는 상황을 제시하고 비례와 관련된 문제를 해결하도록 하였다. 이러한 실험 관찰의 결과 피아제는 아동들의 비례 관계 발달을, 비수량적 단계, 서수적 단계, 초서수적 단계, 비례적 단계의 4단계로 구분할 수 있음을 확인하였다.

(1) 비수량적 단계

이 단계의 아동들은 생선 B가 생선 A보다 더 많이 먹어야 하고, 생선 C는 생선 B보다 더 많이 먹어야 한다고 생각한다.

(2) 서수적 단계

이 단계의 아동들은 생선 B는 생선 A보다 하나 더 많이, 생선 C는 생선 B보다 하나 더 많이 먹어야 한다고 생각한다. 아동들은 생선 A, B, C가 1, 2, 3의 순서로 되어 있기 때문에 먹이의 경우에도 하나씩 더해지는 것으로 생각한다. 이는 하나씩 더해지는 것으로 생각하는 가법적(additive) 추론으로서 배 개념에 기초하지 않는다.

(3) 초서수적 단계

이 단계의 아동들은 생선의 길이를 대충 재어보거나 다른 이유에서 생선 C가 9개를 먹으면 생선 B는 2개 적은 7개, 생선 A는 그보다 2개 적은 5개를 먹어야 한다고 생각한다. 이는 생선의 길이와 먹이의 양 사이의 비례를 생각한 것이 아니라 대략적으로 생선의 길이의 차이에 대한 관계와 먹이들의 양의 차이의 관계를 고려한 것이다.

(4) 비례적 단계

이 단계는 다시 두 단계로 구분될 수 있다.

첫 번째 단계는 A와 B사이의 관계나 B와 C사이의 관계 중에서 하나의 관계만을 고려할 수 있는 단계로서, 생선 A가 2개를 먹으면 생선 B는 4개를 먹고 생선 C는 5개를 먹어야 한다고 생각한다.

두 번째 단계는 A와 B사이의 관계, B와 C사이의 관계를 모두 정확하게 이해하여 생선 C가 9개 먹으면, 생선 B는 6개, 생선 A는 3개를 먹어야 한다고 생각한다.

이상에서 살펴본 피아제의 연구에 따르면, 학생들의 비례 개념은 가법적 사고 이후에 발달한다. 여러 선행 연구들도 학생들이 비례 개념에 앞서 가법적으로 추론함을 보고하였다. 그러나 문제는 학생들이 가법적 사고에서 배 개념에 근거한 비례적 추론으로 발달해 가는 데서 어려움을 느낀다는 것이다. 다시 말해서, 많은 학생들이 비례적 추론이 필요한 상황에서 비례적 추론을 하지 못하고 여전히 가법적 추론을 한다.

따라서 비의 개념을 처음 도입하여 학생들을 지도할 때에는, 학생들이 가법적 사고를 토대로 곱셈을 중심으로 한 승법적(multiplicative) 사고를 할 수 있도록 도와줄 필요가 있다. 즉 학생들이 비 개념을 학습하기 전에 동일한 문제 상황에서 두 양을 가법적으로 비교한 다음 승법적으로 비교하도록 하고, 이와 같은 경험을 토대로 비를 학습하도록 지도할 필요가 있다.

다음 두 수를 비교하시오.

5와 3

가법적 비교 : $5-3=2$ 5는 3보다 2 크다.

승법적 비교 : $5 \div 3 = \frac{3}{5}$ 5는 3의 $\frac{5}{3}$이다.

2) 비의 의미

가) 내적비와 외적비

비는 다양한 현상을 조직하는 수단으로서 작용하며 점차 더 상위의 개념으로 발달되어 간다(Freudenthal 1983). 비가 의미 있는 조직 수단으로 작용하는 현상은 크게 두 가지로서, 첫 번째는 양 내에서, 양 사이에서의 관계로서의 비이며, 두 번째는 기하학적 맥락에서의 비이다.

첫 번째와 관련된 대표적인 현상으로는 등속 운동을 들 수 있다. 1시간에 60 km를 움직이는 자동차의 등속 운동을 생각해 보자. 이러한 등속 운동에서는 거리와 시간이라는 두 양이 관련되며, 거리와 시간 사이에 1:60이라는 비 관계가 성립한다.

t(시간)	1	2	3	4	…	t_1	t_2	…
s(거리, km)	60	120	180	240	…	s_1	s_2	…

등속 운동에서는 두 종류의 비례식 $t_1 : t_2 = s_1 : s_2$과 $t_1 : s_1 = t_2 : s_2$를 생각할 수 있다. $t_1 : t_2$와 $s_1 : s_2$는 각각 시간과 시간, 거리와 거리의 비로서 동일한 하나의 체계 내에서의 내적비(internal ratio)이다. 그러나 $t_1 : s_1$와 $t_2 : s_2$는 시간과 거리 사이의 비로서 두 체계 사이의 외적비(external ratio, rate)이다.

아동들에게 있어서는 내적비보다 외적비가 인지적 어려움을 더 많이 초래한다. 비례 관계의 인식은 '한 대상에서의 곱셈적인 변화'(내적비)만큼 '다른 대상에서의 곱셈적인 변화'(외적비)가 있다는 것, 즉 두 내적비 간의 불변성을 인식하는 것으로부터 시작되어 점차 외적비의 일정성을 인식하도록 지도하는 것이 자연스럽다.

또한, 비의 진정한 의미는 단순히 두 양을 비교한 정적인 결과만을 생각하는 것이 아니라, 상황이나 크기가 바뀌어도 그 안에 내재하는 관계가 같다는 구조 불변의 불변성을 인식하는 것이다.

두 번째 기하학적 맥락에서의 비와 관련된 대표적인 현상은 닮음이다. 학생들은 실제로 두 대상을 비교함으로써 닮음을 인식하기 시작하며, 한 대상이 변하면 다른 대상도 함께 변한다는 인식을 하게 된다. 예를 들어, 실제 모습과 사진에서의 모습은 서로 닮았다고 할 수 있는데, 학생들은 실제의 모습에서 서로 같은 것은 사진에서도 서로 같다는 것을 인식할 수 있다.

다음에 제시된 공룡 그림 두 개는 서로 닮은 도형이다. [그림 출처] http://imagebingo.naver.com/album/image_view.htm?uid=welgin&bno=24984&nid=5013

[그림 15] 비와 관련된 기하학적 맥락

왼쪽 공룡 그림에서 '몸 전체 길이와 꼬리의 길이의 비'는 오른쪽 공룡 그림에서의 '몸 전체 길이와 꼬리의 길이의 비'와 같다. 바로 여기에 내적비의 불변성이 포함되어 있다.

그러나 비율이나 비를 지도하기 위한 대부분의 교육프로그램에서는 현실과 관련 있는 것처럼 보이는 인위적인 문제를 하나 제시한 후에, 수량 계산에 의해 비를 연습시키는 오류를 범하는 경우가 많다. 따라서 비 개념의 의미 있는 지도를 위해서는 다음과 같은 사항을 고려할 필요가 있다.

첫째, 학생들이 흥미를 가질 수 있는 현실과 밀접하게 관련된 상황에서 비 개념을 형성하도록 지도해야 한다. 현실과 관련이 없는 비의 값, 비례식, 산술적인 계산으로서의 비 등을 연습시키는 것은 무의미하다.

둘째, 비율과 비 개념과 관련된 실제적인 응용을 지도할 필요가 있다. 특히 비 개념은 다른 수학적 주제와 연결되지 않는 채로 실제적 응용과 괴리되어 지도되고 있는 문제점을 개선해야 한다.

셋째, 비의 교수-학습에서 기하학적 맥락을 적극적으로 활용할 필요가 있다. 지도나 사진과 관련된 확대와 축소, 닮음, 그림자 등의 현상은 두 양 사이의 불변의 구조로서의 비를 다루기에 매우 적절한 맥락이다.

넷째, 비 개념 지도에 있어서는 내적비를 충실히 다룬 후 외적비로 진행하는 것이 바람직하다. 내적비는 동일한 종류의 두 대상 사이의 곱셈적 변화라고 할 수 있으며 외적비는 서로 다른 종류의 두 대상 사이의 곱셈적 변화라고 할 수 있다. 동일한 종류의 두 대상 사이에 존재하는 불변의 구조로서 비를 이해하도록 하는 것이 중요하며, 이를 토대로 다른 종류의 두 대상 사이에 존재하는 불변의 구조로서 비를 이해하도록 지도할 필요가 있다.

비율과 비 개념의 지도와 관련해서 전반적으로 유의해야 할 점은, 지나치게 이른 대수화보다는 풍부한 맥락을 통해서 비에 대한 직관적 사고를 먼저 하도록 유도하는 것이 필요하다는 것이다. 그러한 맥락들로는

나이에 따른 얼굴의 길이와 키의 비교,
사람이나 건물 등의 그림자의 길이와 관련된 비,
걸리버 여행기,
이상한 나라의 엘리스,
닐스의 모험,
아이가 갑자기 커졌어요,
영화관의 스크린,
사진,
그림,
실물을 본뜬 장난감 모형,
소형 건축물 모형,
지도 등과 같은 동화, 영화, 실생활 속의 축소와 확대와 관련된 비,
주스나 코코아와 같은 음료수의 농도나 음식물의 재료 사이에 관련된 비,
여러 도시나 국가의 인구를 비교하는 인구 밀도 등의 비,
여러 모양의 비커에 일정한 속도로 액체를 부을 때 높이의 비교,
건축 디자인에서 발견되는 비 특히 황금비,
화폐를 바꾸는 것과 같이 몇 개당 몇 개로 표현될 수 있는 상황에서의 비,
바겐세일의 할인율이나 은행 예금의 이자율 또는 환율,
물가상승과 관련된 비

등이 있다. 특히 학생들의 경우에 수치적 비뿐만 아니라 기하학적인 비에 대한 직관적인 관념이 발달한다는 것을 고려할 때 기하학적인 맥락이 충분히 고려되어야 한다.

나) 비, 비의 값, 비율

비, 비의 값, 비율의 개념은 수학적으로 아무런 차이가 없다. '5 m : 8 m'와 같이 같은 종류의 양의 비를 내적비(internal ratio), '5 km : 2 시간'과 같이 서로 다른 종류의 양의 비를 외적비(external ratio)라고 하는데, 내적비를 '비(ratio)', 외적비를 '비율(rate)'이라고 부

르기도 하지만 큰 차이는 없다.

비는 예를 들어 2:5와 같이 '식'으로 나타내는데, 수학적으로는 이것을 식이 아닌 '수' 또는 '양'으로 나타낼 필요를 느낄 때가 많다. 이때에는 '비의 값'이라고 하여 분수 $\frac{2}{5}$ 또는 소수 0.4와 같이 나타내기도 한다. 결국 비의 값은 비를 나타내는 하나의 방법에 불과하다.

비율은 대부분 '식'으로 나타내지 않고 $\frac{5}{2}$(km/h)와 같이 수량으로 나타내기 때문에 결국은 비의 값과 같은 역할을 한다. 비율의 개념은 여러 문화에서 다양한 형태로 발전하여 왔기 때문에 '백분율', '할푼리' 등과 같이 표현 방법이 다양하고 실제로 우리 생활에서 많이 사용되고 있으나, 수학적으로는 비 또는 비의 값에 해당된다.

따라서 '비의 값'을 '비'와 구별하려고 한다던가, '비의 값'과 '비율'을 다른 개념으로 지도하려는 시도, '비의 값'은 기준량이 1이고, '퍼센트'는 기준량이 100이므로 서로 다른 개념이라는 등의 엄밀한 구분은 그 자체가 무의미하고 교육적으로도 비효과적이며 바람직하지 않다.

백분율과 비의 값은 동일한 비율을 표현하는 서로 다른 방식일 뿐이다. 백분율은 기준량을 100으로 했을 때 비교하는 양의 크기를 나타낸 비율로서 %로 표현되며, 비의 값은 기준량을 1로 했을 때 비교하는 양의 크기를 나타낸 비율로서 분수나 소수로 표현된다. 또한 '할, 푼, 리'는 소수로 표현된 비의 값을 우리나라의 전통적인 방식으로 읽는 방법이다. 즉 백분율 '50%'를 비의 값으로 표현하면 '$\frac{1}{2}(=0.5)$'이며, 이것을 우리나라의 전통적인 방식으로 읽으면 '5할'이다.

3) 비 개념의 지도

가) 가법적 사고와 승법적 사고

비 개념을 학습하기 전에 비 개념 및 비례적 추론의 토대가 되는 승법적 추론을 경험할 수 있도록 해야 하며, 승법적 추론은 가법적 추론을 토대로 지도될 필요가 있다. 비 개념을 학습하기 이전에 학생들은 다양한 문제 상황에서 의미 있는 가법적 추론을 한다. 문제는 승법적 추론이 필요한 상황에서도 학생들은 여전히 가법적 추론을 고집한다는 데에 있다.

따라서 학생들이 동일한 문제 상황에서 가법적 비교와 승법적 비교를 경험하고 그 차이를 인식할 수 있도록 지도할 필요가 있다. 예를 들어, 학생들은 다음에 제시된 상황에서 남학생의 수와 여학생의 수를 두 가지 방법으로 비교할 수 있음을 알 수 있다.

➜ 가법적 비교와 승법적 비교

강산초등학교 1학년 3반 30명의 학생들 중에서 여학생은 10명, 남학생은 20명입니다.

(1) 여학생의 수와 남학생의 수를 비교하는 방법을 말해 보시오.

(2) 지형이는 여학생이 남학생보다 10명 더 적다고 말했습니다.

(3) 수희는 여학생 수가 남학생 수의 $\frac{1}{2}$이라고 말했습니다.

지형이와 수희의 비교 방법은 어떻게 다른지 설명해 보시오.

여학생이 남학생보다 10명 더 적다고 비교하는 것은 남학생과 여학생의 수를 가법적으로 비교하는 것이며, 여학생이 남학생의 $\frac{1}{2}$이라고 비교하는 것은 승법적으로 비교하는 것이다. 학생들은 이와 같은 동일한 문제 상황에서 가법적 비교와 승법적 비교의 차이를 이해할 수 있어야 한다.

학생들이 승법적 추론을 토대로 자연스럽게 비 개념으로 발달해 가도록 지도하는 것이 바람직하다. 예를 들어, 다음의 상황에서 그릇 A와 그릇 B의 오렌지 주스 중에서 어느 쪽이 더 진한가를 알기 위해서는 승법적 추론이 필요하다(Karplus, R. et al., 1983, 유현주, 1995).

승법적 추론의 문항

그릇 A에는 오렌지 주스 세 컵에 물 다섯 컵을 넣었고, 그릇 B에는 오렌지 주스 다섯 컵에 물 일곱 컵을 넣었습니다. 어느 쪽이 더 진할까요? 왜 그렇게 생각하는지 그 이유를 적으시오.

A B

그릇 A는 물 다섯 컵에 오렌지 주스 세 컵을 넣었으므로 그 진하기는 $\frac{3}{3+5}=\frac{3}{8}=0.375$이며, 그릇 B는 물 7컵에 주스를 다섯 컵을 넣었으므로 그 진하기는 $\frac{5}{5+7}=\frac{5}{12}\fallingdotseq 0.417$이므로 그릇 B가 더 진하다. 여기에서 그릇 A와 그릇 B의 진하기를 각각 나타내는 $\frac{3}{8}$과 $\frac{5}{12}$가 그릇 A와 그릇 B에서 오렌지 주스의 농도이다. 그러나 승법적 추론으로 발달하지 못하고 가법적 추론에 고착하는 학생들은, 그릇 A와 그릇 B의 진하기가 똑같다는 오개념을 보인다. 이 학생들은 그릇 A와 그릇 B 모두, 물이 오렌지 주스보다 2컵 더 많다는 가법적 추론을 하고 그릇 A와 그릇 B의 진하기가 똑같다고 대답하는 것이다($5-3=2$, $7-5=2$).

나) 절대비교와 상대비교

비 개념은 두 양을 상대적으로 비교하기 위해 필요한 개념이다. 따라서 비 개념을 도입하기 전에 상대비교가 필요한 맥락을 다루고, 이것을 토대로 비율을 다루는 것이 바람직하다. 상대비교가 절대비교보다 적절한 맥락을 제시하여 상대비교의 필요성을 인식하고, 절대비교와 상대비교의 차이점을 이해할 수 있도록 학생들을 지도할 필요가 있다.

예를 들어, 학생들은 다음의 문제에서 '각 국가의 PC 대수'를 비교하는 것과 '각 국가의 국민 1인당 PC 대수'를 비교하는 것의 차이점을 인식할 수 있다.

절대비교와 상대비교

다음 표는 여러 나라의 인구와 PC 대수입니다.

국가	PC 대수	인구
미국(1위)	2억2400만대	2억 9000만명
일본(2위)	6900만대	1억 2700만명
중국(3위)	5300만대	12억 8900만명
한국(7위)	2600만대	4900만명

(1) 위의 순위는 무엇을 기준으로 정해진 것입니까?

(2) 지훈이는 "한국이 중국보다 PC의 수가 적다"고 말합니다. 효재는 지훈이의 말에 동의하지 않습니다. 효재가 지훈이의 말에 동의하지 않는 이유는 무엇일까요?

(3) 진형이는 한국에는 100명마다 59대의 PC를 가지고 있다고 말합니다. 옳은가요? 틀릴까요? 그 이유를 설명해 보세요.

(4) 창민이는 "각 국가의 PC 대수"보다 "각 국가의 국민 1인당 PC 대수"가 더 중요하다고 생각합니다. 창민이의 생각에 대해 여러분은 어떻게 생각합니까?

(5) 위 네 나라 가운데 국민 1인당 PC 대수가 가장 높은 나라는 어느 나라인가요? 어떻게 답을 구했는지 설명해 보세요.

각 국가의 PC 대수를 비교하여 중국이 한국보다 PC 대수가 많다고 말하는 것은, 각 국가의 PC 대수를 '절대비교'하는 것이다. 각 국가의 국민 1인당 PC 대수를 비교하는 것은 '상대비교'이며, 각 국가의 국민 1인당 PC 대수는 '국가의 PC 보급률'이라는 비율의 하나이다.

다) 비 개념의 도입

비 개념을 도입할 때 가능하면 학생들에게 친숙한 맥락을 활용하는 것이 바람직하다. 다음의 맥락에서와 같이, 바퀴의 수와 세발자전거의 수를 비교하면서 바퀴의 수가 세발자전거 수의 3배가 된다는 승법적 사고를 토대로, 세발자전거의 수와 바퀴의 수의 '비'를 '1:3'으로 나타낸다는 것을 지도할 수 있다.

비 개념의 도입

'달리는 자전거' 가게에서는 세발자전거를 판매하고 있습니다. 세발자전거의 수와 바퀴의 수를 비교해 보세요.

(1) 규칙성을 사용해서 다음 표를 완성하세요.

세발자전거의 수	1	2	3	4	5	6	7
바퀴의 수							

(2) 만약 세발자전거가 11대 있다면 바퀴의 수는 얼마입니까?
(3) 바퀴가 45개라면 세발자전거는 몇 대입니까?
(4) 위의 표에서 찾을 수 있는 규칙성을 모두 적어 보세요.
(5) 세발자전거의 수와 바퀴의 수 사이의 관계를 어떻게 설명할 수 있을까요?

▸ 세발자전거의 수와 바퀴의 수를 비를 이용하여 비교할 수 있습니다. 바퀴의 수는 세발자전거 수의 3배가 됩니다. 세발자전거의 수와 바퀴의 수의 비는 1:3이라고 하며, 1대 3이라고 읽습니다. 이것을 바퀴의 수에 대한 세발자전거의 수의 비라고도 합니다. 이것은 바퀴의 수를 기준으로 하여 세발자전거의 수를 비교하는 것입니다. 이 때 바퀴의 수를 기준량, 세발자전거의 수를 비교하는 양이라고 합니다.

기준량과 비교하는 양을 나타내는 순서는 비의 학습에서 중요하다. 비 '2:3'과 '3:2'가 다른 비라는 사실을 이해하기 위해서는 기준량과 비교하는 양의 이해가 선행되어야 한다. 기준량과 비교하는 양의 개념이 정착되지 않은 학생들은 '2:3'과 '3:2'에서 숫자 2와 3이 모두 나오기 때문에 '2:3'과 '3:2'가 같은 비라는 오개념을 지닐 수도 있다.

라) 비 개념 학습에서의 어려움

비 개념의 학습에서 학생들은 우선 비를 정의하고 이를 읽는 과정에서 처음에 많은 혼동을 하게 된다. 예를 들어, 2:3을

'3에 대한 2의 비',
'2의 3에 대한 비',
'2와 3의 비'

등으로 읽게 되는데 학생들은 이러한 용어를 익히는 데에 어려움을 겪는다.

또한, 학생들은 'a와 b의 비'와 'b와 a의 비'가 서로 다른 비라는 것을 인식하는 데 어려움을 겪는다. 학생들은 'a와 b의 합'과 'b와 a의 합', 'a와 b의 곱'과 'b와 a의 곱'은 수학적으로 동일한 값을 나타낸다는 것(교환법칙)을 이미 학습하였기 때문에, 'a와 b의 비'와 'b와 a의 비'도 같은 비를 나타낸다는 오개념을 가질 가능성이 크다. 학생들은 기준량과 비교하는 양의 개념을 명확하게 이해하고 비율과 연결함으로써 'a와 b의 비'와 'b와 a의 비'가 서로 다른 비를 나타낸다는 것을 이해해야 한다.

또한 앞에서도 언급하였듯이 학생들은 비 개념을 완전히 이해하기 전에는 비를 승법적(곱셈적) 관계로 생각하는 것이 아니라 가법적(덧셈적) 관계에 기초해서 생각한다. 여전히 가법적 사고에 고착하는 학생들은, 예를 들면 가로, 세로의 길이가 각각 5, 2인 직사각형과 이와 닮은 세로가 6인 직사각형의 가로의 길이를 구하는 문제에서 9라고 대답한다. 이 학생들은 세로의 차가 $6-2=4$이므로 5에 4를 더해서 가로의 길이를 구한 것이다.

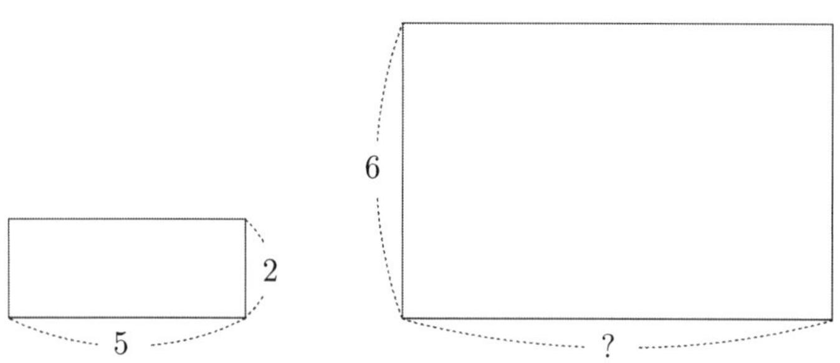

마) 비율 개념의 도입

비율은 비를 수량으로 나타낸 것이며 비의 값과 같은 개념이다. 비 개념의 지도에서 기준량과 비교하는 양의 개념을 명확하게 지도해야 하듯이, 비율 개념의 지도에서도 어떤 양이 기준량이고 어떤 양이 비교하는 양인가에 따라 비율이 달라진다는 사실을 이해할 수 있도록 해야 한다.

예를 들어, 다음의 상황에서, 걸리버의 키는 170 cm이지만, 대인국 성인 남자의 키와 비교하면 걸리버의 키는 대인국 성인 남자 평균 키의 $\frac{170}{680}=\frac{1}{4}$이다.

비율 개념의 도입

걸리버는 세계의 여러 나라를 여행했습니다. 여행한 여러 나라들 중에는 소인국도 있고 대인국도 있었습니다. 걸리버의 키는 170 cm였습니다. 소인국의 성인 남자의 평균 키는 17 cm이고, 대인국의 성인 남자의 평균 키는 680 cm였습니다.

(1) 걸리버의 키는 얼마입니까?

(2) 걸리버의 키는 대인국 성인 남자 평균 키의 얼마입니까?

(3) (1)과 (2)에서 구한 답을 비교해 봅시다. 같은가요? 다른가요? 그 이유를 설명해 보세요.

▸ 대인국 성인 남자의 키를 기준으로 걸리버의 키를 비교할 때, 대인국 성인 남자의 키를 기준량, 걸리버의 키를 비교하는 양이라고 합니다. 기준량에 대한 비교하는 양의 크기를 비율이라고 합니다. 대인국 성인 남자의 키에 대한 걸리버의 키의 비율은 $\frac{170}{680}=\frac{1}{4}$ 입니다. 대인국 성인 남자의 키에 대한 걸리버의 키의 비율을 간단하게 걸리버의 키와 대인국 성인 남자 키의 비율이라고도 합니다.

(4) 걸리버의 키에 대한 소인국 성인 남자 평균 키의 비율은 얼마입니까?
(5) 대인국 성인 남자 평균 키에 대한 소인국 성인 남자 평균 키의 비율은 얼마입니까?
(6) 4번과 5번에서 구한 답을 비교해 봅시다. 같을까요?, 다를까요? 그 이유를 설명해 보세요.

걸리버의 키가 대인국 성인 남자 평균 키의 $\frac{1}{4}$이라고 했을 때, 이것은 걸리버의 키를 대인국 성인 남자 평균 키를 기준으로 비교한 비율이다. 여기에서 걸리버의 키는 '비교하는 양'이 되고 성인국 성인 남자 평균 키는 '기준량'이 된다.

학생들은 동일한 양(수)이라고 하더라도 기준량을 달리 하면 비율이 달라진다는 것을 이해할 수 있어야 한다. 위의 상황에서 소인국 성인 남자 평균 키를 걸리버의 키와 비교할 때와 대인국 성인 남자 평균 키와 비교할 때의 비율은 서로 다르다.

걸리버의 키에 대한 소인국 성인 남자 평균 키의 비율은 $\frac{17}{170}=\frac{1}{10}$이며, 대인국 성인 남자 평균 키에 대한 소인국 성인 남자 평균 키의 비율은 $\frac{17}{680}=\frac{1}{40}$이다.

또한, 학생들은 걸리버의 키와 대인국 성인 남자 평균 키를 비교함에 있어서, 대인국 성인 남자의 평균 키를 기준량으로 하고 걸리버의 키를 비교하는 양으로 할 때의 비율($\frac{1}{4}$)과 걸리버의 키를 기준량으로 하고 대인국 성인 남자의 평균 키를 비교하는 양으로 할 때의 비율(4)이 서로 다르다는 것을 이해함으로써, 기준량과 비교하는 양의 개념을 명확하게 이해해야 한다.

한편, 비율 개념의 도입에 있어서 지나치게 알고리즘 위주로 도입하는 것은 문제가 있다. 학생들이 비율의 개념적 의미를 충분히 이해할 수 있는 방식으로 도입하는 것이 중요하다. 단순히 숫자를 가지고 비율을 도입하기 보다는 걸리버 여행기와 같이 학생들이 탐구한 맥락을 활용하여 비율의 개념을 도입하는 것이 바람직하다.

바) 백분율

백분율은 기준량을 100으로 했을 때 비교하는 양의 크기를 나타낸 비율이며 %로 표현된다. 다음의 예에서는 20문제 중에서 17문제에서 정답을 한 수학 점수와 25문제 중에서 21문제에서 정답을 한 사회 점수를 비교하는 맥락을 제시하고 있다.

백분율의 도입

지훈이는 수학 시험에서 20문제 중에 17문제를 맞았습니다. 그리고 사회 시험에서 25문제 중에 21문제를 맞았습니다. 어떤 과목을 더 잘한 것일까요?

(1) 지훈이는 수학은 17문제, 사회는 21문제를 맞았기 때문에 사회를 더 잘했다고 생각했습니다. 지훈이의 생각은 옳을까요? 틀릴까요? 그 이유를 설명하세요.

(2) 지훈이의 수학 점수와 사회 점수를 비교하기 위해서 어떻게 하면 좋을까요? 그 방법을 생각해 보고 설명하세요.

(3) 과목별 만점을 100점으로 할 때, 지훈이의 수학 점수와 사회 점수는 각각 몇 점일까요? 다음의 표를 완성해 보세요.

수학			
전체 문항 수	20	만점	100점
맞은 문항 수	17	맞은 문항 점수	점

사회			
전체 문항 수	25	만점	100점
맞은 문항 수	21	맞은 문항 점수	점

(4) ① 수학 과목에서 전체 문항 수에 대한 지훈이가 맞은 문항 수의 비율은 얼마입니까?

② 수학 과목에서 100점 만점에 대한 지훈이의 점수의 비율은 얼마입니까?

③ 위에서 구한 두 비율을 비교해 보세요. 같은가요? 다른가요? 그 이유를 설명해 보세요.

▸ 수학 과목에서 전체 문항 수에 대한 지훈이가 맞은 문항 수의 비율은 $\frac{17}{20}=0.85$입니다. 그런데 수학 점수를 100점 만점으로 볼 때 지훈이의 점수는 85점이 되었습니다. 이것은 기준량인 전체 문항 수를 100점으로 본 것입니다. 이와 같이 **기준량을 100으로 할 때의 비율을 백분율**이라고 하며, 기호 **%(퍼센트)**를 써서 나타냅니다. 지훈이의 수학 과목에서 정답 비율은 **85%**이며, **85퍼센트**라고 읽습니다. 비율을 나타내는 방법에는 분수, 소수, 백분율(%) 등이 있습니다.

수학은 17문제, 사회는 21문제를 맞았기 때문에 사회를 더 잘했다고 말하는 지훈이의 주장에 대해 생각해 보도록 하고, 수학 점수와 사회 점수를 100점 만점으로 환산하여 비교하도록 함으로써 상대적 크기를 나타내기 위한 백분율의 필요성을 인식하도록 하고 있다. 백분율을 도입한 이후에는 비율을 나타내는 방법으로 분수, 소수, 할, 푼, 리 등이 있음을 학생들이 이해할 수 있도록 지도하는 것이 바람직하다.

사) 전체–부분 비율 및 부분–부분 비율

비율을 다룰 때는 전체-부분 비율과 부분-부분 비율을 조화롭게 다루어야 한다. 다음의 예에서 학급 문고 전체에서 역사책이 차지하는 비율은 전체와 부분을 비교하는 전체-부분 비율이며, 역사책에 대한 위인전의 비율이나 위인전에 대한 역사책의 비율은 부분과 부분을 비교하는 부분-부분 비율이다.

> **전체–부분 비율과 부분–부분 비율**
> 미정이네 학급 문고에는 책이 100권 있습니다. 이 중에는 역사책이 30권, 위인전이 20권 있습니다.
> (1) 미정이네 학급 문고 전체에서 역사책이 차지하는 비율은 얼마입니까?
> (2) 미정이네 학급 문고에서 역사책에 대한 위인전의 비율은 얼마입니까?
> (3) 미정이네 학급 문고에서 위인전에 대한 역사책의 비율은 얼마입니까?

학생들의 비율의 개념화 과정의 특징을 조사한 결과, 전체-부분 비율, 부분-부분 비율(기준량이 비교하는 양보다 더 큰 경우), 부분-부분 비율(기준량이 비교하는 양보다 더 작은 경우)의 순서로 지도하는 것이 바람직한 것으로 나타났다(김수현, 나귀수, 2008). 먼저, 학생들은 전체-부분 비율보다 부분-부분 비율에서 더 많은 어려움을 겪는다고 한다. 예를 들어, 위의 예에서 학생들은 (1)번 문제보다 (2)번이나 (3)번 문제를 더 어려워한다는 것이다.

다음으로 부분-부분 비율에서는, 기준량이 비교하는 양보다 더 큰 부분-부분 비율보다 기준량이 비교하는 양보다 더 적은 부분-부분 비율에서 학생들이 더 많은 어려움을 겪는다고 한다. 예를 들어, 위의 예에서 학생들은 (2)번 문제보다 (3)번 문제를 더 어려워한다는 것이다. 특히, 기준량이 비교하는 양보다 더 적은 부분-부분 비율의 경우, 두 부분에서 무조건 더 큰 양(수)를 기준량으로 취급하고 더 작은 양(수)를 비교하는 양으로 취급하거나, 부분(역사책)과 부분(위인전)이 속해 있는 책 전체를 기준량으로 취급하는 오개념을 보인다고 한다. 따라서 부분-부분 비율에서 기준량이 비교하는 양보다 더 적은 경우에는 비율을 분수로 나타낸 값이 1보다 크다는 것을 지도할 필요가 있다.

또한 비율을 지도할 때는 속력, 농도, 인구밀도 등과 같이 다른 교과 및 실생활에서 비율이 사용되는 예를 다루고, 관련된 문제를 해결하도록 지도할 필요가 있다.

5.3 함수

1) 함수와 대응 관계

가) 함수의 개념

초등학교에서는 함수의 개념을 본격적으로 다루지 않으며, '함수'라는 수학적 용어를 지도하지도 않는다. 대신에 초등학교에서는 함수 개념의 기초로서 규칙성, 두 양 사이의 대응 관계, 정비례와 반비례 등을 다룬다.

학교수학에서 지도하는 함수의 측면은 크게 두 가지로 생각할 수 있는데, 하나는 '대수적 함수' 개념이며, 다른 하나는 '논리적 함수' 개념이다.

먼저, '대수적 함수'에서는 두 양 사이의 종속성과 규칙성이 중요하다. 여기에서 종속성은 두 양의 대응 관계에서 한 양이 변할 때 다른 양이 그에 종속하여 변하는 성질을 의미한다. 예를 들어, 다음에서 두 양, 즉 휘발유의 양 x(L)와 달릴 수 있는 거리 y(km)의 관계에서, x의 값이 변하면 y의 값도 그에 종속하여 변하고 있는데, 이와 같은 성질이 바로 종속성이다.

대수적 함수

휘발유 1L로 달릴 수 있는 거리는 자동차의 종류에 따라 다릅니다. 휘발유 1L로 달릴 수 있는 거리를 그 자동차의 연비라고 합니다. 진규네 자동차의 연비는 13.2(km/L)입니다.

진규네 자동차가 달릴 수 있는 거리와 그 때 필요한 휘발유의 양은 다음의 표와 같습니다.

진규네 자동차가 휘발유 x(L)로 달릴 수 있는 거리를 y(km)라고 할 때, 다음 물음에 답하시오.

휘발유의 양(xL)	1	2	3	4	5	6	⋯
거리(y km)	13.2	26.4	39.6	52.8	66.0	79.2	⋯

(1) 진규네 자동차가 휘발유 7L로 달릴 수 있는 거리는 몇 km인가요?
(2) 진규네 자동차가 휘발유 10L로 달릴 수 있는 거리는 몇 km인가요?
(3) x와 y의 관계식을 구하시오.

이와 같은 맥락에서 '대수적 함수'를 '종속으로서의 함수'라고 부르기도 한다. 규칙성은 두 양 x, y의 대응 관계에서, x와 y 사이에 규칙성이 있어서 x와 y의 관계를 대수식으로 표현할 수 있음을 의미하는 성질이다. 예를 들어, 휘발유의 양 x(L)와 달릴 수 있는 거리 y 사이에는 'x의 값에 13.2를 곱하면 y의 값이 나온다.'는 규칙성이 존재한다. 이와 같이 x와 y 사이에 성립하는 규칙성은 $y = 13.2x$라는 대수식으로 표현될 수 있으며, 이런 맥락에서 '대수적 함수'라고 부른다.

다음으로, '논리적 함수'에서는 두 양 사이의 일가성(一價性)과 임의성이 중요하다. 일가성은 x와 y 사이의 관계에서 모든 x의 값에 대하여 단 하나의 y의 값이 대응되어야 한다는 성질을 말한다. 다시 말해서, 일가성이란 정의역의 각 원소에 대해 치역의 단 하나의 원소가 대응된다는 조건으로 함수와 함수가 아닌 것들을 구분하는 기준이 된다.

임의성이란 함수가 어떤 특별한 표현에 의해 기술되거나 또는 어떤 규칙성을 따르거나 또는 어떤 특별한 형태를 가진 그래프에 의해 묘사될 필요가 없다는 것을 의미한다. 즉, 임의성은 모든 x의 값에 대하여 단 하나의 y의 값이 임의로 대응되기만 하면 함수가 된다는 성질을 말한다. '논리적 함수'에서는 모든 x의 값에 대하여 단 하나의 y의 값이 대응되어야 한다는 성질을 만족하기만 하면 함수가 되므로, x의 값에 대하여 규칙적인 성질(관계)에 의해 y의 값이 대응되는 것이 아니라 임의의 y의 값이 단 하나만 대응되면 된다.

예를 들어, 다음에 제시된 대응 관계 f는 함수가 아닌데, 정의역의 원소 2에 대하여 대응하는 치역의 원소가 존재하지 않아서 일가성을 만족하지 못하기 때문이다.

논리적 함수

다음의 대응 관계 f, g, h가 각각 함수가 되는지 조사하고, 그 이유를 설명하시오.

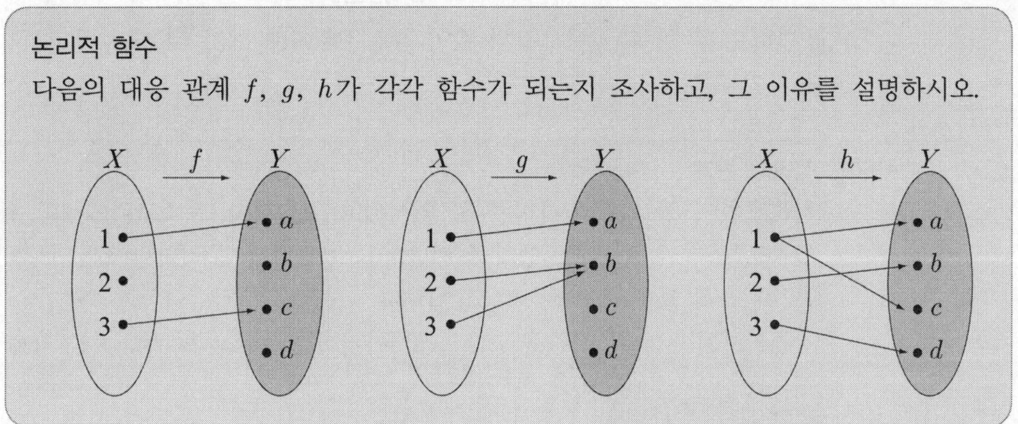

대응 관계 h도 함수가 아닌데, 정의역의 원소 1에 대하여 치역의 원소 a와 c가 대응됨으로써 일가성을 만족하지 못하기 때문이다. 대응 관계 g는 정의역의 원소, 1, 2, 3에 대해 각각 치역의 원소, a, b, b가 단 하나씩 대응되고 있으므로 일가성을 만족하며, 따라서 대응 관계 g는 함수이다. 한편, 함수인 g에서 x와 y 사이의 관계에는 규칙성이 존재하지 않으며 따라서 x와 y 사이의 관계를 식으로 나타낼 수 없다. 정의역의 원소 1에는 a가, 2에는 b가, 3에는 b라는 원소가 임의로 대응되고 있다.

나) 대응 관계

학생들은 어려서부터 현실 세계에서 많은 변화 현상을 접하게 되는데, 초등학교 시기는 이러한 현상에서 변하는 대상 사이의 종속 관계에 대한 직관적 관념이 의식화되고 반성되는 과정을 통해 변화의 특성인 규칙성을 인식하여 이를 여러 가지로 표현하고 수량화하는 단계이다.

초등학교에서는 두 양 사이의 관계를 다룰 때, 한 양이 변할 때 다른 양이 그에 종속하여 변하는 관계를 통해 다루기도 한다. 또한, 두 수(양) 사이의 관계를 □와 △, 또는 x와 y를 사용하여 식으로 나타낼 것을 제시하고 하며, 이 때 식은 '함수식' 대신에 '관계식'이라는 용어로 부른다. 초등학교에서는 함수의 기초 개념으로서 두 양 사이의 대응 관계를 다룰 때, '대수적 함수', 즉 '종속으로서의 함수'를 암묵적으로 다루고 있음을 알 수 있다.

이와 같은 대응 관계는 초등학교에서 학습하게 되는 정비례와 반비례 학습에 토대가 되며, 이것은 중학교에서 학습하는 '대수적 함수' 개념의 학습에 토대가 된다. 한편, x의 값에 단 하나의 y의 값이 대응되어야 한다는 논리성을 강조하는 '논리적 함수' 개념은 이후의 중, 고등학교에서 다루어진다.

2) 정비례와 반비례

가) 정비례

초등학교에서 정비례의 학습은 중, 고등학교에서의 함수 학습의 토대인 동시에 학생들이 이전에 학습한 비와 비율 개념의 확장으로서 의미를 갖는다. 다음에 제시된 상황을 보면, 변하는 두 양 x, y에서 x의 값이 2배, 3배, 4배, …가 될 때, y의 값도 각각 2배, 3배, 4배, …가 된다.

정비례 관계

환경오염이 전 세계의 큰 문제로 인식되고 있습니다. 우리나라에서도 환경오염 문제를 해결하기 위해 전기자동차를 개발하고 있습니다. 우리나라에서 개발된 전기자동차는 2시간에 180 km를 달린다고 합니다.

전기자동차가 달린 시간을 x라고 하고 거리를 y라고 할 때, 다음 표를 완성하시오.

시간(x 시간)	1	2	3	4	5	6	7
거리(y km)	90	180		360			

두 양 x, y가 이와 같은 관계를 가지면서 변할 때, x와 y는 정비례(direct proportion) 관계 또는 비례(proportion) 관계에 있다고 한다. x와 y가 정비례 관계에 있을 때, x의 모든 값에서 x에 대한 y의 비율(비)은 항상 일정하다.

예를 들어, 위의 상황에서, $x=1$일 때 $y=90$으로서 x에 대한 y의 비율은 90이다. 또한 $x=3$일 때 $y=270$으로서 x에 대한 y의 비율은 90이며, $x=6$일 때 $y=540$으로서 x에 대한 y의 비율은 90이다. x와 y가 정비례 관계일 때, x의 모든 값에서 x에 대한 y의 비율이 일정한 값으로 나오는데, 이 일정한 비율을 비례상수(K)라고 한다. x에 대한 y의 비율은 $\frac{y}{x}$이므로, $\frac{y}{x}=K$이고 $y=Kx$가 된다. 위의 예에서는 $y=90x$이다.

초등학교에서 정비례의 학습은 중고등학교에서의 함수 학습의 토대인 동시에 학생들이 이전에 학습한 비율과 비 개념의 확장으로서 의미를 갖는다. 따라서 위에서 설명한 바와 같이, 학생들이 정비례를 변하는 두 양 x, y 사이에 성립하는 특별한 관계, 즉 x의 값이 2배, 3배, 4배, …가 될 때 y의 값도 각각 2배, 3배, 4배, …가 되는 관계로서 이해할 수 있도록 지도할 필요가 있다. 동시에, 이전에 학습한 비율과 비 개념과 연결하여 x와 y가 정비례 관계에 있을 때 x의 모든 값에서 x에 대한 y의 비율(비)은 항상 일정하고 이 때의 비율이 바로 비례상수가 됨을 이해할 수 있도록 지도할 필요가 있다.

한편, 정비례 관계와 관련하여 학생들이 갖는 대표적인 오개념은 정비례 관계를 증가함수나 일차함수와 혼동한다는 것이다. 예를 들어, 다음에 제시된 상황에서, 정우는 머리카락이 매달 1.5 cm씩 일정하게 자라기 때문에 시간과 머리카락의 길이가 정비례 관계에 있다는 오개념을 낳을 수 있다.

정비례 관계와 증가함수

정우는 미장원에서 머리카락을 자른 후 매달 머리카락이 얼마나 자라는가를 알아보기로 했습니다. 정우가 매달 머리카락의 길이를 측정해 보니 다음 표와 같았습니다.

시간(달)	0	1	2	3	4	5	6
길이(cm)	2	3.5	5	6.5	8	9.5	11

정우는 머리카락이 매달 1.5씩 일정하게 자라기 때문에 시간과 머리카락의 길이가 정비례 관계에 있다고 생각했습니다. 여러분의 생각은 어떻습니까? 여러분의 생각을 정우의 생각과 비교해서 설명해 보시오.

나) 반비례

다음에 제시된 상황을 보면, 변하는 두 양 x, y에서 x의 값이 2배, 3배, 4배, …가 될 때, y의 값은 각각 $\frac{1}{2}$배, $\frac{1}{3}$배, $\frac{1}{4}$배, …가 된다.

반비례 관계

자동차를 타고 120 km를 가려고 합니다. 자동차를 타고 걸리는 시간을 x라 하고 속력을 y라고 할 때, 시간과 속력 사이의 관계는 다음 표와 같이 나타낼 수 있습니다.

시간(x 시간)	1	2	3	4	5	6	10	12
속력(y km/시)	120	60	40	30	24	20	12	10

변하는 두 양 x, y가 이과 같은 관계로 변할 때, x와 y는 반비례(reciprocal proportion, inverse proportion) 관계에 있다고 한다. x와 y가 반비례 관계에 있을 때, x의 모든 값에서 $\frac{1}{x}$에 대한 y의 비율(비)은 항상 일정하다. 위의 상황에서, $x=1$일 때 $y=120$으로서 $\frac{1}{x}$에 대한 y의 비율은 120이다. 또한 $x=3$일 때 $y=40$으로서 $\frac{1}{x}$에 대한 y의 비율은 120이며, $x=6$일 때 $y=20$으로서 $\frac{1}{x}$에 대한 y의 비율은 120이다. x와 y가 반비례 관계일 때, x의 모든 값에서 $\frac{1}{x}$에 대한 y의 비율이 일정한 값(M)으로 나오는데, 이것을 식으로 나타내면 $\frac{1}{x}$에 대한 y의 비율은 $\frac{y}{\frac{1}{x}}$이므로, $\frac{y}{\frac{1}{x}}=M$이고 $y=M\frac{1}{x}$, $xy=M$이 된다. 위의 예에서는 $xy=120$이다.

정비례와 마찬가지로, 초등학교에서 반비례의 학습은 중, 고등학교에서의 함수 학습의 토대인 동시에 학생들이 이전에 학습한 비율과 비 개념의 확장으로서 의미를 갖는다. 따라서 위에서 설명한 바와 같이, 학생들이 반비례를 변하는 두 양 x, y 사이에 성립하는 특별한 관계, 즉 x의 값이 2배, 3배, 4배, …가 될 때, y의 값은 각각 $\frac{1}{2}$배, $\frac{1}{3}$배, $\frac{1}{4}$배, …가 되는 관계로서 이해하도록 지도할 필요가 있다. 동시에, 이전에 학습한 비율과 비 개념과 연결하여, x와 y가 반비례 관계에 있을 때 x의 모든 값에서 $\frac{1}{x}$에 대한 y의 비율이 일정함을 이해할 수 있도록 지도할 필요가 있다. 여기에서 $\frac{1}{x}$에 대한 y의 비율을 표현하는 $\frac{y}{\frac{1}{x}}$가 초등학교 학생들에게 어려움을 줄 수 있다. 교사는 $\frac{y}{\frac{1}{x}}$을 형식적으로 지도하는 대신에 $\frac{1}{x}$을 하나의 문자(△ 또는 □ 또는 ○)로 취급하여 $\frac{y}{\frac{1}{x}}$을 학생들에게 익숙한 분수 표현인 $\frac{y}{\triangle}$로 표현하여 지도하는 것이 바람직하다. x와 y가 반비례 관계에 있을 때 x의 모든 값에서 $\frac{1}{x}$에 대한 y의 비율(M)이 일정하다는 사실로부터 $xy = M$(M은 상수)을 이끌어내는 대신에, $\frac{1}{x}$과 y 사이의 비율 개념을 다루지 않고 단순히 $xy = M$(M은 상수)을 설명하는 것은 개선될 필요가 있다.

5.4 문제해결

1) 문제해결의 의미

응용 가능한 진정한 지식은 문제를 해결하는 경험으로부터 비롯된다고 할 수 있다. 문제해결은 문제를 해결하는 과정에서 기초적인 수학적 지식이나 기능을 좀 더 확실히 이해할 수 있으며, 의사소통 능력, 비판적 사고 능력, 창의적 사고 능력 등과 같은 고등 정신 능력을 신장할 수 있다는 데에 그 의미가 있다. 또한 문제해결을 통해 지식의 단순 암기와 단순 적용, 알고리즘의 반복 연습에서 탈피하여 수학을 진정으로 행하는 활동을 경험할 수 있다.

지식은 '정보적 지식(knowing that)'과 '방법적 지식(knowing how)'으로 구분할 수 있다. 수학교육에서는 정보적 지식과 더불어 방법적 지식도 강조해야 한다. 여기에서, 정보적 지식은 수학적 개념, 원리, 법칙 등이 무엇인가를, 즉 정보를 아는 것을 말한다. 방법적 지식은 이미 습득한 수학적 개념, 원리, 법칙 등을 활용하여 어떻게 진행할 것인가에 대한 지식을 의미한다. 다시 말해서, 방법적 지식이란 문제를 해결하기 위해서 어떻게 진행할 것인지, 어떻게 증명을 하고 논쟁을 비판할 것인지, 어떻게 수학적 언어를 유창하게 구사할 것인지 등과 관련된 지식을 말한다. 문제해결은 이와 같은 방법적 지식을 지도할 수 있는 대표적인 영역이라고 할 수 있다.

2) 문제의 유형

학생들에게 문제해결을 지도하기 위해서는 문제의 유형에 대해 이해할 필요가 있다. 문제를 분류하는 방법은 관점과 기준에 따라 매우 다양하다. 대표적인 문제 분류방법을 살펴보면 다음과 같다.

크룰릭과 루드닉(Krulick & Rudnick, 1982)은, 문제의 유형을 간단한 회상만으로 해결되는 '단순 문제(question)', 훈련을 위한 '연습문제(excercise)', 본격적인 사고 활동을 필요로 하는 '문제(problem)'로 구분하였다. 또한 칸토우스키(Kantowski, 1980)는 문제해결에 있어서 전략의 사용 정도에 따라 '언어적(verbal) 문제', '비정형적(nonroutine) 문제', '실생활 문제나 응용 문제(real-life and applied problem)'의 세 가지로 문제 유형을 구분하였다.

찰스와 레스터(Charles & Lester, 1982)는 해결 단계와 적용 정도에 따라 문제의 유형을 여섯 가지로 구분하였다.

첫째, '반복 문제'는 알고리즘을 사용한 반복 연습의 기회를 주는 문제로서 주로 계산력을 신장시키는 데에 도움이 된다.

둘째, '간단한 적용 문제'는 문장제를 수식으로 변환하는 것이 필요하며 그 과정에서 하나의 연산이 필요한 일단계 문제를 말한다.

셋째, '복잡한 적용 문제'는 문제 장면을 수식으로 변환하여 해를 구할 때 2개 이상의 연산이 요구되는 문장제를 말하며 다단계 문제라고도 한다.

넷째, '과정 문제'는 단계적으로 사고하는 과정이 중시된 문제로서 몇 개의 연산만을 이용해서 해결할 수 없고 구체적 해결 전략을 이용하여야만 해결할 수 있는 문제이다.

다섯째, '응용 문제'는 수학적 지식과 사고력을 활용할 기회를 주는 문제로서, 실생활 문제 장면 해결에서 수학의 가치와 유용성을 느낄 수 있다.

여섯째, '퍼즐 문제'는 오락적인 문제로서 사고의 유연성이 중시되며, 교육적 게임도 이 문제의 유형에 포함된다.

이와 같이 문제를 분류하는 방법에는 여러 가지 견해가 있지만, 가장 보편적인 방법은 '정형 문제'와 '비정형 문제'로 구분하는 것이다. 정형 문제는 이미 제시된 알고리즘을 사용하여 해결할 수 있는 문제, 공식에 특정한 수를 대입하여 해결할 수 있는 문제, 전형적인 예제의 풀이 방법을 그대로 적용하여 해결할 수 있는 문제 등을 말한다. 비정형 문제는 문제를 해결하는 알고리즘이나 답을 구하는 방법을 모르는 상태에서 문제해결 전략이나 독자적인 해결 방법을 구안하여 해결해야 하는 문제를 말한다.

문제해결에서의 '문제'는 '비정형 문제'로서, 구체적인 해결 방법을 쉽게 찾기 어렵고, 문제해결을 위해서 다단계에 걸친 다양하고 복합적인 사고가 요구되는 문제를 말한다. 단순한 계산 연습의 대상이 되는 문제나 해결의 절차가 이미 알려져 있어서 그 절차대로 수행하기만 하면 답을 구할 수 있는 문제는, 문제해결에서의 진정한 '문제'라고 할 수 없다. 진정한 문제는 목표는 분명하지만 그 목표에 이르는 길이 즉각적으로 주어져 있지 않는 것이다.

문제해결에서의 '문제'는 학생들의 인지 수준에 따라 다르다. 즉, 초등학교 2학년 학생에게는 '문제'인 것이 초등학교 5학년 학생에게는 '문제'가 되지 않을 수도 있다. 또한, 문제

해결에서는 문제해결의 결과뿐만 아니라 문제를 해결하는 과정 그 자체가 매우 중요하다.

3) 문제해결 과정의 지도

초등학교에서의 문제해결 지도의 강조점은 크게 두 가지로서, 폴리아(G. Polya)의 문제해결 4단계의 지도와 문제해결 전략의 지도가 그것이다. 폴리아는 수학적 문제해결의 과정을 <문제의 이해>, <해결 계획의 수립>, <해결 계획의 실행>, <반성>의 네 단계로 나누고, 각 단계에서의 효과적인 사고를 위한 발문과 권고를 제시하였다. 문제해결의 네 단계는, 학생들이 이해하고(SEE), 계획하고(PLAN), 실행하고(DO), 검토(CHECK)할 수 있도록 지도하는 것에 초점을 맞추고 있다. 문제해결에 대한 이와 같은 접근 방식은 학생들이 문제해결을 서로 관련된 행동들로 이루어진 하나의 과정으로 볼 수 있도록 한다.

'문제의 이해' 단계에서는 문제를 이해하고 문제에서 구하려는 것과 주어진 것을 알고, 용어의 뜻을 파악하며, 문제를 분석하는 것이 중요하다.

'해결 계획의 수립' 단계에서는 문제에서 주어진 것과 구하려는 것 사이의 관계를 파악하고, 여러 가지 문제해결 전략을 이용하는 것이 중요하다. 또한, 주어진 것과 구하려는 것 사이의 관련성을 즉각적으로 발견할 수 없을 때에는 보조문제를 고려해야 한다.

'해결 계획의 실행' 단계에서는 해결 계획을 실행하는 단계이다.

'반성 단계'는 문제를 해결한 과정을 처음부터 검토해 보고, 다른 방법으로 해결할 수 없는지를 알아보고, 혹시 다른 방법이 있으면 어느 방법이 더 나은지를 생각해 보는 것이 중요하다.

한편, 문제해결의 네 단계는 잘못 이해될 수도 있다. 간단한 문제를 제외하고는 문제해결의 각 단계를 순차적으로 진행해 나가는 것이 쉬운 일은 아니다. 각 단계들은 불연속적으로 분리된 것이 아니며, 각 단계를 항상 순차적으로 진행해야 하는 것도 아니다. 어떤 학생은 문제를 이해하려고 하다가 어느새 자신도 모르는 사이에 계획을 수립하는 단계로 진행하기도 한다. 또는 문제를 이해하고 나서, 해결 계획의 수립 없이 곧바로 해를 얻기도 한다. 따라서 어떤 문제를 해결하고자 할 때, 반드시 네 단계를 차례대로 밟아서 진행해야 한다는 생각은 부적절하다.

문제해결의 각 단계는 목표에 도달할 수 있도록 이끌기 때문에, 학생들이 문제를 잘 처리해 나갈 수 있도록 도와주는 일종의 안내자의 역할을 한다는 관점을 갖는 것이 바람직하다. 또한 교사의 입장에서 보면, 어떤 학생이 문제를 해결하는 과정에서 어려움을 겪고 있을 때, 그 학생이 문제해결의 네 단계 중에서 어떤 단계에서 어려움을 겪고 있는가를 파악하여 그에 적절한 발문을 제시하는 것이 중요하다. 폴리아가 제시한 문제해결의 각 단계에서 유용한 발문과 권고는 다음과 같다(G. 폴리아, 1986).

(1) 문제의 대한 이해

문제를 해결하기 위해서는 가장 먼저 문제를 이해해야 하며, 문제를 해결하려는 욕구를 가져야 한다. 학생들로 하여금 문제의 주요 부분을 여러 측면에서 살펴보도록 지도해야 하고, 무엇보다도 문제를 설명하는 언어적 진술을 이해할 수 있도록 지도해야 한다. 이 단계에서 유용한 발문은 다음과 같다.

- 미지의 것은 무엇인가? 주어진 것은 무엇인가? 자료는 무엇인가? 조건은 무엇인가?
- 조건을 만족될 수 있는가? 조건은 미지의 것을 결정하기에 충분한가, 또는 불충분한가, 또는 과다한가, 또는 모순되는가?
- 그림을 그려보아라. 적절한 기호를 붙여라.
- 조건을 여러 부분으로 분해하여라.

(2) 해결 계획의 작성

문제를 이해한 다음에는 문제의 해결 계획을 세워야 한다. 문제해결에 대한 해결 계획이 작성되면 문제해결은 거의 완성된 것이라고 할 수 있다. 해결 계획은 주로 과거의 경험과 이전에 얻은 지식을 바탕으로 한다. 이 단계에서 유용한 발문은 다음과 같다.

- 전에 그 문제를 본 일이 있는가? 그렇지 않으면 약간 다른 형태로 된 같은 문제를 본 일이 있는가?
- 관련된 문제를 알고 있는가? 유용하게 쓰일 수 있을 듯한 어떤 정리를 알고 있는가?
- 미지인 것을 살펴보아라. 친숙한 문제 중 미지인 것이 같거나 유사한 문제를 생각해 보아라.
- 관련된 문제로 전에 풀어 본 일이 있는 문제가 있구나. 그것을 활용할 수 있을까? 그 결과를 활용할 수 있을까? 그 방법을 활용할 수 있을까? 어떤 보조 요소를 도입하면 그것을 활용할 수 있을까?
- 문제를 달리 진술할 수 있을까? 좀 더 다르게 진술할 수 있을까? 정의로 되돌아 가보자.
- 만일 제기된 문제를 풀 수 없다면, 먼저 어느 정도 그와 관련된 문제를 풀어 보아라. 보다 접근하기 쉬운 관련된 문제를 생각해낼 수 있는가? 보다 일반적인 문제는? 보다 특수한 문제는? 유사한 문제는? 문제를 부분적으로 풀 수 있는가?
- 조건 가운데 일부분만 남기고 다른 것은 버려 보아라. 그랬을 때 미지인 것은 어느 정도까지 정해지는가? 어떻게 변형할 수 있을까? 자료로부터 무언가 유용한 것을 이끌어 낼 수 있는가? 미지인 것을 결정하는 데 적절한 다른 자료를 생각해 볼 수 있을까? 새로운 미지인 것과 새로운 자료가 서로 보다 더 가깝게 되도록 하기 위해서, 미지인 것이나 자료 또는 필요하다면 두 가지 모두 변형할 수 있을까?
- 자료는 모두 사용했는가? 조건을 모두 다 사용했는가? 문제에 포함된 핵심적인 개념은 모두 고려했는가?

(3) 해결 계획의 실행

해결 계획을 세우는 데는 이전의 지식, 훌륭한 사고 습관, 목적을 향한 집중력이 요구된다. 이에 비해 해결 계획을 실행하는 것은 훨씬 쉬운 일인데, 여기서 요구되는 것은 인내심이다. 이 단계에서는 해결 계획을 잊어버리지 않고 각 단계를 정확하게 수행하는 것이 필요하다. 이 단계에서 유용한 발문은 다음과 같다.

- 해결 계획을 실행하고 매 단계를 점검하라. 각 단계가 올바른지 명확히 알 수 있는가? 그것이 옳다는 것을 증명할 수 있는가?

(4) 반성

문제의 해답을 얻었다고 해서 문제해결이 끝나는 것은 아니다. 완성된 풀이를 검토하고 그 결과와 그 결과에 이르게 된 과정을 재검토함으로써, 획득한 지식을 견고하게 하고 문제를 해결하는 능력을 발달시킬 수 있다. 이 단계에서 유용한 발문은 다음과 같다.

- 결과를 점검할 수 있는가? 논증 과정을 점검할 수 있는가?
- 결과를 다른 방법으로 이끌어 낼 수 있는가? 그것을 한눈에 알 수 있는가?
- 결과나 방법을 어떤 다른 문제에 활용할 수 있는가?

폴리아가 제시한 발문과 권고는 학생들 스스로의 문제해결 능력을 신장시키는 데에 그 목적이 있다. 학생들은 발문과 권고를 통한 문제해결 연습을 통해 비슷한 문제 상황에 부딪혔을 때 적절한 발문을 스스로에게 하게 된다. 학생들은 문제해결에서의 성공 경험을 토대로 발문을 사용하는 바른 방법을 알게 되고, 적절한 순간에 자기 스스로에게 적절한 발문을 하는 사고를 자연스럽게 수행할 수 있게 된다.

폴리아의 문제해결 교육론의 시사점은, 문제가 단순한 '실행'에 의해 해결되는 것이 아니라는 것이다. 학생들로 하여금 문제를 잘 해결하도록 하려면, 문제의 이해 단계와 해결 계획 수립 단계에 많은 시간을 투자하고 고민하여, 해결 계획의 실행 이후에도 자신의 해결 과정을 반성하고 점검하며, 그 결과를 다른 상황에 적극적으로 이용하려는 태도를 가질 수 있도록 지도하는 것이 필요하다.

4) 문제해결 전략의 지도

문제해결 전략은 문제해결에서 전형적으로 유용한 발견과 발명의 방법과 규칙, 전략과 전술 등을 의미하며, 발견술(heuristic)로 불리기도 한다. 실제로 해보기, 그림 그리기, 식 만들기, 거꾸로 풀기, 규칙 찾기, 예상과 확인, 표 만들기, 단순화하기, 논리적 추론 등은 초등학교에서 다루어야 할 주요 문제해결 전략이다.

문제해결 전략과 관련하여, 한 문제를 해결하는 데는 오직 한 가지 전략만이 사용되어야 한다거나, 한 문제를 해결하는 데는 한 가지 방법만이 존재한다고 생각하는 것은 부적절하다. 한 문제를 해결하는 데는 둘 이상의 여러 가지 전략이 동시에 활용될 수 있으며, 또한 한 문제를 해결하는 데는 여러 가지 방법이 존재한다.

가) 실제로 해 보기

> 다음 그림과 같이 4개의 점이 있습니다. 2개의 점을 연결하는 선을 그릴 수 있는 방법은 모두 몇 가지입니까?
>
> • •
>
> • •

위의 문제는 선을 그릴 수 있는 방법이 모두 몇 가지인가를 알기 위해서 학생들에게 실제로 2개의 점을 연결하여 선을 그려서 문제를 해결할 것을 요구하고 있다. 초등학교 고학년 학생들은 문제를 해결하기 위한 원리를 추론하여 '$4\times3\div2=6$'으로 식을 세워 답을 구할 수도 있지만, 초등학교 저학년 학생들은 이와 같은 추론과 계산이 불가능한 수준이다. 초등학교 저학년 학생들이 이 문제를 해결하기 위해서는, 실제로 선을 그려봄으로써 실제로 해 보기 전략을 활용하도록 지도하는 것이 바람직하다.

나) 그림 그리기

> 학교 담장에 무궁화 8송이가 피었습니다. 다음 날 6송이가 더 피었다면 담장에 핀 무궁화는 모두 몇 송이인지 그림을 그려서 알아보시오.

위의 문제는 담장에 핀 무궁화가 모두 몇 송이인지를 알기 위해서 학생들에게 그림을 그려서 문제를 해결할 것을 요구하고 있다. 그림을 그리면 문제를 전체적으로 이해하기 쉽고, 그림을 정확하게 그리면 답이 어떻게 되는지를 알 수 있는 경우도 있다. 그림 그리기 전략을 지도할 때에는 문제에 주어진 것과 구해야 할 것이 나타나도록 하고 그 관계를 파악할 수 있도록 하는 것이 중요하다.

한편, 그림 그리기 전략을 지도할 때는 학생들에게 지나치게 상세한 그림을 그릴 필요는 없다는 것을 강조해야 한다. 문제를 설명하는 데에 필수적인 것들만을 그림으로 표현하도록 지도할 필요가 있다. 예를 들어, 위의 무궁화 문제를 해결하기 위한 그림을 그릴 때, 무궁화의 모양, 색깔, 꽃잎의 수, 줄기의 길이 등과 같은 세부적인 사항들은 문제의 해결에서 불필요한 부분이므로 그림에 제시할 필요가 없다.

다) 식 만들기

> 화영이네 반 학생은 모두 35명입니다. 우유를 마시지 않는 학생이 7명이라면 우유를 마시는 학생은 모두 몇 명인지 □를 사용한 식을 만들어서 알아보시오.

위의 문제는 우유를 마시는 학생의 수를 구하기 위해서 학생들에게 식을 만들 것을 요구하고 있다. 식 만들기는 수학 문제를 풀기 위하여 가장 보편적으로 사용되는 전략으로서, 일단 식을 옳게 세우면 그 다음 단계들은 거의 기계적으로 진행되어 답을 구할 수 있기 때문에 식 만들기 전략은 수학에서 중요하다.

일단 식을 만들고 나면 문제를 쉽게 해결할 수 있지만, 처음에 식을 세우는 것이 그리 쉬운 일은 아니다. 문제에 제시된 여러 가지 양 사이의 관계에 근거하여, 수와 문자를 $+$, $-$, $\times$, $\div$, ( ) 등의 기호와 결합하여야 하며, 비교되는 두 양의 관계에 기초하여 등식이나 부등식을 세워야 한다. 어떤 문제들에서는 식을 세우기가 쉽지 않아서 문제를 명확하게 이해하기 위한 다른 전략들이 필요하기도 하다. 그림이나 표를 활용하면 두 양 사이의 관계를 찾거나 식을 세우는 데 도움이 된다. 식을 세우기 위해서는 주어진 정보와 구하고자 하는 것 사이의 관계를 명확하게 이해하도록 지도할 필요가 있다. 또한 어떤 문제를 해결하는 데에 여러 개의 식이 세워질 수 있다는 것도 지도할 필요가 있다.

라) 규칙 찾기

나무에 장식된 다섯 색깔의 전구불이 일정한 규칙으로 변하고 있습니다. 9회에는 어떤 색깔의 전구불이 들어오는지 알아보시오.

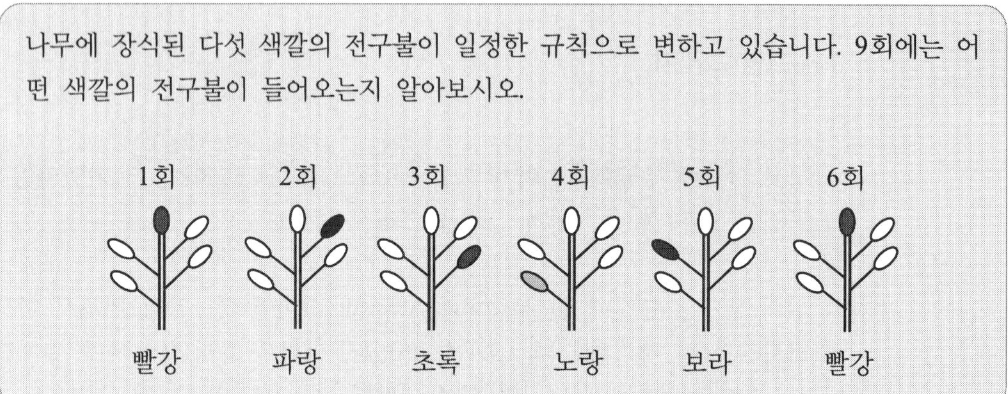

위의 문제는 9회에 어떤 색깔의 전구불이 들어오는지 알기 위해서 학생들에게 규칙을 찾을 것을 요구하고 있다. 규칙성 찾기는 문제에 주어진 조건이나 관계에서 분석하여 어떤 규칙성을 찾아내고 이 규칙성을 확대하여 적용함으로써 문제를 해결하는 전략이다.

또한 경우에 따라 불충분하게 주어진 정보를 바탕으로 규칙성을 발견하여 이것을 일반화해야 하는데, 이런 경우에는 일반화에 대한 타당한 설명을 제시해야 한다. 규칙 찾기 전략은 그림 그리기나 표 만들기 전략의 도움을 필요로 하기도 하며, 식 세우기 등의 전략의 보조 전략으로 이용되기도 한다.

마) 거꾸로 풀기

놀이터에 아이들이 놀고 있습니다. 잠시 후 7명이 더 와서 함께 놀다가, 12명이 집으로 돌아가고 나니 모두 10명이 남았습니다. 처음에 놀이터에 있던 아이들이 몇 명인지 거꾸로 생각하여 알아보시오.

위의 문제는 처음에 놀이터에 있는 아이들이 몇 명인지 구하기 위해서 학생들에게 거꾸로 생각하여 문제를 해결할 것을 요구하고 있다. 거꾸로 풀기는, 사건의 마지막 상태가 주어져 있고 그 이전이나 처음에 발생한 일을 질문하는 문제에서 주로 활용된다. 거꾸로 풀기 전략을 활용할 때, 학생들은 거꾸로 생각하면서 사건의 마지막 상태로부터 시작하여 처음으로 진행해야 한다. 거꾸로 풀기 전략이 활용되는 대표적인 문제가 바로 미로 찾기 문제라고 할 수 있다.

바) 예상과 확인

다음의 각 칸에 1에서 9까지의 수를 써넣어 각 줄(가로, 세로, 대각선)에 있는 수들의 합이 15가 되도록 하시오.

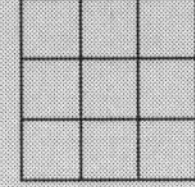

예상과 확인은 문제의 답을 미리 예상해 보고 그 답이 문제의 조건에 맞는지 확인해 보는 과정을 반복하여 문제를 해결해 나아가는 전략이다. 많은 문제가 예상과 확인 방법으로 해결되며, 예상과 확인 방법은 아주 자연스러운 것이기 때문에 문제를 푸는 방법이 전혀 생각나지 않을 때 대단히 유용하다고 할 수 있다. 그러나 이 방법은 고려 대상이 자연수일 경우에 주로 적용될 수 있는 제한점이 있으며 답이 여러 개일 경우 모든 답을 찾기가 어렵다는 단점도 있다. 예상과 확인 전략으로 문제를 해결할 때는 다음과 같은 순서를 밟는다.

• 문제에서 구하고자 하는 답을 예상한다.
• 예상한 결과가 문제의 조건에 맞는지 확인한다.
• 조건에 맞지 않으면 새로운 예상을 한다.
• 조건에 맞는 옳은 답이 나올 때까지 이 과정을 계속한다.

사) 표 만들기

효재, 창민, 선우는 모두 피자를 좋아한다. 한 사람은 콤비네이션 피자를 좋아하고, 또 한 사람은 포테이토 피자를 좋아하고, 또 한 사람은 파인애플 피자를 좋아한다. 아래의 힌트를 이용하여 각 어린이가 좋아하는 피자를 맞추시오.

(1) 효재는 콤비네이션 피자를 좋아하지 않는다.
(2) 창민이가 좋아하는 피자는 포테이토 피자보다 더 비싼 것이다.
(3) 포테이토 피자를 좋아하는 사람은 선우이다.

표 만들기 전략은 그림 그리기 전략과 같이 문제를 쉽게 이해하고 해결 방법을 모색하기 위한 보조 전략으로 사용되는 경우가 많다. 문제에 주어진 자료를 표로 나타내게 되면 문제를 쉽게 이해할 수 있다. 표를 만들 때는 우선 문제를 잘 나타내 줄 수 있는 표의 형태, 예를 들어, 몇 줄과 몇 열이 필요한지, 열과 줄에 어떤 명칭을 부여해야 하는지 등을 생각한 후에, 문제에서 주어진 것부터 차례로 기재해야 한다. 어떤 문제의 경우 계산할 수 있는 것은 계산하여 칸을 채우고, 채울 수 없는 곳에는 문자를 사용하면 문제를 해결할 수 있는 식을 만들 수 있다.

문제의 유형에 따라서는 표 만들기 전략을 활용하여 직접 답을 구할 수도 있다. 예를 들어, 위에 제시된 문제의 경우 표의 가로 줄에 콤비네이션 피자, 포테이토 피자, 파인애플 피자를 위치시키고, 표의 세로 열에 효재, 창민, 선우를 위치시킨 다음에, 문제에서 제시된 조건 (1), (2), (3)을 활용하면 답을 구할 수 있다. 위의 문제에 제시된 조건을 표로 나타내면 다음과 같다.

	콤비네이션 피자	포테이토 피자	파인애플 피자	비고(문제의 조건)
효재	×			조건 (1)
창민		×		조건 (2)
선우		○		조건 (3)

위의 표에서 선우는 포테이토 피자를, 창민이는 콤비네이션 피자를, 효재는 파인애플 피자를 좋아한다는 것을 다음과 같이 알 수 있다.

	콤비네이션 피자	포테이토 피자	파인애플 피자	비고(문제의 조건)
효재	×	×	○	조건 (1)
창민	○	×	×	조건 (2)
선우	×	○	×	조건 (3)

아) 단순화하기

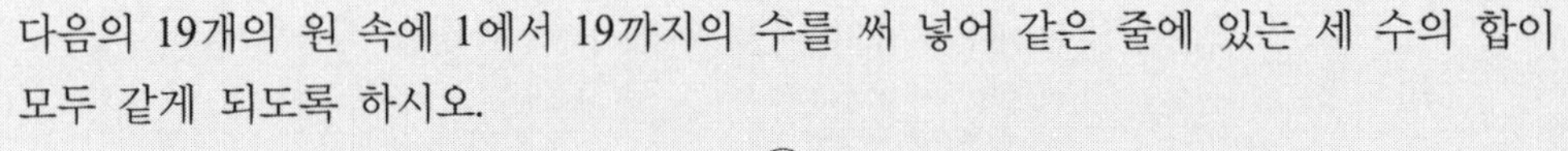

다음의 19개의 원 속에 1에서 19까지의 수를 써 넣어 같은 줄에 있는 세 수의 합이 모두 같게 되도록 하시오.

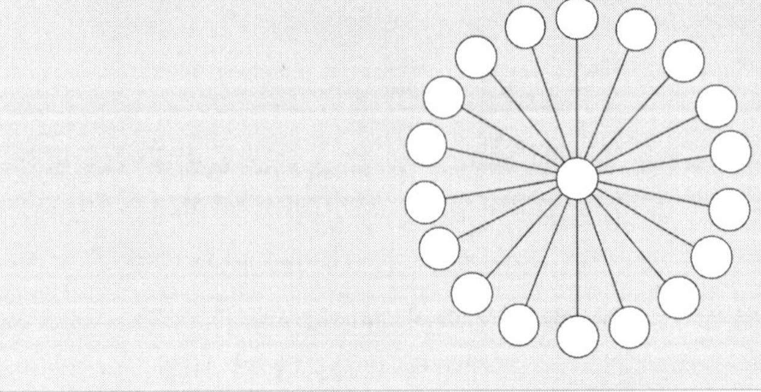

어떤 문제는 변수가 많거나 문제 상황이 복잡하여 문제해결 방법을 찾기 어려울 때가 있다. 이러한 문제에서는 변수의 개수를 줄이거나 주어진 문제보다 좀 더 익숙하고 단순한 문제 상황으로 바꾸어 해결하고, 이 해결 과정을 원래의 문제에 적용함으로써 문제를 해결할 수 있다. 또는 원래의 문제를 몇 개의 부분적인 문제로 나누어 그것들을 해결함으로써 원래의 문제를 쉽게 해결할 수 있다. 이와 같은 방법을 단순화하기라고 한다. 단순화하기 전략을 활용할 때는 단순화한 문제에서 찾은 규칙을 원래의 문제에 적용해야 하기 때문에 규칙 찾기 전략과 동시에 활용되는 경우가 많다.

자) 논리적 추론

> 3명의 아동이 병 안에 젤리가 몇 개 들어 있는지 알아맞혀 보았다. 각 아동이 추측한 수는 80개, 75개, 76개이다. 한 아동은 1개만큼 틀렸고, 또 한 아동은 4개만큼 틀렸고, 나머지 한 아동은 그 수를 옳게 맞추었다. 병에는 젤리가 몇 개 들어 있는지 구하시오.

논리적 추론은 수학의 가장 근본적이고 본질적인 측면으로서 가치가 있다. 학생들이 귀납, 유추 등을 통해 스스로 문제를 해결하고, 문제의 해결 과정을 정당화하도록 지도하는 것이 필요하다. 위의 문제에서 학생들은 문제에서 주어진 조건으로부터 논리적으로 추론하여 병에 들어 있는 젤리가 76개임을 구할 수 있어야 한다. 또한 76개가 문제의 답임을 문제의 조건에 비추어 설명할 수 있어야 한다.

5) 문제해결의 평가

문제해결 능력의 평가에서는 문제해결의 결과뿐만 아니라 과정을 중시하여 평가하는 것이 중요하다. 문제해결의 결과만을 평가하는 것으로는 학생들이 해당 수학적 개념을 알고 있는지 그렇지 않은지의 여부만을 확인할 수 있다. 그러나 학생들의 문제해결 과정에 대한 평가는 학생들의 오개념이 무엇이며 오개념이 어디에서 비롯되는가에 대한 구체적인 정보를 제공할 수 있다.

문제해결 능력의 평가에서는 다음과 같은 사항에 중점을 두어야 한다.

- 문제를 이해했는가?
- 문제를 해결하기 위하여 다양하고 적절한 전략을 채택하고 적용할 수 있는가?
- 문제해결 과정과 결과를 확인하고 해석하고 반성할 수 있는가?
- 해를 일반화함으로써 문제해결을 통해 새로운 수학적 지식을 만들어낼 수 있는가?
- 수학과 다른 교과 상황에서 나타나는 다양한 문제를 해결할 수 있는가?

문제해결 과정을 평가할 수 있는 가장 좋은 방법은, 학생으로 하여금 문제를 해결하면서 자신의 문제해결 과정을 말하게 하고 그것을 관찰하고 분석하거나, 문제를 해결한 다음 학생을 면담하는 것이다. 그러나 이와 같이 개별 학생을 대상으로 관찰과 면담을 통해 문제해결 과정을 평가하기에는 많은 시간과 복잡한 평가 방법이 필요하므로, 학교 현장에서 교사가 이를 시행하기에는 현실적으로 많은 어려움이 따른다.

문제해결 과정을 평가할 수 있는 현실적으로 실행 가능한 방법으로서 지필 검사를 활용할 수 있다. 물론 이때의 지필 검사는 학생이 문제해결 과정을 기록할 수 있는 서술형 문항이어야 한다. 선택형 문항이나 단답형 문항과 같은 객관식 문항으로는 학생의 문제해결 과정을 평가하기에 많은 한계가 있다.

문제해결 과정의 채점 방법으로는 총체적 채점 방법이나 분석적 채점 방법을 활용할 수 있다.

[표 6] 총체적 평가 방법의 예

점수	채점 기준
0	시작도 하지 않은 경우: 문제를 전혀 이해하지 못하여 해결의 실마리를 잡지 못하고 무의미한 기록만 제시되어 있다.
1	문제에 접근한 경우: 의미 있게 문제에 접근하여 어느 정도 문제를 이해하였지만 일찍 곤란에 부딪혀서 포기하였다.
2	문제의 본질에 도달한 경우: 합리적인 답에 도달하였다는 충분한 세부적 증거가 있으나, 중요한 실수나 잘못된 해석으로 답을 구하지 못하였다.
3	결과에서 약간의 실수가 있는 경우: 문제를 거의 해결하였으나 약간의 실수로 타당하지 않은 답을 구하였다.
4	문제해결에 성공한 경우: 적절한 방법으로 문제를 바르게 해결하였다.

[표 7] 분석적 평가 방법의 예

	점수	채점 기준
문제의 이해	0	문제를 전혀 이해하지 못하거나 잘못 이해함
	1	문제의 일부분을 잘못 이해하였거나 잘못 설명함
	2	문제를 완전하게 이해함
해결 계획 수립	0	문제의 해결을 전혀 시도하지 않았거나 완전히 부적절한 해결 계획을 세움
	1	문제의 일부분을 기초로 부분적으로 옳은 계획을 세우고 설명함
	2	적절히 수행되기만 하면 정답에 이를 수 있는 계획을 세움
답 구하기	0	답을 쓰지 않았거나, 부적절한 계획을 토대로 오답을 씀
	1	기록상의 잘못이나 계산을 잘못함 여러 개의 답을 가진 문제에 대한 해의 일부분만 제시함
	2	정답을 옳게 제시함

문제해결 과정에 대한 구체적인 평가 방법을 이해하기 위해 예를 살펴보기로 하자. 다음의 문제는 학생들에게 자신의 문제해결 과정을 모두 제시하도록 하는 서술형 문항의 한 예이다(강문봉 외 18인, 1999, pp. 133-134).

어떤 목수가 세 발 의자와 네 발 책상을 만든다. 세 발 의자와 네 발 책상의 다리는 모두 같은 모양과 크기이다. 이 목수는 하루 동안 31개의 다리를 만든다. 이 목수가 하루동안 만든 다리로 세 발 의자와 네 발 책상은 각각 몇 개 만들 수 있는가?

수지, 동수, 영란, 성민은 위의 문제에 대해 다음과 같은 해결 과정을 제시하였다고 하자.

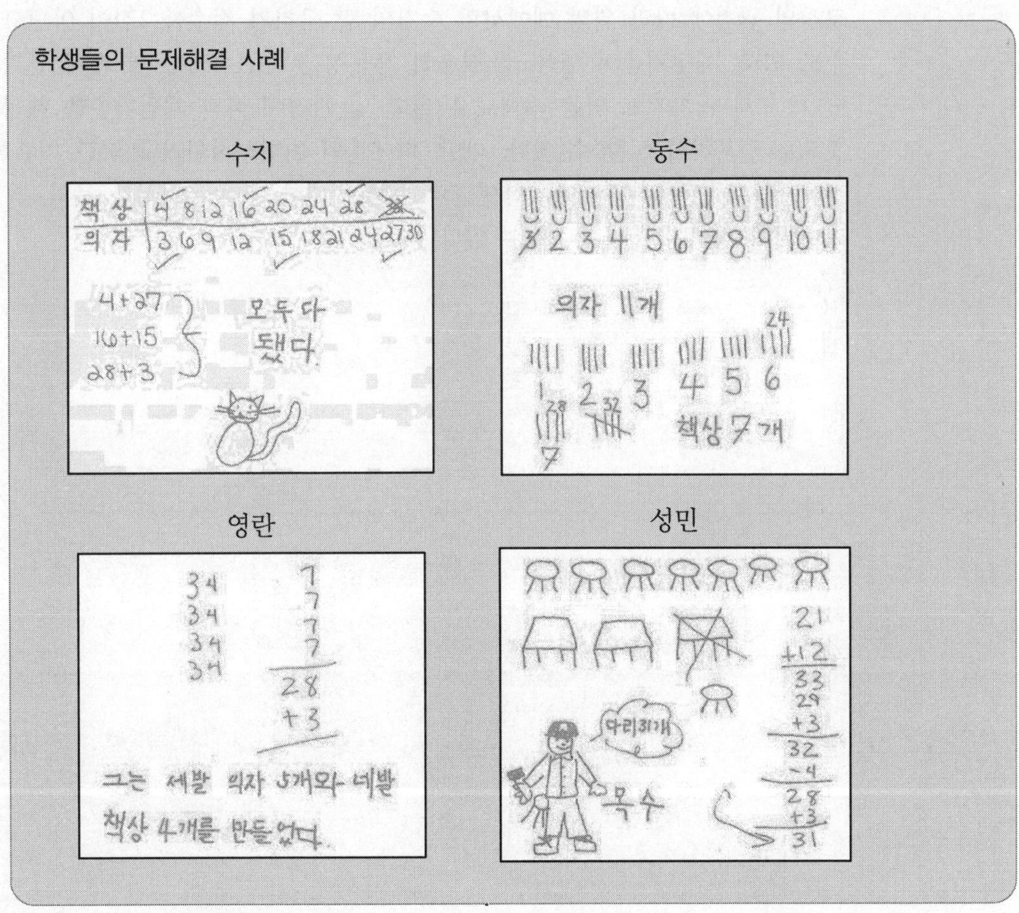

수지, 동수, 영란, 성민의 문제해결 과정과 결과를 분석적 평가 방법을 활용하여 다음의 표와 같이 채점할 수 있다.

[표 8] 찰스 등의 평가 방법을 활용한 학생들의 문제해결 채점

	문제의 이해	해결 계획 수립	답 구하기	총점
수지	2	2	2	6
동수	1	1	0	2
영란	2	2	1	5
성민	2	2	1	5

위의 표에 제시된 점수는, 학생들의 문제해결 과정과 결과가 비형식적으로 제시되어 있다고 하더라도 학생들의 문제해결 과정을 최대한 존중하여 평가한 것이다. 위의 문제에 대한 답은 '책상 1개와 의자 9개, 또는 책상 4개와 의자 3개, 또는 책상 7개와 의자 1개'이다. 수지는 정답 대신에 '4+27, 16+15, 28+3'이라는 비형식적 답을 제시하였지만, 수지의 문제해결 과정과 답의 가치를 최대한 인정하여 '답 구하기'의 점수를 2점으로 부여한 것이다.

여기에서 채점 기준을 해석하고 적용하는 일의 어려움을 파악할 수 있다. 채점을 하는

교사의 관점에 따라 위의 예에서의 수지의 답 구하기 점수를 2점이 아닌 1점으로 부여할 수도 있다. 채점기준의 해석 및 적용의 유용성은 온전히 교사의 손에 달려 있다고 할 수 있다. 교사가 가지고 있는 수학교육 철학 및 관점에 따라 채점기준을 해석하고 적용하는 것으로 충분하다고 할 수 있다. 다만, 학생들의 비형식적이거나 약간 미흡한 문제해결 과정을 충분히 존중하는 것은, 학생들의 수학에 대한 흥미나 자신감 등의 긍정적 태도 함양 측면에서 의미가 있다고 할 수 있다.

참고문헌

강문봉 외 18인 (역) (1999). 초등 수학 학습 지도의 이해. 서울: 양서원. [Reys, R. E., Suydam, M. N., Lindquist, M. M., & Smith, N. L. (1998). *Helping Children Learn Mathematics (5E)*. Boston, MA: Allyn & Bacon.]

강완, 김남준 (2010). 초등학교 수학과 교육과정에 근거한 교수단위 추출 연구. 대한수학교육학회지 수학교육학연구 20(1), 45-56.

강완, 김상미, 박만구, 백석윤, 오영열 (2010). 초등수학교육론. 서울: 경문사.

강완, 김진호, 신혜진 (역) (1997). 문제 해결 과정의 평가 기법. 서울: 동명사. [Charles, R., Lester, F., & O'Daffer, P. (1987). *How to Evaluate Progress in Problem Solving*. Reston, VA: National Council of Teachers of Mathematics.]

김남희, 나귀수, 박경미, 이경화, 정영옥, 홍진곤 (2006). 수학 교육과정과 교재 연구. 서울: 경문사.

김수현, 나귀수 (2008). 비와 비율 지도에 대한 연구 -교과서 재구성을 중심으로-. 수학교육학연구, 18(3), 309-334.

나온교육연구소 (2005). 수학으로 보는 세상-Ratios and Rates. 서울: 도서출판 나온.

유현주 (1995). 유리수 개념의 교수현상학적 분석과 학습-지도 방향에 관한 연구. 박사학위논문, 서울대학교.

폴리아, G. (저), 우정호 (역) (1986). 어떻게 문제를 풀 것인가: 수학적 사고 방법. 서울: 천재교육. [Polya, G. (1957). *How to Solve It: A New Aspect of Mathematical Method. (2nd ed.)* Garden City, NY: Doubleday & Company, Inc.]

Charles, R., & Lester, F. K. (1982). *Problem Solving: What, Why, and How*. Palo Alto, CA: Dale Saymour.

Charles, R., Lester, F., & O'Daffer, P. (1987). *How to Evaluate Progress in Problem Solving*. Reston, VA: National Council of Teachers of Mathematics.

Davis, P. J., & Hersh, R. (1981). *The Mathematical Experience*. Boston, MA: Houghton Mifflin.

Dewey, J. (1896). The psychology of number. In Boydston, J. A. (Ed.), *John Dewey: The Early Works 1895-1898, 5* (pp. 424-429). Carbondale, IL: Southern Illinois University Press.

Dewey, J., & McLellan, J. A. (1895). *The Psychology of Number and Its Applications to Methods of Teaching Arithmetic*. New York, NY: Appleton Company.

Freudenthal, H. (1983). *Didactical Phenomenology of Mathematical Structures.* Dordrecht: D. Reidel.

Kantowski, M. G. (1980). Problem solving: searching for solutions. In *Education in the 80's: Mathematics*. Washington D. C.: National Education Association.

Karplus, R. et al. (1983). Proportional reasoning of early adolescents, In Lesh, R., & Landau, M. (Eds.), *Acquisition of Mathematics Concepts & Processes.* New York, NY: Academic Press.

Krulik, S., & Rudnick, J. A. (1982). *Problem Solving*. New York, NY: Allyn and Bacon.

NCTM (1998). *Principles and Standards for School Mathematics*. Reston, VA: National Council of Teachers of Mathematics.

Piaget, J. et al. (1977). *Epistemology and Psychology of Functions.* Castellanos, F. X., & Anderson, V. D. (Trans.). Dordrecht: D. Reidel.

Polya, G. (1957). *How to Solve It: A New Aspect of Mathematical Method. (2nd ed.)* Garden City, NY: Doubleday & Company, Inc.

Reys, R. E., Suydam, M. N., Lindquist, M. M., & Smith, N. L. (1998). *Helping Children Learn Mathematics (5E)*. Boston, MA: Allyn & Bacon.

West, B. H., Griesbach, E. N., Taylor, J. D., & Taylor, L. T. (1982). *The Prentice-Hall Encyclopedia of Mathematics*. Englewood Cliffs, NJ: Prentic-Hall.

Wittmann, E. (1984). Teaching units as the integration core of mathematics education. *Educational Studies in Mathematics 15*(1), 25-36.

Wittmann, E. (1995). Mathematics education as a 'design science'. *Educational Studies in Mathematics 29*(4), 355-374.

부록 1. 2007 개정 초등학교 수학과 교육과정 및 관련 교수단위

1학년

(가) 수와 연산

[1] 100까지의 수

① 0과 100까지의 수 개념을 이해하여 수를 세고 읽고 쓸 수 있다.

관련 교수단위: TUAN-0010, TUAN-0020, TUAN-0030, TUAN-0040, TUAN-0050, TUAN-0060, TUAN-0070, TUAN-0080, TUAN-0090, TUAN-0100, TUAN-0110, TUAN-0120, TUAN-0130. TUAN-0140

② 100까지의 수 범위에서 수 계열을 이해하고, 수의 크기를 비교할 수 있다.

관련 교수단위: TUAN-0150, TUAN-0160, TUAN-0170, TUAN-0180, TUAN-0190, TUAN-0200, TUAN-0210, TUAN-0220, TUAN-0230, TUAN-0240, TUAN-0250, TUAN-0260, TUAN-0270

③ 100까지의 수에 대한 위치적 기수법의 기초 개념을 이해한다.

관련 교수단위: TUAN-0280, TUAN-0290

④ 10 이하의 수 범위에서 두 수로 분해하고, 두 수를 하나의 수로 합성할 수 있다.

관련 교수단위: TUAN-0300, TUAN-0310, TUAN-0320, TUAN-0330

⑤ 수 세기가 필요한 상황에서 묶어 세기, 뛰어 세기를 할 수 있다.

관련 교수단위: TUAN-0340, TUAN-0350

[2] 간단한 수의 덧셈과 뺄셈

① 덧셈과 뺄셈이 이루어지는 상황을 알고, 덧셈과 뺄셈의 의미를 이해한다.

관련 교수단위: TUAN-0360, TUAN-0370, TUAN-0380, TUAN-0390, TUAN-0400

② 한 자리 수끼리의 덧셈과 뺄셈을 할 수 있다.

관련 교수단위: TUAN-0410, TUAN-0420, TUAN-0430, TUAN-0440

③ 합이 10이 되는 덧셈식과 '10－(한 자리 수)'인 뺄셈식을 통하여 10에 대한 보수를 찾을 수 있다.

관련 교수단위: TUAN-0450, TUAN-0460

④ '(두 자리 수) － (한 자리 수)'의 계산을 할 수 있다.

관련 교수단위: TUAN-0470, TUAN-0480

⑤ 덧셈과 뺄셈의 관계를 이해한다.

관련 교수단위: TUAN-0490, TUAN-0500, TUAN-0510, TUAN-0520

⑥ 한 자리 수인 세 수의 덧셈과 뺄셈을 할 수 있다.

관련 교수단위: TUAN-0530, TUAN-0540, TUAN-0550, TUAN-0560, TUAN-0570, TUAN-0580, TUAN-0590

3 두 자리 수의 덧셈과 뺄셈

① 두 자리 수의 범위에서 받아올림이 없는 덧셈을 할 수 있다.

관련 교수단위: TUAN-0610, TUAN-0620, TUAN-0630, TUAN-0640, TUAN-0650

② 두 자리 수의 범위에서 받아내림이 없는 뺄셈을 할 수 있다.

관련 교수단위: TUAN-0660, TUAN-0670, TUAN-0680, TUAN-0690

③ 덧셈과 뺄셈을 활용하여 실생활 문제를 해결할 수 있다.

관련 교수단위: TUAN-0700

용어와 기호 덧셈, 뺄셈, ~보다 크다, ~보다 작다, ＋, －, ＝, >, <

교수–학습상의 유의점

① '더한다', '합한다', '~보다 ~ 큰 수', '뺀다', '덜어 낸다', '차', '~보다 ~작은 수' 등의 일상적 용어를 사용하여 덧셈과 뺄셈의 개념에 친숙하게 한다.

② 받아올림이나 받아내림이 없는 두 자리 수끼리의 덧셈, 뺄셈을 여러 가지 방법으로 알아보고, 암산으로 해결할 수 있다.

(나) 도형

1 입체도형의 모양

① 여러 가지 물건을 관찰하여 직육면체, 원기둥, 구의 모양을 찾을 수 있다.

관련 교수단위: TUAG-0010, TUAG-0020, TUAG-0030

② 여러 가지 모양을 만드는 활동을 통하여 기본적인 입체도형에 대한 감각을 익힌다.

관련 교수단위: TUAG-0040

2 평면도형의 모양

① 여러 가지 물건을 관찰하여 사각형, 삼각형, 원의 모양을 찾을 수 있다.

관련 교수단위: TUAG-0050, TUAG-0060

② 구체물을 이용하여 기본적인 평면도형을 만들고, 여러 가지 모양을 꾸밀 수 있다.

관련 교수단위: TUAG-0070, TUAG-0080

교수-학습상의 유의점

① '상자 모양', '둥근 기둥 모양', '공 모양' 등의 일상적인 용어를 사용하여 기본적인 입체도형에 친숙하게 한다.
② '네모', '세모', '동그라미' 등의 일상적인 용어를 사용하여 기본적인 평면도형에 친숙하게 한다.

(다) 측정

1 양의 비교

① 구체물의 길이, 들이, 무게, 넓이를 비교하여 각각 '길다, 짧다', '많다, 적다', '무겁다, 가볍다', '넓다, 좁다'등의 말로 나타내고 구별할 수 있다.

관련 교수단위: TUAM-0010, TUAM-0020, TUAM-0030, TUAM-0040, TUAM-0050, TUAM-0060, TUAM-0070, TUAM-0080, TUAM-0090, TUAM-0100

2 시각 읽기

① 시계를 보고 '몇 시', '몇 시 30분'까지의 시각을 읽을 수 있다.

관련 교수단위: TUAM-1010, TUAM-1020, TUAM-1030, TUAM-1040

용어와 기호 시, 분

교수-학습상의 유의점

① 실생활에서 직관적인 비교 활동을 통하여 양감을 느낄 수 있게 한다.

② 시각 읽기는 학생의 경험을 소재로 한다.

(라) 확률과 통계

1 분류하기

① 사물이나 사람을 미리 정한 한 가지 기준에 따라 분류하여 각각의 개수를 셀 수 있다.

관련 교수단위: TUST-0010, TUST-0020, TUST-0030

교수-학습상의 유의점

① 분류의 기준이 되는 특징은 분명하고 간단한 것으로 한다.

(마) 규칙성과 문제해결

1 규칙 찾기

① 여러 가지 물체, 무늬, 수의 배열에서 규칙을 찾고, 그 규칙에 따라 배열할 수 있다.

관련 교수단위: TUPT-0010, TUPT-0020, TUPT-0030

② 자신이 정한 규칙에 따라 물체, 무늬, 수 등을 배열할 수 있다.

관련 교수단위: TUPT-0040

③ 100까지의 수 배열표에서 수의 규칙을 찾고 말할 수 있다.

관련 교수단위: TUPT-0050

2 □를 사용한 식

① □가 사용된 덧셈식이나 뺄셈식에서 □의 의미를 이해한다.

관련 교수단위: TUEQ-0010.10

3 문제해결 방법

① 실제로 해보기, 그림 그리기, 식 만들기 등 여러 가지 방법으로 문제를 해결할 수 있다.

관련 교수단위: TUPS-0010, TUPS-0020, TUPS-0030

용어와 기호 식

교수-학습상의 유의점

① 규칙 찾기에서는 물체의 크기, 위치, 방향, 색깔 등 단순한 소재를 이용한다.
② □ 대신에 △, ○, ( ) 등의 다른 기호를 사용할 수 있다.
③ 문제해결에 관한 기초 경험 단계이므로 문제해결에 대한 자신감과 흥미를 가지게 한다.

2학년

(가) 수와 연산

1 1000까지의 수

① 일, 십, 백의 자릿값의 의미와 위치적 기수법을 이해하고, 1000까지의 수를 읽고 쓸 수 있다.

관련 교수단위: TUAN-1010, TUAN-1020, TUAN-1030, TUAN-1040, TUAN-1050, TUAN-1060

② 세 자리 수의 계열을 이해하고, 크기를 비교할 수 있다.

관련 교수단위: TUAN-1070, TUAN-1080

2 두 자리 수의 덧셈과 뺄셈

① 두 자리 수의 범위에서 받아올림이 있는 덧셈과 받아내림이 있는 뺄셈을 할 수 있다.

관련 교수단위: TUAN-1110, TUAN-1120, TUAN-1130, TUAN-1140, TUAN-1150, TUAN-1160, TUAN-1170, TUAN-1180, TUAN-1190

② 두 자리 수의 범위에서 세 수의 덧셈과 뺄셈을 할 수 있다.

관련 교수단위: TUAN-1210, TUAN-1220, TUAN-1230, TUAN-1240, TUAN-1250, TUAN-1260, TUAN-1270, TUAN-1280

③ 덧셈과 뺄셈의 관계를 이해한다.

관련 교수단위: TUAN-1290.10

3 세 자리 수의 덧셈과 뺄셈

① 세 자리 수의 범위에서 덧셈과 뺄셈을 할 수 있다.

관련 교수단위: TUAN-1310, TUAN-1320, TUAN-1330, TUAN-1340, TUAN-1410, TUAN-1420, TUAN-1430, TUAN-1440, TUAN-1450, TUAN-1460, TUAN-1470, TUAN-1480, TUAN-1490, TUAN-1500, TUAN-1510, TUAN-1520

② 세 자리 수의 범위에서 세 수의 덧셈과 뺄셈을 할 수 있다.

관련 교수단위: TUAN-1550, TUAN-1560, TUAN-1570

③ 덧셈과 뺄셈을 활용하여 실생활 문제를 해결할 수 있다.

관련 교수단위: TUAN-1580.10

4 곱셈

① 곱셈이 이루어지는 상황을 알고, 곱셈의 의미를 이해한다.

관련 교수단위: TUAN-3010, TUAN-3020, TUAN-3030, TUAN-3040

② 곱셈구구를 이해하고, 한 자리 수의 곱셈을 할 수 있다.

관련 교수단위: TUAN-3050, TUAN-3060, TUAN-3070, TUAN-3080, TUAN-3090, TUAN-3100, TUAN-3110, TUAN-3120, TUAN-3130, TUAN-3140, TUAN-3150

5 분수의 이해

① 연속량의 등분할을 통하여 분수를 이해하고, 읽고 쓸 수 있다.

관련 교수단위: TUAQ-0010, TUAQ-0020, TUAQ-0030, TUAQ-0040, TUAQ-0050

용어와 기호 곱, 곱셈, 곱셈구구, 분수, ×

교수-학습상의 유의점

① 세 자리 수의 덧셈은 합이 1000 미만인 범위에서 한다.
② 덧셈과 뺄셈을 하기 전에 답을 어림해보게 한다.
③ 곱셈의 의미는 같은 수 더하기와 배의 개념을 통하여 다루고, 1의 단 곱셈구구와 0의 곱은 실제 생활과 관련지어 다룬다.
④ 연속량의 등분할에서는 도형을 모양과 크기가 같게 분할하는 경우만 다룬다.

(나) 도형

1 기본적인 평면도형

① 선분, 직선, 삼각형, 사각형, 원을 이해하고, 그 모양을 그리거나 만들 수 있다.

관련 교수단위: TUAG-0110, TUAG-0120, TUAG-0130, TUAG-0140, TUAG-0150, TUAG-0160, TUAG-0170, TUAG-0180

② 기본적인 평면도형의 구성요소를 알고 찾을 수 있다.

관련 교수단위: TUAG-0210, TUAG-0220

2 입체도형의 구성

① 쌓기나무로 만들어진 입체도형을 보고 똑같이 만들 수 있다.

관련 교수단위: TUAG-3010, TUAG-3020

② 주어진 쌓기나무로 여러 가지 입체도형을 만들 수 있다.

관련 교수단위: TUAG-3030

용어와 기호 선분, 직선, 삼각형, 사각형, 원, 꼭짓점, 변

교수-학습상의 유의점

① 여러 가지 삼각형과 사각형을 그리고, 꼭짓점과 변의 개수를 세는 활동을 통하여 공통점을 발견한다.

② 제시되는 입체도형은 간단한 것으로 한다.

③ 여러 가지 입체도형을 만드는 활동은 쌓기나무 5~6개 정도로 한다.

(다) 측정

1 시각과 시간

① 시각을 '몇 시 몇 분'까지 읽을 수 있다.

관련 교수단위: TUAM-1050

② 1시간은 60분임을 알고, 시간을 '시간', '분'으로 말할 수 있다.

관련 교수단위: TUAM-1060, TUAM-1070, TUAM-1080

③ 1시간, 1일, 1주일, 1개월, 1년 사이의 관계를 이해한다.

관련 교수단위: TUAM-1090, TUAM-1100, TUAM-1110, TUAM-1120, TUAM-1130

2 길이

① 1cm, 1m의 단위를 알고, 길이를 잴 수 있다.

관련 교수단위: TUAM-2010, TUAM-2020, TUAM-2030, TUAM-2040

② 1m가 100cm임을 알고, 길이를 단명수와 복명수로 말할 수 있다.

관련 교수단위: TUAM-2050, TUAM-2060

③ 여러 가지 물건의 길이를 어림하고 재어봄으로써 양감을 기른다.

관련 교수단위: TUAM-2070, TUAM-2080, TUAM-2090

④ 길이의 덧셈과 뺄셈을 할 수 있다.

관련 교수단위: TUAM-2110, TUAM-2120

3 측정값 나타내기

① 길이 재기에서 자의 눈금과 일치하지 않는 길이의 측정값을 '조금 더 된다', '조금 못 된다'로 판단하여 이를 '약'으로 표현할 수 있다.

관련 교수단위: TUAM-2130, TUAM-2140

용어와 기호 시간, 일, 주일, 개월, 년, 약, cm, m

교수-학습상의 유의점

① 실생활의 예를 통하여 시각과 시간을 구분할 수 있게 한다.
② 여러 가지 단위 길이로 구체물의 길이를 재어봄으로써 표준단위의 필요성을 느끼게 한다.
③ 복명수로 된 길이의 덧셈과 뺄셈은 실생활 문제 상황을 통하여 이해하게 한다.

(라) 확률과 통계

1 표와 그래프

① 실생활에서 찾을 수 있는 구체적인 자료의 크기를 조사하여 표로 나타낼 수 있다.

관련 교수단위: TUST-0050, TUST-0060

② 조사된 자료를 간단한 그림을 이용하여 그래프로 나타내고, 자료의 크기를 비교할 수 있다.

관련 교수단위: TUST-0110, TUST-0120

용어와 기호 표, 그래프

교수-학습상의 유의점

① 실생활에서 학생과 관계가 있는 소재를 활용한다.
② 표나 그래프가 자료의 크기를 나타내고 비교하는 데 편리함을 알게 한다.

(마) 규칙성과 문제해결

[1] 규칙 찾기

① 물체나 무늬의 다양한 변화 규칙을 찾아 설명할 수 있다.

관련 교수단위: TUPT-0110, TUPT-0120, TUPT-0130

② 수 배열이나 수 배열표에서 규칙을 찾고, 그 규칙에 따라 수를 배열할 수 있다.

관련 교수단위: TUPT-0210, TUPT-0220

③ 곱셈표에서 여러 가지 규칙을 찾고 설명할 수 있다.

관련 교수단위: TUPT-0230

[2] 미지수 구하기

① 어떤 수를 □로 나타내고, 이를 포함하는 간단한 덧셈, 뺄셈, 곱셈의 등식에서 어떤 수의 값을 구할 수 있다.

관련 교수단위: TUEQ-0110, TUEQ-0120, TUEQ-0130, TUEQ-0140

[3] 식 만들기

① 문장으로 된 문제를 식으로 나타낼 수 있다.

관련 교수단위: TUPS-0050

② 식에 알맞은 문제를 만들 수 있다.

관련 교수단위: TUPS-0060

3 문제해결 방법

① 규칙 찾기, 거꾸로 풀기 등의 여러 가지 방법으로 문제를 해결할 수 있다.

관련 교수단위: TUPS-0110, TUPS-0120

교수-학습상의 유의점

① 수 배열표에서 규칙을 찾는 다양한 활동이 곱셈구구의 기초 경험이 되게 한다.
② □ 대신에 △, ○, ( ) 등의 다른 기호를 사용할 수 있다.
③ 여러 가지 방법으로 미지수를 구한다.

3학년

(가) 수와 연산

1 10000까지의 수

① 일, 십, 백, 천의 자릿값의 의미와 위치적 기수법을 이해하고, 10000까지의 수를 읽고 쓸 수 있다.

관련 교수단위: TUAN-2010, TUAN-2020, TUAN-2030, TUAN-2040, TUAN-2050, TUAN-2060, TUAN-2070

② 네 자리 수의 계열을 이해하고, 크기를 비교할 수 있다.

관련 교수단위: TUAN-2080, TUAN-2090

2 네 자리 수의 덧셈과 뺄셈

① 세 자리 수의 덧셈과 뺄셈을 할 수 있다.

관련 교수단위: TUAN-2210, TUAN-2220, TUAN-2230, TUAN-2240

② 네 자리 수의 범위에서 덧셈과 뺄셈을 할 수 있다.

관련 교수단위: TUAN-2250, TUAN-2260, TUAN-2270, TUAN-2280

③ 네 자리 수의 범위에서 세 수의 덧셈과 뺄셈을 할 수 있다.

관련 교수단위: TUAN-2310, TUAN-2320, TUAN-2330, TUAN-2340

④ 덧셈과 뺄셈을 활용하여 실생활 문제를 해결할 수 있다.

관련 교수단위: TUAN-2350

3 곱셈

① '(두 자리 수)×(한 자리 수)', '(세 자리 수)×(한 자리 수)', '(두 자리 수)×(두 자리 수)'의 계산을 할 수 있다.

관련 교수단위: TUAN-3210, TUAN-3220, TUAN-3230, TUAN-3240, TUAN-3250, TUAN-3260, TUAN-3270, TUAN-3280, TUAN-3290, TUAN-3300, TUAN-3310, TUAN-3320, TUAN-3330

② 곱셈을 활용하여 실생활 문제를 해결할 수 있다.

관련 교수단위: TUAN-3340

4 나눗셈

① 나눗셈이 이루어지는 상황을 알고, 나눗셈의 의미를 이해한다.

관련 교수단위: TUAN-4010, TUAN-4020, TUAN-4030, TUAN-4040, TUAN-4050

② 곱셈과 나눗셈 사이의 관계를 이해한다.

관련 교수단위: TUAN-4060

③ '(두 자리 수)÷(한 자리 수)'의 계산을 할 수 있고, 나눗셈에서 몫과 나머지의 의미를 이해한다.

교수 관련단위: TUAN-4070, TUAN-4080, TUAN-4090, TUAN-4100, TUAN-4110, TUAN-4120

④ 나눗셈을 활용하여 실생활 문제를 해결할 수 있다.

교수 관련단위: TUAN-4130

5 분수

① 이산량의 등분할을 통하여 분수를 이해한다.

관련 교수단위: TUAQ-0110

② 단위분수와 진분수의 의미를 알고, 그 관계를 이해한다.

관련 교수단위: TUAQ-0120

③ 분모가 같은 진분수와 간단한 단위분수의 크기를 비교할 수 있다.

관련 교수단위: TUAQ-0130, TUAQ-0140

6 소수의 이해

① 분모가 10인 진분수를 통하여 소수를 이해한다.

TUAQ-2010, TUAQ-2020, TUAQ-2030

② 소수를 읽고 쓸 수 있으며, 크기를 비교할 수 있다.

관련 교수단위: TUAQ-2040

용어와 기호 나눗셈, 몫, 나머지, 나누어 떨어진다, 소수, ÷, 소수점(.)

교수-학습상의 유의점

① 실생활에서 분수나 소수가 쓰이는 경우를 찾아보게 한다.
② 덧셈, 뺄셈, 곱셈, 나눗셈을 하기 전에 답을 어림해보게 한다.
③ 문제 상황을 통하여 분수와 소수의 편리한 점을 인식하게 한다.

(나) 도형

1 각과 평면도형

① 각과 직각을 이해한다.

관련 교수단위: TUAG-0310, TUAG-0320, TUAG-0330, TUAG-0340, TUAG-0350

② 직각삼각형, 직사각형, 정사각형을 이해한다.

관련 교수단위: TUAG-0360, TUAG-0370, TUAG-0380, TUAG-0390, TUAG-0400, TUAG-0410, TUAG-0420, TUAG-0430

2 평면도형의 이동

① 간단한 평면도형의 밀기, 뒤집기, 돌리기 활동을 통하여 그 변화를 이해한다.

관련 교수단위: TUAG-4010, TUAG-4020, TUAG-4030, TUAG-4040

3 원의 구성 요소

① 원의 중심, 반지름, 지름을 알고, 그들 사이의 관계를 이해한다.

관련 교수단위: TUAG-0510, TUAG-0520, TUAG-0530

② 컴퍼스를 이용하여 여러 가지 모양을 그릴 수 있다.

관련 교수단위: TUAG-0540, TUAG-0550, TUAG-0560

용어와 기호 각, (각의) 꼭짓점, (각의) 변, 직각, 직각삼각형, 직사각형, 정사각형, 중심, 반지름, 지름

교수-학습상의 유의점

① 밀기, 뒤집기, 동리기는 구체물이나 그림, 모눈종이에 그려진 평면도형을 조작하는 활동을 통하여 간단히 다룬다.

(다) 측정

1 시간

① 시각과 시간의 의미를 이해한다.

관련 교수단위: TUAM-1210

② 1분은 60초임을 알고, 초 단위까지 시각을 읽을 수 있다.

관련 교수단위: TUAM-1220, TUAM-1230

③ 초 단위까지 시간의 덧셈과 뺄셈을 할 수 있다.

관련 교수단위: TUAM-1310. TUAM-1320, TUAM-1330, TUAM-1340, TUAM-1350

2 길이

① 1 mm, 1 km의 단위를 안다.

관련 교수단위: TUAM-2210, TUAM-2220

② 1 cm와 1 mm, 1 km와 1 m의 관계를 이해하고, 길이를 단명수와 복명수로 말할 수 있다.

관련 교수단위: TUAM-2230, TUAM-2240, TUAM-2250, TUAM-2260, TUAM-2270, TUAM-2280, TUAM-2290

③ 길이의 덧셈과 뺄셈을 할 수 있다.

관련 교수단위: TUAM-2510, TUAM-2520, TUAM-2530, TUAM-2540

[3] 들이

① 1 L, 1 mL의 단위를 알고, 그 관계를 이해한다.

관련 교수단위: TUAM-4010, TUAM-4020, TUAM-4030, TUAM-4040

② 들이를 측정하여 L와 mL로 말할 수 있다.

관련 교수단위: TUAM-4050

③ 들이의 덧셈과 뺄셈을 할 수 있다.

관련 교수단위: TUAM-4110, TUAM-4120

④ 여러 가지 그릇의 들이를 어림하고 재어봄으로써 양감을 기른다.

관련 교수단위: TUAM-4130, TUAM-4140

[4] 무게

① 1 g, 1 kg단위를 알고, 그 관계를 이해한다.

관련 교수단위: TUAM-4210, TUAM-4220, TUAM-4230, TUAM-4240

② 여러 가지 물체의 무게를 측정하여 g과 kg으로 말할 수 있다.

관련 교수단위: TUAM-4250, TUAM-4260

③ 무게의 덧셈과 뺄셈을 할 수 있다.

관련 교수단위: TUAM-4310, TUAM-4320

④ 여러 가지 무게를 어림하고 재어봄으로써 양감을 기른다.

관련 교수단위: TUAM-4330

용어와 기호 시각, 초, mm, km, L, mL, g, kg

교수-학습상의 유의점

① 실생활의 예를 들어 단위의 필요성과 편리함을 알게 한다.
② 실제 측정 활동을 중심으로 무게와 들이를 다룬다.
③ 시간, 길이, 들이, 무게의 계산은 간단한 경우만 다룬다.

(라) 확률과 통계

1 자료의 정리

① 여러 가지 자료를 수집, 분류, 정리하여 표, 막대그래프, 간단한 그림그래프로 나타낼 수 있다.

관련 교수단위: TUST-0130, TUST-0140, TUST-0150

② 표나 그래프에서 자료의 특성을 찾아보고, 이를 설명할 수 있다.

관련 교수단위: TUST-0210, TUST-0220, TUST-0230

용어와 기호 막대그래프, 그림그래프

(마) 규칙성과 문제해결

1 규칙 찾기

① 규칙을 정하여 한 가지 도형으로 여러 가지 무늬를 꾸밀 수 있다.

관련 교수단위: TUPT-0310, TUPT-0320, TUPT-0330, TUPT-0340

2 문제해결 방법

① 표 만들기, 예상과 확인 등의 여러 가지 방법으로 문제를 해결할 수 있다.

관련 교수단위: TUPS-0130, TUPS-0140

교수-학습상의 유의점

① 무늬 꾸미기에서 사용하는 도형은 배열 방법에 따라 다양한 무늬가 나타날 수 있는 것으로 한다.

4학년

(가) 수와 연산

1 다섯 자리 이상의 수

① 10000 이상의 큰 수에 대하여 자릿값과 위치적 기수법을 이해하고, 수를 읽고 쓸 수 있다.

> 관련 교수단위: TUAN-2510, TUAN-2520, TUAN-2530, TUAN-2540 ,TUAN-2550, TUAN-2560, TUAN-2570, TUAN-2580, TUAN-2590, TUAN-2600, TUAN-2610

② 수 계열을 이해하고 크기를 비교할 수 있다.

> 관련 교수단위: TUAN-2620, TUAN-2630

2 자연수의 사칙계산

① 곱하는 수가 두 자리 수인 곱셈을 할 수 있다.

> 관련 교수단위: TUAN-3410, TUAN-3420, TUAN-3430, TUAN-3440, TUAN-3450, TUAN-3460, TUAN-3470, TUAN-3480, TUAN-3490, TUAN-3500, TUAN-3510, TUAN-3520

② 나누는 수가 두 자리 수인 나눗셈을 할 수 있다.

> 관련 교수단위: TUAN-4210, TUAN-4220, TUAN-4230, TUAN-4240, TUAN-4250

③ 덧셈, 뺄셈, 곱셈, 나눗셈이 섞여 있는 계산 문제를 해결할 수 있다.

> 관련 교수단위: TUAN-5010, TUAN-5020, TUAN-5030, TUAN-5040, TUAN-5050, TUAN-5060, TUAN-5070, TUAN-5080

3 여러 가지 분수

① 진분수, 가분수, 대분수를 이해하고, 그 상호 관계를 알 수 있다.

> 관련 교수단위: TUAQ-0210, TUAQ-0220, TUAQ-0230, TUAQ-0240, TUAQ-0250, TUAQ-0260, TUAQ-0270, TUAQ-0280, TUAQ-0290, TUAQ-0300

② 분모가 같은 분수의 크기를 비교할 수 있다.

> 관련 교수단위: TUAQ-0310, TUAQ-0320

4 분모가 같은 분수의 덧셈과 뺄셈

① 분모가 같은 분수의 덧셈과 뺄셈을 할 수 있다.

관련 교수단위: TUAQ-0330, TUAQ-0340, TUAQ-0350, TUAQ-0360

5 소수

① 자리잡기의 원리를 바탕으로 소수 두 자리 수와 소수 세 자리 수를 이해한다.

관련 교수단위: TUAQ-2110, TUAQ-2120, TUAQ-2130, TUAQ-2140, TUAQ-2150

② 소수를 읽고, 쓰고, 크기를 비교할 수 있다.

관련 교수단위: TUAQ-2160, TUAQ-2170, TUAQ-2180, TUAQ-2190, TUAQ-2200, TUAQ-2210, TUAQ-2220, TUAQ-2230, TUAQ-2240, TUAQ-2250, TUAQ-2260

6 소수의 덧셈과 뺄셈

① 소수의 덧셈과 뺄셈을 할 수 있다.

관련 교수단위: TUAQ-2270, TUAQ-2280, TUAQ-2290, TUAQ-2300, TUAQ-2310, TUAQ-2320, TUAQ-2330, TUAQ-2340, TUAQ-2350, TUAQ-2360, TUAQ-2370, TUAQ-2380, TUAQ-2390

용어와 기호 진분수, 가분수, 자연수, 대분수

교수-학습상의 유의점

① 자연수의 사칙계산은 4학년에서 완성되도록 계산 방법을 일반화한다.
② 지나치게 복잡한 자연수 혼합 계산은 다루지 않는다.
③ 자연수, 분수, 소수의 계산에서 계산하기 전에 답을 어림해보게 할 수 있다.
④ 계산하거나 어림한 값을 계산기를 사용하여 확인해 볼 수 있다.
⑤ 혼소수는 분수와 관련지어 다룬다.

(나) 도형

1 각과 여러 가지 삼각형

① 이등변삼각형과 정삼각형을 이해한다.

관련 교수단위: TUAG-0610, TUAG-0620, TUAG-0630, TUAG-0640, TUAG-0650, TUAG-0660, TUAG-0670, TUAG-0680

② 예각과 둔각의 뜻을 알고, 예각삼각형과 둔각삼각형을 이해한다.

관련 교수단위: TUAG-0710, TUAG-0720, TUAG-0730, TUAG-0740, TUAG-0750, TUAG-0760, TUAG-0770, TUAG-0780

[2] 다각형의 이해

① 수직과 평행의 관계를 이해한다.

관련 교수단위: TUAG-0810, TUAG-0820, TUAG-0830, TUAG-0840, TUAG-0850, TUAG-0860

② 사다리꼴, 평행사변형, 마름모, 직사각형, 정사각형의 개념을 알고, 그 성질을 이해한다.

관련 교수단위: TUAG-1010, TUAG-1020, TUAG-1030, TUAG-1040, TUAG-1050, TUAG-1060, TUAG-1070, TUAG-1080, TUAG-1090, TUAG-1100, TUAG-1110, TUAG-1120

③ 간단한 다각형과 정다각형을 이해한다.

관련 교수단위: TUAG-1130, TUAG-1140, TUAG-1150, TUAG-1160, TUAG-1170

④ 주어진 도형으로 여러 가지 모양을 만들 수 있다.

관련 교수단위: TUAG-4110

⑤ 주어진 도형을 여러 가지 모양으로 덮을 수 있다.

관련 교수단위: TUAG-4120

용어와 기호 이등변삼각형, 정삼각형, 예각, 둔각, 예각삼각형, 둔각삼각형, 수직, 수선, 평행, 평행선, 사다리꼴, 평행사변형, 마름모, 대각선, 다각형, 정다각형

교수–학습상의 유의점

① 구체적인 조작 활동을 통하여 도형의 성질을 파악할 수 있게 한다.
② 여러 가지 사각형의 관계를 이해하게 한다.

(다) 측정

[1] 각도

① 각의 크기의 단위인 1도(°)를 알고, 각도기를 이용하여 각의 크기를 측정할 수 있다.

관련 교수단위: TUAM-5010, TUAM-5020, TUAM-5030, TUAM-5040

② 주어진 각도와 크기가 같은 각을 그릴 수 있다.

관련 교수단위: TUAM-5050

③ 삼각형과 사각형의 내각의 크기의 합을 구할 수 있다.

관련 교수단위: TUAM-5110, TUAM-5120, TUAM-5130, TUAM-5140, TUAM-5150, TUAM-5160

[2] 평면도형의 둘레

① 간단한 평면도형의 둘레의 길이를 구할 수 있다.

관련 교수단위: TUAM-2610, TUAM-2620

[3] 직사각형과 정사각형의 넓이

① 넓이를 이해하고, $1cm^2$의 단위를 안다.

관련 교수단위: TUAM-3010, TUAM-3020

② 직사각형과 정사각형의 넓이 구하는 방법을 이해하고, 그 넓이를 구할 수 있다.

관련 교수단위: TUAM-3030, TUAM-3040

[4] 어림하기

① 이상, 이하, 초과, 미만의 뜻을 알고, 수의 범위를 나타낼 수 있다.

관련 교수단위: TUAM-0210, TUAM-0220, TUAM-0230, TUAM-0240, TUAM-0250, TUAM-0260, TUAM-0270, TUAM-0280

② 반올림, 올림, 버림의 의미를 알고, 이를 생활에 활용할 수 있다.

관련 교수단위: TUAM-0310, TUAM-0320, TUAM-0330

용어와 기호 이상, 이하, 초과, 미만, 반올림, 올림, 버림, 도(°), cm^2

교수-학습상의 유의점

① 반올림, 올림, 버림은 실제로 사용되는 예를 통하여 그 필요성을 인식한다.

(라) 확률과 통계

1 꺾은선 그래프

① 연속적인 변량에 대한 자료를 수집하여 꺾은선그래프로 나타낼 수 있다.

관련 교수단위: TUST-0240, TUST-0250, TUST-0260, TUST-0270, TUST-0280

② 막대그래프와 꺾은선그래프를 비교하여 각각의 특성과 용도를 안다.

관련 교수단위: TUST-0290

③ 실생활에서 찾을 수 있는 자료를 목적에 맞는 그래프로 나타내고 해석할 수 있다.

관련 교수단위: TUST-0300, TUST-0310

용어와 기호 꺾은선그래프

교수-학습상의 유의점

① 자료의 특성을 잘 나타낼 수 있는 그래프를 선택할 수 있게 한다.

(마) 규칙성과 문제해결

1 규칙 찾기

① 다양한 변화 규칙을 수로 나타내고 설명할 수 있다.

관련 교수단위: TUPT-0410

② 규칙 찾기 놀이를 통하여 규칙을 추측하고 말이나 글로 표현할 수 있다.

관련 교수단위: TUPT-0420, TUPT-0430

2 규칙적인 무늬 만들기

① 밀기, 뒤집기, 돌리기 등의 방법을 이용하여 한 가지 무늬로 새로운 무늬를 만들 수 있다.

관련 교수단위: TUPT-0350, TUPT-0360, TUPT-0370, TUPT-0380

3 규칙과 대응

① 두 양 사이의 대응 관계를 나타낸 표에서 규칙을 찾고, □, △를 사용하여 식으로 나타낼 수 있다.

관련 교수단위: TUPT-2010, TUPT-2020

④ 문제해결 방법

① 단순화하기, 논리적 추론 등의 여러 가지 방법으로 문제를 해결할 수 있다.

관련 교수단위: TUPS-0150, TUPS-0160

② 문제해결 과정을 설명할 수 있다.

관련 교수단위: TUPS-0170

교수–학습상의 유의점

① 규칙 찾기 놀이는 간단한 계산이 적용되는 경우로 한다.
② 두 양 사이의 대응 관계는 한 양이 변할 때 다른 양이 그에 종속하여 변하는 관계를 통해 다룬다.

5학년

(가) 수와 연산

① 약수와 배수

① 약수, 공약수, 최대공약수의 의미를 알고, 이를 구할 수 있다.

관련 교수단위: TUAN-6010, TUAN-6020, TUAN-6030, TUAN-6040, TUAN-6050, TUAN-6060

② 배수, 공배수, 최소공배수의 의미를 알고, 이를 구할 수 있다.

관련 교수단위: TUAN-6070, TUAN-6080, TUAN-6090, TUAN-6100, TUAN-6110, TUAN-6120

③ 약수와 배수 사이의 관계를 이해하고, 이를 문제해결에 활용할 수 있다.

관련 교수단위: TUAN-6130

② 약분과 통분

① 분수의 성질을 이용하여 크기가 같은 분수를 만들 수 있다.

관련 교수단위: TUAQ-1010, TUAQ-1020, TUAQ-1030

② 분수를 약분, 통분할 수 있다.

관련 교수단위: TUAQ-1040, TUAQ-1050, TUAQ-1060, TUAQ-1070, TUAQ-1080, TUAQ-1090

③ 분모가 다른 분수의 크기를 비교할 수 있다.

관련 교수단위: TUAQ-1100, TUAQ-1110

3 소수와 분수

① 소수와 분수의 관계를 이해하고, 분수를 소수로, 소수를 분수로 나타낼 수 있다.

관련 교수단위: TUAQ-3010, TUAQ-3020

② 소수와 분수의 크기를 비교할 수 있다.

관련 교수단위: TUAQ-3030, TUAQ-3040

4 분모가 다른 분수의 덧셈과 뺄셈

① 분모가 다른 분수의 덧셈과 뺄셈을 할 수 있다.

관련 교수단위: TUAQ-1210, TUAQ-1220, TUAQ-1230, TUAQ-1240, TUAQ-1250, TUAQ-1260, TUAQ-1270

5 분수의 곱셈과 나눗셈

① 자연수와 분수의 곱셈, 분수끼리의 곱셈의 의미와 계산 원리를 이해하고, 그 계산을 할 수 있다.

관련 교수단위: TUAQ-4010, TUAQ-4020, TUAQ-4030, TUAQ-4040, TUAQ-4050, TUAQ-4060, TUAQ-4070, TUAQ-4080, TUAQ-4090, TUAQ-4100, TUAQ-4110, TUAQ-4120

② '(자연수)÷(자연수)'를 분수로 나타낼 수 있다.

관련 교수단위: TUAQ-4210, TUAQ-4220

③ '(분수)÷(자연수)'의 계산 원리를 이해하고, 그 계산을 할 수 있다.

관련 교수단위: TUAQ-4230, TUAQ-4240, TUAQ-4250, TUAQ-4260, TUAQ-4270

6 소수의 곱셈과 나눗셈

① 소수와 자연수, 소수끼리의 곱셈을 할 수 있다.

관련 교수단위: TUAQ-2410, TUAQ-2420, TUAQ-2430, TUAQ-2440, TUAQ-2450, TUAQ-2460, TUAQ-2470, TUAQ-2480, TUAQ-2490, TUAQ-2500, TUAQ-2510

② 소수 나눗셈의 계산 원리를 이해하고, '(자연수)÷(자연수)', '(소수)÷(자연수)'의 계산을 할 수 있다.

관련 교수단위: TUAQ-2520, TUAQ-2530, TUAQ-2540, TUAQ-2550, TUAQ-2560, TUAQ-2570, TUAQ-2580, TUAQ-2590

용어와 기호 배수, 짝수, 홀수, 약수, 공약수, 최대공약수, 공배수, 최소공배수, 약분, 통분, 기약분수

교수–학습상의 유의점

① 약수와 배수는 자연수의 범위에서만 다룬다.
② 최대공약수와 최소공배수는 두 수에 대해서만 구한다.
③ 소수의 계산은 계산 원리를 이해할 수 있는 수준에서 간단히 다룬다.

(나) 도형

1 직육면체와 정육면체의 성질

① 직육면체와 정육면체의 구성 요소를 알고, 여러 가지 성질을 찾을 수 있다.

관련 교수단위: TUAG-2010, TUAG-2020, TUAG-2030, TUAG-2040, TUAG-2050, TUAG-2060

② 직육면체와 정육면체의 전개도와 겨냥도를 그릴 수 있다.

관련 교수단위: TUAG-2070, TUAG-2080, TUAG-2090, TUAG-2100, TUAG-2110, TUAG-2120

2 합동

① 도형의 합동의 의미를 알고, 합동인 도형을 식별할 수 있다.

관련 교수단위: TUAG-1310, TUAG-1320, TUAG-1330, TUAG-1340

② 자, 컴퍼스, 각도기를 이용하여 조건에 맞는 삼각형을 그릴 수 있다.

관련 교수단위: TUAG-1410, TUAG-1420, TUAG-1430, TUAG-1440, TUAG-1450, TUAG-1460, TUAG-1470

③ 대칭

① 선대칭도형과 점대칭도형의 의미를 알고 그릴 수 있다.

관련 교수단위: TUAG-1510, TUAG-1520, TUAG-1530, TUAG-1540, TUAG-1550, TUAG-1560, TUAG-1570, TUAG-1580, TUAG-1590

② 선대칭 위치에 있는 도형과 점대칭 위치에 있는 도형을 그릴 수 있다.

관련 교수단위: TUAG-1600, TUAG-1610, TUAG-1620, TUAG-1630, TUAG-1640, TUAG-1650, TUAG-1660, TUAG-1670

용어와 기호 직육면체, 면, 모서리, 밑면, 옆면, 정육면체, 겨냥도, 전개도, 합동, 대응점, 대응변, 대응각, 대칭, 선대칭도형, 점대칭도형, 대칭축, 대칭의 중심

교수-학습상의 유의점

① 직육면체의 전개도를 다양하게 그려보게 한다.
② 구체적인 조작 활동을 통하여 선대칭도형이나 점대칭도형의 의미를 알게 한다.
③ 선대칭도형을 지도할 때 거울의 상을 이용할 수 있다.

(다) 측정

① 평면도형의 넓이

① 평행사변형, 삼각형, 사다리꼴, 마름모의 넓이 구하는 방법을 이해하고, 그 넓이를 구할 수 있다.

관려 교수단위: TUAM-3110, TUAM-3120, TUAM-3130, TUAM-3140

② 여러 가지 단위

① 무게의 새로운 단위를 알고, 무게 단위 사이의 관계를 이해한다.

관련 교수단위: TUAM-4410, TUAM-4420

② 넓이의 새로운 단위를 알고, 넓이 단위 사이의 관계를 이해한다.

관련 교수단위: TUAM-3210, TUAM-3220, TUAM-3230, TUAM-3240, TUAM-3250, TUAM-3260

용어와 기호 밑변, 높이, t, m^2, km^2, a, ha

교수-학습상의 유의점

① 삼각형의 넓이는 높이가 삼각형의 내부, 외부에 있는 것을 모두 다룬다.

② 1 cm^2, 1 m^2의 관계는 활동을 통하여 이해하게 한다.
③ 실생활에서 새로운 단위의 필요성을 느낄 수 있게 한다.
④ 복잡한 단위 환산은 다루지 않는다.

(라) 확률과 통계

1 자료의 표현과 해석

① 자료를 정리하여 줄기와 잎 그림이나 그림그래프로 나타내고, 자료의 특성을 파악할 수 있다.

관련 교수단위: TUST-0410, TUST-0420, TUST-0430, TUST-0510, TUST-0520, TUST-0530

② 평균의 의미를 알고, 주어진 자료의 평균을 구할 수 있다.

관련 교수단위: TUST-2010, TUST-2020, TUST-2030, TUST-2040

③ 목적에 맞게 자료를 수집하고 정리하여 적절한 그래프로 나타내고, 자료의 특성을 설명할 수 있다.

관련 교수단위: TUST-0550, TUST-0560

용어와 기호 줄기와 잎 그림, 평균

교수-학습상의 유의점
① 목적에 맞게 자료를 정리하고 해석하는 것이 중요함을 알게 한다.

(마) 규칙성과 문제해결

1 비와 비율

① 두 양의 크기를 비교하여 분수로 나타낼 수 있다.

관련 교수단위: TURT-0010, TURT-0030, TURT-0020

② 두 양 사이의 비와 비율의 의미를 이해한다.

관련 교수단위: TURT-0040, TURT-0050

③ 비율을 여러 가지 방법으로 나타낼 수 있다.

관련 교수단위: TURT-0060, TURT-0070, TURT-0080, TURT-0090

[2] 문제해결 방법

① 하나의 문제를 여러 가지 방법으로 해결하고, 그 방법을 비교할 수 있다.

관련 교수단위: TUPS-0210, TUPS-0220

② 주어진 문제를 해결하는 데 필요 없거나 부족한 정보를 찾을 수 있다.

관련 교수단위: TUPS-0230, TUPS-0240, TUPS-0250

③ 문제해결 과정의 타당성을 검토할 수 있다.

관련 교수단위: TUPS-0260

용어와 기호 비, 기준량, 비교하는 양, 비율, 백분율, 할, 푼, 리, :, %

교수-학습상의 유의점

① 두 양의 크기를 비교할 때에는 부분과 전체, 부분과 부분 사이의 관계를 다양하게 다룬다.
② 속력, 인구 밀도 등과 같이 타 교과 및 실생활에서 비율이 사용되는 예를 찾아보고, 관련된 문제를 해결해보게 한다.

6학년

(가) 수와 연산

[1] 분수의 나눗셈

① 나누는 수가 분수인 나눗셈의 의미와 계산 원리를 이해하고, 그 계산을 할 수 있다.

관련 교수단위: TUAQ-4310, TUAQ-4310, TUAQ-4320, TUAQ-4320, TUAQ-4330, TUAQ-4340, TUAQ-4350, TUAQ-4355, TUAQ-4360, TUAQ-4370, TUAQ-4380, TUAQ-4390, TUAQ-4400, TUAQ-4410, TUAQ-4420, TUAQ-4430, TUAQ-4430, TUAQ-4440, TUAQ-4440, TUAQ-4440, TUAQ-4450, TUAQ-4460

[2] 소수의 나눗셈

① 나누는 수가 소수인 나눗셈의 의미와 계산 원리를 이해하고, 그 계산을 할 수 있다.

관련 교수단위: TUAQ-4610, TUAQ-4620, TUAQ-4630, TUAQ-4640, TUAQ-4650, TUAQ-4660, TUAQ-4670

③ 분수와 소수의 혼합 계산

① 간단한 분수와 소수의 혼합 계산을 할 수 있다.

관련 교수단위: TUAQ-4710, TUAQ-4720, TUAQ-4730, TUAQ-4740, TUAQ-4750, TUAQ-4760, TUAQ-4770, TUAQ-4780, TUAQ-4790, TUAQ-4800, TUAQ-4810

(나) 도형

① 각기둥과 각뿔의 성질

① 각기둥과 각뿔을 이해하고, 구성 요소와 성질을 안다.

관련 교수단위: TUAG-2210, TUAG-2220, TUAG-2230, TUAG-2240, TUAG-2250, TUAG-2260, TUAG-2270, TUAG-2280

② 각기둥의 전개도를 그릴 수 있다.

관련 교수단위: TUAG-2290, TUAG-2300, TUAG-2310

② 원기둥과 원뿔의 성질

① 원기둥과 원뿔을 이해하고, 구성 요소와 성질을 안다.

관련 교수단위: TUAG-2320, TUAG-2330, TUAG-2340, TUAG-2350, TUAG-2360

② 원기둥의 전개도를 이해한다.

관련 교수단위: TUAG-2370, TUAG-2380, TUAG-2390

③ 회전체를 이해한다.

관련 교수단위: TUAG-2410, TUAG-2420, TUAG-2430, TUAG-2440, TUAG-2450, TUAG-2460

③ 여러 가지 입체도형

① 쌓기나무로 만든 입체도형을 보고 사용된 쌓기나무의 개수를 구할 수 있다.

관련 교수단위: TUAG-3110

② 쌓기나무로 여러 가지 모양을 만들고 규칙을 찾을 수 있다.

관련 교수단위: TUAG-3120, TUAG-3130

③ 쌓기나무로 만든 입체도형의 위, 앞, 옆에서 본 모양을 표현할 수 있다.

관련 교수단위: TUAG-3140, TUAG-3150

④ 여러 가지 물체의 위, 앞, 옆에서 본 모양을 표현할 수 있다.

관련 교수단위: TUAG-3160, TUAG-3170

용어와 기호 각기둥, 각뿔, 원기둥, 원뿔, 모선, 회전체, 회전축, 구, 단면

교수–학습상의 유의점

① 각기둥의 전개도에서는 간단한 형태만 다룬다.
② 여러 가지 문체를 다룰 때에는 실생활과 밀접한 소재를 활용한다.

(다) 측정

1 원주율과 원의 넓이

① 원주율을 이해한다.

관련 교수단위: TUAM-3310, TUAM-3320

② 원주와 원의 넓이 구하는 방법을 이해하고, 이를 구할 수 있다.

관련 교수단위: TUAM-3330, TUAM-3340, TUAM-3350, TUAM-3360

2 겉넓이와 부피

① 직육면체와 정육면체의 겉넓이 구하는 방법을 이해하고, 이를 구할 수 있다.

관련 교수단위: TUAM-3510, TUAM-3520

② 부피를 이해하고, $1\ \mathrm{cm}^3$, $1\ \mathrm{m}^3$의 단위를 알며, 단위 사이의 관계를 이해한다.

관련 교수단위: TUAM-4510, TUAM-4520, TUAM-4530, TUAM-4540

③ 직육면체와 정육면체의 부피 구하는 방법을 이해하고, 이를 구할 수 있다.

관련 교수단위: TUAM-4550, TUAM-4560

④ 부피와 들이 사이의 관계를 안다.

관련 교수단위: TUAM-4610, TUAM-4620

③ 원기둥의 겉넓이와 부피

① 원기둥의 겉넓이와 부피 구하는 방법을 이해하고, 이를 구할 수 있다.

관련 교수단위: TUAM-3410, TUAM-3420, TUAM-4570

용어와 기호 겉넓이, 부피, 원주, 원주율, cm^3, m^3

교수-학습상의 유의점

① 원주율은 원의 지름과 원주를 측정하는 활동을 통해 이해하게 한다.
② 원의 넓이는 구체적인 조작 활동을 통하여 여러 가지 방법으로 구한다.

(라) 확률과 통계

① 비율그래프

① 띠그래프와 원그래프의 의미를 알고, 이를 활용할 수 있다.

관련 교수단위: TUST-0610, TUST-0620, TUST-0630, TUST-0650, TUST-0660, TUST-0670, TUST-0680

② 비율그래프에서 자료의 특성을 찾아보고, 이를 설명할 수 있다.

관련 교수단위: TUST-0690

② 경우의 수와 확률

① 경우의 수의 뜻을 알고, 이를 구할 수 있다.

관련 교수단위: TUST-5010, TUST-5020, TUST-5030, TUST-5040, TUST-5050

② 경우의 수를 바탕으로 확률의 의미를 이해한다.

관련 교수단위: TUST-5110, TUST-5120, TUST-5130

용어와 기호 띠그래프, 원그래프, 경우의 수, 확률

교수-학습상의 유의점

① 원그래프를 지도할 때에는 눈금이 표시된 원을 이용한다.
② 비율그래프를 지도할 때에는 신문, 인터넷 등에 있는 표나 그래프를 소재로 활용할 수 있다.
③ 경우의 수는 간단한 경우만 다룬다.
④ 실생활의 예를 이용하여 확률의 의미를 다룬다.

(마) 규칙성과 문제해결

[1] 방정식

① 미지수를 x로 나타낼 수 있다.

관련 교수단위: TUEQ-1010

② 등식의 성질을 이해하고, 이를 이용하여 간단한 방정식을 풀 수 있다.

관련 교수단위: TUEQ-1100, TUEQ-1110

[2] 비례식

① 비례식을 이해하고, 이를 활용할 수 있다.

관련 교수단위: TUEQ-2010, TUEQ-2020

② 비례식의 성질을 이용하여 간단한 비례식을 풀 수 있다.

관련 교수단위: TUEQ-2030, TUEQ-2040

[3] 연비와 비례배분

① 연비의 뜻을 알고, 세 양 사이의 관계를 연비로 나타낼 수 있다.

관련 교수단위: TUEQ-2110, TUEQ-2120

② 비례배분의 뜻을 알고, 주어진 양을 비례배분 할 수 있다.

관련 교수단위: TUEQ-2130, TUEQ-2140

[4] 정비례와 반비례

① 두 수 사이의 대응 관계를 x와 y를 사용하여 식으로 나타낼 수 있다.

관련 교수단위: TURT-1010

② 정비례와 반비례 관계를 이해하고, 그 관계를 표나 식으로 나타낼 수 있다.

관련 교수단위: TURT-1110, TURT-1120, TURT-1130, TURT-1210, TURT-1220, TURT-1230

③ 정비례와 반비례 관계를 활용하여 실생활 문제를 해결할 수 있다.

관련 교수단위: TURT-1140, TURT-1240

5 문제해결 방법

① 여러 가지 문제해결 방법을 비교하여 문제 상황에 적절한 방법을 선택할 수 있다.

관련 교수단위: TUPS-0270, TUPS-0280

② 주어진 문제에서 조건을 바꾸어 새로운 문제를 만들고, 그 문제를 해결할 수 있다.

관련 교수단위: TUPS-0290

③ 문제해결 과정의 타당성을 설명할 수 있다.

관련 교수단위: TUPS-0300

용어와 기호 등식, 방정식, 비례식, 연비, 비례배분, 정비례 , 반비례, 관계식, 비례상수, x

교수-학습상의 유의점

① 미지수는 x이외의 다른 문자도 사용할 수 있다.
② 등식의 성질은 구체물을 이용하여 다룬다.
③ 비례식, 연비, 비례배분은 간단한 경우만 다룬다.
④ 대응 관계, 정비례, 반비례는 실생활의 예를 통하여 다룬다.
⑤ 두 수 사이의 대응 관계를 도입할 때에는 $y=x+a$와 $y=a\times x$인 경우만 다룬다.

부록 2.
2009 개정 초등학교 수학과 교육과정 및 관련 교수단위

1~2학년군

(가) 수와 연산

1 네 자리 이하의 수

① 0과 100까지의 수 개념을 이해하고, 수를 세고 읽고 쓸 수 있다.

관련 교수단위: TUAN-0010, TUAN-0020, TUAN-0030, TUAN-0040, TUAN-0050, TUAN-0060, TUAN-0070, TUAN-0080, TUAN-0090, TUAN-0100, TUAN-0110, TUAN-0120, TUAN-0130, TUAN-0140

② 일, 십, 백, 천의 자릿값과 위치적 기수법을 이해하고, 네 자리 이하의 수를 읽고 쓸 수 있다.

관련 교수단위: TUAN-0280, TUAN-0290, TUAN-1010, TUAN-1020, TUAN-1030, TUAN-1040, TUAN-1050, TUAN-1060, TUAN-2010, TUAN-2020, TUAN-2030, TUAN-2040, TUAN-2050, TUAN-2060, TUAN-2070

③ 네 자리 이하의 수의 범위에서 수의 계열을 이해하고, 수의 크기를 비교할 수 있다.

관련 교수단위: TUAN-0150, TUAN-0160, TUAN-0170, TUAN-0180, TUAN-0190, TUAN-0200, TUAN-0210, TUAN-0220, TUAN-0230, TUAN-0240, TUAN-0250, TUAN-0260, TUAN-0270, TUAN-0340, TUAN-0350, TUAN-1070, TUAN-1080, TUAN-2080, TUAN-2090

④ 하나의 수를 두 수로 분해하고 두 수를 하나의 수로 합성하는 활동을 통하여 수 감각을 기른다.

관련 교수단위: TUAN-0300, TUAN-0310, TUAN-0320, TUAN-0330

2 두 자리 수의 덧셈과 뺄셈

① 덧셈과 뺄셈이 이루어지는 실생활 상황을 통하여 덧셈과 뺄셈의 의미를 이해한다.

관련 교수단위: TUAN-0360, TUAN-0370, TUAN-0380, TUAN-0390, TUAN-0400

② 두 자리 수의 범위에서 덧셈과 뺄셈의 계산 원리를 이해하고 그 계산을 할 수 있다.

관련 교수단위: TUAN-0410, TUAN-0420, TUAN-0430, TUAN-0440, TUAN-0450, TUAN-0460, TUAN-0470, TUAN-0480, TUAN-0610, TUAN-0620, TUAN-0630, TUAN-0640, TUAN-0650, TUAN-0660, TUAN-0670, TUAN-0680, TUAN-0690, TUAN-1110, TUAN-1120, TUAN-1130, TUAN-1140, TUAN-1150, TUAN-1160, TUAN-1170, TUAN-1180, TUAN-1190

③ 덧셈과 뺄셈의 관계를 이해한다.

관련 교수단위: TUAN-0490, TUAN-0500, TUAN-0510, TUAN-0520, TUAN-1290

④ 두 자리 수의 범위에서 세 수의 덧셈과 뺄셈을 할 수 있다.

관련 교수단위: TUAN-0530, TUAN-0540, TUAN-0550, TUAN-0560, TUAN-0570, TUAN-0580, TUAN-0590, TUAN-1210, TUAN-1220, TUAN-1230, TUAN-1240, TUAN-1250, TUAN-1260, TUAN-1270, TUAN-1280

⑤ □가 사용된 덧셈식과 뺄셈식을 만들고, □의 값을 구할 수 있다.

관련 교수단위: TUEQ-0010, TUEQ-0110, TUEQ-0120, TUEQ-0130

⑥ 덧셈과 뺄셈에 관련된 실생활 문제를 만들고 해결할 수 있다.

관련 교수단위: TUAN-0700

3 곱셈

① 곱셈이 이루어지는 실생활 상황을 통하여 곱셈의 의미를 이해한다.

관련 교수단위: TUAN-3010, TUAN-3020, TUAN-3030, TUAN-3040

② 곱셈구구를 이해하고, 한 자리 수의 곱셈을 할 수 있다.

관련 교수단위: TUAN-3050, TUAN-3060, TUAN-3070, TUAN-3080, TUAN-3090, TUAN-3100, TUAN-3110, TUAN-3120, TUAN-3130, TUAN-3140, TUAN-3150, TUPT-0230

용어와 기호 덧셈, 뺄셈, 곱셈, 짝수, 홀수, +, −, ×, =, >, <

교수–학습상의 유의점

① 자연수가 개수, 순서, 이름 등을 나타내는 경우가 있음을 알고, 실생활에서 수가 쓰이는 사례를 통하여 수의 필요성을 인식하게 한다.

② 수 세기가 필요한 장면에서 묶어 세기, 뛰어 세기의 방법으로 수를 세어 보고, 실생활

장면에서 짝수와 홀수를 직관적으로 이해하게 한다.

③ 수를 분해하고 합성하는 활동은 20이하의 수의 범위에서 한다.

④ '더한다', '합한다', '~보다 ~ 큰 수', '~보다 ~ 작은 수', '뺀다', '덜어 낸다', '합', '차' 등의 일상적 용어를 사용하여 덧셈과 뺄셈의 개념에 친숙하게 한다.

⑤ 덧셈은 두 자리 수의 범위에서 다루되, 합이 세 자리가 되는 덧셈도 포함한다.

⑥ 덧셈과 뺄셈을 여러 가지 방법으로 암산하는 활동을 통하여 연산 감각을 기르게 한다.

⑦ 곱셈의 의미는 배의 개념과 같은 수 더하기를 통하여 다루고, 1의 곱과 0의 곱은 실생활과 관련지어 다룬다.

⑧ 곱셈표에서 규칙을 찾고 설명해보게 한다.

⑨ 수와 연산 영역에서 문제 상황에 적합한 문제 해결 전략을 지도하여 문제 해결 능력을 기르게 한다.

(나) 도형

1 입체도형의 모양

① 교실 및 생활 주변에서 여러 가지 물건을 관찰하여 직육면체, 원기둥, 구의 모양을 찾고, 그것들을 이용하여 여러 가지 모양을 만들 수 있다.

관련 교수단위: TUAG-0010, TUAG-0030, TUAG-0040

② 쌓기나무를 이용하여 여러 가지 입체도형의 모양을 만드는 활동을 통하여 입체도형에 대한 감각을 기른다.

관련 교수단위: TUAG-3010, TUAG-3020, TUAG-3030

2 평면도형의 모양

① 교실 및 생활 주변에서 여러 가지 물건을 관찰하여 사각형, 삼각형, 원의 모양을 찾고, 그것들을 이용하여 여러 가지 모양을 꾸밀 수 있다.

관련 교수단위: TUAG-0050, TUAG-0070, TUAG-0080

② 칠교판을 이용하여 여러 가지 모양을 자유롭게 꾸미거나 주어진 모양을 채우는 활동을 통하여 평면도형에 대한 감각을 기른다.

관련 교수단위: TUAG-0090, TUAG-0100

3 평면도형과 그 구성 요소

① 삼각형, 사각형, 원을 직관적으로 이해하고, 그 모양을 그릴 수 있다.

관련 교수단위: TUAG-0130, TUAG-0140, TUAG-0150, TUAG-0160

② 꼭짓점과 변을 알고 찾을 수 있다.

> 관련 교수단위: TUAG-0210

③ 삼각형, 사각형에서 각각의 공통점을 찾아 말하고, 이를 일반화하여 오각형, 육각형을 알고 구별할 수 있다.

> 관련 교수단위: TUAG-0170, TUAG-0180, TUAG-0220, TUAG-1130

용어와 기호 삼각형, 사각형, 원, 꼭짓점, 변, 오각형, 육각형

교수-학습상의 유의점

① 입체도형의 모양이나 평면도형의 모양을 다룰 때 모양의 특징을 직관적으로 파악함으로써 모양을 분류할 수 있게 한다. 이때 분류된 모양을 모양의 이름(상자 모양, 둥근기둥 모양, 공 모양, 네모, 세모, 동그라미 등)을 붙여 범주화하지 않게 한다.
② 입체도형의 모양과 평면도형의 모양을 이용한 모양 만들기와 꾸미기의 주제는 학생들에게 친근한 주제인 동물, 탈 것, 건물 등 다양하게 제시한다.
③ 평면도형의 모양을 이용한 모양 꾸미기 활동에서는 스티커, 잡지에서 오려낸 모양 종이 등을 활용할 수 있게 한다.
④ 삼각형, 사각형, 원은 예인 것과 예가 아닌 것을 인식하고 분류하는 활동을 통하여 직관적으로 이해하게 한다.
⑤ 삼각형과 사각형에 대한 직관적 이해를 통해 도형의 이름과 변 또는 꼭짓점의 개수와의 관계를 파악하고, 그 관계를 일반화하여 오각형과 육각형을 구별하여 이름 지을 수 있게 한다.
⑥ 도형 영역의 문제 상황에 적합한 문제 해결 전략을 지도하여 문제 해결 능력을 기르게 한다.

(다) 측정

1 양의 비교

① 구체물의 길이, 들이, 무게, 넓이를 비교하여 각각 '길다, 짧다', '많다, 적다', '무겁다, 가볍다', '넓다, 좁다' 등을 구별하여 말로 나타낼 수 있다.

> 관련 교수단위: TUAM-0010, TUAM-0020, TUAM-0030, TUAM-0040, TUAM-0050, TUAM-0060, TUAM-0070, TUAM-0080, TUAM-0090, TUAM-0100

2 시각 읽기

① 시계를 보고 시각을 '몇 시 몇 분'까지 읽을 수 있다.

> 관련 교수단위: TUAM-1010, TUAM-1020, TUAM-1030, TUAM-1040, TUAM-1050, TUAM-1080

3 시각과 시간

① 1시간은 60분임을 알고, 시간을 '시간', '분'으로 표현할 수 있다.

관련 교수단위: TUAM-1060, TUAM-1070

② 1분, 1시간, 1일, 1주일, 1개월, 1년 사이의 관계를 이해할 수 있다.

관련 교수단위: TUAM-1090, TUAM-1100, TUAM-1110, TUAM-1120, TUAM-1130

4 길이

① 여러 가지 임의단위를 사용하여 구체물의 길이를 재어봄으로써 길이를 나타내는 표준 단위의 필요성을 인식하고, 1 cm와 1 m의 단위를 알며, 상황에 따라 적절한 단위를 사용하여 길이를 잴 수 있다.

관련 교수단위: TUAM-2010, TUAM-2020, TUAM-2030, TUAM-2040

② 1 m가 100 cm임을 알고, 길이를 단명수와 복명수로 표현할 수 있다.

관련 교수단위: TUAM-2050, TUAM-2060

③ 여러 가지 물건의 길이를 어림하여 보고, 길이에 대한 양감을 기른다.

관련 교수단위: TUAM-2070, TUAM-2080, TUAM-2090

④ 구체물의 길이를 재는 과정에서 자의 눈금과 일치하지 않는 길이의 측정값을 '약'으로 표현할 수 있다.

관련 교수단위: TUAM-2130, TUAM-2140

⑤ 실생활 문제 상황을 통하여 길이의 덧셈과 뺄셈을 이해한다.

관련 교수단위: TUAM-2110, TUAM-2120

용어와 기호 시, 분, 약, cm, m

교수–학습상의 유의점

① 양의 비교는 직관적인 비교, 직접 비교, 간접 비교 등을 상황에 따라 알맞게 다룬다.
② 시각 읽기는 학생의 경험을 소재로 하고, '몇 시', '몇 시 30분', '몇 시 몇 분' 등의 시각을 읽게 한다.
③ 시간의 여러 가지 단위를 지도할 때 단위 사이의 관계를 이해하는 데 중점을 두고, 지나친 단위 환산은 다루지 않는다.

④ 측정 영역의 문제 상황에서 적합한 문제 해결 전략을 지도하여 문제 해결 능력을 기르게 한다.

(라) 규칙성

1 규칙 찾기

① 물체, 무늬, 수의 배열에서 규칙을 찾아 여러 가지 방법으로 나타낼 수 있다.

관련 교수단위: TUPT-0010, TUPT-0020, TUPT-0030, TUPT-0050, TUPT-0110, TUPT-0120, TUPT-0130, TUPT-0210, TUPT-0220

② 자신이 정한 규칙에 따라 물체, 무늬, 수 등을 배열할 수 있다.

관련 교수단위: TUPT-0040

교수-학습상의 유의점

① 물체나 무늬의 배열에서는 그 크기, 위치, 방향, 색깔 등 단순한 규칙만을 다루고, 그 규칙을 말, 수, 그림, 기호, 구체물, 행동 등의 다양한 방법으로 표현할 수 있게 한다.
② 수의 배열뿐만 아니라 수 배열표를 활용하여 수의 규칙을 찾고, 자신이 정한 규칙에 따라 색칠하거나 ○, / 등으로 나타낼 수 있게 한다.
③ 자신의 규칙을 창의적으로 만들어 보고, 다른 사람의 배열에서 규칙을 찾아보거나 규칙에 대해 서로 이야기할 수 있게 한다.
④ 규칙성 영역의 문제 상황에 적합한 문제 해결 전략을 지도하여 문제 해결 능력을 기르게 한다.

(마) 확률과 통계

1 분류하기

① 교실 및 생활 주변에서 사물들을 정해진 기준 또는 자신이 정한 기준으로 분류하여 개수를 세어보고, 기준에 따른 결과를 이야기할 수 있다.

관련 교수단위: TUST-0010, TUST-0020, TUST-0030

2 표 만들기

① 분류한 자료를 표로 나타내고, 표로 나타내면 편리한 점을 이야기할 수 있다.

관련 교수단위: TUST-0050, TUST-0060

③ 그래프 그리기

① 분류한 자료를 ○, ×, / 등을 이용하여 그래프로 나타내고, 그래프로 나타내면 편리한 점을 이야기할 수 있다.

관련 교수단위: TUST-0110, TUST-0120

용어와 기호 표, 그래프

교수-학습상의 유의점

① 표 만들기와 그래프 그리기에서는 생활 주변에 있는 자료들을 활용하되, 그 기준이 분명하고 간단한 것을 활용한다.

② 확률과 통계 영역의 문제 상황에 적합한 문제 해결 전략을 지도하여 문제해결 능력을 기르게 한다.

3~4학년군

(가) 수와 연산

① 다섯 자리 이상의 수

① 10000 이상의 큰 수에 대한 자릿값과 위치적 기수법을 이해하고, 수를 읽고 쓸 수 있다.

관련 교수단위: TUAN-2510, TUAN-2520, TUAN-2530, TUAN-2540, TUAN-2550, TUAN-2560, TUAN-2570, TUAN-2580, TUAN-2590, TUAN-2600

② 다섯 자리 이상의 수의 범위에서 수의 계열을 이해하고, 수의 크기를 비교할 수 있다.

관련 교수단위: TUAN-2610, TUAN-2620, TUAN-2630

② 세 자리 수의 덧셈과 뺄셈

① 세 자리 수의 덧셈과 뺄셈의 계산 원리를 이해하고 그 계산을 할 수 있다.

관련 교수단위: TUAN-1310, TUAN-1320, TUAN-1330, TUAN-1340, TUAN-1410, TUAN-1420, TUAN-1430, TUAN-1440, TUAN-1450, TUAN-1460, TUAN-1470, TUAN-1480, TUAN-1490, TUAN-1500, TUAN-1510, TUAN-1520, TUAN-2210, TUAN-2220, TUAN-2230, TUAN-2240

② 세 자리 수의 덧셈과 뺄셈에서 계산 결과를 어림할 수 있다.

관련 교수단위: TUAN-2360, TUAN-2370

③ 덧셈과 뺄셈에 관련된 실생활 문제를 만들고 해결할 수 있다.

관련 교수단위: TUAN-1580, TUAN-2350

3 곱셈

① 곱하는 수가 한 자리 수, 두 자리 수인 곱셈의 계산 원리를 이해하고 그 계산을 할 수 있다.

관련 교수단위: TUAN-3210, TUAN-3220, TUAN-3230, TUAN-3240, TUAN-3250, TUAN-3260, TUAN-3270, TUAN-3280, TUAN-3290, TUAN-3300, TUAN-3310, TUAN-3320, TUAN-3330, TUAN-3470, TUAN-3480, TUAN-3490

② 곱하는 수가 한 자리 수, 두 자리 수인 곱셈에서 계산 결과를 어림할 수 있다.

관련 교수단위: TUAN-3350, TUAN-3360

③ 곱셈과 관련된 실생활 문제를 만들고 해결할 수 있다.

관련 교수단위: TUAN-3340

4 나눗셈

① 나눗셈이 이루어지는 실생활 상황을 통하여 나눗셈의 의미를 이해한다.

관련 교수단위: TUAN-4010, TUAN-4020, TUAN-4030, TUAN-4040, TUAN-4050

② 한 가지 상황을 곱셈식과 나눗셈식으로 나타내는 활동을 통하여 곱셈과 나눗셈의 관계를 이해한다.

관련 교수단위: TUAN-4060

③ 나누는 수가 한 자리 수인 나눗셈의 계산 원리를 이해하고 그 계산을 할 수 있으며, 나눗셈에서 몫과 나머지를 안다.

관련 교수단위: TUAN-4070, TUAN-4080, TUAN-4090, TUAN-4100, TUAN-4110, TUAN-4120

④ 나누는 수가 두 자리 수인 나눗셈의 계산 원리를 이해하고 그 계산을 할 수 있다.

관련 교수단위: TUAN-4210, TUAN-4220, TUAN-4230, TUAN-4240, TUAN-4250

⑤ 나눗셈과 관련된 실생활 문제를 만들고 해결할 수 있다.

관련 교수단위: TUAN-4130

5 자연수의 혼합 계산

① 덧셈, 뺄셈, 곱셈, 나눗셈의 혼합 계산에서 계산하는 순서를 알고, 혼합 계산을 할 수 있다.

관련 교수단위: TUAN-5010, TUAN-5020, TUAN-5030, TUAN-5040, TUAN-5050, TUAN-5060, TUAN-5070, TUAN-5080

6 분수

① 양의 등분할을 통하여 분수를 이해하고 읽고 쓸 수 있다.

관련 교수단위: TUAQ-0010, TUAQ-0020, TUAQ-0030, TUAQ-0040, TUAQ-0050, TUAQ-0110, TUAQ-0210, TUAQ-0220, TUAQ-0230, TUAQ-0240, TUAQ-0250

② 단위분수와 진분수의 의미를 알고, 그 관계를 이해한다.

관련 교수단위: TUAQ-0120

③ 진분수, 가분수, 대분수를 알고, 그 상호 관계를 이해한다.

관련 교수단위: TUAQ-0260, TUAQ-0270, TUAQ-0280, TUAQ-0290, TUAQ-0300

④ 단위분수의 크기를 비교할 수 있다.

관련 교수단위: TUAQ-0140

⑤ 분모가 같은 분수의 크기를 비교할 수 있다.

관련 교수단위: TUAQ-0130, TUAQ-0310, TUAQ-0320

7 소수

① 분모가 10인 진분수를 통하여 소수 한 자리 수를 이해하고 읽고 쓸 수 있다.

관련 교수단위: TUAQ-2010, TUAQ-2020, TUAQ-2030

② 자릿값의 원리를 바탕으로 소수 두 자리 수와 소수 세 자리 수를 이해하고 읽고 쓸 수 있다.

관련 교수단위: TUAQ-2110, TUAQ-2120, TUAQ-2130, TUAQ-2140, TUAQ-2150, TUAQ-2160, TUAQ-2170, TUAQ-2180, TUAQ-2190, TUAQ-2200

③ 소수의 크기를 비교할 수 있다.

관련 교수단위: TUAQ-2040, TUAQ-2210, TUAQ-2220, TUAQ-2230, TUAQ-2240, TUAQ-2250, TUAQ-2260

8 분수와 소수의 덧셈과 뺄셈

① 분모가 같은 분수의 덧셈과 뺄셈의 계산 원리를 이해하고 그 계산을 할 수 있다.

관련 교수단위: TUAQ-0330, TUAQ-0340, TUAQ-0350, TUAQ-0360

② 소수 두 자리 수의 범위에서 소수의 덧셈과 뺄셈의 계산 원리를 이해하고 그 계산을 할 수 있다.

관련 교수단위: TUAQ-2270, TUAQ-2280, TUAQ-2290, TUAQ-2300, TUAQ-2310, TUAQ-2340, TUAQ-2350, TUAQ-2360, TUAQ-2370

용어와 기호 자연수, 분수, 분자, 분모, 단위분수, 진분수, 가분수, 대분수, 소수, 나눗셈, 몫, 나머지, 나누어떨어진다, 소수점(.), ÷

교수–학습상의 유의점

① 10000 이상의 큰 수가 쓰이는 경우를 찾고 큰 수와 관련하여 이야기하는 활동을 통하여 큰 수의 필요성을 인식하게 한다.
② 10000 이상의 큰 수를 비교하면서 수의 크기를 비교하는 방법을 찾아 설명하게 한다.
③ 덧셈은 세 자리 수의 범위에서 다루되, 합이 네 자리가 되는 덧셈도 포함한다.
④ 곱셈은 '(두 자리 수)×(한 자리 수)', '(세 자리 수)×(한 자리 수)', '(두 자리 수)×(두 자리 수)', '(세 자리 수)×(두 자리 수)'를 포함한다.
⑤ 나눗셈에서 '(두 자리 수)÷(한 자리 수)'는 나누어떨어지는 경우와 나누어떨어지지 않는 경우를 포함하여 몫과 나머지를 이해하게 하고, '(두 자리 수)÷(두 자리 수)', '(세 자리 수)÷(두 자리 수)'를 다룬다.
⑤ 덧셈, 뺄셈, 곱셈, 나눗셈을 하기 전에 계산 결과를 어림해 보고, 어림한 값을 계산기를 사용하여 확인할 수 있게 한다.
⑥ 자연수의 혼합 계산은 계산 순서에 중점을 두고, 지나치게 복잡한 혼합 계산은 다루지 않는다.
⑦ 1보다 작은 양을 나타내는 경우를 통하여 분수의 필요성을 인식하게 하고, 분수를 도입할 때 '분자', '분모'를 사용한다.

⑧ 소수의 덧셈과 뺄셈은 계산 원리를 이해할 수 있는 수준에서 간단히 다룬다.

⑨ 수와 연산 영역의 문제 상황에 적합한 문제 해결 전략을 지도하고, 문제 해결 과정을 설명하게 하여 문제 해결 능력을 기르게 한다.

(나) 도형

1 도형의 기초

① 직선, 선분, 반직선을 알고 구별할 수 있다.

관련 교수단위: TUAG-0110, TUAG-0120, TUAG-0125

② 각과 직각을 이해하고, 직각과 비교하는 활동을 통해 예각과 둔각을 구별할 수 있다.

관련 교수단위: TUAG-0310, TUAG-0320, TUAG-0330, TUAG-0340, TUAG-0350, TUAG-0710, TUAG-0720, TUAG-0730, TUAG-0740

③ 교실 및 생활 주변에서 직각인 곳과 만나지 않는 직선을 찾는 활동을 통해 직선의 수직관계와 평행 관계를 이해한다.

관련 교수단위: TUAG-0810, TUAG-0820, TUAG-0830, TUAG-0840, TUAG-0850, TUAG-0860

2 평면도형의 이동

① 구체물의 밀기, 뒤집기, 돌리기 활동을 통하여 그 변화를 이해한다.

관련 교수단위: TUAG-4010, TUAG-4020, TUAG-4030, TUAG-4040

② 평면도형의 이동을 이용하여 규칙적인 무늬를 꾸밀 수 있다.

관련 교수단위: TUPT-0310, TUPT-0320, TUPT-0330, TUPT-0340, TUPT-0350, TUPT-0360, TUPT-0370, TUPT-0380

3 원의 구성 요소

① 원의 중심, 반지름, 지름을 알고, 그 관계를 이해한다.

관련 교수단위: TUAG-0510, TUAG-0520, TUAG-0530

② 컴퍼스를 이용하여 여러 가지 크기의 원을 그려서 다양한 모양을 꾸밀 수 있다.

관련 교수단위: TUAG-0540, TUAG-0550, TUAG-0560

4 여러 가지 삼각형

① 여러 가지 모양의 삼각형에 대한 분류 활동을 통해 이등변삼각형, 정삼각형을 이름 짓고 이해한다.

관련 교수단위: TUAG-0610, TUAG-0620, TUAG-0630, TUAG-0640, TUAG-0650, TUAG-0660, TUAG-0670

② 여러 가지 모양의 삼각형에 대한 분류 활동을 통해 직각삼각형, 예각삼각형, 둔각삼각형을 이름 짓고 이해한다.

관련 교수단위: TUAG-0360, TUAG-0370, TUAG-0750, TUAG-0760, TUAG-0770, TUAG-0780

5 여러 가지 사각형

① 여러 가지 모양의 사각형에 대한 분류 활동을 통해 직사각형, 정사각형, 사다리꼴, 평행사변형, 마름모를 이름 짓고 이해한다.

관련 교수단위: TUAG-0380, TUAG-0390, TUAG-0400, TUAG-0410, TUAG-0420, TUAG-1010, TUAG-1020, TUAG-1030, TUAG-1040, TUAG-1070, TUAG-1080, TUAG-1090, TUAG-1110

② 여러 가지 사각형의 성질을 이해한다.

관련 교수단위: TUAG-1050, TUAG-1160, TUAG-1170

6 다각형

① 다각형, 정다각형과 대각선의 뜻을 안다.

관련 교수단위: TUAG-1140, TUAG-1150

② 주어진 도형으로 여러 가지 모양을 만들 수 있다.

관련 교수단위: TUAG-4110

③ 주어진 도형을 여러 가지 모양으로 덮을 수 있다.

관련 교수단위: TUAG-4120

용어와 기호 직선, 선분, 반직선, 각, (각의) 꼭짓점, (각의) 변, 직각, 예각, 둔각, 수직, 수선, 평행, 평행선, 원의 중심, 반지름, 지름, 이등변삼각형, 정삼각형, 직각삼각형, 예각삼각형, 둔각삼각형, 직사각형, 정사각형, 사다리꼴, 평행사변형, 마름모, 다각형, 정다각형, 대각선

교수-학습상의 유의점

① 구체적인 사례나 활동을 통해 각을 도입하게 하고, 각의 변이 반직선임을 알게 한다.

② 실생활에서 평면도형의 이동을 활용한 사례를 찾아서 이동에 따른 변화를 확인하고 설명하게 한다.

③ 평면도형의 이동을 활용하여 자신만의 규칙적인 무늬를 만들고, 다른 사람이 만든 무늬에서 규칙을 찾아 설명하게 한다.

④ 여러 가지 사각형의 성질은 구체적인 조작 활동을 통해 간단한 것만 다루고, 여러 가지 사각형 사이의 관계는 다루지 않는다.

⑤ 도형 영역의 문제 상황에 적합한 문제 해결 전략을 지도하고, 문제 해결 과정을 설명하게 하여 문제 해결 능력을 기르게 한다.

(다) 측정

[1] 시간

① 구체적인 상황에서 시각과 시간의 의미를 이해하고, 이를 구별하여 실생활에서 사용할 수 있다.

관련 교수단위: TUAM-1210

② 1분은 60초임을 알고, 초 단위까지 시각을 읽을 수 있다.

관련 교수단위: TUAM-1220, TUAM-1230

③ 초 단위까지의 시간의 덧셈과 뺄셈을 할 수 있다.

관련 교수단위: TUAM-1310, TUAM-1320, TUAM-1330, TUAM-1340, TUAM-1350

[2] 길이

① 길이를 나타내는 새로운 단위의 필요성을 인식하여 1 mm와 1 km의 단위를 알고, 이를 이용하여 길이를 측정할 수 있다.

관련 교수단위: TUAM-2210, TUAM-2220

② 1 cm와 1 mm, 1 km와 1 m의 관계를 이해하고, 길이를 단명수와 복명수로 표현할 수 있다.

관련 교수단위: TUAM-2230, TUAM-2240, TUAM-2250, TUAM-2260, TUAM-2270, TUAM-2280, TUAM-2290

③ 물건의 길이나 거리를 어림하고 직접 재어보는 활동을 통해 길이에 대한 양감을 기른다.

관련 교수단위: TUAM-2550, TUAM-2560

3 들이

① 들이를 나타내는 표준단위의 필요성을 인식하여 1 L와 1 mL의 단위를 알고, 이를 이용하여 들이를 측정할 수 있다.

관련 교수단위: TUAM-4010, TUAM-4020, TUAM-4030, TUAM-4050

② 1 L와 1 mL의 관계를 이해하고, 들이를 단명수와 복명수로 표현할 수 있다.

관련 교수단위: TUAM-4040

③ 여러 가지 그릇의 들이를 어림하고 직접 재어보는 활동을 통해 들이에 대한 양감을 기른다.

관련 교수단위: TUAM-4130, TUAM-4140

④ 실생활 문제 상황을 통하여 들이의 덧셈과 뺄셈을 이해한다.

관련 교수단위: TUAM-4110, TUAM-4120

4 무게

① 무게를 나타내는 표준단위의 필요성을 인식하여 1 g과 1 kg의 단위를 알고, 이를 이용하여 무게를 측정할 수 있다.

관련 교수단위: TUAM-4210, TUAM-4220, TUAM-4230, TUAM-4250

② 1 kg과 1 g의 관계를 이해하고, 무게를 단명수와 복명수로 표현할 수 있다.

관련 교수단위: TUAM-4240, TUAM-4260

③ 여러 가지 물체의 무게를 어림하고 직접 재어보는 활동을 통해 무게에 대한 양감을 기른다.

관련 교수단위: TUAM-4330

④ 실생활 문제 상황을 통하여 무게의 덧셈과 뺄셈을 이해한다.

관련 교수단위: TUAM-4310, TUAM-4320

5 각도

① 각의 크기의 단위인 1도(°)를 알고, 각도기를 이용하여 각의 크기를 측정할 수 있다.

관련 교수단위: TUAM-5010, TUAM-5020, TUAM-5030

② 주어진 각도와 크기가 같은 각을 그릴 수 있다.

관련 교수단위: TUAM-5050

③ 여러 가지 각도를 어림하고 직접 재어보는 활동을 통해 각도에 대한 양감을 기른다.

관련 교수단위: TUAM-5040

④ 여러 가지 방법으로 삼각형과 사각형의 내각의 크기의 합을 추론하고, 자신의 추론 과정을 설명할 수 있다.

관련 교수단위: TUAM-5110, TUAM-5120, TUAM-5130, TUAM-5140, TUAM-5150, TUAM-5160

6 어림하기

① 실생활 장면에서 이상, 이하, 초과, 미만의 쓰임과 의미를 알고, 이를 활용하여 수의 범위를 나타낼 수 있다.

관련 교수단위: TUAM-0210, TUAM-0220, TUAM-0230, TUAM-0240, TUAM-0250, TUAM-0260, TUAM-0270, TUAM-0280

② 어림값을 구하기 위한 방법으로 반올림, 올림, 버림의 의미와 필요성을 알고, 이를 실생활에 활용할 수 있다.

관련 교수단위: TUAM-0310, TUAM-0320, TUAM-0330

용어와 기호 초, 이상, 이하, 초과, 미만, 반올림, 올림, 버림, 도(°), mm, km, L, mL, g, kg

교수–학습상의 유의점

① 시각과 시간의 의미는 구체적인 상황 속에서 구별하게 하고, 시각을 엄밀하게 정의하지 않는다.
② 시간, 길이, 들이, 무게의 단위를 지도할 때 단위 사이의 관계를 이해하는 데 중점을 두고, 지나친 단위 환산은 다루지 않는다.
③ 측정 영역의 문제 상황에 적합한 문제 해결 전략을 지도하고, 문제 해결 과정을 설명하게 하여, 문제 해결 능력을 기르게 한다.

(라) 규칙성

1 규칙 찾기

① 다양한 변화 규칙을 찾아 설명하고, 그 규칙을 수나 식으로 나타낼 수 있다.

관련 교수단위: TUPT-0410

② 규칙적인 계산식의 배열에서 계산 결과의 규칙을 찾고, 계산 결과를 추측할 수 있다.

관련 교수단위: TUPT-0430

2 규칙과 대응

① 규칙 알아맞히기 놀이를 통하여 상대방이 정한 규칙을 추측하고 확인할 수 있다.

관련 교수단위: TUPT-0420

② 한 양이 변할 때 다른 양이 그에 종속하여 변하는 대응 관계를 나타낸 표에서 규칙을 찾아 설명하고, □, △를 사용하여 식으로 나타낼 수 있다.

관련 교수단위: TUPT-2010, TUPT-2020

교수-학습상의 유의점

① 규칙적인 계산식의 배열에서 계산 결과의 규칙을 찾는 활동을 할 때 계산기를 활용할 수 있게 한다.
② 두 양의 종속적인 대응 관계는 덧셈식, 뺄셈식, 곱셈식, 나눗셈식 중 하나로 표현되는 간단한 경우만 다룬다.
③ 규칙성 영역에 적합한 문제 해결 전략을 지도하고, 문제 해결 과정을 설명하게 하여, 문제 해결 능력을 기르게 한다.

(마) 확률과 통계

1 자료의 정리

① 실생활 자료를 수집, 분류, 정리하여 간단한 그림그래프로 나타내고, 표나 그래프가 자료의 특성을 알아보는 데 편리함을 알 수 있다.

관련 교수단위: TUST-0140, TUST-0210, TUST-0230

2 막대그래프와 꺾은선그래프

① 실생활 자료를 수집하여 막대그래프로 나타낼 수 있다.

관련 교수단위: TUST-0130, TUST-0220

② 연속적인 변량에 대한 자료를 수집하여 꺾은선그래프로 나타낼 수 있다.

관련 교수단위: TUST-0240, TUST-0250, TUST-0260, TUST-0270, TUST-0280

③ 여러 가지 자료를 찾아 목적에 맞는 그래프로 나타내고, 막대그래프와 꺾은선그래프의 특성을 비교할 수 있다.

관련 교수단위: TUST-0290, TUST-0300, TUST-0310

용어와 기호 그림그래프, 막대그래프, 꺾은선그래프

교수–학습상의 유의점

① 확률과 통계 영역의 문제 상황에 적합한 문제 해결 전략을 지도하고, 문제 해결 과정을 설명하게 하여, 문제 해결 능력을 기르게 한다.

5~6학년군

(가) 수와 연산

1 약수와 배수

① 약수, 공약수, 최대공약수의 의미를 알고 구할 수 있다.

관련 교수단위: TUAN-6010, TUAN-6020, TUAN-6030, TUAN-6040, TUAN-6050, TUAN-6060

② 배수, 공배수, 최소공배수의 의미를 알고 구할 수 있다.

관련 교수단위: TUAN-6070, TUAN-6080, TUAN-6090, TUAN-6100, TUAN-6110, TUAN-6120

③ 약수와 배수의 관계를 이해한다.

관련 교수단위: TUAN-6130

④ 약수와 배수에 관련된 실생활 문제를 해결하고, 그 해결 과정을 설명할 수 있다.

관련 교수단위: TUAN-6140

2 분수의 덧셈과 뺄셈

① 분수의 성질을 이용하여 크기가 같은 분수를 만들 수 있다.

관련 교수단위: TUAQ-1010, TUAQ-1020, TUAQ-1030

② 분수를 약분, 통분할 수 있다.

관련 교수단위: TUAQ-1040, TUAQ-1050, TUAQ-1060, TUAQ-1070, TUAQ-1080, TUAQ-1090

③ 분모가 다른 분수의 크기를 비교할 수 있다.

관련 교수단위: TUAQ-1100, TUAQ-1110

④ 분모가 다른 분수의 덧셈과 뺄셈의 계산 원리를 이해하고 그 계산을 할 수 있다.

관련 교수단위: TUAQ-1210, TUAQ-1220, TUAQ-1230, TUAQ-1240, TUAQ-1250, TUAQ-1260, TUAQ-1270

3 분수의 곱셈과 나눗셈

① 분수 곱셈의 계산 원리를 이해하고 그 계산을 할 수 있다.

관련 교수단위: TUAQ-4010, TUAQ-4020, TUAQ-4030, TUAQ-4040, TUAQ-4050, TUAQ-4060, TUAQ-4070, TUAQ-4080, TUAQ-4090, TUAQ-4100, TUAQ-4110, TUAQ-4120

② '(자연수)÷(자연수)'에서 나눗셈의 몫을 분수로 나타낼 수 있다.

관련 교수단위: TUAQ-4210, TUAQ-4220

③ 분수의 나눗셈의 계산 원리를 이해하고 그 계산을 할 수 있다.

관련 교수단위: TUAQ-4230, TUAQ-4240, TUAQ-4250, TUAQ-4260, TUAQ-4270, TUAQ-4310, TUAQ-4310, TUAQ-4320, TUAQ-4320, TUAQ-4330, TUAQ-4340, TUAQ-4350, TUAQ-4355, TUAQ-4360, TUAQ-4370, TUAQ-4380, TUAQ-4390, TUAQ-4400, TUAQ-4410, TUAQ-4420, TUAQ-4430, TUAQ-4430, TUAQ-4440, TUAQ-4440, TUAQ-4440, TUAQ-4450, TUAQ-4460

4 소수의 곱셈과 나눗셈

① 소수 곱셈의 계산 원리를 이해한다.

관련 교수단위: TUAQ-2410, TUAQ-2420, TUAQ-2430, TUAQ-2440, TUAQ-2450, TUAQ-2460, TUAQ-2470, TUAQ-2480, TUAQ-2490, TUAQ-2500, TUAQ-2510

② '(자연수)÷(자연수)', '(소수)÷(자연수)'에서 나눗셈의 몫을 소수로 나타낼 수 있다.

관련 교수단위: TUAQ-2520, TUAQ-2530, TUAQ-2540, TUAQ-2550, TUAQ-2560, TUAQ-2570, TUAQ-2580, TUAQ-2590

③ 나누는 수가 소수인 나눗셈의 계산 원리를 이해한다.

관련 교수단위: TUAQ-4610, TUAQ-4620, TUAQ-4630, TUAQ-4640, TUAQ-4650, TUAQ-4660, TUAQ-4670

④ 소수 곱셈과 나눗셈의 계산 결과를 어림할 수 있다.

관련 교수단위: TUAQ-2600, TUAQ-4680

5 분수와 소수

① 분수와 소수의 관계를 이해하고, 분수를 소수로, 소수를 분수로 나타낼 수 있다.

관련 교수단위: TUAQ-3010, TUAQ-3020

② 분수와 소수의 크기를 비교할 수 있다.

관련 교수단위: TUAQ-3030, TUAQ-3040

③ 간단한 분수와 소수의 혼합 계산을 할 수 있다.

관련 교수단위: TUAQ-4710, TUAQ-4720, TUAQ-4730, TUAQ-4740, TUAQ-4750, TUAQ-4760, TUAQ-4770, TUAQ-4780, TUAQ-4790, TUAQ-4800, TUAQ-4810

용어와 기호 약수, 배수, 공약수, 최대공약수, 공배수, 최소공배수, 약분, 통분, 기약분수

교수-학습상의 유의점

① 약수와 배수는 실생활에서 활용되는 경우를 찾아 자연수 범위에서 다룬다.
② 최대공약수와 최소공배수는 두 수에 대해서 구하게 한다.
③ 분모가 다른 분수의 크기 비교에서 수 감각을 이용하여 추론하고 토론하는 활동을 하

게 한다.

④ 소수의 곱셈과 나눗셈은 계산 원리를 이해할 수 있는 수준에서 간단히 다룬다.

⑤ 소수의 곱셈과 나눗셈에서 복잡한 계산은 계산기를 사용하게 한다.

⑥ 분수의 나눗셈은 '(분수)÷(자연수)', '(분수)÷(분수)', '(자연수)÷(분수)'를 다룬다.

⑦ 분수와 소수의 혼합 계산은 자연수 계산 원리를 통하여 이해할 수 있게 하고 지나친 계산 연습이나 복잡한 계산은 다루지 않는다.

⑧ 수와 연산 영역의 문제 상황에서 문제 해결 전략 비교하기, 주어진 문제에서 필요 없는 정보나 부족한 정보 찾기, 조건을 바꾸어 새로운 문제 만들기, 문제 해결 과정의 타당성 검토하기 등을 통해 문제 해결 능력을 기르게 한다.

(나) 도형

1 합동과 대칭

① 구체적인 조작 활동을 통해 도형의 합동의 의미를 알고, 합동인 도형을 찾을 수 있다.

> 관련 교수단위: TUAG-1310, TUAG-1320, TUAG-1330

② 합동인 두 도형에서 대응점, 대응변, 대응각을 각각 찾고, 그 성질을 이해한다.

> 관련 교수단위: TUAG-1340

③ 선대칭도형과 점대칭도형의 의미를 알고 그릴 수 있다.

> 관련 교수단위: TUAG-1510, TUAG-1520, TUAG-1530, TUAG-1540, TUAG-1550, TUAG-1560, TUAG-1570, TUAG-1580, TUAG-1590

2 직육면체와 정육면체

① 직육면체와 정육면체를 알고, 구성 요소와 성질을 이해한다.

> 관련 교수단위: TUAG-2010, TUAG-2020, TUAG-2030, TUAG-2040, TUAG-2050

② 직육면체와 정육면체의 전개도와 겨냥도를 그릴 수 있다.

> 관련 교수단위: TUAG-2070, TUAG-2080, TUAG-2090, TUAG-2100, TUAG-2110, TUAG-2120

3 각기둥과 각뿔

① 각기둥과 각뿔을 알고, 구성 요소와 성질을 이해한다.

> 관련 교수단위: TUAG-2210, TUAG-2220, TUAG-2230, TUAG-2240, TUAG-2250, TUAG-2260, TUAG-2270, TUAG-2280

② 각기둥의 전개도를 그릴 수 있다.

관련 교수단위: TUAG-2290, TUAG-2300, TUAG-2310

4 원기둥과 원뿔

① 원기둥, 원뿔, 구와 그 구성 요소를 알고 그 성질을 이해한다.

관련 교수단위: TUAG-2320, TUAG-2330, TUAG-2340, TUAG-2350, TUAG-2360, TUAG-2440

② 원기둥의 전개도를 이해한다.

관련 교수단위: TUAG-2370, TUAG-2380, TUAG-2390

5 입체도형의 공간감각

① 쌓기나무로 만든 입체도형을 보고 사용된 쌓기나무의 개수를 구할 수 있다.

관련 교수단위: TUAG-3110

② 쌓기나무로 만든 입체도형의 위, 앞, 옆에서 본 모양을 표현할 수 있다.

관련 교수단위: TUAG-3140

③ 쌓기나무로 만든 입체도형의 위, 앞, 옆에서 본 모양을 표현한 것으로부터 입체도형의 모양을 알 수 있다.

관련 교수단위: TUAG-3150

용어와 기호 합동, 대칭, 대응점, 대응변, 대응각, 선대칭도형, 점대칭도형, 대칭축, 대칭의 중심, 직육면체, 정육면체, 면, 모서리, 밑면, 옆면, 겨냥도, 전개도, 각기둥, 각뿔, 원기둥, 원뿔, 구, 모선

교수-학습상의 유의점

① 실생활에서 같은 무늬 찾기, 종이 겹쳐 오리기, 도장 찍기, 데칼코마니 등 구체적인 조작 활동을 통하여 도형의 합동의 뜻을 알게 한다.
② 실생활에서 선대칭도형과 점대칭도형의 예를 찾아 설명하게 한다.
③ 선대칭도형과 점대칭도형의 성질을 이용하여 각 도형의 나머지 부분을 그릴 수 있게 한다.
④ 직육면체의 전개도에서 수직인 면과 수평인 면을 찾게 하여 전개도로부터 입체도형을 상상할 수 있게 한다.
⑤ 직육면체의 겨냥도를 그리면서 직선의 평행과 수직 관계를 확인하게 한다.

⑥ 각기둥의 전개도는 간단한 형태만 다루고, 각뿔과 원뿔의 전개도는 다루지 않는다.
⑦ 직사각형, 직각삼각형, 반원을 한 직선을 중심으로 돌리는 활동을 통하여 원기둥, 원뿔, 구를 만들어 보게 한다.
⑧ 도형 영역의 문제 상황에서 문제 해결 전략 비교하기, 주어진 문제에서 필요 없는 정보나 부족한 정보 찾기, 조건을 바꾸어 새로운 문제 만들기, 문제 해결 과정의 타당성 검토하기 등을 통해 문제 해결 능력을 기르게 한다.

(다) 측정

1 평면도형의 둘레와 넓이

① 간단한 평면도형의 둘레를 재어보는 활동을 바탕으로 둘레를 이해하고, 기본적인 평면도형의 둘레의 길이를 구할 수 있다.

관련 교수단위: TUAM-2610, TUAM-2620

② 넓이를 이해하고, 1 cm^2와 1 m^2의 단위를 알며, 그 관계를 이해한다.

관련 교수단위: TUAM-3010, TUAM-3020

③ 직사각형의 넓이를 구하는 방법을 이해하고, 이를 바탕으로 직사각형과 정사각형의 넓이를 구할 수 있다.

관련 교수단위: TUAM-3030, TUAM-3040

④ 평행사변형, 삼각형, 사다리꼴, 마름모의 넓이를 구하는 방법을 다양하게 추론하고, 이와 관련된 문제를 해결할 수 있다.

관련 교수단위: TUAM-3110, TUAM-3120, TUAM-3130, TUAM-3140

2 여러 가지 단위

① 실생활에서 무게를 나타내는 새로운 단위의 필요성을 인식하여 1 t을 알고, 무게 단위 사이의 관계를 이해한다.

관련 교수단위: TUAM-4410, TUAM-4420

② 실생활에서 넓이를 나타내는 새로운 단위의 필요성을 인식하여 km^2, 1 a, 1 ha를 알고, 그 관계를 이해한다.

관련 교수단위: TUAM-3210, TUAM-3220, TUAM-3230, TUAM-3240, TUAM-3250, TUAM-3260

3 원주율과 원의 넓이

① 여러 가지 둥근 물체의 원주와 지름을 측정하는 활동을 통해 원주율을 이해한다.

관련 교수단위: TUAM-3310, TUAM-3320

② 원주와 원의 넓이를 구하는 방법을 이해하고, 이를 구할 수 있다.

관련 교수단위: TUAM-3330, TUAM-3340, TUAM-3350, TUAM-3360

4 겉넓이와 부피

① 직육면체와 정육면체, 원기둥의 겉넓이 구하는 방법을 이해하고, 이를 구할 수 있다.

관련 교수단위: TUAM-3410, TUAM-3420, TUAM-3510, TUAM-3520

② 부피를 이해하고, 1 cm^3, 1 m^3의 단위를 알며, 그 관계를 이해한다.

관련 교수단위: TUAM-4510, TUAM-4520, TUAM-4530, TUAM-4540

③ 직육면체와 정육면체, 원기둥의 부피 구하는 방법을 이해하고, 이를 구할 수 있다.

관련 교수단위: TUAM-4550, TUAM-4560, TUAM-4570

용어와 기호 가로, 세로, 밑변, 높이, 원주, 원주율, cm^2, m^2, km^2, t, a, ha, cm^3, m^3

교수-학습상의 유의점

① 삼각형의 넓이는 높이가 삼각형의 내부, 외부에 있는 것을 모두 다룬다.
② 넓이 단위 지도 시 복잡한 단위의 환산은 다루지 않는다.
③ 겉넓이와 부피를 구하는 방법에 대하여 다양한 추론을 하고, 자신의 추론과정을 다른 사람에게 설명할 수 있게 한다.
④ 측정에 관련된 활동이나 원의 넓이, 겉넓이, 부피 등을 구할 때 복잡한 계산은 계산기를 사용하게 한다.
⑤ 측정 영역의 문제 상황에서 문제 해결 전략 비교하기, 주어진 문제에서 필요 없는 정보나 부족한 정보 찾기, 조건을 바꾸어 새로운 문제 만들기, 문제 해결 과정의 타당성 검토하기 등을 통해 문제 해결 능력을 기르게 한다.

(라) 규칙성

1 비와 비율

① 두 양의 크기를 비교하는 상황을 통해 비의 개념을 이해하고, 그 관계를 비로 나타낼 수 있다.

관련 교수단위: TURT-0010, TURT-0020, TURT-0030, TURT-0040

② 비율을 이해하고, 비율을 분수, 소수, 백분율로 나타낼 수 있다.

관련 교수단위: TURT-0050, TURT-0060, TURT-0070, TURT-0090

2 비례식과 비례배분

① 비례식의 뜻을 알고, 그 성질을 이해하며, 이를 활용하여 간단한 비례식을 풀 수 있다.

관련 교수단위: TUEQ-2010, TUEQ-2020, TUEQ-2030, TUEQ-2040

② 비례배분의 뜻을 알고, 주어진 양을 비례배분 할 수 있다.

관련 교수단위: TUEQ-2130, TUEQ-2140

3 정비례와 반비례

① 두 수 사이의 대응 관계를 x와 y를 사용하여 식으로 나타낼 수 있다.

관련 교수단위: TURT-1010

② 정비례와 반비례 관계를 이해하고, 그 관계를 표나 식으로 나타낼 수 있다.

관련 교수단위: TURT-1110, TURT-1120, TURT-1130, TURT-1210, TURT-1220, TURT-1230

③ 실생활에서 정비례와 반비례 관계의 예를 찾고, 이와 관련된 간단한 문제를 해결할 수 있다.

관련 교수단위: TURT-1140, TURT-1240

용어와 기호 비, 기준량, 비교하는 양, 비율, 백분율, 비례식, 비례배분, 정비례, 반비례, 비례상수, :, %

교수-학습상의 유의점

① 두 양을 비교할 때 한 양을 기준으로 다른 양이 몇 배가 되는지를 나타낼 필요성을 인식하게 하면서 비의 개념을 도입한다.
② 속력, 인구밀도, 축척 등과 같이 타 교과 및 실생활에서 비율이 적용되는 예를 찾아보고, 그와 관련된 간단한 문제를 해결하게 한다.
③ 두 수 사이의 대응 관계를 도입할 때에는 $y=x+a$와 $y=a\times x$인 경우만 다룬다.
④ 속력과 거리, 속력과 시간과 같은 실생활의 예를 통해 정비례와 반비례 관계를 직관적으로 파악하게 한다.

⑤ 규칙성 영역의 문제 상황에서 문제 해결 전략 비교하기, 주어진 문제에서 필요 없는 정보나 부족한 정보 찾기, 조건을 바꾸어 새로운 문제 만들기, 문제 해결 과정의 타당성 검토하기 등을 통해 문제 해결 능력을 기르게 한다.

(마) 확률과 통계

1 가능성과 평균

① 실생활 속에서 가능성을 수치로 나타내는 예를 알아보고, 사건이 일어날 가능성을 수로 표현할 수 있다.

관련 교수단위: TUST-5100, TUST-5105

② 평균의 의미를 알고, 주어진 자료의 평균을 구할 수 있으며, 이를 활용할 수 있다.

관련 교수단위: TUST-2010, TUST-2020, TUST-2030, TUST-2040

2 자료의 표현

① 실생활 자료를 그림그래프로 나타내고, 이를 활용할 수 있다.

관련 교수단위: TUST-0510, TUST-0520, TUST-0530

② 실생활 자료를 수집하여 목적에 맞는 그래프로 나타내고, 자료의 특성을 설명할 수 있다.

관련 교수단위: TUST-0550, TUST-0560

3 비율그래프

① 주어진 자료를 띠그래프나 원그래프로 나타낼 수 있다.

관련 교수단위: TUST-0610, TUST-0630, TUST-0650, TUST-0670, TUST-0680

② 비율그래프를 해석하고, 이를 설명할 수 있다.

관련 교수단위: TUST-0620, TUST-0660, TUST-0690

용어와 기호 평균, 가능성, 띠그래프, 원그래프

교수−학습상의 유의점

① 사건이 일어날 가능성은 0, $\frac{1}{4}$, $\frac{1}{2}$, $\frac{3}{4}$, 1 정도로 표현할 수 있게 한다.

② 원그래프를 그릴 때에는 눈금이 표시된 원을 사용하게 한다.

③ 비율그래프를 지도할 때에는 신문, 인터넷 등에 있는 표와 그래프를 소재로 활용할 수 있게 한다.

④ 확률과 통계 영역의 문제 상황에서 문제 해결 전략 비교하기, 주어진 문제에서 필요 없는 정보나 부족한 정보 찾기, 조건을 바꾸어 새로운 문제 만들기, 문제 해결 과정의 타당성 검토하기 등을 통해 문제 해결 능력을 기르게 한다.

부록 3.
2007, 2009 교육과정 비교표

초등학교 1-2 학년군

(가) 수와 연산

2007년 개정	2009년 개정
1 100까지의 수(1학년) ① 0과 100까지의 수 개념을 이해하여 수를 세고 읽고 쓸 수 있다. ② 100까지의 수 범위에서 수 계열을 이해하고, 수의 크기를 비교할 수 있다. ③ 100까지의 수에 대한 위치적 기수법의 기초 개념을 이해한다. ④ 10 이하의 수 범위에서 두 수로 분해하고, 두 수를 하나의 수로 합성할 수 있다. ⑤ 수 세기가 필요한 상황에서 묶어 세기, 뛰어 세기를 할 수 있다. 1 1000까지의 수(2학년) ① 일, 십, 백의 자릿값의 의미와 위치적 기수법을 이해하고, 1000까지의 수를 읽고 쓸 수 있다. ② 세 자리 수의 계열을 이해하고, 크기를 비교할 수 있다. 1 10000까지의 수(3학년) ① 일, 십, 백, 천의 자릿값의 의미와 위치적 기수법을 이해하고, 10000까지의 수를 읽고 쓸 수 있다. ② 네 자리 수의 계열을 이해하고, 크기를 비교할 수 있다.	1 네 자리 이하의 수 ① 0과 100까지의 수 개념을 이해하고, 수를 세고 읽고 쓸 수 있다. ② 일, 십, 백, 천의 자릿값과 위치적 기수법을 이해하고, 네 자리 이하의 수를 읽고 쓸 수 있다. ③ 네 자리 이하의 수의 범위에서 수의 계열을 이해하고, 수의 크기를 비교할 수 있다. ④ 하나의 수를 두 수로 분해하고 두 수를 하나의 수로 합성하는 활동을 통하여 수 감각을 기른다.
• 세 자리수와 네 자리수를 통합하여 연계성을 강화하고, 실생활과의 관련성 강화 • 10의 보수 개념은 수의 분해와 합성으로 통합	

<table>
<tr><td>[2] 간단한 수의 덧셈과 뺄셈(1학년)
① 덧셈과 뺄셈이 이루어지는 상황을 알고, 덧셈과 뺄셈의 의미를 이해한다.
② 한 자리 수끼리의 덧셈과 뺄셈을 할 수 있다.
③ 합이 10이 되는 덧셈식과 '10−(한 자리 수)'인 뺄셈식을 통하여 10에 대한 보수를 찾을 수 있다.
④ '(두 자리 수)−(한 자리 수)'의 계산을 할 수 있다.
⑤ 덧셈과 뺄셈의 관계를 이해한다.
⑥ 한 자리 수인 세 수의 덧셈과 뺄셈을 할 수 있다.

[3] 두 자리 수의 덧셈과 뺄셈(1학년)
① 두 자리 수의 범위에서 받아올림이 없는 덧셈을 할 수 있다.
② 두 자리 수의 범위에서 받아내림이 없는 뺄셈을 할 수 있다.
③ 덧셈과 뺄셈을 활용하여 실생활 문제를 해결할 수 있다.</td><td rowspan="2">[2] 두 자리 수의 덧셈과 뺄셈
① 덧셈과 뺄셈이 이루어지는 실생활 상황을 통하여 덧셈과 뺄셈의 의미를 이해한다.
② 두 자리 수의 범위에서 덧셈과 뺄셈의 계산 원리를 이해하고 그 계산을 할 수 있다.
③ 덧셈과 뺄셈의 관계를 이해한다.
④ 두 자리 수의 범위에서 세 수의 덧셈과 뺄셈을 할 수 있다.
⑤ □가 사용된 덧셈식과 뺄셈식을 만들고, □의 값을 구할 수 있다.
⑥ 덧셈과 뺄셈에 관련된 실생활 문제를 만들고 해결할 수 있다.</td></tr>
<tr><td>[2] 두 자리 수의 덧셈과 뺄셈(2학년)
① 두 자리 수의 범위에서 받아올림이 있는 덧셈과 받아내림이 있는 뺄셈을 할 수 있다.
② 두 자리 수의 범위에서 세 수의 덧셈과 뺄셈을 할 수 있다.
③ 덧셈과 뺄셈의 관계를 이해한다.

[3] 세 자리 수의 덧셈과 뺄셈(2학년)
① 세 자리 수의 범위에서 덧셈과 뺄셈을 할 수 있다.
② 세 자리 수의 범위에서 세 수의 덧셈과 뺄셈을 할 수 있다.
③ 덧셈과 뺄셈을 활용하여 실생활 문제를 해결할 수 있다.</td></tr>
<tr><td colspan="2">• 두 자리 수의 덧셈과 뺄셈을 통합하여 지도함으로써 학습량 감축
• 현행 '규칙성과 문제해결영역'에 있었던 식 만들기를 수와 연산 영역의 덧셈과 뺄셈으로 이동하여 통합
• 세 자리 수의 덧셈과 뺄셈은 3-4학년군으로 통합하여 지도함으로써 학습량 감축</td></tr>
<tr><td>[4] 곱셈(2학년)
① 곱셈이 이루어지는 상황을 알고, 곱셈의 의미를 이해한다.
② 곱셈구구를 이해하고, 한 자리 수의 곱셈을 할 수 있다.</td><td>[3] 곱셈
① 곱셈이 이루어지는 실생활 상황을 통하여 곱셈의 의미를 이해한다.
② 곱셈구구를 이해하고, 한 자리 수의 곱셈을 할 수 있다.</td></tr>
<tr><td>[5] 분수의 이해(2학년)
① 연속량의 등분할을 통하여 분수를 이해하고, 읽고 쓸 수 있다.</td><td></td></tr>
<tr><td colspan="2">• 분수의 이해(연속량)를 3-4학년군의 분수의 이해(이산량)으로 이동하여 통합</td></tr>
</table>

<table>
<tr><td>〈용어와 기호〉
(1학년) 덧셈, 뺄셈, ～보다 크다, ～보다 작다, +, −, =, >, <
(2학년) 곱, 곱셈, 곱셈구구, 분수, ×</td><td>〈용어와 기호〉
덧셈, 뺄셈, 곱셈, 짝수, 홀수, +, −, =, >, <</td></tr>
<tr><td>〈교수–학습상의 유의점〉
(1학년)
① '더한다', '합한다', '～보다 ～ 큰 수', '뺀다', '덜어 낸다', '차', '～보다 ～작은 수' 등의 일상적 용어를 사용하여 덧셈과 뺄셈의 개념에 친숙하게 한다.
② 받아올림이나 받아내림이 없는 두 자리 수끼리의 덧셈, 뺄셈을 여러 가지 방법으로 알아보고, 암산으로 해결할 수 있다.

(2학년)
① 세 자리 수의 덧셈은 합이 1000 미만인 범위에서 한다.
② 덧셈과 뺄셈을 하기 전에 답을 어림해보게 한다.
③ 곱셈의 의미는 같은 수 더하기와 배의 개념을 통하여 다루고, 1의 단 곱셈구구와 0의 곱은 실제 생활과 관련지어 다룬다.
④ 연속량의 등분할에서는 도형을 모양과 크기가 같게 분할하는 경우만 다룬다.</td><td>〈교수–학습상의 유의점〉
① 자연수가 개수, 순서, 이름 등을 나타내는 경우가 있음을 알고, 실생활에서 수가 쓰이는 사례를 통하여 수의 필요성을 인식하게 한다.
② 수 세기가 필요한 장면에서 묶어 세기, 뛰어 세기의 방법으로 수를 세어 보고, 실생활 장면에서 짝수와 홀수를 직관적으로 이해하게 한다.
③ 수를 분해하고 합성하는 활동은 20이하의 수의 범위에서 한다.
④ '더한다', '합한다', '~보다 ~ 큰 수', '~보다 ~ 작은 수', '뺀다', '덜어 낸다', '합', '차' 등의 일상적 용어를 사용하여 덧셈과 뺄셈의 개념에 친숙하게 한다.
⑤ 덧셈은 두 자리 수의 범위에서 다루되, 합이 세 자리가 되는 덧셈도 포함한다.
⑥ 덧셈과 뺄셈을 여러 가지 방법으로 암산하는 활동을 통하여 연산 감각을 기르게 한다.
⑦ 곱셈의 의미는 배의 개념과 같은 수 더하기를 통하여 다루고, 1의 곱과 0의 곱은 실생활과 관련지어 다룬다.
⑧ 곱셈표에서 규칙을 찾고 설명해보게 한다.
⑨ 수와 연산 영역에서 문제 상황에 적합한 문제 해결 전략을 지도하여 문제 해결 능력을 기르게 한다.</td></tr>
<tr><td colspan="2">• 수의 필요성 인식을 통한 수 감각 지도
• 어림을 통한 연산 감각 지도</td></tr>
</table>

(나) 도형

2007년 개정	2009년 개정
[1] 입체도형의 모양(1학년) ① 여러 가지 물건을 관찰하여 직육면체, 원기둥, 구의 모양을 찾을 수 있다. ② 여러 가지 모양을 만드는 활동을 통하여 기본적인 입체도형에 대한 감각을 익힌다.	[1] 입체도형의 모양 ① 교실 및 생활 주변에서 여러 가지 물건을 관찰하여 직육면체, 원기둥, 구의 모양을 찾고, 그것들을 이용하여 여러 가지 모양을 만들 수 있다. ② 쌓기나무를 이용하여 여러 가지 입체도형의 모양을 만드는 활동을 통하여 입체도형에 대한 감각을 기른다.
• 현행 2학년의 '쌓기나무로 입체도형의 구성하기'를 통합	
[2] 평면도형의 모양(1학년) ① 여러 가지 물건을 관찰하여 사각형, 삼각형, 원의 모양을 찾을 수 있다. ② 구체물을 이용하여 기본적인 평면도형을 만들고, 여러 가지 모양을 꾸밀 수 있다.	[2] 평면도형의 모양 ① 교실 및 생활 주변에서 여러 가지 물건을 관찰하여 사각형, 삼각형, 원의 모양을 찾고, 그것들을 이용하여 여러 가지 모양을 꾸밀 수 있다. ② 칠교판을 이용하여 여러 가지 모양을 자유롭게 꾸미거나 주어진 모양을 채우는 활동을 통하여 평면도형에 대한 감각을 기른다.
[1] 기본적인 평면도형(2학년) ① 선분, 직선, 삼각형, 사각형, 원을 이해하고, 그 모양을 그리거나 만들 수 있다. ② 기본적인 평면도형의 구성요소를 알고 찾을 수 있다.	[3] 평면도형과 그 구성 요소 ① 삼각형, 사각형, 원을 직관적으로 이해하고, 그 모양을 그릴 수 있다. ② 꼭짓점과 변을 알고 찾을 수 있다. ③ 삼각형, 사각형에서 각각의 공통점을 찾아 말하고, 이를 일반화하여 오각형, 육각형을 알고 구별할 수 있다.
• 선분과 직선을 3~4학년군으로 상향 이동 • 평면도형 및 그 구성요소를 수학적으로 엄밀한 정의가 아닌 예를 통해 직관적으로 이해하도록 함. • 삼각형, 사각형의 공통점을 발견하는 활동의 연장선 상에서 오각형, 육각형을 함께 학습하도록 함.	
[2] 입체도형의 구성(2학년) ① 쌓기나무로 만들어진 입체도형을 보고 똑같이 만들 수 있다. ② 주어진 쌓기나무로 여러 가지 입체도형을 만들 수 있다.	
• '입체도형의 모양'으로 통합	

〈용어와 기호〉 (2학년) 선분, 직선, 삼각형, 사각형, 원, 꼭짓점, 변	〈용어와 기호〉 삼각형, 사각형, 원, 꼭짓점, 변, 오각형, 육각형
〈교수-학습상의 유의점〉 (1학년) ① '상자 모양', '둥근 기둥 모양', '공 모양' 등의 일상적인 용어를 사용하여 기본적인 입체도형에 친숙하게 한다. ② '네모', '세모', '동그라미' 등의 일상적인 용어를 사용하여 기본적인 평면도형에 친숙하게 한다. (2학년) ① 여러 가지 삼각형과 사각형을 그리고, 꼭짓점과 변의 개수를 세는 활동을 통하여 공통점을 발견한다. ② 제시되는 입체도형은 간단한 것으로 한다. ③ 여러 가지 입체도형을 만드는 활동은 쌓기나무 5~6개 정도로 한다.	〈교수-학습상의 유의점〉 ① 입체도형의 모양이나 평면도형의 모양을 다룰 때 모양의 특징을 직관적으로 파악함으로써 모양을 분류할 수 있게 한다. 이때 분류된 모양을 모양의 이름(상자 모양, 둥근기둥 모양, 공 모양, 네모, 세모, 동그라미 등)을 붙여 범주화하지 않게 한다. ② 입체도형의 모양과 평면도형의 모양을 이용한 모양 만들기와 꾸미기의 주제는 학생들에게 친근한 주제인 동물, 탈 것, 건물 등 다양하게 제시한다. ③ 평면도형의 모양을 이용한 모양 꾸미기 활동에서는 스티커, 잡지에서 오려낸 모양 종이 등을 활용할 수 있게 한다. ④ 삼각형, 사각형, 원은 예인 것과 예가 아닌 것을 인식하고 분류하는 활동을 통하여 직관적으로 이해하게 한다. ⑤ 삼각형과 사각형에 대한 직관적 이해를 통해 도형의 이름과 변 또는 꼭짓점의 개수와의 관계를 파악하고, 그 관계를 일반화하여 오각형과 육각형을 구별하여 이름 지을 수 있게 한다. ⑥ 도형 영역의 문제 상황에 적합한 문제 해결 전략을 지도하여 문제 해결 능력을 기르게 한다.

(다) 측정

2007년 개정	2009년 개정
1 양의 비교(1학년) ① 구체물의 길이, 들이, 무게, 넓이를 비교하여 각각 '길다, 짧다', '많다, 적다', '무겁다, 가볍다', '넓다, 좁다'등의 말로 나타내고 구별할 수 있다.	1 양의 비교 ① 구체물의 길이, 들이, 무게, 넓이를 비교하여 각각 '길다, 짧다', '많다, 적다', '무겁다, 가볍다', '넓다, 좁다' 등을 구별하여 말로 나타낼 수 있다.
2 시각 읽기(1학년) ① 시계를 보고 '몇 시', '몇 시 30분'까지의 시각을 읽을 수 있다. 1 시각과 시간(2학년) ① 시각을 '몇 시 몇 분'까지 읽을 수 있다.	2 시각 읽기 ① 시계를 보고 시각을 '몇 시 몇 분'까지 읽을 수 있다.
1 시각과 시간(2학년) ② 1시간은 60분임을 알고, 시간을 '시간', '분'으로 말할 수 있다. ③ 1시간, 1일, 1주일, 1개월, 1년 사이의 관계를 이해한다.	3 시각과 시간 ① 1시간은 60분임을 알고, 시간을 '시간', '분'으로 표현할 수 있다. ② 1분, 1시간, 1일, 1주일, 1개월, 1년 사이의 관계를 이해할 수 있다.
2 길이(2학년) ① 1 cm, 1 m의 단위를 알고, 길이를 잴 수 있다. ② 1 m가 100 cm임을 알고, 길이를 단명수와 복명수로 말할 수 있다. ③ 여러 가지 물건의 길이를 어림하고 재어봄으로써 양감을 기른다. ④ 길이의 덧셈과 뺄셈을 할 수 있다. 3 측정값 나타내기(2학년) ① 길이 재기에서 자의 눈금과 일치하지 않는 길이의 측정값을 '조금 더 된다', '조금 못 된다'로 판단하여 이를 '약'으로 표현할 수 있다.	4 길이 ① 여러 가지 임의단위를 사용하여 구체물의 길이를 재어봄으로써 길이를 나타내는 표준단위의 필요성을 인식하고, 1 cm와 1 m의 단위를 알며, 상황에 따라 적절한 단위를 사용하여 길이를 잴 수 있다. ② 1 m가 100 cm임을 알고, 길이를 단명수와 복명수로 표현할 수 있다. ③ 여러 가지 물건의 길이를 어림하여 보고, 길이에 대한 양감을 기른다. ④ 구체물의 길이를 재는 과정에서 자의 눈금과 일치하지 않는 길이의 측정값을 '약'으로 표현할 수 있다. ⑤ 실생활 문제 상황을 통하여 길이의 덧셈과 뺄셈을 이해한다.
• 길이의 덧셈과 뺄셈은 3-4학년군에서 통합	

〈용어와 기호〉 (1학년) 시, 분, (2학년) 시간, 일, 주일, 개월, 년, 약, cm, m	〈용어와 기호〉 시, 분, 약, cm, m
〈교수–학습상의 유의점〉 (1학년) ① 실생활에서 직관적인 비교 활동을 통하여 양감을 느낄 수 있게 한다. ② 시각 읽기는 학생의 경험을 소재로 한다. (2학년) ① 실생활의 예를 통하여 시각과 시간을 구분할 수 있게 한다. ② 여러 가지 단위 길이로 구체물의 길이를 재어봄으로써 표준 단위의 필요성을 느끼게 한다. ③ 복명수로 된 길이의 덧셈과 뺄셈은 실생활 문제 상황을 통하여 이해하게 한다.	〈교수–학습상의 유의점〉 ① 양의 비교는 직관적인 비교, 직접 비교, 간접 비교 등을 상황에 따라 알맞게 다룬다. ② 시각 읽기는 학생의 경험을 소재로 하고, '몇 시', '몇 시 30분', '몇 시 몇 분' 등의 시각을 읽게 한다. ③ 시간의 여러 가지 단위를 지도할 때 단위 사이의 관계를 이해하는 데 중점을 두고, 지나친 단위 환산은 다루지 않는다. ④ 측정 영역의 문제 상황에서 적합한 문제 해결 전략을 지도하여 문제 해결 능력을 기르게 한다.

(라) 규칙성

2007년 개정	2009년 개정
[1] 규칙 찾기(1학년) ① 여러 가지 물체, 무늬, 수의 배열에서 규칙을 찾고, 그 규칙에 따라 배열할 수 있다. ② 자신이 정한 규칙에 따라 물체, 무늬, 수 등을 배열할 수 있다. ③ 100까지의 수 배열표에서 수의 규칙을 찾고 말할 수 있다. [1] 규칙 찾기(2학년) ① 물체나 무늬의 다양한 변화 규칙을 찾아 설명할 수 있다. ② 수 배열이나 수 배열표에서 규칙을 찾고, 그 규칙에 따라 수를 배열할 수 있다. ③ 곱셈표에서 여러 가지 규칙을 찾고 설명할 수 있다.	[1] 규칙 찾기 ① 물체, 무늬, 수의 배열에서 규칙을 찾아 여러 가지 방법으로 나타낼 수 있다. ② 자신이 정한 규칙에 따라 물체, 무늬, 수 등을 배열할 수 있다.
[2] □를 사용한 식(1학년) ① □가 사용된 덧셈식이나 뺄셈식에서 □의 의미를 이해한다. [2] 미지수 구하기(2학년) ① 어떤 수를 □로 나타내고, 이를 포함하는 간단한 덧셈, 뺄셈, 곱셈의 등식에서 어떤 수의 값을 구할 수 있다.	
[3] 식 만들기(2학년) ① 문장으로 된 문제를 식으로 나타낼 수 있다. ② 식에 알맞은 문제를 만들 수 있다.	
[3] 문제해결 방법(1학년) ① 실제로 해보기, 그림 그리기, 식 만들기 등 여러 가지 방법으로 문제를 해결할 수 있다. [3] 문제해결 방법 ① 규칙 찾기, 거꾸로 풀기 등의 여러 가지 방법으로 문제를 해결할 수 있다.	
• 현행 '규칙 찾기' 영역의 곱셈표는 '수와 연산' 영역의 곱셈으로 통합	

〈용어와 기호〉 (1학년) 식	〈용어와 기호〉
〈교수-학습 상의 유의점〉 (1학년) ① 규칙 찾기에서는 물체의 크기, 위치, 방향, 색깔 등 단순한 소재를 이용한다. ② □ 대신에 △, ○, ( ) 등의 다른 기호를 사용할 수 있다. ③ 문제해결에 관한 기초 경험 단계이므로 문제해결에 대한 자신감과 흥미를 가지게 한다. (2학년) ① 수 배열표에서 규칙을 찾는 다양한 활동이 곱셈구구의 기초 경험이 되게 한다. ② □ 대신에 △, ○, ( ) 등의 다른 기호를 사용할 수 있다. ③ 여러 가지 방법으로 미지수를 구한다.	〈교수-학습 상의 유의점〉 ① 물체나 무늬의 배열에서는 그 크기, 위치, 방향, 색깔 등 단순한 규칙만을 다루고, 그 규칙을 말, 수, 그림, 기호, 구체물, 행동 등의 다양한 방법으로 표현할 수 있게 한다. ② 수의 배열뿐만 아니라 수 배열표를 활용하여 수의 규칙을 찾고, 자신이 정한 규칙에 따라 색칠하거나 ○, / 등으로 나타낼 수 있게 한다. ③ 자신의 규칙을 창의적으로 만들어 보고, 다른 사람의 배열에서 규칙을 찾아보거나 규칙에 대해 서로 이야기할 수 있게 한다. ④ 규칙성 영역의 문제 상황에 적합한 문제 해결 전략을 지도하여 문제 해결 능력을 기르게 한다.

(마) 확률과 통계

2007년 개정	2009년 개정
[1] 분류하기(1학년) ① 사물이나 사람을 미리 정한 한 가지 기준에 따라 분류하여 각각의 개수를 셀 수 있다.	[1] 분류하기 ① 교실 및 생활 주변에서 사물들을 정해진 기준 또는 자신이 정한 기준으로 분류하여 개수를 세어보고, 기준에 따른 결과를 이야기할 수 있다.
[1] 표와 그래프(2학년) ① 실생활에서 찾을 수 있는 구체적인 자료의 크기를 조사하여 표로 나타낼 수 있다. ② 조사된 자료를 간단한 그림을 이용하여 그래프로 나타내고, 자료의 크기를 비교할 수 있다.	[2] 표 만들기 ① 분류한 자료를 표로 나타내고, 표로 나타내면 편리한 점을 이야기할 수 있다. [3] 그래프 그리기 ① 분류한 자료를 ○, ×, ／ 등을 이용하여 그래프로 나타내고, 그래프로 나타내면 편리한 점을 이야기할 수 있다.
〈용어와 기호〉 (2학년) 표, 그래프	〈용어와 기호〉 표, 그래프
〈교수-학습상의 유의점〉 (1학년) ① 분류의 기준이 되는 특징은 분명하고 간단한 것으로 한다. (2학년) ① 실생활에서 학생과 관계가 있는 소재를 활용한다. ② 표나 그래프가 자료의 크기를 나타내고 비교하는 데 편리함을 알게 한다.	〈교수-학습상의 유의점〉 ① 표 만들기와 그래프 그리기에서는 생활 주변에 있는 자료들을 활용하되, 그 기준이 분명하고 간단한 것을 활용한다. ② 확률과 통계 영역의 문제 상황에 적합한 문제 해결 전략을 지도하여 문제해결 능력을 기르게 한다.

초등학교 3-4 학년군

(가) 수와 연산

2007년 개정	2009년 개정
1 다섯 자리 이상의 수(4학년) ① 10000 이상의 큰 수에 대하여 자릿값과 위치적 기수법을 이해하고, 수를 읽고 쓸 수 있다. ② 수 계열을 이해하고 크기를 비교할 수 있다.	1 다섯 자리 이상의 수 ① 10000 이상의 큰 수에 대한 자릿값과 위치적 기수법을 이해하고, 수를 읽고 쓸 수 있다. ② 다섯 자리 이상의 수의 범위에서 수의 계열을 이해하고, 수의 크기를 비교할 수 있다.
2 네 자리 수의 덧셈과 뺄셈(3학년) ① 세 자리 수의 덧셈과 뺄셈을 할 수 있다. ② 네 자리 수의 범위에서 덧셈과 뺄셈을 할 수 있다. ③ 네 자리 수의 범위에서 세 수의 덧셈과 뺄셈을 할 수 있다. ④ 덧셈과 뺄셈을 활용하여 실생활 문제를 해결할 수 있다.	2 세 자리 수의 덧셈과 뺄셈 ① 세 자리 수의 덧셈과 뺄셈의 계산 원리를 이해하고 그 계산을 할 수 있다. ② 세 자리 수의 덧셈과 뺄셈에서 계산 결과를 어림할 수 있다. ③ 덧셈과 뺄셈에 관련된 실생활 문제를 만들고 해결할 수 있다.
• 세 자리 수의 덧셈과 뺄셈을 통하여 계산 원리를 이해하고, 네 자리 수의 덧셈과 뺄셈은 삭제하여 학습량 감축	
3 곱셈(3학년) ① '(두 자리 수)×(한 자리 수)', '(세 자리 수)×(한 자리 수)', '(두 자리 수)×(두 자리 수)'의 계산을 할 수 있다. ② 곱셈을 활용하여 실생활 문제를 해결할 수 있다.	3 곱셈 ① 곱하는 수가 한 자리 수, 두 자리 수인 곱셈의 계산 원리를 이해하고 그 계산을 할 수 있다. ② 곱하는 수가 한 자리 수, 두 자리 수인 곱셈에서 계산 결과를 어림할 수 있다. ③ 곱셈과 관련된 실생활 문제를 만들고 해결할 수 있다.
4 나눗셈(3학년) ① 나눗셈이 이루어지는 상황을 알고, 나눗셈의 의미를 이해한다. ② 곱셈과 나눗셈 사이의 관계를 이해한다. ③ '(두 자리 수)÷(한 자리 수)'의 계산을 할 수 있고, 나눗셈에서 몫과 나머지의 의미를 이해한다. ④ 나눗셈을 활용하여 실생활 문제를 해결할 수 있다.	4 나눗셈 ① 나눗셈이 이루어지는 실생활 상황을 통하여 나눗셈의 의미를 이해한다. ② 한 가지 상황을 곱셈식과 나눗셈식으로 나타내는 활동을 통하여 곱셈과 나눗셈의 관계를 이해한다. ③ 나누는 수가 한 자리 수인 나눗셈의 계산 원리를 이해하고 그 계산을 할 수 있으며, 나눗셈에서 몫과 나머지를 안다. ④ 나누는 수가 두 자리 수인 나눗셈의 계산 원리를 이해하고 그 계산을 할 수 있다. ⑤ 나눗셈과 관련된 실생활 문제를 만들고 해결할 수 있다.

<table>
<tr><td>[2] 자연수의 사칙계산(4학년)
① 곱하는 수가 두 자리 수인 곱셈을 할 수 있다.
② 나누는 수가 두 자리 수인 나눗셈을 할 수 있다.
③ 덧셈, 뺄셈, 곱셈, 나눗셈이 섞여 있는 계산 문제를 해결할 수 있다.</td><td>[5] 자연수의 혼합 계산
① 덧셈, 뺄셈, 곱셈, 나눗셈의 혼합 계산에서 계산하는 순서를 알고, 혼합 계산을 할 수 있다.</td></tr>
<tr><td colspan="2">• 계산 순서의 이해에 중점을 두고 간단한 계산으로 제한하여 학습량 감축</td></tr>
<tr><td>[5] 분수의 이해(2학년)
① 연속량의 등분할을 통하여 분수를 이해하고, 읽고 쓸 수 있다.</td><td rowspan="3">[6] 분수
① 양의 등분할을 통하여 분수를 이해하고 읽고 쓸 수 있다.
② 단위분수와 진분수의 의미를 알고, 그 관계를 이해한다.
③ 진분수, 가분수, 대분수를 알고, 그 상호 관계를 이해한다.
④ 단위분수의 크기를 비교할 수 있다.
⑤ 분모가 같은 분수의 크기를 비교할 수 있다.</td></tr>
<tr><td>[5] 분수(3학년)
① 이산량의 등분할을 통하여 분수를 이해한다.
② 단위분수와 진분수의 의미를 알고, 그 관계를 이해한다.
③ 분모가 같은 진분수와 간단한 단위분수의 크기를 비교할 수 있다.</td></tr>
<tr><td>[3] 여러 가지 분수(4학년)
① 진분수, 가분수, 대분수를 이해하고, 그 상호 관계를 알 수 있다.
② 분모가 같은 분수의 크기를 비교할 수 있다.</td></tr>
<tr><td colspan="2">• 현행 분수의 이해를 연속량(2학년)과 이산량(3학년)으로 나누어 지도하였으나, 3-4학년군에 통합</td></tr>
<tr><td>[6] 소수의 이해(3학년)
① 분모가 10인 진분수를 통하여 소수를 이해한다.
② 소수를 읽고 쓸 수 있으며, 크기를 비교할 수 있다.</td><td rowspan="2">[7] 소수
① 분모가 10인 진분수를 통하여 소수 한 자리 수를 이해하고 읽고 쓸 수 있다.
② 자릿값의 원리를 바탕으로 소수 두 자리 수와 소수 세 자리 수를 이해하고 읽고 쓸 수 있다.
③ 소수의 크기를 비교할 수 있다.</td></tr>
<tr><td>[5] 소수(4학년)
① 자리잡기의 원리를 바탕으로 소수 두 자리 수와 소수 세 자리 수를 이해한다.
② 소수를 읽고, 쓰고, 크기를 비교할 수 있다.</td></tr>
<tr><td>[4] 분모가 같은 분수의 덧셈과 뺄셈(4학년)
① 분모가 같은 분수의 덧셈과 뺄셈을 할 수 있다.</td><td rowspan="2">[8] 분수와 소수의 덧셈과 뺄셈
① 분모가 같은 분수의 덧셈과 뺄셈의 계산 원리를 이해하고 그 계산을 할 수 있다.
② 소수 두 자리 수의 범위에서 소수의 덧셈과 뺄셈의 계산 원리를 이해하고 그 계산을 할 수 있다.</td></tr>
<tr><td>[6] 소수의 덧셈과 뺄셈(4학년)
① 소수의 덧셈과 뺄셈을 할 수 있다.</td></tr>
</table>

<table>
<tr><td>〈용어와 기호〉
(3학년) 나눗셈, 몫, 나머지, 나누어 떨어진다, 소수, ÷, 소수점 (.)
(4학년) 진분수, 가분수, 자연수, 대분수</td><td>〈용어와 기호〉
자연수, 분수, 분자, 분모, 단위분수, 진분수, 가분수, 대분수, 소수, 나눗셈, 몫, 나머지, 나누어떨어진다, 소수점(.), ÷</td></tr>
<tr><td>〈교수-학습상의 유의점〉
(3학년)
① 실생활에서 분수나 소수가 쓰이는 경우를 찾아보게 한다.
② 덧셈, 뺄셈, 곱셈, 나눗셈을 하기 전에 답을 어림해보게 한다.
③ 문제 상황을 통하여 분수와 소수의 편리한 점을 인식하게 한다.

(4학년)
① 자연수의 사칙계산은 4학년에서 완성되도록 계산 방법을 일반화한다.
② 지나치게 복잡한 자연수 혼합 계산은 다루지 않는다.
③ 자연수, 분수, 소수의 계산에서 계산하기 전에 답을 어림해보게 할 수 있다.
④ 계산하거나 어림한 값을 계산기를 사용하여 확인해 볼 수 있다.
⑤ 혼소수는 분수와 관련지어 다룬다.</td><td>〈교수-학습상의 유의점〉
① 10000 이상의 큰 수가 쓰이는 경우를 찾고 큰 수와 관련하여 이야기하는 활동을 통하여 큰 수의 필요성을 인식하게 한다.
② 10000 이상의 큰 수를 비교하면서 수의 크기를 비교하는 방법을 찾아 설명하게 한다.
③ 덧셈은 세 자리 수의 범위에서 다루되, 합이 네 자리가 되는 덧셈도 포함한다.
④ 곱셈은 '(두 자리 수)×(한 자리 수)', '(세 자리 수)×(한 자리 수)', '(두 자리 수)×(두 자리 수)', '(세 자리 수)×(두 자리 수)'를 포함한다.
⑤ 나눗셈에서 '(두 자리 수)÷(한 자리 수)'는 나누어떨어지는 경우와 나누어떨어지지 않는 경우를 포함하여 몫과 나머지를 이해하게 하고, '(두 자리 수)÷(두 자리 수)', '(세 자리 수)÷(두 자리 수)'를 다룬다.
⑤ 덧셈, 뺄셈, 곱셈, 나눗셈을 하기 전에 계산 결과를 어림해 보고, 어림한 값을 계산기를 사용하여 확인할 수 있게 한다.
⑥ 자연수의 혼합 계산은 계산 순서에 중점을 두고, 지나치게 복잡한 혼합 계산은 다루지 않는다.
⑦ 1보다 작은 양을 나타내는 경우를 통하여 분수의 필요성을 인식하게 하고, 분수를 도입할 때 '분자', '분모'를 사용한다.
⑧ 소수의 덧셈과 뺄셈은 계산 원리를 이해할 수 있는 수준에서 간단히 다룬다.
⑨ 수와 연산 영역의 문제 상황에 적합한 문제 해결 전략을 지도하고, 문제 해결 과정을 설명하게 하여 문제 해결 능력을 기르게 한다.</td></tr>
<tr><td colspan="2">• 어림한 값을 계산기를 사용하여 검토함으로써, 연산 감각은 높이고 단순 계산에 대한 부담을 줄임</td></tr>
</table>

(나) 도형

2007년 개정	2009년 개정
1 각과 평면도형(3학년) ① 각과 직각을 이해한다. ② 직각삼각형, 직사각형, 정사각형을 이해한다.	1 도형의 기초 ① 직선, 선분, 반직선을 알고 구별할 수 있다. ② 각과 직각을 이해하고, 직각과 비교하는 활동을 통해 예각과 둔각을 구별할 수 있다. ③ 교실 및 생활 주변에서 직각인 곳과 만나지 않는 직선을 찾는 활동을 통해 직선의 수직관계와 평행 관계를 이해한다.
• 2학년에 있던 선분, 직선을 상향 이동 • 반직선을 도입하여 각의 기하학적 의미를 밝힘 • 각, 직각, 예각, 둔각을 통합 • 직선의 수직과 평행을 '도형의 기초'로 통합	
2 평면도형의 이동(3학년) ① 간단한 평면도형의 밀기, 뒤집기, 돌리기 활동을 통하여 그 변화를 이해한다.	2 평면도형의 이동 ① 구체물의 밀기, 뒤집기, 돌리기 활동을 통하여 그 변화를 이해한다. ② 평면도형의 이동을 이용하여 규칙적인 무늬를 꾸밀 수 있다.
• '규칙성과 문제해결' 영역의 규칙적인 무늬 꾸미기는 평면도형의 이동을 이용한 것이므로 '도형' 영영으로 통합	
3 원의 구성 요소(3학년) ① 원의 중심, 반지름, 지름을 알고, 그들 사이의 관계를 이해한다. ② 컴퍼스를 이용하여 여러 가지 모양을 그릴 수 있다.	3 원의 구성 요소 ① 원의 중심, 반지름, 지름을 알고, 그 관계를 이해한다. ② 컴퍼스를 이용하여 여러 가지 크기의 원을 그려서 다양한 모양을 꾸밀 수 있다.
1 각과 여러 가지 삼각형(4학년) ① 이등변삼각형과 정삼각형을 이해한다. ② 예각과 둔각의 뜻을 알고, 예각삼각형과 둔각삼각형을 이해한다.	4 여러 가지 삼각형 ① 여러 가지 모양의 삼각형에 대한 분류 활동을 통해 이등변삼각형, 정삼각형을 이름 짓고 이해한다. ② 여러 가지 모양의 삼각형에 대한 분류 활동을 통해 직각삼각형, 예각삼각형, 둔각삼각형을 이름 짓고 이해한다.
• 삼각형을 통합적으로 다룸	
2 다각형의 이해(4학년) ① 수직과 평행의 관계를 이해한다. ② 사다리꼴, 평행사변형, 마름모, 직사각형, 정사각형의 개념을 알고, 그 성질을 이해한다. ③ 간단한 다각형과 정다각형을 이해한다. ④ 주어진 도형으로 여러 가지 모양을 만들 수 있다. ⑤ 주어진 도형을 여러 가지 모양으로 덮을 수 있다.	5 여러 가지 사각형 ① 여러 가지 모양의 사각형에 대한 분류 활동을 통해 직사각형, 정사각형, 사다리꼴, 평행사변형, 마름모를 이름 짓고 이해한다. ② 여러 가지 사각형의 성질을 이해한다. 6 다각형 ① 다각형, 정다각형과 대각선의 뜻을 안다. ② 주어진 도형으로 여러 가지 모양을 만들 수 있다. ③ 주어진 도형을 여러 가지 모양으로 덮을 수 있다.
• 사각형을 통합적으로 다룸	

〈용어와 기호〉 (3학년) 각, (각의) 꼭짓점, (각의) 변, 직각, 직각삼각형, 직사각형, 정사각형, 중심, 반지름, 지름 (4학년) 이등변삼각형, 정삼각형, 예각, 둔각, 예각삼각형, 둔각삼각형, 수직, 수선, 평행, 평행선, 사다리꼴, 평행사변형, 마름모, 대각선, 다각형, 정다각형	〈용어와 기호〉 직선, 선분, 반직선, 각, (각의) 꼭짓점, (각의) 변, 직각, 예각, 둔각, 수직, 수선, 평행, 평행선, 원의 중심, 반지름, 지름, 이등변삼각형, 정삼각형, 직각삼각형, 예각삼각형, 둔각삼각형, 직사각형, 정사각형, 사다리꼴, 평행사변형, 마름모, 다각형, 정다각형, 대각선
〈교수–학습상의 유의점〉 (3학년) ① 밀기, 뒤집기, 돌리기는 구체물이나 그림, 모눈종이에 그려진 평면도형을 조작하는 활동을 통하여 간단히 다룬다. (4학년) ① 구체적인 조작 활동을 통하여 도형의 성질을 파악할 수 있게 한다. ② 여러 가지 사각형의 관계를 이해하게 한다.	〈교수–학습상의 유의점〉 ① 구체적인 사례나 활동을 통해 각을 도입하게 하고, 각의 변이 반직선임을 알게 한다. ② 실생활에서 평면도형의 이동을 활용한 사례를 찾아서 이동에 따른 변화를 확인하고 설명하게 한다. ③ 평면도형의 이동을 활용하여 자신만의 규칙적인 무늬를 만들고, 다른 사람이 만든 무늬에서 규칙을 찾아 설명하게 한다. ④ 여러 가지 사각형의 성질은 구체적인 조작 활동을 통해 간단한 것만 다루고, 여러 가지 사각형 사이의 관계는 다루지 않는다. ⑤ 도형 영역의 문제 상황에 적합한 문제 해결 전략을 지도하고, 문제 해결 과정을 설명하게 하여 문제 해결 능력을 기르게 한다.

(다) 측정

2007년 개정	2009년 개정
[1] 시간(3학년) ① 시각과 시간의 의미를 이해한다. ② 1분은 60초임을 알고, 초 단위까지 시각을 읽을 수 있다. ③ 초 단위까지 시간의 덧셈과 뺄셈을 할 수 있다.	[1] 시간 ① 구체적인 상황에서 시각과 시간의 의미를 이해하고, 이를 구별하여 실생활에서 사용할 수 있다. ② 1분은 60초임을 알고, 초 단위까지 시각을 읽을 수 있다. ③ 초 단위까지의 시간의 덧셈과 뺄셈을 할 수 있다.
• 시간의 덧셈과 뺄셈은 시간의 개념 이해와 관련하여 지도함	
[2] 길이(3학년) ① 1 mm, 1 km의 단위를 안다. ② 1 cm와 1 mm, 1 km와 1 m의 관계를 이해하고, 길이를 단명수와 복명수로 말할 수 있다. ③ 길이의 덧셈과 뺄셈을 할 수 있다.	[2] 길이 ① 길이를 나타내는 새로운 단위의 필요성을 인식하여 1 mm와 1 km의 단위를 알고, 이를 이용하여 길이를 측정할 수 있다. ② 1 cm와 1 mm, 1 km와 1 m의 관계를 이해하고, 길이를 단명수와 복명수로 표현할 수 있다. ③ 물건의 길이나 거리를 어림하고 직접 재어보는 활동을 통해 길이에 대한 양감을 기른다.
• 길이에 대한 양감을 강조하고, 길이의 덧셈과 뺄셈의 단순 계산을 약화하고 '측정'의 측면을 강조함	
[3] 들이(3학년) ① 1 L, 1 mL의 단위를 알고, 그 관계를 이해한다. ② 들이를 측정하여 L와 mL로 말할 수 있다. ③ 들이의 덧셈과 뺄셈을 할 수 있다. ④ 여러 가지 그릇의 들이를 어림하고 재어봄으로써 양감을 기른다.	[3] 들이 ① 들이를 나타내는 표준단위의 필요성을 인식하여 1 L와 1 mL의 단위를 알고, 이를 이용하여 들이를 측정할 수 있다. ② 1 L와 1 mL의 관계를 이해하고, 들이를 단명수와 복명수로 표현할 수 있다. ③ 여러 가지 그릇의 들이를 어림하고 직접 재어보는 활동을 통해 들이에 대한 양감을 기른다. ④ 실생활 문제 상황을 통하여 들이의 덧셈과 뺄셈을 이해한다.
• 들이에 대한 양감을 강조하고, 길이의 덧셈과 뺄셈의 단순 계산을 약화하고 '측정'의 측면을 강조함	
[4] 무게(3학년) ① 1 g, 1 kg단위를 알고, 그 관계를 이해한다. ② 여러 가지 물체의 무게를 측정하여 g과 kg으로 말할 수 있다. ③ 무게의 덧셈과 뺄셈을 할 수 있다. ④ 여러 가지 무게를 어림하고 재어봄으로써 양감을 기른다.	[4] 무게 ① 무게를 나타내는 표준단위의 필요성을 인식하여 1 g과 1 kg의 단위를 알고, 이를 이용하여 무게를 측정할 수 있다. ② 1 kg과 1 g의 관계를 이해하고, 무게를 단명수와 복명수로 표현할 수 있다. ③ 여러 가지 물체의 무게를 어림하고 직접 재어보는 활동을 통해 무게에 대한 양감을 기른다. ④ 실생활 문제 상황을 통하여 무게의 덧셈과 뺄셈을 이해한다.
• 무게에 대한 양감을 강조하고, 길이의 덧셈과 뺄셈의 단순 계산을 약화하고 '측정'의 측면을 강조함	

<table>
<tr><td>1 각도(4학년)
① 각의 크기의 단위인 1도(°)를 알고, 각도기를 이용하여 각의 크기를 측정할 수 있다.
② 주어진 각도와 크기가 같은 각을 그릴 수 있다.
③ 삼각형과 사각형의 내각의 크기의 합을 구할 수 있다.</td><td>5 각도
① 각의 크기의 단위인 1도(°)를 알고, 각도기를 이용하여 각의 크기를 측정할 수 있다.
② 주어진 각도와 크기가 같은 각을 그릴 수 있다.
③ 여러 가지 각도를 어림하고 직접 재어보는 활동을 통해 각도에 대한 양감을 기른다.
④ 여러 가지 방법으로 삼각형과 사각형의 내각의 크기의 합을 추론하고, 자신의 추론 과정을 설명할 수 있다.</td></tr>
<tr><td>2 평면도형의 둘레(4학년)
① 간단한 평면도형의 둘레의 길이를 구할 수 있다.</td><td rowspan="2"></td></tr>
<tr><td>3 직사각형과 정사각형의 넓이(4학년)
① 넓이를 이해하고, 1 cm^2의 단위를 안다.
② 직사각형과 정사각형의 넓이 구하는 방법을 이해하고, 그 넓이를 구할 수 있다.</td></tr>
<tr><td colspan="2">• 현행 4학년에 있는 둘레의 길이를 5~6학년군의 둘레와 넓이로 통합
• 현행 4학년에 있는 넓이의 단위 1 cm^2를 5~6학년군으로 이동하여 넓이의 단위 1 m^2 통합</td></tr>
<tr><td>4 어림하기(4학년)
① 이상, 이하, 초과, 미만의 뜻을 알고, 수의 범위를 나타낼 수 있다.
② 반올림, 올림, 버림의 의미를 알고, 이를 생활에 활용할 수 있다.</td><td>6 어림하기
① 실생활 장면에서 이상, 이하, 초과, 미만의 쓰임과 의미를 알고, 이를 활용하여 수의 범위를 나타낼 수 있다.
② 어림값을 구하기 위한 방법으로 반올림, 올림, 버림의 의미와 필요성을 알고, 이를 실생활에 활용할 수 있다.</td></tr>
<tr><td>〈용어와 기호〉
(3학년) 시각, 초, mm, km, L, mL, g, kg,
(4학년) 이상, 이하, 초과, 미만, 반올림, 올림, 버림, 도(°), cm^2</td><td>〈용어와 기호〉
초, 이상, 이하, 초과, 미만, 반올림, 올림, 버림, 도(°), mm, km, L, mL, g, kg</td></tr>
<tr><td>〈교수-학습상의 유의점〉
(3학년)
① 실생활의 예를 들어 단위의 필요성과 편리함을 알게 한다.
② 실제 측정 활동을 중심으로 무게와 들이를 다룬다.
③ 시간, 길이, 들이, 무게의 계산은 간단한 경우만 다룬다.

(4학년)
① 반올림, 올림, 버림은 실제로 사용되는 예를 통하여 그 필요성을 인식한다.</td><td>〈교수-학습상의 유의점〉
① 시각과 시간의 의미는 구체적인 상황 속에서 구별하게 하고, 시각을 엄밀하게 정의하지 않는다.
② 시간, 길이, 들이, 무게의 단위를 지도할 때 단위 사이의 관계를 이해하는 데 중점을 두고, 지나친 단위 환산은 다루지 않는다.
③ 측정 영역의 문제 상황에 적합한 문제 해결 전략을 지도하고, 문제 해결 과정을 설명하게 하여, 문제 해결 능력을 기르게 한다.</td></tr>
</table>

(라) 규칙성

2007년 개정	2009년 개정
1 규칙 찾기(3학년) ① 규칙을 정하여 한 가지 도형으로 여러 가지 무늬를 꾸밀 수 있다. 1 규칙 찾기(4학년) ① 다양한 변화 규칙을 수로 나타내고 설명할 수 있다. ② 규칙 찾기 놀이를 통하여 규칙을 추측하고 말이나 글로 표현할 수 있다.	1 규칙 찾기 ① 다양한 변화 규칙을 찾아 설명하고, 그 규칙을 수나 식으로 나타낼 수 있다. ② 규칙적인 계산식의 배열에서 계산 결과의 규칙을 찾고, 계산 결과를 추측할 수 있다.
2 규칙적인 무늬 만들기(4학년) ① 밀기, 뒤집기, 돌리기 등의 방법을 이용하여 한 가지 무늬로 새로운 무늬를 만들 수 있다.	
• 현행 '규칙적인 무늬 만들기'는 '평면도형의 이동'으로 이동 통합	
3 규칙과 대응(4학년) ① 두 양 사이의 대응 관계를 나타낸 표에서 규칙을 찾고, □, △를 사용하여 식으로 나타낼 수 있다.	2 규칙과 대응 ① 규칙 알아맞히기 놀이를 통하여 상대방이 정한 규칙을 추측하고 확인할 수 있다. ② 한 양이 변할 때 다른 양이 그에 종속하여 변하는 대응 관계를 나타낸 표에서 규칙을 찾아 설명하고, □, △를 사용하여 식으로 나타낼 수 있다.
2 문제해결 방법(3학년) ① 표 만들기, 예상과 확인 등의 여러 가지 방법으로 문제를 해결할 수 있다. 4 문제해결 방법(4학년) ① 단순화하기, 논리적 추론 등의 여러 가지 방법으로 문제를 해결할 수 있다. ② 문제해결 과정을 설명할 수 있다.	
〈용어와 기호〉	〈용어와 기호〉
〈교수-학습상의 유의점〉 (3학년) ① 무늬 꾸미기에서 사용하는 도형은 배열 방법에 따라 다양한 무늬가 나타날 수 있는 것으로 한다. (4학년) ① 규칙 찾기 놀이는 간단한 계산이 적용되는 경우로 한다. ② 두 양 사이의 대응 관계는 한 양이 변할 때 다른 양이 그에 종속하여 변하는 관계를 통해 다룬다.	〈교수-학습상의 유의점〉 ① 규칙적인 계산식의 배열에서 계산 결과의 규칙을 찾는 활동을 할 때 계산기를 활용할 수 있게 한다. ② 두 양의 종속적인 대응 관계는 덧셈식, 뺄셈식, 곱셈식, 나눗셈식 중 하나로 표현되는 간단한 경우만 다룬다. ③ 규칙성 영역에 적합한 문제 해결 전략을 지도하고, 문제 해결 과정을 설명하게 하여, 문제 해결 능력을 기르게 한다.

(마) 확률과 통계

2007년 개정	2009년 개정
1 자료의 정리(3학년) ① 여러 가지 자료를 수집, 분류, 정리하여 표, 막대그래프, 간단한 그림그래프로 나타낼 수 있다. ② 표나 그래프에서 자료의 특성을 찾아보고, 이를 설명할 수 있다.	1 자료의 정리 ① 실생활 자료를 수집, 분류, 정리하여 간단한 그림그래프로 나타내고, 표나 그래프가 자료의 특성을 알아보는 데 편리함을 알 수 있다.
1 꺾은선 그래프(4학년) ① 연속적인 변량에 대한 자료를 수집하여 꺾은선그래프로 나타낼 수 있다. ② 막대그래프와 꺾은선그래프를 비교하여 각각의 특성과 용도를 안다. ③ 실생활에서 찾을 수 있는 자료를 목적에 맞는 그래프로 나타내고 해석할 수 있다.	2 막대그래프와 꺾은선그래프 ① 실생활 자료를 수집하여 막대그래프로 나타낼 수 있다. ② 연속적인 변량에 대한 자료를 수집하여 꺾은선그래프로 나타낼 수 있다. ③ 여러 가지 자료를 찾아 목적에 맞는 그래프로 나타내고, 막대그래프와 꺾은선그래프의 특성을 비교할 수 있다.
〈용어와 기호〉 (3학년) 막대그래프, 그림그래프 (4학년) 꺾은선그래프	〈용어와 기호〉 그림그래프, 막대그래프, 꺾은선그래프
〈교수-학습상의 유의점〉 (4학년) ① 자료의 특성을 잘 나타낼 수 있는 그래프를 선택할 수 있게 한다.	〈교수-학습상의 유의점〉 ① 확률과 통계 영역의 문제 상황에 적합한 문제 해결 전략을 지도하고, 문제 해결 과정을 설명하게 하여, 문제 해결 능력을 기르게 한다.

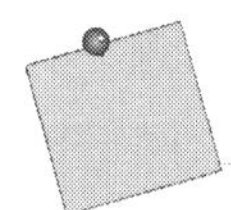

초등학교 5-6 학년군

(가) 수와 연산

2007년 개정	2009년 개정
1 약수와 배수(5학년) ① 약수, 공약수, 최대공약수의 의미를 알고, 이를 구할 수 있다. ② 배수, 공배수, 최소공배수의 의미를 알고, 이를 구할 수 있다. ③ 약수와 배수 사이의 관계를 이해하고, 이를 문제해결에 활용할 수 있다.	1 약수와 배수 ① 약수, 공약수, 최대공약수의 의미를 알고 구할 수 있다. ② 배수, 공배수, 최소공배수의 의미를 알고 구할 수 있다. ③ 약수와 배수의 관계를 이해한다. ④ 약수와 배수에 관련된 실생활 문제를 해결하고, 그 해결 과정을 설명할 수 있다.
2 약분과 통분(5학년) ① 분수의 성질을 이용하여 크기가 같은 분수를 만들 수 있다. ② 분수를 약분, 통분할 수 있다. ③ 분모가 다른 분수의 크기를 비교할 수 있다. 4 분모가 다른 분수의 덧셈과 뺄셈(5학년) ① 분모가 다른 분수의 덧셈과 뺄셈을 할 수 있디.	2 분수의 덧셈과 뺄셈 ① 분수의 성질을 이용하여 크기가 같은 분수를 만들 수 있다. ② 분수를 약분, 통분할 수 있다. ③ 분모가 다른 분수의 크기를 비교할 수 있다. ④ 분모가 다른 분수의 덧셈과 뺄셈의 계산 원리를 이해하고 그 계산을 할 수 있다.
5 분수의 곱셈과 나눗셈(5학년) ① 자연수와 분수의 곱셈, 분수끼리의 곱셈의 의미와 계산 원리를 이해하고, 그 계산을 할 수 있다. ② '(자연수)÷(자연수)'를 분수로 나타낼 수 있다. ③ '(분수)÷(자연수)'의 계산 원리를 이해하고, 그 계산을 할 수 있다. 1 분수의 나눗셈(6학년) ① 나누는 수가 분수인 나눗셈의 의미와 계산 원리를 이해하고, 그 계산을 할 수 있다.	3 분수의 곱셈과 나눗셈 ① 분수 곱셈의 계산 원리를 이해하고 그 계산을 할 수 있다. ② '(자연수)÷(자연수)'에서 나눗셈의 몫을 분수로 나타낼 수 있다. ③ 분수의 나눗셈의 계산 원리를 이해하고 그 계산을 할 수 있다.
6 소수의 곱셈과 나눗셈(5학년) ① 소수와 자연수, 소수끼리의 곱셈을 할 수 있다. ② 소수 나눗셈의 계산 원리를 이해하고, '(자연수)÷(자연수)', '(소수)÷(자연수)'의 계산을 할 수 있다. 2 소수의 나눗셈(6학년) ① 나누는 수가 소수인 나눗셈의 의미와 계산 원리를 이해하고, 그 계산을 할 수 있다.	4 소수의 곱셈과 나눗셈 ① 소수 곱셈의 계산 원리를 이해한다. ② '(자연수)÷(자연수)', '(소수)÷(자연수)'에서 나눗셈의 몫을 소수로 나타낼 수 있다. ③ 나누는 수가 소수인 나눗셈의 계산 원리를 이해한다. ④ 소수 곱셈과 나눗셈의 계산 결과를 어림할 수 있다.
• 소수의 곱셈, 나눗셈은 원리 이해에 중점을 두고 간단한 계산을 다루어 학습량 경감. • 복잡한 소수의 곱셈과 나눗셈은 계산기를 활용하여 학습량 경감	

<table>
<tr><td>3 소수와 분수(5학년)
① 소수와 분수의 관계를 이해하고, 분수를 소수로, 소수를 분수로 나타낼 수 있다.
② 소수와 분수의 크기를 비교할 수 있다.

3 분수와 소수의 혼합 계산(6학년)
① 간단한 분수와 소수의 혼합 계산을 할 수 있다.</td><td>5 분수와 소수
① 분수와 소수의 관계를 이해하고, 분수를 소수로, 소수를 분수로 나타낼 수 있다.
② 분수와 소수의 크기를 비교할 수 있다.
③ 간단한 분수와 소수의 혼합 계산을 할 수 있다.</td></tr>
<tr><td colspan="2">• 간단한 계산으로 축소하여 학습량 감축</td></tr>
<tr><td>〈용어와 기호〉
(5학년) 배수, 짝수, 홀수, 약수, 공약수, 최대공약수, 공배수, 최소공배수, 약분, 통분, 기약분수</td><td>〈용어와 기호〉
약수, 배수, 공약수, 최대공약수, 공배수, 최소공배수, 약분, 통분, 기약분수</td></tr>
<tr><td>〈교수-학습상의 유의점〉
(5학년)
① 약수와 배수는 자연수의 범위에서만 다룬다.
② 최대공약수와 최소공배수는 두 수에 대해서만 구한다.
③ 소수의 계산은 계산 원리를 이해할 수 있는 수준에서 간단히 다룬다.</td><td>〈교수-학습상의 유의점〉
① 약수와 배수는 실생활에서 활용되는 경우를 찾아 자연수 범위에서 다룬다.
② 최대공약수와 최소공배수는 두 수에 대해서 구하게 한다.
③ 분모가 다른 분수의 크기 비교에서 수 감각을 이용하여 추론하고 토론하는 활동을 하게 한다.
④ 소수의 곱셈과 나눗셈은 계산 원리를 이해할 수 있는 수준에서 간단히 다룬다.
⑤ 소수의 곱셈과 나눗셈에서 복잡한 계산은 계산기를 사용하게 한다.
⑥ 분수의 나눗셈은 '(분수)÷(자연수)', '(분수)÷(분수)', '(자연수)÷(분수)'를 다룬다.
⑦ 분수와 소수의 혼합 계산은 자연수 계산 원리를 통하여 이해할 수 있게 하고 지나친 계산 연습이나 복잡한 계산은 다루지 않는다.
⑧ 수와 연산 영역의 문제 상황에서 문제 해결 전략 비교하기, 주어진 문제에서 필요 없는 정보나 부족한 정보 찾기, 조건을 바꾸어 새로운 문제 만들기, 문제 해결 과정의 타당성 검토하기 등을 통해 문제 해결 능력을 기르게 한다.</td></tr>
<tr><td colspan="2">• 복잡한 계산은 계산기를 사용할 수 있도록 하여 학습량 경감</td></tr>
</table>

(나) 도형

2007년 개정	2009년 개정
[2] 합동(5학년) ① 도형의 합동의 의미를 알고, 합동인 도형을 식별할 수 있다. ② 자, 컴퍼스, 각도기를 이용하여 조건에 맞는 삼각형을 그릴 수 있다. [3] 대칭(5학년) ① 선대칭도형과 점대칭도형의 의미를 알고 그릴 수 있다. ② 선대칭 위치에 있는 도형과 점대칭 위치에 있는 도형을 그릴 수 있다.	[1] 합동과 대칭 ① 구체적인 조작 활동을 통해 도형의 합동의 의미를 알고, 합동인 도형을 찾을 수 있다. ② 합동인 두 도형에서 대응점, 대응변, 대응각을 각각 찾고, 그 성질을 이해한다. ③ 선대칭도형과 점대칭도형의 의미를 알고 그릴 수 있다.
• 선대칭 위치 및 점대칭 위치에 있는 도형을 삭제: 중고등학교의 필수 선행 개념이 아니고 이후 학습에서 활용 빈도가 낮음	
[1] 직육면체와 정육면체의 성질(5학년) ① 직육면체와 정육면체의 구성 요소를 알고, 여러 가지 성질을 찾을 수 있다. ② 직육면체와 정육면체의 전개도와 겨냥도를 그릴 수 있다.	[2] 직육면체와 정육면체 ① 직육면체와 정육면체를 알고, 구성 요소와 성질을 이해한다. ② 직육면체와 정육면체의 전개도와 겨냥도를 그릴 수 있다.
[1] 각기둥과 각뿔의 성질(6학년) ① 각기둥과 각뿔을 이해하고, 구성 요소와 성질을 안다. ② 각기둥의 전개도를 그릴 수 있다.	[3] 각기둥과 각뿔 ① 각기둥과 각뿔을 알고, 구성 요소와 성질을 이해한다. ② 각기둥의 전개도를 그릴 수 있다.
[2] 원기둥과 원뿔의 성질(6학년) ① 원기둥과 원뿔을 이해하고, 구성 요소와 성질을 안다. ② 원기둥의 전개도를 이해한다. ③ 회전체를 이해한다.	[4] 원기둥과 원뿔 ① 원기둥, 원뿔, 구와 그 구성 요소를 알고 그 성질을 이해한다. ② 원기둥의 전개도를 이해한다.
• 회전체, 단면 삭제: 원뿔, 구의 전개도나 측도를 다루는 부분에서 지도하도록 중학교급으로 이동 통합	
[3] 여러 가지 입체도형(6학년) ① 쌓기나무로 만든 입체도형을 보고 사용된 쌓기나무의 개수를 구할 수 있다. ② 쌓기나무로 여러 가지 모양을 만들고 규칙을 찾을 수 있다. ③ 쌓기나무로 만든 입체도형의 위, 앞, 옆에서 본 모양을 표현할 수 있다. ④ 여러 가지 물체의 위, 앞, 옆에서 본 모양을 표현할 수 있다.	[5] 입체도형의 공간감각 ① 쌓기나무로 만든 입체도형을 보고 사용된 쌓기나무의 개수를 구할 수 있다. ② 쌓기나무로 만든 입체도형의 위, 앞, 옆에서 본 모양을 표현할 수 있다. ③ 쌓기나무로 만든 입체도형의 위, 앞, 옆에서 본 모양을 표현한 것으로부터 입체도형의 모양을 알 수 있다.
• 쌓기나무를 활용한 규칙찾기 삭제: 소재만 쌓기나무일 뿐 본 영역과 직접 관련되는 내용 아님 • 여러 가지 물체의 모양 관찰 활동에서 초등 수준에서 다룰 수 있는 물체가 제한적이므로 쌓기나무 수준으로 국한시켜 ②에 통합하고 역방향 활동인 ③을 추가함	

〈용어와 기호〉 (5학년) 직육면체, 면, 모서리, 밑면, 옆면, 정육면체, 겨냥도, 전개도, 합동, 대응점, 대응변, 대응각, 대칭, 선대칭도형, 점대칭도형, 대칭축, 대칭의 중심 (6학년) 각기둥, 각뿔, 원기둥, 원뿔, 모선, 회전체, 회전축, 구, 단면	〈용어와 기호〉 합동, 대칭, 대응점, 대응변, 대응각, 선대칭도형, 점대칭도형, 대칭축, 대칭의 중심, 직육면체, 정육면체, 면, 모서리, 밑면, 옆면, 겨냥도, 전개도, 각기둥, 각뿔, 원기둥, 원뿔, 구, 모선
〈교수-학습상의 유의점〉 (5학년) ① 직육면체의 전개도를 다양하게 그려보게 한다. ② 구체적인 조작 활동을 통하여 선대칭도형이나 점대칭도형의 의미를 알게 한다. ③ 선대칭도형을 지도할 때 거울의 상을 이용할 수 있다. (6학년) ① 각기둥의 전개도에서는 간단한 형태만 다룬다. ② 여러 가지 문제를 다룰 때에는 실생활과 밀접한 소재를 활용한다.	〈교수-학습상의 유의점〉 ① 실생활에서 같은 무늬 찾기, 종이 겹쳐 오리기, 도장 찍기, 데칼코마니 등 구체적인 조작 활동을 통하여 도형의 합동의 뜻을 알게 한다. ② 실생활에서 선대칭도형과 점대칭도형의 예를 찾아 설명하게 한다. ③ 선대칭도형과 점대칭도형의 성질을 이용하여 각 도형의 나머지 부분을 그릴 수 있게 한다. ④ 직육면체의 전개도에서 수직인 면과 수평인 면을 찾게 하여 전개도로부터 입체도형을 상상할 수 있게 한다. ⑤ 직육면체의 겨냥도를 그리면서 직선의 평행과 수직 관계를 확인하게 한다. ⑥ 각기둥의 전개도는 간단한 형태만 다루고, 각뿔과 원뿔의 전개도는 다루지 않는다. ⑦ 직사각형, 직각삼각형, 반원을 한 직선을 중심으로 돌리는 활동을 통하여 원기둥, 원뿔, 구를 만들어 보게 한다. ⑧ 도형 영역의 문제 상황에서 문제 해결 전략 비교하기, 주어진 문제에서 필요 없는 정보나 부족한 정보 찾기, 조건을 바꾸어 새로운 문제 만들기, 문제 해결 과정의 타당성 검토하기 등을 통해 문제 해결 능력을 기르게 한다.

(다) 측정

2007년 개정	2009년 개정
[2] 평면도형의 둘레(4학년) ① 간단한 평면도형의 둘레의 길이를 구할 수 있다. [3] 직사각형과 정사각형의 넓이(4학년) ① 넓이를 이해하고, 1 cm^2의 단위를 안다. ② 직사각형과 정사각형의 넓이 구하는 방법을 이해하고, 그 넓이를 구할 수 있다. [1] 평면도형의 넓이(5학년) ① 평행사변형, 삼각형, 사다리꼴, 마름모의 넓이 구하는 방법을 이해하고, 그 넓이를 구할 수 있다.	[1] 평면도형의 둘레와 넓이 ① 간단한 평면도형의 둘레를 재어보는 활동을 바탕으로 둘레를 이해하고, 기본적인 평면도형의 둘레의 길이를 구할 수 있다. ② 넓이를 이해하고, 1 cm^2와 1 m^2의 단위를 알며, 그 관계를 이해한다. ③ 직사각형의 넓이를 구하는 방법을 이해하고, 이를 바탕으로 직사각형과 정사각형의 넓이를 구할 수 있다. ④ 평행사변형, 삼각형, 사다리꼴, 마름모의 넓이를 구하는 방법을 다양하게 추론하고, 이와 관련된 문제를 해결할 수 있다.
• 사각형의 넓이와 관련한 문제해결을 포함	
[2] 여러 가지 단위(5학년) ① 무게의 새로운 단위를 알고, 무게 단위 사이의 관계를 이해한다. ② 넓이의 새로운 단위를 알고, 넓이 단위 사이의 관계를 이해한다.	[2] 여러 가지 단위 ① 실생활에서 무게를 나타내는 새로운 단위의 필요성을 인식하여 1 t을 알고, 무게 단위 사이의 관계를 이해한다. ② 실생활에서 넓이를 나타내는 새로운 단위의 필요성을 인식하여 km^2, 1 a, 1 ha를 알고, 그 관계를 이해한다.
• 넓이와 관련한 실생활 문제해결을 포함	
[1] 원주율과 원의 넓이(6학년) ① 원주율을 이해한다. ② 원주와 원의 넓이 구하는 방법을 이해하고, 이를 구할 수 있다.	[3] 원주율과 원의 넓이 ① 여러 가지 둥근 물체의 원주와 지름을 측정하는 활동을 통해 원주율을 이해한다. ② 원주와 원의 넓이를 구하는 방법을 이해하고, 이를 구할 수 있다.
• 원주율을 이해하는 과정에서 측정 활동을 강조함	
[2] 겉넓이와 부피(6학년) ① 직육면체와 정육면체의 겉넓이 구하는 방법을 이해하고, 이를 구할 수 있다. ② 부피를 이해하고, 1 cm^3, 1 m^3의 단위를 알며, 단위 사이의 관계를 이해한다. ③ 직육면체와 정육면체의 부피 구하는 방법을 이해하고, 이를 구할 수 있다. ④ 부피와 들이 사이의 관계를 안다. [3] 원기둥의 겉넓이와 부피(6학년) ① 원기둥의 겉넓이와 부피 구하는 방법을 이해하고, 이를 구할 수 있다.	[4] 겉넓이와 부피 ① 직육면체와 정육면체, 원기둥의 겉넓이 구하는 방법을 이해하고, 이를 구할 수 있다. ② 부피를 이해하고, 1 cm^3, 1 m^3의 단위를 알며, 그 관계를 이해한다. ③ 직육면체와 정육면체, 원기둥의 부피 구하는 방법을 이해하고, 이를 구할 수 있다.
• 부피의 양감을 강조하고 부피의 단위 환산은 삭제하여 학습량 감축 • 부피와 들이 사이의 관계 삭제하여 학습량 감축 • 원기둥의 부피를 다른 입체도형의 부피와 통합	

〈용어와 기호〉 (5학년) 밑변, 높이, t, m^2, km^2, a, ha (6학년) 겉넓이, 부피, 원주, 원주율, cm^3, m^3	〈용어와 기호〉 가로, 세로, 밑변, 높이, 원주, 원주율, cm^2, m^2, km^2, t, a, ha, cm^3, m^3
• 현행 학년의 $1cm^2$ 5~6학년군으로 이동	
〈교수-학습상의 유의점〉 (5학년) ① 삼각형의 넓이는 높이가 삼각형의 내부, 외부에 있는 것을 모두 다룬다. ② 1 cm^2, 1 m^2의 관계는 활동을 통하여 이해하게 한다. ③ 실생활에서 새로운 단위의 필요성을 느낄 수 있게 한다. ④ 복잡한 단위 환산은 다루지 않는다. (6학년) ① 원주율은 원의 지름과 원주를 측정하는 활동을 통해 이해하게 한다. ② 원의 넓이는 구체적인 조작 활동을 통하여 여러 가지 방법으로 구한다.	〈교수-학습상의 유의점〉 ① 삼각형의 넓이는 높이가 삼각형의 내부, 외부에 있는 것을 모두 다룬다. ② 넓이 단위 지도 시 복잡한 단위의 환산은 다루지 않는다. ③ 겉넓이와 부피를 구하는 방법에 대하여 다양한 추론을 하고, 자신의 추론과정을 다른 사람에게 설명할 수 있게 한다. ④ 측정에 관련된 활동이나 원의 넓이, 겉넓이, 부피 등을 구할 때 복잡한 계산은 계산기를 사용하게 한다. ⑤ 측정 영역의 문제 상황에서 문제 해결 전략 비교하기, 주어진 문제에서 필요 없는 정보나 부족한 정보 찾기, 조건을 바꾸어 새로운 문제 만들기, 문제 해결 과정의 타당성 검토하기 등을 통해 문제 해결 능력을 기르게 한다.

(라) 규칙성

2007년 개정	2009년 개정
1 비와 비율(5학년) ① 두 양의 크기를 비교하여 분수로 나타낼 수 있다. ② 두 양 사이의 비와 비율의 의미를 이해한다. ③ 비율을 여러 가지 방법으로 나타낼 수 있다.	1 비와 비율 ① 두 양의 크기를 비교하는 상황을 통해 비의 개념을 이해하고, 그 관계를 비로 나타낼 수 있다. ② 비율을 이해하고, 비율을 분수, 소수, 백분율로 나타낼 수 있다.
• 할, 푼, 리 삭제: 학습량 감축 및 필요성 재고	
1 방정식(6학년) ① 미지수를 x로 나타낼 수 있다. ② 등식의 성질을 이해하고, 이를 이용하여 간단한 방정식을 풀 수 있다.	
• 방정식을 5~6학년군에서 중학교급의 일차방정식으로 이동 통합	
2 비례식(6학년) ① 비례식을 이해하고, 이를 활용할 수 있다. ② 비례식의 성질을 이용하여 간단한 비례식을 풀 수 있다. 3 연비와 비례배분(6학년) ① 연비의 뜻을 알고, 세 양 사이의 관계를 연비로 나타낼 수 있다. ② 비례배분의 뜻을 알고, 주어진 양을 비례배분 할 수 있다.	2 비례식과 비례배분 ① 비례식의 뜻을 알고, 그 성질을 이해하며, 이를 활용하여 간단한 비례식을 풀 수 있다. ② 비례배분의 뜻을 알고, 주어진 양을 비례배분 할 수 있다.
• 연비 삭제: 학습량 감축 및 중요도 재고	
4 정비례와 반비례(6학년) ① 두 수 사이의 대응 관계를 x와 y를 사용하여 식으로 나타낼 수 있다. ② 정비례와 반비례 관계를 이해하고, 그 관계를 표나 식으로 나타낼 수 있다. ③ 정비례와 반비례 관계를 활용하여 실생활 문제를 해결할 수 있다.	3 정비례와 반비례 ① 두 수 사이의 대응 관계를 x와 y를 사용하여 식으로 나타낼 수 있다. ② 정비례와 반비례 관계를 이해하고, 그 관계를 표나 식으로 나타낼 수 있다. ③ 실생활에서 정비례와 반비례 관계의 예를 찾고, 이와 관련된 간단한 문제를 해결할 수 있다.

2 문제해결 방법(5학년) ① 하나의 문제를 여러 가지 방법으로 해결하고, 그 방법을 비교할 수 있다. ② 주어진 문제를 해결하는 데 필요 없거나 부족한 정보를 찾을 수 있다. ③ 문제해결 과정의 타당성을 검토할 수 있다. 5 문제해결 방법(6학년) ① 여러 가지 문제해결 방법을 비교하여 문제 상황에 적절한 방법을 선택할 수 있다. ② 주어진 문제에서 조건을 바꾸어 새로운 문제를 만들고, 그 문제를 해결할 수 있다. ③ 문제해결 과정의 타당성을 설명할 수 있다.	
〈용어와 기호〉 (5학년) 비, 기준량, 비교하는 양, 비율, 백분율, 할, 푼, 리, :, % (6학년) 등식, 방정식, 비례식, 연비, 비례배분, 정비례 , 반비례, 관계식, 비례상수, x	〈용어와 기호〉 비, 기준량, 비교하는 양, 비율, 백분율, 비례식, 비례배분, 정비례, 반비례, 비례상수, :, %
• 할, 푼, 리, 연비 삭제	
〈교수-학습상의 유의점〉 (5학년) ① 두 양의 크기를 비교할 때에는 부분과 전체, 부분과 부분 사이의 관계를 다양하게 다룬다. ② 속력, 인구 밀도 등과 같이 타 교과 및 실생활에서 비율이 사용되는 예를 찾아보고, 관련된 문제를 해결해보게 한다. (6학년) ① 미지수는 x이외의 다른 문자도 사용할 수 있다. ② 등식의 성질은 구체물을 이용하여 다룬다. ③ 비례식, 연비, 비례배분은 간단한 경우만 다룬다. ④ 대응 관계, 정비례, 반비례는 실생활의 예를 통하여 다룬다. ⑤ 두 수 사이의 대응 관계를 도입할 때에는 $y=x+a$ 와 $y=a\times x$인 경우만 다룬다.	〈교수-학습상의 유의점〉 ① 두 양을 비교할 때 한 양을 기준으로 다른 양이 몇 배가 되는지를 나타낼 필요성을 인식하게 하면서 비의 개념을 도입한다. ② 속력, 인구밀도, 축척 등과 같이 타 교과 및 실생활에서 비율이 적용되는 예를 찾아보고, 그와 관련된 간단한 문제를 해결하게 한다. ③ 두 수 사이의 대응 관계를 도입할 때에는 $y=x+a$ 와 $y=a\times x$인 경우만 다룬다. ④ 속력과 거리, 속력과 시간과 같은 실생활의 예를 통해 정비례와 반비례 관계를 직관적으로 파악하게 한다. ⑤ 규칙성 영역의 문제 상황에서 문제 해결 전략 비교하기, 주어진 문제에서 필요 없는 정보나 부족한 정보 찾기, 조건을 바꾸어 새로운 문제 만들기, 문제 해결 과정의 타당성 검토하기 등을 통해 문제 해결 능력을 기르게 한다.

(마) 확률과 통계

2007년 개정	2009년 개정
1 자료의 표현과 해석(5학년) ② 평균의 의미를 알고, 주어진 자료의 평균을 구할 수 있다.	1 가능성과 평균 ① 실생활 속에서 가능성을 수치로 나타내는 예를 알아보고, 사건이 일어날 가능성을 수로 표현할 수 있다. ② 평균의 의미를 알고, 주어진 자료의 평균을 구할 수 있으며, 이를 활용할 수 있다.
• 6학년의 경우의 수를 중학교로 이동하는 대신 생활 속의 예를 통한 가능성 지도를 도입	
1 자료의 표현과 해석(5학년) ① 자료를 정리하여 줄기와 잎 그림이나 그림그래프로 나타내고, 자료의 특성을 파악할 수 있다. ③ 목적에 맞게 자료를 수집하고 정리하여 적절한 그래프로 나타내고, 자료의 특성을 설명할 수 있다.	2 자료의 표현 ① 실생활 자료를 그림그래프로 나타내고, 이를 활용할 수 있다. ② 실생활 자료를 수집하여 목적에 맞는 그래프로 나타내고, 자료의 특성을 설명할 수 있다.
• 줄기와 잎 그림 삭제 : 줄기와 잎 그림은 초등학교의 다른 내용과 연결성이 미약하고 중학교의 통계 내용과 의미 있게 연결되므로 중학교로 이동	
1 비율그래프(6학년) ① 띠그래프와 원그래프의 의미를 알고, 이를 활용할 수 있다. ② 비율그래프에서 자료의 특성을 찾아보고, 이를 설명할 수 있다.	3 비율그래프 ① 주어진 자료를 띠그래프나 원그래프로 나타낼 수 있다. ② 비율그래프를 해석하고, 이를 설명할 수 있다.
2 경우의 수와 확률(6학년) ① 경우의 수의 뜻을 알고, 이를 구할 수 있다. ② 경우의 수를 바탕으로 확률의 의미를 이해한다.	
• 경우의 수와 확률 삭제 : 초등학교의 다른 내용과 연결성이 미약하고 중학교와 중복되어 중학교급으로 통합	
〈용어와 기호〉 (5학년) 줄기와 잎 그림, 평균 (6학년) 띠그래프, 원그래프, 경우의 수, 확률	〈용어와 기호〉 평균, 가능성, 띠그래프, 원그래프
• 줄기와 잎 그림, 경우의 수, 확률 삭제	
〈교수-학습상의 유의점〉 (5학년) ① 목적에 맞게 자료를 정리하고 해석하는 것이 중요함을 알게 한다. (6학년) ① 원그래프를 지도할 때에는 눈금이 표시된 원을 이용한다. ② 비율그래프를 지도할 때에는 신문, 인터넷 등에 있는 표나 그래프를 소재로 활용할 수 있다. ③ 경우의 수는 간단한 경우만 다룬다. ④ 실생활의 예를 이용하여 확률의 의미를 다룬다.	〈교수-학습상의 유의점〉 ① 사건이 일어날 가능성은 0, $\frac{1}{4}$, $\frac{1}{2}$, $\frac{3}{4}$, 1 정도로 표현할 수 있게 한다. ② 원그래프를 그릴 때에는 눈금이 표시된 원을 사용하게 한다. ③ 비율그래프를 지도할 때에는 신문, 인터넷 등에 있는 표와 그래프를 소재로 활용할 수 있게 한다. ④ 확률과 통계 영역의 문제 상황에서 문제 해결 전략 비교하기, 주어진 문제에서 필요 없는 정보나 부족한 정보 찾기, 조건을 바꾸어 새로운 문제 만들기, 문제 해결 과정의 타당성 검토하기 등을 통해 문제 해결 능력을 기르게 한다.

중학교 1~3 학년군

(가) 수와 연산

2007년 개정	2009년 개정
1 집합(1학년) ① 집합의 개념을 이해하고, 집합을 표현할 수 있다. ② 두 집합 사이의 포함 관계를 이해한다. ③ 집합의 연산을 할 수 있다.	
• 학교급 이동: 현행 1집합을 고등으로 이동 • 중영역 삭제	
2 자연수의 성질(1학년) ① 거듭제곱의 뜻을 안다. ② 소인수분해의 뜻을 알고, 자연수를 소인수분해 할 수 있다. ③ 최대공약수와 최소공배수의 성질을 이해하고, 이를 구할 수 있다. ④ 최대공약수와 최소공배수를 활용하여 여러 가지 문제를 해결할 수 있다. ⑤ 십진법과 이진법의 원리를 이해하고, 자연수를 십진법과 이진법의 전개식으로 나타낼 수 있다. ⑥ 십진법과 이진법 사이의 관계를 이해한다.	1 소인수분해 ① 거듭제곱의 뜻을 안다. ② 소인수분해의 뜻을 알고, 자연수를 소인수분해 할 수 있다. ③ 최대공약수와 최소공배수의 성질을 이해하고, 이를 구할 수 있다. ④ 최대공약수와 최소공배수를 활용하여 여러 가지 문제를 해결할 수 있다.
• 중영역명 변경(학습내용의 특성을 잘 보여주기 위해) • 삭제 현행 ⑤, ⑥(학습량 감축)	
3 정수(1학년) ① 정수의 개념을 이해한다. ② 정수의 대소 관계를 이해한다. ③ 정수의 사칙계산의 원리를 이해하고, 그 계산을 할 수 있다. 4 유리수(1학년) ① 유리수의 개념을 이해한다. ② 유리수의 대소 관계를 이해한다. ③ 유리수의 사칙계산의 원리를 이해하고, 그 계산을 할 수 있다.	2 정수와 유리수 ① 정수와 유리수의 개념을 이해한다. ② 정수와 유리수의 대소 관계를 이해한다. ③ 정수와 유리수의 사칙계산의 원리를 이해하고, 그 계산을 할 수 있다.
• 영역 통합(수 체계의 성격 상 연계해서 학습하는 것이 더 효율적)	
5 유리수와 순환소수(2학년) ① 순환소수의 의미를 이해한다. ② 유리수와 순환소수의 관계를 이해한다.	3 유리수와 순환소수 ① 순환소수의 의미를 이해한다. ② 유리수와 순환소수의 관계를 이해한다.

<table>
<tr><td>6 근삿값(2학년)
① 근삿값과 오차의 의미를 이해하고, 근삿값에 대한 참값의 범위를 구할 수 있다.
② 근삿값의 표현 방법을 안다.</td><td></td></tr>
<tr><td colspan="2">• 중영역 삭제(학습량 감축)</td></tr>
<tr><td>7 제곱근과 실수(3학년)
① 제곱근의 뜻을 알고, 그 성질을 이해한다.
② 무리수의 개념을 이해한다.
③ 수직선에서 실수의 대소 관계를 이해한다.</td><td>4 제곱근과 실수
① 제곱근의 뜻을 알고, 그 성질을 이해한다.
② 무리수의 개념을 이해한다.
③ 실수의 대소 관계를 이해한다.</td></tr>
<tr><td>8 근호를 포함한 식의 계산(3학년)
① 근호를 포함한 식의 사칙계산을 할 수 있다.</td><td>5 근호를 포함한 식의 계산
① 근호를 포함한 식의 사칙계산을 할 수 있다.</td></tr>
<tr><td>〈용어와 기호〉
(1학년) 집합, 원소, 원소나열법, 조건제시법, 유한집합, 무한집합, 공집합, 부분집합, 진부분집합, 서로 같다, 벤 다이어그램, 합집합, 교집합, 전체집합, 여집합, 차집합, 소수, 합성수, 거듭제곱, 지수, 밑, 소인수, 소인수분해, 서로소, 십진법, 이진법, 진법의 전개식, 양수, 음수, 양의 정수, 음의 정수, 정수, 수직선, 양의 유리수, 음의 유리수, 유리수, 절댓값, 교환법칙, 결합법칙, 분배법칙, 역수, $a \in A$, $b \notin B$, $\varnothing$, $A \subset B$, $A = B$, $A \neq B$, $A \cup B$, $A \cap B$, U, A^C, $A - B$, $n(A)$, $1011_{(2)}$, 양의 부호(+), 음의 부호(−), 절댓값 기호(| |), ≤, ≥
(2학년) 유한소수, 무한소수, 순환소수, 순환마디, 참값, 측정값, 근삿값, 오차, 오차의 한계, 유효숫자, $2.\dot{4}1\dot{5}$, $a \times 10^n$ ($1 \le a < 10$, n은 양의 정수), $a \times \frac{1}{10^n}$ ($1 \le a < 10$, n은 양의 정수)
(3학년) 제곱근, 근호, 무리수, 실수, 분모의 유리화, $\sqrt{\ }$</td><td>〈용어와 기호〉
소수, 합성수, 거듭제곱, 지수, 밑, 소인수, 소인수분해, 서로소, 양의 정수, 음의 정수, 정수, 수직선, 양의 유리수, 음의 유리수, 유리수, 양수, 음수, 절댓값, 교환법칙, 결합법칙, 분배법칙, 역수, 유한소수, 무한소수, 순환소수, 순환마디, 제곱근, 근호, 무리수, 실수, 분모의 유리화, 양의 부호(+), 음의 부호(−), 절댓값 기호(| |), ≤, ≥, 순환소수 표현(예. $2.\dot{4}1\dot{5}$), $\sqrt{\ }$</td></tr>
<tr><td colspan="2">• 이동(고등) : 집합, 원소, 원소나열법, 조건제시법, 유한집합, 무한집합, 공집합, 부분집합, 진부분집합, 서로 같다, 벤 다이어그램, 합집합, 교집합, 전체집합, 여집합, 차집합, $a \in A$, $b \notin B$, $\varnothing$, $A \subset B$, $A = B$, $A \neq B$, $A \cup B$, $A \cap B$, U, A^C, $A - B$, $n(A)$
• 삭제 : 십진법, 이진법, 진법의 전개식,서로 같다, 참값, 측정값, 근삿값, 오차, 오차의 한계, 유효숫자, $a \times 10^n$($1 \le a < 10$, n은 양의 정수), $a \times \frac{1}{10^n}$($1 \le a < 10$, n은 양의 정수)</td></tr>
<tr><td>〈교수–학습상의 유의점〉
① 집합의 연산에서는 두 집합의 연산을 주로 다룬다.
② 약수와 배수는 자연수의 범위에서만 다룬다.
③ 유한소수를 순환소수로 나타내는 것은 강조하지 않는다.
④ 순환소수를 분수로 고칠 때 공식화하는 것은 강조하지 않는다.
⑤ 근삿값을 다룰 때 과학이나 실생활 관련 소재를 사용한다.
⑥ 제곱근의 근삿값이 필요할 때에는 제곱근표나 계산기를 사용하고, 제곱근 풀이법은 다루지 않는다.</td><td>〈교수–학습상의 유의점〉
① 약수와 배수는 자연수의 범위에서만 다룬다.
② 유한소수를 순환소수로 나타내는 것은 다루지 않는다.
③ 순환소수를 분수로 고치는 것은 순환소수가 유리수임을 이해할 수 있는 정도로만 다룬다.
④ 다양한 상황을 이용하여 음의 무리수의 필요성을 인식하게 한다.
⑤ 수의 계산에서 자신의 풀이 방법을 설명하게 한다.</td></tr>
</table>

(나) 문자와 식

<table>
<tr><th>2007년 개정</th><th>2009년 개정</th></tr>
<tr><td>1 문자의 사용과 식의 계산(1학년)
① 문자를 사용하여 식을 간단히 나타낼 수 있다.
② 식의 값을 구할 수 있다.
③ 일차식의 덧셈과 뺄셈의 원리를 이해하고, 그 계산을 할 수 있다.</td><td>1 문자의 사용과 식의 계산
① 다양한 상황을 문자를 사용한 식으로 간단히 나타낼 수 있다.
② 식의 값을 구할 수 있다.
③ 일차식의 덧셈과 뺄셈의 원리를 이해하고, 그 계산을 할 수 있다.</td></tr>
<tr><td>2 일차방정식(1학년)
① 일차방정식과 해의 의미를 이해한다.
② 등식의 성질을 이해하고 이를 활용할 수 있다.
③ 일차방정식을 풀 수 있다.

3 일차방정식의 활용(1학년)
① 일차방정식을 활용하여 여러 가지 문제를 해결할 수 있다.</td><td>2 일차방정식
① 다양한 상황을 이용하여 일차방정식과 그 해의 의미를 이해한다.
② 등식의 성질을 이해하고 일차방정식을 풀 수 있다.
③ 일차방정식을 활용하여 다양한 실생활 문제를 해결할 수 있다.</td></tr>
<tr><td colspan="2">• 영역 통합: 일차방정식과 활용을 통합</td></tr>
<tr><td>4 식의 계산(2학년)
① 이차식의 덧셈과 뺄셈의 원리를 이해하고, 그 계산을 할 수 있다.
② 지수법칙을 이해한다.
③ 다항식의 곱셈의 원리를 이해하고, 곱셈 공식을 유도할 수 있다.
$(a+b)(c+d)=ac+ad+bc+bd$
$(a+b)^2=a^2+2ab+b^2$
$(a-b)^2=a^2-2ab+b^2$
$(a+b)(a-b)=a^2-b^2$
$(x+a)(x+b)=x^2+(a+b)x+ab$
$(ax+b)(cx+d)=acx^2+(ad+bc)x+bd$
④ 다항식의 나눗셈의 원리를 이해하고, 그 계산을 할 수 있다.
⑤ 간단한 등식을 변형할 수 있다.</td><td>3 식의 계산
① 이차식의 덧셈과 뺄셈의 원리를 이해하고, 그 계산을 할 수 있다.
② 지수법칙을 이해한다.
③ 다항식의 곱셈의 원리를 이해하고, 곱셈 공식을 유도할 수 있다.
④ 다항식의 나눗셈의 원리를 이해하고, 그 계산을 할 수 있다.
⑤ 간단한 등식을 변형할 수 있다.</td></tr>
<tr><td colspan="2">• 학년 이동: 현행 ③ 3학년으로 이동, 나머지는 7차로 복귀(곱셈공식과 인수분해의 내용적 연계가 높으므로 연결해서 학습)</td></tr>
<tr><td>5 미지수가 2개인 연립일차방정식(2학년)
① 미지수가 2개인 일차방정식의 의미를 이해한다.
② 미지수가 2개인 연립일차방정식과 그 해의 의미를 이해한다.
③ 미지수가 2개인 연립일차방정식을 풀 수 있다.

6 연립일차방정식의 활용(2학년)
① 미지수가 2개인 연립일차방정식을 활용하여 여러 가지 문제를 해결할 수 있다.</td><td>4 미지수가 2개인 연립일차방정식
① 미지수가 2개인 일차방정식과 그 해의 의미를 이해한다.
② 미지수가 2개인 연립일차방정식과 그 해의 의미를 이해하고, 이를 풀 수 있다.
③ 연립방정식을 활용하여 다양한 실생활 문제를 해결할 수 있다.</td></tr>
<tr><td colspan="2">• 영역 통합: 연립방정식과 활용을 통합</td></tr>
</table>

<table>
<tr>
<td>[7] 일차부등식과 연립일차부등식(2학년)
① 부등식과 그 해의 의미를 이해한다.
② 부등식의 기본 성질을 이해한다.
③ 일차부등식과 그 해의 의미를 이해하고, 일차부등식을 풀 수 있다.
④ 연립일차부등식과 그 해의 의미를 이해하고, 연립일차부등식을 풀 수 있다.</td>
<td rowspan="2">[5] 일차부등식과 연립일차부등식
① 다양한 상황을 이용하여 일차부등식과 그 해의 의미를 이해한다.
② 부등식의 기본 성질을 이용하여 일차부등식을 풀 수 있다.
③ 연립일차부등식과 그 해의 의미를 이해하고, 이를 풀 수 있다.
④ 일차부등식 또는 연립부등식을 활용하여 다양한 실생활 문제를 해결할 수 있다.</td>
</tr>
<tr>
<td>[8] 일차부등식과 연립일차부등식의 활용(2학년)
① 일차부등식 또는 연립일차부등식을 활용하여 여러 가지 문제를 해결할 수 있다.</td>
</tr>
<tr>
<td colspan="2">• 영역 통합: 부등식과 활용을 통합</td>
</tr>
<tr>
<td>[9] 다항식의 인수분해(3학년)
① 인수분해의 뜻을 알고, 인수분해를 할 수 있다.
$ma+mb=m(a+b)$
$a^2+2ab+b^2=(a+b)^2$
$a^2-2ab+b^2=(a-b)^2$
$a^2-b^2=(a+b)(a-b)$
$x^2+(a+b)x+ab=(x+a)(x+b)$
$acx^2+(ad+bc)x+bd=(ax+b)(cx+d)$</td>
<td>[6] 다항식의 인수분해
① 인수분해의 뜻을 알고, 인수분해를 할 수 있다.</td>
</tr>
<tr>
<td>[10] 이차방정식(3학년)
① 이차방정식과 그 해의 의미를 이해하고, 이차방정식을 풀 수 있다.</td>
<td rowspan="2">[7] 이차방정식
① 이차방정식과 그 해의 의미를 이해하고, 이를 풀 수 있다.
② 이차방정식을 활용하여 여러 가지 문제를 해결할 수 있다.</td>
</tr>
<tr>
<td>[11] 이차방정식의 활용(3학년)
① 이차방정식을 활용하여 여러 가지 문제를 해결할 수 있다.</td>
</tr>
<tr>
<td colspan="2">• 영역 통합: 이차방정식과 활용을 통합</td>
</tr>
<tr>
<td>〈용어와 기호〉
대입, 식의 값, 다항식, 항, 단항식, 상수항, 계수, 차수, 일차식, 동류항, 좌변, 우변, 양변, 미지수, 해, 근, 항등식, 이항, 일차방정식, 이차식, 전개, 전개식, 연립방정식, 연립일차방정식, 소거, 가감법, 대입법, 부등식, 일차부등식, 연립부등식, 연립일차부등식, 인수, 인수분해, 완전제곱식, 이차방정식, 중근, 근의 공식</td>
<td>〈용어와 기호〉
대입, 다항식, 항, 단항식, 상수항, 계수, 차수, 일차식, 동류항, 등식, 방정식, 미지수, 해, 근, 항등식, 이항, 일차방정식, 전개, 연립방정식, 연립일차방정식, 부등식, 일차부등식, 연립부등식, 연립일차부등식, 인수, 인수분해, 완전제곱식, 이차방정식, 중근, 근의 공식</td>
</tr>
<tr>
<td colspan="2">• 삭제: 식의 값, 좌변, 우변, 양변, 이차식, 전개식, 소거, 가감법, 대입법</td>
</tr>
</table>

〈교수–학습상의 유의점〉 ① 일차식의 계산에서는 하나의 문자에 관한 일차식만 다룬다.(1) ② 지수법칙은 지수가 자연수인 범위에서 다룬다.(4) ③ 다항식의 나눗셈은 나누는 식이 단항식이고, 그 몫이 다항식인 것만 다룬다.(4) ④ 다항식의 사칙계산을 할 때, 지나치게 복잡한 계산은 다루지 않는다.(4) ⑤ 인수분해는 곱셈공식을 이용할 수 있는 간단한 형태를 주로 다룬다.(9) ⑥ 이차방정식은 실수해를 가지는 경우만 다룬다.(10)	〈교수–학습상의 유의점〉 ① 다양한 상황을 이용하여 문자의 필요성을 알게 한다. ② 일차방정식으로 나타낼 수 있는 실생활 문제를 찾아 해결하게 한다. ③ 지수법칙은 지수가 자연수인 범위에서 단항식의 곱셈과 나눗셈을 하는 데 필요한 정도로 다룬다. ④ 곱셈공식은 다음의 경우만 다룬다. $(a+b)^2=a^2+2ab+b^2$ $(a-b)^2=a^2-2ab+b^2$ $(a+b)(a-b)=a^2-b^2$ $(x+a)(x+b)=x^2+(a+b)x+ab$ $(ax+b)(cx+d)=acx^2+(ad+bc)x+bd$ ⑤ 다항식의 나눗셈에서는 다항식을 단항식으로 나누어 그 몫이 다항식이 되는 경우만 다룬다. ⑥ 방정식과 부등식의 의미는 다양한 상황을 통해 도입한다. ⑦ 방정식과 부등식의 해가 문제의 의도에 맞는지 확인하게 한다. ⑧ 방정식과 부등식에서 자신의 풀이 방법을 설명할 수 있게 한다. ⑨ 인수분해는 이차방정식의 해를 구하는 데 필요한 정도로 다룬다. $ma+mb=m(a+b)$ $a^2+2ab+b^2=(a+b)^2$ $a^2-2ab+b^2=(a-b)^2$ $a^2-b^2=(a+b)(a-b)$ $x^2+(a+b)x+ab=(x+a)(x+b)$ $acx^2+(ad+bc)x+bd=(ax+b)(cx+d)$ ⑩ 이차방정식은 해가 실수인 경우만 다룬다. ⑪ 식의 값, 좌변, 우변, 양변, 이차식, 전개식, 소거, 가감법, 대입법 용어는 교수·학습 상황에서 다루어질 수 있다.

(다) 함수

2007년 개정	2009년 개정
[1] 함수와 그래프(1학년) ① 함수의 개념을 이해한다. ② 순서쌍과 좌표를 이해한다. ③ 함수를 표, 식, 그래프로 나타낼 수 있다. [2] 함수의 활용(1학년) ① 함수를 활용하여 실생활 문제를 해결할 수 있다.	[1] 함수와 그래프 ① 다양한 상황을 표와 식으로 나타내고, 함수의 개념을 이해한다. ② 순서쌍과 좌표를 이해한다. ③ 함수를 그래프로 나타낼 수 있다. ④ 함수를 활용하여 여러 가지 문제를 해결할 수 있다.
• 중영역 통합: 함수와 함수의 활용을 통합하여 제시	
[3] 일차함수와 그래프(2학년) ① 일차함수의 의미를 이해하고, 그 그래프를 그릴 수 있다. ② 일차함수의 그래프의 성질을 이해한다.	[2] 일차함수와 그래프 ① 일차함수의 의미를 이해하고, 그 그래프를 그릴 수 있다. ② 일차함수의 그래프의 성질을 이해한다. ③ 일차함수를 활용하여 여러 가지 문제를 해결할 수 있다.
• 중영역 통합: 현행 [4]일차함수의 활용의 ③을 개정 [2] 일차함수와 그래프에 통합	
[4] 일차함수의 활용(2학년) ① 일차함수와 미지수가 2개인 일차방정식의 관계를 이해한다. ② 두 일차함수의 그래프를 통하여 연립일차방정식의 해를 이해한다. ③ 일차함수를 활용하여 여러 가지 문제를 해결할 수 있다.	[3] 일차함수와 일차방정식의 관계 ① 일차함수와 미지수가 2개인 일차방정식의 관계를 이해한다. ② 두 일차함수의 그래프를 통하여 연립일차방정식의 해를 이해한다.
• 중영역명 변경	
[5] 이차함수와 그래프(3학년) ① 이차함수의 의미를 이해하고, 그 그래프를 그릴 수 있다. ② 이차함수의 그래프의 성질을 이해한다.	[4] 이차함수와 그래프 ① 이차함수의 의미를 이해하고, 그 그래프를 그릴 수 있다. ② 이차함수의 그래프의 성질을 이해한다.
〈용어와 기호〉 변수, 함수, 정의역, 공역, 함숫값, 치역, 좌표, 순서쌍, x 좌표, y 좌표, 원점, 좌표축, x축, y 축, 좌표평면, 제1사분면, 제2사분면, 제3사분면, 제4사분면, 함수의 그래프, $f(x)$, $y=f(x)$, 일차함수, 기울기, x절편, y절편, 평행이동, 직선의 방정식, 이차함수, 포물선, 축, 꼭짓점, 최댓값, 최솟값	〈용어와 기호〉 변수, 함수, 함숫값, 좌표, 순서쌍, x좌표, y좌표, 원점, 좌표축, x축, y축, 좌표평면, 제1사분면, 제2사분면, 제3사분면, 제4사분면, 함수의 그래프, 일차함수, 기울기, x절편, y절편, 평행이동, 직선의 방정식, 이차함수, 포물선, 축, 꼭짓점, 최댓값, 최솟값, $f(x)$, $y=f(x)$
• 삭제: 정의역, 공역, 치역(고등학교 이동) • 수정:(포물선의) 축, 꼭짓점	
〈교수-학습상의 유의점〉 ① 함수 개념은 실생활에서 한 양이 변함에 따라 다른 양이 하나씩 정해지는 두 양 사이의 대응 관계를 이용하여 도입한다.([1]) ② 함수 개념의 지도에서 대응의 의미는 직관적인 수준에서 다룬다.([1]) ③ 두 일차함수의 그래프를 통한 연립일차방정식의 해에 대한 지도는 연립일차방정식의 해가 두 직선의 교점임을 이해하는 정도로 다룬다.([4]) ④ 이차방정식의 해와 이차함수의 그래프 사이의 관계는 다루지 않는다.([5]) ⑤ 이차함수에서 최댓값과 최솟값은 정의역이 실수 전체인 경우만 다룬다.([5])	〈교수-학습상의 유의점〉 ① 함수를 도입할 때 정비례와 반비례 이외의 상황을 다룰 수 있다. ② 함수의 개념은 다양한 상황에서 한 양이 변함에 따라 다른 양이 하나씩 정해지는 두 양 사이의 대응 관계를 이용하여 도입한다. ③ 다양한 상황을 표, 식, 그래프로 나타내고, 설명하게 한다. ④ 다양한 상황을 이용하여 일차함수와 이차함수의 의미를 다룬다. ⑤ 이차함수에서 최댓값과 최솟값은 x의 범위가 실수 전체인 경우만 다룬다. ⑥ 공학적 도구를 활용하여, 함수의 그래프를 그리고 다양한 상황을 해석할 수 있게 한다.

(라) 확률과 통계

2007년 개정	2009년 개정
[1] 도수분포와 그래프(1학년) ① 도수분포표, 히스토그램, 도수분포다각형을 이해한다. ② 주어진 자료를 표나 그래프로 나타내고, 이를 해석할 수 있다. ③ 도수분포표에서 평균의 뜻을 알고, 이를 구할 수 있다.	[1] 도수분포와 그래프 ① 줄기와 잎 그림, 도수분포표, 히스토그램, 도수분포다각형을 이해하고 해석할 수 있다. ② 도수분포표로 주어진 자료의 평균을 구할 수 있다. ③ 상대도수를 구하며, 이를 그래프로 나타내고, 상대도수의 분포를 이해한다.
• 추가: 줄기와 잎 그림을 현행 ①에 추가	
[2] 상대도수의 분포와 누적도수의 분포(1학년) ① 상대도수의 분포와 누적도수의 분포를 이해하고, 이를 그래프로 나타낼 수 있다.	
• 삭제: 누적도수의 분포	
[3] 확률과 그 기본 성질(2학년) ① 경우의 수를 구할 수 있다. ② 확률의 뜻을 알고, 그 기본 성질을 이해한다. ③ 간단한 확률의 계산을 할 수 있다.	[2] 확률과 그 기본 성질 ① 경우의 수를 구할 수 있다. ② 확률의 의미와 그 기본 성질을 이해한다. ③ 확률의 계산을 할 수 있다.
[4] 대푯값과 산포도(3학년) ① 중앙값, 최빈값, 평균의 의미를 이해하고, 이를 구할 수 있다. ② 분산과 표준편차의 의미를 이해하고, 이를 구할 수 있다.	[3] 대푯값과 산포도 ① 중앙값, 최빈값, 평균의 의미를 이해하고, 이를 구할 수 있다. ② 분산과 표준편차의 의미를 이해하고, 이를 구할 수 있다.
• 삭제: 분산(고등학교 이동)	
〈용어와 기호〉 변량, 계급, 계급의 크기, 도수, 도수분포표, 계급값, 히스토그램, 도수분포다각형, 상대도수, 누적도수, 사건, 중앙값, 최빈값, 대푯값, 산포도, 편차, 분산, 표준편차	〈용어와 기호〉 변량, 줄기와 잎 그림, 계급, 계급의 크기, 도수, 도수분포표, 계급값, 히스토그램, 도수분포다각형, 상대도수, 사건, 확률, 중앙값, 최빈값, 대푯값, 산포도, 편차, 분산, 표준편차
• 추가: 줄기와 잎 그림 • 삭제: 누적도수	

〈교수-학습상의 유의점〉 ① 실생활 자료를 수집하여 정리하고, 표나 그래프로 나타낼 수 있게 한다.([1]) ② 가평균을 이용하여 평균을 구하는 것은 다루지 않는다.([1]) ③ 경우의 수를 구할 때, 지나치게 복잡한 경우는 다루지 않는다.([3]) ④ 확률 개념의 도입과 계산에서는 간단한 경우의 수 또는 상대도수와 관련된 소재를 다룬다.([3]) ⑤ 실생활의 여러 소재를 이용하여 대푯값과 산포도를 도입하고, 그 필요성을 인식하게 한다.([4])	〈교수-학습상의 유의점〉 ① 다양한 상황에서 자료를 수집하게 하고, 수집한 자료가 적절한지 판단하는 활동을 하게 한다. ② 다양한 상황의 자료를 표나 그래프로 나타내고, 그 분포의 특성을 설명할 수 있게 한다. ③ 눈금 등을 잘못 사용하여 자료를 부정확하게 나타낸 표나 그래프에서 오류를 찾는 활동을 하게 한다. ④ 상대도수는 도수의 총합이 다른 두 집단의 분포를 비교하는 상황에서 다룬다. ⑤ 경우의 수는 합하거나 곱하는 경우 정도로만 다룬다. ⑥ 확률은 실험이나 관찰 상황에서 구한 상대도수로서의 의미와 경우의 수의 비율로서의 의미를 연결하여 이해하게 한다. ⑦ 경우의 수의 비율로 확률을 다룰 때, 각 경우가 발생할 가능성이 동등하다는 것을 가정한다는 점에 유의한다. ⑧ 확률의 계산에서는 경우의 수를 활용하는 것을 다룬다. ⑨ 자료의 특성에 따라 적절한 대푯값을 선택하여 구할 수 있게 한다. ⑩ 공학적 도구를 활용하여, 표와 그래프를 그리고 대푯값과 산포도를 구할 수 있게 한다. ⑪ 경우의 수 용어는 교수·학습 상황에서 다루어질 수 있다.

(마) 기하

2007년 개정	2009년 개정
1 기본 도형(1학년) ① 점, 선, 면, 각의 성질을 이해한다. ② 점, 직선, 평면의 위치 관계를 이해한다. ③ 평행선의 성질을 이해한다.	1 기본 도형 ① 점, 선, 면, 각을 이해하고, 점, 직선, 평면의 위치 관계를 설명할 수 있다. ② 평행선에서 동위각과 엇각의 성질을 이해한다.
2 작도와 합동(1학년) ① 간단한 도형을 작도할 수 있다. ② 합동인 도형의 성질을 이해한다. ③ 삼각형의 결정조건과 합동조건을 이해한다.	2 작도와 합동 ① 삼각형을 작도할 수 있다. ② 삼각형의 합동조건을 이해하고, 이를 이용하여 두 삼각형이 합동인지 판별할 수 있다.
• 삭제 용어: 현행 ③ '삼각형의 결정 조건' 수학 용어에서 삭제(합동조건과 중복)	
3 평면도형의 성질(1학년) ① 다각형의 성질을 이해한다. ② 다각형의 내각과 외각의 크기를 구할 수 있다. ③ 부채꼴의 중심각과 호의 관계를 이해한다. ④ 부채꼴의 넓이와 호의 길이를 구할 수 있다. ⑤ 원과 직선의 위치 관계를 이해한다. ⑥ 두 원의 위치 관계를 이해한다.	3 평면도형의 성질 ① 다각형의 성질을 이해한다. ② 부채꼴의 중심각과 호의 관계를 이해하고, 이를 이용하여 부채꼴의 넓이와 호의 길이를 구할 수 있다.
• 학년 이동: 현행 ⑤에서 접선의 개념만 삼각형과 사각형의 성질 영역의 내접원과 외접원 도입부분에서 간단하게 설명 • 삭제: 현행 ⑤의 접선 외의 내용과 현행 ⑥	
4 입체도형의 성질(1학년) ① 다면체의 뜻을 알고, 그 성질을 이해한다. ② 회전체의 뜻을 알고, 그 성질을 이해한다. ③ 입체도형의 겉넓이와 부피를 구할 수 있다.	4 입체도형의 성질 ① 다면체의 뜻을 알고, 그 성질을 이해한다. ② 회전체의 뜻을 알고, 그 성질을 이해한다. ③ 입체도형의 겉넓이와 부피를 구할 수 있다.
5 삼각형과 사각형의 성질(2학년) ① 명제의 뜻과 증명의 의미를 이해한다. ② 삼각형의 합동조건을 이용하여 삼각형과 사각형의 성질을 증명할 수 있다.	5 삼각형과 사각형의 성질 ① 이등변삼각형의 성질을 이해하고 설명할 수 있다. ② 삼각형의 외심과 내심의 성질을 이해하고 설명할 수 있다. ③ 사각형의 성질을 이해하고 설명할 수 있다.
• 삭제: 현행 ① 삭제(학습자 수준에 맞지 않는 가정과 결론으로 나눈 엄밀한 형식적 증명 대신 정당화를 요구함)	
6 도형의 닮음(2학년) ① 도형의 닮음의 뜻을 안다. ② 닮은 도형의 성질을 이해한다. ③ 삼각형의 닮음조건을 이해한다.	6 도형의 닮음 ① 도형의 닮음의 뜻을 안다. ② 닮은 도형의 성질을 이해한다. ③ 삼각형의 닮음조건을 이해하고, 이를 이용하여 두 삼각형이 닮음인지 판별할 수 있다.
7 닮음의 활용(2학년) ① 평행선 사이에 있는 선분의 길이의 비에 대한 성질을 이해하고, 이를 활용할 수 있다. ② 삼각형의 중점연결정리를 이해하고, 이를 활용할 수 있다. ③ 닮음비를 이용하여 닮은 도형의 넓이와 부피를 구할 수 있다.	7 닮음의 활용 ① 평행선 사이의 선분의 길이의 비를 구할 수 있다. ② 닮은 도형의 성질을 활용하여 여러 가지 문제를 해결할 수 있다.

<table>
<tr><td>8 피타고라스의 정리(3학년)
① 피타고라스의 정리를 알고, 이를 증명할 수 있다.
② 피타고라스의 정리를 간단한 도형에 활용할 수 있다.</td><td>8 피타고라스 정리
① 피타고라스 정리를 이해하고 설명할 수 있다.
② 피타고라스 정리를 활용하여 여러 가지 문제를 해결할 수 있다.</td></tr>
<tr><td>9 삼각비(3학년)
① 삼각비의 뜻을 알고, 간단한 삼각비의 값을 구할 수 있다.
② 삼각비를 활용하여 실생활 문제를 해결할 수 있다.</td><td>9 삼각비
① 삼각비의 뜻을 알고, 간단한 삼각비의 값을 구할 수 있다.
② 삼각비를 활용하여 실생활 문제를 해결할 수 있다.</td></tr>
<tr><td>10 원과 직선(3학년)
① 원에서 현에 관한 성질을 이해한다.
② 원의 접선에 대한 성질을 이해한다.

11 원주각(3학년)
① 원주각의 성질을 이해하고, 이를 활용할 수 있다.
② 원에 내접하는 사각형의 성질을 이해한다.
③ 원과 비례에 관한 성질을 이해한다.</td><td>10 원의 성질
① 원의 현에 관한 성질과 접선에 관한 성질을 이해한다.
② 원주각의 성질을 이해하고, 이를 활용하여 여러 가지 문제를 해결할 수 있다.</td></tr>
<tr><td colspan="2">• 중영역 통합 및 중영역명 변경(내용 축소)</td></tr>
<tr><td>〈용어와 기호〉
교점, 교선, 반직선, 두 점 사이의 거리, 중점, 수직이등분선, 꼬인 위치, 교각, 맞꼭지각, 엇각, 동위각, 평각, 직교, 수선의 발, 작도, 대변, 대각, 삼각형의 결정조건, (도형의) 대응, 삼각형의 합동조건, 내각, 외각, 부채꼴, 중심각, 호, 현, 활꼴, 할선, 접선, 접점, 접한다, 공통현, 중심선, 중심거리, 공통접선, 다면체, 각뿔대, 정다면체, 원뿔대, $\overleftrightarrow{AB}$, $\overrightarrow{AB}$, $\overline{AB}$, $l // m$, $\angle ABC$, $\overleftrightarrow{AB} \perp \overleftrightarrow{CD}$, $\triangle ABC$, $\equiv$, $\overset{\frown}{AB}$, π, 명제, 가정, 결론, 역, 정의, 정리, 증명, 외심, 외접, 외접원, 내심, 내접, 내접원, 닮음, 닮음비, 닮음의 중심, 닮음의 위치, 삼각형의 닮음조건, 중선, 무게중심, $p \rightarrow q$, □ABCD, ∽, 삼각비, 사인, 코사인, 탄젠트, 접선의 길이, 원주각, 내대각, $\sin A$, $\cos A$, $\tan A$</td><td>〈용어와 기호〉
교점, 교선, 두 점 사이의 거리, 중점, 수직이등분선, 꼬인 위치, 교각, 맞꼭지각, 엇각, 동위각, 평각, 직교, 수선의 발, 작도, 대변, 대각, (도형의) 대응, 삼각형의 합동조건, 내각, 외각, 부채꼴, 중심각, 호, 현, 활꼴, 할선, 다면체, 각뿔대, 정다면체, 원뿔대, 접선, 접점, 접한다, 외심, 외접, 외접원, 내심, 내접, 내접원, 중선, 무게중심, 닮음, 닮음비, 삼각형의 닮음조건, 피타고라스 정리, 삼각비, 사인, 코사인, 탄젠트, 원주각, $\overleftrightarrow{AB}$, $\overrightarrow{AB}$, $\overline{AB}$, $l // m$, $\angle ABC$, $\overline{AB} \perp \overline{CD}$, $\triangle ABC$, $\equiv$, $\overset{\frown}{AB}$, π, □ABCD, ∽, $\sin A$, $\cos A$, $\tan A$</td></tr>
<tr><td colspan="2">• 학교급 이동: 명제, 가정, 결론, 역, 정의, 정리, 증명은 고등으로 이동
• 삭제: 공통현, 중심선, 중심거리,공통접선,닮음의 중심, 닮음의 위치(단발성 주제로 연계성이 약함)</td></tr>
</table>

〈교수-학습상의 유의점〉 ① 점, 선, 면, 각, 원에 대한 성질은 직관적으로 탐구한다.(1) ② 원주율은 특정한 수치가 주어지지 않는 경우 π로 나타낸다.(3) ③ $p \rightarrow q$ 는 명제를 기호로 표현하는 정도로만 다룬다.(5) ④ 삼각형의 닮음조건과 합동조건을 비교하여 그 차이점을 안다.(6) ⑤ 어려운 증명의 경우에는 증명하기 전에 공학적 도구나 조작 활동을 통하여 증명해야 할 성질을 직관적으로 이해하게 한다.(공통) ⑥ 피타고라스의 정리의 역은 증명 없이 문제 상황을 통해 간단히 다룬다.(8) ⑦ 삼각비 사이의 관계는 다루지 않는다.(9) ⑧ 삼각비의 값은 0° 에서 90° 까지의 각도에 대한 것을 다루고, 삼각비의 그래프는 다루지 않는다.(9) ⑨ 삼각비의 활용은 단순한 소재를 택하여 간단히 다룬다.(9)	〈교수-학습상의 유의점〉 ① 점, 선, 면, 각과 관련된 용어의 뜻을 직관적으로 이해하고, 이를 토대로 여러 가지 도형의 성질을 추론할 수 있게 한다. ② 주어진 삼각형과 합동인 삼각형을 작도할 수 있게 한다. ③ 작도를 이용하여 삼각형의 합동조건을 이해하게 한다. ④ 다각형의 성질에서는 대각선의 개수, 내각과 외각의 크기의 합을 다룬다. ⑤ 다각형과 다면체는 그 모양이 볼록인 경우만 다룬다. ⑥ 사각형의 성질은 대각선에 관한 성질을 위주로 다룬다. ⑦ 닮은 도형의 성질을 추론할 수 있게 한다. ⑧ 피타고라스 정리의 역은 직관적으로 이해하게 한다. ⑨ 삼각비 사이의 관계는 다루지 않는다. ⑩ 삼각비의 값은 0° 에서 90° 까지의 각도에 대한 것만 다룬다. ⑪ 공학적 도구나 다양한 교구를 활용하여 도형의 성질을 추론할 수 있게 한다. ⑫ 도형의 성질을 이해하고 설명하는 활동은 학생의 수준에 따라 달리할 수 있다. ⑬ 접선의 길이 용어는 교수·학습 상황에서 다루어질 수 있다.

교수단위사전

수와 연산

0과 자연수

TU일람표

ID	TU 번호	TU 제목	관련 교육과정	
			07개정	09개정
1	TUAN-0010.10	5까지의 수 세기	(07) 1(가)[1]①	(09) 12(가)[1]①
2	TUAN-0020.10	5까지의 수 읽고 쓰기	(07) 1(가)[1]①	(09) 12(가)[1]①
3	TUAN-0030.10	수 0 읽고 쓰기	(07) 1(가)[1]①	(09) 12(가)[1]①
4	TUAN-0040.10	수 6, 7 읽고 쓰기	(07) 1(가)[1]①	(09) 12(가)[1]①
5	TUAN-0050.10	수 8, 9 읽고 쓰기	(07) 1(가)[1]①	(09) 12(가)[1]①
6	TUAN-0060.10	수 10 읽고 쓰기	(07) 1(가)[1]①	(09) 12(가)[1]①
7	TUAN-0070.10	19까지의 수 읽고 쓰기	(07) 1(가)[1]①	(09) 12(가)[1]①
8	TUAN-0080.10	수 20, 30, 40, 50 읽고 쓰기	(07) 1(가)[1]①	(09) 12(가)[1]①
9	TUAN-0090.10	수 21~49 읽고 쓰기	(07) 1(가)[1]①	(09) 12(가)[1]①
10	TUAN-0100.10	50까지의 수 세기	(07) 1(가)[1]①	(09) 12(가)[1]①
11	TUAN-0110.10	수 60, 70, 80, 90 읽고 쓰기	(07) 1(가)[1]①	(09) 12(가)[1]①
12	TUAN-0120.10	수 51~99 읽고 쓰기	(07) 1(가)[1]①	(09) 12(가)[1]①
13	TUAN-0130.10	99까지의 수 세기	(07) 1(가)[1]①	(09) 12(가)[1]①
14	TUAN-0140.10	수 100 읽고 쓰기	(07) 1(가)[1]①	(09) 12(가)[1]①
15	TUAN-0150.10	5까지의 수의 순서	(07) 1(가)[1]②	(09) 12(가)[1]③
16	TUAN-0160.10	하나 더 많은 것, 하나 더 적은 것	(07) 1(가)[1]②	(09) 12(가)[1]③
17	TUAN-0170.10	두 수의 크기 비교(5까지의 수)	(07) 1(가)[1]②	(09) 12(가)[1]③
18	TUAN-0180.10	9까지의 수의 순서	(07) 1(가)[1]②	(09) 12(가)[1]③
19	TUAN-0190.10	1 큰 수와 1 작은 수(9까지의 수)	(07) 1(가)[1]②	(09) 12(가)[1]③
20	TUAN-0200.10	두 수의 크기 비교(수 6, 7, 8, 9)	(07) 1(가)[1]②	(09) 12(가)[1]③
21	TUAN-0210.10	50까지의 수의 순서	(07) 1(가)[1]②	(09) 12(가)[1]③
22	TUAN-0220.10	1 큰 수와 1 작은 수(50까지의 수)	(07) 1(가)[1]②	(09) 12(가)[1]③
23	TUAN-0230.10	두 수의 크기 비교(50까지의 수)	(07) 1(가)[1]②	(09) 12(가)[1]③
24	TUAN-0240.10	100까지의 수의 순서	(07) 1(가)[1]②	(09) 12(가)[1]③
25	TUAN-0250.10	1 큰 수와 1 작은 수(100까지의 수)	(07) 1(가)[1]②	(09) 12(가)[1]③
26	TUAN-0260.10	두 수의 크기 비교(100까지의 수)	(07) 1(가)[1]②	(09) 12(가)[1]③
27	TUAN-0270.10	부등호 >, < 도입(100까지의 수)	(07) 1(가)[1]②	(09) 12(가)[1]③
28	TUAN-0280.10	50까지의 수 읽고 쓰기	(07) 1(가)[1]③	(09) 12(가)[1]②
29	TUAN-0290.10	99까지의 수 읽고 쓰기	(07) 1(가)[1]③	(09) 12(가)[1]②
30	TUAN-0300.10	가르기와 모으기(5까지의 수)	(07) 1(가)[1]④	(09) 12(가)[1]④
31	TUAN-0310.10	가르기와 모으기(6~9까지의 수)	(07) 1(가)[1]④	(09) 12(가)[1]④
32	TUAN-0320.10	10을 두 수로 가르기	(07) 1(가)[1]④	(09) 12(가)[1]④
33	TUAN-0330.10	10이 되게 두 수를 모으기	(07) 1(가)[1]④	(09) 12(가)[1]④
34	TUAN-0340.10	묶어 세기	(07) 1(가)[1]⑤	(09) 12(가)[1]③
35	TUAN-0350.10	뛰어 세기	(07) 1(가)[1]⑤	(09) 12(가)[1]③
36	TUAN-0360.10	덧셈이 이루어지는 상황(첨가형)(9까지의 수)	(07) 1(가)[2]①	(09) 12(가)[2]①
37	TUAN-0370.10	덧셈이 이루어지는 상황(합병형)(9까지의 수)	(07) 1(가)[2]①	(09) 12(가)[2]①
38	TUAN-0380.10	뺄셈이 이루어지는 상황(제거형)(9까지의 수)	(07) 1(가)[2]①	(09) 12(가)[2]①
39	TUAN-0390.10	뺄셈이 이루어지는 상황(비교형)(9까지의 수)	(07) 1(가)[2]①	(09) 12(가)[2]①
40	TUAN-0400.10	두 수를 바꾸어 더해 보기(9까지의 수)	(07) 1(가)[2]①	(09) 12(가)[2]①
41	TUAN-0410.10	합이 10 미만인 두 수의 덧셈	(07) 1(가)[2]②	(09) 12(가)[2]②
42	TUAN-0420.10	(한 자리 수)−(한 자리 수)	(07) 1(가)[2]②	(09) 12(가)[2]②
43	TUAN-0430.10	7+5=12형(더하는 수를 분해하기: 7+3+2)	(07) 1(가)[2]②	(09) 12(가)[2]②

44	TUAN-0440.10	4+9=13형(더해지는 수를 분해하기: 3+1+9)	(07) 1(가)②②	(09) 12(가)②②
45	TUAN-0450.10	합이 10이 되는 두 수의 덧셈	(07) 1(가)②③	(09) 12(가)②②
46	TUAN-0460.10	10−(한 자리 수)	(07) 1(가)②③	(09) 12(가)②②
47	TUAN-0470.10	13−9=4형(빼는 수를 분해하기: 13−3−6)	(07) 1(가)②④	(09) 12(가)②②
48	TUAN-0480.10	14−8=6형(빼지는 수를 분해하기: 10−8+4)	(07) 1(가)②④	(09) 12(가)②②
49	TUAN-0490.10	덧셈식을 보고 뺄셈식을 알아보기(9까지의 수)	(07) 1(가)②⑤	(09) 12(가)②③
50	TUAN-0500.10	뺄셈식을 보고 덧셈식을 알아보기(9까지의 수)	(07) 1(가)②⑤	(09) 12(가)②③
51	TUAN-0510.10	덧셈식을 보고 뺄셈식을 알아보기(18까지의 수)	(07) 1(가)②⑤	(09) 12(가)②③
52	TUAN-0520.10	뺄셈식을 보고 덧셈식을 알아보기(18까지의 수)	(07) 1(가)②⑤	(09) 12(가)②③
53	TUAN-0530.10	4+1+2 형(합이 10 미만인 한 자리 수의 연가산)	(07) 1(가)②⑥	(09) 12(가)②④
54	TUAN-0540.10	9−6+5형(한 자리 수의 감가산)	(07) 1(가)②⑥	(09) 12(가)②④
55	TUAN-0550.10	7−2−3형(한 자리 수의 연감산)	(07) 1(가)②⑥	(09) 12(가)②④
56	TUAN-0560.10	4+3−5형(한 자리 수의 가감산)	(07) 1(가)②⑥	(09) 12(가)②④
57	TUAN-0570.10	4+6+7=17형(두 수의 합이 10이 되는 세 수의 덧셈)	(07) 1(가)②⑥	(09) 12(가)②④
58	TUAN-0580.10	5+3+7=15형(두 수의 합이 10이 되는 세수의 덧셈)	(07) 1(가)②⑥	(09) 12(가)②④
59	TUAN-0590.10	8+5+2=15형(두 수의 합이 10이 되는 세 수의 덧셈)	(07) 1(가)②⑥	(09) 12(가)②④
60	TUAN-0610.10	10+5 또는 5+30형((몇십)+(몇), (몇)+(몇십))	(07) 1(가)③①	(09) 12(가)②②
61	TUAN-0620.10	22+6 또는 3+85형(받아올림이 없는 (몇십 몇)+(몇), (몇)+(몇십 몇))	(07) 1(가)③①	(09) 12(가)②②
62	TUAN-0630.10	40+30형(받아올림이 없는 (몇십)+(몇십))	(07) 1(가)③①	(09) 12(가)②②
63	TUAN-0640.10	35+42형(받아올림이 없는 (몇십 몇)+(몇십 몇))	(07) 1(가)③①	(09) 12(가)②②
64	TUAN-0650.10	여러 가지 방법으로 계산하기(받아올림이 없는 두 자리 수의 덧셈)	(07) 1(가)③①	(09) 12(가)②②
65	TUAN-0660.10	17−5형(받아내림이 없는 (몇십 몇)−(몇))	(07) 1(가)③②	(09) 12(가)②②
66	TUAN-0670.10	60−40형(받아내림이 없는(몇십)−(몇십))	(07) 1(가)③②	(09) 12(가)②②
67	TUAN-0680.10	28−16형(받아내림이 없는 (몇십 몇)−(몇십 몇))	(07) 1(가)③②	(09) 12(가)②②
68	TUAN-0690.10	여러 가지 방법으로 계산하기(받아내림이 없는 두 자리 수의 뺄셈)	(07) 1(가)③②	(09) 12(가)②②
69	TUAN-0700.10	암산하기(받아올림, 받아내림의 기초)	(07) 1(가)③③	(09) 12(가)②⑥
70	TUAN-1010.10	수 100(99보다 1 큰 수)	(07) 2(가)①①	(09) 12(가)①②
71	TUAN-1020.10	수 100(10이 10개, 90보다 10 큰 수)	(07) 2(가)①①	(09) 12(가)①②
72	TUAN-1030.10	몇백 알아보기	(07) 2(가)①①	(09) 12(가)①②
73	TUAN-1040.10	세 자리 수(백씩, 십씩 묶어 세기)	(07) 2(가)①①	(09) 12(가)①②
74	TUAN-1050.10	위치적 기수법(백의 자리, 십의 자리, 일의 자리)	(07) 2(가)①①	(09) 12(가)①②
75	TUAN-1060.10	수 1000(999 다음의 수)	(07) 2(가)①①	(09) 12(가)①②
76	TUAN-1070.10	세 자리 수 뛰어 세기(백씩, 십씩, 일씩)	(07) 2(가)①②	(09) 12(가)①③
77	TUAN-1080.10	두 수의 크기 비교(세 자리 수)	(07) 2(가)①②	(09) 12(가)①③
78	TUAN-1110.10	27+8=35형의 계산 원리 이해	(07) 2(가)②①	(09) 12(가)②②
79	TUAN-1120.10	27+8=35 형의 계산 알고리즘 익히기	(07) 2(가)②①	(09) 12(가)②②
80	TUAN-1130.10	32−8=24 형의 계산 원리 이해	(07) 2(가)②①	(09) 12(가)②②
81	TUAN-1140.10	32−8=24 형의 계산 알고리즘 익히기	(07) 2(가)②①	(09) 12(가)②②
82	TUAN-1150.10	39+25=64형의 계산 원리 이해	(07) 2(가)②①	(09) 12(가)②②
83	TUAN-1160.10	39+25=64형의 알고리즘 익히기	(07) 2(가)②①	(09) 12(가)②②
84	TUAN-1170.10	45−27=18형의 계산 원리 이해	(07) 2(가)②①	(09) 12(가)②②
85	TUAN-1180.10	45−27=18형의 알고리즘 익히기	(07) 2(가)②①	(09) 12(가)②②
86	TUAN-1190.10	여러 가지 방법으로 계산하기(##)±(##)	(07) 2(가)②①	(09) 12(가)②②
87	TUAN-1210.10	8+5+3=16형(연가산)	(07) 2(가)②②	(09) 12(가)②④
88	TUAN-1220.10	12−5−4=3형(연감산)	(07) 2(가)②②	(09) 12(가)②④
89	TUAN-1230.10	13+12+6형(연가산)	(07) 2(가)②②	(09) 12(가)②④
90	TUAN-1240.10	32−8−5형(연감산)	(07) 2(가)②②	(09) 12(가)②④
91	TUAN-1250.10	34−18+15형(감가혼합산)	(07) 2(가)②②	(09) 12(가)②④

번호	TU	내용	(07)	(09)
92	TUAN-1260.10	35+26-17형(가감혼합산)	(07) 2(가)[2]②	(09) 12(가)[2]④
93	TUAN-1270.10	45+17+19형	(07) 2(가)[2]②	(09) 12(가)[2]④
94	TUAN-1280.10	71-24-29형	(07) 2(가)[2]②	(09) 12(가)[2]④
95	TUAN-1290.10	덧셈과 뺄셈의 역연산 관계 이해하기(두 자리 수의 계산)	(07) 2(가)[2]③	(09) 12(가)[2]③
96	TUAN-1310.10	67+71=138 형의 계산 원리 이해	(07) 2(가)[3]①	(09) 34(가)[2]①
97	TUAN-1320.10	67+71=138 형의 계산 알고리즘 익히기	(07) 2(가)[3]①	(09) 34(가)[2]①
98	TUAN-1330.10	67+54=121형의 계산 원리 이해	(07) 2(가)[3]①	(09) 34(가)[2]①
99	TUAN-1340.10	67+54=121형의 알고리즘 익히기	(07) 2(가)[3]①	(09) 34(가)[2]①
100	TUAN-1410.10	500+200형	(07) 2(가)[3]①	(09) 34(가)[2]①
101	TUAN-1420.10	420+270형(계산 원리, 알고리즘)	(07) 2(가)[3]①	(09) 34(가)[2]①
102	TUAN-1430.10	386+212형(계산 원리, 알고리즘)	(07) 2(가)[3]①	(09) 34(가)[2]①
103	TUAN-1440.10	600-400형	(07) 2(가)[3]①	(09) 34(가)[2]①
104	TUAN-1450.10	480-120형(계산 원리, 알고리즘)	(07) 2(가)[3]①	(09) 34(가)[2]①
105	TUAN-1460.10	395-213형(계산 원리, 알고리즘)	(07) 2(가)[3]①	(09) 34(가)[2]①
106	TUAN-1470.10	316+48형(계산 원리, 알고리즘)	(07) 2(가)[3]①	(09) 34(가)[2]①
107	TUAN-1480.10	256+281형(계산 원리, 알고리즘)	(07) 2(가)[3]①	(09) 34(가)[2]①
108	TUAN-1490.10	278+245형(계산 원리, 알고리즘)	(07) 2(가)[3]①	(09) 34(가)[2]①
109	TUAN-1500.10	772-19형(계산 원리, 알고리즘)	(07) 2(가)[3]①	(09) 34(가)[2]①
110	TUAN-1510.10	246-127형(계산 원리, 알고리즘)	(07) 2(가)[3]①	(09) 34(가)[2]①
111	TUAN-1520.10	552-374형(계산 원리, 알고리즘)	(07) 2(가)[3]①	(09) 34(가)[2]①
112	TUAN-1550.10	214+307+68형	(07) 2(가)[3]②	(09) -
113	TUAN-1560.10	352-134+119형	(07) 2(가)[3]②	(09) -
114	TUAN-1570.10	500-209-244형	(07) 2(가)[3]②	(09) -
115	TUAN-1580.10	여러 가지 방법으로 계산하기	(07) 2(가)[3]③	(09) 34(가)[2]③
116	TUAN-2010.10	수 1000(999 다음의 수)	(07) 3(가)[1]①	(09) 12(가)[1]②
117	TUAN-2020.10	수 1000(100이 열 개, 900보다 100 큰 수)	(07) 3(가)[1]①	(09) 12(가)[1]②
118	TUAN-2030.10	수 1000(990보다 10 큰 수)	(07) 3(가)[1]①	(09) 12(가)[1]②
119	TUAN-2040.10	몇 천 알아보기	(07) 3(가)[1]①	(09) 12(가)[1]②
120	TUAN-2050.10	네 자리의 수 세기(천씩, 백씩, 십씩 묶어 세기)	(07) 3(가)[1]①	(09) 12(가)[1]②
121	TUAN-2060.10	위치적 기수법(천의 자리, 백의 자리, 십의 자리, 일의 자리)	(07) 3(가)[1]①	(09) 12(가)[1]②
122	TUAN-2070.10	수 10000(9999 다음의 수)	(07) 3(가)[1]①	(09) 12(가)[1]②
123	TUAN-2080.10	네 자리 수 뛰어 세기(천씩, 백씩, 십씩, 일씩)	(07) 3(가)[1]②	(09) 12(가)[1]③
124	TUAN-2090.10	두 수의 크기 비교(네 자리의 수)	(07) 3(가)[1]②	(09) 12(가)[1]③
125	TUAN-2210.10	472+369=841형(계산 원리, 알고리즘)	(07) 3(가)[2]①	(09) 34(가)[2]①
126	TUAN-2220.10	974+468=1442형(계산 원리, 알고리즘)	(07) 3(가)[2]①	(09) 34(가)[2]①
127	TUAN-2230.10	475-286=189형(계산 원리, 알고리즘)	(07) 3(가)[2]①	(09) 34(가)[2]①
128	TUAN-2240.10	475-386=89형(계산 원리, 알고리즘)	(07) 3(가)[2]①	(09) 34(가)[2]①
129	TUAN-2250.10	1976+345=2321형(계산 원리, 알고리즘)	(07) 3(가)[2]②	(09) -
130	TUAN-2260.10	3469+5743=9212형(계산 원리, 알고리즘)	(07) 3(가)[2]②	(09) -
131	TUAN-2270.10	1325-839=486형(계산 원리, 알고리즘)	(07) 3(가)[2]②	(09) -
132	TUAN-2280.10	5234-3975=1259형(계산 원리, 알고리즘)	(07) 3(가)[2]②	(09) -
133	TUAN-2310.10	1865+2589+1938=6392형	(07) 3(가)[2]③	(09) -
134	TUAN-2320.10	2000-475-645=880형	(07) 3(가)[2]③	(09) -
135	TUAN-2330.10	1437+1586-1746=1277형	(07) 3(가)[2]③	(09) -
136	TUAN-2340.10	7126-2549+1646=6223형	(07) 3(가)[2]③	(09) -
137	TUAN-2350.10	여러 가지 방법으로 계산하기	(07) 3(가)[2]④	(09) 34(가)[2]③
138	TUAN-2360.10	계산 결과 어림하기 (###)+(###)	(07) -	(09) 34(가)[2]②
139	TUAN-2370.10	계산 결과 어림하기 (###)-(###)	(07) -	(09) 34(가)[2]②

140	TUAN-2510.10	수 10000(1000이 10인 수)	(07) 4(가)[1]①	(09) 34(가)[1]①
141	TUAN-2520.10	다섯 자리 수 쓰고 읽기	(07) 4(가)[1]①	(09) 34(가)[1]①
142	TUAN-2530.10	다섯 자리 수의 위치적 기수법의 원리	(07) 4(가)[1]①	(09) 34(가)[1]①
143	TUAN-2540.10	위치적 기수법(만의 자리, 천의 자리, 백의 자리, 십의 자리, 일의 자리)	(07) 4(가)[1]①	(09) 34(가)[1]①
144	TUAN-2550.10	십만(10000이 10인 수)	(07) 4(가)[1]①	(09) 34(가)[1]①
145	TUAN-2560.10	백만(10000이 100인 수)	(07) 4(가)[1]①	(09) 34(가)[1]①
146	TUAN-2570.10	천만(10000이 1000인 수)	(07) 4(가)[1]①	(09) 34(가)[1]①
147	TUAN-2580.10	일억(1000만이 10인 수)	(07) 4(가)[1]①	(09) 34(가)[1]①
148	TUAN-2590.10	억 단위 수의 읽고 쓰기	(07) 4(가)[1]①	(09) 34(가)[1]①
149	TUAN-2600.10	일조(1000억 이 10인 수)	(07) 4(가)[1]①	(09) 34(가)[1]①
150	TUAN-2610.10	큰 수의 위치적 기수법	(07) 4(가)[1]①	(09) 34(가)[1]①
151	TUAN-2620.10	큰 수 뛰어 세기	(07) 4(가)[1]②	(09) 34(가)[1]②
152	TUAN-2630.10	두 수의 크기 비교(다섯 자리 이상의 수)	(07) 4(가)[1]②	(09) 34(가)[1]②
153	TUAN-3010.10	묶어 세기(동수누가)	(07) 2(가)[4]①	(09) 12(가)[3]①
154	TUAN-3020.10	뛰어 세기(동수누가)	(07) 2(가)[4]①	(09) 12(가)[3]①
155	TUAN-3030.10	배 개념(동수누가)	(07) 2(가)[4]①	(09) 12(가)[3]①
156	TUAN-3040.10	곱셈식, 곱	(07) 2(가)[4]①	(09) 12(가)[3]①
157	TUAN-3050.10	2의 단, 5의 단 곱셈구구	(07) 2(가)[4]②	(09) 12(가)[3]②
158	TUAN-3060.10	3의 단, 4의 단 곱셈구구	(07) 2(가)[4]②	(09) 12(가)[3]②
159	TUAN-3070.10	2, 3, 4, 5의 단 곱셈구구 익히기	(07) 2(가)[4]②	(09) 12(가)[3]②
160	TUAN-3080.10	6의 단, 7의 단 곱셈구구	(07) 2(가)[4]②	(09) 12(가)[3]②
161	TUAN-3090.10	8의 단, 9의 단 곱셈구구	(07) 2(가)[4]②	(09) 12(가)[3]②
162	TUAN-3100.10	6, 7, 8, 9의 단 곱셈구구 익히기	(07) 2(가)[4]②	(09) 12(가)[3]②
163	TUAN-3110.10	1의 단 곱셈구구	(07) 2(가)[4]②	(09) 12(가)[3]②
164	TUAN-3120.10	0의 곱	(07) 2(가)[4]②	(09) 12(가)[3]②
165	TUAN-3130.10	두 수를 바꾸어 곱하기(곱셈구구 범위)	(07) 2(가)[4]②	(09) 12(가)[3]②
166	TUAN-3140.10	곱셈표(곱셈구구범위)	(07) 2(가)[4]②	(09) 12(가)[3]②
167	TUAN-3150.10	곱셈의 활용(직사각형 배열)	(07) 2(가)[4]②	(09) 12(가)[3]②
168	TUAN-3210.10	20×3형(동수누가)	(07) 3(가)[3]①	(09) 34(가)[3]①
169	TUAN-3220.10	13×2형(동수누가, 알고리즘)	(07) 3(가)[3]①	(09) 34(가)[3]①
170	TUAN-3230.10	42×3형(동수누가, 알고리즘)	(07) 3(가)[3]①	(09) 34(가)[3]①
171	TUAN-3240.10	13×5형(동수누가, 알고리즘)	(07) 3(가)[3]①	(09) 34(가)[3]①
172	TUAN-3250.10	132×3형(동수누가, 알고리즘)	(07) 3(가)[3]①	(09) 34(가)[3]①
173	TUAN-3260.10	316×4형(동수누가, 알고리즘)	(07) 3(가)[3]①	(09) 34(가)[3]①
174	TUAN-3270.10	657×3형(알고리즘)	(07) 3(가)[3]①	(09) 34(가)[3]①
175	TUAN-3280.10	13×10형(알고리즘)	(07) 3(가)[3]①	(09) 34(가)[3]①
176	TUAN-3290.10	13×30형(알고리즘)	(07) 3(가)[3]①	(09) 34(가)[3]①
177	TUAN-3300.10	40×30형(알고리즘)	(07) 3(가)[3]①	(09) 34(가)[3]①
178	TUAN-3310.10	3×24형(모눈종이, 알고리즘)	(07) 3(가)[3]①	(09) 34(가)[3]①
179	TUAN-3320.10	32×24형(모눈종이, 알고리즘)	(07) 3(가)[3]①	(09) 34(가)[3]①
180	TUAN-3330.10	13×76형(알고리즘)	(07) 3(가)[3]①	(09) 34(가)[3]①
181	TUAN-3340.10	곱셈의 활용	(07) 3(가)[3]②	(09) 34(가)[3]③
182	TUAN-3350.10	계산 결과 어림하기 (어떤 수)×(#)	(07) –	(09) 34(가)[3]②
183	TUAN-3360.10	계산 결과 어림하기(어떤 수)×(##)	(07) –	(09) 34(가)[3]②
184	TUAN-3410.10	(어떤 수)×100형(알고리즘)	(07) 4(가)[2]①	(09) –
185	TUAN-3420.10	(어떤 수)×1000형(알고리즘)	(07) 4(가)[2]①	(09) –
186	TUAN-3430.10	(어떤 수)×10000형(알고리즘)	(07) 4(가)[2]①	(09) –
187	TUAN-3440.10	30×600형(알고리즘)	(07) 4(가)[2]①	(09) –

TU일람표

188	TUAN-3450.10	500×900형(알고리즘)	(07) 4(가)②①	(09) −
189	TUAN-3460.10	5000×600형(알고리즘)	(07) 4(가)②①	(09) −
190	TUAN-3470.10	173×50형(알고리즘)	(07) 4(가)②①	(09) 34(가)③①
191	TUAN-3480.10	(세 자리 수)×(몇십)	(07) 4(가)②①	(09) 34(가)③①
192	TUAN-3490.10	638×47형(알고리즘)	(07) 4(가)②①	(09) 34(가)③①
193	TUAN-3500.10	2758×30형(알고리즘)	(07) 4(가)②①	(09) −
194	TUAN-3510.10	7348×36형(알고리즘)	(07) 4(가)②①	(09) −
195	TUAN-3520.10	세 수의 곱셈(알고리즘)	(07) 4(가)②①	(09) −
196	TUAN-4010.10	나눗셈 상황(포함제)	(07) 3(가)④①	(09) 34(가)④①
197	TUAN-4020.10	나눗셈 상황(등분제)	(07) 3(가)④①	(09) 34(가)④①
198	TUAN-4030.10	나눗셈식, 나눗셈등식, 몫(용어)	(07) 3(가)④①	(09) 34(가)④①
199	TUAN-4040.10	나눗셈의 몫(곱셈의 역연산)	(07) 3(가)④①	(09) 34(가)④①
200	TUAN-4050.10	몫 구하기(곱셈구구 회상하기)	(07) 3(가)④①	(09) 34(가)④①
201	TUAN-4060.10	곱셈과 나눗셈의 역연산 관계	(07) 3(가)④②	(09) 34(가)④②
202	TUAN-4070.10	60÷3형(계산 원리, 알고리즘, 세로셈)	(07) 3(가)④③	(09) 34(가)④③
203	TUAN-4080.10	42÷2형(계산 원리, 알고리즘)	(07) 3(가)④③	(09) 34(가)④③
204	TUAN-4090.10	17÷5형(몫, 나머지, 나누어떨어지다)	(07) 3(가)④③	(09) 34(가)④③
205	TUAN-4100.10	52÷4형(계산 원리, 알고리즘)	(07) 3(가)④③	(09) 34(가)④③
206	TUAN-4110.10	74÷3형(계산 원리, 알고리즘)	(07) 3(가)④③	(09) 34(가)④③
207	TUAN-4120.10	나눗셈의 검산	(07) 3(가)④③	(09) 34(가)④③
208	TUAN-4130.10	나눗셈의 활용	(07) 3(가)④④	(09) 34(가)④⑤
209	TUAN-4210.10	720÷90형(계산 원리, 알고리즘)	(07) 4(가)②②	(09) 34(가)④④
210	TUAN-4220.10	427÷50형(몫과 나머지, 알고리즘, 검산)	(07) 4(가)②②	(09) 34(가)④④
211	TUAN-4230.10	83÷24형(계산 원리, 알고리즘)	(07) 4(가)②②	(09) 34(가)④④
212	TUAN-4240.10	159÷38형(계산 원리, 알고리즘, 검산)	(07) 4(가)②②	(09) 34(가)④④
213	TUAN-4250.10	341÷25형(계산 원리, 알고리즘, 검산)	(07) 4(가)②②	(09) 34(가)④④
214	TUAN-5010.10	46−28+32형(사칙혼합계산)	(07) 4(가)②③	(09) 34(가)⑤①
215	TUAN-5020.10	2000−(750+300)형(사칙혼합계산)	(07) 4(가)②③	(09) 34(가)⑤①
216	TUAN-5030.10	56÷7×3형(계산 순서)	(07) 4(가)②③	(09) 34(가)⑤①
217	TUAN-5040.10	72÷(6×4)형(사칙혼합계산)	(07) 4(가)②③	(09) 34(가)⑤①
218	TUAN-5050.10	34−6×5+7형(사칙혼합계산)	(07) 4(가)②③	(09) 34(가)⑤①
219	TUAN-5060.10	75+60÷3−57형(사칙혼합계산)	(07) 4(가)②③	(09) 34(가)⑤①
220	TUAN-5070.10	32×6−72÷4+25형(사칙혼합계산)	(07) 4(가)②③	(09) 34(가)⑤①
221	TUAN-5080.10	120−{8×(5+7)÷4}형(사칙혼합계산)	(07) 4(가)②③	(09) 34(가)⑤①
222	TUAN-6010.10	약수의 뜻	(07) 5(가)①①	(09) 56(가)①①
223	TUAN-6020.10	약수 구하기	(07) 5(가)①①	(09) 56(가)①①
224	TUAN-6030.10	공약수의 뜻	(07) 5(가)①①	(09) 56(가)①①
225	TUAN-6040.10	공약수 구하기	(07) 5(가)①①	(09) 56(가)①①
226	TUAN-6050.10	최대공약수의 뜻	(07) 5(가)①①	(09) 56(가)①①
227	TUAN-6060.10	최대공약수 구하기	(07) 5(가)①①	(09) 56(가)①①
228	TUAN-6070.10	배수의 뜻	(07) 5(가)①②	(09) 56(가)①②
229	TUAN-6080.10	배수 구하기	(07) 5(가)①②	(09) 56(가)①②
230	TUAN-6090.10	공배수의 뜻	(07) 5(가)①②	(09) 56(가)①②
231	TUAN-6100.10	공배수 구하기	(07) 5(가)①②	(09) 56(가)①②
232	TUAN-6110.10	최소공배수의 뜻	(07) 5(가)①②	(09) 56(가)①②
233	TUAN-6120.10	최소공배수 구하기	(07) 5(가)①②	(09) 56(가)①②
234	TUAN-6130.10	약수와 배수의 관계	(07) 5(가)①③	(09) 56(가)①③
235	TUAN-6140.10	약수와 배수에 관련된 실생활 문제 해결 과정 설명하기	(07) −	(09) 56(가)①④

TUAN-0010.10 5까지의 수 세기

관련 교육과정	(07) 1(가)1①
	(09) 12(가)1①

목표

5까지의 수를 셀 수 있다.

자료

그림 카드, 실물화상기, 강낭콩, 바둑돌 5개, 여러 가지 구체물(연필 5자루, 지우개 5개 등)

활동

(1) 세어 보시오. (그림을 이용한 활동)

그림을 보고 오리, 사슴, 다람쥐, 나비, 꽃 등의 수를 세어보게 한다.

(2) 세어 보시오. (실물화상기를 이용한 활동)

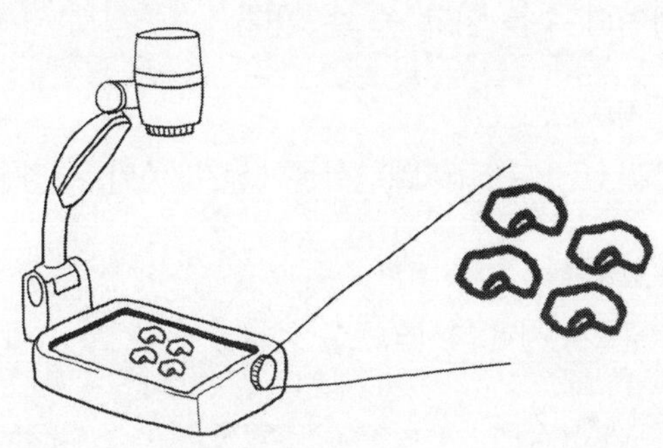

실물화상기(또는 큰 그림판)을 이용하여 (예를 들어) 바둑돌 4개를 2초 정도 비추어 준 다음 실물화상기를 끄고 몇 개인지 물어본다. 학생들이 답을 말하면, 다시 실물화상기를 켜서 보여주고 답을 확인한다.

(3) 세어 보시오. (구체물을 이용한 활동)

연필 3자루, 지우개 5개 등의 여러 가지 구체물을 제시하고 수를 세어보게 한다.

배경

수 세기는 수학 학습 활동의 기초가 되는 부분이다. 학생들은 취학 전부터 이미 나름대로의 수 세기 경험을 가지고 있으나 교사와 함께하는 수 세기를 통해 좀 더 의식화된 경험을 하게 된다. 일대일 대응에 의한 짝짓기나 순서수의 개념보다 자연스런 수 세기 경험이 강조되는 것이 요즈음의 추세이다.

실물화상기를 이용한 세어보기 활동 (2)는 수 세기를 익히는 데 도움을 주고 향후 덧셈과 뺄셈을 위한 기본이 된다. 매일 조금씩 반복하는 것이 바람직하다.

관련 TU : TUAN-0020

TUAN-0020.10 5까지의 수 읽고 쓰기

관련 교육과정	(07) 1(가)Ⅰ①
	(09) 12(가)Ⅰ①

목표

5까지의 수를 읽고 쓸 수 있다.

자료

카드, 1~5 수도(數圖), 실물화상기, 종이, 투명종이

활동

(1) 몇인지 세어 보시오.

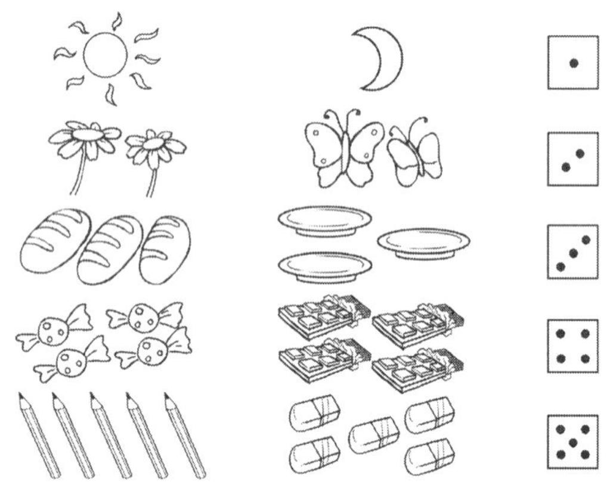

그림을 보고 수를 세어 보고 수도(數圖)를 보고 수를 감각적으로 인지할 수 있도록 한다. 각각을 '일, 이, 삼, 사, 오'로 읽어본다.

(2) 수를 써 보시오.

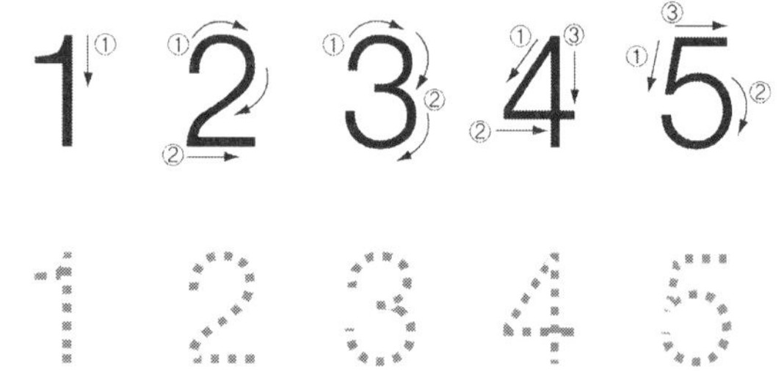

숫자 1, 2, 3, 4, 5를 손가락으로 따라 써 본 후, 점선을 따라 쓰며 쓰는 방법을 익힌다.

(3) 수를 써 보시오.

숫자 1, 2, 3, 4, 5의 모양을 오려 낸다. 실물화상기를 사용해 숫자를 투영시키고, 학생은 숫자의 윤곽을 따라 그린다. 허공에, 칠판에, 책상에 따라 그리며 익힌다. 그 다음에, 투명종이를 놓고 따라 쓰며 익힌다.

배경

5까지의 수는 숫자 이름과 기호가 즉각적인 인식을 통해 이해되는 수이다. 두 가지의 수사를 사용하여 수를 세어봄으로써 '하나, 둘, 셋, 넷, 다섯'과 '일, 이, 삼, 사, 오'가 자연스럽게 연결되도록 한다. 숫자를 바르게 따라 쓰는 방법을 지도하기 전에 학생들이 자유롭게 숫자를 써 볼 수 있는 기회를 제공하는 것이 좋다. 학생이 쓰기를 자신 있게 시작할 때까지 학생의 손을 잡아 안내하는 것도 도움이 된다. 그 다음에는 학생들은 숫자의 윤곽선을 따라 그리면서 숫자를 쓰는 방법을 배우기 시작해야 한다. 투명종이를 놓고 따라 써보기도 좋은 방법이다. 또한 5 이하의 구체물을 보고 수의 양을 직관적으로 인식하여 수 감각을 형성하도록 한다.

관련 TU : TUAN-0010, TUAN-0030, TUAN-0040

TUAN-0030.10 수 0 읽고 쓰기

관련 교육과정	(07) 1(가)Ⅰ①
	(09) 12(가)Ⅰ①

목표

0을 읽고 쓸 수 있다.

자료

연필꽂이, 연필 2자루

활동

(1) 0을 알아보시오.

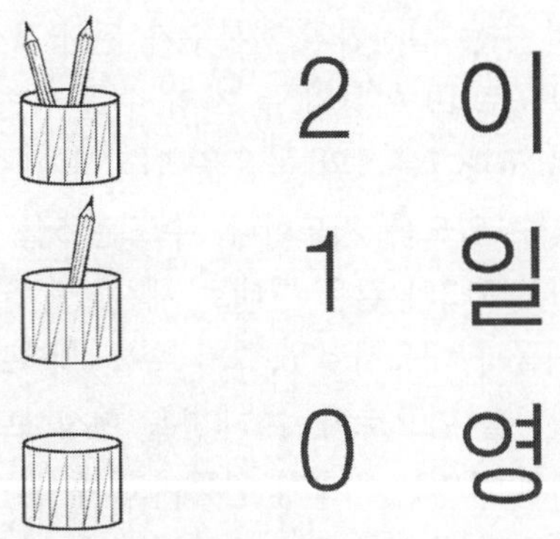

연필 2자루가 꽂힌 연필꽂이에서 연필을 한 자루씩 빼면서 수를 세어본다. 연필 2자루가 꽂혀 있을 때는 '2', 연필 한 자루 꽂혀 있을 때는 '1', 연필이 한 자루도 남지 않았을 때 '영'이라고 읽으며 '0'으로 나타낸다는 것을 알려준다.

(2) 0을 써 보시오.

숫자 0을 손가락으로 따라 써 본 후, 점선을 따라 쓰며 쓰는 방법을 익힌다.

배경

처음 0을 학습하는 학생들은 0을 아무 것도 없는 것을 나타내는 수로 학습하게 된다. 수에 대한 개념이 확장되면서 점차 0의 다른 개념을 학습하게 된다. 그러므로 처음 0을 지도할 때에는 학생이 이해할 수 있는 0의 개념의 범위에서 구체물을 사용하여 지도하도록 한다. 예를 들어 길이가 0인 막대는 연필꽂이에 연필이 꽂혀 있지 않는 상황보다 이해하기가 어렵다. 그러므로 구체물을 가지고 상대적으로 추론하여 2 → 1 → 0과 같이 점차로 하나씩 없어지는 활동을 통하여 지도한다. 학생들이 자연스러워질 때까지 적절한 모델을 사용해서 신중하게 0을 도입해야 한다.

관련 TU : TUAN-0020, TUAN-0060

TUAN-0040.10 수 6, 7 읽고 쓰기

관련 교육과정	(07) 1(가)Ⅰ①
	(09) 12(가)Ⅰ①

목표

6, 7을 읽고 쓸 수 있다.

자료

그림 카드, 여러 가지 구체물, 수도(6, 7)

활동

(1) 몇인지 세어 보시오.

소 6마리, 양 7마리를 모아서 그려놓은 그림과 그에 해당하는 수도를 숫자 6, 7을 읽는 법과 함께 제

시한다.

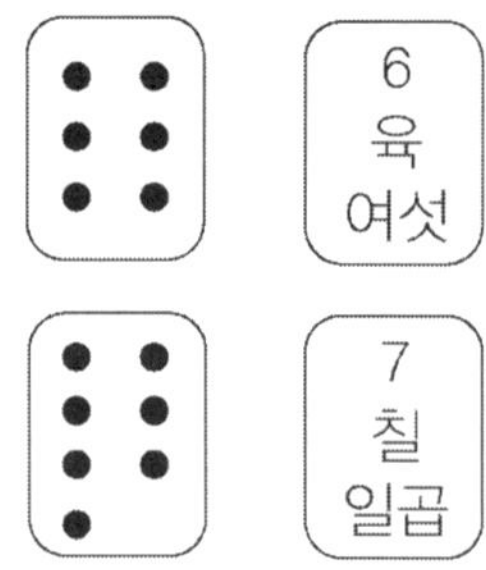

그림을 보고 수를 세어 보고 수도를 보고 수를 세어본다. 각각을 '육, 칠' 또는 '여섯, 일곱'으로 읽어본다. 수도를 보고 수의 양을 인식할 수 있도록 지도한다.

(2) 읽어 보시오.
구체물을 6개, 7개 보여주고 그에 해당하는 수도를 숫자 6, 7을 읽는 법과 함께 제시한다. 구체물이나 수도를 보고 수를 세어본다. 각각을 '육, 칠' 또는 '여섯, 일곱'으로 읽어본다. 학생들이 수도를 보고 수의 양을 인식할 수 있도록 지도한다.

(3) 수를 써 보시오.

숫자 6, 7을 책상이나 손바닥에 손가락으로 따라 써 본 후, 점선을 따라 쓰며 쓰는 방법을 익힌다.

배경

9까지의 수는 십진법의 기본수가 된다. 9까지의 수를 바탕으로 10 이상의 두 자리 수를 학습할 수 있게 된다. 6과 7은 5의 묶음을 인식하여 수의 양을 인지할 수 있도록 지도한다. 수도는 5를 기본으로 하여 5+1, 5+2와 같은 형태로 제시하도록 한다. 또한 구체물과 대응시켜 6, 7의 수를 세어보고 읽고 쓰는 활동을 함으로써 수 개념을 형성하도록 한다. 수 읽기와 쓰기는 기호화 활동이고 수에 대한 다양한 모델링과 논의를 필요로 한다. 수 감각의 지속적인 발달은 수 읽기와 쓰기에 선행되어야 한다.

관련 TU : TUAN-0020, TUAN-0050

TUAN-0050.10 수 8, 9 읽고 쓰기

관련 교육과정	(07) 1(가)1①
	(09) 12(가)1①

목표

8, 9를 읽고 쓸 수 있다.

자료

그림 카드, 여러 가지 구체물, 수도(8, 9)

활동

(1) 몇인지 세어 보시오.

①

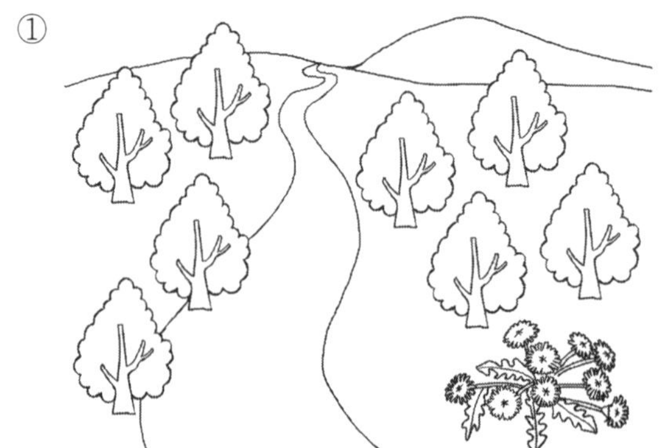

②

(나무 8그루, 민들레 9송이를 모아서 그려놓은 그림과 그에 해당하는 수도를 숫자 8, 9를 읽는 법과 함께 제시한다.)

그림나 수도를 보고 수를 세어본다. 각각을 '팔, 구' 또한, '여덟, 아홉'으로 읽어본다. 수도를 보고 수의 양을 인식할 수 있도록 지도한다.

(2) 읽어 보시오.

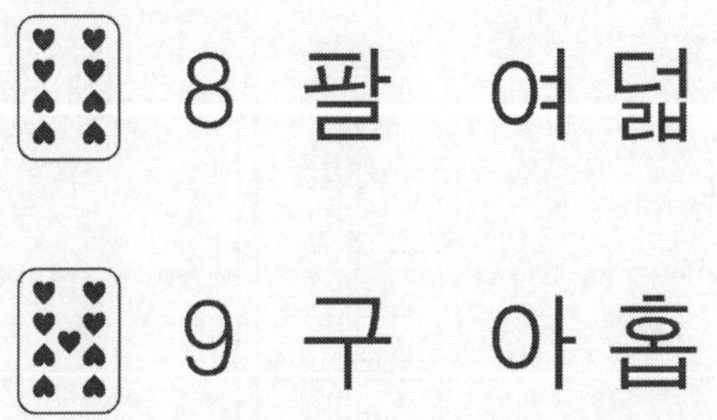

구체물을 8개, 9개 보여주고 그에 해당하는 수도를 숫자 8, 9를 읽는 법과 함께 제시한다. 구체물이나 수도를 보고 수를 세어본다. 각각을 '팔, 구' 또는 '여덟, 아홉'으로 읽어본다. 수도를 보고 수의 양을 인식할 수 있도록 지도한다.

(3) 수를 써 보시오.

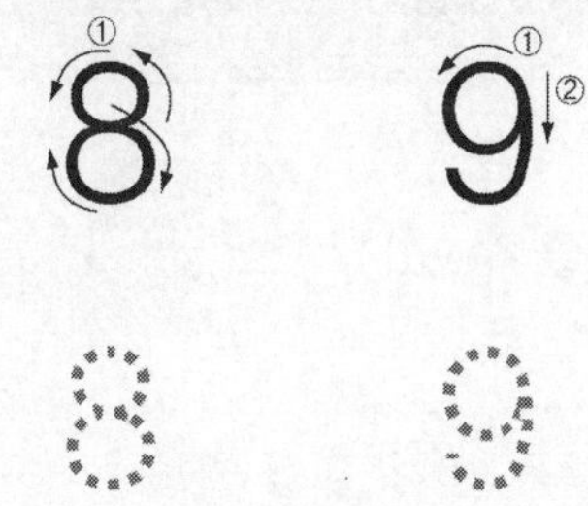

숫자 8, 9를 책상이나 손바닥에 손가락으로 따라 써 본 후, 점선을 따라 쓰며 쓰는 방법을 익힌다.

배경

9까지의 수는 십진법의 기본수가 된다. 9까지의 수를 바탕으로 10 이상의 두 자리 수를 학습할 수 있게 된다. 8과 9는 5의 묶음을 인식하여 수의 양을 인지할 수 있도록 지도한다. 수도는 5를 기본으로 하여 5+3, 5+4와 같은 형태로 제시하도록 한다. 또한 구체물과 대응시켜 8, 9의 수를 세어보고 읽고 쓰는 활동을 함으로써 수 개념을 형성하도록 한다.

수 읽기와 쓰기는 기호화 활동이고 수에 대한 다양한 모델링과 논의를 필요로 한다. 수 감각의 지속적인 발달이 수 읽기와 쓰기에 선행되어야 한다.

관련 TU : TUAN-0040, TUAN-0060

TUAN-0060.10 수 10 읽고 쓰기

관련 교육과정	(07) 1(가)[1]①
	(09) 12(가)[1]①

목표

10을 읽고 쓸 수 있다.

자료

주머니, 바둑돌 10개, 그림 카드

활동

(1) 몇인지 세어 보시오.

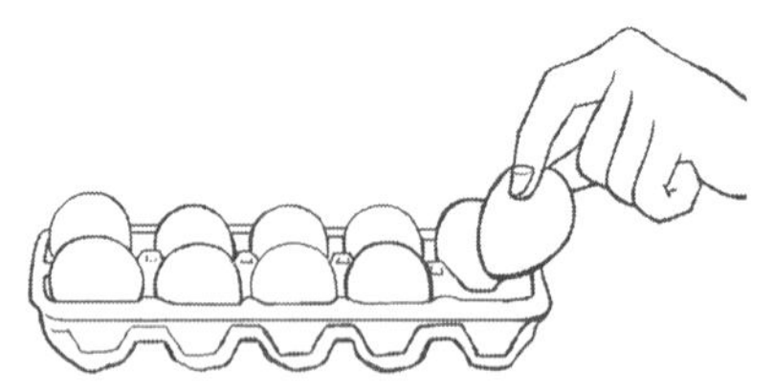

달걀 상자에 들어 있는 달걀의 수를 세어본다. 달걀을 하나 더 넣으면 무엇이라고 할 수 있는지 물어본다. 9보다 1 큰 수를 '십'이라고 읽고 '10'으로 쓴다는 것을 알려준다.

(2) 몇인지 세어 보시오.

미리 준비된 주머니 안에 바둑돌 10개가 들어 있다. 주머니 안에 있는 바둑돌을 하나씩 꺼내면서 1에서 10까지 수를 세어 본다. 꺼낸 바둑돌을 한 줄로 놓아보고 5×2로 배열하여 놓아본다.

배경

10은 9까지의 수와는 달리 0, 1 두 개의 숫자로 구성된 수이다. 하지만 두 자리 수의 시작으로 10을 인식하기보다는 9보다 1 큰 수로 10을 지도하도록 한다. '일, 이, …, 구, 십'으로 구체물의 수를 세어 본다. 십진법에서 10은 상당히 중요한 의미를 가진다. 그러나 자릿값의 개념은 아직 도입되지 않는다. 수 10은 수 체계에 초석을 제공한다. 십틀은 규칙성을 촉진하고, 수에 대한 묶음 인식을 발달시키고, 자릿값을 이해하게 하는데 가장 효율적인 모델의 하나이다. 또한, 덧셈, 뺄셈, 곱셈, 나눗셈의 발달을 촉진한다. 0에서 10까지의 수에 대한 능력과 이해는 나중에 큰 수를 의미 있게 이해하는데 필수적이다.

<십틀>

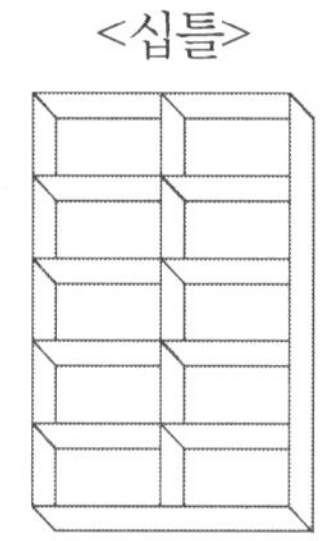

관련 TU : TUAN-0030, TUAN-0040, TUAN-0050, TUAN-0070

TUAN-0070.10 19까지의 수 읽고 쓰기

관련 교육과정	(07) 1(가)[1]①
	(09) 12(가)[1]①

목표

19까지의 수를 읽고 쓸 수 있다.

자료

수모형(십 모형, 낱개 모형), 수세기 판, 그림 카드

활동

(1) 10개씩 묶어 세어 보시오.

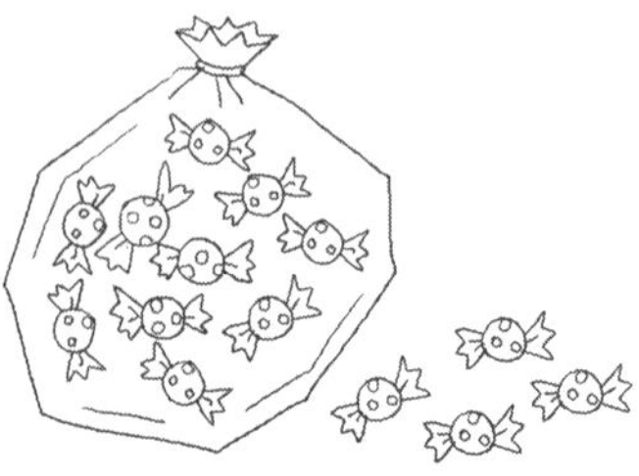

14(십사, 열 넷)

10개씩 묶음	낱개
1	4

주머니 안의 사탕의 수를 세어 본다. 주머니 밖의 사탕의 수를 세어 본다. 10개씩 1 묶음과 낱개 4개를 '14'라고 쓰고, '십사' 또는 '열넷'이라고 읽는다는 것을 약속한다. 이것을 수모형으로 나타내어 본다.

(2) 10개씩 묶어 세어 보시오.

수세기 판에서 십의 자리에 십 모형 1개를 두고, 일의 자리에 낱개 모형을 1개, 2개, …, 8개, 9개로 놓으며 '십일, 십이, …, 십팔, 십구'로 읽어본다. 각각을 '11, 12, …, 18, 19'로 써 본다.

배경

십의 자리의 수가 1인 경우의 두 자리의 수를 읽고 써 본다. 자유롭게 수를 세는 경험을 가지는 동안 학생들은 10개씩 묶어 세는 것이 효율적인 전략이라는 것을 발견하게 될 것이다. 학생들이 낱개를 10개씩 묶은 것을 10으로 인식하고 이것이 수의 새로운 자리가 됨을 알도록 안내한다. 십의 자리에 표현되는 숫자는 1이지만, 1이 의미하는 것이 10임을 이해하여 자릿값에 대한 수 개념의 기초를 형성할 수 있도록 한다. 10으로 묶기와 교환하기는 수 감각을 발달시키며 문제 해결의 기회를 제공한다. 11 이상의 자연수는 십진법의 자리 잡기 원리에 입각하여 지도해야 한다. 예를 들어 18=10+8로 지도해야 한다.

관련 TU : TUAN-0060, TUAN-0080

TUAN-0080.10 수 20, 30, 40, 50 읽고 쓰기

관련 교육과정	(07) 1(가)1①
	(09) 12(가)1①

목표

20, 30, 40, 50을 읽고 쓸 수 있다.

자료

십 모형 5개, 10개씩 묶은 구체물(예: 사탕 목걸이, 산가지 등), 그림 카드

활동

(1) 10개씩 묶어 세어 보시오.

20(이십, 스물)

10개씩 묶음	낱개
2	0

10개씩 2묶음과 낱개 0개가 있으면 '20'이라고 쓰고, '이십' 또는 '스물'이라고 읽는다는 것을 약속한다. 이것을 수모형으로 나타내어 본다.

(2) 몇 묶음인지 세어 보시오.

10개씩 묶은 구체물을 1개, 2개, 3개, 4개, 5개 제시하고 이것을 수로 어떻게 나타내면 좋을지 물어본다. 숫자 10, 20, 30, 40, 50과 읽는 법(십-열, 이십-스물, 삼십-서른, 사십-마흔, 오십-쉰)을 약속한다. 이것을 수모형으로 나타내어 본다.

(3) 수를 써 보시오.

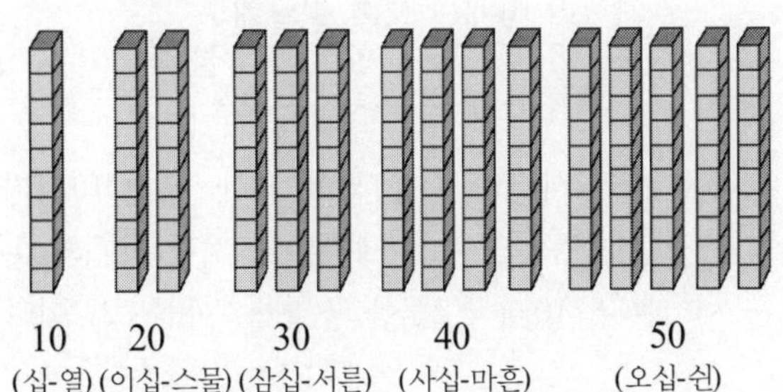

십 모형의 수를 세어 10, 20, 30, 40, 50으로 나타내본다. 십 모형을 하나씩 많게 늘려 놓아가며 '십,

이십, 삼십, 사십, 오십'으로 세어 본다. '열, 스물, 서른, 마흔, 쉰'으로 세어 본다.

배경

50의 범위에서 10씩 묶어 세기를 학습하는 것은 십진법에 대한 이해의 기초가 된다. 10씩 묶어 세기는 활동을 반복하여 수 이름을 익히도록 한다. '십, 이십, 삼십, 사십, 오십'은 '십' 앞에 묶음에 해당하는 수를 붙여 읽으므로 학생들에게 쉬울 수 있으나, 다른 수 세기 방법인 '열, 스물, 서른, 마흔, 쉰'은 어려울 수 있다. 10개씩 묶인 구체물이나 십 모형을 이용하여 수를 반복하여 세어 수 이름을 익히도록 한다.

관련 TU : TUAN-0060, TUAN-0070, TUAN-0090

TUAN-0090.10 수 21~49 읽고 쓰기

관련 교육과정	(07) 1(가)[1]①
	(09) 12(가)[1]①

목표

50 미만의 두 자리의 수를 읽고 쓸 수 있다.

자료

수모형(십 모형, 낱개 모형), 구체물(10개씩 묶인 구체물들과 낱개 구체물들)

활동

(1) 10개씩 묶어 세어 보시오.

27(이십칠-스물일곱)

10개씩 묶음	낱개
2	7

그림을 보고 사탕의 수를 세어 본다. 우선 10개씩 묶인 사탕 목걸이의 수를 세어본다. 사탕 낱개의 수를 세어본다. 10개씩 2묶음과 낱개 7개를 '27'이라고 쓰고, '이십칠' 또는 '스물일곱'이라고 읽는다는 것을 약속한다. 이것을 수모형으로 나타내어 본다.

(2) 몇 개입니까?

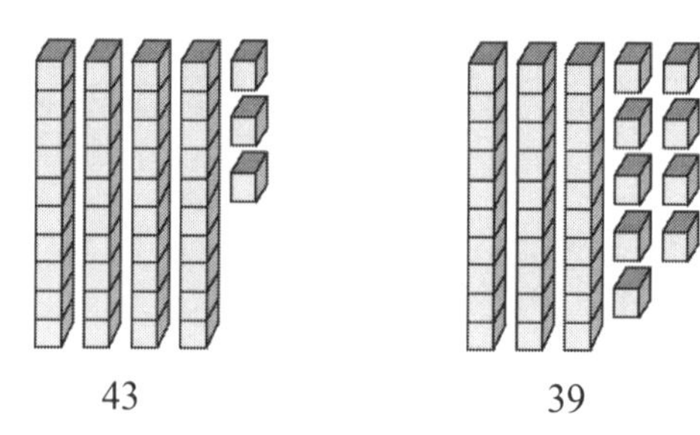

43 39

그림이 나타내는 수가 얼마인지 수(43, 39)를 써서 나타내어 본다.

배경

학생들은 구체물을 10개씩 묶은 뒤, 묶음의 수와 낱개의 수를 세는 활동을 반복하여 경험함으로써 두 자리 수를 읽고 쓰는 방법을 유추하게 된다. 50 미만의 두 자리 수를 읽고 쓰는 활동이 반복적이고 기계적인 수 익히기가 되지 않도록 구체물을 활용하여 다양한 수 세기 경험을 가질 수 있도록 하는 것이 바람직하다. 십으로 묶기와 교환하기는 수 감각을 발달시키며 문제 해결의 기회를 제공한다.

관련 TU : TUAN-0080, TUAN-0100

TUAN-0100.10 50까지의 수 세기

관련 교육과정	(07) 1(가)[1]①
	(09) 12(가)[1]①

목표

50까지의 수 범위에서 수를 셀 수 있다.

자료

사탕 한 봉지(50개 이하일 것) 또는 바둑돌. 수모형(십 모형, 낱개 모형)

활동

(1) 세어 보시오.

봉투 안에 들어 있는 사탕이 몇 개인지 어림하여 본다. 사탕의 수를 세어 10개씩 모아본다. 사탕이 모두 몇 개인지 확인한다. 같은 방법으로 다양한 수의 사탕이나 바둑돌의 수를 세어본다.

(2) 세어 보시오.

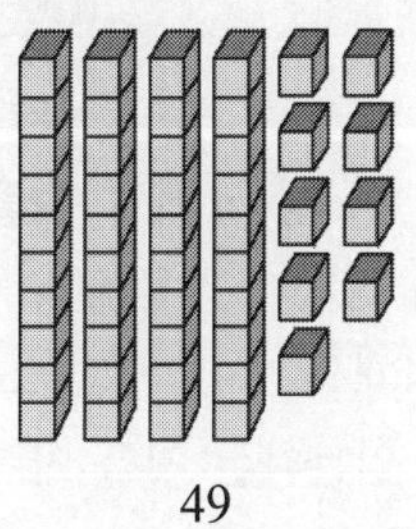

49

50이하의 수가 되도록 십 모형과 낱개 모형을 실물화상기로 보여주고 수를 세어보게 한다. 이때 십 모형부터 수를 세는 것이 편리함을 알게 한다.

배경

50까지의 수의 범위에서 구체물을 세는 경험을 제공하여 학생들이 수 감각을 형성하도록 한다. 사물을 하나씩 세어 마지막에 부르게 되는 수로 사물의 수를 확인할 수도 있지만, 사물을 10개씩 묶은 뒤, 묶음의 수와 낱개의 수를 확인하여 사물의 수를 확인할 수도 있다. 학생들이 구체물을 세는 과정에서 자연스럽게 수 세기 전략을 터득하도록 한다. 십으로 묶기와 교환하기는 수 감각을 발달시키며 문제해결의 기회를 제공한다.

관련 TU : TUAN-0090, TUAN-0110

TUAN-0110.10 수 60, 70, 80, 90 읽고 쓰기

관련 교육과정	(07) 1(가)[1]①
	(09) 12(가)[1]①

목표

60, 70, 80, 90을 이해하며 읽고 쓸 수 있다.

자료

그림 카드, 십 모형 9개, 10개씩 묶은 구체물(예: 사탕 목걸이, 산가지 등)

활동

(1) 10개씩 묶어 세어 보시오.

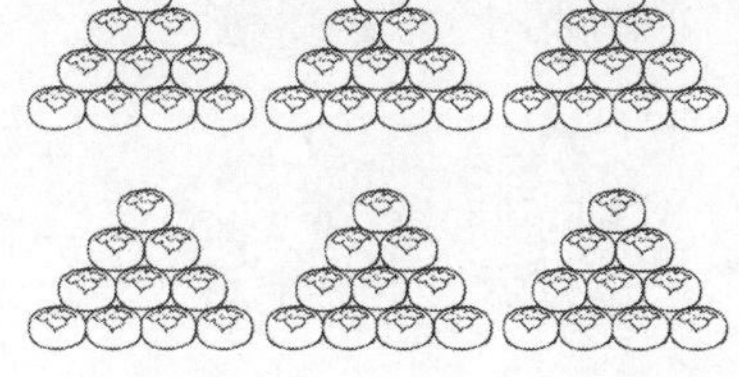

10개씩 묶음	낱개
6	0

60(육십, 예순)

감이 10개씩 몇 묶음이 있는지, 이것을 수로 어떻게 나타내면 좋을지 물어본다. 10개씩 6묶음과 낱개 0개가 있으면 '60'이라고 쓰고, '육십' 또는 '예순'이라고 읽는다는 것을 약속한다. 이것을 수모형으로 나타내어 본다.

(2) 10개씩 묶어 세어 보시오.

10개씩 묶은 구체물을 6개, 7개, 8개, 9개 제시하고 이것을 수로 어떻게 나타내면 좋을지 물어본다. 수 60, 70, 80, 90과 읽는 법(육십-예순, 칠십-일흔, 팔십-여든, 구십-아흔)을 약속한다. 이것을 수모형으로 나타내어 본다.

(3) 수를 써 보시오.

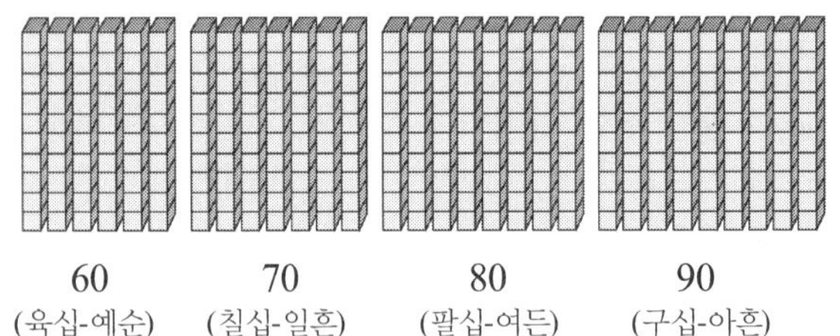

십 모형의 수를 세어 60, 70, 80, 90을 나타내 본다. 십 모형을 5개에서 하나씩 많게 늘려 놓아가며 '육십, 칠십, 팔십, 구십'으로 세어 본다. 또 '예순, 일흔, 여든, 아흔'으로 세어 본다.

배경

이미 학습한 10, 20, 30, 40, 50을 바탕으로 60, 70, 80, 90을 학습한다. 10씩 묶은 묶음이 몇 개인지를 세어 '몇십'으로 나타낸다. 몇십에 대한 이해는 백의 자리로 확장되는 세 자리 수 학습의 선행 요소가 된다.

관련 TU : TUAN-0100, TUAN-0120

TUAN-0120.10 수 51~99 읽고 쓰기

관련 교육과정	(07) 1(가)1①
	(09) 12(가)1①

목표

몇십 몇을 이해하며 읽고 쓸 수 있다.

자료

수모형(십 모형, 낱개 모형), 그림 카드, 0~9 숫자 카드 두 벌

활동

(1) 10개씩 묶어 세어 보시오.

74(칠십사, 일흔넷)

10개씩 묶음	낱개
7	4

그림을 보고 빵의 수를 세어 본다. 우선 빵 바구니의 수를 세어본다. 빵 낱개의 수를 세어본다. 이것을 수로 어떻게 나타내면 좋을지 물어본다. 10개씩 7묶음과 낱개 4개를 '74'라고 쓰고, '칠십사' 또는 '일흔넷'이라고 읽는다는 것을 약속한다. 이것을 수모형으로 나타내어본다.

(2) 수를 써 보시오.

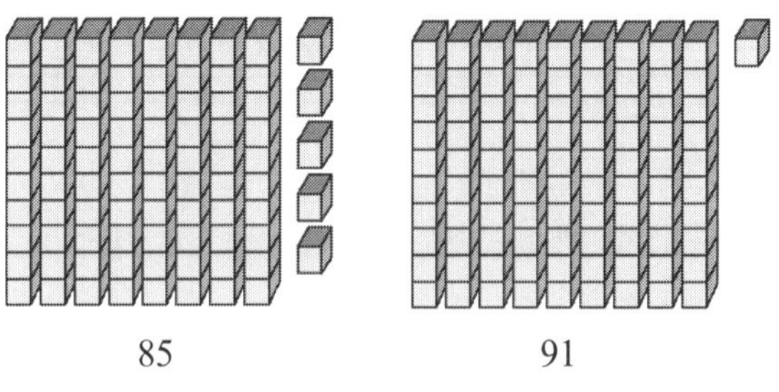

그림이 나타내는 수가 얼마인지 수(85, 91)를 써서 나타내본다.

(3) 수를 만들어 보시오.

0~9의 숫자가 적힌 두 벌의 숫자 카드를 뒤섞어 무작위로 두 장의 카드를 선택한다. 선택하여 나온 두 수(예: 2, 5)로 만들 수 있는 수를 적어 본다.(예:

25, 52이 두 수를 수모형으로 나타내어 본다.)

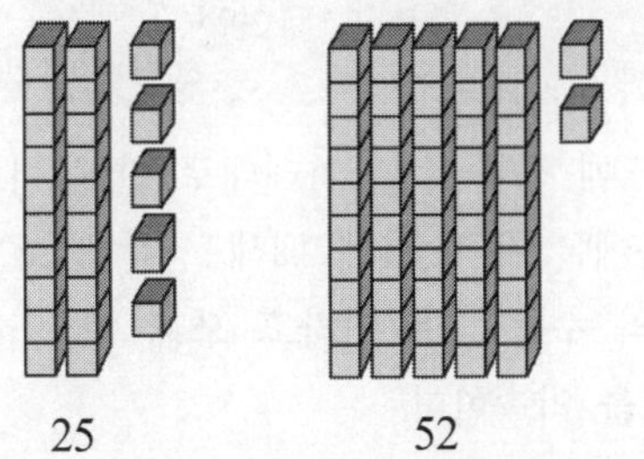

배경

학생들은 구체물의 수를 10개씩 묶어서 세고 수를 쓰는 활동을 통해 10개씩 a묶음과 낱개 b개를 'ab'라고 쓰고 'a십 b'라고 읽는다는 것을 어렴풋이 발견할 수 있다. 이것은 학생들에게 아직 확실하게 획득된 지식은 아니지만, 위치적 기수법의 이해의 기반이 된다. 학생들은 능숙하게 두 자리의 수를 읽는 것에 어려움을 느낄 수 있다. 그러므로 충분한 수 세기의 경험을 제공하는 것이 좋다.

똑같은 숫자가 사용되었지만 결과는 25와 52로 완전히 다르다. 학생은 이런 수를 비교함으로써 그 차이를 제대로 이해할 수 있어야 한다.

관련 TU : TUAN-0110, TUAN-0130

TUAN-0130.10 99까지의 수 세기

관련 교육과정	(07) 1(가)1① (09) 12(가)1①

목표

두 자리 수의 범위에서 수를 셀 수 있다.

자료

바둑돌

활동

(1) 세어 보시오.

바둑돌 1통에서 두 학생이 가지고 갈 수 있는 만큼 양 손에 바둑돌을 모아 자기 앞으로 가져간다. 가져온 바둑돌을 10개씩 세어 묶음과 낱개의 개수를 세어본다.

배경

50까지의 수 세기의 경험을 바탕으로 99까지의 사물의 개수를 센다. 10개씩 묶어 세는 활동을 통해 자릿값에 대해 이해할 수 있다. 이를 통해 두 자리 수, 나아가 자연수의 구성 방법을 이해하는 데 바탕이 된다.

수 세기는 기계적인 수 세기와 합리적인 수 세기로 구분할 수 있는데 기계적인 수 세기를 하는 학생은 세어지는 대상과 수의 이름이 일대일 대응이 되지 않거나 순서가 틀린 경우가 있다. 합리적인 수 세기는 세어지는 대상과 수의 이름이 연속적이고 옳은 수 이름을 제시한다. 특히 1학년 학생의 경우 합리적인 수 세기를 통해 100까지의 수 세기가 가능하도록 충분한 연습을 하도록 해야 한다.

관련 TU : TUAN-0120, TUAN-0140

TUAN-0140.10 수 100 읽고 쓰기

관련 교육과정	(07) 1(가)①①
	(09) 12(가)①①

목표

100을 읽고 쓸 수 있다.

자료

숫자카드(91~99), 그림 카드

활동

(1) 91부터 세어 보시오.

91 − 92 − □ − □ − 95 − □ − 97 − □ − 99 − ?

숫자카드에 적힌 수를 차례대로 칸에 써보게 한다. 99 다음에는 올 숫자에 대해 생각해 보도록 한다. 99다음의 수를 '100'이라고 쓰고 '백'이라고 읽는다는 것을 약속한다.

배경

처음 100을 학습하기 때문에 세 자리 수의 시작으로 100을 인식하기보다는, 99 다음의 수로 100을 도입한다. 이를 바탕으로 세 자리 수에 대해 배우게 된다. 한계를 정할 필요는 없지만 1학년 말까지 대부분의 학생에게 100까지 세도록 하는 목표를 정하는 것이 좋다. 규칙적이고 충분한 연습을 하도록 하여야 하고, 각 학생으로 하여금 가능한 한 수를 많이 세어보도록 해야 한다.

관련 TU : TUAN-0130, TUAN-0710,
TUAN-0720, TUAN-0730

TUAN-0150.10 5까지의 수의 순서

관련 교육과정	(07) 1(가)①②
	(09) 12(가)①③

목표

5까지의 수의 순서를 알 수 있다.

자료

카드(첫째, 둘째, 셋째, 넷째, 다섯째), 그림 카드

활동

(1) 순서를 알아보시오.

손가락으로 줄을 서 있는 학생들을 한 명씩 가리키며 '첫째, 둘째, 셋째, 넷째, 다섯째'를 말하며 수의 순서를 익힌다.

(2) 순서대로 놓아 보시오.

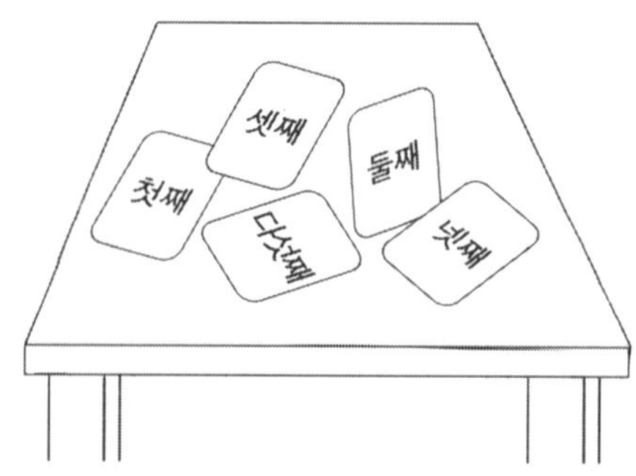

'첫째~다섯째'가 쓰인 카드를 섞어두고 순서에 맞게 배열해 본다.

배경

사물의 순서를 나타낼 때 사용되는 수를 '순서수'라고 한다. 집합수와는 달리 순서수는 사물의 순서에 따라 정해진 이름이다. '첫째, 둘째, 셋째, 넷째, 다섯째'를 학습하고 이를 '1, 2, 3, 4, 5'와 연결해 본다. 제시된 수의 순서적 측면을 보여주는 방법은 사물을 보인 순서대로 세어보는 것이다. 순서수와 집합수 모두 학생들에게는 실생활을 통해 익힌 내용이므로 순서수와 집합수를 올바르게 대응하여 익힐 수 있도록 지도한다.

관련 TU : TUAN-0010, TUAN-0180

TUAN-0160.10 하나 더 많은 것, 하나 더 적은 것 (5까지의 수)

관련 교육과정	(07) 1(가)1②
	(09) 12(가)1③

목표

5까지의 수에서 하나 더 많은 것과 하나 더 적은 것을 이해할 수 있다.

자료

그림 카드

활동

(1) 하나 더 많은 것에 ○표 하시오.

그림의 수보다 하나 더 많은 카드 그림을 찾아 ○표 한다.

(2) 하나 더 적은 것에 ○표 하시오.

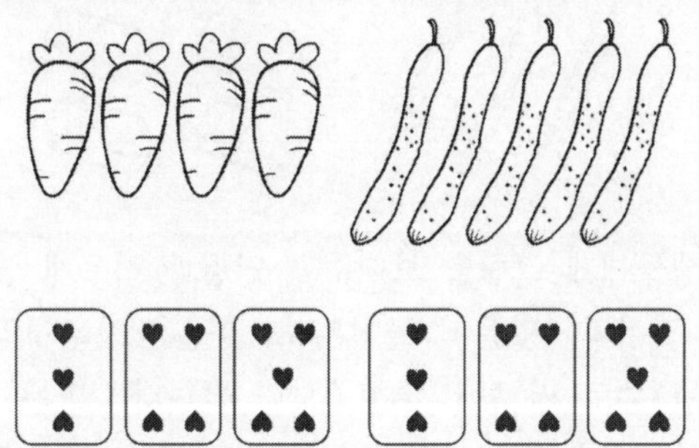

그림의 수보다 하나 더 적은 카드 그림을 찾아 ○표 한다.

배경

하나 더 많은 것과 하나 더 적은 것에 대한 학습은 학생들이 가지고 있는 1에서 5까지의 수의 개념을 좀 더 명확하게 하고 수 사이의 관계에 대한 인식을 심화시킨다. 이를 바탕으로 두 수의 크기 비교에 대해 학습하게 된다. 또한 큰 수의 자릿값 학습에 기본이 된다.

관련 TU : TUAN-0010, TUAN-0040, TUAN-0190

TUAN-0170.10 두 수의 크기 비교(5까지의 수)

관련 교육과정	(07) 1(가)1②
	(09) 12(가)1③

목표

5까지의 수에서 두 수의 크기를 비교할 수 있다.

자료

그림 카드, 사탕, 초콜릿, 학습지, 두 종류 스티커(☺, ☻)

활동

(1) 더 많은 것을 찾아보시오.

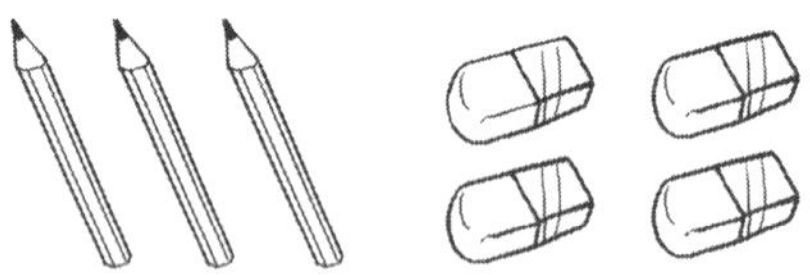

학생들에게 그림을 보여주고 연필과 지우개 중 어느 것이 더 많은지 물어본다. 연필과 지우개의 개수를 수로 써 보고 '4는 3보다 큽니다.' 또는 '3은 4보다 작습니다.'라고 표현할 수 있음을 알게 한다.

(2) 두 수의 크기를 비교하여 보시오.

사탕 2개와 초콜릿 5개를 보여 주고 사탕과 초콜릿의 수를 써 본다. 교사가 '2는 5보다'라고 말하면 학생들이 '큽니다' 또는 '작습니다'로 대답하도록 한다. 또 '5는 2보다'라고 말하고 학생들이 대답하도록 한다. 사탕과 초콜릿의 수를 바꾼 후 위와 같은 차례로 물어본다.

(3) 큰지 작은지 결정하시오.

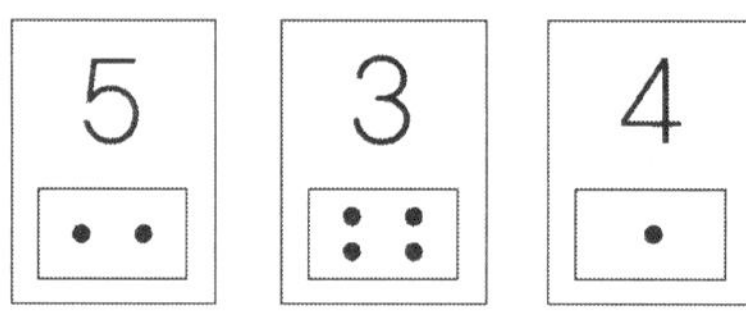

점의 수가 쓰인 수보다 많으면 ☺스티커를 붙이고, 점의 수가 수보다 작으면 ☻스티커를 붙인다.

배경

구체물이나 반구체물이 제시되는 경우에 학생들은 기존에 형성되어 있는 수 감각을 통해 사물의 양에 대한 직관적인 비교를 할 수 있다. 또 두 사물을 일대일로 대응시켜 두 사물의 양을 비교할 수도 있다. 수 세기를 배운 후에는 사물의 개수를 세어 두 수의 크기를 비교하게 된다. 하지만 숫자만 제시하여 수의 크기를 묻는 경우에는 아직 수 개념이 확실하게 형성되지 않은 학생들에게는 어려울 수 있다. 구체물이나 그림을 제시하여 학생들이 두 수의 크기 비교에 어려움을 느끼지 않도록 한다.

관련 TU : TUAN-0010, TUAN-0200

TUAN-0180.10 9까지의 수의 순서

관련 교육과정	(07) 1(가)1②
	(09) 12(가)1③

목표

9까지의 수 순서를 알 수 있다.

자료

그림 카드

활동

(1) 순서를 알아보시오.

놀이기구를 타려고 줄을 서 있는 어린이를 첫째부터 아홉째까지 소리 내어 순서대로 세어 본다.

(2) □ 안에 알맞은 수를 쓰시오.

1, 2, 6은 보기로 제시.

수의 순서에 맞게 □ 안에 알맞은 수를 쓴다.

배경

순서수는 사물을 차례대로 배열하거나 사물의 순서를 나타낼 때 사용된다. 순서가 필요한 상황을 다양하게 제시하여 수의 순서를 알아보고 순서수를 나타내는 용어에 익숙해 질 수 있도록 한다. 순서대로 세는 것은 합리적 수 세기의 기본이 되고, 제시된 수의 순서적인 측면을 보여주는 유일한 방법이다.

관련 TU : TUAN-0150, TUAN-0210

TUAN-0190.10 1 큰 수와 1 작은 수(9까지의 수)

관련 교육과정	(07) 1(가)[1]②
	(09) 12(가)[1]③

목표

9까지의 수에서 1 큰 수와 1 작은 수를 알 수 있다.

자료

그림 카드

활동

(1) 1 큰 수와 1 작은 수를 알아보시오.

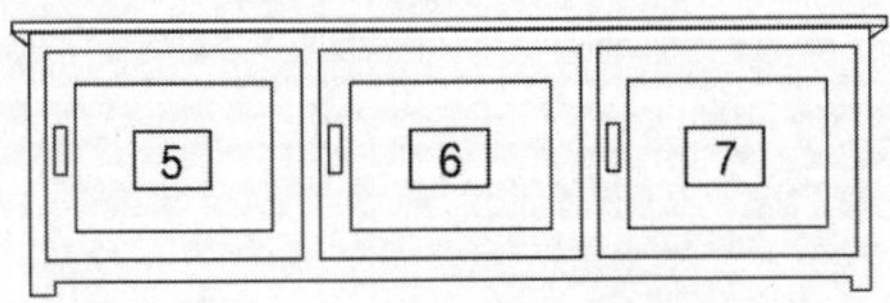

그림을 보고 6보다 1 큰 수가 7임을, 1 작은 수가 5임을 확인한다.

(2) 1 큰 수와 1 작은 수를 알아보시오.

7의 왼쪽과 오른쪽의 사물함의 번호가 몇 번일지 생각해보게 한다. 8보다 1 큰 수와 1 작은 수가 무엇인지 알아본다.

배경

5까지의 수의 범위에서 학습한 하나 더 많은 것과 하나 더 적은 것을 바탕으로 1 큰 수와 1 작은 수를 학습한다. 하나 더 많은 것과 하나 더 적은 것을 나타낼 때는 구체물이나 반구체물을 이용한다. 하지만 여기에서는 제시되는 수를 보고 1 큰 수와 1 작은 수를 찾아야 하므로 학생들에게는 더 어려운 학습이 될 수 있다. 1 큰 수와 1 작은 수를 통해 9까지의 수의 계열을 이해하게 된다.

관련 TU : TUAN-0160, TUAN-0220

TUAN-0200.10 두 수의 크기 비교(수 6, 7, 8, 9)

관련 교육과정	(07) 1(가)[1]②
	(09) 12(가)[1]③

목표

9까지의 수에서 두 수의 크기를 비교할 수 있다.

자료

스티커(나뭇잎 6개, 참새 8개), 그림 카드, 학습지, 두 종류 스티커 (☺, ☻)

활동

(1) 두 수의 크기를 비교하여 보시오.

나뭇잎 스티커 6개를 윗줄에, 참새 스티커 8개를 아랫줄에 붙여본다. 나뭇잎과 참새를 각각 세어 수로 나타낸 다음 두 수의 크기에 관한 표현을 읽어보게 한다.

(2) 알맞은 것에 ○ 표 하시오.

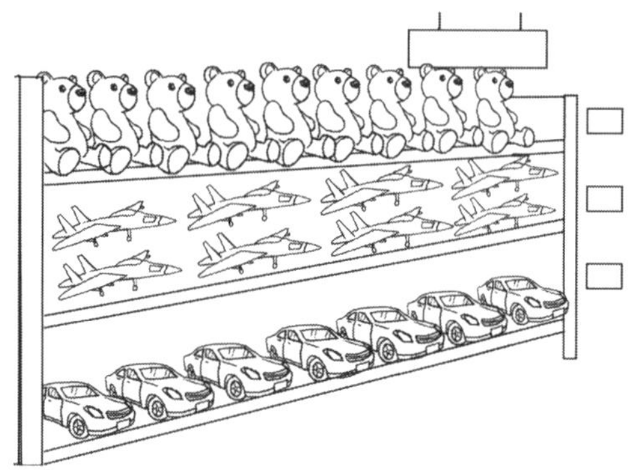

'7은 9보다 (큽니다, 작습니다)',
'9는 8보다 (큽니다, 작습니다)'

장난감의 수를 세어 □ 안에 알맞은 수를 쓰고 '큽니다'와 '작습니다' 중 알맞은 것에 ○표 한다.

(3) 큰지 작은지 결정하시오.

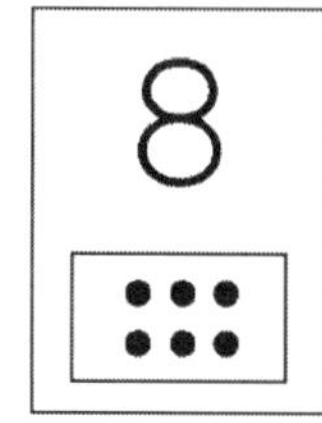

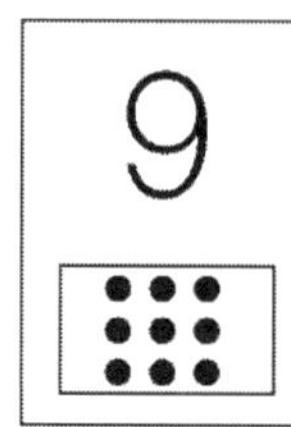

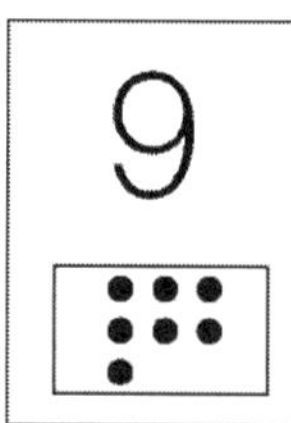

점의 수가 위에 쓴 수보다 많으면 ☺스티커를 붙이고, 점의 수가 위에 쓴 수보다 작으면 ☻스티커를 붙인다.

배경

한 자리 수의 크기 비교는 수의 계열을 이해하는 데 도움을 주고 큰 수의 비교를 위한 준비단계로서도 중요하다. 두 수의 크기를 비교하여 9까지의 수에 대한 이해를 심화시킨다. 사물의 개수가 많아질수록 직관적인 비교보다는 수를 직접 세어보고 수로 나타내어 비교하는 것이 편리하다는 것을 학생들이 이해하도록 한다.

관련 TU : TUAN-0170, TUAN-0230

TUAN-0210.10 50까지의 수의 순서

관련 교육과정	(07) 1(가)[1]②
	(09) 12(가)[1]③

목표

50까지의 수의 순서를 알 수 있다.

자료

50까지의 수 배열표, 계산기

활동

(1) 수를 세어 봅시다.

1에서 50까지 소리 내어 수를 세어 본다.

(2) 빈 칸에 알맞은 수를 쓰시오.

1	2	3							
					16				
			24				28		
		33		■		37			40
				45					

수 배열표 중 일부를 빈 칸으로 제시한다.

수 배열표에서 빈 칸에 알맞은 수를 써 본다.

- ■에 숨겨진 수는 무엇인가?
- ■ 다음의 수는 무엇인가?
- ■ 앞의 수는 무엇인가?
- ■에서 시작하여 앞으로 다섯을 세어 나온 수는 무엇인가?
- ■에서 시작하여 뒤로 다섯을 세어 나온 수는 무엇인가?

(3) 가려진 곳의 수를 찾아보시오.

수 배열표 중에 일부를 ▯, ▯, ▯ 등의 모양으로 가려서 제시한 다음, 수 배열표에서 가려진 곳의 수를 찾아 써 본다.

(4) 계속해서 앞으로 세어 보시오.

계산기를 이용하여 앞으로 세기를 하여 본다. [1], +, [1]을 누른 후 =을 누른다. 계속해서 =을 누르고 50에서 멈춘다. 교사는 1에서 50까지 세는 데 시간이 얼마나 걸리는지 재어본다.

배경

수 배열표를 통해서 50까지의 수의 순서와 계열을 이해한다. 학생들은 수 배열표를 완성해 가면서 일정한 규칙을 발견할 수도 있다. 이것은 수의 체계에 대한 이해를 심화시킬 수 있다. 수 배열표를 ▯, ▯, ▯ 모양의 조각으로 덮어 가린 곳의 수를 알 수 있는지 확인하는 활동은, 자릿값 개념을 발달시키고 암산능력을 향상시킬 수 있다.

관련 TU : TUAN-0150, TUAN-0180, TUAN-0240

TUAN-0220.10 1 큰 수와 1 작은 수(50까지의 수)

관련 교육과정	(07) 1(가)[1]②
	(09) 12(가)[1]③

목표

50까지의 수에서 1 큰 수와 1 작은 수를 알 수 있다.

자료

50까지의 수 배열표

활동

(1) 1 큰 수와 1 작은 수를 말해보시오.

1	2	3	4	5	6	7	8	9	10
11	12	13	14	15	16	17	18	19	20
21	22	23	24	25	26	27	28	29	30
31	32	33	34	35	36	37	38	39	40
41	42	43	44	45	46	47	48	49	50

수 배열표에서 교사가 제시하는 수의 1 큰 수와 1 작은 수를 확인한다. 예를 들어 32의 1 큰 수는 수 배열표에서 오른쪽에 위치하는 33이고, 1 작은 수는 왼쪽에 위치하는 31임을 확인한다.

(2) □ 안에 알맞은 수를 써 넣으시오.

□－15－□, □－42－□,
□－39－□, □－20－□

□ 안에 1 큰 수와 1 작은 수를 써 넣는다.

배경

9까지의 수에서 범위를 확장하여 50까지의 수에서 1 큰 수와 1 작은 수를 알아본다. 이 활동에 앞서 학생들은 50까지의 수의 순서가 선행학습되어 있어야 한다. 20, 30, 40, 50의 1 작은 수는 십의 자리의 숫자가 다르기 때문에 학생들에게 어려울 수 있다.

관련 TU : TUAN–0160, TUAN–0250

TUAN–0230.10 두 수의 크기 비교(50까지의 수)

관련 교육과정	(07) 1(가)[1]②
	(09) 12(가)[1]③

목표

50까지의 수에서 두 수의 크기를 비교할 수 있다.

자료

수모형(십 모형과 낱개 모형), 그림 카드

활동

(1) 두 수의 크기를 비교하시오.
수모형으로 37과 43을 나타내보고 어느 수가 더 큰지 알아본다.

(2) 큰 수에 ○표 하시오.
숫자카드 형태로 두 수를 제시한다.

24－16, 38－44, 13－23, 38－37

두 수를 비교하여 큰 수에 ○표 한다.

배경

구체물을 이용하여 50까지의 수를 세는 활동은 어렵기 때문에 수모형을 이용하여 두 수의 크기를 비교해본다. 수의 크기를 비교할 때, 십의 자리 숫자가 큰 수가 더 큰 수임을 학생들 스스로 발견할 수 있도록 한다.

관련 TU : TUAN–0170, TUAN–0200, TUAN–0260

TUAN-0240.10 100까지의 수의 순서

관련 교육과정	(07) 1(가)[1]②
	(09) 12(가)[1]③

목표

100까지의 수의 순서를 알 수 있다.

자료

100까지의 수 배열표

1	2	3	4	5	6	7	8	9	10
11	12	13	14	15	16	17	18	19	20
21	22	23	24	25	26	27	28	29	30
31	32	33	34	35	36	37	38	39	40
41	42	43	44	45	46	47	48	49	50
51	52	53	54	55	56	57	58	59	60
61	62	63	64	65	66	67	68	69	70
71	72	73	74	75	76	77	78	79	80
81	82	83	84	85	86	87	88	89	90
91	92	93	94	95	96	97	98	99	100

활동

(1) 순서대로 수를 말해 보시오.

교실에서 앉아있는 순서대로 51부터 100까지의 수를 돌아가면서 말해본다.

(2) 빈 칸에 알맞은 수를 쓰시오.

수 배열표 중 일부가 빈 칸으로 제시되어 있음.

수 배열표에서 빈 칸에 알맞은 수를 써 말해본다.

- ■에 숨겨진 수는 무엇인가?
- ■ 다음의 수는 무엇인가?
- ■ 앞의 수는 무엇인가?
- ■에서 시작하여 앞으로 다섯을 세어 나온 수는 무엇인가?
- ■에서 시작하여 뒤로 다섯을 세어 나온 수는 무엇인가?

(3) 가려진 곳의 수를 찾아보시오.

수 배열표 중에 일부를 , , 등의 모양으로 가려서 제시한다.

수 배열표에서 가려진 곳의 수를 찾아 써 본다.

(4) 계속해서 앞으로 세어 보시오.

계산기를 이용하여 앞으로 세기를 하여 본다. [1], +, [1]을 누른 후 =을 누른다. 계속해서 =을 누르고 100에서 멈춘다. 교사는 1에서 100까지 세는데 시간이 얼마나 걸리는 재어본다.

배경

수 배열표를 통해서 100까지의 수의 순서와 계열을 이해한다. , , 모양의 조각으로 덮은 다음 가려진 곳의 수를 알 수 있는지를 알아보는 활동은 자릿값 개념을 발달시키고 암산기능을 향상시킬 수 있다. 100까지의 수 배열표는 뛰어 세기를 연습시키는 데 이상적인 모델이며, 규칙성 발견과 문제 해결은 수 세기 연습과 통합되어 있다.

관련 TU : TUAN-0180, TUAN-0210, TUAN-1070

TUAN-0250.10 1 큰 수와 1 작은 수(100까지의 수)

관련 교육과정	(07) 1(가)1②
	(09) 12(가)1③

목표

100까지의 수에서 1 큰 수와 1 작은 수를 알 수 있다.

자료

문제

활동

(1) 1 큰 수와 1 작은 수를 쓰시오.

□−75−□, □−82−□, □−99−□, □−60−□

□ 안에 1 큰 수와 1 작은 수를 쓴다.

(2) □ 안에 알맞은 수를 써 넣으시오.

56−□−58, 77−□−79,
89−□−□−92, 68−□−70−□

1 큰 수와 1 작은 수를 보고, □ 안에 들어갈 수를 쓴다.

배경

50까지의 수에서 1 큰 수와 1 작은 수를 확장하여 100까지의 수에서 1 큰 수와 1 작은 수를 알아본다. 1 큰 수와 1 작은 수를 보고 두 수 사이에 들어가는 수를 써 봄으로써 두 자리 수의 계열에 대해 확실하게 이해하도록 한다. 학생들은 이 활동에 앞서 100까지의 수에 대한 순서가 선행 학습되어 있어야 한다.

관련 TU : TUAN-0190, TUAN-0200, TUAN-1010, TUAN-1070

TUAN-0260.10 두 수의 크기 비교(100까지의 수)

관련 교육과정	(07) 1(가)1②
	(09) 12(가)1③

목표

100까지의 수에서 두 수의 크기를 비교할 수 있다.

자료

수모형

활동

(1) 두 수의 크기를 비교하시오.
수모형으로 84와 75를 나타내보고 어느 수가 더 큰지 알아본다.

(2) 큰 수에 ○표 하시오.
숫자카드 형태로 두 수를 제시한다.

70−72, 63−53, 94−97, 88−77

두 수 중 더 큰 수에 ○표 한다.

배경

50까지의 수에서 두 수의 크기를 비교하는 활동에서 발전하여 100까지의 수에서 두 수의 크기를 비교한다. 두 자리의 수에서 두 수의 크기를 비교할 때, 십의 자리의 숫자가 큰 수가 더 큰 수이고, 십의 자리의 숫자가 같을 때에는 일의 자리의 숫자가 큰 수가 더 큰 수임을 이해하도록 지도한다.

관련 TU : TUAN-0170, TUAN-0200, TUAN-0230, TUAN-1080

TUAN-0270.10 부등호 >, < 도입(100까지의 수)

관련 교육과정	(07) 1(가)1②
	(09) 12(가)1③

목표

100까지의 수에서 두 수의 크기를 부등호를 이용하여 나타낼 수 있다.

자료

그림 카드

활동

(1) 두 수의 크기를 비교하시오.

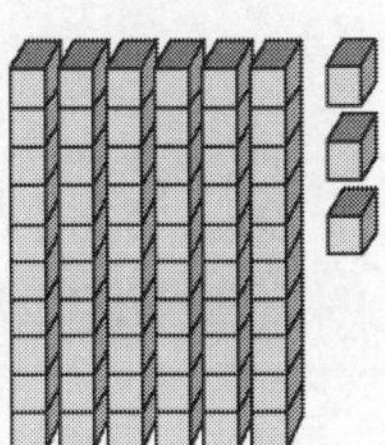
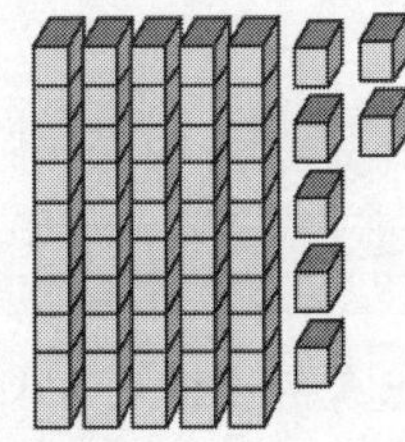

63은 57보다 큽니다

63 > 57

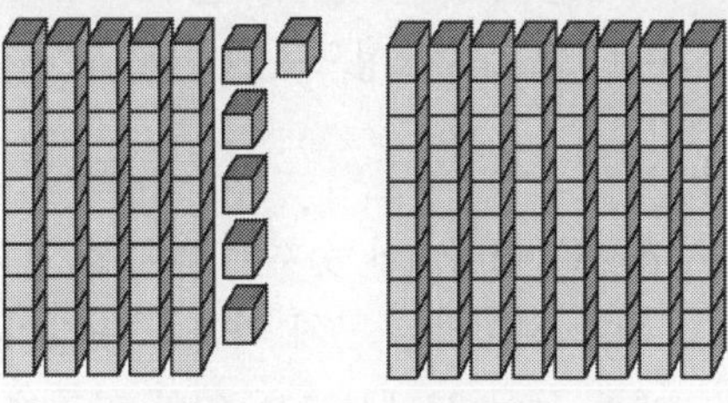

56은 82보다 작습니다

56 < 82

제시된 그림을 보고 두 수의 크기를 비교해 말해보게 한다. 그 말을 부등호를 사용하여 나타낼 수 있음을 안다. '>'는 '~보다 큽니다.', '<'는 '~보다 작습니다.'를 나타내는 부호임을 약속한다.

배경

두 수의 크기를 비교하여 부등호로 나타낸다. 부등호를 처음 학습하므로 부등호가 벌어진 쪽에 큰 수가 온다는 것을 확실하게 인지하도록 지도한다. 두 수의 크기를 말로 표현한 것을 부등호로 나타내어 보고, 역으로 부등호로 표현된 것을 말로 표현할 수 있도록 한다.

관련 TU : TUAN-0260, TUAN-1080

TUAN-0280.10 50까지의 수 읽고 쓰기

관련 교육과정	(07) 1(가)1③
	(09) 12(가)1②

목표

50까지의 수를 읽고 쓰며 위치적 기수법의 기초 개념을 이해한다.

자료

수모형, 수 카드

활동

(1) □ 안에 알맞은 수를 써 넣으시오.

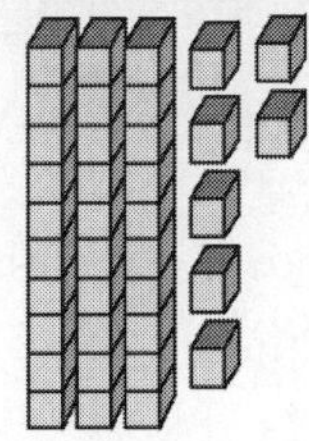

10이 4이고, 1이 6이면 □입니다.

37은 10이 □이고, 1이 □입니다.

(2) □ 안에 알맞은 수를 써 넣으시오.

25는 [10이 □, 1이 □]　　[10이 4, 1이 0] 이면 □

(3) 알맞은 수를 써 보시오.

교사가 제시한 십 모형 3개, 낱개모형 6개를 보고 이것이 나타내는 수를 써 본다. 반대로 교사가 제시한 수 43을 보고 수모형으로 놓아본다.

배경

우리가 사용하는 아라비아 숫자는 위치적 기수법을 사용한다. 수가 위치하는 곳에 따라 자릿값이 정해져 있다. 예를 들어 33에서 3은 일의 자리에 위치하느냐, 십의 자리에 위치하느냐에 따라 3을 의미할 수도 있고 30을 의미할 수도 있다. 50까지의 수를 세며 읽고 쓰는 법을 학습하면서 학생들은 두 자리의 수에 대한 위치적 기수법의 기초 개념을 형성하게 된다.

대부분의 자릿값에 대한 혼동이나 오개념은 수 세기 경험과 교환하기 경험의 부족에서 그 원인을 찾을 수 있다. 초기의 실제적 수 세기 활동은 자릿값 개념 확립에 필수적이다.

또한 수모형을 보고 수를 써보게 하고 반대로 수를 보고 수모형으로 놓아보게 하는 활동을 통해 자릿값 개념(위치적 기수법)을 이해하게 한다.

관련 TU : TUAN-0090, TUAN-0290

TUAN-0290.10 99까지의 수 읽고 쓰기

관련 교육과정	(07) 1(가)[1]③
	(09) 12(가)[1]②

목표

99까지의 수를 읽고 쓰며 위치적 기수법의 기초 개념을 이해한다.

자료

수모형

활동

(1) □ 안에 알맞은 수를 써 넣으시오.

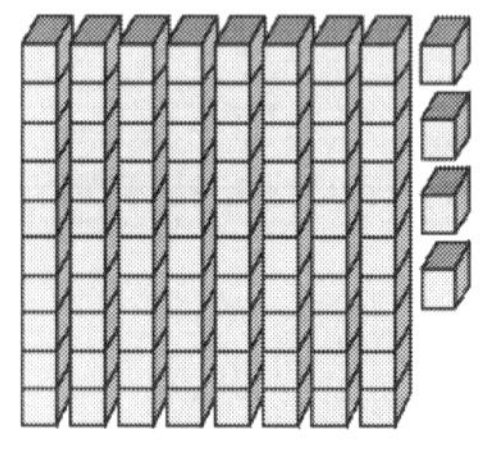

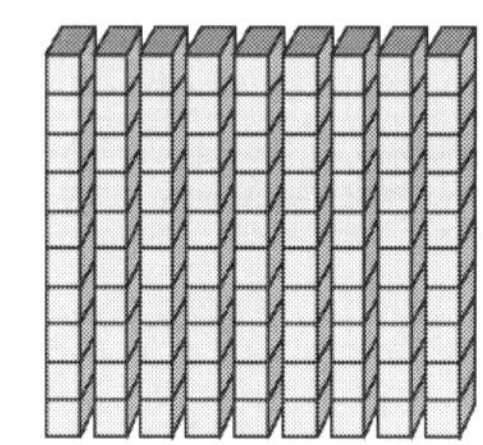

10이 8이고, 1이 4이면 □입니다.

90은 10이 □이고, 1이 □입니다.

(2) □ 안에 알맞은 수를 써 넣으시오.

79는 [10이 □, 1이 □]　　[10이 6, 1이 7] 이면 □

(3) 알맞은 수를 써 보시오.

교사가 제시한 십 모형 7개, 낱개 모형 6개를 보고 이것이 나타내는 수를 써 본다. 반대로 교사가 제시한 수 93을 보고 수모형으로 놓아본다.

배경

위치적 기수법을 사용하면 모든 수를 0~9까지 10개의 숫자로 표현할 수 있다.

99까지의 수를 읽고 쓰는 활동은 50까지의 수를 읽고 쓰는 활동을 통해 형성한 위치적 기수법에 대한 기초 개념을 더욱 확장한다. 본 활동을 통해 두 자리 수의 위치적 기수법에 대한 이해를 확고히 할 수 있다. 이를 바탕으로 세 자리 수에 대한 학습이 가능하다.

수모형을 보고 수를 쓰거나 수를 보고 수모형을 놓아보게 하는 활동을 통해 위치적 기수법을 이해하게 한다.

관련 TU : TUAN-0120, TUAN-0280, TUAN-1050

TUAN-0300.10 가르기와 모으기(5까지의 수)

관련 교육과정	(07) 1(가)1④
	(09) 12(가)1④

목표

5까지의 수의 범위에서 수를 두 수로 가르고 두수를 모을 수 있다.

자료

가르기 판, 사탕, 숫자카드 1~5, 실물화상기, 바둑돌 5개

활동

(1) 사탕을 가르고 모아 보시오.

실물화상기를 통해 교사가 사탕 3개를 두 부분으로 나누어 본다. 학생들은 교사와 다른 방법으로 사탕을 나누어 가르기 판에 놓아본다. 학생들과 여러 가지 방법을 찾아본다. 다시 나눈 두 부분의 사탕을 모아본다. 5까지의 수의 범위에서 사탕의 수를 바꾸어 가며 활동한다.

(2) 수를 가르고 모아 보시오.

교사가 제시하는 숫자카드 5를 보고 그 수를 가른 두 수를 나타내는 숫자카드를 고른다. 학생들이 선택한 숫자카드를 발표한다. 반대로 교사가 제시하는 숫자카드에 쓰인 두 수를 모아 알맞은 숫자카드를 선택해 본다. 5까지의 수의 범위에서 숫자카드를 바꾸어 가며 활동한다.

(3) 수를 가르고 모아 보시오.

교사는 바둑돌 5개를 양 손으로 나누어 쥐고 학생들에게 묻는다. 학생들은 교사의 양 손에 5개의 바둑돌이 몇 개씩 나뉘어 있는지 맞춘다. 틀려도 벌칙은 없지만 앞에 발표한 학생과 중복되게 발표해서는 안 된다. 학생이 맞추면 교사는 양 손에 있는 바둑돌을 보여주고 다시 모아 5가 되는지 확인하는 활동을 한다. 2부터 5까지 바둑돌의 수를 바꾸어 가며 활동한다.

배경

가르기와 모으기는 수의 분해와 합성으로 수의 성질을 이해하는 데 도움이 된다. 또한 받아올림이 있는 덧셈과 받아내림이 있는 뺄셈을 위한 학습의 기초를 형성하게 된다. 우선 구체물을 두 부분으로 가르고 다시 하나로 모으는 경험을 충분히 한 다음, 추상적인 수를 가르고 모으는 활동을 한다. 구체물을 이용하여 5까지의 수를 가르고 모으는 활동은 학생들로 하여금 자연스럽게 여러 가지 경우의 가르기와 모으기가 있음을 자연스럽게 익히게 해 준다. 주의할 점은 아직 이 단계에서는 0을 사용해서는 안 된다는 점이다.

관련 TU : TUAN-0010, TUAN-0310, TUAN-0410, TUAN-0420

TUAN-0310.10 가르기와 모으기(6~9까지의 수)

관련 교육과정	(07) 1(가)1④
	(09) 12(가)1④

목표

6~9까지의 수의 범위에서 수를 두 수로 가르고 모을 수 있다.

자료

사탕, 가르기 판, 숫자카드 6~9, 실물화상기, 바둑돌 9개

활동

(1) 사탕을 가르고 모아 보시오.

실물화상기를 통해 교사가 사탕 8개를 두 부분으로 나누어 본다. 학생들은 교사와 다른 방법으로 사탕을 나누어 가르기 판에 놓아본다. 학생들과 여러 가지 방법을 발표한다. 다시 나눈 두 부분의 사탕을 모아본다. 9까지의 수 범위에서 사탕 수를 바꾸어 가며 활동한다.

(2) 수를 가르고 모아 보시오.

교사가 제시하는 숫자카드 9를 보고 그 수를 가른 두 수를 나타내는 숫자카드를 고른다. 학생들이 선택한 숫자카드의 경우를 발표해 본다. 반대로 교사가 제시하는 두 숫자카드에 쓰인 두 수를 모아 알맞은 수가 쓰인 숫자카드를 선택해 본다. 6~9까지의 수 범위에서 숫자카드를 바꾸어 가며 활동한다.

(3) 수를 가르고 모아 보시오.

교사는 바둑돌 9개를 양 손으로 나누어 쥐고 학생들에게 묻는다. 학생들은 교사의 양 손에 9개의 바둑돌이 몇 개씩 나뉘어 있는지 맞춘다. 틀려도 벌칙은 없지만 앞에 발표한 학생과 중복되게 발표해서는 안 된다. 학생이 맞추면 교사는 양 손에 있는 바둑돌을 보여주고 다시 모아 9가 되는지 확인하는 활동을 한다. 6부터 9까지 바둑돌의 수를 바꾸어 가며 활동한다.

배경

가르기와 모으기는 수의 분해와 합성을 학습함으로써 수의 성질을 이해하는 데 도움이 된다. 또한 받아올림이 있는 덧셈과 받아내림이 있는 뺄셈을 위한 학습의 기초를 형성하게 된다. 우선 구체물을 두 부분으로 가르고 다시 하나로 모으는 경험을 충분히 제공하도록 한다. 후에 추상적인 수를 가르고 모으는 활동을 한다. 바둑돌을 이용하여 9까지의 수를 가르고 모으는 활동은 학생들로 하여금 자연스럽게 여러 가지 경우의 가르기와 모으기가 있음을 자연스럽게 익히게 해 준다. 주의할 점은 아직 이 단계에서는 0을 사용하지 않도록 해야 한다. 0을 사용할 가르기와 모으기 활동은 추상적인 조작을 포함하므로 덧셈과 뺄셈의 기초 지도가 이루어진 이후에 가능하다.

관련 TU : TUAN-0300, TUAN-0320, TUAN-0330, TUAN-0410, TUAN-0420

TUAN-0320.10 10을 두 수로 가르기

관련 교육과정	(07) 1(가)[1]④
	(09) 12(가)[1]④

목표

10을 두 수로 가를 수 있다.

자료

낱개 모형 10개, 가르기 판, 바둑돌 10개

활동

(1) 10을 두 수로 갈라 보시오.

낱개 모형 10개를 가르기 판에 두 부분으로 갈라 본다. 가른 낱개 모형의 수를 세어 □ 안에 적는다. 여러 가지 방법으로 갈라 본다.

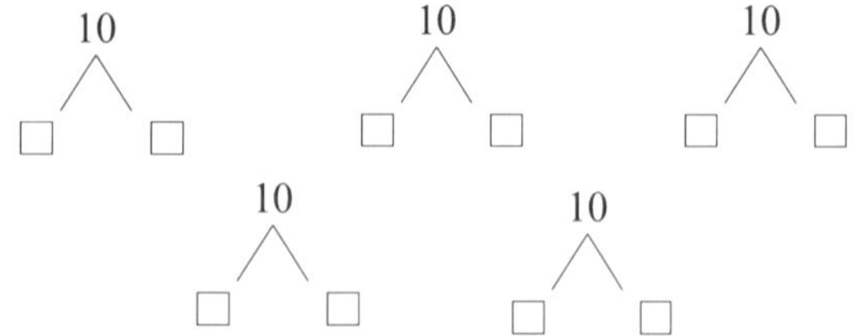

(2) 수를 가르고 모아 보시오.

교사는 바둑돌 10개를 가지고 양 손에 가른 후 학생에게 제시한다. 학생들은 교사의 양 손에 10개의 바둑돌이 몇 개씩 나뉘어져 있는지 맞춘다. 틀려도 벌칙은 없지만 앞에 발표한 학생과 중복되게 발표해서는 안 된다. 학생이 맞추면 교사는 양 손에 있는 바둑돌을 보여주고 다시 모아 10이 되는지 확인하는 활동을 한다.

배경

10을 두 수로 가르기를 통해 학생들은 10의 보수 관계를 이해할 수 있다. 이것은 받아올림과 받아내림이 있는 덧셈과 뺄셈의 기초가 된다. 10을 두 수로 가르는 방법은 여러 가지가 있으나 학생들에게 모든 방법을 찾도록 강요할 필요는 없다. 바둑돌을 이용한 가르기와 모으기 활동은 학생으로 하여금 자연스럽게 10을 가를 수 있는 여러 경우가 있음을 학습하게 도와준다. 10을 두 수로 모으기 활동을 할 때쯤 되면 대체로 덧셈과 뺄셈의 기초를 익힌 다음이다. 따라서 0을 사용한 가르기 활동을 지도할 수도 있으나 가르기와 모으기가 구체적 조작활동이다는 관점에서 볼 때 추상적 조작이 필요한 10 = 10 + 0이라는 표현은 그다지 바람직하지 않다.

관련 TU : TUAN-0310, TUAN-0330, TUAN-0450, TUAN-0460

TUAN-0330.10 10이 되게 두 수를 모으기

관련 교육과정	(07) 1(가)1④
	(09) 12(가)1④

목표

10이 되도록 두 수를 모을 수 있다.

자료

주머니, 바둑돌 10개, 모으기 판

활동

(1) 10이 되도록 두 수를 모아 보시오.

바둑돌 10개가 들어 있는 주머니에 한 사람이 손을 넣어 바둑돌 몇 개를 꺼낸다. 꺼낸 바둑돌을 모으기 판 한 부분에 두고 10이 되려면 나머지 부분에 들어갈 바둑돌이 몇 개인지 생각해 본다. 주머니 안에 들어 있는 바둑돌의 개수를 세어 확인하고 □ 안에 알맞은 수를 적는다. 두 수를 모으면 10이 되는 여러 가지 방법을 찾아본다.

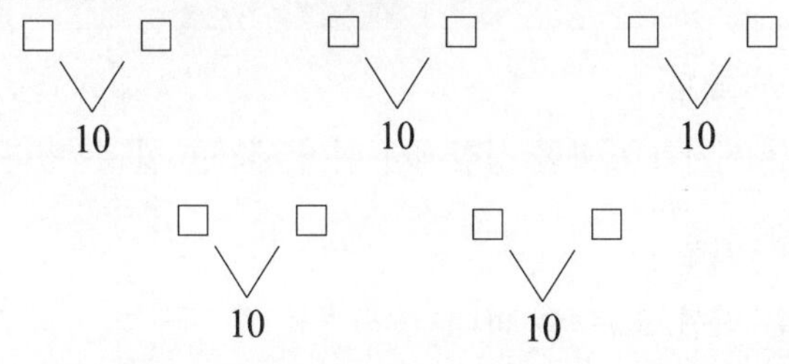

배경

10이 되도록 두 수를 모으기를 통해 10의 보수 관계를 이해할 수 있다. 이것은 받아올림과 받아내림이 있는 덧셈과 뺄셈의 기초가 된다. 두 수를 모으면 10이 되는 방법을 모두 찾도록 학생들에게 강요할 필요는 없다. 10이 되게 두 수를 모으기 활동을 할 때쯤 되면 대체로 덧셈과 뺄셈의 기초를 익힌 다음이다. 따라서 0을 사용한 모으기 활동을 지도할 수도 있으나 바람직하지 않다.

관련 TU : TUAN-0310, TUAN-0320, TUAN-0450, TUAN-0460

TUAN-0340.10 묶어 세기

관련 교육과정	(07) 1(가)1⑤
	(09) 12(가)1③

목표

수 세기가 필요한 상황에서 묶어 세기를 할 수 있다.

자료

바둑돌

활동

(1) 묶어 세어 보시오.

바둑돌 30개를 흩어 놓고 다음과 같은 방법으로 차례로 세어보게 한다.

- 하나씩 세어보게 한다.
- 2씩 묶어 세어보게 한다.
- 3씩 묶어 세어보게 한다.
- 5씩 묶어 세어보게 한다.
- 10씩 묶어 세어보게 한다.

배경

묶어 세기 활동은 수 감각을 익히는 데 매우 큰 도움이 된다. 묶어 세기 활동을 통하여 어린이들은 수의 양감을 키우고, 보다 효과적인 수 세기 전략을 찾으려는 인지적 노력을 추구하게 된다. 뿐만 아니라 묶어 세기 활동은 곱셈의 기초 개념을 형성하는 데 중요한 역할을 한다. 곱셈의 기초 개념을 형성하는 요소 중에 중요한 것은 배 개념이다. 묶어 세기 활동은 후에 배 개념의 발달에 도움이 되는 경험을 제공한다.

관련 TU : TUAN-0130, TUAN-0240, TUAN-0350, TUAN-3010

TUAN-0350.10 뛰어 세기

관련 교육과정	(07) 1(가)1⑤
	(09) 12(가)1③

목표

수 세기가 필요한 상황에서 뛰어 세기를 할 수 있다.

자료

수 직선 또는 수 막대

활동

(1) 다음과 같이 뛰어 세어 보시오.

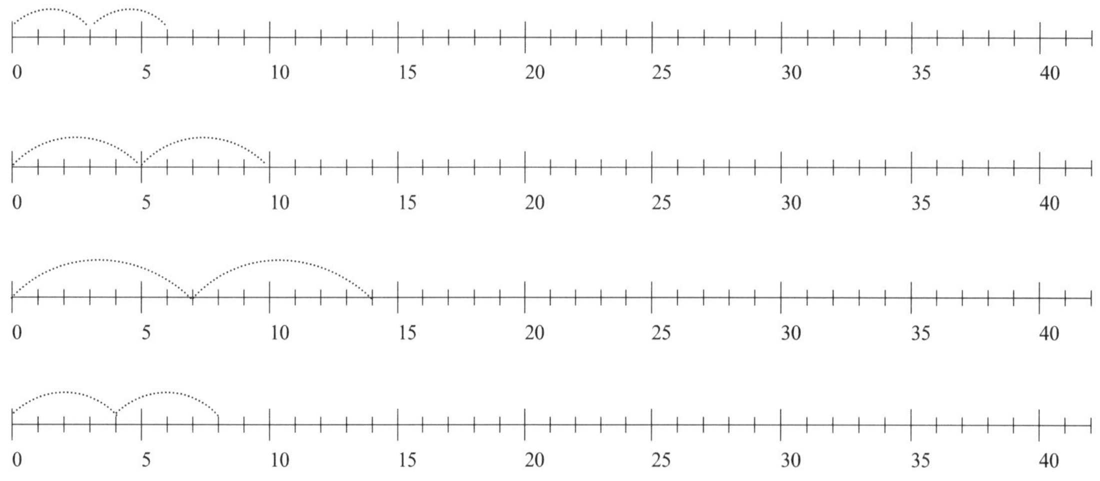

배경

뛰어 세기 활동도 수 감각을 익히는 데 매우 큰 도움이 된다. 뛰어 세기 활동은 특히 곱셈의 기초인 동수누가 개념을 형성하는 데 중요한 역할을 할 뿐만 아니라, 뒤이어 학습하게 되는 곱셈구구를 익히는 데에도 도움이 된다.

관련 TU : TUAN-0340, TUAN-3020

TUAN-0360.10 덧셈이 이루어지는 상황(첨가형) (9까지의 수)

관련 교육과정	(07) 1(가)2①
	(09) 12(가)2①

목표

첨가형의 덧셈이 이루어지는 상황을 알고 덧셈의 의미를 이해할 수 있다.

자료

그림 카드

활동

(1) 덧셈을 알아보시오.

나뭇가지에 3마리에 새가 앉아있고 2마리가 날아오고 있는 상황을 제시한 후, 새가 모두 몇 마리가 되었는지 물어본다. 3과 2를 더하는 것을 '3+2'라고 쓰고 '3 더하기 2'라고 읽는다는 것을 약속한다.

배경

첨가형과 합병형의 두 가지 덧셈 상황 중 첨가형의 덧셈이 이루어지는 상황을 이해하도록 한다. 한 부분에 다른 한 부분이 첨가되어 증가하는 경우의 덧셈이다. 제시되는 상황이 덧셈 상황임을 이해하는 것에 중점을 두도록 한다. 기호는 항상 구체물이나 모델과 병행하여 도입되어야 한다. 따라서 구체물이나 모델을 가지고 하는 활동 없이 바로 기호나 식이 도입하지 않도록 한다. 즉, 기호를 쓰는 일은 구체물을 충분히 다룬 후 이루어져야 한다.

관련 TU : TUAN-0300, TUAN-0310, TUAN-0370, TUAN-0410

TUAN-0370.10 덧셈이 이루어지는 상황(합병형) (9까지의 수)

관련 교육과정	(07) 1(가)2①
	(09) 12(가)2①

목표

합병형의 덧셈이 이루어지는 상황을 알고 덧셈의 의미를 이해할 수 있다.

자료

그림 카드

활동

(1) 덧셈을 알아보시오.

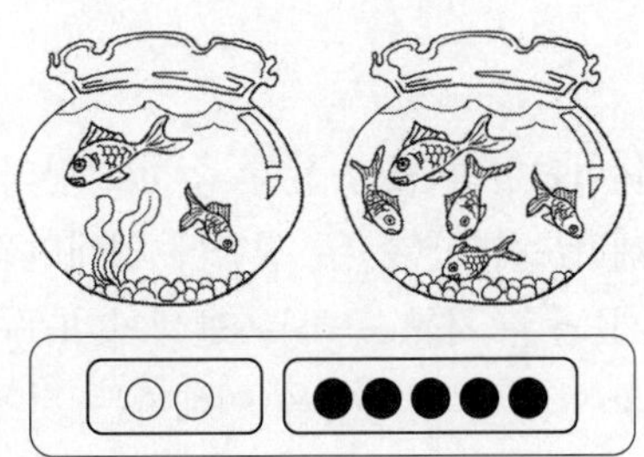

그림에 대한 상황 제시 후, 왼쪽 어항과 오른쪽 어항에 있는 금붕어를 모두 합하면 몇 마리가 되는지 물어본다. 2와 5를 더하는 것을 '2+5'라고 쓰고 '2 더하기 5'라고 읽는다는 것을 약속한다.

배경

첨가형과 합병형의 두 가지 덧셈 상황 중 합병형의 덧셈이 이루어지는 상황을 이해하도록 한다. 두 부분을 합하는 경우의 덧셈이다. 제시되는 상황이 덧셈 상황임을 이해하는 것에 중점을 두도록 한다. 기호는 항상 구체물이나 모델과 병행하여 도입되어야 한다. 따라서 구체물이나 모델을 가지고 하는 활동 없이 바로 기호나 식을 도입하지 않도록 한다.

관련 TU : TUAN-0300, TUAN-0310, TUAN-0360, TUAN-0410

TUAN-0380.10 뺄셈이 이루어지는 상황(제거형) (9까지의 수)

관련 교육과정	(07) 1(가)[2]①
	(09) 12(가)[2]①

목표

제거형의 뺄셈이 이루어지는 상황을 알고 뺄셈의 의미를 이해할 수 있다.

자료

그림 카드

활동

(1) 뺄셈을 알아보시오.

꽃밭에 있던 나비 6마리 중 3마리가 날라 가는 상황을 제시 후, 꽃밭에 남은 나비는 몇 마리인지 물어본다. 6에서 3을 빼는 것을 '6－3'라고 쓰고 '6 빼기 3'이라고 읽는다는 것을 약속한다.

배경

제거형과 비교형의 뺄셈 상황 중 제거형의 뺄셈 상황을 이해하도록 한다. 전체에서 일부분이 감소되는 경우의 뺄셈으로 전체에서 남은 부분을 구하는 뺄셈이다(구잔). 이 같은 뺄셈 상황은 학생이 배우기에 가장 쉬운 것이다. 제시되는 상황이 뺄셈 상황임을 이해하는 것에 중점을 두도록 한다. 기호는 항상 구체물이나 모델과 병행하여 도입되어야 한다. 따라서 구체물이나 모델을 가지고 하는 활동 없이 바로 기호나 식이 도입하지 않도록 한다. 구체물을 다루는 활동은 많은 학생들의 성취도를 향상시키는 것으로 알려져 있다.

관련 TU : TUAN-0300, TUAN-0310, TUAN-0390, TUAN-0420

TUAN-0390.10 뺄셈이 이루어지는 상황(비교형) (9까지의 수)

관련 교육과정	(07) 1(가)[2]①
	(09) 12(가)[2]①

목표

비교형의 뺄셈이 이루어지는 상황을 알고 뺄셈의 의미를 이해할 수 있다.

자료

그림 카드

활동

(1) 뺄셈을 알아보시오.

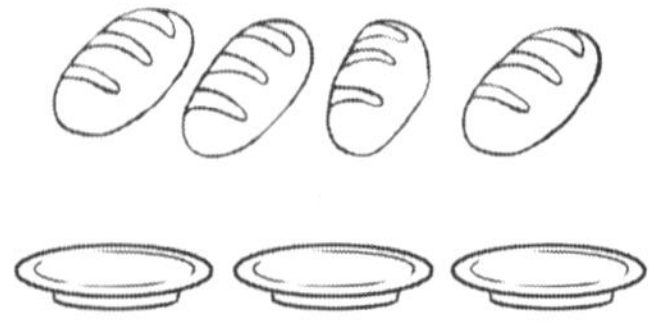

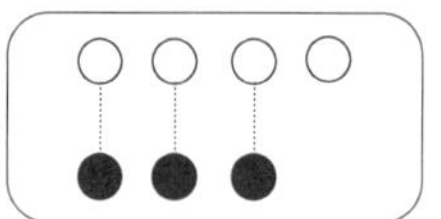

빵이 4개 있고 접시가 3개 있는 상황 제시 후, 빵은 접시보다 몇 개가 더 많은지 물어본다. 4에서 3을 빼는 것을 '4－3'이라고 쓰고 '4 빼기 3'이라고 읽는다는 것을 약속한다.

배경

제거형과 비교형의 뺄셈 상황 중 비교형의 뺄셈 상황을 이해하도록 한다. 두 집합에 일대일씩 대응시키고 나서 남은 차를 구하는 뺄셈이다(구차). 제시되는 상황이 뺄셈 상황임을 이해하는 것에 중점을 두도록 한다. 기호는 항상 구체물이나 모델과 병행하여 도입되어야 한다. 따라서 구체물이나 모델을 가지고 하는 활동 없이 바로 기호나 식이 도입하지 않도록 한다.

관련 TU : TUAN-0300, TUAN-0310, TUAN-0380, TUAN-0420

TUAN-0400.10 두 수를 바꾸어 더해 보기 (9까지의 수)

관련 교육과정	(07) 1(가)[2]①
	(09) 12(가)[2]①

목표

더하는 수와 더해지는 수를 바꾸어 더해도 합이 같음을 이해할 수 있다.

자료

두 종류의 사탕, 덧셈 판, 그림 카드

활동

(1) 사탕의 수가 같은지 알아보시오.

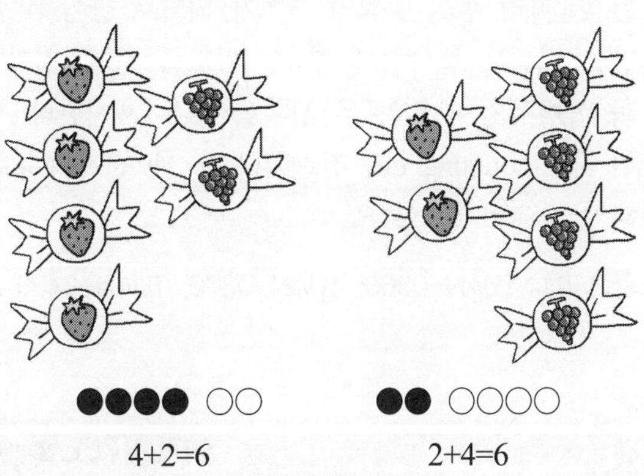

선생님이 A에게 딸기 맛 사탕 4개를 주고 포도 맛 사탕 2개를 준다. B에게 딸기 맛 사탕 2개와 포도 맛 사탕 4개를 준다. A와 B가 가진 사탕의 개수를 비교한다. A와 B가 가진 사탕의 개수를 덧셈식으로 써 본다. 두 수를 바꾸어 더해도 구한 합이 같음을 발견하도록 안내한다.

(2) 합이 같은지 알아보시오.

0	1	2	3	4	5	6	7	8	9
1	1+1								
2		2+2							
3			3+3						
4				4+4					
5					5+5				
6						6+6			
7							7+7		
8								8+8	
9									9+9

대각선을 중심으로 대각선윗쪽과 아랫쪽에 어떤 비슷한 점이 있는지 찾아보며 합을 구하여 빈 칸에 쓴다.

배경

덧셈에서 더하는 수와 더해지는 수를 바꾸어 더해도 합이 같음을 학습한다. 덧셈의 교환법칙에 해당하나, 덧셈식으로만 지도할 경우 '4+2=6+22+4'의 형식적인 지도가 될 위험성이 있다. 구체물을 조작하여 덧셈 상황을 이해하고, 순서에 상관없이 두 경우의 합이 같다는 것을 학생 스스로 발견하는 학습이 되도록 한다.

관련 TU : TUAN-0360, TUAN-0370, TUAN-0380, TUAN-0390, TUAN-0410, TUAN-0420

TUAN-0410.10 합이 10 미만인 두 수의 덧셈

관련 교육과정	(07) 1(가)2②
	(09) 12(가)2②

목표

합이 10 미만인 두 수의 덧셈을 할 수 있다.

자료

그림 카드

활동

(1) 덧셈을 하시오. (첨가형)

▸ 연못에 오리 3마리가 헤엄치고 있는데 4마리가 더 들어왔습니다. 연못에 오리는 모두 몇 마리인지 식으로 나타내고 계산하여 보시오.

3+4=□

(2) 덧셈을 하시오. (합병형)

▸ 왼쪽 연못에는 개구리가 1마리 있고 오른쪽 연못에는 개구리가 3마리 있습니다. 개구리는 모두 몇 마리인지 식으로 나타내고 계산하여 보시오.

1+3=□

배경

그림을 통해 덧셈 상황을 이해하고 합이 10 미만인 두 수의 덧셈을 한다. 이 활동은 합이 10 이상이 되는 한 자리 수의 덧셈의 기초가 되므로 합이 10 미만인 덧셈을 능숙하게 할 수 있도록 한다. 첨가형과 합병형의 덧셈의 두 상황을 모두 제시한다. 이어 세기(counting on) 전략이나 두 배 전략이 유용하게 사용될 수 있다.

관련 TU : TUAN-0360, TUAN-0370, TUAN-0430

TUAN-0420.10 (한 자리 수)−(한 자리 수)

관련 교육과정	(07) 1(가)2②
	(09) 12(가)2②

목표

(한 자리 수)−(한 자리 수)의 뺄셈을 할 수 있다.

자료

그림 카드

활동

(1) 뺄셈을 하시오. (제거형)

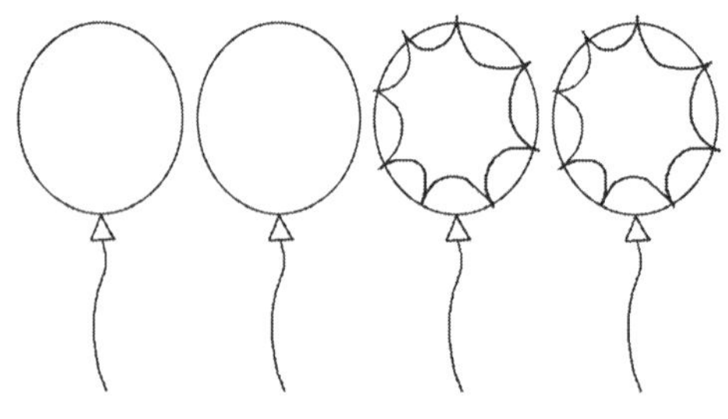

▸ 풍선을 4개 가지고 있었는데 2개가 터졌습니다. 풍선은 몇 개 남아 있는지 식으로 나타내고 계산하여 보시오.

4−2=□

(2) 뺄셈을 하시오. (비교형)

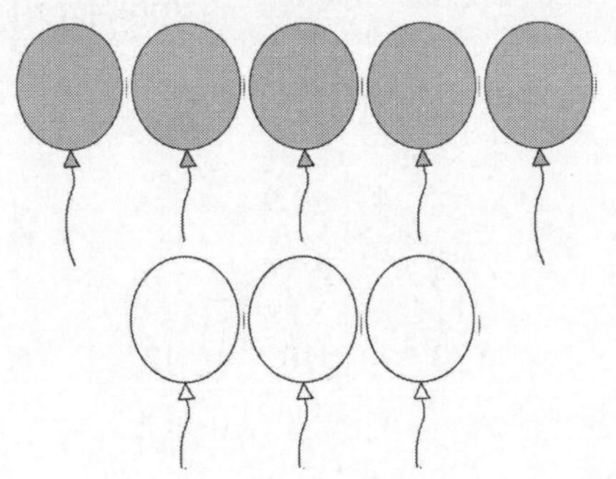

▸ 파란 풍선이 노란 풍선보다 몇 개 더 많은지 식으로 나타내고 계산하여 보시오

5 - 3=□

배경

그림을 통해 뺄셈 상황을 이해하고 (한 자리 수)-(한 자리 수)의 뺄셈을 한다. 이것은 (두 자리 수)-(한 자리 수) 뺄셈의 기초가 된다. 빼지는 수가 9 이하인 뺄셈을 능숙하게 할 수 있도록 한다. 제거와 비교의 뺄셈의 두 상황을 고루 제시한다.

관련 TU : TUAN-0380, TUAN-0390, TUAN-0460

TUAN-0430.10 7+5=12형(더하는 수를 분해하기: 7+3+2)

관련 교육과정	(07) 1(가)2②
	(09) 12(가)2②

목표

더하는 수를 분해하여 (몇)+(몇)=(십몇)의 덧셈을 할 수 있다.

자료

십틀, 바둑돌

활동

(1) 덧셈을 하시오.

▸ 은행잎을 재은이는 7장, 상훈이는 5장을 주웠습니다. 재은이와 상훈이가 주운 은행잎은 모두 몇 장입니까?

▸ 십틀에 바둑돌을 놓아 알아보시오.

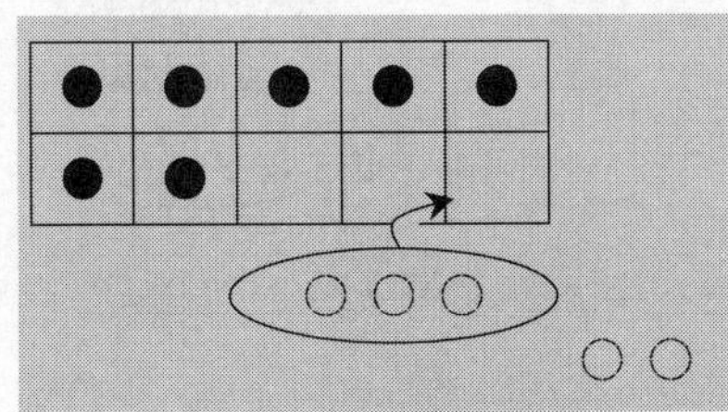

검은 바둑돌 7개가 놓인 십틀에 흰 바둑돌 5개 중 3개를 틀 안에 놓고 나머지 2개는 틀 밖에 놓는다.

▸ 식으로 나타내고 계산하여 보시오.

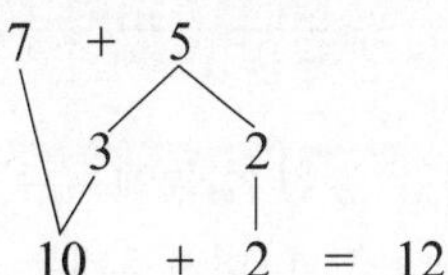

배경

(몇)+(몇)=(십몇)의 계산은 받아올림이 있는 덧셈의 기초가 된다. 더해지는 수와의 합이 10이 될 수 있도록 더하는 수를 적절한 두 수로 분해한다. 앞으로 받아올림이 있는 덧셈의 기초가 되는 중요한 활동이므로 학생들이 받아올림이 있는 덧셈의 방법을 이해하는데 중점을 두고 지도한다. 십 틀은 규칙성을 촉진하고, 수에 대한 묶음 인식을 발달시키고, 자릿값을 이해하는 데 가장 효율적인 모델의 하나이므로 이 내용을 지도하는 데 도움이 될 수 있다.

관련 TU : TUAN-0320, TUAN-0330, TUAN-0410, TUAN-0440, TUAN-0450, TUAN-0530, TUAN-1110

TUAN-0440.10 4+9=13형(더해지는 수를 분해하기: 3+1+9)

관련 교육과정	(07) 1(가)[2]②
	(09) 12(가)[2]②

목표

더해지는 수를 분해하여 (몇)+(몇)=(십몇)의 덧셈을 할 수 있다.

자료

십틀, 바둑돌

활동

(1) 덧셈을 하시오.

▶ 검은색 바둑돌 4개와 흰색 바둑돌 9개를 합하면 모두 몇 개입니까?

▶ 십틀에 바둑돌을 놓아 알아보시오.

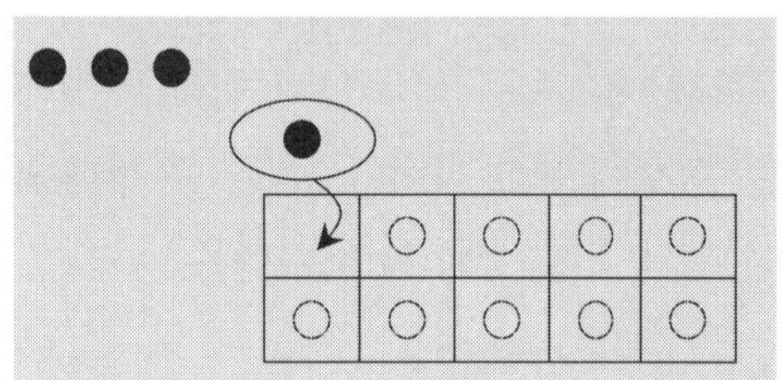

흰 바둑돌 9개가 놓인 십틀에 검은 바둑돌 4개 중 1개를 틀 안에 놓고 나머지 3개는 틀 밖에 놓는다.

▶ 식으로 나타내고 계산하여 보시오.

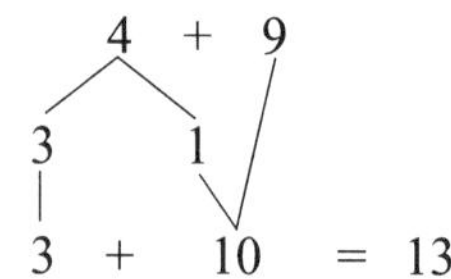

배경

(몇) + (몇) = (십몇)의 덧셈에서 더해지는 수를 분해하여 덧셈을 한다. 더하는 수와의 합이 10이 될 수 있도록 더해지는 수를 적절한 두 수로 분해한다. 더하는 수가 더해지는 수보다 클 경우, 더해지는 수를 분해하는 것이 편리하다. 학생들이 적절한 상황에 따라 더하는 수 또는 더해지는 수를 분해하여 10을 만들어 덧셈을 할 수 있도록 지도한다. 십 틀은 규칙성을 촉진하고, 수에 대한 묶음 인식을 발달시키고, 자릿값을 이해하게 하는 데 가장 효율적인 모델의 하나이므로 이 내용을 지도하는 데 도움이 될 수 있다.

관련 TU : TUAN-0320, TUAN-0330, TUAN-0410, TUAN-0430, TUAN-0450, TUAN-0530, TUAN-1110

TUAN-0450.10 합이 10이 되는 두 수의 덧셈

관련 교육과정	(07) 1(가)[2]③
	(09) 12(가)[2]②

목표

두 수의 합이 10이 되는 덧셈을 할 수 있다.

자료

그림 카드, 십틀, 바둑돌

활동

(1) 덧셈을 하시오.

▶ 연필 3자루와 연필 7자루가 있습니다. 연필은 모두 몇 자루입니까?

▶ 십틀에 바둑돌을 놓아 알아보시오.

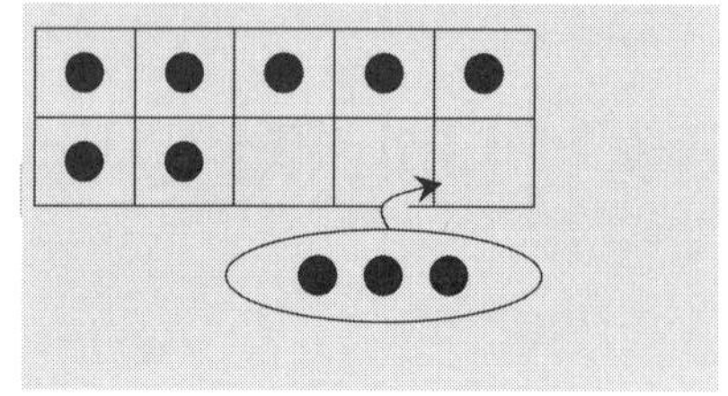

▸ 식으로 나타내고 계산하여 보시오.

3+7=□

▸ 덧셈을 익혀 보시오.

5+5=□, 2+8=□, 4+6=□,
7+3=□, 9+1=□, 10+0=□

배경

우선 10을 두 수로 가르고 10이 되게 두 수를 모으는 학습이 선행되어 있어야 한다. 10이 되는 덧셈은 세 자리 수의 덧셈, 10의 보수 찾기, 받아올림이 있는 덧셈, 받아내림이 있는 뺄셈 등의 기초가 된다. 10에 대한 보수를 익혀 받아올림이 있는 덧셈에 능숙하게 활용할 수 있도록 한다.

관련 TU : TUAN-0320, TUAN-0330, TUAN-0430, TUAN-0440, TUAN-0460

TUAN-0460.10 10-(한 자리 수)

관련 교육과정: (07) 1(가)[2]③ / (09) 12(가)[2]②

목표

10-(한 자리 수)의 뺄셈을 할 수 있다.

자료

그림 카드, 십틀, 바둑돌

활동

(1) 뺄셈을 하시오.

▸ 촛불 10개가 켜져 있었습니다. 그 중에서 4개가 꺼졌습니다. 남은 촛불은 몇 개입니까?

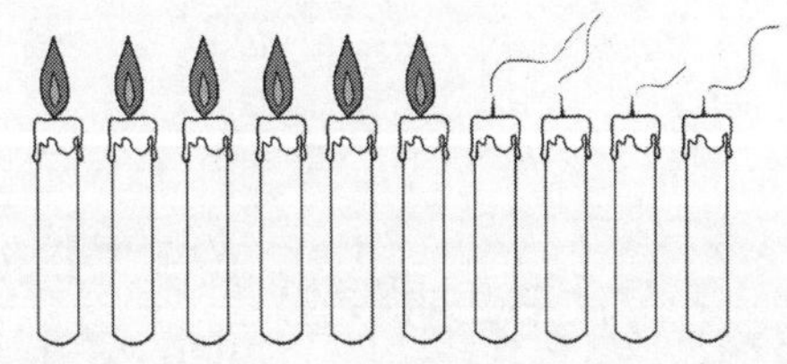

▸ 십틀에 바둑돌을 놓아 알아보시오.

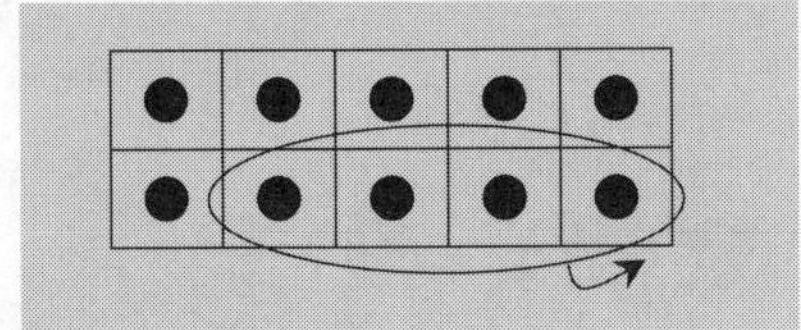

▸ 식으로 나타내고 계산하여 보시오.

10 - 4 = □

▸ 뺄셈을 익혀 보시오.

10 - 7 = □, 10 - 2 = □, 10 - 5 = □,
10 - 6 = □, 10 - 9 = □, 10 - 0 = □

(2) 남아 있는 수를 알아보시오.

교사는 바둑돌 10개를 가지고 양 손에 가른 후 왼손에 있는 바둑돌의 수가 3일 때 오른 손에 있는 바둑돌은 몇 개인지 학생에게 묻는다.
학생이 맞추면 교사는 양 손에 있는 바둑돌을 보여주고 다시 모아 10이 되는지 확인하는 활동을 한다.

배경

합이 10인 덧셈, 10에서 빼기, 10의 보수, 이 세 가지는 서로 독립적으로 존재하는 것이 아니고 종속적인 관계를 유지하면서 존재한다. 10에서 몇을 빼는 것을 통해 10의 보수를 학습하게 된다. 이는 받아내림이 있는 뺄셈의 기초가 된다. 빼지는 수를 바꾸어가며 10-(한 자리 수)의 뺄셈을 익히도록 한다.

관련 TU : TUAN-0320, TUAN-0330, TUAN-0470, TUAN-0480

TUAN-0470.10 13-9=4형 (빼는 수를 분해하기: 13-3-6)

관련 교육과정	(07) 1(가)②④
	(09) 12(가)②②

목표

빼는 수를 분해하여 (십몇)-(몇)의 뺄셈을 할 수 있다.

자료

그림 카드, 수모형

활동

(1) 뺄셈을 하시오.

▸ 초콜릿 13개가 있습니다. 그 중에서 9개를 친구들에게 주었습니다. 남아있는 초콜릿은 몇 개입니까?

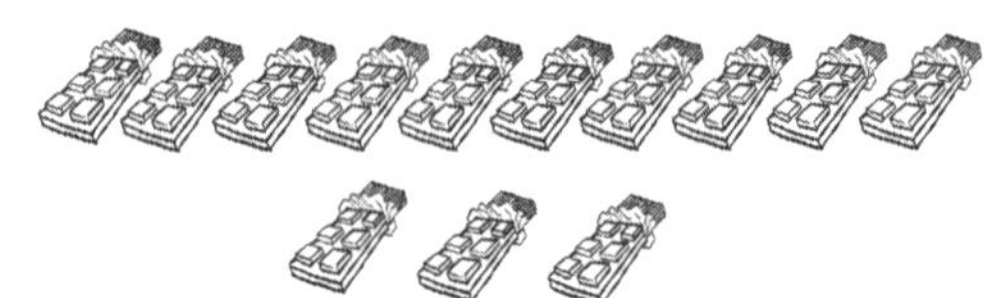

▸ 수모형으로 알아보시오.

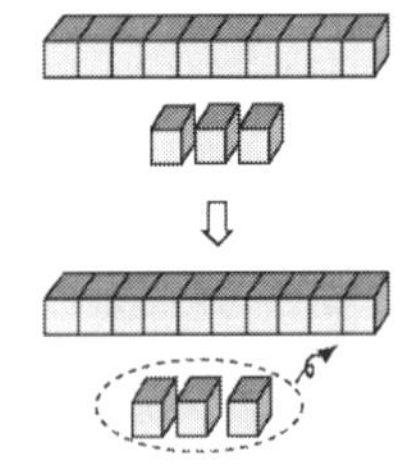

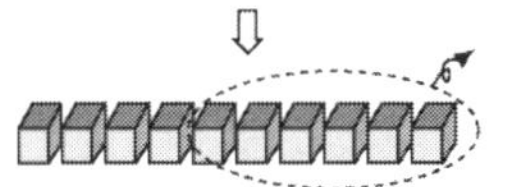

▸ 식으로 나타내고 계산하여 보시오.

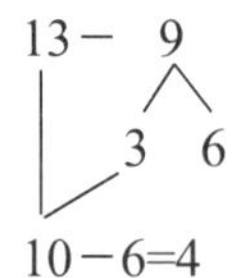

배경

(십몇)-(몇)의 뺄셈에서 빼는 수를 분해하여 받아내림한다. 빼지는 수와의 차가 10이 되는 수를 찾아 두 수로 빼는 수를 분해한다. 두 번 뺄셈을 하기 때문에 이를 감감법이라고 부른다. 받아내림이 있는 뺄셈에서 빼는 수와 빼지는 수의 일의 자리 수가 비슷하면 감감법이 편리할 수 있다. 이 활동은 받아내림이 있는 큰 수에서의 뺄셈의 기초가 된다.

관련 TU : TUAN-0460, TUAN-0480, TUAN-0550, TUAN-1130

TUAN-0480.10 14-8=6형 (빼지는 수를 분해하기: 10-8+4)

관련 교육과정	(07) 1(가)②④
	(09) 12(가)②②

목표

빼지는 수를 분해하여 (십몇)-(몇)의 뺄셈을 할 수 있다.

자료

그림 카드, 수모형

활동

(1) 뺄셈을 하시오.

▸ 새 14마리가 있었습니다. 그 중에서 8마리가 날아갔습니다. 남은 새는 몇 마리입니까?

▶ 수모형으로 알아보시오.

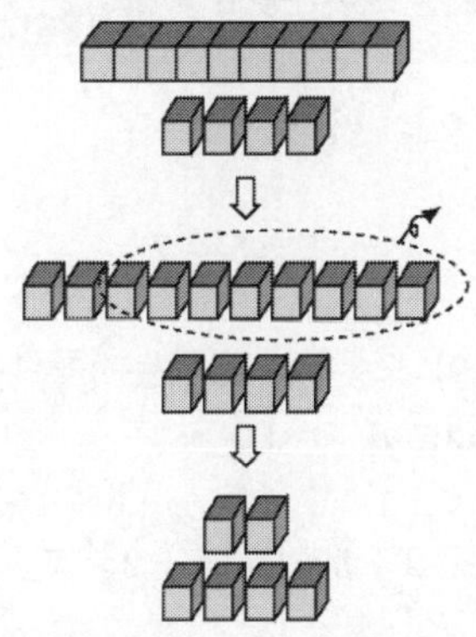

▶ 식으로 나타내고 계산하여 보시오.

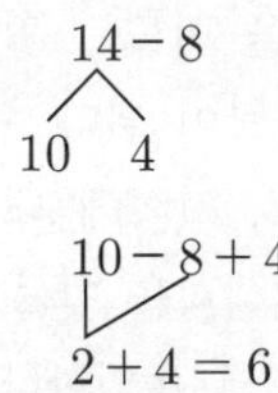

배경

(두 자리 수)−(한 자리 수)의 뺄셈에서 빼지는 수를 분해하여 받아내림한다. 빼지는 수를 10과 다른 한 수로 분해한 후 10에서 빼는 수를 빼고 그 결과에 분해한 나머지 한 수를 다시 더하는 방법이다. 빼고 더하는 과정을 거치기 때문이 감가법이라고 한다. 빼는 수가 9에 가까우면 감가법이 편리할 수 있다. 받아내림이 있는 큰 수에서의 뺄셈의 기초가 되는 활동이다.

관련 TU : TUAN-0460, TUAN-0470, TUAN-0540, TUAN-1130

TUAN-0490.10 덧셈식을 보고 뺄셈식을 알아보기 (9까지의 수)

관련 교육과정	(07) 1(가)[2]⑤
	(09) 12(가)[2]③

목표

합이 9 이하인 덧셈식을 보고 뺄셈식을 만들 수 있다.

자료

그림 카드

활동

(1) 덧셈식을 보고 뺄셈식을 만드시오.

▶ 남자 어린이 3명과 여자 어린이 4명이 있습니다. 어린이는 모두 몇 명입니까? 덧셈식으로 써 보시오.

$$3+4=7,\ 4+3=7$$

▶ 남자 어린이가 몇 명인지 나타내는 뺄셈식을 써 보시오.

$$7-4=3$$

▶ 여자 어린이를 몇 명인지 나타내는 뺄셈식을 써 보시오.

$$7-3=4$$

배경

덧셈식을 보고 뺄셈식을 만드는 활동은 학생들이 전체와 부분의 관계를 이해하는 것을 돕는다. 이것은 덧셈과 뺄셈의 역연산 관계에 바탕을 둔다. 역연산 관계에 대해 직접적으로 지도하는 것이 아니라, 구체적인 덧셈과 뺄셈 상황을 제시하고 상황에 대한 이해에 기초하여 덧셈식을 보고 뺄셈식을 만들도록 한다. 형식적인 지도가 되지 않도록 유의한다.

관련 TU : TUAN-0410, TUAN-0420, TUAN-0500, TUAN-0510

TUAN-0500.10 뺄셈식을 보고 덧셈식을 알아보기 (9까지의 수)

관련 교육과정	(07) 1(가)[2]⑤
	(09) 12(가)[2]③

목표

빼는 수가 9 이하인 뺄셈식을 보고, 덧셈식을 만들 수 있다.

자료

그림 카드

활동

(1) 뺄셈식을 보고, 덧셈식을 만드시오.

▸ 아이스크림 7개가 있었습니다. 그 중에서 5개가 녹았습니다. 녹지 않은 아이스크림은 몇 개입니까? 뺄셈식으로 써 보시오.

$$7-5=2$$

▸ 아이스크림이 모두 몇 개였는지를 나타내는 덧셈식을 두 가지 써 보시오.

$$2+5=7,\ 5+2=7$$

배경

뺄셈식을 보고 덧셈식을 만드는 활동 역시 역연산 관계에 대한 이해에 바탕이 된다. 구체적인 덧셈과 뺄셈 상황을 제시한 후, 상황에 대한 이해에 기초하여 뺄셈식을 보고 덧셈식을 만들도록 한다. 형식적인 지도가 되지 않도록 유의한다.

관련 TU : TUAN-0410, TUAN-0420, TUAN-0490, TUAN-0520

TUAN-0510.10 덧셈식을 보고 뺄셈식을 알아보기 (18까지의 수)

관련 교육과정	(07) 1(가)[2]⑤
	(09) 12(가)[2]③

목표

덧셈식을 보고 뺄셈식을 만들 수 있다.

자료

그림 카드

활동

(1) 덧셈식을 보고 뺄셈식을 만드시오.

놀이터의 미끄럼틀을 타는 어린이가 11명, 시소를 타는 어린이가 5명 있습니다.

▸ 놀이터에서 놀고 있는 어린이는 모두 몇 명입니까? 덧셈식으로 써 보시오.

$$11+5=16$$

▸ 미끄럼틀을 타는 어린이가 몇 명인지 나타내는 뺄셈식을 써 보시오.

$$16-5=11$$

▸ 시소를 타는 어린이가 몇 명인지 나타내는 뺄셈식을 써 보시오.

$$16-11=5$$

배경

9까지의 수에서 확장하여 18까지의 수의 덧셈식을 보고 뺄셈식을 만들어 본다. 덧셈식과 뺄셈식의 관계에 대한 이해를 심화시키도록 한다. 이는 방정식에 대한 학습의 기초가 된다.

관련 TU : TUAN-0430, TUAN-0440, TUAN-0490, TUAN-0520, TUAN-1290

TUAN-0520.10 뺄셈식을 보고 덧셈식을 알아보기 (18까지의 수)

관련 교육과정 (07) 1(가)②⑤ (09) 12(가)②③

목표

뺄셈식을 보고 덧셈식을 만들 수 있다.

자료

그림 카드

활동

(1) 뺄셈식을 보고 덧셈식을 만드시오.

▸ 풍선 18개가 있었습니다. 끈이 끊어져 6개가 날아갔습니다. 남은 풍선은 몇 개입니까? 뺄셈식으로 써 보시오.

$$18-6=12$$

▸ 처음 풍선이 몇 개였는지 나타내는 덧셈식을 두 가지 써 보시오.

$$12+6=18,\ 6+12=18$$

배경

9까지의 수에서 확장하여 18까지의 수의 뺄셈식을 보고 덧셈식을 만들어 본다. 덧셈식과 뺄셈식의 관계에 대한 이해를 심화시키도록 한다. 이는 방정식에 대한 학습의 기초가 된다.

관련 TU : TUAN-0420, TUAN-0480, TUAN-0500, TUAN-0510, TUAN-1290

TUAN-0530.10 4+1+2 형 (합이 10 미만인 한 자리 수의 연가산)

관련 교육과정 (07) 1(가)②⑥ (09) 12(가)②④

목표

합이 10 미만인 한 자리 수의 연가산을 할 수 있다.

자료

수직선, 그림 카드

활동

(1) 다음을 계산하시오.

▸ 사과가 3개, 귤이 2개, 감이 1개 있습니다. 과일은 모두 몇 개입니까?

▸ 수직선으로 나타내어 보시오.

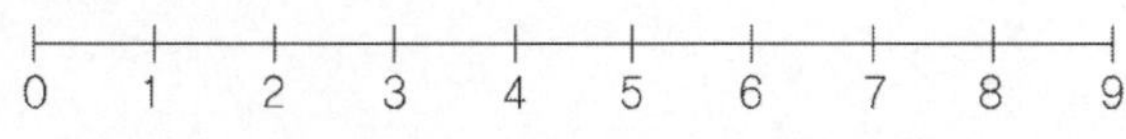

아래에 식 제시 $3+2+1=6$

수직선 위에 3칸, 2칸, 1칸을 표시하도록 한다.

▸ 식으로 나타내고 계산하여 보시오.

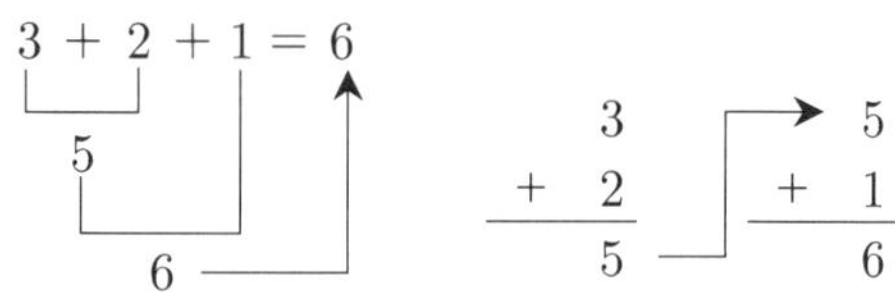

세 수의 덧셈을 할 때에는 앞에서부터 두 수씩 차례로 계산함을 알려준다.

배경

받아올림이 없는 세 수의 덧셈은 받아올림이 있는 두 수의 덧셈의 기초가 된다. 연가산을 할 때 처음에는 앞의 두 수부터 차례로 계산하도록 한다. 그러나 차츰 익숙해지면, 둘째 수와 셋째 수 또는 첫째 수와 셋째 수를 먼저 더해도 된다.

관련 TU : TUAN-0410, TUAN-0430, TUAN-0440, TUAN-0540, TUAN-0570, TUAN-0580, TUAN-1590, TUAN-1230, TUAN-1270

TUAN-0540.10 9-6+5형(한 자리 수의 감가산)

관련 교육과정	(07) 1(가)2⑥
	(09) 12(가)2④

목표

계산결과가 한자리 수인 한 자리 수의 감가산을 할 수 있다.

자료

문제, 수모형

활동

(1) 다음을 계산하시오.

▸ 영진이는 사과 9개 중 4개를 먹었습니다. 어머니께서 다시 사과 2개를 더 사 오셨습니다. 사과는 몇 개 있습니까?

▸ 수모형으로 알아보시오.

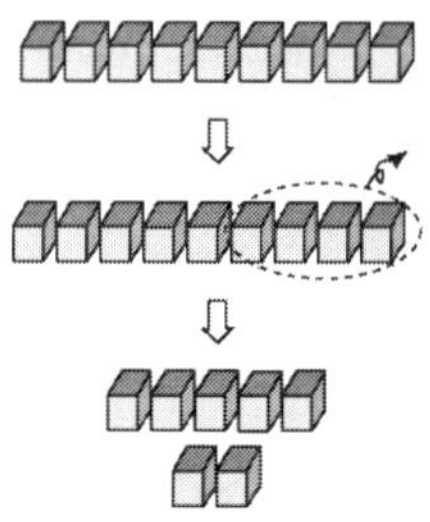

▸ 식으로 나타내고 계산하여 보시오.

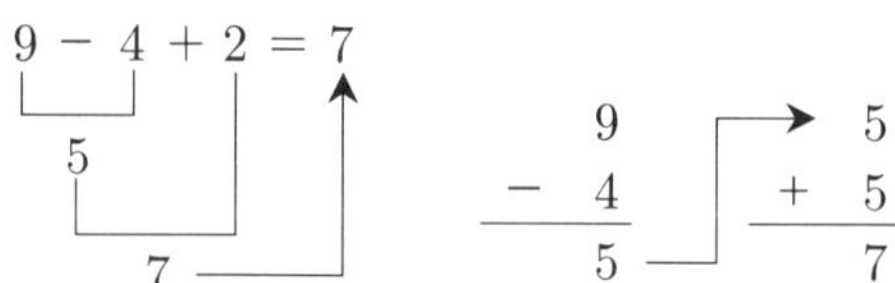

'사과는 처음에 몇 개가 있었습니까? 영진이가 사과 4개를 먹고 몇 개가 남았습니까? 어머니께서 사과를 가져온 후 사과는 모두 몇 개가 되었습니까?' 발문의 순서대로 뺄셈과 덧셈을 한다.

배경

계산결과가 한자리 수인 한 자리 수의 감가산을 통해 덧셈과 뺄셈의 혼합계산의 방법을 학습한다. 이 경우에는 앞에서부터 차례로 계산하도록 지도한다.

관련 TU : TUAN-0410, TUAN-0420, TUAN-0480, TUAN-0530, TUAN-0550, TUAN-1250

TUAN-0550.10 7−2−3형(한 자리 수의 연감산)

관련 교육과정	(07) 1(가)2⑥
	(09) 12(가)2④

목표

한 자리 수의 연감산을 할 수 있다.

자료

문제, 수모형

활동

(1) 다음을 계산하시오.

▸빵 8개가 있었습니다. 영수가 3개를 먹었습니다. 동생이 와서 4개를 먹었습니다. 남은 빵은 몇 개입니까?

▸수모형으로 알아내시오.

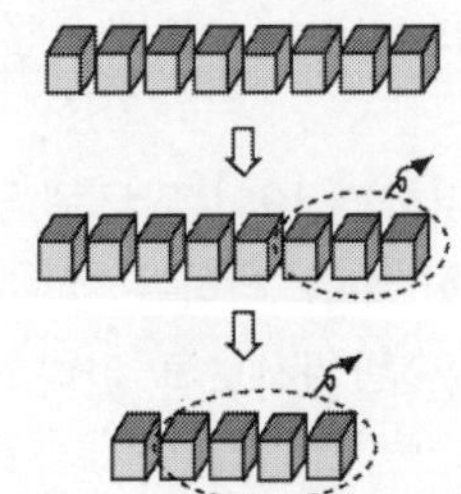

▸식으로 나타내고 계산하여 보시오.

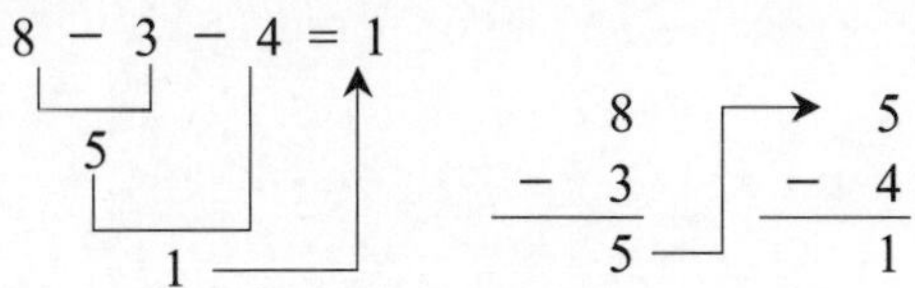

앞에서부터 순서대로 뺄셈을 하도록 지도한다.

배경

세 수의 뺄셈은 받아내림이 있는 두 수의 뺄셈의 기초가 된다. 연감산을 할 때에는 앞의 두 수부터 차례로 계산하도록 한다.

관련 TU : TUAN-0420, TUAN-0470, TUAN-0540, TUAN-1220, TUAN-1280

TUAN-0560.10 4+3−5형(한 자리 수의 가감산)

관련 교육과정	(07) 1(가)2⑥
	(09) 12(가)2④

목표

한 자리 수의 가감산을 할 수 있다.

자료

문제, 수모형

활동

(1) 다음을 계산하시오.

▸비둘기 5마리가 모이를 먹고 있었습니다. 비둘기 4마리가 더 왔습니다. 비둘기 6마리가 모이를 다 먹고 날라 갔습니다. 남은 비둘기는 몇 마리입니까?

▸수모형으로 알아내시오.

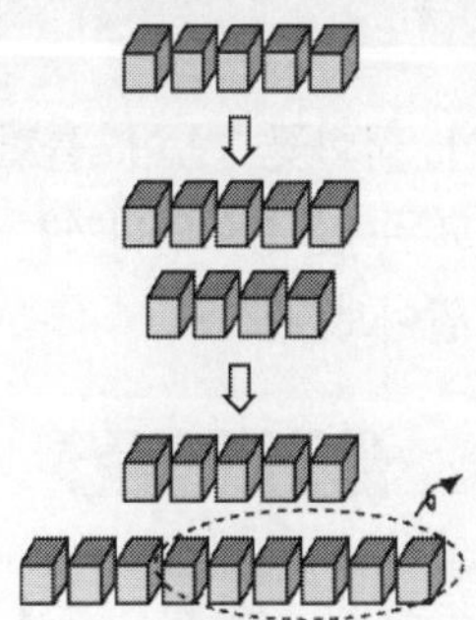

▸식으로 나타내고 계산하여 보시오.

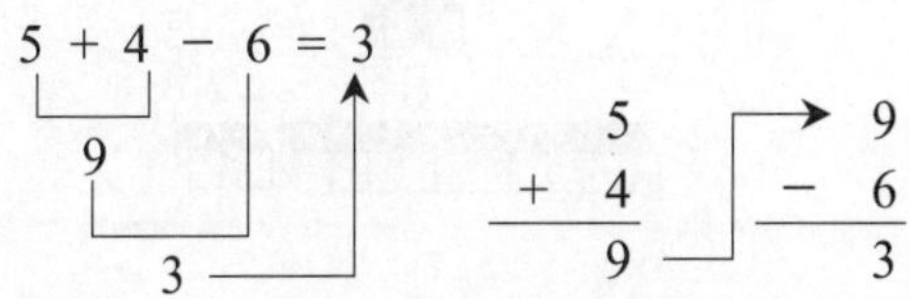

'비둘기는 몇 마리 있었습니까? 비둘기 4마리가 더 온 뒤 비둘기는 몇 마리가 되었습니까? 비둘기 6마리가 날아 간 후 남은 비둘기는 몇 마리입니까?' 발문의 순서대로 덧셈과 뺄셈을 한다.

배경

한 자리 수의 가감산을 통해 덧셈과 뺄셈의 혼합계산의 방법을 학습한다. 앞에서부터 순서대로 계산하도록 지도한다.

관련 TU : TUAN-0410, TUAN-0420, TUAN-0550, TUAN-1260

TUAN-0570.10 4+6+7=17형(두 수의 합이 10이 되는 세 수의 덧셈)(1)

관련 교육과정	(07) 1(가)②⑥
	(09) 12(가)②④

목표

앞의 두 수의 합이 10이 되는 세 수의 덧셈을 할 수 있다.

자료

문제, 그림 카드, 수모형

활동

(1) 다음을 계산하시오.

▸ 장미꽃 7송이, 국화꽃 3송이, 튤립 2송이가 있습니다. 꽃은 모두 몇 송이입니까?

▸ 수모형으로 알아보시오.

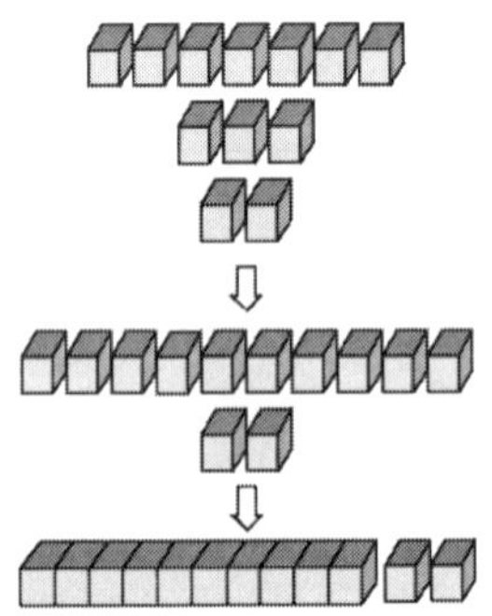

▸ 식으로 나타내고 계산하여 보시오.

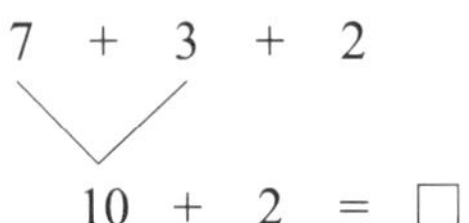

앞에 두 수를 더하면 10이 되므로 앞에 두 수를 더한 후 나머지 한 수를 더하는 것이 합을 구하기에 편리하다는 것을 발견하도록 한다.

배경

10이 되는 두 수의 합을 먼저 구하는 세 수의 덧셈을 한다. 이것은 받아올림이 있는 덧셈의 기초가 된다. 두 수를 더하여 10을 만든 후 나머지 한 수를 더하면, 십의 자리의 숫자가 1이 되므로 답을 얻기가 쉽다. 순서를 다르게 하여 계산하여도 되나 먼저 10을 만들어 계산하는 것이 편리하다는 것을 학생 스스로 발견하게 한다.

관련 TU : TUAN-0430, TUAN-0440, TUAN-0450, TUAN-0530, TUAN-1210

TUAN-0580.10 5+3+7=15형(두 수의 합이 10이 되는 세수의 덧셈)(2)

관련 교육과정	(07) 1(가)②⑥
	(09) 12(가)②④

목표

뒤의 두 수의 합이 10이 되는 세 수의 덧셈을 할 수 있다.

자료

문제, 그림 카드, 수모형

활동

(1) 다음을 계산하시오.

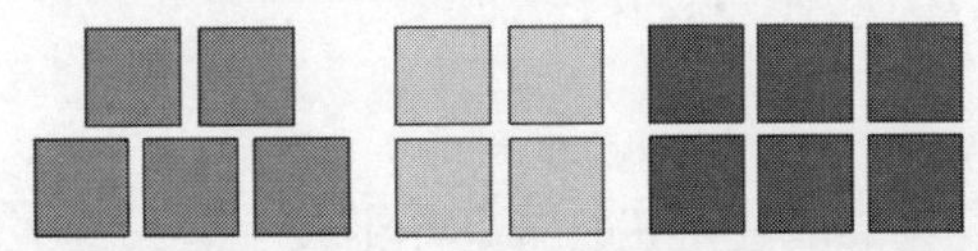

▸ 빨간색 색종이 5장, 노란색 색종이 4장, 파란색 색종이 6장이 있습니다. 색종이는 모두 몇 장입니까?

▸ 수모형으로 알아보시오.

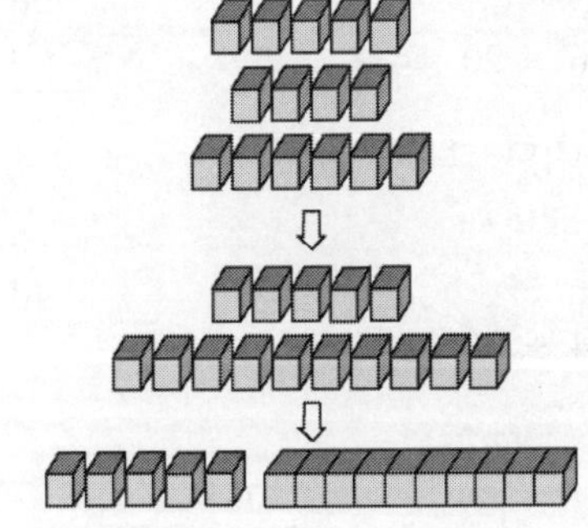

▸ 식으로 나타내고 계산하여 보시오.

5 + 4 + 6

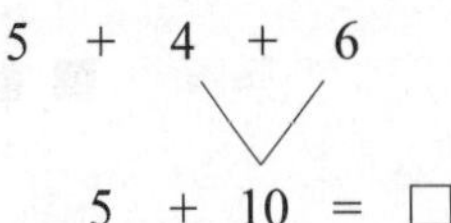

5 + 10 = □

합이 10이 되는 뒤에 오는 두 수를 먼저 더하여 10을 만들고, 앞의 수를 나중에 더하는 것이 합을 구하기에 편리하다는 것을 발견하도록 한다.

배경

뒤에 있는 두 수의 합을 먼저 구하여 10을 만든 후 앞의 수를 더하는 세 수의 덧셈을 한다. 이것은 받아올림이 있는 덧셈의 기초가 된다. 두 수를 더하여 10을 만든 후 나머지 한 수를 더하면, 십의 자리의 숫자가 1이 되므로 답을 얻기가 쉽다. 순서를 다르게 하여 계산하여도 되나 먼저 10을 만들어 계산하는 것이 편리하다는 것을 학생 스스로 발견하게 한다.

관련 TU : TUAN-0430, TUAN-0440, TUAN-0450, TUAN-0530, TUAN-1210

TUAN-0590.10 8+5+2=15형(두 수의 합이 10이 되는 세 수의 덧셈)(3)

관련 교육과정	(07) 1(가)②⑥
	(09) 12(가)②④

목표

첫째 수와 셋째 수의 합이 10이 되는 세 수의 덧셈을 할 수 있다.

자료

문제, 그림, 수모형, 도식

활동

(1) 다음을 계산하시오.

▸ 빨간 구슬이 8개, 파란 구슬이 5개, 노란 구슬이 2개 있습니다. 구슬은 모두 몇 개입니까?

○○○○○○○○ ●●●●● ◉◉

▸ 수모형으로 알아보시오.

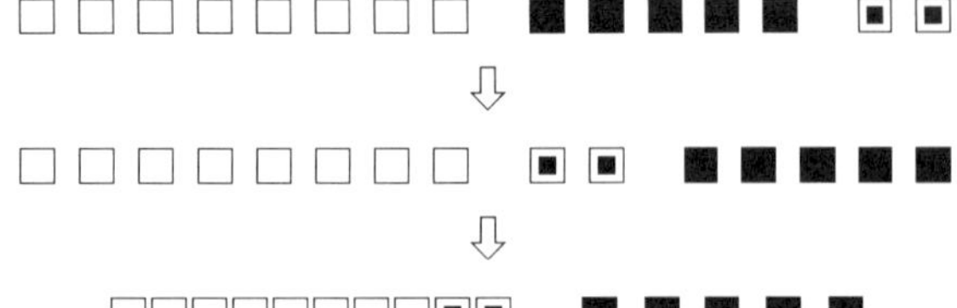

▸ 식으로 나타내고 계산하여 보시오.

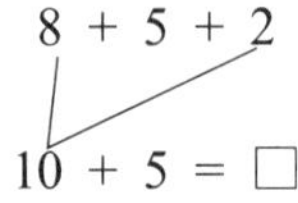

배경

첫째 수와 셋째 수의 합을 먼저 구하여 10을 만든 후, 가운데 수를 더하는 세 수의 덧셈을 익힌다. 이것은 받아 올림이 있는 덧셈의 기초가 되는 활동이다. 두 수를 더하여 10을 만든 후 나머지 한 수를 더하면 십의 자리의 숫자가 1이 되므로 답을 구하기가 쉽다. 순서를 다르게 계산하여도 되며, 먼저 10을 만들어 계산하는 것이 편리하다는 것을 학생 스스로 발견하게 한다.

관련 TU : TUAN-0400, TUAN-0430, TUAN-0440, TUAN-0450, TUAN-0530, TUAN-1210

TUAN-0610.10 10+5 또는 5+30형 ((몇십)+(몇), (몇)+(몇십))

관련 교육과정	(07) 1(가)③①
	(09) 12(가)②②

목표

(몇십)+(몇), (몇)+(몇십)의 계산 원리를 이해하고 능숙하게 계산할 수 있다.

자료

문제, 그림 카드

활동

(1) 다음을 계산하시오.

▸ 빨간색 색종이가 10장 있고, 파란색 색종이가 4장 있습니다. 색종이는 모두 몇 장 있습니까?

▸ 식으로 나타내고 계산하여 보시오.

10 + 4 = □

$$\begin{array}{r} 10 \\ + \quad 4 \\ \hline \square \end{array}$$

▸ 덧셈을 익혀 보시오.

20 + 6 = □

$$\begin{array}{r} 40 \\ + \quad 5 \\ \hline \square \end{array}$$

(2) 다음을 계산하시오.

▸ 동그란 딱지가 빨간 상자에는 6장, 파란 상자에는 20장 들어 있었습니다. 두 상자의 딱지를 모두 노란 상자에 넣었습니다. 노란 상자에는 딱지가 몇 장 있습니까?

▸ 식으로 나타내고 계산하여 보시오.

6 + 20 = □

$$\begin{array}{r} 6 \\ + \quad 20 \\ \hline \square \end{array}$$

▸ 덧셈을 익혀 보시오.

4 + 30 = □

$$\begin{array}{r} 6 \\ + \quad 40 \\ \hline \square \end{array}$$

배경

(몇십)+(몇)의 계산 원리를 이해하고 가로 형식과 세로 형식의 식을 통해 계산 방법을 발견하도록 한다. 세로 형식의 계산에서 단순히 0이 아닌 두 숫자를 내려 쓰는 것이 아니라 자릿값을 이해하고 계산하도록 지도한다. 두 수를 바꾸어 (몇)+(몇십)을 계산해도 결과가 같음을 이해하도록 지도한다. (몇십)+(몇)의 계산은 받아올림이 없는 (몇십 몇)+(몇)의 기초가 된다.

관련 TU : TUAN-0400, TUAN-0410, TUAN-0620

TUAN-0620.10 22＋6 또는 3＋85형(받아올림이 없는 (몇십 몇)＋(몇), (몇)＋(몇십 몇))

관련 교육과정	(07) 1(가)③①
	(09) 12(가)②②

목표

받아올림이 없는 (몇십 몇)＋(몇), (몇)＋(몇십 몇)의 계산 원리를 이해하고 능숙하게 계산할 수 있다.

자료

문제, 그림 카드, 수모형

활동

(1) 다음을 계산하시오.

▸ 희수는 연필이 12자루 있습니다. 어머니께서 희수에게 연필을 5자루 더 주셨습니다. 희수는 연필을 모두 몇 자루 가지고 있습니까?

▸ 수모형으로 알아내시오.

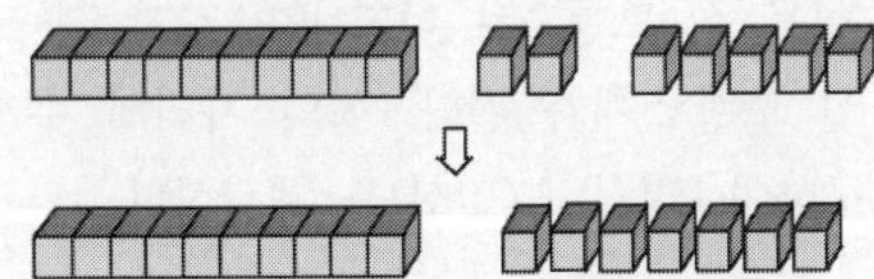

▸ 식으로 나타내고 계산하여 보시오.

$$\begin{array}{r} 1\ 2 \\ +\ \ \ 5 \\ \hline \end{array} \Rightarrow \begin{array}{r|r} 1 & 2 \\ + & 5 \\ \hline & 7 \end{array} \Rightarrow \begin{array}{r|r} 1 & 2 \\ + & 5 \\ \hline 1 & 7 \end{array}$$

12+5=□

▸ 덧셈을 익혀 보시오.

23+6=□,

$$\begin{array}{r} 3\ 5 \\ +\ \ \ 3 \\ \hline \square \end{array}$$

(2) 다음을 계산하시오.

▸ 비둘기가 4마리 있었습니다. 먹이를 주자 24마리가 더 날아왔습니다. 비둘기는 모두 몇 마리 있습니까?

▸ 수모형으로 알아내시오.

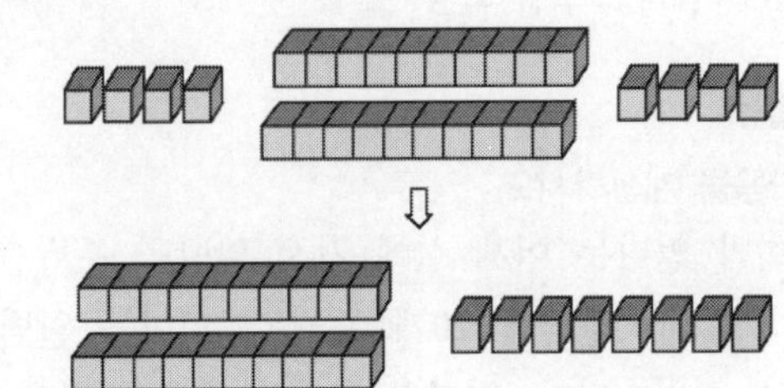

▸ 식으로 나타내고 계산하여 보시오.

4+24=□

$$\begin{array}{r} 4 \\ +\ 2\ 4 \\ \hline \square \end{array}$$

▸ 덧셈을 익혀 보시오.

4+25=□,

$$\begin{array}{r} 2 \\ +\ 3\ 3 \\ \hline \square \end{array}$$

배경

일의 자리의 수부터 계산하여 답을 쓰고, 십의 자리의 수를 쓴다. 받아올림이 없으므로 십의 자리에서부터 더하여도 큰 무리가 없다. 하지만 이후 학습할 받아올림이 있는 계산을 위해서 일의 자리의 수부터 계산하도록 지도한다. 두 수를 바꾸어 (몇)+(몇십 몇)을 계산해도 결과가 같음을 이해하도록 지도한다.

관련 TU : TUAN-0400, TUAN-0410, TUAN-0610, TUAN-1110

TUAN-0630.10 40+30형(받아올림이 없는 (몇십)+(몇십))

관련 교육과정	(07) 1(가)③①
	(09) 12(가)②②

목표

받아올림이 없는 (몇십)+(몇십)의 계산 원리를 이해하고 능숙하게 계산할 수 있다.

자료

문제, 그림 카드, 수모형

활동

(1) 다음을 계산하시오.

▸ 영희와 언니는 어제 산에 가서 알밤을 주웠습니다. 영희는 알밤을 20개 주웠고, 언니는 알밤을 50개 주웠습니다. 영희와 언니가 주운 알밤은 모두 몇 개입니까?

▸ 수모형으로 알아보시오.

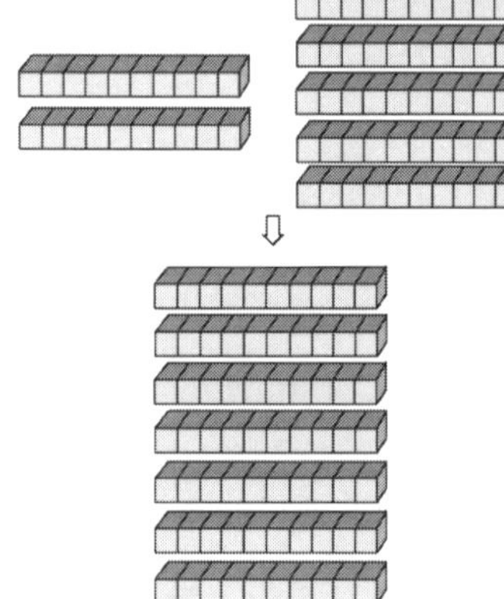

▸ 식으로 나타내고 계산하여 보시오.

$$\begin{array}{r} 20 \\ +\ 50 \\ \hline \end{array} \Rightarrow \begin{array}{r} 20 \\ +\ 50 \\ \hline 0 \end{array} \Rightarrow \begin{array}{r} 20 \\ +\ 50 \\ \hline 70 \end{array}$$

$20+50=\square$

▸ 덧셈을 익혀 보시오.

$40+30=\square$, $\begin{array}{r} 10 \\ +\ 80 \\ \hline \square \end{array}$

배경

(몇십)+(몇십)은 십 모형 수의 합으로 계산하면 이해하기가 쉽다. 낱개 20개와 낱개 50개는 많은 양이나, 이를 십 모형으로 나타내면 각각 십 모형 2개와 십 모형 5개가 된다. 십의 자리의 수끼리의 합을 구하여 (몇십)+(몇십)을 계산한다.

관련 TU : TUAN-0410, TUAN-0610, TUAN-0620, TUAN-0640

TUAN-0640.10 35+42형(받아올림이 없는 (몇십 몇)+(몇십 몇))

관련 교육과정	(07) 1(가)③①
	(09) 12(가)②②

목표

받아올림이 없는 (몇십 몇)+(몇십 몇)의 계산 원리를 이해하고 능숙하게 계산할 수 있다.

자료

문제, 그림 카드, 수모형

활동

(1) 다음을 계산하시오.

▸ 연필이 34자루 있고 색연필이 23자루 있습니다. 연필과 색연필은 모두 몇 자루 있습니까?

▸ 수모형으로 알아보시오.

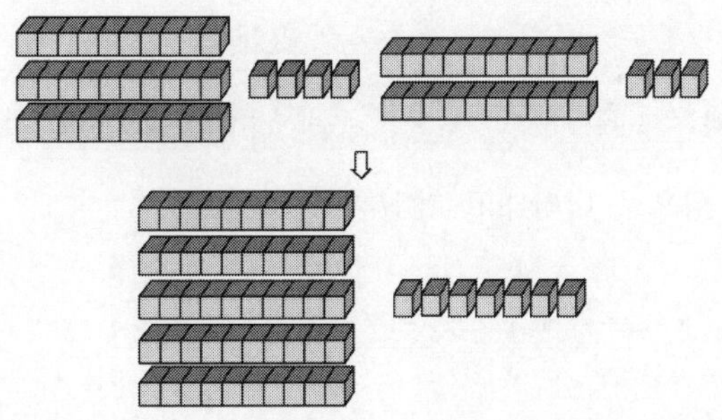

▶ 식으로 나타내고 계산하여 보시오.

$$\begin{array}{r} 3\ 4 \\ +\ 2\ 3 \\ \hline \end{array} \Rightarrow \begin{array}{r} 3\ 4 \\ +\ 2\ 3 \\ \hline 7 \end{array} \Rightarrow \begin{array}{r} 3\ 4 \\ +\ 2\ 3 \\ \hline 5\ 7 \end{array}$$

$34 + 23 = \square$

▶ 덧셈을 익혀 보시오.

$51 + 23 = \square$, $\begin{array}{r} 4\ 7 \\ +\ 5\ 1 \\ \hline \square \end{array}$

배경

(몇십 몇) + (몇)의 계산 방법을 따라 일의 자리의 수부터 합을 구하도록 한다. 받아올림이 없으므로 십의 자리의 수부터 답을 써도 무방하지만, 받아올림이 있는 덧셈의 학습을 위해서 일의 자리에서부터 답을 구하도록 지도한다.

관련 TU : TUAN-0630, TUAN-1150

TUAN-0650.10 여러 가지 방법으로 계산하기 (받아올림이 없는 두 자리 수의 덧셈)

관련 교육과정	(07) 1(가)③①
	(09) 12(가)②②

목표

받아올림이 없는 두 자리 수의 덧셈과 뺄셈을 여러 가지 방법으로 계산할 수 있다.

자료

도식

활동

(1) 다음을 계산하여 보시오.

▶ 동화책이 32권 있고, 위인전이 26권 있습니다. 책은 모두 몇 권 있습니까?

▶ 어떻게 계산할 수 있는지 계산하는 방법을 생각하여 여러 가지 방법으로 계산하여 보시오.

도식

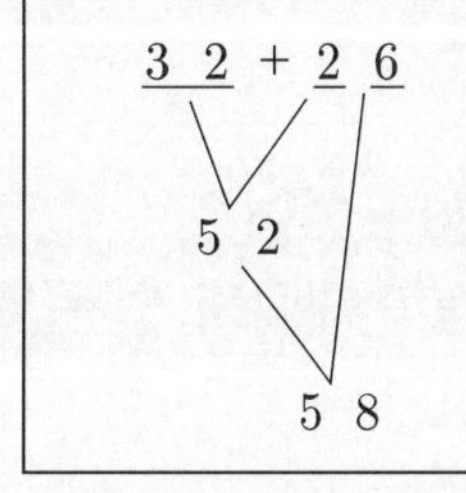

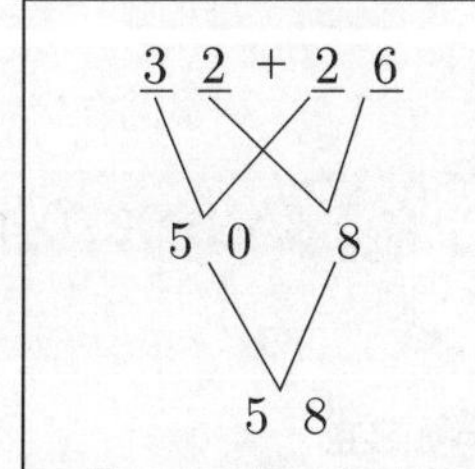

자신이 계산한 방법을 설명해 보도록 한다.

배경

두 자리 수의 덧셈에서 여러 가지 방법으로 계산해 보는 경험을 가짐으로써 학생들은 다양한 계산전략을 습득하며 이를 실생활에서 활용할 수 있다. 제시된 방법에만 얽매이지 않도록 하며 여러 가지 방법을 생각할 수 있도록 한다. 계산의 절차를 형식화하여 지도하지 않도록 유의한다.

관련 TU : TUAN-0640, TUAN-1580

TUAN-0660.10 17−5형 (받아내림이 없는 (몇십 몇)−(몇))

관련 교육과정 (07) 1(가)3② (09) 12(가)2②

목표

받아내림이 없는 (몇십 몇)−(몇)의 계산 원리를 이해하고 능숙하게 계산할 수 있다.

자료

문제, 그림 카드, 수모형

활동

(1) 다음을 계산하시오.

▶ 색종이 18장이 있었습니다. 이 중 4장으로 딱지를 접었습니다. 남아있는 색종이는 모두 몇 장입니까?

▶ 수모형으로 알아보시오.

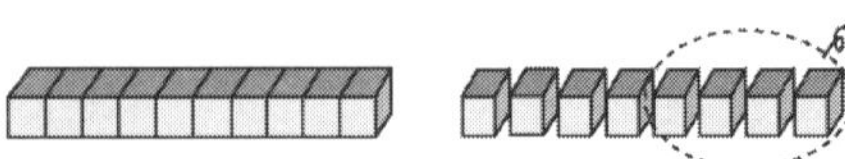

▶ 식으로 나타내고 계산하여 보시오.

$$\begin{array}{rr} & 18 \\ - & 4 \\ \hline \end{array} \Rightarrow \begin{array}{rr} & 18 \\ - & 4 \\ \hline & 4 \end{array} \Rightarrow \begin{array}{rr} & 18 \\ - & 4 \\ \hline & 14 \end{array}$$

$18-4=\square$

▶ 뺄셈을 익혀 보시오.

$29-6=\square$

$$\begin{array}{rr} & 37 \\ - & 3 \\ \hline & \square \end{array}$$

배경

수모형을 이용하여 (몇십 몇)−(몇)의 계산 원리를 이해한다. 일의 자리의 수부터 계산하여 답을 쓰고, 십의 자리의 수를 쓴다.

받아내림이 없는 (몇십 몇)−(몇십 몇)의 기초가 된다.

관련 TU : TUAN-0420, TUAN-0680

TUAN-0670.10 60−40형 (받아내림이 없는(몇십)−(몇십))

관련 교육과정 (07) 1(가)3② (09) 12(가)2②

목표

받아내림이 없는 (몇십)−(몇십)의 계산 원리를 이해하고 능숙하게 계산할 수 있다.

자료

문제, 그림 카드, 수모형

활동

(1) 다음을 계산하시오.

▶ 도서관에 책이 70권 있었습니다. 이 중 30권은 과학책이고 나머지 책은 동화책입니다. 동화책은 모두 몇 권입니까?

▶ 수모형으로 알아보시오.

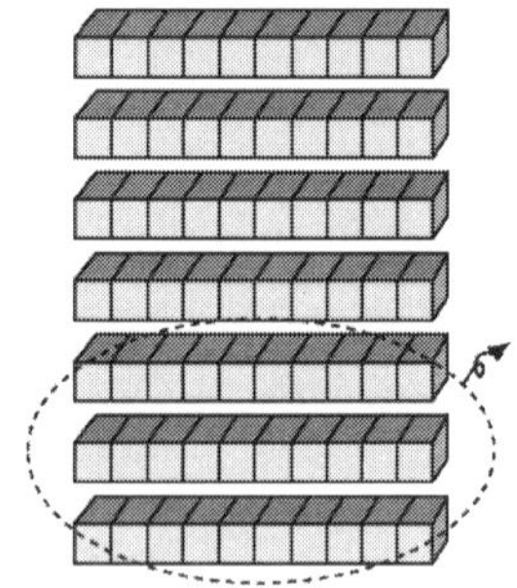

▶ 식으로 나타내고 계산하여 보시오.

$$\begin{array}{rr} & 70 \\ - & 30 \\ \hline \end{array} \Rightarrow \begin{array}{rr} & 70 \\ - & 30 \\ \hline & 0 \end{array} \Rightarrow \begin{array}{rr} & 70 \\ - & 30 \\ \hline & 40 \end{array}$$

$70-30=\square$

▶ 뺄셈을 익혀 보시오.

$80-30=\square$,

$$\begin{array}{rr} & 60 \\ - & 40 \\ \hline & \square \end{array}$$

배경

십 모형을 이용하여 십의 자리 수끼리의 뺄셈을 하여 (몇십)−(몇십)의 계산 원리를 이해하도록 한다. 십 모형을 이용하여 자릿값에 대해 이해하고 계산하도록 지도한다.

관련 TU : TUAN-0420, TUAN-0680

TUAN-0680.10 28−16형(받아내림이 없는 (몇십 몇)−(몇십 몇))

관련 교육과정	(07) 1(가)③②
	(09) 12(가)②②

목표

받아내림이 없는 (몇십 몇)−(몇십 몇)의 계산 원리를 이해하고 능숙하게 계산할 수 있다.

자료

문제, 그림 카드, 수모형

활동

(1) 다음을 계산하시오.

▸연필이 44자루 있는데 이 중 13자루를 팔았습니다. 연필은 몇 자루 남았습니까?

▸수모형으로 알아보시오.

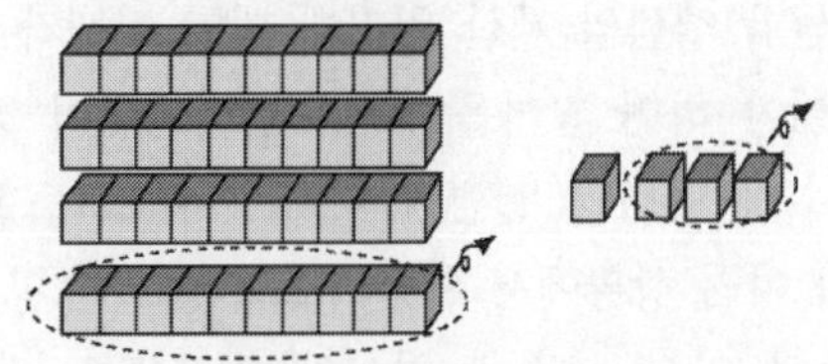

▸식으로 나타내고 계산하여 보시오.

$$\begin{array}{r} 44 \\ -\ 13 \\ \hline \end{array} \Rightarrow \begin{array}{r} 44 \\ -\ 13 \\ \hline 1 \end{array} \Rightarrow \begin{array}{r} 44 \\ -\ 13 \\ \hline 31 \end{array}$$

44−13=□

▸뺄셈을 익혀 보시오.

28−14=□, $\begin{array}{r} 67 \\ -\ 24 \\ \hline \square \end{array}$

배경

(몇십 몇)−(몇)의 계산 방법에 따라 일의 자리의 수부터 차를 구하도록 한다. 받아내림이 없으므로 십의 자리의 수부터 답을 써도 무방하지만, 받아내림이 있는 뺄셈의 학습을 위해서 일의 자리에서부터 계산하도록 지도한다.

관련 TU : TUAN-0420, TUAN-0680, TUAN-1170

TUAN-0690.10 여러 가지 방법으로 계산하기(받아내림이 없는 두 자리 수의 뺄셈)

관련 교육과정	(07) 1(가)③②
	(09) 12(가)②②

목표

받아내림이 없는 두 자리 수의 뺄셈을 여러 가지 방법으로 계산할 수 있다.

자료

문제

활동

(1) 다음을 계산하여 보시오.

▸사과가 78개 있는데 34개를 팔았습니다. 사과는 모두 몇 개 남아 있습니까?

▸여러 가지 방법으로 계산하여 보시오.

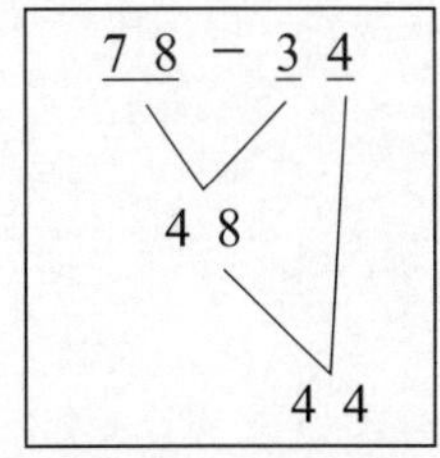

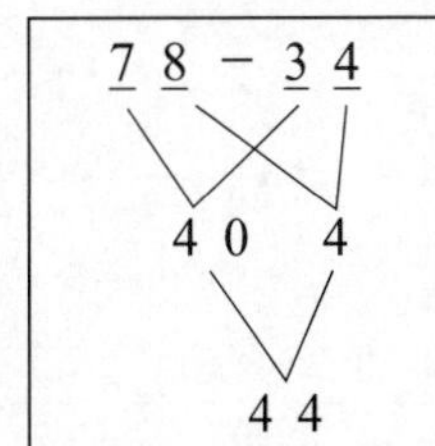

자신이 계산한 방법을 설명해 보도록 한다.

배경

두 자리 수의 뺄셈에서 여러 가지 방법으로 계산해 보는 경험을 가짐으로써 학생들은 다양한 계산 전략을 습득하며 이를 실생활에서 활용할 수 있게 된다. 학생들이 제시된 방법에만 얽매이지 않도록 하며 여러 가지 방법을 생각할 수 있도록 한다. 계산의 절차 또한 형식화하여 지도하지 않도록 유의한다.

관련 TU : TUAN-0680, TUAN-1580

TUAN-0700.10 암산하기(받아올림, 받아내림의 기초)

관련 교육과정 (07) 1(가)③③ (09) 12(가)②⑥

목표

받아올림이나 받아내림이 없는 두 자리 수끼리의 덧셈과 뺄셈을 암산으로 해결할 수 있다.

자료

덧셈과 뺄셈이 적힌 플래시카드, 답지

활동

(1) 암산하시오.

교사가 받아 플래시카드를 제시하면 학생들이 암산하여 답을 이야기한다.

24 + 12	36 − 11

자신이 암산을 한 방법을 설명해 보도록 한다.

(2) 암산하시오.

교사가 받아올림이 없는 두 자리 수끼리의 덧셈이 적혀있는 플래시카드를 제시한다. 학생들은 교사가 일정한 간격으로 넘기는 카드를 보고 암산하여 답지에 답을 적는다. 답을 검토할 수 있도록 플래시카드를 다시 넘겨 보여준다. 정답을 확인한다. 그 후 받아내림이 없는 두 자리 수끼리의 뺄셈을 암산으로 계산한다.

배경

암산은 여러 문제상황에서도 이용될 수 있는 사고의 유연성과 사려 깊은 분석 능력을 길러준다. 암산은 받아올림이나 받아내림이 없는 두 자리 수끼리의 덧셈과 뺄셈의 계산 원리에 대한 이해가 선행되어 있어야 하며 받아올림이나 받아내림이 있는 두 자리 수의 덧셈과 뺄셈의 기초가 된다. 또한 실제 생활의 여러 상황에서 활용되므로 중요한 활동이다. 학생들의 암산 능력에 차이가 있으므로 개인차를 고려하여 지도하도록 한다. 학생들은 암산을 하는 서로 다른 방법에 대하여 이야기해 봄으로써 사고의 자유성과 전략의 유연성을 기를 수 있다.

관련 TU : TUAN-0640, TUAN-0680, TUAN-1580

TUAN-1010.10 수 100(99보다 1 큰 수)

관련 교육과정	(07) 2(가)[1]①
	(09) 12(가)[1]②

목표

99보다 1 큰 수, 99다음의 수로 100을 알 수 있다.

자료

그림 카드, 수모형(십 모형 9개, 낱개 모형 10개)

활동

(1) 세어 보시오. (그림을 이용한 활동)

90－91－92－□－94－95－□－□－98－□－?

▸10원짜리 동전을 먼저 세고, 1원짜리 동전을 세어 보시오.

▸99보다 1 큰 수는 무엇이라고 생각합니까?

10원짜리 동전을 먼저 센 후, 1원짜리 동전을 세게 한다. 99보다 1 큰 수는 어떻게 나타낼지 생각해보게 한다. 99다음의 수는 '100'이라 쓰고, '백'이라고 읽는다는 것을 알려준다.

(2) 십 모형을 먼저 센 후, 낱개 모형을 세어 보시오. (수모형을 이용한 활동)

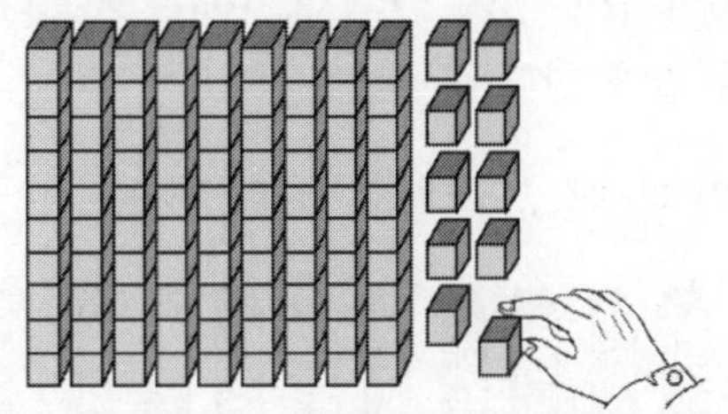

▸99 다음의 수는 무엇이라고 생각합니까?

십 모형 9개를 먼저 세서 90을 만들고 90부터 낱개 모형을 하나씩 세어 가는 활동을 하게 한다. 90부터 99까지 세고 난 다음에 99보다 1 큰 수가 100임을 알려준다.

배경

수읽기에서는 수세기와 관련하여 지도한다. 또 기수법과 명수법을 관련지어 지도한다. 99보다 1 큰 수, 99 다음의 수는 어떻게 나타낼지 생각하게 하여 100 도입의 필요성을 느끼게 한다. 99보다 1 큰 수는 두 자리 수로 나타낼 수 없기 때문에 세 자리 수인 100으로 나타내고, 세 자리 수를 도입한다.

관련 TU : TUAN-0140, TUAN-1020, TUAN-1030

TUAN-1020.10 수 100 (10이 10개, 90보다 10 큰 수)

관련 교육과정	(07) 2(가)[1]①
	(09) 12(가)[1]②

목표

10이 10개이면 100임을 알 수 있다.
100은 90보다 10 큰 수임을 알 수 있다.

자료

여러 가지 구체물(바둑돌, 산가지, 달걀판 등), 수모형(십 모형 10개, 백 모형 1개)

활동

(1) 세어 보시오.(그림을 이용한 활동)

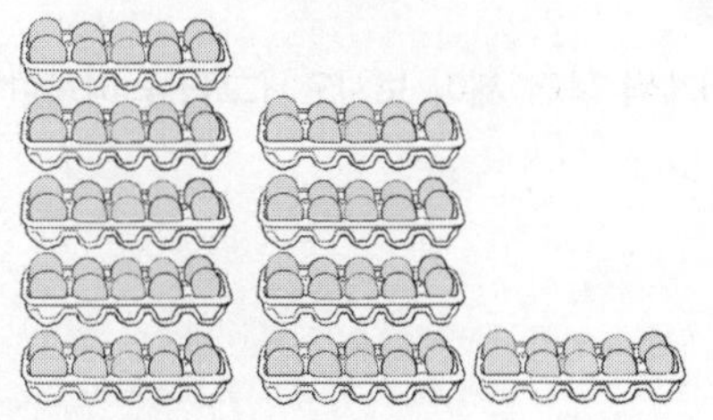

▸ 달걀 9상자에는 달걀이 모두 몇 개 들어 있습니까?

▸ 달걀 10상자에는 달걀이 모두 몇 개 들어 있습니까?

달걀 대신 구체물인 바둑돌, 산가지 등을 달걀판, 종이컵 등에 담아 보는 활동을 통하여 10이 10개이면 100이 됨을 알게 한다. 또 100은 90보다 10 큰 수임을 알게 한다.

(2) 세어 보시오. (수모형을 이용한 활동)

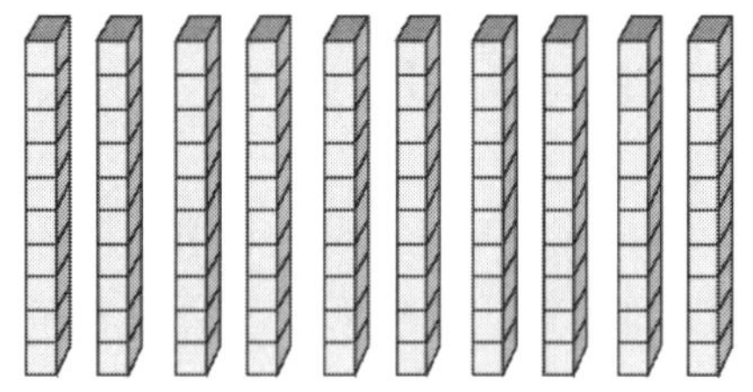

▸ 10씩 몇 번 세면 100이 됩니까?

▸ 십 모형 몇 개를 모으면 백 모형 하나와 같다고 생각합니까?

십 모형을 10씩 세어보면서 읽어 보게 한다. 10씩 열 번을 세면 100이 됨을 알게 하고, 10씩 세었을 때 90 다음의 수가 100임을 알게 한다.

(3) 백 모형 1개에는 십 모형이 모두 몇 줄 있는지 세어보시오.(수모형을 이용한 활동)

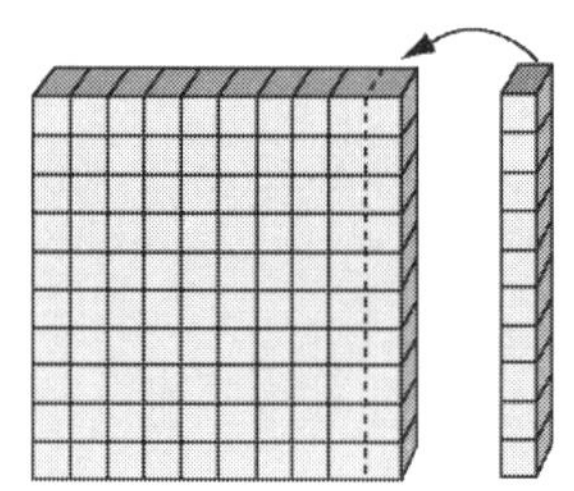

▸ 십 모형이 몇 개이면 백 모형 하나와 같습니까?

백 모형 1개는 십 모형 몇 개가 모아진 것인지 세어 보게 하고, 십 모형이 10개모이면 백 모형 1개와 같음을 알게 한다.

배경

99보다 1 큰 수, 또는 99 다음의 수로서 100을 배운 것을 기초로 하여 100에 대하여 더 깊게 이해하고, 앞으로 배울 몇백을 이해할 수 있게 한다. 낱개 1을 열 개 모아 10이 된 것과 마찬가지로, 10을 열 개씩 묶어 크게 한 묶음이 100임을 알게 한다. 이 활동은 1, 10, 100을 익히는 것으로 십진법에 의한 자릿값의 기초가 된다.

관련 TU : TUAN-1010, TUAN-1030

TUAN-1030.10 몇백 알아보기

관련 교육과정 (07) 2(가)1① (09) 12(가)1②

목표

100개씩 묶음의 수로 세어 보고 몇백을 이해할 수 있다.

자료

100개씩 묶여 있는 구체물, 백 모형, 그림 카드

활동

(1) 100개씩 묶어 세어 보시오. (그림을 이용한 활동)

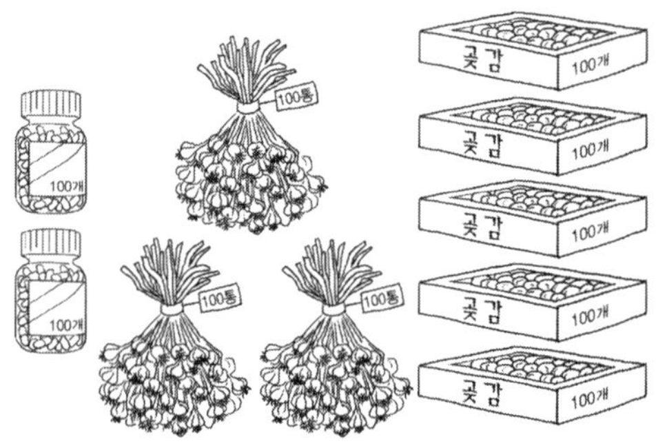

알약, 마늘, 곶감이 각각 몇 개씩인지 100개씩 묶어 세어보게 한다. 100이 2이면 200, 100이 3이면 300, 100이 5이면 500임을 알게 하기 위해 100씩 묶어 셀 수 있도록 한다.

(2) 세어 보시오. (수모형을 이용한 활동)

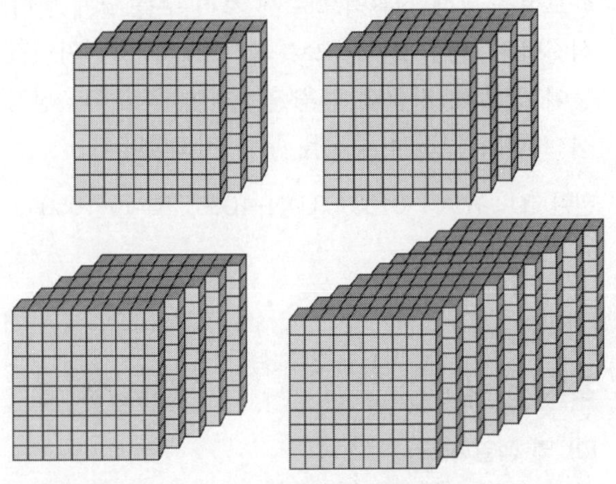

백 모형 3개를 놓고 100씩 세어 얼마인지 알아보게 한다. 백 모형이 3개이면 300이라 쓰고, 삼백이라고 읽음을 약속하고, 300은 백 모형이 3개임을 직관적으로 알게 한다. 백 모형을 하나씩 더 놓으면서 '400, 500, 600, 700, 800, 900'을 세어 본다.

배경

100에 대한 지도가 이루어지고 나면, 100씩 묶음을 통하여 '몇백'의 개념을 지도한다. 1학년에서 배운 10씩 2이면 20(이십), 10씩 3이면 30(삼십), …으로 10 이 모인 것에는 십을 붙인 것처럼, 100씩 2이면 200(이백), 100씩 3이면 300(삼백), …으로 100이 모인 것에는 백을 붙인다는 것을 알게 한다. 즉, 몇십의 구성 방식과 몇백의 구성 방식을 비교하게 하여 공통적인 성질을 깨닫게 하는 방법도 효과적이다. 또, 구체물을 100개씩 묶음의 수로 세어 보게 하거나, 백 모형을 세어 보게 하여 '몇백'을 직관적으로 알 수 있도록 지도한다.

관련 TU : TUAN-1010, TUAN-1020, TUAN-1040

TUAN-1040.10 세 자리 수(백씩, 십씩 묶어 세기)

관련 교육과정	(07) 2(가)1①
	(09) 12(가)1②

목표

구체물의 수를 세어 세 자리 수로 나타내고, 세 자리 수를 읽고 쓸 수 있다.

자료

강낭콩, 수모형, 그림 카드

활동

(1) 세어 보시오. (그림, 수모형을 이용한 활동)

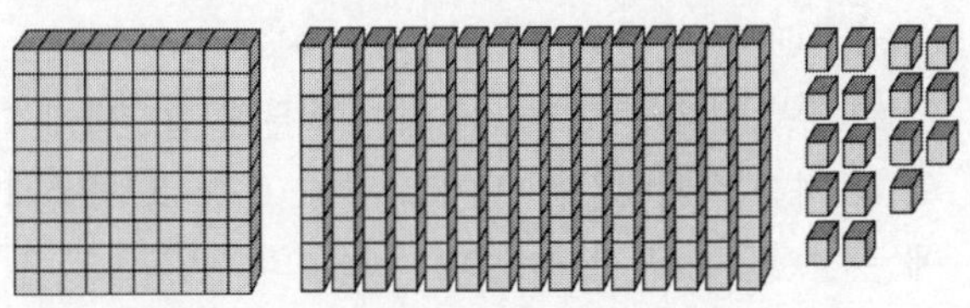

▸ 모두 몇 개입니까?

▸ 어떤 방법으로 세었습니까?

모두 몇 개인지 세어보게 하고, 어떤 방법으로 세었는지 이야기하게 한다. 낱개 모형은 10개씩 묶어 십 모형으로 바꾸고, 십 모형은 10개씩 묶어 백 모형으로 바꾼 후, 모형별로 놓아 보게 한다. 백 모형이 2개, 십 모형이 6개, 낱개 모형이 7개이므로 267이고, '이백육십칠'이라고 읽는다는 것을 알려 준다.

(2) 세어 보시오. (그림, 강낭콩을 이용한 활동)

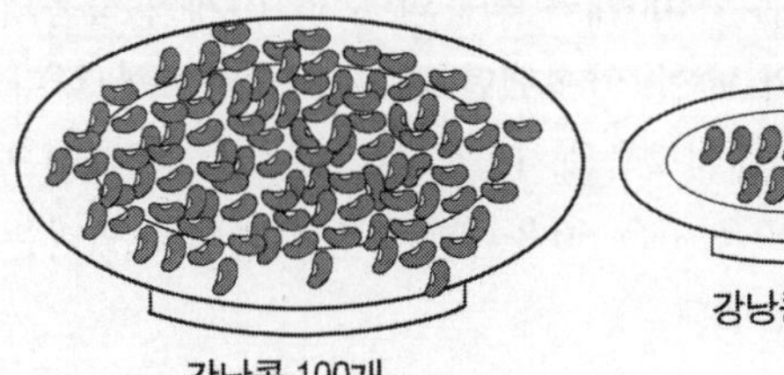

강낭콩 100개가 담긴 큰 접시, 강낭콩 10개가 담긴 작은 접시, 강낭콩 낱개 몇 개, 강낭콩을 세어 10개가 되면 작은 접시에 담으시오.

▸ 작은 접시가 10개가 되면 큰 접시에 모두 옮기시오.

▸ 큰 접시, 작은 접시, 낱개 순서대로 놓아보시오.

▸ 자릿값 판에 알맞은 숫자를 쓰시오.

▶ 모두 몇 개입니까?

백	십	일
2	6	7

예를 들어 큰 접시 2개, 작은 접시 6개, 강낭콩 낱개 7개가 순서대로 놓이면, 100이 2, 10이 6, 1이 7이므로 267이고, '이백육십칠'이라고 읽습니다.

배경

수모형을 통해 직관적으로 세 자리 수를 알게 한다. 십진법의 원리에는 10으로 묶기, 교환하기, 자릿값 등이 있으며, 자릿값 판을 활용하여 구체물과 상징적 표현의 연결에 중점을 두어 지도한다.

관련 TU : TUAN-0130, TUAN-1030, TUAN-1050

TUAN-1050.10 위치적 기수법 (백의 자리, 십의 자리, 일의 자리)

관련 교육과정	(07) 2(가)1①
	(09) 12(가)1②

목표

세 자리 수의 기수법의 원리를 이해하고, 세 자리 수에서 자릿값, 자리의 숫자를 말할 수 있다.

자료

기수판, 그림 카드

활동

(1) 267에서 2, 6, 7이 나타내는 값을 알아보시오. (기수판을 이용한 활동)

백	십	일	자릿값의 이름
2	6	7	자리의 숫자
2	0	0	수의 값
	6	0	
		7	

세 자리 수는 100개씩 묶음의 수와 10개씩 묶음의 수, 낱개의 수를 약속했던 것을 생각해보게 한다. 267은 100개씩 2묶음, 10개씩 6묶음, 낱개 7개이므로 2는 200을, 6은 60을, 7은 7을 나타내고 있다는 것을 알게 한다.

(2) 몇 점일까요?

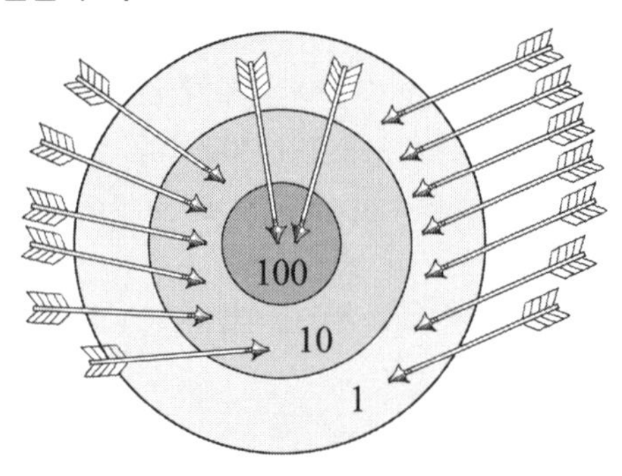

*는 화살이 꽂힌 자리

백	십	일	자릿값의 이름
2	6	7	자리의 숫자
2	0	0	수의 값
	6	0	
		7	

배경

십진법 체계는 낱개가 10개이면 새로운 단위인 십 단위 한 개로 대치된다. 또, 십이 10개이면 새로운 단위인 백 단위 한 개로 대치된다. 이와 같은 방법으로 십진법 체계가 구성되어 있기 때문에 십진법에서의 각 자리는 자릿값을 가지고 있다. 수를 표기할 때에는 자릿값을 적지 않는 대신 묶음의 수만을 그 자릿값의 자리에 기록하지만, 숫자가 놓인 자리에 따라 그 수가 나타내는 값은 다르다는 것을 알게 한다. 즉, 267을 쓸 때에는 200607 등으로 잘못 쓰는 경우가 없게 하고, 267을 읽을 때에는 '이육칠'이 아니라 '이백육십칠'로 읽을 수 있도록 지도한다.

관련 TU : TUAN-1040, TUAN-2060

TUAN-1060.10 수 1000(999 다음의 수)

관련 교육과정	(07) 2(가)1①
	(09) 12(가)1②

목표

999 다음의 수로서 1000을 알게 할 수 있다.

자료

숫자카드, 돈 모형, 그림 카드

활동

(1) 세어보시오. (그림을 이용한 활동)

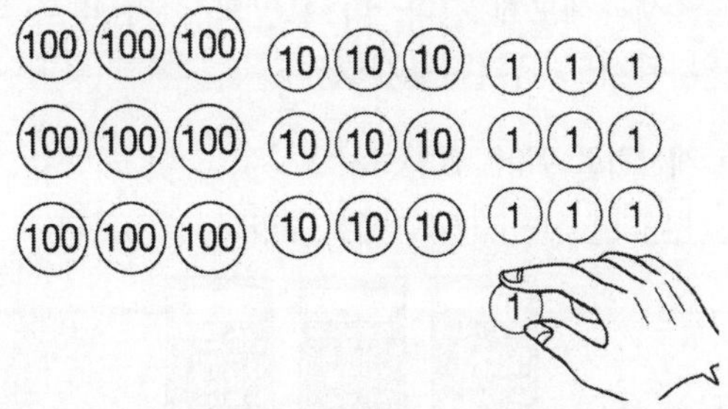

990－991－992－□－□－995－996－□－□－□－?

▶100원짜리 동전, 10원짜리 동전을 먼저 세고, 1원짜리 동전을 세어보시오.

▶999 다음의 수는 무엇이라고 생각합니까?

▶100원짜리 동전, 10원짜리 동전을 먼저 세게 한다. 999 다음의 수는 어떻게 나타낼지 생각해보게 한다. 999다음의 수는 '1000'이라 쓰고, '천'이라고 읽는다는 것을 알려준다.

(2) 숫자카드를 순서대로 놓으시오. (숫자카드를 이용한 활동)

990－□－□－□－□－□－□－□－□－□－?

▶999 다음의 수는 무엇이라고 생각합니까? 숫자카드를 순서대로 놓고 차례대로 빈 칸에 써보게 한다. 999 다음에 올 수에 대해 생각해보게 한다.

(3) 돈을 바꾸어 보시오. (동전을 이용한 활동)

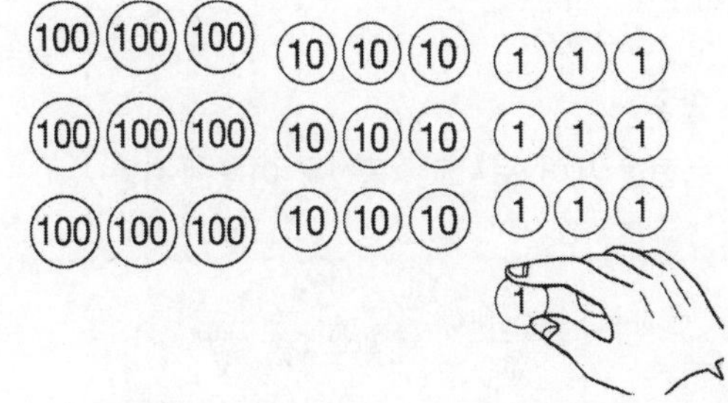

999원을 먼저 세게 한 후, 999원에 1원을 더 놓는다. 1원 짜리 동전 1개를 더 놓으면 1원짜리 동전이 10개가 되므로 10원짜리 동전 1개와 바꾼다. 다시 10원짜리 동전이 10개가 되므로 100원짜리 동전 1개와 바꾼다. 100원짜리 동전 10개는 무엇과 바꿀 수 있는지 생각해보게 한다. 100원짜리 동전 10개는 1000원짜리 지폐 1장과 바꿀 수 있음을 알게 하고, 999보다 1 큰 수는 1000임을 알려 준다.

배경

999보다 1 큰 수, 999 다음의 수로서만 간단하게 1000을 도입한다. 991－992－993－994－995－996－997－998－999를 세고 난 다음에 999보다 1 큰 수가 1000이라는 것을 약속하고, 읽고 쓰는 방법만 이해하게 한다. 이를 바탕으로 학생들은 네 자리 수에 대해 배우게 된다.

관련 TU : TUAN-0140, TUAN-1040, TUAN-2010

TUAN-1070.10 세 자리 수 뛰어 세기 (백씩, 십씩, 일씩)

관련 교육과정	(07) 2(가)1②
	(09) 12(가)1③

목표

세 자리 수의 계열을 이해하고, 백씩, 십씩, 일씩 뛰어 세기를 할 수 있다.

자료

동전모형, 학습지, 계산기

활동

(1) 동전을 세어 보시오. (동전을 이용한 활동)

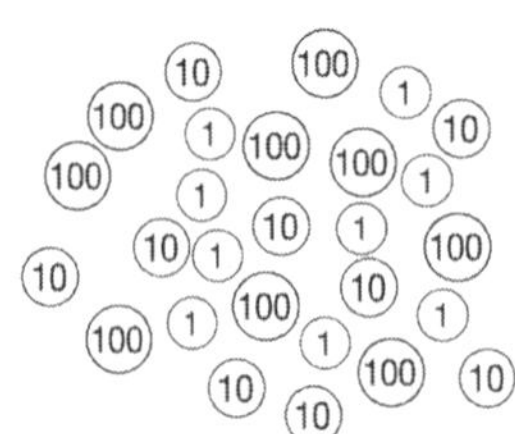

100－200－300－□－□－□－□－□－□

900－910－□－□－□－□－□－□－□－□

990－991－□－□－□－□－□－□－□－□

▸ 100원짜리 동전을 놓고 세어 보시오.

▸ 100원짜리 동전을 먼저 세어 본 후, 10원짜리 동전을 세어 보시오.

▸ 100원짜리 동전과 10원짜리 동전을 세어 본 후, 1원짜리 동전을 세어 보시오.

(2) 빈 곳에 알맞은 수를 써 넣으시오. (그림을 이용한 활동)

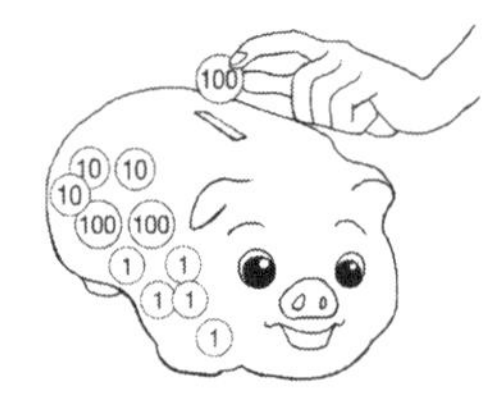

235－335－□－535－□－□－□－□

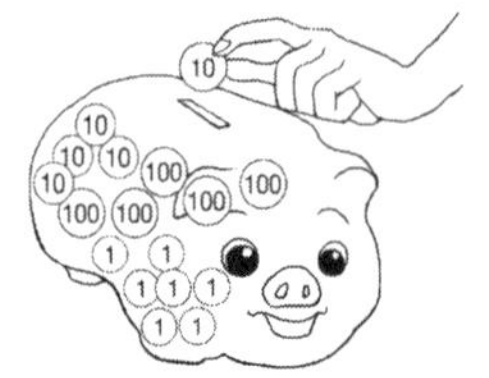

647－657－□－□－□－□－□－□－□

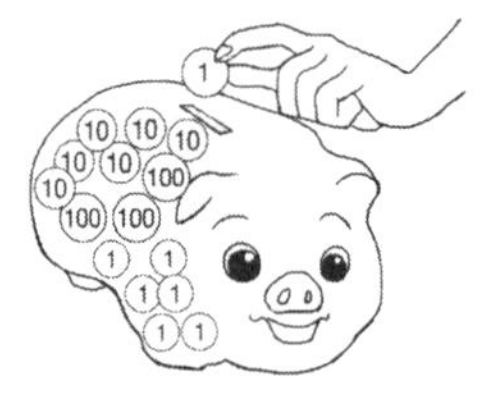

366－367－368－□－□－□－□－□－□－□

백씩, 십씩, 일씩 뛰어 셀 때, 각각 백의 자리 숫자, 십의 자리 숫자, 일의 자리 숫자가 어떻게 변하는지를 생각해보게 한다. 바로 앞의 수와 바로 뒤의 수의 관계도 생각해보게 한다.

(3) 계산기로 뛰어 세어 보시오.

[1], [+], [=], [=], [=], …의 순서로 눌러본다.

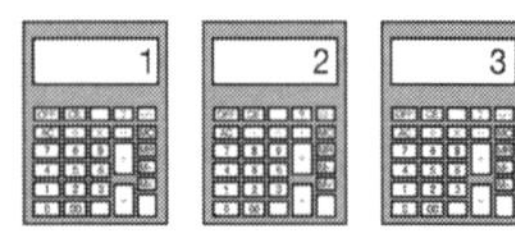

[1], [0], [+], [=], [=], [=], …의 순서로 눌러본다.

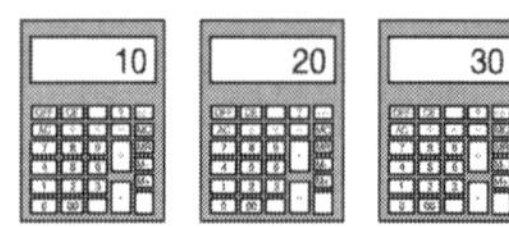

[1], [0], [0], [+], [=], [=], [=], …의 순서로 눌러본다.

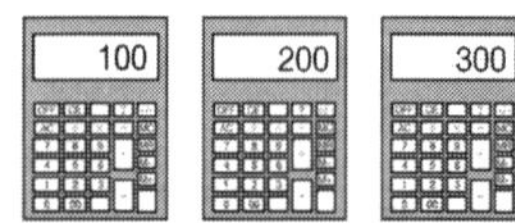

계산기로 뛰어 세기를 하면서 어떤 숫자가 언제 바뀌는지 인식하게 한다.

배경

백씩, 십씩, 일씩 뛰어 세기를 하면서 세 자리 수의 계열을 이해할 수 있다. 백씩 뛰어 세기는 백의 자리 숫자가 1씩 커지고, 십씩 뛰어 세기는 십의 자리 숫자가 1씩 커짐을 이해하게 하여 십진법의 자리잡기의 원리를 상기할 수 있도록 지도한다. 또 일씩 뛰어 세기를 하면서 세 자리 수의 계열에서 바로 앞의 수와 바로 뒤의 수의 관계를 이해할 수 있도록 지도한다.

관련 TU : TUAN-0350, TUAN-2080

TUAN-1080.10 두 수의 크기 비교(세 자리 수)

관련 교육과정	(07) 2(가)[1]②
	(09) 12(가)[1]③

목표

세 자리 수의 크기를 비교할 수 있다.

자료

수모형, 숫자 카드(0~9) 각 1벌

활동

(1) 수모형으로 487과 502를 놓고, 어느 쪽이 큰지 비교하여 보시오. (수모형을 이용한 활동)

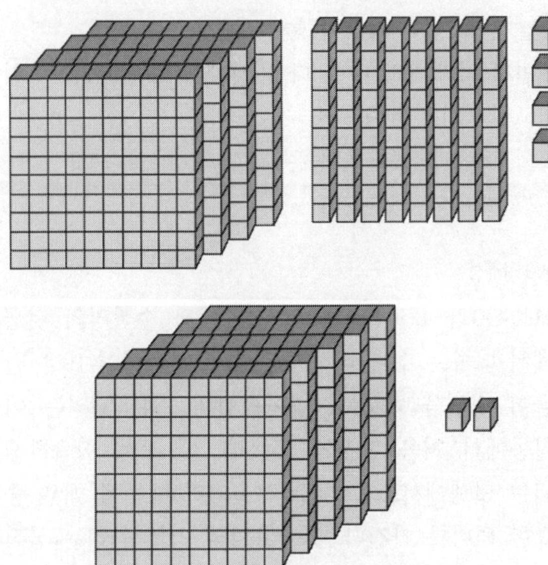

▸어느 수가 더 크다고 생각합니까?

▸어느 수가 더 큰지 >, <를 써서 나타내시오.

487은 502보다 작습니다. → 487 < 502

502는 487보다 큽니다. → 502 > 487

수모형으로 487과 502를 놓고 어느 쪽이 큰지 비교하게 한 후, 502가 크다고 생각한 이유를 이야기하게 한다. 487과 502의 크기 관계를 '487은 502보다 작습니다'로 표현하도록 한 다음, 그것을 부등호를 사용하여 '487 < 502'로 쓰게 한다. 또, '502는 487보다 큽니다'로 표현해 보고, '502 > 487'로도 쓰게 한다.

(2) 카드놀이를 하여 봅시다. (숫자카드를 이용한 활동)

두 사람이 함께 놀이를 합니다.

숫자 카드 3장을 뽑아 가장 큰 수를 만들고, 수모형으로 나타냅니다.

둘 중 보다 큰 수를 만든 사람이 1점을 얻습니다.

놀이를 통해 학생들은 큰 수를 만들려면 뽑은 세 장의 숫자카드 중 가장 큰 수를 백의 자리에, 그 다음 큰 수를 십의 자리에 놓아야 함을 알게 된다.

배경

세 자리 수의 크기 비교는 한 자리 수 또는 두 자리 수의 크기 비교 방법의 이해가 바탕이 된다. 학생 스스로 구체물의 개수를 직접 비교하여 어느 쪽이 많은지를 판단하도록 하고, 그것을 기호화하여 나타낼 수 있도록 한다. 또, 두 자리 수의 크기를 비교할 때, 십의 자리부터 차례로 비교한 것을 상기시켜, 세 자리 수의 크기를 비교하는 방법을 생각해보고 발표하게 한다. 세 자리 수의 크기 비교는 백의 자리부터 비교하고, 백의 자리가 같으면 바로 아래 자리인 십의 자리끼리 비교하면 된다는 것을 학생들 스스로 깨달을 수 있도록 지도한다.

관련 TU : TUAN-0260, TUAN-0270, TUAN-2090

TUAN-1110.10 27+8=35형의 계산 원리 이해

관련 교육과정	(07) 2(가)2①
	(09) 12(가)2②

목표

받아올림이 있는 (두 자리 수)+(한 자리 수)의 계산 원리를 이해할 수 있다.

자료

그림 카드, 수모형(십 모형, 낱개 모형), 십틀, 바둑돌

활동

(1) 덧셈을 하시오.(그림을 이용한 활동)

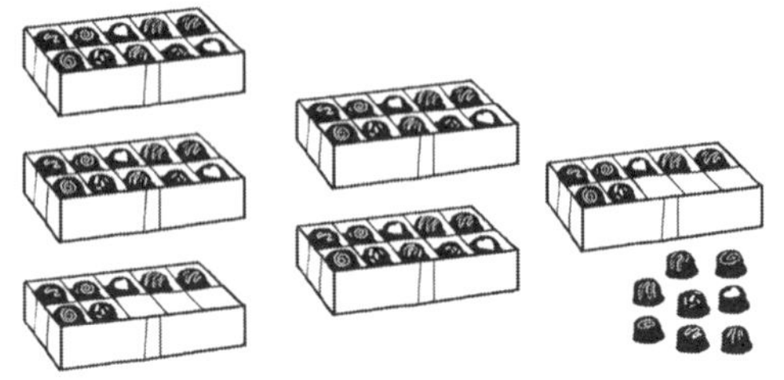

▸ 초콜릿이 몇 개인지 알아보려면 어떻게 해야 합니까?
▸ 초콜릿은 모두 몇 개입니까?

초콜릿이 모두 몇 개인지 알아보려면 어떤 계산을 해야 하는지 생각하게 한 후 개수를 구한다.

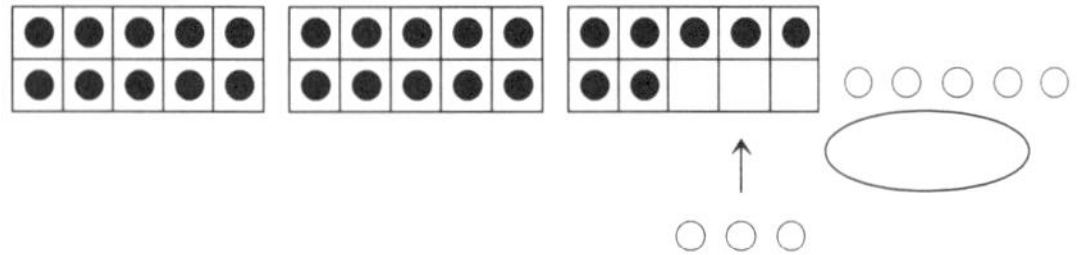

▸ 십틀에 검은 바둑돌 27개를 놓고, 흰 바둑돌 8개를 십틀의 나머지 칸을 채워보게 한 후 전체 바둑돌의 수를 알아보게 한다.

(2) 덧셈을 하시오. (수모형을 이용한 활동)

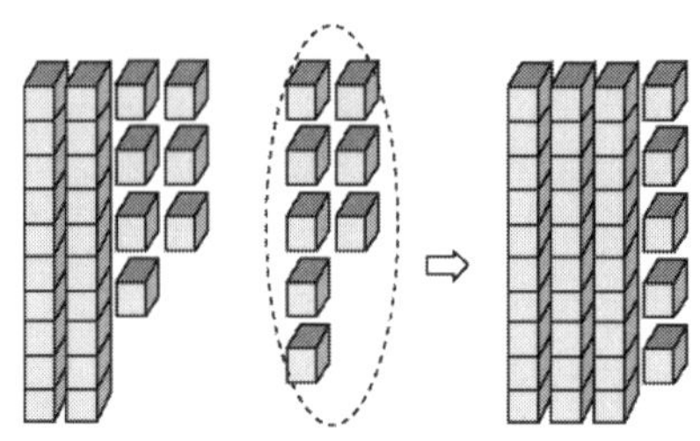

▸ 십 모형 2개와 낱개 모형 7개로 27을 나타내고, 낱개 모형 8개를 더 놓으시오.
▸ 먼저 낱개끼리 더한 다음 낱개가 10인 묶음은 십 모형 1개로 바꾸시오.
▸ 십 모형과 낱개 모형은 각각 몇 개입니까?
▸ 27+8은 얼마입니까?

배경

TU0430과 TU0440에서는 한 자리 수끼리의 덧셈에서 더하는 수나 더해지는 수를 분해하여 10을 만들어 덧셈을 하였다. 받아올림의 기본 원리는 이 활동에서 처음 배우게 되는데, 이 후에 학습하게 되는 덧셈에서도 그대로 적용되기 때문에 매우 중요한 의미를 가진다. 받아올림의 기본 원리는 십진법의 원리가 바탕이 된다. 구체물을 이용하여 더해서 10개가 넘으면 10을 묶어 주고, 묶음의 수와 낱개의 수로 나타내는 활동을 충분히 하게 하여 받아올림의 원리를 충실히 학습할 수 있게 하여야 한다.

관련 TU : TUAN-0430, TUAN-0440, TUAN-0620, TUAN-1120, TUAN-1150

TUAN-1120.10 27+8=35 형의 계산 알고리즘 익히기

관련 교육과정	(07) 2(가)2①
	(09) 12(가)2②

목표

받아올림이 있는 (두 자리 수)+(한 자리 수)의 계산 방법을 이해하고 숙달할 수 있다.

자료

계산 도식

활동

덧셈하는 방법을 알아보시오.

$$\begin{array}{r} 27 \\ +\ \ 8 \\ \hline \end{array} \Rightarrow \begin{array}{r} {}^{1}\ \ \\ 27 \\ +\ \ 8 \\ \hline 5 \end{array} \Rightarrow \begin{array}{r} {}^{1}\ \ \\ 27 \\ +\ \ 8 \\ \hline 35 \end{array}$$

수모형 조작의 순서와 방법을 식으로 써서 계산하는 절차와 연결하여 알아보고, 계산 방법을 형식화한다.

배경

낱개끼리의 합에서 묶음의 수는 십의 자리에 받아올림 표시로 나타내고, 낱개는 일의 자리에 내려 쓰도록 한다. 묶음의 수는 합하여 십의 자리에 내려 쓰도록 한다. 이와 같은 방법으로 형식화한 계산 방법이 이해되었다면 계산 연습을 충분히 하게 한다.

관련 TU : TUAN-1110, TUAN-1150

TUAN-1130.10 32−8=24 형의 계산 원리 이해

관련 교육과정	(07) 2(가)2①
	(09) 12(가)2②

목표

받아내림이 있는 (두 자리 수)−(한 자리 수)의 계산 원리를 이해할 수 있다.

자료

수모형(십 모형, 낱개 모형), 그림 카드

활동

(1) 뺄셈을 하시오. (그림을 이용한 활동)

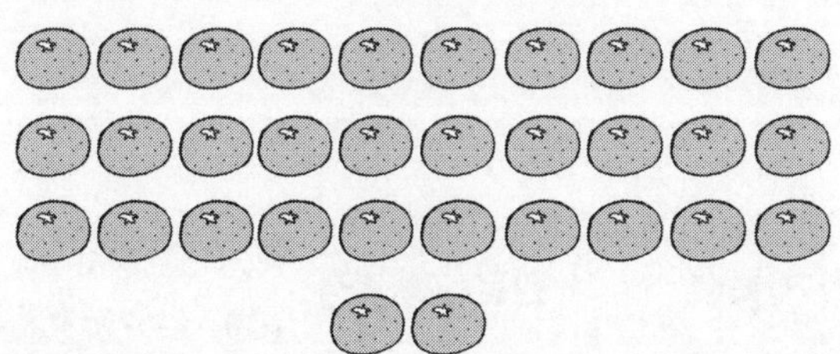

귤이 32개 있었는데, 오늘 8개를 먹었습니다. 남은 귤은 모두 몇 개입니까?
남은 귤이 몇 개인지 알아보려면 어떤 계산을 해야 합니까?

(2) 수모형으로 알아보시오. (수모형을 이용한 활동)

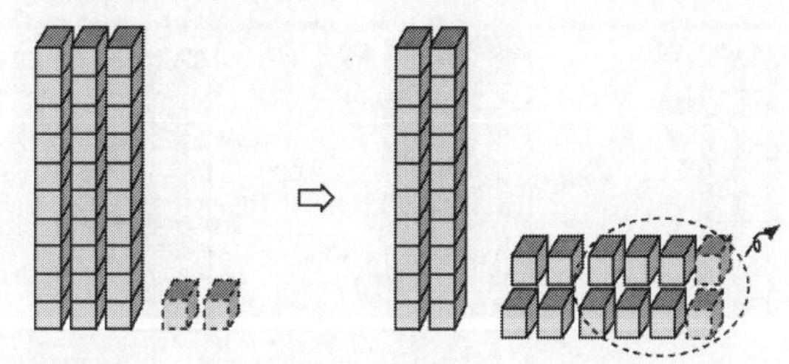

- 십 모형 3개와 낱개 모형 2개로 32를 나타내시오.
- 낱개 모형 8개를 덜어 낼 수 있습니까?
- 십 모형 1개를 낱개 모형 10개로 바꾸시오.
- 낱개 모형 12개에서 8개를 덜어 내시오.
- 32−8은 얼마입니까?

귤 32개 대신 수모형으로 직접 조작 활동을 해보게 한다. 십 모형 3개와 낱개 모형 2개로 32를 나타내고, 낱개 모형 8개를 덜어내는 상황을 학생들에게 제시한다. 학생들이 십 모형 1개를 낱개 모형 10개로 바꾸어 놓고, 낱개 모형 12개에서 8개를 덜어내게 한다.

배경

받아내림의 기본 원리는 이후에 학습하게 되는 뺄셈에서도 그대로 적용되므로 매우 중요한 의미를 가진다. 받아내림의 기본 원리는 십진법의 원리가 바탕이 된다. 구체물을 이용하여 낱개끼리 뺄 수 없을 때에는 10의 묶음을 풀어 낱개로 만든 후에 뺀 다음, 남은 묶음의 수와 낱개의 수를 두 자리 수로 표현하는 활동을 충분히 하게 한다.

학생이 계산의 알고리즘을 이해하는 데 구체물의 사용은 반드시 필요하다. 구체물은 실생활의 문제 상황을 추상적 알고리즘으로 변환하는 데 도움을 주기 때문이다.

관련 TU : TUAN-0470, TUAN-0480, TUAN-0680, TUAN-1140

TUAN-1140.10 32－8=24 형의 계산 알고리즘 익히기

관련 교육과정	(07) 2(가)[2]①
	(09) 12(가)[2]②

목표

받아내림이 있는 (두 자리 수)－(한 자리 수)의 계산방법을 이해하고 숙달할 수 있다.

자료

계산 도식

활동

뺄셈하는 방법을 알아보시오.

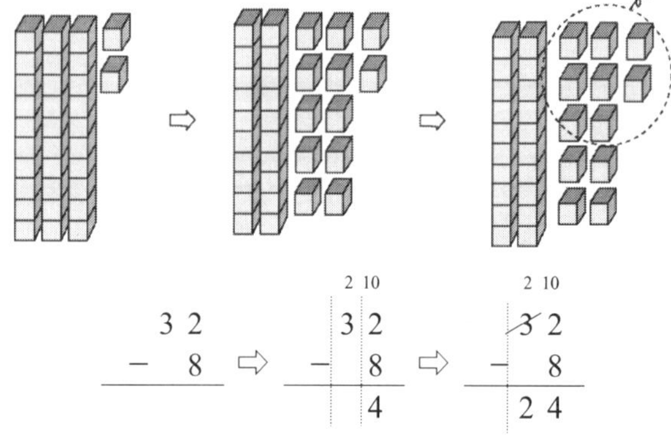

수모형 조작의 순서와 방법을 식으로 써서 계산하는 절차와 연결하여 알아보고, 계산 방법을 형식화한다.

배경

낱개 2개에서 8개를 뺄 수 없으므로, 십 모형 1개를 풀어 낱개 12개가 되도록 한 것을 내림 표시로 나타내게 한다. 낱개 12개에서 8개를 빼면 4이므로 일의 자리에 내려 쓰게 하고, 십 모형의 수 2를 십의 자리에 내려 쓰게 한다. 이와 같이, 같은 자리의 수끼리 뺄 수 없을 때에는 그 자리의 윗자리의 수 1을 그 자리 10으로 바꾸어 빼는 것을 '받아내림이 있는 뺄셈'이라고 한다. 형식화한 계산 방법이 이해되었다면 계산 연습을 충분히 하여 숙달할 수 있게 한다.

관련 TU : TUAN-1130, TUAN-1180

TUAN-1150.10 39+25=64형의 계산 원리 이해

관련 교육과정	(07) 2(가)[2]①
	(09) 12(가)[2]②

목표

일의 자리에서 받아올림이 있는 (두 자리 수)+(두 자리 수)의 계산 원리를 이해할 수 있다.

자료

수모형(십 모형, 낱개 모형)

활동

(1) 덧셈을 하시오. (수모형을 이용한 활동)

학급문고에 동화책이 39권, 위인전이 25권 있습니다. 학급문고에 있는 책은 모두 몇 권입니까?

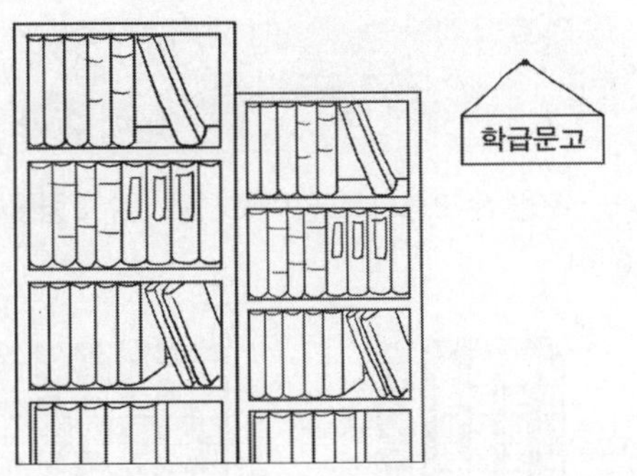

▸ 책이 몇 권인지 알아보려면 어떤 계산을 해야 합니까?

학급문고의 책이 모두 몇 권인지 알아보려면 어떤 계산을 해야 하는지 생각해보게 하고, 값을 어림해 보게 한다.

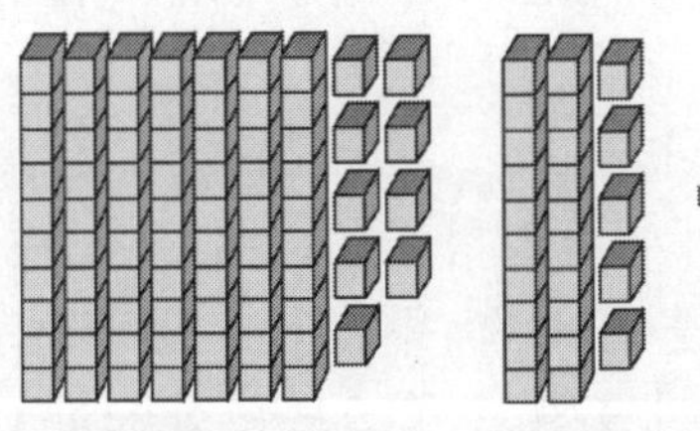
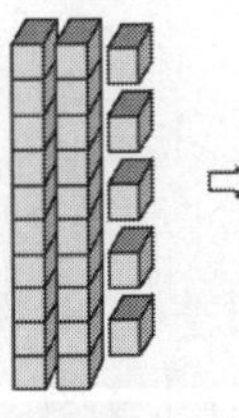
⇨
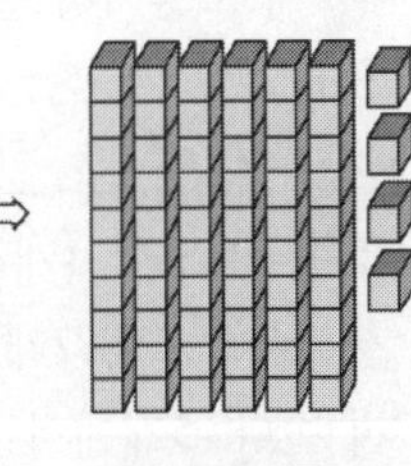

▸ 수모형으로 39와 25를 놓으시오.
▸ 먼저 낱개끼리 더하고 낱개가 10인 묶음은 십모형 1개로 바꾸시오.
▸ 십 모형끼리 더하시오.
▸ 십 모형과 낱개 모형은 각각 몇 개가 됩니까?
▸ 39+25는 얼마입니까?

배경

받아올림이 있는 (두 자리 수)+(두 자리 수)의 계산 원리는 받아올림이 없는 (두 자리 수)+(두 자리 수)와 받아올림이 있는 (두 자리 수)+(한 자리 수)의 계산 원리와 관련지어 지도한다. 낱개끼리 더해서 10개가 넘으면 10씩 한 묶음으로 묶어 주고, 묶음의 수와 낱개의 수로 나타내는 받아올림의 원리는 앞에서 배운 것과 같음을 상기시킨다. 계산하기 전에 어림셈하여 대략의 수를 파악할 수 있다.

관련 TU : TUAN-1110, TUAN-1160

TUAN-1160.10 39 + 25 = 64형의 알고리즘 익히기

관련 교육과정	(07) 2(가)[2]①
	(09) 12(가)[2]②

목표

일의 자리에서 받아올림이 있는 (두 자리 수)+(두 자리 수)의 계산방법을 이해하고 숙달할 수 있다.

자료

계산 도식

활동

덧셈하는 방법을 알아보시오.

$$\begin{array}{r} 39 \\ +\,25 \\ \hline \end{array} \Rightarrow \begin{array}{r} {}^{1}\ \ \\ 39 \\ +\,25 \\ \hline 4 \end{array} \Rightarrow \begin{array}{r} {}^{1}\ \ \\ 39 \\ +\,25 \\ \hline 64 \end{array}$$

수모형 조작의 순서와 방법을 식으로 써서 계산하는 절차와 연결하여 알아보고, 계산 방법을 형식화한다.

배경

낱개끼리의 합에서 10씩 묶은 묶음의 수는 십의 자리에 받아올림 표시로 나타내고, 낱개는 일의 자리에 내려 쓰도록 한다. 묶음의 수는 합하여 십의 자리에 내려 쓰도록 한다. 수모형 조작 활동과 대응하여 알고리즘을 아이들이 스스로 발견할 수 있도록 지도한다. 또, 앞에서 공부한 받아올림이 있는 (두 자리 수)+(한 자리 수)의 계산 방법을 생각해 보게 하고, 같은 방법으로 덧셈하는 방법을 알아보게 한다. 이와 같은 방법으로 형식화한 계산 방법이 이해되었다면 계산 연습을 충분히 하게 한다.

관련 TU : TUAN-1150, TUAN-1320

TUAN-1170.10 45－27=18형의 계산 원리 이해

관련 교육과정	(07) 2(가)②①
	(09) 12(가)②②

목표

십의 자리에서 받아내림이 있는 (두 자리 수) − (두 자리 수)의 계산 원리를 이해할 수 있다.

자료

수수깡 45개, 수모형(십 모형, 낱개 모형)

활동

(1) 뺄셈을 하시오. (수수깡 등 구체물을 이용한 활동)

▸ 수수깡이 45개 있었는데 미술시간에 27개를 사용하였습니다. 남은 수수깡은 몇 개입니까?

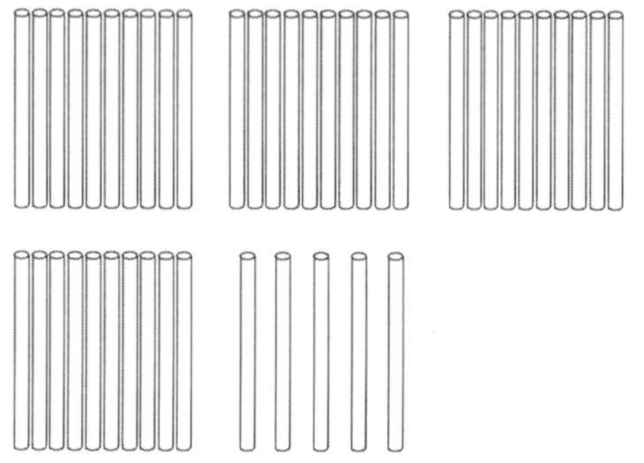

남은 수수깡이 몇 개인지 알아보려면 어떤 계산을 해야 하는지 생각해보게 하고, 뺄셈식 45－27을 만들게 한다. 값을 어림해보게 한 다음, 구체물을 이용하여 45－27을 여러 가지 방법으로 알아보게 한 후 해결한 방법을 말하게 한다.
예를 들어, 수수깡 낱개 5개에서 7개를 뺄 수 없으므로 수수깡 10개 1묶음을 풀어 낱개 15개에서 7을 빼는 방법이 있다. 이 때, 획일적인 방법을 제시하지 말고 학생들이 다양한 방법으로 해결한 것을 모두 수용한다.

(2) 45－27을 수모형으로 알아보시오. (수모형을 이용한 활동)

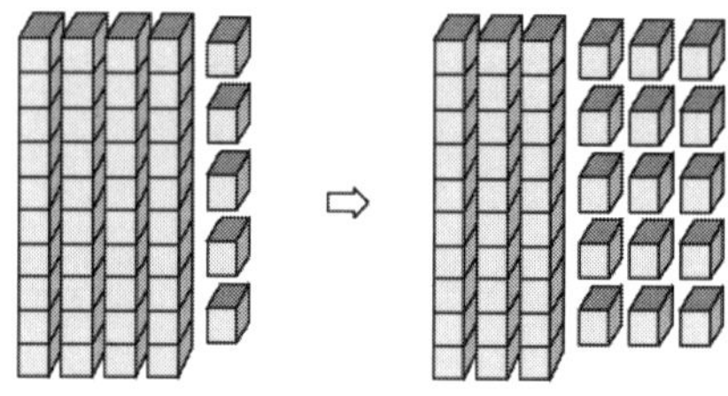

▸ 수모형으로 45를 놓으시오.

▸ 낱개 모형 7개를 덜어 낼 수 있습니까?

▸ 낱개 모형끼리 뺄 수 없을 때는 어떻게 해야 합니까?

▸ 45－27은 얼마입니까?

45를 십 모형 4개와 낱개 모형 5개로 나타내고, 먼저, 낱개 모형 7개를 덜어 낼 수 있는지 생각해보게 한다. 5개에서 7개를 뺄 수 없으므로 십 모형 1개를 낱개 모형 10개로 바꾸어 놓고, 낱개 모형 15개에서 7개를 덜어 내게 한다. 남은 십 모형 3개에서 2개를 덜어 내면, 십 모형과 낱개 모형은 몇 개가 남는지 알아보게 한다.

배경

십의 자리에서 받아내림이 있는 (두 자리 수) − (두 자리 수)의 계산 원리는 이미 배운 받아내림이 있는 (두 자리 수) − (한 자리 수)의 계산 원리와 관련지어 지도한다. 낱개끼리 뺄 수 없을 때에는 10묶음을 풀어 내려 주어 뺀 다음 남은 10묶음의 수끼리 빼는 받아내림의 원리는 앞에서 배운 것과 같음을 상기시킨다. 계산 방법을 알기 위해 수모형 및 구체물을 이용하여 활동한다.

관련 TU : TUAN-1140, TUAN-1180

TUAN-1180.10 45－27=18형의 알고리즘 익히기

관련 교육과정	(07) 2(가)[2]①
	(09) 12(가)[2]②

목표

십의 자리에서 받아내림이 있는 (두 자리 수) － (두 자리 수)의 계산방법을 이해하고 숙달할 수 있다.

자료

계산 도식

활동

빼셈하는 방법을 알아보시오.

$$\begin{array}{r} 45 \\ -27 \\ \hline \end{array} \Rightarrow \begin{array}{r} \overset{3}{\cancel{4}}\overset{10}{5} \\ -27 \\ \hline 8 \end{array} \Rightarrow \begin{array}{r} \overset{3}{\cancel{4}}\overset{10}{5} \\ -27 \\ \hline 18 \end{array}$$

수모형을 이용한 조작 활동의 순서와 방법을 식으로 써서 계산하는 절차와 연결하여 알아보고, 계산 방법을 형식화한다.

배경

수모형 조작 활동과 대응하여 알고리즘을 학생들이 스스로 발견할 수 있도록 지도한다. 또, 앞에서 공부한 받아내림이 있는 (두 자리 수) － (한 자리 수)의 계산 방법을 생각해보게 하고, 같은 방법으로 십의 자리에서 받아내림이 있는 (두 자리 수)－(두 자리 수)의 빼셈하는 방법을 알아보게 한다. 이와 같은 방법으로 형식화한 계산 방법이 이해되었다면 계산 연습을 충분히 해야 한다. 빼셈하는 기능은 기초 기능으로 필수적이기 때문에 빼셈하는 과정을 이해한 후에는 발견한 알고리즘에 따라 빼셈하는 기능을 길러야 한다.

관련 TU : TUAN-1170, TUAN-1460

TUAN-1190.10 여러 가지 방법으로 계산하기 (##)±(##)

관련 교육과정	(07) 2(가)[2]①
	(09) 34(가)[2]②

목표

두 자리 수의 덧셈과 빼셈을 여러 가지 방법으로 계산할 수 있다.

자료

도식

활동

(1) 48+26을 여러 가지 방법으로 계산해 보시오.

①

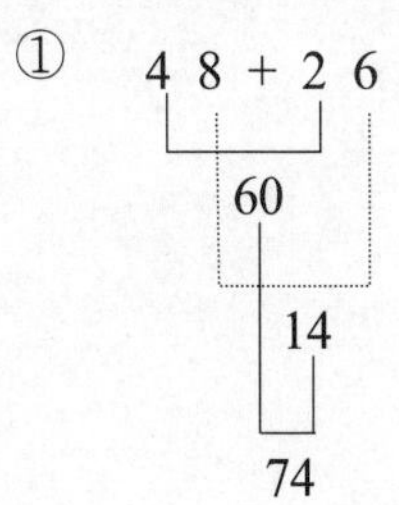

이외에도 다음과 같은 여러 가지 방법이 있다.

② $48+26=48+20+6=68+6=74$

③ $48+26=48+24+2=50+24=74$

④ $48+26=44+4+26=44+30=74$

⑤ $48+26=40+8+26=66+8=74$ 등등

(2) 54-37을 여러 가지 방법으로 계산해 보시오.

①

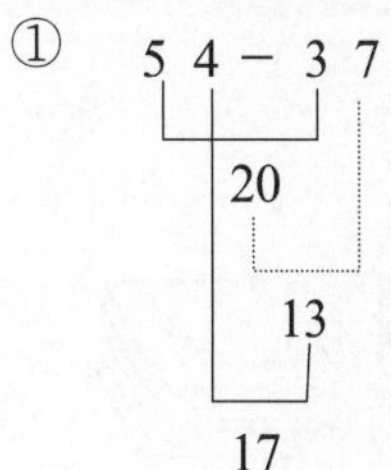

이외에도 다음과 같은 여러 가지 방법이 있다.
② 54－37＝54－30－7＝24－7＝17
③ 54－37＝50＋4－37＝13＋4＝17
④ 54－37＝50＋4－40＋3＝10＋4＋3＝17
⑤ 54－37＝60－6－40＋3＝20－6＋3＝17 등등

배경

우리는 사칙연산에 따른 계산을 일반적으로 다음과 같이 세로 형식으로 하고 있다.

$$\begin{array}{r} {}^{1}\ \ \\ 29 \\ +\ 14 \\ \hline 43 \end{array} \qquad \begin{array}{r} {}^{4\ 10} \\ 52 \\ -\ 18 \\ \hline 34 \end{array} \qquad \begin{array}{r} 29 \\ \times\ \ 14 \\ \hline 116 \\ 29\ \ \\ \hline 406 \end{array} \qquad \begin{array}{r} 29 \\ 14\overline{)406} \\ 28\ \ \\ \hline 126 \\ 126 \\ \hline 0 \end{array}$$

덧셈 빼셈 곱셈 나눗셈

이것은 우리가 위치적기수법에 따른 인도-아라비아 숫자를 사용하기 때문에 가능한 것이다. 이러한 세로 형식은 계산 알고리즘을 익히는 데에 매우 편리하다는 장점이 있다. 그러나 지나치게 기계적인 사고를 요구하기 때문에 많은 학생들이 싫증을 내고 계산을 어려워하게 만드는 요인이 되기도 한다. 세로 형식의 알고리즘을 벗어나서 수의 의미를 생각하며 여러 가지 방법으로 계산하게 하는 것은 이러한 단점을 보완한다.

수의 의미를 생각하며 계산을 할 때에는 주어진 수를 재구성 또는 리그루핑(regrouping)하게 된다. 이러한 수의 리그루핑에는 여러 가지 방법이 있으며, 계산의 세로 형식에서 다루던 덧셈에서의 받아올림이나 뺄셈에서의 받아내림도 이러한 리그루핑의 한 가지에 해당된다.

관련 TU : TUAN-0430, TUAN-0440, TUAN-0470, TUAN-0480, TUAN-0650, TUAN-0690, TUAN-1580

TUAN-1210.10 8+5+3=16형(연가산)

관련 교육과정	(07) 2(가)2②
	(09) 12(가)2④

목표

세 수의 덧셈을 할 수 있다.

자료

문제, 그림 카드, 수모형

활동

(1) 다음을 계산하시오.

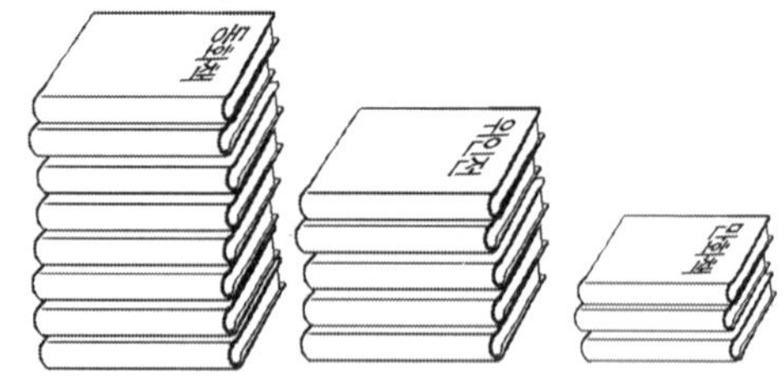

▸ 동화책 8권, 위인전 5권, 만화책 3권이 있습니다. 책은 모두 몇 권입니까?

▸ 수모형으로 알아보시오.

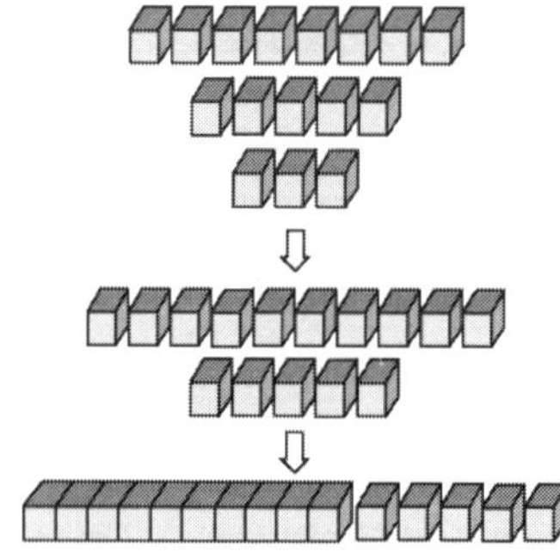

▸ 식으로 나타내고 계산하여 보시오.

8 ＋ 5 ＋ 3

□ ＋ 3 ＝ □

$$\begin{array}{r} 8 \\ +\ 5 \\ \hline \square \end{array} \quad \rightarrow \quad \begin{array}{r} \square \\ +\ 3 \\ \hline \square \end{array}$$

배경

한 자리 수의 연가산은 한 자리 수의 혼합계산과 받아올림이 있는 두 자리 수의 연가산의 기초가 된다. 앞에서부터 순서대로 계산하도록 한다.

관련 TU : TUAN-0530, TUAN-0430, TUAN-0440

TUAN-1220.10 12−5−4=3형(연감산)

관련 교육과정	(07) 2(가)[2]②
	(09) 12(가)[2]④

목표

세 수의 뺄셈을 할 수 있다.

자료

문제, 그림 카드, 수모형

활동

(1) 다음을 계산하시오.

▸ 영준이는 색종이 13장을 가지고 있었습니다. 종이배를 접는 데 5장을 쓰고, 종이비행기를 접는 데 6장을 썼습니다. 남은 색종이는 몇 장입니까?

▸ 수모형으로 알아보시오.

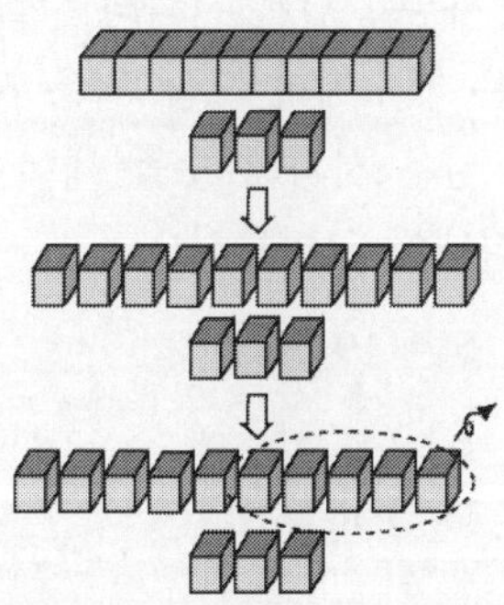

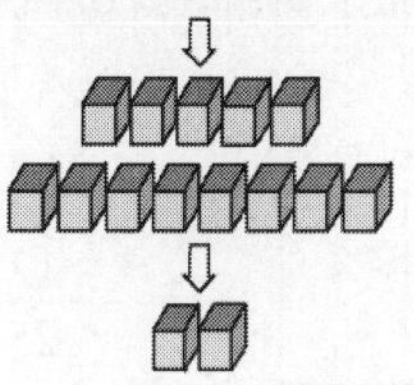

▸ 식으로 나타내고 계산하여 보시오.

13 − 5 − 6

□ − 6 = □

13	→ □
− 5	− 6
□	□

배경

한 자리 수의 연감산은 한 자리 수의 혼합계산과 받아내림이 있는 두 자리 수의 연감산의 기초가 된다. 앞에서부터 순서대로 계산하도록 한다.

관련 TU : TUAN-0550, TUAN-0470, TUAN-0480

TUAN-1230.10 13+12+6형(연가산)

관련 교육과정	(07) 2(가)[2]②
	(09) 12(가)[2]④

목표

일의 자리에서 받아올림이 있는 두 자리 수의 연가산을 할 수 있다.

자료

수직선

활동

(1) 다음 계산을 하시오. (수직선을 이용한 활동)

승아는 오늘 아침에 책을 13쪽 읽었고, 오후에 12쪽을 읽었고, 저녁에 6쪽을 읽었습니다. 승아는 오늘 모두 몇 쪽을 읽었습니까?

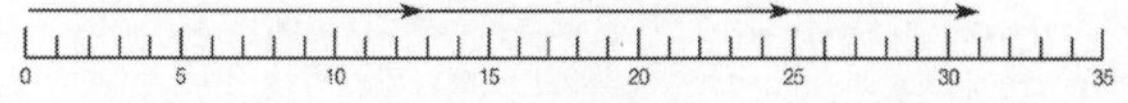

▸ 알고자하는 것은 무엇입니까?

▸ 승아가 아침, 오후, 저녁에 각각 몇 쪽 읽었습니까?

▸ 어떤 계산을 해야 합니까?

수직선 위에 13칸, 13칸에서 다시 12칸, 거기서 다시 6칸을 세어서 표시한 수가 얼마인지 생각해보게 한다.

▸ 식으로 나타내어 알아보시오.

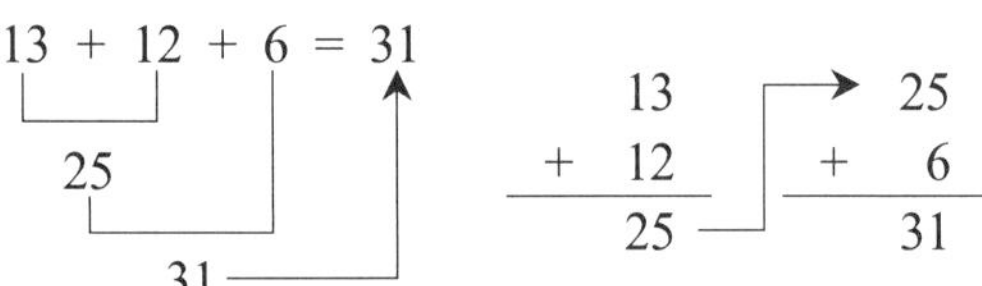

세 수의 덧셈은 어떻게 계산하면 되는지 말해보게 한다.

배경

연가산을 할 때 앞에서부터 두 수씩 차례로 더하는 것을 이미 배웠으므로 이를 바탕으로 13+12+6의 계산 방법을 알아내도록 한다. 더하는 순서를 바꾸어 더해도 되는 덧셈의 교환성은 구체적인 문제 상황 속에서 활동을 통하여 직관적으로 이해할 수 있도록 지도하는 것이 좋다.

관련 TU : TUAN-0530, TUAN-1270

TUAN-1240.10 32－8－5형(연감산)

관련 교육과정	(07) 2(가)[2]②
	(09) 12(가)[2]④

목표

받아내림이 있는 세 수의 연감산을 할 수 있다.

자료

그림

활동

(1) 다음 계산을 하시오. (그림을 이용한 활동)

사과가 32개 있었는데 어제 8개를 먹었고 오늘 5개를 먹었습니다. 남은 사과는 몇 개입니까?

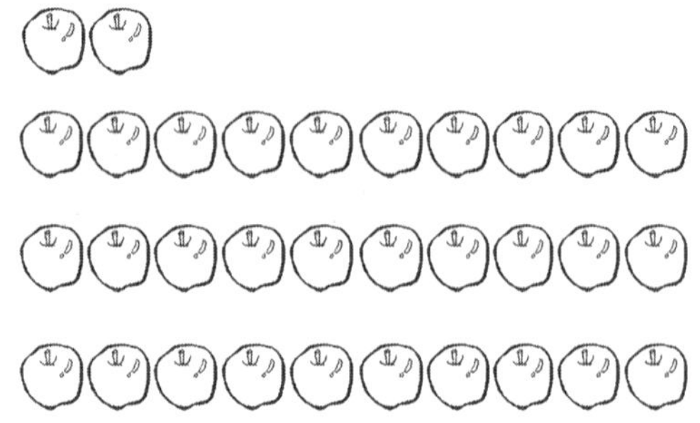

▸ 알고자 하는 것은 무엇입니까?

▸ 어떻게 계산하면 됩니까?

처음 사과의 수 32에서 어제 먹은 사과의 수 8만큼을 그림에서 지우고 남은 사과의 수를 세어보게 한다. 다시 남은 개수에서 오늘 먹은 사과의 수 5만큼을 지우고 남은 사과의 수를 세어 보게 한다.

▸ 식으로 나타내어 알아보시오.

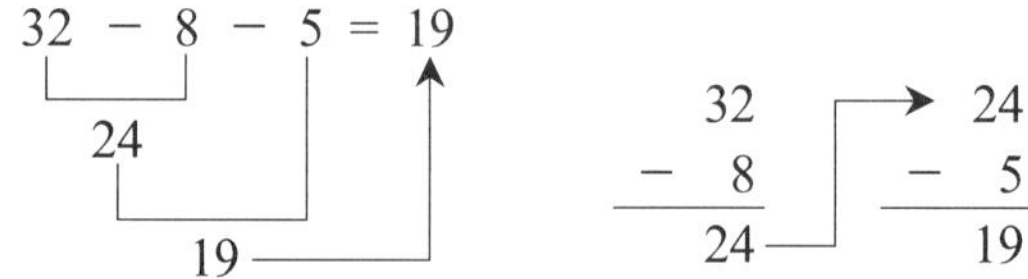

배경

세 수의 덧셈은 더하는 순서를 바꾸어 상관없지만, 뺄셈에서는 순서를 바꾸어 계산하면 안 된다. 이러한 성질은 계산 알고리즘에서는 이해하기 어려우므로 구체적인 문제 상황 속에서 지도하여야 한다. 문제를 해결하기 위한 발문을 적절히 하여 앞에서부터 차례로 두 수씩 계산해야 함을 이해하게 하고 계산 방법을 형식화한다.

관련 TU : TUAN-0550, TUAN-1280, TUAN-1570

TUAN-1250.10 34－18+15형(감가혼합산)

관련 교육과정	(07) 2(가)2②
	(09) 12(가)2④

목표

받아내림과 받아올림이 있는 두 자리 수끼리의 감가 혼합산을 할 수 있다.

자료

계산 도식

활동

(1) 다음 계산을 하시오.

구슬 34개를 가지고 있었는데, 그 중에서 18개를 동생에게 주었습니다. 그리고 다시 구슬 15개를 샀습니다. 구슬은 모두 몇 개입니까?

▸구슬은 처음에 몇 개 있었습니까?

▸동생에게 18개를 주고 남은 구슬은 몇 개입니까?

▸구슬 15개를 사면 몇 개가 됩니까?

'구슬은 처음에 몇 개 있었습니까?, 동생에게 18개를 주고 남은 구슬은 몇 개입니까?, 구슬 15개를 사면 몇 개가 됩니까?' 발문의 순서대로 뺄셈과 덧셈을 하여 문제를 해결하게 한다. 이 문제를 해결할 수 있는 식 34－18+15를 만들게 한 후, 어떻게 계산해야 한다고 생각하는지 말해보게 한다.

▸식으로 나타내어 알아보시오.

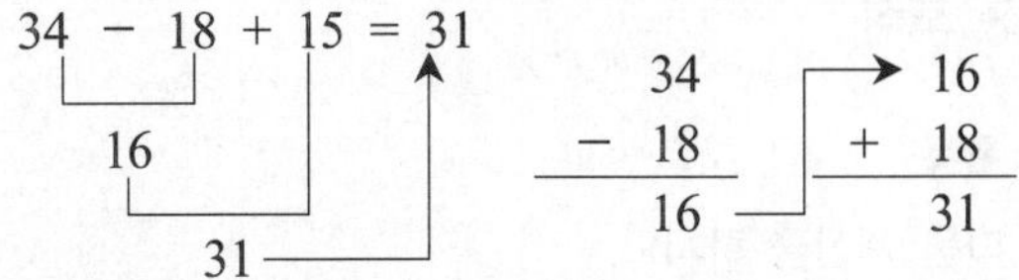

배경

세 수의 감가혼합산은 우선 문제 상황을 제시하고 발문을 하여 계산 결과를 알아낸 다음, 세 수의 감가혼합산 방법을 찾아내도록 지도한다. 순서를 바꾸어 계산하면 결과가 다르게 나오는 것을 비교해 보게 할 수도 있다.

관련 TU : TUAN-0540, TUAN-2340

TUAN-1260.10 35+26－17형(가감혼합산)

관련 교육과정	(07) 2(가)2②
	(09) 12(가)2④

목표

받아올림과 받아내림이 있는 두 자리 수끼리의 가감 혼합산을 할 수 있다.

자료

계산 도식

활동

(1) 다음 계산을 하시오.

어머니께서 귤을 35개 사 오시고 아버지께서 귤을 26개 사 오셨습니다. 그 중에서 17개를 먹었습니다. 남은 귤은 몇 개입니까?

▸어머니와 아버지가 사 오신 귤은 모두 몇 개입니까?

▸그 중에서 17개를 먹고 남은 귤은 몇 개입니까?

'어머니와 아버지가 사 오신 귤은 모두 몇 개입니까?, 그 중에서 17개를 먹고 남은 귤은 몇 개입니까?'와 같은 발문을 통하여 덧셈과 뺄셈을 하여 문제를 해결하게 한다. 이 문제를 해결할 수 있는 식 35+26－17을 만들게 한 후, 어떻게 계산해야 하는지 말해보게 한다.

▸식으로 나타내어 알아보시오.

35 + 26 － 17 = 44

61

44

35	61
+ 26	－ 17
61	44

배경

세 수의 가감 혼합산은 우선 문제 상황을 제시하고, 발문을 통해 계산 결과를 알아낸 다음, 세 수의 가감혼합산 방법을 찾아내도록 지도한다. 순서를 바꾸어 계산하면 결과가 다르게 나오는 것을 비교해 보게 할 수도 있다. 세 수의 혼합산은 앞에서부터 차례로 두 수씩 계산한다는 것으로 지도한다.

관련 TU : TUAN-0560, TUAN-2330, TUAN-1560

TUAN-1270.10 45+17+19형

관련 교육과정	(07) 2(가)2②
	(09) 12(가)2④

목표

받아올림이 있는 두 자리 수끼리의 세 수의 연가산을 할 수 있다.

자료

계산 도식

활동

(1) 다음 계산을 하시오.

▸ 컴퓨터 가게에서 3월에 45대, 4월에 17대, 5월에 19대를 팔았습니다. 이 가게에서 세 달 동안 판 컴퓨터는 모두 몇 대입니까?

▸ 알고자 하는 것은 무엇입니까?

▸ 3, 4, 5월에 컴퓨터를 각각 몇 대씩 팔았습니까?

▸ 세 달 동안 판 컴퓨터 수를 알기 위해 어떤 계산을 해야 합니까?

▸ 식으로 나타내어 알아보시오.

▸ 45+17+19는 어떻게 계산해야 할까요?

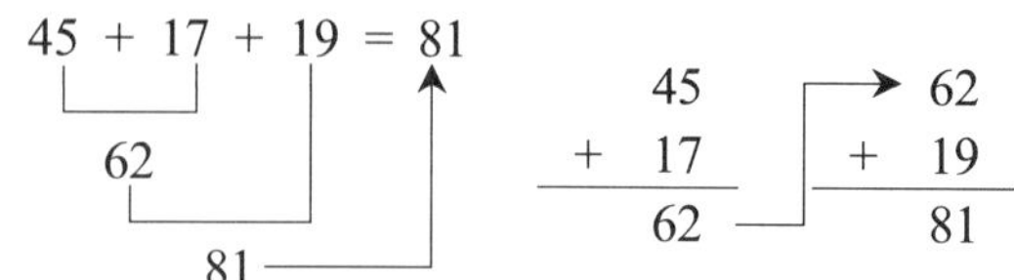

앞에서부터 차례로 두 수씩 계산하여 답을 구합니다.

배경

앞에서 이미 배운 연가산의 계산 방법을 이용하여 해결할 수 있도록 지도한다. 연가산은 순서를 바꾸어 계산하여도 되나 가급적 앞에서부터 두 수씩 차례대로 계산하도록 한다. 그러나 경우에 따라 순서를 바꾸어 계산하는 것이 더 편리한 경우도 있음을 알게한다. 학생들에게 연가산으로 해결할 수 있는 문제 상황을 제시하고 스스로 문제를 해결하도록 지도한다.

관련 TU : TUAN-1230, TUAN-1550

TUAN-1280.10 71−24−29형

관련 교육과정	(07) 2(가)2②
	(09) 12(가)2④

목표

받아내림이 있는 두 자리 수끼리의 세 수의 연감산을 할 수 있다.

자료

계산 도식

활동

(1) 과일 가게에 사과가 71개 있습니다. 오전에 24개를 팔고, 오후에 29개를 팔았습니다. 오후까지 팔고 남은 사과는 몇 개입니까?

▸ 처음 사과가 몇 개 있었습니까?

▸ 오전과 오후에 각각 몇 개씩 팔았습니까?

▸ 남은 사과의 수를 알기 위해 어떤 계산을 해야 합니까?

▸ 식을 만들어 보시오.

앞에서 배운 32−8−5형과 같은 연감산 문제를 제시하고 계산 방법을 말하게 한다. 71−24−29는 어떻게 계산해야 한다고 생각하는지 말하게 한다. 앞에서부터 차례로 두 수씩 계산하여 답을 구하게 한다.

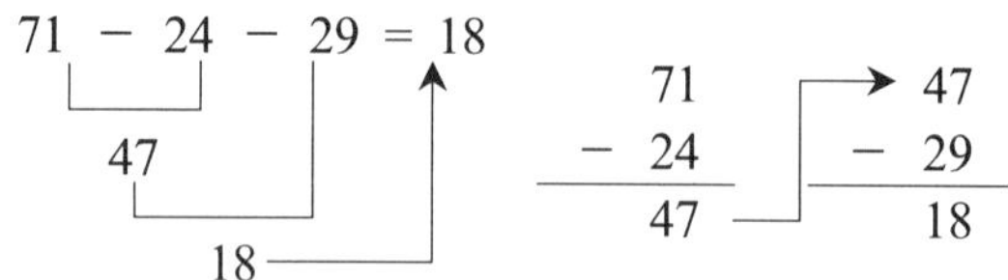

배경

앞에서 배운 연감산의 계산 순서를 이용하여 해결할 수 있도록 지도한다. 형식화한 계산 방법을 알면 계산 연습을 하게 하고, 연감산으로 해결할 수 있는 문제 상황을 제시하여 발문 없이 학생들 스스로 문제를 해결하도록 지도한다.

관련 TU : TUAN-1240, TUAN-1570

TUAN-1290.10 덧셈과 뺄셈의 역연산 관계 이해하기 (두 자리 수의 계산)

관련 교육과정	(07) 2(가)[2]③
	(09) 12(가)[2]③

목표

덧셈식을 보고 뺄셈식을, 뺄셈식을 보고 덧셈식을 만들 수 있다.

자료

수직선, 숫자카드, 기호카드

활동

(1) 덧셈식을 보고 뺄셈식을 만들어 보시오. (수직선을 이용한 활동)

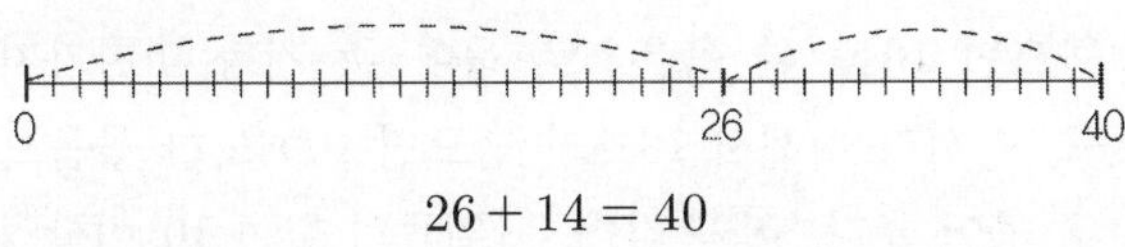

$$26 + 14 = 40$$

위 덧셈식이나 수직선을 보고 두 가지 뺄셈식을 만들어 보시오.

40에서 14를 빼는 뺄셈식과 40에서 26을 빼는 뺄셈식을 만들어 보게 한다.

(2) 다음 카드를 사용하여 덧셈식과 뺄셈식을 만들어보시오. (숫자카드와 기호카드를 이용한 활동)

[15] [49] [64] [+] [−] [=] 카드 제시

숫자카드와 기호카드로 덧셈식 두 개와 뺄셈식 두 개를 만들어 보게 한다.

배경

구체물을 이용하여 덧셈과 뺄셈의 관계가 역연산 관계임을 이미 학습하였다. 여기에서는 두 자리 수의 덧셈과 뺄셈의 관계라는 점이 다를 뿐이다. 앞에서 학습한 내용을 상기시킨 후, 덧셈과 뺄셈의 상호 관계를 알게 하고, 덧셈식을 보고 뺄셈식을 만들고, 뺄셈식을 보고 덧셈식을 만들어 보게 한다.

관련 TU : TUAN-0510, TUAN-0520, TUAN-4060, TUEQ-0120, TUEQ-0130

TUAN-1310.10 67+71=138 형의 계산 원리 이해

관련 교육과정	(07) 2(가)[3]①
	(09) 34(가)[2]①

목표

십의 자리에서 받아올림이 있는 (두 자리 수) + (두 자리 수)의 계산 원리를 이해할 수 있다.

자료

수모형(백 모형, 십 모형, 낱개 모형)

활동

(1) 덧셈을 하시오. (수모형을 이용한 활동)

▸ 운동장에 남자 어린이 75명, 여자 어린이 71명이 있습니다. 운동장에 있는 어린이는 모두 몇 명입니까?

운동장에 있는 어린이가 모두 몇 명인지 알아보려면 어떤 계산을 해야 하는지 생각해보게 하고, 값을 어림해보게 한다.

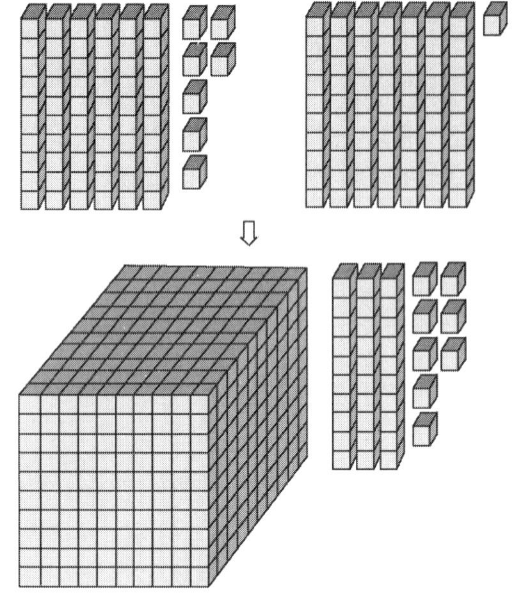

▸67과 71의 수모형을 놓으시오.

▸낱개끼리 더하시오.

▸십 모형끼리 더하고 십 모형이 10인 묶음은 백 모형 1개와 바꾸시오.

▸십 모형끼리 더한 것은 백 모형 몇 개와 십 모형 몇 개가 됩니까?

▸67+71은 얼마입니까?

▸67+71의 계산과 39+25의 계산과 비교하여 보시오.

▸67+71의 계산과 39+25의 계산은 어떻게 다른지 생각해보고 말하게 한다.

배경

십의 자리에서 받아 올림이 있는 (두 자리 수) + (두 자리 수)의 계산 원리는 일의 자리에 서 받아 올림이 있는 (두 자리 수) + (두 자리 수)의 계산 원리와 관련지어 지도한다. 후에 지도하게 될 받아 올림이 두 번 있는 (두 자리 수) + (두 자리 수)의 계산 학습에 기초가 된다. 낱개끼리 더해서 10이 넘으면 10을 한 묶음으로 묶어 준 것과 마찬가지로, 십끼리 더해서 10개가 넘으면 100을 한 묶음으로 묶어 준다. 이와 같이, 단위들의 합이 10 이상일 때 그 단위 10개를 그 단위보다 큰 단위 1로 바꾸어 큰 단위 자리로 옮겨 더하는 것이 받아 올림이 있는 덧셈의 원리라는 것을 활동을 통하여 직관적으로 알 수 있게 지도한다.

관련 TU : TUAN-1150, TUAN-1320, TUAN-1330

TUAN-1320.10 67+71=138 형의 계산 알고리즘 익히기

관련 교육과정	(07) 2(가)③①
	(09) 34(가)②①

목표

십의 자리에서 받아 올림이 있는 (두 자리 수) + (두 자리 수)의 계산 방법을 이해하고 숙달할 수 있다.

자료

계산 도식

활동

▸덧셈하는 방법을 알아보시오.

(수모형 그림)

```
  6 7          6 7          6 7
+ 7 1   ⇨   + 7 1   ⇨   + 7 1
------       ------       ------
                 8        1 3 8
```

수모형 조작의 순서와 방법을 식으로 써서 계산하는 절차와 연결하여 알아보고, 계산 방법을 형식화한다.

배경

수모형 조작 활동과 대응하여 알고리즘을 학생들이 스스로 발견할 수 있도록 지도한다. 일의 자리에서 받아 올림이 있는 (두 자리 수) + (두 자리 수)의 계산 방법을 생각해보게 하고, 같은 방법으로 십의 자리에서 받아 올림이 있는 (두 자리 수) + (두 자리 수)의 계산 방법을 알아보게 한다. 이와 같은 방법으로 형식화한 계산 방법이 이해되었다면 계산 연습을 충분히 하게 한다. 덧셈은 기초 기능으로 필수적이기 때문에 덧셈을 이해하는 것으로 만족해서는 안 되고 덧셈 기능을 숙달시킬 수 있도록 충분히 연습하도록 한다.

관련 TU : TUAN-1310, TUAN-1340

TUAN-1330.10 67+54=121형의 계산 원리 이해

관련 교육과정	(07) 2(가)③①
	(09) 34(가)②①

목표

받아올림이 두 번 있는 (두 자리 수)+(두 자리 수)의 계산 원리를 이해할 수 있다.

자료

수모형(백 모형, 십 모형, 낱개 모형)

활동

(1) 덧셈을 하시오. (수모형을 이용한 활동)

▸ 운동장에 남자 어린이 67명, 여자 어린이 54명이 있습니다. 운동장에 있는 어린이는 모두 몇 명입니까?

운동장에 있는 어린이가 모두 몇 명인지 알아보려면 어떤 계산을 해야 하는지 생각해보게 하고, 값을 어림해보게 한다.

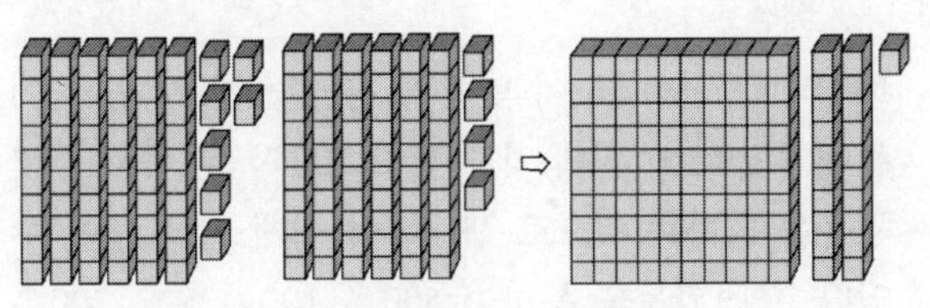

▸ 67과 54의 수모형을 놓으시오.

▸ 낱개끼리 더하고 낱개가 10인 묶음은 십 모형 1개로 바꾸시오.

▸ 십 모형끼리 더하고 십 모형이 10인 묶음은 백 모형 1개와 바꾸시오.

▸ 십 모형끼리 더한 것은 백 모형 몇 개와 십 모형 몇 개가 됩니까?

▸ 67+54는 얼마입니까?

▸ 67+54의 계산과 39+25의 계산을 비교해 보시오.

67+54의 계산과 39+25의 계산은 어떻게 다른 지 생각해보고 말하게 한다.

배경

받아올림이 두 번 있는 (두 자리 수) + (두 자리 수)의 계산 원리는 일의 자리에서 받아올림이 있는 (두 자리 수) + (두 자리 수)의 계산 원리와 관련지어 지도한다. 낱개끼리 더해서 10이 넘으면 10을 한 묶음으로 묶어 준 것과 마찬가지로, 십 끼리 더해서 10개가 넘으면 100을 한 묶음으로 묶어 준다. 이와 같이, 단위들의 합이 10 이상일 때 그 단위 10개를 그 단위보다 큰 단위 1로 바꾸어 큰 단위 자리로 옮겨 더하는 것이 받아올림이 있는 덧셈의 원리라는 것을 활동을 통하여 직관적으로 알 수 있게 지도한다.

관련 TU : TUAN-1310, TUAN-1340, TUAN-1430

TUAN-1340.10 67+54=121형의 알고리즘 익히기

관련 교육과정	(07) 2(가)③①
	(09) 34(가)②①

목표

받아올림이 두 번 있는 (두 자리 수)+(두 자리 수)의 계산방법을 이해하고 숙달할 수 있다.

자료

계산 도식

활동

덧셈하는 방법을 알아보시오.

$$\begin{array}{r} 67 \\ +\ 54 \\ \hline \end{array} \Rightarrow \begin{array}{r} ^{1}\ \ \\ 67 \\ +\ 54 \\ \hline 1 \end{array} \Rightarrow \begin{array}{r} ^{1}\ \ \\ 67 \\ +\ 54 \\ \hline 121 \end{array}$$

수모형 조작의 순서와 방법을 식으로 써서 계산하는 절차와 연결하여 알아보고, 계산 방법을 형식화한다.

배경

수모형 조작 활동과 대응하여 알고리즘을 학생들이 스스로 발견할 수 있도록 지도한다. 일의 자리 또는 십의 자리에서 받아올림이 한 번 있는 (두 자리 수)+(두 자리 수)의 계산 방법을 생각해보게 하고, 같은 방법으로 받아올림이 두 번 있는 (두 자리 수)+(두 자리 수)의 계산 방법을 알아보게 한다. 이와 같은 방법으로 형식화한 계산 방법이 이해되었다면 계산 연습을 충분히 하게 한다. 덧셈은 기초 기능으로 필수적이기 때문에 덧셈을 이해하는 것으로 만족해서는 안 되고 덧셈 기능을 숙달할 수 있도록 충분히 연습해야 한다.

관련 TU : TUAN-1320, TUAN-1430

TUAN-1410.10 500+200형

관련 교육과정	(07) 2(가)③①
	(09) 34(가)②①

목표

받아올림이 없는 (몇백)+(몇백)의 계산 원리를 이해하고 능숙하게 계산할 수 있다.

자료

수모형(백 모형)

활동

(1) 다음 계산을 하시오. (수모형을 이용한 활동)
알약 500개가 통에 담겨져 있고, 200개가 더 있습니다. 알약은 모두 몇 개입니까?

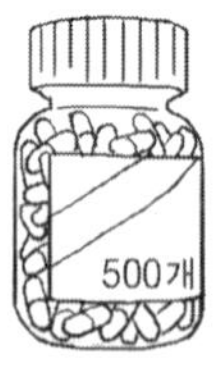

한무더기 - 200개

알약이 모두 몇 개인지 알아보려면 어떤 계산을 해야 합니까?
500과 200을 수모형으로 놓아보시오.
백 모형이 모두 몇 개인지 세어보시오.
알약이 모두 몇 개인지 알아보려면 어떤 계산을 해야 하는지 생각해보게 한다. 500과 200의 수모형을 놓아보게 한다. 백 모형이 모두 몇 개인지 세어 보고 답이 700이라고 생각한 이유를 말하게 한다.

$$500 + 200 = \square$$

배경

100씩 묶음을 통하여 몇백의 개념을 학습하였기 때문에, (몇백)+(몇백)의 계산도 100씩 몇 묶음과 몇 묶음을 더하는 것으로 생각하여 쉽게 답을 구할 수 있다. 조작활동을 통하여 500은 100이 5개, 200은 100이 2개이므로 500+200은 100이 7개인 700이 되는 것을 알 수 있게 한다.

관련 TU : TUAN-0630, TUAN-1420

TUAN-1420.10 420+270형(계산 원리, 알고리즘)

관련 교육과정	(07) 2(가)③①
	(09) 34(가)②①

목표

받아올림이 없는 (몇백 몇십)+(몇백 몇십)의 계산 원리를 이해하고 계산할 수 있다.

자료

화폐모형(백원짜리, 십원짜리)

활동

(1) 다음을 계산하시오. (화폐모형을 이용한 활동)

공책은 420원, 연필은 270원입니다. 철수는 공책 1권과 연필 1자루를 샀습니다. 얼마를 내야 합니까?

(100)(100)(100)(100) (10)(10)

(100)(100)(10)(10)(10)(10)(10)(10)(10)

⇩

(100)(100)(100)(100)(100)(100)

(10)(10)(10)(10)(10)(10)(10)(10)(10)

▸ 공책 1권과 연필 1자루의 값을 알아보려면 어떤 계산을 해야 합니까?

▸ 공책과 연필을 사려면 몇백 원쯤 필요하다고 생각합니까?

▸ 420과 270의 화폐모형을 놓아보시오.

▸ 십원끼리 더하고, 백원끼리 더하면 얼마가 됩니까?

▸ 화폐모형으로 알아본 것으로 식으로 나타내어 보시오.

$$420 + 270 = \square$$

공책 1권과 연필 1자루의 값을 알아보려면 어떤 계산을 해야 하는지 생각해보게 하고, 값을 어림해보게 한다. 420과 270의 화폐모형을 놓아보게 한다. 십원끼리 더하고, 백원끼리 더해서 얼마가 되는지 알아보게 한다. 화폐모형으로 알아본 것에 대응하여 식으로 나타내어보게 한다. 받아올림이 없는 (몇백 몇십)+(몇백 몇십)의 계산 방법을 말해보게 한다.

배경

학생들은 일상 생활에서 몇백 몇십 원짜리 물건을 두세 가지 사는 경우가 많으므로 몇백 몇십과 몇백 몇십의 합이 대략 얼마인지 어림해 볼 수도 있고, 머릿속에서 빠르고 정확하게 계산해야 할 필요도 있다. 답을 어림해 보거나 여러 가지 방법으로 계산해보면서 수 감각을 기르는 것이 중요하다. 따라서 필산을 하기 전에 어림한 답과 그에 대한 이유를 말해보게 하고, 계산 원리와 알고리즘을 익혀 형식화한 방법에 따라 계산 연습을 충분히 하게 한다.

관련 TU : TUAN-1410, TUAN-1430

TUAN-1430.10 386+212형(계산 원리, 알고리즘)

관련 교육과정	(07) 2(가)③①
	(09) 34(가)②①

목표

받아올림이 없는 (세 자리 수)+(세 자리 수)의 계산 원리를 이해할 수 있다.

자료

수모형(백 모형, 십 모형, 낱개 모형)

활동

(1)다음 계산을 하시오. (수모형을 이용한 활동)

동물원에 여자 386명, 남자 212명이 구경을 왔습니다. 동물원에 온 사람은 모두 몇 명입니까?

▸ 동물원에 온 사람이 모두 몇 명인지 알아보려면 어떤 계산을 해야 합니까?

▸ 동물원에 온 사람은 모두 몇 명 쯤 될까요?

▸ 386과 212의 수모형을 놓아보시오.

▸ 낱개 모형끼리 더하고, 십 모형끼리 더하고, 백 모형끼리 더하면 얼마가 됩니까?

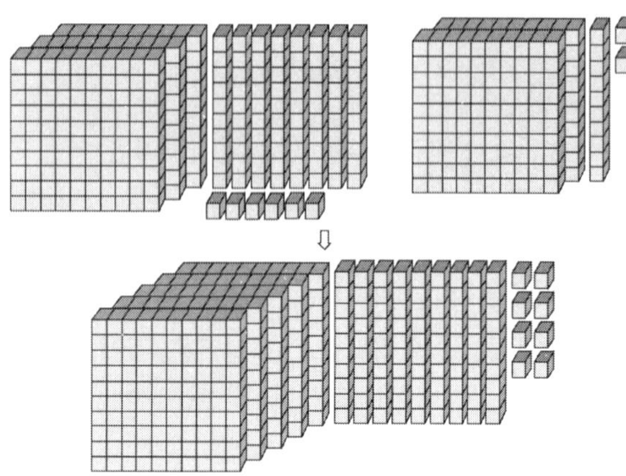

▸ 수모형으로 알아 본 것을 식으로 나타내어 보시오.

$$386 + 212 = \square$$

동물원에 온 사람이 모두 몇 명인지 알아보려면 어떤 계산을 해야 하는지 생각해보게 하고, 값을 어림해보게 한다. 386과 212의 수모형을 놓아보게 한다. 낱개 모형끼리 더하고, 십 모형끼리 더하고, 백 모형끼리 더해서 얼마가 되는지 알아보게 한다. 수모형으로 알아 본 것에 대응하여 식으로 써보게 한다. 받아올림이 없는 (세 자리 수) + (세 자리 수)의 계산 방법을 말해보게 한다.

배경

세 자리 수의 덧셈이 필요한 생활 장면을 제시하고 굳이 정확한 값이 필요 없는 경우에는 값을 어림의 방법으로 알아보게 한다. 받아올림이 없는 세 자리 수의 덧셈은 받아올림이 없는 (몇백 몇십) + (몇백 몇십)의 계산 원리를 확장시켜 구체적 조작활동을 통하여 알아보게 한다. 계산 방법을 형식화한 다음에는 이것을 익혀서 숙달할 수 있도록 지도한다.

관련 TU : TUAN-1420, TUAN-1480

TUAN-1440.10 600－400형

관련 교육과정	(07) 2(가)3①
	(09) 34(가)2①

목표

받아내림이 없는 (몇백) − (몇백)의 계산 원리를 이해하고 능숙하게 계산할 수 있다.

자료

수모형(백 모형), 도식

활동

(1) 다음 계산을 하시오. (수모형을 이용한 활동)

▸ 빨간 구슬 600개와 파란 구슬 400개가 있습니다. 빨간 구슬은 파란 구슬보다 몇 개 더 많습니까?

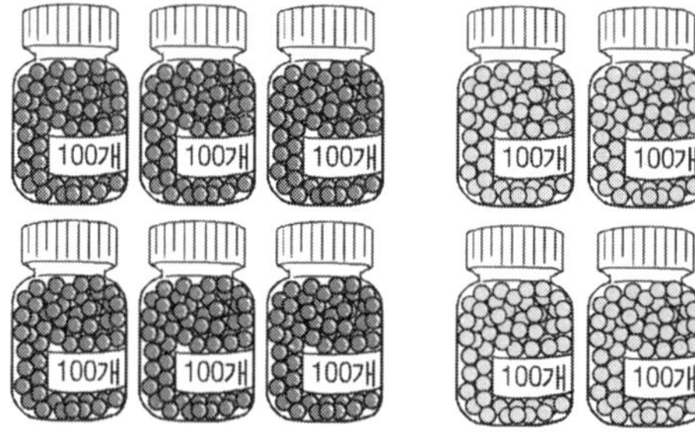

▸ 빨간 구슬이 파란 구슬보다 몇 개 더 많은지 알아보려면 어떤 계산을 해야 할까요?

▸ 수모형으로 알아본 것을 생각하며 식으로 쓰시오.

▸ 받아내림이 없는 (몇백) − (몇백)의 계산 방법을 말해 보시오.

```
  6 0 0          6 0|0          6|0 0
− 4 0 0   ⇨   − 4 0|0   ⇨   − 4|0 0   ⇨
                     |0            |0 0
```

$$\begin{array}{r|rrr} & 6 & 0 & 0 \\ - & 4 & 0 & 0 \\ \hline & 2 & 0 & 0 \end{array}$$

빨간 구슬이 파란 구슬보다 몇 개 더 많은지 알아보려면 어떤 계산을 해야 하는지 생각해보게 한다. 600과 400의 수모형을 놓아보게 한다. 600은 400보다 백 모형이 몇 개 더 많은지 세어보게 한다. 600−400은 얼마인지 구하고 그렇게 생각한 이유를 말하게 한다. 수모형으로 알아본 것에 대응하여 식으로 써보게 하고, 받아내림이 없는 (몇백) − (몇백)의 계산 방법을 말해보게 한다.

배경

(몇백) − (몇백)의 계산은 100씩 몇 묶음과 몇 묶음을 빼거나 비교하는 것으로 생각하여 쉽게 답을 구할 수 있다.

관련 TU : TUAN-0670, TUAN-1450

TUAN-1450.10 480−120형(계산 원리, 알고리즘)

관련 교육과정	(07) 2(가)③①
	(09) 34(가)②①

목표

받아내림이 없는 (몇백 몇십) − (몇백 몇십)의 계산 원리를 이해하고 능숙하게 계산할 수 있다.

자료

화폐모형(백원짜리, 십원짜리)

활동

(1) 다음 계산을 하시오. (화폐모형을 이용한 활동)

▸ 480원이 있었는데, 문방구에서 120원짜리 색종이를 샀습니다. 남은 돈은 얼마입니까?

▸ 남은 돈이 얼마인지 알아보려면 어떤 계산을 해야 합니까?

▸ 480의 화폐모형을 놓아보게 하고 120만큼의 화폐모형을 덜어내시오.

(100) (100) (10) (10) (10)

(100) (100) (10) (10) (10)

(10) (10)

▸ 화폐모형으로 알아 본 것에 대응하여 식으로 써 보시오.

$$\begin{array}{rrrr} & 4 & 8 & 0 \\ - & 1 & 2 & 0 \\ \hline & & & \end{array} \Rightarrow \begin{array}{rrr|r} & 4 & 8 & 0 \\ - & 1 & 2 & 0 \\ \hline & & & 0 \end{array} \Rightarrow \begin{array}{rr|rr} & 4 & 8 & 0 \\ - & 1 & 2 & 0 \\ \hline & & 6 & 0 \end{array} \Rightarrow$$

$$\begin{array}{r|rrr} & 4 & 8 & 0 \\ - & 1 & 2 & 0 \\ \hline & 3 & 6 & 0 \end{array}$$

남은 돈이 얼마인지 알아보려면 어떤 계산을 해야 하는지 생각해보게 하고, 값을 어림해보게 한다. 480의 화폐모형을 놓아보게 하고 120만큼의 화폐모형을 덜어내려면 어떻게 하여야 할지 생각하게 한다. 화폐모형으로 알아 본 것에 대응하여 식으로 써보게 한다. 받아내림이 없는 (몇백 몇십) − (몇백 몇십)의 계산 방법을 말해보게 한다.

배경

일상생활에서 몇백 몇십과 몇백 몇십의 차를 어림해야 할 상황을 말하고, 차를 어림할 필요성을 인식하게 한다. 조작활동을 통하여 계산 원리를 이해하게 한 다음, 조작활동을 세로형식의 필산 방법에 연결시켜 형식화한다. 형식화한 계산 방법에 따라 계산 연습을 충분히 하게 한다.

관련 TU : TUAN-1440, TUAN-1460

TUAN-1460.10 395-213형(계산 원리, 알고리즘)

관련 교육과정	(07) 2(가)③①
	(09) 34(가)②①

목표

받아내림이 없는 (세 자리 수) - (세 자리 수)의 계산 원리를 이해하고 계산 방법을 알고 능숙하게 계산할 수 있다.

자료

수모형(백 모형, 십 모형, 낱개 모형), 도식

활동

(1) 다음 계산을 하시오. (수모형을 이용한 활동)

▸ 운동장에 395명의 어린이가 모였는데, 이 중 213명이 여자 어린이입니다. 남자 어린이는 모두 몇 명입니까?

▸ 운동장에 있는 남자어린이들이 모두 몇 명인지 알아보려면 어떤 계산을 해야 합니까?

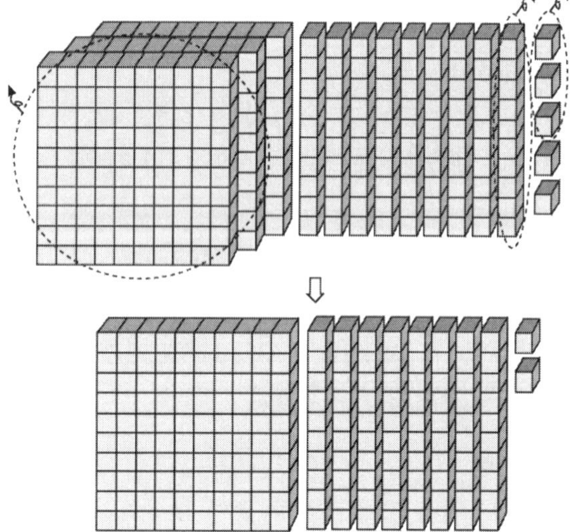

▸ 값을 어림해 보시오.

▸ 수모형으로 알아 본 것에 대응하여 식으로 쓰시오.

▸ 계산 방법을 말해 보시오.

$$\begin{array}{r} 395 \\ -213 \\ \hline \end{array} \Rightarrow \begin{array}{r} 395 \\ -213 \\ \hline 2 \end{array} \Rightarrow \begin{array}{r} 395 \\ -213 \\ \hline 82 \end{array} \Rightarrow \begin{array}{r} 395 \\ -213 \\ \hline 182 \end{array}$$

운동장에 있는 남자어린이들이 모두 몇 명인지 알아보려면 어떤 계산을 해야 하는지 생각해보게 하고, 값을 어림해보게 한다. 395의 수모형을 놓아 보게 하고, 여기에서 213만큼을 덜어내려면 어떻게 하여야 할지 생각하게 한다. 수모형으로 알아 본 것에 대응하여 식으로 써보게 한다. 받아내림이 없는 세 자리 수의 뺄셈의 계산 방법을 말해보게 한다.

배경

세 자리 수의 뺄셈이 필요한 생활 장면을 제시하고 어림이 필요한 경우를 설명한 후 값을 어림하게 해 본다. 계산 방법을 형식화한 다음에는 이것을 익혀서 숙달할 수 있도록 지도한다.

관련 TU : TUAN-1450, TUAN-1510

TUAN-1470.10 316+48형(계산 원리, 알고리즘)

관련 교육과정	(07) 2(가)③①
	(09) 34(가)②①

목표

일의 자리 또는 십의 자리에서 받아올림이 있는 (세 자리 수)+(두 자리 수)의 계산 원리를 이해하고 능숙하게 계산할 수 있다.

자료

수모형(백 모형, 십 모형, 낱개 모형)

활동

(1) 다음 계산을 하시오.

▸미술관에 어른 316명, 어린이 48명이 구경을 왔습니다. 미술관에 온 사람은 모두 몇 명입니까?

▸미술관에 온 사람을 알아보려면 어떤 계산을 해야 합니까?

▸미술관에 온 사람을 어림하시오. 어떻게 계산 했습니까?

▸수모형으로 알아보시오.

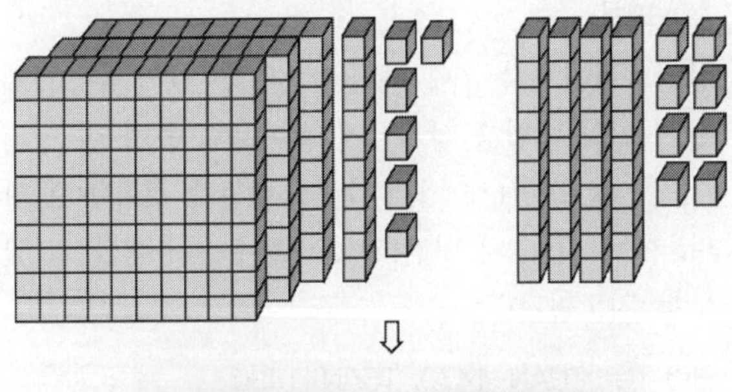

⇩

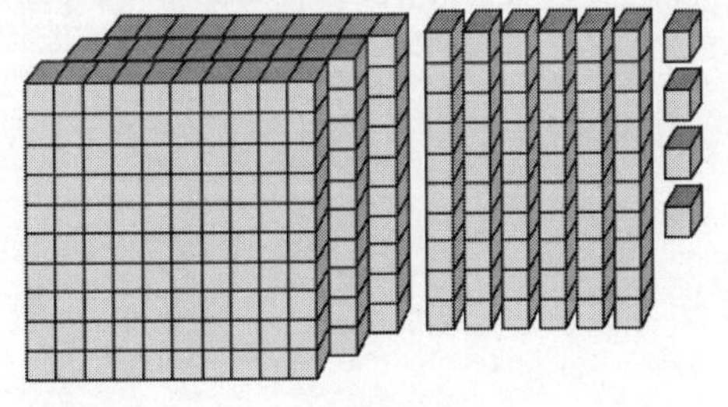

▸수모형으로 알아본 것에 대응하여 식을 쓰시오.

$$\begin{array}{r} 316 \\ +\ \ 48 \\ \hline \end{array} \Rightarrow \begin{array}{r} {}^{1}\ \ \\ 316 \\ +\ \ 48 \\ \hline 4 \end{array} \Rightarrow \begin{array}{r} {}^{1}\ \ \\ 316 \\ +\ \ 48 \\ \hline 364 \end{array}$$

계산 방법을 발표해 봅시다.

미술관에 온 사람이 모두 몇 명인지 알아보려면 어떤 계산을 해야 하는지 생각해보게 하고, 값을 어림해보게 한다. 316과 48의 수모형을 놓아보게 한다. 낱개 모형끼리 더한 것은 십 모형 몇 개와 낱개 모형 몇 개가 되는지 알아보게 한다. 십 모형끼리 더해서 얼마가 되는지 알아보게 한다. 수모형으로 알아 본 것에 대응하여 식으로 써보게 한다. 받아올림이 있는 (세 자리 수)+(두 자리 수)의 계산 방법을 말해보게 한다.

배경

받아올림이 있는 두 자리 수끼리의 덧셈에서 배웠던 것을 상기시켜 받아올림이 있는 (세 자리 수)+(두 자리 수)의 계산에 활용할 수 있게 한다. 알고리즘은 수모형으로 하는 조작 활동에 대응하여 학생들이 스스로 발견할 수 있도록 지도한다. 계산 방법을 형식화한 다음에는 이것을 익혀서 숙달할 수 있도록 지도한다.

관련 TU : TUAN-1430, TUAN-1480

TUAN-1480.10 256+281형(계산 원리, 알고리즘)

관련 교육과정	(07) 2(가)③①
	(09) 34(가)②①

목표

받아올림이 한 번 있는 (세 자리 수) + (세 자리 수)의 계산 원리를 이해하고 능숙하게 계산할 수 있다.

자료

수모형(백 모형, 십 모형, 낱개 모형)

활동

(1) 다음 계산을 하시오.

▸ 첫째 기차역에서 256명, 둘째 기차역에서 281명이 기차에 탔습니다. 기차에 타고 있는 사람은 모두 몇 명입니까?

▸ 기차에 탄 사람이 모두 몇 명인지 알아보려면 어떤 계산을 해야 합니까?

▸ 256과 281의 수모형을 놓으시오.

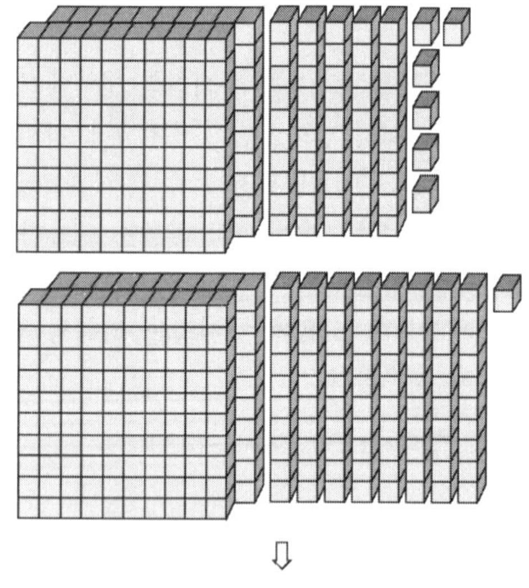

⇩

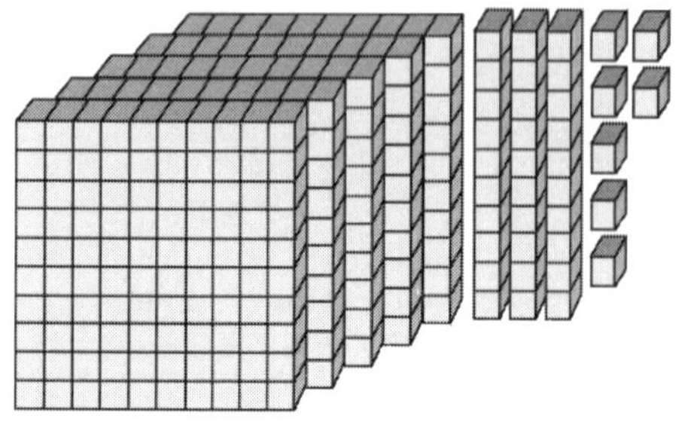

▸ 수모형으로 알아 본 것에 대응하여 식으로 쓰시오.

$$\begin{array}{r} 256 \\ +\ 281 \\ \hline \end{array} \Rightarrow \begin{array}{r} 256 \\ +\ 281 \\ \hline 7 \end{array} \Rightarrow \begin{array}{r} {}^{1}\ \ \\ 256 \\ +\ 281 \\ \hline 37 \end{array} \Rightarrow \begin{array}{r} {}^{1}\ \ \ \ \\ 256 \\ +\ 281 \\ \hline 537 \end{array}$$

▸ 계산 방법을 말해 보시오.

낱개 모형끼리 더하고, 십 모형끼리 더하나 것은 백 모형 몇 개와 십 모형 몇 개가 되는지 알아보게 한다. 십 모형 10개를 백 모형 1개로 바꾼 후 백 모형끼리 더해보게 한다. 수모형으로 알아 본 것에 대응하여 식으로 써보게 한다. 받아올림이 한 번 있는 (세 자리 수) + (세 자리 수)의 계산 방법을 말해보게 한다.

배경

받아올림이 있는 (세 자리 수) + (두 자리 수)의 계산 원리와 방법을 상기시켜 받아올림이 한 번 있는 (세 자리 수) + (세 자리 수)의 계산에 활용하게 한다. 세 자리 수의 덧셈 알고리즘에 익숙해질 수 있도록 지도한다.

관련 TU : TUAN-1470, TUAN-1490

TUAN-1490.10 278+245형(계산 원리, 알고리즘)

관련 교육과정	(07) 2(가)③①
	(09) 34(가)②①

목표

받아올림이 두 번 있는 (세 자리 수)+(세 자리 수)의 계산 원리를 이해하고, 능숙하게 계산할 수 있다.

자료

수모형(백 모형, 십 모형, 낱개 모형)

활동

(1) 다음 계산을 하시오.

기차에 앉아서 가는 사람이 278명, 서서 가는 사람이 245명 있습니다. 기차에 탄 사람은 모두 몇 명입니까?

- 기차에 탄 사람이 모두 몇 명인지 알아보려면 어떤 계산을 해야 합니까?
- 값을 어림해 봅시다.
- 278과 245의 수모형을 놓으시오.

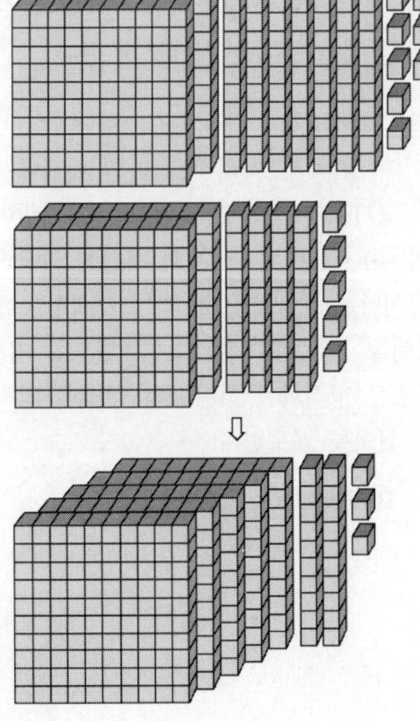

- 수모형으로 알아 본 것에 대응하여 식으로 쓰시오.
- 계산 방법을 말해 보시오.

```
  278          1          1 1
+ 245  ⇨     278   ⇨     278   ⇨
            + 245       + 245
                3          23

   1
  278
+ 245
  523
```

낱개 모형끼리 더한 것은 십 모형 몇 개와 낱개 모형 몇 개가 되는지 알아보게 한다. 낱개 모형 10개를 십 모형 1개로 바꾸고 십 모형끼리 더해서 백 모형 몇 개와 십 모형 몇 개가 되는지 알아보게 한다. 십 모형 10개를 백 모형 1개로 바꾸고, 백 모형끼리 더한다. 수모형으로 알아 본 것에 대응하여 식으로 써보게 한다. 받아올림이 두 번 있는 (세 자리 수) + (세 자리 수)의 계산 방법을 말해보게 한다.

배경

받아올림이 두 번 있는 (두 자리 수) + (두 자리 수)의 계산 원리와 방법을 상기시켜 받아올림이 두 번 있는 (세 자리 수) + (세 자리 수)의 계산에 활용하게 한다.

관련 TU : TUAN-1480, TUAN-2210

TUAN-1500.10 772−19형(계산 원리, 알고리즘)

관련 교육과정	(07) 2(가)[3]①
	(09) 34(가)[2]①

목표

십의 자리에서 받아내림이 있는 (세 자리 수) − (두 자리 수)의 계산 원리를 이해하고 능숙하게 계산할 수 있다.

자료

수모형(백 모형, 십 모형, 낱개 모형)

활동

(1) 다음 계산을 하시오. (수모형을 이용한 활동)

야구장에 772명이 구경을 왔습니다. 이 중 19명이 중간에 나갔습니다. 남아 있는 사람은 모두 몇 명입니까?

▸ 야구장에 남아 있는 사람이 모두 몇 명인지 알아보려면 어떤 계산을 해야 합니까?

▸ 값을 어림해 보시오.

▸ 수모형으로 알아보시오.

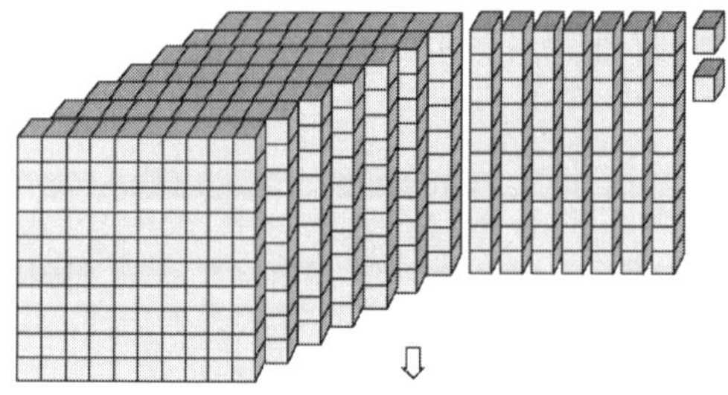

⇩

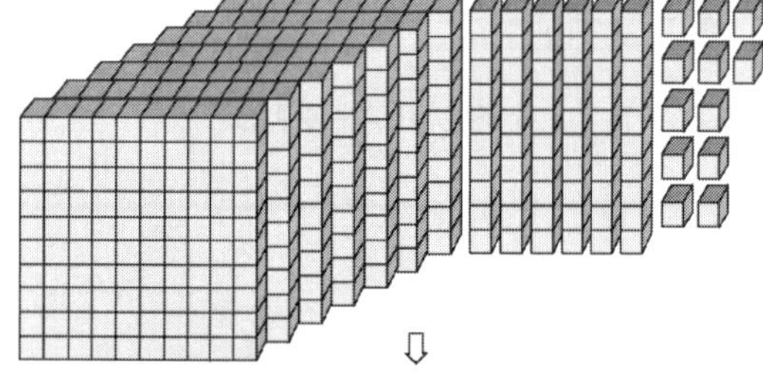

⇩

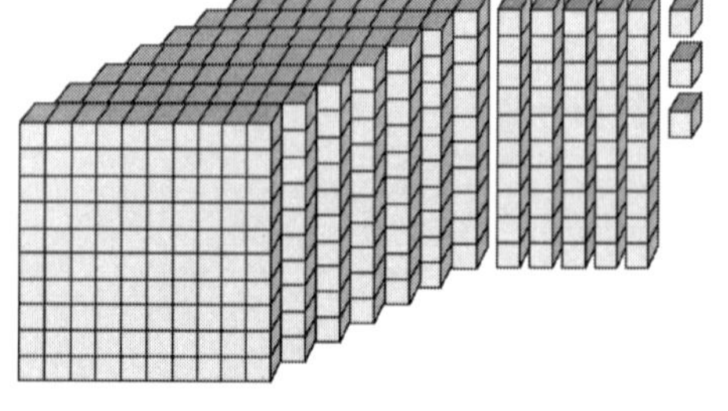

▸ 낱개 모형 2개에서 낱개 모형 9개를 덜어낼 수 있습니까?

▸ 수모형으로 알아 본 것에 대응하여 식으로 쓰시오.

```
                  6 10          6 10
  7 7 2         7 7̸ 2         7 7̸ 2
+   1 9  ⇨  +   1 9  ⇨  +   1 9  ⇨
                  3           5 3

   6 10
 7 7̸ 2
+2 8 1
 7 5 3
```

▸ 계산 방법을 말해보시오.

낱개 모형 2개에서 낱개 모형 9개를 덜어낼 수 없으므로 십 모형 1개를 낱개 모형 10개로 바꾸고 낱개 모형 12개에서 9개를 덜어내는 것을 생각해보게 한다. 십모형 6개에서 1개를 덜어내게 한다. 수모형으로 알아 본 것에 대응하여 식으로 써보게 한다. 십의 자리에서 받아내림이 있는 (세 자리 수)−(두 자리 수)의 계산 방법을 말해보게 한다.

배경

받아내림이 있는 두 자리 수끼리의 덧셈에서 배웠던 것을 상기시켜 십의 자리에서 받아내림이 있는 (세 자리 수) − (두 자리 수)의 계산에 활용하게 한다. 알고리즘은 수모형으로 하는 조작활동에 대응하여 아이들이 스스로 발견할 수 있도록 지도한다. 계산 방법을 형식화한 다음에는 이것을 익혀서 숙달할 수 있도록 지도한다.

관련 TU : TUAN-1180, TUAN-1510

TUAN-1510.10 246－127형(계산 원리, 알고리즘)

관련 교육과정	(07) 2(가)③①
	(09) 34(가)②①

목표

받아내림이 한 번 있는 (세 자리 수)－(세 자리 수)의 계산 원리를 이해하고 능숙하게 계산할 수 있다.

자료

수모형(백 모형, 십 모형, 낱개 모형)

활동

(1) 다음 계산을 하시오. (수모형을 이용한 활동)

사과나무에 246개의 사과가 열렸습니다. 이 중에서 127개를 땄습니다. 사과나무에 남아있는 사과는 몇 개입니까?

▸사과나무에 남아 있는 사과가 모두 몇 개인지 알아보려면 어떤 계산을 해야 합니까?

▸값을 어림해보시오.

▸수모형으로 알아보시오.

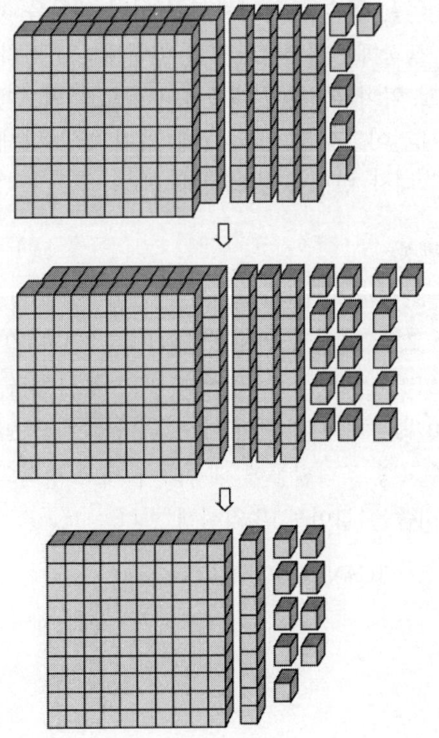

▸낱개 모형 6개에서 낱개 모형 7개를 덜어낼 수 있습니까?

▸수모형으로 알아 본 것에 대응하여 식으로 쓰시오.

$$\begin{array}{r} 2\,4\,6 \\ +\,1\,2\,7 \\ \hline \end{array} \Rightarrow \begin{array}{r} {\scriptstyle 3\ 10} \\ 2\,\not{4}\,6 \\ +\,1\,2\,7 \\ \hline 9 \end{array} \Rightarrow \begin{array}{r} {\scriptstyle 3\ 10} \\ 2\,\not{4}\,6 \\ +\,1\,2\,7 \\ \hline 1\,9 \end{array} \Rightarrow$$

$$\begin{array}{r} {\scriptstyle 3\ 10} \\ 2\,\not{4}\,6 \\ +\,1\,2\,7 \\ \hline 1\,1\,9 \end{array}$$

▸계산 방법을 말해 보시오.

낱개 모형 6개에서 낱개 모형 7개를 덜어낼 수 없으므로 십 모형 1개를 낱개 모형 10개로 바꾸고 낱개 모형 16개에서 7개를 덜어내는 것을 생각해보게 한다. 수모형으로 알아 본 것에 대응하여 식으로 써보게 한다. 십의 자리에서 받아내림이 있는 (세 자리 수) － (세 자리 수)의 계산 방법을 말해보게 한다.

배경

받아내림이 있는 (세 자리 수) － (두 자리 수)의 계산 원리와 방법을 상기시켜 받아내림이 한 번 있는 (세 자리 수) － (세 자리 수)의 계산에 활용하게 한다.

관련 TU : TUAN-1500, TUAN-1520

TUAN-1520.10 552－374형(계산 원리, 알고리즘)

관련 교육과정	(07) 2(가)③①
	(09) 34(가)②①

목표

받아내림이 두 번 있는 (세 자리 수) − (세 자리 수)의 계산 원리를 이해하고 능숙하게 계산할 수 있다.

자료

수모형(백 모형, 십 모형, 낱개 모형)

활동

(1) 다음 계산을 하시오. (수모형을 이용한 활동)
552쪽인 책을 374쪽까지 읽었습니다. 다 보려면 몇 쪽을 더 보아야 합니까?

▸ 읽지 않은 쪽수를 알아보려면 어떤 계산을 해야 합니까?

▸ 값을 어림해보시오.

▸ 수모형으로 알아보시오.

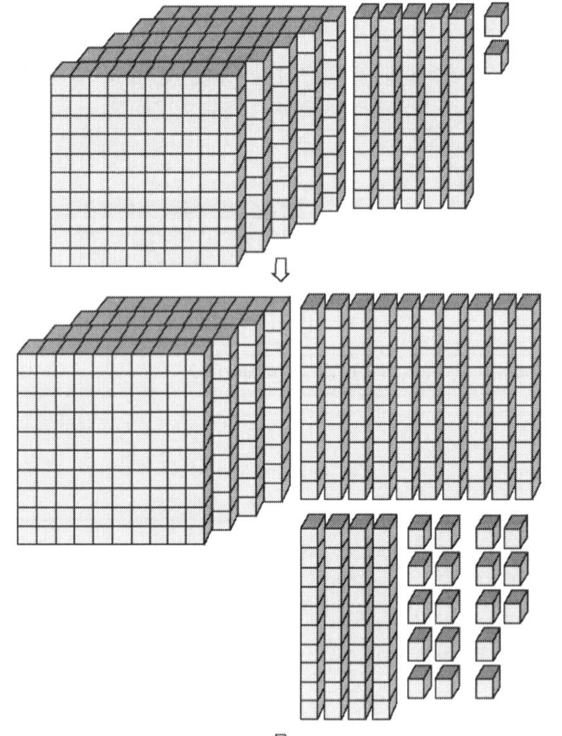

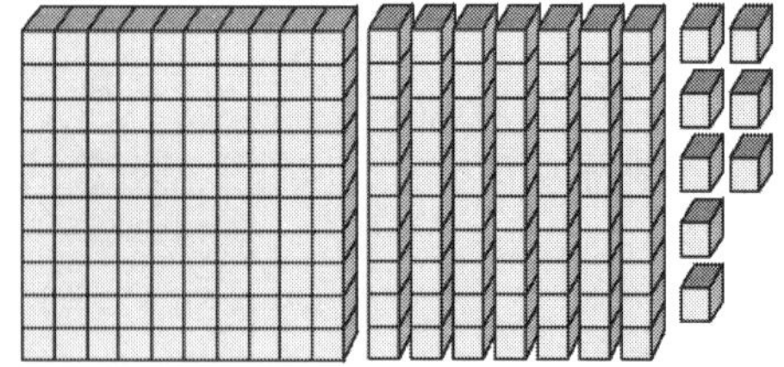

▸ 수모형으로 알아 본 것에 대응하여 식으로 쓰시오.

$$\begin{array}{r} 5\ 5\ 2 \\ +\ 3\ 7\ 4 \\ \hline \end{array} \Rightarrow \begin{array}{r} {\scriptstyle 4\ 10} \\ 5\ \not{5}\ 2 \\ +\ 3\ 7\ 4 \\ \hline 8 \end{array} \Rightarrow \begin{array}{r} {\scriptstyle 10} \\ {\scriptstyle 4\ 4\ 10} \\ \not{5}\ \not{5}\ 2 \\ +\ 3\ 7\ 4 \\ \hline 7\ 8 \end{array} \Rightarrow$$

$$\begin{array}{r} {\scriptstyle 10} \\ {\scriptstyle 4\ 4\ 10} \\ \not{5}\ \not{5}\ 2 \\ +\ 3\ 7\ 4 \\ \hline 1\ 7\ 8 \end{array}$$

▸ 계산방법을 말해 보시오.

읽지 않은 쪽수를 알아보려면 어떤 계산을 해야 하는지 생각해보게 하고, 값을 어림해보게 한다. 수모형으로 알아 본 것에 대응하여 식으로 써보게 한다. 받아내림이 두 번 있는 (세 자리 수) − (세 자리 수)의 계산 방법을 말해보게 한다.

배경

낱개 모형끼리 덜어 낼 수 없으면 십 모형 1개를 낱개 모형 10개로 바꾸어 덜어내는 것과 같이, 십 모형끼리 덜어 낼 수 없으면 백 모형 1개를 십 모형 10개로 바꾸어 덜어 내면 된다는 것을 알게 하고, 수모형 조작활동에 대응하여 세로 형식의 계산 알고리즘을 알아보고 익히게 한다.

관련 TU : TUAN-1510, TUAN-2230

TUAN-1550.10 214+307+68형

관련 교육과정	(07) 2(가)③②
	(09) -

목표

받아올림이 있는 세 자리 수끼리의 연가산을 할 수 있다.

자료

계산 도식

활동

(1) 다음 계산을 하시오.

가 초등학교의 학생 수는 214명, 나 초등학교의 학생 수는 307명, 다 초등학교의 학생 수는 68명입니다. 가, 나, 다 초등학교의 학생 수는 모두 몇 명입니까?

▸가, 나, 다 초등학교의 학생 수는 모두 몇 명인지 알아보기 위해서 어떤 계산을 해야 합니까?

▸문제를 해결할 수 있는 식을 세워 보시오.

▸모두 몇 명인지 어림해 봅시다.

▸어떻게 계산했는지 설명하시오.

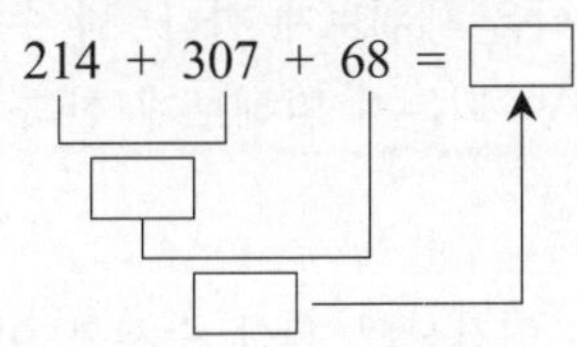

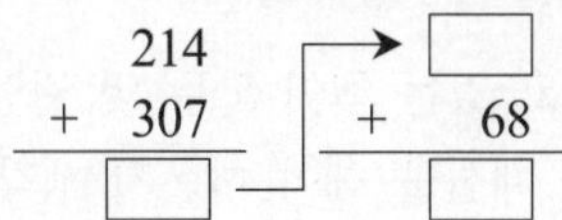

가, 나, 다 초등학교의 학생 수는 모두 몇 명인지 알아보기 위해서 어떤 계산을 해야 하는지 생각해 보게 하고, 문제를 해결할 수 있는 식을 세워보게 한다. 세 수의 덧셈은 어떻게 계산하면 되는지 말해보게 한다.

배경

앞에서 배운 연가산의 계산 순서를 이용하여 해결할 수 있도록 지도한다. 형식화한 계산 방법을 알면 계산 연습을 하게 하고, 연가산으로 해결할 수 있는 문제 상황을 제시해주고 연습할 수 있게 한다.

관련 TU : TUAN-1270, TUAN-2310

TUAN-1560.10 352−134+119형

관련 교육과정	(07) 2(가)③②
	(09) -

목표

세 자리 수인 세 수의 감가혼합산과 가감혼합산을 할 수 있다.

자료

계산 도식

활동

(1) 다음 계산을 하시오.

용수는 352권의 책을 가지고 있었습니다. 이 중 다 읽은 책 134권을 도서실에 기증하였습니다. 다시 어머니께서 119권의 책을 사 주셨습니다. 지금 용수가 가지고 있는 책은 모두 몇 권입니까?

▸용수가 가지고 있는 책이 몇 권인지 알아보기 위해서 어떤 계산을 해야 합니까?

▸문제를 해결할 수 있는 식을 세워 보시오.

▸값을 어림해봅시다.

▸어떻게 계산했는지 설명하시오.

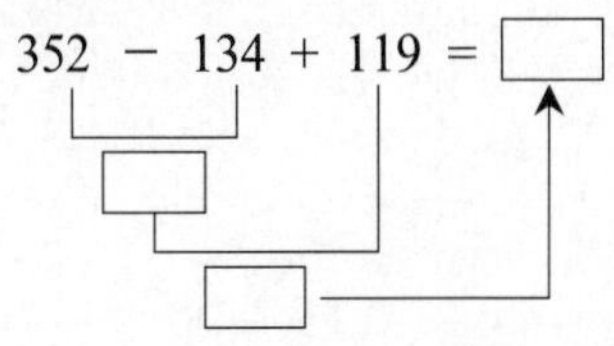

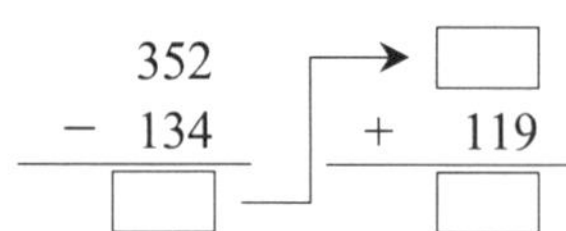

용수가 가지고 있는 책이 모두 몇 권인지 알아보기 위해서 어떤 계산을 해야 하는지 생각해보게 하고, 문제를 해결할 수 있는 식을 세워보게 한다. 세 수의 혼합계산은 어떻게 계산하면 되는지 말해보게 한다.

배경

앞에서 배운 감가혼합산, 가감혼합산의 계산 순서를 이용하여 해결할 수 있도록 지도한다. 형식화한 계산 방법을 알면 계산 연습을 하게 하고, 감가산, 가감산으로 해결할 수 있는 문제 상황을 제시해 주고 연습할 수 있게 한다.

관련 TU : TUAN-1250, TUAN-1260, TUAN-2330, TUAN-2340

TUAN-1570.10 500－209－244형

관련 교육과정	(07) 2(가)③②
	(09) -

목표

받아내림이 있는 세 자리 수끼리의 연감산을 할 수 있다.

자료

계산 도식

활동

(1) 다음 계산을 하시오.

과일 가게에 사과 500개가 있었습니다. 어제 209개가 팔리고, 오늘 244개가 팔렸습니다. 과일 가게에 남아 있는 사과는 몇 개입니까?

▸ 남아 있는 사과가 몇 개인지 알아보기 위해서 어떤 계산을 해야 합니까?
▸ 문제를 해결할 수 있는 식을 세워 보시오.
▸ 값을 어림해봅시다.
▸ 어떻게 계산했습니까?

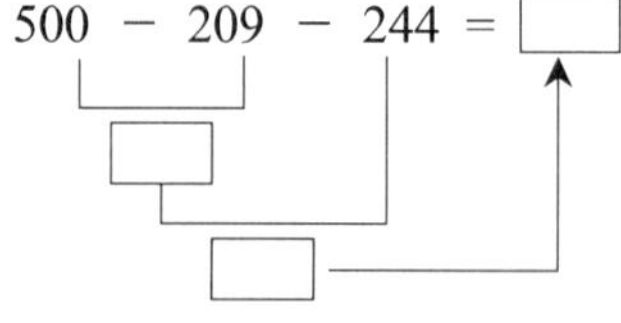

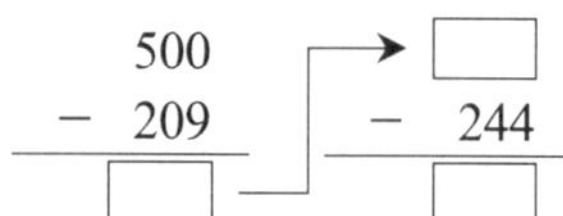

남아 있는 사과가 몇 개인지 알아보기 위해서 어떤 계산을 해야 하는지 생각해보게 하고, 문제를 해결할 수 있는 식을 세워보게 한다. 세 수의 뺄셈은 어떻게 계산하면 되는지 말해보게 한다.

배경

앞에서 배운 연감산의 계산 순서를 이용하여 해결할 수 있도록 지도한다. 형식화한 계산 방법을 알면 계산 연습을 하게 하고, 연감산으로 해결할 수 있는 문제 상황을 제시해주고 연습할 수 있게 한다. 세 수의 혼합계산은 앞에서부터 차례로 두 수씩 계산한다는 것으로 지도한다.

관련 TU : TUAN-1280, TUAN-2320

TUAN-1580.10 여러 가지 방법으로 계산하기

관련 교육과정	(07) 2(가)③③
	(09) 34(가)②③

목표

세 자리 수끼리의 간단한 덧셈과 뺄셈을 여러 가지 방법으로 계산할 수 있다.

자료

계산도식

활동

(1) 340+270, 340−190을 여러 가지 방법으로 계산하여 보시오.

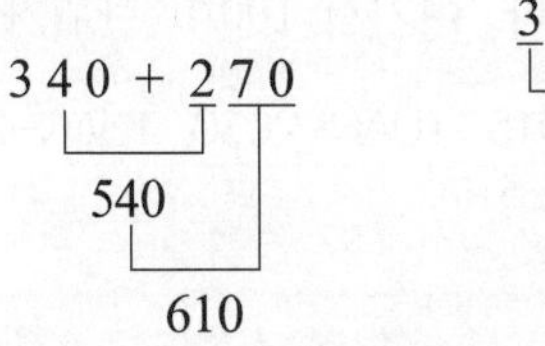

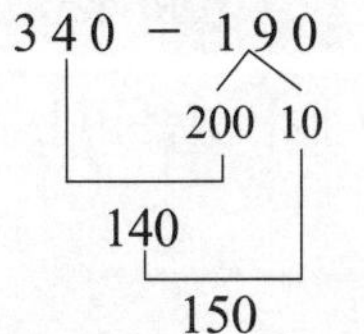

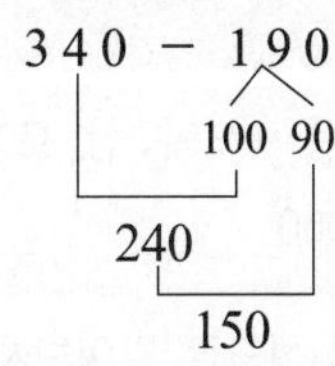

▶ 다른 계산 방법을 찾아보고, 자신의 계산 방법을 발표해 보시오.

제시되어 있는 방법 이외에도 다른 계산 방법을 찾아보게 한다. 자신의 계산 방법을 표현하고 발표해 보게 하여 수학적 의사소통활동을 할 수 있게 한다.

배경

세로셈으로 형식화한 방법은 덧셈과 뺄셈의 계산 방법 중 한 가지이다. 알고리즘에 익숙해지고 덧셈과 뺄셈의 계산 기능을 숙달하였다면, 필산이 아닌 머리셈으로 계산하는 방법을 지도하여 수학적 사고의 다양성과 논리성, 수감각을 길러준다. 다양한 방법을 찾아낼 수 있도록 하고 각자의 방법을 발표하고 비교해봄으로써 수학적 사고를 자극할 수 있다.

관련 TU : TUAN-0690, TUAN-2350

TUAN-2010.10 수 1000(999 다음의 수)

관련 교육과정	(07) 3(가)①①
	(09) 12(가)①②

목표

1000을 알 수 있다(999다음의 수).

자료

수직선

활동

다음 수직선을 보고 물음에 답하시오.

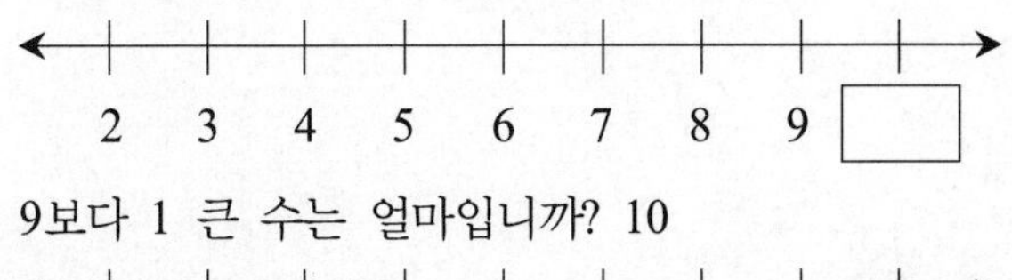

9보다 1 큰 수는 얼마입니까? 10

99보다 1 큰 수는 얼마입니까? 100

992 993 994 995 996 997 998 999 ☐

999보다 1 큰 수는 얼마입니까? 1000

배경

9 다음의 수 10, 99 다음의 수 100으로 지금까지 배웠던 십진법을 기초로 999 다음의 수 1000을 도입한다. 아직 십진법을 강조할 필요는 없다. 여기서는 999 다음의 수로 1000을 익히고, 써보고 읽는 연습이 필요하다. 위치적 기수법으로의 파악은 다음 단계이다.

관련 TU : TUAN-1060, TUAN-2020, TUAN-2040

TUAN-2020.10 수 1000 (100이 열 개, 900보다 100 큰 수)

관련 교육과정	(07) 3(가)1①
	(09) 12(가)1②

목표

1000을 알 수 있다(900보다 100 큰 수).

자료

수모형(백 모형), 수직선

활동

(1)수모형으로 알아보시오.
백 모형 1개는 몇 입니까? 100
백 모형 8개는 몇 입니까? 800
백 모형 9개는 몇 입니까? 900
백 모형 10개는 몇 입니까? 1000

(2) 수직선으로 알아보시오.

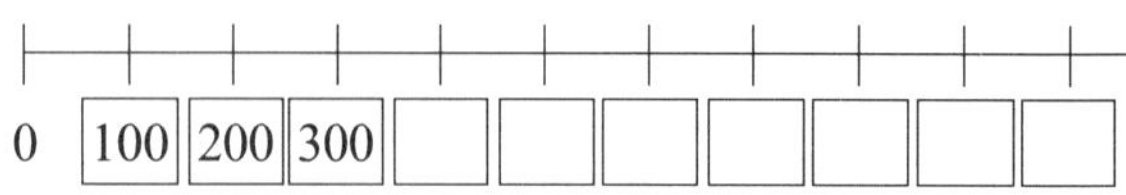

배경

앞에서 999 다음의 수로 1000을 인식했다면, 이번에는 십진법에서 100의 10묶음으로 수 1000을 다룬다. 수직선에서는 0부터 100씩 10번 뛰어 세어 1000에 이르게 된다. 여기서 100이 단위가 된다.

관련 TU : TUAN-2010, TUAN-2030, TUAN-2040

TUAN-2030.10 수 1000(990보다 10 큰 수)

관련 교육과정	(07) 3(가)1①
	(09) 12(가)1②

목표

1000을 알 수 있다(990보다 10 큰 수).

자료

수모형, 수직선

활동

(1)수모형으로 알아보시오.
백 모형 9개와 십 모형 1개가 있습니다. 몇 입니까? 910
백 모형 9개와 십 모형 6개가 있습니다. 몇 입니까? 960
백 모형 9개와 십 모형 9개가 있습니다. 몇 입니까? 990
백 모형 9개와 십 모형 10개가 있습니다. 몇 입니까? 1000

(2) 수직선으로 알아보시오.

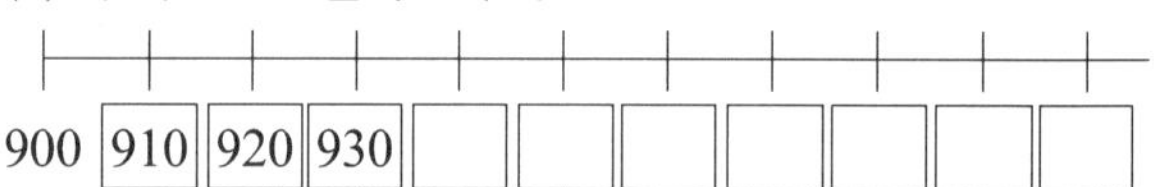

배경

앞에서 100의 10묶음으로 수 1000을 인식했다면, 이번에는 십진법 10을 단위로 1000을 다룬다. 수직선에서는 900부터 10씩 10번 뛰어 세어 1000에 이르게 된다. 여기서 10이 단위가 된다.

관련 TU : TUAN-2020, TUAN-2040

TUAN-2040.10 몇 천 알아보기

관련 교육과정	(07) 3(가)1①
	(09) 12(가)1②

목표

1000개의 묶음을 수로 세어 몇 천을 이해하고, 몇 천 단위까지 수의 기수법 원리를 이해한다.

자료

수모형(십 모형, 백 모형, 천 모형)

활동

수모형으로 알아보시오.
십 모형 2개가 있으면 얼마입니까? 20
백 모형 2개가 있으면 얼마입니까? 200
천 모형 2개가 있으면 얼마입니까? 2000
천 모형 5개가 있으면 얼마입니까? 5000

배경

몇 천을 이해하기 위해 몇십, 몇백의 예를 상기시키고, 직관적으로 천 모형이 5개이면 5000이라 쓰고 오천이라고 읽음을 알게 한다. 20, 200, 2000에서 각 숫자 2의 의미가 다름을 학생들이 인식하도록 해야 한다. 천 모형을 이용하여 수를 읽고 쓰는 연습이 필요하다.

관련 TU : TUAN-2010, TUAN-2050

TUAN-2050.10 네 자리의 수 세기 (천씩, 백씩, 십씩 묶어 세기)

관련 교육과정	(07) 3(가)1①
	(09) 12(가)1②

목표

네 자리 수의 기수법 원리를 이해할 수 있다.

자료

수모형, 그림 카드

활동

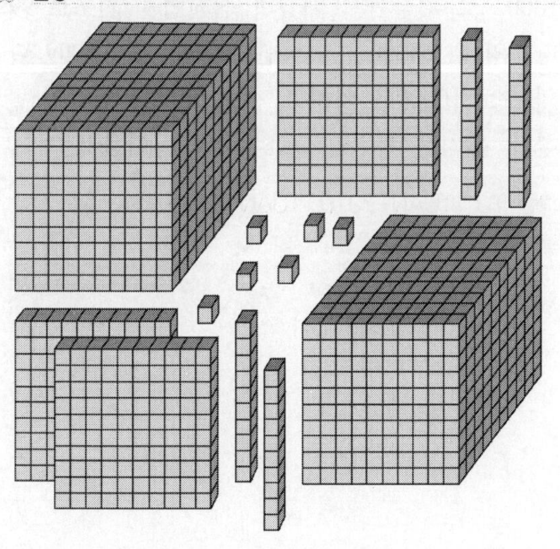

천 모형은 모두 몇 개 입니까? 2개
백 모형은 모두 몇 개 입니까? 3개
십 모형은 모두 몇 개 입니까? 4개
낱개 모형은 모두 몇 개 입니까? 6개
모두 얼마인지 세어 보시오. 2346

배경

각 수모형을 세어 네 자리 수를 도입하고, 각 개수는 네 자리 수의 기수법과 관련지어 명수법을 이해하게 한다. 즉, 2346은 1000이 2, 100이 3, 10이 4, 1이 6인 수임을 생각하게 해야 한다. 네 자리 수의 구조와 크기를 알게 하는 데 초점을 둔다.

관련 TU : TUAN-1040, TUAN-2040, TUAN-2060

TUAN-2060.10 위치적 기수법(천의 자리, 백의 자리, 십의 자리, 일의 자리)

관련 교육과정	(07) 3(가)1①
	(09) 12(가)1②

목표

네 자리 수의 기수법 원리를 이해하고, 네 자리 수에서 자릿값, 자리의 숫자를 말할 수 있다.

자료

각 자리의 수가 드러나는 표

활동

천의 자리	백의 자리	십의 자리	일의 자리
3	4	7	5
3	0	0	0
	4	0	0
		7	0
			5

3475에서

천의 자리 숫자는 몇 입니까? 3

천의 자리 숫자 3은 얼마를 나타냅니까? 3000

백의 자리 숫자는 몇 입니까? 4

백의 자리 숫자 4는 얼마를 나타냅니까? 400

십의 자리 숫자는 몇 입니까? 7

십의 자리 숫자 7은 얼마를 나타냅니까? 70

일의 자리 숫자는 몇 입니까? 5

일의 자리 숫자 5는 얼마를 나타냅니까? 5

배경

십진법에서 네 자리 수의 자릿값을 파악하여 각 숫자가 의미하는 값을 이해하여, 네 자리 수의 구성을 알게 한다. 네 자리 수의 십진법의 이해를 기반으로 하여 네 자리 수를 읽고 쓰는 연습이 필요하다.

관련 TU : TUAN-1050, TUAN-2050, TUAN-2540

9999보다 1 큰 수는 얼마입니까? 10000

TUAN-2070.10 수 10000(9999 다음의 수)

관련 교육과정	(07) 3(가)1①
	(09) 12(가)1②

목표

10000을 알 수 있다(9999 다음의 수).

자료

수직선

활동

9992 9993 9994 9995 9996 9997 9998 9999 □

배경

9다음의 수 10, 99 다음의 수 100, 999다음의 수 1000으로 지금까지 배웠던 십진법을 기초로 9999 다음의 수 10000을 인식한다. 여기서는 9999 다음의 수로 10000을 익히고, 써보고 읽는 연습이 필요하다. 위치적 기수법으로의 파악은 다음 단계이다.

관련 TU : TUAN-2010, TUAN-2510

TUAN-2080.10 네 자리 수 뛰어 세기 (천씩, 백씩, 십씩, 일씩)

관련 교육과정	(07) 3(가)①②
	(09) 12(가)①③

목표

천씩, 백씩, 십씩, 일씩 뛰어 세어 네 자리 수의 계열을 알 수 있다.

자료

수모형

활동

(1) 천씩 세어 보시오.

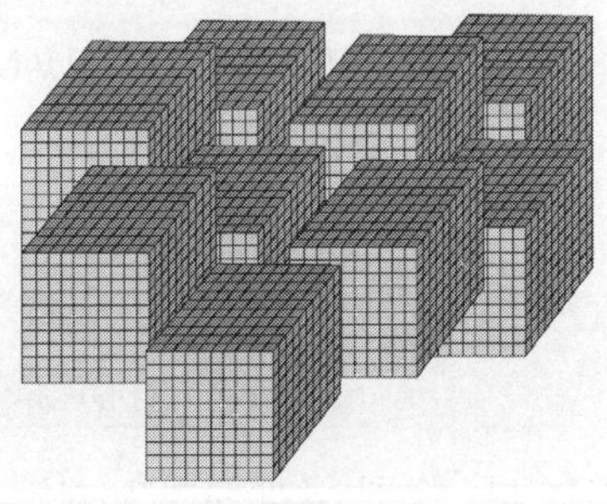

천 모형을 1개씩 누가하면서, 학생들이 구두로 1000, 2000, 3000, …, 8000, 9000이라고 말해보도록 한다.

1000 - 2000 - [ ] - [ ] - [ ] - [ ] - [ ] - [ ] - [ ]

(2) 천 모형을 먼저 세고, 백 모형을 하나씩 세어 보시오.

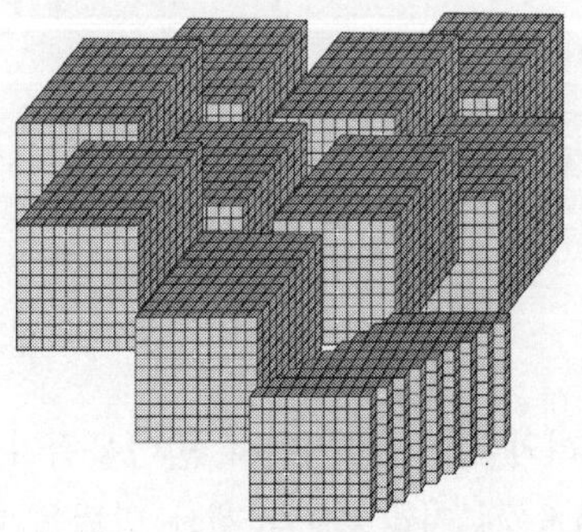

천 모형 9개 이후에 백 모형을 1개씩 누가하면서 구두로 9100, 9200, …, 9800, 9900이라고 말해보도록 한다.

9100 - 9200 - [ ] - [ ] - [ ] - [ ] - [ ] - [ ] - [ ]

(3) 천 모형과 백 모형을 먼저 세고, 십 모형을 하나씩 세어 보시오.

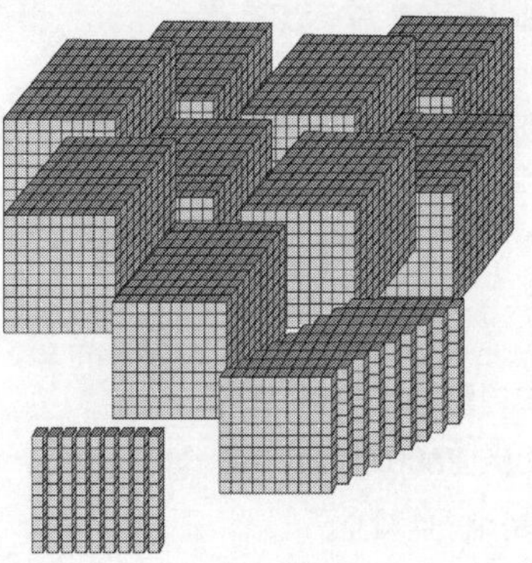

천 모형 9개, 백 모형 9개 이후 십 모형을 1개씩 누가하면서 구두로 9910, 9920, …, 9980, 9990이라고 말해보도록 한다.

9910 - 9920 - [ ] - [ ] - [ ] - [ ] - [ ] - [ ] - [ ]

(4) 천 모형, 백 모형과 십 모형을 먼저 세고, 낱개 모형을 하나씩 세어 보시오.

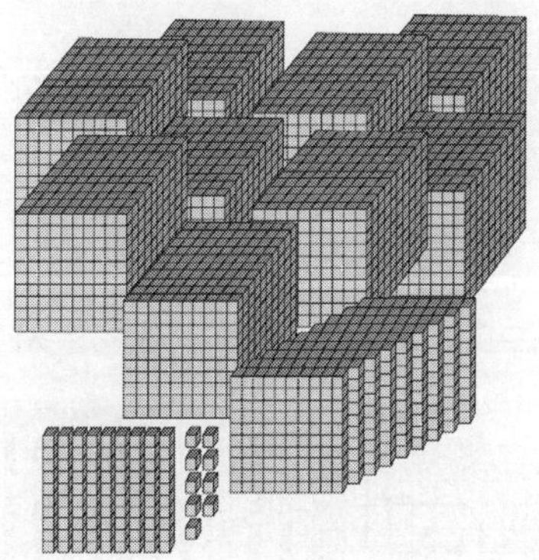

천 모형 9개, 백 모형 9개, 십 모형 9개 이후 낱개 모형을 1개씩 누가하면서 9991, 9992, …, 9998, 999라고 말해보도록 한다.

9991 - 9992 - [ ] - [ ] - [ ] - [ ] - [ ] - [ ] - [ ]

배경

수의 계열에서 수가 점점 커지는 유형을 살펴보고, 네 자리 수의 위치적 기수법을 이해하도록 한다.

관련 TU : TUAN-2050, TUAN-2620

TUAN-2090.10 두 수의 크기 비교(네 자리의 수)

관련 교육과정	(07) 3(가)[1]②
	(09) 12(가)[1]③

목표

두 수의 크기를 비교하여, 대소 관계를 부등호를 사용하여 나타낼 수 있다.

자료

수모형, 수직선

활동

(1)수의 크기를 비교하여 보시오.
수모형으로 2600과 3100을 놓고, 어느 쪽이 더 큰지 비교하여 보시오.
어느 수가 더 큽니까? 2600 ○ 3100

(2) 네 자리 수의 크기를 비교하는 방법을 말하여 보시오.

배경

네 자리 수의 비교는 큰 자리 수, 즉 천의 자리부터 비교하여 백의 자리, 십의 자리, 일의 자리 순으로 비교한다는 것을 학생들이 설명하도록 한다. 이는 네 자리 수의 위치적 기수법의 이해를 기반으로 해야 한다.

관련 TU : TUAN-2050, TUAN-1080, TUAN-2630

TUAN-2210.10 472+369=841형 (계산 원리, 알고리즘)

관련 교육과정	(07) 3(가)[2]①
	(09) 34(가)[2]①

목표

받아올림이 두 번 있는 세 자리 수끼리의 덧셈의 계산 원리를 이해할 수 있다.

자료

수모형, 계산 도식

활동

(1) 수모형으로 472+369를 어떻게 계산하는지 알아보시오.

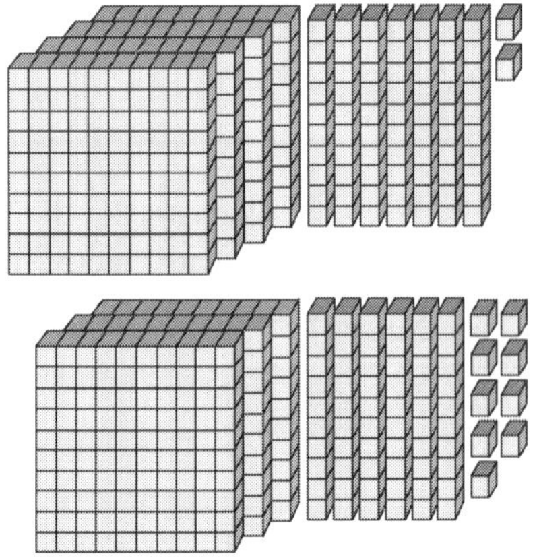

백 모형, 십 모형, 낱개 모형을 이용하여 472, 369를 놓고, 낱개끼리, 십 모형끼리, 백 모형끼리 합하여 답을 구한다. 이 때 낱개 모형 10개는 십 모형 1개로, 십 모형 10개는 백 모형 1개로 바꾸어 본다.

(2) 계산하는 방법을 알아보시오.
(472 + 369 = 841의 세로 형식 계산, 받아올림 표시)

$$\begin{array}{r} 472 \\ +\,369 \\ \hline \end{array} \Rightarrow \begin{array}{r} {\scriptstyle 1} \\ 472 \\ +\,369 \\ \hline 1 \end{array} \Rightarrow \begin{array}{r} {\scriptstyle 1\,1} \\ 472 \\ +\,369 \\ \hline 41 \end{array} \Rightarrow$$

$$\begin{array}{r} {\scriptstyle 1\,1} \\ 472 \\ +\,369 \\ \hline 841 \end{array}$$

배경

일의 자리와 십의 자리에서 받아올림이 있는 (세 자리 수) + (세 자리 수)의 계산 방법을 따라 하고, 십의 자리와 백의 자리에서 두 수의 합을 내려 쓰도록 한다. 세로셈에서 각 숫자의 자리를 맞추어야 하는 이유(위치적 기수법)를 이해하도록 한다. 받아올림의 수를 각 자리의 위치에 작게 쓰거나 기억하도록 한다.

관련 TU : TUAN-1490, TUAN-2220

TUAN-2220.10 974+468=1442형 (계산 원리, 알고리즘)

관련 교육과정	(07) 3(가)2①
	(09) 34(가)2①

목표

받아올림이 세 번 있는 세 자리 수끼리의 덧셈의 계산 원리를 이해할 수 있다.

자료

수모형, 계산 도식

활동

(1) 수모형으로 974+468를 어떻게 계산하는지 알아보시오.

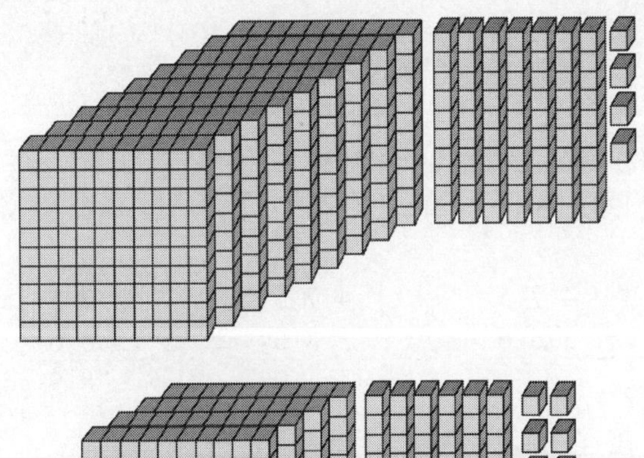

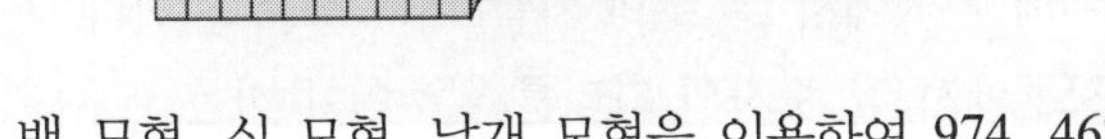

백 모형, 십 모형, 낱개 모형을 이용하여 974, 468를 놓고, 낱개끼리 합하고, 십 모형끼리 합하고, 백 모형끼리 합하여 답을 구한다. 이 때 낱개 모형 10개는 십 모형 1개로, 십 모형 10개는 백 모형 1개로, 백 모형 10개는 천 모형 1개로 바꾸어 본다.

(2) 계산하는 방법을 알아보시오.
(974 + 468 = 1442의 세로 형식 계산, 받아올림 표시)

$$\begin{array}{r} 974 \\ +\ 468 \\ \hline \end{array} \Rightarrow \begin{array}{r} {\scriptstyle 1}\ \ \\ 974 \\ +\ 468 \\ \hline 2 \end{array} \Rightarrow \begin{array}{r} {\scriptstyle 1\,1}\ \ \\ 974 \\ +\ 468 \\ \hline 42 \end{array} \Rightarrow$$

$$\begin{array}{r} {\scriptstyle 1\,1}\ \ \ \ \\ 974 \\ +\ 468 \\ \hline 1442 \end{array}$$

배경

일의 자리, 십의 자리 그리고 백의 자리에서 받아올림이 있는 (세 자리 수) + (세 자리 수)의 계산 방법을 따라 하고, 십의 자리, 백의 자리 그리고 천의 자리에서 두 수의 합을 내려 쓰도록 한다. 세로셈에서 각 숫자의 자리를 맞추어야 하는 이유(위치적 기수법)를 이해하도록 한다. 받아올림의 수를 각 자리의 위치에 작게 쓰거나 기억하도록 한다.

관련 TU : TUAN-2210, TUAN-2250

TUAN-2230.10 475 − 286=189형 (계산 원리, 알고리즘)

관련 교육과정	(07) 3(가)2①
	(09) 34(가)2①

목표

받아내림이 두 번 있는 세 자리 수끼리의 뺄셈의 계산 원리를 이해할 수 있다.

자료

수모형, 계산 도식

활동

(1) 수모형으로 475 − 286을 어떻게 계산하는지 알아보시오.

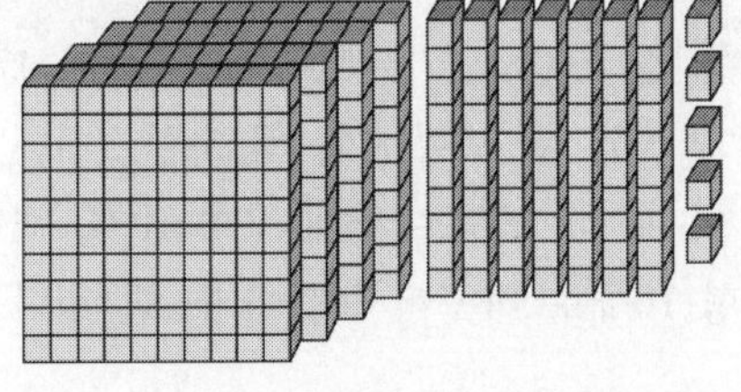

백 모형, 십 모형, 낱개 모형을 이용하여 475를 놓고, 낱개 6개, 십 모형 8개, 백 모형 2개를 덜어내는데, 이 때 십 모형은 낱개 모형 10개, 백 모형은

십 모형 10개로 바꾸어서 덜어내도록 한다.

(2) 계산 방법을 알아보시오.
(475－286＝189의 세로 형식 계산, 받아내림 표시)

```
                  6 10         3 16
  4 7 5          4 7̸ 5        4̸ 7̸ 5
－2 8 6  ⇨     －2 8 6  ⇨   －2 8 6  ⇨
───────        ───────       ───────
                    9            8 9

 3 16
 4̸ 7̸ 5
－2 8 6
───────
 1 8 9
```

배경

십의 자리와 백의 자리에서 받아내림이 있는 (세 자리 수)－(세 자리 수)의 계산 방법을 따라 하고, 백의 자리에서 두 수의 차를 내려 쓰도록 한다. 세로셈에서 각 숫자의 자리를 맞추어야 하는 이유(위치적 기수법)를 이해하도록 한다. 받아올림의 수를 각 자리의 위치에 작게 쓰거나 기억하도록 한다.

관련 TU : TUAN-1520, TUAN-2240

TUAN-2240.10 475－386=89형 (계산 원리, 알고리즘)

관련 교육과정	(07) 3(가)2①
	(09) 34(가)2①

목표

받아내림이 두 번 있는 세 자리 수끼리의 뺄셈의 계산 원리를 이해할 수 있다.

자료

수모형, 계산 도식

활동

(1) 수모형으로 475－386을 어떻게 계산하는지 알아보시오.

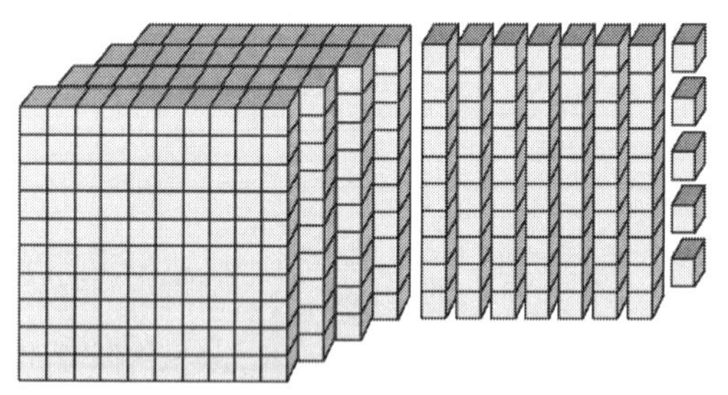

백 모형, 십 모형, 낱개 모형을 이용하여 475를 놓고, 낱개 6개, 십 모형 8개, 백 모형 3개를 덜어내는데, 이 때 십 모형은 낱개 모형 10개, 백 모형은 십 모형 10개로 바꾸어서 덜어내도록 한다.

(2) 계산 방법을 알아보시오.
(475－386＝89의 세로 형식 계산, 받아내림 표시)

```
                  6 10         3 16
  4 7 5          4 7̸ 5        4̸ 7̸ 5
－3 8 6  ⇨     －3 8 6  ⇨   －3 8 6
───────        ───────       ───────
                    9            8 9
```

배경

십의 자리와 백의 자리에서 받아내림이 있는 (세 자리 수)－(세 자리 수)의 계산 방법을 따라 하고, 백의 자리에서 두 수의 차를 내려 쓰도록 한다. 세로셈에서 각 숫자의 자리를 맞추어야 하는 이유(위치적 기수법)를 이해하도록 한다. 받아올림의 수를 각 자리의 위치에 작게 쓰거나 기억하도록 한다.

관련 TU : TUAN-2230, TUAN-2280

TUAN-2250.10 1976+345=2321형 (계산 원리, 알고리즘)

관련 교육과정	(07) 3(가)[2]②
	(09) -

목표

받아올림이 세 번 있는 (네 자리 수) + (세 자리 수)의 계산 원리를 이해할 수 있다.

자료

수모형, 계산 도식

활동

(1) 수모형으로 1976+345를 어떻게 계산하는지 알아보시오.

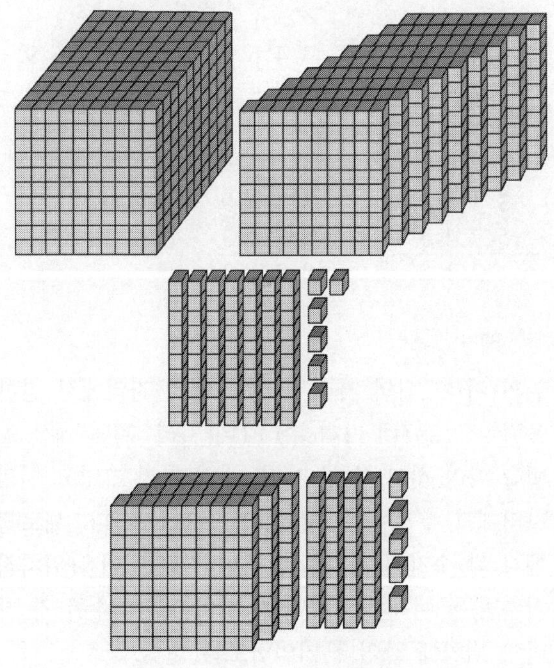

천 모형, 백 모형, 십 모형, 낱개 모형을 이용하여 1976, 345를 놓고, 낱개 모형, 십 모형, 백 모형 그리고 천 모형끼리 합하여 답을 구한다. 이 때 낱개 모형 10개는 십 모형 1개로, 십 모형 10개는 백 모형 1개로, 백 모형 10개는 천 모형 1개로 바꾸어 본다.

(2) 계산하는 방법을 알아보시오.

(974 + 468 = 1442의 세로 형식 계산, 받아올림 표시)

$$\begin{array}{r} 1976 \\ +\ 345 \\ \hline \end{array} \Rightarrow \begin{array}{r} {}^{1}\ \\ 1976 \\ +\ 345 \\ \hline 1 \end{array} \Rightarrow \begin{array}{r} {}^{1\,1}\ \ \\ 1976 \\ +\ 345 \\ \hline 21 \end{array} \Rightarrow$$

$$\begin{array}{r} {}^{1\,1\,1}\ \ \ \\ 1976 \\ +\ 345 \\ \hline 321 \end{array} \Rightarrow \begin{array}{r} {}^{1\,1\,1}\ \ \ \\ 1976 \\ +\ 345 \\ \hline 2321 \end{array}$$

배경

일의 자리, 십의 자리 그리고 백의 자리에서 받아올림이 있는 (네 자리 수) + (세 자리 수)의 계산 방법을 따라 하고, 십의 자리, 백의 자리 그리고 천의 자리에서 두 수의 합을 내려 쓰도록 한다. 세로셈에서 각 숫자의 자리를 맞추어야 하는 이유(위치적 기수법)를 이해하도록 한다. 받아올림의 수를 각 자리의 위치에 쓰거나 기억하도록 한다.

관련 TU : TUAN-2220, TUAN-2260

TUAN-2260.10 3469+5743=9212형 (계산 원리, 알고리즘)

관련 교육과정	(07) 3(가)2②
	(09) -

목표

받아올림이 세 번 있는 (네 자리 수)+(네 자리 수)의 계산 원리를 이해할 수 있다.

자료

수모형, 계산 도식

활동

(1) 수모형으로 3469+5743를 어떻게 계산하는지 알아보시오.

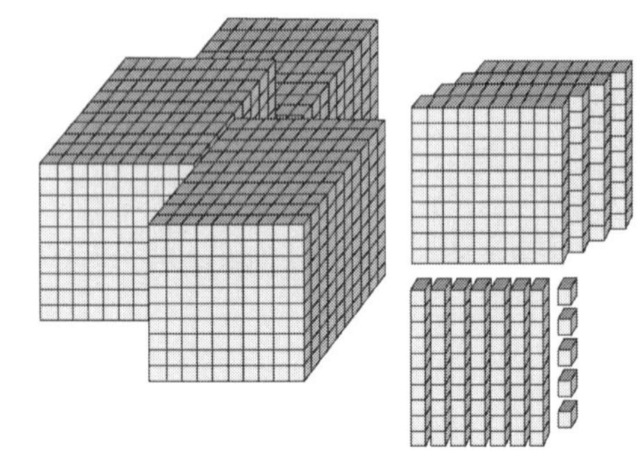

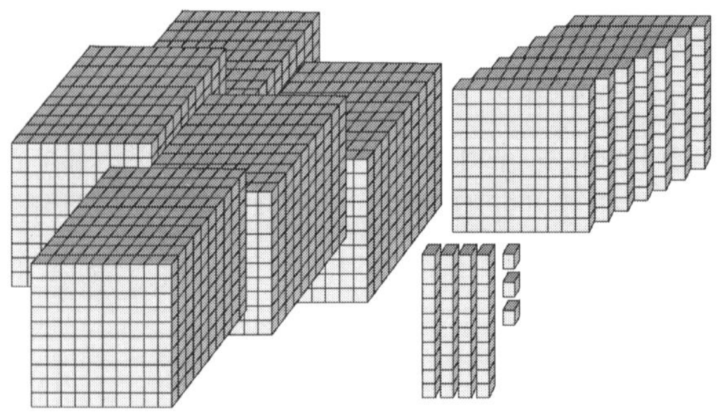

천 모형, 백 모형, 십 모형, 낱개 모형을 이용하여 3469, 5743을 놓고, 낱개 모형, 십 모형, 백 모형 그리고 천 모형끼리 합하여 답을 구한다. 이 때 낱개 모형 10개는 십 모형 1개로, 십 모형 10개는 백 모형 1개로, 백 모형 10개는 천 모형 1개로 바꾸어 본다.

(2) 계산하는 방법을 알아보시오.
(3469 + 5743 = 9212의 세로 형식 계산, 받아올림 표시)

$$\begin{array}{r} 3\,4\,6\,9 \\ +\,5\,7\,4\,3 \\ \hline \end{array} \Rightarrow \begin{array}{r} {\scriptstyle 1}\;\; \\ 3\,4\,6\,9 \\ +\,5\,7\,4\,3 \\ \hline 2 \end{array} \Rightarrow \begin{array}{r} {\scriptstyle 1\,1}\;\; \\ 3\,4\,6\,9 \\ +\,5\,7\,4\,3 \\ \hline 1\,2 \end{array} \Rightarrow$$

$$\begin{array}{r} {\scriptstyle 1\,1\,1}\;\; \\ 3\,4\,6\,9 \\ +\,5\,7\,4\,3 \\ \hline 2\,1\,2 \end{array} \Rightarrow \begin{array}{r} {\scriptstyle 1\,1\,1}\;\; \\ 3\,4\,6\,9 \\ +\,5\,7\,4\,3 \\ \hline 9\,2\,1\,2 \end{array}$$

배경

일의 자리, 십의 자리 그리고 백의 자리에서 받아올림이 있는 (네 자리 수)+(네 자리 수)의 계산 방법을 따라 하고, 십의 자리, 백의 자리 그리고 천의 자리에서 두 수의 합을 내려 쓰도록 한다. 세로셈에서 각 숫자의 자리를 맞추어야 하는 이유(위치적 기수법)를 이해하도록 한다. 받아올림의 수를 각 자리의 위치에 쓰거나 기억하도록 한다.

관련 TU : TUAN-2250, TUAN-2310

TUAN-2270.10 1325－839=486형 (계산 원리, 알고리즘)

관련 교육과정	(07) 3(가)[2]②
	(09) －

목표

받아내림이 세 번 있는 (네 자리 수)－(세 자리 수)의 계산 원리를 이해할 수 있다.

자료

수모형, 계산 도식

활동

(1) 수모형으로 1325－839를 어떻게 계산하는지 알아보시오.

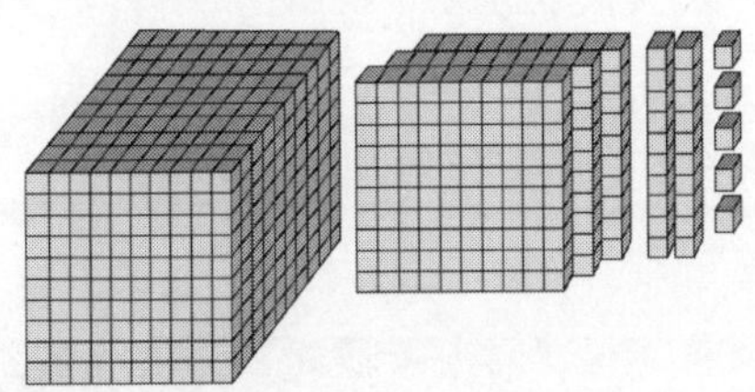

천 모형, 백 모형, 십 모형, 낱개 모형을 이용하여 1325를 놓고, 낱개 9개, 십 모형 3개, 백 모형 8개를 덜어내는데, 이 때 십 모형은 낱개 모형 10개, 백 모형은 십 모형 10개, 천 모형은 백 모형10개로 바꾸어서 덜어내도록 한다.

(2) 계산하는 방법을 알아보시오.
(1325－839＝486의 세로 형식 계산, 받아내림 표시)

$$\begin{array}{r} 1\,3\,2\,5 \\ -\;\;8\,3\,9 \\ \hline \end{array} \Rightarrow \begin{array}{r} {\scriptstyle 1\;10}\;\; \\ 1\,3\,2\,5 \\ -\;\;8\,3\,9 \\ \hline 6 \end{array} \Rightarrow \begin{array}{r} {\scriptstyle 2\;11}\;\; \\ 1\,3\,2\,5 \\ -\;\;8\,3\,9 \\ \hline 8\,6 \end{array} \Rightarrow \begin{array}{r} {\scriptstyle 12\;11}\;\;\;\; \\ 1\,3\,2\,5 \\ -\;\;8\,3\,9 \\ \hline 4\,8\,6 \end{array}$$

배경

십의 자리, 백의 자리 그리고 천의 자리에서 받아내림이 있는 (네 자리 수)－(세 자리 수)의 계산형식을 따라 하고, 백의 자리에서 두 수의 차를 내려 쓰도록 한다. 세로셈에서 각 숫자의 자리를 맞추어야 하는 이유(위치적 기수법)를 이해하도록 한다. 받아내림의 수를 각 자리의 위치에 쓰거나 기억하도록 한다.

관련 TU : TUAN-2240, TUAN-2280

TUAN-2280.10 5234－3975=1259형 (계산 원리, 알고리즘)

관련 교육과정	(07) 3(가)[2]②
	(09) －

목표

받아내림이 세 번 있는 (네 자리 수)－(네 자리 수)의 계산 원리를 이해할 수 있다.

자료

수모형, 계산 도식

활동

(1) 수모형으로 5234－3975를 어떻게 계산하는지 알아보시오.

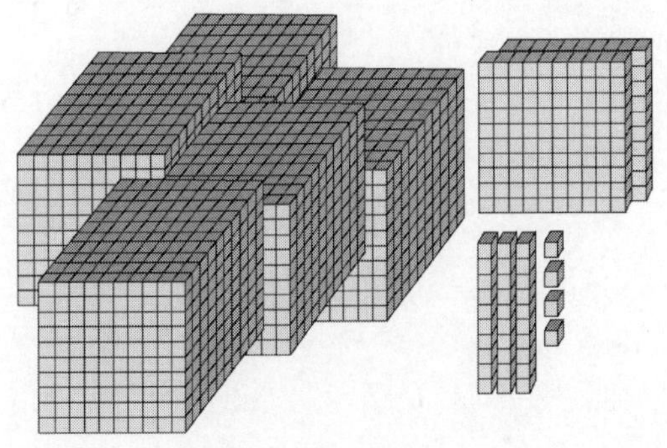

천 모형, 백 모형, 십 모형, 낱개 모형을 이용하여 5234를 놓고, 낱개 5개, 십 모형 7개, 백 모형 9개, 천 모형 3개를 덜어내는데, 이 때 십 모형은 낱개 모형 10개, 백 모형은 십 모형 10개, 천 모형은 백 모형10개로 바꾸어서 덜어내도록 한다.

(2) 계산하는 방법을 알아보시오.
(5234 − 3975 = 1259의 세로 형식 계산, 받아내림 표시)

$$\begin{array}{r} 5\ 2\ 3\ 4 \\ -\ 3\ 9\ 7\ 5 \\ \hline \end{array} \Rightarrow \begin{array}{r} {\scriptstyle 2\ 10}\ \ \\ 5\ 2\ \cancel{3}\ 4 \\ -\ 3\ 9\ 7\ 5 \\ \hline 9 \end{array} \Rightarrow \begin{array}{r} {\scriptstyle 1\ 12}\ \ \ \ \\ 5\ \cancel{2}\ \cancel{3}\ 4 \\ -\ 3\ 9\ 7\ 5 \\ \hline 5\ 9 \end{array} \Rightarrow$$

$$\begin{array}{r} {\scriptstyle 4\ 11}\ \ \ \ \ \ \\ \cancel{5}\ \cancel{2}\ 3\ 4 \\ -\ 3\ 9\ 7\ 5 \\ \hline 2\ 5\ 9 \end{array} \Rightarrow \begin{array}{r} {\scriptstyle 4}\ \ \ \ \ \ \ \ \\ \cancel{5}\ 2\ 3\ 4 \\ -\ 3\ 9\ 7\ 5 \\ \hline 1\ 2\ 5\ 9 \end{array}$$

배경

십의 자리, 백의 자리 그리고 천의 자리에서 받아내림이 있는 (네 자리 수) − (네 자리 수)의 계산형식을 따라 하고, 천의 자리에서 두 수의 차를 내려 쓰도록 한다. 세로셈에서 각 숫자의 자리를 맞추어야 하는 이유(위치적 기수법)를 이해하도록 한다. 받아내림의 수를 각 자리의 위치에 쓰거나 기억하도록 한다.

관련 TU : TUAN-2270, TUAN-2320

TUAN-2310.10 1865+2589+1938=6392형

관련 교육과정	(07) 3(가)②③
	(09) -

목표

네 자리 수의 범위에서 받아올림이 세 번 있는 세 수의 연가산 방법을 알고 계산할 수 있다.

자료

계산 도식

활동

1865 + 2589 + 1938은 얼마인지 알아보시오.

$$\begin{array}{r} 1\ 8\ 6\ 5 \\ 2\ 5\ 8\ 9 \\ +\ 1\ 9\ 3\ 8 \\ \hline \end{array} \Rightarrow \begin{array}{r} {\scriptstyle 2}\ \ \\ 1\ 8\ 6\ 5 \\ 2\ 5\ 8\ 9 \\ +\ 1\ 9\ 3\ 8 \\ \hline 2 \end{array} \Rightarrow \begin{array}{r} {\scriptstyle 1\ 2}\ \ \\ 1\ 8\ 6\ 5 \\ 2\ 5\ 8\ 9 \\ +\ 1\ 9\ 3\ 8 \\ \hline 9\ 2 \end{array} \Rightarrow$$

$$\begin{array}{r} {\scriptstyle 2\ 1\ 2}\ \ \\ 1\ 8\ 6\ 5 \\ 2\ 5\ 8\ 9 \\ +\ 1\ 9\ 3\ 8 \\ \hline 3\ 9\ 2 \end{array} \Rightarrow \begin{array}{r} {\scriptstyle 2\ 1\ 2}\ \ \\ 1\ 8\ 6\ 5 \\ 2\ 5\ 8\ 9 \\ +\ 1\ 9\ 3\ 8 \\ \hline 6\ 3\ 9\ 2 \end{array}$$

배경

일의 자리, 십의 자리 그리고 백의 자리에서 받아올림이 있는 (네 자리 수) + (네 자리 수)의 계산 방법을 이용하여 세 수의 덧셈을 하도록 한다. 각 숫자의 자리를 맞추어야 하는 이유(위치적 기수법)를 이해하도록 한다. 2개의 네 자리 수의 덧셈과 3개의 네 자리 수의 덧셈의 원리는 같음을 학생들이 알게 한다. 받아올림의 수를 각 자리의 위치에 쓰거나 기억하도록 한다.

관련 TU : TUAN-2260, TUAN-2330

TUAN-2320.10 2000−475−645=880형

관련 교육과정	(07) 3(가)②③
	(09) −

목표

네 자리 수의 범위에서 받아내림이 세 번 있는 세 수의 연감산 방법을 알고 계산할 수 있다.

자료

계산 도식

활동

2000−475−645은 얼마인지 알아보시오.

$$\begin{array}{r} 2000 \\ -\ 475 \\ \hline 1525 \end{array} \rightarrow \begin{array}{r} 1525 \\ -\ 645 \\ \hline 880 \end{array}$$

배경

십의 자리, 백의 자리 그리고 천의 자리에서 받아내림이 있는 (네 자리 수)−(세 자리 수)의 계산형식을 이용하여 세 수의 뺄셈을 하도록 한다. 제시된 순서대로 계산하도록 한다.

관련 TU : TUAN-2280, TUAN-2340

TUAN-2330.10 1437+1586−1746=1277형

관련 교육과정	(07) 3(가)②③
	(09) −

목표

네 자리 수의 범위에서 덧셈과 뺄셈의 혼합 계산 방법을 알고 계산할 수 있다.

자료

계산 도식

활동

1437+1586−1746은 얼마인지 알아보시오.

$$\begin{array}{r} 1437 \\ +\ 1586 \\ \hline 3023 \end{array} \rightarrow \begin{array}{r} 3023 \\ -\ 1746 \\ \hline 1277 \end{array}$$

배경

일의 자리, 십의 자리 그리고 백의 자리에서 받아올림이 있는 (네 자리 수)+(네 자리 수)의 계산 방법과 십의 자리, 백의 자리 그리고 천의 자리에서 받아내림이 있는 (네 자리 수)−(네 자리 수)의 계산 형식을 이용하여 덧셈과 뺄셈의 혼합 계산을 하도록 한다. 제시된 순서대로 계산하도록 한다.

관련 TU : TUAN-2260, TUAN-2280

TUAN-2340.10 7126−2549+1646=6223형

관련 교육과정	(07) 3(가)②③
	(09) −

목표

네 자리 수의 범위에서 덧셈과 뺄셈의 혼합 계산 방법을 알고 계산할 수 있다.

자료

계산 도식

활동

7126−2549+1646은 얼마인지 알아보시오.

$$\begin{array}{r} 7126 \\ -\ 2549 \\ \hline 4577 \end{array} \rightarrow \begin{array}{r} 4577 \\ +\ 1646 \\ \hline 6223 \end{array}$$

배경

십의 자리, 백의 자리 그리고 천의 자리에서 받아내림이 있는 (네 자리 수)−(네 자리 수)의 계산형식과 일의 자리, 십의 자리 그리고 백의 자리에서 받아올림이 있는 (네 자리 수)+(네 자리 수)의 계산 방법을 이용하여 덧셈과 뺄셈의 혼합 계산을 하도록 한다. 제시된 순서대로 계산을 한다.

관련 TU : TUAN-2260, TUAN-2280

TUAN-2350.10 여러 가지 방법으로 계산하기

관련 교육과정	(07) 3(가)2④
	(09) 34(가)2③

목표

여러 가지 방법으로 합과 차를 구하는 방법을 이해하고 구할 수 있다.

자료

계산 도식

활동

(1) 396+107을 여러 가지 방법으로 계산하여 보시오.

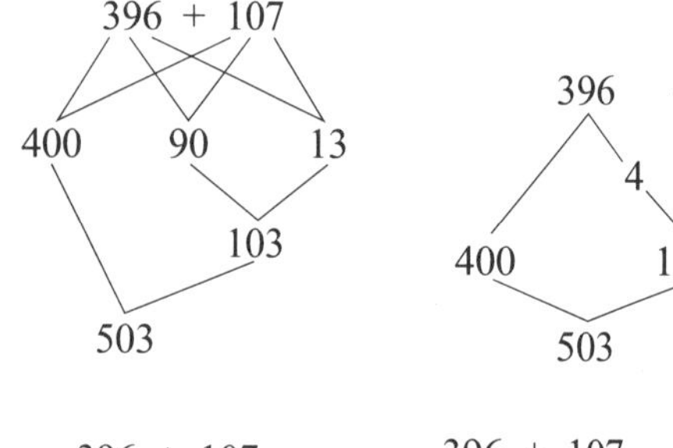

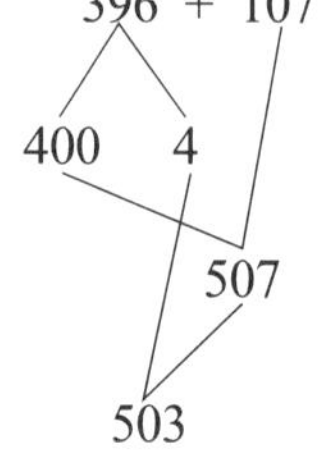

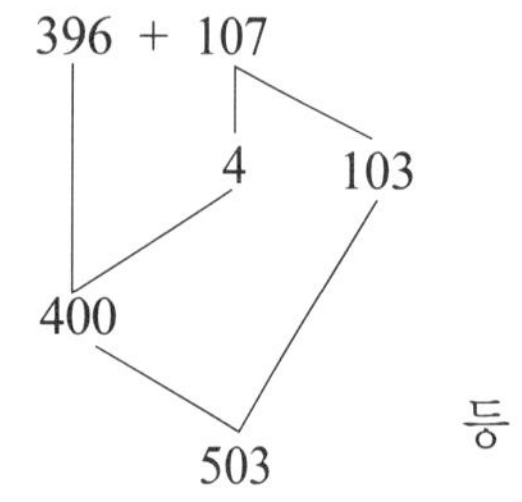

등

(2) 702 − 195을 여러 가지 방법으로 계산하여 보시오.

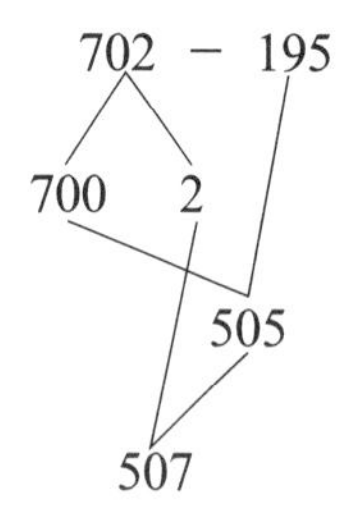

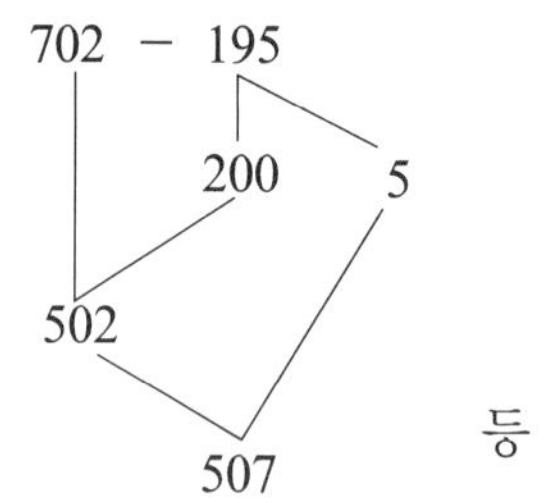

등

배경

기존의 알고리즘 외의 방법으로 계산할 수 있는 다양한 방법을 찾아본다. 학생들이 다양한 방법으로 자유롭게 표현할 수 있는 기회를 제공한다. 기존의 알고리즘과 달리 여기서는 큰 자리 수부터 계산하거나, 받아내림이나 받아올림이 있는 경우에도 굳이 세로셈을 이용하지 않아도 된다. 수를 가르거나 모으는 과정에서 중요한 것은 위치적 기수법의 이해를 바탕으로 두는 것이다. 어림하는 방법을 권장하도록 한다.

관련 TU : TUAN-2210, TUAN-2230

TUAN-2360.10 계산 결과 어림하기 (###)+(###)

관련 교육과정	(07) −
	(09) 34(가)2②

목표

세 자리 수의 덧셈 계산 결과를 어림할 수 있다.

자료

실생활 문제

활동

동은이는 사과를 397개, 나은이는 221개 따왔습니다. 이 사과를 10개씩 봉지에 담으려고 합니다. 봉지가 모두 몇 개쯤 있으면 이 사과를 담는 데 충분합니까?

▸397은 약 몇백입니까?
▸221은 약 몇백 몇십입니까?
▸397 + 221은 약 몇백 몇십입니까?
▸봉지는 모두 몇 개쯤 있어야 합니까?

배경

수학 학습은 시대의 변화에 따라 적절한 목표를 지향하게 된다. 과거에는 정확한 계산 능력의 배양을 목표로 하기도 하였지만, 현대 사회에서는 정확한 계산 결과를 내는 능력보다는 수량을 효율적으로 다루는 효과적인 수 감각을 요구한다. 이것은 편리한 계산기의 발달에 따른 것이라고 볼 수 있다. 따라서 과거에는 네 자리 수 또는 그보다 큰 수의 덧셈이나 뺄셈, 곱셈, 나눗셈 등 복잡한 계산에 대처하는 능력을 중시하였다면, 오늘날에는 그러한 계산의 결과가 어느 범위에 속하는지를 적절하게 판단할 수 있는 능력을 요구한다. 계산 결과의 정확성도 중요하지만, 그 계산의 결과를 어림하는 능력도 중요하다.

덧셈을 하는 방법은 다양하다. 세로 형식의 계산 알고리즘을 고집하기보다는 백의 자리부터 더한다든가, 반올림을 하여 합을 어림하든가 하는 다양한 방법으로 생각할 수 있는 능력을 장려하여야 한다.

관련 TU : TUAN-2210, TUAN-2220, TUAN-2370

TUAN-2370.10 계산 결과 어림하기 (###)-(###)

관련 교육과정	(07) -
	(09) 34(가)[2]②

목표

세 자리 수의 뺄셈 계산 결과를 어림할 수 있다.

자료

실생활 문제

활동

주차장에 자동차가 오전에 452대 있습니다. 정오 이후 오후 2시까지 자동차 237대가 빠져나갔습니다. 주차장에 남은 자동차는 모두 몇 대쯤 됩니까?
▸452는 약 몇백 몇십입니까?
▸237은 약 몇백 몇십입니까?
▸452 − 237은 약 몇백 몇십입니까?
▸오후 2시에 주차장에 남은 자동차는 모두 몇 대쯤 됩니까?

배경

수학 학습은 시대의 변화에 따라 적절한 목표를 지향하게 된다. 과거에는 정확한 계산 능력의 배양을 목표로 하기도 하였지만, 현대 사회에서는 정확한 계산 결과를 내는 능력보다는 수량을 효율적으로 다루는 효과적인 수 감각을 요구한다. 이것은 편리한 계산기의 발달에 따른 것이라고 볼 수 있다. 따라서 과거에는 네 자리 수 또는 그보다 큰 수의 덧셈이나 뺄셈, 곱셈, 나눗셈 등 복잡한 계산에 대처하는 능력을 중시하였다면, 오늘날에는 그러한 계산의 결과가 어느 범위에 속하는지를 적절하게 판단할 수 있는 능력을 요구한다. 계산 결과의 정확성도 중요하지만, 그 계산의 결과를 어림하는 능력도 중요하다.

뺄셈을 하는 방법은 다양하다. 세로 형식의 계산 알고리즘을 고집하기보다는 백의 자리부터 차이를 구한다든가, 반올림을 하여 차를 어림하든가 하는 다양한 방법으로 생각할 수 있는 능력을 장려하여야 한다.

관련 TU : TUAN-2230, TUAN-2240, TUAN-2360

TUAN-2510.10 수 10000(1000이 10인 수)

관련 교육과정	(07) 4(가)①①
	(09) 34(가)①①

목표

만을 이해하고, 쓰고 읽을 수 있다.

자료

모형 돈 (1000원짜리 10장)

활동

(1) 모형 돈을 세어 보고, 얼마인지 알아보시오. (그림을 이용한 활동)

1000	1000	1000	1000	1000
1000	1000	1000	1000	1000

▸ 1000원짜리가 8장이면 얼마입니까?

▸ 1000원짜리가 9장이면 얼마입니까?

▸ 1000원짜리가 10장이면 얼마입니까?

▸ 1000이 10이면 10000입니다. 이것을 10000 또는 1만이라 쓰고, 만 또는 일만이라고 읽습니다.

배경

10000을 배우기 전 자연수의 이해와 네 자리의 수를 취급하였다. 우리 주변에서는 돈을 세는 것, 야구장이나 축구장의 관중 수를 세는 것 이외에도 여러 가지 큰 수를 나타내야 하는 상황을 곳곳에서 찾아볼 수 있다. 따라서 우리는 일상생활에서 큰 수로 나타내어야 하는 상황에 사용하기 위해 10000이라는 수를 배워야 하는 것이다. 1000이 10이면 새로운 수가 됨을 알게 하고, 이 새로운 수를 10000 또는 1만이라 쓰고, 만 또는 일만이라고 읽는다는 것을 이해하게 한다. 이어서 10000을 1000이 10인 수, 9000보다 1000 큰 수, 9900보다 100 큰 수, 9990보다 10 큰 수, 9999보다 1 큰 수로 이해하는 활동을 추가할 수 있다.

10000은 9999보다 1큰 수를 나타내는 방법이고, 1, 10, 100, 1000과 함께 수를 나타내는 중요한 단위이며, 10000보다 큰 수들을 나타낼 때에 기초가 된다. 특히 억, 조 등의 큰 수를 읽을 때, 네 자리씩 띄어서 읽도록 지도하므로 다섯 자리 수인 10000의 도입은 중요하다.

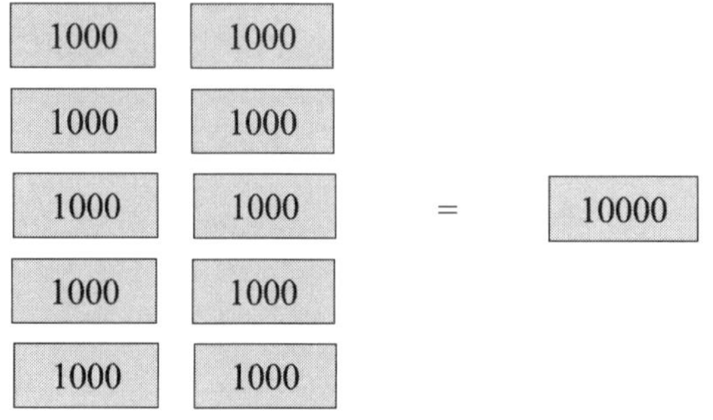

1000이 10이면 10000입니다.

참고로 왜 "일만"이라고 읽는지 생각해 보도록 지도한다. 영수증과 은행 거래에서 '일만'이라는 말을 사용한다. 또한 큰 수에서 149500000km는 "억사천구백오십만 km"라고 읽기보다는 "일억사천구백오십만 km"라고 읽는다는 점을 말해주도록 한다.

관련 TU : TUAN-2070, TUAN-2520, TUAN-2550

TUAN-2520.10 다섯 자리 수 쓰고 읽기

관련 교육과정	(07) 4(가)Ⅰ①
	(09) 34(가)Ⅰ①

목표

다섯 자리 수를 쓰고 읽을 수 있다.

자료

모형 돈 (10000원짜리 4장, 1000원짜리 2장, 100원짜리 7개, 10원짜리 3개, 1원짜리 6개)

활동

(1) 모형돈을 세어 보고, 얼마인지 알아보시오. (그림을 이용한 활동)

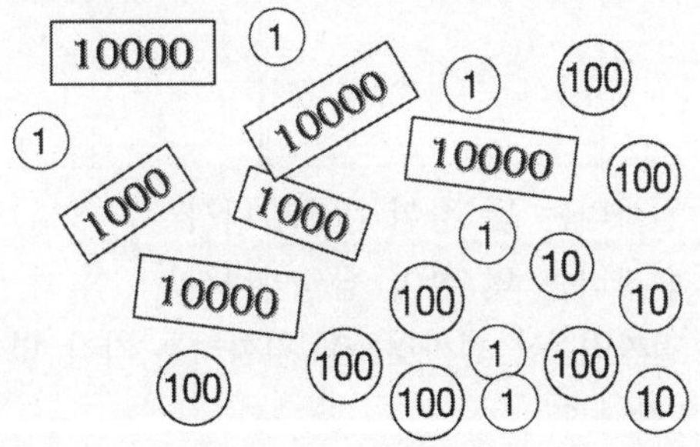

▸ 10000원짜리가 4장이면 얼마입니까?

▸ 10000원이 4장, 1000원이 2장이면 얼마입니까?

▸ 10000원이 4장, 1000원이 2장, 100원이 7개면 얼마입니까?

▸ 10000원이 4장, 1000원이 2장, 100원이 7개, 10원이 3개면 얼마입니까?

▸ 10000원이 4장, 1000원이 2장, 100원이 7개, 10원이 3개, 1원이 6개면 얼마입니까?

▸ 10000이 4, 1000이 2, 100이 7, 10이 3, 1이 6이면 42736입니다.

42736을 사만 이천칠백삼십육이라고 읽습니다.

배경

먼저 다섯 자리 수의 기본인 10000(1만)을 약속하고, 다섯 자리 수에 대해 공부한다. 우리가 물건을 살 때에도 10000을 넘어가는 경우가 많고, 대단위의 물건을 셀 때에도 그 단위가 다섯 자리의 수가 될 경우가 있다. 생활 곳곳에서 다섯 자리의 수는 쓰임이 많다. 대개는 다섯 자리의 수를 쓰고 읽는 활동 다음에는 **위치적 기수법**이 도입된다.

영어문화권에서는 세 자리씩 끊어서 읽지만, 우리나라는 네 자리씩 끊어 읽는다는 것을 참고로 말해 주어도 좋다.

관련 TU : TUAN-2510, TUAN-2530

TUAN-2530.10 다섯 자리 수의 위치적 기수법의 원리

관련 교육과정	(07) 4(가)Ⅰ①
	(09) 34(가)Ⅰ①

목표

다섯 자리 수의 위치적 기수법의 원리를 알 수 있다.

자료

모형 돈 (10000원짜리 4장, 1000원짜리 2장, 100원짜리 7개, 10원짜리 3개, 1원짜리 6개), 자리 수가 표시된 표

활동

(1) 표 안의 숫자와 실제 모형 돈의 자리 수를 비교해 보면서 모형 돈 스티커를 알맞은 자리에 붙인다.

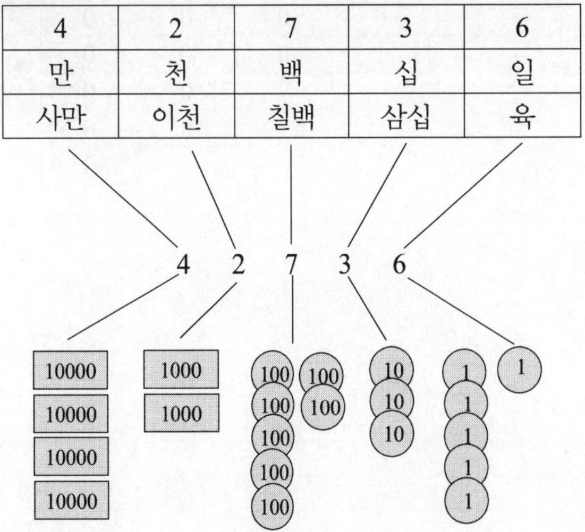

4	2	7	3	6
만	천	백	십	일
사만	이천	칠백	삼십	육

배경

42736(사만이천칠백삼십육)을 40000 2000 700 30 6이라고 쓰는 오개념을 피하기 위해 '만'은 다섯 자리 수임을, '천'은 네 자리 수임을 강조한다. 처음 단계에서는 다음과 같이 자리의 이름을 나타낸 표에 수를 표시하고, 읽는 방법을 알게 한다.

관련 TU : TUAN-2520, TUAN-2540

TUAN-2540.10 위치적 기수법(만의 자리, 천의 자리, 백의 자리, 십의 자리, 일의 자리)

관련 교육과정	(07) 4(가)[1]①
	(09) 34(가)[1]①

목표

다섯 자리 수의 각 자리의 숫자와 수를 이해하고, 위치적 기수법의 원리를 이해할 수 있다.

자료

자리 수 판(만의 자리까지 표시), 수모형, 모형돈(10000원, 1000원, 100원 10원, 1원)

활동

(1) 수모형을 가지고 자릿값을 알아보시오. (수모형을 이용한 활동)

51783에서

5는 만의 자리 숫자이고, 50000을 나타냅니다.

1은 천의 자리 숫자이고, 1000을 나타냅니다.

7은 백의 자리 숫자이고, 700을 나타냅니다.

8은 십의 자리 숫자이고, 80을 나타냅니다.

3은 일의 자리 숫자이고, 3을 나타냅니다.

만의 자리	천의 자리	백의 자리	십의 자리	일의 자리
5	1	7	8	3

5	0	0	0	0
	1	0	0	0
		7	0	0
			8	0
				3

(2) 37462원을 모형 돈으로 나타내어 보시오. (학생이 직접 해보는 활동)

3	7	4	6	2

▸ 만 원짜리는 몇 장이 필요합니까?

▸ 천 원짜리는 몇 장이 필요합니까?

▸ 백 원짜리, 십 원짜리, 일 원짜리는 각각 몇 개씩 필요합니까?

▸ 37462는 다음과 같이 나타낼 수 있습니다.

$$37462 = 30000 + 7000 + 400 + 60 + 2$$

배경

보통은 다섯 자리의 수를 어떻게 읽고 쓰는지 알게 한 다음, 위치적 기수법을 도입한다. 수모형이나 모형돈 같은 구체적이고 직접적인 조작을 통해 크기를 감각적으로 느낌으로써 자리 수를 더 잘 이해할 수 있다. 이를 통해 다섯 자리의 수가 쓰인 것은 그냥 숫자의 나열이 아니라 만, 천, 백, 십, 일의 자릿값이 있다는 것을 알아야 한다.

활동 (1)에서 십진법 체계는 수모형을 통해 직관적으로 지도할 수 있다. **활동** (2)는 빈칸에 그림을 그려 넣는 활동은 의미가 없으므로, 모형돈을 준비시켜 반드시 구체적 조작 활동을 통해 다섯자리 수의 구성과 위치적 기수법의 원리를 이해하도록 한다.

관련 TU : TUAN-2530, TUAN-2610

TUAN-2550.10 십만(10000이 10인 수)

관련 교육과정	(07) 4(가)1①
	(09) 34(가)1①

목표

십만을 이해하고, 쓰고 읽을 수 있다.

자료

모형돈(10000원짜리 10장), 그림 카드

활동

(1) 모형돈을 세어 보고, 얼마인지 알아보시오. (그림을 이용한 활동)

10000	10000	10000	10000	10000
10000	10000	10000	10000	10000

▸10000원짜리가 1장이면 얼마입니까?

▸10000원짜리가 5장이면 얼마입니까?

▸10000원짜리가 9장이면 얼마입니까?

▸10000원짜리가 10장이면 얼마입니까?

▸10000이 10이면 100000입니다. 이것을 100000 또는 10만이라 쓰고, 십만이라고 읽습니다.

배경

100000을 배우기 전 다섯 자리의 수를 쓰고 읽는 것을 배운다. 다섯 자리의 수를 배울 때 10000이 1이면 10000, 10000이 2이면 20000, 10000이 5이면 50000으로 나타낸다는 것을 응용하여 10000이 10이면 100000이라는 것을 알도록 한다.

1만이 몇 개, 1이 몇 개를 어떻게 쓰고 있는지 생각하여 1만, 5만, 9만, 10만을 알 수 있다. 또, 십진법의 원리를 바탕으로 알아보면, 만의 10배는 십만임을 알 수 있는데, 이를 바탕으로 만의 100배인 100만, 만의 1000배인 1000만을 유도하여 지도할 수 있다.

일상생활에서 큰 수를 가장 많이 접할 수 있는 것은 돈을 셀 때이므로, 이를 이용하여 십만의 개념을 일러주는 것이 가장 쉽다. 100000은 10000이 10인 수 이외에도, 90000보다 10000 큰 수, 99000보다 1000 큰 수, 99900보다 100 큰 수, 99990보다 10 큰 수, 99999보다 1 큰 수로 이해시킬 수도 있다. 예를 들어 백화점에서 99000원짜리 원피스를 하나 샀는데 100000짜리 백화점 상품권을 냈다면 얼마를 거슬러 받을 수 있을까?라는 물음을 던지면 아이들은 쉽게 1000원이라는 대답을 한다. 여기서 99000보다 1000 큰 수는 100000이라는 생각을 유도할 수 있다.

관련 TU : TUAN-2510, TUAN-2560

TUAN-2560.10 백만(10000이 100인 수)

관련 교육과정	(07) 4(가)1①
	(09) 34(가)1①

목표

백만을 이해하고, 쓰고 읽을 수 있다.

자료

모형돈(만원짜리를 10장씩 묶은 묶음 9개, 만원짜리 10장), 그림 카드

활동

(1) 모형돈을 세어 보고, 얼마인지 알아보시오. (그림을 이용한 활동)

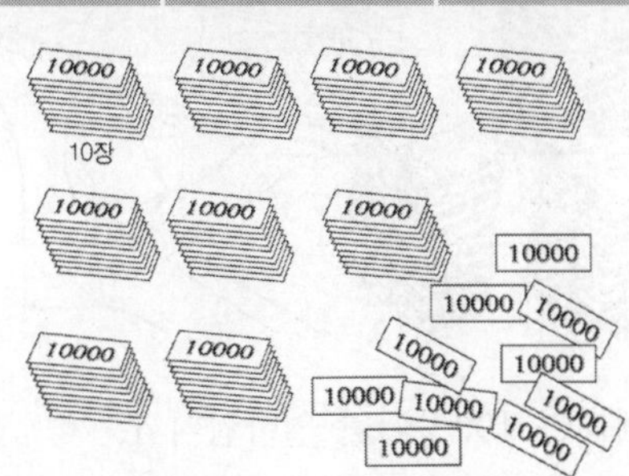

▸만원짜리가 10장이면 얼마입니까?

▸만원짜리 10장씩 묶은 묶음이 2개 있으면 만원짜리가 20장입니다. 얼마입니까?

▸ 만원짜리 10장씩 묶은 묶음이 4개 있으면 만원짜리가 40장입니다. 얼마입니까?
▸ 만원짜리가 78장 있습니다. 얼마입니까?
▸ 만원짜리가 99장 있습니다. 얼마입니까?
▸ 만원짜리가 100장 있습니다. 얼마입니까?
▸ 만이 100이면 백만입니다. 이것을 1000000 또는 100만이라 쓰고, 백만이라고 읽습니다.

배경

대개 학생들은 백만을 배우기 전 십만의 수를 이해하고, 읽고, 쓴다. 만원짜리를 이용하여 10장이면 십만원임을 배웠기 때문에 11장이면 11만원, 20장이면 20만원, 50장이면 50만원임을 학생들은 쉽게 익힐 수 있다. 99만에 만을 합하면 100만이 된다는 것을 이용하여 990000보다 10000 큰 수, 999000보다 1000 큰 수, 999900보다 100 큰 수, 999990보다 10 큰 수, 999999보다 1 큰 수로 이해하게 시킬 수도 있다.

참고로, 영어의 thousands의 개념과 달리 우리나라는 만단위로 끊어지기 때문에 아이들은 쉽게 만이 100 있으면 100만이 된다는 것을 이해할 수 있다.

관련 TU : TUAN-2550, TUAN-2570

TUAN-2570.10 천만(10000이 1000인 수)

관련 교육과정	(07) 4(가)1①
	(09) 34(가)1①

목표

천만을 이해하고, 쓰고 읽을 수 있다.

자료

그림 카드(만원짜리가 수북하게 쌓여 있는 은행의 모습)

활동

(1) 은행에서 돈을 세어보려고 합니다. 얼마인지 알아보시오. (그림을 이용한 활동)

▸ 만원짜리가 100장이면 얼마입니까?
▸ 만원짜리가 200장이면 얼마입니까?
▸ 만원짜리가 900장이면 얼마입니까?
▸ 만원짜리가 990장이면 얼마입니까?
▸ 만원짜리가 999장 있습니다. 얼마입니까?
▸ 만원짜리가 1000장 있습니다. 얼마입니까?
▸ 10000이 1000이면 1000만입니다.
이것을 10000000 또는 1000만이라 쓰고, 천만이라고 읽습니다.

(2) 다음 수를 읽어 보시오. (약속한 것을 이용하여 천만 자리의 수 읽기)

만이 35이면 350000 또는 35만이라 쓰고, 삼십오만이라고 읽습니다.

34920000은 만이 3492입니다. 만원짜리가 3492장 있으면 34920000원(삼천사백구십이만 원)이 되는 것처럼 10000이 3492면 34920000이고, 삼천사백구십이만이라고 읽습니다.

배경

학생들은 10000000(천만)을 배우기 전에 백만의 수를 이해하고, 읽고, 쓸 수 있어야 한다. 학생들은 만원짜리를 이용하여 10장이면 10만원, 100장이면 100만원, 1000장이면 1000만원으로 이해할 수 있다. 위치적 기수법에서도 응용되겠지만 10000, 100000, 1000000, 10000000 사이에는 10000이 1, 10000이 10, 10000이 100, 10000이 1000으로 1, 10, 100, 1000인 10배씩 된다는 것을 이해시킬 수도 있다. 10000000 이후에는 1000만이 10이 되는

1억을 배우게 된다. 천만 단위의 수를 읽을 때에는 네 자리씩 한 덩이로 보게 하여, 각 자리에 있는 숫자와 그 자릿값의 이름을 읽도록 한다. 십진법의 형식으로 일이 모인 수에 따라 일, 십, 백, 천이며, 만이 모인 수에 따라 일만, 십만, 백만, 천만 임을 알게 하여 네 자리씩 묶은 다음 끊어서 읽도록 지도한다.

관련 TU : TUAN-2560, TUAN-2580

TUAN-2580.10 일억(1000만이 10인 수)

관련 교육과정	(07) 4(가)1①
	(09) 34(가)1①

목표

일억을 이해하고, 쓰고 읽을 수 있다.

자료

1000만원짜리 묶음 10묶음

활동

(1) 어떤 사람이 많은 친구들이 더 좋은 시설에서 공부를 할 수 있었으면 하는 뜻으로 한 학교에 장학금을 전달했습니다. 다음 물음에 답하시오. (그림을 이용한 활동)

▸1000만 원이 9이면 얼마라고 생각합니까?
▸1000만 원이 10이면 얼마라고 생각합니까?
▸1억 원이 10이면 얼마라고 생각합니까?
▸1억 원이 100이면 얼마라고 생각합니까?
▸1억 원이 1000이면 얼마라고 생각합니까?
▸1000만이 10이면 100000000 또는 1억이라 쓰고, 억 또는 일억이라고 읽습니다.

(2) 다음 수를 읽어 보시오. (약속한 것을 이용하여 억 단위의 수 읽기)

만이 35이면 350000 또는 35만이라 쓰고, 삼십오만이라고 읽습니다.

억이 17이면 1700000000 또는 17억이라 쓰고, 십칠억이라고 읽습니다.

배경

100000000(1억)을 배우기 전에 천만의 수를 이해하고, 읽고 썼다. 1억이라는 수를 구체물로 세어 보는 조작 활동을 하거나 직관적으로 파악하게 하기에는 어렵다. 따라서 1억이라는 수는 십진법에 의해서 이해하게 하는 것이 좋다. 1000이 10이면 10000이라는 새로운 단위가 생겼던 것과 관련지어서, 1000만이 10이면 100000000으로 나타낸다는 것과, 이것은 100000000 또는 1억이라고 쓰고 읽기로 약속되어 있다는 것을 알게 한다. 또 천만의 바로 위의 자리는 만만이 아니라 '억의 자리'임을 이해하고, 쓰고, 읽는 방법을 스스로 알게 한다. 1억은 1000만이 10인 수, 1만의 10000배인 수, 99999999보다 1 큰 수, 99999990보다 10 큰 수, 99999900보다 100 큰 수가 됨을 알려주어도 좋다. 1억이 10이면 10억이고, 1억이 100이면 100억이고, 1억이 1000이면 1000억이라는 것을 알게 한다.

관련 TU : TUAN-2570, TUAN-2590, TUAN-2600

TUAN-2590.10 억 단위 수의 읽고 쓰기

관련 교육과정	(07) 4(가)1①
	(09) 34(가)1①

목표

억 단위의 수를 이해하고, 읽고 쓸 수 있다.

자료

문항카드 3장(문제 (1), (2), (3))

활동

(1) 다음을 수로 나타내어 보시오.

삼십 ⇨ 답: 30

삼십억 ⇨ 답: 3000000000

천팔 ⇨ 답: 1008

천팔억 ⇨ 답: 100800000000

(2) 다음 수를 읽어보시오.

350600000000 ⇨ 답: 삼천오백육억

(3) 다음 수의 자릿값을 알아보시오.

350600000000에서 5는 (①)의 자리 숫자이고, 이 것은 (②)을 나타냅니다.

답: ① 백억, ② 50000000000

배경

십진법에 의해 일, 십, 백, 천, 만으로 네 자리씩 끊어 읽는다는 것을 배운 다음, 억이 몇 개, 만이 몇 개, 일이 몇 개를 어떻게 읽고 쓰는지 약속한 것을 바탕으로 생각하도록 지도한다.

또한, 앞서 배운 자릿값을 통해 억 단위의 큰 수에서 자릿값을 알고 있는지 확인하는 활동이 필요하다. 여기에서 각 자리의 숫자가 "0"인 것은 읽지 않는다는 것과 자리의 숫자가 "1"인 경우는 자릿값만 읽는다는 것을 이해하고, 필요시 약속한다. 단, 맨 앞자리의 경우 상황에 따라 '일'을 붙이기도 함을 지도한다.

관련 TU : TUAN-2580, TUAN-2600

TUAN-2600.10 일조(1000억이 10인 수)

관련 교육과정	(07) 4(가)1①
	(09) 34(가)1①

목표

일조를 이해하고, 쓰고 읽을 수 있다.

자료

그림 카드(뉴스장면)

활동

(1) 우리나라의 교육관련 예산은 얼마인지 알아보시오.
(그림을 이용한 활동)

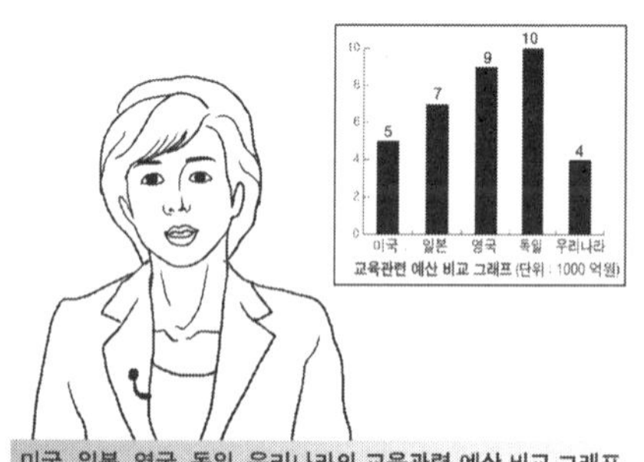

미국, 일본, 영국, 독일, 우리나라의 교육관련 예산 비교 그래프

▸1000억 원이 5이면 얼마라고 생각합니까?

▸1000억 원이 9이면 얼마라고 생각합니까?

▸1000억 원이 10이면 얼마라고 생각합니까?

▸1조 원이 10이면 얼마라고 생각합니까?

▸1조 원이 100이면 얼마라고 생각합니까?

▸1조 원이 1000이면 얼마라고 생각합니까?

▸1000억이 10이면 1000000000000 또는 1조라 쓰고, 조 또는 일조라고 읽습니다.

(2) 약속한 것을 이용하여 조 단위의 수를 읽어 보시오.

1조의 10배는 10000000000000 또는 10조라 합니다.

10조의 10배는 100000000000000 또는 100조라 합니다.

100조의 10배는 1000000000000000 또는 1000조라 합니다.

조가 37이면 37000000000000 또는 37조라 하고, 삼십칠조라고 읽습니다.

배경

1억과 마찬가지로 1조도 구체물로 세어 보는 조작 활동을 하거나 직관적으로 파악하게 하기에는 어렵다. 따라서 1조라는 수도 십진수로서의 기수법에 의해서 이해하게 하는 방향으로 나아가는 것이 좋다. 각 자릿값은 한자리씩 올라 갈수록 크기가 10배씩 커짐을 이해하고, 만과 억에서 지도한 내용을 바탕으로 억 단위의 수를 읽을 때, 네 자리씩 끊어서 읽는 것이 편리했음을 상기시켜 조 단위의 큰 수도 네 자리씩 끊어 읽도록 한다.

이렇게 네 자리씩 끊어서 억 단위로 읽었을 때, 1000억 단위의 막대그래프를 통해 그래프의 숫자 5는 5000억, 9는 9000억, 10은 1조임을 알게 하여 조 단위의 숫자를 도입한다.

즉, 1000억이 2이면 2000억, 1000억이 3이면 3000억, 1000억이 4이면 4000억 …, 1000억이 9이면 9000억이므로 9000억 다음에는 어떤 수가 오게 되는지 생각해보게 한다. 1000만이 10이면 100000000으로 나타낸다는 것과, 이것은 100000000 또는 1억이라고 쓰고 읽기로 약속되어 있다는 것과 마찬가지로 1000억이 10이면 새로운 수가 나타나고 이 수는 1000000000000로 나타낸다는 것과 이것은 1000000000000 또는 1조라고 쓰고, 일조라고 읽는다는 것을 알게 한다.

또한, 1이 10개 모이면 10, 10이 10개 모이면 100, 100이 10개 모이면 1000이 된다는 지식을 이용하여 1조가 10 모이면 10조, 10조가 10 모이면 100조, 100조가 10 모이면 1000조가 되는 것을 알게 한다. 1조는 100억이 10인 수, 1억의 10000배인 수, 999999999999보다 1 큰 수라는 것도 알게 한다.

관련 TU : TUAN-2580, TUAN-2590, TUAN-2610

TUAN-2610.10 큰 수의 위치적 기수법

관련 교육과정	(07) 4(가)1①
	(09) 34(가)1①

목표

천조까지의 각 자리 숫자와 수를 이해하고, 위치적 기수법의 원리를 이해할 수 있다.

자료

천조의 자리~일의 자리가 쓰인 자릿수 판

활동

(1) 자릿값을 알아보시오. (그림을 이용한 활동)

2691조 4538억 7315만															
2	6	9	1	4	5	3	8	7	3	1	5	0	0	0	0
천	백	십	일	천	백	십	일	천	백	십	일				
			조				억				만	천	백	십	일
이천조	육백조	구십조	일조	사천억	오백억	삼십억	팔억	칠천만	삼백만	십만	오만				1

2691453873150000는 조가 2691, 억이 4538, 만이 7315입니다. 이것을 이천육백구십일조 사천오백삼십팔억 칠천삼백십오만이라고 읽습니다.

2691453873150000에서 2는 천조의 자리 숫자이고, 2000000000000000을 나타냅니다.

6은 백조의 자리 숫자이고, 600000000000000을 나타냅니다.

앞에 있는 1은 일조의 자리 숫자이고 1000000000000를 나타내고, 뒤에 있는 1은 십만의 자리 숫자이고 100000을 나타냅니다.

앞에 있는 5는 백억의 자리의 숫자이고 50000000000을 나타내고, 뒤에 있는 5는 일만의 자리 숫자이고 50000을 나타냅니다.

위의 수에서 4는 천억의 자리 숫자입니다. 이것은 얼마를 나타냅니까?

배경

위치적 기수법을 배우기 전 천조까지의 수를 어떻게 읽고 쓰는지를 배운다. 일조를 바탕으로 1조의 10배는 10조, 10조의 10배는 100조, 100조의 10배는 1000조라고 한다는 것도 지도하여 조 단위의 자릿값과 자리의 이름을 알게 한다. 이 때, 각 자릿값은 일의 자리에서부터 한 자리씩 위로 올라갈수록 크기가 10배씩 커진다는 것을 이해하게 한다. 조

단위의 큰 수를 읽게 하는 데 네 자리씩 묶어서 보게 하여, 각 자리에 있는 숫자와 그 자릿값의 이름을 읽도록 한다. 십진법의 형식으로서 일이 모인 수에 따라 일, 십, 백, 천이며 만이 모인 수에 따라 일만, 십만 , 백만, 천만이며, 억이 모인 수에 따라 일억, 십억, 백억, 천억이며, 조가 모인 수에 따라 일조, 십조, 백조, 천조임을 알게 하여 2691453873150000는 조가 조가 2691, 억이 4538, 만이 7315이므로 '이천육백구십일조 사천오백삼십팔억 칠천삼백십오만'이라고 읽도록 지도한다. 또 백억의 숫자 5는 50000000000, 일만의 숫자 5는 50000을 나타냄을 알게 한다. 각 자리의 숫자가 0인 것은 읽지 않는다는 것과, 자리의 숫자가 1인 경우는 자릿값만 읽는다는 것도 이해하게 한다. 위치적 기수법까지 알고 나면 수 계열을 이해하여 크기를 비교할 수 있게 된다.

관련 TU : TUAN-2540

TUAN-2620.10 큰 수 뛰어 세기

관련 교육과정	(07) 4(가)[1]②
	(09) 34(가)[1]②

목표

큰 수의 계열을 알고, 뛰어 세기를 할 수 있다.

자료

돈 모형, 수직선

활동

(1) 학교에서 성금을 모았습니다. 모인 성금을 여러 가지 방법으로 세어보시오. (그림을 이용한 활동)

태희 종우

▸태희가 만원 짜리를 들고 돈을 세고 있습니다.

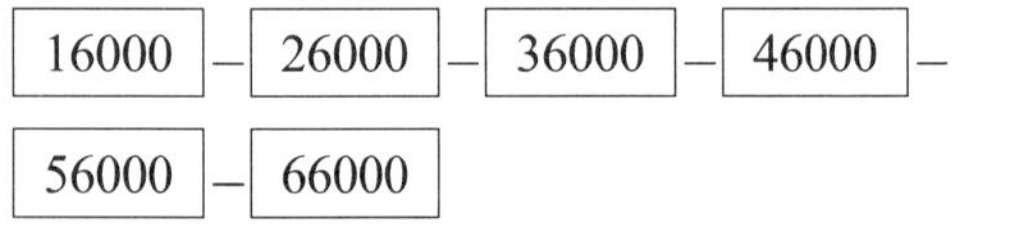

16000 – 26000 – 36000 – 46000 – 56000 – 66000

▸종우가 만원 짜리를 들고 돈을 세고 있습니다.

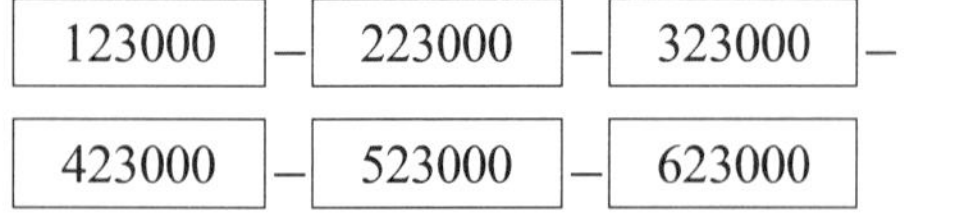

123000 – 223000 – 323000 – 423000 – 523000 – 623000

▸태희는 얼마씩 뛰어서 세었습니까?

▸종우는 얼마씩 뛰어서 세었습니까?

▸태희와 종우가 센 수는 각각 어떤 자리의 숫자가 변했는지 알아보시오.

(2) 수직선을 보고 물음에 답하시오. (수직선을 이용한 활동)

38200 □ □ □ □ □ □ □ □ □ 138200

▸수직선의 처음과 끝의 사이가 얼마입니까?

▸수직선은 모두 몇 칸으로 나누어져 있습니까?

▸수직선의 작은 눈금 한 칸은 얼마라고 생각합니까?

▸수직선의 작은 눈금의 크기만큼 뛰어서 □ 안에 알맞은 수를 써 넣으시오.

배경

수 계열을 이해하고 크기를 비교하기 전 큰 수에 대해 배웠다. 만이나 십만씩 뛰어셀 때 10000씩 뛰어 세기한 수는 만의 자리의 숫자만 변하는 수이므로 천의 자리, 백의 자리, 십의 자리, 일의 자리는 변하지 않음을 알게 한다. 또 100000씩 뛰어 세기한 수는 십만의 숫자가 커지는 수이므로 만의 자리, 천의 자리, 백의 자리, 십의 자리, 일의 자리는 변하지 않음을 알게 한다. 뛰어 세기 뒤에는 두 수의 크기를 비교하는 것을 배운다.

관련 TU : TUAN-2080, TUAN-2610

TUAN-2630.10 두 수의 크기 비교 (다섯 자리 이상의 수)

관련 교육과정	(07) 4(가)1②
	(09) 34(가)1②

목표

다섯 자리 이상의 큰 수의 대소를 비교할 수 있다.

자료

표

활동

(1) 우리나라 신생아 수 통계자료입니다. 어느 쪽이 더 많은지 알아보시오.

(표를 이용한 활동)

연도	2005년	2006년
신생아 수	438000명	452000명

▸438000과 452000은 모두 몇 자리의 수 입니까?

▸438000과 452000의 십만 자리 숫자를 비교해 봅시다. 어느 쪽이 더 큽니까?

▸438000과 452000의 만 자리 숫자를 비교해 봅시다. 어느 쪽이 더 큽니까?

▸438000과 452000은 어느 것이 더 큽니까?

▸438000과 452000의 크기를 비교하여 부등호로 나타내어 보시오.

438000 < 452000

배경

두 수의 크기를 비교하기 전 큰 수의 뛰어 세기를 했다. 큰 수의 대소를 비교하는 방법은 여러 가지가 있겠지만, 간편하게 비교하는 방법이 있다. 먼저, 두 수의 자리 수를 비교하여, 자리 수가 많은 쪽이 크다. 또 자리 수가 똑같을 때는 왼쪽에 위치해 있는 숫자가 크면 클수록 크다는 것이다. 예를 들어 51700과 52700을 비교하면 자리 수는 같은데 왼쪽 첫 번째 수는 5로 같고, 왼쪽 두 번째 수는 1과 2이므로 2쪽이 더 크다고 할 수 있다. 이것은 자릿값에 따라 그 숫자가 나타내는 수가 다르기 때문이다.

관련 TU : TUAN-2090

TUAN-3010.10 묶어 세기(동수누가)

관련 교육과정	(07) 2(가)4①
	(09) 12(가)3①

목표

같은 수로 묶어서 세어 전체의 수를 구할 수 있고, 묶어 센 것을 같은 수의 더하기로 나타낼 수 있다.

자료

공깃돌 15개, 그림 카드

활동

(1) 묶어 세어 보시오. (교실 상황을 이용한 활동)

▸학생은 모두 몇 명입니까?

4 − □ − □ − □

4 + 4 + 4 + 4 = □

교실에서 한 모둠에 몇 명씩 몇 모둠인지를 세어 전체 학생 수를 구하게 해 본다.

(2) 묶어 세어 보시오. (구체물을 이용한 활동)

▸공깃돌은 모두 몇 개입니까?

5　　　　5　　　　5

5－□－□

5+5+5=□

▸세 사람이 가지고 있는 공깃돌은 모두 몇 개인지 알아볼 때, 어떤 방법으로 세는 것이 가장 빠를까요?

▸공깃돌 15개를 낱개로 세어 보시오.

▸5개씩 묶어서 세어보시오.

묶어서 세는 것이 낱개로 세는 것보다 빠르다는 것을 알게 한다.

(3) 묶어 세어 보시오. (그림을 이용한 활동)

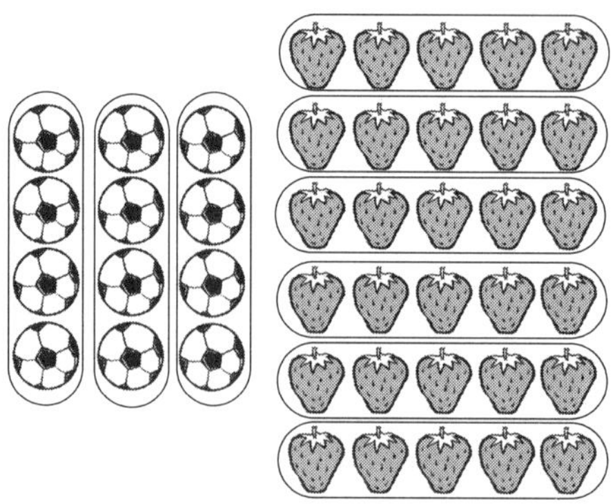

3개씩 4묶음	5개씩 6묶음
3－□－□－□	5－□－□－□－□－□
3 + 3 + 3 + 3 = □	5 + 5 + 5 + 5 + 5 + 5 = □

배경

같은 수를 두 번 더하는 것을 학습하였고, 묶어 세기, 뛰어 세기의 방법을 활용하여 수를 세는 것을 배웠다. 한 묶음의 개수와 묶음의 수를 알아본 후, 같은 수를 여러 번 더하여 전체의 수를 알아봄으로써 곱셈의 기초를 학습하게 된다. 직접 묶어서 세기를 해 보면서 묶어서 세는 것이 낱개로 세는 것보다 빠르고 편리함을 알 수 있게 지도한다. 일반적으로 사용되는 곱셈 모델은 1) 묶음(동수누가) 2) 배열 3) 수직선이다. 곱셈의 기초를 학습하기 위해 다양한 모델을 활용할 수 있도록 한다. 또, 일정한 수로 묶어 세는 활동보다는 묶어 센 것을 같은 수의 더하기로 나타내는 것에 더 중점을 두어 지도한다.

관련 TU : TUAN-0340, TUAN-3040

TUAN-3020.10 뛰어 세기(동수누가)

관련 교육과정	(07) 2(가)[4]①
	(09) 12(가)[3]①

목표

같은 수만큼 뛰어서 세어 전체의 수를 구할 수 있고, 뛰어 센 것을 같은 수 더하기로 나타낼 수 있다.

자료

달력, 그림 카드, 수직선, 10×10칸 놀이판, 주사위

활동

(1) 개구리가 몇씩 몇 번 뛰었는지 알아보시오. (그림을 이용한 활동)

2칸씩 5번 뛰었습니다.

2－□－□－□－□

2＋2＋2＋2＋2＝□

(2) 뛰어서 세어 수를 알아보시오. (수직선을 이용한 활동)

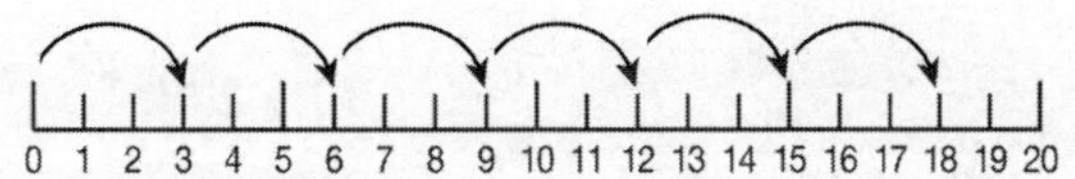

3씩 6번 뛰었습니다.

3－□－□－□－□－□

3＋3＋3＋3＋3＋3＝□

(3) 7일에서부터 7일씩 뛰어 센 날짜에 색칠해보시오. (달력을 이용한 활동)

12월

일요일	월요일	화요일	수요일	목요일	금요일	토요일
			1	2	3	4
5	6	7	8	9	10	11
12	13	14	15	16	17	18
19	20	21	22	23	24	25
26	27	28	29	30	31	

7－□－□－□

7일에서부터 7일씩 4번 뛰어서 센 날짜는 며칠인지 물어보고, 그것을 덧셈식으로 나타내보게 한다.

7＋7＋7＋7＝□

(4) 뛰어 세기 놀이를 하여 봅시다.

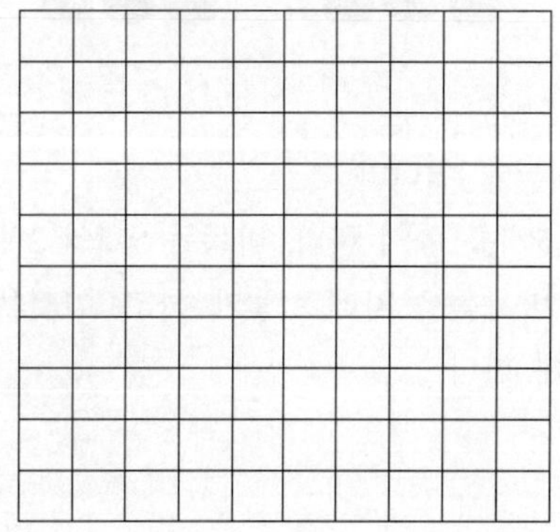

2씩 뛰어 세기부터 시작합니다. 주사위를 던져 나온 횟수만큼 뛰어서 이동합니다. (예: 주사위 눈이 3일 경우, 2－4－6까지 이동) 20까지 먼저 도착한 사람이 이깁니다. 3씩 뛰어 셀 때는 30, 4씩은 40까지, 이러한 방식으로 9씩 뛰어 세기까지 합니다.

배경

뛰어 세기는 묶어 세기, 같은 수 더하기 등의 방법과 함께 곱셈의 기초 도입 단계로서 전체의 수를 구하는 방법이다. 뛰어서 세는 것보다 뛰어서 센 것을 같은 수의 더하기로 나타내는 것에 더 중점을 두어 지도한다.

관련 TU : TUAN-0350, TUAN-3040

TUAN-3030.10 배 개념(동수누가)

관련 교육과정	(07) 2(가)4①
	(09) 12(가)3①

목표

어떤 수의 몇 배는 얼마인지를 같은 수 더하기로 알 수 있다.

자료

바둑돌 (50개 정도), 그림 카드

활동

(1) 5의 4배는 얼마인지 알아보시오. (바둑돌을 이용한 활동)

5 + 5 + 5 + 5 = □

5의 4배는 □입니다.

바둑돌 5개를 놓게 한다. 바둑돌 5개의 2배, 3배, 4배만큼 바둑돌을 차례로 놓게 하고, 이것을 식으로 나타내게 한다.

(2) 귤 4개의 5배는 얼마인지 알아보시오. (그림을 이용한 활동)

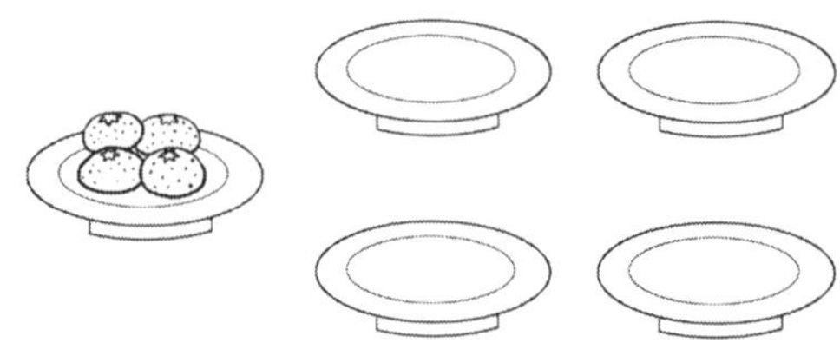

4 + 4 + 4 + 4 + 4 = □

4의 5배는 □입니다.

빈 접시에 귤 4개의 5배를 ○모양으로 그려 보게 한다. 귤 4개의 2배, 3배, 4배, 5배는 몇 개인지 차례대로 세어 보게 하고, 이것을 식으로 나타내게 한다.

배경

몇의 몇 배는 몇씩 몇 묶음이고, 같은 수의 더하기로 구할 수 있음을 알게 한다. 구체물을 이용한 조작 활동을 하여 배의 개념을 이해하게 하고, 이것을 같은 수의 더하기로 나타내게 한다. 덧셈식과 '몇의 몇 배'의 변환 문제를 통하여 '몇의 몇 배'의 개념은 동수누가의 개념과 동일한 관계임을 알 수 있게 지도한다.

관련 TU : TUAN-3010, TUAN-3020, TUAN-3040

TUAN-3040.10 곱셈식, 곱

관련 교육과정	(07) 2(가)4①
	(09) 12(가)3①

목표

곱셈식, 곱의 의미를 알 수 있다.

자료

그림 카드, 수직선, 계산기

활동

(1) 참외는 모두 몇 개입니까? (그림을 이용한 활동–묶음 모델)

참외가 한 바구니에 4개씩 3바구니 있습니다. 참외는 모두 몇 개입니까?

4 + 4 + 4 = □

4의 3배는 □입니다.

$$4 \times 3 = \square$$

▸참외는 4개씩 몇 묶음입니까?

▸덧셈식으로 나타내시오.

4의 3배는 4×3이라 쓰고 이와 같은 식을 곱셈식이라고 한다. 4의 3배는 12인 것을 4×3=12라 쓰고 이와 같은 등식을 곱셈식이라고 한다. 곱셈식 4×3=12에서 '12를 4와 3의 곱이라고 한다'는 것을 알게 한다.

(2) 달걀이 모두 몇 개입니까? (그림을 이용한 활동- 배열 모델)

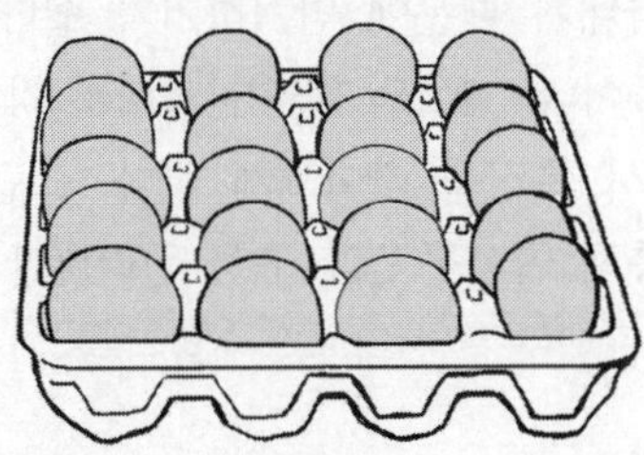

▸달걀은 4개씩 몇 줄입니까?

▸묶어 세어 보시오. 4-□-□-□-□

▸덧셈식으로 나타내시오.

▸4개씩 5묶음을 곱셈식으로 나타내시오.

(3) 수직선에서 4×3이 얼마인지 알아보시오. (수직선을 이용한 활동-수직선 모델)

0

▸수직선에서 4씩 3번 띄어 표시하시오.

▸덧셈식으로 나타내시오.

▸곱셈식으로 나타내시오.

(4) 계산기를 사용하여 다음을 계산하시오. (계산기를 이용한 활동)

$$7 + 7 + 7 + 7 + 7 = \square$$

$$5 + 5 + 5 + 5 + 5 = \square$$

▸더 쉬운 방법이 있습니까?

곱셈식을 활용하여 계산기를 사용하게 한다.

배경

같은 수를 여러 번 더할 경우, 같은 수 더하기를 곱하기로 나타내는 것이 간편함을 알게 한다. 동수누가의 개념과 배의 개념을 통하여 곱셈식, 곱의 의미를 도입한다. 곱셈식을 읽는 방법은 여러 가지가 있으나 여기에서는 '4 곱하기 3은 12와 같다'라고 읽도록 지도한다. 4 × 3이나 4 × 3 = 12 모두 곱셈식으로 부른다는 것에 주의하고, 곱셈식에서 곱을 정의하여 곱의 뜻을 알게 하고, 곱을 동수누가로 구할 수 있다는 것을 알게 한다. 이 단계에서는 곱셈식과 곱을 이해하는 데 중점을 두고 지도해야 하므로, 곱을 구해보게 하는 활동도 그 목적은 곱의 의미를 더욱 잘 파악하기 위한 것이라는 것을 염두에 두어야 한다. 일반적으로 사용될 수 있는 곱셈 연산 모델로는 묶음, 배열, 수직선이 있으며 모델은 곱셈의 다양한 상황을 이해하도록 돕는다.

관련 TU : TUAN-3010, TUAN-3020, TUAN-3030, TUAN-3050, TUAN-3060, TUAN-3080, TUAN-3090

TUAN-3050.10 2의 단, 5의 단 곱셈구구

관련 교육과정	(07) 2(가)④②
	(09) 12(가)③②

목표

2의 단, 5의 단 곱셈구구의 구성 원리를 이해하고, 곱셈구구를 외울 수 있다.

자료

스티커(자전거 바퀴 2개씩 그려져 있는 스티커 9장, 공깃돌 5개씩 그려져 있는 스티커 9장), 계산기

활동

(1) 스티커를 붙이고 자전거 바퀴를 2개씩 세어 보시오. (스티커를 이용한 활동)

2×4=□ 2×6=□ 2×9=□

▸자전거 바퀴 2개씩 묶음 스티커를 표에 차례대로 붙이시오.

▸자전거와 바퀴의 수를 곱셈식으로 나타내 보시오.

▸2의 단 곱셈구구표를 만들어 보시오.

×	1	2	3	4	5	6	7	8	9
2									

▸2의 단 곱셈구구의 특징을 찾아봅시다.

▸2의 단 곱셈구구를 외워봅시다.

(2) 스티커를 붙이고 공깃돌을 5개씩 세어 보시오. (스티커를 이용한 활동)

☺	☺	☺	☺	☺	☺	☺	☺	☺

5 × 4 = □　　5 × 5 = □　　5 × 8 = □

공깃돌 5개씩 묶음 스티커를 표에 차례대로 붙이게 한다. 어린이가 가지고 있는 공깃돌의 수를 곱셈식으로 나타내보게 한다. 5의 단 곱셈구구표를 만들어 보게하고 특징을 찾게 한다.

×	1	2	3	4	5	6	7	8	9
5									

5의 단 곱셈구구를 암기하게 한다.

(3) 계산기를 사용하여 2씩, 5씩 더해봅시다.

계산기에서 +, 2, =, (+, 5, =)를 누르고, =를 반복해서 누릅니다.

곱셈구구표를 만들어 보고 특징을 찾아봅시다.

배경

동수누가와 배의 개념으로 곱셈을 이해하였으면 이를 필요한 경우에 즉각적으로 활용하기 위하여 곱셈구구를 암기해 두어야 한다. 곱셈구구는 2, 5, 3, 4, 6, 7, 8, 9의 단 순서로 지도한다. 2의 단 곱셈구구는 2씩 뛰어 세면 되기 때문에 암기하기가 쉽고, 5의 단 곱셈구구는 일의 자리 숫자가 5와 0이 반복하여 나타내기 때문에 암기하기가 쉽다. 곱셈구구표를 만들어 본 후, 암기하기 쉽도록 각 단의 곱셈구구표에서 특징을 찾아보게 한다. 그림과 계산기 사용을 통해 곱셈구구의 구성 원리뿐만 아니라 여러 가지 곱셈구구 전략 및 수감각을 기르는 데 유용하다.

관련 TU : TUAN-3040, TUAN-3070, TUAN-3140

TUAN-3060.10 3의 단, 4의 단 곱셈구구

관련 교육과정 (07) 2(가)④② (09) 12(가)③②

목표

3의 단, 4의 단 곱셈구구의 구성 원리를 이해하고, 곱셈구구를 외울 수 있다.

자료

스티커(사과 3개씩 그려진 스티커 9묶음, 바나나 한 송이에 4개씩 그려진 스티커 9묶음), 계산기

활동

(1) 스티커를 붙이고 사과를 3개씩 세어 보시오. (스티커를 이용한 활동)

접시	접시	접시	접시	접시	접시	접시	접시	접시

3 × 4 = □　　3 × 7 = □　　3 × 9 = □

사과 3개씩 묶음 스티커를 표에 차례대로 붙이게 한다. 접시와 사과의 수를 곱셈식으로 나타내보게 한다.

×	1	2	3	4	5	6	7	8	9
3									

3의 단 곱셈구구표를 만들어 보게 하고 3씩 커지는 특징을 찾게 한다.

3의 단 곱셈구구를 암기하게 한다.

(2) 스티커를 붙이고 바나나를 4개씩 세어 보시오. (스티커를 이용한 활동)

1 송이	2 송이	3 송이	4 송이	5 송이	6 송이	7 송이	8 송이	9 송이

5 × 4 = □　　5 × 5 = □　　5 × 8 = □

바나나 4개씩 한 송이인 스티커를 표에 차례대로

붙이게 한다. 송이당 바나나의 수를 곱셈식으로 나타내보게 한다. 4의 단 곱셈구구표를 만들어 보게 하고 특징을 찾게 한다.

×	1	2	3	4	5	6	7	8	9
4									

4의 단 곱셈구구를 암기하게 한다.

(3) 몇 명인지 세어 보시오. (교실에서 줄 서 보기 활동)

교실이나 운동장에서 아이들을 4명씩 9줄로 서게 한다. 4명씩 1줄, 4명씩 2줄, 4명씩 3줄, …, 4명씩 9줄일 때, 각각 몇 명인지 세어보고 곱셈식으로 나타내보게 한다.

(4) 계산기를 사용하여 3씩, 4씩 더해봅시다.

계산기에서 +, 3, =, (+, 4, =)를 누르고, =를 반복해서 누릅니다.

곱셈구구표를 만들어 보고 특징을 찾아봅시다.

배경

3의 단, 4의 단 곱셈구구도 2의 단, 5의 단 곱셈구구와 같은 방법으로 지도한다. 곱셈구구표를 만들어 본 후, 암기하기 쉽도록 3의 단, 4의 단 곱셈구구표에서 특징을 찾아보게 한다. 4의 단 곱셈구구는 2의 단 곱셈구구에서 나오는 수 4, 8, 12, 16이 나오기 때문에 2의 단 곱셈구구와 관련이 있다.

관련 TU : TUAN-3040, TUAN-3070, TUAN-3140

TUAN-3070.10 2, 3, 4, 5의 단 곱셈구구 익히기

관련 교육과정	(07) 2(가)[4]②
	(09) 12(가)[3]②

목표

2, 3, 4, 5의 단 곱셈구구를 익히고, 이를 활용하여 여러 가지 문제를 해결할 수 있다.

자료

그림 카드

활동

(1) 빈 칸에 알맞은 수를 써 넣으시오.

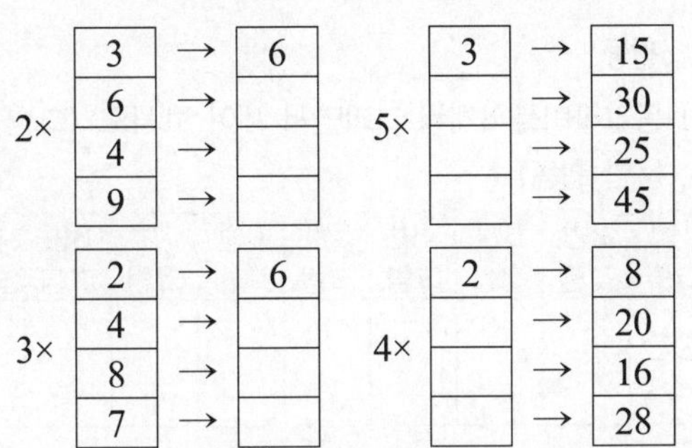

빈 칸에 알맞은 수를 써 넣으면서 2, 3, 4, 5의 단 곱셈구구를 외운 것을 확인하고 정확하게 외우도록 한다.

(2) 다음을 계산하시오.

▶ 한 대에 5명이 탈 수 있는 자동차가 6대 있습니다. 모두 몇 명이 탈 수 있습니까?

문제를 해결하기 위해 어떤 계산을 해야 할지 생각해보게 하고 식을 세워보게 한다. 곱셈구구를 활용하여 답을 구하게 한다.

배경

곱셈구구 외운 것을 확인하고 익숙하게 외울 수 있도록 반복하여 연습한다. 또, 곱셈을 활용하여 간단한 문장으로 된 문제를 풀어 보게 한다. 묶어 세기, 뛰어 세기, 같은 수 더하기 등의 방법으로 곱을 구하지 않고 곱셈구구를 정확하게 외워서 답을 구하도록 지도한다.

관련 TU : TUAN-3050, TUAN-3060, TUAN-3140

TUAN-3080.10 6의 단, 7의 단 곱셈구구

관련 교육과정	(07) 2(가)[4]②
	(09) 12(가)[3]②

목표

6의 단, 7의 단 곱셈구구의 구성 원리를 이해하고, 곱셈구구를 외울 수 있다.

자료

스티커 (구슬 6개씩 묶어진 팔찌 그림 스티커 9장), 달력, 계산기

활동

(1) 스티커를 붙이고 구슬을 6개씩 세어 보시오. (스티커를 이용한 활동)

1개	2개	3개	4개	5개	6개	7개	8개	9개

6 × 3 = □　　6 × 6 = □　　6 × 8 = □

구슬 6개씩 묶음 스티커를 표에 차례대로 붙이게 한다. 팔찌와 구슬의 수를 곱셈식으로 나타내어보게 한다. 6의 단 곱셈구구표를 만들어 보게 하고 6씩 커지는 특징을 찾게 한다.

×	1	2	3	4	5	6	7	8	9
7									

6의 단 곱셈구구를 암기하게 한다.

(2) 달력을 놓고 일주일씩 세어 보시오. (달력을 이용한 활동)

달력(9월~11월)을 준비한다.

▸3주일은 며칠입니까?

7 × 3 = □　　7 × 4 = □　　7 × 7 = □　　7 × 9 = □

달력을 놓고 1주일, 2주일, …, 9주일이 며칠인지 세어보게 한다. 1주일, 2주일,…, 9주일이 며칠인지 구하는 곱셈식을 만들어 보게 한다. 7의 단 곱셈구구표를 만들어 보게 하고 특징을 찾게 한다.

×	1	2	3	4	5	6	7	8	9
7									

7의 단 곱셈구구를 암기하게 한다.

(3) 계산기를 사용하여 6씩, 7씩 더해봅시다.

계산기에서 +, 6, =, (+, 7, =)를 누르고, =를 반복해서 누릅니다.

곱셈구구표를 만들어 보고 특징을 찾아봅시다.

배경

6의 단, 7의 단 곱셈구구도 2~5의 단 곱셈구구와 같은 방법으로 지도한다. 곱셈구구표를 만들어 본 후, 암기하기 쉽도록 6의 단, 7의 단 곱셈구구표에서 특징을 찾아보게 한다. 예를 들어 6의 단 곱셈구구는 3의 단 곱셈구구에서 나오는 수 6, 12, 18, 24가 나오기 때문에 3의 단 곱셈구구와 관련이 있다.

관련 TU : TUAN-3040, TUAN-3100, TUAN-3140

TUAN-3090.10 8의 단, 9의 단 곱셈구구

관련 교육과정	(07) 2(가)[4]②
	(09) 12(가)[3]②

목표

8의 단, 9의 단 곱셈구구의 구성 원리를 이해하고, 곱셈구구를 외울 수 있다.

자료

9cm 종이테이프 9장, 줄자, 계산기

활동

(1) 동그라미를 8개씩 그리면서 세어 보시오. (그림을 이용한 활동)

1번 그림	2번 그림	3번 그림	4번 그림	5번 그림	6번 그림	7번 그림	8번 그림	9번 그림
○○ ○○ ○○ ○○								

8 × 2 = □　　8 × 5 = □　　8 × 8 = □

동그라미를 8개씩 1번, 2번, 3번, …, 9번 그리면서

동그라미가 몇 개씩 되는지 세어 보고 곱셈식으로 나타내어보게 한다. 8의 단 곱셈구구표를 만들어 보게 하고 8씩 커지는 특징을 찾게 한다.

×	1	2	3	4	5	6	7	8	9
8									

8의 단 곱셈구구를 암기하게 한다.

(2) 9cm인 종이테이프를 겹치지 않게 이어 놓고 길이를 재어 보시오. (종이테이프를 이용한 활동)

▸종이테이프 4장은 몇 cm입니까?

9 × 5 = □ 9 × 7 = □ 9 × 9 = □

종이테이프를 한 장씩 이어 붙일 때마다 전체 길이가 몇 cm씩 늘어나는지 생각해보게 한다. 종이테이프 전체의 길이를 구할 때 같은 수 더하기의 방법은 불편하다는 것을 알게 하고 9의 단 곱셈구구의 필요성을 알게 한다. 9의단 곱셈구구표를 만들어 보게 하고 9씩 커지는 특징을 찾게 한다.

×	1	2	3	4	5	6	7	8	9
9									

9의 단 곱셈구구를 암기하게 한다.

(3) 계산기를 사용하여 8씩, 9씩 더해봅시다.

계산기에서 +, 8, =, (+, 9, =)를 누르고, =를 반복해서 누릅니다.

곱셈구구표를 만들어 보고 특징을 찾아봅시다.

배경

곱셈구구표를 만들어 본 후, 암기하기 쉽도록 8의 단, 9의 단 곱셈구구표에서 특징을 찾아보게 한다. 8, 9의 단 곱셈구구는 2~7의 단 곱셈구구와 서로 관련이 있음을 발견하게 한다. 예를 들어 8의 단 8×2는 2의 단 2×8과 관련이 있다.

관련 TU : TUAN-3040, TUAN-3100, TUAN-3140

TUAN-3100.10 6, 7, 8, 9의 단 곱셈구구 익히기

관련 교육과정: (07) 2(가)④② / (09) 12(가)③②

목표

6, 7, 8, 9의 단 곱셈구구를 익히고, 이를 활용하여 여러 가지 문제를 해결할 수 있다.

자료

곱셈구구표

활동

(1) 빈 칸에 알맞은 수를 써 넣으시오.

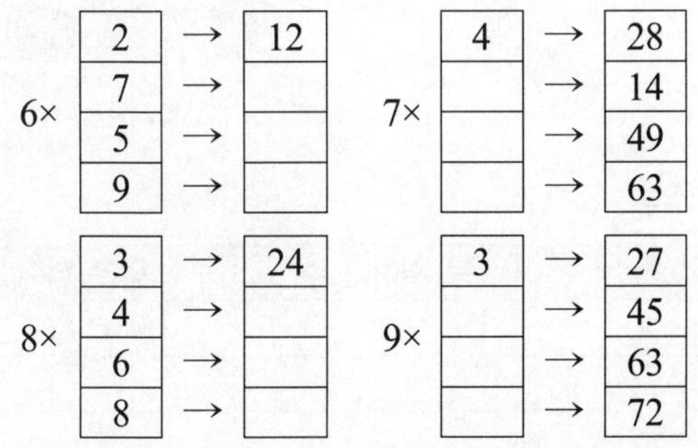

빈 칸에 알맞은 수를 써 넣으면서 6, 7, 8, 9의 단 곱셈구구를 외운 것을 확인하고 곱셈구구표를 이용하여 정확하게 외우도록 지도한다.

(2) 다음을 계산하시오.

초콜릿이 한 상자에 8개씩 들어 있습니다. 6상자에는 초콜릿이 모두 몇 개 들어 있습니까?

문제를 해결하기 위해 어떤 계산을 해야 할지 생각해보고 식을 세워보게 한다. 곱셈구구를 활용하여 답을 구하게 한다.

배경

곱셈구구표를 활용하여 곱셈구구 외운 것을 확인하고 익숙하게 외울 수 있도록 반복하여 연습한다. 또, 곱셈을 활용하는 간단한 문장으로 된 문제를 풀어 보게 한다. 곱을 묶어 세기, 뛰어 세기, 같은 수 더하기 등의 방법으로 구하지 않고 곱셈구구를 정확하게 외워서 구하도록 지도한다.

관련 TU : TUAN-3080, TUAN-3090, TUAN-3140

TUAN-3110.10 1의 단 곱셈구구

관련 교육과정	(07) 2(가)④②
	(09) 12(가)③②

목표

1의 단 곱셈구구의 구성 원리를 이해하고 1의 단 곱셈구구의 성질을 알 수 있다.

자료

교실의 의자 여러 개, 곱셈구구표

활동

(1) 의자에 한 명씩 앉으면서 세어 보시오. (교실에서의 활동)

4명이 앉으려면 의자가 몇 개 필요합니까?

1 × 4 = □　　1 × 1 = □　　1 × 2 = □　　1 × 3 = □

교실에서 학생들이 의자마다 한 명씩 앉는 활동을 통해 1의 단 곱셈구구를 도입한다. 1×1, 1×2, 1×3, … 등의 곱이 얼마인지 구해보게 하고, 왜 그렇게 생각하는지 이유를 말해보게 한다. 1의 단 곱셈구구표를 만들고 1 × (어떤 수) = (어떤 수)인 것을 알게 한다.

배경

1의 단 곱셈구구는 실제 생활과 관련지어 지도한다. 1의 곱셈은 a×1과 1×a의 두 가지 형태가 있는데, a×1의 형태는 2~9의 단 곱셈구구에서 학습하였으므로 1×a의 곱셈에 주안점을 두고 지도한다. 1×a 형태는 동수누가로 지도하여 1의 단 곱셈구구의 원리를 알게 할 수도 있다. 조작 활동에 의해서 만든 1의 단 곱셈구구표에서 윗줄의 수와 아랫줄의 수를 비교하여 보게 하고, 1과 어떤 수의 곱은 항상 어떤 수 자신이 된다는 것을 알게 한다.

관련 TU : TUAN-3040, TUAN-3140

TUAN-3120.10 0의 곱

관련 교육과정	(07) 2(가)④②
	(09) 12(가)③②

목표

0의 곱의 의미를 이해하고, 어떤 수와 0의 곱, 0과 어떤 수의 곱을 알 수 있다.

자료

그림 카드

활동

(1) 점수판을 보고, 얻은 점수를 알아보시오. (그림을 이용한 활동)

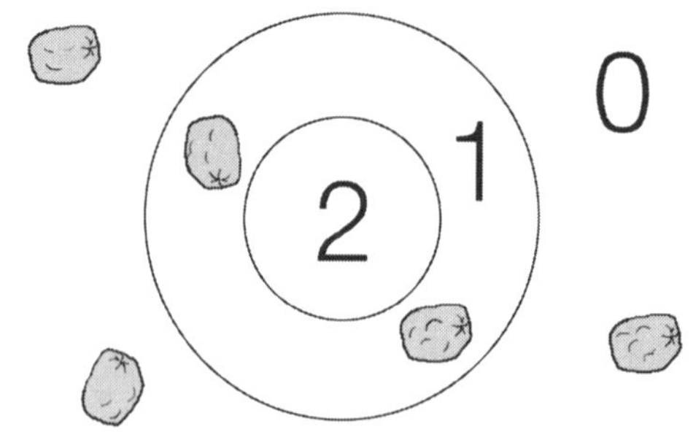

점수판

점수	콩 주머니 수	얻은 점수
0	3	
1	2	
2	0	

0점을 3번 맞추어서 얻은 점수는 몇 점인지 물어

보고, 곱셈식으로 나타내보게 한다. 2점을 한 번도 맞히지 못한 때의 점수는 몇 점인지 물어 보고, 곱셈식으로 나타내보게 한다. 이것을 통하여 알게 된 점을 말해보게 한다.

배경

0의 단 곱셈구구는 실제 생활과 관련지어 지도한다. 0의 곱은 0×a와 a×0의 두 가지 형태가 있는데, 0×a 형태는 동수누가로 지도할 수 있지만, a×0 형태는 동수누가로 정의될 수 없다. 따라서 위와 같이 실제 생활에서 a×0 형태의 곱을 도입한다. 이와 같은 활동을 바탕으로 어떤 수와 0의 곱, 0과 어떤 수의 곱은 항상 0임을 알게 한다.

관련 TU : TUAN-3040, TUAN-3210

TUAN-3130.10 두 수를 바꾸어 곱하기 (곱셈구구 범위)

관련 교육과정	(07) 2(가)[4]②
	(09) 12(가)[3]②

목표

곱하는 두 수의 순서를 바꾸어도 곱은 변하지 않음을 알 수 있다.

자료

그림 카드, 모눈종이

활동

(1) 모두 몇 명인지 알아보시오. (교실에서의 활동)

교실의 앞에서 보면 학생들이 몇 명씩 몇 줄로 앉아 있는지 세어보고 곱셈식을 만들어 곱을 구하게 한다. 또 교실의 옆에서 보면 학생들이 몇 명씩 몇 줄로 앉아 있는지 세어보고 곱셈식을 만든 후 곱을 구하게 한다. 곱하는 두 수의 순서를 바꾸어도 곱이 변하지 않는다는 것을 발견하게 한다.

(2) 모눈종이 2칸씩 3줄을 오려 칸의 수를 세어 보시오. (모눈종이를 이용한 활동)

모눈종이 2칸씩 3줄을 오려 칸의 수를 세어 보고 이것을 곱셈식으로 나타낸다. 또 모눈종이를 옆으로 돌리면 몇 칸씩 몇 줄이 되는지 알아보게 하고 이것을 곱셈식으로 나타내어보게 한다. 곱하는 두 수의 순서를 바꾸어도 곱이 변하지 않는 것을 발견하게 한다.

배경

곱은 (곱해지는 수)×(곱하는 수)의 값이다. 곱을 구할 때 곱하는 수가 큰 경우보다 작은 경우가 계산할 때 편리하므로 곱셈의 교환법칙을 이해할 수 있도록 가르친다. 곱셈의 교환법칙은 수리적으로 접근하는 것보다 직관을 통하여 알 수 있도록 지도하는 것이 좋다. 이와 같은 활동을 통하여 곱하는 두 수를 바꾸어도 곱이 같다는 사실을 학생들 스스로 발견하고 말할 수 있도록 지도한다.

관련 TU : TUAN-0400, TUAN-3040, TUAN-3140

TUAN-3140.10 곱셈표(곱셈구구범위)

관련 교육과정	(07) 2(가)4②
	(09) 12(가)3②

목표

곱셈표를 만들고 1~9의 단 곱셈구구를 능숙하게 외울 수 있다.

자료

곱셈표

활동

(1) 곱셈표를 만들고, 곱셈구구를 외워 보시오.

×	1	2	3	4	5	6	7	8	9
1									
2									
3									
4									
5									
6									
7									
8									
9									

표의 빈 칸을 채워 보게 한다. 곱셈구구를 외워서 채우거나 곱셈구구를 잊었을 경우에는 곱셈구구의 규칙을 이용하여 곱을 찾게 한다. 곱하는 두 수의 순서를 바꾸어 곱해도 곱이 변하지 않는 성질을 이용하여 빈 칸을 채울 수도 있다.

배경

곱셈구구의 구성 원리와 지금까지 외운 각 단의 곱셈구구를 이용하여 곱셈구구표를 만들어보게 한다. 곱셈구구를 잊었을 경우에는 각 단의 곱셈구구에서 그 단의 숫자만큼 곱이 커지는 성질과 곱하는 두 수의 순서를 바꾸어 곱해도 곱이 같다는 성질을 이용하여 문제를 해결하게 한다. 또한 이미 알고 있는 두 부분으로 곱셈을 분리하여 생각할 수 있다. 이 전략은 "한 묶음 더"($7 \times 8 = ?$ $7 \times 7 = 49$, $7 \times 8 = 49+7 = 56$), "알려진 구구의 두 배"($6 \times 8 = ?$ $3 \times 8 = 24$, $24+24$, $6 \times 8 = 48$) 또는 "알고 있는 5단 구구 사용"($7 \times 6 = ?$, $5 \times 6 = 30$, $2 \times 6 = 12$)과 같은 방법으로 접근할 수 있다. 곱셈표를 완성한 후에, 만든 곱셈표에서 여러 가지 규칙을 찾아 말해 보도록 지도할 수도 있다.

관련 TU : TUAN-3050, TUAN-3060, TUAN-3080, TUAN-3090, TUAN-3110, TUAN-3220

TUAN-3150.10 곱셈의 활용(직사각형 배열)

관련 교육과정	(07) 2(가)4②
	(09) 12(가)3②

목표

직사각형 모양 몇 개로 배열된 사물의 수를 곱셈식을 써서 여러 가지 방법으로 구할 수 있다.

자료

그림

활동

(1) 색칠한 칸이 몇 개인지 알아보시오. (그림을 이용한 활동)

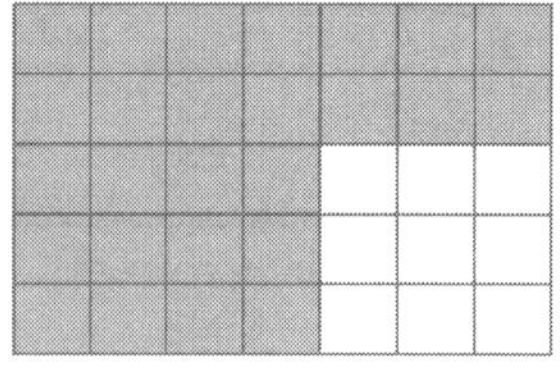

곱셈구구를 식을 활용하여 모눈의 수를 여러 가지 방법으로 구할 수 있게 한다. ① 위 2줄과 아래 3줄로 가로로 나누어 직사각형 2개를 만들어 구하는 방법, ② 왼쪽 4칸과 오른쪽 3칸으로 세로로 나누어 직사각형 2개를 만들어 구하는 방법, ③ 전체 7×5의 직사각형 모양 칸의 수에서 색칠하지 않은 3×3의 직사각형 모양 칸의 수를 빼는 방법이 있을

수 있다. 자신이 구한 방법을 설명해보고 곱셈구구를 사용하여 발표하도록 한다.

배경

모눈 그림의 가로와 세로가 똑같지 않은 것을 보고 학생들이 창의적으로 여러 가지 방법을 이용하여 전체 수를 구하게 한다. 이 때, 다양한 방법이 있을 수 있으나 곱셈구구를 활용하면 쉽고 빠르게 구할 수 있다는 것을 알도록 지도한다.

관련 TU : TUAN-3140, TUAN-3340

TUAN-3210.10 20×3형(동수누가)

관련 교육과정	(07) 3(가)3①
	(09) 34(가)3①

목표

(몇십)×(몇)의 계산 원리를 이해하고, 계산 방법을 알 수 있다.

자료

수모형, 계산 도식

활동

(1) 20+20+20을 수모형을 이용하여 알아보시오.

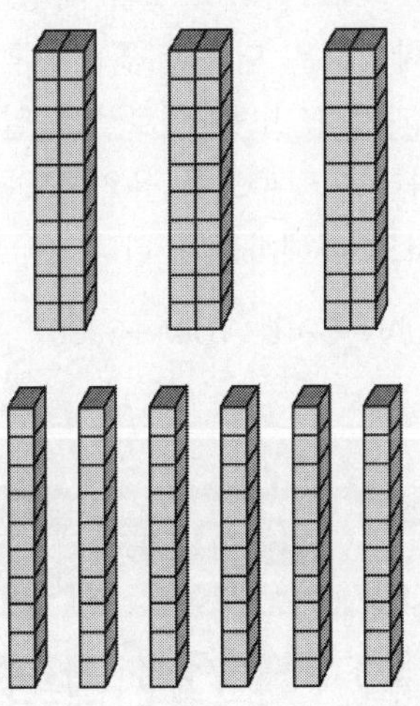

이 상황을 동수누가의 방법 $20+20+20=60$으로 써 보고, 또한 곱셈식으로 $20\times3=60$으로 써본다.

(2) 십 모형의 개수를 곱셈식(2×3)으로 써보고, 이를 이용하여 20×3의 곱을 구하는 방법을 설명하도록 한다.

$$\begin{array}{r} 2\,0 \\ \times\quad 3 \\ \hline 6\,0 \end{array}$$

배경

작은 수의 반복인 (한 자리 수)×(한 자리 수)는 곱셈구구를 이용하여 해결했던 것을 바탕으로 하여 큰 자리 수의 곱셈 및 올림이 있는 곱셈을 위한 기본 학습이다. 동수누가를 이용하여 곱셈식의 결과를 계산하고 이를 곱셈식으로 나타내본다. 이를 십 모형의 개수와 관련지어 (몇십)×(몇)의 계산 원리를 이해하도록 하는 데 유의한다.

관련 TU : TUAN-3150, TUAN-3220

TUAN-3220.10 13×2형(동수누가, 알고리즘)

관련 교육과정	(07) 3(가)③①
	(09) 34(가)③①

목표

올림이 없는 (두 자리 수) × (한 자리 수)의 계산 원리를 이해하고, 계산형식을 알고 계산할 수 있다.

자료

수모형, 계산 도식

활동

(1) 13 + 13을 수모형을 이용하여 알아보시오.

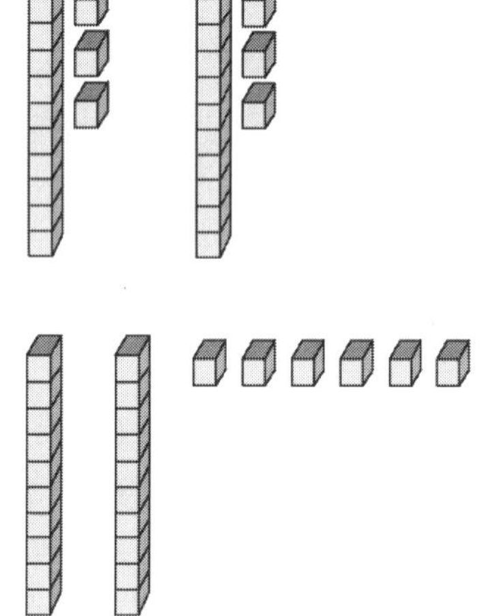

이 상황을 동수누가의 방법 13 + 13 = 26으로 보고, 또한 곱셈식으로 13 × 2 = 26으로 써본다.

(2) 낱개 모형의 개수(3 × 2 = 6)와 십 모형의 개수(1 × 2 = 2)를 곱셈식으로 써보고, 이를 이용하여 13 × 2의 곱을 세로셈으로 구하는 방법을 설명하도록 한다.

$$\begin{array}{r} 1\ 3 \\ \times\quad 2 \\ \hline \end{array} \Rightarrow \begin{array}{r} 1\ 3 \\ \times\quad 2 \\ \hline 6 \end{array} \Rightarrow \begin{array}{r} 1\ 3 \\ \times\quad 2 \\ \hline 2\ 6 \end{array}$$

배경

올림이 없는 (두 자리 수) × (한 자리 수)는 곱셈구구를 이용하여 해결했던 (한 자리 수) × (한 자리 수)를 바탕으로 하며, 큰 자리 수의 곱셈 및 올림이 있는 곱셈을 위한 기본 학습이다. 동수누가의 방법으로 해결할 수 있는 단계에서 나아가 곱셈 알고리즘에 익숙하게 하기 위해서 위치적 기수법의 이해가 중요하다. 13 × 2연산 과정에서 1 × 2 = 2에서 2를 쓰지만, 실제로는 10 × 2의 과정임을 이해하지 못한다면, 학생들은 단순한 곱셈구구의 연습을 하는 것에 불과하다. 또한 세로셈은 일의 자리 수를 기준으로 자리를 맞추도록 유의하도록 하며, 그 이유에 대해서도 이해하도록 한다.

관련 TU : TUAN-3210, TUAN-3230

TUAN-3230.10 42×3형(동수누가, 알고리즘)

관련 교육과정	(07) 3(가)③①
	(09) 34(가)③①

목표

십의 자리에서 올림이 있는 (두 자리 수) × (한 자리 수)의 계산 원리를 이해하고, 계산 형식을 알고 계산할 수 있다.

자료

수모형, 계산 도식

활동

(1) 42 + 42 + 42를 수모형을 이용하여 알아보시오.

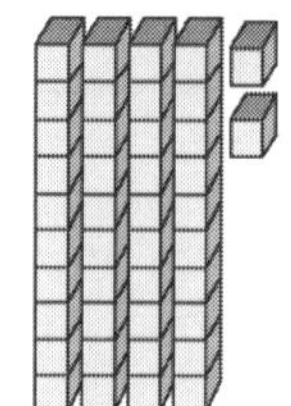
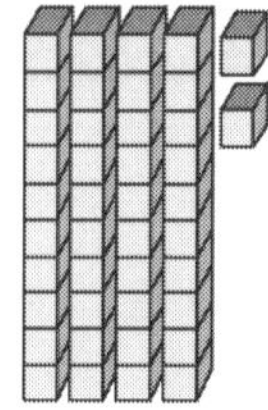
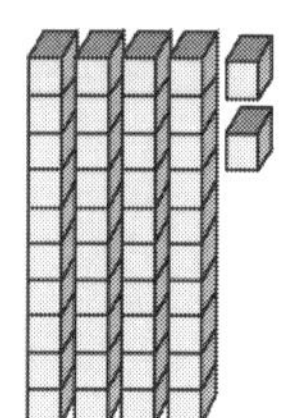
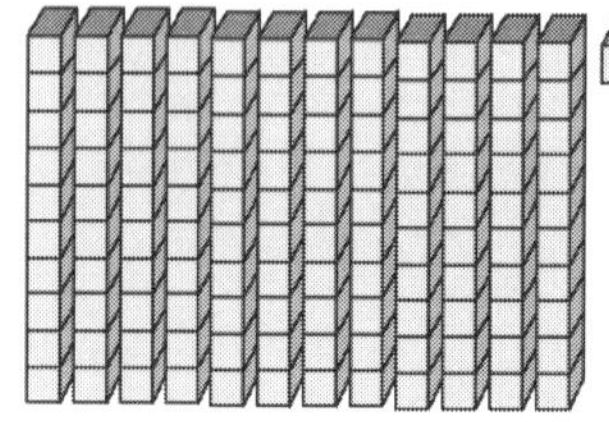
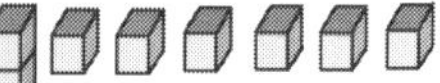

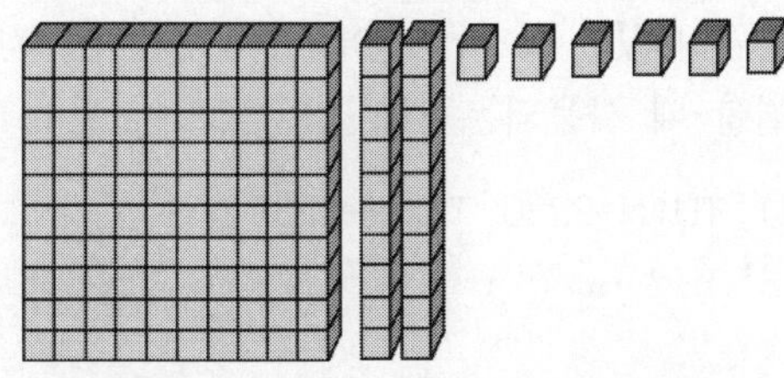

이 상황을 동수누가의 방법 $42+42+42=126$으로 써 보고, 또한 곱셈식으로 $42 \times 3=126$으로 써본다.

(2) 낱개 모형의 개수($2 \times 3=6$)와 십 모형의 개수($4 \times 3=12$)를 곱셈식으로 써보고, 이를 이용하여 42×3의 곱을 세로셈으로 구하는 방법을 설명하도록 한다.

$$\begin{array}{r} 42 \\ \times\ \ 3 \\ \hline \end{array} \Rightarrow \begin{array}{r} 42 \\ \times\ \ 3 \\ \hline 6 \end{array} \Rightarrow \begin{array}{r} 42 \\ \times\ \ 3 \\ \hline 126 \end{array}$$

배경

올림이 없는 (두 자리 수)×(한 자리 수) 학습 후 일의 자리에서 올림이 있는 (두 자리 수)×(한 자리 수) 전에 십의 자리에서 올림이 있는 (두 자리 수)×(한 자리 수)를 학습하는 이유는 십의 자리에서 올림이 있는 경우에는 십의 자리의 왼쪽, 즉 백의 자리에 올림수로 인한 덧셈 과정이 없기 때문이다. 일단, 동수누가로 결과를 알고 이를 곱셈 알고리듬으로 계산 원리를 이해하도록 한다. 이는 올림이 있는 큰 자리 수들의 곱셈을 세로셈으로 해결할 때 사용되는 기본적인 방법이 된다.

관련 TU : TUAN-3220, TUAN-3240

TUAN-3240.10 13×5형(동수누가, 알고리즘)

관련 교육과정	(07) 3(가)③①
	(09) 34(가)③①

목표

일의 자리에서 올림이 있는 (두 자리 수)×(한 자리 수)의 계산 원리를 이해하고, 계산 형식을 알고 계산할 수 있다.

자료

수모형, 계산 도식

활동

(1) $13+13+13+13+13$을 수모형을 이용하여 알아보시오.

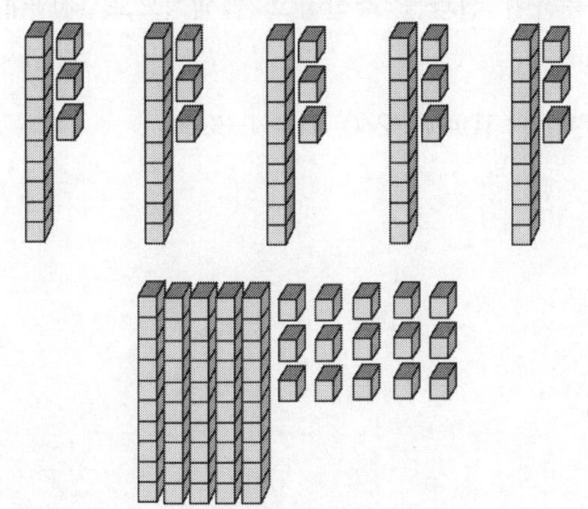

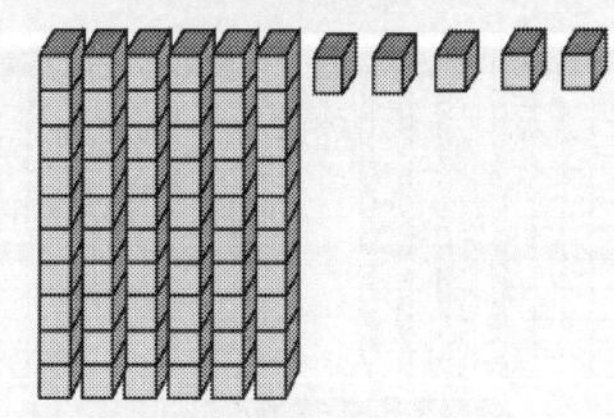

이 상황을 동수누가의 방법 $13+13+13+13+13=65$으로 써 보고, 또한 곱셈식으로 $13 \times 5=65$으로 써본다.

(2) 낱개 모형의 개수($3 \times 5=15$)와 십 모형의 개수($1 \times 5=5$)를 곱셈식으로 써보고, 이를 이용하여 13×5의 곱을 세로셈으로 구하는 방법을 설명하도록 한다.

$$\begin{array}{r} 13 \\ \times\ \ 5 \\ \hline \end{array} \Rightarrow \begin{array}{r} 13 \\ \times\ {}^{1}5 \\ \hline 5 \end{array} \Rightarrow \begin{array}{r} 13 \\ \times\ {}^{1}5 \\ \hline 65 \end{array}$$

배경

(두 자리 수)×(한 자리 수)의 곱셈을 동수누가의 방법을 이용하여 계산하고 이를 곱셈식으로 써본다. TUAN-3230과 다른 점은 올림이 일의 자리에 있다는 점이다. 이때 올림수 1은 10이며 1×5는 실제로 10×5라는 계산 원리의 이해가 필요하다. 덧

셈을 위해서, 세로셈에서 일의 자리에서 올림이 있을 때 올림수를 십의 자리 위에 작게 쓰거나 기억을 하고, 곱해지는 수의 십의 자리 수와 곱하는 수의 곱에서 나온 수와 더해서 십의 자리에 쓰도록 한다. 이는 올림이 있는 큰 자리 수들의 곱셈을 세로셈으로 해결할 때 사용되는 기본적인 방법이 된다.

관련 TU : TUAN-3230, TUAN-3250

TUAN-3250.10 132×3형(동수누가, 알고리즘)

관련 교육과정	(07) 3(가)③①
	(09) 34(가)③①

목표

올림이 없는 (세 자리 수) × (한 자리 수)의 계산 원리를 이해하고, 계산 형식을 알고 계산할 수 있다.

자료

수모형, 계산 도식

활동

(1) 132 + 132 + 132를 수모형을 이용하여 알아보시오.

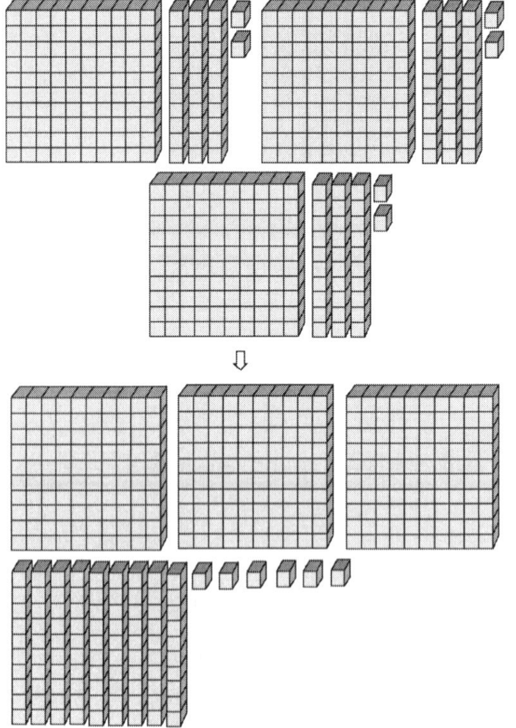

이 상황을 동수누가의 방법 132 + 132 + 132 = 396으로 써 보고, 또한 곱셈식으로 132 × 3 = 396으로 써본다.

(2) 낱개 모형의 수(3 × 2 = 6), 십 모형의 수(3 × 3 = 9), 백 모형의 수(1 × 3 = 3)를 곱셈식으로 써보고, 이를 이용하여 132 × 3의 곱을 세로셈으로 구하는 방법을 설명하도록 한다.

$$\begin{array}{r} 1\,3\,2 \\ \times \quad\;\; 3 \\ \hline \end{array} \Rightarrow \begin{array}{r} 1\,3\,2 \\ \times \quad\;\; 3 \\ \hline 6 \end{array} \Rightarrow$$

$$\begin{array}{r} 1\,3\,2 \\ \times \quad\;\; 3 \\ \hline 9\,6 \end{array} \Rightarrow \begin{array}{r} 1\,3\,2 \\ \times \quad\;\; 3 \\ \hline 3\,9\,6 \end{array}$$

배경

본 학습은 올림이 없는 (두 자리 수) × (한 자리 수)와 같은 계산 원리로 곱해지는 수의 자릿값이 커졌을 뿐이다. 각 자리 수의 의미를 이해하는 것이 전제가 된 계산 원리를 이해하는 것이 중요하다. 큰 자리 수의 곱셈을 위한 기본 학습으로, 동수누가를 이용하여 결과를 계산하고 곱셈식으로 나타내 본다.

관련 TU : TUAN-3240, TUAN-3260

TUAN-3260.10 316×4형(동수누가, 알고리즘)

관련 교육과정	(07) 3(가)3①
	(09) 34(가)3①

목표

일의 자리와 백의 자리에서 올림이 있는 (세 자리 수)×(한 자리 수)의 계산 원리를 이해하고, 계산 형식을 알고 계산할 수 있다.

자료

수모형, 계산 도식

활동

(1) 316 + 316 + 316 + 316을 수모형을 이용하여 계산하여 보시오.

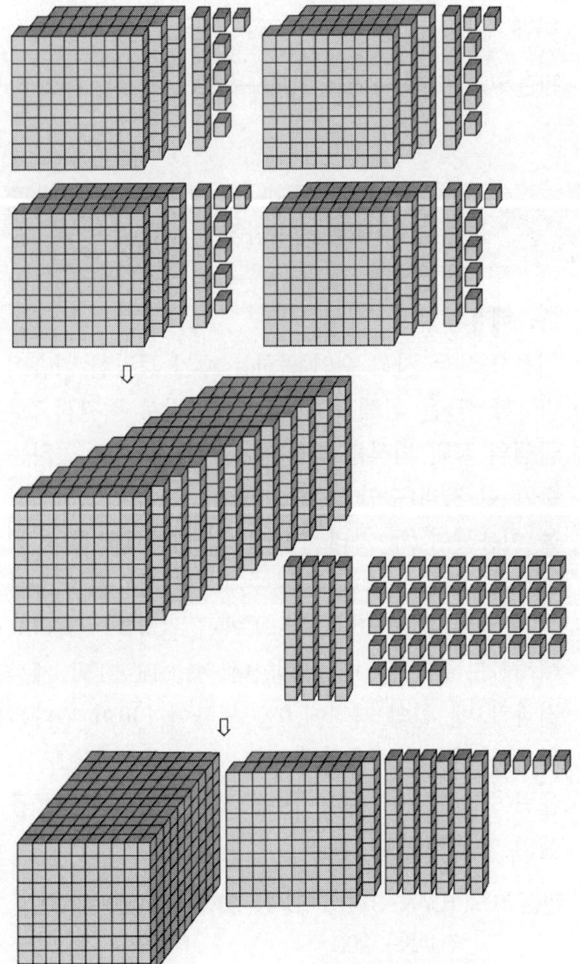

이 상황을 동수누가의 방법 316 + 316 + 316 + 316 = 1264으로 써 보고, 또한 곱셈식으로 316 × 4 = 1264으로 써본다.

(2) 낱개 모형의 개수(6 × 4 = 24), 십 모형의 개수(1 × 4 = 4)와 백 모형의 개수(3 × 4 = 12)를 곱셈식으로 써 보고, 이를 이용하여 316 × 4의 곱을 세로형식으로 구하는 방법을 설명하도록 한다.

$$\begin{array}{r} 316 \\ \times\quad 4 \\ \hline \end{array} \Rightarrow \begin{array}{r} 316 \\ \times\quad {}^{2}4 \\ \hline 4 \end{array} \Rightarrow \begin{array}{r} 316 \\ \times\quad {}^{2}4 \\ \hline 64 \end{array} \Rightarrow \begin{array}{r} 316 \\ \times\quad {}^{2}4 \\ \hline 1264 \end{array}$$

배경

(세 자리 수)×(한 자리 수)의 곱셈을 동수누가의 방법을 이용하여 계산하고 이를 곱셈식으로 써본다. 동수누가의 계산 방법에서 한 단계 나아가 올림이 없는 (세 자리 수)×(한 자리 수)와 올림이 있는 (두 자리 수)×(한 자리 수)의 계산 원리를 이용하여 올림이 있는 (세 자리 수)×(한 자리 수)의 계산 원리를 이해하도록 한다. 일의 자리에서 올림수는 곱해지는 수의 십의 자리와 곱하는 수를 곱한 결과와 합하여 쓰고, 곱해지는 수의 백의 자리와 곱하는 수와 곱한 결과에서 나온 올림수는 백의 자리의 왼쪽, 즉 천의 자리에 쓰면 된다. 연산과정에서 덧셈을 위해, 세로형식에서 올림이 있을 때 올림수를 각 자리 위에 작게 쓰거나 기억을 하고, 곱해지는 수의 십의 자리 수와 곱하는 수의 곱에서 나온 수와 더해서 십의 자리에 쓰도록 한다. 이는 올림이 있는 큰 자리 수들의 곱셈을 세로형식으로 해결할 때 사용하는 기본적인 방법이다.

관련 TU : TUAN-3250, TUAN-3270

TUAN-3270.10 657×3형(알고리즘)

관련 교육과정	(07) 3(가)3①
	(09) 34(가)3①

목표

모든 자리에서 올림이 있는 (세 자리 수)×(한 자리 수)의 계산 원리를 이해하고, 계산 형식을 알고 계산할 수 있다.

자료

계산 도식

활동

받아올림이 세 번 있는 (세 자리 수)×(한 자리 수)의 세로형식으로 해결하고 계산 원리를 설명하도록 한다.

```
  6 5 7          6 5 7
×     3   ⇨   ×    ²3   ⇨
                      1

  6 5 7          6 5 7
×  ¹ ²3   ⇨   ×  ¹ ²3
    7 1        1 9 7 1
```

배경

지금까지의 계산 원리를 이용하여 올림이 세 번 있는 (세 자리 수)×(한 자리 수)의 곱셈을 형식화하여 계산할 수 있게 한다. 동수누가와 구체물 조작 활동 없이 곱셈 알고리즘의 원리를 이해하고 연습하게 한다.

관련 TU : TUAN-3260, TUAN-3490

TUAN-3280.10 13×10형(알고리즘)

관련 교육과정	(07) 3(가)3①
	(09) 34(가)3①

목표

(두 자리 수)×10의 계산을 할 수 있다.

자료

계산 도식

활동

(1) 10×3과 3×10이 같음을 설명하도록 한다.

10×3은 얼마입니까? 30

3×10은 얼마일까요? 30

(2) 13×1을 이용하여 13×10의 계산 원리를 설명하도록 한다.

13×1은 얼마입니까? 13

13×10은 얼마일까요? 130

배경

처음으로 두 자리 수인 곱하는 수가 등장한 학습이다. 학생들은 곱셈 구구를 학습하면서 직관적으로 곱셈의 교환 법칙을 인식한다. 이를 근거로 곱하는 수가 한 자리 수인 10×(한 자리 수)에서 교환법칙을 이용하여 (두 자리 수)×10의 계산 원리를 이해하도록 한다. 또한 곱하는 수가 1인 경우를 이용하여 곱하는 수가 10인 경우의 계산 원리를 비교하고 이해하도록 하는 데 유의한다. 즉, 13×1의 계산 결과 13에 일의 자리에 0을 덧붙여 130이 된다는 원리의 이해가 중요하다.

올림이 없는 곱하는 수가 큰 자리 수인 경우의 곱셈의 기본 학습이 된다.

관련 TU : TUAN-3110, TUAN-3120, TUAN-3210, TUAN-3290

TUAN-3290.10 13×30형(알고리즘)

관련 교육과정	(07) 3(가)3①
	(09) 34(가)3①

목표

(두 자리 수) × (몇십)의 계산을 할 수 있다.

자료

계산 도식

활동

13 × 3을 이용하여 13 × 30을 해결하고 계산 원리를 설명하도록 한다.
13 × 3은 얼마입니까? 39
13 × 30은 얼마일까요? 390

배경

올림이 없는 (두 자리 수) × (한 자리 수)와 (두 자리 수) × 10의 계산 원리를 이용하여 (두 자리 수) × (몇십)의 계산 원리를 이해하도록 한다. 13 × 3의 계산 결과 39에 일의 자리에 0을 덧붙여 390이 되는 계산 원리의 이해가 중요하다.

관련 TU : TUAN-3280, TUAN-3300

TUAN-3300.10 40×30형(알고리즘)

관련 교육과정	(07) 3(가)3①
	(09) 34(가)3①

목표

(몇십) × (몇십)의 계산을 할 수 있다.

자료

계산 도식

활동

4 × 3, 40 × 3을 이용하여 40 × 30을 해결하고 계산 원리를 설명하도록 한다.
4 × 3은 얼마입니까? 12
40 × 3은 얼마입니까? 120
40 × 30은 얼마일까요? 1200

배경

(한 자리 수) × (한 자리 수), (몇십) × (한 자리 수) 및 (두 자리 수) × (몇십)의 계산 원리를 이용하여 (몇십) × (몇십)의 계산 원리를 이해하도록 한다. (두 자리 수) × (몇십)의 계산은 계산 결과에서 일의 자리에 0을 덧붙이는 계산 원리인 반면 (몇십) × (몇십)의 계산은 (한 자리 수) × (한 자리 수)의 계산 결과에서 일의 자리와 십의 자리에 00을 덧붙이는 계산 원리라는 차이를 알고 그 원리의 이해에 유의하도록 해야 한다.

관련 TU : TUAN-3290, TUAN-3320

TUAN-3310.10 3×24형(모눈종이, 알고리즘)

관련 교육과정	(07) 3(가)3①
	(09) 34(가)3①

목표

(한 자리 수) × (두 자리 수)의 계산을 할 수 있다.

자료

모눈종이(가로15칸 세로 25칸 정도, 5칸마다 굵은 선으로 표시), 계산 도식

활동

(1) 모눈종이(가로15칸 세로 25칸 정도, 5칸마다 굵은 선으로 표시)

모눈종이에 3칸씩 4줄 색칠하게 하고 칸 수를 알아보고, 3칸씩 20줄을 색칠하고 칸 수를 알아본다. 각각을 곱셈식으로 써보게 한다. 이를 근거로 3 × 24를 계산한다.

(2) 3×24의 곱을 세로형식으로 해결하고 계산 원리를 설명하도록 한다.

```
    3          3
× 2 4  ⇨  × 2 4  ⇨
           1 2

    3          3
× 2 4  ⇨  × 2 4
  1 2        1 2
  6          6
           7 2
```

배경

(한 자리 수)×(두 자리 수)의 세로형식이 곱하는 수의 십의 자리와 일의 자리 두 부분으로 따로 구하는 과정을 모눈종이를 이용한다. 곱해지는 수와 곱하는 수의 일의 자리의 곱은 곱셈구구에, 곱해지는 수와 곱하는 수의 십의 자리의 곱은 (두 자리 수)×(몇십)의 계산 과정에 근거한다. 각각의 곱셈 결과를 더하여 답을 구한다. 곱셈 알고리즘의 이해에서는 위치적 기수법의 이해가 중요하다. 즉, 곱해지는 수와 곱하는 수의 십의 자리의 곱의 과정에서 세로셈 일의 자리를 비우고 십의 자리부터 수를 써야 하는 이유를 이해할 필요가 있다. 각 숫자가 의미하는 바를 이해하고 세로셈을 이용한 계산 과정이 능숙해지도록 한다. 올림이 있는 경우는 이후에 배우게 된다.

관련 TU : TUAN-3230, TUAN-3300, TUAN-3320

TUAN-3320.10 32×24형(모눈종이, 알고리즘)

관련 교육과정	(07) 3(가)3①
	(09) 34(가)3①

목표

올림이 없는 두 자리 수끼리의 곱셈을 할 수 있다.

자료

모눈종이(가로 35칸 세로 30칸 정도, 5칸마다 굵은 선으로 표시), 계산 도식

활동

(1) 모눈종이(가로 35칸 세로 30칸 정도, 5칸마다 굵은 선으로 표시)

모눈종이에 32칸씩 4줄 색칠하게 하고 칸 수를 알아보고, 32칸씩 20줄을 색칠하고 칸 수 알아본다. 각각을 곱셈식으로 써보게 한다. 이를 근거로 32×24를 계산한다.

(2) 32×24의 곱을 세로형식으로 해결하고 계산 원리를 설명하도록 한다.

```
   3 2        3 2
×  2 4  ⇨  × 2 4  ⇨
            1 2 8

   3 2        3 2
×  2 4  ⇨  × 2 4
  1 2 8      1 2 8
  6 4        6 4
            7 6 8
```

배경

(두 자리 수)×(두 자리 수)의 세로형식이 곱하는 수의 십의 자리와 일의 자리 두 부분으로 따로 구하는 과정을 모눈종이를 이용한다. 곱해지는 수와 곱하는 수의 일의 자리의 곱은 (두 자리 수)×(한 자리 수)에, 곱해지는 수와 곱하는 수의 십의 자리의 곱은 (두 자리 수)×(몇십)의 계산 과정에 근거한다. 각각의 곱셈 결과를 더하여 답을 구한다. 곱셈 알고리듬의 이해에서는 위치적 기수법의 이해가 중요하다. 각 숫자가 의미하는 바를 이해하고 세로형식을 이용한 계산 과정이 능숙해지도록 한다. 올림이 있는 경우는 이후에 학습하게 된다.

관련 TU : TUAN-3310, TUAN-3330

TUAN-3330.10 13×76형(알고리즘)

관련 교육과정	(07) 3(가)③①
	(09) 34(가)③①

목표

올림이 있는 두 자리 수끼리의 곱셈을 할 수 있다.

자료

계산 도식

활동

13 × 76의 곱을 세로형식으로 해결하고 계산 원리를 설명하도록 한다.

$$\begin{array}{r} 13 \\ \times\ 76 \\ \hline \end{array} \Rightarrow \begin{array}{r} 13 \\ \times\ 76 \\ \hline 78 \end{array} \Rightarrow \begin{array}{r} 13 \\ \times\ 76 \\ \hline 78 \\ 91 \end{array} \Rightarrow \begin{array}{r} 13 \\ \times\ 76 \\ \hline 78 \\ 91 \\ \hline 988 \end{array}$$

배경

올림이 없는 (두 자리 수) × (두 자리 수)의 알고리즘의 형식에 올림이 있는 (두 자리 수) × (한 자리 수)와 (두 자리 수) × (몇십)의 계산 원리를 이용한다. 세로형식에서 올림이 있을 때 올림수를 각 자리 위에 작게 쓰거나 기억을 해야 한다. 각각의 곱셈 결과를 더하여 답을 구한다. 계산 과정에서 각 숫자가 의미하는 바를 이해하도록 해야 한다.

관련 TU : TUAN-3320, TUAN-3490

TUAN-3340.10 곱셈의 활용

관련 교육과정	(07) 3(가)③②
	(09) 34(가)③②

목표

곱셈의 계산 원리를 이용하여 여러 가지 문제를 해결할 수 있다.

자료

생활 장면 문제

활동

(1) 가은이네 3학년 학생은 357명입니다. 한 사람이 공책을 3권씩 주려고 합니다. 공책은 몇 권 필요할까요?

357 × 3 = 1071

(2) 배를 한 상자에 26개씩 담았습니다. 48상자에 담은 배는 몇 개입니까?

26 × 48 = 1248

배경

여러 가지 문장제를 제시하여 우리 주변에서 곱셈을 활용하는 장면들이 있고 이를 해결하기 위해 곱셈 알고리듬을 이용함을 알게 한다. 문장제에서는 문제에서 구하려는 것이 무엇이고 해결 방법을 계획하여 해결할 수 있게 한다. **활동** (1)은 올림이 있는 (세 자리 수) × (한 자리 수)이고, **활동** (2)는 올림이 있는 (두 자리 수) × (두 자리 수)이다.

관련 TU : TUAN-3330

TUAN-3350.10 계산 결과 어림하기 (어떤 수)×(#)

관련 교육과정	(07) –
	(09) 34(가)3②

목표

곱하는 수가 한 자리 수인 곱셈에서 계산 결과를 어림할 수 있다.

자료

실생활 문제

활동

동은이네 학교 3학년은 모두 6학급입니다. 한 학급에는 적으면 24명 많으면 26명씩 있습니다. 동은이네 학교 3학년 학생들이 모두 모여 앉으려면 좌석이 몇 개 정도 있어야 충분합니까?

▸20 × 6은 얼마입니까?

▸5 × 6은 얼마입니까?

▸좌석은 몇 개 정도 있어야 합니까?

배경

수학 학습은 시대의 변화에 따라 적절한 목표를 지향하게 된다. 과거에는 정확한 계산 능력의 배양을 목표로 하기도 하였지만, 현대 사회에서는 정확한 계산 결과를 내는 능력보다는 수량을 효율적으로 다루는 효과적인 수 감각을 요구한다. 이것은 편리한 계산기의 발달에 따른 것이라고 볼 수 있다. 따라서 과거에는 네 자리 수 또는 그보다 큰 수의 덧셈이나 뺄셈, 곱셈, 나눗셈 등 복잡한 계산에 대처하는 능력을 중시하였다면, 오늘날에는 그러한 계산의 결과가 어느 범위에 속하는지를 적절하게 판단할 수 있는 능력을 요구한다. 계산 결과의 정확성도 중요하지만, 그 계산의 결과를 어림하는 능력도 중요하다.

곱을 구하는 방법은 다양하다. 세로 형식의 계산 알고리즘을 고집하기보다는 백의 자리부터 곱한다든가, 반올림을 하여 곱을 어림하든가 하는 다양한 방법으로 생각할 수 있는 능력을 장려하여야 한다.

관련 TU : TUAN-3340, TUAN-3360

TUAN-3360.10 계산 결과 어림하기 (어떤 수)×(##)

관련 교육과정	(07) –
	(09) 34(가)3②

목표

곱하는 수가 두 자리 수인 곱셈에서 계산 결과를 어림할 수 있다.

자료

실생활 문제

활동

공이 한 상자에 36개씩 들어 있습니다. 이러한 상자 12개에 들어 있는 공은 모두 몇 개쯤 됩니까?

▸30 × 12는 얼마입니까?

▸5 × 12는 얼마입니까?

공은 모두 몇 개쯤 들어 있다고 말할 수 있습니까?

배경

수학 학습은 시대의 변화에 따라 좀 더 적절한 목표를 지향하게 된다. 과거에는 정확한 계산 능력의 배양을 목표로 하기도 하였지만, 현대 사회에서는 정확한 계산 결과를 내는 능력보다는 수량을 효율적으로 다루는 효과적인 수 감각을 요구한다. 이것은 편리한 계산기의 발달에 따른 것이라고 볼 수 있다. 따라서 과거에는 네 자리 수 또는 그보다 큰 수의 덧셈이나 뺄셈, 곱셈, 나눗셈 등 복잡한 계산에 대처하는 능력을 중시하였다면, 오늘날에는 그러한 계산의 결과가 어느 범위에 속하는지를 적절하게 판단할 수 있는 능력을 요구한다. 계산 결과의 정확성도 중요하지만, 그 계산의 결과를 어림하는 능력도 중요하다.

곱을 구하는 방법은 다양하다. 세로 형식의 계산 알고리즘을 고집하기보다는 백의 자리부터 곱한다든가, 반올림을 하여 곱을 어림하든가 하는 다양한 방법으로 생각할 수 있는 능력을 장려하여야 한다. 특히 곱하는 수가 두 자리 수인 경우에는 십의 자리를 곱해서 구한 어림값과 일의 자리를 곱해서 구한 어림값을 더하는 방법을 사용할 수도 있다.

관련 TU : TUAN-3340, TUAN-3350

TUAN-3410.10 (어떤 수)×100형(알고리즘)

관련 교육과정	(07) 4(가)②①
	(09) -

목표

어떤 수와 100의 곱을 구할 수 있다.

자료

계산 도식

활동

(1) 3의 100배를 알아보시오. (알고리즘을 통한 계산)

▸100 × 3은 얼마입니까?

▸3 × 100은 얼마라고 생각합니까?

▸3 × 100을 계산하는 방법을 알아보시오.

3 × 100 = 300

(3 × 1)

배경

곱하는 수가 두 자리 수인 곱셈의 처음 단계로, 보통 이전 단계로 곱하는 수가 한 자리 수인 곱셈을 배운다. 수의 곱셈 지도에서 가장 기초가 되는 것은 십진법에 의한 배 개념이다. 더 큰 수의 곱셈을 위해 먼저 100을 곱하는 것을 학습할 필요가 있다. 어떤 수와 100의 곱을 이해한 이후에는 (어떤 수) × 1000형의 계산 알고리즘을 이해할 수 있다.

활동 (1)에서 3의 100배를 지도하기 위해 100 곱하기 3은 얼마인지 묻는 것은, 자연수에서 곱셈에 대한 교환법칙이 성립하기 때문이다.

100 × 3 = 3 × 100 = 300

(1 × 3 = 3) (3 × 1 = 3) — 교환법칙

1 × 3 = 3 × 1 = 3

다음을 통해 규칙(알고리즘)을 이해하도록 한다.

3 × 1 = 3

3 × 10 = 30

3 × 100 = 300

3 × 1000 = 3000

관련 TU : TUAN-3280, TUAN-3420, TUAN-3440

TUAN-3420.10 (어떤 수)×1000형(알고리즘)

관련 교육과정	(07) 4(가)②①
	(09) -

목표

어떤 수와 1000의 곱을 구할 수 있다.

자료

계산 도식, 모형돈 (1000원짜리 3장)

활동

(1) 3의 1000배를 알아보시오. (알고리즘을 통한 계산)

▸1000원짜리가 3장 있으면 얼마입니까? (모형돈을 통해 먼저 알아본다.)

▸1000 × 3은 얼마입니까? (계산 도식을 활용한다.)

▸3 × 1000은 얼마라고 생각합니까?

▸3 × 1000을 계산하는 방법을 알아보시오.

3 × 1000 = 3000

(3 × 1)

배경

자연수에서 곱셈에 관한 교환법칙이 성립한다. 따라서 3 × 1000을 알아보기 위하여 1000 × 3을 먼저 알아보는 활동을 하게 한다. 3 × 1 = 3, 3 × 10 = 30, 3 × 100 = 300을 계산하는 방법을 상기해보고, 이와 같은 과정에서 3 × 1의 곱에 곱하는 수 0의 개수만큼 0을 붙인다는 규칙을 찾아내게 한다.

관련 TU : TUAN-3410, TUAN-3430

TUAN-3430.10 (어떤 수)×10000형(알고리즘)

관련 교육과정	(07) 4(가)2①
	(09) -

목표

어떤 수와 10000의 곱을 구할 수 있다.

자료

계산 도식

활동

(1) 7의 10000배를 알아보시오. (알고리즘을 통한 계산)

▸ 10000원짜리가 7장 있으면 얼마입니까?

▸ 10000 × 7은 얼마입니까?

▸ 7 × 10000은 얼마라고 생각합니까?

▸ 7 × 10000을 계산하는 방법을 알아보시오.

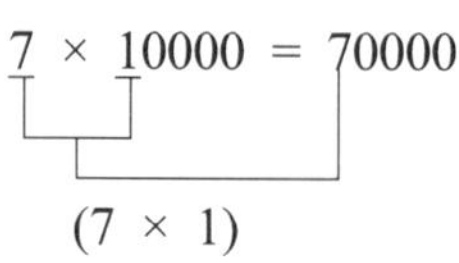

배경

자연수에서 곱셈에 관한 교환법칙이 성립한다. 따라서 7 × 10000을 알아보기 위하여 10000 × 7을 먼저 학습하는 활동을 하게 한다. 100과의 곱과 1000과의 곱을 했던 규칙을 상기시켜 10000과의 곱도 7 × 1의 곱에 곱하는 수 0의 개수만큼 0을 붙인다는 규칙을 찾아내게 한다.

관련 TU : TUAN-3420

TUAN-3440.10 30×600형(알고리즘)

관련 교육과정	(07) 4(가)2①
	(09) -

목표

(몇십) × (몇백)의 곱을 구할 수 있다.

자료

계산 도식

활동

(1) 30 × 800을 어떻게 계산하는지 알아보시오. (알고리즘을 통한 계산)

▸ 3 × 8은 얼마입니까?

▸ 3 × 800은 얼마입니까?

▸ 30 × 800은 얼마입니까?

▸ 30 × 800을 계산하는 방법을 알아보시오.

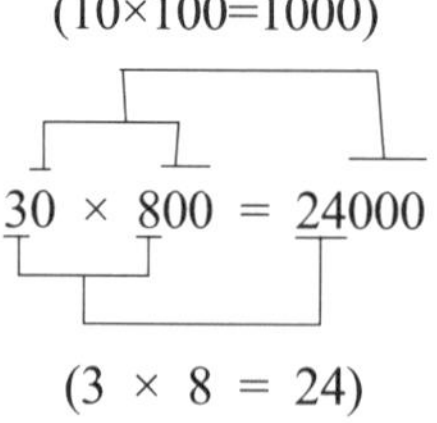

(2) 30 × 800을 세로형식으로 계산하는 방법을 알아보시오. (알고리즘, 세로형식)

```
    3 0           3 0
  × 8 0 0   ⇨   × 8 0 0
  -------       ---------
        0       2 4 0 0 0

        0
  2 4 0
  ---------
  2 4 0 0 0
```

배경

100, 1000, 10000을 곱하는 계산 원리에서 발견한 규칙을 바탕으로 3 × 8의 곱에 그 원리를 적용해보게 한다.

이러한 곱셈은 곱셈구구가 바탕이 되어 곱해지는 수와 곱하는 수의 0의 개수만큼 끝에 이어 쓴다는 것을 알게 한다. 계산 원리를 이해한 다음에 간편한 방법인 세로형식의 계산 방법을 알게 하는 것이 좋다.

관련 TU : TUAN-3410, TUAN-3450

TUAN-3450.10 500×900형(알고리즘)

관련 교육과정	(07) 4(가)2①
	(09) -

목표

(몇백) × (몇백)의 계산 원리와 형식을 이해하고 곱을 구할 수 있다.

자료

계산 도식

활동

(1) 혜윤이네 학교에서는 어린이날 기념 체육대회 행사가 끝난 뒤 학생들에게 간식을 나누어주기로 하였다. 혜윤이네 학교 학생은 모두 500명이고, 간식비로 일인당 900원이 쓰였다면 혜윤이네 학교에서는 학생들 간식비로 얼마를 지불했는지 알아보시오.

▸ 500 × 9는 얼마입니까?

▸ 500 × 90은 얼마입니까?

▸ 500 × 900은 얼마입니까?

▸ 500 × 900을 계산하는 방법을 알아보시오.

(100 × 100 = 10000)

500 × 900 = 450000

(5×9=45)

(2) 500 × 900을 세로형식으로 계산하는 방법을 알아보시오. (알고리즘, 세로형식)

```
    5 0 0              5 0 0
  × 9 0 0    ⇨       × 9 0 0
  -------            -----------
        0          4 5 0 0 0 0
      0
4 5 0 0
-----------
4 5 0 0 0 0
```

배경

(어떤 수) × 100형(알고리즘)를 통해 알고 있는 내용을 바탕으로 9 × 5를 먼저하고, 곱해지는 수와 곱하는 수에 있는 0의 개수만큼 이어 쓴다는 것을 발견하도록 한다. 이 원리를 이해한 다음 세로 형식의 계산을 하면 더욱 간편해질 것이다. 대단위의 물건값을 계산할 때나 공원의 입장료를 계산할 때, 이런 (몇백) × (몇백)의 원리가 이용되는 경우가 많다. 생활에서 쓰일 수 있는 예를 바탕으로 (몇백) × (몇백)을 배운 후에는 더 큰 단위의 숫자를 도입하여 (몇 천) × (몇백)을 계산하는 활동을 해볼 수 있다.

관련 TU : TUAN-3440, TUAN-3460

TUAN-3460.10 5000×600형(알고리즘)

관련 교육과정	(07) 4(가)②①
	(09) -

목표

(몇 천) × (몇백)의 계산 원리와 형식을 이해하고 곱을 구할 수 있다.

자료

그림 카드(김치포기를 쌓아놓은 그림), 계산 도식

활동

(1) 엄마손 회사의 김치는 맛이 좋아서 올해는 3000포기씩 전국 400개 학교에 납품하기로 하였다. 올해 납품한 김치는 모두 몇 포기인지 알아보시오. (그림을 이용한 활동)

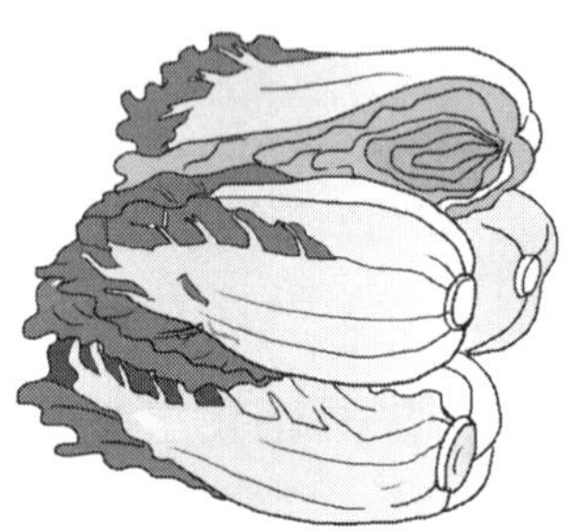

▸ 3000 × 4는 얼마입니까?

▸ 3000 × 40은 얼마입니까?

▸ 3000 × 400은 얼마입니까?

▸ 3000 × 400을 계산하는 방법을 알아보시오.

(1000 × 100 = 100000)

3000 × 400 = 1200000

(3 × 4 = 12)

(2) 400 × 3000을 세로형식으로 계산하는 방법을 알아보시오. (알고리즘, 세로형식)

$$\begin{array}{r} 3000 \\ \times\ \ 400 \\ \hline 0 \\ 0\ \ \\ 12000\ \ \ \ \\ \hline 1200000 \end{array} \quad \Rightarrow \quad \begin{array}{r} 3000 \\ \times\ \ 400 \\ \hline 1200000 \end{array}$$

배경

700 × 500형(알고리즘, 세로셈)에서 알게 된 사실을 바탕으로 3 × 4를 먼저하고, 곱해지는 수와 곱하는 수에 있는 0의 개수만큼 이어 쓴다는 것을 발견하게 한다. 이 원리를 이해한 다음 세로 형식의 계산을 하면 더 간편해질 것이다. 일상생활 속에서 자주 이용되지는 않지만 생활 곳곳에서 이런 (몇 천) × (몇백)의 원리가 이용되는 경우가 있다. 생활에서 쓰일 수 있는 예를 바탕으로 가르치면 효과적이다.

관련 TU : TUAN-3450

TUAN-3470.10 173×50형(알고리즘)

관련 교육과정	(07) 4(가)2①
	(09) 34(가)3①

목표

(세 자리 수) × (몇십)의 계산 원리와 형식을 이해하고 곱을 구할 수 있다.

자료

그림 카드(귤 상자 쌓아놓은 그림), 계산 도식

활동

(1) 귤이 한 상자에 243개씩 들어 있습니다. 40상자에는 몇 개 들어 있는지 알아보시오. (그림을 이용한 활동)

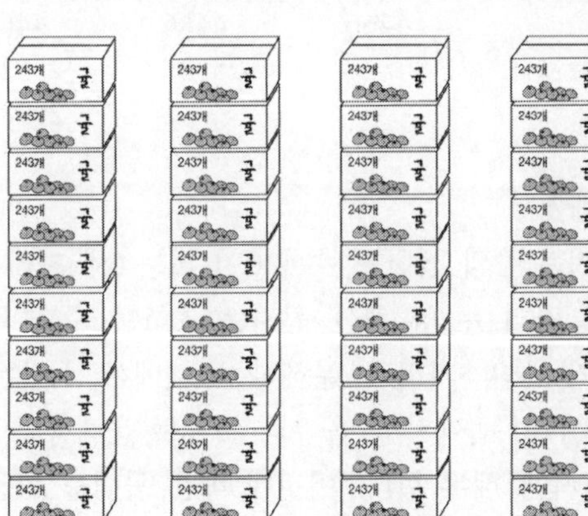

▸243 × 4는 얼마입니까?

▸243 × 40은 얼마입니까?

▸243 × 40을 계산하는 방법을 알아보시오.

$$\begin{array}{r} 243 \\ \times\ \ 4 \\ \hline 972 \end{array}$$

$$\begin{array}{r} 243 \\ \times\ 40 \\ \hline \end{array} \Rightarrow \begin{array}{r} 243 \\ \times\ 40 \\ \hline 0 \\ 972\ \ \\ \hline \end{array} \Rightarrow \begin{array}{r} 243 \\ \times\ 40 \\ \hline 0 \\ 972\ \ \\ \hline 9720 \end{array}$$

배경

(몇십) × (몇백), (몇백) × (몇백), (몇 천) × (몇백)의 계산방법을 이해한 다음 (세 자리 수) × (몇십)을 계산할 수 있다. 공장에서 상자에 들어 있는 물건의 개수를 알려고 할 때나 혹은, 대형마트에서 상자들이 물건을 팔 때 낱개로는 몇 개의 물건을 팔 수 있는지를 알아보고자 할 때, 그 개수를 (세 자리 수) × (몇십)의 계산을 통해 알 수 있을 것이다.

관련 TU : TUAN-3290, TUAN-3480

TUAN-3480.10 (세 자리 수)×(몇십)

관련 교육과정	(07) 4(가)2①
	(09) 34(가)3①

목표

(세 자리 수) × (몇십)의 계산 원리와 형식을 비교이해하고 곱을 구할 수 있다.

자료

계산 도식

활동

다음 세 문제를 해결하고, 계산 방법의 차이점에 대해 생각해 보시오.

(1) 243×40

(2) 203×40

(3) 240×40

$\begin{array}{r} 243 \\ \times\ \ 4 \\ \hline 972 \end{array}$	$\begin{array}{r} 243 \\ \times\ 40 \\ \hline 0 \\ 972\ \ \\ \hline 9720 \end{array}$	$\begin{array}{r} 203 \\ \times\ 40 \\ \hline 0 \\ 812\ \ \\ \hline 8120 \end{array}$	$\begin{array}{r} 240 \\ \times\ 40 \\ \hline 0 \\ 960\ \ \\ \hline 9600 \end{array}$	$\begin{array}{r} 24 \\ \times\ 4 \\ \hline 960 \end{array}$

배경

활동 (1), (2)는 (세 자리 수) × (몇십)의 계산 원리는 곱해지는 수가 0이 될 수 없는 세 자리 수이고, 곱하는 수가 일의 자리에만 0이 있는 유형의 계산 원리를 말한다. 곱해지는 수에 0이 있는 경우와 곱하는 수의 일의 자리숫자가 0이 아닌 경우는 별도로 배우게 되므로 예외로 지도한다. 예를 들어 243 × 40의 알고리즘과 203 × 40의 알고리즘을 비교하여 계산하는 방법을 알아보고, 240 × 49의 알고리즘과도 비교하여 계산해 보도록 지도한다.

243 × 4 972	243 × 40 0 9720 9720	203 × 40 0 8120 8120	240 × 40 0 9600 9600	24 × 4 960
A(1)		A(2)	A(3)	

관련 TU : TUAN-3290, TUAN-3470, TUAN-3490

TUAN-3490.10 638×47형(알고리즘)

관련 교육과정	(07) 4(가)②①
	(09) 34(가)③①

목표

(세 자리 수) × (두 자리 수)의 계산 원리와 형식을 이해하고, 곱을 구할 수 있다.

자료

계산 도식

활동

(1) 638 × 47을 어떻게 계산하는지 알아보시오. (계산 도식을 이해하기 위한 활동)

▸ 638 × 7은 얼마입니까?

▸ 638 × 40은 얼마입니까?

▸ 638 × 47은 얼마입니까?

638 × 47 = 638 × (40 + 7)

```
  638       638
×   7     ×  40
-----     -----
 4466     25520
```

```
  638       638        638        638
×  47  ⇨  ×  47  ⇨  ×  47  ⇨  ×  47
-----     -----      -----      -----
           4466       4466       4466
                      2552       2552
                                -----
                                29986
```

배경

곱해지는 수와 곱하는 수에 0이 없는 (세 자리 수) × (두 자리 수)의 계산 원리는 곱하는 수를 일의 자리와 십의 자리로 분해하는 데에서 시작된다. 638 × 47의 곱에서 47을 7과 40으로 분해하여 638에 곱하게 해야 한다. 이전에 배운 곱셈을 활용하면 쉽게 이해될 수 있다.

세로 형식 계산을 할 때 자리를 잘 맞추어 쓰지 않아서 엉뚱한 계산을 하는 학생들이 많은데 자리를 지킬 수 있도록 주의시켜야 한다.

관련 TU : TUAN-3480, TUAN-3500

TUAN-3500.10 2758×30형(알고리즘)

관련 교육과정	(07) 4(가)②①
	(09) –

목표

(네 자리 수) × (몇십)의 계산 원리와 형식을 이해하고, 곱을 구할 수 있다.

자료

만화, 계산 도식 1(반구체물로 표현), 계산 도식 2 (숫자와 식으로만 표현)

활동

(1) 자동차에 휘발유가 다 떨어져서 주유를 하려고 합니다. 휘발유 1L에 1554원인 주유소에서 30L 휘발유를 넣으려고 합니다. 기름 값은 모두 얼마입니까?

주유소 직원이 잘못된 액수를 부르게 설정하고, 맞았는지 검산하는 방법을 사용해 본다.

▸ 1554 × 3은 얼마입니까?

▸ 1554 × 30은 얼마입니까?

▸ 1554 × 30을 계산하는 방법을 알아보시오.

휘발유에 1554원이라는 가격표가 붙어 있거나, 1L당 1554원이라는 광고판이 있는 주유소의 모습에서 생각을 시작할 수 있도록 다음과 같이 반구체물로 나타낸다.

1L들이 휘발유 1통 = 1554원

1L들이 휘발유 30통 = 1L × 30통

= 1554원 × 30 = 46620원

1554 × 30 = 46620

$$\begin{array}{r} 1554 \\ \times \quad 30 \\ \hline \end{array} \Rightarrow \begin{array}{r} 1554 \\ \times \quad 30 \\ \hline 0 \end{array} \Rightarrow \begin{array}{r} 1554 \\ \times \quad 30 \\ \hline 46620 \end{array}$$

배경

네 자리 수와 일의 자리에 0이 있는 두 자리 수의 곱셈 계산 원리와 형식은 1554 × 30을 1554 × 3으로 계산한 후, 구한 곱에 0을 이어 쓰게 하도록 한다. 이 과정에서 곱하는 수 일의 자리 0은 계산 과정을 생략하여 간편함을 깨닫게 한다. 문제를 풀면서 학생들은 가로 형식보다는 세로 형식으로 계산하는 것이 더 편하다는 것을 느끼게 될 것이다.

관련 TU : TUAN-3490, TUAN-3510

TUAN-3510.10 7348×36형(알고리즘)

관련 교육과정	(07) 4(가)[2]①
	(09) -

목표

(네 자리 수) × (두 자리 수)의 계산 원리와 형식을 이해하고, 곱을 구할 수 있다.

자료

그림 카드, 계산 도식

활동

(1) 어느 공장에서는 하루에 사이다를 7348개 만들어 냅니다. 이 때, 사이다를 한 개 만드는데 드는 재료비는 36원이라고 합니다. 하루 동안, 사이다를 만드는 데 필요한 재료비는 모두 얼마일지 알아보시오. (그림을 이용한 활동)

▸ 7348 × 6은 얼마입니까?

▸ 7348 × 30은 얼마입니까?

▸ 7348 × 36을 계산하는 방법을 알아보시오.

7348 × 36 = 7348 × (30 + 6)

$$\begin{array}{r} 7348 \\ \times \quad 6 \\ \hline 44088 \end{array} \quad \begin{array}{r} 7348 \\ \times \quad 30 \\ \hline 220440 \end{array} \quad \begin{array}{r} 7348 \\ \times \quad 36 \\ \hline 44088 \\ 22044 \\ \hline 246528 \end{array}$$

$$\begin{array}{r} 7348 \\ \times \quad 36 \\ \hline \end{array} \Rightarrow \begin{array}{r} 7348 \\ \times \quad 36 \\ \hline 44088 \end{array} \Rightarrow \begin{array}{r} 7348 \\ \times \quad 36 \\ \hline 44088 \\ 22044 \end{array} \Rightarrow$$

배경

7348 × 36에서 곱하는 수(곱하는 수)인 36을 일의 자리와 십의 자리로 분해하여 각 단계별로 나누어서 계산하는 것임을 인지할 수 있도록 한다.

관련 TU : TUAN-3500

TUAN-3520.10 세 수의 곱셈(알고리즘)

관련 교육과정	(07) 4(가)②①
	(09) –

목표

세 수의 곱셈을 할 수 있다.

자료

그림, 계산 도식

활동

(1) 성우는 하루에 부모님 심부름을 2번씩 하기로 약속하고 잘 실천하였습니다. 4주 동안에는 심부름을 몇 번 하게 되는지 알아보시오. (그림을 이용한 활동)

▸ 성우가 1주일 동안 심부름을 몇 번 합니까?
▸ 성우가 4주일 동안 심부름을 몇 번 합니까?
▸ 2 × 7 × 4를 계산하는 방법을 알아보시오.

$$\underline{2 \times 7} \times 4 = 14 \times 4 = 56$$

$$\begin{array}{r} 2 \\ \times \quad 7 \\ \hline 14 \end{array} \rightarrow \begin{array}{r} 14 \\ \times \quad 4 \\ \hline 56 \end{array}$$

(2) 5 × 84 × 2를 계산하여 보시오.
▸ 세 수의 곱은 얼마입니까?
▸ 세 수의 순서를 다르게 하여 계산하여 보고, 쉽고 간편하게 계산하려면 어떻게 하여야 하는지 말하여 보시오.

배경

세 수의 곱셈은 앞에서부터 차례로 곱한다는 것을 알게 하고, 순서에 따라 계산하면 된다.
자연수는 곱셈에 관해 닫혀 있으므로 자연수의 곱셈에는 교환 법칙이 성립한다. 따라서 일반적인 경우에는 앞에서부터 차례로 곱하면 되지만 특수한 경우 더 쉽고 간단한 계산을 위해 곱셈의 순서를 바꾸어 계산할 수 있다.
예를 들어 25 × 8 × 4의 경우 25 × 4 = 100이므로 25 × 4 × 8의 순서로 계산할 수 있다. 세 수의 곱셈 지도 시 계산 도식을 이해한 뒤에는 다양한 순서의 계산을 통해 더 쉽고 간편한 순서를 찾게 하는 것도 필요하다.

예 25 × 8 × 4 = 25 × 4 × 8 = 100 × 8 = 800
5 × 84 × 2 = 5 × 2 × 84 = 10 × 84 = 840
8 × 77 × 5 = 8 × 5 × 77 = 40 × 77 = 3080

관련 TU : TUAN-3330

TUAN-4010.10 나눗셈 상황(포함제)

관련 교육과정	(07) 3(가)[4]①
	(09) 34(가)[4]①

목표

같은 양이 몇 번 들어 있는 나눗셈(포함제)의 뜻을 이해하고 나눗셈으로 나타낼 수 있다.

자료

바둑돌, 나눗셈 식

활동

(1) 빵 12개를 한 봉지에 4개씩 담으면 몇 봉지가 필요한지 알아보시오.

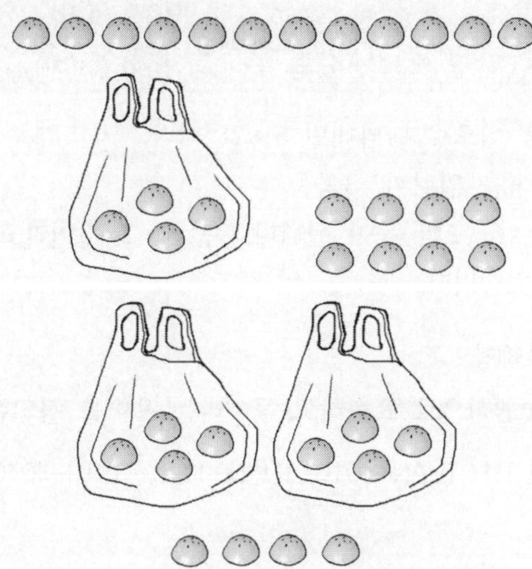

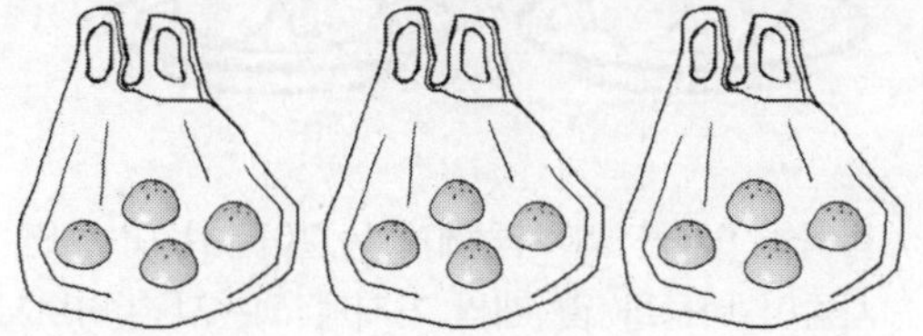

(2) 바둑돌 12개를 4개씩 덜어내면 몇 번 덜어낼 수 있습니까?

▸ 나눗셈식으로 나타내어 보시오.

배경

나눗셈의 기초개념 형성을 위해서는 포함제와 등분제 두 가지 상황이 있다. 포함제는 수량 a를 b씩 묶어 나갈 때의 묶음 수를 구하는 경우를 말한다. 이런 경우를 곱셈식으로 나타내면 $b \times x = a$와 같은 꼴로 나타난다. 즉, a에서 b를 x번 뺀다는 동수누감으로 생각할 수 있다. **활동** (1)은 동수누감으로 포함제의 상황을 나타내는 것이고, **활동** (2)는 직접 동수누감을 조작활동해보는 것이다. 또한 나눗셈기호가 처음 등장하므로, 기호를 쓰는 방법과 나눗셈식을 읽는 법의 지도도 필요하다.

관련 TU : TUAN-0550, TUAN-4030

TUAN-4020.10 나눗셈 상황(등분제)

관련 교육과정	(07) 3(가)[4]①
	(09) 34(가)[4]①

목표

양을 똑같이 나누는 경우의 나눗셈(등분제)의 뜻을 이해하고 나눗셈식으로 나타낼 수 있다.

자료

바둑돌, 나눗셈 식

활동

(1) 사과 6개를 접시 2개에 똑같이 나누어 담으려면, 한 접시에 몇 개씩 놓을 수 있는지 알아보시오.

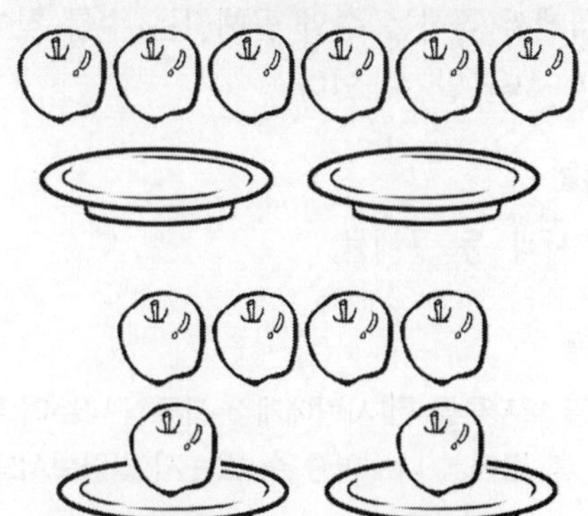

(2) 바둑돌 9개를 세 사람에게 똑같이 나누어 주면, 한 사람이 바둑돌 몇 개씩 가지게 되는지 알아보시오. 이를 나눗셈식으로 나타내어보시오.

배경

수량 a를 b등분할 때의 "한 몫의 수량"을 구하는 경우를 등분제라 한다. 이런 경우 곱셈식으로 나타내면 $x \times b = a$와 같은 꼴로 나타난다. 즉, a를 b곳에 똑같게 분할하는 경우이다. 등분제는 똑같이 나누어 갖는 형태의 일반적 연습이고 따라서 대체로 같은 수로 나누는 방법으로 설명할 수 있다. 포함제와 다른 상황이지만 나눗셈식으로 쓸 수 있음을 인식하게 한다.

관련 TU : TUAN-0550, TUAN-4030

TUAN-4030.10 나눗셈식, 몫(용어)

관련 교육과정	(07) 3(가)④①
	(09) 34(가)④①

목표

나눗셈식, 몫을 이해할 수 있다.

자료

바둑돌

활동

(1) 바둑돌을 2개씩 묶어 보시오.

이를 식으로 나타내면 $6 \div 2$입니다.
몇 묶음 입니까? 3묶음
이는 $6 \div 2$의 몫이 됩니다. 즉, $6 \div 2 = 3$이라고 할 수 있습니다.

배경

나눗셈식으로 표현하고 몫이라는 용어를 정의한다.

관련 TU : TUAN-4010, TUAN-4020, TUAN-4040

TUAN-4040.10 나눗셈의 몫(곱셈의 역연산)

관련 교육과정	(07) 3(가)④①
	(09) 34(가)④①

목표

곱셈식에서 곱하는 수와 곱해지는 수를 찾아서 나눗셈의 몫을 알 수 있다.

자료

연필, 사과 등 구체물

활동

(1) 연필 12자루를 한 사람에게 3 자루씩 나누어 주면, 모두 몇 명에게 나누어줄 수 있는지 알아보시오.

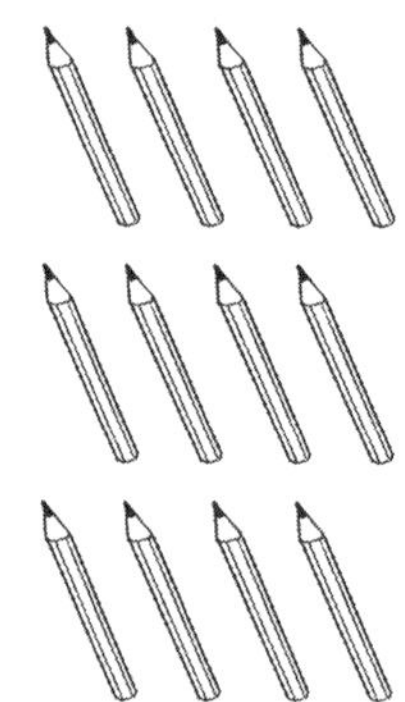

연필 12자루를 한 사람에게 3자루씩 나누어 주는 상황을 제시한다. 몇 명의 친구에게 줄 수 있는지

곱셈식을 이용하여 알아보게 한다.

3 × □ = 3

3 × □ = 6 $\qquad$ 12 ÷ 3 = □

3 × □ = 9

3 × □ = 12

(2) 사과 20개를 5명에게 똑같이 나누어주려면 한 사람에게 몇 개씩 주어야 하는지 알아보시오.

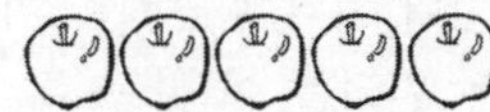

사과 20개를 5명에게 똑같이 나누어 주는 상황을 제시한다. 한 명이 몇 개씩 가지게 되는지 곱셈식을 이용하여 알아보게 한다.

□ × 5 = 5

□ × 5 = 10 $\qquad$ 20 ÷ 5 = □

□ × 5 = 15

□ × 5 = 20

배경

정수 전체 집합에서 나눗셈 알고리즘은 두 정수 a와 $b(b \neq 0)$에 대하여 $a = bq + r, 0 \leq r < |b|$인 두 정수 q와 r이 존재하고 이와 같은 q와 r은 각각 하나뿐으로, q, r은 각각 a를 b로 나누었을 때의 몫과 나머지라고 한다. 따라서 나눗셈은 연산의 관점에서 곱셈의 역연산이므로 나눗셈의 몫을 곱셈으로 구한다. 이 수업은 나눗셈의 몫을 곱셈의 역연산을 이용하여 구하도록 하는 원리를 이해하도록 하는 데 있다. 몫을 찾는 원리는 포함제와 등분제 상황에서 차이가 있다. **활동** (1)은 포함제로 곱셈식에서 곱하는 수를 찾아서 몫을 구하는 방법이고, **활동** (2)는 등분제로 곱셈식에서 곱해지는 수를 찾아 몫을 구하도록 한다. 학생들은 곱셈구구를 학습하면서 곱셈의 교환법칙을 직관적으로 알게 된다. 따라서 포함제의 몫을 찾을 때 곱해지는 수를 찾는 방법을 이용하거나, 등분제에서 곱하는 수를 찾는 방식으로 문제를 해결한다고 해서 틀렸다고 할 수는 없다. 단지, 학생들은 곱셈구구를 자신들이 쉽게 상기시키는 방법을 이용하는 것이기 때문이다. 그러나 포함제와 등분제의 몫을 찾는 두 상황을 제시할 때에는 위와 같은 방법상의 차이를 제시할 필요는 있다.

관련 TU : TUAN-3140, TUAN-4030, TUAN-4050

TUAN-4050.10 몫 구하기(곱셈구구 회상하기)

관련 교육과정	(07) 3(가)4①
	(09) 34(가)4①

목표

곱셈구구로 나눗셈의 몫을 구할 수 있다.

자료

곱셈구구표

활동

(1) 32 ÷ 4의 몫을 구하시오.

32 ÷ 4의 몫을 4단의 구구단을 외워서 곱하는 수를 몫으로 찾는 방법을 익힌다.

32 ÷ 4 = □ $\qquad$ 4의 단 곱셈구구 $\qquad$ 4 × □ = 32

배경

나눗셈의 몫을 구하기 위해 곱셈구구의 회상을 이용하는 방법을 직접 제시하여 이후 큰 수의 나눗셈의 몫 구하기의 기초가 되게 한다. 여기서는 상황의 파악에 근거하기보다는 나눗셈식의 몫을 찾는데 초점을 둔다. 몇 단의 곱셈구구를 회상해야 하며, 나누는 수를 보고 그 수와 같은 곱을 가지는 곱셈식의 곱하는 수가 몫이 된다는 것을 알게 해야 한다. 곱셈구구의 범위에서 나눗셈의 몫 구하기를 충분히 익숙하게 할 필요가 있다.

관련 TU : TUAN-3140, TUAN-4040, TUAN-4060, TUAN-4070

TUAN-4060.10 곱셈과 나눗셈의 역연산 관계

관련 교육과정	(07) 3(가)④②
	(09) 34(가)④②

목표

곱셈과 나눗셈의 관계를 안다.

자료

숫자카드, 기호카드. 도식

활동

(1) 타일의 수를 곱셈식으로 나타내어 보시오. 6개씩 묶었을 때의 나눗셈식을 써보고(30 ÷ 6 = 5), 5개씩 묶었을 때의 나눗셈식(30 ÷ 5 = 6)을 써보시오.

(2) 숫자카드와 기호카드 5 6 30 × ÷를 이용하여 곱셈식과 나눗셈식을 각각 만들어 보시오.

배경

곱셈과 나눗셈의 역연산 관계를 이용하여 곱셈식을 보고 그와 관련된 2개의 나눗셈식 즉, 곱하는 수를 구하는 나눗셈식과 곱해지는 수를 구하는 나눗셈식을 만들어 두 식의 역연산 관계를 이용하여 나눗셈의 몫을 구하는 원리를 이해하도록 한다. 이는 나누는 수와 나누는 수가 큰 수인 나눗셈에서 몫을 구하는 기본적인 원리가 된다.

관련 TU : TUAN-4050, TUAN-4070

TUAN-4070.10 60÷3형(계산 원리, 알고리즘, 세로셈)

관련 교육과정	(07) 3(가)④③
	(09) 34(가)④③

목표

(몇십) ÷ (몇)의 계산 원리를 알고 몫을 구할 수 있다.

자료

수모형, 계산 도식

활동

(1) 60 ÷ 3은 얼마인지 알아보시오.

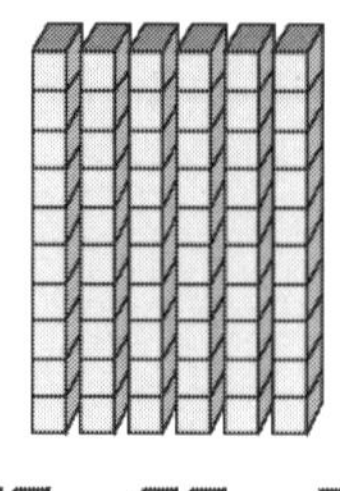

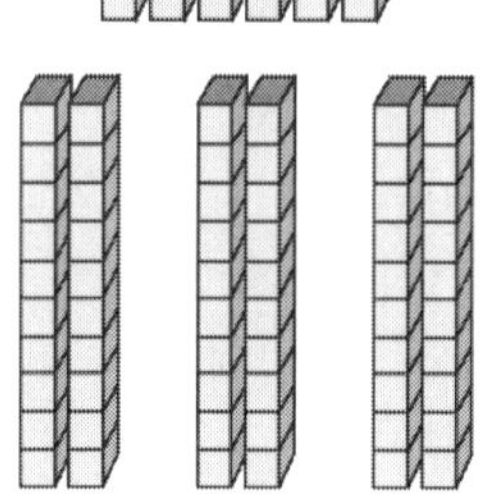

▸ 십 모형 6개를 3묶음으로 만들어 보시오.
▸ 한 묶음에는 몇 개의 십 모형이 있습니까?
▸ 십 모형의 수로 생각하면 6 ÷ 3은 얼마입니까? 2
▸ 낱개로 생각하면 60 ÷ 3은 얼마입니까? 20

(2) 방법을 알아보시오.

60 ÷ 3 = 2

$$3\overline{)6}\ \text{몫 } 2 \quad \Rightarrow \quad 3\overline{)60}\ \text{몫 } 20$$

배경

곱셈구구의 범위를 넘는 나눗셈에서 몫을 구하는 방법과 계산 원리에 대한 이해의 첫 단계로, (몇십) ÷ (몇) = (몇십)의 계산 원리를 이해하도록 한다. 나눗셈 연산 과정에서 나누는 수의 십의 자리를 나누는 수로 나누어떨어지는 경우로, 받아내림과 나머지가 없는 경우이다. 나누는 수의 십의 자리에서 나머지가 생겨서 받아내림이 있는 경우와 나머지가 있는 경우는 이후에 학습하게 된다. (한 자리 수) ÷ (한 자리 수) = (한 자리 수)를 기초로 (몇십) ÷ (몇) = (몇십)의 알고리즘을 익히게 한다. 나누는 수의 십의 자리가 나누는 수로 나누어떨어지면 몫의 일의 자리에는 0을 쓰면 된다는 것을 이해하도록 한다. 큰 수의 나눗셈 연산을 위해 이를 세로셈으로 쓰도록 하는데, 이 때 몫의 자리에 유의하도록 한다. 위치적 기수법에 대한 이해가 선행되어야 한다.

관련 TU : TUAN-4050, TUAN-4080

TUAN-4080.10 42÷2형(계산 원리, 알고리즘)

관련 교육과정	(07) 3(가)④③
	(09) 34(가)④③

목표

(두 자리 수) ÷ (한 자리 수)의 계산 원리를 알고 몫을 구할 수 있다.

자료

수모형, 계산 도식

활동

(1) 42 ÷ 2는 얼마인지 알아보시오.

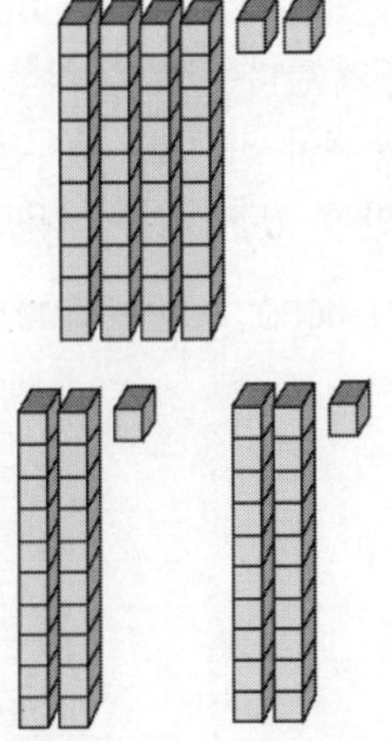

▸ 십 모형 4개를 2 묶음으로 만들면, 한 묶음에는 십 모형이 몇 개 입니까? 2개
▸ 낱개 모형 2개를 2 묶음으로 만들면, 한 묶음에는 낱개 모형이 몇 개 입니까? 1개
▸ 42 ÷ 2는 얼마일까요?

(2) 42 ÷ 2를 어떻게 계산하는지 알아보시오.

$$2\overline{)42} \Rightarrow \begin{array}{r} 2 \\ 2\overline{)42} \\ 4 \end{array} \Rightarrow \begin{array}{r} 21 \\ 2\overline{)42} \\ \underline{4} \\ 2 \\ 2 \end{array} \Rightarrow \begin{array}{r} 21 \\ 2\overline{)42} \\ \underline{4} \\ 2 \\ \underline{2} \\ 0 \end{array}$$

배경

나누는 수의 십의 자리와 일의 자리가 각각 나누는 수에 의해 나누어떨어지는 (두 자리 수) ÷ (한 자리 수) = (두 자리 수)의 계산 원리를 이해하도록 한다. 받아내림이 있거나 나머지가 있는 경우는 이후에 학습한다. 큰 수의 나눗셈 연산을 위해 이를 세로 형식으로 쓰도록 하는데, 이 때 나누는 수의 십의 자리 수를 나누는 수로 나누고 나중에 나누는 수의 일의 자리 수를 나누는 수로 나누면 그 몫이 됨을 알게 한다. 여기서 $4 \div 2 = 2$의 몫 2를 쓰는 위치가 숫자 4의 윗쪽이어야 하는 이유는 $40 \div 2 = 20$이기 때문이라는 점에 대한 이해가 중요하다. 세로 셈의 연산 과정에서 각 자릿값의 의미를 이해하도록 해야 한다.

관련 TU : TUAN-4070, TUAN-4090, TUAN-4100

TUAN-4090.10 17÷5형 (몫, 나머지, 나누어떨어지다)

관련 교육과정	(07) 3(가)[4]③
	(09) 34(가)[4]③

목표

나머지를 이해하고, 나머지를 구할 수 있다.

자료

사탕(또는 바둑돌), 계산 도식

활동

(1) 사탕이 17개 있습니다. 3사람에게 똑같이 나누어 주려고 합니다. 몇 개씩 나누어 줄 수 있습니까?

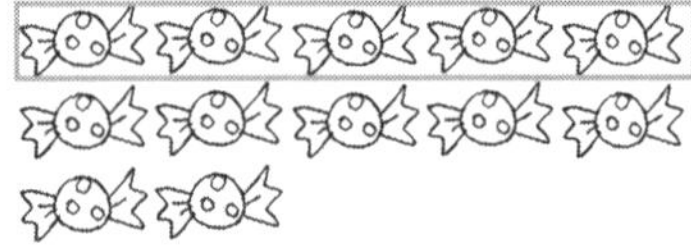

▸ 사탕 17개를 한 사람에게 5개씩 주면 몇 사람에게 줄 수 있습니까? 세 사람

▸ 나누어 주고 남은 사탕은 몇 개입니까? 2개

(2) 17을 5로 나누면 몫은 3이고 2가 남습니다. 이 때, 2를 $17 \div 5$의 나머지라고 합니다.

$17 \div 5 = 3 \cdots 2$

```
    3 ←몫
5)14
  15
   2 ←나머지
```

$15 \div 5$의 몫은 5이고 나머지는 0입니다. 나머지가 0일 때 나누어떨어진다고 합니다.

$15 \div 5 = 3$

```
    3
5)15
  15
   0
```

배경

(두 자리 수)÷(한 자리 수)=(한 자리 수)…(한 자리 수)의 나눗셈식의 예에서 몫과 나머지를 정의한다. 이후 (두 자리 수)÷(한 자리 수)=(한 자리 수)인 나눗셈식의 예에서 나머지가 0인 경우를 "나누어떨어진다"라고 한다는 것을 익히도록 한다. 용어의 정의에 집중해야 하므로, 제시된 나눗셈은 곱셈구구의 범위 안에 있는 예를 이용한다.

관련 TU : TUAN-4080, TUAN-4100, TUAN-4110

TUAN-4100.10 52÷4형(계산 원리, 알고리즘)

관련 교육과정	(07) 3(가)[4]③
	(09) 34(가)[4]③

목표

받아내림이 있는 (두 자리 수)÷(한 자리 수)의 계산 원리를 이해하고 계산할 수 있다(나누어떨어지는 경우).

자료

수모형, 계산 도식

활동

(1) 52÷4는 얼마인지 알아보시오.

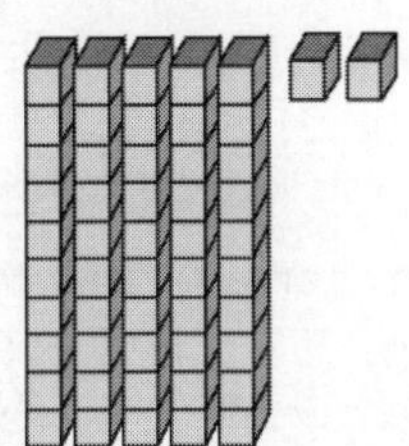

십 모형 5개를 4묶음으로 만들면, 한 묶음에는 십 모형이 몇 개 있습니까? 1개

십 모형 몇 개가 남습니까? 1개

남은 십 모형을 낱개 모형으로 바꾸면 낱개 모형은 모두 몇 개 입니까? 12개

낱개 모형 12개를 4묶음으로 만들면, 한 묶음에는 낱개 모형이 몇 개 있습니까? 3개

한 묶음 안에 들어 있는 십 모형과 낱개 모형을 모두 합치면 얼마입니까?

52÷4는 얼마일까요? 13

(2) 52÷4를 어떻게 계산하는지 알아보시오.

$$\begin{array}{r} \\ 4\overline{)52}\end{array} \Rightarrow \begin{array}{r}1\\4\overline{)52}\\4\end{array} \Rightarrow \begin{array}{r}13\\4\overline{)52}\\4\\\hline 12\\12\end{array} \Rightarrow \begin{array}{r}13\\4\overline{)52}\\4\\\hline 12\\12\\\hline 0\end{array}$$

배경

받아내림이 있는 (두 자리 수)÷(한 자리 수)=(두 자리 수)의 계산 원리를 이해하도록 한다. 나머지가 있는 경우는 이후에 학습한다. 큰 수의 나눗셈 연산을 위해 이를 세로형식으로 쓰도록 하는데, 이때 나누는 수의 십의 자리 수를 나누는 수로 나누면 십의 자리에서 받아내림이 있고 나누는 수의 일의 자리 수와 함께 나누는 수로 나누면 그 몫이 됨을 알게 한다. 받아내림이 없는 나눗셈과의 연산 과정의 차이점이 있음을 알게 해야 하며, 세로셈의 연산 과정에서 각 자릿값의 의미를 이해하도록 해야 한다.

관련 TU : TUAN-4080, TUAN-4110, TUAN-4210

TUAN-4110.10 74÷3형(계산 원리, 알고리즘)

관련 교육과정	(07) 3(가)[4]③
	(09) 34(가)[4]③

목표

받아내림이 있는 (두 자리 수)÷(한 자리 수)의 계산 원리를 이해하고 계산할 수 있다(나머지가 있는 경우).

자료

수모형, 계산 도식

활동

(1) 74÷3은 얼마인지 알아보시오.

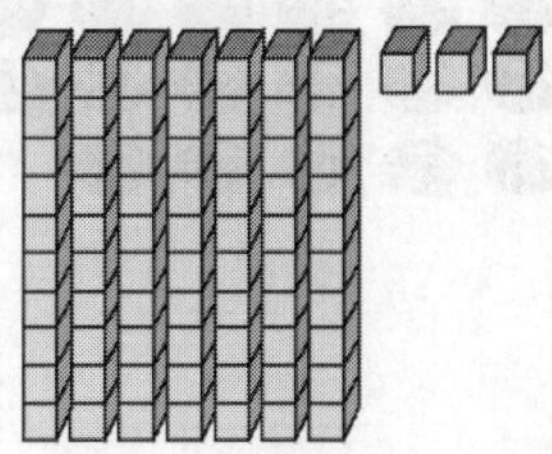

▸ 십 모형 7개를 3묶음으로 만들면, 한 묶음에는 십 모형이 몇 개 있습니까? 2개
▸ 십 모형 몇 개가 남습니까? 1개
▸ 남은 십 모형을 낱개 모형으로 바꾸면 낱개 모형은 모두 몇 개입니까? 14개
▸ 낱개 모형 14개를 3묶음으로 만들면, 한 묶음에는 낱개 모형이 몇 개 있습니까? 4
▸ 낱개 모형 몇 개가 남습니까? 2개
▸ 한 묶음 안에 들어 있는 십 모형과 낱개 모형을 모두 합치면 얼마입니까? 24
▸ 74 ÷ 3는 얼마일까요? 몫: 24 나머지: 2

(2) 74 ÷ 3을 어떻게 계산하는지 알아보시오.

```
          2          24         24
3)74 ⇨ 3)74 ⇨ 3)74 ⇨ 3)74
         6          6          6
                   14         14
                   12         12
                               2
```

배경

받아내림과 나머지가 있는 (두 자리 수) ÷ (한 자리 수) = (두 자리 수)의 계산 원리를 이해하도록 한다. 큰 수의 나눗셈 연산을 위해 이를 세로형식으로 쓰도록 하는데, 이 때 나누는 수의 십의 자리 수를 나누는 수로 나누면 십의 자리에서 받아내림이 있고 나누는 수의 일의 자리 수와 함께 나누는 수로 나누면 그 몫이 됨을 알게 한다. 세로형식의 계산 과정에서 각 자릿값의 의미를 이해하도록 해야 한다.

관련 TU : TUAN-4090, TUAN-4220

TUAN-4120.10 나눗셈의 검산

관련 교육과정	(07) 3(가)④③
	(09) 34(가)④③

목표

나머지가 있는 나눗셈의 검산 방법을 알고 검산할 수 있다.

자료

계산 도식

활동

29 ÷ 4를 계산하여 보시오.

▸ 바둑돌을 4개씩 묶어 보시오.
▸ 나눗셈으로 나타내어 보시오. 29 ÷ 4 = □ … □
▸ 곱셈과 덧셈으로 나타내어 보시오.
4 × □ + □ = 29
▸ 나눗셈을 검산하는 방법은 무엇입니까?

배경

나머지가 있는 나눗셈식을 써보고, 나누는 수와 몫의 곱에 나머지를 더한 것이 나누는 수와 같으면 나눗셈을 바르게 한 것임을 알게 한다. 검산의 원리 이해에 초점을 두므로 곱셈구구의 범위 안에 있는 나눗셈식을 이용하지만, 궁극적으로 곱셈구구의 범위를 넘는 나눗셈식에서도 같은 원리임을 알게 해야 한다.

관련 TU : TUAN-4100, TUAN-4110, TUAN-4130

TUAN-4130.10 나눗셈의 활용

관련 교육과정	(07) 3(가)[4]④
	(09) 34(가)[4]⑤

목표

나눗셈의 계산 원리를 이용하여 여러 가지 문제를 해결할 수 있다.

자료

숫자 카드

활동

(1) 2, 5, 8의 숫자 카드가 있습니다. 3개의 숫자 카드 중에서 2개의 숫자 카드로 두 자리의 수를 만들고, 그 수를 남은 숫자 카드의 수로 나눌 때, 나머지가 가장 큰 경우의 나눗셈을 쓰시오.

$52 \div 8 = 6 \cdots 4$

(2) 예은이네 반은 남학생이 19명, 여학생이 15명입니다. 긴 의자 하나에 학생 4명씩 앉으려면 의자가 몇 개 필요합니까?

$19 + 15 = 34 \quad 34 \div 4 = 8 \cdots 2$

의자 9개가 필요하다.

배경

(1) 여러 가지 경우의 나눗셈식을 만들어 보고 해결해 보도록 한다. 주의할 점은 세 장의 카드로 만들 수 있는 6개의 나눗셈식을 빠뜨리지 않고 쓸 수 있어야 한다는 점이다.

$25 \div 8 = 3 \cdots 1$, $28 \div 5 = 5 \cdots 3$, $52 \div 8 = 6 \cdots 4$, $58 \div 2 = 29$, $82 \div 5 = 16 \cdots 2$, $85 \div 2 = 42 \cdots 1$

(2) 남학생과 여학생의 학생수를 합하여 예은이네 반 전체 학생 수를 먼저 구해야 한다. $19 + 15 = 34$, $34 \div 4 = 8 \cdots 2$이므로 필요한 의자는 9개이다. 나눗셈식의 연산뿐만 아니라 실생활의 문제에서는 어떻게 이를 적용하여 답해야 하는지도 생각하도록 해야 한다.

관련 TU : TUAN-4100, TUAN-4110

TUAN-4210.10 720÷90형(계산 원리, 알고리즘)

관련 교육과정	(07) 4(가)[2]②
	(09) 34(가)[4]④

목표

(10의 배수) ÷ (몇십)의 계산 원리를 알고 몫을 구할 수 있다.

자료

그림, 계산 도식

활동

(1) 학교에서 사과 720개를 이웃돕기 성금으로 걷힌 돈으로 샀습니다. 90개씩 봉지에 담아 어린이집에 보내면 모두 몇 군데의 어린이집으로 보낼 수 있는지 알아보시오. (그림을 이용한 활동)

▸ 720은 10씩 몇 묶음입니까?

▸ 90은 10씩 몇 묶음입니까?

▸ $72 \div 9$의 몫은 얼마입니까?

▸ $720 \div 90$의 몫은 얼마입니까?

$720 \div 90 = 8$

$(72 \div 9 = 8)$

$$\begin{array}{r} 8 \\ 90\overline{)720} \\ \underline{720} \\ 0 \end{array}$$

배경

우리는 생활속에서 나눗셈을 해야 할 경우를 많이 만나게 된다. 예를 들어 작게는 연필 9개를 3명이 나누어 가질 때 혹은 크게는 빵 240개를 한 반에 30명씩인 학급에 나누어 준다면 모두 몇 학급에 나누어줄 수 있을지와 같은 것들이 있다. 이렇게 10개씩 묶음으로 나눌 수 있는 나누어지는 수와 나누는 수는 10개씩 묶음의 수로 생각하여 $240 \div 30 = 24 \div 3 = 8$과 같이 이해하는 것이 좋다.

관련 TU : TUAN-4070, TUAN-4220

TUAN-4220.10 427÷50형 (몫과 나머지, 알고리즘, 검산)

관련 교육과정	(07) 4(가)2②
	(09) 34(가)4④

목표

(세 자리 수)÷(몇십)의 몫과 나머지를 구하고 검산할 수 있다.

자료

그림 카드, 계산 도식

활동

(1) 형우네 학교에서 바자회를 하기 위해 집에서 입지 않는 옷을 걷었습니다. 모인 바지를 살펴보니 모두 427벌이었습니다. 바자회장으로 바지를 옮기기 위해 바지가 50벌씩 들어가는 상자에 담으면 가득 담은 상자는 몇 상자입니까? 또, 남은 바지는 몇 벌입니까? (그림을 이용한 활동)

▸ $42 \div 5$의 몫은 얼마입니까?

▸ $420 \div 50$의 몫은 얼마입니까?

▸ $427 \div 50$의 몫과 나머지는 얼마입니까?

$$50\overline{)427} \Rightarrow \begin{array}{r} 8 \\ 50\overline{)427} \end{array} \Rightarrow \begin{array}{r} 8 \\ 50\overline{)427} \\ \underline{40} \\ 27 \end{array}$$

$427 \div 50 = 8 \cdots 27$

검산 $50 \times 8 + 27 = 400 + 27 = 427$

배경

(10의 배수)÷(몇십)의 계산 원리와 형식을 바탕으로 (세 자리 수)÷(몇십)을 이해하도록 한다. 형식적인 처리보다 나눗셈 원리를 지도하는 것이 더 중요하다. $427 \div 50$에서 $50 \times 7 = 350$, $50 \times 8 = 400$, $50 \times 9 = 450$이므로 나누는 수 427보다 크지 않고 가장 가까운 곱은 400임을 알게 하여 몫이 8이 됨을 알게 하여야 한다.

관련 TU : TUAN-4210, TUAN-4230

TUAN-4230.10 83÷24형(계산 원리, 알고리즘)

관련 교육과정	(07) 4(가)2②
	(09) 34(가)4④

목표

몫이 한 자리 수이고, 나머지가 있는 (두 자리 수) ÷ (두 자리 수)의 몫과 나머지를 구할 수 있다.

자료

그림 카드, 계산 도식

활동

(1) 민지의 생일날 민지 어머니께서는 쿠키를 83개 구우셨습니다. 생일잔치에 모인 민지의 친구들은 민지까지 모두 24명입니다. 각각의 친구들이 똑같은 수의 쿠키를 먹으려면 몇 개씩 먹으면 됩니까? (그림을 이용한 활동)

▸83에는 24가 몇 번 들어갑니까?

▸24×4는 얼마입니까?

▸24×3은 얼마입니까?

▸$83 \div 24$의 몫과 나머지는 얼마입니까?

$$\begin{array}{r} 4 \\ 24\overline{)83} \\ 96 \end{array} \quad \Rightarrow \quad \begin{array}{r} 3 \\ 24\overline{)83} \\ \underline{72} \\ 11 \end{array}$$

(뺄 수 없습니다) (몫을 1 작게 합니다)

$83 \div 24 = 3 \cdots 11$

검산 $24 \times 3 + 11 = 72 + 11 = 83$

배경

우리는 일상생활에서 두 자리 수로 나누는 일을 많이 접하게 된다. 예를 들어 한 친구가 여행을 다녀오면서 친구들에게 나누어줄 기념으로 사탕 한 봉지를 사왔는데 사탕이 모두 93개였다. 한 반의 친구가 32명이면 한 명의 친구에게 모두 몇 개씩 사탕을 나누어 줄 수 있을까 하는 물음에서도 우리는 두 자리 수로 나누는 일을 접하게 되는 것이다. 앞 차시에서의 나눗셈과 마찬가지로 83 안에 24가 3번 들어감을 알게 하여 몫과 나머지를 계산하게 하면 된다.

관련 TU : TUAN-4110, TUAN-4220, TUAN-4240

TUAN-4240.10 159÷38형 (계산 원리, 알고리즘, 검산)

관련 교육과정	(07) 4(가)2②
	(09) 34(가)4④

목표

몫이 한 자리 수이고, 나머지가 있는 (세 자리 수) ÷ (두 자리 수)의 몫과 나머지를 구할 수 있다.

자료

계산 도식

활동

(1) $159 \div 38$을 어떻게 계산하는지 알아보시오. (계산 도식을 이용한 활동)

▸159에는 40이 몇 번 들어갑니까?

▸38×3은 얼마입니까? 이것은 159보다 큽니까?

▸$159 \div 38$의 몫과 나머지는 얼마입니까?

(몫을 1 크게 합니다)

$$\begin{array}{r} 3 \\ 38\overline{)159} \\ \underline{114} \\ 45 \end{array} \quad \Rightarrow \quad \begin{array}{r} 4 \\ 38\overline{)159} \\ \underline{152} \\ 7 \end{array}$$

(나머지가 나누는 수보다 큽니다)

$159 \div 38 = 4 \cdots 7$

검산 $38 \times 4 + 7 = 152 + 7 = 159$

배경

(세 자리 수) ÷ (몇십)의 계산 원리와 형식을 바탕으로 이해하게 한다. 나누는 수인 38이 40에 가까우므로 159 ÷ 40으로 생각하여 가상 몫인 3을 찾게 하여 나눗셈을 한 후 나머지가 나누는 수 38보다 크다는 것을 알고 몫을 1 늘려 4로 계산해야 함이 옳음을 알게 한다. 나머지는 항상 나누는 수보다 작아야 함은 인지시켜야 한다. 계산 과정이 끝나면 반드시 답이 맞았는지 검산을 하도록 한다.

관련 TU : TUAN-4230, TUAN-4250

TUAN-4250.10 341÷25형 (계산 원리, 알고리즘, 검산)

관련 교육과정	(07) 4(가)[2]②
	(09) 34(가)[4]④

목표

몫이 두 자리 수이고, 나머지가 있는 (세 자리 수) ÷ (두 자리 수)의 몫과 나머지를 구할 수 있다.

자료

계산 도식

활동

(1) 341 ÷ 25를 어떻게 계산하는지 알아보시오. (계산 도식을 이용한 활동)

▸34에는 25가 몇 번 들어갑니까?

$$\begin{array}{r} 25\overline{)341} \end{array}$$

▸34 안에 25가 1번 들어가는 것은 원래 340 안에 25가 몇 번 들어가는 것을 의미합니까?

$$\begin{array}{r} 1 \\ 25\overline{)341} \\ \underline{25} \\ 9 \end{array}$$

▸34 ÷ 25의 몫과 나머지는 얼마입니까?

▸□안에는 어떤 수가 들어가야 합니까?

$$\begin{array}{r} 1 \\ 25\overline{)341} \\ \underline{25} \\ 9\square \end{array}$$

▸91 ÷ 25의 몫과 나머지는 얼마입니까?

$$\begin{array}{r} 1 \\ 25\overline{)341} \end{array} \Rightarrow \begin{array}{r} 1 \\ 25\overline{)341} \\ \underline{25} \\ 9 \end{array} \Rightarrow \begin{array}{r} 1 \\ 25\overline{)341} \\ \underline{25} \\ 91 \end{array} \Rightarrow$$

$$\begin{array}{r} 13 \\ 25\overline{)341} \\ \underline{25} \\ 91 \\ \underline{75} \\ 16 \end{array}$$

$341 \div 25 = 13 \cdots 16$

검산 $25 \times 13 + 16 = 325 + 16 = 341$

배경

341의 340에 25가 몇 번 들어가는지를 34 안에 25가 몇 번 들어가는지 알게 하여 몫에서 1이 나오면 이것이 10을 의미한다는 것을 알게 해주고, 나머지 91 안에 25가 몇 번 들어가는지 알게 해 주면 된다.

관련 TU : TUAN-4240

TUAN-5010.10 46－28+32형(사칙혼합계산)

관련 교육과정	(07) 4(가)[2]③
	(09) 34(가)[5]①

목표

덧셈과 뺄셈이 섞여 있는 식의 계산 순서를 알고 계산할 수 있다.

자료

그림, 계산 도식

활동

(1) 버스에 46명이 타고 출발하여 다음 정류장에서 28명이 내리고 32명이 탔습니다. 지금 버스 안에 있는 사람은 모두 몇 명입니까?

▸몇 명인지 알아보는 식을 써 보시오.

▸28명이 내리면 몇 명이 됩니까?

▸32명이 타면 몇 명이 됩니까?

덧셈과 뺄셈이 섞여 있는 식에서는 앞에서부터 차례로 계산합니다.

$$46 - 28 + 32 = 18 + 32$$
$$= 50$$

① (46 − 28)
② (18 + 32)

배경

혼합계산의 처음 단계이다. 덧셈과 뺄셈이 섞여 있는 식에서는 앞에서부터 차례로 계산함을 이해하게 한다.

관련 TU : TUAN-2310, TUAN-2320, TUAN-2330, TUAN-2340, TUAN-5020

TUAN-5020.10 2000－(750+300)형(사칙혼합계산)

관련 교육과정	(07) 4(가)[2]③
	(09) 34(가)[5]①

목표

덧셈과 뺄셈이 섞여 있는 식에서 (　)가 있을 때의 계산 순서를 알고 계산할 수 있다.

자료

그림, 계산 도식

활동

(1) 창호는 편의점에서 750원짜리 김밥과 300원짜리 우유를 사고 2000원을 내었습니다. 거스름돈은 얼마를 받아야 됩니까?

▸거스름돈은 얼마인지 알아보는 식을 써 보시오.

▸덧셈과 뺄셈이 섞여 있고, (　　)가 있는 식에서는 (　　) 안을 먼저 계산합니다.

$$2000 - (750 + 300) = 2000 - 1050$$
$$= 950$$

(① 750 + 300, ② 2000 − 1050)

배경

종종 우리는 (   ) 안의 계산을 하게 되는 경우가 있는데 가장 흔한 경우가 가게에서 물건을 산 후 전체 금액이 얼마인지를 생각하고 돈을 지불할 때이다. 14000원어치 샀다고 생각을 한다면 15000원을 내면 15000－14000 해서 1000원쯤 거슬러 받는 것을 생각하게 된다. 계산식에서는 뒤에 나오지만 먼저 계산되는 것은 (   )로 묶어야 함을 인지시켜야 한다.

관련 TU : TUAN-5010, TUAN-5050

TUAN-5030.10 56÷7×3형(계산 순서)

관련 교육과정 (07) 4(가)②③ (09) 34(가)⑤①

목표

곱셈과 나눗셈이 섞여 있는 식의 계산 순서를 알고 계산할 수 있다.

자료

그림, 계산 도식

활동

(1) 여름 캠프에서 56명을 7명씩 모둠으로 만들고, 각 모둠에 관찰할 꽃을 3송이씩 주었습니다. 나누어 준 꽃은 모두 몇 송이입니까?

▸ 각 모둠에 나누어 준 꽃의 수를 알아보는 식을 써 보시오.

▸ 모두 몇 모둠입니까?

▸ 나누어준 꽃은 모두 몇 송이입니까?

곱셈과 나눗셈이 섞여 있는 식에서는 앞에서부터 차례로 계산합니다.

$$56 \div 7 \times 3 = 8 \times 3$$
$$= 24$$

(① 56 ÷ 7, ② 8 × 3)

배경

덧셈과 뺄셈이 섞여 있는 식을 앞에서부터 차례로 계산하는 것과 마찬가지로 곱셈과 나눗셈이 섞여 있는 식에서도 앞에서부터 차례로 계산함을 알게 한다. 순서를 바꿔서 계산하게 되면 식이 성립되지 않음을 보여주는 것도 좋다. $56 \div 7 \times 3$에서 7×3을 먼저 하면 $56 \div 21$이란 식이 나오는데 이는 이치에 맞지 않음을 학생들도 금방 알 수 있다.

관련 TU : TUAN-3140, TUAN-4050, TUAN-5040

TUAN-5040.10 72÷(6×4)형(사칙혼합계산)

관련 교육과정	(07) 4(가)[2]③
	(09) 34(가)[5]①

목표

곱셈과 나눗셈이 섞여 있는 식에서 (　　)가 있을 때의 계산 순서를 알고 계산할 수 있다.

자료

그림, 계산 도식

활동

(1) 상준이네 학교 4학년은 이번 운동회에 쓸 콩주머니를 직접 만들기로 하였습니다. 한 명이 콩주머니를 한 시간에 4개씩 만들 수 있다고 합니다. 한 모둠에는 6명의 학생이 있는데 이 6명이 콩주머니 72개를 만들려면 몇 시간이 걸리는지 알아보시오.

▶몇 시간이 걸리는지 알아보는 식을 세워보시오.

▶6명이 한 시간에 만들 수 있는 콩주머니는 몇 개입니까?

▶6명이 콩주머니 72개를 만드는 데 걸리는 시간은 몇 시간입니까?

▶곱셈과 나눗셈이 섞여 있고, (　　)가 있는 식에서는 (　　) 안을 먼저 계산합니다.

$$72 \div (6 \times 4) = 72 \div 24$$

①

$$= 3$$

②

배경

곱셈과 나눗셈이 섞여 있는 식의 계산은 앞에서부터 차례로 하지만 (　　)가 있는 식은 (　　) 안의 식을 먼저 계산해야 함을 앞에서 배운 덧셈과 뺄셈이 섞여 있는 식에서 (　　)가 있을 때의 계산 순서를 알고 계산한 것에서도 배워 학생들은 쉽게 알 수 있다.

관련 TU : TUAN-5020, TUAN-5030, TUAN-5080

TUAN-5050.10 34－6×5+7형(사칙혼합계산)

관련 교육과정	(07) 4(가)[2]③
	(09) 34(가)[5]①

목표

덧셈, 뺄셈, 곱셈이 섞여 있는 식의 계산 순서를 알고 계산할 수 있다.

자료

그림 카드, 계산 도식

활동

(1) 우승이네 반은 34명입니다. 6명씩 5모둠의 학생들이 새로운 교과서를 나누어주고 있습니다. 나머지 학생들은 옆 반 학생 7명과 함께 교과서를 정리하고 있습니다. 교과서를 정리하는 학생은 모두 몇 명입니까?

▶우승이네 반 학생 중에서 교과서를 정리한 학생은 몇 명입니까?

▸ 옆 반 친구들을 합해 교과서를 정리한 학생은 모두 몇 명입니까?

▸ 식으로 나타내어 보시오.

▸ 계산하여 보시오.

(2) 만두가 34개 있습니다. 6명의 친구들이 놀러 와서 5개씩 먹었습니다. 어머니께서 만두를 7개 더 만들어 주셨습니다. 남아있는 만두는 몇 개 입니까?

▸ 식으로 나타내어 보시오.

▸ 계산하는 방법을 알아봅시다.

남은 만두는 몇 개입니까?

$34-6\times5+7=11$

덧셈, 뺄셈, 곱셈이 섞여 있는 식에서는 곱셈을 먼저 계산합니다.

$$34 - 6 \times 5 + 7 = 34 - 30 + 7$$
$$= 4 + 7$$
$$= 11$$

① ② ③

배경

( )가 있는 식에서 ( )안의 식을 먼저 계산하는 것처럼, 덧셈, 뺄셈, 곱셈이 섞여 있을 때에는 덧셈이나 뺄셈보다 곱셈이 우선함을 알려준다.

관련 TU : TUAN-5020, TUAN-5040, TUAN-5060

TUAN-5060.10 75+60÷3−57형(사칙혼합계산)

관련 교육과정 (07) 4(가)②③ (09) 34(가)⑤①

목표

덧셈, 뺄셈, 나눗셈이 섞여 있는 식의 계산 순서를 알고 계산할 수 있다.

자료

그림 카드, 계산 도식

활동

(1) 현수는 밤을 75개 주웠습니다. 집에 갈 때 수미가 더 가져가라면서 자신이 딴 밤 60개를 3묶음으로 똑같이 나누어 그 중 한 묶음을 현수에게 주었습니다. 현수가 집으로 가져간 밤을 어머니께서는 친척들에게 57개를 나누어주시고 나머지를 쪄서 먹었습니다. 현수네가 쪄 먹은 밤은 모두 몇 개입니까?

▸ 수미가 현수에게 준 밤은 모두 몇 개입니까?

▸ 현수가 집에 가져간 밤은 모두 몇 개입니까?

▸ 친척집에 나누어 주고 남은 밤은 모두 몇 개입니까?

▸ 식으로 나타내어 보시오.

▸ 계산하여 보시오.

▸ 덧셈, 뺄셈, 나눗셈이 섞여 있는 식에서는 나눗셈을 먼저 계산합니다.

$$75 + 60 \div 3 - 57 = 75 + 20 - 57$$
$$= 95 - 57$$
$$= 38$$

① ② ③

배경

덧셈, 뺄셈, 곱셈이 섞여 있는 식에서 곱셈을 먼저 계산하는 것처럼 덧셈, 뺄셈, 나눗셈이 섞여 있는 식에서도 나눗셈을 먼저 계산함을 알려준다. 즉 나눗셈이 있는 부분이 ( )가 없어도 ( )의 역할을 하게 된다는 것을 알게 한다.

관련 TU : TUAN-5010, TUAN-5030, TUAN-5070

TUAN-5070.10 32×6−72÷4+25형(사칙혼합계산)

관련 교육과정	(07) 4(가)[2]③
	(09) 34(가)[5]①

목표

덧셈, 뺄셈, 곱셈, 나눗셈이 섞여 있는 식의 계산 순서를 알고 계산할 수 있다.

자료

계산 도식

활동

(1) 다음 계산의 순서를 알아봅시다.

32 × 6 − 72 ÷ 4 + 25

( )가 없고 덧셈, 뺄셈, 곱셈, 나눗셈이 섞여 있는 식에서는 곱셈이나 나눗셈을 먼저 계산합니다.

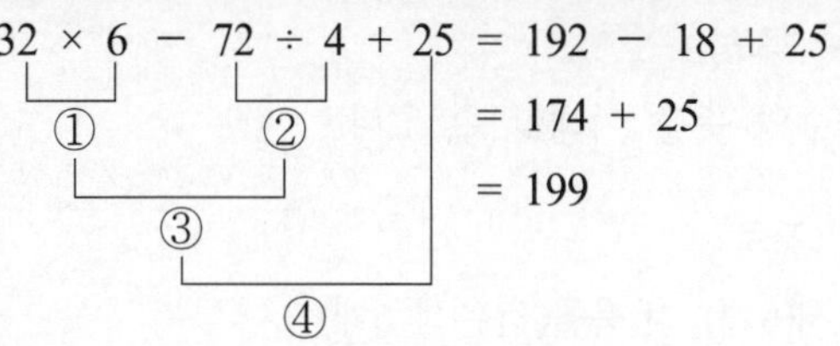

배경

( )가 없는 사칙 혼합 계산을 해결하게 한다. 우선 곱셈과 나눗셈은 덧셈과 뺄셈보다 먼저 계산한다는 것과 곱셈과 나눗셈의 계산 순서는 앞에서부터 차례로 계산하는 것, 덧셈과 뺄셈의 계산 순서도 앞에서부터 차례로 계산한다는 것을 차근차근 생각하게 하여 계산할 수 있도록 한다.

관련 TU : TUAN-5060, TUAN-5080

TUAN-5080.10 120−{8×(5+7)÷4}형(사칙혼합계산)

관련 교육과정	(07) 4(가)[2]③
	(09) 34(가)[5]①

목표

소괄호 (   )와 중괄호 {   }가 있는 덧셈, 뺄셈, 곱셈, 나눗셈이 섞여 있는 식의 계산 순서를 알고 계산할 수 있다.

자료

계산 도식

활동

(1) 다음 계산의 순서를 알아봅시다.

120 − {8 × (5 + 7) ÷ 4}

(   )와 {   }가 있는 식에서는 (   ) 안을 먼저 계산하고, 다음에 {   } 안을 계산합니다.

120 − {8 × (5 + 7) ÷ 4} = 120 − (8 × 12 ÷ 4)
= 120 − (96 ÷ 4)
= 120 − 24
= 96

① ② ③ ④

배경

소괄호 (   )와 중괄호 {   }가 더 첨가되었다. 어떤 계산이든 소괄호 (   ) 안을 제일 먼저 계산하고, 다음에 중괄호 {   } 안을 계산한다. 그 다음에는 덧셈, 뺄셈, 곱셈, 나눗셈이 섞여 있는 식의 계산 순서와 같다.

관련 TU : TUAN-5020, TUAN-5040, TUAN-5070

TUAN-6010.10 약수의 뜻

관련 교육과정	(07) 5(가)[1]①
	(09) 56(가)[1]①

목표

약수의 뜻을 이해할 수 있다.

자료

접시(6개), 바둑돌(검은색 6개)

활동

(1) 바둑돌 6개를 접시 위에 나누어 놓아보시오. (구체물을 이용한 활동)

▸ 접시에 바둑돌을 1개씩 놓아 보시오.

▸ 접시에 바둑돌을 2개씩 놓아 보시오.

▸ 접시에 바둑돌을 3개씩 놓아 보시오.

▸ 접시에 바둑돌을 4개씩 놓아 보시오.

▸ 접시에 바둑돌을 5개씩 놓아 보시오.

▸ 접시에 바둑돌을 6개씩 놓아 보시오.

▸ 모든 접시에 똑같은 개수의 바둑돌이 놓인 경우는 몇 개씩 놓았을 때입니까?
(1, 2, 3, 6개씩 놓았을 때)

▸ 그렇지 않은 경우는 몇 개씩 놓았을 때입니까?
(4, 5개씩 놓았을 때)

(2) 6은 어떤 수로 나누어떨어지는지 알아보시오.

$6 \div \square = 6$　　$6 \div \square = 3$

$6 \div \square = 2$　　$6 \div \square = 1 \cdots 2$

$6 \div \square = 1 \cdots 1$　　$6 \div \square = 1$

(3) 약수의 뜻

'6은 1, 2, 3, 6으로 나누면 나누어떨어진다. 이때 1, 2, 3, 6을 6의 약수라고 한다.'

▸ "나누어떨어진다"라는 말은 어떤 수를 다른 수로 나누었을 때, 나머지가 없음을 의미한다. 수학에서는 나머지가 0이라고 표현할 수도 있다.

배경

초등학생의 단계에서는 연역적인 방법보다는 귀납적인 방법을 통하여 약수의 개념을 이해할 수 있도록 지도하는 것이 효과적이다. 따라서 직접 접시 위에 바둑돌을 놓아보는 활동을 통하여 나누어떨어지게 하는 수를 이해하도록 지도하고, 이 내용을 식으로 나타내어 보는 활동을 통해 약수의 개념을 스스로 정립할 수 있도록 지도한다.

관련 TU : TUAN-4090, TUAN-6020, TUAN-6030

TUAN-6020.10 약수 구하기

관련 교육과정	(07) 5(가)[1]①
	(09) 56(가)[1]①

목표

자연수의 약수를 구할 수 있다.

자료

모눈종이, 바둑돌 12개

활동

(1) 바둑돌을 놓아 직사각형 모양 만들기

▸ 바둑돌 12개를 한 줄에 1개씩 놓아 직사각형을 만들어 보시오.

▸ 바둑돌 12개를 한 줄에 2개씩 놓아 직사각형을 만들어 보시오.

▸ 바둑돌 12개를 한 줄에 3개씩 놓아 직사각형을 만들어 보시오.

▸ 같은 방법으로 바둑돌 12개를 한 줄에 4, 5, 6개씩 놓아 보시오.

▸ 위와 같은 방법으로 만들 수 있는 직사각형 모양은 모두 몇 가지입니까? (3가지)

▸ 12를 두 수의 곱으로 나타내보시오.
($1 \times 12 = 12,\ 2 \times 6 = 12,\ 3 \times 4 = 12$)

▸ 곱하여 12가 되는 두 수를 무엇이라고 할 수 있습니까? (12의 약수)

▸ 짝이 되는 수를 빈 칸을 넣어 봅시다.

1 2 3 □ □ □

▸12의 약수는 무엇입니까? (1, 2, 3, 4, 6, 12)

(2) 약수를 쉽게 구하는 방법 알기

위의 그림처럼 가장 작은 약수는 가장 큰 약수와 짝이 된다. 둘째로 작은 약수와 둘째로 큰 약수의 곱과 짝이 된다. 이와 같이 순서대로 짝을 찾으면 쉽게 약수를 구할 수 있다.

(3) 다음의 약수를 구하시오.

(가) 30 (1, 2, 3, 5, 6, 10, 15, 30)
(나) 36 (1, 2, 3, 4, 9, 12, 18, 36)
(다) 48 (1, 2, 3, 6, 8, 16, 24, 48)

배경

약수를 구할 때 매번 나눗셈을 통하여 구하면 지루하고 쉽게 구하기가 어려우므로 약수와 배수의 관계를 통하여 약수를 쉽게 구하는 방법을 익힌다. **활동** (1)에서는 직사각형 만들기를 통해 12의 약수를 구하게 한다. 이 때 1 × 12와 12 × 1, 2 × 6과 6 × 2, 3 × 4와 4 × 3이 같은 모양임을 직관을 통해 확인하게 한다. 그리고 식으로 나타내어 약수끼리의 곱이 12가 되는 것을 이해하고, 짝이 되는 수를 찾아보는 활동을 하여 약수를 구하는 쉬운 방법을 스스로 찾아볼 수 있도록 한다. **활동** (2)에서는 약수를 쉽게 구하는 방법을 알아보고 **활동** (3)의 예제를 통해 익힌다.

관련 TU : TUAN-6010, TUAN-6030

TUAN-6030.10 공약수의 뜻

관련 교육과정	(07) 5(가)Ⅰ①
	(09) 56(가)Ⅰ①

목표

공약수의 뜻을 이해할 수 있다.

자료

연필 12자루, 공책 8권

활동

(1) 연필 12자루와 공책 8권을 똑같이 나누어 주기

▸1사람에게 모두 주어 보시오. 연필과 공책이 몇 개 남습니까? (0)

▸2사람에게 똑같이 나누어 주시오. 연필과 공책이 몇 개 남습니까? (0)

▸3사람에게 똑같이 나누어 주시오. 연필과 공책이 몇 개 남습니까? (공책 2권)

▸4사람에게 똑같이 나누어 주시오. 연필과 공책이 몇 개 남습니까? (0)

▸이와같이 5, 6, 7, 8 사람에게 똑같이 나누어 주어 보시오. 연필과 공책이 몇 개 남습니까?

▸몇 사람에게 나누어 줄 때 연필과 공책이 남지 않습니까? (1, 2, 4 사람)

(2) 공통인 약수 찾기

▸8의 약수인 수에 ○, 12의 약수인 수에 ×표 하시오.

1, 2, 3, 4, 5, 6, 7, 8, 9, 10, 11, 12

▸○와 ×가 함께 표시된 수는 어떤 수입니까?

(3) 공약수의 뜻

12의 약수이면서 8의 약수인 수 1, 2, 4를 12와 8의 공약수라고 한다.

배경

공약수의 뜻을 알게 하는 활동이다. 교실수업에서 바로 적용할 수 있는 **활동** (1)로 연필과 공책을 사람에게 남김없이 나눌 수 있는 경우를 찾아 공약수를 학습하고, **활동** (2)에서 묶음의 수가 1, 2, 4일 때 연필 12자루와 공책 8권을 모두 나누어떨어지게 하는 수임을 알게 하며, **활동** (3)을 통하여 공약수의 개념을 정립한다.

관련 TU : TUAN-6010, TUAN-6040, TUAN-6050

TUAN-6040.10 공약수 구하기

관련 교육과정	(07) 5(가)Ⅰ①
	(09) 56(가)Ⅰ①

목표

두 수의 공약수를 구할 수 있다.

자료

수 배열표

활동

(1) 24와 36의 공약수를 구하시오.

▸24의 약수를 구하시오. (1, 2, 3, 4, 6, 8, 12, 24)

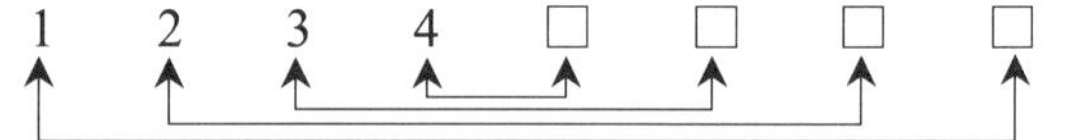

▸36의 약수를 구하시오. (1, 2, 3, 4, 6, 9, 12, 18, 36)

▸24와 36의 공약수를 구하시오. (1, 2, 3, 4, 6, 12)

(2) 24와 36의 공약수를 구하시오.

▸1부터 두 수 중에서 큰 수까지(현재는 36)의 수를 쓴 후, 24의 약수에 ○, 36의 약수에 ×표시를 해 보자.

1	2	3	4	5	6	7	8	9	10
11	12	13	14	15	16	17	18	19	20
21	22	23	24	25	26	27	28	29	30
31	32	33	34	35	36				

▸○와 ×가 함께 표시된 수는 어떤 수입니까?
(1, 2, 3, 4, 6, 12)

배경

약수를 구하는 방법과 공약수의 개념을 파악하였으므로 공약수를 효율적으로 구할 수 있는 방법을 찾을 수 있도록 지도한다. 현실에서의 활동은 오히려 공약수의 개념을 추상화하는 데 방해가 될 수도 있기 때문에 생략한다. **활동** (1)에서는 기존에 배운 약수를 쉽게 구하는 방법을 활용하고, **활동** (2)에서는 ○×로 공약수를 구하는 방법을 활용하여 어느 것이 더 효과적인지 스스로 찾아보도록 한다.

관련 TU : TUAN-6030, TUAN-6050

TUAN-6050.10 최대공약수의 뜻

관련 교육과정	(07) 5(가)Ⅰ①
	(09) 56(가)Ⅰ①

목표

두 수의 최대공약수의 뜻을 알 수 있다.

자료

활동문제

활동

(1) 16과 20의 공약수 중에서 가장 큰 수 알아보기

▸16의 약수를 구하시오. (1, 2, 4, 8, 16)

▸20의 약수를 구하시오. (1, 2, 4, 5, 10, 20)

▸16과 20의 공약수를 구하시오. (1, 2, 4)

▸16과 20의 공약수 중에서 가장 큰 수를 구하시오. (4)

(2) 최대공약수의 뜻

두 수의 공약수 중에서 가장 큰 수를 '최대공약수'라고 한다.

(3) 다음 두 수의 최대공약수를 구해보시오.

24, 48 　　　 27, 90 　　　 36, 82

배경

활동 (1)에서 16과 20의 공약수 중 가장 큰 수를 구하고, **활동** (2)에서 최대공약수의 뜻을 알려준다. **활동** (3)을 통하여 약수를 구하는 방법으로 최대공약수를 구하면서 스스로 시간이 오래 걸리고 어려운 것을 느낄 수 있도록 유도하여, 알고리즘을 알았을 때 기쁨을 얻을 수 있도록 한다.

관련 TU : TUAN-6030, TUAN-6060

TUAN-6060.10 최대공약수 구하기

관련 교육과정	(07) 5(가)1①
	(09) 56(가)1①

목표

최대공약수를 구하는 여러 가지 방법을 알고 최대공약수를 구할 수 있다.

자료

계산도식(최대공약수 구하기 알고리즘)

활동

(1) 18과 24의 공약수 중에서 가장 큰 수 알아보기

▸ 18의 약수를 구하시오.

▸ 24의 약수를 구하시오.

▸ 18과 24의 공약수를 구하시오.

▸ 18과 24의 최대공약수를 구하시오.

(2) 18 = 2 × 3 × 3, 24 = 2 × 2 × 2 × 3임을 이용하여 구하기

18 = 2 × 3 × 3　　　24 = 2 × 2 × 2 × 3

6 → 18과 24의 최대공약수 ← 6

위와 같은 방법으로 25와 40의 최대공약수를 구하시오.

(3) 알고리즘으로 구하기

18과 24의공약수 ← 2) 18, 24

9와 12의 공약수 ← 3) 9, 12

↓ 3, 4

2×3 = 6→18과 24의 최대공약수

위와 같은 방법으로 30과 48의 최대공약수를 구하시오.

배경

최대공약수를 구하는 여러 가지 방법을 학습한다. **활동** (2)와 **활동** (3)은 약수의 곱으로 나타내어 공통으로 들어가는 약수를 곱하여 구하는 방법이다. 학생들이 원리에 대한 이해없이 지나치게 알고리즘에 의존하지 않도록 지도한다.

관련 TU : TUAN-6050, TUAN-6120, TUAQ-1040

TUAN-6070.10 배수의 뜻

관련 교육과정	(07) 5(가)1②
	(09) 56(가)1②

목표

배수의 뜻을 알 수 있다.

자료

달력, 100칸 숫자판

활동

(1) 달력에서 몇 배 한 수 알아보기

달력에 5를 1배 한 수, 5를 2배 한 수, 5를 3배 한 수, 5를 4배, 5를 5배, 5를 6배 한 수에 ○하시오.

(2) 배수의 뜻

달력에 ○표시된 수는 5를 몇 배 한 수이고, 이를 5의 배수라고 합니다.

(3) 100칸 숫자판에서 몇 배 한 수 알아보기

숫자판에 3을 1배 한 수, 3을 2배 한 수, 3을 3배 한 수, 3을 4배, 3을 5배, 3을 6배 한 수에 ○하시오.

(4) 배수의 뜻

숫자판에 ○표시된 수는 4를 몇 배 한 수이고, 이를 4의 배수라고 한다.

배경

자연수의 1배, 2배, 3배, …를 통해 배수의 뜻을 이해하게 한다. **활동** (1)에서는 생활 속에서 친숙한 달력을 소재로 5의 배수를 몇 개 구해보게 하여 배수의 뜻을 알게 한다. **활동** (2)에서는 숫자를 좀 더 확장하여 100까지의 수에서 3의 배수를 알게 한다. 이 활동에서 학생들은 배수의 개수가 무한히 많음을 알고, "…"를 적절히 사용하여 배수를 나타내는 방법을 익히도록 한다.

관련 TU : TUAN-3040, TUAN-6080, TUAN-6090

TUAN-6080.10 배수 구하기

관련 교육과정	(07) 5(가)[1]②
	(09) 56(가)[1]②

목표

자연수의 배수를 구할 수 있다.

자료

자석숫자카드(0 ~ 9) 두 세트, 클립, 모형 낚싯대, 주사위

활동

(1) 6의 배수 구하기

6을 1배 한 수 ⇨ 6 × 1 = ☐
6을 2배 한 수 ⇨ 6 × 2 = ☐
6을 3배 한 수 ⇨ 6 × 3 = ☐
6을 4배 한 수 ⇨ 6 × 4 = ☐
6을 10배 한 수 ⇨ 6 × 10 = ☐
6을 100배 한 수 ⇨ 6 × 100 = ☐
6을 1000배 한 수 ⇨ 6 × 1000 = ☐
6을 10000배 한 수 ⇨ 6 × 10000 = ☐

(2) 물속에 빠진 4의 배수 구하기

주사위를 던져 나온 수만큼 바닷속에 빠진 숫자카드를 건져 올린 다음, 4의 배수가 되도록 만드시오.

글상자의 하단 $\frac{3}{4}$ 정도에 바닷물 그림을 그려주고 물 속에 숫자카드(0~9) 2세트를 둔다.

배경

곱셈을 통해 배수를 구하는 활동을 한다. 6의 배수가 6을 1배, 2배, 3배, 4배 한 수에서 6의 100배, 1000배, 10000배까지 구해보도록 하여 자연수의 배수가 무한함을 알게 한다. 활동 2에서는 자연수를 보고 4의 배수를 찾는 활동을 한다.

관련 TU : TUAN-6070, TUAN-6090

TUAN-6090.10 공배수의 뜻

관련 교육과정	(07) 5(가)[1]②
	(09) 56(가)[1]②

목표

두 수의 공배수의 뜻을 알 수 있다.

자료

달력, 100칸 숫자판, 색연필

활동

(1) 숫자판에서 3과 4의 공배수 찾기

▸ 숫자판에서 3의 배수를 찾아 / 표 하시오.
▸ 숫자판에서 4의 배수를 찾아 \ 하시오.
▸ 숫자판에 × 표시된 숫자를 찾아 쓰시오.

(2) 달력에서 2와 3의 공배수 찾기

수진이는 수영장에 2일에 한 번씩 가고 3일에 한 번씩 등산을 합니다. 3월 2일에 수영장을 가고 3월 3일에 등산을 했다면 3월 한 달 동안 하루에 수영과 등산을 모두 하는 날은 며칠인지 모두 쓰시오.

▸ 수진이가 3월에 수영장에 간 날을 찾아 / 하시오.
▸ 수진이가 3월에 등산을 간 날을 찾아 \ 하시오.
▸ 수진이가 3월에 수영장과 등산을 모두 간 날은 언제입니까?

(3) 공배수의 뜻

두 수 3과 4의 공통인 배수 '12, 24, …'를 3과 4의 공배수라고 한다.

배경

활동 (1)에서는 100칸 숫자판에서 3의 배수를 찾고 4의 배수를 찾아 3과 4의 공배수를 찾는 활동을 한다. **활동** (2)에서는 실생활의 예를 통해 달력에서 2의 배수를 찾고, 3의 배수를 찾아 2와 3의 공배수를 찾는 활동을 한다. 두 활동을 통해 공배수의 뜻을 이해하도록 한다.

관련 TU : TUAN-6070, TUAN-6100, TUAN-6110

TUAN-6100.10 공배수 구하기

관련 교육과정	(07) 5(가)[1]②
	(09) 56(가)[1]②

목표

두 수의 공배수를 구할 수 있다.

자료

자석숫자카드(0 ~ 9) 두 세트, 클립, 모형 낚싯대, 주사위

활동

(1) 4와 6의 공배수 구하기

4의 배수											
6의 배수											

▸ 위의 빈 칸에 4의 배수와 6의 배수를 구하시오.

▸ 4의 배수도 되고 6의 배수도 되는 수에 ○ 표 하시오.

(2) 물속에 빠진 3과 5의 공배수 구하기

주사위를 던져 나온 수만큼 바닷속에 빠진 숫자카드를 건져 올린 다음, 3과 5의 공배수가 되도록 만드시오.

글상자의 하단 $\frac{3}{4}$ 정도에 바닷물 그림을 그려주고 물 속에 숫자카드(0~9) 2세트를 둔다.

배경

활동 (1)에서는 4와 6의 배수를 각각 구하여 두 수의 공배수를 구해보고 **활동** (2)에서는 물속에 빠진 숫자 카드 중 3과 5의 공배수를 찾아 건지는 활동이다.

관련 TU : TUAN-6090, TUAN-6110

TUAN-6110.10 최소공배수의 뜻

관련 교육과정	(07) 5(가)[1]②
	(09) 56(가)[1]②

목표

두 수의 최소공배수의 뜻을 알 수 있다.

자료

초시계

활동

(1) 공배수를 구하여 최소공배수 알기

▸ 6의 배수를 구하시오.

▸ 9의 배수를 구하시오.

▸ 6과 9의 공배수를 구하시오.

▸ 6과 9의 공배수 중에서 가장 작은 수를 구하시오.

(2) 짝과 함께 일정한 빠르기로 박수쳐서 최소공배수 구하기

짝과 함께 활동하기

나는 8초마다 박수를 한 번 치고 짝은 12초마다 박수를 쳐 봅시다. 처음으로 동시에 박수를 치게 되는 때는 몇 초일 때입니까?

▸ 내가 박수를 치는 시간은 몇 초일 때입니까?

▸ 짝이 박수를 치는 시간은 몇 초일 때입니까?

▸ 처음으로 동시에 박수를 치는 때는 몇 초일 때입니까?

(3) 최소공배수의 뜻

공배수 중에서 가장 작은 공배수를 **최소공배수**라고 한다.

배경

활동 (1)에서는 공배수를 구하여 가장 작은 수를 최소공배수라 함을 알게 한다. **활동** (2)는 학생들이 짝과 함께 실제로 활동해보면서 8초마다 박수를 치는 것은 8의 배수마다 박수를 치는 것이고, 12초마다 박수를 치는 것은 12의 배수마다 박수를 친다는 것을 연결하여 생각할 수 있도록 한다. 동시에 박수를 치는 것은 8과 12의 공배수에 박수를 치는 것으로 처음으로 동시에 박수를 치는 시간이 곧 8과 12의 최소공배수임을 알게 한다.

관련 TU : TUAN-6090, TUAN-6120

TUAN-6120.10 최소공배수 구하기

관련 교육과정	(07) 5(가)1②
	(09) 56(가)1②

목표

두 수의 최소공배수를 구하는 여러 가지 방법을 알 수 있다.

자료

계산도식

활동

(1) 6과 8의 최소공배수를 구하시오.

▸6의 배수를 구하시오.

▸8의 배수를 구하시오.

▸6과 8의 공배수를 구하시오.

▸6과 8의 최소공배수를 구하시오.

(2) $36=2\times2\times3\times3$, $60=2\times2\times3\times5$임을 이용하여 36과 60의 최소공배수를 구한 것입니다. 어떻게 구하였는지 알아보시오.

$36 = 2\times2\times3\times3$, $60 = 2\times2\times3\times5$

$2\times2\times3\times3\times5 = 180$ → 12와 30의 최소공배수

```
2 ) 36 60
2 ) 18 30
3 )  6 15
     2  5
```

$2\times2\times3\times3\times5=180$ → 12와 30의 최소공배수

배경

최소공배수와 최대공약수는 수학 문제와 일상생활의 문제해결에 다양하게 활용된다. 따라서 알고리즘에 지나치게 의존하여 최소공배수를 구하지 말고 최소공배수의 정의, 원리와 연계하여 정확한 이해와 활용이 요구된다.

관련 TU : TUAN-6110, TUAQ-1080

TUAN-6130.10 약수와 배수의 관계

관련 교육과정	(07) 5(가)1③
	(09) 56(가)1③

목표

약수와 배수의 관계를 이해한다.

자료

약수와 배수 보기 자료

활동

(1) 약수를 구해서 약수와 배수의 관계 알기

8의 약수를 구해보시오.

1, 2, 4, 8

1의 배수를 구하시오.

1, 2, 3, 4, 5, 6, 7, (8), 9, 10, …

2의 배수를 구하시오.

2, 4, 6, (8), 10, 12, 14, 16, …

4의 배수를 구하시오.

4, (8), 12, 16, 20, 24, 28, 32, …

8의 배수를 구하시오.

(8), 16, 24, 32, 40, 48, 56, …

1, 2, 4, 8은 8의 ☐이고 8은 1, 2, 4, 8의 ☐입니다.

12는 □, □, □, □, □, □의 배수이고 □, □, □, □, □, □는 12의 약수입니다.

(2) 그림을 보고 □에 알맞은 수를 써 넣으시오.

8의 약수
8의 약수

$\boxed{8} = \boxed{2} \times \boxed{4}$

□은 □와 □의 **배수**입니다.
□와 □는 □의 **약수**입니다.

배경

배수와 약수가 서로 관계가 있다는 것을 알게 하는 활동이다. 어떤 두 수를 곱하여 나온 수는 그 두 수의 배수가 되고, 또한 그 두 수는 곱해서 나온 수의 약수가 되는 것을 알아보는 활동을 통해 배수와 약수를 관계를 파악하게 한다.

관련 TU : TUAN-6010, TUAN-6070, TUAQ-1040, TUAQ-1080

TUAN-6140.10 약수와 배수에 관련된 실생활 문제 해결 과정 설명하기

관련 교육과정	(07) -
	(09) 56(가)1④

목표

약수와 배수에 관련된 실생활 문제를 해결하고, 그 해결 과정을 설명할 수 있다.

자료

약수와 배수에 관련된 실생활 문제, 정사각형 모양의 타일 48개

활동

정사각형 모양의 타일이 48개 있습니다. 이 타일을 직사각형 모양으로 배열하는 방법은 모두 몇 가지 있습니까?

▸ 가장 길게 배열하는 방법은 무엇입니까?
▸ 가장 짧게 배열하는 방법은 무엇입니까?
▸ 직사각형 모양으로 배열하는 방법은 모두 몇 가지입니까?
▸ 정사각형 모양으로 배열하는 방법은 없습니까? 왜 그렇게 생각합니까?
▸ 자신이 문제를 해결한 방법을 설명하여 보시오.

배경

약수와 배수의 개념은 실생활에 많이 적용될 수 있다. 주어진 양을 적절하게 배분하는 문제, 규칙을 찾는 문제 등 실생활에서 일어날 수 있는 문제 상황을 여러 가지 준비하여 학생들에게 다양하게 제공하도록 한다.

관련 TU : TUAN-6010, TUAN-6070, TUAN-6130

수와 연산

분수와 소수

TU일람표

ID	TU 번호	TU 제목	관련 교육과정	
			07개정	09개정
1	TUAQ-0010.10	구체물의 등분할(2등분, 4등분)	(07) 2(가)[5]①	(09) 34(가)[6]①
2	TUAQ-0020.10	도형의 등분할	(07) 2(가)[5]①	(09) 34(가)[6]①
3	TUAQ-0030.10	부분과 전체의 크기 비교	(07) 2(가)[5]①	(09) 34(가)[6]①
4	TUAQ-0040.10	분수의 도입(읽기, 쓰기)	(07) 2(가)[5]①	(09) 34(가)[6]①
5	TUAQ-0050.10	분수만큼 나타내기	(07) 2(가)[5]①	(09) 34(가)[6]①
6	TUAQ-0110.10	6의 1/3형(자연수의 분수 배)	(07) 2(가)[5]①	(09) 34(가)[6]①
7	TUAQ-0120.10	3/4는 1/4이 몇(단위분수의 몇 배)	(07) 3(가)[5]②	(09) 34(가)[6]②
8	TUAQ-0130.10	동분모진분수끼리의 크기 비교	(07) 3(가)[5]③	(09) 34(가)[6]⑤
9	TUAQ-0140.10	단위분수끼리의 크기 비교	(07) 3(가)[5]③	(09) 34(가)[6]④
10	TUAQ-0210.10	부분은 전체의 얼마인지 분수로 나타내기(이산량에서)	(07) 4(가)[3]①	(09) 34(가)[6]①
11	TUAQ-0220.10	부분은 전체의 얼마인지 분수로 나타내기(연속량에서)	(07) 4(가)[3]①	(09) 34(가)[6]①
12	TUAQ-0230.10	분수로 표시된 부분의 양(이산량에서)	(07) 4(가)[3]①	(09) 34(가)[6]①
13	TUAQ-0240.10	분수로 표시된 부분의 양(연속량에서)	(07) 4(가)[3]①	(09) 34(가)[6]①
14	TUAQ-0250.10	분모, 분자	(07) 4(가)[3]①	(09) 34(가)[6]①
15	TUAQ-0260.10	진분수	(07) 4(가)[3]①	(09) 34(가)[6]③
16	TUAQ-0270.10	가분수	(07) 4(가)[3]①	(09) 34(가)[6]③
17	TUAQ-0280.10	대분수	(07) 4(가)[3]①	(09) 34(가)[6]③
18	TUAQ-0290.10	대분수를 가분수로 고치기	(07) 4(가)[3]①	(09) 34(가)[6]③
19	TUAQ-0300.10	가분수를 대분수로 고치기	(07) 4(가)[3]①	(09) 34(가)[6]③
20	TUAQ-0310.10	동분모 분수의 크기 비교(진분수, 가분수)	(07) 4(가)[3]②	(09) 34(가)[6]⑤
21	TUAQ-0320.10	동분모 분수의 크기 비교(대분수)	(07) 4(가)[3]②	(09) 34(가)[6]⑤
22	TUAQ-0330.10	(2/6)+(3/6)형(동분모 진분수의 덧셈)	(07) 4(가)[4]①	(09) 34(가)[8]①
23	TUAQ-0340.10	2(2/6)+1(3/6)형(동분모 대분수의 덧셈)	(07) 4(가)[4]①	(09) 34(가)[8]①
24	TUAQ-0350.10	(3/5)-(1/5)형(동분모 진분수의 뺄셈)	(07) 4(가)[4]①	(09) 34(가)[8]①
25	TUAQ-0360.10	3(4/6)-1(1/6)형(동분모 대분수의 뺄셈)	(07) 4(가)[4]①	(09) 34(가)[8]①
26	TUAQ-1010.10	크기가 같은 분수 알기(동치분수)	(07) 5(가)[2]①	(09) 56(가)[2]①
27	TUAQ-1020.10	동치 분수 만들기(분모, 분자에 0이 아닌 같은 수를 곱하기)	(07) 5(가)[2]①	(09) 56(가)[2]①
28	TUAQ-1030.10	동치 분수 만들기(분모, 분자에 0이 아닌 같은 수로 나누기)	(07) 5(가)[2]①	(09) 56(가)[2]①
29	TUAQ-1040.10	약분	(07) 5(가)[2]②	(09) 56(가)[2]②
30	TUAQ-1050.10	약분하기	(07) 5(가)[2]②	(09) 56(가)[2]②
31	TUAQ-1060.10	기약분수	(07) 5(가)[2]②	(09) 56(가)[2]②
32	TUAQ-1070.10	기약분수로 나타내기	(07) 5(가)[2]②	(09) 56(가)[2]②
33	TUAQ-1080.10	통분, 공통분모	(07) 5(가)[2]②	(09) 56(가)[2]②
34	TUAQ-1090.10	통분하기	(07) 5(가)[2]②	(09) 56(가)[2]②
35	TUAQ-1100.10	두 이분모분수의 크기 비교	(07) 5(가)[2]③	(09) 56(가)[2]③
36	TUAQ-1110.10	세 이분모 분수의 크기 비교	(07) 5(가)[2]③	(09) 56(가)[2]③
37	TUAQ-1210.10	(1/3)+(2/5)형(이분모분수의 덧셈)	(07) 5(가)[4]①	(09) 56(가)[2]④
38	TUAQ-1220.10	(1/6)+(3/4)형(이분모분수의 덧셈)	(07) 5(가)[4]①	(09) 56(가)[2]④
39	TUAQ-1230.10	2(1/2)+3(2/5형(이분모분수의 덧셈)	(07) 5(가)[4]①	(09) 56(가)[2]④
40	TUAQ-1240.10	(2/3)-(1/2)형(이분모분수의 뺄셈)	(07) 5(가)[4]①	(09) 56(가)[2]④
41	TUAQ-1250.10	(1/4)-(1/6)형(이분모분수의 뺄셈)	(07) 5(가)[4]①	(09) 56(가)[2]④
42	TUAQ-1260.10	4(2/3)-1(1/4)형(이분모분수의 뺄셈)	(07) 5(가)[4]①	(09) 56(가)[2]④
43	TUAQ-1270.10	4(1/4)-2(4/5)형(이분모분수의 뺄셈)	(07) 5(가)[4]①	(09) 56(가)[2]④
44	TUAQ-2010.10	소수 한 자리 수의 도입(분모가 10인 진분수)	(07) 3(가)[6]①	(09) 34(가)[7]①

45	TUAQ-2020.10	소수 한 자리 수의 도입(mm와 cm의 관계)	(07) 3(가)[6]①	(09) 34(가)[7]①
46	TUAQ-2030.10	대소수의 도입(4cm 3mm)	(07) 3(가)[6]①	(09) 34(가)[7]①
47	TUAQ-2040.10	소수의 크기 비교(소수 한 자리 수끼리)	(07) 3(가)[6]②	(09) 34(가)[7]③
48	TUAQ-2110.10	소수 두 자리 수의 도입(분모가 100인 분수에서)	(07) 4(가)[5]①	(09) 34(가)[7]②
49	TUAQ-2120.10	소수 두 자리 수의 도입(cm와 m의 관계에서)	(07) 4(가)[5]①	(09) 34(가)[7]②
50	TUAQ-2130.10	수 세 자리 수의 도입(m와 km의 관계에서)	(07) 4(가)[5]①	(09) 34(가)[7]②
51	TUAQ-2140.10	소수 세 자리 수의 도입(구체물 조작활동에서)	(07) 4(가)[5]①	(09) 34(가)[7]②
52	TUAQ-2150.10	소수 세 자리 수의 도입(수직선에서)	(07) 4(가)[5]①	(09) 34(가)[7]②
53	TUAQ-2160.10	소수 두 자리 수를 쓰고, 읽기	(07) 4(가)[5]②	(09) 34(가)[7]②
54	TUAQ-2170.10	소수 세 자리 수를 쓰고, 읽기	(07) 4(가)[5]②	(09) 34(가)[7]②
55	TUAQ-2180.10	소수의 자릿값 알기	(07) 4(가)[5]②	(09) 34(가)[7]②
56	TUAQ-2190.10	0.1, 0.01, 0.001 사이의 관계	(07) 4(가)[5]②	(09) 34(가)[7]②
57	TUAQ-2200.10	0.20=0.2 알기(소수의 표기법)	(07) 4(가)[5]②	(09) 34(가)[7]②
58	TUAQ-2210.10	소수의 크기 비교 (소수 두 자리)	(07) 4(가)[5]②	(09) 34(가)[7]③
59	TUAQ-2220.10	소수의 비교(소수 세 자리)	(07) 4(가)[5]②	(09) 34(가)[7]③
60	TUAQ-2230.10	0.1 큰 수	(07) 4(가)[5]②	(09) 34(가)[7]③
61	TUAQ-2240.10	0.01 큰 수	(07) 4(가)[5]②	(09) 34(가)[7]③
62	TUAQ-2250.10	0.05 작은 수	(07) 4(가)[5]②	(09) 34(가)[7]③
63	TUAQ-2260.10	소수 뛰어세기(0.1씩, 0.01씩, 0.001씩)	(07) 4(가)[5]②	(09) 34(가)[7]③
64	TUAQ-2270.10	0.5+0.3형(소수의 덧셈)	(07) 4(가)[6]①	(09) 34(가)[8]②
65	TUAQ-2280.10	0.5+0.8형(소수의 덧셈)	(07) 4(가)[6]①	(09) 34(가)[8]②
66	TUAQ-2290.10	0.26+0.32형(소수의 덧셈)	(07) 4(가)[6]①	(09) 34(가)[8]②
67	TUAQ-2300.10	0.57+0.35형(소수의 덧셈)	(07) 4(가)[6]①	(09) 34(가)[8]②
68	TUAQ-2310.10	4.76+6.47형(소수의 덧셈)	(07) 4(가)[6]①	(09) 34(가)[8]②
69	TUAQ-2320.10	3.724+5.35형(소수의 덧셈)	(07) 4(가)[6]①	(09) –
70	TUAQ-2330.10	14.925+7.57형(소수의 덧셈)	(07) 4(가)[6]①	(09) –
71	TUAQ-2340.10	0.7−0.3형(소수의 뺄셈)	(07) 4(가)[6]①	(09) 34(가)[8]②
72	TUAQ-2350.10	2.4−0.7형(소수의 뺄셈)	(07) 4(가)[6]①	(09) 34(가)[8]②
73	TUAQ-2360.10	0.58−0.34형(소수의 뺄셈)	(07) 4(가)[6]①	(09) 34(가)[8]②
74	TUAQ-2370.10	0.52−0.25형(소수의 뺄셈)	(07) 4(가)[6]①	(09) 34(가)[8]②
75	TUAQ-2380.10	5.63−3.37형(소수의 뺄셈)	(07) 4(가)[6]①	(09) –
76	TUAQ-2390.10	3.524−1.35형	(07) 4(가)[6]①	(09) –
77	TUAQ-2410.10	0.5×3형(소수와 자연수의 곱셈)	(07) 5(가)[6]①	(09) 56(가)[4]①
78	TUAQ-2420.10	2.6×3형(소수와 자연수의 곱셈)	(07) 5(가)[6]①	(09) 56(가)[4]①
79	TUAQ-2430.10	3×0.5형(자연수와 소수의 곱셈)	(07) 5(가)[6]①	(09) 56(가)[4]①
80	TUAQ-2440.10	3×0.007형(자연수와 소수의 곱셈)	(07) 5(가)[6]①	(09) 56(가)[4]①
81	TUAQ-2450.10	0.007×3형(소수와 자연수의 곱셈)	(07) 5(가)[6]①	(09) 56(가)[4]①
82	TUAQ-2460.10	0.32×(10의 거듭제곱 수)형	(07) 5(가)[6]①	(09) 56(가)[4]①
83	TUAQ-2470.10	250×(0.1의 거듭제곱 수)형	(07) 5(가)[6]①	(09) 56(가)[4]①
84	TUAQ-2480.10	0.5×0.7형(소수의 곱셈)	(07) 5(가)[6]①	(09) 56(가)[4]①
85	TUAQ-2490.10	0.007×0.4형(소수의 곱셈)	(07) 5(가)[6]①	(09) 56(가)[4]①
86	TUAQ-2500.10	3.5×1.7형(소수의 곱셈)	(07) 5(가)[6]①	(09) 56(가)[4]①
87	TUAQ-2510.10	1.27×2.4형(소수의 곱셈)	(07) 5(가)[6]①	(09) 56(가)[4]①
88	TUAQ-2520.10	2.4÷2형(소수의 나눗셈)	(07) 5(가)[6]②	(09) 56(가)[4]②
89	TUAQ-2530.10	28.8÷12형(소수의 나눗셈)	(07) 5(가)[6]②	(09) 56(가)[4]②
90	TUAQ-2540.10	12.48÷8형(소수의 나눗셈)	(07) 5(가)[6]②	(09) 56(가)[4]②
91	TUAQ-2550.10	1.6÷4형(소수의 나눗셈)	(07) 5(가)[6]②	(09) 56(가)[4]②
92	TUAQ-2560.10	0.42÷3형(소수의 나눗셈)	(07) 5(가)[6]②	(09) 56(가)[4]②

93	TUAQ-2570.10	13.2÷8형(소수의 나눗셈)	(07) 5(가)⑥②	(09) 56(가)④②
94	TUAQ-2580.10	35.4÷5형(소수의 나눗셈)	(07) 5(가)⑥②	(09) 56(가)④②
95	TUAQ-2590.10	9÷4형(소수의 나눗셈)	(07) 5(가)⑥②	(09) 56(가)④②
96	TUAQ-2600.10	소수 곱셈의 계산 결과를 어림하기	(07) –	(09) 56(가)④④
97	TUAQ-3010.10	같은 양을 분수, 소수로 나타내기	(07) 5(가)③①	(09) 56(가)⑤①
98	TUAQ-3020.10	분수를 소수로 나타내기	(07) 5(가)③①	(09) 56(가)⑤①
99	TUAQ-3030.10	그림을 통해 분수와 소수 크기 비교하기	(07) 5(가)③②	(09) 56(가)⑤②
100	TUAQ-3040.10	환산을 통해 분수와 소수 크기 비교하기	(07) 5(가)③②	(09) 56(가)⑤②
101	TUAQ-4010.10	(3/7)×5형(분수와 자연수의 곱)	(07) 5(가)⑤①	(09) 56(가)③①
102	TUAQ-4020.10	1(2/3)×4형(분수와 자연수의 곱)	(07) 5(가)⑤①	(09) 56(가)③①
103	TUAQ-4030.10	12×(4/3)형(자연수와 분수의 곱)	(07) 5(가)⑤①	(09) 56(가)③①
104	TUAQ-4040.10	12×(3/4)형(계산 알고리즘)	(07) 5(가)⑤①	(09) 56(가)③①
105	TUAQ-4050.10	9×1(2/3)형(자연수와 분수의 곱)	(07) 5(가)⑤①	(09) 56(가)③①
106	TUAQ-4060.10	9×1(2/3)형(계산 알고리즘)	(07) 5(가)⑤①	(09) 56(가)③①
107	TUAQ-4070.10	(1/3)×(1/4)형(분수의 곱셈)	(07) 5(가)⑤①	(09) 56(가)③①
108	TUAQ-4080.10	(1/3)과 (1/3)×(1/4)의 크기비교(분수 곱셈의 양감)	(07) 5(가)⑤①	(09) 56(가)③①
109	TUAQ-4090.10	(3/4)×(5/7)형(분수의 곱셈)	(07) 5(가)⑤①	(09) 56(가)③①
110	TUAQ-4100.10	(3/10)×(5/9)형(분수의 곱셈)	(07) 5(가)⑤①	(09) 56(가)③①
111	TUAQ-4110.10	2(2/5)×1(3/5)형(분수의 곱셈)	(07) 5(가)⑤①	(09) 56(가)③①
112	TUAQ-4120.10	세 분수의 곱셈	(07) 5(가)⑤①	(09) 56(가)③①
113	TUAQ-4210.10	'(자연수)÷(자연수)'를 분수로 나타내기	(07) 5(가)⑤②	(09) 56(가)③②
114	TUAQ-4220.10	1과 크기가 같은 분수	(07) 5(가)⑤②	(09) 56(가)③②
115	TUAQ-4230.10	3÷5형(나눗셈을 곱셈으로 나타내기)	(07) 5(가)⑤③	(09) 56(가)③③
116	TUAQ-4240.10	(2/3)÷5형형(나눗셈을 곱셈으로 나타내기)	(07) 5(가)⑤③	(09) 56(가)③③
117	TUAQ-4250.10	(2/3)÷5형(계산 알고리즘)	(07) 5(가)⑤③	(09) 56(가)③③
118	TUAQ-4260.10	1(1/2)÷3형(나눗셈을 곱셈으로 나타내기)	(07) 5(가)⑤③	(09) 56(가)③③
119	TUAQ-4270.10	2(1/5)÷4형(나눗셈을 곱셈으로 나타내기)	(07) 5(가)⑤③	(09) 56(가)③③
120	TUAQ-4310.10	3÷(1/4)형(분수의 나눗셈)	(07) 6(가)①①	(09) 56(가)③③
121	TUAQ-4310.20	3÷(1/2)형(분수의 나눗셈)	(07) 6(가)①①	(09) 56(가)③③
122	TUAQ-4320.10	(4/5)÷(1/5)형(분수의 나눗셈)	(07) 6(가)①①	(09) 56(가)③③
123	TUAQ-4320.20	(5/3)÷(2/3)형(분수의 나눗셈)	(07) 6(가)①①	(09) 56(가)③③
124	TUAQ-4330.10	4÷(2/3)형(분수의 나눗셈)	(07) 6(가)①①	(09) 56(가)③③
125	TUAQ-4340.10	(4/7)÷(2/7)형(분수의 나눗셈)	(07) 6(가)①①	(09) 56(가)③③
126	TUAQ-4350.10	(3/5)÷(2/7)형(분수의 나눗셈)	(07) 6(가)①①	(09) 56(가)③③
127	TUAQ-4355.10	(7/3)÷(7/25)형(분수의 나눗셈)	(07) 6(가)①①	(09) 56(가)③③
128	TUAQ-4360.10	4÷(3/7)형(분수의 나눗셈)	(07) 6(가)①①	(09) 56(가)③③
129	TUAQ-4370.10	6÷(3/4)형(분수의 나눗셈)	(07) 6(가)①①	(09) 56(가)③③
130	TUAQ-4380.10	6÷(4/9)형(분수의 나눗셈)	(07) 6(가)①①	(09) 56(가)③③
131	TUAQ-4390.10	(7/3)÷(2/9)형(분수의 나눗셈)	(07) 6(가)①①	(09) 56(가)③③
132	TUAQ-4400.10	(9/7)÷(2/3)형(분수의 나눗셈)	(07) 6(가)①①	(09) 56(가)③③
133	TUAQ-4410.10	(5/4)÷(11/8)형(분수의 나눗셈)	(07) 6(가)①①	(09) 56(가)③③
134	TUAQ-4420.10	(8/5)÷(13/6)형(분수의 나눗셈)	(07) 6(가)①①	(09) 56(가)③③
135	TUAQ-4430.10	7(1/2)÷(3/4)형(분수의 나눗셈)	(07) 6(가)①①	(09) 56(가)③③
136	TUAQ-4430.20	7(1/2)÷(3/8)형(분수의 나눗셈)	(07) 6(가)①①	(09) 56(가)③③
137	TUAQ-4440.10	(3/4)÷1(5/8)형(분수의 나눗셈)	(07) 6(가)①①	(09) 56(가)③③
138	TUAQ-4440.20	(3/4)÷1(3/8)형(분수의 나눗셈)	(07) 6(가)①①	(09) 56(가)③③
139	TUAQ-4440.30	(5/3)÷1(5/6)형(분수의 나눗셈)	(07) 6(가)①①	(09) 56(가)③③
140	TUAQ-4450.10	7(2/3)÷(7/6)형(분수의 나눗셈)	(07) 6(가)①①	(09) 56(가)③③

141	TUAQ-4460.10	2(2/3)÷1(5/6)형(분수의 나눗셈)	(07) 6(가)[1]①	(09) 56(가)[3]③
142	TUAQ-4610.10	2.5÷0.5형(소수의 나눗셈)	(07) 6(가)[2]①	(09) 56(가)[4]③
143	TUAQ-4620.10	11.52÷0.48형(소수의 나눗셈)	(07) 6(가)[2]①	(09) 56(가)[4]③
144	TUAQ-4630.10	19.35÷4.5형(소수의 나눗셈)	(07) 6(가)[2]①	(09) 56(가)[4]③
145	TUAQ-4640.10	25÷12.5형(소수의 나눗셈)	(07) 6(가)[2]①	(09) 56(가)[4]③
146	TUAQ-4650.10	156÷3.25형(소수의 나눗셈)	(07) 6(가)[2]①	(09) 56(가)[4]③
147	TUAQ-4660.10	소수 나눗셈에서의 몫과 나머지(소수의 나눗셈)	(07) 6(가)[2]①	(09) 56(가)[4]③
148	TUAQ-4670.10	몫을 반올림해서 구하기(소수의 나눗셈)	(07) 6(가)[2]①	(09) 56(가)[4]③
149	TUAQ-4680.10	소수 나눗셈의 계산 결과를 어림하기	(07) –	(09) 56(가)[4]④
150	TUAQ-4710.10	1.5÷(1/4)형(분수로 바꾸어 계산하기)	(07) 6(가)[3]①	(09) 56(가)[5]③
151	TUAQ-4720.10	1.5÷(1/4)형(소수로 바꾸어 계산하기)	(07) 6(가)[3]①	(09) 56(가)[5]③
152	TUAQ-4730.10	0.36÷1(1/2)형(분수로 바꾸어 계산하기)	(07) 6(가)[3]①	(09) 56(가)[5]③
153	TUAQ-4740.10	0.36÷1(1/2)형(소수로 바꾸어 계산하기)	(07) 6(가)[3]①	(09) 56(가)[5]③
154	TUAQ-4750.10	3(3/5)÷0.3형(분수로 바꾸어 계산하기)	(07) 6(가)[3]①	(09) 56(가)[5]③
155	TUAQ-4760.10	3(3/5)÷0.3형(소수로 바꾸어 계산하기)	(07) 6(가)[3]①	(09) 56(가)[5]③
156	TUAQ-4770.10	1(1/2)÷0.24형(분수로 바꾸어 계산하기)	(07) 6(가)[3]①	(09) 56(가)[5]③
157	TUAQ-4780.10	1(1/2)÷0.24형(소수로 바꾸어 계산하기)	(07) 6(가)[3]①	(09) 56(가)[5]③
158	TUAQ-4790.10	1(3/5)÷0.7형(나누어떨어지지 않는 (대분수)÷(소수))	(07) 6(가)[3]①	(09) 56(가)[5]③
159	TUAQ-4800.10	4÷1(2/5)+0.5형(소수와 분수의 혼합계산)	(07) 6(가)[3]①	(09) 56(가)[5]③
160	TUAQ-4810.10	4÷(1(2/5)+0.5)형(소수와 분수의 혼합계산)	(07) 6(가)[3]①	(09) 56(가)[5]③

TUAQ-0010.10 구체물의 등분할(2등분, 4등분)

관련 교육과정	(07) 2(가)5①
	(09) 34(가)6①

목표

구체물을 크기와 모양이 같은 2조각, 4조각으로 나눌 수 있다.

자료

정사각형 모양의 빵 2개, 사과

활동

(1) 빵 한 개를 반으로 똑같이 나누어 보시오. (빵을 이용한 활동)

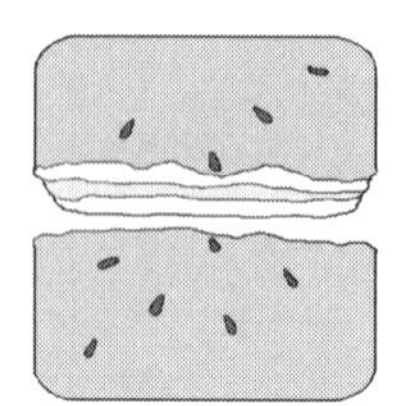

나눈 빵을 포개어 봅시다.
똑같이 나뉘었습니까?

(2) 빵 한 개를 반의 반으로 똑같이 나누어 보시오.

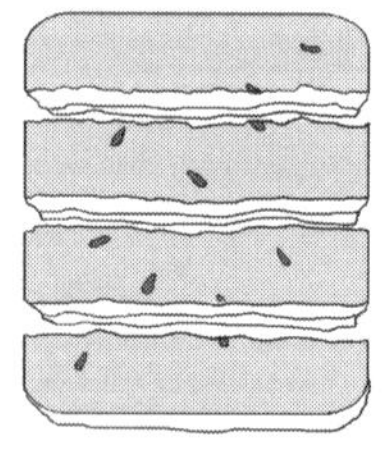

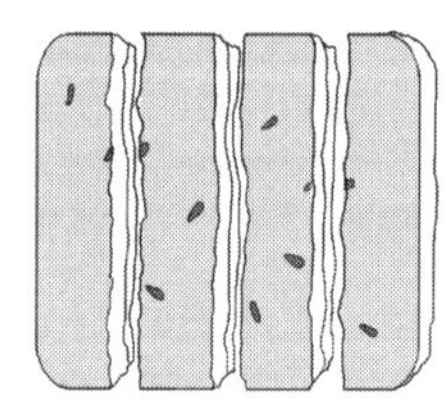

▸ 빵 한 개를 반으로 똑같이 나누고, 각각을 또 반으로 똑같이 나누어 보시오.
▸ 나눈 빵을 포개어 봅시다.
▸ 똑같이 나뉘었습니까?

빵 한 개를 2명이나 4명이 나누어 먹는 상황을 도입한다. 정사각형 모양의 빵을 반 또는 반의 반으로 나눈 후에 나눈 것들을 서로 포개어 봄으로써 모양이나 크기가 똑같이 반 또는 반의 반으로 나뉘었는지를 확인하는 활동을 하게 한다.

(3) 사과 한 개를 반으로 똑같이 나누어 보시오. (사과를 이용한 활동)

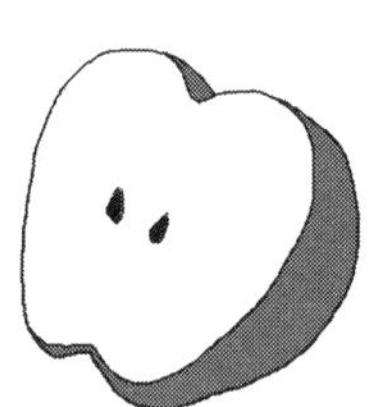

▸ 나눈 것들이 서로 같은지 비교하시오. 똑같이 나뉘었습니까?

(4) 사과 한 개를 반의 반으로 똑같이 나누어 보시오.

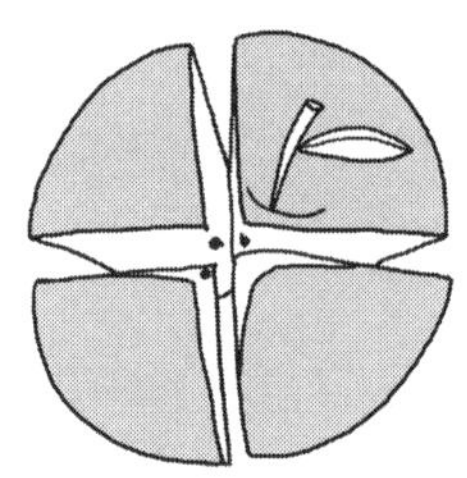

▸ 사과 한 개를 반으로 똑같이 나누고, 각각을 또 반으로 똑같이 나누어 보시오.
▸ 나눈 것들이 서로 같은지 비교하시오. 똑같이 나뉘었습니까?

배경

분수를 처음 학습하는 것으로 등분할 조작 활동을 통하여 분수의 개념을 도입한다. 전체가 1인 연속량을 2등분, 4등분한다. 3등분은 구체적인 조작활동이 쉽지 않기 때문에 2의 거듭제곱으로 표시될 수 있는 등분을 하여 구체물을 똑같이 나눌 수 있게 한다. 생활에는 구체물을 똑같이 두 부분, 세 부분, 네 부분, … 등으로 나누는 경우가 많다. 빵이나 사과를 친구 2명, 4명이 나누어 먹는 상황을 주고, 직접 나누어 본 후, 나뉜 것들이 서로 같은지 비교하게 한다.

관련 TU : TUAG-0130, TUAG-0140, TUAG-0150, TUAQ-0020

TUAQ-0020.10 도형의 등분할

관련 교육과정	(07) 2(가)5①
	(09) 34(가)6①

목표

여러 가지 모양의 도형을 크기가 같은 여러 개의 조각으로 나눌 수 있다.

자료

정사각형 모양의 색종이, 직사각형, 원 모양의 종이, 투명종이, 가위

활동

(1) 똑같이 둘로 나누어 보시오. 똑같이 넷으로 나누어 보시오. (여러 가지 모양의 종이를 이용한 활동)

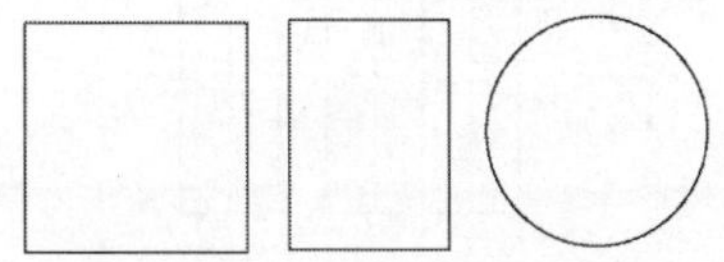

정사각형, 직사각형, 원 모양을 똑같이 둘이나 넷으로 나누어 보고, 나눈 것들을 서로 포개어 봄으로써 똑같이 나뉘었는지를 확인하게 한다. 여러 가지 방법으로 나누어 볼 수 있게 한다.

(2) 똑같이 셋으로 나뉘었는지 알아보시오. (투명종이를 이용한 활동)

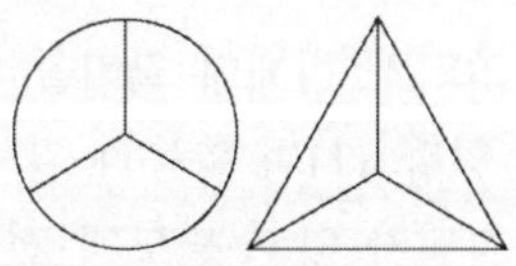

원이나 정삼각형을 3등분 하는 것은 어려울 수 있으므로 제시된 원과 정삼각형을 투명종이로 본을 떠서 가위로 자르게 한 후, 자른 것들을 서로 포개어 보아 똑같이 셋으로 나뉘었는지를 알아보게 한다.

(3) 똑같이 나누어진 것을 찾아보시오. (그림을 이용한 활동)

구체적 조작활동 없이 추상적인 직관에 의하여 판단할 수 있도록 한다.

배경

반구체물인 여러 가지 도형 모양을 똑같이 접어서 나누어 보고, 투명종이를 이용하여 3등분을 확인해 보면서 직관적으로 크기를 비교하여 똑같이 나누는 것을 알게 한다. 또, 그림을 보고 똑같이 나뉜 것을 찾아보게 한다. 구체물 조작활동, 반구체물 조작활동, 추상적인 직관에 의한 활동을 차례대로 경험하게 한다.

관련 TU : TUAG-0130, TUAG-0140, TUAG-0150, TUAQ-0010, TUAQ-0030

TUAQ-0030.10 부분과 전체의 크기 비교

관련 교육과정	(07) 2(가)5①
	(09) 34(가)6①

목표

반구체물을 똑같이 나누고, 나눈 부분과 전체의 크기를 비교할 수 있다.

자료

정사각형, 정삼각형, 정삼각형, 원 모양의 종이 각 2장씩, 가위, 색연필

활동

(1) 부분과 전체의 크기를 비교하시오. (도형 모양의 종이를 이용한 활동)

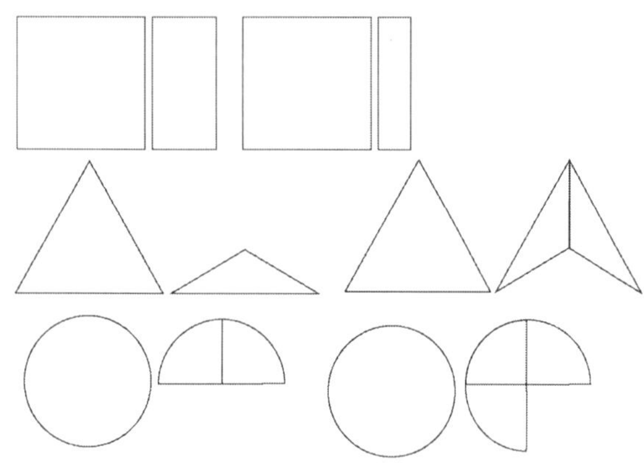

각 모양의 종이를 2장 준비하여 한 장은 그림에서 주어진 것과 같이 나누게 한다. 나눈 것 중의 1 또는 2 또는 3과 전체 종이를 비교하게 하고, 부분은 전체의 '몇 으로 나눈 것 중의 몇'으로 표현하게 한다.

(2) 전체에 대한 부분을 색칠해 보시오. (그림을 이용한 활동)

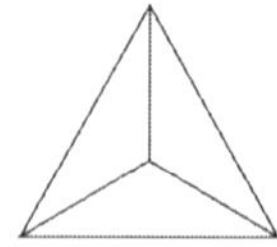

전체를 3으로 나눈 것 중의 1을 색칠하시오.

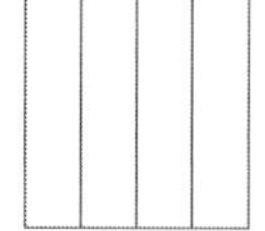

전체를 4로 나눈 것 중의 2를 색칠하시오.

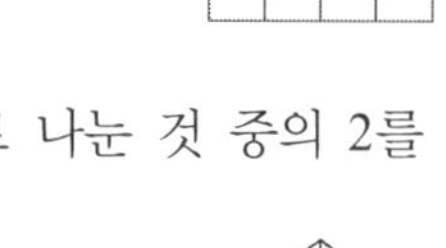

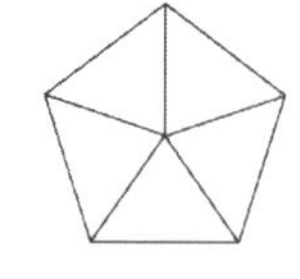

전체를 5로 나눈 것 중의 3을 색칠하시오.

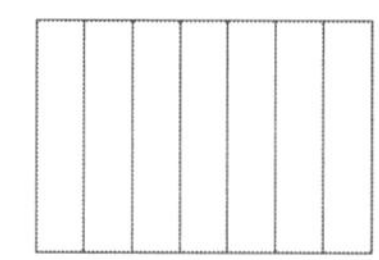

전체를 7로 나눈 것 중의 6을 색칠하시오.

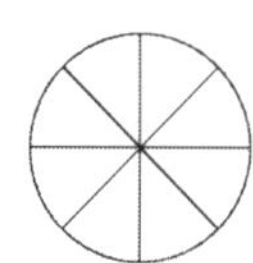

전체를 8로 나눈 것 중의 5를 색칠하시오.

배경

나눈 부분의 크기와 전체의 크기를 비교하는 방법은 두 가지가 있다. (1)번 활동과 같이 나눈 부분이 전체 안에 포함되지 않고 별도의 전체와 비교하는 방법 ( )과 (2)번 활동과 같이 나눈 부분이 전체 안에 포함되어 비교하는 방법( )이 있다. (1)번 활동은 부분을 전체와 직접 대어보면서 비교하기 때문에 전체의 얼마임을 직관적으로 알 수 있는 장점이 있다. **활동 (2)**는 **활동** (1) 후 전체에 대한 부분을 직접 칠해보게 하는 것이 좋다. 전체와 색이 칠해져 있는 부분을 같은 그림 안에서 비교하는 활동만 할 경우 그림에서 색칠한 부분을 전체가 아닌, 색칠하지 않은 부분과 비교하는 오류를 범할 수 있기 때문이다.

관련 TU : TUAQ-0020, TUAQ-0040

TUAQ-0040.10 분수의 도입(읽기, 쓰기)

관련 교육과정	(07) 2(가)5① (09) 34(가)6①

목표

부분과 전체의 크기를 비교하여 분수를 이해하고 분수를 읽고 쓸 수 있다.

자료

그림, 서로 다른 색깔의 종이 띠(3cm×9cm) 4개

활동

(1) 색칠한 부분을 나타내시오. (그림을 이용하여 약속하기)

색칠한 부분은 전체를 똑같이 2로 나눈 것 중의 1입니다.

이것을 $\frac{1}{2}$이라 쓰고, 이분의 일이라고 읽습니다.

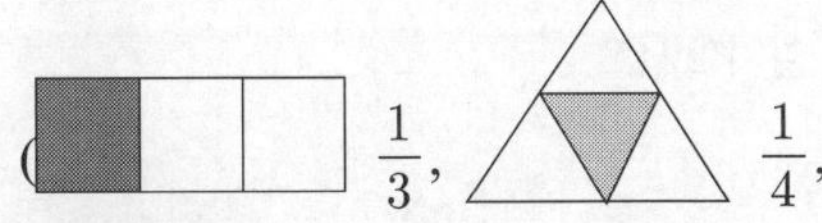

($\frac{1}{3}$, $\frac{1}{4}$,

$\frac{2}{3}$도 같은 방법으로 제시한다.)

$\frac{1}{2}$, $\frac{1}{3}$, $\frac{1}{4}$, $\frac{2}{3}$와 같은 수를 분수라고 합니다.

(2) 분수 막대를 만들어 봅시다.

종이 띠를 반으로 접고, 접힌 선을 따라 줄을 그어 봅시다.

전체를 똑같이 2로 나눈 것 중의 1입니다. 이것을 $\frac{1}{2}$이라 쓰고, 이분의 일이라고 읽습니다.

그 뒤에 $\frac{1}{2}$이라 씁니다. 같은 방법으로 $\frac{1}{3}$, $\frac{1}{4}$, $\frac{1}{6}$ 분수를 만들게 한다.

$\frac{1}{4}$ 띠에서 각 부분을 세도록 한다.

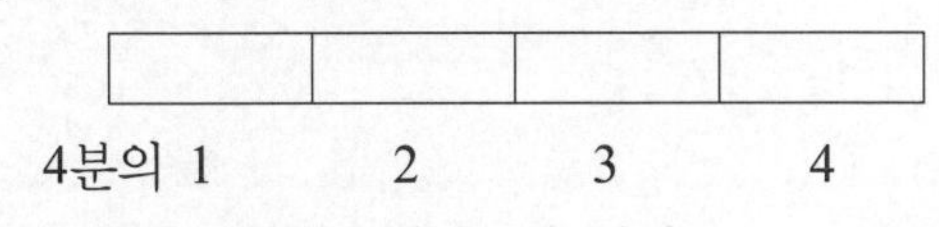

다른 띠의 부분도 세어보게 한다.

배경

연속량을 등분할 하고, 등분할한 부분과 전체의 크기를 비교하는 활동을 기초로 하여, 여기에서는 분수를 읽고 쓰는 것을 약속한다. $\frac{1}{2}$, $\frac{1}{3}$의 단위 분수를 먼저 약속하고, $\frac{2}{3}$와 같은 진분수를 약속한다. $\frac{1}{2}$, $\frac{1}{3}$, $\frac{1}{4}$, $\frac{2}{3}$와 같은 수를 분수라고 약속하고, 분자, 분모 등의 용어를 이때 함께 지도할 수도 있고, 나중에 진분수의 개념을 지도할 때에 같이 다루어도 좋다. 기호 읽기, 쓰기, 모형을 번갈아 사용하여 익히도록 한다.

관련 TU : TUAQ-0030, TUAQ-0050

TUAQ-0050.10 분수만큼 나타내기

관련 교육과정	(07) 2(가)5① (09) 34(가)6①

목표

주어진 분수만큼 색을 칠하여 나타낼 수 있다.

자료

색연필, 그림 카드, 활동지

활동

(1) 분수만큼 색칠하시오. (그림을 이용한 활동)

1/2 2/3 3/4

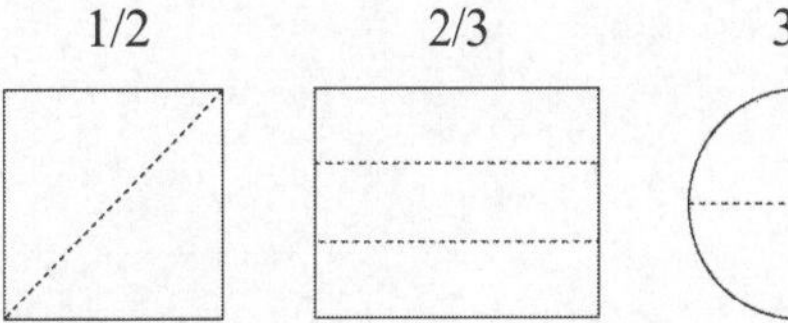

2/5 2/4 5/8

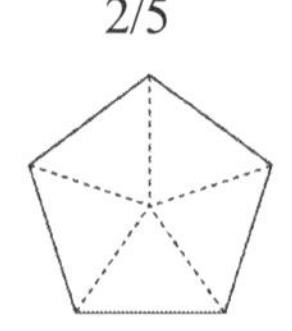

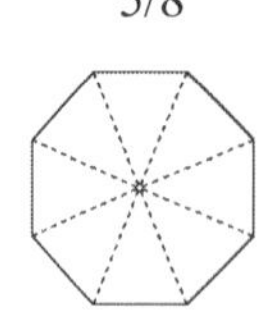

전체가 점선으로 분모만큼 나뉘어 있기 때문에, 분자의 수만큼 색을 칠한다. 분자의 수만큼 조각을 칠할 때, 연속적으로 연결하여 색을 칠할 수도 있고, 연속적으로 연결하지 않고 색을 칠할 수도 있다. 두 가지의 경우가 모두 가능하다는 것을 알 수 있게 한다.

배경

전체에 대한 분수만큼을 나타내는 활동을 통하여 분수에 대한 개념을 이해할 수 있게 한다. 전체-부분으로서의 분수 모델은 시각적이므로 학생들이 쉬운 조작활동으로 접근해 볼 수 있다. 다양한 형태의 도형을 사용하여 지도할 수 있도록 해야 한다.

관련 TU : TUAQ-0040, TUAQ-0110

TUAQ-0110.10 6의 1/3형(자연수의 분수 배)

관련 교육과정	(07) 2(가)5①
	(09) 34(가)6①

목표

자연수의 분수 배를 알고, 구할 수 있다.

자료

색종이

활동

(1) 6의 1/3을 알아보시오.

학생들이 그림에서 색종이 6장을 똑같이 3묶음으로 묶게 하여, 한 묶음은 2장임을 파악하고, 3묶음 중의 한 묶음이 1/3을 나타냄을 알게 한다.

(2) 8의 1/4을 알아보시오.

8개를 똑같이 4묶음으로 나누어 보게 하고, 한 묶음의 개수를 파악하여 8의 1/4은 2임을 알게 한다.

배경

이전까지 전체가 1인 연속량의 등분할의 방법으로 분수를 지도한 것에 이어 이산량(자연수에 대응하여 셀 수 있는 양)의 등분할을 통해 분수를 다룬다. 똑같이 나눈 부분과 전체의 크기 비교라는 점에서는 같다.

관련 TU : TUAQ-0050, TUAQ-0120

TUAQ-0120.10 3/4는 1/4이 몇(단위분수의 몇 배)

관련 교육과정	(07) 3(가)5②
	(09) 34(가)6②

목표

3/4을 단위분수 1/4의 배 개념으로 이해할 수 있다.

자료

색종이 띠

활동

(1) 3/4은 1/4이 몇인지 알아보시오.

색종이 띠가 있는데 4등분 되어 있고 등분된 각 색종이 띠에 1/4이라고 써있으며, 색종이 띠 위에는 전체 색종이 띠의 길이가 1m라고 쓰여 있고, 왼쪽 처음부터 누적되어 1/4m, 2/4m, 3/4m, 4/4m라고 써 있다.

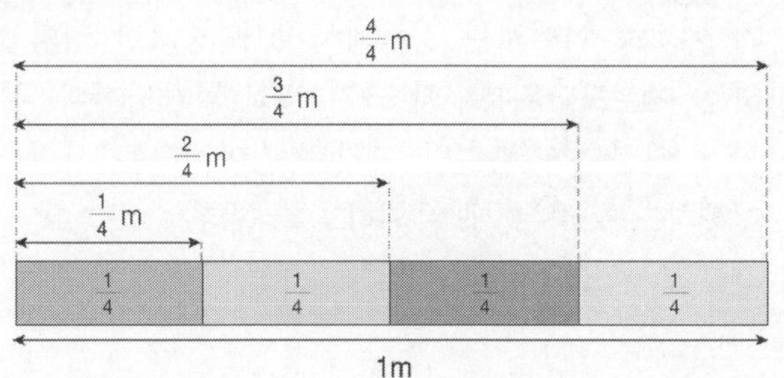

테이프를 절반씩 2번 접어 넷으로 똑같게 만들어, 3/4과 1/4로 잘라서 두 테이프를 비교하게 하여 3/4은 1/4가 3개 모인 것과 같음을 알게 한다.

(2) 4/6는 1/6이 몇 인지 알아보시오.

4/6만큼 색칠하여 4/6는 1/6이 4임을 알게 한다.

배경

단위분수와 진분수의 의미를 알고, 그 관계를 이해하는 활동이다. 진분수의 분모는 전체를 등분할한 것의 개수이고, 분자는 등분할한 것 중의 몇 개를 선택한 것이다. 즉, 단위분수가 몇인지 파악하는 활동으로 진분수와의 관계를 파악하도록 하지만, 단위분수나 진분수라는 용어를 사용하지는 않는다. 진분수끼리의 크기 비교는 다음 단계의 내용이다.

관련 TU : TUAQ-0110, TUAQ-0130

TUAQ-0130.10 동분모진분수끼리의 크기 비교

관련 교육과정	(07) 3(가)5③
	(09) 34(가)6⑤

목표

분모가 같은 분수의 크기를 비교할 수 있다(진분수 범위).

자료

색종이 띠

활동

(1) 3/4과 2/4의 크기를 비교하여 보시오.

3/4

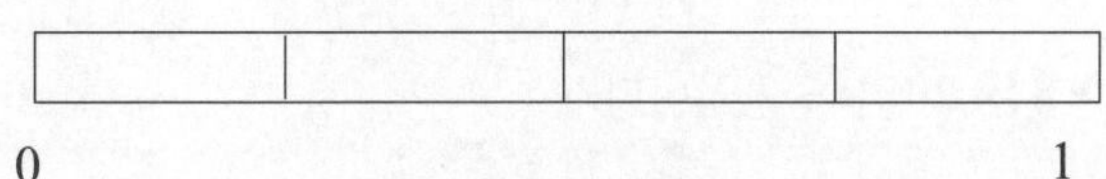

2/4

0 1

3/4과 2/4를 각각 색칠해보게 하고, 4/3은 1/4이 3이고, 2/4는 1/4가 2임을 파악하여 3/4과 2/4의 크기를 비교하게 한다.

(2) 4/5와 3/5의 크기를 비교하여 >, <로 나타내시오.

4/5는 1/5이 몇 인지, 3/5는 1/5가 몇인지 알아보고 크기를 비교한다.

배경

단위분수와 진분수의 관계를 이용하여 동분모 분수

의 크기를 비교한다. 활동은 색종이의 넓이를 재고 비교하는 활동인데, 단위분수를 단위로 하는 비교이다. ('1/4이 몇 개인가'의 질문에서 1/4이 단위이다.) 동분모분수의 크기를 비교할 때에는 분자가 커질수록 분수의 크기가 커진다는 사실을 이해하도록 하는 데 유의해야 한다. 이분모 분수의 크기 비교는 다음 단계이다.

관련 TU : TUAQ-0120, TUAQ-0310

TUAQ-0140.10 단위분수끼리의 크기 비교

관련 교육과정	(07) 3(가)5③
	(09) 34(가)6④

목표

간단한 단위분수의 크기를 비교할 수 있다.

자료

색종이 띠, 3 × 4 모눈종이

활동

(1) 1/2과 1/3은 어느 것이 더 큰지 알아보시오.

같은 크기의 색종이 띠 2장을 가지고, 하나는 1/2만큼 다른 하나는 1/3만큼 잘라서 크기를 비교해보게 한다.

(2) 1/3과 1/4은 어느 것이 더 큰지 알아보시오.

3 × 4 모눈종이 2장을 마련하여 각각 1/3과 1/4만큼 칠하게 한 다음 크기를 비교해보게 한다.

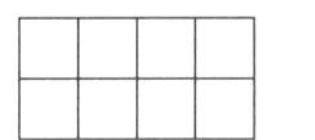
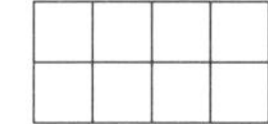

배경

동분모진분수의 크기 비교에 이어 이분모분수의 크기 비교로 이어지는 길목에서 매우 중요한 역할을 하는 이분모단위분수의 크기 비교에 해당한다. 분모가 커질수록 분수의 크기는 작아진다는 사실을 이해하도록 하는 데 유의하도록 한다.

관련 TU : TUAQ-0130, TUAQ-1100

TUAQ-0210.10 부분은 전체의 얼마인지 분수로 나타내기(이산량에서)

관련 교육과정	(07) 4(가)3①
	(09) 34(가)6①

목표

부분의 양을 전체의 양과 비교하여 분수로 나타낼 수 있다.

자료

케이크 조각 모형 또는 스티커

활동

(1) 부분은 전체의 얼마인지 분수로 나타내어 봅시다. (그림을 이용한 활동)

- 케이크 조각 20개를 똑같이 5묶음으로 나누어 보시오.
- 한 묶음에는 케이크 조각이 몇 개 있습니까?
- 4는 20을 5로 나눈 것 중의 □입니다.
- 4는 20의 $\frac{\square}{\square}$ 입니다.
- 8은 20을 5로 나눈 것 중의 □입니다.
- 8은 20의 $\frac{\square}{\square}$ 입니다.

<5묶음의 경우>

* 8은 20의 $\frac{2}{5}$.

* 8은 20을 5로 나눈 것 중의 $\frac{2}{5}$ 입니다.

<4묶음의 경우>

* 5는 20의 $\frac{1}{4}$.

* 5는 20을 4로 나눈 것 중 1입니다.

* 10은 20의 2/4입니다.

- 위 활동 후 케익조각을 4개씩 또는 10개씩 묶어 보는 활동을 하여 본다.

배경

우리는 일상생활에서 물건을 나누어줄 경우가 많은데 이 때 분수를 이용하면 쉽게 이해할 수 있다. 예를 들어 피자 12조각을 3명이서 나누어 먹는 경우, 사탕 20개를 4명이서 나누어 먹는 경우들이다. 이 때 분수 개념을 이해하고 있다면 좀 더 쉽게 문제를 해결할 수 있다.

이를 위해 이산량에서 부분의 양을 전체의 양과 비교하여 분수로 나타내는 수학적 표현 방법을 지도한다. 예를 들어 "4는 20을 5로 나눈 것 중의 1입니다."의 도입을 위해 케이크 조각 모형을 가지고 활동 한다면 "케이크 조각 20개를 똑같이 5개의 접시에 나누어 담아 보시오. 한 접시에 케이크를 몇 조각씩 담으면 되나요?"와 같은 발문을 통해 케이크 조각 모형을 접시 모형에 담아 보는 활동을 하게 한 뒤, "케이크 4조각은 케이크 20조각을 5접시에 나누어 담은 것 중 1접시입니다."에서 불필요한 말을 지우고 이를 수학적 표현 방법에 따라 읽어 보게 지도한다.

"4는 20을 5로 나눈 것 중의 1입니다." 이것은 다음과 같이 표현되며 모두 같은 뜻임을 알게 하고 약속하기를 통해 지도한다.

"4는 20의 $\frac{1}{5}$ 입니다."

8의 경우도 이와 같은 방법으로 설명한다.

관련 TU : TUAQ-0110, TUAQ-0220, TUAQ-0230

TUAQ-0220.10 부분은 전체의 얼마인지 분수로 나타내기(연속량에서)

관련 교육과정	(07) 4(가)③①
	(09) 34(가)⑥①

목표

부분의 양은 전체 양의 얼마인지 분수로 나타낼 수 있다.

자료

그림 카드(띠 벽지 모형)

활동

(1) 부분은 전체의 얼마인지 분수로 나타내어 봅시다. (그림을 이용한 활동)

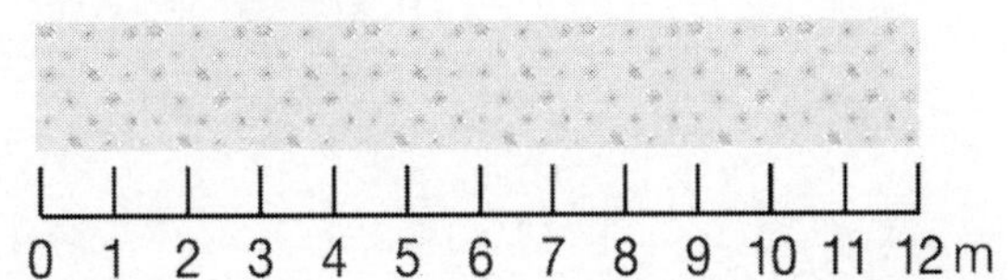

▸ 띠 벽지 12m를 똑같이 세 등분 하여 방 3개에 하나씩 붙이려고 합니다. 띠 벽지를 똑같이 세 부분으로 나누어 보시오.

▸ 한 칸은 몇 m입니까?

▸ 4m는 12m의 $\frac{\square}{\square}$ 입니다.

▸ 두 칸은 몇 m입니까?

▸ 8m는 12m의 $\frac{\square}{\square}$ 입니다.

배경

우리는 사탕이나 사과 같은 물건을 똑같이 나누는 경우를 접하는 경우도 많지만 띠벽지나 시트지 혹은 종이끈을 사서 등분을 하는 경우도 일상 생활에서 많이 접하게 된다. 이럴 때에는 이산량과 마찬가지로 연속량도 부분의 길이와 전체의 길이와의 관계를 분수로 생각하면 된다.

연속량은 측정할 때 실수와 대응되는 양을 말한다. 예를 들어 연필의 길이를 생각해 보면 연필의 정확한 길이는 측정할 수 없다. 연필의 길이의 측정값은 근삿값으로만 말 할 수 있다. 즉, 연필의 길이를 x라고 했을 때, x는 $a < x < b$와 같이 구간으로만 나타낼 수 있다.

연속량에는 넓이, 부피, 무게와 같은 것이 있다. 마찬가지로 양의 분수(추상적인 수로서의 분수)도 전체에 대한 부분을 상대적으로 나타내는 수로서 크기나 모양에 관계없이 전체에 대해 일정한 부분을 가지면 같은 값으로 간주할 수 있다.

여기서는 띠벽지 12m를 똑같이 3등분한 것 중 한 칸, 두 칸이 몇 m인가로 연속량에서 부분의 양을 전체의 얼마인지 분수로 나타내었다. 이는 다음과 비교하여 지도할 수 있다.

12조각의 피자를 세 사람에게 똑같이 나누어 주는 경우 한사람의 몫은 4조각이 됩니다.

4조각은 전체 12조각의 $\frac{1}{3}$ 입니다.

8조각은 전체 12조각의 $\frac{2}{3}$ 입니다.

$\frac{4}{12} = \frac{1}{3}$ 임을 직관적으로 이해할 수 있다.

관련 TU : TUAQ–0210, TUAQ–0240

TUAQ–0230.10 분수로 표시된 부분의 양(이산량에서)

관련 교육과정	(07) 4(가)③①
	(09) 34(가)⑥①

목표

분수로 표시된 부분의 양이 얼마인지 알 수 있다.

자료

그림 카드

활동

(1) 분수로 표시된 부분의 양이 얼마인지 알아봅시다. (그림을 이용한 활동)

- 주스 잔 18개를 똑같이 6묶음으로 나누어 보시오.
- 한 묶음에는 주스 컵이 몇 개 있습니까?
- 18의 $\frac{1}{6}$ 은 3입니다.
- 두 묶음에는 주스 컵이 몇 개 있습니까?
- 18의 $\frac{2}{6}$ 는 □입니다.
- 18의 $\frac{5}{6}$ 는 □입니다.

배경

일상생활에서 우리는 등분을 해야 할 경우가 많다. 가령 피자를 시켰는데 8조각이 있는데 4명이 있는 경우 이것을 4등분을 했을 때 한명의 몫으로는 2조각이 간다는 것을 알게 된다. 즉 8의 1/4은 얼마인가를 머릿속에서 계산하게 되는 것이다.

관련 TU : TUAQ–0210, TUAQ–4030

TUAQ-0240.10 분수로 표시된 부분의 양(연속량에서)

관련 교육과정	(07) 4(가)[3]①
	(09) 34(가)[6]①

목표

분수로 표시된 부분의 양이 얼마인지 알 수 있다.

자료

그림 카드(12cm짜리 자)

활동

(1) 분수로 표시된 부분의 양이 얼마인지 알아봅시다. (그림을 이용한 활동)

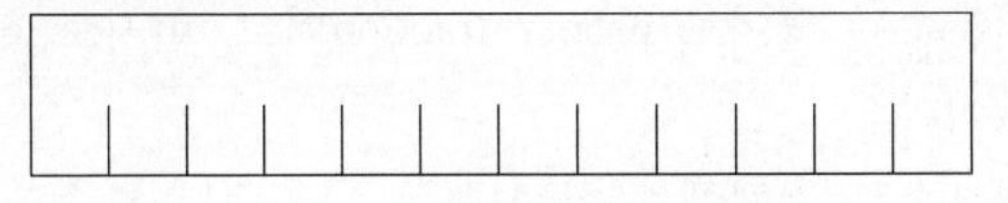

0 1 2 3 4 5 6 7 8 9 10 11 12cm

▸12를 똑같이 네 부분으로 나누어 보시오.

▸한 부분에는 칸이 몇 개 있습니까?

▸12의 $\frac{1}{4}$은 3입니다.

▸두 부분에는 칸이 몇 개 있습니까?

▸12의 $\frac{2}{4}$는 □입니다.

▸12의 $\frac{3}{4}$은 □입니다.

배경

연속량에서의 전체에 대한 분수만큼도 이산량에서와 같이 활동하게 됨을 알면 된다.

관련 TU : TUAQ-0220, TUAQ-4030

TUAQ-0250.10 분모, 분자

관련 교육과정	(07) 4(가)[3]①
	(09) 34(가)[6]①

목표

분수에서 분모와 분자가 무엇인지 알 수 있다.

자료

그림 카드

활동

(1) 분모와 분자를 알아봅시다.

분수에서 가로선의 아래쪽에 있는 수를 분모라 하고, 위쪽에 있는 수를 분자라고 합니다.

$\frac{1}{5}$ ←분자 (부분의 양) ←분모 (전체의 양)

배경

분모와 분자를 인식할 때 어머니와 아들 사이로 알려주면 학생들은 훨씬 쉽게 이해한다.

분수가 수로서 고려될 때의 초점은 '상대적인 양의 정도'이다.

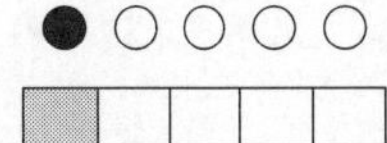

그림에서처럼 모양과 크기가 다른 이산량, 연속량에서 전체 양에 대한 색칠된 부분의 양은 모두 1/5로 표현될 수 있다. 분모의 자리에는 전체의 양이, 분자의 자리에는 부분의 양이 표시됨을 그림을 통해 직관적으로 이해할 수 있도록 지도한다. 이를 통해 이후에 전체가 부분보다 큰 경우는 진분수, 그렇지 않은 경우는 가분수가 됨을 연관지어 이해할 수 있도록 지도한다.

관련 TU : TUAQ-0040, TUAQ-0260

TUAQ-0260.10 진분수

관련 교육과정	(07) 4(가)3①
	(09) 34(가)6③

목표

분수 중 진분수를 이해하고 분류할 수 있다.

자료

칸이 나뉘어 있는 사각형 모형

활동

(1) 진분수를 알아봅시다. (사각형 모형을 이용한 활동)

▸ $\frac{1}{4}$이 얼마인지 색을 칠하고 분수로 나타내어 보시오. $\left(\frac{\square}{\square}\right)$

▸ $\frac{1}{4}$의 2배는 얼마인지 색을 칠하고 분수로 나타내어 보시오. $\left(\frac{\square}{\square}\right)$

▸ $\frac{1}{4}$의 3배는 얼마인지 색을 칠하고 분수로 나타내어 보시오. $\left(\frac{\square}{\square}\right)$

$\frac{1}{4}, \frac{2}{4}, \frac{3}{4}$과 같이 분자가 분모보다 작은 분수를 진분수라고 합니다.

배경

진분수는 영어로 proper fraction이고, 한자로 眞分數이다.

진분수는 전체에 대한 부분을 나타내는 분수로 크기는 1보다 작다.

관련 TU : TUAQ-0250, TUAQ-0270

TUAQ-0270.10 가분수

관련 교육과정	(07) 4(가)3①
	(09) 34(가)6③

목표

분수 중 가분수를 이해하고 분류할 수 있다.

자료

칸이 나뉘어 있는 사각형 모형

활동

(1) 가분수를 알아봅시다. (사각형 모형을 이용한 활동)

▸ $\frac{1}{4}$의 5배는 얼마인지 색을 칠하고 분수로 나타내어 보시오. $\left(\frac{\square}{\square}\right)$

사각형 모형 하나를 가지고 $\frac{1}{4}$의 5배인 수를 나타낼 수 없습니다. 사각형 모형이 2개 필요합니다.

▸ $\frac{1}{4}$의 5배는 얼마인지 색을 칠하고 분수로 나타내어 보시오. 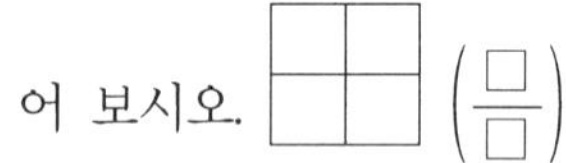 $\left(\frac{\square}{\square}\right)$

▸ $\frac{1}{4}$의 6배는 얼마인지 색을 칠하고 분수로 나타내어 보시오. $\left(\frac{\square}{\square}\right)$

▸ $\frac{1}{4}$의 7배는 얼마인지 색을 칠하고 분수로 나타내어 보시오. 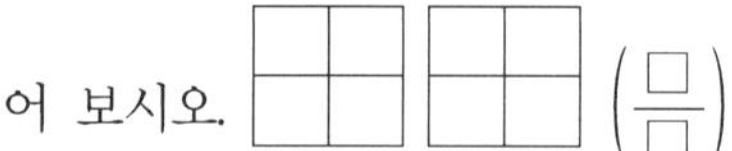 $\left(\frac{\square}{\square}\right)$

$\frac{4}{4}, \frac{5}{4}, \frac{6}{4}, \frac{7}{4}$과 같이 분자가 분모보다 크거나 같은 분수를 가분수라고 합니다.

배경

가분수는 영어로 improper fraction이고, 한자로 假分數이다.

가분수는 분자가 분모보다 크므로 1보다 큰 양을 나타낸다. 가분수는 유리수의 계산에서 여러 가지로 편리하게 사용될 수 있다.

관련 TU : TUAQ-0260, TUAQ-0280

TUAQ-0280.10 대분수

관련 교육과정	(07) 4(가)3①
	(09) 34(가)6③

목표

분수 중 대분수를 이해하고 분류할 수 있다.

자료

칸이 나뉘어 있는 원 모형, 그림 카드

활동

(1) 성우는 생일파티로 친구들을 집으로 초대하였다. 피자를 시켜 먹었는데 먹고나서 보니 피자 4판과 $\frac{1}{8}$조각을 먹었다. 친구들과 먹은 피자의 양을 분수로 어떻게 나타낼 수 있는지 알아봅시다. (그림과 원 모형을 이용한 활동)

▸ 피자 4판과 $\frac{1}{8}$조각을 분수로 나타내는 방법을 알아보시오.

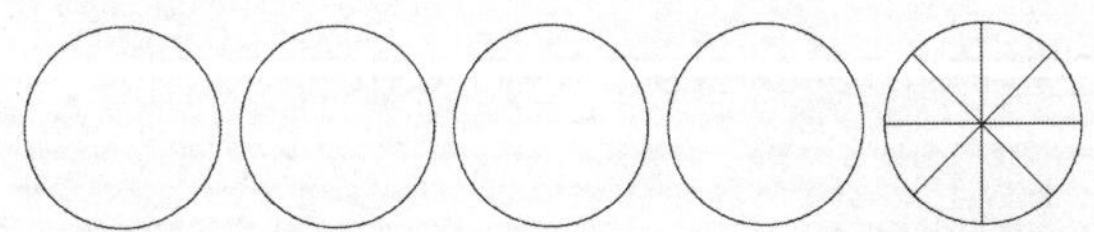

▸ 피자 4판과 $\frac{1}{8}$조각 만큼 색칠하시오.

▸ 피자 4판과 $\frac{1}{8}$조각을 분수로 나타내면 $4\frac{1}{8}$입니다.

4와 $\frac{1}{8}$을 $4\frac{1}{8}$이라 쓰고, 4와 8분의 1이라고 읽습니다.

$4\frac{1}{8}$과 같은 분수를 대분수라고 합니다.

배경

대분수는 영어로 mixed fraction이고, 한자로 帶分數이다. 즉 자연수와 분수를 혼합한 분수를 대분수라고 한다.

대분수는 분수의 크기 정도를 비교하는 데 편리하게 이용된다. 가분수보다 대분수로 표시된 것이 분수의 크기 정도를 쉽게 이해할 수 있다. 반면 가분수는 분수의 사칙연산에서 편리하게 이용된다. 상황이 요구하는 조건에 맞도록 분수를 표시할 수 있으면 생활에 유용하게 쓰인다는 것을 알게하여 대분수를 가분수로, 가분수를 대분수로 고치는 활동이 필요함을 느끼게 한다.

관련 TU : TUAQ-0270, TUAQ-0290

TUAQ-0290.10 대분수를 가분수로 고치기

관련 교육과정	(07) 4(가)3①
	(09) 34(가)6③

목표

대분수를 가분수로 고칠 수 있다.

자료

칸이 나뉘어 있는 원 모형, 도식

활동

(1) 대분수를 가분수로 나타내는 방법을 알아보시오. (원 모형을 이용한 활동)

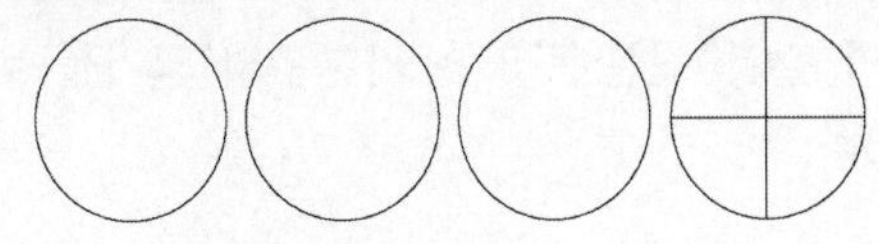

▸ 대분수 $3\frac{3}{4}$만큼 색칠하시오.

▸ 원 3개를 각각 $\frac{1}{4}$씩 똑같이 넷으로 나누어 보시오.

▸ 대분수 $3\frac{3}{4}$ 을 가분수로 나타내어 보시오.

$$3\frac{3}{4} = \frac{15}{4}$$

대분수를 가분수로 고치는 방법

$$□\frac{☆}{△} = \frac{□ \times △ + ☆}{△}$$

배경

단순히 $\frac{분모 \times 자연수 + 분자}{분모}$ 라고 외우는 것보다도 똑같은 등분 조각이 전체 몇 개가 나오는가를 이해할 수 있도록 하여야 한다.

관련 TU : TUAQ-0280, TUAQ-0300

TUAQ-0300.10 가분수를 대분수로 고치기

관련 교육과정	(07) 4(가)③①
	(09) 34(가)⑥③

목표

가분수를 대분수로 고칠 수 있다.

자료

칸이 나뉘어 있는 사각형 모형

활동

(1) 가분수를 대분수로 나타내는 방법을 알아보시오. (사각형 모형을 이용한 활동)

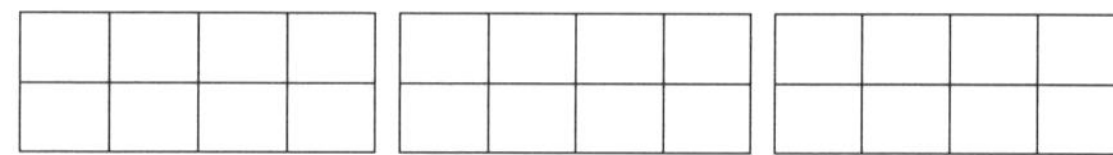

▸ 가분수 $\frac{17}{8}$ 만큼 앞에서부터 차례로 색칠하시오.

▸ 가득 색칠한 직사각형은 몇 개입니까?

▸ 가분수 $\frac{17}{8}$ 을 대분수로 나타내어 보시오.

$$\frac{17}{8} = 2\frac{1}{8}$$

가분수를 대분수로 고치는 방법

$$\frac{☆}{△} \Rightarrow ☆ \div △ = □\cdots◇ \Rightarrow □\frac{◇}{△}$$

배경

17안에 8이 몇 번 들어가는지를 먼저 학생들이 인식할 수 있어야 하고, 전체 1이 되는 조각이 몇 개 나오는지, 그리고 8등분 된 것 중에 몇 조각이남는지에 대해 알아야 한다.

대분수는 자연수와 분자, 분모로 구성되어 있기 때문에 학생들에게 "분모는 어떻게 되었습니까?", "자연수는 어떻게 만들어졌습니까?", "분자는 어떻게 되었습니까?"와 같이 질문함으로써 학생들이 대분수를 발견하는 데 도움을 줄 수 있다.

관련 TU : TUAQ-0290, TUAQ-0310

TUAQ-0310.10 동분모 분수의 크기 비교 (진분수, 가분수)

관련 교육과정	(07) 4(가)③②
	(09) 34(가)⑥⑤

목표

분모가 같은 진분수 또는 가분수의 크기를 비교할 수 있다.

자료

색 테이프

활동

(1) 길이가 $\frac{6}{5}$cm, $\frac{8}{5}$cm 인 색 테이프가 있습니다. 어느 색 테이프가 더 긴지 알아보시오. (그림을 이용한 활동)

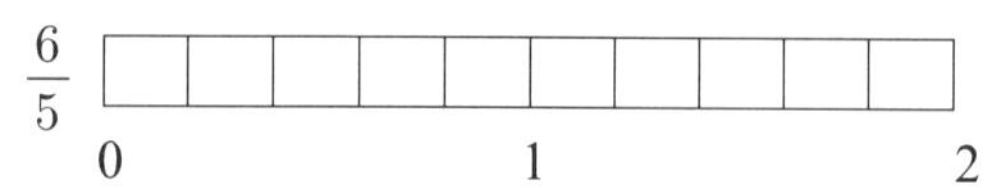

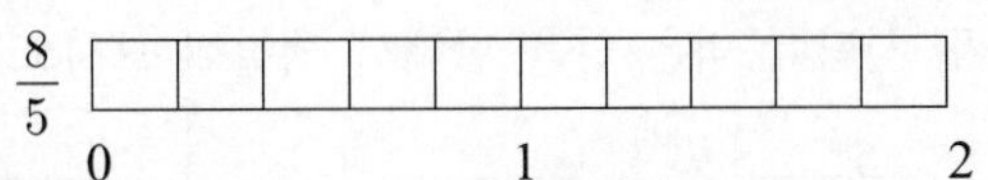

▸ $\frac{6}{5}$만큼 앞에서부터 차례로 색칠하시오.

▸ $\frac{8}{5}$만큼 앞에서부터 차례로 색칠하시오.

▸ $\frac{6}{5}$과 $\frac{8}{5}$ 중에서 어느 분수가 더 큽니까?

–두 분수의 크기 비교에서 크다고 말한 분수가 왜 큰지, 그 이유를 설명하게 한다.

분모가 같은 분수에서는 분자가 큰 분수가 더 큽니다.

배경

분수의 크기 비교를 직관적으로 느끼기 쉬운 것 중에 하나가 길이이기 때문에 길이를 알아보는 소재인 가래떡이나 색 테이프 등으로 이해시키는 것이 좋다.

관련 TU : TUAQ–0300, TUAQ–0320

TUAQ–0320.10 동분모 분수의 크기 비교(대분수)

관련 교육과정	(07) 4(가)3②
	(09) 34(가)6⑤

목표

분모가 같은 대분수의 크기를 비교할 수 있다.

자료

수직선, 색연필

활동

(1) $2\frac{1}{5}$과 $2\frac{3}{5}$ 중에서 어느 분수가 더 큰지 알아보시오. (수직선을 이용한 활동)

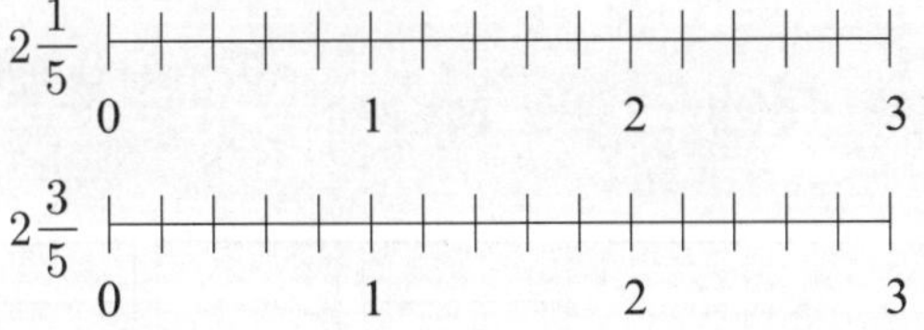

▸ $2\frac{1}{5}$만큼 앞에서부터 색연필로 선을 그어보시오.

▸ $2\frac{3}{5}$만큼 앞에서부터 색연필로 선을 그어보시오.

▸ $2\frac{1}{5}$과 $2\frac{3}{5}$ 중에서 어느 분수가 더 크다고 생각합니까?

자연수와 분모가 같은 대분수에서는 분자가 큰 대분수가 더 큽니다. 하지만 분모는 같으나 자연수가 다른 대분수에서는 자연수의 크기가 큰 대분수가 더 큽니다.

배경

대분수의 크기 비교에서 자연수는 생각하지 않고 분자의 크기만 보고 크고 작음을 판가름하는 학생들이 있는데 반드시 자연수까지 살펴볼 수 있도록 하여야 한다.

관련 TU : TUAN–0230, TUAQ–0310, TUAQ–0360

TUAQ–0330.10 $\frac{2}{6}+\frac{3}{6}$형(동분모 진분수의 덧셈)

관련 교육과정	(07) 4(가)4①
	(09) 34(가)8①

목표

동분모 진분수의 덧셈을 할 수 있다.

자료

그림 카드(등분할이 되어 있는 사각형 모양의 그림)

활동

(1) 빵집에서 녹차 카스테라를 샀는데 자세히 보니 6등분이 되어 있었습니다. 민우는 나뉘어 있는 빵 중 2조각을 먹었고, 동완이는 3조각을 먹었습니다. 두 사람이 먹은 빵은 전체의 얼마인지 알아보시오. (등분한 사각형 모양을 이용한 활동)

▸ 민우가 먹은 양을 분수로 나타내면 얼마가 됩니까?

▸ 동완이가 먹은 양을 분수로 나타내면 얼마가 됩니까?

▸ 민우가 먹은 양 만큼을 색칠해 보시오.

▸ 동완이가 먹은 양 만큼을 색칠해 보시오.

▸ 두 사람이 먹은 양을 합해서 색칠해 보시오.

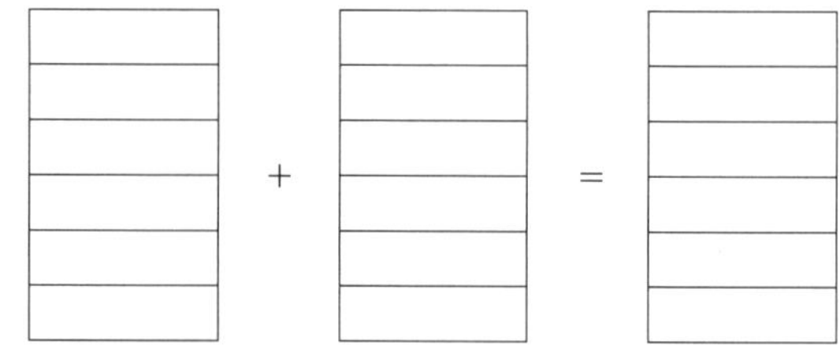

▸ $\frac{2}{6}+\frac{3}{6}$은 얼마입니까?

분모가 같은 진분수의 덧셈은 분모는 그대로 두고 분자끼리 더해주면 됩니다.

$$\frac{☆}{△}+\frac{□}{△}=\frac{☆+□}{△}$$

배경

음식의 경우 피자나 케이크 같은 것들은 대개의 경우 등분을 해서 먹게 되는데 이 때 먹은 양 만큼을 생각할 때 분수의 덧셈이 필요하다. 간혹 분모끼리도 더해서 계산을 하는 학생들이 있는데 분모가 같은 덧셈에서의 분모는 항상 그대로임을 학생들이 활동을 통해서 이해하고 알 수 있도록 해야 한다.

관련 TU : TUAN-0360, TUAQ-0310

TUAQ-0340.10 $2\frac{2}{6}+1\frac{3}{6}$형(동분모 대분수의 덧셈)

관련 교육과정	(07) 4(가)④①
	(09) 34(가)⑧①

목표

동분모 대분수의 덧셈을 할 수 있다.

자료

등분할이 된 사각형 모양, 색연필.
등분이 되어 있는 사각형 모양의 고무찰흙, 찰흙판 또는 자석, 자석 판.

활동

(1) $2\frac{2}{6}+1\frac{3}{6}$을 어떻게 계산하는지 알아보시오. (등분한 사각형 모양에 색연필로 색칠하는 활동)

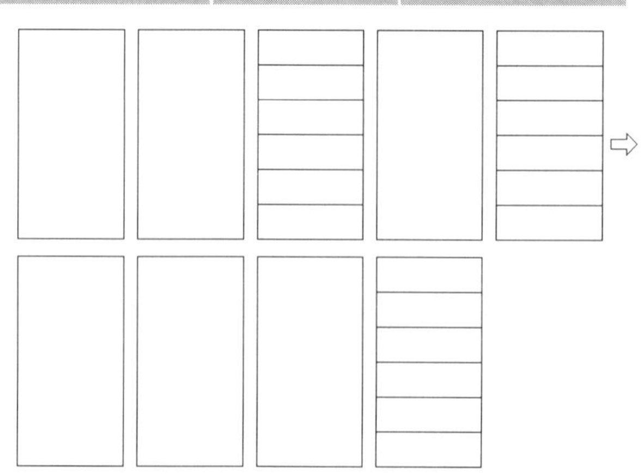

▸ 오른쪽에 $2\frac{2}{6}$만큼 칠하시오. 이어서 $1\frac{3}{6}$만큼 색을 더 칠하시오.

▸ $2\frac{2}{6}+1\frac{3}{6}$ 은 얼마입니까?

분모가 같은 대분수의 덧셈은 자연수는 자연수끼리 더하고, 분모는 그대로 두고 분자끼리 더해주면 됩니다.

$$○\frac{☆}{△}+♡\frac{□}{△}=(○+♡)\frac{☆+□}{△}$$

(2) 다음 활동을 하여 보시오.(구체물을 이용한 활동)
온전한 모양의 고무찰흙 3개와 여섯 등분이 되어 있는 고무찰흙 2개를 준비한다.
먼저 찰흙 판에 2와 1/6 만큼 옮겨 담는다.
이어서 1과 3/6 만큼 옮겨 담는다.
온전한 고무찰흙과 여섯 등분이 되어 있는 고무찰흙을 종류별로 놓은 뒤, 여섯 등분이 된 고무찰흙이 여섯 개가 되면 하나로 붙여 온전한 고무찰흙 옆에 놓는다.
고무찰흙의 모양을 대분수로 나타내어 본다.

배경

동분모 대분수의 덧셈도 분모는 변함이 없고, 자연수는 자연수끼리, 분자는 분자끼리 더한다는 것을 이해시키는 것이 좋다.

관련 TU : TUAN-0360, TUAQ-0330, TUAQ-1210

TUAQ-0350.10 $\frac{3}{5}-\frac{1}{5}$형(동분모 진분수의 뺄셈)

관련 교육과정	(07) 4(가)④①
	(09) 34(가)⑧①

목표

동분모 진분수의 뺄셈을 할 수 있다.

자료

그림 카드

활동

(1) $\frac{3}{5}-\frac{1}{5}$을 어떻게 계산하는지 알아보시오. (수 막대를 이용한 활동)

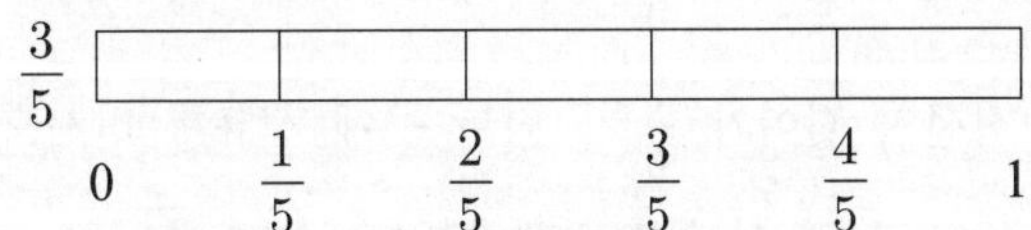

▸ $\frac{3}{5}$만큼 색칠하시오.

▸ $\frac{1}{5}$만큼 ×표 하시오.

▸ $\frac{3}{5}-\frac{1}{5}$은 얼마입니까?

분모가 같은 진분수의 뺄셈은 분모는 그대로 두고 분자끼리 빼주면 됩니다.

$$\frac{☆}{△}-\frac{□}{△}=\frac{☆-□}{△}$$

배경

분수 막대에서 $\frac{3}{5}$만큼 칠한 후 $\frac{1}{5}$만큼 지움으로써 분모가 같은 진분수의 뺄셈을 한다. 동분모 진분수의 뺄셈에서도 분모는 계산을 한 후에도 그대로임을 알 수 있도록 한다.

관련 TU : TUAN-0420, TUAQ-0310, TUAQ-0360

TUAQ-0360.10 $3\frac{4}{6}-1\frac{1}{6}$형(동분모 대분수의 뺄셈)

관련 교육과정	(07) 4(가)④①
	(09) 34(가)⑧①

목표

동분모 대분수의 뺄셈을 할 수 있다.

자료

등분이 되어 있는 사각형 모양

활동

(1) $3\frac{4}{6}-1\frac{1}{6}$을 어떻게 계산하는지 알아보시오. (등분할 면적을 이용한 활동)

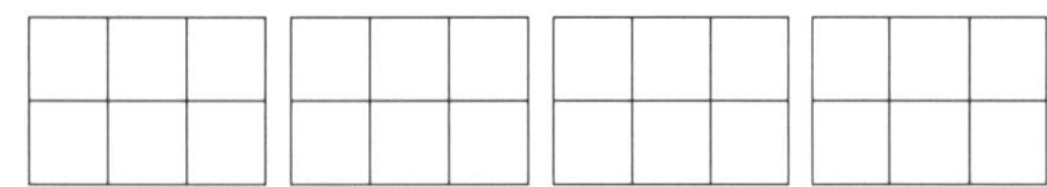

▸ $3\frac{4}{6}$만큼 색칠하시오.

▸ 색칠한 것에서 $1\frac{1}{6}$만큼 ×표 하시오.

▸ $3\frac{4}{6}-1\frac{1}{6}$은 얼마입니까?

분모가 같은 대분수의 뺄셈은 자연수는 자연수끼리 빼고, 분모는 그대로 두고 분자끼리 빼주면 됩니다.

$$\bigcirc\frac{☆}{\triangle}-♡\frac{\square}{\triangle}=(\bigcirc-♡)\frac{☆-\square}{\triangle}$$

배경

자연수는 자연수끼리 빼고, 분자는 분자끼리 빼면 된다는 것을 알게 한다. 분수에서 분모가 같은 경우에는 그 분모는 변함이 없다는 것도 상기시켜야 한다.

관련 TU : TUAN-0360, TUAQ-0350, TUAQ-1240

TUAQ-1010.10 크기가 같은 분수 알기(동치분수)

관련 교육과정	(07) 5(가)②①
	(09) 56(가)②①

목표

크기가 같은 분수를 이해할 수 있다.

자료

색연필, 색종이, 자

활동

(1) 그림에 색칠하여 알아보기

그림에 각각 주어진 분수만큼 색칠하여 보시오.

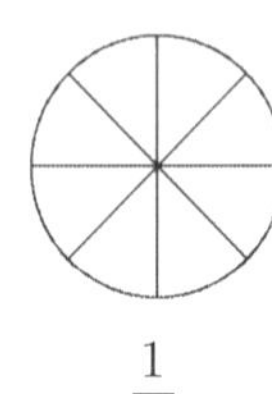

$\frac{1}{4}$ $\frac{2}{8}$

▸ 두 그림에서 색칠한 부분의 크기는 어떻습니까?

▸ $\frac{1}{4}$과 $\frac{2}{8}$의 크기는 어떻습니까?

(2) 직선에서 알아보기

▸ 직선의 길이가 $\frac{1}{3}$이 되는 곳에 ○표를 하시오.

▸ 직선의 길이가 $\frac{2}{6}$가 되는 곳에 △표를 하시오.

▸ ○와 △는 서로 어떻게 되었습니까?

▸ $\frac{1}{3}$과 $\frac{2}{6}$의 크기는 어떻습니까?

(3) 색종이를 접어 크기가 같은 분수 알기

▸ 색종이 한 장을 대각선으로 접어 원래 크기의 $\frac{1}{2}$로 만드시오.

▸ 색종이 한 장을 대각선으로 접은 후 다시 한 번 접어 원래 크기의 $\frac{2}{4}$로 만드시오.

▸ 접힌 두 색종이의 크기를 비교하여 보시오.

▸ $\frac{1}{2}$과 $\frac{2}{4}$의 크기는 어떻습니까?

배경

위의 세 가지 활동을 할 때 두 분수에서 분자와 분모에는 어떤 변화가 생겼는지 살피고 말하게 하여 똑같은 부분을 2배로 만들면 색칠한 부분들도 2배가 되고, 똑같은 부분의 개수가 반이 된다는 사실을 발견하게 한다.

관련 TU : TUAQ-0250, TUAQ-1020

TUAQ-1020.10 동치 분수 만들기(분모, 분자에 0이 아닌 같은 수를 곱하기)

관련 교육과정	(07) 5(가)[2]①
	(09) 56(가)[2]①

목표

분수의 분모와 분자에 0이 아닌 수를 곱하여 크기가 같은 분수를 만들 수 있다.

자료

숫자카드, 상자

활동

(1) 분모와 분자에 같은 수를 곱해보기

▸ $\frac{1}{2}$의 분모와 분자에 각각 2를 곱하여 보시오.

▸ $\frac{1}{2}$의 분모와 분자에 각각 3을 곱하여 보시오.

▸ $\frac{1}{2}$의 분모와 분자에 각각 4를 곱하여 보시오.

▸ $\frac{1}{2}$의 분모와 분자에 2, 3, 4를 각각 곱하여 얻은 분수만큼 색칠하여 보시오.

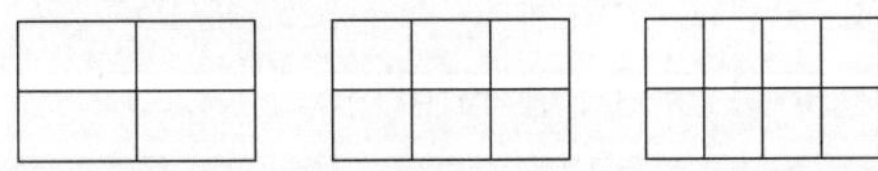

▸ 이 분수는 각각 $\frac{1}{2}$과 크기가 같다고 할 수 있습니까?

(2) 숫자카드로 크기가 같은 분수 만들기(상자속에 2, 4, 8, 12, 20, 32가 쓰인 숫자카드 넣어두기)

▸ 상자 속에서 뽑은 숫자를 분모로 하여 분수의 크기가 $\frac{1}{2}$과 같도록 분자를 써 넣으시오.

▸ 상자 속에서 뽑은 수는 얼마입니까?

▸ 분자가 얼마이면 분수의 크기가 $\frac{1}{2}$과 같습니까?

▸ 상자 속에서 뽑은 수는 얼마입니까?

▸ 분자가 얼마이면 분수의 크기가 $\frac{1}{2}$과 같습니까?

배경

활동 (1)을 통하여 분모와 분자에 2, 3, 4를 차례로 곱하여 얻은 분수가 모두 같은 크기를 나타내는 분수인지 알아보고 이를 일반화하여 같은 크기의 분수를 만들 수 있도록 하며, **활동** (2)에서 상자 속에 없는 숫자로도 크기가 같은 분수를 만들 수 있다는 점을 인지시킨다. 분모와 분자에 0을 곱했을 경우 $\frac{0}{0}$이 되는 상황이 생기므로 0을 곱해서는 안 된다.

관련 TU : TUAQ-1010, TUAQ-1040, TUAQ-1080

TUAQ-1030.10 동치 분수 만들기(분모, 분자에 0이 아닌 같은 수로 나누기)

관련 교육과정	(07) 5(가)[2]①
	(09) 56(가)[2]①

목표

분수의 분모와 분자를 0이 아닌 수로 나누어 크기가 같은 분수를 만들 수 있다.

자료

숫자카드, 상자

활동

(1) 분모와 분자를 같은 수로 나누어보기

▸ $\frac{12}{24}$의 분모와 분자를 2로 나누어 보시오.

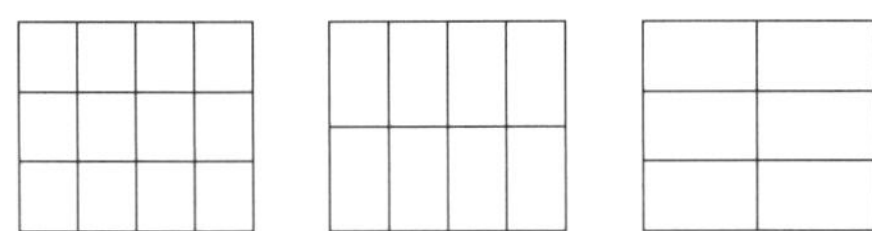

▸ $\frac{12}{24}$ 의 분모와 분자를 3으로 나누어 보시오.

▸ $\frac{12}{24}$ 의 분모와 분자를 4로 나누어 보시오.

▸ 이 분수는 각각 $\frac{12}{24}$ 과 크기가 같다고 할 수 있습니까?

(2) 숫자카드로 크기가 같은 분수 만들기 (상자 속에 2, 4, 8, 12가 쓰인 숫자카드 넣어두기)

▸ 상자 속에서 뽑은 숫자를 분모로 하여 분수의 크기가 $\frac{12}{24}$ 과 같도록 분자를 써 넣으시오.

▸ 상자 속에서 뽑은 수는 얼마입니까?

▸ 분자가 얼마이면 분수의 크기가 $\frac{12}{24}$ 과 같습니까?

▸ 상자 속에서 뽑은 수는 얼마입니까?

▸ 분자가 얼마이면 분수의 크기가 $\frac{12}{24}$ 과 같습니까?

배경

크기가 같은 분수를 만드는 다른 방법이다. 분자와 분모를 같은 수로 나누어도 분수의 크기가 변하지 않는다는 것을 이해할 수 있다. 0으로 나누는 것은 수학적으로 정의되어있지 않으므로 나눗셈에서 0으로 나누는 일은 없다.

관련 TU : TUAQ-1010, TUAQ-1040, TUAQ-1080

TUAQ-1040.10 약분

관련 교육과정	(07) 5(가)[2]②
	(09) 56(가)[2]②

목표

약분의 뜻을 이해할 수 있다.

자료

활동문제

활동

(1) 분자와 분모를 나누어 크기가 같은 분수로 만들어 약분 이해하기

▸ $\frac{300}{400}$ 의 분모와 분자를 10으로 나누어보시오.

▸ $\frac{300}{400}$ 의 분모와 분자를 50으로 나누어보시오.

▸ $\frac{300}{400}$ 의 분모와 분자를 100으로 나누어보시오.

▸ $\frac{300}{400}$ 의 분모와 분자를 10, 50, 100으로 각각 나누어 만든 분수는 $\frac{300}{400}$ 과 크기가 같습니까?

▸ $\frac{300}{400}$ 의 분자와 분모를 100보다 더 큰 수로 나누어 $\frac{300}{400}$ 과 크기가 같은 분수를 만들 수 있습니까?

▸ 10, 50, 100과 같이 300과 400을 동시에 나누는 수를 300과 400의 [ ]라고 합니다.

(2) 공약수를 통하여 약분 이해하기

▸ 30의 약수를 구하시오.

▸ 48의 약수를 구하시오.

▸ 30과 48의 공약수를 구하시오.

▸ $\frac{30}{48}$ 의 분자와 분모를 모두 나눌 수 있는 수는 무엇입니까?

▸ $\frac{30}{48}$ 의 분자와 분모를 공약수를 이용하여 나눈 분수는 무엇 무엇입니까?

(3) 약분의 뜻

분모, 분자를 0이 아닌 같은 수로 나누어 간단히 하는 것을 약분이라고 합니다.

배경

크기가 같은 분수의 수는 무한히 많다. 분자와 분모가 너무 크면 쉽게 크기를 파악할 수 없으므로 크기가 같은 간단한 분수로 바꾸어 사용하는 것이 유용하다는 것을 알게 하고 그것이 바로 약분임을 설명한다. 또한 **활동 (1)**, **활동 (2)**를 통해서 분자와 분모를 동시에 나눌 수 있는 수가 바로 분자와 분모의 공약수임을 이해시킨다.

관련 TU : TUAN-6030, TUAQ-6010, TUAQ-1050

TUAQ-1050.10 약분하기

관련 교육과정	(07) 5(가)[2]②
	(09) 56(가)[2]②

목표

분수를 약분할 수 있다.

자료

약분 계산도식

활동

(1) 약분할 수 있는 수 찾기

▸ $\frac{36}{64}$을 약분할 수 있는 수를 모두 구하시오.

▸ 위에서 구한 수로 $\frac{36}{64}$를 각각 약분하시오.

(2) 다음 분수를 약분하시오.

$\frac{20}{48}$ $\frac{32}{60}$ $\frac{56}{84}$

배경

직접 약분을 해보아 익히는 단계이다. 약분은 분자와 분모의 공약수로 분자와 분모를 똑같이 나누는 것이므로 약분한 분수는 여러 가지가 나올 수 있다는 것을 이해하게 한다. 또한 약분을 계속 해보도록 권하여 기약분수 학습에 자연스럽게 연계될 수 있도록 유도한다.

관련 TU : TUAQ-1040, TUAQ-1060

TUAQ-1060.10 기약분수

관련 교육과정	(07) 5(가)[2]②
	(09) 56(가)[2]②

목표

기약분수의 뜻을 알 수 있다.

자료

숫자카드

활동

(1) 공약수를 이용하여 약분하며 기약분수 알기

▸ $\frac{36}{42}$의 분자와 분모를 2로 나누어 보시오.
약분된 분수의 분모와 분자의 공약수는 무엇입니까?
이 때, 약분한 분수를 다시 약분할 있습니까?

▸ $\frac{36}{42}$의 분자와 분모를 3으로 나누어 보시오.
약분된 분수의 분모와 분자의 공약수는 무엇입니까?
이 때, 약분한 분수를 다시 약분할 있습니까?

▸ $\frac{36}{42}$의 분자와 분모를 6으로 나누어 보시오.
약분된 분수의 분모와 분자의 공약수는 무엇입니까?
이 때, 약분한 분수를 다시 약분할 수 있습니까?

(2) 더 이상 약분할 수 없게 만들기

▸ 0에서 9까지 들어 있는 숫자카드 중 4장을 고르시오.

▸ 가장 큰 수가 분모의 십의 자리가 되도록 하여 두 자리 수 분모와 분자를 가진 분수를 만드시오.

▸ 더 이상 약분할 수 없는 분수로 약분하시오.

(3) 기약분수의 뜻

더 이상 약분할 수 없는 분수를 기약분수라고 합니다.

배경

분수의 분모와 분자를 같은 수로 약분하여 더 이상 약분할 수 없을 때, 이 분수를 기약분수라고 약속한다. 기약분수는 분모와 분자의 공약수가 1밖에 없다는 것을 **활동** (1)을 통해 확인할 수 있다. 또 기약분수는 기약분수와 크기가 같은 동치분수를 대표하는 대표 분수로의 의미도 갖는다. 예를 들어, $\frac{1}{2}$, $\frac{2}{4}$, $\frac{5}{10}$, $\frac{15}{30}$에서 $\frac{1}{2}$은 동치분수 중 가장 간단하게 나타낸 분수이다.

관련 TU : TUAQ-1050, TUAQ-1070

TUAQ-1070.10 기약분수로 나타내기

관련 교육과정	(07) 5(가)2②
	(09) 56(가)2②

목표

분수를 기약분수로 나타낼 수 있다.

자료

그림 카드(기약분수 그림 자료)

활동

(1) 약분하여 기약분수로 나타내기

▸ $\frac{30}{48}$의 분자와 분모를 2로 나눈 다음, 다시 3으로 나누어 보시오.

▸ $\frac{30}{48}$의 분자와 분모를 3으로 나눈 다음, 다시 2로 나누어 보시오.

▸ $\frac{30}{48}$의 분자와 분모를 그들의 최대공약수인 6으로 나누어보시오.

▸ 알게 된 점은 무엇입니까?

(2) 기약분수로 나타내기

▸ 지수네 가족의 나이로 만들 수 있는 진분수를 모두 쓰시오.

▸ 만들어진 진분수를 모두 기약분수로 나타내시오.

배경

분수에서 분자와 분모의 공약수가 많거나 숫자들이 클 경우에는 분자와 분모의 최대공약수로 약분하면 빠르게 기약분수를 나타낼 수 있다는 것을 알게 한다. **활동** (1)에서 기약분수는 분자와 분모의 공약수로 나누어 약분하고 다시 약분한 분수에서 분자와 분모의 공약수를 찾아 거듭 약분하는 방법과 처음부터 분자와 분모의 최대공약수로 약분한 결과가 같다는 것을 알 수 있다. 또한 기약분수가 되기 전에 약분하기 위해 나눈 두 수 2와 3을 곱하면 최대공약수 6과 같다는 것을 발견하게 한다.

관련 TU : TUAQ-1060, TUAQ-4090

TUAQ-1080.10 통분, 공통분모

관련 교육과정	(07) 5(가)2②
	(09) 56(가)2②

목표

통분과 공통분모의 뜻을 이해할 수 있다.

자료

통분 계산도식

활동

(1) 분수의 크기 비교를 통해 통분의 필요성 알기

① $\frac{3}{5}$과 $\frac{4}{5}$ 중 누가 크기가 큽니까?

② $\frac{3}{4}$과 $\frac{5}{6}$ 중 누가 크기가 큽니까?

①과 ② 중 어느 쪽이 크기를 비교하는 것이 간단합니까?

(2) 분모를 같게 만들어보기

▸ $\frac{3}{4}$과 크기가 같은 분수를 쓰시오.

$\frac{3}{4}=\frac{\square}{\square}=\frac{\square}{\square}=\frac{\square}{\square}=\frac{\square}{\square}=\frac{\square}{\square}$

▸ $\frac{5}{6}$와 크기가 같은 분수를 쓰시오.

$\frac{5}{6}=\frac{\square}{\square}=\frac{\square}{\square}=\frac{\square}{\square}=\frac{\square}{\square}=\frac{\square}{\square}$

▸ 위에서 분모가 같은 분수를 뽑아 짝지어 보시오.

$\frac{3}{4}$과 $\frac{5}{6}$의 크기를 비교할 수 있습니까?

(3) 통분, 공통분모의 뜻

두 분수의 분모가 서로 다를 때, 두 분모의 공배수를 이용하여 분모를 같게 만드는 것을 통분이라고 합니다. 통분한 분수의 분모를 공통분모라고 합니다.

배경

활동 (1)을 통해서 두 분수의 분모가 다를 경우에 분수의 크기 비교가 간단하지 않음과 분모를 같게 만들 필요가 있음을 알게 한다. **활동** (2)에서 각각의 분수와 크기가 같은 분수를 만들어 두 분수의 분모가 일치할 경우를 찾게 한다. 이 때 분모가 같을 경우 분수의 크기를 비교하게 한다. 이렇게 분모가 다른 분수들의 분모를 같게 하는 것을 통분한다고 하며, 통분한 부모를 공통분모라고 함을 약속한다. 크기가 같은 분수는 끝없이 만들 수 있으므로 분모가 같은 분수의 쌍도 끝없이 많다는 것을 알게 한다.

관련 TU : TUAN-6090, TUAQ-1010, TUAQ-1090

TUAQ-1090.10 통분하기

관련 교육과정	(07) 5(가)②②
	(09) 56(가)②②

목표

분모가 다른 분수를 통분할 수 있다.

자료

통분 계산도식

활동

(1) $\frac{3}{4}$과 $\frac{4}{6}$를 통분하여 봅시다.

▸ 분모인 4와 6의 공배수를 구해 보시오.

▸ 공통분모는 4와 6의 공배수입니까?

▸ 30을 공통분모로 하여 통분할 수 있습니까?

(2) $\frac{7}{12}$과 $\frac{9}{20}$를 여러 가지 방법으로 통분하여 봅시다.

▸ 12와 20의 곱은 얼마입니까?

▸ 위에서 나온 수를 공통분모로 하여 통분하여 보시오.

▸ 60을 공통분모로 하여 통분하여 보시오.

▸ 두 가지 통분은 각각 어떤 점이 좋습니까?

(3) 아래의 분수들을 통분하고 각각 공통분모를 어떻게 구하는 것이 좋은지 알아보시오.

① $\frac{3}{5}$, $\frac{4}{7}$

② $\frac{5}{8}$, $\frac{7}{12}$

③ $\frac{1}{4}$, $\frac{3}{8}$

배경

분모의 곱을 공통분모로 하여 통분을 해보고, 분모의 최소공배수를 공통분모로 하여 통분하여 본 다음 각각 어떤 경우에 어떤 것이 좋은지 생각해보게 한다. 분모끼리 곱할 때는 최소공배수를 구하지 않아도 되지만 숫자가 너무 커지면 계산 과정이 복잡해진다. 분모의 최소공배수를 구하면 분모와 분자에 곱해지는 숫자가 작아 계산이 편리하지만 최소공배수를 한 번 구해야 하므로 익숙하지 않으면 어려움이 따를 수 있다. 여기서는 상황에 따라 어느 방법을 활용하는 것이 좋은지 익히게 한다.

관련 TU : TUAQ-1080, TUAQ-1210, TUAQ-1100

TUAQ-1100.10 두 이분모분수의 크기 비교

관련 교육과정	(07) 5(가)②③
	(09) 56(가)②③

목표

분모가 다른 두 분수의 크기를 비교하여 부등호를 써서 나타낼 수 있다.

자료

계산도식(분수의 크기비교)

활동

(1) 통분하여 비교하기

▸ $\frac{3}{4}$과 $\frac{4}{6}$의 크기를 비교하려면 어떻게 해야 합니까?

▸ $\frac{3}{4}$과 $\frac{4}{6}$를 통분하여 보시오.

▸ $\frac{3}{4}$과 $\frac{4}{6}$의 크기를 비교하여 >, =, <를 써서 나타내시오.

$$\frac{3}{4} \bigcirc \frac{4}{6}$$

(2) 여러 가지 방법으로 크기 비교하기

① $\frac{4}{5}$와 $\frac{5}{6}$의 크기를 비교하여 봅시다.

$\frac{1}{5}$과 $\frac{1}{6}$ 중 어느 쪽이 더 큽니까?

$\frac{4}{5}$와 $\frac{5}{6}$ 중 어느 쪽이 더 큽니까?

② $\frac{3}{8}$와 $\frac{1}{6}$의 크기를 비교하여 봅시다.

두 분수를 통분하여 나타내어 보시오.

$\frac{3}{8}$와 $\frac{1}{6}$는 누가 더 큽니까?

$$\frac{3}{8} \bigcirc \frac{1}{6}$$

배경

이분모 분수의 크기 비교는 동분모 분수의 크기 비교, 통분을 완전히 이해한 후에 할 수 있다. **활동 (1)**에서는 통분을 이용하여 이분모 분수의 크기를 비교하는 방법이다. **활동 (2)**-①에서는 분자와 분모의 차이가 1일 경우에 단위분수의 크기를 분수의 개념을 적용하고 정확히 이해하고 있을 때 굳이 공통분모를 구하지 않고도 이해할 수 있는 방법이다. **활동 (2)**-②에서는 분수의 크기를 비교할 때 꼭 공통분모로 분모의 최소공배수를 구하지 않고 분모끼리의 곱을 사용하여 공통분모를 구하고 분자에는 비교하는 쪽의 분모를 서로 곱하여 비교하는 방법이다. 여러 가지 방법을 잘 이해하여 분수에 따라 편리하게 이용하면 된다.

관련 TU : TUAQ-0310, TUAQ-1090, TUAQ-1110, TUAQ-1240

TUAQ-1110.10 세 이분모 분수의 크기 비교

관련 교육과정	(07) 5(가)②③
	(09) 56(가)②③

목표

분모가 다른 세 분수의 크기를 비교하여 크기 순서로 늘어놓을 수 있다.

자료

계산도식(분수의 크기비교)

활동

(1) 세 분수 $\frac{5}{6}$, $\frac{2}{3}$, $\frac{9}{12}$의 크기를 비교하여 봅시다.

▸ $\frac{5}{6}$와 $\frac{2}{3}$를 비교하여 보시오. 어느 쪽이 더 큽니까?

▸ $\frac{2}{3}$와 $\frac{9}{12}$를 비교하여 보시오. 어느 쪽이 더 큽니까?

▸ $\frac{5}{6}$와 $\frac{9}{12}$를 비교하여 보시오. 어느 쪽이 더 큽니까?

▸ 가장 큰 분수는 어떤 것입니까?

▸ 어떻게 비교하였는지 말하여 보시오.

▸ 가장 큰 분수부터 차례대로 늘어놓아 보시오.

(2) 세 분수 $\frac{5}{6}$, $\frac{2}{3}$, $\frac{9}{12}$의 크기를 비교하여 봅시다.

▸ 6과 3의 최소공배수는 얼마입니까?

▸ 6과 12의 최소공배수는 얼마입니까?

▸ 세 분수를 분모가 12인 분수로 통분하시오.

▸ 가장 큰 분수는 어떤 것입니까?

▸ 어떻게 비교하였는지 말하여 보시오.

▸ 가장 큰 분수부터 차례대로 늘어놓아 보시오.

배경

세 분수의 크기를 비교하는 방법은 **활동** (1)과 같이 두 분수씩 세 번 비교하는 방법과 **활동** (2)처럼 세 분수의 분모를 같게 만들어 한 번에 비교하는 방법이 있다. **활동** (1)은 통분을 세 번 한 후 논리적인 사고로 크기 비교를 해야 하므로 불편한 점이 있고, **활동** (2)는 통분한 후 한 번에 크기 비교를 할 수 있으나 세 분모의 최소공배수를 구해야하는 과정에서 다소 불편할 수 있다. 각각의 방법을 익혀 분수에 따라 알맞게 사용하도록 한다.

관련 TU : TUAQ-1100, TUAQ-1240

TUAQ-1210.10 $\frac{1}{3}+\frac{2}{5}$형(이분모분수의 덧셈)

관련 교육과정	(07) 5(가)④①
	(09) 56(가)②④

목표

분모가 다른 진분수의 덧셈 계산 원리를 이해할 수 있다.

자료

TP용지, 분수의 덧셈 알고리즘, TP용 유성펜

활동

(1) 투명용지를 이용하여 분수의 덧셈 해결하기

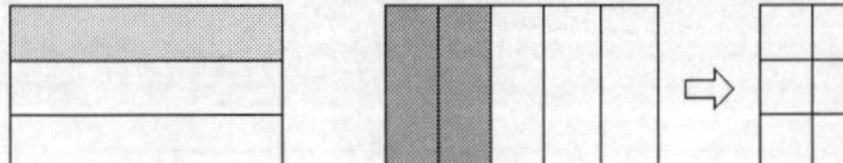

▸ 첫 번째 투명용지는 가로로 몇 등분되어 있습니까?

▸ 두 번째 투명용지는 세로로 몇 등분되어 있습니까?

▸ 두 투명용지를 서로 겹치게 놓아 보시오.

▸ 겹쳐진 투명용지에는 작은 칸이 모두 몇 개입니까?

▸ 3등분한 투명용지의 한 칸에 들어 있는 작은 칸을 분수로 나타내시오.

▸ 5등분한 투명용지의 두 칸에 들어 있는 작은 칸을 분수로 나타내시오.

▸ 두 분수의 합을 구하시오.

(2) 다음 분수의 덧셈을 하시오.

$$\frac{1}{3}+\frac{2}{5}$$

▸ 두 분수의 분모를 같은 수로 만들 수 있습니까?

▸ 두 분수를 통분하여 보시오.

▸ 분수의 덧셈을 하여 보시오.

배경

통분을 활용하여 분수의 합을 구하는 과정이다. 이 과정을 다루기 전에 통분과 동분모 분수의 합에 대해 상기시키면 학습이 용이해진다. **활동** (1)에서 투명용지를 겹쳐 분수의 분모를 같게 만드는 과정을 살펴 볼 수 있다. 이 과정은 분수의 통분과정을 조작적 활동을 통해 유의미하게 접근할 수 있고, 학생들의 이해를 높일 수 있는 장점이 있다. **활동** (1) 후에는 **활동** (2)와 같이 알고리즘을 이용하여 분수의 덧셈을 하는 연습이 필요하다.

관련 TU : TUAQ-1100, TUAQ-0330, TUAQ-1220

TUAQ-1220.10 $\frac{1}{6}+\frac{3}{4}$형(이분모분수의 덧셈)

관련 교육과정	(07) 5(가)④①
	(09) 56(가)②④

목표

분모가 다른 진분수의 덧셈 계산 원리를 알고 계산할 수 있다.

자료

분수의 덧셈 알고리즘

활동

(1) $\frac{1}{6}+\frac{3}{4}$을 두 분모의 곱을 공통분모로 하여 계산하기

두 분수의 분모의 곱인 24를 공통분모로 하여 분수의 합을 구하시오.

$$\frac{1}{6}+\frac{3}{4}=\frac{1\times4}{6\times4}+\frac{3\times6}{4\times6}$$
$$=\frac{\square}{24}+\frac{\square}{24}$$
$$=\frac{\square}{24}=\frac{\square}{\square}$$

(2) $\frac{1}{6}+\frac{3}{4}$을 두 분모의 최소공배수를 공통분모로 하여 계산하기

두 분수의 분모의 최소공배수인 12를 공통분모로 하여 분수의 합을 구하시오.

$$\frac{1}{6}+\frac{3}{4}=\frac{1\times2}{6\times2}+\frac{3\times3}{4\times3}$$
$$=\frac{\square}{12}+\frac{\square}{12}$$
$$=\frac{\square}{12}$$

배경

분모가 다른 두 분수의 합을 구하는데 통분하는 과정에 대해 자세히 이해하고 적용할 수 있게 한다. 통분은 두 분수의 분모를 곱하여 하는 **활동** (1)과 두 분수의 분모들의 최소공배수를 구하여 계산하는 **활동** (2)로 익히게 된다. 두 방법으로 합을 구하여 본 다음 비교하여 각각 어떤 점이 좋은지 말하여 보게 하고 또 다른 방법에 대하여도 생각해보게 한다. 반드시 최소공배수를 구하여 두 분수의 합을 계산하도록 의도적으로 지도하는 것보다는 학생 스스로가 다양한 방법을 적용해보고 편리한 방법을 찾게 하는 것이 바람직하다.

관련 TU : TUAQ-1210, TUAQ-1230

TUAQ-1230.10 $2\frac{1}{2}+3\frac{2}{5}$형(이분모분수의 덧셈)

관련 교육과정	(07) 5(가)④①
	(09) 56(가)②④

목표

대분수의 덧셈에서 계산 원리를 이해하고 계산할 수 있다.

자료

분수의 덧셈 알고리즘, 수 막대, 색연필

활동

(1) 색칠해서 나타내기

▸ 그림에 $2\frac{1}{2}+3\frac{2}{5}$를 색칠해서 나타내시오.

$2\frac{1}{2}$

$3\frac{2}{5}$

▸ $2\frac{1}{2}+3\frac{2}{5}$는 얼마입니까?

(2) 자연수끼리, 진분수끼리 더하기

▸ 대분수 $5\frac{1}{4}$과 $2\frac{2}{3}$를 자연수와 진분수의 합으로 바꾸어 나타내시오.

▸ 자연수는 자연수끼리, 진분수는 진분수끼리 더해서 합을 구하시오.

▸ $5\frac{1}{4}+2\frac{2}{3}$를 계산해 보시오.

배경

대분수는 자연수와 진분수의 합으로 이루어져있다. 대분수의 합을 한 가지의 알고리즘으로 구하도록 지도하지 않는 것이 바람직하다. **활동** (1)과 같이 그림으로 구할 수도 있다. $2\frac{1}{2}+3\frac{2}{5}=2+\frac{1}{2}+3+\frac{2}{5}=2+3+\frac{1}{2}+\frac{2}{5}$와 같이 자연수와 진분수의 합으로 바꾸어 계산할 수도 있고, $2\frac{1}{2}+3\frac{2}{5}=\frac{5}{2}+\frac{17}{5}$과 같이 대분수를 가분수로 고쳐서 구할 수도 있고, $2\frac{1}{2}+3\frac{2}{5}=2\frac{5}{10}+3\frac{4}{10}$와 같이 자연수 부분은 그대로 두고 진분수 부분만 통분하여 구할 수도 있다. 진분수와 가분수의 합을 구해 보았으므로 다양한 방법을 익힐 수 있도록 유도한다.

관련 TU : TUAQ-0340, TUAQ-1220, TUAQ-4800

TUAQ-1240.10 $\frac{2}{3}-\frac{1}{2}$형(이분모분수의 뺄셈)

관련 교육과정	(07) 5(가)[4]①
	(09) 56(가)[2]④

목표

분모가 다른 진분수의 뺄셈 계산 원리를 이해할 수 있다

자료

TP용지, 분수의 뺄셈 알고리즘, TP용 유성펜

활동

(1) 투명용지를 이용하여 분수의 뺄셈 해결하기

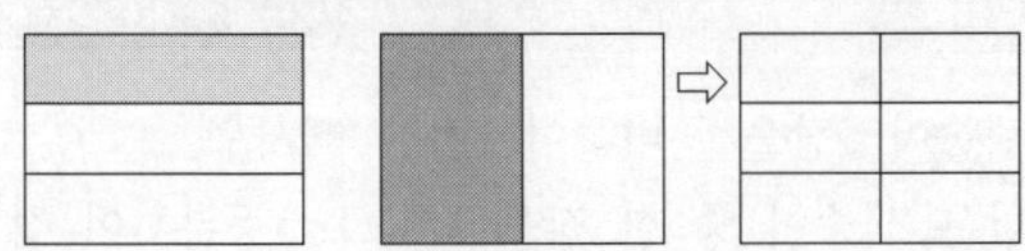

▸ 첫 번째 투명용지는 가로로 몇 등분되어 있습니까?

▸ 두 번째 투명용지는 세로로 몇 등분되어 있습니까?

▸ 두 투명용지를 서로 겹치게 놓아 보시오.

▸ 겹쳐진 투명용지에는 작은 칸이 모두 몇 개입니까?

▸ 3등분한 투명용지의 한 칸에 들어 있는 작은 칸을 분수로 나타내시오.

▸ 2등분한 투명용지의 두 칸에 들어 있는 작은 칸을 분수로 나타내시오.

▸ $\frac{2}{3}-\frac{1}{2}$과 위의 두 분수의 차를 비교하시오.

(2) 다음 분수의 뺄셈을 하시오.

$$\frac{3}{4}-\frac{1}{5}$$

▸ 두 분수의 분모를 같은 수로 만들 수 있습니까?

▸ 두 분수를 통분하여 보시오.

▸ 분수의 뺄셈을 하여 보시오.

배경

두 분수의 분모가 다른 경우 분모를 같게 만드는 과정, 즉 통분을 생각하도록 한다. 통분을 할 수 있어야만 분수의 합과 차를 계산하는 것이 가능하다는 것을 상기시킨다. **활동** (1)에서 투명용지를 겹쳐 분수의 분모를 같게 만드는 과정을 살펴 볼 수 있다. 이 과정은 분수의 통분과정을 조작적 활동을 통해 유의미하게 접근할 수 있고, 학생들의 이해를 높일 수 있는 장점이 있다. **활동** (1) 후에는 **활동** (2)와 같이 알고리즘을 이용하여 분수의 뺄셈을 하는 연습이 필요하다.

관련 TU : TUAQ-0350, TUAQ-1100, TUAQ-1250

 TUAQ-1250.10 $\frac{1}{4}-\frac{1}{6}$형(이분모분수의 뺄셈)

관련 교육과정	(07) 5(가)4①
	(09) 56(가)2④

목표

분모가 다른 진분수의 뺄셈 계산 원리를 알고 계산할 수 있다

자료

분수의 뺄셈 알고리즘

활동

(1) $\frac{1}{4}-\frac{1}{6}$을 두 분모의 곱을 공통분모로 하여 계산하기

두 분수의 분모의 곱인 24를 공통분모로 하여 분수의 차를 구하시오.

$$\frac{1}{4}-\frac{1}{6}=\frac{1\times6}{4\times6}-\frac{1\times4}{6\times4}$$
$$=\frac{\square}{24}-\frac{\square}{24}$$
$$=\frac{\square}{24}=\frac{\square}{\square}$$

(2) $\frac{1}{4}-\frac{1}{6}$을 두 분모의 최소공배수를 공통분모로 하여 계산하기

두 분수의 분모의 최소공배수인 12를 공통분모로 하여 분수의 합을 구하시오.

$$\frac{1}{4}-\frac{1}{6}=\frac{1\times3}{4\times3}-\frac{1\times2}{6\times2}$$
$$=\frac{\square}{12}-\frac{\square}{12}$$
$$=\frac{\square}{12}$$

배경

분모가 다른 두 분수의 차를 구하는데 통분하는 과정에 대해 다른 방법을 적용해보고 비교해본다. 통분은 두 분수의 분모를 곱하여 하는 과정 (1)과 두 분수의 분모들의 최소공배수를 구하여 계산하는 과정 (2)로 활동하게 된다. 두 방법으로 차를 구하여 본 다음 비교하여 각각 어떤 점이 좋은지 말하여 보게 하고 또 다른 방법에 대하여도 생각해보게 한다. 반드시 최소공배수를 구하여 두 분수의 차를 계산하도록 의도적으로 지도하는 것보다는 학생 스스로가 다양한 방법을 적용해보고 편리한 방법을 찾게 하는 것이 바람직하다.

관련 TU : TUAQ-1240, TUAQ-1260

 TUAQ-1260.10 $4\frac{2}{3}-1\frac{1}{4}$형(이분모분수의 뺄셈)

관련 교육과정	(07) 5(가)4①
	(09) 56(가)2④

목표

받아내림이 없는 대분수의 뺄셈에서 계산 원리를 이해할 수 있다.

자료

그림 카드, 색종이, 가위, 분수의 뺄셈 알고리즘

활동

(1) $4\frac{2}{3}-1\frac{1}{4}$을 색종이를 접어 알아보기

- 색종이 5장을 준비하여 1장을 빼시오.
- 남은 색종이 중 한 장을 세로로 3등분하여 접고 가로로 4등분 하여 접으시오.
- 접은 색종이의 $\frac{2}{3}$에는 작은 직사각형이 모두 몇 칸이 있습니까?
- 접은 색종이의 $\frac{1}{4}$에는 작은 직사각형이 모두 몇 칸이 있습니까?
- 접은 색종이에서 직사각형 4칸을 잘라내어 $\frac{2}{3}$를 만드시오.

▸ 색종이의 $\frac{2}{3}$에서 직사각형 3칸을 잘라내시오.

▸ 남아있는 색종이를 분수로 나타내시오.

(2) 자연수끼리, 진분수끼리 계산하기

▸ 대분수 $4\frac{2}{3}$과 $1\frac{1}{4}$를 자연수와 진분수의 합으로 바꾸어 나타내시오.

▸ 자연수는 자연수끼리, 진분수는 진분수끼리 빼서 차로 구하시오.

▸ $4\frac{2}{3}-1\frac{1}{4}$을 계산해 보시오.

배경

대분수의 차를 한 가지의 알고리즘으로만 구하도록 지도하지 않는 것이 바람직하다. **활동** (1)에서는 색종이 5장을 준비하여 조작활동으로 직접 빼보는 과정이며, 이 때 각 단계의 의미를 설명해주는 것이 필요하다. 또한 대분수가 자연수와 진분수 부분의 합으로 이루어져 있으므로 각각 따로 뺀 후 다시 대분수의 형태로 자연수와 진분수를 더해준다는 것을 알게 한다. 대분수의 차는 자연수와 진분수의 차로 바꾸어 계산할 수도 있고, 대분수를 가분수로 고쳐서 구할 수도 있고, 이 자연수 부분은 그대로 두고 진분수 부분만 통분하여 구할 수도 있다. 진분수와 가분수의 차를 구해 보았으므로 다양한 방법을 익힐 수 있도록 유도한다.

관련 TU : TUAQ-1250, TUAQ-1270

TUAQ-1270.10 $4\frac{1}{4}-2\frac{4}{5}$형(이분모분수의 뺄셈)

관련 교육과정	(07) 5(가)[4]①
	(09) 56(가)[2]④

목표

받아내림이 있는 대분수의 뺄셈에서 계산 원리를 이해할 수 있다.

자료

그림 카드, 계산도식(대분수의 뺄셈 알고리즘)

활동

(1) $4\frac{1}{4}-2\frac{4}{5}$를 색종이를 접어 알아보기

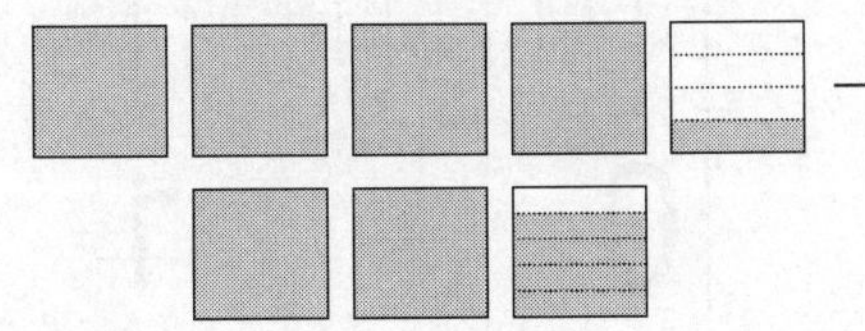

▸ 색종이 5장을 준비하여 한 장을 가로로 4등분하고 세로로 5등분 하여 접으시오.

▸ 접은 색종이의 $\frac{1}{4}$에는 작은 직사각형이 모두 몇 칸이 있습니까?

▸ 접은 색종이의 $\frac{4}{5}$에는 작은 직사각형이 모두 몇 칸이 있습니까?

▸ $\frac{1}{4}$에서 $\frac{4}{5}$를 뺄 수 있습니까?

▸ 색종이 4장에서 2장을 빼내고 남은 색종이 한 장을 위와 같이 가로로 4등분하고 세로로 5등분 하여 접으시오.

▸ $1\frac{1}{4}$에는 작은 직사각형이 모두 몇 칸이 있습니까?

▸ $1\frac{1}{4}$에서 $\frac{4}{5}$를 빼시오.

▸ 남아있는 색종이를 분수로 나타내시오.

(2) 자연수끼리, 진분수끼리 계산하기

① 대분수 $4\frac{1}{4}$을 $3\frac{5}{4}$로 고친 다음 $3\frac{5}{4}-2\frac{4}{5}$를 자연수와 진분수의 합으로 바꾸어 나타내시오. 자연수는 자연수끼리, 진분수는 진분수끼리 빼서 차로 구하시오.

② 대분수 $3\frac{5}{4}$과 $2\frac{4}{5}$를 각각 가분수로 나타낸 뒤 차를 구하시오.

배경

활동 (1)에서 진분수끼리의 차가 곤란할 경우 자연

수부분에서 1을 내려 고치는 방법을 알게 한다. **활동** (1)에서 $4\frac{1}{4}$이 $3\frac{5}{4}$와 같다는 것을 조작활동을 통해 확인시키면 이해하기가 용이하다. **활동** (2)에서는 **활동** (1)에서 진분수끼리의 차가 불가할 때 계산할 알고리즘을 익히게 한다. 대분수를 각각 가분수로 고쳐서 계산하는 것도 알게 하여 두 방법에서 좋은 점을 말하고, 다른 방법도 생각해보게 한다.

관련 TU : TUAQ-1260, TUAQ-4800

TUAQ-2010.10 소수 한 자리 수의 도입 (분모가 10인 진분수)

관련 교육과정	(07) 3(가)⑥①
	(09) 34(가)⑦①

목표

분모가 10인 진분수를 이용하여 소수 한 자리의 수를 이해할 수 있다.

자료

그림 카드, 색종이 띠

활동

$\frac{1}{10}$과 0.1의 관계를 알아보시오.

0　　　　　　　　　　　　　　　　1

학생들이 색종이 띠 한 도막은 분수로 1/10, 두 도막은 분수로 2/10표현해 본다. 여기서 1/10은 0.1이라고 쓰고, "영점 일"이라고 읽는 법을 제시하고 '.'이 소수점임을 안내한다. 0.1, 0.2, 0.3과 같은 수를 소수라고 약속한다.

배경

소수는 분수를 십진법 체계로 나타내기 위한 방법이므로, 학생들이 학습한 분수 중에서 분모가 10인 진분수를 이용하여 소수를 제시한다. 소수점과 소수 쓰기의 첫 등장이므로 쓰고 읽는 방법에 대한 안내와 연습이 필요하다.

관련 TU : TUAQ-0050, TUAQ-2020

TUAQ-2020.10 소수 한 자리 수의 도입 (mm와 cm의 관계)

관련 교육과정	(07) 3(가)⑥①
	(09) 34(가)⑦①

목표

1cm = 10mm라는 관계를 이용하여 1mm가 몇 cm인지를 나타낼 수 있다.

자료

그림 카드

활동

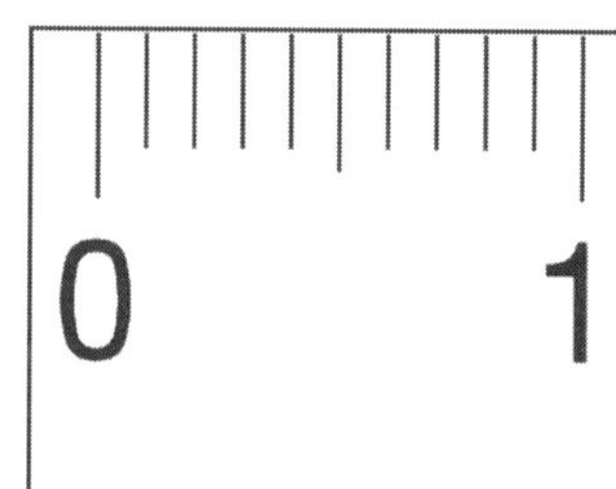

(1) 1cm를 확대한 그림을 제시하면서, 1cm는 10mm이고 1mm는 분수로 1/10cm이고 소수로 0.1cm임을 인식하게 한다.

(2) 1cm를 확대한 그림에서 4mm는 분수로 4/10cm이고 소수로 0.4cm라고 표현하는 활동을 한다.

배경

1cm는 10mm이므로, 1mm는 1cm를 10개로 나눈 것 중의 하나이다. 이를 이용하여 1mm를 분수와

소수를 이용하여 cm로 나타내게 하는 활동이다. 이는 cm와 mm의 관계가 소수의 이해를 넓히는 한편, 소수를 이용하며 단위가 다른 측도를 단위가 같은 측도로 통일하여 사용할 수 있을 알게 한다. 또한 4/10와 1/10의 관계처럼 0.4는 0.1이 4개임을 익히게 한다.

관련 TU : TUAQ-2010, TUAQ-2030

TUAQ-2030.10 대소수의 도입(4cm 3mm)

관련 교육과정	(07) 3(가)6①
	(09) 34(가)7①

목표

자연수와 소수로 이루어진 대소수를 이해할 수 있다.

자료

연필, 자

활동

(1) 다음을 소수로 읽어 보시오.

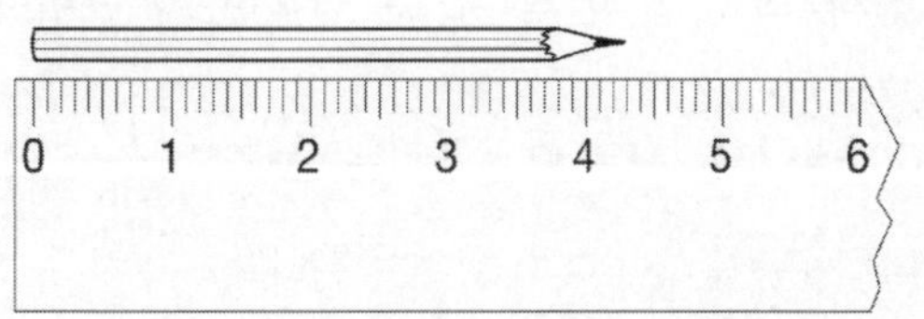

3mm는 소수로 몇 cm인지 알아보고 4cm와 3mm를 4.3cm로 써보게 한다. 4와 0.3만큼을 4.3이라 쓰고, “사점 삼”이라고 읽는 법을 익히게 한다.

(2) 우리 주변에서 대소수를 사용하는 경우를 찾아보게 한다.

배경

앞에서 학습한 cm와 mm의 관계를 이용하여 cm와 mm로 된 복명수를 cm로 나타내게 하여 대소수를 제시한다. 소수점을 중심으로 하는 양쪽의 수치가 다른 수임을 파악하는 데 유의해야 한다. 대소수의 쓰기와 읽기 연습도 필요하다. 대소수라는 용어를 다루지는 않는다. 실생활에서 대소수가 쓰이는 경우를 찾아보도록 하여 소수가 연속량의 값을 다루는데 사용되는 경우가 많음을 알게 한다.

관련 TU : TUAQ-2020, TUAQ-2110

TUAQ-2040.10 소수의 크기 비교 (소수 한 자리 수끼리)

관련 교육과정	(07) 3(가)6②
	(09) 34(가)7③

목표

소수 한 자리 수들의 크기를 비교할 수 있다.

자료

색종이 띠

활동

(1) 0.8과 0.5의 크기를 비교하여 보시오.

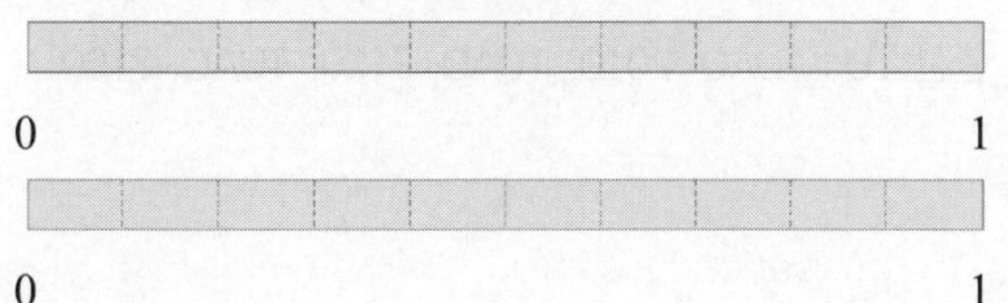

0.8과 0.5를 색칠하여 본다. 0.8과 0.5가 0.1이 각각 몇 개인지 말해보고 어느 소수가 더 큰지 비교하는 활동을 한다.

(2) 4.3과 4.5의 크기를 비교하여 보시오

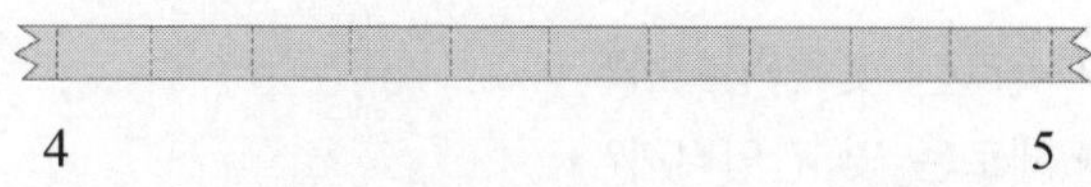

4.3과 4.5의 위치를 표시하여 보고, 4.3과 4.5는 0.1이 각각 몇 개인지 말해보고 어느 소수가 더 큰지 비교하는 활동을 한다.

(3) 3.7과 4.2의 크기를 비교하여 보시오.

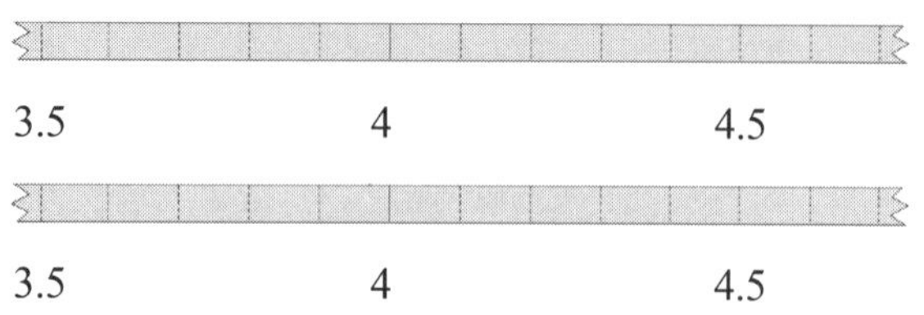

3.7과 4.2의 위치까지 색칠해보고, 어느 것이 더 큰지 말하게 한다. 자연수 부분만 보고도 크기를 비교할 수 있는 경우이다.

(4) 소수의 크기를 비교하는 방법을 찾아보고 학생들이 이야기하도록 한다.

배경

소수 첫째 자리까지의 수들은 0.1을 단위로 하는 개수를 이용하여 비교하도록 한다. '소수 첫째 자리의 숫자가 크면 크다'라는 방법을 이용할 수도 있으며, 자연수끼리 먼저 비교하는 방법을 생각할 수도 있다. 이를 형식화하기 보다는 학생들이 자신의 방법을 설명할 수 있는 수준이면 된다.

관련 TU : TUAQ-2020, TUAQ-2030, TUAQ-2210

TUAQ-2110.10 소수 두 자리 수의 도입 (분모가 100인 분수에서)

관련 교육과정	(07) 4(가)5①
	(09) 34(가)7②

목표

분모가 100인 분수를 통하여 소수 두 자리 수를 이해할 수 있다.

자료

모눈종이

활동

(1) 모눈종이에서 모눈의 크기를 알아보시오. (모눈종이의 칸수를 이용한 활동)

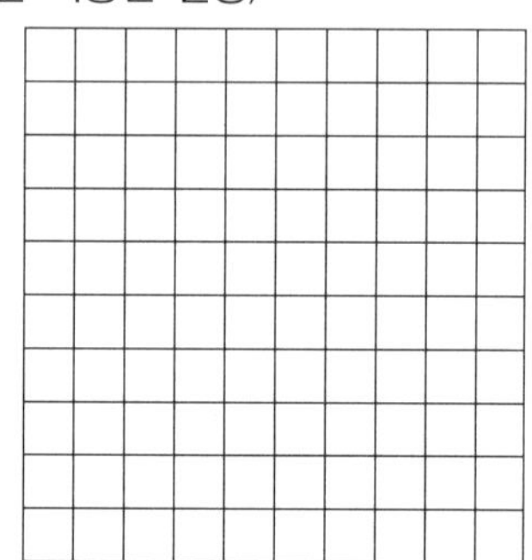

▶ 가로는 몇 칸입니까?

▶ 세로는 몇 칸입니까?

▶ 모두 몇 칸이 됩니까?

▶ 한 칸은 전체의 얼마를 나타냅니까?

– 전체를 1로 볼 때 작은 모눈 한 칸은 $\frac{1}{100}$이 된다.

> 100으로 나눈 작은 모눈 한칸은 전체의 $\frac{1}{100}$입니다.
> 분수 $\frac{1}{100}$을 소수로 0.01이라 합니다.
>
> $$\frac{1}{100}=0.01$$

배경

분수 $\frac{1}{10}$을 소수로 0.1로 쓰고, 영점 일이라고 읽는 것을 상기시키면 $\frac{1}{100}$은 0.01이 됨을 이해하기 쉽다. 원래 소수는 분수를 쓰기 쉽게 나타내기 위해 생긴 것이기 때문에 분수를 나타내는 또 다른 방법으로 이해하면 된다.

소수점의 표기는 아직 세계적으로 통일되지 않았다. 미국과 우리나라는 0.01로 표기하지만 영국은 0·01로 표기하고 프랑스와 독일은 0,01로 표기하고 있다. cm와 m처럼 세계공통인 기호도 있지만 그렇지 않은 기호도 있다.

관련 TU : TUAQ-2010, TUAQ-2120, TUAQ-2160

TUAQ-2120.10 소수 두 자리 수의 도입 (cm와 m의 관계에서)

관련 교육과정	(07) 4(가)5①
	(09) 34(가)7②

목표

cm와 m의 관계를 이용하여 소수 두 자리 수를 알 수 있다.

자료

수직선, 자릿값 판

활동

(1) 32cm는 몇 m인지 알아보시오. (단위 관계를 이용한 활동)

- ▸1m는 1cm가 몇 개입니까?
- ▸32cm는 분수로 몇 m입니까?
- ▸분수 $\frac{32}{100}$는 $\frac{1}{100}$이 몇입니까?
- ▸분수 $\frac{32}{100}$를 소수로 어떻게 나타내야 합니까?

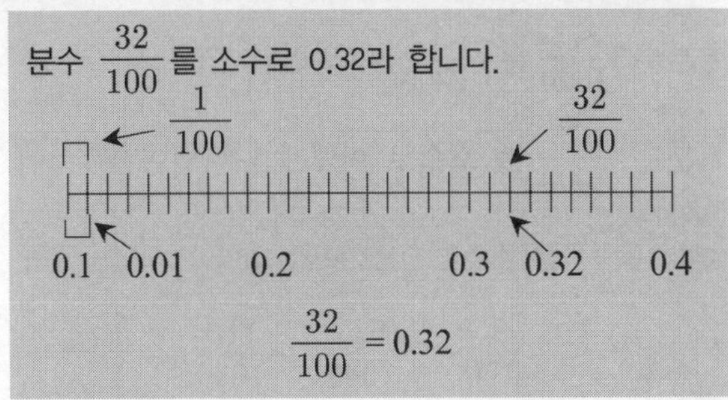

배경

일상생활에서 길이가 2.4m 혹은 키가 137.7cm라는 식으로 사용을 할 때가 많다. 따라서 m와 cm사이에서 소수 두 자리 수의 관계를 알아두는 것도 중요하다.

관련 TU : TUAQ-2110, TUAQ-2130, TUAQ-2160

TUAQ-2130.10 소수 세 자리 수의 도입 (m와 km의 관계에서)

관련 교육과정	(07) 4(가)5①
	(09) 34(가)7②

목표

m와 km의 관계를 알고 소수 세 자리 수를 이해할 수 있다.

자료

그림, 수직선

활동

(1) 마라톤 대회가 열리고 있습니다. 한 마라톤 선수가 지금까지 달린 거리는 875m입니다. 이 거리를 km 단위로 나타내어 보시오. (그림을 이용한 활동)

- ▸1km는 몇 m입니까?
- ▸1m는 분수로 몇 km입니까?
- ▸분수 $\frac{1}{10}$은 소수로 얼마입니까?
- ▸분수 $\frac{1}{100}$은 소수로 얼마입니까?

▸ 분수 $\frac{1}{1000}$ 은 소수로 얼마입니까?

▸ 875m는 분수로 몇 km입니까?

▸ 분수 $\frac{875}{1000}$ 는 $\frac{1}{1000}$ 이 몇입니까?

▸ 분수 $\frac{875}{1000}$ 를 소수로 어떻게 나타냅니까?

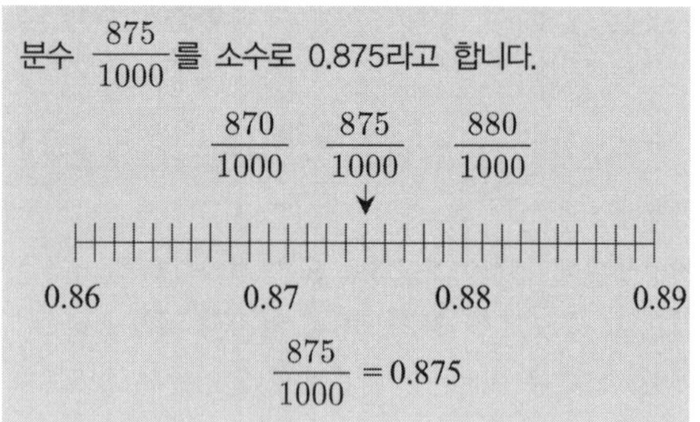

배경

마라톤 코스의 거리는 42.195km인데 여기서 0.195의 크기가 얼마인지, 어떤 경우에 이렇게 나타내는지를 알아야 할 상황이 종종 있다. $\frac{1}{100}$ 이 0.01임을 상기시키면서 1km = 1000m이므로 1m는 $\frac{1}{1000}$ km임을 이해하게 하여 $\frac{1}{1000}$ 은 소수 0.001로 나타낸다는 것을 알게 한다.

관련 TU : TUAQ-2120, TUAQ-2150, TUAQ-2170

TUAQ-2140.10 소수 세 자리 수의 도입 (구체물 조작활동에서)

관련 교육과정	(07) 4(가)5①
	(09) 34(가)7②

목표

소수 세 자리 수를 이해할 수 있다.

자료

가로 100cm, 세로 1cm인 도화지, 가위

활동

① 가로 100cm, 세로 1cm인 도화지를 10등분 한 뒤 가위로 오려본다.

② 가로 100cm, 세로 1cm인 도화지를 10등분 한 것 중의 하나를 다시 10등분 한 뒤 가위로 오려본다.

③ 가로 100cm, 세로 1cm인 도화지를 10등분 한 것 중의 하나를 다시 10등분 한 것 중의 하나를 10등분 한 뒤 가위로 오려본다.

④ 이를 통해 알게 된 사실을 정리하여 봅시다.

▸ 1을 10등분 하면 한 칸은 얼마입니까?

▸ $\frac{1}{10}$ 을 10등분 하면 한 칸은 얼마입니까?

▸ $\frac{1}{100}$ 을 10등분 하면 한 칸은 얼마입니까?

배경

처음의 가로 길이가 100cm이던 것이 10등분 할 때마다 10cm, 1cm, 0.1cm가 되는 것을 발견함으로서 소수 세 자리 수인 0.001과 1의 크기 변화를 직관적으로 알 수 있다.

관련 TU : TUAQ-2130, TUAQ-2170

TUAQ-2150.10 소수 세 자리 수의 도입(수직선에서)

관련 교육과정	(07) 4(가)5①
	(09) 34(가)7②

목표

소수 세 자리 수를 이해할 수 있다.

자료

수직선, 가로 100cm, 세로 1cm인 도화지, 가위

활동

(1) 다음을 수직선에서 알아보시오. (수직선을 이용한 활동)

▸ 1을 10등분 하면 한 칸은 얼마입니까?

▸ $\frac{1}{10}$을 10등분 하면 한 칸은 얼마입니까?

▸ $\frac{1}{100}$을 10등분 하면 한 칸은 얼마입니까?

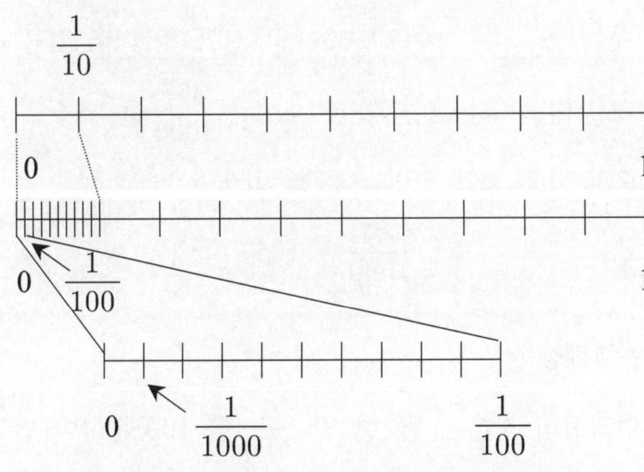

분수 $\frac{1}{1000}$을 소수로 0.001이라고 합니다.

$$\frac{1}{1000} = 0.001$$

배경

소수 두 자리의 수를 100등분한 것 중의 하나로 이해한 것처럼 수직선을 이용하여 1을 10등분하면 $\frac{1}{10}$, $\frac{1}{10}$을 다시 10등분씩 하면 1안에 10씩 10번 있는 것이기 때문에 100등분이 된다. 따라서 $\frac{1}{10}$을 10등분하면 $\frac{1}{100}$이 되고 마찬가지로 $\frac{1}{100}$을 10등분하면 $\frac{1}{1000}$이 됨을 알도록 한다.

관련 TU : TUAQ-2130, TUAQ-2170

TUAQ-2160.10 소수 두 자리 수를 쓰고, 읽기

관련 교육과정	(07) 4(가)5②
	(09) 34(가)7②

목표

소수 두 자리 수를 이해하고, 쓰고, 읽을 수 있다.

자료

모눈종이

활동

(1) 100칸짜리 모눈종이로 다음을 알아보시오.

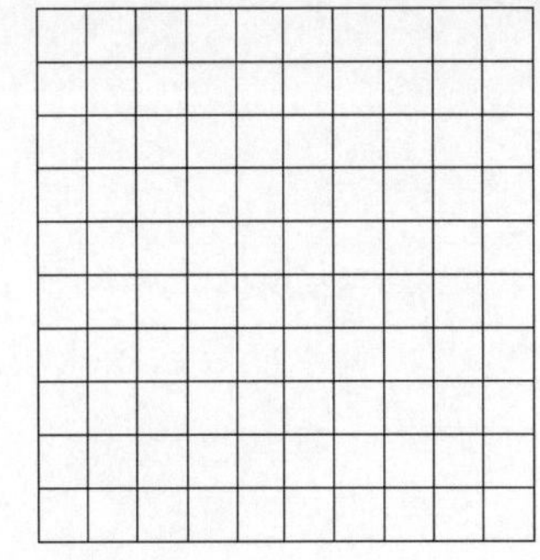

▸ 47칸을 색칠하여 보시오.

▸ 이것은 전체의 얼마인지 분수로 나타내어 보시오.

▸분수 $\frac{47}{100}$은 $\frac{1}{100}$이 몇입니까?

▸분수 $\frac{47}{100}$을 소수로 어떻게 나타냅니까?

> 분수 $\frac{1}{100}$은 소수로 0.01이라 쓰고, 영점 영일이라고 읽습니다. 마찬가지로 분수 $\frac{47}{100}$을 소수로 0.47이라 쓰고, "영점 사칠"이라고 읽습니다.
>
> $$\frac{47}{100}=0.47$$

배경

소수 두 자리 수를 읽고, 쓰는 방법을 배우게 된다. 소수점 아래의 수는 자릿값을 읽지 않고 한 숫자, 한 숫자씩 읽는다는 것을 알게 한다. 예를 들어 0.17은 영점 일칠, 2.65는 이점 육오, 32.16은 삼십이점 일육이 된다.

관련 TU : TUAQ-2110, TUAQ-2010, TUAQ-2170

TUAQ-2170.10 소수 세 자리 수를 쓰고, 읽기

관련 교육과정	(07) 4(가)5②
	(09) 34(가)7②

목표

소수 세 자리 수를 이해하고, 쓰고, 읽을 수 있다.

자료

수직선

활동

(1) 0.357을 어떻게 쓰고, 읽는지 알아보시오. (수직선을 이용한 활동)

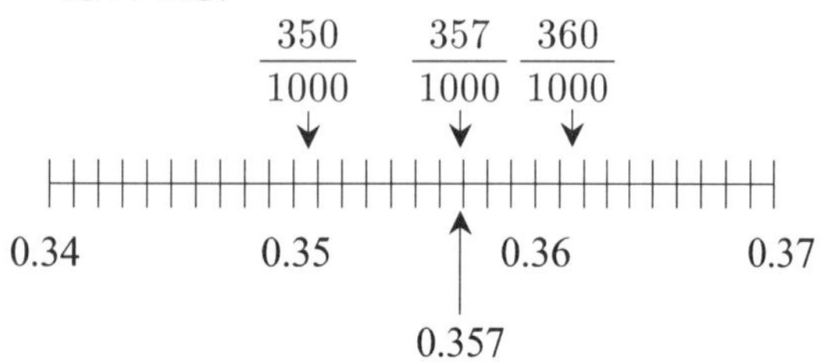

> 분수 $\frac{1}{1000}$은 소수로 0.001이라 쓰고, 영점 영영일이라고 읽습니다. 마찬가지로 분수 $\frac{357}{1000}$을 소수로 0.357이라 쓰고, "영점 삼오칠"이라고 읽습니다.
>
> $$\frac{357}{1000}=0.357$$

배경

수직선의 작은 눈금 한 칸 $\frac{1}{100}$을 10등분하여 만든 눈금이 $\frac{1}{1000}$임을 이용하여 0.001의 개념을 유도한다. 이는 영점 영영일이라고 읽는 것을 알려주고 이를 응용하여 0.357은 '영점 삼오칠'이라고 읽게 한다. 가장 쉬운 예로 마라톤을 보면 마라톤의 구간은 42.195km이다. 이것을 읽는 데에는 소수 세 자리 수를 읽을 수 있는 능력이 필요하다.

관련 TU : TUAQ-2160, TUAQ-2140, TUAQ-2180

TUAQ-2180.10 소수의 자릿값 알기

관련 교육과정	(07) 4(가)5②
	(09) 34(가)7②

목표

소수 세 자리 수의 자릿값과 숫자를 알고, 소수로 나타낼 수 있다.

자료

자릿값 판, 표

활동

(1) 다음 분수를 소수로 나타내시오.

$$62\frac{379}{1000}$$

(2) 자릿값을 알아보시오.

십의 자리	일의 자리		소수 첫째 자리	소수 둘째 자리	소수 셋째 자리
6	2	.	3	7	9

⇩

6	0				
	2				
	0	.	3		
	0	.	0	7	
	0	.	0	0	9

62.379에서

6은 십의 자리 숫자이고, 60을 나타냅니다.

2는 일의 자리 숫자이고, 2를 나타냅니다.

3은 소수 첫째 자리 숫자이고, 0.3을 나타냅니다.

7은 소수 둘째 자리 숫자이고, 0.07을 나타냅니다.

9는 소수 셋째 자리 숫자이고, 0.009를 나타냅니다.

$$62.379 = 60 + 2 + 0.3 + 0.07 + 0.009$$

(3) 자릿값을 알아보시오. (표를 이용한 활동)

$$62.379 = 60 + 2 + 0.3 + 0.07 + 0.009$$

자릿값	10	1	소수점	0.1	0.01	0.001
숫자	6	2	.	3	7	9

배경

소수점 앞의 수는 자연수 그대로 이해하면 되나, 소수점 뒤의 수들은 소수점 바로 뒤의 숫자부터 소수 첫째 자리, 소수 둘째 자리, 소수 셋째 자리…로 나타냄을 알게 한다.

관련 TU : TUAQ-2170, TUAQ-2190

TUAQ-2190.10 0.1, 0.01, 0.001 사이의 관계

관련 교육과정	(07) 4(가)5②
	(09) 34(가)7②

목표

소수의 자릿값 사이에 10배와 $\frac{1}{10}$, 100배와 $\frac{1}{100}$, 1000배와 $\frac{1}{1000}$의 관계를 이해한다.

자료

천모형, 백모형, 십모형, 단위모형

활동

(1) 소수 0.1, 0.01, 0.001, 0.0001 사이의 관계를 알아보시오. (단위 모델을 이용한 활동)

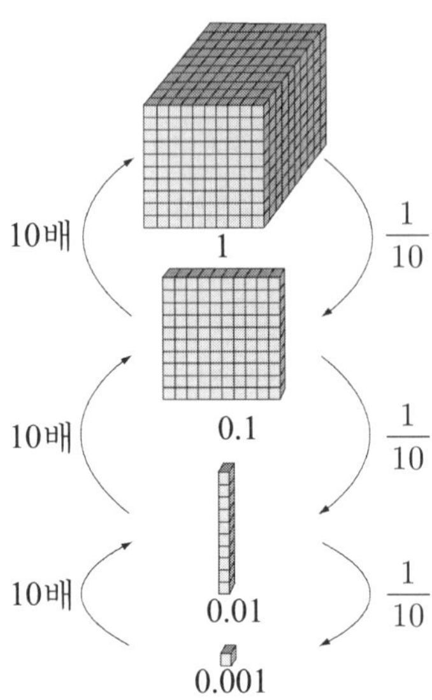

(2) 다음의 관계를 알아보시오.

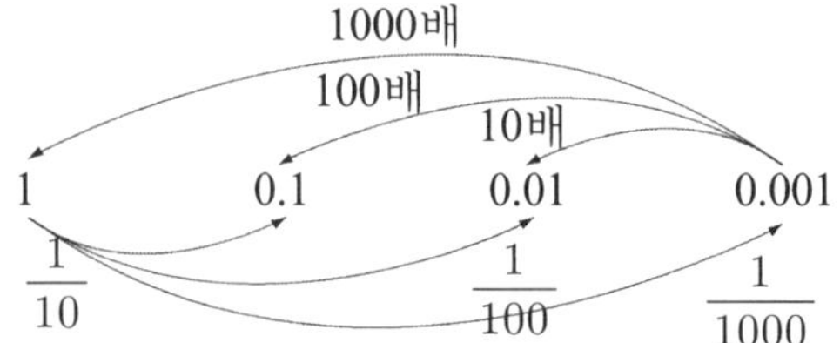

소수 사이의 관계를 알 때 모형을 이용하는 것이 좋다. 1000을 1로 보고, 1을 10등분 한 것의 하나가 0.1이고, 0.1을 10등분 한 것의 하나는 0.01이고, 0.01을 10등분 한 것의 하나는 0.001이 됨을 알게 한다. 먼저 10배와 $\frac{1}{10}$의 관계를 알게 한 후 10배, 100배, 1000배와 그 반대의 것을 알게 한다.

관련 TU : TUAQ-2180, TUAQ-2220

TUAQ-2200.10 0.20=0.2 알기(소수의 표기법)

관련 교육과정	(07) 4(가)5②
	(09) 34(가)7②

목표

0.20과 0.2는 같은 수임을 알 수 있다.

자료

수직선

활동

(1) 0.2와 0.20을 비교하여 보시오. (수직선을 이용한 활동)

▸ 수직선 위에 0.2를 나타내어 보시오.

▸ 수직선 위에 0.20을 나타내어 보시오.

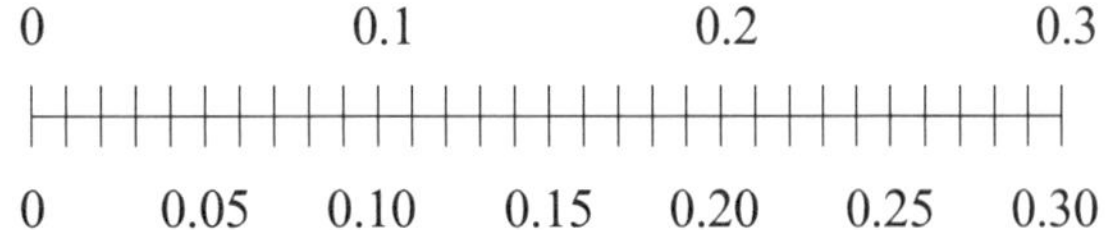

▸ 0.2와 0.20은 같은 수입니까?

0.2와 0.20은 같은 수입니다. 따라서 0.20에서 끝 자리 숫자 0은 생략하여 나타낼 수 있습니다.

$$0.20 = 0.2$$

배경

학생들은 소수는 분모가 10, 100, 1000, …인 분수와 크기가 같다는 것을 알고 있다. 여기에서는 $\frac{2}{10}$, $\frac{20}{100}$, $\frac{200}{1000}$ 등의 분수를 비교하여 보면 모양은 다르지만 크기는 같은 분수이다. 즉 0.2, 0.20, 0.200은 모두 크기가 같다. 0.2와 0.20을 수직선에 나타내어 보면 일대일 대응이 되는 것을 알 수 있다. 이것으로 소수의 맨 끝자리에 있는 0은 일반적으로 생략할 수 있음을 알게 된다. 주로 소수 끝자리까지 0을 쓰는 경우는 측정값에서 유효숫자를 요구할 때이다.

이러한 표기 원칙은 사실 자연수의 표기 방법에도 적용된다. 2는 02 또는 002, 0002, … 등으로 표기할 수도 있지만 왼쪽에 나열되는 0을 생략하고 간단히 2라고 쓴다. 마찬가지로 2를 2.0, 2.00, 2.000 … 등으로 표기할 수 있지만 오른쪽에 나열되는 0을 생략하고, 간단히 2라고 쓴다. 다만 0이 유효숫자에 해당하는 경우에는 왼쪽이든 오른쪽이든 0을 생략하지 않고 표기하기로 한다.

관련 TU : TUAQ-2170, TUAQ-2210

TUAQ-2210.10 소수의 크기 비교(소수 두 자리)

관련 교육과정	(07) 4(가)5②
	(09) 34(가)7③

목표

모눈종이나 수직선을 이용하여 소수의 크기를 비교할 수 있다.

자료

모눈종이, 수직선

활동

(1) 모눈종이를 이용하여 소수의 크기를 비교하여 보시오.

▸ 0.75만큼 색칠하여 보시오.

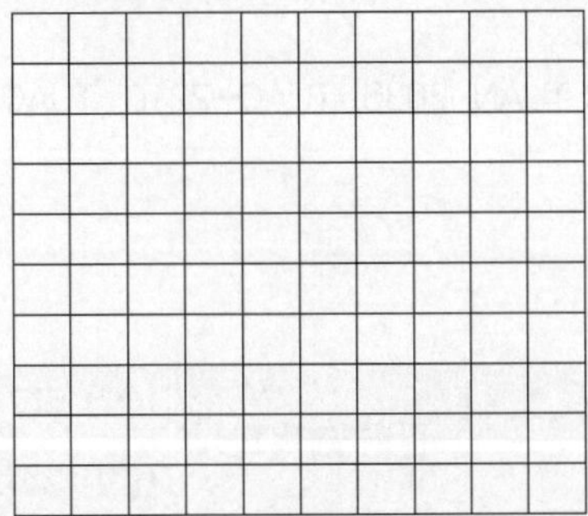

▸ 0.53만큼 색칠하여 보시오.

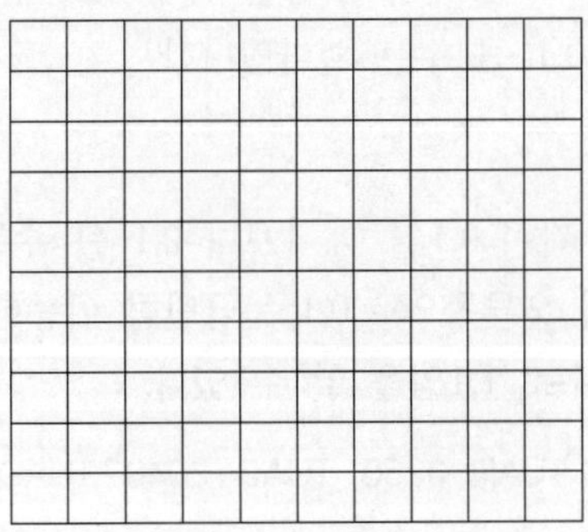

▸ 0.75와 0.53 중에서 어느 것이 더 큽니까?

(2) 수직선을 이용하여 소수의 크기를 비교하여 보시오.

▸ 수직선 위에 0.17과 0.25를 표시하여 보시오.

▸ 0.17과 0.25중 어느 것이 더 큽니까?

배경

소수 사이의 관계를 알게 된 이후에는 자연적으로 크기를 비교할 수 있어야 한다. 모눈에서 0.75는 0.01이 75인 소수이고, 0.53은 0.01이 53인 소수이다. 따라서 75 > 53이므로 0.75 > 0.53임을 알 수 있다. 분수를 소수로 나타냄으로서 크기 비교를 쉽게 이해할 수 있음을 알 수 있다.

관련 TU : TUAQ-2040, TUAQ-2110, TUAQ-2220

TUAQ-2220.10 소수의 비교(소수 세 자리)

관련 교육과정	(07) 4(가)5②
	(09) 34(가)7③

목표

소수의 자리 수를 보고, 크기를 비교할 수 있다.

자료

비교표

활동

(1) 두 소수의 크기를 비교하여 보시오.

$\underline{4}.263 > \underline{2}.785$ $4 > 2$	$2.\underline{5}36 < 2.\underline{7}38$ $5 < 7$
$0.1\underline{6}3 < 0.1\underline{7}3$ $6 < 7$	$4.25\underline{8} < 4.25\underline{9}$ $8 < 9$

두 소수를 보고 크기를 비교하는 방법은 자연수끼리, 소수 첫째 자리끼리, 소수 둘째 자리끼리, 소수 셋째 자리끼리 서로 비교하면 됩니다.

배경

소수는 십진법으로 표기하기 때문에 자연수의 크기 비교와 같은 방법을 택한다는 것을 알게 한다. 예를 들어 자연수 부분과 소수 첫째자리의 크기가 같으면 소수 둘째 자리 수의 크기를 비교하여 알아보면 된다.

관련 TU : TUAN-2630, TUAQ-2210, TUAQ-2260

TUAQ-2230.10 0.1 큰 수

관련 교육과정	(07) 4(가)5②
	(09) 34(가)7③

목표

주어진 수보다 0.1 큰 수를 알 수 있다.

자료

수직선

활동

(1) 수직선을 이용하여 소수를 알아보시오. (수직선을 이용한 활동)

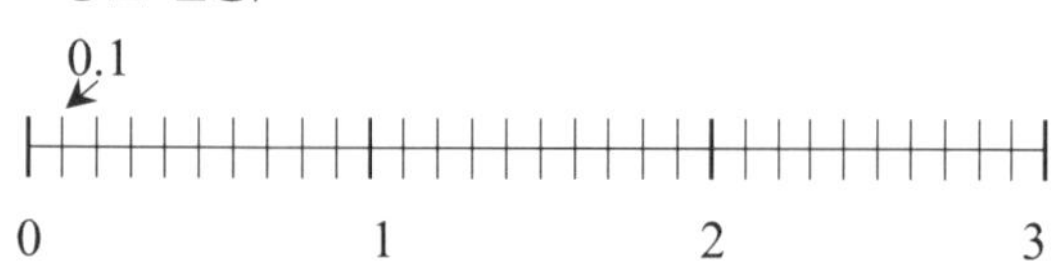

▸1보다 0.1 큰 수를 수직선 위에 나타내어 보시오.
▸1보다 0.1 큰 수는 얼마입니까?

배경

눈금 한 칸이 0.1일 때, 1보다 0.1 큰 수는 1의 점으로부터 오른쪽으로 0.1 눈금만큼 이동한 점에 대응되는 수로 1.1임을 알 수 있다.

관련 TU : TUAN-0250, TUAQ-2040, TUAQ-2240

TUAQ-2240.10 0.01 큰 수

관련 교육과정	(07) 4(가)5②
	(09) 34(가)7③

목표

주어진 수보다 0.01 큰 수를 알 수 있다.

자료

수직선

활동

(1) 수직선을 이용하여 소수를 알아보시오. (수직선을 이용한 활동)

▸ 1.3보다 0.01 큰 수를 수직선 위에 나타내어 보시오.

▸ 1.3보다 0.01 큰 수는 얼마입니까?

배경

눈금 한 칸이 0.01일 때 1.3보다 0.01 큰 수는 1.3의 점으로부터 오른쪽으로 0.01 눈금만큼 이동한 점에 대응하는 수로 1.31임을 알 수 있다.

관련 TU : TUAQ-2230, TUAQ-2250

TUAQ-2250.10 0.05 작은 수

관련 교육과정	(07) 4(가)5②
	(09) 34(가)7③

목표

주어진 수보다 0.05 작은 수를 알 수 있다.

자료

수직선

활동

(1) 수직선을 이용하여 소수를 알아보시오. (수직선을 이용한 활동)

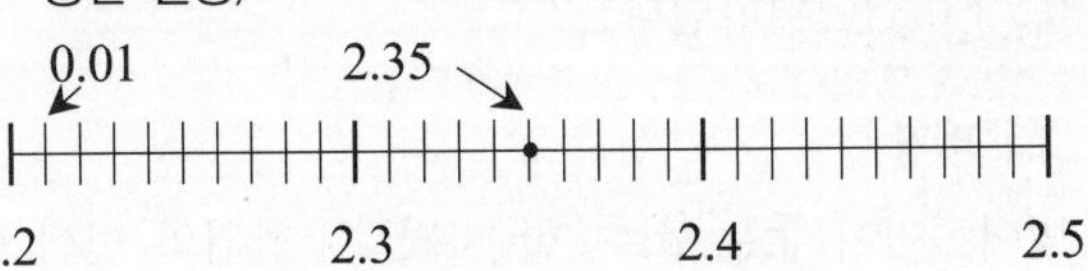

▸ 0.05는 위의 수직선에서 0.01이 몇 입니까?

▸ 2.35보다 0.05 작은 수를 수직선 위에 나타내어 보시오.

▸ 2.35보다 0.05 작은 수는 얼마입니까?

배경

눈금 한 칸이 0.01일 때 2.35보다 0.05 작은 수는 2.35의 점으로부터 왼쪽으로 5칸 이동한 점에 대응하는 수로 2.3임을 알 수 있다.

관련 TU : TUAQ-2240, TUAQ-2260

TUAQ-2260.10 소수 뛰어세기 (0.1씩, 0.01씩, 0.001씩)

관련 교육과정	(07) 4(가)5②
	(09) 34(가)7③

목표

배열된 소수를 보고 뛰어세기를 할 수 있다.

자료

도식

활동

(1) 소수를 뛰어서 세어 보시오.

▸ 0.1씩 뛰어서 세어 보시오.

2.521－2.621－2.721－☐－2.821－☐－3.021

▸ 0.1씩 뛰어서 세는 경우, 소수 몇째 자리의 수가

1씩 커집니까?

▶ 0.01씩 뛰어서 세어 보시오.

3.142 − 3.152 − 3.162 − 3.172 − [ ] − 3.192 − [ ]

▶ 0.01씩 뛰어서 세는 경우, 소수 몇째 자리의 수가 1씩 커집니까?

▶ 0.001씩 뛰어서 세어 보시오.

5.002 − [ ] − 5.004 − 5.005 − [ ] − 5.007 − 5.008

▶ 0.001씩 뛰어서 세는 경우, 소수 몇째 자리의 수가 1씩 커집니까?

배경

소수의 계열은 일정한 규칙을 가지고 증가하거나 감소한다. 0.1씩 뛰어서 세는 경우 늘어나는 것은 소수 첫째 자리이다. 다른 자리의 수는 가만히 있고 소수 첫째 자리 수만 1씩 커지면 된다. 0.01씩 뛰어서 세는 경우 자연수나 소수 첫째 자리는 0씩 커지므로, 즉 커지는 것이 없으므로 소수 둘째 자리만 1씩 커지면 된다. 마찬가지 원리로 0.002씩 커진다면 소수 셋째 자리의 수만 2씩 늘어나면 되는 것이다.

관련 TU : TUAN−1070, TUAQ−2250

TUAQ−2270.10 0.5+0.3형(소수의 덧셈)

관련 교육과정	(07) 4(가)⑥①
	(09) 34(가)⑧②

목표

받아올림이 없는 소수 한 자리 수끼리의 덧셈을 할 수 있다.

자료

수 막대, 10칸 계단을 만들 수 있는 점선 표시가 된 종이(맨 아래층에 0, 맨 윗층에 1 표시)

활동

(1) 0.5 + 0.3이 얼마인지 알아보시오. (수 막대에 색칠해서)

0 0.1 0.2 0.3 0.4 0.5 0.6 0.7 0.8 0.9 1

▶ 그림에 0.5만큼 색칠하여 보시오.

▶ 이어서 0.3만큼 색칠하여 보시오.

▶ 0.5 + 0.3은 얼마입니까?

(2) 0.5 + 0.3이 얼마인지 알아보시오. (종이로 계단을 접어서 계단 올라가기)

계단 한 칸은 얼마입니까? 0.1

▶ 0.5만큼 올라가시오.

▶ 0.3만큼 올라가시오.

▶ 0.5 + 0.3은 몇 칸 올라갔습니까?

▶ 0.5 + 0.3은 얼마입니까?

(3) 0.5 + 0.3이 얼마인지 알아보시오. (0.1씩 계속해서 더하기)

0.5는 0.1이 몇 개 입니까? 5개

0.3은 0.1이 몇 개 입니까? 3개

0.5 + 0.3은 0.1이 몇 개 입니까? 8개

0.1이 8개이면 얼마입니까? 0.8

0.5 + 0.3은 얼마입니까? 0.8

배경

받아올림이 없는 소수 한 자리 수 범위의 덧셈 방법을 알게 한다. **활동** (1), (2)는 더해지는 수에 더하는 수가 더해지는 상황으로 학습하고 **활동** (3)은 0.1의 누가로 합을 알 수 있게 한다.

관련 TU : TUAN−0410, TUAQ−2040, TUAQ−2280

TUAQ-2280.10 0.5+0.8형(소수의 덧셈)

관련 교육과정	(07) 4(가)⑥①
	(09) 34(가)⑧②

목표

받아올림이 있는 소수 한 자리 수끼리의 덧셈을 할 수 있다.

자료

계산도식

활동

(1) 0.5 + 0.8이 얼마인지 알아보시오. (단위소수의 개수로 확인하기)

▸0.5는 0.1이 몇 개 입니까?

▸0.8은 0.1이 몇 개 입니까?

▸0.5 + 0.8은 0.1이 몇 개 입니까?

▸0.1이 10개이면 얼마입니까?

$$0.5 + 0.8 = 1 + \square$$

▸0.5 + 0.8은 얼마입니까?

(2) 0.5 + 0.8이 얼마인지 알아보시오. (세로형식으로 익히기)

$$\begin{array}{r} 0.5 \\ +\ 0.8 \\ \hline \end{array} \Rightarrow \begin{array}{r} {}^{1} \\ 0.5 \\ +\ 0.8 \\ \hline 3 \end{array} \Rightarrow \begin{array}{r} {}^{1} \\ 0.5 \\ +\ 0.8 \\ \hline 1.3 \end{array} \Rightarrow \begin{array}{r} {}^{1} \\ 0.5 \\ +\ 0.8 \\ \hline 1.3 \end{array}$$

익히기

$$\begin{array}{r} 0.7 \\ +\ 0.4 \\ \hline \end{array} \qquad \begin{array}{r} 0.5 \\ +\ 0.9 \\ \hline \end{array} \qquad \begin{array}{r} 1.8 \\ +\ 0.2 \\ \hline \end{array}$$

배경

1이 10이면 10이 됨을 상기시켜 0.1이 10이면 1이 됨을 정확히 이해하게 한다. 받아올림이 없는 소수 한 자리 수의 덧셈 계산 방법과 연관지어 더해지는 수와 더하는 수의 크기를 0.1단위의 개수로 각각 알아보고, 개수의 합으로 두 소수의 합을 구하는 방법임을 알게 한다. 이 때 0.1이 10이면 1이 되는 것을 상기시켜 1 + 0.□ 형태로 나타내게 한다.

관련 TU : TUAN-0430, TUAQ-0440, TUAQ-2270, TUAQ-2290

TUAQ-2290.10 0.26+0.32형(소수의 덧셈)

관련 교육과정	(07) 4(가)⑥①
	(09) 34(가)⑧②

목표

받아올림이 없는 소수 두 자리 수의 덧셈을 할 수 있다.

자료

모눈종이(가로, 세로가 각각 10칸)

활동

(1) 가로, 세로가 각각 10칸인 모눈종이 위에 승민이는 빨간색으로 0.26만큼 칠했습니다.

▸모눈종이 한 칸은 얼마를 나타냅니까?
▸빨간색을 모두 칠한 다음, 이어서 0.32만큼 노란색으로 칠하시오.
▸0.26 + 0.32는 얼마입니까?

(2) 0.01씩 계속해서 더하기
▸0.26은 0.01이 몇 입니까?
▸0.32는 0.01이 몇 입니까?
▸0.26 + 0.32는 0.01이 몇 입니까?
▸0.26 + 0.32는 얼마입니까?

배경

소수 세 자리 수까지의 기수법과 단위소수 사이의 관계를 바탕으로 소수 두 자리 수의 덧셈을 한다. 먼저 한 칸이 0.01인 모눈종이를 이용해서 해결하게 하고 0.01의 누가를 이용한 방법을 통해 해결하게 한다. 이와 같이 모눈종이를 이용하는 것은 소수 덧셈을 직관적으로 이해하게 하는 데 도움을 준다.

관련 TU : TUAQ-2270, TUAQ-2300

TUAQ-2300.10 0.57+0.35형(소수의 덧셈)

관련 교육과정	(07) 4(가)6①
	(09) 34(가)8②

목표

받아올림이 있는 소수 두 자리 수의 덧셈을 할 수 있다.

자료

계산도식

활동

(1) 0.57 + 0.35가 얼마인지 알아보시오. (0.01씩 계속해서 더하기)
▸0.57은 0.01이 몇 입니까?
▸0.35는 0.01이 몇 입니까?
▸0.57 + 0.35는 0.01이 몇 입니까?
▸0.57 + 0.35는 얼마입니까?

(2) 0.57 + 0.35가 얼마인지 알아보시오. (세로형식으로 익히기)

$$\begin{array}{r} 0.58 \\ +\ 0.34 \\ \hline \end{array} \Rightarrow \begin{array}{r} {}^{1} \\ 0.58 \\ +\ 0.34 \\ \hline 2 \end{array} \Rightarrow \begin{array}{r} {}^{1} \\ 0.58 \\ +\ 0.34 \\ \hline 92 \end{array} \Rightarrow \begin{array}{r} {}^{1} \\ 0.58 \\ +\ 0.34 \\ \hline 0.92 \end{array}$$

익히기

$$\begin{array}{r} 0.16 \\ +\ 0.37 \\ \hline \end{array} \qquad \begin{array}{r} 0.54 \\ +\ 0.37 \\ \hline \end{array} \qquad \begin{array}{r} 0.65 \\ +\ 0.27 \\ \hline \end{array}$$

배경

받아올림이 없는 소수 두 자리 수끼리의 덧셈 계산 방법을 생각해보게 한다. 받아올림이 있는 경우도 더해지는 수와 더하는 수의 크기를 각각 0.01단위의 개수로 알아보게 한 후, 이를 소수로 나타내보게 한다. 이와 같은 과정을 세로 형식의 계산과 관련시켜 형식화 한다. 두 자리 수의 덧셈 과정으로 가르치고 합의 개수를 소수로 바꾸는 과정은 자연수의 합에 소수점의 위치를 정하는 과정과 관련시켜 이해하게 한다.

관련 TU : TUAQ-2290, TUAQ-2310

TUAQ-2310.10 4.76+6.47형(소수의 덧셈)

관련 교육과정	(07) 4(가)6① (09) 34(가)8②

목표

자연수가 있는 소수 두 자리 수끼리의 덧셈을 할 수 있다.

자료

표

활동

(1) 4.76 + 6.47은 얼마인지 알아보시오. (0.01로 나타내서 구하기)

다음의 표를 완성하여 두 소수의 합을 구하시오.

	자연수 부문	소수 부분
4.76	4	76
6.47	6	47

▸ 4.76은 0.01이 몇 입니까?

▸ 6.47은 0.01이 몇 입니까?

▸ 4.76 + 6.47은 얼마입니까?

배경

소수 두 자리 수의 덧셈을 상기하여 자연수가 있는 소수가 (자연수 + 소수) 구조임을 알게 한다. 여기서 소수가 0.01단위 몇 개로 이루어진 수인지 알아보고 합을 구할 수 있게 한다.

관련 TU : TUAQ-2300, TUAQ-2320

TUAQ-2320.10 3.724+5.35형(소수의 덧셈)

관련 교육과정	(07) 4(가)6① (09) -

목표

소수 세 자리 수와 두 자리 수의 덧셈을 할 수 있다.

자료

표

활동

(1) 3.724 + 5.35는 얼마인지 알아보시오. 왼쪽의 수를 자리 수에 맞게 칸을 채워보시오.

	1의 개수	0.1의 개수	0.01의 개수	0.001의 개수
3.724				
5.35				

▸ 3.724는 0.001이 몇 입니까?

▸ 5.35는 0.001이 몇 입니까?

▸ 3.724 + 5.35는 0.001이 몇 입니까?

▸ 3.724 + 5.35는 어떻게 계산하면 좋습니까?

(2) 3.724 + 5.35는 얼마인지 알아보시오. (세로형식으로 익히기)

$$\begin{array}{r} 3.724 \\ +\ 5.35 \\ \hline \end{array} \Rightarrow \begin{array}{r} 3.724 \\ +\ 5.35 \\ \hline \end{array} \Rightarrow \begin{array}{r} ^{1}\ \ \ \ \ \\ 3.724 \\ +\ 5.35 \\ \hline 9.074 \end{array}$$

배경

소수 두 자리 수의 덧셈을 상기하게 한다. 여기서는 자연수가 있는 소수 세 자리 수와 소수 두 자리 수의 덧셈 방법을 알게 한다. 소수의 덧셈은 소수점과의 자리 수를 맞추어 쓴 다음, 자연수의 덧셈과 마찬가지 방법으로 반올림하여 계산하고, 소수점을 그대로 내려서 찍는다. 소수의 자리 수가 다른 소수끼리의 덧셈 계산 연습을 할 때, 소수점 아래 끝에 0을 일일이 보충하여 써 넣지 않고, 0이 있는 것으로 보고 능숙하게 계산할 수 있도록 한다.

관련 TU : TUAQ-2310, TUAQ-2330

TUAQ-2330.10 14.925+7.57형(소수의 덧셈)

관련 교육과정	(07) 4(가)⑥①
	(09) -

목표

소수 세 자리 수의 덧셈을 세로 형식으로 나타내어 계산할 수 있다.

자료

계산 도식

활동

14.925+7.57을 계산하시오. (세로형식으로 익히기)

```
  14.925          14.925          14.925
+  7.57    ⇨   +  7.57     ⇨   +  7.57
--------       --------        --------
                                 22.495
```

배경

소수 세 자리 수와 두 자리 수의 덧셈을 십진법의 덧셈 원리를 바탕으로 세로 형식으로 나타내고 소수점과의 자리 수를 맞추어 계산할 수 있게 한다. 소수의 자리 수가 다른 소수끼리의 덧셈 계산을 할 때, 소수점 아래 끝에 0을 일일이 보충하여 넣지 않고, 0이 있는 것으로 보고 계산할 수 있도록 주의한다.

관련 TU : TUAQ-2320

TUAQ-2340.10 0.7－0.3형(소수의 뺄셈)

관련 교육과정	(07) 4(가)⑥①
	(09) 34(가)⑧②

목표

받아내림이 없는 소수 한 자리 수의 뺄셈을 할 수 있다.

자료

수 막대, 스티커, 10칸 계단을 만들 수 있는 점선 표시가 된 종이(맨 아래층에 0, 맨 윗층에 1 표시)

활동

(1) 0.7－0.3은 얼마인지 알아보시오. (수 막대에 스티커 붙이기)

0 0.1 0.2 0.3 0.4 0.5 0.6 0.7 0.8 0.9 1

▸ 그림에 0.7만큼 스티커를 붙여 보시오.
▸ 색칠한 부분에서 0.3만큼 스티커를 떼어 내시오.
▸ 0.7－0.3은 얼마입니까?

(2) 0.7－0.3은 얼마인지 알아보시오. (종이로 계단을 접어서 계단 올라가기)

▸ 계단 한 칸은 얼마입니까? 0.1
▸ 0.7만큼 올라가시오.
▸ 0.3만큼 내려오시오.
▸ 0.5－0.3은 몇 칸 올라갔습니까?
▸ 0.5－0.3은 얼마입니까?

(3) 0.7－0.3은 얼마인지 알아보시오. (0.1씩 계속하여 빼기)

▸ 0.7는 0.1이 몇 개 입니까?
▸ 0.3은 0.1이 몇 개 입니까?
▸ 0.7－0.3은 0.1이 몇 개 입니까?
▸ 0.1이 4개이면 얼마입니까?
▸ 0.7－0.3은 얼마입니까?

배경

받아내림이 없는 소수 한 자리 수의 뺄셈을 학습하게 된다. 수 막대에 스티커를 붙이고 떼어내는 활동과 계단을 올라갔다가 내려오는 활동을 통해 뺄셈을 체감할 수 있고 이를 0.1의 누감으로 생각해 보게 한다.

관련 TU : TUAQ-0420, TUAQ-2040, TUAQ-2350

TUAQ-2350.10 2.4－0.7형(소수의 뺄셈)

관련 교육과정	(07) 4(가)6①
	(09) 34(가)8②

목표

받아내림이 있는 소수 한 자리 수의 뺄셈을 할 수 있다.

자료

계산 도식

활동

(1) 2.4－0.7이 얼마인지 알아보시오. (단위소수의 개수로 확인하기)

▸2.4는 0.1이 몇 입니까?

▸0.7은 0.1이 몇 입니까?

▸2.4－0.7은 0.1이 몇 입니까?

▸0.1이 10이면 얼마입니까?

▸2.5－0.7＝1＋☐

▸2.4－0.7은 얼마입니까?

(2) 2.4－0.7이 얼마인지 알아보시오. (세로형식으로 익히기)

$$\begin{array}{r} 2.4 \\ -\ 0.7 \\ \hline \end{array} \Rightarrow \begin{array}{r} {\scriptsize 1\ 10} \\ 2.4 \\ -\ 0.7 \\ \hline 7 \end{array} \Rightarrow \begin{array}{r} {\scriptsize 1\ 10} \\ 2.4 \\ -\ 0.7 \\ \hline 1.7 \end{array}$$

배경

1과 0.1의 관계를 상기하여 받아내림이 있는 소수 한 자리 수의 뺄셈을 알아보게 한다. 이것을 자연수 뺄셈 세로 형식으로 나타내게 함으로써 자릿값에 착안하여 같은 자리 수끼리 뺀다는 것을 알게 하고 형식화하게 한다.

관련 TU : TUAN-1130, TUAQ-2340, TUAQ-2360

TUAQ-2360.10 0.58－0.34형(소수의 뺄셈)

관련 교육과정	(07) 4(가)6①
	(09) 34(가)8②

목표

받아내림이 없는 소수 두 자리 수의 뺄셈을 할 수 있다.

자료

모눈종이(10×10), 색연필, 가위, 스티커

활동

(1) 0.58－0.34는 얼마인지 알아보시오. (구체물을 이용한 활동)

▸모눈종이 위에 0.47만큼 빨강색을 칠하여 잘라내시오.

▸잘라낸 부분에서 0.34만큼 더 잘라내시오.

▸잘라내고 남은 모눈종이는 몇 칸 입니까?

▸0.58－0.34는 얼마입니까?

(2) 0.58－0.34는 얼마인지 알아보시오. (스티커를 이용하기)

▸모눈종이 위에 0.47만큼 스티커를 붙이시오.

▸0.34만큼 스티커를 떼어내시오.

▸남은 스티커는 몇 칸에 붙어있습니까?

▸0.58－0.34는 얼마입니까?

배경

100칸 모눈종이에서 색칠한 후 잘라내는 활동과 스티커를 붙였다 떼어내는 활동을 통해 뺄셈을 해결한다. 구체물을 통한 활동은 학생들이 원리를 더 쉽게 이해할 수 있도록 도와줄 수 있다.

관련 TU : TUAN-0680, TUAQ-2350, TUAQ-2370

TUAQ-2370.10 0.52－0.25형(소수의 뺄셈)

관련 교육과정	(07) 4(가)6①
	(09) 34(가)8②

목표

받아내림이 있는 소수 두 자리 수의 뺄셈 원리를 이해하고 계산할 수 있다.

자료

계산 도식

활동

(1) 0.52－0.25는 얼마인지 알아보시오. (0.01씩 계속하여 빼기)

▸0.52는 0.01이 몇입니까?

▸0.25는 0.01이 몇입니까?

▸0.52－0.25는 0.01이 몇입니까?

▸0.52－0.25는 얼마입니까?

(2) 0.52－0.25는 얼마인지 알아보시오. (세로형식)

		1 10		1 10		1 10
0.52		0.52		0.52		0.52
－ 0.25	⇨	－ 0.25	⇨	－ 0.25	⇨	－ 0.25
		7		27		0.27

배경

받아내림이 없는 소수 두 자리 수의 뺄셈 계산 방법을 생각해보게 한다. 받아올림이 있는 경우도 빼지는 수와 빼는 수의 크기를 각각 0.01단위의 개수로 알아보게 한 후, 이를 소수로 나타내보게 한다. 이와 같은 과정을 세로 형식의 계산과 관련시켜 형식화 한다. 두 자리 수의 뺄셈 세로 형식과 관련지어 뺄 수 없을 경우 바로 윗 단위의 빼지는 수에서 하나 받아내려 계산함을 설명하고 소수점을 같은 위치에 내려 쓰는 것을 지도한다.

관련 TU : TUAN-1180, TUAQ-2360, TUAQ-2380

TUAQ-2380.10 5.63－3.37형(소수의 뺄셈)

관련 교육과정	(07) 4(가)6①
	(09) -

목표

소수 두 자리 수의 뺄셈 원리를 이해하고 계산할 수 있다.

자료

표

활동

(1) 5.63－3.37은 얼마인지 알아보시오. (0.01로 나타내어 구하기)

다음의 표를 완성하여 두 소수의 차를 구하시오.

	자연수 부분	소수 부분
5.63	5	63
3.37	3	37

▸5.63은 0.01이 몇 입니까?

▸3.37은 0.01이 몇 입니까?

▸5.63－3.37은 얼마입니까?

배경

숫자와 수의 관계, 자연수와 소수점의 위치 관계 등을 조화롭게 이해할 수 있도록 한다. 자연수와 마찬가지로 소수도 자리에 따라 크기가 달라진다. 소수는 오른쪽으로 갈수록 자릿값이 $\frac{1}{10}$씩 작아진다. 자연수의 예와 비교하여 소수를 설명하면 학생들의 입장에서 좀 더 쉽게 이해할 수 있다.

관련 TU : TUAQ-2370, TUAQ-2390

TUAQ-2390.10 3.524－1.35형

관련 교육과정	(07) 4(가)6①
	(09) －

목표
소수 뺄셈을 이해하고 계산할 수 있다.

자료
표

활동
(1) 3.524－1.35는 얼마인지 알아보시오. (0.001로 나타내서 구하기)

다음의 표를 완성하여 두 소수의 차를 구하시오.

	자연수 부분	소수 부분
3.524	3	524
1.35	1	35

▸3.524은 0.001이 몇 입니까?

▸1.35는 0.001이 몇 입니까?

▸3.524－1.35는 얼마입니까?

배경
숫자와 수의 관계, 자연수와 소수점의 위치 관계 등을 조화롭게 이해할 수 있도록 한다. 자연수와 마찬가지로 소수도 자리에 따라 크기가 달라진다. 소수는 오른쪽으로 갈수록 자릿값이 $\frac{1}{10}$씩 작아진다. 자연수의 예와 비교하여 소수를 설명하면 학생들의 입장에서 좀 더 쉽게 이해할 수 있다.

관련 TU : TUAQ-2380

TUAQ-2410.10 0.5×3형(소수와 자연수의 곱셈)

관련 교육과정	(07) 5(가)6①
	(09) 56(가)4①

목표
0.5 × 3 형태의 소수와 자연수의 곱셈을 할 수 있다.

자료
그림 카드(직사각형 그림, 수직선 그림), 계산도식

활동
(1) 0.5×3이 얼마인지 색칠해서 알아보시오.

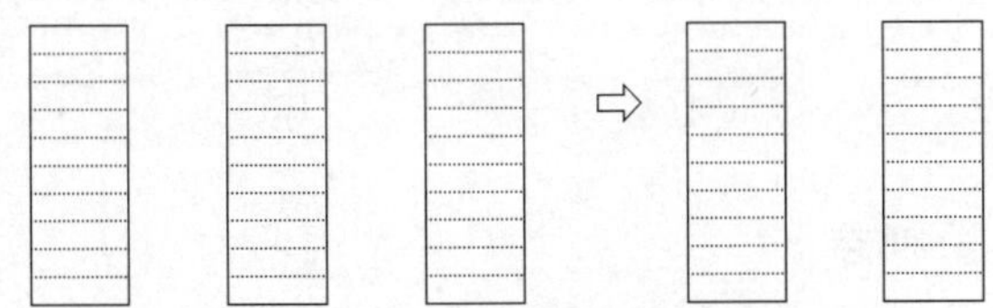

(2) 0.5×3이 얼마인지 수직선으로 알아보시오.

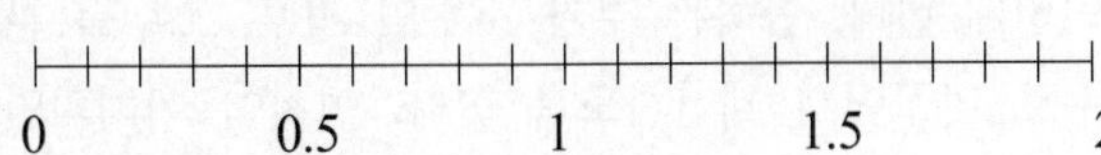

(3) 소수를 분수로 바꾸어서 알아보시오.

$0.5 \times 3 = \frac{5}{10} \times 3 = \frac{5}{10} = 1.5$

(4) 세로형식으로 계산해 보시오.(알고리즘, 자연수의 곱 5×3과 소수의 곱 0.5×3 비교하기)

$$\begin{array}{r} 5 \\ \times \quad 3 \\ \hline 15 \end{array} \qquad \begin{array}{r} 0.5 \\ \times \quad 3 \\ \hline 1.5 \end{array}$$

배경
소수와 자연수의 곱셈 원리를 알게 하고, 세로형식으로 계산하게 한다. 곱하는 수, 곱해지는 수와 곱의 소수점의 위치 관계에 주의하여 소수의 곱셈을 능숙하게 계산할 수 있게 한다. 소수의 곱셈 능력은 실생활 상황에서 문제를 이해하고 다루는 능력을 신장시키며, 분수와 소수의 혼합 계산의 기초가 된다. 또 대수 연산의 바탕이 된다.

곱해지는 수가 1보다 작은 소수인 경우의 (소수) × (자연수)의 계산 원리를 여러 가지 방법으로 알아보게 하고, 이것을 형식화하여 계산할 수 있게 한다.

관련 TU : TUAQ-4010, TUAQ-2420

TUAQ-2420.10 2.6×3형(소수와 자연수의 곱셈)

관련 교육과정	(07) 5(가)6①
	(09) 56(가)4①

목표

2.6 × 3형 소수와 자연수의 곱셈을 할 수 있다.

자료

그림 카드(직사각형 그림, 수직선 그림), 계산도식

활동

(1) 2.6 × 3이 얼마인지 색칠해서 알아보시오.

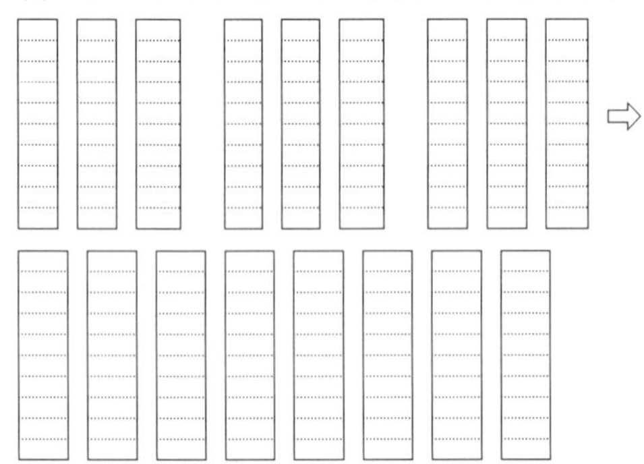

(2) 2.6 × 3이 얼마인지 수직선으로 알아보시오.

0 0.5 1 1.5 2 2.5 3 3.5 4 4.5 5 5.5 6 6.5 7 7.5 8

(3) 소수를 분수로 바꾸어서 알아보시오.

$$2.6 \times 3 = \frac{26}{10} \times 3 = \frac{78}{10} = 7.8$$

(4) 세로형식으로 계산해 보시오. (알고리즘, 자연수의 곱 26 × 3과 소수의 곱 2.6 × 3 비교하기)

$$\begin{array}{r} 26 \\ \times \quad 3 \\ \hline 78 \end{array} \qquad \begin{array}{r} 2.6 \\ \times \quad 3 \\ \hline 7.8 \end{array}$$

배경

(소수) × (자연수)의 계산 원리를 여러 가지 방법으로 알아보게 하고, 이것을 형식화하여 계산하는 방법을 알아본 후에 지도하는 것이 효과적이다. 색칠하기, 수직선, 소수를 분수로 바꾸기, 세로형식을 통해 알아보도록 한다.

관련 TU : TUAQ-2410, TUAQ-2430

TUAQ-2430.10 3×0.5형(자연수와 소수의 곱셈)

관련 교육과정	(07) 5(가)6①
	(09) 56(가)4①

목표

3 × 0.5형 자연수와 소수의 곱셈을 할 수 있다.

자료

직사각형 그림(모눈종이), 계산도식

활동

(1) 3 × 0.5가 얼마인지 색칠해서 알아보시오.

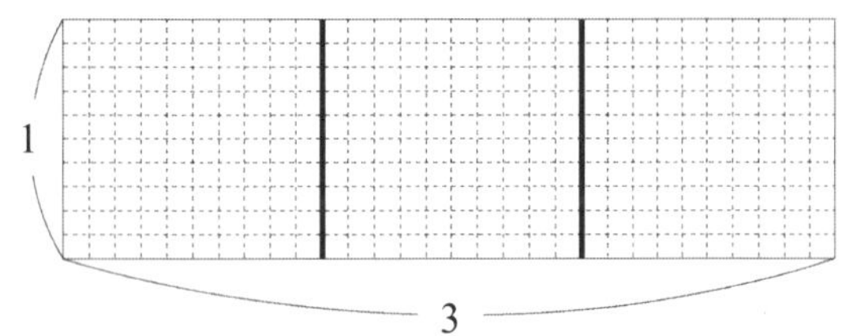

(2) 소수를 분수로 바꾸어서 알아보시오.

$$3 \times 0.5 = 3 \times \frac{5}{10} = \frac{15}{10} = 1.5$$

(3) 세로형식으로 계산해 보시오. (알고리즘, 자연수의 곱 3 × 5와 소수의 곱 3 × 0.5 비교하기)

$$\begin{array}{r} 3 \\ \times \quad 5 \\ \hline 15 \end{array} \qquad \begin{array}{r} 3 \\ \times \quad 0.5 \\ \hline 1.5 \end{array}$$

배경

(자연수) × (소수)가 적용되는 여러 가지 경우를 생각해보게 한 다음 (자연수) × (소수)의 계산 원리를 익히게 한다. 곱하는 수가 소수일 경우, 소수를 분수로 바꾸어서 계산하도록 한다. 이것이 이해되면 자연수의 세로형식 곱셈과 같이 소수의 곱셈도 세로형식으로 할 수 있음을 알게 한다.

관련 TU : TUAQ-2410, TUAQ-2440

TUAQ-2440.10 3×0.007형(자연수와 소수의 곱셈)

관련 교육과정	(07) 5(가)6①
	(09) 56(가)4①

목표

3 × 0.007형 소수와 자연수의 곱셈을 할 수 있다.

자료

계산도식(소수를 분수로 바꾸어 나타내기)

활동

(1) 3×0.007이 얼마인지 소수를 분수로 바꾸어서 알아 보시오.

$$3 \times 0.7 = 3 \times \frac{7}{10} = \frac{21}{10} = 2.1$$

$$3 \times 0.07 = 3 \times \frac{7}{100} = \frac{21}{100} = 0.21$$

$$3 \times 0.007 = 3 \times \frac{7}{1000} = \frac{21}{1000} = 0.021$$

(2) 세로형식으로 계산해 보시오.

$$\begin{array}{r} 3 \\ \times\ \ 7 \\ \hline 21 \end{array} \qquad \begin{array}{r} 3 \\ \times\ \ 0.007 \\ \hline 0.021 \end{array}$$

배경

분모가 10일 때의 곱은 소수점 아래 한 자리 수, 분모가 100일 때의 곱은 소수점 아래 두 자리 수, 분모가 1000일 때의 곱은 소수점 아래 세 자리 수가 되어, 곱의 소수점의 위치는 곱하는 수와 곱해지는 수의 소수점 아래의 자리 수와 같아짐을 상기시킨다.

관련 TU : TUAQ-2430, TUAQ-2450

TUAQ-2450.10 0.007×3형(소수와 자연수의 곱셈)

관련 교육과정	(07) 5(가)6①
	(09) 56(가)4①

목표

0.007 × 3형 소수와 자연수의 곱셈을 할 수 있다.

자료

계산도식(자연수끼리의 곱셈을 이용하여 소수점의 위치 추적하여 나타내기)

활동

(1) 7×3 = 21임을 이용하여 0.007×3을 구하시오. (소수점의 위치 변화를 추적하기)

$7 \times 3 = 21$

$0.7 \times 3 = 2.1$

$0.07 \times 3 = 0.21$

$0.007 \times 3 = 0.021$

(2) 세로형식으로 계산해 보시오.

$$\begin{array}{r} 7 \\ \times\ \ 3 \\ \hline 21 \end{array} \qquad \begin{array}{r} 0.007 \\ \times\ \ \ \ 3 \\ \hline 0.021 \end{array}$$

배경

곱하는 수의 소수점의 위치에 따라 곱의 소수점의 위치가 달라짐을 익힌다. 즉, 소수의 곱셈을 자연수의 곱셈의 결과와 비교하여 0.007 × 3의 소수점의 위치를 자연스럽게 알게 한다. 곱해지는 수가 소수점 아래 세 자리 수이므로, 곱도 소수점 아래 세 자리 수임을 알게 한다. 곱의 소수점 자리가 모자라면 0을 더 채워서 쓰고, 소수점을 찍어야 함을 알게 한다. 이를 통해 곱의 소수점의 위치는 곱하는 수와 곱해지는 수의 소수점 아래의 자리 수와 같음을 알게 한다.

관련 TU : TUAQ-2440, TUAQ-2460

TUAQ-2460.10 0.32×(10의 거듭제곱 수)형

관련 교육과정	(07) 5(가)6①
	(09) 56(가)4①

목표

0.32 × (10의 거듭제곱 수)형 소수와 자연수의 곱셈을 할 수 있다.

자료

계산도식

활동

(1) 0.32에 10, 100, 1000을 곱하는 방법을 알아보시오.
(소수를 10의 거듭제곱 수를 분모로 갖는 분수로 바꾸기)

$$0.32 \times 10 = \frac{32}{100} \times 10 = \frac{320}{100} = 3.2$$

$$0.32 \times 100 = \frac{32}{100} \times 100 = \frac{3200}{100} = 32$$

$$0.32 \times 1000 = \frac{32}{100} \times 1000 = \frac{32000}{100} = 320$$

배경

소수에 10, 100, 1000을 곱할 경우, 그 곱은 본래의 소수점의 자리에서 곱하는 수의 0의 개수만큼 소수점을 오른쪽으로 옮긴 것과 같음을 발견하게 한다. 또한 곱의 소수점을 옮길 자리가 없으면 오른쪽으로 0을 채우면서 소수점을 옮겨야 함을 알게 한다.

관련 TU : TUAQ-2450, TUAQ-2470

TUAQ-2470.10 250×(0.1의 거듭제곱 수)형

관련 교육과정	(07) 5(가)6①
	(09) 56(가)4①

목표

250 × (0.1의 거듭제곱 수)형 소수와 자연수의 곱셈을 할 수 있다.

자료

계산도식

활동

(1) 250에 0.1, 0.01, 0.001을 곱하는 방법을 알아보시오.
(소수를 10의 거듭제곱 수를 분모로 갖는 분수로 바꾸기)

$$250 \times 0.1 = 250 \times \frac{1}{10} = \frac{250}{10} = 25$$

$$250 \times 0.01 = 250 \times \frac{1}{100} = \frac{250}{100} = 2.5$$

$$250 \times 0.001 = 250 \times \frac{1}{1000} = \frac{250}{1000} = 0.25$$

배경

주어진 0.1의 거듭제곱 형태의 소수를 분수로 고쳐서 곱하는 활동이다. 자연수에 0.1, 0.01, 0.001을 곱할 경우, 그 곱은 본래의 소수점 자리에서 곱하는 수의 소수점 아래 자리 수만큼 소수점을 왼쪽으로 옮긴 것과 같음을 발견하게 한다. 또한 곱의 소수점을 옮길 자리가 없으면 왼쪽으로 0을 채우면서 소수점을 옮겨야 함을 알게 한다.

관련 TU : TUAQ-2460, TUAQ-2480

TUAQ-2480.10 0.5×0.7형(소수의 곱셈)

관련 교육과정	(07) 5(가)⑥①
	(09) 56(가)④①

목표

0.5 × 0.7형 소수와 소수끼리의 곱셈을 할 수 있다.

자료

모눈종이, 계산도식(소수를 10을 분모로 하는 분수로 바꾸기)

활동

(1) 0.5 × 0.7은 얼마인지 모눈종이에 색칠해서 알아보시오.

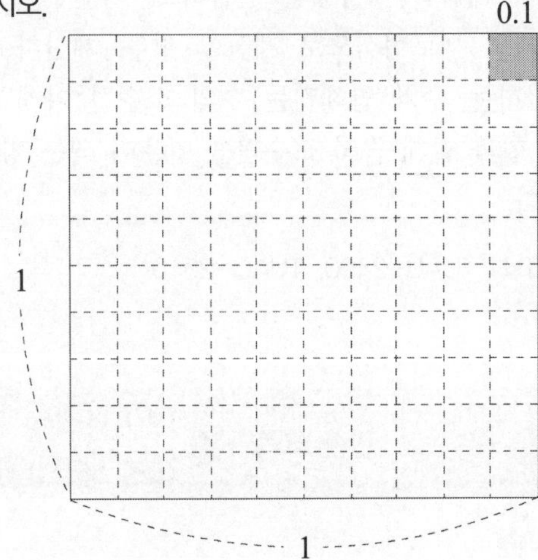

(2) 소수를 10을 분모로 하는 분수로 바꾸어 알아보시오.

$$0.5 \times 0.7 = \frac{5}{10} \times \frac{7}{10} = \frac{35}{100} = 0.35$$

(3) 세로형식으로 계산하여 보시오. (알고리즘, 자연수의 곱 3 × 5와 소수의 곱 3 × 0.5 비교하기)

$$\begin{array}{r} 5 \\ \times\quad 7 \\ \hline 35 \end{array} \qquad \begin{array}{r} 0.5 \\ \times\quad 0.7 \\ \hline 0.35 \end{array}$$

배경

(소수) × (소수)의 계산 원리를 모눈종이에 직접 색칠해서 알아본 다음에, 분수로 고쳐 계산하기, 자연수의 곱셈처럼 세로형식으로 계산하기 등을 익히고, 이것을 형식화하여 계산할 수 있게 한다.

관련 TU : TUAQ-2410, TUAQ-2430, TUAQ-2470, TUAQ-2490

TUAQ-2490.10 0.007×0.4형(소수의 곱셈)

관련 교육과정	(07) 5(가)⑥①
	(09) 56(가)④①

목표

0.007 × 0.4형 소수와 소수끼리의 곱셈을 할 수 있다.

자료

계산도식(소수를 10을 분모로 하는 분수로 바꾸기)

활동

(1) 0.007 × 0.4가 얼마인지 소수를 분수로 바꾸어서 알아보시오. (소수를 10의 거듭제곱 수를 분모로 하는 분수로 바꾸기)

$$0.007 \times 0.4 = \frac{7}{1000} \times \frac{4}{10} = \frac{28}{10000} = 0.0028$$

(2) 세로형식으로 계산하여 보시오. (알고리즘, 자연수의 곱 7 × 4와 소수의 곱 0.007 × 0.4 비교하기)

$$\begin{array}{r} 7 \\ \times\quad 4 \\ \hline 28 \end{array} \qquad \begin{array}{r} 0.007 \\ \times\quad 0.4 \\ \hline 0.0028 \end{array}$$

배경

분수로 고쳐 계산하고 방법과 자연수의 계산에서와 같이 세로형식으로 계산하는 방법이 있다. 각 계산 방법을 알아보고, 이것을 형식화하여 계산하게 한다.

관련 TU : TUAQ-2480, TUAQ-2500

TUAQ-2500.10 3.5×1.7형(소수의 곱셈)

관련 교육과정	(07) 5(가)6①
	(09) 56(가)4①

목표

3.5 × 1.7형 소수와 소수끼리의 곱셈을 할 수 있다.

자료

계산도식(소수를 10을 분모로 하는 분수로 바꾸기)

활동

(1) 3.5×1.7이 얼마인지 소수를 분수로 바꾸어서 알아보시오. (소수를 10의 거듭제곱 수를 분모로 하는 분수로 바꾸기)

$$3.5\times1.7=\frac{35}{10}\times\frac{17}{10}=\frac{595}{100}=5.95$$

(2) 세로형식으로 계산하여 보시오. (알고리즘, 자연수의 곱 35×17와 소수의 곱 3.5×1.7 비교하기)

```
   35          3.5
×  17        × 1.7
-----        -----
  245          245
  35           35
-----        -----
  595         5.95
```

배경

바꾸어 계산하는 방법을 연습하고, 자연수의 곱셈 계산처럼 세로형식으로 계산할 경우, 계산하고 난 후 곱하는 수와 곱해지는 수의 소수점 아래 자리 수의 합과 같게 곱의 소수점을 맞추어 찍는 방법을 익힌다.

관련 TU : TUAQ-2490, TUAQ-2510

TUAQ-2510.10 1.27×2.4형(소수의 곱셈)

관련 교육과정	(07) 5(가)6①
	(09) 56(가)4①

목표

1.27 × 2.4형 소수와 소수끼리의 곱셈을 할 수 있다.

자료

계산도식(알고리즘, 세로셈)

활동

(1) 1.27×2.4가 얼마인지 세로형식으로 계산하여 보시오. (알고리즘, 자연수의 곱 127×24와 소수의 곱 1.27×2.4 비교하기)

```
   127          1.27
×   24        ×  2.4
------        ------
   508           508
  254           254
------        ------
  3048         3.048
```

배경

(소수) × (소수)의 계산 방법을 일반화하는 데 목표가 있다. 소수의 곱셈은 자연수의 곱셈처럼 계산하고 곱의 소수점은 곱하는 수와 곱해지는 수의 소수점 아래 자리 수의 합과 같게 찍으면 됨을 깨닫게 한다. 따라서 여러 가지 다양한 문제를 제시하여 소수의 곱셈을 능숙하게 할 수 있도록 한다. 너무 계산이 복잡할 경우, 학생의 흥미를 유발할 수 있도록 자연수의 곱셈은 계산기를 이용하게 하고 소수점을 바르게 찍도록 하는 것도 소수의 곱셈을 지도하는 데 도움이 된다.

관련 TU : TUAQ-2500, TUAQ-4800

TUAQ-2520.10 2.4÷2형(소수의 나눗셈)

관련 교육과정	(07) 5(가)⑥②
	(09) 56(가)④②

목표

2.4÷2형 (소수)÷(자연수)의 계산을 할 수 있다.

자료

물통을 단순화한 직사각형 그림, 수직선 그림

활동

(1) 2.4를 2개의 직사각형 그림(물통 단순화)에 나누어 색칠하여 보시오.

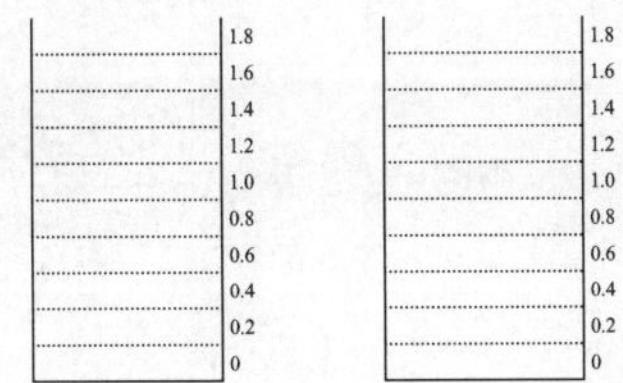

(2) 2.4÷2를 수직선에 나타내어 보시오.

0 0.5 1 1.5 2 2.5

(3) 소수를 분수로 바꾸어서 알아보시오.

$$2.4 \div 2 = \frac{\overset{12}{\cancel{24}}}{10} \times \frac{1}{\underset{1}{\cancel{2}}} = \frac{12}{10} = 1.2$$

(4) 세로형식으로 계산하여 보시오. (알고리즘, 자연수의 나눗셈 24÷2와 소수의 나눗셈 2.4÷2 비교하기)

$$\begin{array}{r} 12 \\ 2\overline{)24} \\ 2 \\ \hline 4 \\ 4 \\ \hline 0 \end{array} \qquad 2\overline{)2.4} \;\Rightarrow\; \begin{array}{r} 1 \\ 2\overline{)2.4} \\ 2 \\ \hline \end{array} \;\Rightarrow\; \begin{array}{r} 1.2 \\ 2\overline{)2.4} \\ 2 \\ \hline 4 \\ 4 \\ \hline 0 \end{array}$$

배경

현실에서 소수인 경우를 똑같이 등분할 필요가 생긴다. 특히, 과학 실험이나 공작, 제작 활동에서 양이나 길이가 소수로 주어지는 경우가 많으며, 이 양과 길이를 등분하려면 자연스럽게 (소수)÷(자연수)의 계산이 필요하게 된다. 또, (소수)÷(소수)의 계산 원리와 형식을 이해하는 전 단계의 과정으로써 (소수)÷(자연수)의 계산이 필요하다.

소수의 나눗셈의 첫 단계로서 몫이 소수 한 자리의 대소수인 (소수)÷(자연수)를 다룬다. 이는 (소수)÷(자연수)의 계산 중에서 기초가 되는 것으로, 소수의 나눗셈 계산을 위해서 주어진 문제 상황을 바르게 이해하고 다양한 구체적인 활동을 통해 (소수)÷(자연수)의 계산 원리를 이해하고 계산 방법과 방법을 익힌다.

관련 TU : TUAQ-4240, TUAQ-2530

TUAQ-2530.10 28.8÷12형(소수의 나눗셈)

관련 교육과정	(07) 5(가)⑥②
	(09) 56(가)④②

목표

28.8÷12형 (소수)÷(자연수)의 계산을 할 수 있다.

자료

계산도식(소수를 10을 분모로 하는 분수로 바꾸기)

활동

(1) 28.8÷12가 얼마인지 소수를 분수로 바꾸어서 알아보시오. (소수를 10의 거듭제곱 수를 분모로 하는 분수로 바꾸기)

$$28.8 \div 12 = \frac{288}{10} \times \frac{1}{12} = \frac{24}{10} = 2.4$$

(2) 세로형식으로 계산하여 보시오. (알고리즘, 자연수의 나눗셈 288÷12와 소수의 나눗셈 28.8÷12 비교하기)

```
     24
12) 288
    24
     48
     48
      0
```

```
                    2              2.4
12) 28.8  ⇨  2) 28.8  ⇨  2) 28.8
                 24             24
                                 48
                                 48
                                  0
```

배경

소수를 분수로 바꾸어서 계산 원리를 알아보고 세로형식으로 알고리즘을 익히는 활동이다. 이를 통해 소수의 나눗셈도 자연수의 나눗셈과 같은 방법으로 계산하고 몫의 소수점을 나누는 수의 소수점의 자리에 맞추어 찍는다는 것을 알게 한다.

관련 TU : TUAQ-2520, TUAQ-2540

TUAQ-2540.10 12.48÷8형(소수의 나눗셈)

관련 교육과정	(07) 5(가)⑥②
	(09) 56(가)④②

목표

12.48÷8형 (소수)÷(자연수)의 계산을 할 수 있다.

자료

계산도식(소수를 100을 분모로 하는 분수로 바꾸기)

활동

(1) 12.48÷8이 얼마인지 소수를 분수로 바꾸어서 알아보시오. (소수를 100의 거듭제곱 수를 분모로 하는 분수로 바꾸기)

$$12.48 \div 8 = \frac{\overset{156}{\cancel{1248}}}{100} \times \frac{1}{\underset{1}{\cancel{8}}} = \frac{156}{100} = 1.56$$

(2) 세로형식으로 계산하여 보시오. (알고리즘, 자연수의 나눗셈 1248÷8와 소수의 나눗셈 12.48÷8 비교하기)

```
    156
8) 1248
   8
   44
   40
    48
    48
     0
```

```
     1               1.5              1.56
8) 12.48  ⇨  8) 12.48  ⇨  8) 12.48
   8              8               8
   4              44              44
                  40              40
                   4               48
                                   48
                                    0
```

배경

몫이 소수 두 자리의 대소수인 (소수)÷(자연수)의 계산을 다루어 소수의 나눗셈을 확장한다. 이 경우에도 소수를 100이 분모인 분수로 고쳐서 분수의 나눗셈을 이용하여 몫을 구하는 방법을 통해 계산 원리를 익히게 한다. 또한 세로 형식의 계산은 앞에서 발견한 계산 원리를 생각하면서 자연수의 계산 방법과 똑같이 하면서 계산 도중에 소수점을 찍는 것만 다르다는 것을 알게 한다.

관련 TU : TUAQ-2530, TUAQ-2550

TUAQ-2550.10 1.6÷4형(소수의 나눗셈)

관련 교육과정	(07) 5(가)[6]②
	(09) 56(가)[4]②

목표

1.6 ÷ 4형 (소수) ÷ (자연수)의 계산을 할 수 있다.

자료

수직선, 계산도식(소수를 10을 분모로 하는 분수로 바꾸기)

활동

(1) 1.6 ÷ 4를 수직선에 나타내어 보시오.

(2) 소수를 분수로 바꾸어서 알아보시오. (소수를 10의 거듭제곱 수를 분모로 하는 분수로 바꾸기)

$$1.6 \div 4 = \frac{\overset{4}{\cancel{16}}}{10} \times \frac{1}{\underset{1}{\cancel{4}}} = \frac{4}{10} = 0.4$$

(3) 세로형식으로 계산하여 보시오. (알고리즘, 자연수의 나눗셈 16 ÷ 4와 소수의 나눗셈 1.6 ÷ 4 비교하기)

$$\begin{array}{r} 4 \\ 4\overline{)16} \\ 16 \\ \hline 0 \end{array} \qquad \begin{array}{r} 0. \\ 4\overline{)1.6} \end{array} \Rightarrow \begin{array}{r} 0.4 \\ 4\overline{)1.6} \\ 1.6 \\ \hline 0 \end{array}$$

배경

대소수와 진소수 각각에 대하여 (소수) ÷ (자연수) 계산을 알도록 한다. 또한 몫이 소수인 (소수) ÷ (자연수)의 계산도 여러 가지 방법으로 생각하여 구하게 한다. 따라서 몫이 소수인 (소수) ÷ (자연수)의 계산을 다루어 소수의 나눗셈을 확장한다. 1.6 ÷ 4의 몫을 수직선에서 알아보게 하고, 소수를 분수로 고쳐서 분수의 나눗셈을 이용하여 몫을 구하는 방법을 통해 계산 원리를 익히게 한다. 또한 세로형식의 계산은 자연수의 계산 방법과 똑같이 하면서 계산 도중에 소수점을 찍는 것만 다르다는 것을 알게 한다.

관련 TU : TUAQ-2540, TUAQ-2560

TUAQ-2560.10 0.42÷3형(소수의 나눗셈)

관련 교육과정	(07) 5(가)[6]②
	(09) 56(가)[4]②

목표

0.42 ÷ 3형 (소수) ÷ (자연수)의 계산을 할 수 있다.

자료

계산도식(소수를 100을 분모로 하는 분수로 바꾸기)

활동

(1) 0.42 ÷ 3이 얼마인지 소수를 분수로 바꾸어서 알아보시오. (소수를 100의 거듭제곱 수를 분모로 하는 분수로 바꾸기)

$$0.42 \div 3 = \frac{\overset{14}{\cancel{42}}}{100} \times \frac{1}{\underset{1}{\cancel{3}}} = \frac{14}{100} = 0.14$$

(2) 세로형식으로 계산하여 보시오. (알고리즘, 자연수의 나눗셈 42 ÷ 3과 소수의 나눗셈 0.42 ÷ 3 비교하기)

$$\begin{array}{r} 14 \\ 3\overline{)42} \\ 3 \\ \hline 12 \\ 12 \\ \hline 0 \end{array}$$

$$3\overline{)0.42} \Rightarrow \begin{array}{r} 0.1 \\ 3\overline{)0.42} \\ 3 \\ \hline 1 \end{array} \Rightarrow \begin{array}{r} 0.14 \\ 3\overline{)1.42} \\ 3 \\ \hline 12 \\ 12 \\ \hline 0 \end{array}$$

배경

몫이 소수인 (소수) ÷ (자연수)의 계산을 다루며 몫이 두 자리 소수인 경우를 통해 소수의 나눗셈을 확장시킨다. 나누는 수가 소수 두 자리 수로 주어진 0.42 ÷ 3의 계산 원리를 익히기 위해 소수를 100이 분모인 분수로 고쳐서 분수의 나눗셈을 이용하여 몫을 구하게 하며, 세로형식을 통한 계산 방법을 익히게 한다.

관련 TU : TUAQ-2550, TUAQ-2570

TUAQ-2570.10 13.2÷8형(소수의 나눗셈)

관련 교육과정	(07) 5(가)[6]②
	(09) 56(가)[4]②

목표

13.2 ÷ 8형 (소수) ÷ (자연수)의 계산을 할 수 있다.

자료

계산도식(소수를 10을 분모로 하는 분수로 바꾸기)

활동

(1) 13.2 ÷ 8이 얼마인지 소수를 분수로 바꾸어서 알아보시오. (소수를 10의 거듭제곱 수를 분모로 하는 분수로 바꾸기)

$$13.2 \div 8 = \frac{132}{10} \times \frac{1}{8} = \frac{\overset{165}{\cancel{1320}}}{100} \times \frac{1}{\underset{1}{\cancel{8}}} = \frac{165}{100} = 1.65$$

(2) 세로형식으로 계산하여 보시오.

$$\begin{array}{r} 16.5 \\ 8{\overline{\smash{\big)}\,132.0}} \\ \underline{8} \\ 52 \\ \underline{48} \\ 40 \\ \underline{40} \\ 0 \end{array}$$

$$\begin{array}{r} 1 \\ 8{\overline{\smash{\big)}\,13.2}} \\ \underline{8} \\ 5 \end{array} \Rightarrow \begin{array}{r} 1.6 \\ 8{\overline{\smash{\big)}\,13.2}} \\ \underline{8} \\ 52 \\ \underline{48} \\ 4 \end{array} \Rightarrow \begin{array}{r} 1.65 \\ 8{\overline{\smash{\big)}\,13.20}} \\ \underline{8} \\ 52 \\ \underline{48} \\ 40 \\ \underline{40} \\ 0 \end{array}$$

배경

소수점 아래 0을 내려 계산하는 (소수) ÷ (자연수)의 계산을 다룬다. 소수를 분수로 고쳐서 분수의 나눗셈을 이용하여 13.2 ÷ 8의 몫을 구하는 과정에서 계산 원리를 발견하게 한다. 주어진 상태로 분모가 10인 경우에는 나누어떨어지지 않으므로 분자와 분모에 10을 곱하여 계산을 하게 됨을 익히게 한다. 또한 세로형식의 계산은 지금까지 익힌 세로형식의 계산 순서를 이용하되, 나누는 수의 소수 끝자리 아래에 0을 보충하여 계산함을 익히게 한다.

관련 TU : TUAQ-2560, TUAQ-2580

TUAQ-2580.10 35.4÷5형(소수의 나눗셈)

관련 교육과정	(07) 5(가)[6]②
	(09) 56(가)[4]②

목표

35.4 ÷ 5형 (소수) ÷ (자연수)의 계산을 할 수 있다.

자료

계산도식(소수를 10을 분모로 하는 분수로 바꾸기)

활동

(1) 35.4 ÷ 5가 얼마인지 소수를 분수로 바꾸어서 알아보시오. (소수를 분수로 바꾸기)

$$35.4 \div 5 = \frac{354}{10} \times \frac{1}{5} = \frac{\overset{708}{\cancel{3540}}}{100} \times \frac{1}{\underset{1}{\cancel{5}}} = \frac{708}{100} = 7.08$$

(2) 세로형식으로 계산하여 보시오.

$$\begin{array}{r} 70.8 \\ 5{\overline{\smash{\big)}\,354.0}} \\ \underline{35} \\ 40 \\ \underline{40} \\ 0 \end{array}$$

$$
\begin{array}{r}
7\\
5\overline{)\,35.4}\\
35
\end{array}
\quad \Rightarrow \quad
\begin{array}{r}
7.0\\
5\overline{)\,35.4}\\
\underline{35}\\
4
\end{array}
\quad \Rightarrow \quad
\begin{array}{r}
7.08\\
5\overline{)\,35.40}\\
\underline{35}\\
40\\
\underline{40}\\
0
\end{array}
$$

배경

소수점 아래 0을 내려 계산하는 (소수) ÷ (자연수)의 계산을 다룬다. 주어진 상태로 분모가 10인 경우에는 나누어떨어지지 않으므로 분자와 분모에 10을 곱하여 계산을 하게 됨을 익히며, 세로형식의 계산 역시 나누는 수의 소수 끝자리 아래에 0을 보충하여 계산함을 익히게 한다.

관련 TU : TUAQ-2570, TUAQ-2590

TUAQ-2590.10 9÷4형(소수의 나눗셈)

관련 교육과정	(07) 5(가)⑥②
	(09) 56(가)④②

목표

(자연수) ÷ (자연수)를 소수로 나타낼 수 있다.

자료

계산도식(자연수를 분모가 10의 거듭제곱인 형태의 분수로 바꾸기)

활동

(1) 9 ÷ 4의 값을 소수로 얼마인지 자연수를 분수로 바꾸어서 알아보시오.

$$9 \div 4 = \frac{\overset{225}{\cancel{900}}}{100} \times \frac{1}{\underset{1}{\cancel{4}}} = \frac{255}{100} = 2.25$$

(2) 세로형식으로 계산하여 보시오.

$$
\begin{array}{r}
2\\
4\overline{)\,9}\\
\underline{8}\\
1
\end{array}
\quad \Rightarrow \quad
\begin{array}{r}
2.2\\
4\overline{)\,9.0}\\
\underline{8}\\
10\\
\underline{8}\\
2
\end{array}
\quad \Rightarrow \quad
\begin{array}{r}
2.25\\
4\overline{)\,9.00}\\
\underline{8}\\
10\\
\underline{8}\\
20\\
\underline{20}\\
0
\end{array}
$$

배경

9 ÷ 4를 분수로 고쳐서 계산하면 나누어떨어지지 않으므로, 분자와 분모에 10의 거듭제곱을 곱하여 나누어떨어지도록 만들어서 몫을 얻게 됨을 알게 한다. 또한 이러한 계산 원리를 바탕으로 자연수끼리의 나눗셈의 세로 형식도 앞서 학습한 세로 형식의 계산 순서를 이용하여 계산할 때와 같이 0을 내려서 계산하도록 지도한다.

관련 TU : TUAQ-4210, TUAQ-2580, TUAQ-4610

TUAQ-2600.10 소수 곱셈의 계산 결과를 어림하기

관련 교육과정	(07) –
	(09) 56(가)4④

목표

소수 곱셈의 계산 결과를 어림할 수 있다.

자료

소수의 곱셈에 관련된 실생활 문제

활동

클립 하나의 길이는 약 3.4 cm입니다. 클립 12개를 이으면 길이는 몇 cm 정도 되겠습니까?

▸3 × 12는 얼마입니까?

▸4 × 12는 얼마입니까?

▸3.4 × 12는 얼마입니까?

▸클립 12개를 이으면 길이는 얼마 정도 된다고 생각합니까? 왜 그렇게 생각합니까?

배경

소수 곱셈의 계산 결과를 어림하는 것은 자연수 곱셈의 계산 결과를 어림하는 것과 유사하다. 다만, 소수점의 위치에 유의하도록 한다.

관련 TU : TUAQ-2500, TUAQ-2510

TUAQ-3010.10 같은 양을 분수, 소수로 나타내기

관련 교육과정	(07) 5(가)3①
	(09) 56(가)5①

목표

같은 양을 분수와 소수로 나타낼 수 있다.

자료

분수와 소수의 수 막대 모델

활동

(1) 수 막대에서 분수와 소수로 나타내기

수 막대의 위쪽에 분수를, 아래쪽에 소수를 써 보시오.

0 1

0 1

(2) 색칠된 넓이에서 분수와 소수로 나타내기

사각형의 전체 넓이는 각각 1입니다. 색칠한 부분을 각각 분수와 소수로 써 보시오.

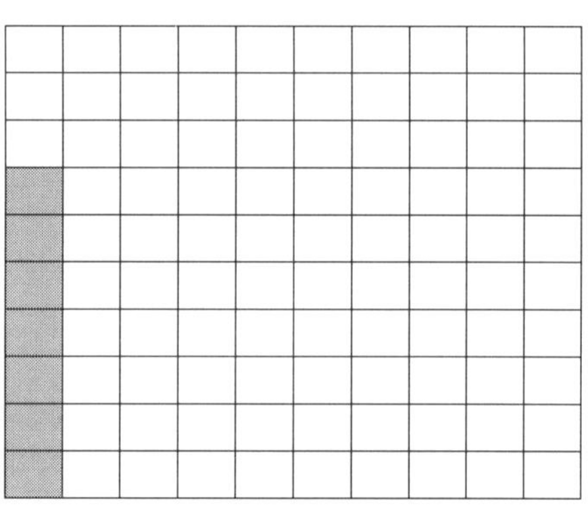

$\frac{\square}{\square}=\square$

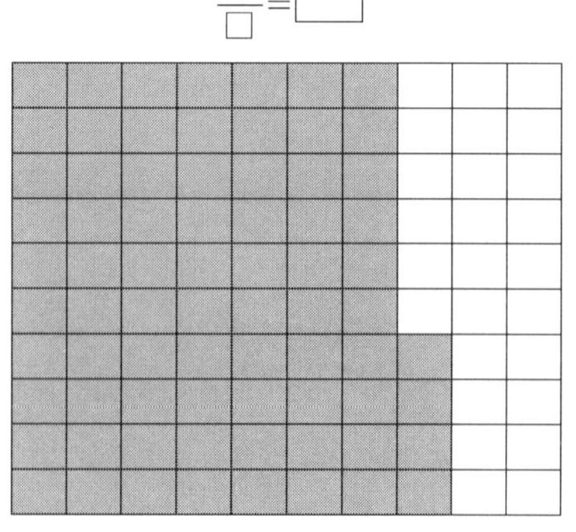

$\frac{\square}{\square}=\square$

(3) 수직선에서 알아보기

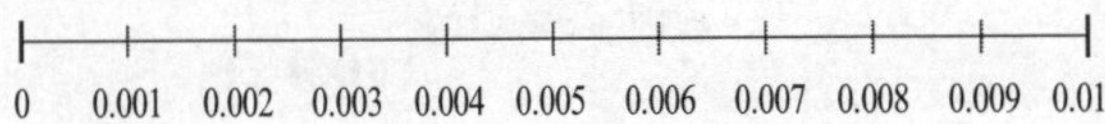

배경

활동 (1)은 수 막대를 이용하여 소수 한 자릿수를 분수와 소수로 나타내는 활동이다. **활동** (2)에서는 소수 두 자릿수를 나타내는 수를 학습하기 위하여 1을 100으로 나누는 정사각형을 소재로 삼았다. 작은 정사각형 100개로 나누어지는 정사각형에서 작은 정사각형 하나의 크기는 0.01이면서 $\frac{1}{100}$이다. 색칠된 부분의 개수를 세어 소수와 분수로 나타낸다. **활동** (3)은 소수 세 자리를 나타내는 수를 학습하기 위하여 0.01을 10등분한 수직선을 소재로 삼아 0.001과 $\frac{1}{1000}$의 관계를 이해할 수 있게 하였다.

관련 TU : TUAQ-2010, TUAQ-2110, TUAQ-3020

TUAQ-3020.10 분수를 소수로 나타내기

관련 교육과정	(07) 5(가)3①
	(09) 56(가)5①

목표

분수를 소수로 나타낼 수 있다.

자료

계산도식(몫의 분수로 생각해서, 분모가 10인 거듭제곱인 동치분수로 바꾸는 알고리즘)

활동

(1) $\frac{1}{5}$을 소수로 나타내어 보시오.

▸ 1 ÷ 5의 몫을 분수로 나타내시오.

▸ 1 ÷ 5의 몫을 소수로 나타내시오.

▸ 분수 $\frac{1}{5}$을 소수로 나타내시오.

$$\frac{1}{5}=\square$$

(2) $\frac{1}{2}$을 소수로 나타내어 보시오.

▸ 분모 2에 어떤 수를 곱하면 10이 됩니까?

$$2\times\square=10$$

▸ $\frac{1}{2}$을 소수로 나타내시오.

$$\frac{1}{2}=\frac{1\times\square}{2\times5}=\frac{\square}{\square}=\square$$

(3) $\frac{3}{4}$을 소수로 나타내어 보시오.

▸ 분모 4에 어떤 수를 곱하면 100이 됩니까?

$$4\times\square=100$$

▸ $\frac{3}{4}$을 소수로 나타내시오.

$$\frac{3}{4}=\frac{3\times\square}{4\times\square}=\frac{\square}{\square}=\square$$

(4) $3\frac{1}{5}$을 소수로 나타내어 보시오.

▸ $3\frac{1}{5}$을 덧셈으로 나타내시오.

$$3\frac{1}{5}=3+\frac{\square}{\square}=3+\square$$

▸ $3\frac{1}{5}$을 소수로 나타내시오.

$$3\frac{1}{5}=\square$$

배경

분수를 소수로 나타내는 방법 중 하나로, 몫의 분수로 생각해서 분모가 10의 거듭제곱인 동치분수로 바꾸는 활동이다. 대분수를 소수로 바꾸는 과정에서 가분수로 변환한 후에 계산 오류를 범하지 않도록 지도한다.

관련 TU : TUAQ-3010, TUAQ-3030, TUAQ-4210

TUAQ-3030.10 그림을 통해 분수와 소수 크기 비교하기

관련 교육과정	(07) 5(가)3②
	(09) 56(가)5②

목표

직관적 활동으로 분수와 소수의 크기를 비교할 수 있다.

자료

색연필, 바둑돌, 수 막대 모델

활동

(1) 수 막대에 색칠해서 분수와 소수의 크기 비교하기

$0 \quad \frac{1}{5} \quad \frac{2}{5} \quad \frac{3}{5} \quad \frac{4}{5} \quad 1$

0 0.1 0.2 0.3 0.4 0.5 0.6 0.7 0.8 0.9 1

- 위의 수 막대에 $\frac{2}{5}$만큼 색을 칠하시오
- 아래의 수 막대에 0.3만큼 색을 칠하시오.
- 분수 $\frac{2}{5}$와 소수 0.3 중에서 어느 수가 크다고 생각합니까?

(2) 바둑돌로 분수와 소수의 크기 비교하기

- 바둑돌을 각각 10개씩 늘어놓으시오.
- 한 사람이 바둑돌의 0.5만큼 가져가시오.
- 다른 한 사람이 바둑돌의 $\frac{3}{5}$만큼 가져가시오.
- 분수 $\frac{3}{5}$과 소수 0.5 중에서 어느 수가 크다고 생각합니까?

배경

활동 (1)은 분수와 소수를 동시에 나타낸 수 막대 위에 주어진 분수만큼 색을 칠하고, 주어진 소수만큼 색을 칠하는 활동을 통하여 분수와 소수의 크기를 직관적으로 비교하는 활동이다. 눈으로 볼 수 있으므로 $\frac{2}{5}$가 0.3보다 크다고 생각하면 된다. **활동** (2)는 바둑돌을 가져가는 활동이다. 여기서는 바둑돌 10개의 $\frac{3}{5}$이 6개라는 것과 바둑돌 10개의 0.5가 5개라는 것을 알아야하므로 다소 어려울 수도 있으므로 **활동** (1)의 빈 칸 위에 바둑돌을 올려놓아 주어진 분수 또는 소수만큼 가져가는 활동으로 변형해도 좋다.

관련 TU : TUAQ-3020, TUAQ-3040

TUAQ-3040.10 환산을 통해 분수와 소수 크기 비교하기

관련 교육과정	(07) 5(가)3②
	(09) 56(가)5②

목표

분수를 소수로 고치거나 소수를 분수로 고쳐서 분수와 소수의 크기를 비교할 수 있다.

자료

여러 가지 분수와 소수

활동

(1) 분수를 소수로 고쳐서 분수와 소수 크기 비교하기

- 분수 $\frac{3}{5}$과 소수 0.7의 크기를 비교하여 보시오.
- $\frac{3}{5}$을 소수로 고쳐 보시오.
- $\frac{3}{5}$과 0.7 중에서 어느 수가 큽니까?

(2) 소수를 분수로 고쳐서 분수와 소수 크기 비교하기

- 0.7과 $\frac{1}{2}$의 크기를 비교하여 보시오.
- 0.7을 분수로 고쳐보시오.
- $\frac{7}{10}$과 $\frac{1}{2}$을 통분하시오.

▸ $\frac{7}{10}$과 $\frac{1}{2}$중에서 어느 수가 큽니까?

▸ 0.7과 $\frac{1}{2}$중에서 어느 수가 큽니까?

배경

소수를 분수로 고치거나, 분수를 소수로 고쳐서 분수와 소수의 크기 비교를 한다. 분수와 소수의 직관적인 크기 비교에서 발전하여 소수를 분수로, 분수를 소수로 고쳐서 비교한다. 간혹 분수를 소수로 고치는 것이 편리하다 생각하여 한 가지 방법만을 익히는 학생들이 있으나 분수가 소수로 고쳐지기 어려운 경우가 있으므로 **활동 (2)**를 충분히 이해하여야 함을 설명한다.

관련 TU : TUAQ-3030, TUAQ-4800

TUAQ-4010.10 $\frac{3}{7}\times 5$형(분수와 자연수의 곱)

관련 교육과정	(07) 5(가)[5]①
	(09) 56(가)[3]①

목표

(진분수) × (자연수)의 계산을 형식화하고, 여러 가지 방법으로 계산할 수 있다.

자료

수 막대 모델, 색종이, 계산도식(분수와 자연수의 곱셈 알고리즘)

활동

(1) 등분할 조각 모아서 색칠하기

⇩

▸ 아래쪽 그림에 3칸씩 5번 색칠하여 보시오.

▸ $\frac{3}{7}\times 5$는 얼마라고 생각합니까?

(2) 같은 수를 여러 번 더하여 계산하기

▸ $\frac{3}{7}$을 5번 더하시오.

$$\frac{3}{7}+\frac{3}{7}+\frac{3}{7}+\frac{3}{7}+\frac{3}{7}=\frac{\square}{7}=\square$$

▸ $\frac{3}{7}\times 5$와 $\frac{3}{7}+\frac{3}{7}+\frac{3}{7}+\frac{3}{7}+\frac{3}{7}$의 값을 비교해보시오.

(3) 자연수를 분자에 곱하여 계산하기

① $\frac{3}{8}\times 6=\frac{3\times 6}{8}=\frac{\cancel{18}}{\cancel{8}}=\frac{9}{4}=2\frac{1}{4}$

② $\frac{3}{8}\times 6=\frac{3\times \cancel{6}}{\cancel{8}}=\frac{9}{4}=2\frac{1}{4}$

③ $\frac{3}{\cancel{8}}\times \cancel{6}=\frac{9}{4}=2\frac{1}{4}$

▸ 각 계산 방법의 특징을 설명하여 보시오.

▸ 각 계산 방법의 좋은 점을 설명하여 보시오.

배경

(진분수) × (자연수)의 계산은 분수의 곱셈이 기초이다. 먼저 시각화 활동을 통해 알아보게 하고 동수누가를 이용하여 5를 곱하는 것이 다섯 번을 더하는 활동과 같다는 것을 알게 한다. 여기서 (진분수) × (자연수)의 계산이 분수의 분자와 자연수의 곱을 분수로 나타낸다는 것을 알게 한다. **활동 (3)**에서 약분을 할 경우 어느 경우에 해도 값이 같다는 것을 알고 비교해본다.

관련 TU : TUAN-3030, TUAQ-0330, TUAQ-4020, TUAQ-4030

TUAQ-4020.10 $1\frac{2}{3}\times 4$ 형(분수와 자연수의 곱)

관련 교육과정	(07) 5(가)5①
	(09) 56(가)3①

목표

(대분수) × (자연수)의 계산 원리를 이해하고 계산할 수 있다.

자료

색종이, 분수의 수 막대 모델, 계산도식(대분수와 자연수의 곱셈 알고리즘)

활동

(1) 등분할 조각을 모아서 $1\frac{2}{3}\times 4$ 알아보기

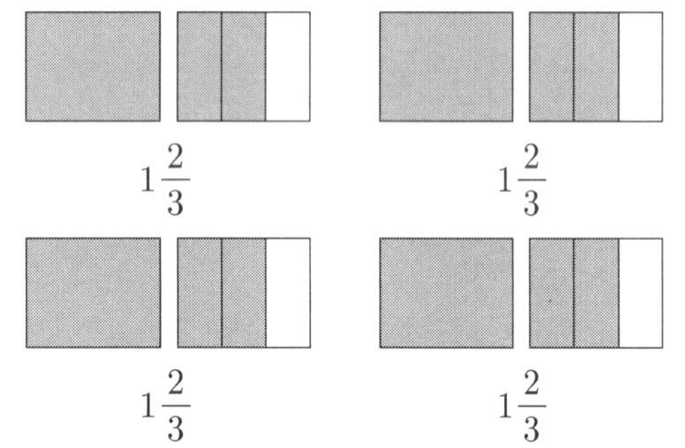

- ▸ 색칠된 부분을 식으로 나타내어 보시오.
- ▸ 다른 식으로 나타내고 구해보시오.

(2) 색종이 조각으로 $1\frac{2}{3}\times 4$ 알아보기(네 명이 활동하기)

- ▸ 한 사람당 2장의 색종이를 준비하시오.
- ▸ 네 사람 모두 두 장 중 한 장을 3등분하여 한 부분을 잘라내시오.
- ▸ 네 사람이 가진 색종이는 모두 몇 장인지 알아보시오.

(3) $1\frac{2}{3}\times 4$를 가분수로 고쳐 계산하기

$1\frac{2}{3}$를 가분수로 고쳐서 계산해 보시오.

$$1\frac{2}{3}\times 4=\frac{5}{3}\times 4=\frac{20}{3}=6\frac{2}{3}$$

배경

(대분수) × (자연수)를 익힘과 동시에 (가분수) × (자연수)를 학습한다. **활동** (1)에서 그림을 식으로 나타낼 때 $1\frac{2}{3}+1\frac{2}{3}+1\frac{2}{3}+1\frac{2}{3}$를 사용하여

$(1+1+1+1)+\left(\frac{2}{3}+\frac{2}{3}+\frac{2}{3}+\frac{2}{3}\right)$

$=4+\frac{8}{3}=4\frac{8}{3}=6\frac{2}{3}$로 계산해도 좋고

$(1\times 4)+\left(\frac{2}{3}\times 4\right)\times =4+\frac{8}{3}=4\frac{8}{3}=6\frac{2}{3}$

의 방법을 이용해도 상관없다. 이 두 방법에는 분배법칙과 결합법칙이 이용되어 학생들이 이해하기가 쉽지 않으므로, 색종이를 접어 자연수 부분끼리, 진분수 부분끼리 묶어보는 활동으로 이해를 북돋는다. 또한 **활동** (1), (2)의 방법을 모두 이해하여야 여러 상황에 적용할 수 있으므로 한 가지 편한 방법만으로 계산하지 않게 한다.

관련 TU : TUAQ-4010, TUAQ-4050

TUAQ-4030.10 $12\times\frac{3}{4}$형(자연수와 분수의 곱)

관련 교육과정	(07) 5(가)5①
	(09) 56(가)3①

목표

(자연수) × (진분수)의 계산 원리를 이해하고 계산할 수 있다.

자료

수직선 모델, 계산도식(자연수와 분수의 곱셈 알고리즘)

활동

(1) 수직선 위에 $12\times\frac{3}{4}$을 나타내어 보기

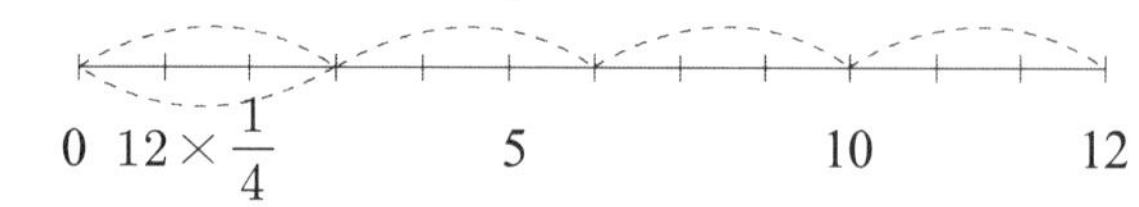

- ▸ $12\times\frac{1}{4}$은 $12\div 4$와 같다고 생각합니까?

▸ $12\times\frac{3}{4}$은 $12\times\frac{1}{4}$의 몇 배와 같다고 생각합니까?

▸ $12\times\frac{3}{4}$은 얼마입니까?

(2) $12\times\frac{3}{4}$ 계산하기

$$12\times\frac{3}{4}=\left(12\times\frac{1}{4}\right)\times\square=\frac{12}{4}\times\square=\frac{\cancel{12}\times 3}{\cancel{4}}$$
$$=\square$$

배경

$12\times\frac{3}{4}$을 수직선에서 살펴보면 $\frac{3}{4}$은 $\frac{1}{4}$의 3배이므로 $12\times\frac{3}{4}$은 $12\times\frac{1}{4}\times 3$과 같다는 것을 알 수 있다. 여기서 $12\times\frac{1}{4}$은 12를 4등분 한 것 중 하나이므로 $12\div 4$와 같다. 이 과정을 하나의 수식으로 나타내면 다음과 같다.

$$12\times\frac{3}{4}=12\times\frac{1}{4}\times 3=12\div 4\times 3$$
$$=\frac{\cancel{12}}{\cancel{4}}\times 3=3\times 3=9$$

이러한 과정을 형식화 시키면 (자연수) × (진분수)의 계산은 다음과 같다.

$$(\text{자연수})\times\frac{(\text{분자})}{(\text{분모})}=\frac{(\text{자연수})\times(\text{분자})}{(\text{분모})}$$

관련 TU : TUAQ-4010, TUAQ-4040

TUAQ-4040.10 $12\times\frac{3}{4}$형(계산 알고리즘)

관련 교육과정	(07) 5(가)5①
	(09) 56(가)3①

목표

자연수와 진분수의 곱을 구하는 다양한 방법을 알 수 있다.

자료

계산도식(자연수와 분수의 곱셈 알고리즘)

활동

(1) $12\times\frac{3}{4}$을 여러 가지 방법으로 계산하여 보기

① $12\times\frac{3}{4}=\frac{12\times 3}{4}=\frac{\cancel{36}}{\cancel{4}}=9$

② $12\times\frac{3}{4}=\frac{\cancel{12}\times 3}{\cancel{4}}=9$

③ $\cancel{12}\times\frac{3}{\cancel{4}}=9$

▸ 각 계산 방법의 특징을 설명하여 보시오.

▸ 각 계산 방법의 좋은 점을 설명하여 보시오.

배경

(자연수) × (진분수)의 계산은 약분의 순서에 따라 여러 가지 방법으로 계산할 수 있다. ① 자연수와 분자의 곱을 구한 다음 약분하는 방법, ② 자연수와 분자의 곱을 구하는 과정에서 약분하는 방법, ③ 주어진 곱셈의 상태에서 바로 약분하는 방법 등 이상 세 가지 방법을 제시하였다. 이 중 어느 방법으로 계산하여도 같은 결과이므로 상황에 따라 적절한 방법을 이용하도록 지도한다.

관련 TU : TUAQ-1040, TUAQ-4030, TUAQ-4060

TUAQ-4050.10 $9\times1\frac{2}{3}$형(자연수와 분수의 곱)

관련 교육과정	(07) 5(가)5①
	(09) 56(가)3①

목표

(자연수)×(대분수)의 계산 원리를 조작 활동을 통해 알고, 두 가지 방법으로 계산해보게 하여 각각의 방법을 비교할 수 있다.

자료

바둑돌, 계산도식(자연수와 대분수의 곱셈 알고리즘)

활동

(1) $9\times1\frac{2}{3}$는 얼마인지 알아보시오.

▸바둑돌을 9의 1배만큼 놓아 보시오.

▸바둑돌을 9의 $\frac{2}{3}$만큼 놓아 보시오.

▸$9\times1\frac{2}{3}$는 얼마라고 생각합니까?

(2) $9\times1\frac{2}{3}$을 계산하기

① $9\times1\frac{2}{3}=(9\times1)+(9\times\boxed{})=9+\square=\boxed{}$

② $9\times1\frac{2}{3}=9\times\frac{5}{3}=\frac{45}{3}=15$

배경

자연수와 진분수의 곱을 계산한 것을 바탕으로 자연수와 대분수의 곱을 알아본다. **활동** (1)에서 조작 활동을 통해 대분수 부분을 자연수와 진분수의 합으로 나누어 계산하므로 $9\times1\frac{2}{3}$는 9씩 1과 9의 $\frac{2}{3}$와의 합임을 알게 한다. **활동** (2)에서는 **활동** (1)에서 조작활동 한 것을 수식으로 나타내는 것이다. ① 자연수와의 곱과 진분수와의 곱을 더하는 방법과 ② 가분수로 고쳐 곱하는 방법 두 가지가 있다.

관련 TU : TUAQ-4030, TUAQ-4060

TUAQ-4060.10 $9\times1\frac{2}{3}$형(계산 알고리즘)

관련 교육과정	(07) 5(가)5①
	(09) 56(가)3①

목표

자연수와 대분수의 곱을 구하는 다양한 방법을 알 수 있다.

자료

계산도식(자연수와 대분수의 곱셈 알고리즘)

활동

(1) $9\times1\frac{2}{3}$를 여러 가지 방법으로 계산해보기

① $9\times1\frac{2}{3}=9\times\left(1+\frac{2}{3}\right)=(9\times1)+\left(9\times\frac{2}{3}\right)$

$=9+6=15$

② $9\times1\frac{2}{3}=9\times\frac{5}{3}=15$

▸각 계산 방법의 특징을 설명하여 보시오.

▸각 계산 방법의 좋은 점을 설명하여 보시오.

배경

(자연수)×(대분수)의 계산을 두 가지 방법으로 계산하여 각 방법의 좋은 점을 알아보게 한다. 첫 번째 방법은 대분수를 자연수와 진분수의 합으로 나타내어 계산하는 방법이고 둘째 방법은 대분수를 가분수로 고쳐서 계산하는 방법이다. 두 번째 방법은 자연수와 진분수를 곱하는 방법을 상기시켜 연관시켜 학습하게 한다. 이 때 약분은 대분수 상태에서 하면 안 되고 가분수로 고친 후 약분해야 한다는 것을 이해하게 하고 강조한다.

관련 TU : TUAQ-4040, TUAQ-4050, TUAQ-4110

TUAQ-4070.10 $\frac{1}{3}\times\frac{1}{4}$형(분수의 곱셈)

관련 교육과정	(07) 5(가)5①
	(09) 56(가)3①

목표

단위분수끼리의 곱셈 계산 원리를 이해하고 이를 형식화하여 계산할 수 있다.

자료

색연필, 색종이, 가위, 계산도식(분수와 분수의 곱셈 알고리즘)

활동

(1) 겹쳐 색칠하기

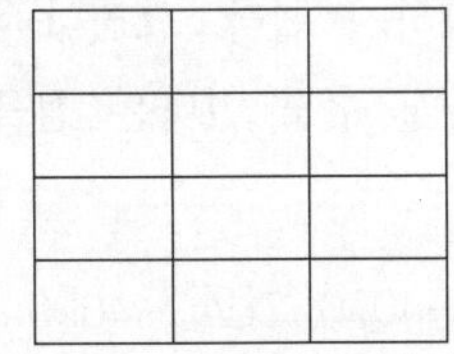

▸ 직사각형에서 $\frac{1}{3}$만큼 파란색으로 칠해보시오.

▸ 파란색으로 칠한 부분의 $\frac{1}{4}$만큼 빨간색을 겹쳐서 칠해보시오.

▸ 겹쳐서 색칠한 부분은 전체의 몇 분의 몇이 됩니까?

▸ $\frac{1}{3}\times\frac{1}{4}$은 얼마입니까?

(2) 색종이 접기

▸ 색종이 한 장을 3등분 되도록 세로로 두 번 접으시오.

▸ 접은 색종이를 다시 4등분되도록 두 번 접으시오.

▸ 색종이를 펼쳐 마지막 접힌 부분이 전체의 몇 분의 몇인지 알아보시오.

▸ $\frac{1}{3}\times\frac{1}{4}$은 얼마입니까?

(3) 계산하기

활동 (1)에서 공부한 것을 생각하며 $\frac{1}{3}\times\frac{1}{4}$을 계산하여 보시오.

$$\frac{1}{3}\times\frac{1}{4}=\frac{1}{3\times4}=\square$$

배경

활동 (1), (2)에서는 조작활동을 통하여 $\frac{1}{3}\times\frac{1}{4}$이 얼마인지 알아보게 한다. **활동** (1)에서 전체 직사각형의 $\frac{1}{3}$만큼 색칠하고 다시 색칠된 부분의 $\frac{1}{4}$만큼 색칠하는 과정에서 $\frac{1}{3}$의 $\frac{1}{4}$은 전체를 3등분한 것을 다시 4등분 한 것이므로 결국 전체를 12등분한 것이라는 것을 시각적으로 알게 한다. **활동** (2)에서 색종이를 처음에 3등분 되도록 접는 것이 다소 어려울 수 있으므로 이 방법은 교사가 시범을 보여주거나 분모가 짝수일 때 쓰는 것이 좋다. **활동** (3)에서는 앞의 조작활동에서 확인한 것을 바탕으로 단위분수끼리의 곱셈에서 분자는 그대로 두고, 분모끼리의 곱으로 나타낸다는 것을 형식화하여 알게 한다.

관련 TU : TUAQ-4010, TUAQ-4030, TUAQ-4090

TUAQ-4080.10 $\frac{1}{3}$과 $\frac{1}{3}\times\frac{1}{4}$의 크기비교(분수 곱셈의 양감)

관련 교육과정	(07) 5(가)5①
	(09) 56(가)3①

목표

곱하는 수가 1보다 작으면 곱이 곱해지는 수보다 작다는 것을 알 수 있다.

자료

색연필, 색종이

활동

(1) 색칠해서 크기 비교하기

그림에 $\frac{1}{3}$과 $\frac{1}{3}\times\frac{1}{4}$를 색칠하여 나타내어 보시오.

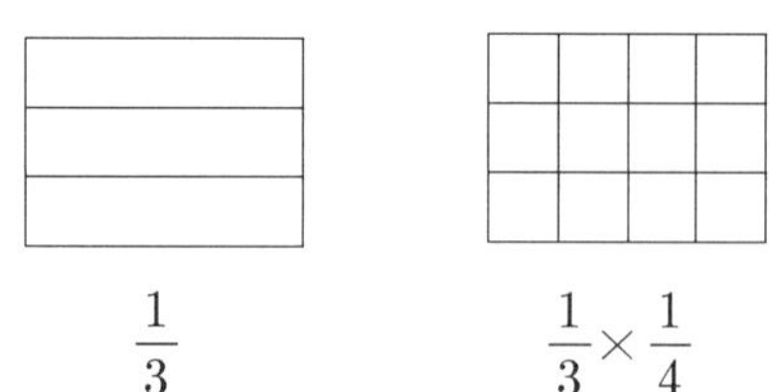

$\frac{1}{3}$ $\frac{1}{3}\times\frac{1}{4}$

▸ $\frac{1}{3}\times\frac{1}{4}$은 얼마인지 계산해 보시오.

▸ $\frac{1}{3}$과 $\frac{1}{3}\times\frac{1}{4}$ 중 어느 것이 더 크다고 생각합니까?

▸ 왜 그렇게 생각합니까?

(2) 색종이를 접어서 비교하기

▸ 색종이 한 장을 3등분하여 $\frac{1}{3}$로 나타내시오.

▸ 다른 색종이 한 장을 3등분하여 $\frac{1}{3}$로 나타낸 후 이것을 다시 2번 접어 $\frac{1}{4}$로 나타내시오.

▸ 위의 두 색종이의 크기를 비교하시오.

▸ $\frac{1}{3}$과 $\frac{1}{3}\times\frac{1}{4}$ 중 어느 것이 더 크다고 생각합니까?

배경

(1)과 (2)에서의 조작활동을 통하여 $\frac{1}{3}$과 $\frac{1}{3}\times\frac{1}{4}$의 크기를 비교한다. 조작활동을 통해 시각적으로 확인할 수도 있으나 앞에서 $\frac{1}{3}\times\frac{1}{4}$은 $\frac{1}{3}\div4$와 같다는 것을 학습하였으므로 학생들은 직접 계산을 하지 않더라도 단위분수끼리의 곱은 곱해지는 수인 단위분수보다 작다는 것을 알게 한다.
일반적으로 곱셈을 하고 나면 그 결과는 더 큰 수가 된다고 생각하기 쉽다. 그러나 분수를 곱할 경우에는 더 작아질 수도 있다는 점을 알게 하는 것이 중요하다.

관련 TU : TUAQ-4070, TUAQ-4090

TUAQ-4090.10 $\frac{3}{4}\times\frac{5}{7}$형(분수의 곱셈)

관련 교육과정	(07) 5(가)5①
	(09) 56(가)3①

목표

진분수끼리의 곱셈 계산 원리를 이해하고 계산할 수 있다.

자료

계산도식(분수와 분수의 곱셈 알고리즘)

활동

(1) $\frac{3}{4}\times\frac{5}{7}$를 색칠해서 알아보기

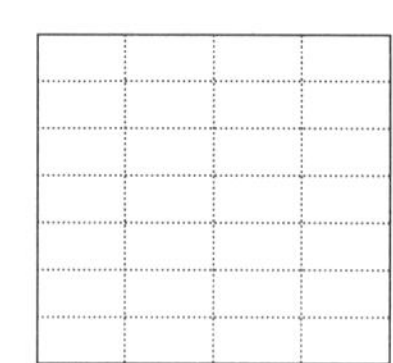

▸ 직사각형의 가로를 4등분한 후 직사각형의 $\frac{3}{4}$만큼 노란색을 칠해보시오.

▸ 세로를 7등분 한 후 노란색을 칠한 부분의 $\frac{5}{7}$만큼 파란색을 겹쳐서 칠해보시오.

▸ 큰 직사각형에는 작은 직사각형이 몇 개 들어 있습니까?

▸ 겹쳐서 색칠한 부분에는 작은 직사각형이 몇 개 들어 있습니까?

▸ 겹쳐서 색칠한 부분은 전체의 얼마입니까?

▸ $\frac{3}{4}\times\frac{5}{7}$는 얼마입니까?

(2) $\frac{3}{4}\times\frac{5}{7}$를 계산하기

$\frac{3}{4}\times\frac{5}{7}$를 계산해 보시오.

$$\frac{3}{4}\times\frac{5}{7}=\frac{3\times\square}{4\times\square}=\boxed{}$$

배경

직사각형에 색을 칠하는 조작 활동을 통하여 $\frac{3}{4}\times\frac{5}{7}$이 얼마나 되는지 알아보게 한다. 먼저 직사각형을 4등분하여 $\frac{3}{4}$을 칠하게 하고 다시 칠한

부분의 $\frac{5}{7}$를 칠하게 한다. 이 때 나누어진 작은 직사각형의 개수는 두 분수의 분모의 곱인 4 × 7이고 겹쳐서 색칠된 부분은 두 분수의 분자의 곱인 3 × 5와 같다는 것을 알게 한다. 이 활동은 **활동 (2)**에서 진분수의 곱을 형식화하는 데 중요하므로 학생들이 스스로 생각하게 유도하는 것이 좋다. 이러한 과정을 학습한 후 **활동 (2)**에서 (진분수) × (진분수)의 계산 원리를 형식화한다.

관련 TU : TUAQ-4070, TUAQ-4100

TUAQ-4100.10 $\frac{3}{10} \times \frac{5}{9}$형(분수의 곱셈)

관련 교육과정	(07) 5(가)5①
	(09) 56(가)3①

목표

진분수끼리의 곱셈을 여러 가지 방법으로 구할 수 있다.

자료

계산도식(분수와 분수의 곱셈 알고리즘)

활동

(1) $\frac{3}{10} \times \frac{5}{9}$을 여러 가지 방법으로 구해보기

① $\frac{3}{10} \times \frac{5}{9} = \frac{3 \times 5}{10 \times 9} = \frac{\overset{1}{\cancel{15}}}{\underset{6}{\cancel{90}}} = \frac{1}{6}$

② $\frac{3}{10} \times \frac{5}{9} = \frac{\overset{1}{\cancel{3}} \times \overset{1}{\cancel{5}}}{\underset{2}{\cancel{10}} \times \underset{3}{\cancel{9}}} = \frac{1}{6}$

③ $\frac{\overset{1}{\cancel{3}}}{\underset{2}{\cancel{10}}} \times \frac{\overset{1}{\cancel{5}}}{\underset{3}{\cancel{9}}} = \frac{1}{6}$

▸ 각 계산 방법의 특징을 설명하여 보시오.

▸ 각 계산 방법의 좋은 점을 설명하여 보시오.

배경

약분이 있을 경우 다양한 방법으로 계산을 해 본다. ① 분모끼리의 곱과 분자끼리의 곱을 구한 다음에 약분하는 방법, ② 곱을 구하는 과정에서 약분하여 곱을 간단하게 구하는 방법, ③ 주어진 곱셈의 상태에서 바로 약분하여 구하는 세 가지 방법을 제시하였다. ③과 같은 방법으로 곱셈을 할 때 분자끼리 약분하거나 분모끼리 약분해서는 안 된다는 것을 주지시켜야 할 것이다. 어느 방법으로 계산하여도 같은 결과이므로 상황에 따라 적절한 방법을 이용하도록 지도한다.

관련 TU : TUAQ-4080, TUAQ-4110

TUAQ-4110.10 $2\frac{2}{5} \times 1\frac{3}{5}$형(분수의 곱셈)

관련 교육과정	(07) 5(가)5①
	(09) 56(가)3①

목표

대분수끼리의 곱을 구하는 방법을 이해하고 계산할 수 있다.

자료

모눈종이, 색연필

활동

(1) 모눈종이에 색칠해서 알아보기

모눈종이에 가로가 $2\frac{2}{5}$, 세로가 $1\frac{3}{5}$인 직사각형을 그리고, 색칠하여 보시오.

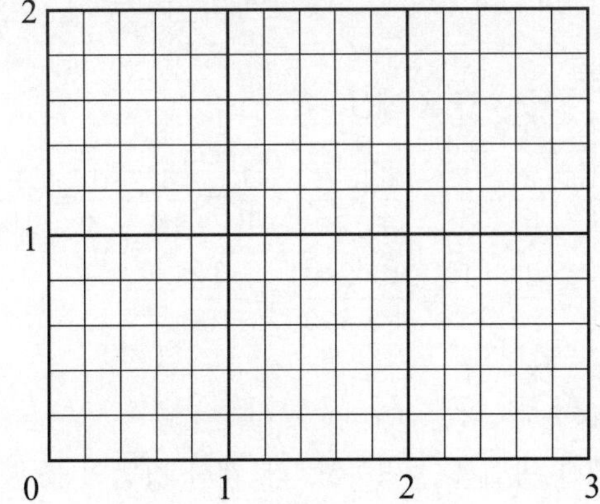

▸ 색칠한 직사각형에는 작은 모눈이 몇 개입니까? 큰 모눈 하나의 넓이가 1이라면, 작은 모눈 하나의 넓이는 얼마입니까?

▸ 색칠한 직사각형의 넓이는 얼마라고 생각합니까?

$$\frac{1}{25}\times(12\times8)=\frac{1}{25}\times\square=\square$$

▸ $2\frac{2}{5}\times1\frac{3}{5}$은 얼마입니까?

(2) $2\frac{2}{5}\times1\frac{3}{5}$을 계산하기

▸ $2\frac{2}{5}$와 $1\frac{3}{5}$를 각각 가분수로 고쳐보시오.

▸ $2\frac{2}{5}\times1\frac{3}{5}$를 계산하여 보시오.

$$2\frac{2}{5}\times1\frac{3}{5}=\frac{12}{5}\times\frac{8}{5}=\frac{\square}{\square}\times\frac{\square}{\square}=\square$$

배경

대분수끼리의 곱셈을 형식화할 때는 대분수를 가분수로 고친다는 것을 알게 한다. 대분수를 가분수로 고칠 때 분자의 크기가 커져서 계산이 복잡해지는 경우가 있으므로 약분이 가능한 것은 약분을 하여 곱하는 것이 편리하다는 것을 지도한다.

관련 TU : TUAQ-4100, TUAQ-4120

TUAQ-4120.10 세 분수의 곱셈

관련 교육과정	(07) 5(가)⑤①
	(09) 56(가)③①

목표

세 분수의 곱셈 계산 방법을 알고 계산할 수 있다.

자료

계산도식(세 분수의 곱셈 알고리즘)

활동

(1) $\frac{1}{2}\times\frac{1}{3}\times\frac{1}{4}$을 계산하기

▸ $\frac{1}{2}\times\frac{1}{3}$을 계산해 보시오.

▸ $\frac{1}{6}\times\frac{1}{4}$을 계산해 보시오.

▸ $\frac{1}{2}\times\frac{1}{3}\times\frac{1}{4}$은 어떻게 계산하면 됩니까?

$$\frac{1}{2}\times\frac{1}{3}\times\frac{1}{4}=\left(\frac{1}{2}\times\frac{1}{3}\right)\times\frac{1}{4}=\square\times\frac{1}{4}=\square$$

(2) $\frac{3}{4}\times\frac{2}{5}\times\frac{1}{3}$을 계산하기

① $\frac{3}{4}\times\frac{2}{5}\times\frac{1}{3}=\left(\frac{3}{\cancel{4}_2}\times\frac{\cancel{2}^1}{5}\right)\times\frac{1}{3}=\frac{\cancel{3}^1}{10}\times\frac{1}{\cancel{3}_1}=\frac{1}{10}$

② $\frac{3}{4}\times\frac{2}{5}\times\frac{1}{3}=\frac{\cancel{3}^1\times\cancel{2}^1\times1}{\cancel{4}_2\times5\times\cancel{3}_1}=\frac{1}{10}$

③ $\frac{\cancel{3}^1}{\cancel{4}_2}\times\frac{\cancel{2}^1}{5}\times\frac{1}{\cancel{3}_1}=\frac{1}{10}$

각 계산 방법을 설명하고, 각 계산 방법의 좋은 점을 말하여보시오.

(3) $\frac{5}{6}\times2\frac{1}{5}\times3$을 계산하기

① $\frac{5}{6}\times2\frac{1}{5}\times3=\left(\frac{\cancel{5}^1}{6}\times\frac{11}{\cancel{5}_1}\right)\times3=\frac{11}{\cancel{6}_2}\times\cancel{3}^1$

$=\frac{11}{2}=5\frac{1}{2}$

② $\frac{5}{6}\times2\frac{1}{5}\times3=\frac{5}{6}\times\frac{11}{5}\times3=\frac{\cancel{5}^1\times11\times\cancel{3}^1}{\cancel{6}_2\times\cancel{5}_1}$

$=\frac{11}{2}=5\frac{1}{2}$

③ $\frac{5}{6}\times2\frac{1}{5}\times3=\frac{\cancel{5}^1}{\cancel{6}_2}\times\frac{11}{\cancel{5}_1}\times\cancel{3}^1=\frac{11}{2}=5\frac{1}{2}$

각 계산 방법을 설명하고, 각 계산 방법의 좋은 점을 말하여보시오.

배경

활동 (1)에서는 세 단위분수의 곱을, **활동** (2)에서는 약분이 있는 세 진분수의 곱을, **활동** (3)에서는 진분수와 대분수, 자연수의 곱을 계산한다. 각각 결합법칙에 따라 앞의 두 분수를 먼저 곱하고 세 번째 분수를 곱하는지, 세 수를 한 번에 곱하는지에 따라 방법이 다르므로 계산 방법을 모두 이해하고 상황에 따라 편리한 방법을 사용하도록 한다.

관련 TU : TUAQ-4110, TUAQ-4800

TUAQ-4210.10 '(자연수)÷(자연수)'를 분수로 나타내기

관련 교육과정	(07) 5(가)5②
	(09) 56(가)3②

목표

'(자연수)÷(자연수)'를 분수로 나타낼 수 있다.

자료

색 테이프 그림(수 막대 그림), 피자판 그림(원 그림), 그림 카드

활동

(1) '3÷4'를 분수로 나타내보시오. (수 막대를 이용하여 등분할하기)

0 1

1m짜리 색 테이프 3개를 넷으로 똑같이 나누었을 때, 한 사람이 가질 수 있는 테이프만큼 색칠해보게 한다.

(2) '3÷4'를 분수로 나타내보시오. (원을 이용하여 등분할하기)

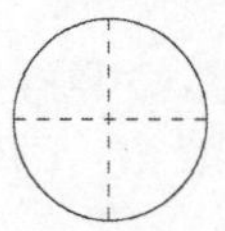

피자 3판을 4명의 친구들이 똑같이 나누었을 때, 한 사람이 먹을 수 있는 피자의 양만큼 색칠해보게 한다.

배경

분수의 나눗셈을 처음 도입하는 부분으로서 (자연수)÷(자연수)를 분수로 나타내는 활동을 지도한다. 이는 나눗셈의 몫을 분수로 나타내기 위한 기초활동이라 볼 수 있다. 이러한 분수의 나눗셈은 자연수의 나눗셈과 분수의 곱셈 단계를 기초로 하고 있다. 이 과정에서 약분, 대분수와 가분수의 상호 관계 등 분수의 기본 개념 등이 활용되게 된다.

관련 TU : TUAQ-3030, TUAQ-4230

TUAQ-4220.10 1과 크기가 같은 분수

관련 교육과정	(07) 5(가)5②
	(09) 56(가)3②

목표

1과 크기가 같은 분수를 알 수 있다.

자료

수 막대 그림, 원 그림

활동

(1) 1과 크기가 같은 분수를 알아보시오. (수 막대를 이용하여 등분할하기)

0 1

그림을 보고 1을 분모가 4인 분수로 나타낼 때, 분자에 오게 되는 숫자를 생각해보게 한다.

(2) 1과 크기가 같은 분수를 알아보시오. (원을 이용하여 등분할하기)

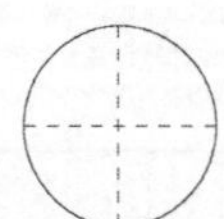

그림을 보고 1을 분모가 4인 분수로 나타낼 때, 분자에 오게 되는 숫자를 생각해보게 한다.

배경

이산량 전체에 대한 부분의 상대적인 양을 표현하는 방법으로 분수에 대해 배워왔다. 또한 (자연수)÷(자연수)를 분수로 나타내는 방법을 직접 색칠해보는 활동을 통해 익혔다.

본 TU는 (자연수)÷(자연수)의 특수한 형태로, 전체에 대한 전체의 양은 분수로 나타내었을 때 그

크기가 1이라는 사실을 이용하여 분자와 분모의 값이 같은 분수는 항상 그 크기가 1이 된다는 것을 수 막대 또는 원의 모형을 통해 직접 확인해보게 한다. 또한 이를 확장시켜 추상적으로 크기가 1이 되는 분수를 찾는 활동으로 연결하여 지도한다.

관련 TU : TUAQ-3030, TUAQ-4230

TUAQ-4230.10 3÷5형(나눗셈을 곱셈으로 나타내기)

관련 교육과정	(07) 5(가)5③
	(09) 56(가)3③

목표

3 ÷ 5형 나눗셈을 곱셈으로 나타낼 수 있다.

자료

수 막대 그림

활동

(1) 1 ÷ 5를 어떻게 곱셈으로 나타낼 수 있는지 알아보시오. (수 막대를 이용하여 등분할하기)

0 1

그림에서 1의 길이를 5등분 한 하나의 크기가 $\frac{1}{5}$ 이므로 $1\times\frac{1}{5}$이고, 따라서 $1\div5$는 $1\times\frac{1}{5}$과 같음을 알게 한다.

(2) 3 ÷ 5를 어떻게 곱셈으로 나타낼 수 있는지 알아보시오. (수 막대를 이용하여 등분할하기)

0 1 2 3

3을 5등분 한 것은 그림에서 각 1을 5등분하여 $\frac{3}{5}$ 임을 알고, 또 $\frac{3}{5}$은 3의 $\frac{1}{5}$배로 $3\div5$와 같음을 알게 한다.

배경

학생들은 생활 속에서 무게, 들이, 부피, 길이, 넓이, 속력 등의 연속량이 모두 정수량에 국한되는 것이 아니며, 또 이들의 분할은 자연스럽게 유리수까지 확장할 필요를 느낀다. 또한 분수가 표현의 명확성, 편리성 등으로 의미가 확실해지며, 생활 속에서도 각종 양과 무게 등의 연속량의 분할이 자주 등장하게 된다. 분수의 나눗셈의 기초는 자연수의 나눗셈과 분수의 곱셈 단계를 기초로 하고 있다. (자연수) ÷ (자연수)를 (자연수) × $\frac{1}{(\text{자연수})}$ 의 형식을 통해서 값을 구하도록 한다.

관련 TU : TUAQ-0210, TUAQ-3030, TUAQ-4240

TUAQ-4240.10 $\frac{2}{3}$÷ 5형(나눗셈을 곱셈으로 나타내기)

관련 교육과정	(07) 5(가)5③
	(09) 56(가)3③

목표

$\frac{2}{3}\div5$형 나눗셈을 곱셈으로 나타낼 수 있다.

자료

그림 카드(점선으로 칸이 나뉜 직사각형 그림)

활동

(1) $\frac{2}{3}\div5$를 어떻게 곱셈으로 나타낼 수 있는지 알아보시오. (색칠하여 나타내기)

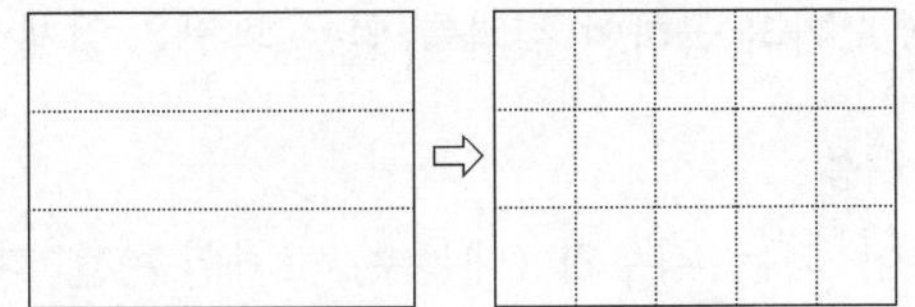

왼쪽 직사각형에는 $\frac{2}{3}$만큼 색칠하고, 오른쪽 직사각형에는 $\frac{2}{3} \div 5$만큼 색칠해보게 한다.

배경

분수와 자연수의 나눗셈에서 나누는 수인 자연수를 자연수의 나눗셈에서와 같이 $\frac{1}{(\text{자연수})}$의 곱의 형식으로 만드는 원리를 이해하고 형식화할 수 있도록 지도한다. 직사각형을 직접 나누어보고 색칠해보는 구체적 조작 활동이 도움이 된다.

관련 TU : TUAQ-4230, TUAQ-4250

TUAQ-4250.10 $\frac{2}{3} \div 5$형(계산 알고리즘)

관련 교육과정	(07) 5(가)5③
	(09) 56(가)3③

목표

$\frac{2}{3} \div 5$형 나눗셈을 곱셈으로 나타낼 수 있다.

자료

계산 도식

활동

(1) $\frac{2}{3} \div 5$을 어떻게 계산하는지 알아보시오. (약분이 되지 않는 경우)

$$\frac{2}{3} \div 5 = \frac{2}{3} \times \frac{1}{5} = \frac{2 \times 1}{3 \times 5} = \frac{2}{15}$$

(분수) ÷ (자연수) = (분수) × $\frac{1}{(\text{자연수})}$의 계산 원리에 따라 식을 전개한 후, 분자는 분자끼리 분모는 분모끼리 곱셈을 하는 과정을 익히게 한다.

배경

(분수) ÷ (자연수) = (분수) × $\frac{1}{(\text{자연수})}$의 계산 원리를 색칠하는 조작활동을 통해 익혔고, 두 진분수의 곱셈은 분자는 분자끼리 곱해주고, 분모는 분모끼리 곱해서 답을 구한다는 것을 형식화하였다. 이를 바탕으로 (분수) ÷ (자연수) = (분수) × $\frac{1}{(\text{자연수})}$의 계산 원리를 확인하고, 그러한 계산 원리에 따라 식을 전개하여 계산하는 과정을 형식화한다.

관련 TU : TUAQ-4240, TUAQ-4260

TUAQ-4260.10 $1\frac{1}{2} \div 3$형(나눗셈을 곱셈으로 나타내기)

관련 교육과정	(07) 5(가)5③
	(09) 56(가)3③

목표

$1\frac{1}{2} \div 3$형 나눗셈을 알고리즘을 통해 곱셈으로 나타낼 수 있다.

자료

계산 도식

활동

(1) $1\frac{1}{2} \div 3$을 어떻게 계산하는지 알아보시오. (약분을 나중에 하는 경우)

$$1\frac{1}{2} \div 3 = \frac{3}{2} \times \frac{1}{3} = \frac{\cancel{3}^{1}}{\cancel{6}_{2}} = \frac{1}{2}$$

우선 (대분수)를 (가분수)의 형태로 고치고 (분수) ÷ (자연수) = (분수) × $\frac{1}{(\text{자연수})}$의 계산 원리에 따라

식을 전개하여 분자는 분자끼리 분모는 분모끼리 곱셈한 후, 그 결과를 약분하는 과정을 익히게 한다.

(2) $1\frac{1}{2} \div 3$을 어떻게 계산하는지 알아보시오. (약분을 먼저 하는 경우)

$$1\frac{1}{2} \div 3 = \frac{\overset{1}{\cancel{3}}}{2} \times \frac{1}{\underset{1}{\cancel{3}}} = \frac{1}{2}$$

우선 (대분수)를 (가분수)의 형태로 고치고, (분수) ÷ (자연수) = (분수) × $\frac{1}{(\text{자연수})}$의 계산 원리에 따라 식을 전개하여 분자와 분모가 약분이 되는 경우, 약분을 먼저하고 남은 결과를 분자는 분자끼리 분모는 분모끼리 곱하여 결과를 얻는 과정을 알게 한다.

배경

약분이 되는 경우의 (대분수) ÷ (자연수)를 다룸으로써, 분수의 나눗셈에서 대분수는 가분수로 바꿔야 계산이 편리함을 알게 한다. 또한 곱셈의 계산 과정에서 대분수는 가분수로 바꾸고, 약분하는 방법에 따라 좀 더 편리하게 계산할 수 있음을 알게 한다. 여기서 약분할 때의 공통점을 분명히 알게 함으로써 나눗셈의 계산 원리를 발견하도록 하고 차이점을 통해 편리한 방법을 찾아보게 한다.

관련 TU : TUAQ-4250, TUAQ-4270

TUAQ-4270.10 $2\frac{1}{5} \div 4$형(나눗셈을 곱셈으로 나타내기)

관련 교육과정	(07) 5(가)5③
	(09) 56(가)3③

목표

$2\frac{1}{5} \div 4$형 나눗셈을 곱셈으로 나타낼 수 있다.

자료

계산 도식

활동

(1) $2\frac{1}{5} \div 4$을 어떻게 계산하는지 알아보시오. (약분이 되지 않는 경우)

$$2\frac{1}{5} \div 4 = \frac{11}{5} \times \frac{1}{4} = \frac{11}{20}$$

우선 (대분수)를 (가분수)의 형태로 고친 후, (분수) ÷ (자연수) = (분수) × $\frac{1}{(\text{자연수})}$의 계산 원리에 따라 식을 전개한 후, 전개한 곱셈식에서 약분이 되지 않을 경우, 분자는 분자끼리 분모는 분모끼리 곱셈을 하는 과정을 익히게 한다.

배경

우선 대분수를 가분수로 바꾸는 과정을 거친 후 분수의 나눗셈을 계산하되, 약분이 되지 않는 경우에는 분자는 분자끼리 분모는 분모끼리 곱하여 결과를 구하는 방법을 익히게 한다.

관련 TU : TUAQ-4260, TUAQ-4310

TUAQ-4310.10 $3 \div \frac{1}{4}$형(분수의 나눗셈)

관련 교육과정	(07) 6(가)1①
	(09) 56(가)3③

목표

(자연수) ÷ (단위분수)의 계산 원리를 이해하고 계산할 수 있다.

자료

수 막대

활동

$3 \div \frac{1}{4}$이 얼마인지 수 막대를 이용하여 알아보시오.

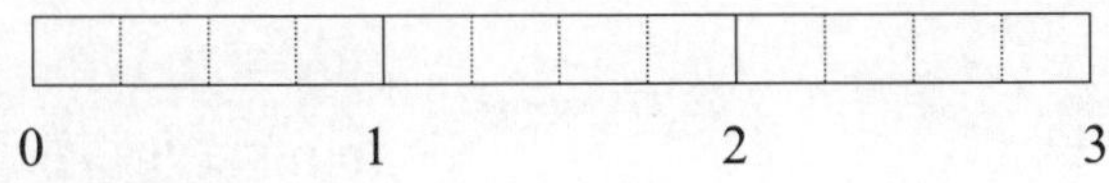

▸ 3에는 $\frac{1}{4}$이 몇 개 들어갑니까?

▸ $3 \div \frac{1}{4}$은 얼마입니까?

▸ $3 \div \frac{1}{4}$은 3×4와 계산 결과가 같습니까?

▸ $2 \div \frac{1}{4}$은 2×4와 계산 결과가 같습니까?

▸ $3 \div \frac{1}{5}$은 3×5와 계산 결과가 같습니까?

▸ 자연수를 단위분수로 나눌 때에는 자연수에 단위분수의 분모를 곱하여 계산할 수 있습니다.

$$○ \div \frac{1}{☆} = ○ \times ☆$$

배경

분수의 나눗셈을 학습하는 과정에서 가장 중요한 것은 나누는 수가 분수인 경우, "나누는 분수의 분모와 분자를 서로 바꾸어 나누어지는 수에 곱한다"는 규칙을 학습하는 일이다. 이를 위해서는 (자연수) ÷ (단위분수)의 단계부터 시작하여 체계적으로 학습이 이루어져야 한다.

수 막대 등을 이용한 구체물 조작 활동의 도움을 받고, 다른 여러 가지 비슷한 유형의 계산 결과를 경험하면, (자연수) ÷ (단위분수)의 계산을 하기 위해서 (자연수) × (단위분수의 분모)를 계산하면 된다는 원리를 귀납적으로 이해시키는 것은 그리 어려운 과정이 아니다.

이 단계의 학습이 이루어지고 나면, 이어서 (자연수) ÷ (진분수)의 학습을 통해 나누는 진분수의 분모와 분자를 서로 바꾸어 나누어지는 수에 곱한다는 규칙을 학습할 수 있다. 이어서 (진분수) ÷ (진분수)의 학습을 하게 되는데 이때에는 구체물을 통한 조작 활동은 오히려 큰 도움이 되지 않으며, 계산 알고리즘을 학습하는 일에 중점을 두는 것이 더 바람직하다.

관련 TU : TUAQ-4070, TUAQ-4320

TUAQ-4310.20 $3 \div \frac{1}{2}$형(분수의 나눗셈)

관련 교육과정	(07) 6(가)1①
	(09) 56(가)3③

목표

(자연수) ÷ (단위분수)를 계산할 수 있다.

자료

수 막대, 계산도식

활동

(1) $3 \div \frac{1}{2}$가 얼마인지 수 막대를 통해 알아보시오.

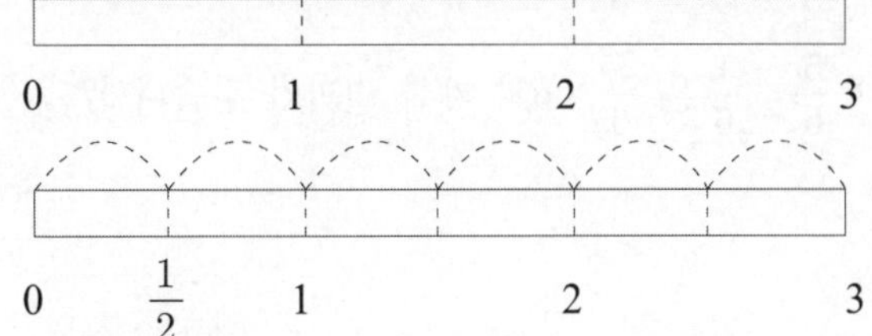

3m를 $\frac{1}{2}$m씩 자르면 몇 도막이 되는지 그림을 통해 알게 한다.

(2) $3 \div \frac{1}{2}$의 계산 방법을 알아보시오.

$3 \div \frac{1}{2} = 3 \times \frac{2}{1}$이므로, $3 \div \frac{1}{2} = 3 \times 2$입니다.

(자연수)÷(단위분수)는 자연수와 단위분수의 분모를 곱하는 것과 같음을 알게 한다.

배경

(자연수)÷(단위분수) 형태의 나눗셈을 구체적 조작 활동과 알고리즘을 통해 익히게 된다. 자연수의 크기만큼 주어진 수 막대를 단위분수만큼 직접 잘라봄으로써 답을 확인할 수 있는데 이는 나눗셈의 전략 중 포함제와 연관된 것이다. 그런 다음 이를 알고리즘을 통한 계산 방법으로 익히게 된다. 이를 통해 (자연수)÷(단위분수)는 자연수와 단위분수의 분모를 곱하는 것과 같음을 알게 한다.

관련 TU : TUAQ-4070, TUAQ-4320

TUAQ-4320.10 $\frac{4}{5} \div \frac{1}{5}$형(분수의 나눗셈)

관련 교육과정	(07) 6(가)1①
	(09) 56(가)3③

목표

분모가 같은 (진분수)÷(단위분수)의 계산 원리를 이해하고 계산할 수 있다.

자료

수 막대

활동

$\frac{4}{5} \div \frac{1}{5}$이 얼마인지 수 막대를 이용하여 알아보시오.

0 $\frac{1}{5}$ $\frac{2}{5}$ $\frac{3}{5}$ $\frac{4}{5}$ 1

▸ $\frac{4}{5}$에는 $\frac{1}{5}$이 몇 개 들어갑니까?

▸ $\frac{4}{5} \div \frac{1}{5}$은 얼마입니까?

▸ $\frac{4}{5} \div \frac{1}{5}$은 $\frac{4}{5} \times 5$와 계산 결과가 같습니까?

▸ $\frac{5}{6} \div \frac{1}{6}$은 $\frac{5}{6} \times 6$과 계산 결과가 같습니까?

▸ $\frac{2}{3} \div \frac{1}{3}$은 $\frac{2}{3} \times 3$과 계산 결과가 같습니까?

▸ 진분수를 단위분수로 나눌 때에는 진분수에 단위분수의 분모를 곱하여 계산할 수 있습니다.

$$\frac{○}{☆} \div \frac{1}{☆} = \frac{○}{☆} \times ☆$$

배경

(진분수)÷(진분수)의 단계에서 계산 규칙을 이해시킬 때, 구체물 조작 활동의 경험을 제공하는 일에는 상당한 제약이 따른다. 특히 계산 결과가 자연수로 나타나지 않을 경우에는 더욱 심각하다. 이러한 제약을 다소나마 극복하는 데에는 분모가 같은 (진분수)÷(단위분수)의 경우부터 학습하는 것이 도움이 된다.

(자연수)÷(단위분수)의 학습 과정과 유사한 활동을 하게 한 후, 같은 유형의 계산 경험 몇 가지를 통하여 귀납적으로 계산 원리를 이해하도록 지도하는 것이 바람직하다.

관련 TU : TUAQ-4310, TUAQ-4330

TUAQ-4320.20 $\frac{5}{3} \div \frac{2}{3}$형(분수의 나눗셈)

관련 교육과정	(07) 6(가)[1]①
	(09) 56(가)[3]③

목표

$\frac{5}{3} \div \frac{2}{3}$형 (가분수) ÷ (진분수)의 간편한 계산 방법을 찾을 수 있다.

자료

계산도식

활동

(1) $\frac{5}{3} \div \frac{2}{3}$의 계산 방법을 알아보시오.

① $\frac{5}{3} \div \frac{2}{3} = \frac{5}{3} \times \frac{3}{2} = \frac{\cancel{15}^{5}}{\cancel{6}_{2}} = \frac{5}{2} = 2\frac{1}{2}$

② $\frac{5}{3} \div \frac{2}{3} = \frac{5}{\cancel{3}_{1}} \times \frac{\cancel{3}^{1}}{2} = \frac{5}{2} = 2\frac{1}{2}$

③ $\frac{5}{3} \div \frac{2}{3} = 5 \div 2 = \frac{5}{2} = 2\frac{1}{2}$

(가분수) ÷ (진분수)를 계산하는 세 가지 방법 중에서 간편한 방법을 찾아보게 한다.

배경

분수 나눗셈의 간편한 방법을 익히는 활동이다. 분모가 같은 (가분수) ÷ (진분수)를 계산하는 세 가지 방법을 익히며, 이 중에서 간편한 방법을 찾아보게 한다. 첫째는 계산 중간 과정에서 약분을 하지 않는다. 둘째, 계산 중간 과정에서 약분을 한다. 셋째, 나누는 수의 역수를 곱하지 않고 분모가 같은 분수의 나눗셈 방법을 이용한다. 이 때 유의할 점은 간편하다는 것이 학생들에 따라 상대적일 수 있으므로 학생들 스스로 자신에게 알맞은 방법을 선택하도록 해야 한다. 또, 다양한 분수 문제의 해결을 위해 다른 방법도 알고 있어야 하므로 다른 계산 방법도 충분히 익힐 수 있도록 지도한다.

관련 TU : TUAQ-4310, TUAQ-4330

TUAQ-4330.10 $4 \div \frac{2}{3}$형(분수의 나눗셈)

관련 교육과정	(07) 6(가)[1]①
	(09) 56(가)[3]③

목표

(자연수) ÷ (진분수)의 계산 원리를 이해하고 계산할 수 있다.

자료

수 막대

활동

$4 \div \frac{2}{3}$가 얼마인지 수 막대를 이용하여 알아보시오.

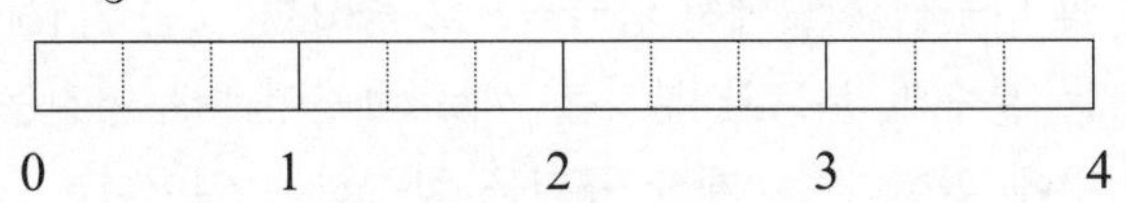

▸4에는 $\frac{2}{3}$가 몇 개 들어갑니까?

▸$4 \div \frac{2}{3}$는 얼마입니까?

▸$4 \div \frac{2}{3}$는 $4 \times \frac{3}{2}$과 계산 결과가 같습니까?

▸$6 \div \frac{3}{5}$은 $2 \times \frac{5}{3}$와 계산 결과가 같습니까?

▸$10 \div \frac{5}{6}$는 $10 \times \frac{6}{5}$과 계산 결과가 같습니까?

▸자연수를 진분수로 나눌 때에는 나누는 진분수의 분모와 분자를 서로 바꾼 분수를 자연수에 곱하여 계산할 수 있습니다.

$$\bigcirc \div \frac{\Diamond}{☆} = \bigcirc \times \frac{☆}{\Diamond}$$

배경

분수의 나눗셈을 학습하는 과정에서 가장 중요한 것은 나누는 수가 분수인 경우, "나누는 분수의 분모와 분자를 서로 바꾸어 나누어지는 수에 곱한다"는 규칙을 학습하는 일이다.

(자연수) ÷ (진분수)의 단계에서 이 규칙을 이해시키는 일은 구체물 조작 활동의 경험과, 비슷한 유형의 나눗셈 계산 과정을 비교한 후 이를 귀납적으로 이해하는 경험이 도움이 된다. 그러나 사실 이 때에도 계산 결과가 자연수로 나타나지 않을 경우, 예를 들어 $3 \div \frac{2}{5}$와 같은 경우에는, 구체물 조작 활동이 큰 도움이 되지 않고 오히려 사고에 방해가 될 수도 있다.

분수의 나눗셈에서 나누는 수가 분수인 경우, 구체물 조작 활동에 너무 의지하여 지도하는 것은 바람직하지 않다. 분수의 나눗셈 학습은 근본적으로 계산 알고리즘의 발달에 따른 결과를 습득하는 일이기 때문이다.

관련 TU : TUAQ-4320, TUAQ-4340

TUAQ-4340.10 $\frac{4}{7} \div \frac{2}{7}$형(분수의 나눗셈)

관련 교육과정	(07) 6(가)[1]①
	(09) 56(가)[3]③

목표

분모가 같은 (진분수) ÷ (진분수)의 계산 원리를 이해하고 계산할 수 있다.

자료

수 막대

활동

$\frac{4}{7} \div \frac{2}{7}$가 얼마인지 수 막대를 이용하여 알아보시오.

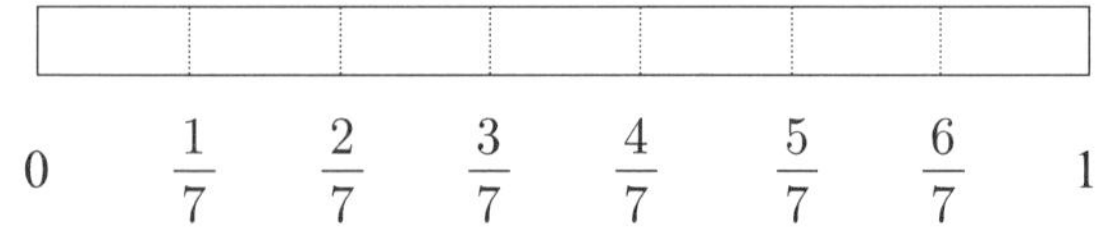

0 $\frac{1}{7}$ $\frac{2}{7}$ $\frac{3}{7}$ $\frac{4}{7}$ $\frac{5}{7}$ $\frac{6}{7}$ 1

- $\frac{4}{7}$에는 $\frac{2}{7}$가 몇 개 들어갑니까?
- $\frac{4}{7} \div \frac{2}{7}$는 얼마입니까?
- $\frac{4}{7} \div \frac{2}{7}$는 $\frac{4}{7} \times \frac{7}{2}$과 계산 결과가 같습니까?
- $\frac{5}{6} \div \frac{1}{6}$은 $\frac{5}{6} \times \frac{6}{1}$과 계산 결과가 같습니까?
- $\frac{9}{10} \div \frac{3}{10}$은 $\frac{9}{10} \times \frac{10}{3}$과 계산 결과가 같습니까?
- 진분수를 분모가 같은 진분수로 나눌 때에는 나누는 진분수의 분모와 분자를 서로 바꾼 분수를 곱하여 계산할 수 있습니다.

$$\frac{○}{☆} \div \frac{◇}{☆} = \frac{○}{☆} \times \frac{☆}{◇}$$

배경

분모가 서로 다른 (진분수) ÷ (진분수)의 계산을 학습하기에 앞서 분모가 같은 (진분수) ÷ (진분수)의 계산 원리를 학습하는 것이 도움이 된다. 분모가 같은 (진분수) ÷ (진분수)의 경우에는 제한적이긴 하지만 구체적 조작 활동이 어느 정도 가능하기 때문이다.

이러한 구체적 조작 활동에 이어 비슷한 유형의 나눗셈 계산 과정을 비교한 후 "나누는 분수의 역수를 나누어지는 수에 곱한다"는 계산 규칙을 귀납적으로 이해하는 것이 좋다.

분모가 서로 다른 (진분수) ÷ (진분수)의 학습부터는 구체적 조작 활동 보다는 계산 알고리즘을 직접 다루는 활동을 하는 것이 비교적 합리적인 학습 결과를 유도할 수 있다.

분수의 나눗셈 학습은 근본적으로 계산 알고리즘의 발달에 따른 결과를 학습하는 일이기 때문에, 분수의 나눗셈 학습에서 궁극적으로 중요한 것은 "나누는 분수의 분모와 분자를 서로 바꾸어 나누어지는 수에 곱한다"는 계산 규칙을 학습하는 일이다.

관련 TU : TUAQ-4330, TUAQ-4350

TUAQ-4350.10 $\frac{3}{5} \div \frac{2}{7}$형(분수의 나눗셈)

관련 교육과정	(07) 6(가)1①
	(09) 56(가)3③

목표

분모가 다른 (진분수)÷(진분수)의 계산 원리를 이해하고 계산할 수 있다.

자료

계산도식

활동

$\frac{3}{5} \div \frac{2}{7}$가 얼마인지 통분하여 알아보시오.

▸ $\frac{3}{5}$과 $\frac{2}{7}$를 통분하면 $\frac{3\times7}{5\times7}=\frac{21}{35}$과 $\frac{2\times5}{7\times5}=\frac{10}{35}$이 됩니다.

▸ $\frac{3}{5} \div \frac{2}{7}$을 계산하기 위하여 $\frac{21}{35} \div \frac{10}{35}$을 계산하면 됩니다.

▸ $\frac{21}{35} \div \frac{10}{35}$은 얼마입니까?

▸ $\frac{3}{5} \div \frac{2}{7}$는 얼마입니까?

▸ $\frac{3}{5} \div \frac{2}{7}$는 $\frac{3}{5} \times \frac{7}{2}$과 계산 결과가 같습니까?

▸ $\frac{5}{6} \div \frac{5}{12}$는 $\frac{5}{6} \times \frac{12}{5}$와 계산 결과가 같습니까?

▸ $\frac{9}{10} \div \frac{3}{5}$은 $\frac{9}{10} \times \frac{5}{3}$와 계산 결과가 같습니까?

▸ 진분수를 진분수로 나눌 때에는 나누는 진분수의 분모와 분자를 서로 바꾼 분수를 곱하여 계산할 수 있습니다.

$$\frac{○}{★} \div \frac{◇}{☆} = \frac{○}{★} \times \frac{☆}{◇}$$

배경

분모가 서로 다른 (진분수)÷(진분수)의 계산을 학습할 때에는 구체적 조작 활동이 별로 도움이 되지 않는다. 그보다는 분모가 같은 (진분수)÷(진분수)의 계산 원리를 이용할 수 있도록 통분의 개념을 적용하는 것이 좋다.

통분을 이용하여 비슷한 유형의 나눗셈 계산 과정을 비교한 후 "나누는 분수의 역수를 나누어지는 수에 곱한다"는 계산 규칙을 귀납적으로 이해하는 것이 좋다.

분모가 서로 다른 (진분수)÷(진분수)의 학습부터는 구체적 조작 활동 보다는 계산 알고리즘을 직접 다루는 활동을 하는 것이 비교적 합리적인 학습 결과를 유도할 수 있다.

분수의 나눗셈 학습은 근본적으로 계산 알고리즘의 발달에 따른 결과를 학습하는 일이기 때문에, 분수의 나눗셈 학습에서 궁극적으로 중요한 것은 "나누는 분수의 분모와 분자를 서로 바꾸어 나누어지는 수에 곱한다"는 계산 규칙을 학습하는 일이다.

관련 TU : TUAQ-4340, TUAQ-4360

TUAQ-4355.10 $\frac{7}{3} \div \frac{7}{25}$형(분수의 나눗셈)

관련 교육과정	(07) 6(가)1①
	(09) 56(가)3③

목표

$\frac{7}{3} \div \frac{7}{25}$형 (가분수)÷(진분수)의 간편한 계산 방법을 찾을 수 있다.

자료

계산도식

활동

(1) $\frac{7}{3} \div \frac{7}{25}$의 계산 방법을 알아보시오.

① $\frac{7}{3} \div \frac{7}{25} = \frac{7}{3} \times \frac{25}{7} = \frac{\overset{25}{\cancel{175}}}{\underset{3}{\cancel{21}}} = \frac{25}{3} = 8\frac{1}{3}$

② $\frac{7}{3} \div \frac{7}{25} = \frac{\overset{1}{\cancel{7}}}{3} \times \frac{25}{\underset{1}{\cancel{7}}} = \frac{25}{3} = 8\frac{1}{3}$

③ $\frac{7}{3} \div \frac{7}{25} = \frac{7 \times 25}{3 \times 25} \div \frac{7 \times 3}{25 \times 3}$
$= (7 \times 25) \div (7 \times 3)$
$= \frac{7 \times 25}{7 \times 3} = \frac{25}{3} = 8\frac{1}{3}$

(가분수) ÷ (진분수)를 계산하는 세 가지 방법 중에서 간편한 방법을 찾아보게 한다.

배경

분자가 같은 (가분수) ÷ (진분수)를 계산하는 세 가지 방법을 익히며, 이 중에서 간편한 방법을 찾아보게 한다. 이것은 분모가 같은 (가분수) ÷ (진분수)의 계산 방법과 같으나 단 셋째 번 방법에서 분모가 같은 분수의 나눗셈으로 고치기 위해 통분하는 것만이 다르다. 첫째는 계산 중간 과정에서 약분을 하지 않는다. 둘째, 계산 중간 과정에서 약분을 한다. 셋째, 나누는 수의 역수를 곱하지 않고 분모가 같은 분수의 나눗셈 방법 즉, 서로 다른 분모를 통분하여 계산하는 방법을 이용한다. 이 때 유의할 점은 간편하다는 것은 학생들에 따라 상대적일 수 있으므로 간편하다고 판단되는 계산 방법은 학생들이 스스로 선택하도록 해야 한다. 또, 다양한 분수 문제의 해결을 위해 다른 방법도 알고 있어야 하므로 다른 계산 방법도 충분히 익힐 수 있도록 지도한다.

관련 TU : TUAQ-4350, TUAQ-4370

TUAQ-4360.10 $4 \div \frac{3}{7}$형(분수의 나눗셈)

관련 교육과정	(07) 6(가)1①
	(09) 56(가)3③

목표

약분이 되지 않는 (자연수) ÷ (진분수)를 계산할 수 있다.

자료

계산도식(알고리즘)

활동

(1) $4 \div \frac{3}{7}$의 계산 방법을 알아보시오.

$4 \div \frac{3}{7} = 4 \times \frac{7}{3} = \frac{28}{3} = 9\frac{1}{3}$

자연수와 진분수의 분모가 약분되지 않는 경우로, 주어진 진분수의 역수를 곱하여 계산함을 알게 한다.

배경

약분이 되지 않는 경우의 (자연수) ÷ (진분수)형 분수의 나눗셈을 익힌다. 주어진 나눠는 수인 (자연수)를 $\frac{(자연수)}{1}$ 형태의 분수로 생각하여 $\frac{(자연수)}{1} \times$ (진분수의 역수)와 같은 방법으로 계산을 하면 된다는 사실을 익힌다.

분수 계산의 결과가 가분수일 경우 대분수로 나타내는 경향이 있는데, 반드시 대분수로 고쳐야 하는 것은 아니다. 주어진 상황에 알맞은 형태로 나타내면 되는 것이다. 따라서 가분수를 반드시 대분수로 고쳐야 한다는 말은 틀린 말이다.

관련 TU : TUAQ-4350, TUAQ-4370

TUAQ-4370.10 $6 \div \frac{3}{4}$형(분수의 나눗셈)

관련 교육과정	(07) 6(가)1①
	(09) 56(가)3③

목표

약분이 되는 (자연수)÷(진분수)를 계산할 수 있다.

자료

계산도식

활동

(1) $6 \div \frac{3}{4}$의 계산 방법을 알아보시오.

$6 \div \frac{3}{4} = 6 \times \frac{4}{3} = \overset{2}{\cancel{6}} \times \frac{4}{\underset{1}{\cancel{3}}} = 8$

자연수와 진분수의 분모가 약분되어서 분모가 사라지는 경우로, 주어진 진분수의 역수를 곱한 후 약분하여 계산함을 알게 한다.

배경

계산의 중간 과정에서 약분이 되는 (자연수)÷(진분수)를 배운다. 주어진 나누는 수인 (자연수)를 $\frac{(자연수)}{1}$ 형태의 분수로 생각하여 (진분수)÷(진분수)의 나눗셈과 같은 방법으로 계산을 하되, 학생들이 스스로 계산의 중간 과정에서 약분을 할 경우 좀 더 계산이 편리하다는 사실을 인지하게 한다.

관련 TU : TUAQ-4360, TUAQ-4380

TUAQ-4380.10 $6 \div \frac{4}{9}$형(분수의 나눗셈)

관련 교육과정	(07) 6(가)1①
	(09) 56(가)3③

목표

중간과정에서 약분이 되는 (자연수)÷(진분수)를 계산할 수 있다.

자료

계산도식

활동

(1) $6 \div \frac{4}{9}$의 계산 방법을 알아보시오.

먼저 계산한 후 약분하시오.

① $6 \div \frac{4}{9} = 6 \times \frac{9}{4} = \frac{54}{4} = \frac{\overset{27}{\cancel{54}}}{\underset{2}{\cancel{4}}} = \frac{27}{2} = 13\frac{1}{2}$

먼저 약분한 후 계산하시오.

② $6 \div \frac{4}{9} = 6 \times \frac{9}{4} = \overset{3}{\cancel{6}} \times \frac{9}{\underset{2}{\cancel{4}}} = \frac{27}{2} = 13\frac{1}{2}$

자연수와 진분수의 분모가 약분되는 경우로, 계산 중간에서 약분하지 않고 마지막 부분에서 가분수를 대분수로 고칠 수도 있고, 계산의 중간과정에서 약분할 수도 있음을 알게 한다.

배경

중간과정에서 약분이 되는 (자연수)÷(진분수)를 다루게 된다. 계산 방법은 크게 두 가지로 구분할 수 있는데, 계산 중간 과정에서 약분하지 않고 마지막 부분에서 약분을 하는 방법과 계산 중간 과정에서 약분하는 방법이 있다. 학생들로 하여금 계산 중간 과정에서 약분을 하면 좀 더 편리하다는 사실을 스스로 발견하게 하는 것이 좋다.

관련 TU : TUAQ-4370, TUAQ-4390

TUAQ-4390.10 $\frac{7}{3}\div\frac{2}{9}$형(분수의 나눗셈)

관련 교육과정	(07) 6(가)1①
	(09) 56(가)3③

목표

약분이 되는 $\frac{7}{3}\div\frac{2}{9}$형 (가분수)÷(진분수)를 계산할 수 있다.

자료

계산도식

활동

(1) $\frac{7}{3}\div\frac{2}{9}$의 계산 방법을 알아보시오.

① $\frac{7}{3}\div\frac{2}{9}=\frac{7}{3}\times\frac{9}{2}=\frac{63}{6}=\frac{\cancel{63}^{21}}{\cancel{6}_{2}}=\frac{21}{2}=10\frac{1}{2}$

② $\frac{7}{3}\div\frac{2}{9}=\frac{7}{3}\times\frac{9}{2}=\frac{7}{\cancel{3}_{1}}\times\frac{\cancel{9}^{3}}{2}=\frac{21}{2}=10\frac{1}{2}$

가분수와 진분수가 약분되는 경우로, 주어진 진분수의 역수를 곱한 후 약분하여 계산함을 알게 한다. 이 때 계산 중간 과정에서 약분하지 않고 마지막 부분에서 약분하여 나타내거나, 계산 중간 과정에서 약분하여 나타낼 수도 있음을 알게 한다.

배경

나누는 수가 가분수인 경우의 나눗셈을 익힌다. 약분이 되는 (자연수)÷(진분수)의 경우와 마찬가지로 두 가지 방법으로 구분하여 지도한다. 하나는 계산의 과정 중 약분을 하는 경우이고, 다른 하나는 마지막 단계에서 약분하는 경우이다. 학생들은 이러한 과정을 통해 계산 중간 과정에서 약분을 하면 좀 더 편리하다는 사실을 스스로 발견하게 될 것이다.

관련 TU : TUAQ-4380, TUAQ-4400

TUAQ-4400.10 $\frac{9}{7}\div\frac{2}{3}$형(분수의 나눗셈)

관련 교육과정	(07) 6(가)1①
	(09) 56(가)3③

목표

약분이 되지 않는 $\frac{9}{7}\div\frac{2}{3}$형 (가분수)÷(진분수)를 계산할 수 있다.

자료

계산도식

활동

(1) $\frac{9}{7}\div\frac{2}{3}$의 계산 방법을 알아보시오.

$$\frac{9}{7}\div\frac{2}{3}=\frac{9}{7}\times\frac{3}{2}=\frac{27}{14}=1\frac{13}{14}$$

가분수와 진분수가 약분되지 않는 경우로, 주어진 진분수의 역수를 곱하여 계산함을 알게 한다. 또한 일반적으로 계산 결과인 가분수를 대분수로 고쳐서 나타냄을 알게 한다.

배경

약분이 되지 않으며 나누는 수가 가분수인 경우의 나눗셈을 다룬다. 이 경우 계산의 중간 과정에서 약분이 되지 않으므로 분수의 곱을 한 결과를 나타내면 된다. 일반적으로 계산 결과인 가분수를 대분수로 고쳐 나타낸다. 그러나 가분수를 반드시 대분수로 고쳐야 하는 것은 아니므로 가분수를 대분수로 고치지 않았다하여 계산의 결과가 틀렸다고 할 수는 없다.

관련 TU : TUAQ-4390, TUAQ-4410

TUAQ-4410.10 $\frac{5}{4} \div \frac{11}{8}$형(분수의 나눗셈)

관련 교육과정	(07) 6(가)1①
	(09) 56(가)3③

목표

약분이 되는 $\frac{5}{4} \div \frac{11}{8}$형 (가분수)÷(가분수)를 계산할 수 있다.

자료

(1) 계산도식

활동

(1) $\frac{5}{4} \div \frac{11}{8}$의 계산방법을 알아보시오.

① $\frac{5}{4} \div \frac{11}{8} = \frac{5}{4} \times \frac{8}{11} = \frac{40}{44} = \frac{\overset{10}{\cancel{40}}}{\underset{11}{\cancel{44}}} = \frac{10}{11}$

② $\frac{5}{4} \div \frac{11}{8} = \frac{5}{4} \times \frac{8}{11} = \frac{5}{\underset{1}{\cancel{4}}} \times \frac{\overset{2}{\cancel{8}}}{11} = \frac{10}{11}$

가분수끼리의 나눗셈이 약분되는 경우로, 주어진 진분수의 역수를 곱한 후 약분하여 계산함을 알게 한다. 이 때 계산 중간 과정에서 약분하지 않고 마지막 부분에서 약분하여 나타내거나, 계산 중간 과정에서 약분하여 나타낼 수도 있음을 알게 한다.

배경

계산 과정 중간에 약분이 되는 (가분수)÷(가분수)를 다룬다. 일반적인 나눗셈의 방법과 마찬가지로 두 가지 방법으로 계산 원리를 익힌다. 하나는 계산의 중간 과정에서 약분하지 않고 마지막 부분에서 가분수를 약분하여 나타내는 것이고, 다른 하나는 계산 중간 과정에서 약분하게 하는 것이다. 학생들은 계산 중간 과정에서 약분하면 좀 더 편리하다는 것을 스스로 발견하게 될 것이다.

관련 TU : TUAQ-4400, TUAQ-4420

TUAQ-4420.10 $\frac{8}{5} \div \frac{13}{6}$형(분수의 나눗셈)

관련 교육과정	(07) 6(가)1①
	(09) 56(가)3③

목표

약분이 되지 않는 $\frac{8}{5} \div \frac{13}{6}$형 (가분수)÷(진분수)를 계산할 수 있다.

자료

계산도식

활동

(1) $\frac{8}{5} \div \frac{13}{6}$의 계산 방법을 알아보시오.

$$\frac{8}{5} \div \frac{13}{6} = \frac{8}{5} \times \frac{6}{13} = \frac{48}{65}$$

가분수끼리 나눗셈이 약분되지 않는 경우로, 주어진 가분수(나누는 수)의 역수를 곱하여 계산함을 알게 한다.

배경

계산 과정 중간에 약분이 되지 않는 (가분수)÷(가분수)를 다룬다. 단, 계산의 중간 과정에 약분이 되지 않으므로 계산 결과를 그대로 나타내면 되고, 계산 결과가 가분수일 경우에는 대분수로 고쳐서 나타내면 된다. 그러나 가분수를 반드시 대분수로 고쳐야 하는 것은 아니므로 가분수를 대분수로 고치지 않았다하여 계산의 결과가 틀렸다고 할 수는 없다.

관련 TU : TUAQ-4410, TUAQ-4430

TUAQ-4430.10 $7\frac{1}{2}\div\frac{3}{4}$형(분수의 나눗셈)

관련 교육과정	(07) 6(가)1①
	(09) 56(가)3③

목표

$7\frac{1}{2}\div\frac{3}{4}$형 (대분수)÷(진분수)를 계산할 수 있다.

자료

계산도식

활동

(1) $7\frac{1}{2}\div\frac{3}{4}$의 계산 방법을 알아보시오.

① $7\frac{1}{2}\div\frac{3}{4}=\frac{15}{2}\times\frac{4}{3}=\frac{60}{6}=\frac{\overset{10}{\cancel{60}}}{\underset{1}{\cancel{6}}}=10$

② $7\frac{1}{2}\div\frac{3}{4}=\frac{15}{2}\times\frac{4}{3}=\frac{\overset{5}{\cancel{15}}}{\underset{1}{\cancel{2}}}\times\frac{\overset{2}{\cancel{4}}}{\underset{1}{\cancel{3}}}=10$

(대분수)÷(진분수)가 약분되는 경우로, 주어진 대분수를 가분수로 고치고, 진분수의 역수를 곱한 후 약분하여 계산함을 알게 한다. 이 때 계산 중간 과정에서 약분하지 않고 마지막 부분에서 약분하여 나타내거나, 계산 중간 과정에서 약분하여 나타낼 수도 있음을 알게 한다.

배경

약분이 되는 (대분수)÷(진분수)를 다룬다. 대분수가 들어 있는 나눗셈에서는 대분수를 가분수로 고쳐서 나눗셈을 한다는 사실을 주지시키며, 다른 분수의 나눗셈과 마찬가지로 두 가지 방법으로 계산 원리를 익힌다. 하나는 계산의 중간 과정에서 약분하지 않고 마지막 부분에서 가분수를 약분하여 나타내는 것이고, 다른 하나는 계산 중간 과정에서 약분하게 하는 것이다. 학생들은 계산 중간 과정에서 약분하면 좀 더 편리하다는 것을 스스로 발견하게 될 것이다.

관련 TU : TUAQ-4420, TUAQ-4440

TUAQ-4430.20 $7\frac{1}{2}\div\frac{3}{8}$형(분수의 나눗셈)

관련 교육과정	(07) 6(가)1①
	(09) 56(가)3③

목표

$7\frac{1}{2}\div\frac{3}{8}$형 (대분수)÷(진분수)의 간편한 계산 방법을 찾을 수 있다.

자료

계산도식

활동

(1) $7\frac{1}{2}\div\frac{3}{8}$의 계산 방법을 알아보시오.

① $7\frac{1}{2}\div\frac{3}{8}=\frac{15}{2}\times\frac{8}{3}=\frac{\overset{20}{\cancel{120}}}{\underset{1}{\cancel{6}}}=20$

② $7\frac{1}{2}\div\frac{3}{8}=\frac{15}{2}\times\frac{8}{3}=20$

③ $7\frac{1}{2}\div\frac{3}{8}=\frac{\overset{5}{\cancel{15}}}{\underset{1}{\cancel{2}}}\div\frac{\overset{4}{\cancel{8}}}{\underset{1}{\cancel{3}}}=\frac{15\times8}{2\times8}\div\frac{3\times2}{8\times2}$

$=(15\times8)\div(3\times2)$

$=\frac{15\times8}{3\times2}=\frac{\overset{20}{\cancel{120}}}{\underset{1}{\cancel{6}}}=20$

(대분수)÷(진분수)를 계산하는 세 가지 방법 중에서 간편한 방법을 찾아보게 한다.

배경

(대분수)÷(진분수)를 간편하게 계산하는 방법을 알아본다. 먼저 대분수가 들어 있는 나눗셈에서는 대분수를 가분수로 고쳐서 나눗셈을 한다는 사실을 주지시킨다. 첫째는 계산 중간 과정에서 약분을 하지 않는다. 둘째, 계산 중간 과정에서 약분을 한다. 셋째, 분모가 같은 분수의 나눗셈 방법을 이용하기 위하여 분모를 통분한다. 이 때 유의할 점은 간편하다는 것은 학생들에 따라 상대적일 수 있으므로 간편하다고 판단되는 계산 방법은 학생들이 스스로 선택하도록 해야 한다. 또, 다양한 분수 문제의 해

결을 위해 다른 방법도 알고 있어야 하므로 다른 계산 방법도 충분히 익힐 수 있도록 지도한다.

관련 TU : TUAQ-4420, TUAQ-4440

TUAQ-4440.10 $\frac{3}{4} \div 1\frac{5}{8}$형(분수의 나눗셈)

관련 교육과정	(07) 6(가)[1]①
	(09) 56(가)[3]③

목표

$\frac{3}{4} \div 1\frac{5}{8}$ 형 (진분수)÷(대분수)를 계산할 수 있다.

자료

계산도식

활동

(1) $\frac{3}{4} \div 1\frac{5}{8}$의 계산 방법을 알아보시오.

① $\frac{3}{4} \div 1\frac{5}{8} = \frac{3}{4} \div \frac{13}{8} = \frac{3}{4} \times \frac{8}{13} = \frac{\overset{6}{\cancel{24}}}{\underset{13}{\cancel{52}}} = \frac{6}{13}$

② $\frac{3}{4} \div 1\frac{5}{8} = \frac{3}{4} \div \frac{13}{8} = \frac{3}{\underset{1}{\cancel{4}}} \times \frac{\overset{2}{\cancel{8}}}{13} = \frac{6}{13}$

(진분수)÷(대분수)가 약분되는 경우로, 주어진 대분수를 가분수로 고쳐 계산함을 알게 한다. 이 때 계산 중간 과정에서 약분하지 않고 마지막 부분에서 약분하여 나타내거나, 계산 중간 과정에서 약분하여 나타낼 수도 있음을 알게 한다.

배경

(진분수)÷(대분수)를 다룬다. 대분수가 들어 있는 나눗셈에서는 대분수를 가분수로 고쳐서 나눗셈을 한다는 사실을 주지시키며, 다른 분수의 나눗셈과 마찬가지로 두 가지 방법으로 계산 원리를 익힌다. 하나는 계산의 중간 과정에서 약분하지 않고 마지막 부분에서 가분수를 약분하여 나타내는 것이고, 다른 하나는 계산 중간 과정에서 약분하게 하는 것이다. 학생들은 계산 중간 과정에서 약분하면 좀 더 편리하다는 것을 스스로 발견하게 될 것이다.

관련 TU : TUAQ-4430, TUAQ-4450

TUAQ-4440.20 $\frac{3}{4} \div 1\frac{3}{8}$형(분수의 나눗셈)

관련 교육과정	(07) 6(가)[1]①
	(09) 56(가)[3]③

목표

$\frac{3}{4} \div 1\frac{3}{8}$ 형 (진분수)÷(대분수)의 간편한 계산 방법을 찾을 수 있다.

자료

계산도식

활동

(1) $\frac{3}{4} \div 1\frac{3}{8}$의 계산 방법을 알아보시오.

① $\frac{3}{4} \div 1\frac{3}{8} = \frac{3}{4} \div \frac{11}{8} = \frac{3}{4} \times \frac{8}{11} = \frac{\overset{6}{\cancel{24}}}{\underset{11}{\cancel{44}}} = \frac{6}{11}$

② $\frac{3}{4} \div 1\frac{3}{8} = \frac{3}{4} \div \frac{11}{8} = \frac{3}{\underset{1}{\cancel{4}}} \times \frac{\overset{2}{\cancel{8}}}{11} = \frac{6}{11}$

③ $\frac{3}{4} \div 1\frac{3}{8} = \frac{3}{4} \div \frac{11}{8} = \frac{3 \times 2}{4 \times 2} \div \frac{11}{8}$

$= (3 \times 2) \div 11 = \frac{3 \times 2}{11} = \frac{6}{11}$

(진분수)÷(대분수)를 계산하는 세 가지 방법 중에서 간편한 방법을 찾아보게 한다.

배경

(진분수)÷(대분수)를 간편하게 계산하는 방법을 알아본다. 먼저 대분수가 들어 있는 나눗셈에서는 대분수를 가분수로 고쳐서 나눗셈을 한다는 사실을 주지시킨다. 첫째는 계산 중간 과정에서 약분을 하지 않는다. 둘째, 계산 중간 과정에서 약분을 한다. 셋째, 분모가 같은 분수의 나눗셈 방법을 이용하기

위하여 분모를 통분한다. 이때 두 분수의 분모 중 한 분수의 분모가 다른 분수의 분모의 배수일 경우 통분의 과정이 조금 더 간단해질 수 있다. 여기서 유의할 점은 간편하다는 것은 학생들에 따라 상대적일 수 있으므로 간편하다고 판단되는 계산 방법은 학생들이 스스로 선택하도록 해야 한다. 또, 다양한 분수 문제의 해결을 위해 다른 방법도 알고 있어야 하므로 다른 계산 방법도 충분히 익힐 수 있도록 지도한다.

관련 TU : TUAQ-4430, TUAQ-4450

TUAQ-4440.30 $\frac{5}{3} \div 1\frac{5}{6}$형(분수의 나눗셈)

관련 교육과정	(07) 6(가)①①
	(09) 56(가)③③

목표

$\frac{5}{3} \div 1\frac{5}{6}$형 (가분수)÷(대분수)의 간편한 계산 방법을 찾을 수 있다.

자료

계산도식

활동

(1) $\frac{5}{3} \div 1\frac{5}{6}$의 계산 방법을 알아보시오.

① $\frac{5}{3} \div 1\frac{5}{6} = \frac{5}{3} \div \frac{11}{6} = \frac{5}{3} \times \frac{6}{11} = \frac{\overset{10}{\cancel{30}}}{\underset{11}{\cancel{33}}} = \frac{10}{11}$

② $\frac{5}{3} \div 1\frac{5}{6} = \frac{5}{3} \div \frac{11}{6} = \frac{5}{\underset{1}{\cancel{3}}} \times \frac{\overset{2}{\cancel{6}}}{11} = \frac{10}{11}$

③ $\frac{5}{3} \div 1\frac{5}{6} = \frac{5}{3} \div \frac{11}{6} = \frac{5 \times 2}{3 \times 2} \div \frac{11}{6}$

$= (5 \times 2) \div 11 = \frac{5 \times 2}{11} = \frac{10}{11}$

(진분수)÷(대분수)를 계산하는 세 가지 방법 중에서 간편한 방법을 찾아보게 한다.

배경

(가분수)÷(대분수)를 간편하게 계산하는 방법을 알아본다. 먼저 대분수가 들어 있는 나눗셈에서는 대분수를 가분수로 고쳐서 나눗셈을 한다는 사실을 주지시킨다. 첫째는 계산 중간 과정에서 약분을 하지 않는다. 둘째, 계산 중간 과정에서 약분을 한다. 셋째, 분모가 같은 분수의 나눗셈 방법을 이용하기 위하여 분모를 통분한다. 이 때 유의할 점은 간편하다는 것은 학생들에 따라 상대적일 수 있으므로 간편하다고 판단되는 계산 방법은 학생들이 스스로 선택하도록 해야 한다. 또, 다양한 분수 문제의 해결을 위해 다른 방법도 알고 있어야 하므로 다른 계산 방법도 충분히 익힐 수 있도록 지도한다.

관련 TU : TUAQ-4430, TUAQ-4450

TUAQ-4450.10 $7\frac{2}{3} \div \frac{7}{6}$형(분수의 나눗셈)

관련 교육과정	(07) 6(가)①①
	(09) 56(가)③③

목표

$7\frac{2}{3} \div \frac{7}{6}$형 (대분수)÷(가분수)를 계산할 수 있다.

자료

계산도식

활동

(1) $7\frac{2}{3} \div \frac{7}{6}$의 계산 방법을 알아보시오.

① $7\frac{2}{3} \div \frac{7}{6} = \frac{23}{3} \div \frac{7}{6} = \frac{23}{3} \times \frac{6}{7} = \frac{138}{21}$

$= 6\frac{\overset{4}{\cancel{12}}}{\underset{7}{\cancel{21}}} = 6\frac{4}{7}$

② $7\frac{2}{3} \div \frac{7}{6} = \frac{23}{3} \times \frac{6}{7} = \frac{23}{\cancel{3}_{1}} \times \frac{\cancel{6}^{2}}{7} = \frac{46}{7} = 6\frac{4}{7}$

(대분수) ÷ (가분수)가 약분되는 경우로, 주어진 대분수를 가분수로 고치고, 가분수의 역수를 곱한 후 약분하여 계산함을 알게 한다. 이 때 계산 중간 과정에서 약분하지 않고 마지막 부분에서 약분하여 나타내거나, 계산 중간 과정에서 약분하여 나타낼 수도 있음을 알게 한다.

배경

(대분수) ÷ (가분수) 형태의 나눗셈을 다룬다. 대분수가 들어 있는 나눗셈에서는 대분수를 가분수로 고쳐서 나눗셈을 한다는 사실을 주지시키며, 다른 분수의 나눗셈과 마찬가지로 두 가지 방법으로 계산 원리를 익힌다. 하나는 계산의 중간 과정에서 약분하지 않고 마지막 부분에서 가분수를 약분하여 나타내는 것이고, 다른 하나는 계산 중간 과정에서 약분하게 하는 것이다. 학생들은 계산 중간 과정에서 약분하면 좀 더 편리하다는 것을 스스로 발견하게 될 것이다.

관련 TU : TUAQ-4440, TUAQ-4460

TUAQ-4460.10 $2\frac{2}{3} \div 1\frac{5}{6}$형(분수의 나눗셈)

관련 교육과정	(07) 6(가)1①
	(09) 56(가)3③

목표

$2\frac{2}{3} \div 1\frac{5}{6}$ 형 (대분수) ÷ (대분수)를 계산할 수 있다.

자료

계산도식

활동

(1) $2\frac{2}{3} \div 1\frac{5}{6}$ 의 계산 방법을 알아보시오.

① $2\frac{2}{3} \div 1\frac{5}{6} = \frac{8}{3} \times \frac{6}{11} = \frac{48}{33} = 1\frac{\cancel{15}^{5}}{\cancel{33}_{11}} = 1\frac{5}{11}$

② $2\frac{2}{3} \div 1\frac{5}{6} = \frac{8}{3} \div \frac{11}{6} = \frac{8}{\cancel{3}_{1}} \times \frac{\cancel{6}^{2}}{11} = \frac{16}{11} = 1\frac{5}{11}$

대분수끼리의 나눗셈으로, 주어진 대분수를 가분수로 고치고, 가분수(나누는 수)의 역수를 곱한 후 약분하여 계산함을 알게 한다. 이 때 계산 중간 과정에서 약분하지 않고 마지막 부분에서 약분하여 나타내거나, 계산 중간 과정에서 약분하여 나타낼 수도 있음을 알게 한다.

배경

대분수끼리의 나눗셈을 다룬다. 대분수가 들어 있는 나눗셈에서는 대분수를 가분수로 고쳐서 나눗셈을 한다는 사실을 주지시키며, 다른 분수의 나눗셈과 마찬가지로 두 가지 방법으로 계산 원리를 익힌다. 하나는 계산의 중간 과정에서 약분하지 않고 마지막 부분에서 약분하여 나타내는 것이고, 다른 하나는 계산 중간 과정에서 약분하게 하는 것이다. 학생들은 계산 중간 과정에서 약분하면 좀 더 편리하다는 것을 스스로 발견하게 될 것이다.

관련 TU : TUAQ-4450, TUAQ-4800

TUAQ-4610.10 2.5÷0.5형(소수의 나눗셈)

관련 교육과정	(07) 6(가)2①
	(09) 56(가)4③

목표

나누어떨어지는 (소수 한 자리 수)÷(소수 한 자리 수) 형 소수의 나눗셈을 계산할 있다.

자료

수 막대 그림, 자 그림, 길이단위변환식, 계산도식(분모가 10인 분수로 바꾸어서)

활동

(1) 2.5÷0.5는 얼마인지 수 막대를 통해 알아보시오.

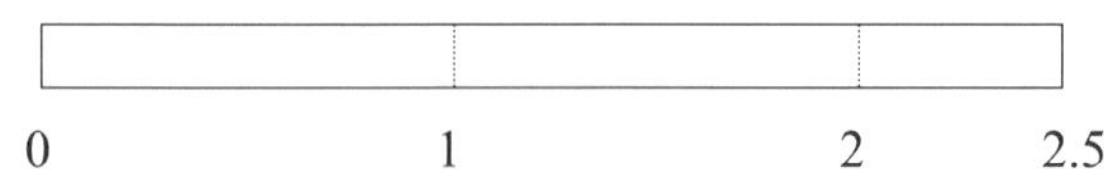

2.5−0.5−0.5−0.5−□−□=0

▸ 길이가 2.5m인 끈을 0.5씩 자르면 몇 개가 됩니까? 5개

▸ 2.5÷0.5의 몫은 얼마입니까? 2.5÷0.5=□

(2) 2.5cm와 0.5cm를 mm로 바꾸어 2.5÷0.5를 알아보시오.

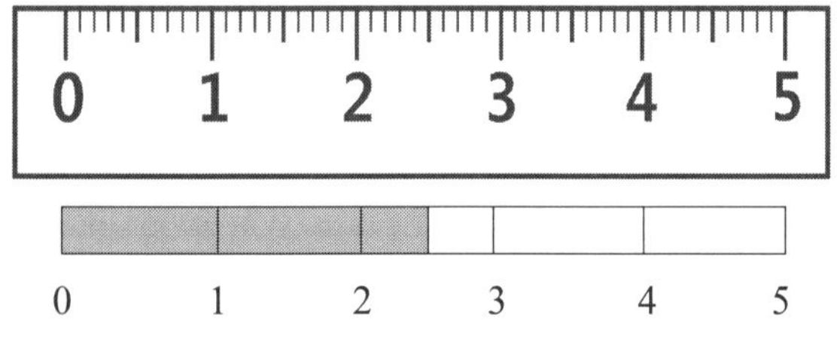

그림을 보고 다음 식을 완성하게 한다.

2.5÷0.5=25÷5=5

(3) 2.5÷0.5의 계산 방법을 알아보시오.

▸ 소수의 나눗셈을 분수의 나눗셈으로 고쳐 계산하시오.

$$2.5 \div 0.5 = \frac{25}{10} \div \frac{5}{10} = 25 \div 5 = 5$$

(4) 세로형식으로 계산하여 보시오.

가. 나누는 수와 나누는 수의 소수점을 오른쪽으로 한 자리씩 옮겨서 세로형식으로 계산하는 것과 결과가 같음을 알게 한다.

$$0.5\overline{)2.5} \Rightarrow 0.5\overline{)2.5} \Rightarrow \begin{array}{r} 5 \\ 5\overline{)25} \\ \underline{25} \\ 0 \end{array}$$

$$\begin{array}{r} 5 \\ 0.5\overline{)2.5} \\ \underline{2\ 5} \\ 0 \end{array}$$

배경

(소수)÷(소수)의 계산을 익히는 데 기초가 된다. 끈이나 수 막대를 잘라보는 구체적 조작 활동을 통해 소수의 나눗셈도 동수누감에서 시작된다는 것을 직관적으로 알게 한다. 또한 소수의 나눗셈 계산을 위해서 나누는 수와 나누는 수의 소수점의 위치를 옮기는 활동을 통해 나누는 수를 자연수로 고쳐서 자연수로 나눌 수 있게 하는 원리와 과정을 이해하게 한다. 이것은 새로운 문제를 이미 할 줄 아는 문제로 바꾸는 것인데 나누는 수와 나누어지는 수에 같은 10의 거듭제곱을 곱하여 자연수로 만들어 문제를 해결하는 것이다.

관련 TU : TUAQ-4310, TUAQ-4620

TUAQ-4620.10 11.52÷0.48형(소수의 나눗셈)

관련 교육과정	(07) 6(가)[2]①
	(09) 56(가)[4]③

목표

나누어떨어지는 (소수 두 자리 수)÷(소수 두 자리 수)형 소수의 나눗셈을 계산할 수 있다.

자료

계산도식(분모가 100인 분수로 바꾸어서)

활동

(1) 11.52÷0.48의 계산 방법을 알아보시오.

▸ 소수를 분수로 고쳐서 계산하시오.

$$11.52 \div 0.48 = \frac{1125}{100} \div \frac{48}{100} = 1152 \div 48 = 24$$

(2) 세로형식으로 계산하여 보시오. (알고리즘)

나누는 수와 나누는 수의 소수점을 오른쪽으로 두 자리씩 옮겨서 세로형식으로 계산하는 것과 결과가 같음을 알게 한다.

$$0.48\overline{)11.52} \Rightarrow 0.48\overline{)11.52} \qquad \begin{array}{r} 24 \\ 48\overline{)1152} \\ 96 \\ \hline 192 \\ 192 \\ \hline 0 \end{array}$$

$$\begin{array}{r} 24 \\ 0.48\overline{)11.52} \\ 9\ 6 \\ \hline 1\ 92 \\ 1\ 92 \\ \hline 0 \end{array}$$

배경

'분수의 분자와 분모에 0이 아닌 같은 수를 곱하여도 값은 같다'는 것을 이용하여 소수의 나눗셈을 분수의 나눗셈으로 고쳐 구하는 과정에서 (소수)÷(소수)를 (정수)÷(정수)로 고칠 수 있음을 이해하고, (소수 두 자리 수)÷(소수 두 자리 수)의 계산 원리를 이용하여 계산 방법을 형식화한다. 따라서 소수의 나눗셈 계산을 위해서 나누는 수와 나누는 수의 소수점의 위치를 옮기는 활동을 통해 나누는 수를 자연수로 고쳐서 나눌 수 있게 하는 원리와 과정을 이해하고, 소수점을 옮긴 후의 계산 과정을 형식화하여 익힌다.

관련 TU : TUAQ-4610, TUAQ-4630

TUAQ-4630.10 19.35÷4.5형(소수의 나눗셈)

관련 교육과정	(07) 6(가)[2]①
	(09) 56(가)[4]③

목표

(소수 두 자리 수)÷(소수 한 자리 수)형 소수의 나눗셈을 계산할 수 있다.

자료

계산도식(193.5÷45형으로 바꾸어서)

활동

(1) 19.35÷4.5의 계산 방법을 알아보시오.

▸ 소수의 나눗셈을 분수의 나눗셈으로 고쳐서 계산하시오.

$$19.35 \div 4.5 = \frac{193.5}{10} \div \frac{45}{10} = 193.5 \div 45 = 4.3$$

(2) 세로형식으로 계산하여 보시오.

나누는 수와 나누는 수의 소수점을 오른쪽으로 한 자리씩 옮겨서 세로형식으로 계산하는 것과 결과가 같음을 알게 한다.

$$4.5\overline{)19.35} \Rightarrow 4.5\overline{)19.35} \Rightarrow \begin{array}{r} 4.3 \\ 45\overline{)193.5} \\ 180 \\ \hline 135 \\ 135 \\ \hline 0 \end{array}$$

$$\begin{array}{r} 4.3 \\ 4.5\overline{)19.35} \\ \underline{180} \\ 135 \\ \underline{135} \\ 0 \end{array}$$

배경

분수의 나눗셈을 자연수의 나눗셈으로 바꾸어 계산하는 과정을 생각하게 하여 (소수 두 자리 수)÷(소수 한 자리 수)를 (소수)÷(자연수)의 식으로 바꿀 수 있음을 익힌다. 즉, 나누는 수와 나누는 수의 소수점을 오른쪽으로 한 자리씩(나누는 수를 자연수로 고치기 위해 옮겨야 할 자리 수) 옮긴 것과 마찬가지라는 계산 과정을 형식화한다. 이 방법은 나누는 수가 나누는 수보다 소수 이하 자리가 더 많은 경우에 모두 적용될 수 있다. 예를 들면 (소수 세 자리 수)÷(소수 두 자리 수)의 경우 나누는 수와 나누는 수의 소수점을 모두 두 자리씩 옮겨 계산하면 된다.

관련 TU : TUAQ-4620, TUAQ-4640

TUAQ-4640.10 25÷12.5형(소수의 나눗셈)

관련 교육과정	(07) 6(가)2①
	(09) 56(가)4③

목표

(자연수)÷(소수 한 자리 수)형 소수의 나눗셈을 계산할 수 있다.

자료

계산도식(분모가 10인 분수로 바꾸어서)

활동

(1) 25÷12.5의 계산 방법을 알아보시오.

▸ 소수의 나눗셈을 분수의 나눗셈으로 고쳐서 계산하시오.

$$25 \div 12.5 = \frac{250}{10} \div \frac{125}{10} = 250 \div 125 = 2$$

(2) 세로형식으로 계산하여 보시오.

나누는 수와 나누는 수의 소수점을 오른쪽으로 한 자리씩 옮겨서 세로형식으로 계산하는 것과 결과가 같음을 알게 한다.

$$12.5\overline{)25} \Rightarrow 12.5\overline{)25.0} \Rightarrow \begin{array}{r} 2 \\ 125\overline{)250} \\ \underline{250} \\ 0 \end{array}$$

$$\begin{array}{r} 2 \\ 12.5\overline{)25.0} \\ \underline{250} \\ 0 \end{array}$$

배경

분수의 나눗셈을 자연수의 나눗셈으로 바꾸어 계산하는 과정을 이용하여 (자연수)÷(소수 한 자리 수)를 (자연수)÷(자연수)의 식으로 바꿀 수 있음을 알게 한다. 이것은 결국 나누는 수와 나누는 수의 소수점을 오른쪽으로 한 자리씩 옮긴 것과 마찬가지임을 인식시키고 계산 과정을 형식화시킨다. 자연수에서 소수점을 오른쪽으로 이동시킬 때에는 자연수의 오른쪽 빈칸에 0을 쓰면서 소수점을 이동시킨다는 사실을 주지시킨다.

관련 TU : TUAQ-4630, TUAQ-4650

TUAQ-4650.10 156÷3.25형(소수의 나눗셈)

관련 교육과정	(07) 6(가)[2]①
	(09) 56(가)[4]③

목표

(자연수)÷(소수 두 자리 수)형 소수의 나눗셈을 계산할 수 있다.

자료

계산도식(분모가 100인 분수로 바꾸어서)

활동

(1) 156÷3.25의 계산 방법을 알아보시오.

▸소수의 나눗셈을 분수의 나눗셈으로 고쳐서 계산하시오.

$$156 \div 3.25 = \frac{15600}{100} \div \frac{325}{100} = 15600 \div 325 = 48$$

(2) 세로형식으로 계산하여 보시오.

나누는 수와 나누는 수의 소수점을 오른쪽으로 두 자리씩 옮겨서 세로형식으로 계산하는 것과 결과가 같음을 알게 한다.

$$3.25\overline{)156} \Rightarrow 3.25\overline{)156.00} \Rightarrow \begin{array}{r} 48 \\ 325\overline{)15600} \\ 1300 \\ \hline 2600 \\ 2600 \\ \hline 0 \end{array}$$

$$\begin{array}{r} 48 \\ 325\overline{)15600} \\ 1300 \\ \hline 2600 \\ 2600 \\ \hline 0 \end{array}$$

배경

(자연수)÷(소수)의 계산 원리를 이해하고 알고리즘을 익히는 활동을 하게 되며, 이때 주어진 소수는 (소수 두 자리 수)의 형태이다. 분수의 나눗셈에서 공부한 것과 같이, 분수의 나눗셈을 자연수의 나눗셈으로 바꾸어 계산하는 과정을 생각하게 하여 (자연수)÷(소수 두 자리 수)를 (자연수)÷(자연수)의 식으로 바꿀 수 있음을 알게 한다. 나누는 수와 나누는 수의 소수점을 오른쪽으로 두 자리씩 옮긴 것과 마찬가지임을 인식시키고, 계산 과정을 형식화시킨다. 이 원리는 (자연수)÷(소수)의 여러 가지 형태에도 적용할 수 있으며, 이와 같은 경우에는 나누는 수인 소수를 자연수로 고치기 위해 옮긴 자리 수 만큼 나누는 수인 자연수의 소수점을 오른쪽으로 옮기고 그 자리 수 만큼의 빈칸에 모두 0을 쓰면 된다.

관련 TU : TUAQ-4640, TUAQ-4660

TUAQ-4660.10 소수 나눗셈에서의 몫과 나머지 (소수의 나눗셈)

관련 교육과정	(07) 6(가)[2]①
	(09) 56(가)[4]③

목표

소수의 나눗셈에서 몫과 나머지를 구할 수 있다.

자료

그림(확대한 자 그림, 구리선 그림)

활동

15cm의 구리선을 4.5cm씩 자르려고 합니다. 4.5cm짜리 구리선은 몇 개 나오고, 다 자르고 남은 구리선의 길이는 얼마인지 알아보시오.

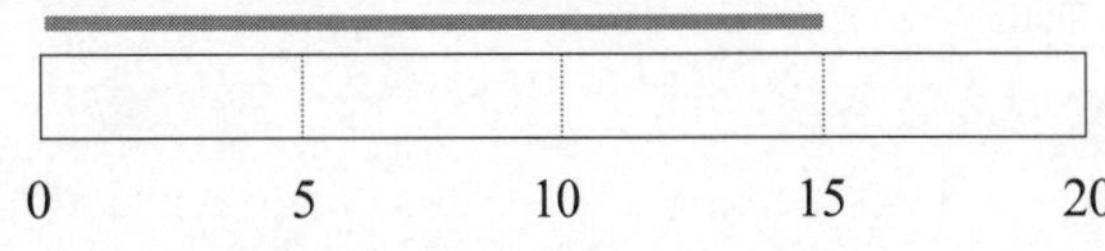

(1) cm 단위를 mm 단위로 바꾸어 알아보시오.

▸15cm와 4.5cm를 mm로 바꾸어 보시오.

15cm = ☐mm 4.5cm = ☐mm

▸150÷45를 계산하여 몫과 나머지를 구하시오.

▸ 4.5cm 구리선은 몇 개 나옵니까? 다 자르고 남은 구리선은 cm입니까?

▸ 15 ÷ 4.5 = 3 ⋯ 1.5라고 말할 수 있습니까?

(2) 15 ÷ 4.5를 세로 형식으로 계산하고 몫과 나머지를 말해 보시오.

$$4.5\overline{)\,15} \Rightarrow 4.5\overline{)\,15} \Rightarrow \begin{array}{r} 3 \\ 15\overline{)\,150} \\ 135 \\ \hline 15 \end{array}$$

$$\begin{array}{r} 3 \\ 4.5\overline{)\,15} \\ 13.5 \\ \hline 1.5 \end{array}$$

15 ÷ 4.5 = 3 ⋯ 1.5

(3) 검산을 통해 계산 결과가 맞았는지 확인하시오.

검산 4.5×3+1.5=15

배경

소수의 나눗셈에서 몫과 나머지를 구하는 활동은 특별한 주의를 요구한다. 소수의 나눗셈에서 몫과 나머지는 수학적으로 아무런 의미가 없다. 원래 수학에서의 몫과 나머지는 정수의 집합이 나눗셈에 관하여 닫혀있지 않으므로, 그에 따라 파생된 개념에 해당된다. 즉 정수의 집합에서는 다음과 같은 나눗셈 알고리즘(division algorithm)이 성립한다.

> 두 정수 a, $b(b \neq 0)$에 대하여
> $$a = bq + r,\ (0 \leqq r < |b|)$$
> 인 두 정수 q, r이 존재하고 이와 같은 정수 q, r는 각각 하나 뿐이다.

소수는 이미 정수의 범위를 벗어나므로 정수의 집합에서 성립하는 나눗셈 알고리즘을 적용할 수 없다. 몫이 유일하지도 않고, 나머지도 구하기 나름이다. 그러나 일상생활에서 자연수의 나눗셈을 다룰 때 지녔던 몫과 나머지의 의미를 소수의 나눗셈에도 적용할 필요가 가끔 생기는데 그것은 위의 활동에서 보듯이 몫이 자연수에 한정될 때이다.
몫이 자연수가 아닌 경우에 나머지를 구하는 상황은 매우 작위적(作爲的)이다. 예를 들어, 13.7 ÷ 2.41 = 5.6846⋯인데 이 경우에 다음과 같은 몫과 나머지는 현실적으로 아무런 의미를 갖지 못한다.

13.7 ÷ 2.41 = 5.6 ⋯ 0.204
13.7 ÷ 2.41 = 5.68 ⋯ 0.0112
13.7 ÷ 2.41 = 5.684 ⋯ 0.00156
13.7 ÷ 2.41 = 5.6846 ⋯ 0.000114
⋯

소수의 나눗셈에서 몫이 자연수로 나누어떨어지지 않을 경우에는 몫을 분수로 나타내던가, 적당한 위치에서 반올림하여 근삿값으로 구하는 방법을 사용하는 것이 바람직하다. 또는 수감각을 기르기 위하여 어림셈을 하는 것도 좋은 방법이다. 소수의 나눗셈에서 몫과 나머지를 구하는 경우는 몫이 자연수인 경우에 한정하도록 하고, 검산을 통하여 계산 결과의 정확성을 확인하도록 한다.

관련 TU : TUAQ-4660, TUAQ-4690

TUAQ-4670.10 몫을 반올림해서 구하기 (소수의 나눗셈)

관련 교육과정	(07) 6(가)②①
	(09) 56(가)④③

목표

몫을 반올림해서 구하는 방법을 알 수 있다.

자료

계산도식

활동

(1) $1.58 \div 0.9$의 몫을 반올림하여 소수 첫째 자리까지 구하시오.

나누어떨어지지 않는 소수의 나눗셈에서 몫을 반올림하여 소수 첫째 자리까지 구할 경우에는, 몫을 소수 둘째 자리까지 구하고, 소수 둘째 자리의 수를 반올림하여 몫을 나타냄을 알게 한다.

$$0.9\overline{)1.58} \Rightarrow 9\overline{)15.80} = 1.75 \quad (9,\ 68,\ 63,\ 50,\ 45,\ 5)$$

$$1.58 \div 0.9 \fallingdotseq 1.8$$

(2) $1.58 \div 0.9$의 몫을 반올림하여 소수 둘째 자리까지 구하시오.

나누어떨어지지 않는 소수의 나눗셈에서 몫을 반올림하여 소수 둘째 자리까지 구할 경우에는, 몫을 소수 셋째 자리까지 구하고, 소수 셋째 자리의 수를 반올림하여 몫을 나타냄을 알게 한다.

$$0.9\overline{)1.58} \Rightarrow 9\overline{)15.800} = 1.755 \quad (9,\ 68,\ 63,\ 50,\ 45,\ 50,\ 45,\ 5)$$

$$1.58 \div 0.9 \fallingdotseq 1.76$$

배경

소수의 나눗셈에서 몫을 정확하게 구할 필요가 없거나, 나누어떨어지지 않을 경우에는 반올림하여 몫을 나타냄을 인지시킨다. 소수의 나눗셈에서 반올림하여 몫을 구할 때에는 구하고자 하는 자리의 다음 자리까지 계산하여 그 자리에서 반올림하여야 함을 이해한다.

관련 TU : TUAQ-4660, TUAQ-4690

TUAQ-4680.10 소수 나눗셈의 계산 결과를 어림하기

관련 교육과정	(07) -
	(09) 56(가)④④

목표

소수 나눗셈의 계산 결과를 어림할 수 있다.

자료

소수의 나눗셈에 관련된 실생활 문제

활동

마라톤은 42.195 km를 달리는 경기입니다. 달리기 방법을 효과적으로 훈련시키기 위해 마라톤 경주 거리를 12개의 구간으로 나누어 기록을 분석하려고 합니다. 한 구간의 거리는 어느 정도 되어야 합니까?

- ▸ $42.195 \div 10$은 얼마입니까?
- ▸ $42.195 \div 12$는 얼마쯤 되겠습니까?
- ▸ 마라톤 경주 거리를 12 구간으로 나누면 한 구간의 거리는 어느 정도 된다고 생각합니까? 왜 그렇게 생각합니까?

배경

소수 나눗셈의 계산 결과를 어림하는 것은 자연수 나눗셈의 계산 결과를 어림하는 것과 유사하다. 다만, 소수점의 위치에 유의하도록 한다. 특히, 소수 나눗셈에서 몫이 자연수가 아닌 경우에 나머지를 구하는 상황은 매우 작위적(作爲的)이다. 예를 들어, 13.7÷2.41=5.6846…인데 이 경우에 다음과 같은 몫과 나머지는 현실적으로 아무런 의미를 갖지 못한다.

13.7 ÷ 2.41 = 5.6 … 0.204
13.7 ÷ 2.41 = 5.68 … 0.0112
13.7 ÷ 2.41 = 5.684 … 0.00156
13.7 ÷ 2.41 = 5.6846 … 0.000114
…

따라서 소수의 나눗셈에서 몫이 자연수로 나누어떨어지지 않을 경우에는 몫을 분수로 나타내던가, 적당한 위치에서 반올림하여 근삿값으로 구하는 방법을 사용하는 것이 바람직하다. 또는 수 감각을 기르기 위하여 어림셈을 하는 것도 좋은 방법이다. 소수의 나눗셈에서 몫과 나머지를 구하는 경우는 몫이 자연수인 경우에 한정하도록 하고, 검산을 통하여 계산 결과의 정확성을 확인하도록 한다.

관련 TU : TUAQ-4610, TUAQ-4670

TUAQ-4710.10 $1.5 \div \frac{1}{4}$형(분수로 바꾸어 계산하기)

관련 교육과정	(07) 6(가)3①
	(09) 56(가)5③

목표

소수를 분수로 바꾸어서 $1.5 \div \frac{1}{4}$형 (소수)÷(분수)를 계산할 수 있다.

자료

계산도식(소수를 분수로 바꾸어서)

활동

(1) $1.5 \div \frac{1}{4}$을 소수를 분수로 바꾸어서 계산하시오.

(소수)÷(분수)의 계산을 위해 (분수)÷(분수) 형태로 바꾸어서 계산함을 알게 한다.

$$1.5 \div \frac{1}{4} = \frac{15}{10} \div \frac{1}{4} = \frac{15}{10} \times \frac{4}{1} = 6$$

배경

분수와 소수의 계산은 기본적으로 자연수의 사칙계산과 같은 방법이라는 것을 먼저 인식시킨다. 또 분수와 소수의 계산에서는 소수로 나누어떨어지지 않는 경우에 소수를 분수로 고쳐서 계산하는 것이 더 정확하다는 것을 알고, 소수를 분수로 고쳐서 계산할 수 있게 한다. (소수)÷(분수)형 계산에서는 두 수의 형태가 다르므로 계산의 편의를 위하여 두 수의 형태를 통일시켜 주는데, 이중에서 주어진 소수를 분수로 바꾸어서 계산하는 과정을 익히게 된다.

관련 TU : TUAQ-4310, TUAQ-4610, TUAQ-4720, TUAQ-4730

TUAQ-4720.10 $1.5 \div \frac{1}{4}$형(소수로 바꾸어 계산하기)

관련 교육과정	(07) 6(가)③①
	(09) 56(가)⑤③

목표

분수를 소수로 바꾸어서 $1.5 \div \frac{1}{4}$ 형 (소수)÷(분수)를 계산할 수 있다.

자료

계산도식(분수를 소수로 바꾸어서)

활동

(1) $1.5 \div \frac{1}{4}$을 분수를 소수로 바꾸어서 계산하시오.

(소수)÷(분수)의 계산을 위해 (소수)÷(소수) 형태로 바꾸어서 계산함을 알게 한다.

$$1.5 \div \frac{1}{4} = 1.5 \div 0.25 = 6$$

배경

(소수)÷(분수)의 계산을 위해 (소수)÷(소수)와 (분수)÷(분수)를 바탕으로 하여 소수로 고치거나 분수로 고쳐서 계산해야 함을 떠오르게 되는데 여기에서는 주어진 분수를 소수로 바꾸어서 계산하는 과정을 익힌다. 교사는 학생들이 계산 문제의 유형을 보고 (소수)÷(분수)를 (소수)÷(소수)의 방법과 (분수)÷(분수)의 방법 중 스스로 편리한 방법을 선택하여 계산할 수 있도록 유도한다.

관련 TU : TUAQ-4310, TUAQ-4610, TUAQ-4710, TUAQ-4740

TUAQ-4730.10 $0.36 \div 1\frac{1}{2}$형(분수로 바꾸어 계산하기)

관련 교육과정	(07) 6(가)③①
	(09) 56(가)⑤③

목표

소수를 분수로 바꾸어서 $0.36 \div 1\frac{1}{2}$ 형 (소수)÷(대분수)를 계산할 수 있다.

자료

계산도식(소수를 분수로 바꾸어서)

활동

(1) $0.36 \div 1\frac{1}{2}$을 소수를 분수로 바꾸어서 계산하시오.

(소수)÷(대분수)의 계산을 위해 (분수)÷(분수) 형태로 바꾸어서 계산함을 알게 한다.

$$0.36 \div 1\frac{1}{2} = \frac{36}{100} \div 1\frac{1}{2} = \frac{36}{100} \div \frac{3}{2}$$
$$= \frac{36}{100} \times \frac{2}{3} = \frac{6}{25}$$

배경

(소수)÷(대분수)의 계산 방법도 (소수)÷(분수)의 계산 방법과 마찬가지이나 (소수)÷(소수)로 계산하거나, (분수)÷(분수)로 계산하기 위해서는 우선 대분수를 가분수로 고치는 과정이 필요하다. 여기서는 (소수)÷(대분수)를 다루게 되나, 분수를 소수로 바꾸어서 계산하는 과정을 익힌다.

관련 TU : TUAQ-4710, TUAQ-4740

TUAQ-4740.10 $0.36 \div 1\frac{1}{2}$형(소수로 바꾸어 계산하기)

관련 교육과정	(07) 6(가)③①
	(09) 56(가)⑤③

목표

분수를 소수로 바꾸어서 $0.36 \div 1\frac{1}{2}$형 (소수)÷(대분수)를 계산할 수 있다.

자료

계산도식(분수를 소수로 바꾸어서)

활동

(1) $0.36 \div 1\frac{1}{2}$를 분수를 소수로 바꾸어서 계산하시오.

(소수)÷(대분수)의 계산을 위해 (소수)÷(소수) 형태로 바꾸어서 계산함을 알게 한다.

▶ $1\frac{1}{2}$를 가분수로 바꾸시오.

▶ $\frac{3}{2}$를 소수로 바꾸시오.

$$0.36 \div 1\frac{1}{2} = 0.36 \div \frac{3}{2} = 0.36 \div 1.5 = 0.24$$

배경

(소수)÷(대분수)의 계산 방법도 (소수)÷(분수)의 계산 방법과 마찬가지이나 (소수)÷(소수)로 계산하거나, (분수)÷(분수)로 계산하기 위해서는 우선 대분수를 가분수로 고치는 과정이 필요하다. 여기서는 대분수를 가분수로 고친 후, 분수를 소수로 바꾸어서 계산하는 과정을 익힌다.

관련 TU : TUAQ-4730, TUAQ-4750

TUAQ-4750.10 $3\frac{3}{5} \div 0.3$형(분수로 바꾸어 계산하기)

관련 교육과정	(07) 6(가)③①
	(09) 56(가)⑤③

목표

소수를 분수로 바꾸어서 $3\frac{3}{5} \div 0.3$형 (분수)÷(소수)를 계산할 수 있다.

자료

계산도식(소수를 분수로 바꾸어서)

활동

(1) $3\frac{3}{5} \div 0.3$을 소수를 분수로 바꾸어서 계산하시오.

(분수)÷(소수)의 계산을 위해 (분수)÷(분수) 형태로 바꾸어서 계산함을 알게 한다.

▶ $3\frac{3}{5}$을 가분수로 바꾸시오.

▶ 0.3을 분수로 바꾸시오.

$$3\frac{3}{5} \div 0.3 = \frac{18}{5} \div \frac{3}{10} = \frac{18}{5} \times \frac{10}{3} = \frac{18 \times 10}{5 \times 3} = 12$$

배경

여기에서는 (대분수)÷(소수)형 계산을 다룬다. 우선 주어진 대분수를 가분수로 고치고, 소수는 분수로 바꾸어서 계산하는 알고리즘을 익힌다. (대분수)÷(소수)형은 (소수)÷(소수) 또는 (분수)÷(분수)로 고쳐서 계산하는 방법을 생각해 볼 수 있다. 학생들 스스로 어떤 계산 방법이 더 편리한지 의논해 보게 하는 것도 계산 알고리즘을 익히는 데 좋은 방법이 될 수 있다.

관련 TU : TUAQ-4740, TUAQ-4760

TUAQ-4760.10 $3\frac{3}{5} \div 0.3$ 형(소수로 바꾸어 계산하기)

관련 교육과정	(07) 6(가)③①
	(09) 56(가)⑤③

목표

분수를 소수로 바꾸어서 $3\frac{3}{5} \div 0.3$ 형 (분수)÷(소수)를 계산할 수 있다.

자료

계산도식(분수를 소수로 바꾸어서)

활동

(1) $3\frac{3}{5} \div 0.3$을 분수를 소수로 바꾸어서 계산하시오.

(분수)÷(소수)의 계산을 위해 (소수)÷(소수) 형태로 바꾸어서 계산함을 알게 한다.

▸ $3\frac{3}{5}$를 소수로 바꾸시오.

▸ 세로형식으로 계산하시오.

$$3\frac{3}{5} \div 0.3 \Rightarrow 3.6 \div 0.5 \Rightarrow$$

$$0.3\overline{)3.6} \Rightarrow \begin{array}{r} 12 \\ 3\overline{)36} \\ 3 \\ \hline 6 \\ 6 \\ \hline 0 \end{array}$$

배경

여기에서는 (대분수)÷(소수)형 계산을 다루나, 분수를 소수로 바꾸어서 계산하는 활동으로 익히고, 바꾼 소수의 나눗셈을 세로형식으로 계산한다. 이때 (분수)÷(소수)의 계산 방법을 학생들 스스로 생각하게 하여 분수를 소수로 고치거나 소수를 분수로 고쳐서 계산해야 편리함을 깨닫게 한다. 따라서 학생들은 문제 유형에 따라 편리한 계산 방법을 스스로 선택하게 한다.

관련 TU : TUAQ-4750, TUAQ-4770

TUAQ-4770.10 $1\frac{1}{2} \div 0.24$ 형(분수로 바꾸어 계산하기)

관련 교육과정	(07) 6(가)③①
	(09) 56(가)⑤③

목표

소수를 분수로 바꾸어서 $1\frac{1}{2} \div 0.24$ 형 (분수)÷(소수)를 계산할 수 있다.

자료

계산도식(소수를 분수로 바꾸어서)

활동

(1) $1\frac{1}{2} \div 0.24$을 소수를 분수로 바꾸어서 계산하시오.

(분수)÷(소수)의 계산을 위해 (분수)÷(분수) 형태로 바꾸어서 계산함을 알게 한다.

▸ 0.24를 분수로 바꾸시오.

$$1\frac{1}{2} \div 0.24 = \frac{3}{2} \div \frac{24}{100} = \frac{3}{2} \times \frac{100}{24} = 6\frac{1}{4}$$

배경

(대분수)÷(소수)형 계산을 다루게 되는데, 주어진 소수가 (소수 두 자리 수)로 확장되며, 몫도 소수 두 자리까지 나오게 되는 소수를 분수로 바꾸어서 계산하는 알고리즘을 익힌다.

관련 TU : TUAQ-4760, TUAQ-4780

TUAQ-4780.10 $1\frac{1}{2} \div 0.24$형(소수로 바꾸어 계산하기) 관련 교육과정 (07) 6(가)3① (09) 56(가)5③

목표

분수를 소수로 바꾸어서 $1\frac{1}{2} \div 0.24$형 (분수)÷(소수)를 계산할 수 있다.

자료

계산도식(분수를 소수로 바꾸어서)

활동

(1) $1\frac{1}{2} \div 0.24$를 분수를 소수로 바꾸어서 계산하시오.

(분수)÷(소수)의 계산을 위해 (소수)÷(소수) 형태로 바꾸어서 계산함을 알게 한다.

▸ $1\frac{1}{2}$을 가분수로 바꾸시오.

▸ $\frac{3}{2}$을 소수로 바꾸시오.

$$1\frac{1}{2} \div 0.24 = \frac{3}{2} \div 0.24 = 1.5 \div 0.24 = 6.25$$

배경

주어진 소수가 소수 두 자리 수인 경우로 확장된 (대분수)÷(소수)형 계산을 다룬다. 여기에서는 분수를 소수로 바꾸어서 계산하는 방법을 익히는데 이때 대분수는 가분수로 고친 후 소수로 고친다. 이와 같이 반복적으로 계산 활동을 다룸으로써 계산 능력을 확고히 할 수 있다. 또 학생들 스스로 여러 가지 계산 방법을 발견하게 하고 어떤 방법이 편리한지 의논해보게 하는 것도 좋은 방법이다.

관련 TU : TUAQ-4770, TUAQ-4790

TUAQ-4790.10 $1\frac{3}{5} \div 0.7$형(나누어떨어지지 않는 (대분수)÷(소수)) 관련 교육과정 (07) 6(가)3① (09) 56(가)5③

목표

$1\frac{3}{5} \div 0.7$형과 같이, 소수로 나누어떨어지지 않는 경우는 소수를 분수로 바꾸는 알고리즘을 이용하여 계산할 수 있다.

자료

계산도식(소수를 분수로 바꾸어서)
계산도식(분수를 소수로 바꾸어서)

활동

(1) $1\frac{3}{5} \div 0.7$을 소수를 분수로 바꾸어서 계산하시오.

(분수)÷(소수)의 계산을 위해 (분수)÷(분수) 형태로 바꾸어서 계산함을 알게 한다.

▸ 0.7을 분수로 바꾸시오.

$$1\frac{3}{5} \div 0.7 = \frac{8}{5} \div 0.7 = \frac{8}{5} \div \frac{7}{10} = \frac{8}{5} \times \frac{10}{7}$$

$$= \frac{80}{35} = 2\frac{2}{7}$$

(2) $1\frac{3}{5} \div 0.7$을 분수를 소수로 바꾸어서 계산하시오.

(분수)÷(소수)의 계산을 위해 (소수)÷(소수) 형태로 바꾸어 계산함을 알게 한다.

▸ $1\frac{3}{5}$을 가분수로 바꾼 후 소수로 바꾸어 계산하시오.

$$1\frac{3}{5} \div 0.7 = \frac{8}{5} \div 0.7 = (8 \div 5) \div 0.7$$

$$= 1.6 \div 0.7 = 2.28571...$$

▸ 나누어떨어지지 않으므로 소수 둘째 자리에서 반올림 하시오. 약 2.3

▸ 어느 계산 방법의 결과가 더 정확하다고 생각합니까?

활동 (1)과 (2)를 비교하여 보고, 소수로 나누어떨어지지 않는 계산은 분수로 고쳐서 계산하는 것이 정확함을 깨닫게 한다.

배경

여기서는 소수로 나누어떨어지지 않는 경우의 (대분수)÷(소수)형 문제 해결이 주어진다. 먼저 학생들은 분수를 소수로 바꾸어 계산할 때, 계산이 끝나지 않으면 계산의 결과를 정확히 표현할 수 없다는 것을 이해해야 한다. 그런 다음 소수를 분수로 고쳐서 계산한 결과가 정확하므로 소수를 분수로 바꾸어 계산하는 방법을 선택하도록 하고, 분수를 소수로 고칠 수 없는 경우에는 소수를 분수로 고쳐서 계산한다는 것을 인지하게 한다.

관련 TU : TUAQ-4780, TUAQ-4800

TUAQ-4800.10 $4 \div 1\frac{2}{5} + 0.5$형(소수와 분수의 혼합계산)

관련 교육과정	(07) 6(가)③①
	(09) 56(가)⑤③

목표

$4 \div 1\frac{2}{5} + 0.5$형 괄호가 없는 분수와 소수의 혼합계산을 할 수 있다.

자료

계산도식

활동

(1) $4 \div 1\frac{2}{5} + 0.5$를 계산하는 방법을 알아보시오.

괄호가 없는 분수와 소수의 혼합계산의 경우에는 ×, ÷를 +, −보다 먼저 계산함을 알게 한다.

▸ $4 \div 1\frac{2}{5}$를 먼저 계산하시오.

▸ 주어진 대분수를 가분수로, 소수를 분수로 바꾸어 계산하시오.

$$4 \div 1\frac{2}{5} + 0.5 = 4 \div \frac{7}{5} + \frac{5}{10} = 4 \times \frac{5}{7} + \frac{5}{10}$$
$$= \frac{20}{7} + \frac{5}{10} = \frac{20 \times 10}{7 \times 10} + \frac{5 \times 7}{10 \times 7}$$
$$= \frac{200}{70} + \frac{35}{70} = \frac{235}{70} = 3\frac{25}{70} = 3\frac{5}{14}$$

배경

분수와 소수의 나눗셈의 경우를 포함하고 뺄셈과 덧셈도 혼합된 경우의 문제를 해결하기 위해 분수와 소수의 사칙연산이 혼합된 식의 계산 방법을 알아본다. 우선적으로 괄호가 없는 경우를 배우는데 이를 위해 학습한 적이 있는 자연수의 사칙 계산 방법을 다시 생각해보게 하여, 분수와 소수의 혼합계산도 자연수의 사칙 계산 방법과 같은 방법으로 계산할 수 있도록 한다. 또한 주어진 나눗셈이 소수로 고쳐서 계산할 때 나누어떨어지지 않으므로 분수로 계산하여야 함을 주지시킨다.

관련 TU : TUAQ-4790, TUAQ-4810

TUAQ-4810.10 $4 \div \left(1\frac{2}{5}+0.5\right)$ 형(소수와 분수의 혼합계산)

관련 교육과정	(07) 6(가)③①
	(09) 56(가)⑤③

목표

$4 \div \left(1\frac{2}{5}+0.5\right)$형 괄호가 있는 분수와 소수의 혼합 계산을 할 수 있다.

자료

계산도식

활동

(1) $4 \div \left(1\frac{2}{5}+0.5\right)$를 계산하는 방법을 알아보시오.

괄호가 있는 분수와 소수의 혼합계산의 경우에는 괄호 안을 먼저 계산함을 알게 한다.

▸ $\left(1\frac{2}{5}+0.5\right)$를 먼저 계산하시오.

▸ 대분수를 가분수로, 소수를 분수로 바꾸어 계산하시오.

$$4 \div \left(1\frac{2}{5}+0.5\right) = 4 \div \left(\frac{7}{5}+\frac{5}{10}\right) = 4 \div \left(\frac{14}{10}+\frac{5}{10}\right)$$
$$= 4 \div \frac{19}{10} = 4 \times \frac{10}{19} = \frac{40}{19} = 2\frac{2}{19}$$

배경

여기서는 괄호가 있는 경우의 분수와 소수의 혼합 계산을 다룬다. 우선 괄호 안을 먼저 계산한 후, 분수와 소수에 대한 나눗셈과 곱셈의 혼합 계산을 분수로 고쳐서 자연수의 혼합 계산의 순서와 마찬가지로 차례대로 계산하게 한다. 또한 주어진 나눗셈이 소수로 고쳐서 계산할 때 나누어떨어지지 않으므로 분수로 계산하게 됨을 알게 한다.

관련 TU : TUAQ-4800, TUAN-5080

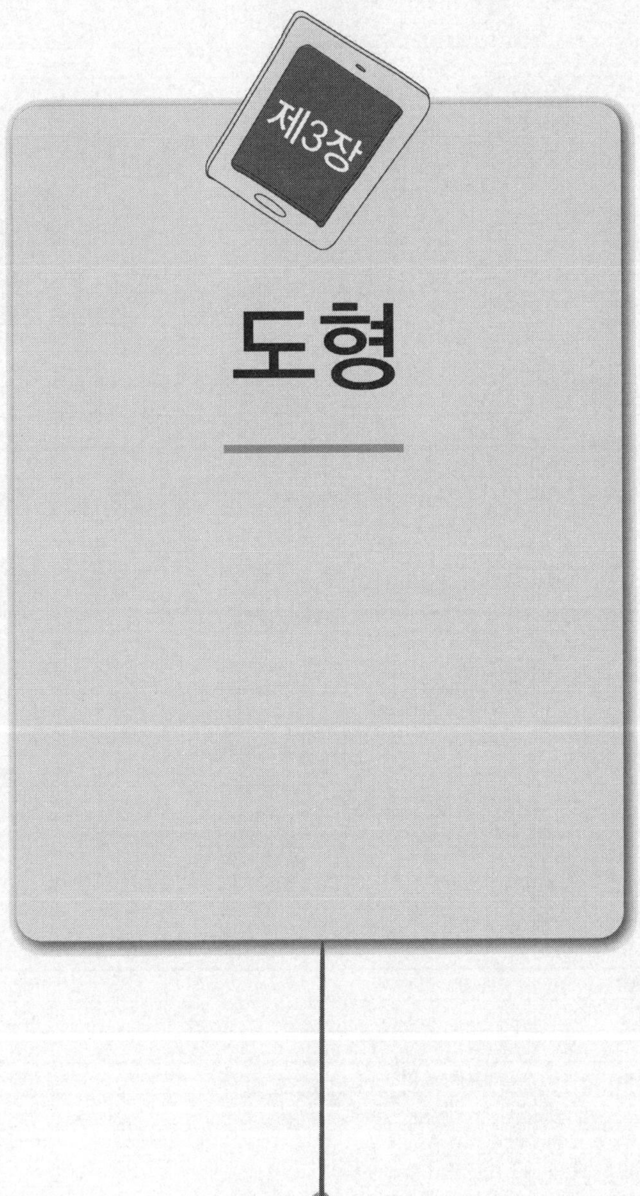

도형

TU일람표

ID	TU 번호	TU 제목	관련 교육과정 07개정	관련 교육과정 09개정
1	TUAG-0010.10	상자 모양, 둥근 기둥 모양, 공 모양 알기	(07) 1(나)[1]①	(09) 12(나)[1]①
2	TUAG-0020.10	상자 모양, 둥근 기둥 모양, 공 모양 찾기	(07) 1(나)[1]①	(09) –
3	TUAG-0030.10	상자 모양, 둥근 기둥 모양, 공 모양의 특징 알기	(07) 1(나)[1]①	(09) 12(나)[1]①
4	TUAG-0040.10	여러 가지 입체도형 만들기	(07) 1(나)[1]②	(09) 12(나)[1]①
5	TUAG-0050.10	네모 모양, 세모 모양, 동그라미 모양 알기	(07) 1(나)[2]①	(09) 12(나)[2]①
6	TUAG-0060.10	네모 모양, 세모 모양, 동그라미 모양 찾기	(07) 1(나)[2]①	(09) –
7	TUAG-0070.10	네모 모양, 세모 모양, 동그라미 모양 만들기	(07) 1(나)[2]②	(09) 12(나)[2]①
8	TUAG-0080.10	여러 가지 모양 만들기	(07) 1(나)[2]②	(09) 12(나)[2]①
9	TUAG-0090.10	칠교판을 이용하여 여러 가지 모양 만들기	(07) –	(09) 12(나)[2]②
10	TUAG-0100.10	칠교판을 이용하여 주어진 모양을 채우기	(07) –	(09) 12(나)[2]②
11	TUAG-0110.10	곧은 선과 굽은 선 알기	(07) 2(나)[1]①	(09) 34(나)[1]①
12	TUAG-0120.10	선분과 직선	(07) 2(나)[1]①	(09) 34(나)[1]①
13	TUAG-0125.10	반직선	(07) –	(09) 34(나)[1]①
14	TUAG-0130.10	사각형	(07) 2(나)[1]①	(09) 12(나)[3]①
15	TUAG-0140.10	삼각형	(07) 2(나)[1]①	(09) 12(나)[3]①
16	TUAG-0150.10	원	(07) 2(나)[1]①	(09) 12(나)[3]①
17	TUAG-0160.10	사각형, 삼각형, 원 찾기	(07) 2(나)[1]①	(09) 12(나)[3]①
18	TUAG-0170.10	여러 가지 평면도형 만들기	(07) 2(나)[1]①	(09) 12(나)[3]③
19	TUAG-0180.10	모양조각 놀이	(07) 2(나)[1]①	(09) 12(나)[3]③
20	TUAG-0210.10	도형의 꼭짓점과 변 알기	(07) 2(나)[1]②	(09) 12(나)[3]②
21	TUAG-0220.10	사각형과 삼각형의 특징	(07) 2(나)[1]②	(09) 12(나)[3]③
22	TUAG-0310.10	각	(07) 3(나)[1]①	(09) 34(나)[1]②
23	TUAG-0320.10	각의 꼭짓점과 변	(07) 3(나)[1]①	(09) 34(나)[1]②
24	TUAG-0330.10	여러 가지 각 만들기	(07) 3(나)[1]①	(09) 34(나)[1]②
25	TUAG-0340.10	직각	(07) 3(나)[1]①	(09) 34(나)[1]②
26	TUAG-0350.10	직각 만들기	(07) 3(나)[1]①	(09) 34(나)[1]②
27	TUAG-0360.10	직각삼각형	(07) 3(나)[1]②	(09) 34(나)[4]②
28	TUAG-0370.10	직각삼각형 만들기	(07) 3(나)[1]②	(09) 34(나)[4]②
29	TUAG-0380.10	직사각형	(07) 3(나)[1]②	(09) 34(나)[5]①
30	TUAG-0390.10	직사각형 만들기	(07) 3(나)[1]②	(09) 34(나)[5]①
31	TUAG-0400.10	정사각형	(07) 3(나)[1]②	(09) 34(나)[5]①
32	TUAG-0410.10	정사각형 만들기	(07) 3(나)[1]②	(09) 34(나)[5]①
33	TUAG-0420.10	직사각형과 정사각형 찾기	(07) 3(나)[1]②	(09) 34(나)[5]①
34	TUAG-0430.10	직사각형과 정사각형의 관계 알기	(07) 3(나)[1]②	(09) –
35	TUAG-0510.10	원 그리기	(07) 3(나)[3]①	(09) 34(나)[3]①
36	TUAG-0520.10	원의 중심, 반지름, 지름	(07) 3(나)[3]①	(09) 34(나)[3]①
37	TUAG-0530.10	주어진 원에서 반지름과 지름의 길이 구하기	(07) 3(나)[3]①	(09) 34(나)[3]①
38	TUAG-0540.10	컴퍼스로 원 그리기	(07) 3(나)[3]②	(09) 34(나)[3]②
39	TUAG-0550.10	컴퍼스를 이용하여 여러 가지 모양 그리기	(07) 3(나)[3]②	(09) 34(나)[3]②
40	TUAG-0560.10	정사각형과 원으로 여러 가지 무늬 만들기	(07) 3(나)[3]②	(09) 34(나)[3]②
41	TUAG-0610.10	이등변삼각형	(07) 4(나)[1]①	(09) 34(나)[4]①
42	TUAG-0620.10	이등변삼각형 만들기	(07) 4(나)[1]①	(09) 34(나)[4]①
43	TUAG-0630.10	이등변삼각형의 성질	(07) 4(나)[1]①	(09) 34(나)[4]①
44	TUAG-0640.10	정삼각형	(07) 4(나)[1]①	(09) 34(나)[4]①
45	TUAG-0650.10	정삼각형 만들기	(07) 4(나)[1]①	(09) 34(나)[4]①
46	TUAG-0660.10	정삼각형의 성질	(07) 4(나)[1]①	(09) 34(나)[4]①
47	TUAG-0670.10	이등변삼각형과 정삼각형 찾기	(07) 4(나)[1]①	(09) 34(나)[4]①
48	TUAG-0680.10	이등변삼각형과 정삼각형의 관계	(07) 4(나)[1]①	(09) 34(나)[4]①
49	TUAG-0710.10	예각과 둔각	(07) 4(나)[1]②	(09) 34(나)[1]②
50	TUAG-0720.10	예각과 둔각 그리기	(07) 4(나)[1]②	(09) 34(나)[1]②

51	TUAG-0730.10	예각과 둔각 만들기	(07) 4(나)1② 	(09) 34(나)1②
52	TUAG-0740.10	예각, 둔각, 직각 찾기	(07) 4(나)1②	(09) 34(나)1②
53	TUAG-0750.10	예각삼각형과 둔각삼각형	(07) 4(나)1②	(09) 34(나)4②
54	TUAG-0760.10	예각삼각형과 둔각삼각형 그리기	(07) 4(나)1②	(09) 34(나)4②
55	TUAG-0770.10	예각삼각형과 둔각삼각형 만들기	(07) 4(나)1②	(09) 34(나)4②
56	TUAG-0780.10	예각삼각형, 둔각삼각형, 직각삼각형 찾기	(07) 4(나)1②	(09) 34(나)4②
57	TUAG-0810.10	수직과 수선	(07) 4(나)2①	(09) 34(나)1③
58	TUAG-0820.10	수직인 두 직선 그리기	(07) 4(나)2①	(09) 34(나)1③
59	TUAG-0830.10	평행	(07) 4(나)2①	(09) 34(나)1③
60	TUAG-0840.10	평행인 두 직선 그리기	(07) 4(나)2①	(09) 34(나)1③
61	TUAG-0850.10	평행선 사이의 거리	(07) 4(나)2①	(09) 34(나)1③
62	TUAG-0860.10	평행선과 각의 관계	(07) 4(나)2①	(09) 34(나)1③
63	TUAG-1010.10	사다리꼴	(07) 4(나)2②	(09) 34(나)5①
64	TUAG-1020.10	사다리꼴 만들기	(07) 4(나)2②	(09) 34(나)5①
65	TUAG-1030.10	평행사변형	(07) 4(나)2②	(09) 34(나)5①
66	TUAG-1040.10	평행사변형 만들기	(07) 4(나)2②	(09) 34(나)5①
67	TUAG-1050.10	평행사변형의 성질	(07) 4(나)2②	(09) 34(나)5②
68	TUAG-1060.10	사다리꼴과 평행사변형의 관계	(07) 4(나)2②	(09) –
69	TUAG-1070.10	마름모	(07) 4(나)2②	(09) 34(나)5①
70	TUAG-1080.10	마름모 만들기	(07) 4(나)2②	(09) 34(나)5①
71	TUAG-1090.10	마름모 찾기	(07) 4(나)2②	(09) 34(나)5①
72	TUAG-1100.10	사다리꼴, 평행사변형, 마름모의 관계	(07) 4(나)2②	(09) –
73	TUAG-1110.10	여러 가지 사각형 찾기	(07) 4(나)2②	(09) 34(나)5①
74	TUAG-1120.10	여러 가지 사각형 사이의 관계	(07) 4(나)2②	(09) –
75	TUAG-1130.10	다각형	(07) 4(나)2③	(09) 12(나)3③
76	TUAG-1140.10	정다각형	(07) 4(나)2③	(09) 34(나)6①
77	TUAG-1150.10	정다각형 찾기	(07) 4(나)2③	(09) 34(나)6①
78	TUAG-1160.10	대각선	(07) 4(나)2③	(09) 34(나)5②
79	TUAG-1170.10	사각형의 대각선의 성질	(07) 4(나)2③	(09) 34(나)5②
80	TUAG-1310.10	완전히 포개어지는 것 만들기	(07) 5(나)2①	(09) 56(나)1①
81	TUAG-1320.10	합동	(07) 5(나)2①	(09) 56(나)1①
82	TUAG-1330.10	합동인 도형 만들기	(07) 5(나)2①	(09) 56(나)1①
83	TUAG-1340.10	합동인 도형에서 대응점, 대응변, 대응각	(07) 5(나)2①	(09) 56(나)1②
84	TUAG-1410.10	세 변의 길이가 주어진 삼각형 그리기	(07) 5(나)2②	(09) 중(마)2①
85	TUAG-1420.10	두 변과 그 사이의 각의 크기가 주어진 삼각형 그리기	(07) 5(나)2②	(09) 중(마)2①
86	TUAG-1430.10	한 변과 양 끝 각의 크기가 주어진 삼각형 그리기	(07) 5(나)2②	(09) 중(마)2①
87	TUAG-1440.10	합동인 삼각형 그리기(세 변의 길이)	(07) 5(나)2②	(09) 중(마)2①
88	TUAG-1450.10	합동인 삼각형 그리기(두 변과 그 사이의 각)	(07) 5(나)2②	(09) 중(마)2①
89	TUAQ-1460.10	합동인 삼각형 그리기(한 변과 양 끝 각)	(07) 5(나)2②	(09) 중(마)2①
90	TUAG-1470.10	합동인 삼각형을 그리기 위해 필요한 조건	(07) 5(나)2②	(09) 중(마)2①
91	TUAG-1510.10	여러 가지 모양을 완전히 겹쳐지도록 접어 보기	(07) 5(나)3①	(09) 56(나)1③
92	TUAG-1520.10	선대칭도형, 대칭축	(07) 5(나)3①	(09) 56(나)1③
93	TUAG-1530.10	선대칭도형 만들기	(07) 5(나)3①	(09) 56(나)1③
94	TUAG-1540.10	선대칭 도형의 성질	(07) 5(나)3①	(09) 56(나)1③
95	TUAG-1550.10	선대칭도형 그리기	(07) 5(나)3①	(09) 56(나)1③
96	TUAG-1560.10	점대칭도형, 대칭의 중심	(07) 5(나)3①	(09) 56(나)1③
97	TUAG-1570.10	점대칭도형 만들기	(07) 5(나)3①	(09) 56(나)1③
98	TUAG-1580.10	점대칭도형의 성질	(07) 5(나)3①	(09) 56(나)1③
99	TUAG-1590.10	점대칭도형 그리기	(07) 5(나)3①	(09) 56(나)1③
100	TUAG-1600.10	선대칭의 위치에 있는 도형	(07) 5(나)3②	(09) –
101	TUAG-1610.10	선대칭의 위치에 있는 도형 그리기	(07) 5(나)3②	(09) –
102	TUAG-1620.10	선대칭의 위치에 있는 도형의 성질	(07) 5(나)3②	(09) –
103	TUAG-1630.10	선대칭의 위치에 있는 도형 찾기	(07) 5(나)3②	(09) –
104	TUAG-1640.10	점대칭의 위치에 있는 도형	(07) 5(나)3②	(09) –
105	TUAG-1650.10	점대칭의 위치에 있는 도형의 성질	(07) 5(나)3②	(09) –

TU일람표

106	TUAG-1660.10	점대칭의 위치에 있는 도형 그리기	(07) 5(나)③②	(09) –
107	TUAG-1670.10	점대칭의 위치에 있는 도형 찾기	(07) 5(나)③②	(09) –
108	TUAG-2010.10	직육면체	(07) 5(나)①①	(09) 56(나)②①
109	TUAG-2020.10	직육면체의 면, 모서리, 꼭짓점	(07) 5(나)①①	(09) 56(나)②①
110	TUAG-2030.10	직육면체의 성질(마주보는 두 면)	(07) 5(나)①①	(09) 56(나)②①
111	TUAG-2040.10	직육면체의 성질(이웃하는 면)	(07) 5(나)①①	(09) 56(나)②①
112	TUAG-2050.10	정육면체	(07) 5(나)①①	(09) 56(나)②①
113	TUAG-2060.10	직육면체와 정육면체의 관계	(07) 5(나)①①	(09) 56(나)②①
114	TUAG-2070.10	직육면체의 전개도	(07) 5(나)①②	(09) 56(나)②②
115	TUAG-2080.10	직육면체의 전개도 그리기	(07) 5(나)①②	(09) 56(나)②②
116	TUAG-2090.10	직육면체의 겨냥도 그리기	(07) 5(나)①②	(09) 56(나)②②
117	TUAG-2100.10	정육면체의 전개도	(07) 5(나)①②	(09) 56(나)②②
118	TUAG-2110.10	정육면체의 전개도 그리기	(07) 5(나)①②	(09) 56(나)②②
119	TUAG-2120.10	정육면체의 겨냥도 그리기	(07) 5(나)①②	(09) 56(나)②②
120	TUAG-2210.10	각기둥	(07) 6(나)①①	(09) 56(나)③①
121	TUAG-2220.10	각기둥의 구성 요소	(07) 6(나)①①	(09) 56(나)③①
122	TUAG-2230.10	각기둥의 밑면, 옆면, 모서리, 꼭짓점, 높이	(07) 6(나)①①	(09) 56(나)③①
123	TUAG-2240.10	삼각기둥, 사각기둥, 오각기둥	(07) 6(나)①①	(09) 56(나)③①
124	TUAG-2250.10	각뿔	(07) 6(나)①①	(09) 56(나)③①
125	TUAG-2260.10	각뿔의 구성 요소	(07) 6(나)①①	(09) 56(나)③①
126	TUAG-2270.10	각뿔의 밑면, 옆면, 모서리, 꼭짓점, 높이	(07) 6(나)①①	(09) 56(나)③①
127	TUAG-2280.10	삼각뿔, 사각뿔, 오각뿔	(07) 6(나)①①	(09) 56(나)③①
128	TUAG-2290.10	사각기둥의 전개도	(07) 6(나)①②	(09) 56(나)③②
129	TUAG-2300.10	전개도에 따라 삼각기둥 만들기	(07) 6(나)①②	(09) 56(나)③②
130	TUAG-2310.10	삼각기둥의 전개도 그리기	(07) 6(나)①②	(09) 56(나)③②
131	TUAG-2320.10	원기둥	(07) 6(나)②①	(09) 56(나)④①
132	TUAG-2330.10	원기둥의 구성 요소	(07) 6(나)②①	(09) 56(나)④①
133	TUAG-2340.10	원뿔	(07) 6(나)②①	(09) 56(나)④①
134	TUAG-2350.10	원뿔의 구성 요소	(07) 6(나)②①	(09) 56(나)④①
135	TUAG-2360.10	원뿔의 높이, 모선	(07) 6(나)②①	(09) 56(나)④①
136	TUAG-2370.10	원기둥의 전개도	(07) 6(나)②②	(09) 56(나)④②
137	TUAG-2380.10	전개도에 따라 원기둥 만들기	(07) 6(나)②②	(09) 56(나)④②
138	TUAG-2390.10	원기둥의 전개도 찾기	(07) 6(나)②②	(09) 56(나)④②
139	TUAG-2410.10	회전체와 회전축	(07) 6(나)②③	(09) 중(마)④②
140	TUAG-2420.10	회전체 만들기	(07) 6(나)②③	(09) 중(마)④②
141	TUAG-2430.10	회전체 찾기	(07) 6(나)②③	(09) 중(마)④②
142	TUAG-2440.10	구, 구의 중심, 구의 반지름	(07) 6(나)②③	(09) 56(나)④①
143	TUAG-2450.10	회전체의 회전단면 찾기	(07) 6(나)②③	(09) 중(마)④②
144	TUAG-2460.10	회전체의 단면	(07) 6(나)②③	(09) 중(마)④②
145	TUAG-3010.10	쌓기 나무로 똑같이 만들기	(07) 2(나)②①	(09) 12(나)①②
146	TUAG-3020.10	쌓기 나무로 여러 가지 모양 만들기	(07) 2(나)②①	(09) 12(나)①②
147	TUAG-3030.10	쌓기 나무로 여러 가지 입체도형 만들기	(07) 2(나)②②	(09) 12(나)①②
148	TUAG-3110.10	쌓기 나무의 수 구하기	(07) 6(나)③①	(09) 56(나)⑤①
149	TUAG-3120.10	규칙 찾기(쌓기 나무)	(07) 6(나)③②	(09) –
150	TUAG-3130.10	쌓기 나무로 여러 가지 모양 만들기	(07) 6(나)③②	(09) –
151	TUAG-3140.10	위, 앞, 옆에서 본 모양(쌓기 나무)	(07) 6(나)③③	(09) 56(나)⑤②
152	TUAG-3150.10	쌓기 나무로 입체도형 만들기	(07) 6(나)③③	(09) 56(나)⑤③
153	TUAG-3160.10	물체의 위, 앞, 옆에서 본 모양 그리기	(07) 6(나)③④	(09) –
154	TUAG-3170.10	물체 확인하기	(07) 6(나)③④	(09) –
155	TUAG-4010.10	평면도형 밀기	(07) 3(나)②①	(09) 34(나)②①
156	TUAG-4020.10	평면도형 뒤집기	(07) 3(나)②①	(09) 34(나)②①
157	TUAG-4030.10	평면도형 돌리기	(07) 3(나)②①	(09) 34(나)②①
158	TUAG-4040.10	도형의 이동을 표현하기	(07) 3(나)②①	(09) 34(나)②①
159	TUAG-4110.10	주어진 도형으로 여러 가지 모양 만들기	(07) 4(나)②④	(09) 34(나)⑥②
160	TUAG-4120.10	주어진 도형을 여러 가지 모양으로 덮어보기	(07) 4(나)②⑤	(09) 34(나)⑥③

TUAG-0010.10 상자 모양, 둥근 기둥 모양, 공 모양 알기

관련 교육과정	(07) 1(나)Ⅱ①
	(09) 12(나)Ⅱ①

목표

생활 주변의 여러 가지 물건을 분류하는 데에 상자 모양, 둥근 기둥 모양, 공 모양의 기준이 존재함을 안다.

자료

생활 주변의 여러 가지 물건(농구공, 배구공, 야구공, 곽티슈, 풀, 앨범, 사각모양 자명종, 손전등, 음료수 캔 등), 그림에 나와 있는 그림의 스티커

활동

(1) 모양이 비슷한 것 끼리 나누어 보시오. (그림을 이용한 활동)

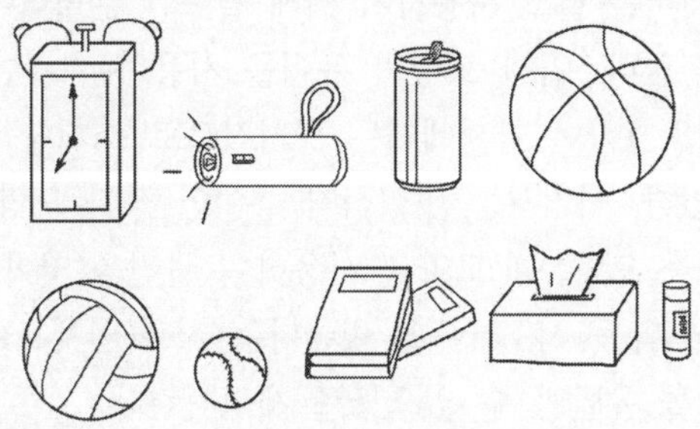

그림을 보고 모양이 비슷한 물건끼리 나누어 보게 한다. 또는 표를 제시하고 표 안에 해당하는 물건의 스티커를 붙여보게 한다.

(2) 나누어 본 물건의 공통점을 이야기 해보시오.

자신이 나누어 본 물건과의 공통점으로 이야기 하게 한다.

(3) 분류한 물건에 이름을 붙여 보시오.

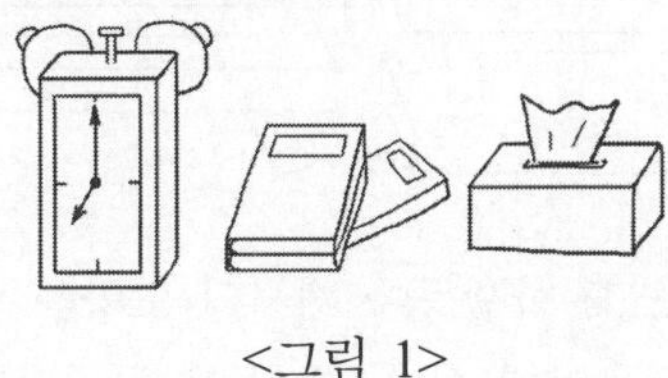

<그림 1>

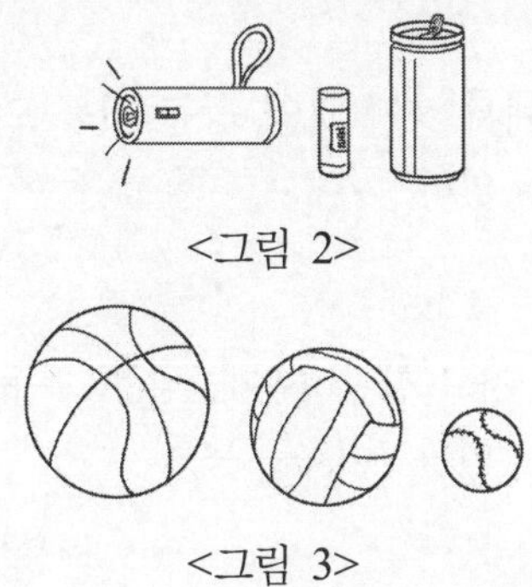

<그림 2>

<그림 3>

그림 1을 보고 상자 모양이라고 이름 붙이게 한다.
그림 2를 보고 둥근 기둥 모양이라고 이름 붙이게 한다.
그림 3을 보고 공 모양이라고 이름 붙이게 한다.

(4) 교사가 묘사하고, 어떤 도형인지 대답해 봅시다.

배경

취학 전 학생들이 평면도형보다 입체도형에 익숙하므로 입체도형을 먼저 도입하고, 평면도형을 나중에 탐구하는 것이 보다 효과적이다. 입체도형의 도입단계에서는 직육면체, 원기둥, 구의 3가지로 구분할 수 있는데 이러한 용어는 저학년 학생들에게는 다소 생소하고 어렵기 때문에 실생활에서 주로 사용하는 상자 모양, 둥근 기둥 모양, 공 모양 등 친숙한 용어로부터 접근하는 것이 좋다. 또한 학생들의 보다 쉬운 이해를 돕고, 차후 학습을 위해 직육면체, 원기둥, 구 등의 용어를 함께 사용하는 것은 좋으나 강조할 필요는 없다.
2009개정교육과정에 따르면 상자모양, 둥근기둥모양, 공모양의 이름을 붙여 범주화하지 않도록 하고 있으므로, 2009개정교육과정에 따르기 위해서는 구체물 모형을 사용하도록 한다.

관련 TU : TUAG-0020, TUAG-0050

TUAG-0020.10 상자 모양, 둥근 기둥 모양, 공 모양 찾기

관련 교육과정	(07) 1(나)Ⅰ①
	(09) –

목표

생활 주변에서 상자 모양, 둥근 기둥 모양, 공 모양을 찾을 수 있다.

자료

교실 주변 자료(칠판지우개, 필통, 우유팩, 축구공, 배구공, 자, 연필꽂이, 풀 등)

활동

(1) 상자 모양, 둥근 기둥 모양, 공 모양을 찾아보시오.

그림을 보고 상자모양에 □표, 둥근 기둥 모양에 △표, 공 모양에 ○표 하세요.

(2) 다음 모양과 같은 것을 찾아서 써 보시오.

찾은 물건의 이름을 표의 적당한 곳에 써보게 한다.

배경

학생들이 주로 접하는 입체도형은 크게 직육면체, 원기둥, 구의 3가지로 구별할 수 있는데 이러한 용어는 학생들에게 다소 생소하고 어려우며, 그 용어의 의미를 알고 사용하기 위해 필요한 분별력이 아직은 없다. 입체 도형의 용어를 사용하는 것이 가능해도 1학년 학생에게는 형식적으로 소개할 필요가 없다. 여기서는 비형식적 용어인 상자 모양, 둥근기둥 모양, 공 모양을 사용하여 물건을 찾아보게 한다. 활동 시, 기준을 벗어나는 자료(입체모형)는 혼란을 유발할 수 있으므로 제외시킨다.

관련 TU : TUAG-0010, TUAG-0030

TUAG-0030.10 상자 모양, 둥근 기둥 모양, 공 모양의 특징 알기

관련 교육과정	(07) 1(나)Ⅰ①
	(09) 12(나)Ⅰ①

목표

상자 모양, 둥근 기둥 모양, 공 모양의 특징을 말할 수 있다.

자료

나무판, 여러 가지 모양의 나무토막(상자 모양, 둥근 기둥 모양, 공 모양)

활동

(1) 상자 모양, 둥근 기둥 모양, 공 모양의 나무토막을 이용하여 그림에 제시된 모양으로 만들어 보시오.

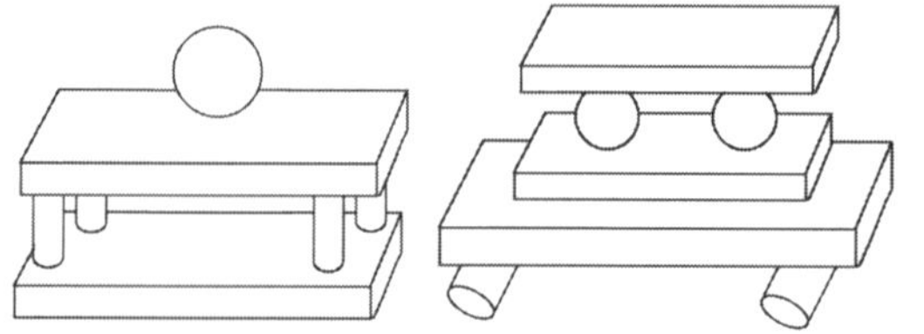

(그림을 보고) 학생들이 제시된 모양을 만들어보게 하는 활동을 하게 한다. 그런 후에 다음과 같은 발문을 통하여 각각의 입체 모양의 특징을 알게 한다.

▸ 여러 가지 방법으로 쌓을 수 있는 모양을 말하시오.

▸ 한 가지 방법으로만 쌓을 수 있는 모양을 말하시오.

▶ 어떠한 방법으로도 쌓을 수 없는 모양을 말하시오.

(2) 나무판을 기울여 놓고, 상자 모양, 둥근 기둥 모양, 공 모양의 물건을 굴려 보시오.

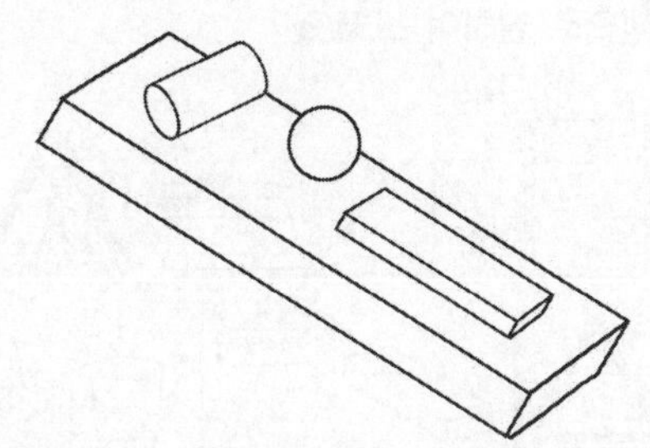

▶ 잘 구르는 것과 구르지 않는 것 구별하여 봅시다.

▶ 잘 구르는 물건은 어떤 모양입니까?

▶ 잘 구르지 않는 물건은 어떤 모양입니까?

배경

아동들에게 여러 가지(상자 모양, 둥근 기둥 모양, 공 모양) 입체를 제공하고 어느 것을 쌓을 수 있고, 어느 것을 굴릴 수 있고, 어느 것이 미끄러지는지에 따라 분류하도록 한다. 보다 어려운 분류는 다음의 세 가지로 분류하는 것이다. 어느 면이 밑에 오더라도 쌓을 수 있는 입체, 어떤 방법으로 놓이면 쌓을 수 있지만, 다른 방법으로는 쌓을 수 없는 입체, 어떠한 방법으로도 쌓을 수 없는 입체.

관련 TU : TUAG-0010, TUAG-0040

TUAG-0040.10 여러 가지 입체도형 만들기

관련 교육과정	(07) 1(나)1②
	(09) 12(나)1①

목표

여러 가지 입체도형을 만드는 활동을 통하여 기본적인 입체도형에 대한 감각을 익힐 수 있다.

자료

색종이, 가위 , 풀, 여러 가지 모양의 구체물, 나무토막, 쌓기 나무

활동

(1) 여러 가지 모양의 물건 모으기

- (생일파티 그림을 제시하며)여러 가지 물건을 이용하여 어떤 모양을 만들었는지 알아보게 한다.

"생일 케이크를 만드는 데 어떤 모양의 물건과 재료가 필요할까요?"

- 모둠별로 만들고 싶은 모양을 생각하고, 필요한 모양의 물건을 모으게 한다.

(2) 여러 가지 구체물로 재미있는 모양 만들기

- 구체적인 모델을 선정하여 다같이 만들어 보게 한다.
- 모둠별로 만들 것을 정하고 여러 가지 모양의 물건을 이용하여 만들어 보게 한다.

(3) 나무토막이나 쌓기 나무로 재미있는 모양 만들기

- 여러 가지 나무토막을 보면서 모양의 이름을 말하도록 한다.
- 모둠별로 재미있는 모양을 생각하여 만들도록 한다.
- 모둠별로 만든 작품을 진열하고, 다른 모둠과 비교하도록 한다.

배경

도형에 대한 감각은 입체도형을 바탕으로 하여 길러진다. 초기에는 입체도형이 일정한 모양을 갖춘 것들보다는 여러 모양이 혼합되어 덜 규칙적인 도형에서 출발하는 것이 바람직하다.

기본적인 도형인 상자 모양, 둥근 기둥 모양, 공 모양 등으로 일정한 규칙이 있는 입체도형을 만들어 보게 한다. 이러한 활동은 기하학적인 도형을 이해하는 쪽으로 점점 다가가고 있음을 강조하고 있다. 물론, 여기서도 규칙적인 모양을 만드는 일이 우선이다. 이러한 도형에 대한 감각은 학생으로 하여금 기하학적인 탐구 활동을 길러 주는 데에도 의미가 크다.

관련 TU : TUAG-0010, TUAG-2010

TUAG-0050.10 네모 모양, 세모 모양, 동그라미 모양 알기

관련 교육과정	(07) 1(나)2①
	(09) 12(나)2①

목표

여러 가지 물체를 보고, 네모, 세모, 동그라미 모양의 기준이 존재함을 안다.

자료

여러 가지 모양의 구체물(공책, 동전, 삼각자, 상자, 교통 표지판(삼각형), 트라이앵글, 필통(사각형), 컵 등)

활동

(1) 여러 가지 물건을 같은 모양끼리 모으기

공책과 모양이 같은 물건을 모아 보시오.
왜 공책과 모양이 같다고 생각하나요?

삼각자와 모양이 같은 물건을 모아 보시오.
왜 삼각자와 모양이 같다고 생각하나요?

동전과 모양이 같은 물건을 모아 보시오.
왜 동전과 모양이 같다고 생각하나요?

(2) 다음 중에서 같은 모양이라고 생각하는 것을 찾아 같은 색으로 칠하여 보시오.

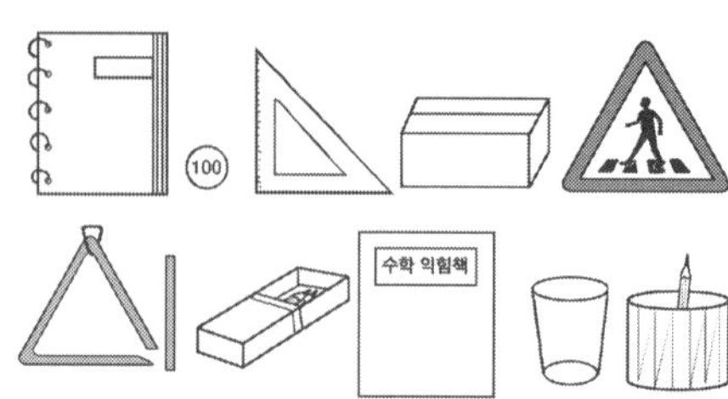

(3) 물건을 종이 위에 대고, 물건의 모양을 그려 보시오.
상자, 삼각자, 동전을 대고 그리면 어떤 모양이 될까요?
상자－네모,
삼각자－세모,
동전－동그라미

(4) 여러 가지 모양에 이름을 붙여 봅시다.

□	△	○
네모 모양	세모 모양	동그라미 모양

배경

같은 모양끼리 모은 이유를 알아보고 그 이유가 평면도형의 네모, 세모, 동그라미가 됨을 알게 한다. 구체물을 추상적으로 정의하는 중간 단계로서 구체물에서 반구체물인 도형을 그리는 활동이다. 우리는 생활 속에서 평면으로만 이루어진 도형을 찾을 수 없다. 즉, 평면도형은 입체도형에서 한 관점을 택하여 정의한 것이다. 생활주변에는 평면도형보다 입체도형이 주를 이루고, 입체도형에서 평면도형의 요소를 찾아내므로, 입체도형을 통해 평면도형을 학습하는 것이 좋다. 또 교사가 도형을 제시하는 것 보다 학생 스스로 도형을 찾아내는 활동이 유익하다.
2009개정교육과정에 따르면 네모 모양, 세모 모양, 동그라미 모양의 이름을 붙여 범주화하지 않도록 하고 있으므로, 2009개정교육과정에 따르기 위해서는 구체물 모형이나 △, □, ○ 형태의 비음성언어(비언어)를 사용하도록 한다.

관련 TU : TUAG-0010, TUAG-0060, TUAG-0160

TUAG-0060.10 네모 모양, 세모 모양, 동그라미 모양 찾기

관련 교육과정	(07) 1(나)2①
	(09) -

목표

일상생활에서 네모, 세모, 동그라미 모양을 찾을 수 있다.

자료

생활 주변에서 찾을 수 있는 네모, 세모, 동그라미 모양의 물체

활동

(1) 교실에서 네모, 세모, 동그라미 모양을 찾아보시오.

네모 모양은 무엇이 있을까요?
세모 모양은 무엇이 있을까요?
동그라미 모양은 무엇이 있을까요?

(2) 다음은 신문이나 잡지에서 네모, 세모, 동그라미 모양을 찾은 것입니다. 잘못 찾은 것을 골라 X표를 하시오.

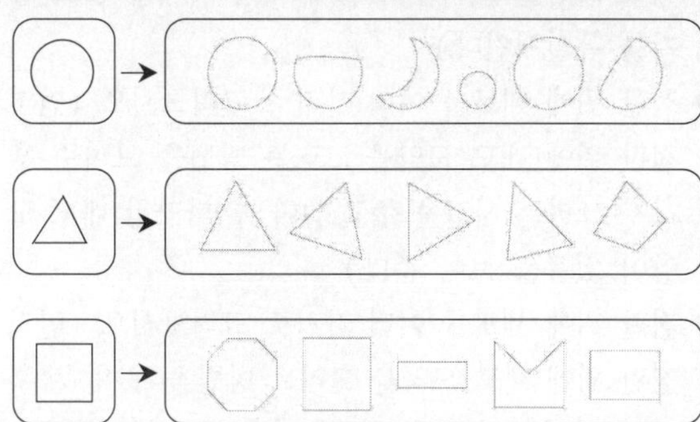

(3) 그림을 보고 표 안에 알맞은 수를 써 넣어 보시오.

□	개
△	개
○	개

배경

교실이나 생활주변에서 네모, 세모, 동그라미 모양을 찾아보는 활동을 통하여 이들의 모양을 익힐 수 있도록 한다. 생활 주변에서 구체물을 통해 도형을 익히는 활동은 학생들을 능동적으로 학습에 참여하게 하고, 학생 스스로 도형을 분류하는 능력을 기를 수 있으므로 바람직하다.

관련 TU : TUAG-0050, TUAG-0070

TUAG-0070.10 네모 모양, 세모 모양, 동그라미 모양 만들기

관련 교육과정	(07) 1(나)2②
	(09) 12(나)2①

목표

점판 위에 네모, 세모 모양을 여러 가지로 그릴 수 있다.

자료

점판, 자, 색연필

활동

(1) 점판 활용하여 만들기

▶ 어떤 그림이 그려질까요? (점판 위에 다양한 색깔과 모양의 네모와 세모를 만들어 보게 하여 네모, 세모 모양을 그리는 방법에 대한 이해를 돕고 동기를 유발시킨다.)
▶ 점판 위에 네모를 여러 가지로 그려보시오. (먼저 점판 위에 네모 모양을 그리는 방법을 보여준 후 각자 그리는 시간을 주고 얼마 후 다양한 네모 모양이 있음을 보여 준다.)
▶ 점판 위에 세모를 여러 가지로 그려보시오. (먼저 점판 위에 세모 모양을 그리는 방법을 보여 준 후 각자 그리는 시간을 주고, 얼마 후 다양한 세모 모양이 있음을 보여 준다.)
▶ 점판 위에 다양한 네모와 세모 모양을 이용하여 여러 가지 모양을 만들어 보세요.

배경

이 활동으로 네모 모양에 대한 공간 감각을 기르게 된다. 뿐만 아니라 도형의 작도를 통해 도형의 개념을 명확하게 하는 데 도움이 되는 활동이다. 경우에 따라 학생들은 오목사각형을 그릴 수도 있다. 오목사각형은 볼록사각형과 같이 네 변으로 둘러싸여 있어 사각형에 속한다. 따라서 학생들이 오목사각형을 그린 경우에도 사각형으로 인정해 주어야 한다. 세모는 네모보다 수학적인 면에서 앞서 지도할 수 있다고 생각할 수도 있으나 현실적으로 많은 물건이 존재하지 않기 때문에 네모를 지도한 후에 지도한다.

관련 TU : TUAG-0060, TUAG-0080

TUAG-0080.10 여러 가지 모양 만들기

관련 교육과정	(07) 1(나)2②
	(09) 12(나)2①

목표

네모, 세모, 동그라미 모양을 이용해 재미 있는 모양을 만들 수 있다.

자료

색종이, 가위, 성냥개비 모형

활동

(1) 오린 색종이로 모양 만들기
색종이로 세모, 네모, 동그라미 모양을 오려 재미있는 모양 만들기
- 만들 모양을 의논하게 한다.
- 결정된 재미있는 모양을 어떻게 꾸밀지 의논하게 한다.
- 필요한 네모, 세모, 동그라미 모양을 생각해보게 한다.
- 모둠원이 해야 할 일을 정한다.
- 색종이로 필요한 만큼 오리게 한다.
- 자기 모둠이 만든 재미있는 모양에 대하여 말하게 한다.
- 다른 모둠의 모양을 보고 이야기한다.

(2) 성냥개비 모형으로 여러 가지 모양 만들기
성냥개비로 여러 가지 모양을 만들어 보게 한다.

배경

여러 가지 색깔의 색종이를 네모, 세모, 동그라미 모양으로 오려서 여러 가지 모양을 만들어 보는 활동을 하게 한다. 학생들은 이런 활동을 통하여 기하학적인 도형(사각형, 삼각형, 원)에 대한 감각을 기르는 기초 능력을 가지게 될 것이다.
활동 (1)에서는 영역을 포함하는 도형, 즉 네모, 세모, 동그라미 모양이었지만, **활동** (2)에서는 내부를 포함하지 않는 모양을 나타내는 활동으로 **활동** (1)과 비슷한 교육적 의미를 가지고 있다. 자료가 선분을 나타내는 성냥개비이므로 기본적인 도형 네모, 세모 모양만으로 여러 가지 모양을 만든다. 이러한 활동은 기하학적인 도형을 이해하는 쪽으로 점점 다가가고 있음을 강조한다.

관련 TU : TUAG-0050, TUAG-0160

TUAG-0090.10 칠교판을 이용하여 여러 가지 모양 만들기

관련 교육과정	(07) -
	(09) 12(나)2②

목표

칠교판을 이용하여 여러 가지 모양을 자유롭게 꾸밀 수 있다.

자료

칠교판

활동

(1) 칠교판을 이용하여 자유롭게 여러 가지 모양 만들기
칠교판을 이용하여 여러 가지 재미있는 모양을 만들어 보게 한다. 처음에는 간단한 기하학적 모양, 예를 들어 산이나 배, 오리 같은 모양을 만들어 보게 한다.

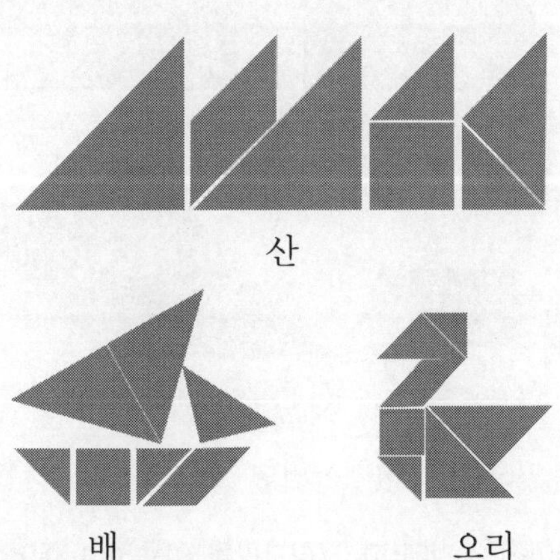

산

배　　　오리

(2) 칠교판을 이용하여 주어진 주제에 따라 모양 만들기
칠교판을 이용하여 여러 가지 모양을 표현할 수 있다는 자신감이 들면, 좀 더 나아가서 사람의 웃는 얼굴 만들기, 우는 얼굴 만들기, 화난 얼굴 만들기 등의 주제를 주고 이에 따라 모양을 만들어 보게 한다. 또는 신데렐라 이야기 등을 칠교판으로 나타내어 보게 한다.

웃는 얼굴　　우는 얼굴　　화난 얼굴

<탱그램으로 만든 신데렐라 이야기>

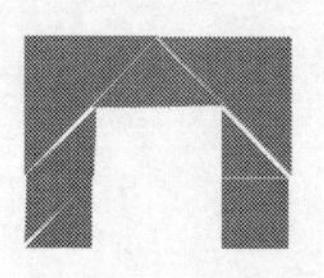

아궁이에 불 지피는 신데렐라

신데렐라의 두 언니

호박과 요정

왕자님과 함께 춤추는 신데렐라

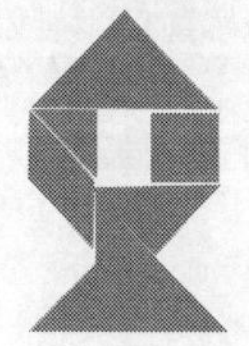
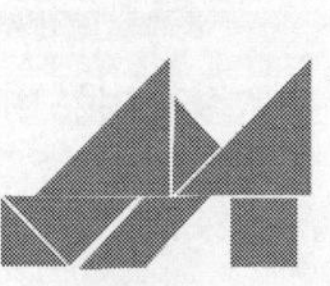

12시를 알리는 시계와 유리 구두

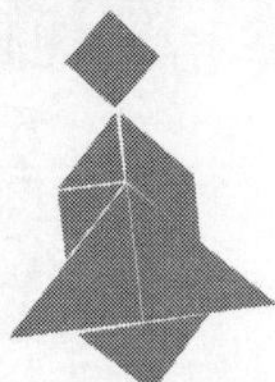

신데렐라와 왕자의 결혼을 축하하는 촛불과 종

배경

칠교판은 탱그램(tangram)이라고도 불리며, 정사각형을 다음과 같이 7조각으로 잘라 나눈 것이다. 탱그램을 이용하면 여러 가지 재미있는 모양을 만들 수 있고, 여러 가지 퍼즐도 즐길 수 있다.

관련 TU : TUAG-0080, TUAG-0100, TUAG-4110

TUAG-0100.10 칠교판을 이용하여 주어진 모양을 채우기	관련 교육과정	(07) -
		(09) 12(나)2②

목표

칠교판을 이용하여 주어진 모양을 채울 수 있다.

자료

칠교판, 퍼즐 문제

활동

(1) 칠교판을 이용하여 주어진 모양 채우기

칠교판을 이용하여 주어진 모양을 채워 보게 한다. 처음에는 간단한 기하학적 모양으로부터 시작한다.

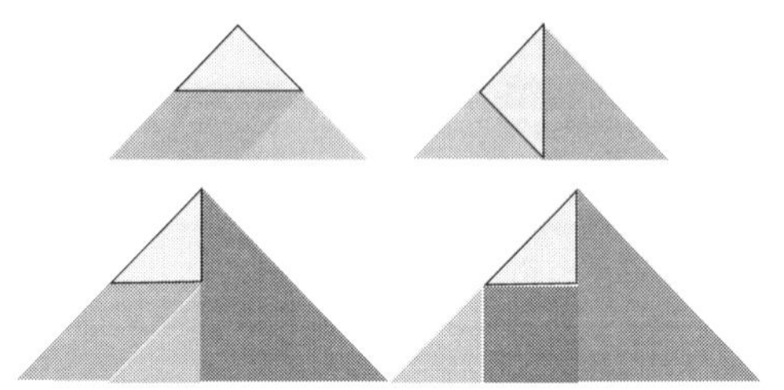

<직각이등변삼각형 만들기>

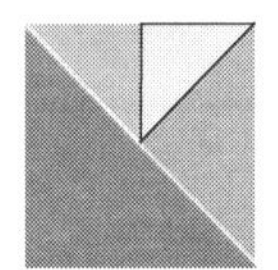
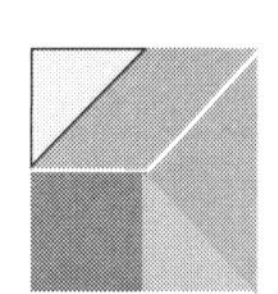

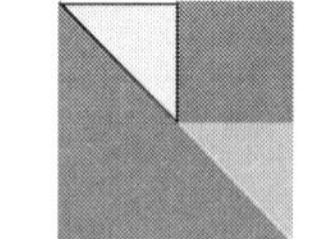

<정사각형 만들기>

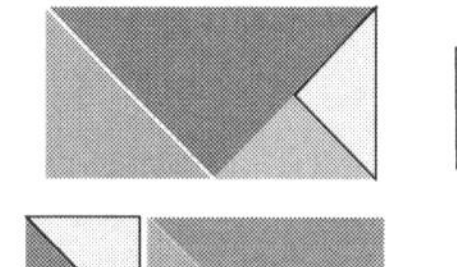
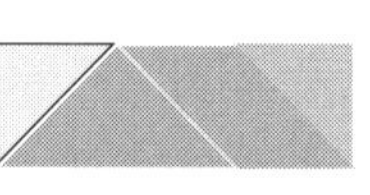
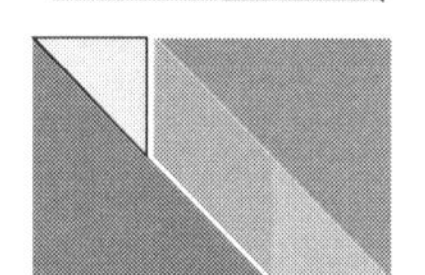
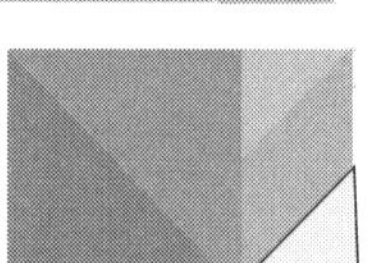

<직사각형 만들기>

<평행사변형 만들기>

(2) 주어진 조건에 따라 칠교판을 이용하여 주어진 모양 채우기

칠교판을 이용하여 주어진 여러 가지 모양을 채울 수 있다는 자신감이 들면, 좀 더 어려운 모양을 주거나, 사용하는 칠교판의 종류, 개수에 제한을 주고, 주어진 모양을 채우게 한다.

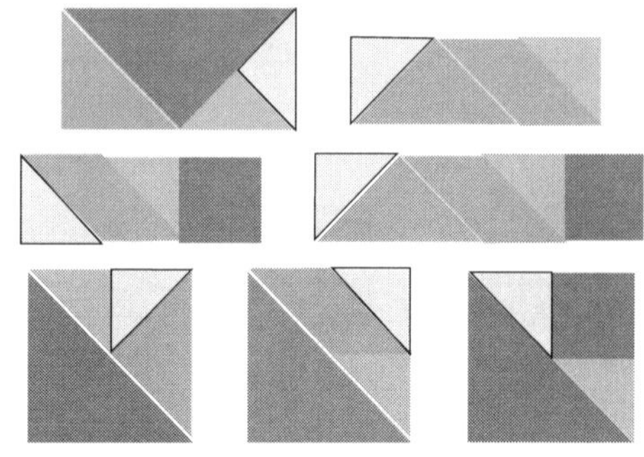

<칠교판 조각 4개로 직사각형 만들기>

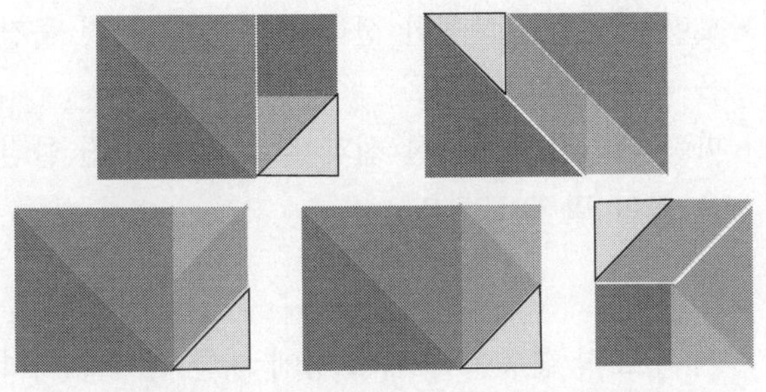

<칠교판 조각 5개로 직사각형 만들기>

배경

칠교판을 이용한 퍼즐은 그 난이도가 다양하다. 취학전 아동이 풀 수 있는 단순하고 쉬운 것으로부터 성인들이 즐기는 아주 어려운 것까지 여러 가지가 있다. 초등학교 학생의 학년 수준, 발달 수준에 맞는 알맞은 난이도의 탱그램 퍼즐을 미리 준비해 놓도록 한다.

<칠교판으로 숫자 모양 만들기>

관련 TU : TUAG-0090, TUAG-4120

TUAG-0110.10 곧은 선과 굽은 선 알기

관련 교육과정	(07) 2(나)1①
	(09) 34(나)1①

목표

곧은 선과 굽은 선을 알고 구분할 수 있다.

자료

구체물(색종이, 고무줄 등), 색연필, 그림 카드(또는 학습지)

활동

(1) 여러 가지 선 분류하기

<그림 1>

▸ 그림을 보고 기타의 몸통을 따라 노랑 색연필을 이용하여 그려 보시오.

▸ 그림을 보고 기타 줄을 따라 파랑 색연필을 이용하여 줄을 그려 보시오.

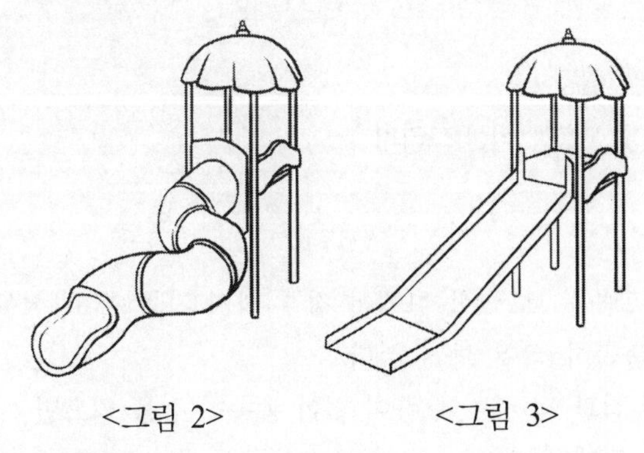

<그림 2> <그림 3>

▸ 그림 2를 보고 내려오는 부분을 따라 노랑 색연필을 이용하여 그려보시오.

▸ 그림 3을 보고 내려오는 부분을 따라 파랑 색연필을 이용하여 줄을 그려보시오.

한 번에 선 이어보기

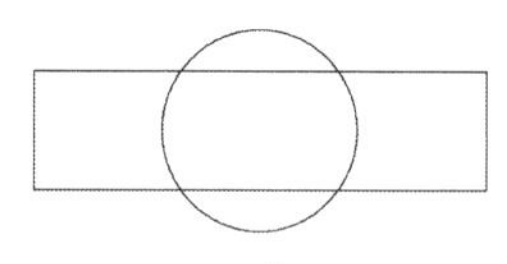

<그림 4>

위의 모형을 색연필로 한 번에 그려보는 활동
그림 4를 보고 마음에 드는 색으로 선을 따라 색칠하게 한다.

▸동그라미 모양에 노랑 색연필로 표시하여 보시오.
▸네모 모양에 파랑 색연필로 표시하여 보시오.

(2) 분류된 선의 공통점 말하기
노랑 색연필과 파랑 색연필로 그린 선의 공통점을 이야기 해보시오.

(3) 같은 성질의 선 찾기 (생활 주변에서 찾을 수 있는 곧은 선, 굽은 선)

▸노랑 색연필로 색칠한 선과 같은 선을 가진 물건을 찾아 말해 보시오.
▸파랑 색연필로 색칠한 선과 같은 선을 가진 물건을 찾아 말해 보시오.

배경

구체적 조작 활동을 통해 도형에 대한 감각을 익히는 것이 좋다. 굽은 선과 곧은 선을 이해시키기 위하여 생활 속에 있는 물건을 예로 드는 것이 좋다. 여기서는 기타 몸통의 둘레를 굽은 선, 줄을 곧은 선 자료로 제공하였다. 또한 직선으로 된 미끄럼틀과 곡선으로 된 미끄럼틀의 내려오는 부분을 색연필로 그려보는 활동도 곧은 선과 굽은 선을 구분짓는 좋은 활동이다.

관련 TU : TUAG-0120

TUAG-0120.10 선분과 직선

관련 교육과정	(07) 2(나)1①
	(09) 34(나)2①

목표

선분과 직선의 의미를 알고 그릴 수 있다

자료

색연필, 도화지, 자, 그림 카드

활동

(1) 선분과 직선 그리기

ㄱ•　　　　　　　　• ㄴ

그림을 보고 점 ㄱ에서 점 ㄴ까지 자를 대고 점을 촘촘히 찍어 보게 한다.

▸점과 점 사이에 틈이 없이 촘촘히 점을 찍으면 어떻게 될까요?

ㄱ•　　　　　　　　• ㄴ

그림을 보고 점 ㄱ과 점 ㄴ사이를 자를 대고 한 번에 그어보게 한다.

▸어떠한 모양이 되었나요?
▸이러한 모양을 우리는 무엇이라고 부를까요?

ㄱ•　　　　　　　　• ㄴ

그림을 보고 점 ㄱ과 점 ㄴ의 양쪽 끝을 지나 더 긴 선을 그어보게 한다.

▸위에서 그려보았던 선분과 어떻게 다른가요?
▸이러한 모양을 우리는 무엇이라고 부를까요?

(2) 선분과 직선의 의미 알기

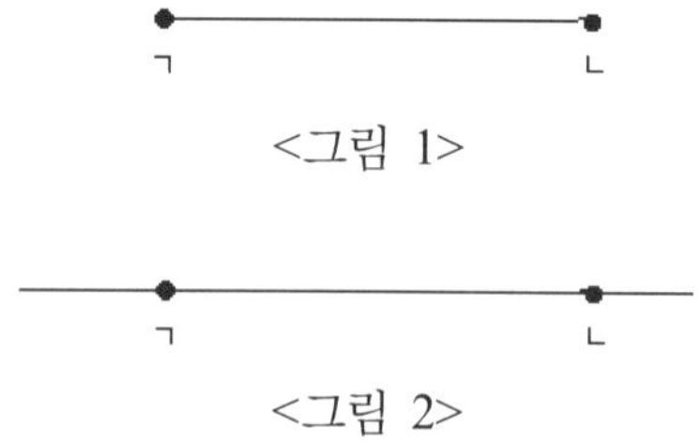

<그림 1>

<그림 2>

그림 1과 2를 보고 선분과 직선의 차이점을 학생 스스로 깨닫게 한다.

▸그림 1과 그림 2에서 같은 점은 무엇인가요?
<둘 다 곧은 선입니다>
▸그림 1과 그림 2의 차이점은 무엇인가?

<하나는 두 점을 곧게 이은 선이고, 다른 하나는 양쪽으로 끝없이 늘인 곧은 선입니다.>

	선분	읽기: 선분 ㄱㄴ · ㄴㄱ
		두 점을 곧게 이은 선분
ㄱ ㄴ	직선	읽기: 직선 ㄱㄴ · ㄴㄱ
		선분을 양쪽으로 길게 늘인 곧은 선

배경

직선은 양쪽으로 무한히 뻗은 곧은 선이고, 선분은 직선의 한 부분이다. 그러나 초등학교에서 직선과 선분을 명확하게 구분하지는 않는다. 또 두 점 사이에 다른 점을 찍어보는 활동을 통하여 선분 사이에는 무수히 많은 점들이 있음을 익히도록 한다.

관련 TU : TUAG-0110, TUAG-0130, TUAG-0125

TUAG-0125.10 반직선

관련 교육과정	(07) -
	(09) 34(나)①①

목표

반직선의 의미를 알고 그릴 수 있다.

자료

색연필, 도화지, 자, 그림 카드

활동

(1) 반직선 그리기

ㄱ• • ㄴ

▸주어진 그림 위에 선분ㄱㄴ을 그려 보시오.

ㄱ• • ㄴ

▸주어진 그림 위에 직선ㄱㄴ을 그려 보시오.

ㄱ• • ㄴ

▸주어진 그림 위에 점ㄱ에서 시작하여 점ㄴ을 지나 더 긴 선을 그려 보시오.

▸이 모양은 선분ㄱㄴ과 어떻게 다른가요?

▸이 모양은 직선ㄱㄴ과 어떻게 다른가요?

▸이 모양을 우리는 무엇이라고 부르면 좋을까요?

(2) 반직선의 의미 알기

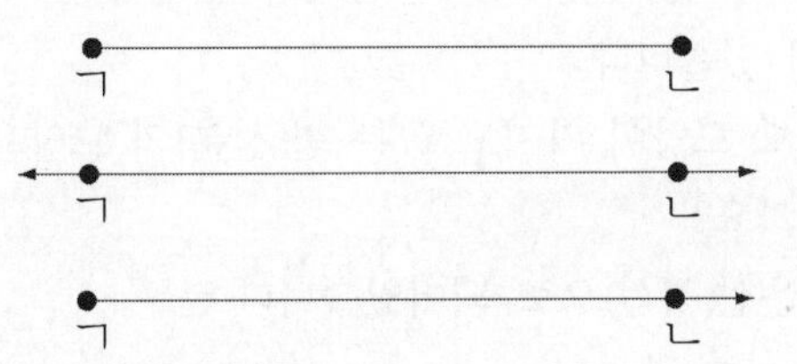

▸위의 세 그림을 보고, 선분, 직선, 반직선의 공통점과 차이점을 말해 보시오.

▸같은 점은 무엇입니까?

<셋 다 곧은 선입니다.>

▸반직선은 선분과 무엇이 다릅니까?

<선분은 양쪽으로 끝이 있지만, 반직선의 한쪽은 끝이 없습니다.>

▸반직선을 직선과 무엇이 다릅니까?

<직선은 양쪽으로 끝이 없지만, 반직선의 한쪽은 끝이 있습니다.>

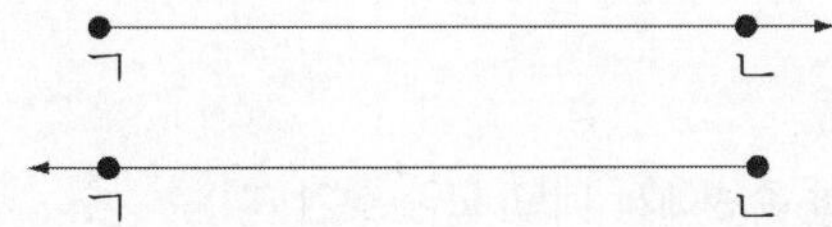

▸반직선ㄱㄴ과 반직선ㄴㄱ은 같다고 말할 수 있습니까?

<끝없이 뻗어나가는 방향이 다르므로 같다고 말할 수 없습니다.>

배경

반직선은 각의 개념을 정의하기 위해서 2009개정 교육과정에서 새로 도입한 기하학적 개념이다. 과거 1960년대 SMSG(School Mathematics Study Group)의 소위 "새 수학(New Math)"에서는 기하학의 개념을 엄밀하게 지도하기 위해서 두 점 ㄱ과 ㄴ을 직선으로 잇는 여러 가지 경우에 따라 이름을 다음과 세밀하게 구분하기도 하였다.

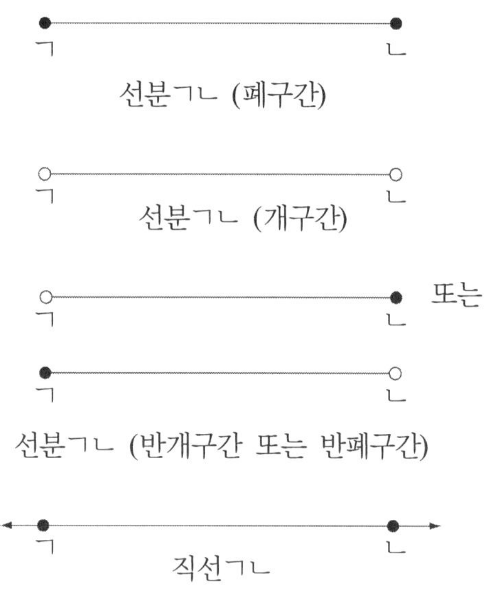

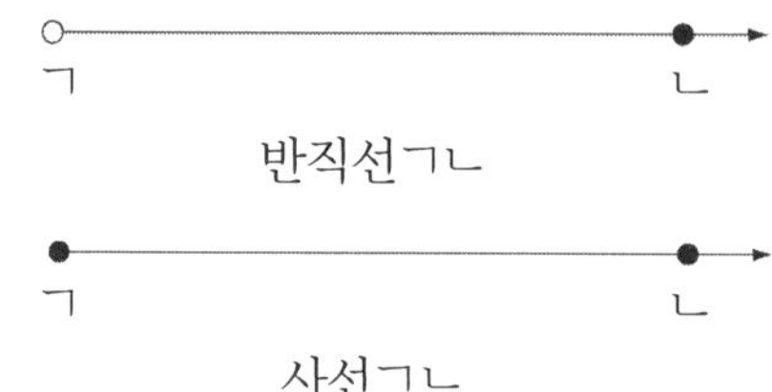

2009개정교육과정에서 지도하려는 반직선의 개념은 SMSG의 새 수학에서 사선(射線 ray)이라고 부르던 개념을 말한다.

반직선은 그 출발점이 중요한 구성 요소이므로 반직선ㄱㄴ은 반직선ㄴㄱ과 구별된다는 점에 유의하도록 한다.

관련 TU : TUAG-0120, TUAG-0310

TUAG-0130.10 사각형

관련 교육과정	(07) 2(나)1①
	(09) 12(나)3①

목표

사각형의 의미를 알 수 있다.

자료

점판, 모눈종이, 여러 가지 모양의 사각형 그림, 색연필, 자

활동

(1) 생활 주변에서 네모 모양 찾기

생활 주변에서 네모 모양을 찾아보게 한다.

▶ 네모난 것에는 뭐가 있지요? 교실이나 가정에서 볼 수 있는 물건을 말해 보시오. <태극기, 유리창, 책상, 교탁, 책, 액자, 스케치북 등>

(2) 네모 모양을 여러 개 그리기

그림을 이용하여 점판에 여러 가지 네모 모양을 그려보게 한다.

▶ 점판의 점을 잘 이용하여 여러 가지 네모 모양을 그려보시오.

▶ 색연필을 이용하여 선을 눈에 잘 띄게 그려보시오.

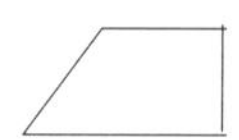

위와 같이 모양이 약간 어긋난 네모 모양도 네모임을 이해하게 한다.

▶ 그렇다면 ⏢ 모양도 네모라고 할 수 있을까요?

(3) 공통점 찾아보기

(학생들이 그린 여러 가지 네모 모양을 실물화상기로 비추어 주며)

▶ 우리가 그린 여러 가지 네모 모양을 살펴보도록 해요. 모양은 조금씩 다르지만 공통점이 몇 가지 있습니다. 어떤 공통점이 있을까요?

<4개의 변(선분)으로 둘러싸여 있습니다. / 4개의 점이 있습니다.>

▶ 네모 모양이 가지고 있는 변(선분)의 모양은 어떠한가요?

<곧은선(직선)으로 되어있습니다.>

(4) 사각형의 의미 알기

4개의 점을 잇는 변(선분)으로 둘러싸인 도형을 사각형이라고 합니다. 이 4개의 점은 사각형의 꼭짓점이라고 합니다.

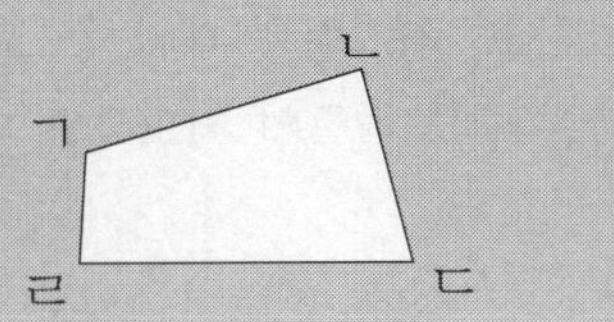

4개의 변으로 둘러싸여 있는 도형이 사각형임을 알게 한다.

배경

사각형에서는 여러 가지 물건 중에서 네모 모양을 찾아보았던 직관적 관찰의 수준에서 한 단계 발전하여 4개의 점을 잇는 변으로 둘러싸인 도형을 사각형이라고 정의하고 그려 보는 활동이다. 네모 모양을 다루는 과정에서 대부분 직사각형을 주로 접하게 되므로 직사각형 모양만을 사각형이라고 생각하기 쉽다. 이를 극복하기 위해서는 사다리꼴, 평행사변형, 일반사각형 등 다양한 사각형을 제시해 주어야 한다. 또, 경우에 따라 학생들은 오목사각형을 그릴 수도 있다. 오목사각형은 볼록사각형과 같이 네 변으로 되어 있으므로 사각형에 속한다. 따라서 학생들이 오목사각형을 그린 경우에도 사각형으로 인정해 주어야 한다. 변(선분)으로 둘러싸인 여러 가지 도형을 제시하고 몇 개의 변(선분)으로 되어 있는지 세어 보게 한 후, 그 중에서 4개의 변(선분)으로 둘러싸인 도형을 사각형이라고 한다는 것을 이해시킨다.

2009개정교육과정에 따르면 '선분'이라는 용어는 '사각형'이라는 용어를 학습한 다음에 배우게 되므로, 2009개정교육과정을 따를 때에는 '선분'이라는 용어 대신에 '변'이라는 용어를 사용하도록 한다. 이때, '점', '변'이라는 용어는 엄밀한 정의 없이 교사의 언어 사용을 통해 자연스럽게 받아들일 수 있도록 지도한다.

관련 TU : TUAG-0050, TUAG-0140, TUAG-0160

TUAG-0140.10 삼각형

관련 교육과정	(07) 2(나)①①
	(09) 12(나)③①

목표

삼각형의 의미를 알 수 있다.

자료

생활 주변에서 쉽게 볼 수 있는 세모 모양의 물건들(트라이앵글, 교통표지판(삼각형), 삼각자, 옷걸이(삼각형 모양) 등), 모눈종이, 그림 카드

활동

(1) 생활 주변에서 세모 모양 찾기

위의 그림에서 세모 모양인 물건을 찾아 ○표시하여 보시오.

(2) 세모 모양을 여러 개 그리고, 공통점 말하기

점판에 세모 모양을 여러 개 그리게 한다.

▸ 점판을 잘 이용하여 여러 가지 세모 모양을 그려 보시오.

▸ 우리가 그린 여러 가지 세모 모양을 살펴보도록 해요. 모양은 조금씩 다르지만 공통점이 몇 가지 있습니다. 어떤 공통점이 있을까요?

<3개의 변(선분)으로 둘러싸여 있습니다. / 3개의 점이 있습니다.>

▶ 세모 모양이 가지고 있는 변(선분)의 모양은 어떠한가요?

<곧은선(직선)으로 이루어져 있습니다.>

▶ 그렇다면 이러한 세모 모양을 어떤 이름으로 부르면 좋을까요?

<삼각형>

(3) 삼각형의 의미 알기

3개의 점을 잇는 변(선분)으로 둘러싸인 도형을 삼각형이라고 합니다. 이 3개의 점은 삼각형의 꼭짓점이라고 합니다.

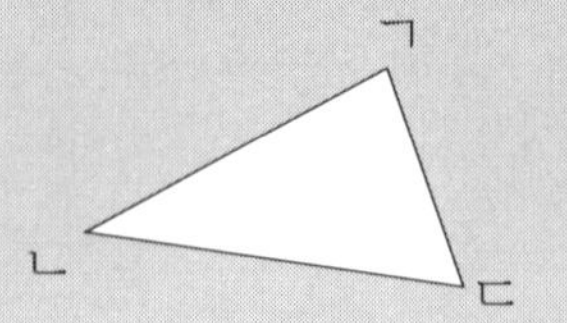

배경

삼각형의 지도는 점 3개를 변(선분)으로 이은 도형을 삼각형이라는 것을 이해시키는 것이다. 점판에 제시된 모양의 특징을 살려 그리며 삼각형에 대해 익히도록 하고, 사각형을 대각선으로 나누면 삼각형이 된다는 것도 곁들여 지도하면 더욱 이해가 빨라진다.

2009개정교육과정에 따르면 '선분'이라는 용어는 '삼각형'이라는 용어를 학습한 다음에 배우게 되므로, 2009개정교육과정에 따를 때에는 '선분'이라는 용어 대신에 '변'이라는 용어를 사용하도록 한다. 이때 '점', '변'이라는 용어는 엄밀한 정의없이 교사의 언어 사용을 통해 자연스럽게 받아들일 수 있도록 지도한다.

관련 TU : TUAG-0130, TUAG-0160

TUAG-0150.10 원

관련 교육과정	(07) 2(나)1①
	(09) 12(나)3①

목표

구체물을 이용하여 원의 본을 뜰 수 있고, 원이 무엇인지 말할 수 있다.

자료

색연필, 동그라미 모양의 구체물(탬버린, 북, 캐스터네츠, 심벌즈, 둥근 깡통, 컵, 동전 등)

활동

(1) 생활 주변에서 동그라미 모양 찾기

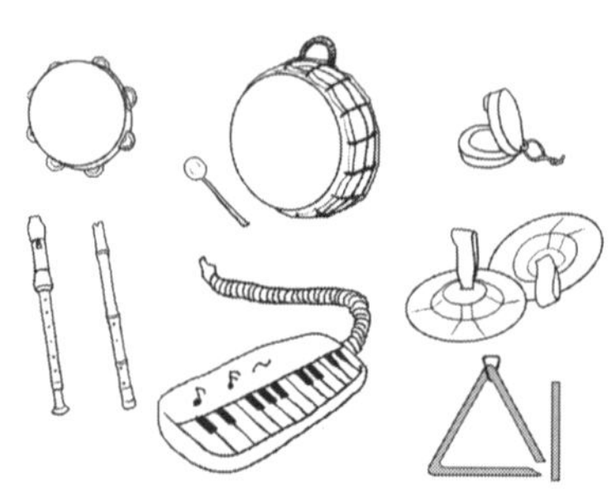

▶ 다음 그림에서 동그라미 모양인 악기를 찾아 ○ 표시하여 보시오.

▶ 우리 주위에서 동그란 모양으로 된 것을 더 찾아 써 보시오.

<둥근 쟁반, 접시, 프라이팬, 냄비, 도넛 등이 있습니다.>

(2) 동그라미 모양을 여러 개 그리고, 공통점 말하기

▶ 우리 주변에서 동그라미 모양을 본뜰 수 있는 물건은 무엇이 있을까요?

<컵, 깡통, 동전, 연필통 등>

▶ 자신이 정한 물건을 이용하여 동그라미 모양을 본 떠보시오.

▶ 그린 그림에 이름을 붙여 보시오.

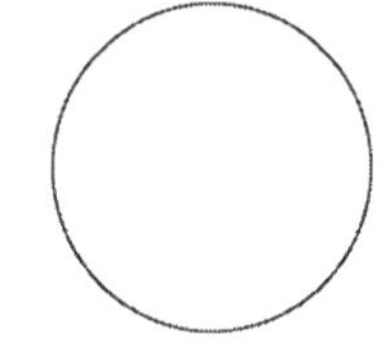 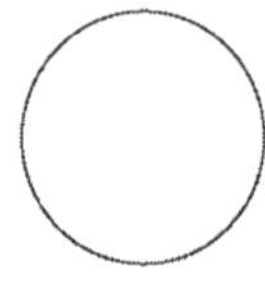 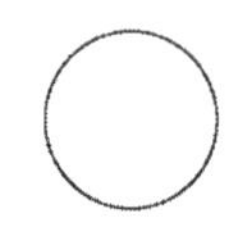

▸ 위의 그림에서 공통점은 무엇이 있을까요?

<굽은선(곡선)으로 되어 있음. / 꼭짓점이 없음 / 꺾이는 부분이 없음>

(3) 원의 의미 알기

> 둥근 모양을 본 떠 그린 동그란 모양의 도형을 원이라고 합니다.

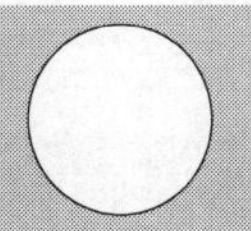

원이 삼각형이나 사각형과 다른 점이 무엇인지 알아보게 한다.

▸ 사각형이나 삼각형을 이루고 있는 변은 곧은 선일까요? 굽은 선일까요?

<사각형이나 삼각형을 이루고 있는 변은 곧은 선입니다.>

▸ 원을 이루고 있는 선은?

<원을 이루고 있는 선은 굽은 선입니다.>

▸ 원에는 변이나 꼭짓점이 있을까요?

<원에는 변과 꼭짓점이 없습니다.>

배경

원의 지도는 여러 가지 구체물을 통하여 세모 모양, 네모 모양과 더불어 동그라미 모양을 찾아보는 수준에서 시작한다. 이어서 여러 가지 동그라미 모양의 특징을 찾아보는 활동으로 발전한다. 한 걸음 더 나아가 본을 떠 보고, '원'이라는 용어를 도입하여 사용하도록 한다.

관련 TU : TUAG-0110, TUAG-0130, TUAG-0140, TUAG-0160

TUAG-0160.10 사각형, 삼각형, 원 찾기

관련 교육과정	(07) 2(나)1①
	(09) 12(나)3①

목표

평면도형 중에서 사각형, 삼각형, 원을 찾을 수 있다.

자료

사각형, 삼각형, 원이 그려진 그림, 색연필, 색종이, 가위, 풀

활동

(1) 평면도형 중에서 사각형, 삼각형, 원 찾기

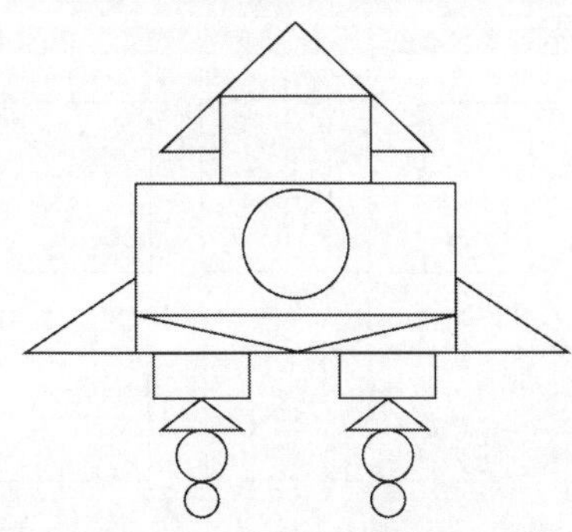

▸ 우주선 그림을 보고 삼각형은 파란색, 원은 노란색, 사각형은 초록색으로 칠하시오.

▸ 색칠한 것을 다시 한 번 살펴봅시다.

원은 모두 몇 개 입니까?

삼각형은 모두 몇 개 입니까?

사각형은 모두 몇 개 입니까?

가장 많이 사용한 도형은 무엇입니까?

(2) 재미있는 놀이를 하여 봅시다.

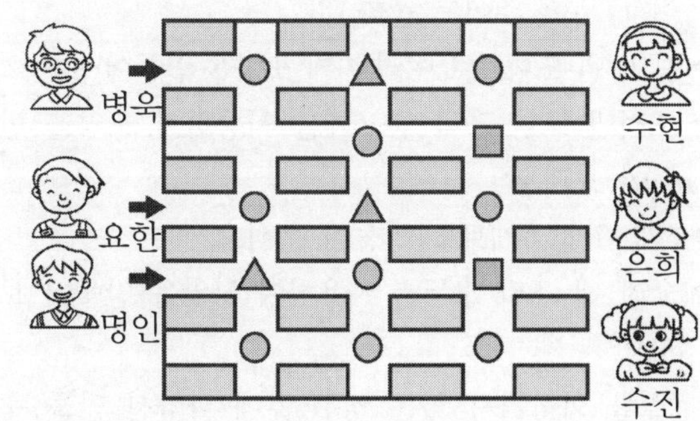

놀이 방법을 잘 읽고 친구의 짝을 찾아보시오.

① 삼각형을 만나면 아래로 움직인다.

② 사각형을 만나면 위로, 원을 만나면 오른쪽으로 갑니다.

③ 짝의 이름을 적어 봅시다.

병욱 ↔ (　　)

요한 ↔ (　　)

명인 ↔ (　　)

배경

구체적 조작기에 있는 학생들에게는 구체물이나 반구체물을 이용하여 실제의 모양을 보고, 스스로 찾아보는 활동을 하도록 하는 것이 효과적인 수업이다. 특히 놀이를 통한 학습은 학생들의 적극적인 참여와 흥미를 이끌 수 있으므로 바람직하다.

관련 TU : TUAG-0130, TUAG-0140, TUAG-0150, TUAG-0170

TUAG-0170.10 여러 가지 평면도형 만들기

관련 교육과정	(07) 2(나)[1]①
	(09) 12(나)[3]③

목표

여러 가지 모양을 이용하여 평면도형을 꾸밀 수 있다.

자료

색종이, 가위, 풀, 여러 가지 모양이 그려진 학습지

활동

(1) 색종이를 이용하여 여러 가지 사각형, 삼각형, 원 만들기

▸ 여러 가지 모양을 오려보시오.

▸ 여러 가지 모양을 그려서 복사한 종이를 한 장씩 나누어준다.

▸ 가위를 가지고 선을 따라 바르게 오려보시오. (교사가 미리 제시된 학습지를 색상지에 복사하여 나누어 주어도 좋다.)

▸ 오려 낸 도형으로 여러 가지 모양을 만들어 보시오.

▸ 오려낸 도형 조각 중 5개를 사용하여 모양을 만들어 보시오.

▸ 6개, 7개, 8개로도 만들어 보시오.

▸ 오려 낸 조각 모두를 사용하여 모양을 만들어 보시오. (실물 화상기가 있는 경우 앞에 나와서 만들 수 있도록 한다.)

▸ 원하는 모양이 만들어졌으면 풀로 붙여보시오.

(2) 사각형, 삼각형, 원을 이용하여 여러 가지 평면도형 만들기

제시된 도형으로 여러 가지 모양 만들기

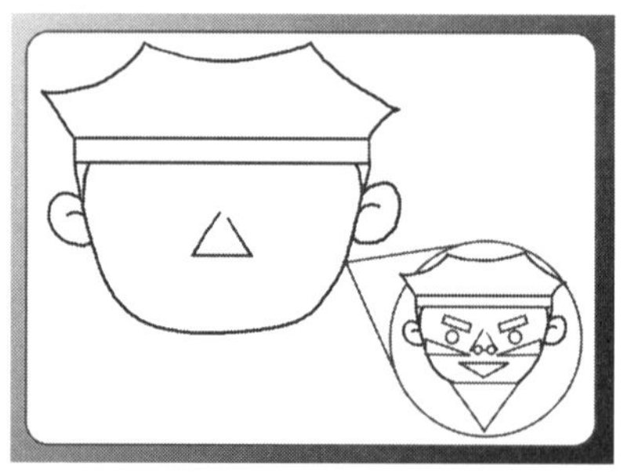

▸ 원 안의 놀부의 그림을 보고 사각형, 삼각형, 원 모양을 잘라 놀부의 얼굴을 만들어 보시오.

배경

구체적 조작기에 있는 학생들에게는 실제의 모양을 보고, 만지고, 형태를 꾸며 보며 활동을 하도록 하는 것이 효과적인 수업이다. 다음과 같이 사각형(정사각형, 직사각형)을 4등분 하여 생긴 직각삼각형, 원을 4등분 하여 접거나 그린 모양 등을 오려 내도록 한다. 학습 속도에 따라 제시된 모양 외에 더 많은 모양을 오려서 모양 만들기를 하는 것도 바람직한 일이다.

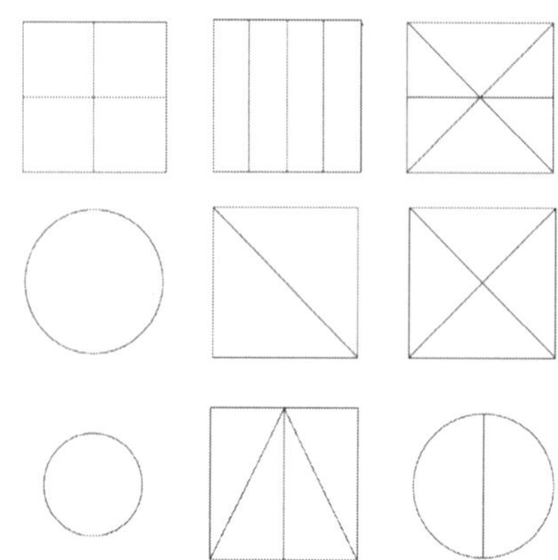

관련 TU : TUAG-0160, TUAG-0180

TUAG-0180.10 모양조각 놀이

관련 교육과정	(07) 2(나)1① (09) 12(나)3③

목표

모양조각을 이용한 놀이를 통하여 여러 가지 모양을 만들 수 있다.

자료

모양 조각(패턴블록), 패턴카드

활동

(1) 모양 조각을 이용하여 여러 가지 모양 만들기

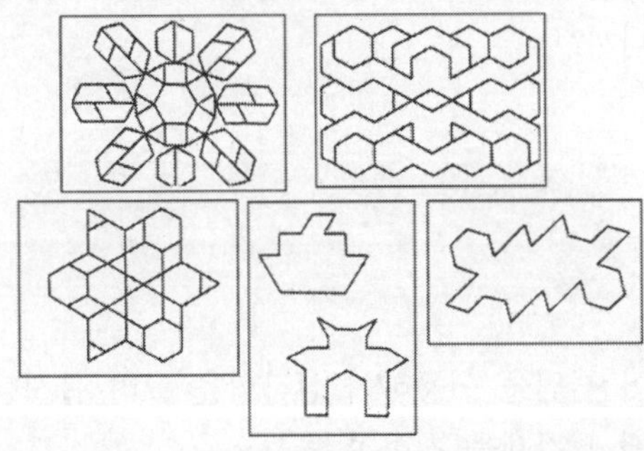

- 패턴 카드에 그려진 여러 가지 모양을 살펴본다.
- 패턴 블록을 늘어놓고 패턴 카드와 비교하여 알맞은 블록을 찾아본다.
- 패턴 카드에서 제시된 모양대로 카드 위에 블록을 올려놓는다.

(2) copycat 놀이

- 짝과 같이 활동하되 '주인'과 '원숭이'로 역할을 나눈다.
- 두 사람 사이에 책가방이나 가리개를 놓아 상대편의 블록이 보이지 않게 한다.
- 주인이 블록 4개나 5개를 사용해서 어떤 모양을 만든다.
- 주인은 그 모양을 어떻게 만들었는지 원숭이에게 말해준다.
- 원숭이는 엿보지 않고 주인이 말하는 대로 모양을 만든다.
- 원숭이의 모양과 주인의 모양을 비교해 보고, 역할을 바꾸어서도 해본다.

배경

교사는 학생들의 수학적 아이디어를 발견하고 탐구해 보는 다양한 경험을 할 수 있도록 수학 수업을 조직하고 문제를 제시하여야 한다. 이것은 곧 학생들이 조작하고 탐구해볼 좋은 자료와 그에 상응하여 학생들의 흥미를 자극하고 도전정신을 유발하여 수학을 행할 수 있는 좋은 문제를 필요로 한다. 아동들이 자기주도적인 학습을 위해 수학 수업에서 사용할 수 있는 많은 구체물 중 모든 분야에 융통성 있게 쓰일 수 있는 것 중 하나가 모양조각(패턴블록)일 것이다. 모양조각과 같이 여러 목적으로 사용될 수 있는 자료는 아동들로 하여금 수학의 각가지 분야들의 개념들을 탐구해 보게 하는데 유용하게 쓰인다.

관련 TU : TUAG-0170, TUAG-4110

TUAG-0210.10 도형의 꼭짓점과 변

관련 교육과정	(07) 2(나)[1]②
	(09) 12(나)[3]②

목표

사각형과 삼각형의 꼭짓점과 변을 알고 표시할 수 있다.

자료

모눈종이, 점판

활동

(1) 사각형을 그리고 꼭짓점과 변 표시하기

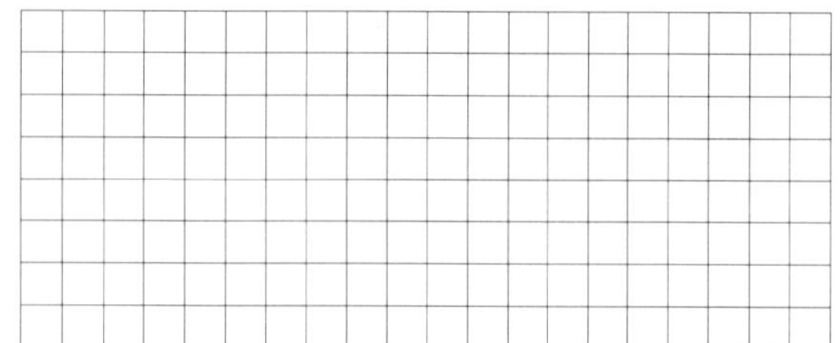

- ▸ 모눈종이에 네모 모양을 여러 개 그려 봅시다.
- ▸ 몇 개의 변(선분)으로 둘러싸여 있습니까?
- ▸ 4개의 변(선분)으로 둘러싸여 있는 도형을 무엇이라고 합니까?

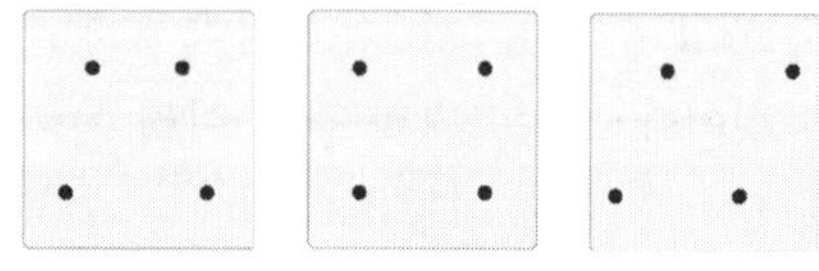

- ▸ 주어진 점을 이용하여 사각형을 그려 봅시다.
- ▸ 점에 빨간색을 칠하여 보시오.
- ▸ 각각의 점에 ㄱ, ㄴ, ㄷ, ㄹ의 기호를 붙여 보시오.
- ▸ 빨간색으로 칠한 부분을 무엇이라고 하면 좋을까요?
- ▸ 변(선분)에 노란색으로 칠하여 보시오.
- ▸ 노란색으로 칠한 부분을 무엇이라고 하면 좋을까요?

(2) 삼각형을 그리고 꼭짓점과 변 표시하기

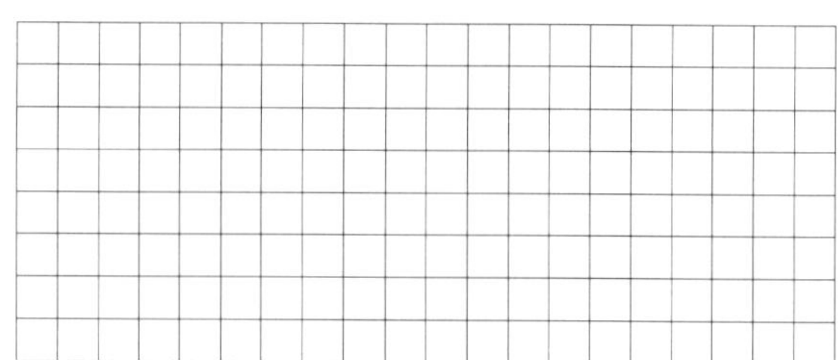

- ▸ 모눈종이에 세모 모양을 여러 개 그려 봅시다.
- ▸ 몇 개의 변(선분)으로 둘러 쌓여 있습니까?
- ▸ 3개의 변(선분)으로 쌓여 있는 도형을 무엇이라고 합니까?

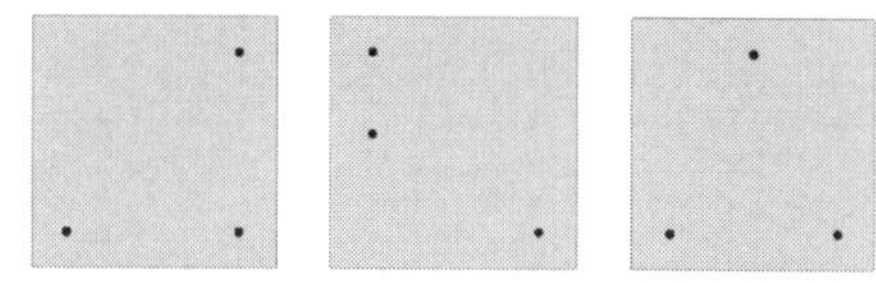

- ▸ 주어진 점을 이용하여 삼각형을 그려 봅시다.
- ▸ 점에 빨간색을 칠하여 보시오.
- ▸ 각각의 점에 ㄱ, ㄴ, ㄷ의 기호를 붙여 보시오.
- ▸ 빨간색으로 칠한 부분을 무엇이라고 하면 좋을까요?
- ▸ 변(선분)에 노란색으로 칠하여 보시오.
- ▸ 노란색으로 칠한 부분을 무엇이라고 하면 좋을까요?

배경

선분과 변은 수학적으로 같은 개념이지만 용어를 사용할 때 차이가 드러난다. 즉, 삼각형이나 사각형에서 선분과 변은 같은 부분을 나타내는 것이나, 선분은 그 자체가 하나의 도형이고, 변은 삼각형이나 사각형과 관련하여 붙일 수 있는 이름이다.
2009개정교육과정에 따르면, '변'이라는 용어는 '선분'이라는 용어보다 먼저 지도하도록 되어있다.

관련 TU : TUAG-0130, TUAG-0140, TUAG-1130

TUAG-0220.10 사각형과 삼각형의 특징

관련 교육과정	(07) 2(나)[1]②
	(09) 12(나)[3]③

목표

여러 가지 사각형과 삼각형의 꼭짓점과 변의 수를 세어 공통점을 발견할 수 있다.

자료

모눈종이, 색연필

활동

(1) 여러 가지 사각형의 꼭짓점과 변의 수를 세어서 공통점 발견하기

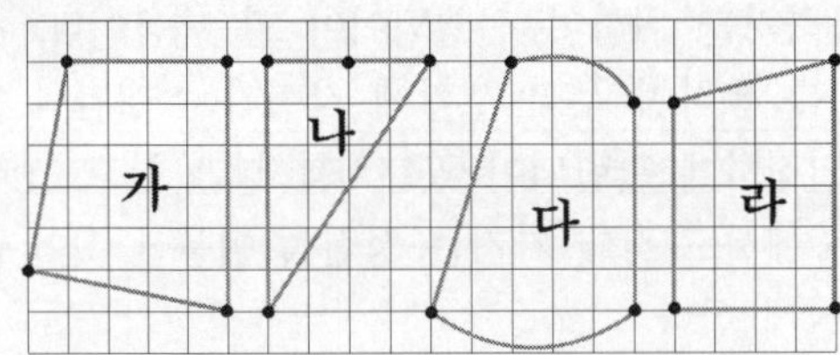

▶ 위의 그림에서 사각형인 것을 골라 색칠하여 보시오.

▶ 색칠한 도형의 꼭짓점에 파란색으로 표시하여 보시오.

▶ 파란색으로 칠해진 꼭짓점은 각각 몇 개인지 세어 보시오.

▶ 색칠한 두 도형의 꼭짓점의 수는 같을까요?

▶ 색칠한 도형의 변에 노란색으로 표시하여 보시오.

▶ 노란색으로 칠해진 변은 각각 몇 개인지 세어 보시오.

▶ 색칠한 두 도형의 변의 수는 같습니까?

▶ 사각형은 꼭짓점과 변의 수가 4인 도형이라고 해도 되겠습니까?

(2) 여러 가지 삼각형의 꼭짓점과 변의 수를 세어서 공통점 발견하기

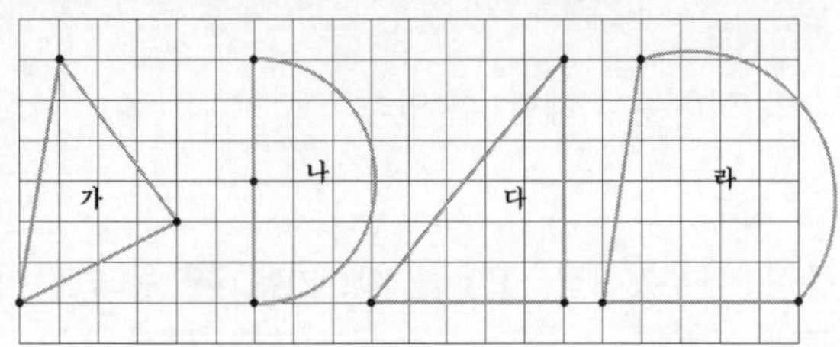

▶ 위의 그림에서 삼각형인 것을 골라 색칠하여 보시오.

▶ 색칠한 도형의 꼭짓점에 파란색으로 표시하여 보시오.

▶ 파란색으로 칠해진 꼭짓점은 각각 몇 개인지 세어 보시오.

▶ 색칠한 두 도형의 꼭짓점의 수는 같습니까?

▶ 삼각형이 아닌 이유를 말하여 보시오.

▶ 색칠한 도형의 변에 노란색으로 표시하여 보시오.

▶ 노란색으로 칠해진 변은 각각 몇 개인지 세어 보시오.

▶ 색칠한 두 도형의 변의 수는 같습니까?

▶ 삼각형은 꼭짓점과 변의 개수가 3개인 도형이라고 해도 되겠습니까?

배경

여러 가지 물건 중에서 네모 모양과 세모 모양을 찾아보았던 직관적 관찰의 수준에서 한 단계 발전하여 사각형과 삼각형의 구성 요소인 꼭짓점과 변의 개수를 관찰하여 모든 삼각형과 사각형은 곧은 선(직선)으로 이루어진 변과, 변과 변이 만나는 꼭짓점의 수가 같음을 알게 한다.

관련 TU : TUAG-0210, TUAG-1130

TUAG-0310.10 각

관련 교육과정	(07) 3(나)[1]①
	(09) 34(나)[1]②

목표

각의 의미를 이해할 수 있다.

자료

종이, 나무젓가락, 고무줄, 책, 가위, 자 등과 같이 모난 물건

활동

(1) 생활 주변에서 모난 부분을 찾고, 본을 떠 보기

교실이나 가정에서 볼 수 있는 다양한 물건들 중에서 모난 부분이 무엇이 있는지 찾아보게 하고, 이것을 종이 위에 본 떠 보게 한다.

(2) 각의 의미 알기 (나무젓가락을 이용한 활동)

나무젓가락 두 개의 밑 부분을 고무줄로 묶은 뒤에 이것을 각각 반대 방향으로 벌려보며 다양한 각의 모양을 파악하고 이를 바탕으로 각의 의미를 이해시킨다. 각이 만들어 지기 위해서는 나무젓가락 두 개, 즉 두개의 선이 있어야 한다는 것을 경험적으로 이해하게 된다.

(3) 각을 기호로 나타내기

여러 종류의 각을 구별 지어 사용하기 위해서 각을 나타내는 다양한 방법들을 고안해보게 한 뒤에 어떤 방법이 가장 효과적인지를 비교해보게 한다.

배경

각은 삼각형이나 사각형과 같은 다각형의 성질을 탐구하기를 위하여 선행되어야 할 내용이다. 각의 지도를 통하여 우리 생활에 각이라는 개념이 얼마나 밀접하게 관련되어 있는지를 알게 하고, 생활용품 중에서도 각이 가지는 성질을 이용한 것이 많음을 알게 한다.

관련 TU : TUAG-0320

TUAG-0320.10 각의 꼭짓점과 변

관련 교육과정	(07) 3(나)[1]①
	(09) 34(나)[1]②

목표

각의 꼭짓점과 변을 알고 기호를 붙일 수 있다.

자료

나무젓가락, 다양한 모양의 각

활동

(1) 각의 꼭짓점과 변 알아보기

나무젓가락을 이용한 활동을 통하여 각이 두 개의 반직선으로 이루어져 있고, 이 두 반직선은 한 점에서 만나며, 서로 다른 두 방향으로 뻗어져 있음을 이해시키도록 한다.

(2) 각의 꼭짓점과 변에 기호 붙이기

기호를 이용하여 다음 각에 알맞은 이름을 붙이시오.

ㄱ

ㄴ ㄷ

반직선 ㄴㄱ과 반직선 ㄴㄷ을 각의 변이라고 하며, 두 반직선이 만나는 점이 각의 꼭짓점임을 약속한다.

배경

앞서 학습한 각에 이름을 붙여야 하는 필요성을 알게 하여 변과 꼭짓점을 이용하여 각의 이름을 말하는 방법을 이해할 수 있도록 지도한다. 각에 이름을 붙일 때에는 두 반직선이 만나는 꼭짓점의 기호가 가운데에 들어가게 하여 각 ㄱㄴㄷ 또는 각 ㄷㄴㄱ이라고 쓰는 것을 알게 한다. 이러한 활동 후에는 기호가 다른 여러 가지 각을 제시하여 각각의 그림에 변과 꼭짓점을 찾아보고 각을 읽어보도록 심화시킬 필요가 있다.

관련 TU : TUAG-0125, TUAG-0310, TUAG-0330

TUAG-0330.10 여러 가지 각 만들기

관련 교육과정	(07) 3(나)[1]①
	(09) 34(나)[1]②

목표

여러 가지 모양의 각을 만들 수 있다.

자료

부채, 문, 점판, 거울, 책

활동

(1) 부채를 이용하여 각 만들기

접이식 부채를 접었다 펴 보면서 여러 가지 종류의 각이 있음을 이해시킨다.

(2) 문을 이용하여 각 만들기

여닫이문을 열고 닫으면서 문과 문지방이 이루는 각을 경험해 봄으로써 여러 가지 종류의 각이 있음을 이해시킨다.

(3) 점판에서 여러 가지 각 만들기

점판에 여러 가지 종류의 각을 만들어 보도록 한다. 두 반직선이 한 점에서 출발하게 각을 만들도록 주지시킨다.

배경

각을 이해하기 위해서는 처음에 다양한 모양의 각을 본 떠 보는 방식으로 각을 이해시키고, 다음에는 구체물 속에 포함된 각을 찾아보는 순서로 진행하는 것이 좋다. 위에 제시된 활동 이외에도 책을 이용해 펼쳐 보거나 좁게 펼쳐 보는 활동을 해 볼 수도 있고, 거울에 종이를 비추어 거울과 종이가 이루는 각의 크기를 다양하게 변화시켜 가면서 여러 가지 모양의 각을 이해시킬 수도 있다.

관련 TU : TUAG-0320, TUAG-0340

TUAG-0340.10 직각

관련 교육과정	(07) 3(나)[1]①
	(09) 34(나)[1]②

목표

직각의 의미를 이해하고 직각을 찾을 수 있다.

자료

여러 가지 모양의 각 조각, 책, 책받침, 책상 모서리, 창문, 문 등

활동

(1) 여러 가지 각을 직각과 직각이 아닌 각으로 분류하기

다양한 크기의 각이 그려진 각 조각을 일정한 기준을 가지고 분류해 보도록 한다. 이 때 직각과 직각이 아닌 각으로 각 조각들을 분류해 볼 수 있도록 이끌어 주는 것이 중요하다.

(2) 직각의 의미 알기

직각을 정의할 때는 문장을 통하여 형식적으로 정의하기 보다는 구체물을 통한 직관의 방법으로 그 개념을 이해시킨다. 수학책이나 책받침, 책상 모서리, 창문이나 출입문의 모서리 등에서 직각의 모양이나 크기를 직관적으로 이해하도록 지도한다.

(3) 생활 주변에서 직각 찾아보기

구체물을 통해 직각을 이해하였으면, 다른 구체물에서 직각을 찾아보게 한다. 이때, 직각이 됨을 확인하는 방법은 삼각자의 직각 부분을 맞대어 일치시켜 봄으로써 직관적으로 확인할 수 있도록 한다. 이와 같은 확인 방법으로 주변의 여러 가지 구체물에 삼각자나 공책의 직각 부분을 맞대 보고 확인하는 활동을 시켜, 직각의 이해를 심화시킬 수도 있다.

배경

학생들은 직관에 의해서도 직각을 찾아 낼 수 있겠으나 삼각자의 직각이 되는 부분을 이용하면 편리할 것이다. 더욱이 삼각자를 이용한 직각 찾기는 직각이 되는 부분을 구체적으로 확인해 볼 수 있어 직각의 이해에 더욱 도움이 된다. 구체물에서 직각

모양을 찾아 직각을 추상하여 이해한 뒤에는 평면 도형인 여러 가지 다각형에서 직각을 찾아보는 활동을 전개할 수도 있다.

관련 TU : TUAG-0330, TUAG-0350, TUAG-0360

TUAG-0350.10 직각 만들기

관련 교육과정	(07) 3(나)Ⅱ①
	(09) 34(나)Ⅱ②

목표

직각을 여러 가지 방법으로 만들 수 있다.

자료

종이, 삼각자, 직각이 들어간 다양한 구체물, 색종이, 점판

활동

(1) 종이에 직각 그리기

직각을 직접 종이에 그려보는 활동은 자를 이용하여 그리는 것이 아니라 사물에서 직각이 되는 부분을 대고 그리는 활동을 시작하는 것이 좋다. 예를 들면 두 가지 모양의 삼각자에서 각각 직각이 되는 부분을 찾아보게 하여 그 부분을 종이에 그리는 작업을 하도록 한다.

(2) 색종이를 이용하여 직각 만들기

색종이를 반으로 접고, 접은 것을 한 번 더 반으로 접어, 펼쳐서 나오는 접힌 선에 자를 갖다 대고 직각을 확인해보게 한다.

(3) 점판을 활용하여 직각 만들기

점판을 활용하여 직각을 만들어 보게 한 후, 삼각자를 이용하여 확인해 보도록 한다.

배경

직각을 이해시키기 위해서 종이접기 활동을 통해 정사각형의 종이로 가로와 세로를 각각 반으로 접었을 때 접힌 선이 이루는 직각을 발견하도록 하고, 이를 그려보게 함으로써 직각에 대하여 익숙하게 만든다.

관련 TU : TUAG-0340, TUAG-0360

TUAG-0360.10 직각삼각형

관련 교육과정	(07) 3(나)Ⅱ②
	(09) 34(나)Ⅳ②

목표

직각삼각형의 의미를 알고 찾을 수 있다.

자료

여러 가지 삼각형 모양의 종이 자석, 다양한 평면 도형 그림

활동

(1) 여러 가지 삼각형을 분류하기

여러 가지 삼각형을 비교, 관찰해 보고 다양한 모양의 삼각형들을 어떤 기준으로 분류해 볼 수 있을지 설명해 보도록 한다. 다양한 기준을 수용하되 세 각 중에서 직각이 있는 것과 없는 것을 구분지어 보도록 유도하는 것이 이 부분의 학습 목표에 부합된다. 이 때 칠판에 여러 가지 삼각형 모양의 종이 자석을 붙여 보게 하면 쉽고 재미있는 활동을 진행할 수 있다.

(2) 분류된 삼각형의 공통점 말하기

분류된 삼각형들에서 변, 꼭짓점, 각 등 구성 요소의 수가 같다는 점을 일차적으로 확인시키고 세 각 중에서 한 각은 직각이라는 점을 공통점으로 확인할 수 있어야 한다.

(3) 직각삼각형의 이름 붙이기

다양한 삼각형 중에서 직각이 있는 삼각형에는 어떤 이름을 붙이는 것이 효과적일지 다양한 이름들

을 고안해 보도록 하고 '직각'의 의미를 충분히 담고 있는 이름을 정한다.

(4) 제시된 평면 도형에서 직각삼각형 찾아보기
직각삼각형을 찾기 위해서는 직각삼각형이 어떤 도형인지 그 정의를 이해하고 식별 기준을 정해서 직접 확인해 보는 것이 좋다. 정확한 식별을 위해서는 삼각자의 직각 부분을 이용하는 것이 가시적이므로 효과적이다.

배경

직각이 있는 삼각형을 직각삼각형이라고 하는 것을 이해하게 하고, 직각이 있는 삼각형을 직접 찾아보게 하는 것이 좋다. 직각을 직관에 의해서 고르다 보면, 직각 부분이 놓여 있는 방향이 실제 생활에서 흔히 볼 수 있는 방향과 다르게 놓여 있을 때, 그 각을 직각으로 판단하지 못하는 경우가 있다. 그러므로 주어진 삼각형의 세 각을 삼각자의 직각 부분과 겹쳐 보게 하거나 그림을 돌려 확인해 보도록 안내한다.

관련 TU : TUAG-0340, TUAG-0370, TUAG-0750

TUAG-0370.10 직각삼각형 만들기

관련 교육과정	(07) 3(나)[1]②
	(09) 34(나)[4]②

목표

직각삼각형을 만들 수 있다.

자료

종이, 삼각자, 자, 색종이, 점판, 모양조각

활동

(1) 직각삼각형 그리기
직사각형이나 정사각형 모양의 종이에 대각선으로 선을 그어 두 개의 직각삼각형이 만들어지도록 해 볼 수 있다. 또는 삼각자의 직각 부분을 이용하여 종이 위에 직각 부분을 표시하고 나머지 두 점을 이어 직각삼각형을 완성해 보는 방법도 있다.

(2) 색종이로 직각삼각형 만들기
색종이에 마주 보는 두 꼭짓점을 맺는 대각선을 그리고, 이 대각선을 자르면 두 개의 합동인 직각삼각형이 생기게 된다는 것을 이해시킨다. 이때에 합동인 두 직각삼각형을 자른 대각선을 맞추어 보면 다시 직사각형이 된다는 것을 활동을 통해 경험하게 하면 이후 학습에 많은 도움이 된다.

(3) 점판으로 직각삼각형 만들기
점판을 활용하여 직각삼각형을 만들어 보도록 한다. 일반적인 방향의 직각삼각형이 아닌 다양한 모양의 직각삼각형을 만들어 보면 좋다.

배경

주변에서 많이 볼 수 있는 직각의 의미를 이해하고 이것을 직접 구현해 보는 활동을 통해 직각을 좀 더 정확하게 이해할 수 있다. 직각삼각형 모양의 조각을 여러 개 준비하여 앞에서 공부한 각, 직각 등을 찾아보게 한 뒤에 이 조각들을 몇 개씩 사용하여 새로운 모양의 직각삼각형을 만들게 할 수 있다. 이 활동을 짝이나 모둠원과 함께 하는 놀이 활동으로 진행할 경우 직각삼각형의 이해를 돕는 것은 물론이고 누가 빨리 만들 수 있는지와 같이 경쟁심을 자극하게 되어 흥미를 증가시킬 수도 있다. 또 직각삼각형의 이해뿐 아니라 평면도형의 이해에도 많은 도움이 될 것으로 보인다.

관련 TU : TUAG-0360, TUAG-0770

TUAG-0380.10 직사각형

관련 교육과정	(07) 3(나)①②
	(09) 34(나)⑤①

목표

직사각형의 의미를 알고 찾을 수 있다.

자료

여러 가지 사각형 모양의 종이 자석, 삼각자

활동

(1) 여러 가지 사각형 분류하기

여러 가지 사각형을 비교, 관찰해 보고 다양한 모양의 사각형들을 어떤 기준으로 분류해 볼 수 있을지 설명해 보도록 한다. 다양한 기준을 수용하되 직사각형과 직사각형이 아닌 것으로 구분지어 보도록 유도하는 것이 이 부분의 학습 목표에 부합된다. 이 때 칠판에 여러 가지 사각형 모양의 종이 자석을 붙여 보게 하면 쉽고 재미있는 활동을 진행할 수 있다.

(2) 분류된 사각형의 공통점 말하기

사각형은 모두 변, 꼭짓점, 각 등이 4개씩이라는 공통점은 이미 학습한 내용이므로 이를 바탕으로 네 각이 모두 직각이라는 사실이 추가되면 직사각형이 된다는 점을 확인시킨다.

(3) 직사각형의 이름 붙이기

네 각이 모두 직각인 사각형은 다른 사각형과 그 모양이 분명하게 구분됨을 인식시키고, 그 이름을 특별하게 구분지어 주어야 될 필요성을 확인시킨다. 직사각형만의 특성을 가장 잘 드러낼 수 있는 이름을 정한다.

배경

직사각형의 개념을 정착시키기 위해서 여러 사각형 중에서 직사각형을 찾아내는 활동을 시킬 필요가 있다. 이 때, 직각을 확인하는 방법과 같은 방법으로 하되 변의 길이나 다른 사실은 제외하고, 네 각이 모두 직각인 것만을 확인하도록 지도한다. 그리고 직사각형이나 다른 사각형의 경우를 제시할 때, 흔히 취하는 방식과 다른 방법으로 위치시킨 상태에서 직사각형을 찾아보게 하는 것도 좋은 방법이다.

관련 TU : TUAG-0340, TUAG-0360, TUAG-0390, TUAG-0400

TUAG-0390.10 직사각형 만들기

관련 교육과정	(07) 3(나)①②
	(09) 34(나)⑤①

목표

여러 가지 방법으로 직사각형을 만들 수 있다.

자료

모눈종이, 색종이, 점판, 칠교판, 모양조각

활동

(1) 모눈종이에 직사각형 그리기

모눈종이 위에 격자점을 이용하여 여러 가지 모양의 직사각형을 그려 보도록 한다. 일반 종이 위에 직사각형을 직접 그려보는 활동은 정확한 직각이 되지 않아 활동에 어려움이 있을 수 있으므로 모눈종이를 활용하는 것이 정확한 활동을 위해 도움이 된다.

(2) 색종이를 이용하여 직사각형 만들기

종이접기로 여러 가지 직사각형을 만들어 보는 활동을 통하여 직사각형에 친숙하도록 한다.

(3) 점판을 이용하여 직사각형 만들기

점판 역시 모눈종이와 같이 격자점이 표시되어 있기 때문에 정확한 직사각형을 그리는 데 유용한 학습 교구가 될 수 있다. 공간개념이 아직 미숙한 상태의 학생들은 직사각형의 직각이 수평 방향으로 놓여 있지 않으면 직사각형으로 생각하지 않는 경향이 있다. 그러므로 점판 위에 여러 가지 방향으로 놓인 직사각형을 만들어 봄으로써 직사각형을 경험해보게 하는 것도 좋은 방법이다.

배경

지오보드(Geoboard)에 고무줄을 이용하여 다양한 모양을 만들어 보는 활동은 도형을 스스로 창조해 봄으로써 창의적 사고력과 공간 개념을 형성시키는 데 도움을 줄 수 있다. 지오보드(Geoboard)에 자유롭게 직사각형을 만들어 보는 활동을 한 후에, 심화활동으로 1개의 점, 2개의 점, 3개의 점을 정해주고 직사각형이 되기 위해 나머지 점을 어떻게 정해야 하는지 생각해보는 활동을 할 수도 있다.

지오보드를 편리하게 사용하기 위해서 종이 위에 일정한 간격으로 점을 직은 것을 사용하기도 하는데 이것을 점판이라고 부른다.

관련 TU : TUAG-0380, TUAG-0410

TUAG-0400.10 정사각형

관련 교육과정	(07) 3(나)1②
	(09) 34(나)5①

목표

정사각형의 의미를 알고 찾을 수 있다.

자료

여러 가지 사각형 모양의 종이 자석

활동

(1) 여러 가지 사각형 분류하기

여러 가지 사각형을 비교, 관찰해 보고 다양한 모양의 사각형들을 어떤 기준으로 분류해 볼 수 있을지 설명해 보도록 한다. 다양한 기준을 수용하되 정사각형과 정사각형이 아닌 것으로 구분지어 보도록 유도하는 것이 이 부분의 학습 목표에 부합된다. 이 때 칠판에 여러 가지 사각형 모양의 종이 자석을 붙여 보게 하면 쉽고 재미있는 활동을 진행할 수 있다.

(2) 분류된 사각형의 공통점 말하기

사각형은 모두 변, 꼭짓점, 각 등이 4개씩이라는 공통점은 이미 학습한 내용이므로 이를 바탕으로 네 각의 크기가 같고, 네 변의 길이가 같다는 사실이 추가되면 정사각형이 된다는 점을 확인시킨다.

(3) 정사각형의 이름 붙이기

네 변의 길이가 같고, 네 변의 크기가 같은 사각형은 다른 사각형과 그 모양이 분명하게 구분됨을 인식시키고, 그 이름을 특별하게 구분지어 주어야 될 필요성을 확인시킨다. 정사각형만의 특성을 가장 잘 드러낼 수 있는 이름을 정한다.

배경

앞서 사각형 중에서 네 각이 직각인 사각형의 경우를 직사각형으로 도입하였다. 이와 마찬가지로 직사각형 중 네 변의 길이가 같은 경우를 정사각형으로 이해시킨다. 즉, 사각형의 특수한 도형으로 직사각형을 도입했듯이 직사각형의 특수한 도형으로 정사각형을 이해하게 한다. 사각형 중에서 네 각이 모두 직각인 사각형이 직사각형이 되고, 그 중에서 네 변의 길이가 같으면 정사각형이 된다는 것을 알게 한다.

관련 TU : TUAG-0380, TUAG-0410

TUAG-0410.10 정사각형 만들기

관련 교육과정	(07) 3(나)1②
	(09) 34(나)5①

목표

여러 가지 방법으로 정사각형을 만들 수 있다.

자료

모눈종이, 색종이, 점판, 칠교판, 모양조각

활동

(1) 모눈종이에 직사각형 그리기

모눈종이 위에 격자점을 이용하여 여러 가지 모양의 정사각형을 그려 보도록 한다. 일반 종이 위에 정사각형을 직접 그려보는 활동은 각의 크기를 같게 그리거나 변의 길이를 같게 그리는 데 어려움이 있을 수 있으므로 모눈종이를 활용하는 것이 정확한 활동을 위해 도움이 된다.

(2) 색종이를 이용하여 정사각형 만들기

종이접기로 여러 가지 정사각형을 만들어 보는 활동을 통하여 정사각형에 친숙하도록 한다.

(3) 점판을 이용하여 정사각형 만들기

점판 역시 모눈종이와 같이 격자점이 표시되어 있기 때문에 정확한 정사각형을 그리는 데 유용한 학습 교구가 될 수 있다. 공간개념이 아직 미숙한 상태의 학생들은 정사각형의 직각이 수평 방향으로 놓여 있지 않으면 정사각형으로 생각하지 않는 경향이 있다. 그러므로 점판 위에 여러 가지 방향으로 놓인 직사각형을 만들어 봄으로써 정사각형을 경험해보게 하는 것도 좋은 방법이다.

배경

모눈종이를 주어 자신이 가지고 있는 정사각형의 정의에 맞게 여러 가지 크기의 정사각형을 직접 그려 보도록 한다. 또한 종이를 접고 오리는 활동을 통하여 정사각형의 정의에 맞는 사각형을 만들어 보는 활동을 시킨다. 그리고 만들어진 모양이 정사각형이 되는 이유를 역으로 생각해보게 함으로써 정사각형의 개념을 분명히 한다.

관련 TU : TUAG-0400, TUAG-1020

TUAG-0420.10 직사각형과 정사각형 찾기

관련 교육과정	(07) 3(나)1②
	(09) 34(나)5①

목표

여러 가지 사각형 중에서 직사각형과 정사각형을 찾을 수 있다.

자료

여러 가지 사각형 모양의 도형 조각, 모눈종이

활동

(1) 직사각형 찾기

여러 가지 사각형 모양의 도형 조각을 제시하고 이들 중에서 직사각형 모양을 찾아보게 한다. 직사각형이 아닌 것은 왜 직사각형이 아닌지 말해보게 한다. 간혹 정사각형은 직사각형이 아닌 것으로 판단하는 학생도 있을 수 있다. 이들에게는 직사각형 용어의 정의를 다시 한 번 알려주는 것이 좋다.

(2) 정사각형 찾기

여러 가지 사각형 모양의 도형 조각을 제시하고 이들 중에서 정사각형을 찾아보는 활동을 전개한다. 먼저 직사각형을 골라보게 하고 그 중에서 정사각형을 가려내게 하는 것도 좋은 방법이다.

(3) 여러 개의 같은 크기의 정사각형으로 새로운 정사각형 구성하기

이 문제 해결에서 사용될 수 있는 전략은 차근차근 빠짐없이 모눈종이 위에다 그려보는 방법이라고 할 수 있다. 같은 모눈종이 위에다 그릴 때에는 겹쳐지거나 여러 선이 복잡하게 그려지므로 혼란스러울

수가 있다. 따라서 모눈종이를 충분히 준비하여 각 크기에 해당하는 정사각형을 빠짐없이 그려 볼 수 있도록 지도하는 것이 좋다.

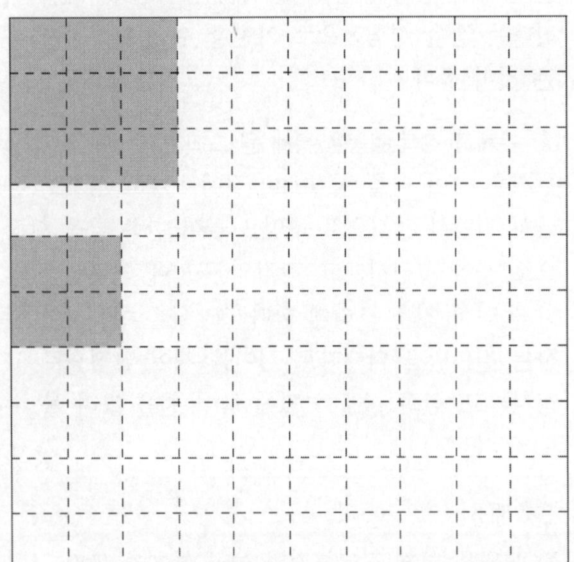

배경

여러 가지 모양의 사각형 중에서 직사각형이나 정사각형을 찾아보는 활동을 통해 직사각형과 정사각형 모양을 다시 한 번 정확하게 확인하는 경험을 가질 수 있다. **활동 (3)**에서는 모눈이 여러 개 모여 새로운 모양의 정사각형이 되는 것을 이해할 수 있는데 똑같은 수의 모눈이 모인다고 하더라도 배열되는 방법에 따라 정사각형이 되기도 하고 직사각형이 되기도 하므로 여러 가지 방법으로 확장된 문제를 제공할 수 있을 것이다.

관련 TU : TUAG-0380, TUAG-0400, TUAG-0430

TUAG-0430.10 직사각형과 정사각형의 관계 알기

관련 교육과정	(07) 3(나)①②
	(09) -

목표

직사각형과 정사각형의 관계를 이해할 수 있다.

자료

직사각형, 정사각형 모양의 도형 조각

활동

(1) 직사각형이 정사각형이 되는지 알아보기

네 각의 크기가 같으면 네 변의 길이가 같은 정사각형이 될 수 있는지 확인해보고, 되거나 되지 않는 이유를 설명해 보도록 한다.

(2) 정사각형이 직사각형이 되는지 알아보기

네 각의 크기가 같고 네 변의 길이가 같으면 네 각의 크기가 같은 직사각형이 될 수 있는지 확인해보고, 되거나 되지 않는 이유를 설명해 보도록 한다.

배경

네 각의 크기가 같으면 직사각형이다. 여기에 네 변의 길이가 같다는 조건을 추가하면 정사각형이 된다. 따라서 정사각형은 직사각형이 될 수 있지만 직사각형은 정사각형이 될 수 없다. 다시 말해 정사각형은 직사각형의 특별한 경우라고 할 수 있다. 이러한 도형의 포함관계는 도형의 구조를 익히는데 중요하므로 학생들이 충분히 이해할 수 있도록 지도해야 한다.

2009개정교육과정에서는 여러 가지 사각형 사이의 포함관계를 다루지 않기로 하였으므로, 2009개정교육과정을 따를 때에는 이 부분을 지도하지 않아도 좋다. 그러나 정사각형은 직사각형이 아니라는 관점이 형성되도록 방치하는 것은 바람직하지 않다.

관련 TU : TUAG-0420, TUAG-1100

TUAG-0510.10 원 그리기

관련 교육과정	(07) 3(나)③①
	(09) 34(나)③①

목표

원을 그릴 수 있다.

자료

신체, 단추, 실, 두꺼운 종이 띠, 압정

활동

(1) 신체 활동을 통해 원 그리기

개별 활동으로는 손이나 목, 다리 등 자신의 신체를 이용하여 원 그리기를 해봄으로써 원 학습에 대하여 흥미와 동기를 유발시킨다. 이 활동이 끝나면 모둠 활동으로 여럿이 하나의 원을 그려 보는 활동을 해 볼 수 있다. 또한 도구를 이용한 신체 활동을 통해 원을 만들어 볼 수도 있다. 구멍이 있는 단추에 실을 묶어 실의 끝부분을 잡고 돌려보는 활동을 통해 단추가 움직이는 길을 관찰해 보도록 한다. 이 때 팔은 고정하고 손목만 돌려서 원을 그리도록 해야 정확한 원의 모양을 나타낼 수 있다. 이 활동을 통해서 원의 중심이 있어야 원이 정확하게 그려진다는 점을 경험적으로 확인할 수 있도록 유도하는 것이 좋다.

(2) 구체적 조작 활동을 통해 원 그리기

두꺼운 종이 띠를 폭 1 cm, 길이 10 cm 정도로 잘라서 적당한 간격으로 구멍을 뚫어 한쪽 끝을 압정으로 꽂아 고정시키고, 각각의 구멍에 연필심을 넣고 돌려서 원을 그리게 한다. 또 실을 이용하여 원하는 길이만큼 막대자로 길이를 재어 압정으로 고정시키고, 한쪽 끝은 연필에 묶어 원을 그려 볼 수도 있다.

배경

원 모양의 물체 찾아보기와 둥근 물체를 본떠 그려 보는 활동을 통해 원을 직관적으로 이해하는 학습을 하고난 다음에 본 학습이 이루어져야 한다.

관련 TU : TUAG-0150, TUAG-0520

TUAG-0520.10 원의 중심, 반지름, 지름

관련 교육과정	(07) 3(나)③①
	(09) 34(나)③①

목표

원의 중심, 반지름, 지름을 알고 그 관계를 이해할 수 있다.

자료

두꺼운 종이, 압정, 수수깡, 컴퍼스, 자, 투명 종이

활동

(1) 원의 중심과 반지름 알기

두꺼운 종이에 압정으로 구멍을 내어 수수깡에 끼워 손으로 돌려 보게 하여 두꺼운 종이가 돌아가는 가장자리의 모양을 말해보게 한다. 바람개비를 만들어 가장자리가 돌아가는 모양을 말해보게 한다. 이 때 압정이 꽂혀있던 점이 원의 중심이라는 것과 그 중심을 지나 원 위의 한 점을 이은 선분이 반지름이라고 한다는 것을 확인시킨다.

(2) 원의 지름 알기

컴퍼스로 투명 종이에 일정한 크기의 원을 각자 그려보게 한다. 그 다음 자유롭게 각자 반지름을 한 개 그려보도록 한다. 이 때, 교사가 일정한 크기의 원이나 반지름의 방향을 지정해 주지 말고 자유롭게 선택하게 한다. 그려진 반지름을 따라 투명 종이를 완전히 포개어지게 접어 보게 한 후에 다시 펼쳐서 접힌 자국을 따라 선분을 연결해 보도록 한다. 선분을 연결할 때에는 이미 그려진 반지름과 연결되도록 한다. 이 활동은 지름은 반지름에서 찾을 수 있다는 것을 시각적으로 확인시키고, 다음에 나올 반지름과 지름의 관계를 경험하게 해 준다.

(3) 원의 지름과 반지름의 관계 알기

한 원에 알고 있는 지름의 개념을 이용하여 원의 지름을 여러 개 그려보고, 그 길이를 비교하여 한 원 안에는 지름을 무수히 많이 그릴 수 있으며, 그 길이는 모두 같다는 사실을 알 수 있게 한다. 또, 원의 지름과 반지름의 관계를 이해시키기 위해서는 다양한 크기의 원을 제시하여 실제 눈금자를 가지고 지름을 그려보게 하여 그 길이를 찾아본다. 그런 후에 반지름의 길이를 재어 각각의 원들의 지름과 반지름의 관계를 수치를 통해 비교하게 하여 지름과 반지름의 관계를 이야기해보게 한다.

배경

반지름의 특징을 좀 더 명확하게 하기 위하여 직접 원 안에 원의 반지름을 여러 개 그려보게 하여 그 길이를 재어보게 할 수도 있다. 이 활동을 통하여 한 원에는 무수히 많은 반지름이 있으며 그 길이는 모두 같다는 것을 학생 스스로 이해할 수 있다.

관련 TU : TUAG-0510, TUAG-0530

TUAG-0530.10 주어진 원에서 반지름과 지름의 길이 구하기

관련 교육과정	(07) 3(나)③①
	(09) 34(나)③①

목표

주어진 원에서 반지름과 지름의 길이를 구할 수 있다.

자료

여러 가지 크기의 원 그림

활동

(1) 반지름의 길이를 보고 지름의 길이 구하기

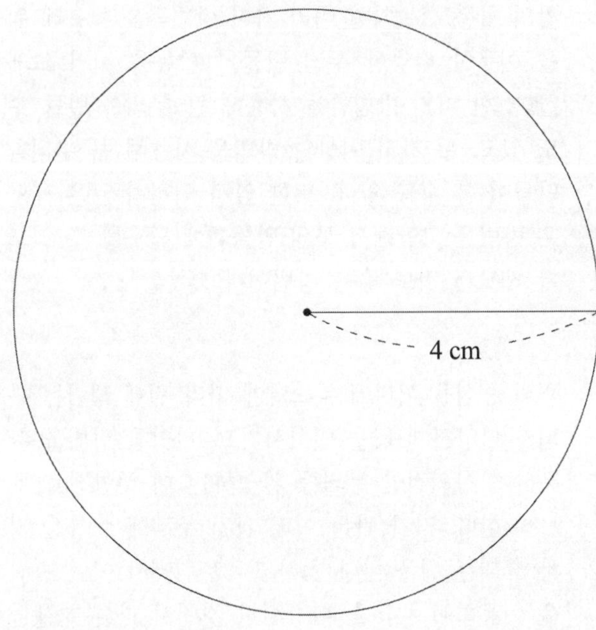

원의 반지름의 길이를 직접 재어 알아보도록 하고, 지름의 길이는 반지름 길이의 2배가 된다는 사실을 통해 반지름의 길이를 알면 지름을 찾을 수 있다는 것을 이해시킨다.

(2) 지름의 길이를 보고 반지름의 길이 구하기

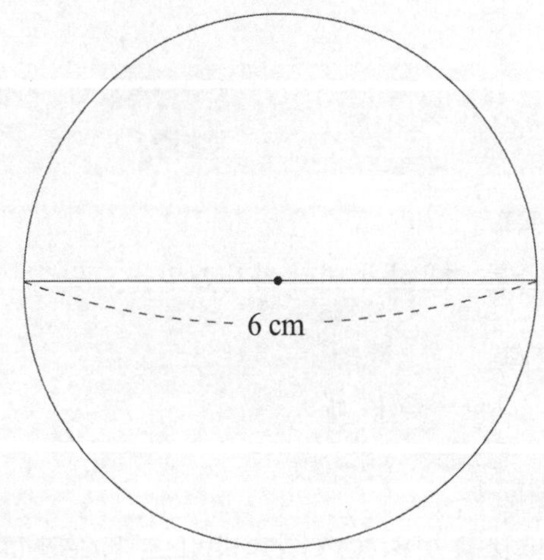

원의 지름의 길이를 직접 재어 알아보도록 하고, 반지름의 길이는 지름 길이의 반이 된다는 사실을 통해 지름의 길이를 알면 반지름의 길이를 알 수 있다는 것을 이해시킨다.

배경

원에서 지름과 반지름의 관계를 이해하고 있으면 반지름과 지름을 모두 자로 재어 알아볼 필요가 없다. 지름이나 반지름 중에서 한 가지만 길이를 재어 다른 한 가지의 길이를 알아보게 한다.

관련 TU : TUAG-0520, TUAG-0540

TUAG-0540.10 컴퍼스로 원 그리기

관련 교육과정	(07) 3(나)③②
	(09) 34(나)③②

목표

컴퍼스로 원을 그릴 수 있다.

자료

컴퍼스, 종이, 실, 연필, 자

활동

(1) 컴퍼스를 이용하여 원 그리기

앞에서 종이 띠와 실을 이용하여 원을 그려 보았던 느낌을 발표하게 하여 불편했던 점을 이야기해보게 한다. 모양이 바르고 원하는 크기의 원을 그리기 위해서 컴퍼스를 이용해야 함을 이해시킨다. 처음에는 교사의 지도 없이 컴퍼스를 가지고 마음대로 원을 그려보게 한 후에 느낌을 발표시킨다. 그러면 컴퍼스를 사용해도 바른 원이 되지 않는다는 의견들이 나올 것이다. 바른 컴퍼스 사용법을 알려주고 여러 번 반복해서 원을 그려봄으로써 정확한 컴퍼스 사용법과 원을 그리는 방법을 익힐 수 있도록 한다.

배경

이 활동은 원의 반지름을 학습한 후에 컴퍼스로 원 그리기를 바로 학습함으로써 원을 그릴 때에는 반지름을 사용하여 그린다는 것을 인식시키는 데 도움이 될 수 있다. 또한 원의 지름을 학습하는 데에도 원활한 방법이 될 수 있다.

관련 TU : TUAG-0530, TUAG-0550

TUAG-0550.10 컴퍼스를 이용하여 여러 가지 모양 그리기

관련 교육과정	(07) 3(나)③②
	(09) 34(나)③②

목표

컴퍼스를 이용하여 여러 가지 모양을 그릴 수 있다.

자료

컴퍼스, 모눈종이, 자

활동

(1) 컴퍼스를 이용하여 다양한 방법으로 원 모양 그리기

여러 가지 모양 만들기를 하기 전에 먼저 컴퍼스로 주어진 조건이 같지만 그리는 방법이 다른 여러 가지 방법들을 익히는 것이 좋다. 원의 중심을 옮겨가며 그리는 방법, 원의 중심을 고정하여 그리는 방법을 실제로 그려 본 후에 서로 이루어지는 모양이 다르다는 것을 발견하도록 한다. 또한 반지름이 겹치도록 그려보게 하거나 두 원을 그려 원이 만나는 점을 원의 중심으로 하여 또 다른 원을 그려보는 방법도 있다.

(2) 여러 가지 방법으로 다양한 무늬 만들기

앞의 활동으로 익힌 여러 가지 방법들을 활용해 원을 이용한 다양한 무늬 만들기 활동을 시켜 보게 한다. 한 가지 방법만을 사용해 큰 무늬를 만들 수도 있고, 두 가지 이상의 방법을 사용해 큰 무늬를 만들어 볼 수도 있다. 또한 앞서 익히지 않은 새로운 방법을 고안해서 무늬 만들기에 활용할 수 있도록 해보는 것도 좋은 방법이다.

배경

원의 중심을 어디에 두느냐에 따라 원에 생기는 무늬가 다양하게 됨을 인식시키고, 다양한 방법을 활용하여 창의적인 무늬를 완성하는 데 주안점을 두도록 한다. 각자 만든 여러 가지 무늬에서 가장 기본이 되는 원을 하나 정하고, 그 원에서 어떤 방법을 이용하여 무늬를 확장시킨 것인지 다른 학생들에게 맞춰보도록 하는 것도 좋은 방법이다.

관련 TU : TUAG-0540, TUAG-0560

TUAG-0560.10 정사각형과 원으로 여러 가지 무늬 만들기

관련 교육과정	(07) 3(나)3②
	(09) 34(나)3②

목표

정사각형과 원으로 여러 가지 무늬를 만들 수 있다.

자료

모눈종이, 컴퍼스, 자, 모양자, 정사각형

활동

(1) 정사각형과 원으로 무늬 만들기

- 처음에는 정사각형의 네 변을 원의 지름으로 하여 무늬를 만들게 한다. 여기서 원의 중심은 정사각형의 각 변의 중점(가운데 놓이는 점)이 됨을 스스로 찾아보게 하는 것도 좋다.
- 똑같은 정사각형에서 원을 그리더라도 원의 중심에 따라 만들어지는 무늬가 다름을 활동을 통하여 알게 한다.
- 여기서 발전적으로 정사각형의 각 변에 원의 중심을 각자 옮겨서 다른 무늬를 만들어 보게 하거나 같은 방법으로 정다각형을 이용하면 더 다양한 무늬를 만들 수 있음을 스스로 발견하도록 한다.

배경

주어진 활동 이외에도 정사각형과 원으로 다양한 무늬를 만들어 보게 하여 학생들의 창의성 신장에 도움이 되도록 한다. 또 투명용지(TP용지)에 정사각형과 원을 각각 인쇄하여 서로 겹쳐보면서 창의적인 무늬를 찾을 수도 있다. 동심원이 그려진 2장을 준비하여 서로 겹쳐보는 것도 흥미롭다.

관련 TU : TUAG-0550

TUAG-0610.10 이등변삼각형

관련 교육과정	(07) 4(나)1①
	(09) 34(나)4①

목표

이등변삼각형의 의미를 알 수 있다.

자료

여러 가지 삼각형 조각(빳빳한 두꺼운 종이)

활동

(1) 여러 가지 삼각형을 분류하기

다양한 모양의 삼각형 조각을 보여주고 이 조각들을 나름의 기준으로 분류해 보도록 한다. 학생들의 다양한 분류 기준을 적극적으로 수용하는 것도 중요하지만 목적에 맞추어 이등변삼각형과 이등변삼각형이 아닌 것으로 분류할 수 있도록 지도가 필요하다.

(2) 분류된 삼각형의 공통점 말하기

자신이 삼각형을 분류한 기준을 말해보게 하고 그 기준에 따라 분류한 삼각형들 간에는 어떠한 공통점이 있는지를 말해보게 한다. 그러나 색깔, 크기 등으로 분류하지 않도록 한다.

(3) 이등변삼각형 이름 붙이기

여러 가지 분류에 의해 나뉜 삼각형 중에서 두 변의 길이가 같은 삼각형에는 어떠한 이름을 붙이는 것이 좋을지 생각해보게 한다. 가장 효과적인 이름을 정한다.

배경

삼각형의 각, 꼭짓점, 변을 학습한 뒤에 각, 직각, 직각삼각형을 학습하고 이것을 바탕으로 삼각형의 속성을 파악하는 활동을 통해 이등변삼각형, 정삼각형, 둔각삼각형, 예각삼각형을 학습하게 된다. 여러 가지 삼각형을 분류해 보는 활동을 통해 두 변의 길이가 같은 삼각형을 이등변삼각형이라고 함을 알게 하고, 여러 가지 삼각형 중에서 이등변삼각형을 잘 찾을 수 있도록 지도한다.

관련 TU : TUAG-0140, TUAG-0360, TUAG-0620, TUAG-0640

TUAG-0620.10 이등변삼각형 만들기

관련 교육과정	(07) 4(나)1①
	(09) 34(나)4①

목표

이등변삼각형을 만들 수 있다.

자료

모눈종이, 색종이, 점판, 칠교판, 모양조각

활동

(1) 이등변삼각형 그리기

모눈종이 위에 다양한 모양의 이등변삼각형을 그려 보게 한다. 모눈종이는 길이를 한 눈에 파악하기 쉽기 때문에 이등변삼각형을 그리는 데 많은 도움이 될 수 있다. 모눈종이의 대각선 길이를 비교하는 데 어려움을 느낄 수 있으므로 주의하여야 한다.

(2) 색종이, 점판, 칠교판, 모양조각을 활용하여 이등변삼각형 만들기

색종이, 점판, 칠교판, 모양조각을 활용하여 다양한 모양의 이등변삼각형을 만들어 보도록 한다. 구체적인 활동을 통해 학생들은 이등변삼각형의 두 밑각의 크기가 같다는 것을 경험적으로 알게 될 수 있다.

배경

이등변삼각형을 직접 만들어 보는 활동을 통해 학생들은 이등변삼각형을 정확하게 알 수 있게 된다. 다양한 모양의 이등변삼각형을 그려보는 활동은 학생들의 도형 감각 향상에도 많은 도움이 된다. 이등변삼각형 만들기는 점판, 모양조각 등 다양한 교구를 활용하여 학생들의 흥미 유발뿐만 아니라 다양한 형태의 이등변삼각형을 경험할 수 있도록 한다.

관련 TU : TUAG-0610, TUAG-0630

TUAG-0630.10 이등변삼각형의 성질

관련 교육과정	(07) 4(나)1①
	(09) 34(나)4①

목표

이등변삼각형의 성질을 알 수 있다.

자료

색종이, 가위, 모눈종이, 컴퍼스, 습자지

활동

(1) 색종이로 이등변삼각형 만들기

두 변의 길이가 같은 삼각형을 이등변삼각형이라고 함을 알았으므로 이등변삼각형의 특징을 알아보게 한다. 색종이를 반으로 접어서 잘라 보게 하여, 이등변삼각형의 두 밑각이 같음을 직관적인 경험을 통해 알게 한다.

(2) 이등변삼각형의 성질 정리하기

이등변삼각형은 두 변의 길이가 같고 두 밑각의 크기가 같다는 것을 알게 한 다음, 여러 가지 이등변삼각형을 그려 보게 한다. 앞선 활동에서는 모눈종이 위에 두 변의 길이가 같음을 이용해 이등변삼각형을 그려보았으나, 이번에는 빈 종이에 한 변의 길이를 알려주고 컴퍼스를 이용하여 이등변삼각형을 그려보게 한다. 이런 활동을 통해 이등변삼각형의 성질을 정확하게 알 수 있다.

활동을 하기 전에 어떻게 컴퍼스를 사용하는지 다시 한번 주지시켜야 한다.

(3) 이등변삼각형 본뜨기

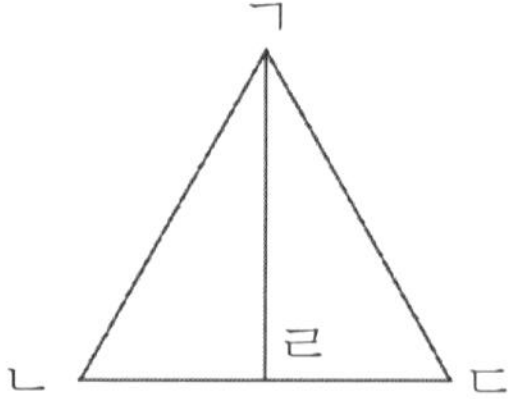

삼각형 ㄱㄴㄷ와 ㄱㄷㄹ은 합동인 직각삼각형이므로 이 각각의 삼각형을 본떠 포개어 보면 흥미 유발에도 좋고 이등변삼각형의 성질을 이해하는 데도 많은 도움이 될 수 있다.

배경

이등변삼각형을 이해시키는 데 교사의 도움보다는 순차적인 활동 전개를 통해 학생 스스로 이등변삼각형의 의미와 특징을 확인할 수 있도록 하는 지도가 필요하다. 다양한 모양의 이등변삼각형을 관찰하고 직접 그리고 만들어 보는 활동은 도형 감각을 익히는 데에도 도움이 된다.

관련 TU : TUAG-0620, TUAG-0660

TUAG-0640.10 정삼각형

관련 교육과정: (07) 4(나)1① / (09) 34(나)4①

목표

정삼각형의 의미를 알 수 있다.

자료

다양한 삼각형 모양 조각(두꺼운 종이)

활동

(1) 여러 가지 삼각형을 분류하기

다양한 모양의 삼각형 조각을 보여주고 이 조각들을 나름의 기준으로 분류해 보도록 한다. 학생들의 다양한 분류 기준을 적극적으로 수용하는 것도 중요하지만 목적에 맞추어 정삼각형과 정삼각형이 아닌 것으로 분류할 수 있도록 지도가 필요하다. 명확한 분류 제시 기준이 필요하다.

(2) 분류된 삼각형의 공통점 말하기

자신이 삼각형을 분류한 기준을 찾아보게 하고 그 기준에 따라 분류한 삼각형들 간에는 어떠한 공통점이 있는지를 말해보게 한다.

(3) 정삼각형 이름 붙이기

여러 가지 분류에 의해 나뉜 삼각형 중에서 세 변의 길이가 같은 삼각형에는 어떠한 이름을 붙이는 것이 좋을지 생각해보게 한다. 가장 효과적인 이름을 정한다.

배경

삼각형의 각, 꼭짓점, 변을 학습한 뒤에 직감삼각형을 학습하고 이것을 바탕으로 삼각형의 속성을 파악하는 활동을 통해 이등변삼각형, 정삼각형, 둔각삼각형, 예각삼각형을 학습하게 된다. 여러 가지 삼각형을 분류해 보는 활동을 통해 세 변의 길이가 같은 삼각형을 정삼각형이라고 함을 알게 하고, 여러 가지 삼각형 중에서 정삼각형을 잘 찾을 수 있도록 지도한다.

관련 TU : TUAG-0610, TUAG-0650

TUAG-0650.10 정삼각형 만들기

관련 교육과정: (07) 4(나)1① / (09) 34(나)4①

목표

정삼각형을 만들 수 있다.

자료

점판, 색종이, 점판, 모양조각, 활동지(60°배열점판)

활동

(1) 정삼각형 그리기

정삼각형을 그릴 수 있는 점판 제시

60° 배열점판 위에 다양한 크기의 정삼각형을 그려 보게 한다. 여기에 제시한 점판은 이웃한 점 사이의 길이가 같기 때문에 정삼각형을 쉽게 그릴 수 있다.

(2) 모양조각 활용하여 정삼각형 만들기

모양조각을 활용하여 여러 가지 정삼각형을 만들어 보게 한다. 모양조각의 종류와 개수에 제한을 두어 정삼각형 만들기를 하면 학생들은 흥미와 창의적 사고를 이끌어 낼 수 있다.

배경

정삼각형을 직접 그리고 만들어 보는 활동을 통해 학생들은 정삼각형을 정확하게 알 수 있게 된다. 다양한 크기의 정삼각형을 그려보는 활동은 학생들의 도형 감각 향상에도 많은 도움이 된다. 또 모양조각과 같은 교구를 활용하는 것도 학생들로 하여금 흥미를 이끌어 낼 수 있다.

관련 TU : TUAG-0640, TUAG-0660

TUAG-0660.10 정삼각형의 성질

관련 교육과정	(07) 4(나)[1]①
	(09) 34(나)[4]①

목표

정삼각형의 성질을 알 수 있다.

자료

색종이로 만든 정삼각형, 자, 컴퍼스

활동

(1) 컴퍼스로 정삼각형 그리기

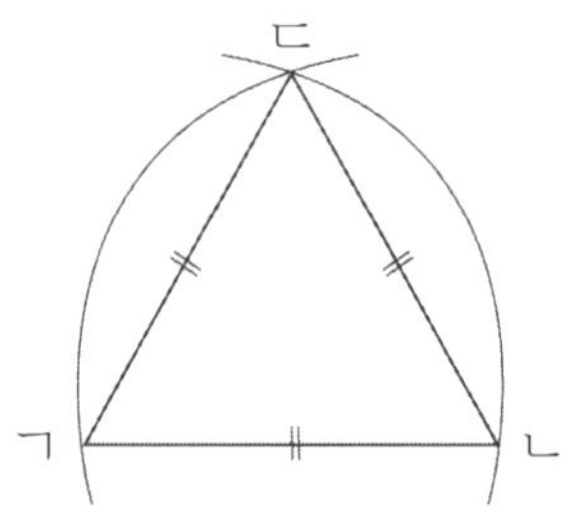

선분 ㄱㄴ을 긋는다. 점 ㄱ을 중심으로 반지름이 ㄱㄴ인 원을 그린다. 다시 점 ㄴ을 중심으로 같은 길이의 반지름을 갖는 원을 그린다. 두 원이 만나는 점 중의 하나를 ㄷ이라고 하고, 점 ㄷ을 점 ㄱ, 점 ㄴ과 각각 이으면 정삼각형 ㄱㄴㄷ이 완성된다. 이어서 정삼각형의 특징을 알아보게 한다. 정삼각형 모양으로 오린 색종이를 여러 방향에서 반으로 접어 보게 하여, 정삼각형의 세 각의 크기가 같음을 경험적으로 알게 한다.

(2) 정삼각형의 성질

정삼각형은 세 변의 길이가 같고 세 각의 크기가 같다는 것을 알게 한 다음, 여러 가지 정삼각형을 그려 보게 한다. 빈 종이에 한 변의 길이를 알려주고 컴퍼스를 이용하여 정삼각형을 그려보게 한다. 이런 활동을 통해 정삼각형의 성질을 정확하게 알 수 있다.

배경

정삼각형을 이해시키는 데 교사의 도움보다는 순차적인 활동 전개를 통해 학생 스스로 정삼각형의 의미와 특징을 확인할 수 있도록 하는 지도가 필요하다. 다양한 모양의 정삼각형을 관찰하고 직접 그리고 만들어 보는 활동을 통해 도형 감각을 익히는 데에도 도움이 된다. 학생들이 컴퍼스 사용에 어려움을 느낄 수 있으므로, 교사는 컴퍼스 사용 방법을 확실하게 알려주고 정삼각형을 그리는 방법을 친절히 안내하고, 충분한 시간을 제공해주어야 한다.

관련 TU : TUAG-0650, TUAG-0630

TUAG-0670.10 이등변삼각형과 정삼각형 찾기

관련 교육과정	(07) 4(나)①①
	(09) 34(나)④①

목표

여러 삼각형 중에서 이등변삼각형과 정삼각형을 찾을 수 있다.

자료

다양한 모양의 평면 도형

활동

(1) 이등변삼각형 찾기

다양한 모양의 삼각형 중에서 두 변의 길이가 같은 이등변삼각형을 찾아보게 한다. 이등변삼각형을 찾았으면 그것이 왜 이등변삼각형이 되는지 말해보게 함으로써 이등변삼각형의 의미와 특징을 다시 한 번 확인할 수 있다. 간혹 정삼각형은 이등변삼각형이 아니라고 생각하는 학생도 있다. 이들에게는 이등변삼각형 용어의 정의를 다시 한 번 알려주는 것이 좋다.

(2) 정삼각형 찾기

다양한 모양의 삼각형 중에서 세 변의 길이가 같은 정삼각형을 찾아보게 한다. 정삼각형을 찾았으면 그것이 왜 정삼각형이 되는지 말해보게 함으로써 정삼각형의 의미와 특징을 다시 한 번 확인할 수 있다. 또는 먼저 이등변삼각형을 골라보게 하고 그 중에서 정삼각형을 가려내게 하는 것도 좋은 방법이다.

배경

이등변삼각형과 정삼각형의 의미를 명확히 하기 위해서는 여러 삼각형들 중에서 이등변삼각형과 정삼각형을 찾아보는 활동을 하는 것이 좋다. 이때 정삼각형을 이등변삼각형에 포함시키는 학생이 있으면 단순히 맞는지, 틀린지를 알려줄 것이 아니라 왜 그러한지를 설명하게 한다.

관련 TU : TUAG-0610, TUAG-0640, TUAG-0680

TUAG-0680.10 이등변삼각형과 정삼각형의 관계

관련 교육과정	(07) 4(나)①①
	(09) 34(나)④①

목표

이등변삼각형과 정삼각형의 관계를 이해할 수 있다.

자료

이등변삼각형, 정삼각형 모양의 도형 조각

활동

(1) 이등변삼각형이 정삼각형이 되는지 알아보기

두 변의 길이가 같을 때에는, 세 변의 길이가 같고 세 각의 크기가 같은 정삼각형이 될 수 있는지 확인해보고, 되거나 되지 않는 이유를 설명해 보도록 한다.

(2) 정삼각형이 이등변삼각형이 되는지 알아보기

세 변의 길이가 같을 때에는, 두 변의 길이가 같고 두 각의 크기가 같은 이등변삼각형이 될 수 있는지 확인해보고, 되거나 되지 않는 이유를 설명해 보도록 한다.

배경

정삼각형은 세 변의 길이가 모두 같은 삼각형이므로 두 변의 길이가 같은 이등변삼각형이라고 할 수 있음을 활동을 통해 스스로 발견할 수 있도록 한다. 밴 다이어그램 형식으로 이등변삼각형과 정삼각형의 포함 관계를 나타내 보는 것도 두 삼각형의 관계를 이해하는 데 도움이 될 수 있다.

2009개정교육과정에서는 이등변삼각형과 정삼각형의 포함관계의 지도에 관하여 특별한 언급을 하지 않았다. 그러나 사각형 사이의 포함관계를 다루지 않기로 하였으므로, 삼각형 사이의 포함관계도 다루지 않도록 하려는 의도를 짐작할 수 있다. 포함

관계를 직접 지도하지는 않더라도 정삼각형이 이등변삼각형이라고 불릴 수 없다는 식의 배타적 관념이 생기게 해서는 곤란하다.

관련 TU : TUAG-0670, TUAG-1120

TUAG-0710.10 예각과 둔각

관련 교육과정	(07) 4(나)①②
	(09) 34(나)①②

목표

예각과 둔각의 의미를 알 수 있다.

자료

다양한 크기의 각

활동

(1) 여러 가지 각을 분류하기

다양한 크기의 각을 보여주고 이 각들을 나름의 기준으로 분류해 보도록 한다. 학생들의 다양한 분류 기준을 적극적으로 수용하는 것도 중요하지만 목적에 맞추어 예각과 둔각으로 분류할 수 있도록 지도가 필요하다. 이때 예각과 둔각을 분류하는 어떤 기준이 필요하다는 것을 경험하도록 한다. 삼각자의 직각 부분을 활용할 수 있으면 좋다. 분류를 하기 전에 각의 정의를 확실하게 하고 넘어가야 한다.

(2) 분류된 각의 공통점 말하기

자신이 각을 분류한 기준을 말해보게 하고 그 기준에 따라 분류한 각들 간에는 어떠한 공통점이 있는지를 말해보게 한다.

(3) 예각에 이름 붙이기

여러 가지 분류에 의해 나뉜 각 중에서 직각보다 작은 각에는 어떠한 이름을 붙이는 것이 좋을지 생각해보게 한다. 가장 효과적인 이름을 정한다. 이러한 각들에 대해 '뾰족하다', '예리하다'라는 학생들의 느낌을 통해 예각의 이름을 정할 수도 있다.

(4) 둔각에 이름 붙이기

여러 가지 분류에 의해 나뉜 각 중에서 직각보다 크고 180도 보다 작은 각에는 어떠한 이름을 붙이는 것이 좋을지 생각해보게 한다. 가장 효과적인 이름을 정한다. 이러한 각들에 대해 '둔하다', '넓다'라는 학생들의 느낌을 통해 둔각의 이름을 정할 수도 있다.

배경

앞서 학습한 직각의 개념과 각도를 상기시키고, 이번 활동에서는 각을 직각보다 작은 각, 직각보다 크고 180도보다 작은 각으로 분류하여 보게 함으로써 직각보다 작은 각을 예각, 직각보다 크고 180도보다 작은 각을 둔각이라 함을 알게 한다. 특히, 도형에 대한 감각이 떨어지는 학생을 위하여 각의 예를 몇 가지 제시하여 각도는 두 변의 길이가 아닌 두 변이 벌어진 정도를 말하는 것임을 알게 한 다음 각을 분류해보게 한다.

관련 TU : TUAG-0310, TUAG-0340, TUAG-0720, TUAG-0750

TUAG-0720.10 예각과 둔각 그리기

관련 교육과정	(07) 4(나)1② (09) 34(나)1②

목표
예각과 둔각을 그릴 수 있다.

자료
삼각자, 모눈종이, 자, 색연필

활동
(1) 예각과 둔각 그리기

처음에는 주어진 한 변을 이용하여 예각과 둔각을 그려 보게 한다. 선분을 제시할 때는 여러 방향의 선분을 제시하여 감각을 기를 수 있도록 배려한다. 각을 그릴 때에는 자를 이용하여 선분을 바르게 긋도록 하고, 예각, 둔각, 직각의 개념을 명확하게 알게 하기 위해 각을 이용하여 그림을 그려보고, 예각, 직각, 둔각에 서로 다른 색을 칠하여 보는 활동을 과제로 제시하여 본다.

배경
예각과 둔각을 직접 그려보는 활동은 예각과 둔각의 의미를 명확하게 이해하는 데 도움이 될 수 있다. 직각에 가까운 예각이나 둔각을 그릴 때에는 삼각자의 직각 부분을 이용하여 그리거나 각도기를 사용하여 확인해 봄으로써 정확하게 그릴 수 있다.

관련 TU : TUAG-0710, TUAG-0760

TUAG-0730.10 예각과 둔각 만들기

관련 교육과정	(07) 4(나)1② (09) 34(나)1②

목표
예각과 둔각을 만들 수 있다.

자료
색종이, 삼각자, 점판(지오보드), 고무줄, 나무젓가락, 철사 등

활동
(1) 색종이를 이용하여 예각과 둔각 만들기

색종이에 직접 예각과 둔각을 표시하여 각을 만들어 볼 수도 있다. 이 때, 색종이의 각 꼭짓점이 직각임을 이용하여 이것을 삼각자 대신 사용할 수 있다는 점을 이해시킨다.

(2) 점판(지오보드)을 이용하여 예각과 둔각 만들기

점판(지오보드)을 이용하여 예각과 둔각을 만들어 보는 활동은 조작이 간편하고, 수정이 편리하기 때문에 좋은 학습 교구가 될 수 있다.

(3) 2개의 막대를 활용하여 예각과 둔각 만들기

나무젓가락, 철사 등을 이용하여 예각과 둔각을 만들어 보게 한다. 2명이 짝이 되어 한 사람은 각을 만들고 다른 사람은 짝이 만든 각이 어떤 각인지 알아보게 하는 놀이를 하는 것도 좋은 방법이다.

배경
다양한 방법으로 예각과 둔각을 만들어 봄으로써 예각과 둔각에 대한 이해를 심화시킬 수 있다. 시계의 두 바늘이 이루는 각처럼 생활 주변에서 볼 수 있는 각을 직각, 예각, 둔각으로 구분하여 말해 보게 하는 것도 한 가지 방법이 될 수 있다.

관련 TU : TUAG-0720, TUAG-0770

TUAG-0740.10 예각, 둔각, 직각 찾기

관련 교육과정	(07) 4(나)1②
	(09) 34(나)1②

목표

여러 가지 각 중에서 예각, 둔각, 직각을 찾을 수 있다.

자료

주변의 여러 가지 물체, 여러 가지 각 모형, 시계

활동

(1) 여러 가지 각 중에서 예각, 둔각, 직각 찾기

여러 가지 각 중에서 예각, 둔각, 직각을 찾는 방법은 크게 두 가지 방법을 활용해 볼 수 있다. 첫 번째 방법은 우리 주위에 있는 물체 중에서 예각이나 둔각으로 이루어진 것을 찾아 말해보게 하는 방법이다. 예를 들면, 뾰족한 탑이나 배의 앞머리 부분은 예각이고, 한옥의 지붕이나 삿갓 등은 둔각을 가진 물체가 될 수 있다. 다른 한 가지 방법은 평면 위에 그려진 각을 보고 예각과 둔각을 찾아보는 방법이다.

(2) 시계를 보고 큰 바늘과 작은 바늘이 예각, 둔각, 직각이 되는 시각 알기

시계는 각을 학습하는 데 훌륭한 교구가 될 수 있다. 시계를 보고 큰 바늘과 작은 바늘이 만드는 각 중에서 예각이 되는 경우와 둔각이 되는 경우, 직각이 되는 경우의 시각을 2가지 이상 말해보게 한다. 이 때, 두 시계 바늘이 이루는 각은 우각과 열각 두 종류가 있으며, 이 중 작은 각(열각)을 읽는다는 것을 미리 말해 둔다.

배경

일반적으로 각을 나타낼 때에는 각의 한 변을 수평 방향으로 놓고 그린 경우가 많으므로 방향이 일반적이지 않은 경우의 각은 어떤 종류의 각인지 잘 인식하지 못하는 학생들이 있다. 그러므로 교사가 각을 제시할 때나 학생들이 직접 각을 그리거나 만든 경우 여러 가지 방향으로 이동시켜 공간감각도 함께 기르는 것이 중요하다.

관련 TU : TUAG-0340, TUAG-0710, TUAG-0780

TUAG-0750.10 예각삼각형과 둔각삼각형

관련 교육과정	(07) 4(나)1②
	(09) 34(나)4②

목표

예각삼각형과 둔각삼각형의 의미를 알 수 있다.

자료

여러 가지 삼각형 모양, 삼각자 등

활동

(1) 여러 가지 삼각형을 분류하기

다양한 모양의 삼각형을 보여주고 이 삼각형들을 나름의 기준으로 분류해 보도록 한다. 학생들의 다양한 분류 기준을 적극적으로 수용하는 것도 중요하지만 목적에 맞추어 예각삼각형과 둔각삼각형으로 분류할 수 있도록 각을 기준으로 분류할 수 있도록 지도가 필요하다. 이때 예각삼각형과 둔각삼각형을 분류하는 어떤 기준이 필요하다는 것을 경험하도록 한다.

(2) 분류된 삼각형의 공통점 말하기

자신이 예각삼각형과 둔각삼각형을 분류한 기준을 말해보게 하고 그 기준에 따라 분류한 삼각형들 간에는 어떠한 공통점이 있는지 말해보게 한다.

(3) 예각삼각형에 이름 붙이기

여러 가지 분류에 의해 나누어진 삼각형 중에서 세 각이 모두 예각인 삼각형에는 어떠한 이름을 붙이는 것이 좋을지 생각해보게 한다. 가장 효과적인 이름을 정한다.

(4) 둔각삼각형에 이름 붙이기

여러 가지 분류에 의해 나뉜 삼각형 중에서 한 각이 둔각인 삼각형에는 어떠한 이름을 붙이는 것이 좋을지 생각해보게 한다. 가장 효과적인 이름을 정한다.

배경

앞에서 예각과 둔각을 학습하였으므로 삼각형에서 예각과 둔각을 찾아보도록 한다. 각의 크기를 알아볼 때는 각도기를 이용하는 것보다는 직관적으로 관찰하여 분류하게 하여 각에 대한 감각을 기르도록 한다. 직관적으로 잘 판단이 되지 않는 경우에만 삼각자의 직각을 이용하도록 한다.

관련 TU : TUAG-0710, TUAG-0760

TUAG-0760.10 예각삼각형과 둔각삼각형 그리기

관련 교육과정	(07) 4(나)1②
	(09) 34(나)4②

목표

예각삼각형과 둔각삼각형을 그릴 수 있다.

자료

모눈종이, 점판, 색종이 등

활동

(1) 한 선분을 이용하여 예각삼각형과 둔각삼각형 그리기

주어진 한 선분을 이용하여 예각삼각형, 둔각삼각형을 그려보게 한다. 다양한 위치의 선분을 제시하여 여러 가지 모양의 예각삼각형과 둔각삼각형을 그려 보게 하는 것이 좋다.

(2) 빈 종이에 예각 삼각형과 둔각 삼각형 그리기

주어진 선분 없이 예각삼각형과 둔각삼각형을 그려 보게 한다.

둔각삼각형의 경우 둔각을 먼저 그리는 것이 더 용이하다는 것을 경험적으로 알게 한다.

배경

처음에는 한 선분을 이용하여 예각삼각형과 둔각삼각형을 그려보게 하고, 이 방법으로 예각삼각형과 둔각삼각형을 그리는 데 무리가 없으면 주어진 조건이 없이 예각삼각형과 둔각삼각형을 그려보게 한다. 둔각삼각형의 경우에는 둔각이 있는 부분을 먼저 그리면 용이하다는 것을 경험을 통해 이해하도록 한다.

관련 TU : TUAG-0720, TUAG-0750, TUAG-0780

TUAG-0770.10 예각삼각형과 둔각삼각형 만들기

관련 교육과정	(07) 4(나)1②
	(09) 34(나)4②

목표

예각삼각형과 둔각삼각형을 만들 수 있다.

자료

점판(지오보드), 고무줄, 색종이, 칠교판, 모양조각 등

활동

(1) 점판을 이용하여 예각삼각형 만들기

점판을 이용하여 여러 가지 예각삼각형을 만들어 보게 한다. 한 학생을 지명하여 한 가지 삼각형을 만들면 다른 학생들이 무슨 삼각형인지 맞추어 보는 놀이를 하는 것도 좋은 방법이다. 다양한 모양의 삼각형을 만들어 보고 무슨 삼각형인지, 왜 그렇게 생각했는지 이야기하게 한 다음에는 점판에 예각삼각형만 만들어 보게 한다. 한 사람씩 나와서 앞 사람이 만든 예각삼각형과 다른 모양의 예각삼각형을 만들어 보게 한다.

(2) 점판을 이용하여 둔각삼각형 만들기

예각삼각형과 마찬가지로 여러 가지 둔각삼각형을 만들어보게 한다. 한 사람이 예각삼각형을 만들면 다른 한사람이 꼭짓점 하나만 옮겨 둔각삼각형을 만들어보게 하는 것도 좋은 방법이다.

(3) 칠교판, 모양조각을 이용하여 예각삼각형과 둔각삼각형 만들기

찰교판이나 모양조각(pattern block)을 사용하여 예각삼각형이나 둔각삼각형을 만들어보게 한다.

배경

직각삼각형, 예각삼각형, 둔각삼각형을 알았으므로 점판을 이용하여 예각삼각형과 둔각삼각형을 만들어 보게 한다. 만들어본 뒤에는 반드시 조건에 맞는 삼각형을 만들었는지 확인해 볼 필요가 있다.

관련 TU : TUAG-0730, TUAG-0750, TUAG-0780

TUAG-0780.10 예각삼각형, 둔각삼각형, 직각삼각형 찾기

관련 교육과정	(07) 4(나)1②
	(09) 34(나)4②

목표

여러 가지 삼각형 중에서 예각삼각형, 둔각삼각형, 직각삼각형을 찾을 수 있다.

자료

여러 가지 삼각형 모형, 각도기

활동

(1) 여러 가지 삼각형 중에서 예각삼각형 찾기

다양한 모양의 삼각형 중에서 세 각이 예각인 예각삼각형을 찾아보게 한다. 예각삼각형을 찾았으면 그것이 왜 예각삼각형이 되는지 말해보게 함으로써 예각삼각형의 의미와 특징을 다시 한 번 확인할 수 있다.

(2) 여러 가지 삼각형 중에서 둔각삼각형 찾기

다양한 모양의 삼각형 중에서 한 각이 둔각인 둔각삼각형을 찾아보게 한다. 둔각삼각형을 찾았으면 그것이 왜 둔각삼각형이 되는지 말해보게 함으로써 둔각삼각형의 의미와 특징을 다시 한 번 확인할 수 있다.

(3) 여러 가지 삼각형 중에서 직각삼각형 찾기

다양한 모양의 삼각형 중에서 한 각이 직각인 직각삼각형을 찾아보게 한다. 직각삼각형을 찾았으면 그것이 왜 직각삼각형이 되는지 말해보게 함으로써 직각삼각형의 의미와 특징을 다시 한 번 확인할 수 있다.

배경

예각삼각형과 둔각삼각형의 의미를 명확히 하기 위해서는 여러 가지 모양의 삼각형 중에서 예각삼각형과 둔각삼각형을 찾아보는 활동을 하는 것이 좋다. 이때 예각인지 직각인지 또는 둔각인지 직각인지를 직관적으로 구별하기 어려운 경우가 있으면 삼각자, 각도기를 이용하여 직접 확인해 보는 것이 좋다.

관련 TU : TUAG-0360, TUAG-0740 TUAG-0750

TUAG-0810.10 수직과 수선

관련 교육과정	(07) 4(나)[2]①
	(09) 34(나)[1]③

목표
수직과 수선의 의미를 이해할 수 있다.

자료
나무젓가락, 긴 막대기, 자, 모눈종이, 삼각자 등

활동
(1) 평면에서 두 직선의 여러 가지 위치 관계 관찰하기
평면 위에서 두 직선의 위치 관계는 서로 만나는 경우와 만나지 않는 경우가 있다. 두 직선이 만나는 경우에는 각이 이루어지고, 이루어진 각의 크기에는 여러 가지가 있다는 것을 경험하게 한다.

(2) 두 직선의 수직 발견하기
두 직선이 만날 때 이루는 각의 크기를 재어 두 직선이 만날 때 직각이 되는 경우가 있다는 것을 알게 한다.

(3) 수직과 수선의 이름 붙이기(수직과 수선의 의미 알기)
두 직선이 만나서 이루는 각이 직각일 때 두 직선은 서로 수직이라 하고, 두 직선이 수직일 때 한 직선을 다른 직선에 대한 수선이라고 함을 알게 한다.

배경
수직은 도형을 이루는 기본 요소로서 도형의 구성요소를 이해하는 데 도움을 준다. 학생들은 직각, 수직, 수선이라는 용어를 사용할 때 어려움을 느낄 수 있으므로 90°인 각은 직각, 두 직선이 만나서 이루는 각이 직각일 때 두 직선의 관계를 수직, 한 직선을 기준으로 했을 때 다른 직선을 수선이라고 함을 정확하게 이해시켜주어야 한다.

관련 TU : TUAG-0120, TUAG-0310, TUAG-0820, TUAG-0830

TUAG-0820.10 수직인 두 직선 그리기

관련 교육과정	(07) 4(나)[2]①
	(09) 34(나)[1]③

목표
수직인 두 직선을 그릴 수 있다.

자료
모눈종이, 삼각자, 자, 각도기, 점판 등

활동
(1) 모눈종이 위에 수직인 두 직선 그리기
모눈종이의 눈금을 이용하여 수직인 두 직선을 여러 개 긋게 하여 수선에 대한 개념을 이해하게 한다.

(2) 삼각자를 이용하여 수직인 두 직선 나타내기
삼각자를 이용하여 수선을 긋는 방법은 우선 삼각자를 이용하여 직선을 한 개 긋는다. 그은 직선에 직각이 있는 삼각자의 변을 겹쳐 놓고 겹치지 않은 변의 직선을 긋게 한다.

(3) 각도기를 이용하여 수직인 두 직선 나타내기
각도기를 이용하여 수선을 긋는 방법은 직선의 윗부분에 임의의 점을 표시한다. 각도기의 중심을 임의의 점에 맞추고 각도기의 밑금을 직선에 맞추게 한다. 각도기에서 90도가 되는 눈금 위에 또 다른 점을 찍고 이 점과 처음에 그린 임의의 점을 직선으로 잇게 한다.

배경
두 직선이 수직인 까닭은 두 직선이 이룬 각을 재어보니 90도이고, 이용한 삼각자의 각도가 직각이며, 모눈종이는 직각으로 그려져 있다는 점을 이해시키고 이러한 이유로 두 직선이 수직이 됨을 알게 한다. 두 직선이 이루는 각이 90°임을 직접 재어 보는 활동을 통해 두 직선이 서로 수직으로 만남을 알게 한다. 이 때 사용된 삼각자의 각도가 직각이며, 모눈종이 또한 직각으로 그려져 있음을 바탕으로 두 직선이 수직이 됨을 이해시킨다.

관련 TU : TUAG-0810, TUAG-0840

TUAG-0830.10 평행

관련 교육과정	(07) 4(나)[2]①
	(09) 34(나)[1]③

목표

평행의 의미를 이해할 수 있다.

자료

창문, 모눈종이, 자, 나무젓가락, 긴 막대기 등

활동

(1) 평면에서 두 직선의 여러 가지 위치 관계 관찰하기
만나지 않는 두 직선을 교실의 창문에서 찾아보게 하고 이를 통해 평행을 이해하게 한다.

(2) 두 직선의 평행 발견하기
평면에서 두 직선이 만나는 경우는 많이 나타내어 보았지만 만나지 않는 경우는 다소 생소할 수 있다. 두 직선을 나란히 놓고 양쪽으로 직선을 연장하게 되면 어떻게 될지 생각해보게 하고, 영원히 만나지 않는다는 것을 이해시킨다.

(3) 평행과 평행선 이름 붙이기(평행과 평행선의 의미알기)
한 직선에 두 점을 찍고 각 점에서 직선에 대한 수선을 두 개 내려 그으면 각각의 수선은 서로 만나지 않는다. 선분이 길어지면 만날 수도 있기 때문에 만나지 않는다는 것을 확실하게 해야 한다. 이와 같이 만나지 않는 두 직선을 서로 평행이라 하고, 평행인 두 직선을 평행선이라고 함을 이해하게 한다.

배경

평행은 도형을 이루는 기본 요소로서 도형의 구성요소를 이해하는 데 도움을 준다. 교실에서 서로 평행인 두 직선을 찾아보는 활동을 통해, 평행선을 일상생활에서 많이 접할 수 있음을 알게 한다.

관련 TU : TUAG-0810, TUAG-0840

TUAG-0840.10 평행인 두 직선 그리기

관련 교육과정	(07) 4(나)[2]①
	(09) 34(나)[1]③

목표

평행인 두 직선을 그릴 수 있다.

자료

삼각자, 자 등

활동

(1) 삼각자를 이용하여 평행인 두 직선 그리기

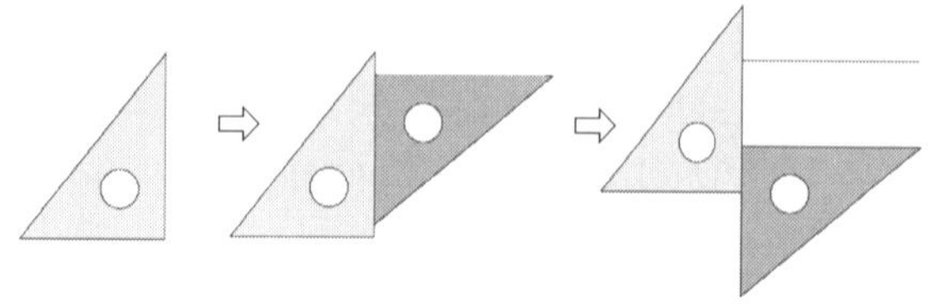

삼각자 한 개를 왼쪽에 고정시켜 두고 오른쪽 삼각자를 위 아래로 옮겨 가면서 두 개의 직선을 그리도록 한다. 그려진 두 개의 직선이 어떠한 관계에 있는지 설명해 보도록 한다.

(2) 주어진 직선과 평행한 직선 그리기

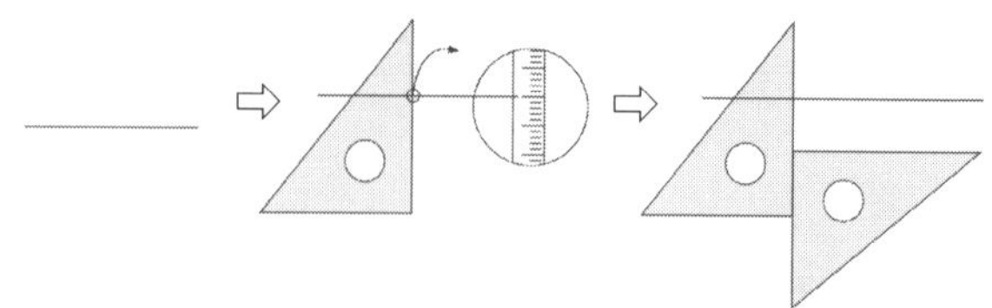

직선을 하나 제시하고 그 직선 위에 자의 눈금이 겹쳐지도록 자를 배치하여 고정시킨다. 고정시킨 자의 오른쪽으로 삼각자를 맞대어 처음에 제시한 직선의 윗부분이나 아랫부분에 또 다른 직선을 한 개 그린다. 그려진 두 개의 직선이 어떠한 관계에 있는지 설명해 보도록 한다.

배경

삼각자와 자를 이용하여 평행한 직선을 그리는 활

동을 통해 평행한 직선을 그리기 위해서는 직각의 개념이 반드시 필요하다는 것을 경험적으로 이해하도록 한다. 이 활동 이후에는 한 점을 지나고 주어진 직선에 평행한 직선 긋기와 같은 활동을 전개해 보는 것도 좋을 것이다.

관련 TU : TUAG–0810, TUAG–0830, TUAG–0850

TUAG–0850.10 평행선 사이의 거리

관련 교육과정	(07) 4(나)[2]①
	(09) 34(나)[1]③

목표

평행선 사이의 거리를 이해할 수 있다.

자료

모눈종이, 삼각자, 자 등

활동

(1) 평행선 사이의 거리 알기

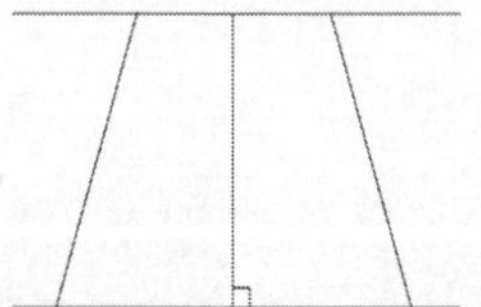

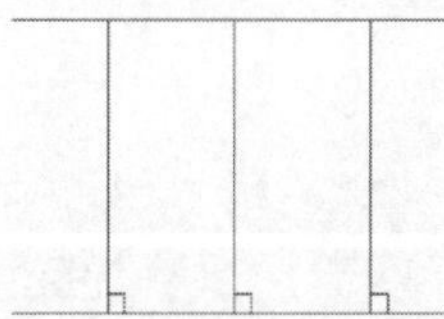

평행선 사이에 수직인 선분과 수직이 아닌 선분을 긋고 그 길이를 재어 비교하게 한다. 그리하여 평행선 사이의 수직인 선분의 길이가 가장 짧다는 것을 발견하게 한다. 또 평행선 사이의 수직인 선분의 길이는 모두 같음을 이해하게 한다. 이때 평행선 사이의 수직인 선분의 길이를 평행선 사이의 거리라고 함을 이해하게 한다.

(2) 거리가 주어진 평행선 그리기

평행선 사이의 거리를 재는 법을 익힌 뒤에는 직선 하나를 주고 주어진 직선과 거리가 3 cm가 되게 평행선을 그어 보게 한다. 이를 확장시켜, 가로와 세로 길이를 주어주고 직사각형을 그려 보게 할 수도 있다.

배경

평행선 사이의 선분 중에서 수직인 선분의 길이가 가장 짧고, 수직인 선분의 길이는 모두 같음을 알아보게 하는 활동이다. 이 활동은 이후에 삼각형의 넓이를 배우는 활동에서 유용하게 사용될 수 있으므로 정확하게 이해하도록 하는 것이 중요하다.

관련 TU : TUAG–0840, TUAM–3110, TUAM–3120

TUAG–0860.10 평행선과 각의 관계

관련 교육과정	(07) 4(나)[2]①
	(09) 34(나)[1]③

목표

평행선과 각의 관계를 이해할 수 있다.

자료

삼각자, 자, 그림 카드

활동

(1) 평행선과 한 직선이 만날 때 생기는 각 중, 같은 쪽의 각 크기 재어보기

ㅁ
ㄱ ㄴ
ㅅ
ㄷ ㄹ
ㅇ
ㅂ

평행선과 한 직선이 만날 때 생기는 같은 쪽 각의 크기를 각도기로 재어, 각의 크기가 같은 각을 찾아보게 한다. (동위각의 크기는 서로 같음을 이해하

게 한다.)

(2) 평행선과 한 직선이 만날 때 생기는 반대쪽의 각 크기 재어보기

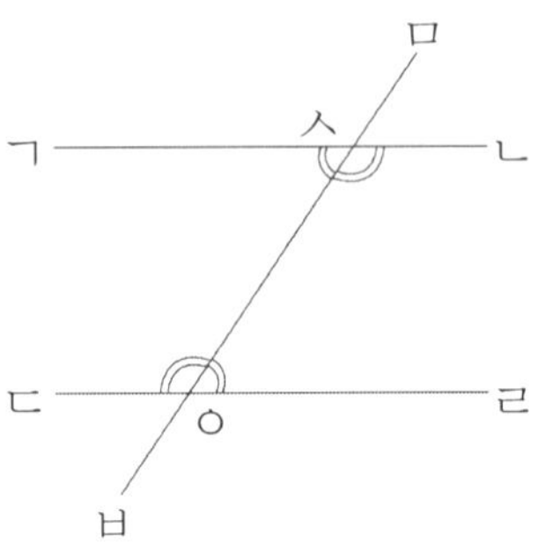

평행선과 한 직선이 만날 때 생기는 반대 쪽 각의 크기를 각도기로 재어, 각의 크기가 같은 각을 찾아보게 한다. (엇각의 크기는 서로 같음을 이해하게 한다.)

(3) 두 쌍의 평행선이 만날 때 생기는 각 중에서 크기가 같은 각 찾기

두 쌍의 평행선이 만날 때 생기는 각 중에서 주어진 각과 크기가 같은 각을 찾아 같은 표시를 하게 하고, 그 각들의 크기가 왜 같은지를 설명해보게 한다. 동위각과 엇각의 용어를 사용하지는 않지만 그 의미는 충분히 이해하도록 지도한다.

배경

본 차시 학습을 통해 평행인 두 직선과 한 직선이 만날 때 생기는 같은쪽 동위각이나 반대쪽 엇각의 크기가 같음을 이해시키고, 이러한 문제에서 확장하여 중간에 보조선을 그어 평행인 두 직선과 한 직선이 만날 때 생기는 각의 크기가 같음을 적용하는 문제도 해결하게 한다.

관련 TU : TUAG-0830, TUAG-1050

TUAG-1010.10 사다리꼴

관련 교육과정	(07) 4(나)2②
	(09) 34(나)5①

목표

사다리꼴의 의미를 알 수 있다.

자료

다양한 사다리꼴 모양 조각(두꺼운 종이)

활동

(1) 여러 가지 사다리꼴을 분류하기

다양한 모양의 사다리꼴 조각을 보여주고 이 조각들을 나름의 기준으로 분류해 보도록 한다. 학생들의 다양한 분류 기준을 적극적으로 수용하는 것도 중요하지만 목적에 맞추어 사다리꼴과 사다리꼴이 아닌 것으로 분류할 수 있도록 지도가 필요하다.

(2) 분류된 사다리꼴의 공통점 말하기

자신이 사다리꼴을 분류한 기준을 말해보게 하고 그 기준에 따라 분류한 사다리꼴들 간에는 어떠한 공통점이 있는지를 말해보게 한다.

(3) 사다리꼴 이름 붙이기

여러 가지 분류에 의해 나뉜 사다리꼴 중에서 한 쌍의 대변이 평행한 사각형에는 어떠한 이름을 붙이는 것이 좋을지 생각해보게 한다.

배경

사각형의 변의 평행 관계에 주목하여 사각형을 분류하고 한 쌍의 마주 보는 변이 평행인 사각형을 찾아 이름을 붙여보게 하는 활동이다. 이 때 두 쌍의 마주 보는 변이 평행인 사각형도 한 쌍의 변이 평행이라는 조건에 맞으므로 사다리꼴임을 알 수 있도록 그 예가 될 수 있는 여러 도형을 제시하여 이해하게 한다.

관련 TU : TUAG-0130, TUAG-0830, TUAG-1020, TUAG-1030

TUAG-1020.10 사다리꼴 만들기

관련 교육과정	(07) 4(나)2②
	(09) 34(나)5①

목표

사다리꼴을 만들 수 있다.

자료

모눈종이, 종이 띠, 가위, 점판(지오보드)

활동

(1) 사다리꼴 그리기

모눈종이 위에 다양한 모양의 사다리꼴을 그려보도록 한다. 모눈종이는 평행선을 한 눈에 파악하기 쉽기 때문에 사다리꼴을 그리는 데 많은 도움이 될 수 있다.

(2) 직사각형의 종이 띠로 사다리꼴 만들기

직사각형 모양의 종이 띠로 사다리꼴을 만들어 보도록 한다. 직사각형의 종이 띠는 한 쌍의 대변이 평행이므로 어렵지 않게 사다리꼴을 만들 수 있다. 직사각형의 종이 띠를 잘라서 사다리꼴을 만들어 본 뒤에는 그 것들이 사다리꼴인 이유를 말해보게 한다.

(3) 점판을 이용하여 사다리꼴 만들기

점판의 점들을 이어서 여러 가지 사다리꼴을 만들어보게 한다.

배경

평면도형의 개념을 이해하는 것은 어떤 대상이 그 개념에 해당하는지의 여부를 판별하는 것과 그 개념이 지니는 여러 특징을 이해하는 것을 말한다. 그러므로 사다리꼴의 개념을 이해하기 위해서는 다양한 모양의 사각형 가운데 사다리꼴에 해당되는 사각형을 찾을 수 있고, 왜 그 사각형이 사다리꼴이 되는지를 설명할 수 있어야 한다.

관련 TU : TUAG-1010, TUAG-1040

TUAG-1030.10 평행사변형

관련 교육과정	(07) 4(나)2②
	(09) 34(나)5①

목표

평행사변형의 의미를 알 수 있다.

자료

다양한 평행사변형 모양 조각(두꺼운 종이)

활동

(1) 여러 가지 평행사변형을 분류하기

다양한 모양의 평행사변형 조각을 보여주고 이 조각들을 나름의 기준으로 분류해 보도록 한다. 학생들의 다양한 분류 기준을 적극적으로 수용하는 것도 중요하지만 목적에 맞추어 평행사변형과 평행사변형이 아닌 것으로 분류할 수 있도록 지도가 필요하다.

(2) 분류된 평행사변형의 공통점 말하기

자신이 평행사변형을 분류한 기준을 말해보게 하고 그 기준에 따라 분류한 평행사변형들 간에는 어떠한 공통점이 있는지를 말해보게 한다.

(3) 평행사변형 이름 붙이기

여러 가지 분류에 의해 나뉜 사각형 중에서 두 쌍의 대변이 평행한 사각형에는 어떠한 이름을 붙이는 것이 좋을지 생각해보게 한다.

배경

사각형 중에서 한 쌍의 마주 보는 변이 평행인 사각형을 사다리꼴이라고 한다. 여기에 하나의 조건을 더 붙여 두 쌍의 마주 보는 변이 평행인 사각형을 찾아보고, 이름을 붙여보는 활동을 하도록 한다.

관련 TU : TUAG-1010, TUAG-1040, TUAG-1060

TUAG-1040.10 평행사변형 만들기

관련 교육과정	(07) 4(나)2②
	(09) 34(나)5①

목표

평행사변형을 만들 수 있다.

자료

모눈종이, 종이 띠, 점판(지오보드), 칠교판, 가위, 자

활동

(1) 평행사변형 그리기

모눈종이 위에 다양한 모양의 평행사변형을 그려보도록 한다. 모눈종이는 평행선과 선분의 길이를 한눈에 파악하기 쉽기 때문에 평행사변형을 그리는데 많은 도움이 될 수 있다.

(2) 직사각형의 종이 띠로 평행사변형 만들기

직사각형 모양의 종이 띠로 평행사변형을 만들어보도록 한다. 직사각형의 종이 띠는 이미 한 쌍의 대변이 평행이므로 어렵지 않게 평행사변형을 만들 수 있다. 직사각형의 종이 띠를 잘라서 평행사변형을 만들어 본 뒤에는 그것들이 평행사변형인 이유를 말해보게 한다.

(3) 점판이나 칠교판을 이용하여 평행사변형 만들기

점판의 여러 점들을 이어서 여러 가지 평행사변형을 만들어보게 한다.

배경

평면도형의 개념을 이해하는 것은 어떤 대상이 그 개념에 해당하는지의 여부를 판별하는 것과 그 개념이 지니는 여러 특징을 이해하는 것을 말한다. 그러므로 평행사변형의 개념을 이해하기 위해서는 다양한 모양의 사각형 가운데 평행사변형에 해당되는 사각형을 찾을 수 있고, 왜 그 사각형이 평행사변형이 되는지를 설명할 수 있어야 한다.

관련 TU : TUAG-1030, TUAG-1050

TUAG-1050.10 평행사변형의 성질

관련 교육과정	(07) 4(나)2②
	(09) 34(나)5②

목표

평행사변형의 성질을 알 수 있다.

자료

직사각형모양의 종이 띠, 눈금자, 각도기

활동

(1) 평행사변형의 마주보는 두 변의 길이 알아보기

직사각형 모양의 종이 띠로 평행사변형을 만들고, 만든 것을 이용하여 마주보는 두 변의 길이가 서로 같은지 직접 자로 재어 알아보게 한다.

(2) 평행사변형의 서로 마주보는 두 각의 크기 알아보기

평행사변형의 서로 마주보는 두 각의 크기가 같음을 각도기로 재어보는 활동을 통해 알게 한다.

배경

평행사변형의 성질을 알아보기 위해, 눈금자와 각도기를 이용하여 두 대변의 길이가 서로 같고, 두 대각의 크기가 서로 같음을 확인해보도록 한다. 평행사변형을 직접 접어보는 활동은 불가능하다. 직접 대어보기 위해서는 합동인 평행사변형을 두 개씩 만들어, 각과 변에 기호를 붙여 표시한 다음, 이들은 포개어가며 평행사변형의 성질을 탐구하도록 하는 방법이 가능하다.

관련 TU : TUAG-1040, TUAG-1060

TUAG-1060.10 사다리꼴과 평행사변형의 관계

관련 교육과정	(07) 4(나)[2]②
	(09) -

목표
사다리꼴과 평행사변형의 관계를 이해할 수 있다.

자료
다양한 모양의 사다리꼴과 평행사변형 모양 조각

활동
(1) 사다리꼴 찾기

다양한 모양의 평면도형 중에서 한 쌍의 대변이 평행한 사다리꼴을 찾아보게 한다. 사다리꼴을 찾았으면 그것이 왜 사다리꼴이 되는지 말해보게 함으로써 사다리꼴의 의미와 특징을 다시 한 번 확인할 수 있다. 간혹 평행사변형은 사다리꼴이 아니라는 생각을 하는 학생들이 있을 수 있다. 이들에게는 사다리꼴의 정의를 다시한 번 알려주는 것이 좋다.

(2) 평행사변형 찾기

다양한 모양의 평면도형 중에서 두 쌍의 대변이 평행한 평행사변형을 찾아보게 한다. 평행사변형을 찾았으면 그것이 왜 평행사변형이 되는지 말해보게 함으로써 평행사변형의 의미와 특징을 다시 한 번 확인할 수 있다. 또는 먼저 사다리꼴을 찾아보게 하고 그 중에서 평행사변형은 가려내게 하는 것도 좋은 방법이다.

(3) 사다리꼴과 평행사변형의 관계 알기

한 쌍의 대변이 평행하면 두 쌍의 대변이 평행한 평행사변형이 될 수 있는지 확인해보고, 되거나 되지 않는 이유를 설명해 보도록 한다. 두 쌍의 대변이 평행하면 한 쌍의 대변이 평행한 사다리꼴이 될 수 있는지 확인해보고, 되거나 되지 않는 이유를 설명해보게 한다.

배경
평행사변형은 두 쌍의 대변이 평행한 사각형이므로 한 쌍의 대변이 같은 사다리꼴 중에서 특수한 경우에 해당된다는 것을 활동을 통해 스스로 발견할 수 있도록 한다. 밴 다이어그램 형식으로 사다리꼴과 평행사변형의 포함관계를 나타내 보는 것도 두 도형의 관계를 이해하는 데 도움이 될 수 있다.

2009개정교육과정에서는 여러 가지 사각형 사이의 관계를 다루지 않도록 하고 있다. 2009개정교육과정에 따르려면 평행사변형이 사다리꼴에 포함된다는 것을 직접 지도하지 않도록 한다. 그러나, 평행사변형은 사다리꼴이 아니라는 배타적 개념을 심어주는 것은 바람직하지 않다. 적어도 평행사변형을 사다리꼴이라고 부를 수 있다는 점은 알려주어야 한다.

관련 TU : TUAG-1010, TUAG-1030, TUAG-1050, TUAG-1120

TUAG-1070.10 마름모

관련 교육과정	(07) 4(나)[2]②
	(09) 34(나)[5]①

목표
마름모의 의미를 알 수 있다.

자료
다양한 마름모 모양 조각(두꺼운 종이)

활동
(1) 여러 가지 마름모를 분류하기

다양한 모양의 사각형 조각을 보여주고 이 조각들을 나름의 기준으로 분류해 보도록 한다. 학생들의 다양한 분류 기준을 적극적으로 수용하는 것도 중요하지만 목적에 맞추어 마름모와 마름모가 아닌 것으로 분류할 수 있도록 지도가 필요하다.

(2) 분류된 마름모의 공통점 말하기

자신이 마름모를 분류한 기준을 말해보게 하고 그 기준에 따라 분류한 마름모들 간에는 어떠한 공통점이 있는지를 말해보게 한다.

(3) 마름모 이름 붙이기

여러 가지 분류에 의해 나누어진 사각형 중에서 네 변의 길이가 같은 사각형에는 어떠한 이름을 붙이는 것이 좋을지 생각해보게 한다.

배경

앞서 학습한 사다리꼴과 평행사변형은 변의 평행이라는 관점에서 사각형을 관찰하고 공통점을 찾아 이름을 붙였는데, 이 활동에서는 변의 길이라는 관점에서 사각형을 분류하여 이름을 붙여보기로 한다.

관련 TU : TUAG-1030, TUAG-0400, TUAG-1080

TUAG-1080.10 마름모 만들기

관련 교육과정	(07) 4(나)2②
	(09) 34(나)5①

목표

마름모를 만들 수 있다.

자료

모눈종이, 색종이, 점판(지오보드)

활동

(1) 마름모 그리기

모눈종이 위에 다양한 모양의 마름모를 그려보도록 한다. 모눈종이는 길이를 한 눈에 파악하기 쉽기 때문에 마름모를 그리는 데 많은 도움이 될 수 있다. 공통의 밑변을 가진 합동인 이등변삼각형 두개를 그리게 하여 마름모를 그리게 하는 방법도 좋을 것이다.

(2) 색종이로 마름모 만들기

색종이를 반으로 접고 다시 반으로, 접어 원래 크기의 1/4이 되도록 한 뒤, 대각선 방향으로 자르면 마름모가 되는 활동을 통해, 두 번 접어 가위로 자른 부분이 마름모의 네 변이 되고 그 길이가 같음을 직관적으로 파악하도록 한다.

(3) 점판이나 칠교판을 이용하여 마름모 만들기

점판의 여러 점들을 이어서 여러 가지 마름모를 만들어 보도록 한다.

배경

평면도형의 개념을 이해하는 것은 어떤 대상이 그 개념에 해당하는지의 여부를 판별하는 것과 그 개념이 지니는 여러 특징을 이해하는 것을 말한다. 그러므로 마름모의 개념을 이해하기 위해서는 다양한 모양의 사각형 가운데 마름모에 해당되는 사각형을 찾을 수 있고, 왜 그 사각형이 마름모가 되는지를 설명할 수 있어야 한다.

관련 TU : TUAG-1070, TUAG-1090, TUAG-1100

TUAG-1090.10 마름모 찾기

관련 교육과정	(07) 4(나)2②
	(09) 34(나)5①

목표

다양한 사각형 중에서 마름모를 찾을 수 있다.

자료

다양한 모양의 사각형 모양 조각

활동

(1) 마름모 찾기

다양한 모양의 평면도형 중에서 네 변의 길이가 같은 마름모를 찾아보게 한다.

(2) 마름모의 성질 말하기

마름모를 찾았으면 그것이 왜 마름모가 되는지 말해보게 함으로써 마름모의 의미와 특징을 다시 한 번 확인할 수 있다.

배경

마름모의 의미를 명확히 하기 위해서는 여러 평면 도형들 중에서 마름모를 찾아보는 활동을 하는 것이 좋다. 마름모를 찾았으면 단순히 맞다 틀리다로 활동을 마무리하기 보다는 왜 마름모가 되는지, 다른 도형들은 왜 마름모가 되지 않는지를 설명해 보도록 한다. 또 정사각형의 경우 네 변의 길이가 같으므로 마름모라고 할 수 있음을 알게 한다.

관련 TU : TUAG-1070, TUAG-1080, TUAG-1100

TUAG-1100.10 사다리꼴, 평행사변형, 마름모의 관계

관련 교육과정	(07) 4(나)2②
	(09) –

목표

사다리꼴, 평행사변형, 마름모의 관계를 이해할 수 있다.

자료

다양한 모양의 사다리꼴, 평행사변형, 마름모 모양 조각, 그림 카드

활동

(1) 사다리꼴, 평행사변형, 마름모의 관계 알기

마름모의 네 변 중 마주보는 두 변에 수직인 선분을 하나 내려 그으면 두 변과 새로운 선분이 만나서 생기는 각의 크기가 직각이므로 두 변이 평행임을 알게 하고, 같은 방법으로 다른 두 변도 평행임을 알게 한다. 이 활동의 결과로 마름모는 두 쌍의 마주보는 변이 서로 평행이고, 네 변의 길이가 같음을 다시 한 번 확인시킨다. 이러한 성질로부터 마름모를 평행사변형이라고 하고, 또 사다리꼴이라고 할 수 있음을 알게 한다.

(2) 다음 도형을 보고, 공통점과 차이점을 찾아보시오.

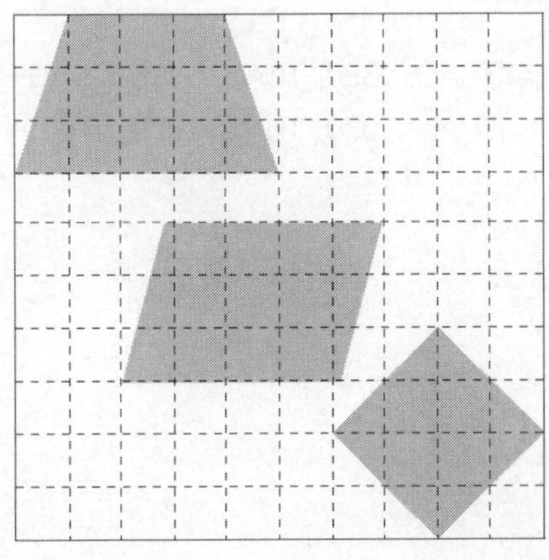

배경

사각형을 변의 길이라는 관점에서 분류하여 마름모라고 이름을 붙였으나 변의 평행 관계라는 관점에서 보면 마름모는 평행사변형과 같은 성질도 지니고 있다. 마름모의 한 각이 직각이거나 모눈의 변을 따라 그려진 경우에는 평행 관계를 직관적으로 알 수 있다. 일반적으로 마름모는 평행사변형이자 동시에 사다리꼴이다. 평행사변형은 사다리꼴이지만 언제나 마름모가 될 수 있는 것은 아니다.

2009개정교육과정에서는 여러 가지 사각형 사이의 관계를 다루지 않도록 하고 있다. 그러나 사각형의 개념을 배타적으로 파악하는 것은 바람직하지 않다. 즉, 마름모는 평행사변형이 아니라는 생각을 갖도록 해서는 안된다. 적어도 마름모는 평행사변형도 되고, 사다리꼴도 될 수 있다는 생각을 하게 하는 것이 바람직하다.

관련 TU : TUAG-1010, TUAG-1030, TUAG-1070, TUAG-1120

TUAG-1110.10 여러 가지 사각형 찾기

관련 교육과정	(07) 4(나)2②
	(09) 34(나)5①

목표

여러 가지 모양의 사각형 중에서 사다리꼴, 평행사변형, 마름모, 직사각형, 정사각형을 각각 찾을 수 있다.

자료

여러 가지 모양의 사각형 모양 조각

활동

(1) 사다리꼴 찾기

다양한 모양의 평면도형 중에서 한 쌍의 대변이 평행한 사다리꼴을 찾아보게 한다. 사다리꼴을 찾았으면 그것이 왜 사다리꼴이 되는지 말해보게 함으로써 사다리꼴의 의미와 특징을 다시 한 번 확인할 수 있다.

(2) 평행사변형 찾기

다양한 모양의 평면도형 중에서 두 쌍의 대변이 평행한 평행사변형을 찾아보게 한다. 평행사변형을 찾았으면 그것이 왜 평행사변형이 되는지 말해보게 함으로써 평행사변형의 의미와 특징을 다시 한 번 확인할 수 있다. 또는 사다리꼴을 먼저 분류해내고 그 중에서 평행사변형인 것을 가려내는 활동도 좋다.

(3) 마름모 찾기

다양한 모양의 평면도형 중에서 네 변의 길이가 같은 마름모를 찾아보게 한다. 마름모를 찾았으면 그것이 왜 마름모가 되는지 말해보게 함으로써 마름모의 의미와 특징을 다시 한 번 확인할 수 있다. 또는 평행사변형을 먼저 분류해내고 그 중에서 마름모를 가려내는 활동도 좋다.

(4) 직사각형 찾기

다양한 모양의 평면도형 중에서 네 각의 크기가 같은 직사각형을 찾아보게 한다. 직사각형을 찾았으면 그것이 왜 직사각형이 되는지 말해보게 함으로써 직사각형의 의미와 특징을 다시 한 번 확인할 수 있다. 또는 평행사변형을 먼저 분류해내고 그 중에서 직사각형을 가려내는 활동도 좋다.

(5) 정사각형 찾기

다양한 모양의 평면도형 중에서 네 변의 길이가 같고 예각의 크기가 같은 정사각형을 찾아보게 한다. 정사각형을 찾았으면 그것이 왜 정사각형이 되는지 말해보게 함으로써 정사각형의 의미와 특징을 다시 한 번 확인할 수 있다. 또는 직사각형을 먼저 분류해내고 그 중에서 정사각형을 가려내는 활동도 좋다. 또 마름모를 먼저 분류해내고 그 중에서 정사각형을 가려내는 활동도 좋다.

배경

사각형에는 특별한 이름이 많이 있다. 가장 흔한 것이 평행사변형, 직사각형, 정사각형, 마름모, 사다리꼴, 연꼴 등이다. 이 분류는 서로 소가 아니다. 한 도형이 여러 개의 범주 안에 들어 있을 수 있다. 이런 유형의 분류 과정은 예각, 둔각, 직각 삼각형의 경우처럼 전체를 서로 소인 유형으로 나누는 것보다 어렵다. 이는 단지 도형의 예를 인식하는 수준을 넘어 도형을 정의하는 성질에 대한 이해를 필요로 한다.

관련 TU : TUAG-0380, TUAG-0400, TUAG-1010, TUAG-1030, TUAG-1070, TUAG-1120

TUAG-1120.10 여러 가지 사각형 사이의 관계

관련 교육과정	(07) 4(나)2②
	(09) -

목표
여러 가지 사각형 사이의 관계를 이해할 수 있다.

자료
여러 가지 모양의 사각형 모양 조각, 활동지

활동
(1) 각 물음에 해당하는 도형을 고르시오.

1. 나는 사각형이다.
2. 나는 두 쌍의 평행인 변을 가지고 있다.
3. 나는 모든 각이 직각이다.
4. 나는 모든 변의 길이가 같다.

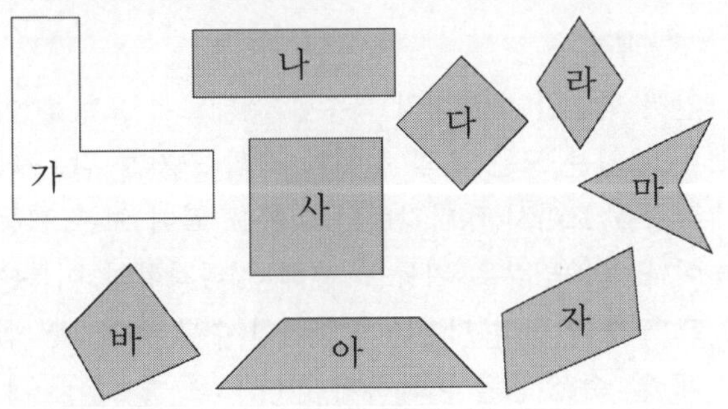

▸1, 2에 해당하는 도형은 ( )이다.
▸1, 2, 3에 해당하는 도형은 ( )이다.
▸1, 2, 4에 해당하는 도형은 ( )이다.
▸1, 2, 3, 4 모두에 해당하는 도형은 ( )이다.

배경
여러 가지 사각형 사이의 복잡한 관계를 이해하기 위해서는 도형의 많은 성질을 언어화 할 수 있어야 한다. 예를 들어, 정사각형은 닫혀있고, 네 변을 갖고, 대변이 평행이고, 모든 각이 직각이고, 모든 변이 합동인 도형이라고 기술할 수 있어야 한다. 위의 활동에서 성질 1, 2는 평행사변형에, 성질 1, 2, 3은 직사각형에, 성질 1, 2, 4는 마름모에, 성질 1, 2, 3, 4는 정사각형에 각각 해당하는 성질이다.

사다리꼴 – 평행사변형 < 직사각형 / 마름모 > 정사각형

2009개정교육과정에서는 여러 가지 사각형 사이의 관계를 다루지 않도록 하고 있다. 그러나 사각형의 개념을 배타적으로 이해해서는 곤란하다. 현대 기하학에서는 도형의 이름을 배타적으로 정의하기 보다는 포함적으로 정의하고 있다. 물론 예각, 둔각, 직각 삼각형처럼 서로소가 되는 배타적 개념으로 분류하기도 하지만, 이등변삼각형과 정삼각형의 경우처럼 포함적 개념으로 분류하는 것이 일반적이다. 따라서 포함관계를 직접적으로 지도하지는 않더라도, 정사각형을 평행사변형이라고 부를 수 있다는 정도의 포함관계를 알아두는 것이 후속학습을 위해서 바람직하다.

관련 TU : TUAG-1110

TUAG-1130.10 다각형

관련 교육과정	(07) 4(나)2③
	(09) 12(나)3③

목표
다각형의 의미를 이해하고 종류를 알 수 있다.

자료
다양한 모양의 다각형 모양 조각

활동
(1) 다각형 분류하기

다각형과 다각형이 아닌 도형을 제시하여 둘러싸고 있는 선의 종류에 따라 두 집합으로 분류하여 그 특징을 말하여 보게 한다.

(2) 다각형 이름 붙이기

선분으로만 둘러싸인 도형에 이름을 붙여 보도록 하고 이러한 도형을 다각형이라고 알게 한다.

(3) 삼각형, 사각형, 오각형, 육각형 이름 붙이기
다각형에서 3개의 선분으로 둘러싸인 것, 4개의 선분으로 둘러싸인 것, 5개의 선분으로 둘러싸인 것, …의 순서로 이름을 붙여 보게 하고 변의 수의 따라 삼각형, 사각형, 오각형, … 등으로 이름 붙이기로 한다.

배경

여러 가지 삼각형과 사각형을 학습하고 난 후 이러한 도형을 모두 포함하는 상위 개념으로서 다각형을 도입하고, 둘러싸고 있는 변의 개수에 따라 다각형의 이름을 붙여 보는 활동이 주요 학습 내용이다.

관련 TU : TUAG-0130, TUAG-0140, TUAG-1140

TUAG-1140.10 정다각형

관련 교육과정	(07) 4(나)2③
	(09) 34(나)6①

목표

정다각형의 의미를 이해하고 종류를 알 수 있다.

자료

다양한 모양의 정다각형 모양 조각, 각도기, 자

활동

(1) 정다각형 분류하기
정다각형과 정다각형이 아닌 도형을 제시하고, 변의 길이와 각의 크기가 모두 같은 다각형과 그렇지 않은 다각형으로 분류하게 한다.

(2) 정삼각형, 정사각형, 정오각형, 정육각형 이름 붙이기
정다각형에서 3개의 선분으로 둘러싸인 것, 4개의 선분으로 둘러싸인 것, 5개의 선분으로 둘러싸인 것, …의 순서로 이름을 붙여 보게 하고 변의 수의 따라 정삼각형, 정사각형, 정오각형, … 등으로 부른다.

(3) 정다각형 이름 붙이기
변의 길이와 각의 크기가 모두 같은 다각형에 이름을 붙여 보게 하고, 이와 같은 다각형을 정다각형이라고 부른다.

배경

앞서 학습한 다각형의 특수한 형태로서 도형을 이루고 있는 모든 변의 길이와 각의 크기가 같은 다각형을 모아서 정다각형의 이름을 붙여 보는 활동이다. 이와 같은 활동을 통해 정다각형의 이름은 그 도형의 변의 개수나 꼭짓점의 수를 세어보면 쉽게 알 수 있음을 이해하게 한다.

관련 TU : TUAG-0400, TUAG-0640, TUAG-1130, TUAG-1150

TUAG-1150.10 정다각형 찾기

관련 교육과정	(07) 4(나)2③
	(09) 34(나)6①

목표

다양한 모양의 평명도형 중에서 정다각형을 찾고 이름을 말할 수 있다.

자료

다양한 모양의 평면도형 모양 조각, 자, 각도기

활동

(1) 정삼각형 찾기
다양한 모양의 평면도형 중에서 세 변의 길이가 같고, 세 각의 크기가 같은 정삼각형을 찾아보게 한다. 정삼각형을 찾았으면 그것이 왜 정삼각형이 되는지 말해보게 함으로써 정삼각형의 의미와 특징을 다시 한 번 확인할 수 있다.

(2) 정사각형 찾기
다양한 모양의 평면도형 중에서 네 변의 길이가 같고, 네 각의 크기가 같은 정사각형을 찾아보게 한

다. 정사각형을 찾았으면 그것이 왜 정사각형이 되는지 말해보게 함으로써 정사각형의 의미와 특징을 다시 한 번 확인할 수 있다.

(3) 정오각형, 정육각형, … 찾기

배경

정다각형에 대한 지식을 토대로 각 정다각형을 찾아보는 활동을 해 봄으로써 정다각형의 의미와 특징을 좀 더 명확히 이해할 수 있다. 정다각형의 정의에서 각의 크기와 변의 길이를 동시에 만족해야 함에 주의하도록 한다.

관련 TU : TUAG-1140

TUAG-1160.10 대각선

관련 교육과정	(07) 4(나)②③
	(09) 34(나)⑤②

목표

대각선의 의미를 알고, 그릴 수 있다.

자료

다양한 모양의 평면도형 모양 조각, 자

활동

(1) 대각선 그리기

사각형 모양을 제시하고 이웃하지 않는 두 꼭짓점을 찾아 그것을 선분으로 이어 보게 한다. 대각선을 그리기 이전에 우선 이웃하는 꼭짓점과 이웃하지 않는 꼭짓점에 대한 정확한 설명과 이해가 선행되어야 한다.

(2) 대각선의 의미 알기

다각형에서 이웃하지 않는 두 꼭짓점을 이은 선분을 대각선이라고 부르고, 이웃하는 두 꼭짓점을 이은 선분은 변이라고 부르는 것과 구별하여 이해할 수 있도록 한다.

(3) 대각선의 수

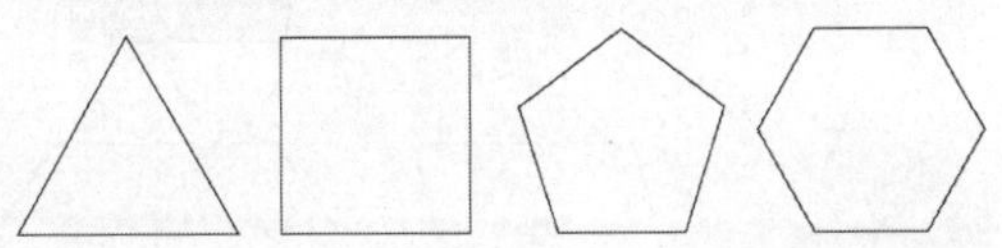

다양한 다각형의 대각선의 수를 세어보게 한다. 직접 대각선을 긋고, 세어보는 활동을 통해 삼각형에는 대각선을 그을 수 없다는 것과 오각형 이상의 다각형에서 대각선을 그을 때에는 중복되거나 빠짐없이 그을 수 있도록 하기 위해 어떻게 해야 하는지를 생각해보게 한다. 이 활동은 대각선의 수를 알아보는 데에 치중하기 보다는 대각선의 개념을 이해하는 데 중점을 두어야 한다.

배경

다각형에서 이웃하지 않는 두 꼭짓점을 이은 선분을 대각선이라고 한다. 이 활동에서는 사각형의 이웃하지 않는 꼭짓점을 이어 보게 함으로써 대각선을 도입하고, 대각선의 수를 알아보게 하는 것이 주요 학습 활동이다.

관련 TU : TUAG-1130, TUAG-1170

TUAG-1170.10 사각형의 대각선의 성질

관련 교육과정	(07) 4(나)②③
	(09) 34(나)⑤②

목표

사각형의 대각선의 성질을 이해할 수 있다.

자료

여러 가지 사각형이 그려진 학습지, 자

활동

(1) 여러 가지 사각형의 대각선 성질 이해하기

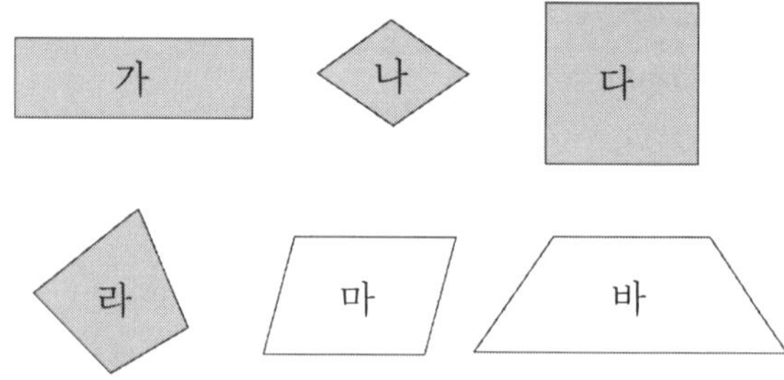

▸두 대각선의 길이가 같은 경우를 모두 찾으시오.
▸두 대각선이 서로 수직인 경우를 모두 찾으시오.
▸두 대각선이 서로 수직이고, 길이가 같은 경우를 모두 찾으시오.
▸두 대각선이 서로를 이등분하는 경우를 모두 찾으시오.
▸두 대각선이 서로를 수직이등분하는 경우를 모두 찾으시오.

여러 가지 사각형의 대각선을 그어보고 두 대각선이 만나는 각의 크기, 대각선의 길이 등에 주목해 보게 한다. 사각형의 두 대각선에 대하여 특수한 경우는 다음과 같다.
등변사다리꼴: 두 대각선의 길이가 같다.
평행사변형: 두 대각선은 서로를 이등분한다.
직각사각형: 두 대각선은 길이가 같고 서로를 이등분한다.
마름모: 두 대각선은 서로를 수직 이등분한다.
정사각형: 두 대각선은 길이가 같고 서로를 수직 이등분한다.

배경

대각선에 대한 이해를 바탕으로 여러 가지 사각형의 대각선에 대한 성질을 알아보는 활동을 한다. 여러 가지 사각형의 대각선을 그어보게 하고, 사각형의 종류에 따라 대각선의 길이는 어떠한지 재보고, 또 어떻게 만나는지 두 대각선이 만나서 이루는 각의 크기를 알아보도록 한다.

관련 TU : TUAG-1120, TUAG-1160

TUAG-1310.10 완전히 포개어지는 것 만들기

관련 교육과정	(07) 5(나)②①
	(09) 56(나)①①

목표

다양한 방법으로 완전히 포개어지는 모양을 만들 수 있다.

자료

색종이, 투명종이, 가위, 클립

활동

(1) 색종이를 이용하여 똑같은 그림 그리기
－풍선이 그려진 종이 밑에 다른 색종이를 대고, 클립으로 고정시킨 후 가위로 오려보게 한다. 완전히 포개어지는지 확인한다.

(2) 크기와 생김새가 같은 3개의 귀여운 인형 만들기
－투명종이를 3등분하여 그 중 한 장에 자신이 마음에 드는 인형을 그린다. 나머지 2장은 이 그림을 그대로 본뜬다. 세 장을 모두 오려 완전히 포개어지는지 확인한다.

배경

완전히 포개어지는 모양을 만드는 방법에는 여러 가지가 있으나 그 중에서 종이를 포개어 놓고 그림

을 그리고 오려낸 도형이 완전히 포개어 진다는 것을 알게 하여 합동의 뜻을 이해시키고자 하는 활동이다. 다만 그림을 그려 자르는 활동이 주가 되지 않도록 단순한 그림을 그리도록 한다. 이 활동을 하게 될 때에는 수학적 상황을 제시하여 주어진 모양을 똑같이 그려보는 방법을 생각해보게 한 후 활동하게 하며 자신의 활동이 왜 똑같이 나오게 되는지 설명하게 하는 것이 좋다.

관련 TU : TUAG-0080, TUAG-4010, TUAG-4020, TUAG-4030, TUAG-1320

TUAG-1320.10 합동

관련 교육과정	(07) 5(나)2①
	(09) 56(나)1①

목표

여러 가지 도형 중에서 완전히 포개어지는 도형을 찾고, 그것이 합동임을 알 수 있다.

자료

모양조각(패턴블럭)

활동

(1) 완전히 포개어지는 도형 찾아보기

- 모양조각(패턴블럭)을 가지고 짝과 함께 완전히 포개어지는 도형을 찾는 활동을 한다. 한 사람이 모양조각을 하나 제시하면 다른 한 사람은 그것과 완전히 포개어지는 도형을 찾는다.

(2) 제시한 도형과 완전히 포개어지는 도형 찾기

- 학생들이 뒤집어진 도형이나 삐뚤게 붙인 도형을 고를 때에는 그것을 선택한 이유도 설명해보도록 한다.

(3) 완전히 포개어지는 두 도형의 공통점 알기

- 완전히 포개어지는 두 도형의 공통점이 무엇이며 이러한 두 도형을 무엇이라고 부르면 좋을지 생각해보게 한다.
- 모양과 크기가 같아서 완전히 포개어지는 두 도형을 '합동'이라고 부른다.

배경

교사는 미리 삼각형, 사각형, 오각형 등 같은 종류의 블록끼리 분류하여 나누어 준다. 완전히 포개어진다는 것에 뒤집어지거나 삐뚤어진 경우도 포함됨을 알 수 있는 예를 들어 문제를 해결하도록 유도한다.

관련 TU : TUAG-1310, TUAG-1330

TUAG-1330.10 합동인 도형 만들기

관련 교육과정	(07) 5(나)2①
	(09) 56(나)1①

목표

합동이 되는 조건을 알고, 합동인 도형을 만들 수 있다.

자료

그림 카드, 모눈종이, 색연필, 합동인 도형(타일, 포장지, 장판의 무늬, 벽지의 무늬, 스티커 등의 자료)

활동

(1) 그림에서 서로 합동인 곳을 찾아 같은 색으로 칠하기

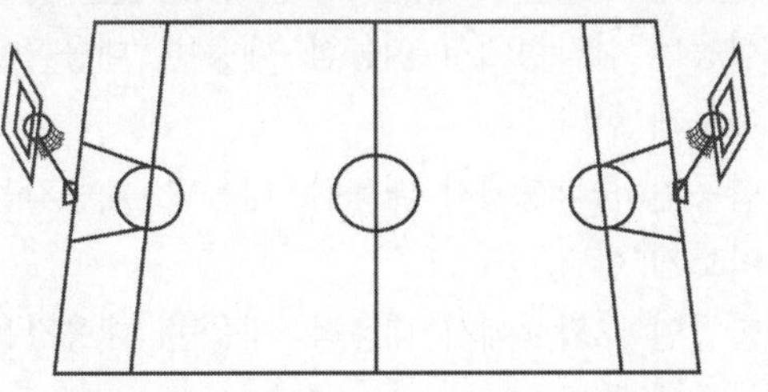

- 같은 그림이라 하더라도 보는 사람에 따라 다르게 색칠할 수 있으므로 여러 사람이 답을 공유할 기회를 제공한다.

(2) 모눈종이에 합동인 도형 그리기

- 모눈종이에 자신이 원하는 도형을 자유롭게 그린 후 그것과 합동인 도형을 그리도록 한다.

(3) 생활 속에서 합동을 이용하는 경우 알아보기

- 우리 주변에 타일, 포장지, 장판의 무늬, 벽지의 무늬, 스티커 등에서 합동인 도형을 찾을 수 있음을 알 수 있도록 그림이나 사진자료로 제시한다.

배경

모눈종이에 합동인 도형을 그려보라고 하면 쉽게 답을 구할 수 있는 도형을 그릴 확률이 높으므로 우선 자신이 원하는 도형을 그리라고 한 다음, 그것과 합동인 도형을 그릴 수 있도록 유도한다. 학생들이 단순한 도형뿐만 아니라 생활 속 복잡한 그림 속에서도 합동을 이용하고 있음을 알게 하고, 그 중 쉽게 접근할 수 있는 가방의 무늬를 꾸며보도록 한다. 합동의 조건을 직접 가르치지 않더라도 합동인 도형을 직접 관찰하고, 그려보고 알아보고 꾸며보는 활동을 통해 직관적으로 합동은 크기와 모양이 똑같은 도형이라는 것을 이해하도록 한다. 특히 벽지나 포장지, 보도블록 등에서 볼 수 있는 합동 도형은 테셀레이션이라고도 부른다.

관련 TU : TUAG-1320, TUAG-1340, TUAG-4040

TUAG-1340.10 합동인 도형에서 대응점, 대응변, 대응각

관련 교육과정	(07) 5(나)[2]①
	(09) 56(나)[1]②

목표

합동인 도형에서 대응점, 대응변, 대응각의 성질을 이해할 수 있다.

자료

합동인 평면도형(삼각형, 사각형, 오각형 등), 눈금자, 각도기

활동

(1) 합동인 삼각형을 포개었을 때, 겹쳐지는 곳 찾아보기

- 겹쳐지는 꼭짓점, 변, 각을 찾아보게 한다.
- 이렇게 겹쳐지는 꼭짓점, 변, 각을 각각 대응점, 대응변, 대응각이라고 함을 알게 한다.

(2) 합동인 도형을 포개었을 때, 겹쳐지는 곳을 찾아보기

- 합동인 삼각형에서 대응점, 대응변, 대응각을 찾아보게 한다.
- 합동인 사각형에서 대응점, 대응변, 대응각을 찾아보게 한다.
- 합동인 오각형에서 대응점, 대응변, 대응각을 찾아보게 한다.

(3) 합동인 도형에서 대응변의 길이와 대응각의 크기 알아보기

- 합동인 도형에서 대응변의 길이를 눈금자로 직접 재어 서로 같음을 확인한다.
- 합동인 도형에서 대응각의 크기를 각도기로 직접 재어 서로 같음을 확인한다.
- 대응변의 길이와 대응각의 크기를 묻는 문제를 제시한다.

배경

합동인 두 도형을 포개었을 때, 겹쳐지는 꼭짓점, 변, 각을 찾는 활동을 통해 대응점, 대응변, 대응각을 이해하게 하는 데 목적이 있다. 간단한 삼각형, 사각형을 이용하여 포개어 보고 겹쳐지는 곳을 찾아본 후 좀 더 복잡한 도형에 적용해 본다. 합동인 두 도형의 대응점, 대응변, 대응각을 포개어 확인하기 전에 먼저 직관적으로 예상한 후 직접 포개어 확인하도록 한다.

관련 TU : TUAG-1330, TUAG-1520

TUAG-1410.10 세 변의 길이가 주어진 삼각형 그리기

관련 교육과정	(07) 5(나)2②
	(09) 중(마)2①

목표

세 변의 길이가 주어진 삼각형을 그릴 수 있다.

자료

가느다란 빨대, 가위, 컴퍼스, 각도기, 눈금자

활동

(1) 세 변의 길이가 주어진 삼각형 만들기

- 빨대를 눈금자로 재어 각각 3 cm, 4 cm, 5 cm의 길이로 자른다.
- 세 빨대 도막을 이용하여 삼각형을 만들어 본다.
- 만든 삼각형을 그림으로 그리는 방법에 대해 생각해보게 한다.

(2) 세 변의 길이가 주어진 삼각형 그리기

- 길이가 5 cm인 선분을 그려보게 한다.
- 위의 선분의 한쪽 끝에 컴퍼스를 대고 반지름이 3 cm인 원을 그려보게 한다.
- 선분의 다른 한쪽 끝에 컴퍼스를 대고 반지름이 4 cm인 원을 그려보게 한다.
- 두 원의 교점을 찾아 선분의 양쪽 끝에서 각각 이어보게 한다.

배경

제시된 삼각형을 본을 뜨지 않고, 자와 컴퍼스를 이용하여 그리는 방법에 대해 학습하게 하는 것이 목적이다. 하지만 학생들에게 동기 유발을 위해 빨대를 이용하여 먼저 삼각형을 만들어 보는 활동을 계획하였다. 자와 컴퍼스를 이용하여 작도를 하며, 작도를 할 때에는 학생들이 다소 어렵게 느낄 수 있으므로 교사는 친절하게 안내해 주어야 한다.

관련 TU : TUAG-0140, TUAG-1420, TUAG-1430, TUAG-1440

TUAG-1420.10 두 변과 그 사이의 각의 크기가 주어진 삼각형 그리기

관련 교육과정	(07) 5(나)2②
	(09) 중(마)2①

목표

두 변과 그 사이의 각의 크기가 주어진 삼각형을 그릴 수 있다.

자료

가느다란 빨대, 가위, 각도기, 눈금자

활동

(1) 두 변의 길이와 그 사이의 각 크기가 주어진 삼각형 만들기

- 빨대를 각각 3 cm, 5 cm로 자른 후 각도기 위에 대고 60°인 각을 만들어보게 한다.
- 나머지 이어지지 않은 부분을 눈금자로 재어 몇 cm인지 확인해보게 한다.
- 눈금자로 잰 길이만큼 빨대를 잘라 도막을 만들어, 앞의 두 도막과 이어 삼각형을 만든다.
- 삼각형을 만드는 과정을 토대로 각도기와 눈금자를 이용하여 삼각형을 그리는 방법을 생각해보게 한다.

(2) 두 변의 길이와 그 사이의 각 크기가 주어진 삼각형 그리기

- 길이가 5 cm인 선분을 그린다.
- 선분의 한쪽 끝에 각도기의 중심에 맞추고 60°인 각을 그려보게 한다.
- 60°에 맞추어 3 cm의 선분을 그린다.
- 나머지 부분을 이어 삼각형을 완성해보도록 한다.

배경

삼각형이 두 변의 길이와 두 변 사이의 각이 주어진 삼각형을 그려 보는 활동이다. 빨대를 이용하여 삼각형을 만들어 보는 활동을 통하여 그러한 삼각형을 그리는 방법을 유추해 볼 수 있도록 하였다.

관련 TU : TUAG-1410, TUAG-1430, TUAG-1450

TUAG-1430.10 한 변과 양 끝 각의 크기가 주어진 삼각형 그리기

관련 교육과정	(07) 5(나)[2]②
	(09) 중(마)[2]①

목표

한 변과 양 끝 각의 크기가 주어진 삼각형을 그릴 수 있다.

자료

나무젓가락 3개, 노란 고무줄 3개, 각도기, 눈금자

활동

(1) 한 변의 길이와 양 끝 각의 크기가 주어진 삼각형 만들기

- 나무젓가락 위에 눈금자를 갖다 대고 눈금 0과 6의 해당되는 곳에 볼펜으로 표시한다.
- 0과 6이 표시된 곳에 다른 나무젓가락을 고무줄로 묶는다.
- 0이 표시된 곳의 나무젓가락 사이에 각도기를 갖다 대고 60°를 맞추어 고무줄로 묶는다.
- 6이 표시된 곳의 나무젓가락 사이에 각도기를 갖다 대고 50°를 맞추어 고무줄로 묶는다.
- 두 나무젓가락이 만나는 곳을 고무줄로 묶어 고정시킨다.
- 삼각형을 만드는 과정을 토대로 각도기와 눈금자를 이용하여 삼각형을 그리는 방법을 생각해보게 한다.

(2) 한 변의 길이와 양 끝 각의 크기가 주어진 삼각형 그리기

- 길이가 6 cm인 선분을 그린다.
- 선분 한쪽 끝에 각도기의 중심을 맞추고 60°인 각을 그리게 한다.
- 선분의 다른 한쪽 끝에 각도기의 중심을 맞추고 50°인 각을 그리게 한다.
- 앞에 그린 두 변이 만나는 점을 찾아 삼각형을 완성한다.

배경

삼각형의 한 변의 길이와 양 끝각의 크기를 알면 삼각형을 그릴 수 있는지 알아보고, 직접 그려보는 활동이다. 나무젓가락을 고무줄로 묶어서 삼각형을 만드는 활동은 삼각형을 그리는 데 유익하겠지만 주 활동이 되지 않도록 유의한다. 또한 고무줄을 묶는 등 만들기 활동으로 흐르지 않도록 유도한다.

관련 TU : TUAG-1410, TUAG-1420, TUAG-1460

TUAG-1440.10 합동인 삼각형 그리기(세 변의 길이)

관련 교육과정	(07) 5(나)[2]②
	(09) 중(마)[2]①

목표

세 변의 길이가 주어진 삼각형과 합동인 삼각형을 그릴 수 있다.

자료

도형카드, 투명종이, 눈금자, 컴퍼스

활동

(1) 세 변의 길이가 주어진 삼각형과 합동인 삼각형 그리기

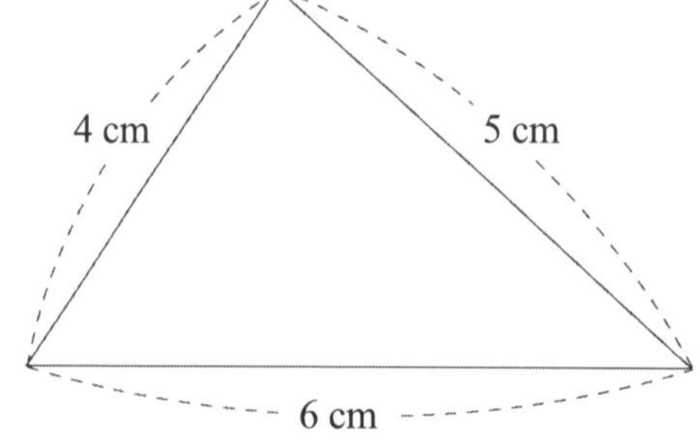

- 투명종이 위에 길이가 6 cm인 선분을 그려보게 한다.
- 위의 선분의 한쪽 끝에 컴퍼스를 대고 반지름이 5 cm인 원을 그려보게 한다.

-선분의 다른 한쪽 끝에 컴퍼스를 대고 반지름이 4 cm인 원을 그려보게 한다.
-두 원이 만난점을 찾아 선분의 양쪽 끝에서 각각 이어보게 한다.

(2) 합동이 되는지 확인하기
-투명종이에 그린 삼각형과 원래의 삼각형이 합동인지 포개어보도록 한다.

배경

자와 컴퍼스를 사용하여, 세 변의 길이가 주어진 삼각형과 합동인 삼각형을 그려보는 활동이다. 학생들이 투명종이에 직접 삼각형을 그릴 수 있으므로 다른 곳에 그려서 투명종이에 본뜨지 않고, 직접 그려 확인할 수 있도록 한다.

관련 TU : TUAG-1410, TUAG-1450, TUAG-1460

TUAG-1450.10 합동인 삼각형 그리기 (두 변과 그 사이의 각)

관련 교육과정	(07) 5(나)②②
	(09) 중(마)②①

목표

두 변과 그 사이의 각의 크기가 주어진 삼각형과 합동인 삼각형을 그릴 수 있다

자료

도형카드, 투명종이, 각도기, 눈금자

활동

(1) 두 변의 길이와 그 사이의 각의 크기가 주어진 삼각형 그리기

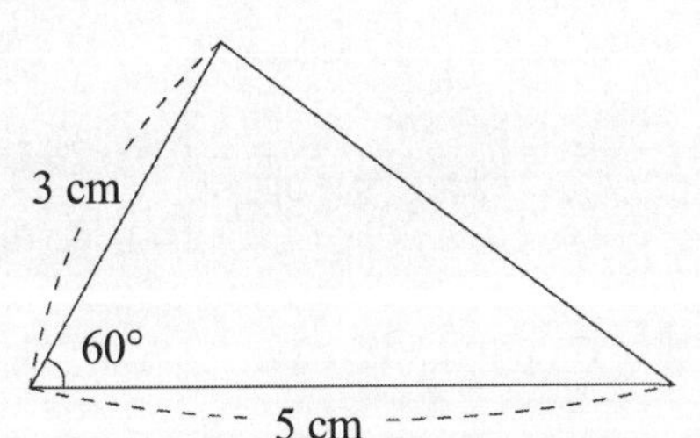

-길이가 5 cm인 선분을 그린다.
-선분의 한쪽 끝에 각도기의 중심을 맞추고 60°인 각을 그려 보게 한다.
-60°에 맞추어 3 cm의 선분을 그린다.
-나머지 부분을 이어 삼각형을 완성해보도록 한다.

(2) 합동이 되는지 확인하기
-투명종이에 그린 삼각형과 원래의 삼각형이 합동인지 포개보도록 한다.

배경

자와 각도기를 사용하여, 두 변의 길이와 그 사이의 각의 크기가 주어진 삼각형과 합동인 삼각형을 그리게 한다.

관련 TU : TUAG-1420, TUAG-1440, TUAG-1460

TUAQ-1460.10 합동인 삼각형 그리기 (한 변과 양 끝 각)

관련 교육과정 | (07) 5(나)[2]② | (09) 중(마)[2]①

목표

한 변과 양 끝 각의 크기가 주어진 삼각형과 합동인 삼각형을 그릴 수 있다.

자료

도형카드, 눈금자, 각도기, 투명종이

활동

(1) 한 변의 길이와 양 끝 각의 크기가 주어진 삼각형과 합동인 삼각형 그리기

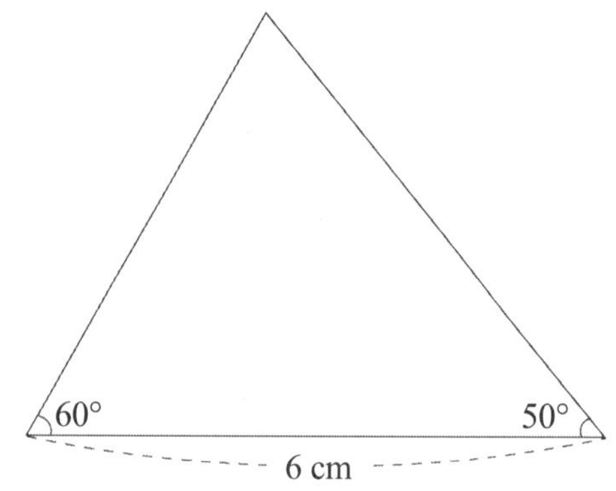

- 길이가 6 cm인 선분을 그린다.
- 선분 한쪽 끝에 각도기의 중심을 맞추고 60°인 각을 그리게 한다.
- 선분의 다른 한쪽 끝에 각도기의 중심을 맞추고 50°인 각을 그리게 한다.
- 앞에 그린 두 선분이 만나는 점을 찾아 삼각형을 완성한다.

(2) 합동이 되는지 확인하기

- 투명종이에 그린 삼각형과 원래의 삼각형이 합동인지 포개보도록 한다.

배경

합동인 삼각형을 그리는 세 가지 방법은 모두 삼각형의 합동 조건을 이용하고 있다. 중학교 단계에서는 삼각형의 합동 조건을 적용하여 '삼각형이 합동이다'와 같이 논리적으로 전개하는 것도 가능하다.

관련 TU : TUAG-1430, TUAG-1440, TUAG-1450, TUAG-1470

TUAG-1470.10 합동인 삼각형을 그리기 위해 필요한 조건

관련 교육과정 | (07) 5(나)[2]② | (09) 중(마)[2]①

목표

주어진 삼각형과 합동인 삼각형을 그리기 위해 필요한 조건을 말할 수 있다.

자료

눈금자, 각도기, 컴퍼스

활동

(1) 합동인 삼각형을 그리기 위해 필요한 조건 알아보기

- 두 각의 크기만 주어졌을 때 더 알아야 할 조건에 대해서 알아보도록 한다.
- 두 변의 길이만 주어졌을 때 더 알아야 할 조건에 대해서 알아보도록 한다.
- 직접 그려보는 과정을 통해 더 알아야 할 조건을 찾아내도록 유도한다.

(2) 다음 조건에서 합동인 삼각형을 그릴 수 없는 이유 찾아보기

- 한 변의 길이가 다른 두 변의 길이의 합보다 클 경우를 제시하여 생각해보도록 한다.
- 세 각만 주어졌을 경우를 제시하여 생각해보도록 한다.
- 두 각의 크기의 합이 180°가 넘을 경우를 제시하여 생각해보도록 한다.
- 직접 그려보는 활동을 통해 왜 그릴 수 없는지 이해하도록 한다.

배경

두 각이 주어졌을 때에는 합동인 삼각형을 그리기

위해서 그 사이의 한 변의 길이를 알아야 한다. 그 변의 길이를 알게 되면 한 변의 길이와 양 끝 각의 크기를 알게 되어 합동인 삼각형을 그릴 수 있게 된다. 두 변의 길이가 주어졌을 때에는 나머지 한 변의 길이를 알거나 그 사이의 끼인 각을 알아야 한다.

한 변의 길이가 다른 두 변의 길이의 합보다 클 경우에는 삼각형이 만들어지지 않음을 활동을 통해 알게 하고, 세 각이 주어졌을 때 합동인 삼각형을 그릴 수 있다고 생각하는 학생들에게 실제로 세 각의 크기를 주고, 삼각형을 그리게 하여 합동인 삼각형이 그려지지 않음을 알게 한다.

관련 TU : TUAG-1440, TUAG-1450, TUAG-1460

TUAG-1510.10 여러 가지 모양을 완전히 겹쳐지도록 접어 보기

관련 교육과정	(07) 5(나)③①
	(09) 56(나)①③

목표

여러 가지 모양을 완전히 겹쳐지도록 접을 수 있다.

자료

전신거울, 색종이, 가위, 색연필

활동

(1) 거울에 몸의 반쪽만 비추어 보기

- 여러 동작으로 거울에 몸의 반쪽만 비추어 보며 대칭에 대한 개념을 심어준다. 이때에는 '선대칭'과 같은 용어는 사용하지 않도록 유의한다.

(2) 색종이를 접어 모양 만들기

- 색종이를 반으로 나누어 한 쪽에만 그림을 그린 후 가위로 오려 펼쳐 본다.
- 학생들이 금방 해결할 수 있는 간단한 그림을 동일하게 그리고, 오려보는 활동을 한다.
- 색종이를 펼쳐서 가운데 접은 선을 중심으로 양쪽의 모양을 비교해본다.
- 접어서 오렸을 때와 접지 않고 그냥 오렸을 때의 차이점을 바탕으로 대칭축의 개념을 자연스럽게 도입하되, 이때에도 '대칭축'이라는 용어는 사용하지 않는다.

배경

학생들이 쉽게 그릴 수 있는 도형을 선택하여 그리고 오리는 데 치우치지 않도록 해야 한다. 도형을 오린다는 것은 그리는 것보다 한 단계 위의 활동이라 할 수 있다. 이러한 활동을 어떻게 하면 더 편히 오릴 수 있는가에 대한 생각은 실생활을 수학에 적용해 볼 수 있는 중요한 일이라 할 수 있다. 따라서 학생에게 충분한 시간을 주어 어떻게 하면 편하게 오릴 수 있는지 학생 스스로 발견하게 함으로써, 자연스럽게 선대칭도형의 개념을 알 수 있도록 해야 한다. 미술시간의 데칼코마니를 이용하여 수업하는 것도 좋다.

관련 TU : TUAG-1320, TUAG-1520

TUAG-1520.10 선대칭도형, 대칭축

관련 교육과정	(07) 5(나)③①
	(09) 56(나)①③

목표

선대칭도형과 대칭축의 의미를 알고, 대칭축을 찾을 수 있다.

자료

등변사다리꼴 종이 모형, 신문지, 학습지

활동

(1) 등변사다리꼴을 완전히 겹쳐지도록 접어보기

- 좌우가 대칭인 사다리꼴을 이용하여 반으로 접었을 때, 완전히 겹쳐지는 도형이 '선대칭도형'임을 알게 한다.
- 아래위로 접었을 때에는 완전히 포개지지 않고, 좌우로 접었을 때에만 완전히 겹쳐짐을 이용하여 '대칭축'의 개념을 도입한다.

(2) 선대칭도형 찾아보기

- 선대칭도형인 것과 아닌 것을 함께 제시하여 직접 접어보는 활동을 통하여 찾아보게 한다.

(3) 선대칭도형을 찾아 대칭축 그려보기

- 대칭축이 1개 이상인 것도 함께 제시하여 서로 답을 공유하는 가운데, 대칭축이 여러 개일 수 있음을 알 수 있게 한다.
- 대칭축이 2개인 경우에는 반으로 두 번 접어 선대칭도형을 만들 수 있음을 함께 생각해본다.

배경

일상생활에서는 선대칭도형의 모양을 가지고 있는 것을 많이 볼 수 있다. 하트 모양, 오뚝이 모양 등 여러 가지가 있다. 이러한 여러 선대칭도형을 보여주고 그것을 바탕으로 도형의 공통적인 특징을 찾아 선대칭도형을 이해할 수 있게 한다. 학생에게는 선대칭도형, 대칭축과 같은 개념이 생소하여 어렵게 생각할 수 있으므로, 활동 중심으로 수업을 전개하고, 실생활의 여러 예를 함께 제시하여 자연스럽게 개념을 형성할 수 있도록 한다.

관련 TU : TUAG-1510, TUAG-1530

TUAG-1530.10 선대칭도형 만들기

관련 교육과정	(07) 5(나)③①
	(09) 56(나)①③

목표

대칭축의 성질을 이용하여 선대칭도형을 만들 수 있다.

자료

패턴블럭, 모눈종이(격자판 10×10), 거울, 가위

활동

(1) 거울을 이용하여 선대칭도형 만들어보기

- 마음에 드는 모양을 종이에 본을 뜬다.
- 만든 것을 거울에 비추어 양쪽의 모양을 보고 그대로 종이에 따라 그린다.

(2) 패턴블럭을 이용하여 선대칭도형 만들어보기

- 패턴블럭 2개, 4개, 6개를 이용하여 선대칭도형을 만들어 보도록 한다,
- 패턴블럭을 이용하여 원하는 모양을 만든 후 선대칭도형이 되도록 나머지 부분을 완성한다.

(3) 선대칭도형인지 확인하기

- 모눈종이에 그린 도형을 오려낸 다음, 가위로 오려 반으로 접었을 때 완전히 겹쳐지는지 확인해보게 한다.

배경

선대칭 도형을 학습할 때, 유용하게 쓸 수 있는 도구가 바로 거울이다. 실제 모습과 거울을 통해 보인 모습은 서로 좌우대칭임을 학생들은 무의식적으로 알고 있다. 이를 이용하여 선대칭도형의 학습에 보다 쉽게 접근하고 패턴블럭을 이용하여 활동적인

내용으로 구성하였다. 여기서는 거울 한 개를 사용하여 선대칭 도형을 알아보았지만 거울 두 개를 사용하여도 다양한 모양을 얻을 수 있다. 또 거울을 세 개 사용하면 만화경을 만들 수 있음을 발견하게 하는 것도 좋은 방법이 될 수 있다.

관련 TU : TUAG-1520, TUAG-1540

TUAG-1540.10 선대칭 도형의 성질

관련 교육과정	(07) 5(나)③①
	(09) 56(나)①③

목표

선대칭도형에서 대응점, 대응변, 대응각을 알 수 있고, 대응점을 이은 선분은 대칭축과 수직이 되고, 대칭축에 의해 이등분되는 것을 알 수 있다.

자료

바둑돌, 바둑판

활동

(1) 선대칭도형의 대응점 알아보기
- 두 사람이 짝이 되어 바둑돌과 바둑판을 준비한다.
- 한 학생이 원하는 위치에 흰 돌을 놓는다.
- 상대방은 대칭축을 중심으로 흰 돌과 대칭이 되는 위치에 검은 돌을 놓는다.
- 이러한 활동을 통해 합동에서 배운 대응점의 개념을 도입한다.

(2) 선대칭도형의 대응변과 대응각 알아보기
- 한 사람이 흰 돌로 대칭축 한쪽에 원하는 모양을 만든다.
- 상대방은 검은 돌로 바둑판에 선대칭도형을 만든다.
- 대칭축을 중심으로 양쪽이 합동이므로, 대응변과 대응각의 크기가 같음을 알게 한다.

(3) 선대칭도형의 대응점을 이은 선분과 대칭축 사이의 관계 알아보기
- 위의 도형에서 대응점에 해당되는 돌만 남겨둔다.
- 대응점 사이를 바둑돌로 연결한다. 이때에도 한 쪽은 검은 돌을 사용하고 나머지는 흰 돌을 사용하여 연결하면, 대응점에서 대칭축과의 거리가 같음을 쉽게 보일 수 있다.
- 바둑판이 정사각형 모눈으로 이루어짐을 이용해 대응점이 대칭축을 중심으로 같은 거리에 있으며, 대응점을 이은 선분은 대칭축과 서로 수직임을 알게 하는 것이 중요하다.

배경

합동인 도형에서의 대응점, 대응변, 대응각의 개념과 대칭인 도형에서의 그것은 약간의 차이가 있다. 대칭의 경우에는 대칭축과 관련하여 대응점에서 대칭축까지의 거리가 같고, 대응점을 연결하는 선분은 대칭축과 수직을 이룬다는 점이 추가로 학습되어야 한다.

관련 TU : TUAG-1520, TUAG-1340, TUAG-1550

TUAG-1550.10 선대칭도형 그리기

관련 교육과정	(07) 5(나)[3]①
	(09) 56(나)[1]③

목표

선대칭도형에서 대응점을 이은 선분은 대칭축과 수직이 되고, 대칭축에 의해 같은 길이로 나뉜다는 것을 알고, 선대칭도형이 되도록 그릴 수 있다.

자료

모눈종이(격자판 10×10), A4용지 1장, 눈금자, 각도기

활동

(1) 선대칭도형이 되도록 그리기
- 모눈종이에 대칭축을 중심으로 한쪽에 도형을 그리고, 선대칭도형이 되도록 나머지 부분을 완성한다.

(2) 선대칭도형을 그리는 방법을 알아보기
- 모눈종이에 대칭축에서 같은 거리에 있는 대응점을 찾아 점을 찍는다.
- 점을 각각 이어 선대칭도형을 만든다.

(3) 선대칭도형이 되도록 나머지 부분 완성하기
- A4용지에 대칭축을 중심으로 나머지 부분을 완성해보게 한다.
- 모눈종이처럼 수직과 거리를 쉽게 알 수 없으므로, 눈금자와 각도기를 이용하여 선대칭도형이 맞는지 확인하도록 한다.

배경

대칭축을 이용하여 선대칭도형을 완성하도록 한다. 모눈종이 위에서 쉽게 선대칭도형을 완성하기 위해서는 대칭축과 대응점 사이의 거리는 모눈의 수를 세어보고, 대칭축과의 수직 여부는 모눈이 정사각형임을 이용한다. 도형을 완성한 후에는 시각적으로 선대칭도형이 맞는지를 확인하는 기회도 제공한다. 그리고 모눈종이가 없을 때에는 도형을 작도하기가 쉽지 않다. 그러므로 대응점을 찾아 선대칭도형을 그릴 때에도 눈금자와 각도기를 활용하도록 주의를 기울인다.

관련 TU : TUAG-1530, TUAG-1600

TUAG-1560.10 점대칭도형, 대칭의 중심

관련 교육과정	(07) 5(나)[3]①
	(09) 56(나)[1]③

목표

점대칭도형의 뜻을 알고, 대칭의 중심을 찾을 수 있다.

자료

그림 카드, 투명종이, 가위, 핀

활동

(1) 생활에서 알아보기

- 바람개비 모양을 관찰하여 보고, 어떻게 돌 수 있는지, 어떠한 성질이 있는지 발표해본다.

(2) 사각형에서 알아보기
- 종이로 마름모, 평행사변형, 정사각형, 직사각형

을 만든 후 투명종이를 대고 모양을 본떠 그려보게 한다.

- 바람개비와 같이 180°회전시켰을 때 처음 도형과 겹쳐지는 경우가 있는지 찾아보게 한다.

(3) 점대칭도형을 알고 직접 확인하기

- 투명종이를 대고 모양을 본뜬 다음, 점에 핀을 꽂고 도형을 돌려보게 한다.
- 본뜬 도형을 180° 돌렸을 때 포개어 지는 것을 찾아보게 한다.
- 포개어지는 도형의 중심을 찾아보도록 한다.
- 바람개비와 같이 180°회전시켰을 때 처음 도형과 겹쳐지는 경우를 무엇이라 하면 좋을지 생각해 보도록 한 후 점대칭도형의 의미와 대칭의 중심을 정의한다.

배경

선대칭도형의 특징을 바탕으로 점대칭도형을 이해할 수 있게 한다. 점대칭도형도 선대칭도형과 마찬가지로 특징을 알아보기 위하여 학생 스스로 체험해 나가는 활동을 통해 자연스럽게 개념을 형성하게 하는 것이 중요하다.

관련 TU : TUAG-1520, TUAG-4030, TUAG-1570

TUAG-1570.10 점대칭도형 만들기

관련 교육과정	(07) 5(나)③①
	(09) 56(나)①③

목표

대칭의 중심을 이해하고, 점대칭도형을 만들 수 있다.

자료

모양조각(패턴블럭), 도화지, 핀

활동

(1) 모양조각에서 점대칭도형 찾아보기

- 모양조각 중 점대칭도형이라고 생각 되는 것을 고른다.
- 고른 것을 본을 뜬 다음 대칭의 중심에 핀을 꽂고 180°돌렸을 때, 완전히 겹쳐지는지 확인해보게 한다.

(2) 모양조각을 이용하여 점대칭도형 만들기

- 모양조각 2개, 4개, 6개를 이용하여 점대칭도형을 만들어 보도록 한다.
- 원하는 모양을 모양조각을 이용하여 모양을 만든 후 점대칭도형이 되도록 나머지 부분을 완성한다.

(3) 위에서 만든 도형이 점대칭도형인지 확인하기

- 도화지에 만든 도형을 대고 본을 뜬 다음 대칭의 중심에 핀을 꽂고 180°돌렸을 때, 완전히 겹쳐지는지 확인해보게 한다.

배경

학생들이 문제를 잘 해결하는지 관찰해야 한다. 처음에 선대칭도형처럼 접어서 해결하려고 하는 학생들이 있을 것이다. 이런 학생의 경우는 점대칭도형의 개념이 확실치 않은 학생이므로 교사는 대칭의 중심을 찾도록 유도해야 할 것이다. 직접 돌려보고 포개어보는 활동을 통해서 무엇을 중심으로 대칭이 되는지 학생 스스로 알아보도록 유도하며 선대칭도형과 달리 점대칭도형은 한 점을 중심으로 180° 돌려서 포개어짐을 알 수 있도록 한다.

관련 TU : TUAG-1560, TUAG-1580, TUAG-4030

TUAG-1580.10 점대칭도형의 성질

관련 교육과정	(07) 5(나)③①
	(09) 56(나)①③

목표

점대칭도형에서 대응점을 이은 선분은 대칭의 중심에서 같은 거리에 있음을 알 수 있다.

자료

모눈종이, 평행사변형

활동

(1) 점대칭도형에서 대응점, 대응변, 대응각 알아보기

- 평행사변형을 모눈종이에 본을 뜬 다음, 180° 돌리면 합동인 도형이 됨을 알게 한다.
- 점대칭도형에서 대응변의 길이와 대응각의 크기가 서로 같음을 알게 한다.

(2) 점대칭도형에서 대응점을 이은 선분과 대칭의 중심 사이의 관계 알아보기

- 평행사변형에서 대칭의 중심을 어떻게 찾아야 하는지 물어보고, 마주 보는 점을 이어서 겹쳐지는 점이 대칭의 중심임을 알게 한다.
- 즉, 점대칭도형에서 대응점을 이은 선분은 대칭의 중심에 따라 똑같이 나누어짐을 알게 한다.

배경

점대칭도형에서 대응점을 이은 선분은 대칭의 중심에 의해 이등분된다는 것을 알게 하는 활동이다. 이 도형이 점대칭도형이 되는지 알아본 뒤 문제를 해결해야만 하는데, 이 도형이 점대칭도형인지 알아보기 위해서는 우선 대칭의 중심을 알아야 한다. 180° 돌렸을 때 도형이 겹쳐지는 것을 이용하여, 대응점끼리 이은 선분은 대칭의 중심에 의하여 이등분된다는 사실을 유추하여 문제를 해결하는 것이 올바른 전개 방식이라 할 수 있다. 간혹, 자를 사용하여 두 거리가 같다고 하는 학생이 있을 수 있다. 이 경우의 학생은 점대칭의 원리를 이용하여 직관적인 사실로만 문제를 해결하려는 경향을 가지고 있는 경우이다. 이러한 학생이 있을 경우, 교사는 직접 도형을 잘라 180도 돌려 포개어서 점대칭 도형이 어떻게 포개어지는지 확인함으로써 점대칭의 원리가 어떤지 생각해 보라고 상황을 제시하는 것도 한 방법이 될 수 있다.

관련 TU : TUAG-1560, TUAG-1540, TUAG-1590

TUAG-1590.10 점대칭도형 그리기

관련 교육과정	(07) 5(나)③①
	(09) 56(나)①③

목표

점대칭도형에서 대응점, 대응변, 대응각을 알고, 점대칭도형의 성질을 이용하여 점대칭도형을 그릴 수 있다.

자료

모눈종이, A4용지, 눈금자

활동

(1) 점대칭도형이 되도록 그리기

- 모눈종이에 중심을 잡아 한쪽에 도형을 그리고, 점대칭도형이 되도록 나머지 부분을 완성한다.

(2) 점대칭도형을 그리는 방법 알아보기

- 한 점에서 대칭의 중심을 지나는 직선을 긋는다.
- 중심에서 양쪽의 거리가 같도록 점을 찍는다.
- 다른 점들도 마찬가지로 중심을 지나면서 거리가 같게 점을 찍는다.
- 각 점들을 이어 점대칭도형을 만든다.

(3) 점대칭도형이 되도록 나머지 부분 완성하기

- A4용지에 중심을 기준으로 나머지 부분을 완성해보게 한다.
- 모눈종이처럼 수직과 거리를 쉽게 알 수 없으므로, 눈금자를 이용하여 점대칭도형이 맞는지 확인하도록 한다.

배경

점대칭도형의 성질을 이해한 뒤, 점대칭도형을 그리는 방법을 알고, 점대칭도형의 나머지를 그리는 활동이다. 모눈종이에서 대칭의 중심과 대응점 사이의 거리는 같아야 하므로, 모눈종이에서는 모눈의 수로 길이가 같게 하면 된다. 이렇게 하여 점대칭도형을 완성하면, 선대칭도형을 그릴 때와 마찬가지로 우선 시각적으로 도형이 맞는지를 확인하는 것도 좋은 방법이라 할 수 있다. 시각적으로 예상하여 해결한 것이 맞는지 틀리는지 예상해 본 뒤, 자로 측정하여 예상한 것과 비교할 수 있다.

관련 TU : TUAG-1580, TUAG-1550, TUAG-1660

TUAG-1600.10 선대칭의 위치에 있는 도형

관련 교육과정	(07) 5(나)③②
	(09) -

목표

선대칭의 위치에 있는 도형과 대칭축의 의미를 알 수 있다.

자료

모눈종이, 물감, 도화지, 색종이, 컴퍼스

활동

(1) 대칭 모양 만들기

- 모눈종이와 물감을 준비하여, 종이를 반으로 접게 하고 다시 펴서 물감을 뿌리게 한다. 다시 접어서 꾹꾹 눌러서 모양을 만들게 한다.
- 종이를 접었다 폈다 하는 활동을 통해 두 개의 그림이 접은 선을 중심으로 모양과 크기가 대칭적으로 있다는 것을 알게 한다.

(2) 접어서 포개어지는 도형 그리기

- 색종이를 반으로 접은 다음, 접은 색종이에 삼각형을 그려보게 한다.
- 삼각형의 꼭짓점에 컴퍼스의 바늘을 이용하여 점을 찍는다.
- 색종이를 펼친 후 자국이 난 곳에 삼각형을 그려보게 한다.
- 두 개의 도형이 반으로 접었을 때 완전히 포개어지는지 생각해보게 한다.
- 두 개의 도형이 무엇을 중심으로 똑같이 포개어지는지 생각해보게 한 다음 대칭축의 개념을 도입하며 선대칭도형과의 차이점이 무엇인지를 생각해보게 하고 이러한 도형을 무엇이라 부르면 좋겠는지 생각해보게 한다.

배경

일상생활에서 많이 활용되는 자국을 내서 그리는 방식을 이용하여 그림을 그린다. 이 활동을 하게 함으로써, 학생은 선대칭의 위치에 있는 도형을 자연스럽게 접할 수 있게 된다. 여기서, 접힌 선은 선대칭의 위치에 있는 도형에서 대칭축이라는 것을 간접적으로 경험하게 된다. 교사는 가능한 시간을 충분히 주어 학생 스스로 조작 활동할 수 있도록 하는 것이 바람직하다고 할 수 있다.

관련 TU : TUAG-1520, TUAG-1610, TUAG-4020

TUAG-1610.10 선대칭의 위치에 있는 도형 그리기

관련 교육과정	(07) 5(나)3②
	(09) -

목표

선대칭의 위치에 있는 도형을 알고, 그릴 수 있다.

자료

색종이, 거울, 컴퍼스

활동

(1) 선대칭의 위치에 있는 도형 만들기
- 색종이를 반으로 접어 컴퍼스의 바늘로 자국을 만든다. 자국은 한 개부터 점차 수를 늘려간다.
- 색종이를 펼쳐보기 전에 접은 선을 중심으로 자국이 난 모양을 추측하여 종이에 점으로 표시하게 한다.
- 색종이를 펼쳐서 추측한 것이 맞았는지 확인하고, 각각의 점을 선으로 잇는 활동을 한다.

(2) 선대칭의 위치에 있는 삼각형, 사각형, 오각형 만들기
- 위의 활동이 익숙해지면 선대칭의 위치에 있는 삼각형이 되도록 자국을 내어 보게 한다.

(3) 거울에 비친 수학책의 모습을 그리기
- 가운데 선을 중심으로, 한 쪽에는 활자에 유념하여 수학책을 눈으로 보았을 때의 모습을 먼저 그려보게 한다.
- 다른 쪽에는 거울에 비친 수학책의 모습을 그려보도록 한다.

배경

종이에 선대칭의 위치에 있는 도형을 그려보게 하는 활동은 학생들에게 다소 부담이 될 수 있으므로, 컴퍼스의 바늘을 이용하여 좀 더 쉽게 접근할 수 있도록 한다. 실생활에서 많이 접하는 거울을 이용한 '거울에 비친 모습 그리기'를 마무리 활동으로 제시한 것은 뒤집힌 활자를 그려내기가 쉽지 않기 때문이다.

관련 TU : TUAG-1600, TUAG-1620

TUAG-1620.10 선대칭의 위치에 있는 도형의 성질

관련 교육과정	(07) 5(나)3②
	(09) -

목표

선대칭의 위치에 있는 도형에서 대응점을 이은 선분은 대칭축에 의하여 수직이고, 같은 길이로 나누어진다는 것을 알 수 있다.

자료

바둑돌, 바둑판

활동

(1) 선대칭의 위치에 있는 도형의 대응변과 대응각 알아보기
- 한 사람이 흰 돌로 대칭축 한쪽에 원하는 모양을 만든다.
- 상대방은 검은 돌로 바둑판에 선대칭 위치에 있는 도형을 만든다.
- 대칭축을 중심으로 양쪽이 합동이므로, 대응변과 대응각의 크기가 같음을 알게 한다.

(2) 선대칭의 위치에 있는 도형의 대응점을 이은 선분과 대칭축 사이의 관계 알아보기
- 위의 도형에서 대응점에 해당되는 돌만 남겨둔다.
- 대응점 사이를 바둑돌로 연결한다. 이때에도 한 쪽은 검은 돌을 사용하고 나머지는 흰 돌을 사용하여 연결하면, 대응점에서 대칭축과의 거리가 같음을 쉽게 보일 수 있다.
- 바둑판이 정사각형 모눈으로 이루어짐을 이용해 대응점이 대칭축을 중심으로 같은 거리에 있으며, 대응점을 이은 선분은 대칭축과 서로 수직임을 알게 하는 것이 중요하다.
- 바둑판에서 이루어진 활동을 모눈종이에서 대응

점끼리 직접 연결하여 길이와 수직 여부를 직접 확인해 보도록 한다.

배경

선대칭의 위치에 있는 도형에서 대칭축, 대응점과 대응점을 연결한 선분에 대하여 알아보는 것이다. 선대칭의 위치에 있는 도형에서 대칭축을 알아보는 방법은 두 도형이 겹쳐지도록 접어보는 것과 각각의 대응점을 이은 선분을 수직이등분하는 선분이 대칭축이 되는 것이다. 학생들은 대부분 접어보는 방법을 선택한다. 하지만 교사는 학생들에게 생각할 시간을 충분히 주어 두 번째 방법에 대한 아이디어를 얻도록 유도해야 한다.

관련 TU : TUAG-1610, TUAG-1630

TUAG-1630.10 선대칭의 위치에 있는 도형 찾기

관련 교육과정	(07) 5(나)③②
	(09) -

목표

선대칭의 위치에 있는 도형을 찾을 수 있다.

자료

데칼코마니 그림 자료, 탱그램, 벽지, 그릇

활동

(1) 그림에서 선대칭의 위치에 있는 도형 찾아보기
- 데칼코마니로 표현한 선대칭 도형과 선대칭의 위치에 있는 도형을 제시하여 선대칭의 위치에 있는 도형을 찾아보도록 한다.

(2) 도형에서 선대칭의 위치에 있는 도형 찾아보기
- 탱그램을 이용하여 만든 도형을 제시하여, 선대칭의 위치에 있는 도형을 찾아보도록 한다.

(3) 생활에서 선대칭의 위치에 있는 도형을 찾아보기
- 그릇이나 벽지의 무늬 등에 선대칭의 위치에 있는 도형을 이용하고 있음을 알게 한다.

배경

교사는 실생활에서 사용되는 여러 가지 선대칭의 위치에 있는 도형을 조사하여 학생들에게 제시하여 주는 것이 좋다. 교사가 여러 가지 자료를 제시했을 때, 학생들은 선대칭의 위치에 있는 도형에 대한 중요성을 알게 될 것이다. 뿐만 아니라 선대칭의 위치에 있는 도형과 선대칭의 위치에 있는 도형이 아닌 도형을 함께 제시함으로써, 즉 예와 반례를 함께 제시함으로써 선대칭의 위치에 있는 도형에 대한 개념을 더욱 분명히 해줄 것이다.

관련 TU : TUAG-1620, TUAG-1670

TUAG-1640.10 점대칭의 위치에 있는 도형

관련 교육과정	(07) 5(나)③②
	(09) -

목표

점대칭의 위치에 있는 도형과 대칭의 중심의 의미를 알 수 있다.

자료

투명종이, 합동인 삼각형 도안, 컴퍼스, 모눈종이

활동

(1) 두 삼각형을 돌려보기
- 모양과 크기가 같은 삼각형을 두 개 만들어 서로 겹쳐 놓게 한다.
- 컴퍼스를 이용하여 삼각형 하나만 180° 회전시켜 보게 한다.
- 이때에 학생들은 컴퍼스의 고정된 부분을 중심으로 삼각형이 회전하였음을 알 수 있다.

- 위의 모습을 모눈종이에 나타내보기로 한다.

(2) 두 삼각형의 위치를 알아보기

- 교사가 위의 두 삼각형을 회전시켰을 때의 모습이 그려진 모눈종이를 제시한다.
- 투명종이를 대고 한 개의 삼각형을 본을 뜬 다음, 가운데 점을 중심으로 180° 돌렸을 때 다른 삼각형과 완전히 포개어지는지 알아보게 한다.

(3) 알맞은 이름 붙이기

- 가운데 있는 점을 어떻게 불러야 할지 생각해보게 한 다음, 점대칭도형에서와 같이 "대칭의 중심"이라도 부르기로 한다.
- 두 도형을 한 점을 중심으로 180° 돌렸을 때 완전히 포개어진다는 것을 바탕으로 이러한 도형들을 어떻게 불러야 할지 생각해보게 한다.
- 이러한 도형을 "점대칭의 위치에 있는 도형"이라고 부르기로 한다.

배경

우리가 흔히 사용하고 있는 삼각형 두개를 만들어 보는 활동을 하게 함으로써 어떻게 하면 점대칭의 위치에 있는 도형을 나타낼 수 있는지 자연스럽게 생각할 수 있게 된다. 점대칭의 위치에 있는 도형은 학생들에게 어려운 개념이므로 교사가 학생들의 조작 활동 시 무엇이 잘못되었는지 파악하는 것이 중요하다.

관련 TU : TUAG-1560, TUAG-1600, TUAG-1650, TUAG-4030

TUAG-1650.10 점대칭의 위치에 있는 도형의 성질

관련 교육과정	(07) 5(나)3②
	(09) -

목표

점대칭의 위치에 있는 도형에서 대응점을 이은 선분은 대칭의 중심에서 같은 거리에 있음을 알 수 있다.

자료

점대칭의 위치에 있는 삼각형과 사각형이 그려진 격자판, 투명용지, 사인펜, 압정

활동

(1) 두 삼각형의 위치 확인하기

- 두 도형이 서로 합동인지, 점대칭의 위치에 있는지 확인해보도록 한다.
- 투명용지에 삼각형 본을 뜨고, 대칭의 중심에 압정을 꼽은 다음, 축을 중심으로 180° 회전시켜 본다.

(2) 점대칭의 위치에 있는 도형의 성질 알아보기

- 점대칭의 위치에 있는 삼각형을 제시하여, 각 대응점에서 대칭의 중심까지의 거리를 알아보도록 한다.
- 점대칭의 위치에 있는 사각형을 제시하여, 각 대응점에서 대칭의 중심까지의 거리를 알아보도록 한다.

(3) 발견한 성질 정리하기

- 점대칭의 위치에 있는 도형에서 대응점을 이은 선분은 대칭의 중심에서 같은 거리에 있음을 알 수 있도록 한다.

배경

두 도형이 점대칭의 위치에 있는 도형인지 알아보기 위한 활동이다. 여기서, 가장 먼저 생각해야 할 것은 두 도형이 합동인지 알아보는 것이다. 대부분의 학생들은 무조건 합동일 경우를 가정하여 점대칭의 위치에 있는 도형을 생각하는 경우가 많다. 한 점을 중심으로 하여 180° 돌렸을 때 완전히 포개어지는지를 확인한 뒤, 확실하게 개념을 정립시키는 것이 중요하다. 교사는 학생들이 조작 활동 시 관찰하여 무엇이 잘못되었는지 파악하는 것도 중요하다. 또한, 여러 가지 다양한 점대칭의 위치에 있는 도형의 각 대응점에서 대칭의 중심까지의 거리를 측정함으로써 점대칭의 위치에 있는 도형에서 대응점까지 이은 선분이 대칭의 중심에서 서로 같

은 거리에 있다는 성질을 발견할 수 있도록 한다.

관련 TU : TUAG-1640, TUAG-1660

TUAG-1660.10 점대칭의 위치에 있는 도형 그리기

관련 교육과정	(07) 5(나)③②
	(09) -

목표

점대칭 위치에 있는 도형에서 대응점, 대응변, 대응각을 알고, 점대칭 위치에 있는 도형의 성질을 이해하여 그 도형을 그릴 수 있다.

자료

모눈종이, 눈금자

활동

(1) 점대칭의 위치에 있는 도형을 그리는 방법 알아보기

- 모둠별로 점대칭의 위치에 있는 도형을 그리는 방법에 대하여 토의해보도록 한다.
- 도형의 각 꼭짓점에서 대칭의 중심을 지나며 같은 거리에 있는 점을 찾는다.
- 각각의 대응점을 찾아 모눈종이에 표시한다.
- 대응점끼리 이어 도형이 완성되도록 한다.

(2) 점대칭의 위치에 있는 도형을 그리기

- 점대칭의 위치에 있는 도형을 그리는 방법에 따라 그려보도록 한다.
- 북두칠성과 같은 별자리도 한 점을 중심으로 180° 회전시켰을 때 어떻게 되는지 그려보도록 한다.

배경

모눈종이에 있는 도형이므로 대응점을 찾기가 쉽다. 선대칭의 위치에 있는 도형 그리기와 마찬가지로 점대칭의 위치에 있는 도형을 모눈종이에서 쉽게 그렸다 하더라도 자를 이용하여 대칭의 중심에서 한 직선상으로 서로 같은 위치에 있는 대응점을 찾도록 하는 것이 바람직하다는 것을 다시 한 번 유념해야 할 것이다.

관련 TU : TUAG-1650, TUAG-1670

TUAG-1670.10 점대칭의 위치에 있는 도형 찾기

관련 교육과정	(07) 5(나)③②
	(09) -

목표

점대칭의 위치에 있는 도형의 성질을 이해하여 그 도형을 찾을 수 있다.

자료

점대칭의 위치에 있는 도형이 그려진 접시 또는 그러한 사진

활동

(1) 점대칭의 위치에 있는 도형 찾아보기

점대칭의 위치에 있는 도형의 실제 모습은 접시에 새긴 무늬에서 쉽게 찾아볼 수 있다. 접시나 그릇 등에 새긴 무늬들을 살펴보고, 점대칭의 위치에 있는 도형을 찾아보게 한다.

배경

실생활에서 점대칭도형 또는 점대칭 위치에 있는 도형의 모습을 찾아보는 일은 실제로는 쉽지 않다. 점대칭도형 자체는 태극기에 있는 태극 무늬 등 비교적 쉽게 찾아볼 수 있지만, 점대칭 위치에 있는 도형은 그릇의 문양과 같이 원형의 물체에 대칭적으로 무늬를 새겨놓은 경우에나 찾아볼 수 있다. 그나마 그러한 무늬들 중에는 점대칭의 위치에 있는 도형을 윤곽만 그려 놓고 세부적인 무늬나 색깔은 다른 모습을 하고 있는 경우가 많기 때문에 완벽하게 점대칭의 위치에 있는 도형을 찾아보기는 실제로 더 어려울 수 있다. 학생들에게 대체적인 무늬의 윤곽만을 살펴보기로 하고 활동을 하면 점

대칭 위치에 있는 도형이라고 판단할 만한 그림 등은 그런대로 많이 있다고 볼 수 있다.

관련 TU : TUAG-1660, TUAG-1630, TUAG-4030

TUAG-2010.10 직육면체

관련 교육과정	(07) 5(나)1①
	(09) 56(나)2①

목표

직육면체의 여러 가지 특징과 의미를 알 수 있다.

자료

직육면체 모형, 성냥갑, 필통, 딱풀, 책, 등의 여러 가지 구체물, 종이상자, 가위

활동

(1) 교실에서 “상자 모양”의 물체 가져오기

- 교실 안에서 “상자 모양”과 비슷한 형태의 여러 구체물을 찾아보도록 한다. “상자 모양”을 머릿속으로 생각하며 가져오면서 직육면체의 모양을 스스로 공부한다.

(2) 분류한 도형의 공통점 말하기

- 학생들에게 직육면체 모양의 여러 가지 구체물을 직접 만져보고 특징을 찾을 수 있는 기회를 제공한다. 가능한 다양한 종류의 구체물을 제공할 수 있도록 학생들이 직육면체의 일반적인 특징을 이해하는 데 수월하다.

(3) 알맞은 이름을 붙이기

- 직육면체 모양의 종이 상자의 공통점이 면이 6개임을 각각의 면에 번호를 붙여가며 확인한 후 직사각형 모양의 면이 6개 있는 도형을 ‘직육면체’라고 부른다.

배경

이전 단계(TUAG-0010)에서는 구체물을 이용하여 직육면체를 관찰하고 그 구성 요소를 비형식적인 용어로 묘사하였다. 이제는 좀 더 세련된 용어로 도형을 분석하고 분류한다. 다만 그 방법에 있어서는 구체적인 조작활동을 활용하여 학생들이 자연스럽게 직육면체에 대해 관심을 갖도록 유도한다. 뿐만 아니라 주변에 있는 실제 직육면체를 관찰, 조작함으로써 입체의 개념을 쉽게 가질 수 있도록 유도한다.

관련 TU : TUAG-0010, TUAG-2020

TUAG-2020.10 직육면체의 면, 모서리, 꼭짓점

관련 교육과정	(07) 5(나)1①
	(09) 56(나)2①

목표

직육면체의 구성 요소를 찾고, 그 개수를 알 수 있다.

자료

여러 크기의 직육면체 상자, 스티커(빨간색, 노란색)

활동

(1) 직육면체의 구성 요소 알아보기

- 여러 크기의 직육면체 모양의 상자를 직접 만져보는 과정에서 모서리와 꼭짓점의 개념을 형성하도록 지도한다. 모서리와 꼭짓점의 개념을 직접적으로 설명하기보다는 구체적인 조작을 통해 이해할 수 있도록 지도한다.

(2) 직육면체의 면과 꼭짓점, 모서리의 수 알아보기

- 직육면체의 모서리에는 파란 스티커, 꼭짓점에는 빨간 스티커를 붙이고 그 수를 세어본다. 여러 가지 모양의 직육면체에 같은 활동을 반복함으로써 직육면체는 면과 꼭짓점, 모서리의 수가 일정함을 확인하도록 한다.

배경

입체도형은 일상생활에서 늘 접하는 것임에도 학생들이 오개념을 많이 형성하게 된다고 한다. 직육면체에 대한 기본적인 개념은 이후에 전개도를 이해하는 기초가 되는 만큼 구체적인 조작을 통해 직육면체에 대한 직관력을 기르고, 구성 요소에 대한 오개념이 형성되지 않도록 유의해야 한다. 입체도형을 만들어 볼 수 있는 수학교구(포디 프레임이나 폴리드론 등)를 이용하면 직육면체의 모서리와 꼭짓점의 수를 파악하는 데 쉽게 접근할 수 있다. 면, 모서리, 꼭짓점의 수를 직접 세어 봄으로써 각각의 수뿐만 아니라 직육면체의 구성 요소를 직관적으로 쉽게 구분할 수 있다.

관련 TU : TUAG-2010, TUAG-2030

TUAG-2030.10 직육면체의 성질(마주보는 두 면)

관련 교육과정	(07) 5(나)①①
	(09) 56(나)②①

목표

직육면체의 마주보는 두 면은 평행이고 밑면이라고 부른다는 것을 이해할 수 있다.

자료

직육면체 모형, 판자(A4크기)

활동

(1) 직육면체에서 마주보고 있는 면 살펴보기

- 직육면체의 마주 보고 있는 두 면에 판자를 대어보게 한다.
- 판자를 대어보고 두 면이 서로 평행임을 알게 한다.
- 마주보고 있는 면의 수를 세어 평행인 면이 3쌍임을 알게 한다.

(2) 평행인 두 면에 알맞은 이름 붙여보기

- 아래에 있는 면, 위에 있는 면에 대해 이름을 붙여보게 한 다음, 직육면체를 뒤집어 위에 있는 면도 밑으로 올 수 있음을 보인다.
- 옆에 있는 면에 대해 이름을 붙여보게 한 다음, 직육면체를 돌려 옆에 있는 면도 아래에 올 수 있음을 보인다.
- 어떻게 이름을 붙여야 하는지 생각해보게 한 다음, 직육면체는 뒤집거나 돌릴 수 있으므로 각각의 평행인 두 면을 밑면이라고 부르기로 한다.

배경

직육면체에서 마주 보고 있는 면이 서로 평행이라는 것은 직관적으로 쉽게 알 수 있으나, 그것을 밑면이라고 하는 것에 대해 학생들이 혼란스러워 할 수 있다. 그러므로 직육면체를 뒤집고, 돌리면서 모든 면이 아래에 올 수 있다는 것을 보이고, 밑면이 보이는 위치에 의한 것이 아님을 분명하게 한다.

관련 TU : TUAG-2020, TUAG-2040

TUAG-2040.10 직육면체의 성질(이웃하는 면)

관련 교육과정	(07) 5(나)①①
	(09) 56(나)②①

목표

직육면체의 이웃한 두 면은 서로 수직임을 알 수 있다.

자료

직육면체 모형, 삼각자, 각도기

활동

(1) 직육면체의 모서리에서 만나는 두 면 사이의 관계 알아보기

- 교실문과 교실바닥처럼 수직으로 만나는 곳에 직육면체 모형의 모서리를 대어 보게 하여 직각인지 알아보게 한다.

- 삼각자의 직각 부분이나 각도기를 이용하여 직각임을 확실히 보인다.

(2) 수직인 두 면에 알맞은 이름 붙이기

- 직육면체 모형을 좌우로 돌려 보면서 밑면과 수직인 면을 뭐라고 부르면 좋을지 생각해보게 한 후 '옆면'이라는 용어를 도입한다.
- 직육면체에서 '밑면'이 밑에 있는 면을 의미하는 것이 아니라는 것을 상기시키고 이와 마찬가지로 '옆면'이 옆에 있는 면을 의미하는 것이 아니라는 점을 정확하게 이해시킨다.

(3) 옆면의 수 알아보기

- 밑면에 대해 수직인 면은 모두 4개이고, 따라서 한 면에 대한 옆면은 4개임을 알도록 한다. 다른 면에 대해서도 똑같은 활동을 반복하여 모든 면에 대해 같다는 것을 알게 한다.

배경

직육면체에서 두 면이 만나서 이루는 각은 두 모서리가 만나서 이루는 각과 같다는 것을 직육면체 모형을 관찰하여 알게 한다. 따라서 모서리가 이루는 각의 크기가 90°인 경우 면과 면이 만나서 이루는 각도가 직각이 됨을 알게 된다. 이처럼 수직으로 만나는 두 면을 서로 수직이라고 한다는 것과 밑면과 수직인 면을 옆면이라고 하는 것을 알게 한다.

관련 TU : TUAG-2030, TUAG-2070

TUAG-2050.10 정육면체

관련 교육과정	(07) 5(나)1①
	(09) 56(나)2①

목표

정육면체의 여러 가지 특징을 알 수 있다.

자료

여러 가지 도형(직육면체 모형, 정육면체 모형, 주사위, 지우개, 성냥갑, 필통, 쌓기 나무), 눈금자, 스티커 (빨간색, 파란색)

활동

(1) 여러 가지 입체도형 분류하기

- 직육면체 중에서 각 모서리의 길이가 같은 것을 찾아내도록 하는 활동이다. 여러 가지 구체물을 제시하여, 정육면체에 대한 개념을 직관적으로 알 수 있도록 한다.

(2) 분류한 것을 토대로 각각의 특징 알아보기

- 정육면체의 모든 면이 정사각형으로 이루어져 있다는 것은 구체물을 통해 직접 만져보고, 눈으로 관찰할 기회뿐만 아니라 각 모서리를 눈금자로 재어 모든 모서리의 길이가 같다는 것을 알게 한다.

(3) 정육면체의 면과 꼭짓점, 모서리의 개수 세어보기

- 정육면체의 모서리에는 파란 스티커, 꼭짓점에는 빨간 스티커를 붙이고 그 수를 세어본다. 여러 가지 모양의 정육면체에 같은 활동을 반복함으로써 정육면체는 면과 꼭짓점, 모서리의 수가 일정함을 확인하도록 한다.

배경

학생들에게 직육면체와 정육면체의 모형을 제시하여 직육면체의 여러 가지 특징, 꼭짓점의 수, 면의 수, 면의 모양, 모서리의 수, 모서리의 길이 등을 관찰하게 한다. 이 중에서 모서리의 길이가 모두 같은 것과 그렇지 않은 것을 기준으로 직육면체와 정육면체를 분류하게 한다. 직사각형 6개로 둘러싸여 있는 도형이 직육면체이다. 정육면체는 정사각형 6개로 둘러싸여 있다. 그런데 정사각형은 직사각형이라 말할 수 있으므로, 정육면체는 6개의 직사각형으로 둘러싸여 있는 도형이라 말할 수 있다. 따라서 정육면체는 직육면체임을 이해하게 한다. 입체도형에 있어서도 도형을 분석하는 수준에서 도형의 연관성을 파악하는 수준으로 넘어갈 수 있도록 다양한 도형의 직관적인 관찰과 평면도형의 연관성을 선행지식으로 제시하여 준다.

관련 TU : TUAG-2010, TUAG-2060

TUAG-2060.10 직육면체와 정육면체의 관계

관련 교육과정	(07) 5(나)[1]①
	(09) 56(나)[2]①

목표

직육면체와 정육면체의 공통점과 차이점을 알 수 있다.

자료

직육면체, 정육면체

활동

(1) 직육면체로 주사위 놀이하기

- 직육면체의 각 면에 숫자를 표시하여 주사위로 사용하도록 한다. 다섯 번씩 던져 어느 숫자가 많이 나오는지 알아보도록 한다.
- 이러한 모양으로 주사위를 만들었을 때의 문제점이 무엇인지 생각해보도록 한다.
- 문제점이 발생하지 않도록 하려면 어떠한 모양으로 주사위를 만들어야 할지 발표해보도록 한다.
- 각 면의 모양과 크기가 같아야 주사위의 숫자들이 나올 기회가 균등해 진다는 것을 교사가 직접적으로 설명해 주기 보다는 학생들이 사고를 통해 스스로 이해할 수 있도록 한다.

(2) 직육면체와 정육면체의 다른 점 알아보기

- 면의 수, 모서리의 수, 꼭짓점의 수, 면의 모양, 모서리의 길이를 정리하여 발표하도록 한다.
- 직육면체와 정육면체의 같은 점과 다른 점을 비교하여 발표하도록 한다.

배경

학생들에게 직육면체와 정육면체의 여러 가지 특징을 바탕으로 직육면체와 정육면체의 공통점과 차이점을 알게 한다. 또한 직육면체와 정육면체의 포함관계도 함께 이해할 수 있으면 좋다. 평면도형에서 직사각형과 정사각형의 관계를 상기시켜 직육면체와 정육면체의 포함관계를 이해하게 하면 훨씬 쉽게 접근할 수 있을 것이다.

관련 TU : TUAG-2010, TUAG-2050, TUAG-2210

TUAG-2070.10 직육면체의 전개도

관련 교육과정	(07) 5(나)[1]②
	(09) 56(나)[2]②

목표

직육면체의 전개도를 이해하고, 전개도를 찾을 수 있다.

자료

직육면체 상자, 전개도 모형, 마분지, 가위, 셀로판테이프, 영상자료(플래시)

활동

(1) 직육면체 모양의 상자를 펼치면 어떤 모양이 되는지 예상하기

- 직육면체의 모양을 펼치면 어떤 모양일지 상상해 보게 한다.
- 직육면체의 꼭짓점에 기호를 붙인 후 실제로 잘라, 종이 위에 대고 붙인다.
- 종이 위에 붙인 직육면체 위에 접혀진 부분은 점선으로 잘린 부분은 실선으로 표시한다.
- 꼭짓점의 기호를 표시하고, 직육면체를 펼쳐서 평면에 그린 그림을 직육면체의 전개도라고 함을 알게 한다.

(2) 직육면체의 전개도인 것과 아닌 것을 구분하기

- 전개도를 5개 정도 제시하고, 직육면체의 전개도가 아닌 것을 찾아 그렇게 생각하는 이유를 적어 보게 한다.
- 실제로 전개도를 접어 직육면체가 되는지 확인해 본다.

배경

직육면체 모양의 상자를 직접 오리고 그리는 구체

적인 활동을 통해 학생들의 흥미를 유발하고, 주변의 직육면체 모양을 어떻게 만드는지 그 과정을 알 수 있게 한다. 그리고 주어진 전개도로 직육면체를 만들 수 있는지 알아보게 하는 활동으로, 먼저 직육면체의 면의 평행과 수직의 성질을 상기하여 전개도상에서 서로 평행한 면과 수직인 면을 찾게 한다. 다음으로 직육면체의 전개도를 접었을 때, 어떤 변이 서로 붙게 되는지를 탐구하게 한다. 머릿속으로 예상이 어려운 학생은 구체적인 조작 활동을 반복하여 이해하도록 한다. 도형을 접고 만들고 돌리는 사고 지식은 쉽게 구성되지 않으므로 전개도를 만드는 세부적인 단계 하나하나를 반복적으로 활동하도록 돕는다.

입체도형의 전개도를 동영상으로 볼 수 있는 자료를 활용하면 학생들의 이해를 도울 수 있다.

관련 TU : TUAG-2030, TUAG-2040, TUAG-2080

TUAG-2080.10 직육면체의 전개도 그리기

관련 교육과정	(07) 5(나)[1]②
	(09) 56(나)[2]②

목표

직육면체의 전개도를 그릴 수 있다.

자료

직육면체 겨냥도 모형, 모눈종이, 눈금자, 가위, 셀로판테이프

활동

(1) 직육면체의 전개도 그리기

- 변의 길이를 알 수 있는 직육면체의 겨냥도를 제시하여 실제로 모눈종이에 그 전개도를 그려보게 한다.
- 밑면을 정하여 ×표시를 하고 이 면과 평행인 면에 ○표시를 하게 한다.

(2) 직육면체가 되는지 확인하기

- 자신이 그린 전개도를 직접 접어서 직육면체가 되는지, 위에서 표시한 두 면이 서로 평행한지 확인해 보도록 한다.
- 직육면체로 만들 수 없는 전개도는 어떤 점이 잘못되었는지를 찾아서 수정할 기회를 제공한다.

(3) 직육면체를 바르게 만들기 위해 고려해야 할 점 알아보기

- 직육면체의 전개도를 그리는 순서를 정리하면서 전개도를 그릴 때의 유의점에 대해 말해보게 한다.

배경

직육면체의 전개도에 대한 의미를 파악하게 한 다음, 접는 부분은 점선으로 나타내고, 나머지 부분은 실선으로 나타낸다는 것을 주지시킨다. 그린 전개도를 오려서 직육면체를 만들어 보게 한 뒤, 직육면체가 만들어지지 않는 경우를 스스로 찾아서 수정하게 한다. 그리고 여러 학생들이 그린 전개도를 서로 비교하게 하여 다양한 모양의 전개도가 나올 수 있다는 것을 이해하게 한다.

관련 TU : TUAG-2070, TUAG-2090

TUAG-2090.10 직육면체의 겨냥도 그리기

관련 교육과정	(07) 5(나)①②
	(09) 56(나)②②

목표

직육면체의 겨냥도를 이해하여 그릴 수 있다.

자료

앞은 직육면체 형태이나 뒤는 전혀 아닌 상자, 불투명한 직육면체모형, 투명한 직육면체 모형(OHP 용지를 이용하여 만들 수 있음)

활동

(1) 직육면체 모양의 뒷모습 예상하기

- 앞에서 보면 직육면체이나 뒤의 모양은 직육면체가 아닌 상자를 제시하여 앞의 모양을 보고 뒷모습이 어떠할지 예상해본다.
- 실제 뒤에서 본 모양이 달랐던 이유가 앞에서는 뒤의 모습을 볼 수 없었기 때문임을 이야기하면서 겨냥도의 필요성을 인식시킨다.

(2) 직육면체를 여러 방향에서 관찰하기

- 보이는 모서리와 보이지 않는 모서리, 보이는 면과 보이지 않는 면의 수를 세어 보고, 그림으로 그렸을 때 보이지 않는 부분을 어떻게 표현해야 할지 생각해보게 한다.

(3) 직육면체의 모양을 잘 알 수 있는 방법 알아보기

- 투명하여 안이 들여다보이는 직육면체 모형을 제시하여 보이는 대로 그림으로 그려보게 한다.
- 뒤쪽으로 보이는 부분을 어떻게 나타내야 할지 생각해보게 한 후 점선을 사용하면 편리함을 알게 한다.
- 위의 두 모형을 비교하여 직육면체를 잘 알 수 있게 그린 그림이 직육면체의 겨냥도임을 알게 한다.

배경

직육면체에서 보이지 않는 모서리를 나타내지 않는 모형과 모서리를 점선으로 나타낸 모형을 함께 제시하여 비교하는 과정에서 겨냥도의 개념을 도입한다. 여기서 주의할 점은 마주보는 모서리를 평행이 되게 그리도록 하는 것이다. 학생들은 이미 직육면체의 전개도에 대해 학습하였으므로, 도화지와 OHP용지를 이용하여 직육면체를 직접 만들어보는 것도 좋은 경험이 될 수 있을 것이다.

관련 TU : TUAG-2080, TUAG-2120

TUAG-2100.10 정육면체의 전개도

관련 교육과정	(07) 5(나)①②
	(09) 56(나)②②

목표

정육면체의 전개도를 이해하고, 전개도를 찾을 수 있다.

자료

정육면체 상자, 전개도 모형, 마분지, 가위, 셀로판테이프

활동

(1) 정육면체 모양의 상자를 펼치면 어떤 모양이 되는지 예상하기

- 정육면체의 모양을 펼치면 어떤 모양일지 상상해보게 한다.
- 정육면체의 꼭짓점에 기호를 붙인 후 실제로 잘라, 종이 위에 대고 붙인다.
- 종이 위에 붙인 정육면체 위에 접혀진 부분은 점선으로 잘린 부분은 실선으로 표시한다.
- 꼭짓점의 기호를 표시하고, 정육면체를 펼쳐서 평면에 그린 그림을 정육면체의 전개도라고 함을 알게 한다.

(2) 정육면체의 전개도인 것과 아닌 것 구분하기

- 전개도를 5개 정도 제시하고, 정육면체의 전개도가 아닌 것을 찾아 그렇게 생각하는 이유를 적어

보게 한다.
- 실제로 전개도를 접어 정육면체가 되는지 확인해 본다.

(3) 정육면체의 전개도에서 면 사이의 관계 알아보기
- 제시된 전개도에서 평행인 면을 찾고, 서로 평행인 면끼리 짝지어 보는 활동을 해보도록 한다.
- 정육면체를 만들었을 때 서로 맞붙는 선분을 찾아보는 활동을 해보도록 한다.

배경

정육면체의 꼭짓점에 붙은 기호가 전개도에서는 어디에 표시되는지를 이해하도록 한다. 즉, 정육면체와 전개도의 관계를 잘 파악하게 한다. 하지만 평면에 나타낸 전개도를 삼차원의 입체도형으로 생각하는 것은 쉬운 일이 아니다. 그러므로 여러 모양의 전개도를 제시하여 전개도를 직접 정육면체로 만들어 보는 활동을 통해 학생들이 전개도와 입체도형의 관계를 깊이 이해할 수 있도록 한다.

관련 TU : TUAG-2070, TUAG-2110

TUAG-2110.10 정육면체의 전개도 그리기

관련 교육과정	(07) 5(나)①②
	(09) 56(나)②②

목표

정육면체의 전개도를 그릴 수 있다.

자료

모눈종이, 자, 셀로판테이프, 폴리드론

활동

(1) 주사위의 전개도 그리기
- 모눈종이에 한 변이 3 cm인 정육면체의 전개도를 그려보도록 한다.
- 주사위의 평행한 면에 들어갈 숫자들의 합은 얼마인지 생각해본다.
- 마주보는 면의 숫자의 합이 7이 되도록 각 면에 수를 써넣도록 한다.

(2) 주사위 만들기
- 자신이 그린 전개도를 직접 접어서 주사위가 제대로 만들어졌는지 확인해 보도록 한다.
- 주사위가 제대로 완성되지 않았다면, 숫자를 어떻게 써넣어야 할지 생각해보게 한다.

(3) 정육면체의 전개도 찾기
수학교구(폴리드론 등)를 이용하여 정육면체를 만든 다음, 이를 여러 가지 방법으로 펼쳐 본다. 이때 만들어지는 서로 다른 모양의 전개도를 모눈종이에 그려보도록 한다.

배경

학생들은 앞에서 직육면체의 전개도를 이미 그려보았다. 그러므로 정육면체의 전개도를 그리고, 만드는 것이 이전의 활동과 같거나, 혹은 모든 면의 모양이 똑같은 정육면체의 전개도가 오히려 쉽다고 생각할 수 있다. 그래서 전개도를 접어서 완성했을 때의 면의 위치와 방향까지 고려해야 하는 과제들로 수업을 구성하였다. 정사각형을 이용하여 정육면체를 만든 다음, 여러 가지 방법으로 펼쳐 보면, 다양한 전개도를 얻을 수 있다. 참고로 정육면체의 전개도는 다음과 같이 모두 11가지 방법으로 그릴 수 있다.

관련 TU : TUAG-2100, TUAG-2120

TUAG-2120.10 정육면체의 겨냥도 그리기

관련 교육과정	(07) 5(나)1②
	(09) 56(나)2②

목표

정육면체의 겨냥도를 이해하여 그릴 수 있다.

자료

정육면체 모형, 모눈종이, 점판, 자

활동

(1) 정육면체를 여러 방향에서 관찰하여 각각의 겨냥도 그리기

- 정육면체를 오른쪽, 왼쪽으로 약간 비틀어 보이는 모습을 겨냥도로 그리도록 한다.
- 정육면체의 대각선 위, 대각선 아래에서 바라본 모양도 겨냥도로 그리도록 한다.

(2) 정육면체의 겨냥도 완성하기

- 정육면체의 겨냥도를 완성하기 위하여 겨냥도의 특징에 대한 질문을 한다.
- 그림에서 빠진 부분을 그려 넣어, 정육면체의 겨냥도를 완성하여 보게 한다.

(3) 점판을 이용한 겨냥도 그리기

- 점판에 정육면체의 겨냥도를 그려보게 한다.

배경

직육면체의 겨냥도를 그리는 활동을 통해 학생들은 겨냥도의 개념과 보이지 않는 모서리를 점선으로 나타내야 한다는 것을 이미 학습하였다. 정육면체의 겨냥도도 직육면체의 겨냥도의 일부분이기 때문에 동일한 활동을 하기 보다는 여러 방향에서의 겨냥도를 그려보는 활동으로 구성한다. 점판을 이용하면 겨냥도를 쉽게 그릴 수 있다.

관련 TU : TUAG-2090, TUAG-2110, TUAG-2210

TUAG-2210.10 각기둥

관련 교육과정	(07) 6(나)1①
	(09) 56(나)3①

목표

여러 가지 입체도형 중에서 각기둥을 찾을 수 있다.

자료

입체도형세트(삼각기둥, 사각기둥, 오각기둥, 육각기둥, 구, 원기둥, 원뿔 등)

활동

(1) 입체도형의 공통점과 차이점 찾기

- 입체도형을 여러 가지 방법으로 분류해 보고, 공통점과 차이점을 말해 본다.
- 위와 아래면이 수평이고 옆면이 밑면에 수직인 직사각형으로 둘러쌓인 입체도형을 각기둥이라고 한다.
- 여러 가지 입체도형 중에서 각기둥을 찾아보게 한다.

배경

여러 가지 도형 중에서 각기둥을 이해하고, 각기둥의 여러 가지 구성 요소를 이해하게 한다. 아이들은 직관적으로 여러 입체도형을 구별할 수 있다. 하지만 초등학생들이 도형을 논리적으로 설명하기에는 무리가 있으므로, 예시적으로 정의하도록 한다.

관련 TU : TUAG-0010, TUAG-2010, TUAG-2220

TUAG-2220.10 각기둥의 구성 요소

관련 교육과정	(07) 6(나)1①
	(09) 56(나)3①

목표
각기둥을 관찰하여 구성 요소와 성질을 발견할 수 있다.

자료
삼각기둥, 사각기둥, 오각기둥, 육각기둥

활동
(1) 각기둥에서 서로 만나지 않는 면 알아보기
- 삼각기둥을 손으로 직접 만져보고, 눈으로 관찰하면서 서로 만나지 않는 면이 있는지, 왜 만나지 않는지 알아보도록 한다.
- 각기둥에서 수평인 두 면을 밑면이라고 부른다.

(2) 각기둥에서 밑면에 수직인 면 알아보기
- 삼각기둥을 직접 손으로 만져 보고, 밑면과 수직인 면을 찾아보게 한다.
- 삼각기둥의 꼭짓점에 기호를 붙이고 이러한 면을 기호를 사용하여 나타내도록 한다.
- 각기둥에서 밑면에 수직인 면을 옆면이라고 부른다.

(3) 각기둥에서 밑면과 옆면 알아보기
- 사각기둥, 오각기둥에서도 밑면과 옆면을 찾아보는 활동을 한다.

배경
삼각기둥에서 서로 만나지 않는 두 면은 한 쌍이 있다. 이와 같은 두 면에 색을 칠하는 활동을 한다. 직사각기둥의 경우에는 밑면이 될 수 있는 것이 세 쌍 있으므로, 밑면을 지도할 대에는 삼각기둥, 오각기둥, 육각기둥을 먼저 이용하고, 직육면체의 경우에는 사각기둥이 될 수 있음을 확인해보게 하는 활동이 좋다.

관련 TU : TUAG-2210, TUAG-2230

TUAG-2230.10 각기둥의 밑면, 옆면, 모서리, 꼭짓점, 높이

관련 교육과정	(07) 6(나)1①
	(09) 56(나)3①

목표
각기둥의 밑면, 옆면, 모서리, 꼭짓점, 높이를 이해할 수 있다.

자료
겨냥도(삼각기둥, 사각기둥), 색 사인펜

활동
(1) 각기둥에서 면과 면, 선과 선이 만나서 생기는 곳 알아보기
- 각기둥의 겨냥도에서 면과 면이 만나는 곳을 파란색으로, 선과 선이 만나는 곳에 빨간 점을 표시하게 한다.
- 면과 면이 만나는 곳을 모서리, 선과 선이 만나는 곳을 꼭짓점이라 함을 다시 한 번 상기 시키고 그 수를 세어보게 한다.

(2) 각기둥에서 두 밑면 사이의 거리 재어보기
- 각기둥에서 두 밑면 사이의 거리는 어느 곳을 재어야 하는지 생각해보도록 한다.
- 각기둥에서 두 밑면 사이의 거리를 무엇이라고 해야 할지 생각해보도록 하고, 높이라고 부른다는 것을 지도한다.

배경
각기둥에서 모서리와 꼭짓점, 높이를 지도하기 위한 활동이다. 모서리는 면과 면이 만나는 곳이므로 면과 면이 만나는 곳에 색을 칠하게 한다. 같은 방법으로, 선과 선이 만나는 곳이 꼭짓점이므로 선과 선이 만나는 곳에 색을 칠하게 한다. 높이는 두 밑면 사이의 거리이다. 그런데 두 밑면 사이의 거리는 여러 선분을 생각할 수 있다. 그런 선분 중에서 두 밑면 사이에 있는 모서리의 길이가 가장 좋다.

그러므로 높이는 두 밑면 사이에 있는 선분의 길이를 재면 된다는 것을 활동을 통해 알게 한다.

관련 TU : TUAG-2220, TUAG-2240

TUAG-2240.10 삼각기둥, 사각기둥, 오각기둥

관련 교육과정	(07) 6(나)[1]①
	(09) 56(나)[3]①

목표

각기둥의 이름을 알 수 있다.

자료

여러 가지 각기둥 모형

활동

(1) 각기둥을 알아보기

- 삼각기둥의 밑면과 옆면의 모양과 수를 관찰하여 알아보도록 한다.
- 관찰한 것을 표로 정리하게 한다.

(2) 각기둥의 이름 알아보기

- 각기둥의 옆면은 모두 직사각형이므로 그것을 가지고 이름을 붙이기 어려움을 알고, 밑면의 모양이 각기둥의 이름을 결정함을 알게 한다.
- 밑면의 모양과 옆면의 수가 서로 관련이 있음도 관찰을 통해서 알아내도록 한다.

(3) 각기둥의 이름

- 여러 가지 각기둥 모형을 제시하여, 각각의 이름을 말해보도록 한다.

배경

각기둥의 이름은 밑면의 모양을 이용하여 부른다. 각기둥을 살펴보면, 밑면만 다르고 옆면은 모두 직사각형이므로, 각 각기둥의 차이점은 밑면의 모양임을 학생들이 관찰할 수 있도록 교사는 다음과 같이 발문할 수 있다. "각기둥의 밑면과 옆면을 각각 조사하여 봅시다. 같은 모양은 무엇이고, 다른 모양은 무엇입니까?" 이 때, 각기둥의 이름을 무엇이라고 붙이고 싶은지를 생각하여 발표하게 할 수 있다. 그리고 그렇게 생각한 이유를 설명하게 한다.

관련 TU : TUAG-2230, TUAG-2280

TUAG-2250.10 각뿔

관련 교육과정	(07) 6(나)[1]①
	(09) 56(나)[3]①

목표

여러 가지 입체 도형 중에서 각뿔을 찾고, 이름을 붙일 수 있다.

자료

각기둥모형, 각뿔모형

활동

(1) 뿔 모양 비교하기

- 각기둥과 각뿔 모양을 제시하여 분류해보도록 한다.
- 뿔 모양의 특징에 대해 이야기해보도록 한다.

(2) 뿔 모양 찾아보기

- 여러 입체 도형 중에서 뿔 모양을 찾아보도록 한다.
- 모둠별로 안이 보이지 않는 상자에 여러 입체도형을 넣어 두고 그 중 뿔 모양만 찾아 꺼내보도록 한다.

(3) 이름 붙이기

- 뿔 모양의 입체도형을 뭐라고 부르면 좋을지 모둠별로 토론해보도록 한다.
- 모둠별로 그렇게 이름을 정한 이유를 발표하도록 한다.

- 뿔 모양의 입체도형을 각뿔이라고 부르기로 한다.

배경

뿔은 생활에서 활용하는 용어이다. 그러므로 각뿔을 정리하기 위하여 뿔 모양을 이용하고 활동의 주제로 삼은 것이다. 각뿔의 밑면은 다각형이고, 옆면은 모두 삼각형이다. 각뿔의 예는 생활에 많이 있지 있기 때문에 학생들이 어렵게 느낄 수도 있지만, 위에서 뿔 모양을 찾는 활동을 통하여 각뿔을 약속하게 한다.

관련 TU : TUAG-2210, TUAG-2260

TUAG-2260.10 각뿔의 구성 요소

관련 교육과정	(07) 6(나)[1]①
	(09) 56(나)[3]①

목표

각뿔을 관찰하여 구성 요소와 성질을 발견할 수 있다.

자료

피라미드 사진자료, 삼각뿔, 사각뿔, 오각뿔

활동

(1) 피라미드 사진 살펴보기

- 피라미드 사진을 보여주고, 어떻게 생겼는지 발표해보도록 한다.

(2) 각뿔의 밑에 있는 면 알아보기

- 모형을 통해 각뿔의 밑에 있는 면을 살펴보고, 밑면이라고 부르기로 한다.

(3) 각뿔의 옆에 있는 면 알아보기

- 삼각뿔의 옆에 있는 면의 모양과 수를 살펴보도록 한다.
- 다른 형태의 각뿔은 어떠한지 사각뿔과 비교해 보도록 한다.
- 옆에 있는 면의 모양은 삼각형이나 그 개수는 밑면의 모양에 따라 달라짐을 알게 한다.
- 옆에 있는 면을 옆면이라고 부르기로 한다.

배경

삼각뿔, 사각뿔, 오각뿔 등을 통해 밑면을 정의한다. 각뿔은 구성 요소는 크게 밑면과 옆면으로 구분할 수 있다. 밑면은 각뿔의 꼭짓점과 마주보는 면으로밑에 놓일 수 있는 면이다. 또 옆면은 각뿔의 꼭짓점과 이웃하는 면이다. 각뿔의 옆면의 관찰하여 면의 모양이 삼각형이 됨을 알게 한다.

관련 TU : TUAG-2250, TUAG-2270

TUAG-2270.10 각뿔의 밑면, 옆면, 모서리, 꼭짓점, 높이

관련 교육과정	(07) 6(나)[1]①
	(09) 56(나)[3]①

목표

각뿔에서 밑면, 옆면, 모서리, 꼭짓점, 높이를 이해할 수 있다.

자료

그림 카드(삼각뿔, 사각뿔, 오각뿔, 육각뿔), 삼각자와 곧은 자(30 cm)

활동

(1) 각뿔의 구성 요소 알아보기

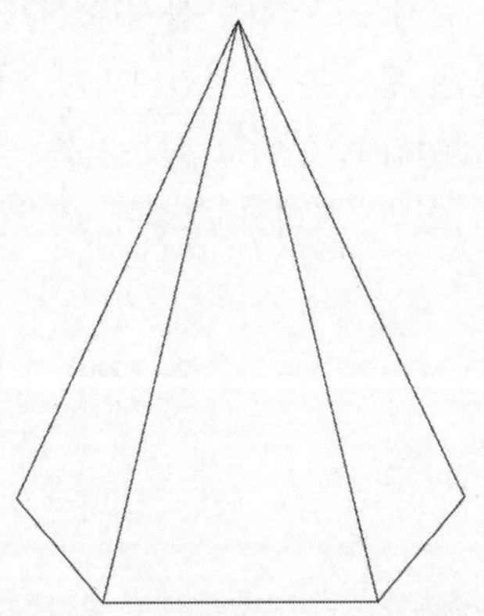

- 각뿔의 밑면과 옆면의 위치, 개수 등에 대해 말해보게 한다.
- 모서리와 꼭짓점의 수를 세어보도록 한다.

(2) 각뿔의 높이 알아보기

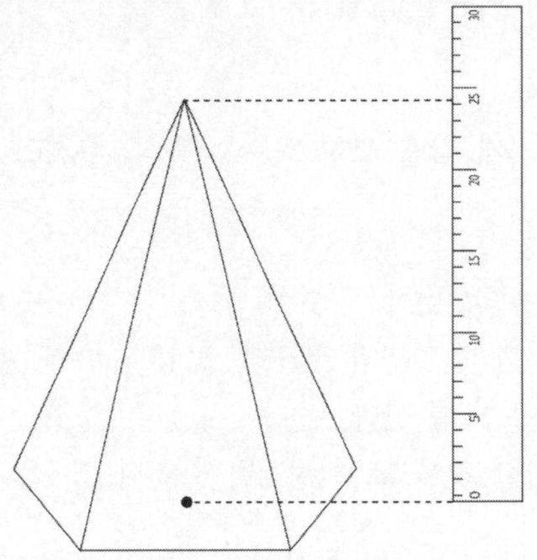

- 각뿔에서 높이를 어떻게 재어야 할지 생각해보도록 한다.
- 삼각자와 곧은 자(30 cm)를 이용하여 밑면과 수직인 높이를 재게 한다.

배경

각뿔의 구성 요소는 모서리, 꼭짓점, 각뿔의 꼭짓점, 높이가 있다. 면과 면이 만나서 생기는 선. 모서리와 모서리가 만나서 생기는 점, 옆면을 이루는 모든 삼각형의 공통인 꼭짓점을 알아보도록 한다. 꼭짓점에서 밑면에 수직인 선분을 그릴 수 없다. 또, 꼭짓점에서 밑면에 수직인 선분을 구체적으로 학생들에게 보여 줄 수도 없다. 그러므로 각뿔의 꼭짓점에서 밑면에 수직인 선분을 자와 삼각자를 이용하여 높이를 재게 한다.

관련 TU : TUAG-2260, TUAG-2280

 TUAG-2280.10 삼각뿔, 사각뿔, 오각뿔

관련 교육과정	(07) 6(나)①①
	(09) 56(나)③①

목표

각뿔의 이름을 말할 수 있다.

자료

여러 가지 각뿔 모형(또는 각뿔의 겨냥도)

활동

(1) 각뿔 알아보기
- 삼각뿔의 밑면과 옆면의 모양과 수를 관찰하여 알아보도록 한다.
- 관찰한 것을 표로 정리하게 한다.

(2) 각뿔의 이름 알아보기
- 각뿔의 옆면은 모두 이등변삼각형이므로 그것을 가지고 이름을 붙이기 어려움을 알고, 밑면의 모양이 각뿔의 이름을 결정함을 알게 한다.
- 밑면의 모양과 옆면의 수가 서로 관련이 있음도 관찰을 통해서 알아내도록 한다.

(3) 각뿔의 이름
- 여러 가지 각뿔 모형을 제시하여, 각각의 이름을 말해보도록 한다.

배경

각뿔의 이름은 밑면의 모양을 이용하여 정의한다. 각기둥에서와 마찬가지로 각뿔을 살펴보면, 밑면만 다르고 옆면은 모두 삼각형이므로 각 각뿔의 차이점은 밑면의 모양임을 학생들이 관찰할 수 있도록 교사는 다음과 같이 발문할 수 있다. "각뿔의 밑면과 옆면을 각각 조사하여 봅시다. 같은 모양은 무엇이고, 다른 모양은 무엇입니까?" 이 때, 각뿔의 이름을 무엇이라고 붙이고 싶은지를 생각하여 발표하게 할 수 있다. 그리고 그렇게 생각한 이유를 설명하게 한다.

관련 TU : TUAG-2270, TUAG-2240, TUAG-2340

 TUAG-2290.10 사각기둥의 전개도

관련 교육과정	(07) 6(나)①②
	(09) 56(나)③②

목표

사각기둥의 전개도를 이해할 수 있다.

자료

상자(사각기둥), 가위, 폴리드론(사각기둥)

활동

(1) 사각기둥 전개도 펼쳐보기
- 사각기둥 모양의 상자를 각자 잘라 펼쳐보도록 한다.
- 각자 자른 모양을 비교해보게 한다.
- 이렇게 각기둥을 펼친그림을 각기둥의 전개도라 부르기로 한다.

(2) 사각기둥의 전개도 알아보기
- 폴리드론으로 만든 사각기둥을 여러 가지 방법으로 펼쳐 다양한 모양의 전개도롤 나타내어보게 한다.

배경

직육면체는 사각기둥으로 생각할 수 있다. 이미 공부했던 직육면체는 각기둥을 학습하는 데에 중요한 기초가 된다. 상자의 모서리를 잘라서 펼치는 활동을 하게 한다. 상자의 모서리를 자르는 방법에 따라 펼쳐지는 모양은 다양하다. 하지만 학생들은 상자의 모서리를 잘라서 펼치는 활동을 하였으므로 전개도를 쉽게 이해할 것이다. 입체도형을 만들 수 있는 교구(폴리드론 등)를 활용하면 전개도와 입체도형을 쉽게 만들어 볼 수 있다.

관련 TU : TUAG-2070, TUAG-2300

TUAG-2300.10 전개도에 따라 삼각기둥 만들기

관련 교육과정	(07) 6(나)[1]②
	(09) 56(나)[3]②

목표

전개도를 보고 삼각기둥을 만들 수 있다.

자료

폴리드론

활동

(1) 전개도를 보고, 삼각기둥 만들기

- 폴리드론을 이용하여 삼각기둥의 전개도를 만들어 보게 한다.

(2) 삼각기둥 펼쳐보기

- 폴리드론으로 만들었던 삼각기둥을 펼쳐보게 하여, 원래의 전개도와 다른 형태의 전개도가 나올 수 있음을 이해하도록 한다.
- 모둠별로 어떠한 전개도가 나왔는지 발표해보도록 한다.

(3) 전개도를 다시 접어 삼각기둥 만들기

- 자신들이 펼쳤던 각기 다른 전개도를 다시 접어 위에서 만들었던 삼각기둥을 만들도록 한다.
- 한 입체도형을 만들 때에도 다양한 전개도가 나올 수 있음을 알게 한다.

배경

삼각기둥의 전개도를 그리는 목적 중의 하나는 전개도를 이용하여 삼각기둥을 만드는 것이다. '삼각기둥의 전개도를 이용하여 삼각기둥을 만드는 것과 삼각기둥으로 삼각기둥의 전개도를 그리는 것 중에서 어느 것이 더 편리하며 교육상 좋은 것인가?' 이에 대한 대답으로 우리는 전자를 생각할 수 있다. 그러나 삼각기둥은 생활에 그리 많지 않기 때문에, 이와 같은 것은 삼각기둥을 이해하기 위한 좋은 방법이다.

관련 TU : TUAG-2290, TUAG-2310

TUAG-2310.10 삼각기둥의 전개도 그리기

관련 교육과정	(07) 6(나)[1]②
	(09) 56(나)[3]②

목표

삼각기둥의 전개도를 그릴 수 있다.

자료

모눈종이, 가위

활동

(1) 삼각기둥의 전개도 그리기

- 변의 길이를 알 수 있는 삼각기둥의 겨냥도를 제시하여 실제로 모눈종이에 그 전개도를 그려보게 한다.
- 밑면을 정하여 ×표시를 하고 이 면과 평행인 면에 ○표시를 하게 한다.

(2) 삼각기둥이 되는지 확인하기

- 자신이 그린 전개도를 직접 접어서 삼각기둥이 되는지, 위에서 표시한 두 면이 서로 평행한지 확인해 보도록 한다.
- 삼각기둥으로 만들 수 없는 전개도는 어떤 점이 잘못되었는지를 찾아서 수정할 기회를 제공한다.

(3) 삼각기둥을 바르게 만들기 위해 고려해야 할 점 생각하기

- 삼각기둥의 전개도를 그리는 순서를 정리하면서 전개도를 그릴 때의 유의점에 대해 말해보게 한다.

배경

삼각기둥의 모서리를 자르는 방법에 따라 다양한 전개도를 그릴 수 있다. 학생들이 삼각기둥을 보지 않고 삼각기둥의 전개도를 제대로 그릴 수 있다면, 삼각기둥을 관찰하게 할 필요가 없다. 오히려, 이런 학생들에게 삼각기둥을 관찰하고 전개도를 그리도록 한다면, 생각할 수 있는 기회를 제거한다는 잘못을 저지를 수도 있음에 유의하여야 한다.

관련 TU : TUAG-2300, TUAG-2370

TUAG-2320.10 원기둥

관련 교육과정	(07) 6(나)2① (09) 56(나)4①

목표

원기둥의 여러 가지 특징을 알 수 있다.

자료

각기둥모형, 원기둥모형

활동

(1) 기둥 분류하기
- 모둠별로 각기둥과 원기둥 모양을 보고, 서로 같은 점과 다른 점을 정리해 보도록 한다.
- 생활 속에서 원기둥 모양과 비슷한 것들을 찾아 보도록 한다.

(2) 알맞은 이름 붙이기
- 원기둥 모양을 관찰하여 알맞은 이름을 붙여보도록 한다.

(3) 원기둥이 아닌 이유 알아보기
- 원뿔대와 같이 원기둥과 비슷한 모양을 제시하여 왜 원기둥이 아닌지 설명해 보도록 한다.

배경

한 평면 위에 있는 한 원이 공간에서 평행이동했을 때, 이동한 자리와 두 원의 각 영역에 의해 만들어지는 도형을 원기둥이라고 한다. 그러나 초등학교 수준에서는 각기둥과 마찬가지로 원기둥을 밑면의 모양과 크기가 서로 같다는 직관적인 조작 활동을 통해 정의해야 한다.

관련 TU : TUAG-2210, TUAG-2240, TUAG-2330

TUAG-2330.10 원기둥의 구성 요소

관련 교육과정	(07) 6(나)2① (09) 56(나)4①

목표

원기둥에서 밑면, 옆면, 높이 등을 알고 찾을 수 있다.

자료

원기둥모형, 눈금자, 삼각자

활동

(1) 원기둥에서 위·아래에 있는 면 관찰하기
- 다양한 원기둥에서 위아래에 있는 면을 보고 알아낸 것에 대해 발표해보도록 한다.
- 두 면을 어떻게 불러야 할지 이름을 붙여보도록 한다.
- 두 면을 '밑면'이라고 부르기로 한다.

(2) 원기둥에서 옆에 있는 면 살펴보기
- 원기둥에서 옆에 있는 면이 곡면으로 되어 있음을 알게 하고, 옆면이라고 부르기로 한다.

(3) 원기둥에서 높이 정하기
- 원기둥에서 높이를 무엇으로 정해야 할지 생각하게 한다.
- 원기둥에서 두 밑면과 수직인 선분을 알 수 있는 방법에 대해 생각하게 한다.

배경

각기둥 모형에서 위, 아래에 놓일 수 있는 면을 밑면이라고 하고, 옆으로 둘러싸인 면을 찾아 옆면임을 알게 한다. 또, 두 밑면과 수직인 선분의 길이를 높이라고 정의한 것을 생각하게 한다.

관련 TU : TUAG-2320, TUAG-2370

TUAG-2340.10 원뿔

관련 교육과정	(07) 6(나)2①
	(09) 56(나)4①

목표
구체물을 통하여 원뿔의 특징을 알 수 있다.

자료
상자, 고깔, 원뿔모형, 원기둥모형, 원뿔대모형

활동
(1) 상자 안에 있는 물체 예상하기

- 안을 볼 수 없는 상자를 준비하여 원뿔 모형을 넣어둔다. 학생들에게 스무고개 형식으로 힌트를 주어 여러 구체물 중에서 원뿔과 같은 형태의 물체들을 분류하게 한다.

(2) 분류한 물체들의 공통점 알아보기

- 학생들에게 원뿔 모양의 여러 구체물을 직접 만져보고 특징을 찾을 수 있는 기회를 제공한다.

(3) 알맞은 이름 붙이기

- 각기둥과, 원기둥이 밑면에 의해 이름이 정해졌다는 것, 원기둥의 구성 요소와 대비시켜 원기둥에서는 평행이고 합동인 원이 2개 있으나 원뿔은 원이 1개 있을 연관지어 '원뿔'이라고 정의한다.

(4) 생활 속에서 원뿔 모양 찾아보기

- 고깔, 깔때기, 아이스크림콘, 폭죽, 팽이, 움집사진, 빗살무늬 토기, 공룡의 이빨, 스탠드 등의 많은 예를 찾도록 한다.

배경
여러 가지 입체도형 모형과 구체물을 제시하여 원뿔을 찾아보게 한다. 그러한 활동을 통해 원뿔을 정의하고, 이름을 붙여보게 한다. 원뿔 모양은 일상생활에서 다른 입체도형보다 많이 찾아볼 수는 없지만, 곳곳에 숨어있는 원뿔 모양을 찾아내어 학생들에게 소개한다.

관련 TU : TUAG-2250, TUAG-2280, TUAG-2320, TUAG-2350

TUAG-2350.10 원뿔의 구성 요소

관련 교육과정	(07) 6(나)2①
	(09) 56(나)4①

목표
원뿔의 구성 요소와 성질을 알고, 구분할 수 있다.

자료
원뿔모형

활동
(1) 원뿔에서 아래에 있는 면을 관찰하기

- 다양한 원뿔에서 아래에 있는 면을 보고 알아낸 것에 대해 발표해보도록 한다.
- 그 면을 어떻게 불러야 할지 이름을 붙여보도록 한다.
- 그 면을 '밑면'이라고 부르기로 한다.

(2) 원뿔에서 옆에 있는 면 살펴보기

- 원뿔에서 옆에 있는 면이 곡면으로 되어 있음을 알게 하고, 옆면이라고 부르기로 약속하게 한다.
- 원기둥과는 달리 위의 꼭짓점이 있어 만나게 됨을 알게 한다.

배경
각뿔의 구성 요소와 대비시켜 원뿔의 구성 요소를 알게 한다. 그리고 원기둥의 구성 요소와 대비시켜 원기둥에서는 평행이고 합동인 원이 2개 있으나 원뿔은 원이 1개 있다. 그리고 옆면이 곡면이라는 점은 같다는 것을 알게 한다.

관련 TU : TUAG-2340, TUAG-2360

TUAG-2360.10 원뿔의 높이, 모선

관련 교육과정	(07) 6(나)2①
	(09) 56(나)4①

목표

원뿔의 높이와 모선을 구별할 수 있다.

자료

빨간 실, 셀로판테이프, 삼각자, 30 cm 자, 가위

활동

(1) 원뿔의 꼭짓점에서 밑면까지의 거리 알아보기

- 원뿔의 꼭짓점에서 빨간 실을 테이프로 고정시키고, 밑면까지 실을 늘어뜨려 가위로 자른다.
- 실을 원뿔 주위로 돌려 보면서 꼭짓점에서 밑면까지의 거리가 항상 같음을 알게 한다.
- 이때의 실의 위치를 '모선'이라고 부른다.

(2) 원뿔의 높이 알아보기

- 위에서 구한 모선의 길이를 원뿔까지의 높이라고 할 수 있는지 생각해 보도록 한다.
- 높이는 같고, 모선의 길이가 다른 원뿔 두 개를 준비하여 학생들에게 제시한다.
- 두 원뿔을 관찰함으로써, 바닥에서 꼭짓점까지의 거리가 같아도 모선의 길이가 다를 수 있음을 알게 한다.

(3) 원뿔의 높이를 재는 방법 알아보기

- 삼각자와 눈금자를 수직으로 놓고, 바닥에서 꼭짓점까지의 거리를 재도록 한다.
- 이때의 길이를 '원뿔의 높이'라고 정의한다.

배경

각기둥이나 원기둥과 달리 원뿔은 모선이라는 개념이 추가되어, 학생들이 높이와 혼동할 수가 있으므로 구체적인 활동을 통해 높이와 모선의 개념을 구분할 수 있도록 한다. 모선의 경우 원뿔의 꼭짓점에서 밑면인 원의 둘레의 한 점을 이은 선분으로서 같은 원뿔에서는 그 길이가 항상 같음을 알게 한다.

관련 TU : TUAG-2350, TUAG-2270

TUAG-2370.10 원기둥의 전개도

관련 교육과정	(07) 6(나)2②
	(09) 56(나)4②

목표

원기둥의 전개도를 이해할 수 있다.

자료

원기둥 모양의 상자, 가위

활동

(1) 원기둥 전개도 펼쳐보기

- 원기둥 모양의 상자를 각자 잘라 펼쳐보도록 한다.
- 각자 자른 모양을 비교해보게 한다.
- 이렇게 원기둥을 펼친그림을 원기둥의 전개도라 부르기로 약속한다.

(2) 원기둥의 전개도 알아보기

- 올바른 원기둥 전개도와 잘못된 원기둥 전개도를 함께 제시하여 잘못된 전개도를 찾아 그 이유를 설명하도록 한다.

(3) 원기둥의 전개도를 보고, 여러 가지 특징 찾아보기

- 옆면과 밑면의 모양을 관찰하여 본다.
- 두 밑면의 크기와 모양을 관찰하여 본다.
- 밑면의 원주와 옆면의 가로와의 관계를 알아본다.

배경

원기둥의 모형을 제시하고 원기둥은 밑면을 이루는 합동인 2개의 원과 곡면으로 둘러싸인 입체도형임을 확인한 후 원기둥을 평면에 펼쳐 놓는 방법을 말하게 하여, 그 방법에 의해 원기둥을 오려서 펼쳐 보게 한다.

관련 TU : TUAG-2290, TUAG-2320, TUAG-2380

TUAG-2380.10 전개도에 따라 원기둥 만들기

관련 교육과정	(07) 6(나)[2]②
	(09) 56(나)[4]②

목표

원기둥의 전개도를 보고, 원기둥을 만들 수 있다.

자료

원기둥의 전개도, 투명종이, 셀로판테이프, 가위

활동

(1) 원기둥의 전개도 본을 떠 그려보기

- 학생들이 원기둥의 옆면을 직접 그리는 것은 어려운 일이다. 그러므로 투명종이에 원기둥의 전개도를 본을 떠 그리도록 한다.

(2) 원기둥의 전개도 만들기

- 위에서 본을 떠 그린 전개도를 선을 따라 오리고 테이프로 붙여 원기둥을 만들게 한다.

배경

투명종이에 원기둥의 전개도를 그리고 오려서 원기둥 모양을 만들어 보는 활동을 하는데, 학생들이 원주에 대해 아직 학습하지 않았으므로 원기둥의 옆면을 직접 그리는 것은 어려운 일이다. 그러므로 투명종이에 원기둥의 전개도를 본을 떠 그리도록 한다.

관련 TU : TUAG-2370, TUAG-2390

TUAG-2390.10 원기둥의 전개도 찾기

관련 교육과정	(07) 6(나)[2]②
	(09) 56(나)[4]②

목표

원기둥의 성질을 이해하여 그 전개도를 찾을 수 있다.

자료

여러 가지 원기둥 전개도, 가위, 셀로판테이프

활동

(1) 원기둥의 전개도 알아보기

- 여러 가지 원기둥 전개도를 제시하여 각자 마음에 드는 것 하나를 선택하여 직접 원기둥을 만들어 보도록 한다.
- 원기둥의 높이를 다양하게 하고, 밑면이 옆에 오도록 전개도를 제시하여 문제 상황을 조성한다.

(2) 원기둥의 전개도로 바른 것 찾아보기

- 원기둥의 전개도와 유사한 것들을 제시하여 그 중 바른 전개도를 찾아보게 한다.
- 잘못된 전개도에 대해서는 틀린 이유도 말해보도록 한다.
- 전개도를 가지고 직접 전개도를 만들어 원기둥이 되지 않음을 확인한다.

배경

처음에는 모두 바른 전개도로 학생들에게 원기둥의 전개도에 대한 다양한 경험을 하도록 유도한다. 원기둥의 특징에 따라 원기둥의 전개도를 찾아보고, 전개도가 아닌 것은 이유를 말하게 한다.

관련 TU : TUAG-2380

TUAG-2410.10 회전체와 회전축

관련 교육과정	(07) 6(나)2③
	(09) 중(마)4②

목표

구체물 조작을 통하여 회전체를 이해할 수 있다.

자료

물레를 이용하여 도자기를 만드는 동영상 또는 그림자료

활동

(1) 도자기 공장에서 회전판을 이용해서 도자기를 만들 때 생기는 모양 알아보기

- 도자기 공장에서 왜 회전판을 사용하는지 토론해보도록 한다.
- 도자기는 선대칭 도형이며, 위에서 봤을 때는 원모양이라는 것을 알게 한다.

(2) 알맞은 이름을 붙이기

- 도자기를 회전축을 중심으로 돌리기 전의 그림을 보여주고, 가운데 있는 선을 무엇이라고 부르면 좋을지 이야기해보도록 한다.
- 아이들이 자연스럽게 선대칭도형을 떠올리면서 "대칭의 중심"이라고 답하는 학생들이 있으면, "대칭의 중심"이 맞을지에 대해서도 이야기해보도록 한다.
- 그 선을 중심으로 물체를 회전시키는 것이므로 회전축이라고 부르며, 그 때 생기는 물체를 회전체라고 부르기로 한다.

배경

도형의 구성을 점, 선, 면이 이동한 자취로 볼 수 있다. 점이 이동한 자취는 선이 되고 선이 이동한 자취는 면이 되며, 면이 이동한 자취는 입체도형이 된다는 것을 이해하게 하고, 직사각형과 직각삼각형, 반원을 제시하여 한 변을 축으로 하여 회전시키면 어떤 도형이 생기겠는지 생각해보게 한다.

관련 TU : TUAG-1520, TUAG-2320, TUAG-2420

TUAG-2420.10 회전체 만들기

관련 교육과정	(07) 6(나)2③
	(09) 중(마)4②

목표

조작 활동을 통해 회전체를 만들 수 있다.

자료

나무젓가락, 직사각형 모양의 종이, 직각삼각형 모양의 종이, 셀로판테이프, 철사

활동

(1) 직사각형 모양의 종이를 나무젓가락에 붙여서 돌리면서 모양 관찰하기

- 직사각형 모양의 종이를 나무젓가락에 붙여서 돌리면서 어떤 모양이 생기는지 그림으로 그려보게 하여, 그것이 원기둥임을 알게 한다.

(2) 직각삼각형 모양의 종이를 나무젓가락에 붙여서 돌리면서 모양 관찰하기

- 직각삼각형 모양의 종이를 나무젓가락에 붙여서 돌리면서 어떤 모양이 생기는지 그림으로 그려보게 하여, 그것이 원뿔임을 알게 한다.

(3) 직사각형 모양의 종이를 나무젓가락과 조금 떨어지게 철사로 연결하여 붙여서 돌리면서 관찰하기

- 어떤 모양이 될지 생각해보고 직접 돌려본 후, 그림으로 그려보게 한다.

배경

직사각형 모양의 종이와 직각삼각형 모양의 종이를 나무젓가락에 붙여 한 바퀴 돌려 보는 활동을 하게 한다. 이를 통해 평면도형을 한 직선을 축으로 하여 1회전해서 얻어지는 입체도형을 회전체라 하고, 이 때 축으로 사용한 직선을 회전축이라고 정의한다.

관련 TU : TUAG-2320, TUAG-2340, TUAG-2410, TUAG-2430

TUAG-2430.10 회전체 찾기

관련 교육과정	(07) 6(나)2③
	(09) 중(마)4②

목표

생활주변에서 회전체를 찾을 수 있다.

자료

여러 가지 과일, 전구, 스탠드

활동

(1) 교실에서 회전체 찾아보기

- 교실에는 공, 선풍기, 연필꽂이, 꽃병 등 회전체가 많이 있으므로, 모둠별로 회전체를 찾아 종이에 그려보도록 한다.

(2) 집에서 볼 수 있는 회전체 찾아보기

- 집에서 볼 수 있는 회전체는 여러 가지 과일, 전구, 스탠드, 아이스크림, 고깔모자 등 회전체가 많으므로, 충분한 시간을 주어 생각해보도록 한다.
- 생각해 낸 회전체를 종이에 그려보도록 한다.
- 한두 가지의 구체물을 직접 보여주도록 한다.

(3) 회전체 분류하기

- 종이에 그린 회전체를 비슷한 것끼리 묶어 보는 활동을 한다.

배경

집이나 교실에서처럼 학생들이 늘 접하는 공간에서 볼 수 있는 회전체 모양을 찾아서 그려 보는 활동을 통하여 삼차원 공간의 입체도형을 이차원 공간인 평면에 나타낼 수 있다. 이러한 활동은 회전체에 대한 추상력을 기르는 데 유용하다.

관련 TU : TUAG-2320, TUAG-2340, TUAG-2410, TUAG-2440

TUAG-2440.10 구, 구의 중심, 구의 반지름

관련 교육과정	(07) 6(나)2③
	(09) 56(나)4①

목표

구의 중심과 반지름을 이해하고, 조작 활동을 통해 구를 만들 수 있다.

자료

반원 모양의 종이, 나무젓가락, 셀로판테이프

활동

(1) 반원 모양의 종이를 나무젓가락에 붙여서 돌리면서 모양 관찰하기

- 어떤 모양이 될지 생각해보게 한 후, 나무젓가락을 돌리면서 모양을 살펴보도록 한다.
- 어떤 모양이 될지 생활에서 찾아보도록 한다.

(2) 알맞은 이름 붙이기

- 만들어진 입체도형의 모양을 무엇이라고 부르면 좋을지 생각해보도록 한 다음, 구라고 부르기로 한다.
- 반원의 중심을 가리켜 구의 중심, 반원의 반지름이 곧 구의 반지름이 됨을 관찰하여 알아내도록 한다.

배경

반원의 지름을 회전축으로 하여 1회전해서 얻은 입체도형을 구라고 한다. 회전시키기 전의 반원의 중심을 확인하고, 회전시킨 구에 있어서도 그 점을 구의 중심이라고 한다는 것을 이해하게 한다. 또, 반원의 반지름이 구의 반지름이 되며, 구의 표면의 한 점과 구의 중심을 잇는 선분은 그 길이가 모두 같고, 이것들이 모두 구의 반지름이 된다는 것을 관찰하게 한다.

2009개정교육과정에서는 회전체를 초등학교에서 지도하지 않도록 하고 있다. 회전체의 개념을 빌리지 않고 구의 개념을 도입하기 위해서는 농구공, 탁구공과 같은 구체물을 준비하고, 이와 같은 구체

물의 단면을 실제로 잘라 보던가, 아니면 그림을 통해 경험해보게 함으로써 구의 중심, 반지름 등의 개념을 지도할 수 있다. 또는 컴퓨터 그래픽을 이용하여 회전체인 구의 형성과정을 보여주는 것도 도움이 되는 방법의 하나이다.

관련 TU : TUAG-0010, TUAG-2320, TUAG-2050, TUAG-2410, TUAG-2460

TUAG-2450.10 회전체의 회전단면 찾기

관련 교육과정	(07) 6(나)2③
	(09) 중(마)4②

목표

회전체를 보고 어떤 평면도형을 회전시킨 것인지 알 수 있다.

자료

평면도형 모형, 회전체, 그림 카드 또는 구체물(도자기 등)

활동

(1) 평면도형과 관계있는 회전체 찾아보기

- 평면도형을 보고 그것을 회전시켰을 때의 모습을 알아보게 한다.

(2) 회전체와 관계있는 평면도형 찾아보기

- 생활 속에서 볼 수 있는 회전체를 찾아 그것을 회전시키기 전의 평면도형을 찾아보게 한다.

배경

원기둥, 원뿔, 구 등은 회전체이다. 다양한 회전체를 알아보게 하고, 회전체에 대한 이해를 심화시킨다. 생활용품 중에서 회전체에는 어떤 것들이 있는지 알아보게 한 다음 그것의 회전하기 전의 도형을 알아보게 한다.

관련 TU : TUAG-2320, TUAG-2340, TUAG-2440, TUAG-2460

TUAG-2460.10 회전체의 단면

관련 교육과정	(07) 6(나)2③
	(09) 중(마)4②

목표

회전체에서 회전축을 품은 평면으로 자른 단면과 회전축에 수직인 평면으로 자른 단면을 이해할 수 있다.

자료

무, 당근, 오렌지, 철판, 칼

활동

(1) 회전축을 품은 평면으로 자른 단면 알아보기

- 무, 당근, 오렌지와 같은 사물을 이용하여 회전축을 품은 명면으로 잘라 그 단면을 알아보도록 한다.
- 회전체에 따라 직사각형, 원, 삼각형과 같이 다양한 모양이 나올 수 있음을 이해하도록 한다.

(2) 회전축에 수직인 평면으로 자른 단면 알아보기

- 무, 당근, 오렌지와 같은 사물을 이용하여 회전축에 수직인 평면으로 잘라 그 단면을 알아보도록 한다.
- 회전축에 수직인 평면으로 잘랐을 때에는 그 단면이 항상 원이 됨을 이해하도록 한다.

(3) 회전축에 수직이 아닌 평면으로 자른 단면 알아보기

- 무, 당근, 오렌지와 같은 사물을 이용하여 회전축에 수직이 아닌 평면으로 잘라 그 단면을 알아보도록 한다.
- 회전체에 따라 다양한 모양이 나올 수 있음을 이해하도록 한다.

배경

비교적 구하기 쉬운 원기둥, 원뿔, 구 모양을 한 재료를 여러 방향의 평면으로 잘라보고, 잘린 면을

단면이라고 한다는 것을 알게 하고, 자르는 방향에 따라 단면의 모양이 어떻게 다른지를 알아보게 한다. 재질이 단단한 모형은 잘라 보기 어려우므로 무, 당근, 오렌지 등을 준비하여 회전체임을 확인하고, 넓적한 칼이나 면이 고른 철판 등으로 여러 방향으로 잘라서 잘린 면을 살펴보게 한다. 살펴보기 전에 회전축을 품은 방향, 회전축에 수직인 방향, 회전축에 평행도 수직도 아닌 방향에 대한 정의를 명확하게 해야 한다. 여기에서 잘린 면을 단면이라고 한다는 것을 말해 주고, 회전축을 품은 방향, 회전축에 수직인 방향, 회전축에 평행도 수직도 아닌 방향 등 크게 세 가지로 나누어 그 단면의 모양을 정리해보게 한다.

관련 TU : TUAG-1520, TUAG-2450

TUAG-3010.10 쌓기 나무로 똑같이 만들기

관련 교육과정	(07) 2(나)2① (09) 12(나)1②

목표

쌓은 모양을 보고 똑같이 쌓을 수 있다.

자료

쌓기 나무 6개, 그림 카드

활동

(1) 쌓기 나무로 만들어진 입체도형 그림을 보고 똑같이 만들기

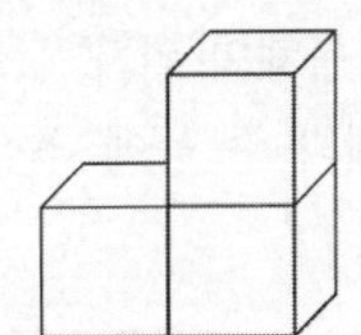

쌓기 나무 3개로 쌓기

쌓기 나무 3개로 쌓은 모양을 보고 똑같이 쌓아보기

−쌓기 나무 3개로 똑같이 쌓아봅시다.

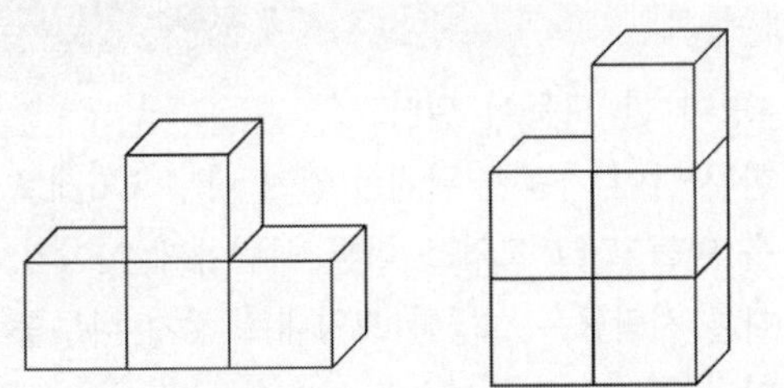

쌓기 나무 4개로 쌓기 　 쌓기 나무 5개로 쌓기

쌓기 나무 4~5개로 쌓은 모양을 보고 똑같이 쌓아보기

−쌓기 나무 4~5개로 똑같이 쌓아봅시다.

(2) 쌓기 나무로 만들어진 입체도형을 보고 똑같이 만들기

짝이 쌓은 모양을 보고 똑같이 쌓아보기

−짝이 쌓은 모양을 보고 똑같이 쌓아봅시다.

규칙적으로 쌓아 놓은 모양의 다음에 올 모양 쌓기

−쌓은 모양을 보고, 다음에 어떻게 쌓아야 할지 알아봅시다.

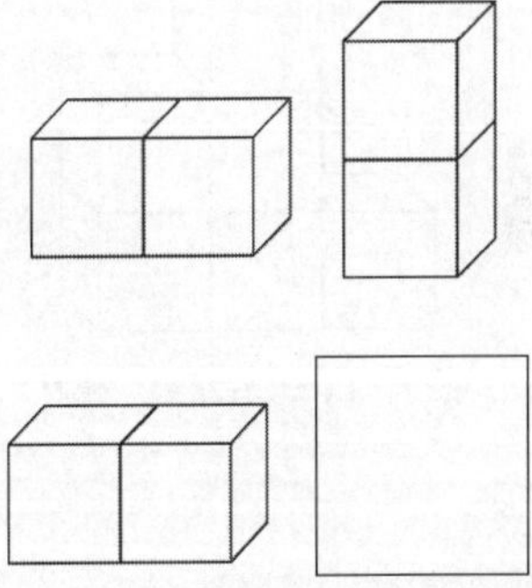

배경

쌓기 나무로 쌓은 모양을 보고 똑같이 쌓아 보고, 쌓기 나무로 여러 가지 모양을 만들어 보는 학습을 함으로써 학생들은 공간에서의 물체의 위치, 물체의 모양 등을 통한 입체 도형의 특성과 개념을 형성하게 된다.

관련 TU : TUAG-0040, TUAG-3020

TUAG-3020.10 쌓기 나무로 여러 가지 모양 만들기

관련 교육과정	(07) 2(나)[2]①
	(09) 12(나)[1]②

목표

쌓기 나무로 여러 가지 모양을 만들 수 있다.

자료

쌓기 나무 6개, 가림판

활동

(1) 쌓기 나무로 만들어진 입체도형을 한 번 보고 가린 다음 똑같이 만들기

▸ 짝이 쌓은 모양과 똑같이 쌓아보기

- 한 사람이 가림판을 가리고 쌓기 나무 6개로 모양을 만든다.
- 짝에게 보여주고 다시 가림판으로 가린다.
- 짝이 이것을 기억하여 똑같이 쌓는다.

▸ 교사가 쌓은 모양과 똑같이 쌓기

- 교사가 쌓기 나무 3～5개로 쌓은 모양을 5~10초 정도 보여준 다음 가림판으로 가린다.

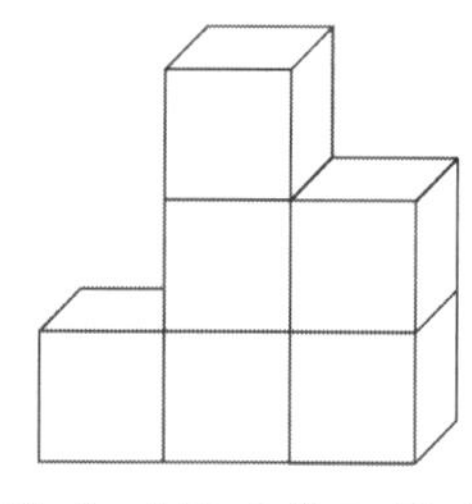

쌓기 나무 6개로 쌓기

▸ 교사의 설명을 듣고 쌓기 나무로 여러 가지 모양을 만들어 봅시다.

- 교사의 설명을 듣고 쌓기 나무로 모양을 만든다.
- 만든 모양과 정답을 비교한다.

▸ 쌓은 모양을 관찰하는 방법을 알아보기

- 쌓기 나무로 쌓은 전체 모양을 관찰한다.
- 쌓기 나무로 쌓은 나무의 위치를 관찰한다.
- 쌓기 나무로 쌓은 쌓기 나무의 개수를 관찰한다.

배경

도형과 공간감각은 일상적으로 늘 접하는 경험의 일부분으로 분리해서 생각할 수 없으며, 수학 교육에서 아주 중요한 위치를 차지한다. 학생들은 활동하면서 공간에 대한 많은 직관적 개념을 형성하며, 주변 환경 속에서도 직관적인 개념을 형성한다. 그리고 환경 속에 있는 사물들과 상호 작용을 한다. 공간 감각은 자기 주위의 상황과 그 물체에 대한 직감의 일부이다. 공간 감각을 기르기 위하여 학생들은 공간에서의 물체의 위치, 물체의 모양, 모양을 이루고 있는 물체의 수 등에 초점을 둔 많은 경험을 해야 한다.

관련 TU : TUAG-3010, TUAG-3030

TUAG-3030.10 쌓기 나무로 여러 가지 입체도형 만들기

관련 교육과정	(07) 2(나)[2]②
	(09) 12(나)[1]②

목표

주어진 쌓기 나무로 여러 가지 입체도형을 만들 수 있다.

자료

쌓기 나무 6개

활동

(1) 쌓기 나무를 이용하여 재미있는 놀이하기

- 4명이 한 모둠이 된다.
- 한 사람이 가림판 뒤에서 쌓기 나무 3~6개로 모양을 만들고 그 모양을 다른 사람에게 이야기 한다.
- 다른 사람들은 설명한 모양대로 쌓기 나무를 쌓는다.
- 가림판을 치우고 두 모양이 서로 같은지 비교하여 똑같이 만든 사람이 점수를 얻는다.

[놀이 방법 소개]
1층은 3개입니다.
2층은 0개입니다.
3층은 0개입니다.
모두 3개로 쌓았습니다.
한층으로 만들어져 있습니다.
쌓기 나무의 개수는 3개입니다.
어떤 모양일까요?

(2) 생활 주변의 물건이나 모양을 상상하여 쌓기
▶ 우리 생활 주변에서 볼 수 있는 물건을 쌓기 나무를 활용하여 만들어 봅시다.
- 모둠(4인 1모둠)끼리 쌓기 나무를 활용하여 만들 수 있는 물건이나 모양에 대하여 이야기를 나누어보시오.
▶ 상상한 물건이나 모양을 쌓기 나무로 쌓아 봅시다. (3~6개 활용)
▶ 쌓기 나무로 쌓은 모양에 대하여 설명하여 봅시다.

배경

생활 주변의 물건이나 모양을 상상하여 쌓기 나무로 쌓는 활동을 통하여 학생들에게 공간감각을 길러 줄 수 있다. 또 다양한 위치에서 보이는 물건의 모양에 대하여 탐구하게 함으로써 수학적 창의력을 함양시킬 수 있다.

관련 TU : TUAG-3020, TUAG-3110

TUAG-3110.10 쌓기 나무의 수 구하기

관련 교육과정	(07) 6(나)③①
	(09) 56(나)⑤①

목표

쌓기 나무로 만든 입체도형을 보고 사용된 쌓기 나무의 수를 구할 수 있다.

자료

쌓기 나무 7개, 그림 카드

활동

(1) 교사가 쌓아 놓은 모양을 보고 똑같이 쌓아 보기
- 쌓기 나무 7개 정도를 이용하여 교사가 쌓기 나무를 쌓고 학생들에게 그대로 따라해 보도록 한다.

(2) 친구가 쌓아 놓은 모양을 보고 똑같이 쌓아 보기
- 짝과 함께 쌓기 나무 7개 정도를 이용하여 한 사람이 쌓기 나무를 쌓고 상대방이 그대로 따라해 보도록 한다.

(3) 교사가 보여 주는 2개의 쌓은 모양을 짝과 함께 쌓아 보기
- 교사가 같은 모양을 쌓은 위치를 달리하여 쌓기 나무를 쌓아 짝과 함께 각각을 쌓아보게 한다.
- 두 모양이 서로 같은 모양인지 생각해보게 한다.

(4) 짝과 함께 쌓기 나무로 같은 모양을 놓은 위치나 방법을 다르게 쌓아보기
- 한 사람이 쌓기 나무로 모양을 만들고, 상대방은 짝과 같은 모양을 놓은 위치나 방법을 달리하여 쌓기 나무를 쌓아본다.

배경

쌓기 나무로 여러 입체 모양을 만들어 보거나 만들어진 모양을 보고 그 모양에 사용된 쌓기 나무의 수를 알아보는 활동을 한다. 쌓기 나무로 만든 입체 모양의 그림을 서로 비교하여 같은 모양인지 확인하는 활동도 한다.

관련 TU : TUAG-3030, TUAG-2090, TUAG-3120

TUAG-3120.10 규칙 찾기(쌓기 나무)

관련 교육과정	(07) 6(나)3②
	(09) -

목표

쌓기 나무로 여러 가지 모양을 만들고 규칙을 찾을 수 있다.

자료

쌓기 나무, 활동카드(쌓기 나무로 만든 모형)

활동

(1) 교사가 쌓아 놓은 모양을 보고 규칙 찾아보기

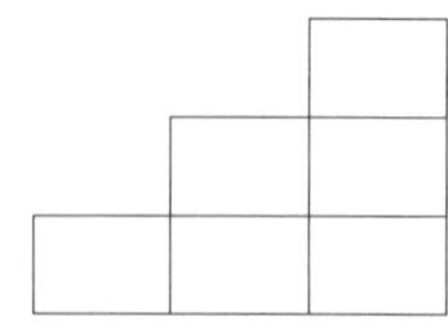

- 쌓기 나무를 사용하여, 너비가 쌓기 나무 3개와 같은 계단모양을 1단, 2단, 3단까지 만들어보게 한다.
- 계단이 높아지면서 어떠한 규칙이 있는지 말해보게 한다.
- 그 규칙에 따라 10단의 계단 모양을 만들어보게 한다.

(2) 돌담과 같은 조형물을 만들어 보고 규칙 찾아보기

- 각각 개인별로 활동카드를 보고 쌓기 나무로 똑같이 쌓아 본다.
- 짝과 같이 만들어진 모양을 보고 활동카드와 같은지 확인한다.
- 만들어진 모양을 보고 규칙을 찾아본다.
- 찾은 규칙을 모둠별로 의논하여 학습지에 간단하게 기록한다.

(3) 성곽과 같은 조형물을 만들고 규칙 찾아보기

- 모둠별로 활동카드를 보고 쌓기 나무로 똑같이 쌓아 본다.
- 만들어진 모양을 보고 모둠별로 같이 의논하여 규칙을 찾아본다.
- 찾은 규칙을 종이에 간단하게 기록한다.

배경

우리 주변에 있는 구체물들, 예를 들어 돌담이나 창고에 쌓여 있는 상자들이나 성곽 등을 보면 직육면체 모양을 가지고 특정 규칙에 따라 형성된 경우가 많다. 그런 물체를 보고, 그 안에 담겨 있는 규칙성을 수학적으로 분석해내는 규칙성 탐구뿐만 아니라, 공간감각을 기를 수 있게 한다.

관련 TU : TUAG-3030, TUAG-3110, TUAG-3130, TUPT-0420

TUAG-3130.10 쌓기 나무로 여러 가지 모양 만들기

관련 교육과정	(07) 6(나)3②
	(09) -

목표

규칙을 정하여 쌓기 나무로 여러 가지 모양을 만들 수 있다.

자료

쌓기 나무, 피라미드 사진

활동

(1) 규칙을 정하여 산 모양으로 쌓기 나무 쌓기

- 쌓기 나무로 미리 쌓아놓은 산 모양을 보고, 어떤 규칙으로 쌓았을지 생각해보도록 한다.
- 아래부터 차례로 각 줄에 사용된 쌓기 나무의 수를 세어 보면서, 쌓기 나무의 수가 어떻게 변했는지 알아보도록 한다.
- 산 모양을 만들기 위해 사용된 규칙이 무엇인지 말해보도록 한다.
- 자신이 말한 규칙대로 직접 쌓아보도록 한다.

(2) 피라미드 모양으로 쌓기 나무 쌓기

- 피라미드 사진을 보고, 어떤 규칙으로 쌓았을지 생각해보도록 한다.
- 아래부터 차례로 각 층에 사용된 쌓기 나무의 수

를 세어 보면서, 쌓기 나무의 수가 어떻게 변했는지 알아보도록 한다.
- 피라미드 모양을 만들기 위해 사용된 규칙이 무엇인지 말해보도록 한다.
- 자신이 말한 규칙대로 직접 쌓아보도록 한다.

배경

규칙을 먼저 정해 놓고, 그 규칙에 따라 쌓기 나무를 쌓아서 특정 모양을 만들어보는 활동을 한다. 산이라는 구체적인 모양을 쌓기 나무로 표현할 때, 어떤 규칙성을 염두에 두면 산이 잘 표현될 것인지를 알아내는 것으로 쌓기 나무를 이용한 새로운 공간 감각 훈련이다. 산은 위로 올라가면서 점점 좁아져 뾰족하게 된다는 점에 착안하여 이를 쌓기 나무로 표현할 때, 크게 두 가지의 경우를 생각할 수 있게 된다. 쌓기 나무들을 서로 엇갈리게 쌓는 경우와 엇갈리지 않게 쌓는 경우이다. 이 두 가지의 경우에는 각 층마다 감소되는 쌓기 나무의 수에 초점을 맞추어 질문을 함으로써 두 가지의 경우를 비교하는 것도 좋은 지도 내용이 된다. 피마리드의 경우도 산처럼 위로 올라가면서 점차로 뾰족해지고 있지만, 이는 사방에서 같이 뾰족해져야 된다는 것을 알 수 있다. 따라서 산 모양보다 발전된 생각이 필요하게 된다.

관련 TU : TUAG-3030, TUAG-3120, TUPT-0430

TUAG-3140.10 위, 앞, 옆에서 본 모양(쌓기 나무)

관련 교육과정	(07) 6(나)③③
	(09) 56(나)⑤②

목표

쌓기 나무로 만든 입체도형의 위, 앞, 옆에서 본 모양을 그릴 수 있다.

자료

쌓기 나무, 모눈종이

활동

(1) 쌓기 나무로 만든 후에 위, 앞, 옆에서 보고 그리기
- 쌓기 나무로 미리 쌓아 놓은 실물 모양을 제시하여 각자 쌓기 나무로 제시된 것과 같이 만들어 보게 한다.
- 준비된 모눈종이에 위, 앞, 옆에서 본 모양을 각각 그리게 한다.
- 짝과 함께 서로의 그린 모양을 살펴보고 의견을 나누어 보도록 한다.

(2) 쌓기 전에 앞과 옆에서 본 모양을 미리 그리기
- 위에서 본 모양의 각 칸 위에 쌓아 놓을 쌓기 나무의 개수가 적힌 그림을 제시하며 머릿속으로 쌓아 만들어질 모양을 상상해서 앞, 옆에서 본 모양을 그려 보게 한다.

(3) 자신의 쌓기 나무로 상상한 모양을 직접 만들기
- 쌓기 나무의 수와 쌓은 규칙을 잘 생각하여 직접 쌓아 보도록 한다.
- 모둠별로 각자의 활동 결과를 살펴보며 서로의 생각을 교환해 보도록 한다. 서로 다른 점은 무엇인지 왜 그렇게 생각했는지 의견을 나누어 보게 한다.

배경

입체 모양을 파악하는 방법으로 그 모양을 여러 방향에서 관찰하는 활동이 기본적으로 필요하다. 특히, 쌓기 나무와 같이 정육면체로 만들어진 입체도형으로 구성된 입체 모양을 위, 앞, 옆과 같이 직교하는 방향에서 관찰하는 것은 입체 모양에 대한 분석적 파악의 기본적인 방법이라고 할 수 있다.

관련 TU : TUAG-3110, TUAG-3150

TUAG-3150.10 쌓기 나무로 입체도형 만들기

관련 교육과정 (07) 6(나)③③ (09) 56(나)⑤③

목표

위, 앞, 옆에서 본 모양을 보고, 그 입체 모양을 쌓기 나무로 만들 수 있다.

자료

소마큐브, 쌓기 나무

활동

(1) 소마큐브 중 하나의 위, 앞, 옆에서 본 모양을 보고 쌓기 나무를 이용하여 만들기

- 소마큐브는 쌓기 나무 4~5개를 쌓아 만든 것으로 학생들이 비교적 쉽게 접근할 수 있으므로, 소마큐브를 제시하여 쌓아보도록 한다.

(2) 위, 앞, 옆에서 본 모양을 보고 쌓기 나무 7개를 이용하여 만들기

- 쌓기 나무를 7개 이용하여 위에서 본 모양을 만들고, 그 위에 한 층씩 더 쌓아가면서 앞, 옆에서 본 모양과 같도록 수정하게 한다.

(3) 쌓기 나무가 어떻게 쌓여 있는지 알아보기

- 모둠별로 설계자를 한 명 정하고, 나머지 모둠원들은 건축가가 된다.
- 설계자의 역할을 맡은 학생은 다른 모둠원들이 보지 못하도록 가린 후, 쌓기 나무 10개를 사용하여 구조물을 만든다.
- 완성된 구조물의 위, 앞, 옆에서 본 모양을 건축가에게 설명하고 직접 만들게 한다.
- 건축가가 구조물을 완성하면 설계자가 만든 구조물과 비교한다.
- 역할을 바꾸어 다시 해보고, 설명하기 어려운 점이 무엇인지 발표해볼 기회를 제공한다.

배경

이 경우에 그 모양을 직접 쌓기 나무로 쌓아 보고 그것을 관찰하여 앞, 옆에서 본 모양을 그리는 것이 아니고, 머릿속에서 해당 입체 모양을 상상해서 그로부터 앞, 옆에서 본 모양을 그리는 것이기 때문에 어려울 수 있다. 그러나 우리가 생활하면서 공간적인 예상을 해야 되는 경우가 많음을 감안할 때에 실제로 시뮬레이션을 하는 것이 어려운 경우는 머릿속으로 시뮬레이션을 해야 되므로 이와 같은 활동은 필요하다.

관련 TU : TUAG-3140, TUAG-3160

TUAG-3160.10 물체의 위, 앞, 옆에서 본 모양 그리기

관련 교육과정 (07) 6(나)③④ (09) –

목표

생활 주변의 물건의 위, 앞, 옆에서 본 모양을 그릴 수 있다.

자료

우유팩

활동

(1) 우유팩의 위, 앞, 옆에서 본 모양을 그리기

- 비교적 그리기 쉬운 우유팩을 선택하여 학생들에게 위, 앞, 옆에서 본 모양을 그려보도록 한다.

(2) 교실에서 볼 수 있는 물건의 위, 앞, 옆에서 본 모양 그리기

- 의자와 같이 위, 앞, 옆에서 본 모습이 모두 다른 물체를 제시하여 학생들에게 그려보도록 한다.

(3) 가정에서 볼 수 있는 물건의 위, 앞, 옆에서 본 모양 그리기

- 학생들에게 위, 앞, 옆에서 본 모양이 서로 다른 물건을 하나씩 가져오게 하여 그려보게 한다.
- 짝과 바꾸어 그려보고, 그린 모양이 서로 같은지 확인해 보도록 한다.

배경

우리는 일상생활에서 어떤 사물에 대해 분석적으로 지각하기 보다는, 그 사물의 전체적인 모습만을 기억한다. 하지만 거의 모든 사물은 보는 방향에 따라 전혀 다른 모양을 하고 있다. 여기에서는 사물을 위, 앞, 옆에서 보는 활동을 통하여 사물에 대한 분석적인 시각을 키운다.

관련 TU : TUAG-2090, TUAG-3140, TUAG-3170

TUAG-3170.10 물체 확인하기

관련 교육과정	(07) 6(나)③④
	(09) -

목표

위, 앞, 옆에서 본 모양을 보고 생활 주변의 물체를 알 수 있다.

자료

교실에서 볼 수 있는 물체의 위, 앞, 옆에서 본 모양을 그린 그림 여러 장

활동

(1) 설명하는 물건이 무엇인지 알아보기

- 그림 자료를 활용해 생활주변에서 많이 볼 수 있는 주전자, 전화기 등의 위, 앞, 옆에서 본 모양을 제시하여 무엇인지 알아보도록 한다.

(2) 교사가 제시한 모양을 보고 같은 모양의 물체 찾아보기

- 교사가 미리 교실에서 볼 수 있는 물체의 위, 앞, 옆에서 본 모양을 그린 그림을 준비하여 학생들에게 맞춰보도록 한다.

(3) 짝이 그린 모양을 보고 같은 물체 찾아보기

- 짝이 교실에 있는 물체를 하나 정하여 위, 앞, 옆에서 본 모양을 그리고 상대방이 맞춰보도록 한다.

배경

여기서는 위, 앞, 옆에서 본 모양을 통해 사물의 전체적인 모습을 유추해내는 것이다. 이러한 활동을 통해 학생들은 입체 모양에 대한 분석적인 파악과 공간 감각의 체계적인 훈련을 할 수 있을 것이다.

관련 TU : TUAG-3150, TUAG-3160

TUAG-4010.10 평면도형 밀기

관련 교육과정	(07) 3(나)②①
	(09) 34(나)②①

목표

평면도형을 밀어 보고 그 변화를 이해할 수 있다.

자료

모양조각(패턴블록), 모눈종이

활동

(1) 구체물, 그림, 간단한 평면도형을 밀기

모눈종이 위에 모양조각을 올려놓고 좌우상하로 밀어 보면서 위치와 모양을 관찰하는 데 사용한다.

(2) 평면도형을 밀기한 후에 변화된 것 이해하기

평면도형을 밀기 한 결과 모양과 크기는 변화지 않고 위치가 변하였음을 이해하도록 한다. 위쪽으로 옮겨진 도형의 위치와 아래쪽으로 옮겨진 도형, 왼쪽, 오른쪽으로 옮겨진 도형의 위치를 관찰하게 하여 왼쪽으로 옮겨진 도형을 오른쪽으로 옮기면 처음 주어진 도형의 위치가 되고, 왼쪽으로 옮겨진 도형으로 오른쪽으로 두 칸 옮기면 처음 주어진 도형을 오른쪽으로 한 칸 옮긴 도형의 위치와 같아진다는 것도 발견하게 한다.

배경

모양조각(패턴블록)을 이용하면 여러 가지 모양을 손쉽게 조작하면서 관찰이 가능하고 짝과 함께 놀

이를 할 수 있다. 모양 및 도형 움직이기 전 단원에 걸쳐 효과적으로 사용할 수 있고, 고학년에서 도형의 대칭과 합동에도 유용하게 사용될 수 있는 자료이다. 다양한 방법으로 도형을 움직여보면서 공간 개념을 형성하는 데 매우 효과적이다.

도형의 밀기는 도형의 합동 변환의 한 가지로 도형의 모양은 변하지 않고, 위치만 바뀐다.

관련 TU : TUAG-4040, TUPT-0310

TUAG-4020.10 평면도형 뒤집기

관련 교육과정	(07) 3(나)2①
	(09) 34(나)2①

목표

평면도형을 뒤집어 보고 그 변화를 이해할 수 있다.

자료

투명종이, 숫자, 도형, 구체물, 그림, 간단한 평면도형의 코팅자료, 거울

활동

(1) 구체물, 그림, 간단한 평면도형을 뒤집기

숫자, 도형, 구체물, 그림, 간단한 평면도형을 다양하게 만들어 코팅하고 코팅한 자료들 사이에는 투명 종이를 한 장씩 끼워 넣어 공책처럼 엮는다. 공책처럼 제작된 자료를 투명 종이에 본래의 그림을 본뜬 뒤 반대 방향으로 넘겨보면서 뒤집은 모양이 어떻게 변화했는지 이해하게 한다.

(2) 평면도형을 뒤집기한 후에 변화된 것 이해하기

평면도형을 뒤집기 한 결과 모양과 크기는 변화지 않고 위치와 방향이 변하였음을 이해하도록 한다. 수평 방향을 축으로 뒤집을 때는 상하가 뒤집어진 모양으로 바뀌고, 수직 방향을 축으로 뒤집을 때는 좌우가 뒤집어진 모양으로 바뀐다는 점을 확인시킨다.

(3) 거울을 이용하여 뒤집은 모양 알아보기

평면도형 옆에 거울을 두고, 거울에 비친 모양이 평면도형을 뒤집은 모양이 됨을 알게 한다. 처음 도형과 뒤집은 도형 사이에 다른 점이 무엇인지 발견하도록 한다.

배경

여러 가지 모양 뒤집기 자료를 통해 다양한 모양의 공간 감각을 익힐 수 있다. 개인별, 그룹별 게임이 가능한 자료이므로 두 사람이 이용할 경우에는 한 사람은 넘긴 상태(뒤집어진 상태)에서의 모양 맞추기 게임으로 활용할 수 있고, 여러 사람이 이용할 경우에는 한 사람은 넘기고 다른 사람들은 먼저 맞추는 사람이 승자가 되는 게임으로 진행할 수 있다. 초기에는 직관적인 사고에 의한 활동이 많으나, 점차 추상적인 사고에 의해 도형 뒤집기를 할 수 있도록 지도한다.

도형 뒤집기는 도형의 합동 변환의 한 가지로 도형의 모양은 변하지 않으며, 위치와 방향만 바뀐다.

관련 TU : TUAG-4040, TUPT-0320

TUAG-4030.10 평면도형 돌리기

관련 교육과정	(07) 3(나)2①
	(09) 34(나)2①

목표

평면도형을 돌려 보고 그 변화를 이해할 수 있다.

자료

구체물, 그림, 간단한 평면도형 그림, 모눈종이

활동

(1) 구체물, 그림, 간단한 평면도형을 돌리기

주어진 도형을 빈 모눈종이에 시계 방향으로 1직각의 크기로 돌리는 활동을 하게 한다. 돌린 후의 도형과 처음 도형을 비교하여 위, 아래, 오른쪽, 왼쪽

이 어떻게 변했는지 살펴보고, 도형 돌리기의 특징을 알아보게 한다. 즉, 시계 방향으로 1직각의 크기만큼 돌렸을 때는 위쪽 부분은 오른쪽 부분이 되고, 왼쪽 부분은 위쪽, 아래쪽 부분은 왼쪽, 오른쪽 부분은 아래쪽이 됨을 알게 한다. 또, 주어진 도형을 시계 방향으로 180도, 270도, 360도 돌려서 생기는 도형을 각각 그려보게 한다. 색칠한 도형과 처음 도형을 비교해 보고, 각각의 위치 관례를 파악하여 돌리기를 한 도형의 여러 가지 특징을 찾아보게 한다. 위, 아래, 오른쪽, 왼쪽의 위치가 어떻게 바뀌었는지 살펴보게 하고, 처음 도형과 바뀐 도형을 비교하여 보고 얼마만큼 돌렸는지도 찾아보게 한다.

(2) 평면도형을 돌리기 한 후에 변화된 것 이해하기

처음 도형을 180도 돌린 도형은 90도 돌린 도형을 다시 90도 돌린 것과 같은 위치가 되는 것을 발견할 수 있도록 한다. 또, 180도 돌린 도형은 처음 도형을 수평 방향을 축으로 뒤집기 한 다음 수직 방향을 축으로 뒤집기 한 것과 같은 결과임을 발견하도록 한다.

배경

도형의 돌리기는 앞서 학습한 도형의 밀기, 뒤집기와 함께 도형의 합동을 학습하는 데 있어 기초적인 지식이 된다. 두 도형이 합동이라면 세 가지 이동 중 하나 이상의 이동에 의해 포개질 수 있기 때문이다.

도형 뒤집기는 도형의 합동 변환의 한 가지로 도형의 모양은 변하지 않으며, 위치와 방향만 바뀐다.

관련 TU : TUAG-4040, TUPT-0330

TUAG-4040.10 도형의 이동을 표현하기

관련 교육과정	(07) 3(나)2①
	(09) 34(나)2①

목표

주어진 도형을 밀기, 뒤집기, 돌리기 한 후의 모양을 보고, 움직인 방법을 설명할 수 있다.

자료

숫자 카드, 다양한 도형 그림 각각 2장씩

활동

(1) 도형을 움직여서 만들어진 새로운 도형을 보고, 그 움직임 설명하기

숫자 9와 숫자 6이 그려진 카드를 보여주고, 숫자 9를 어떻게 움직이면 숫자 6과 같은 모양이 될 수 있는지 말해 보도록 한다. 두 번 돌리기를 하거나, 두 번 뒤집기를 하여도 같은 도형이 될 수 있음을 찾아내도록 하고 학생 스스로 발견할 수 있도록 충분한 시간적 여유를 준다. 이 활동이 끝나면 다양한 도형을 움직이기 전과 움직인 후의 모양을 제시하고 주어진 도형의 움직임을 말해보게 한다. 단, 한 가지 방법만 있는 것이 아니므로 여러 가지 다양한 방법을 찾아보게 하여 창의적인 방법을 유도하도록 지도한다.

배경

제시된 처음 도형과 움직인 도형을 보고 어떻게 움직였는지 그 움직임을 말해 보는 활동을 통해 지금까지 공부한 도형의 밀기, 뒤집기, 돌리기의 방법을 다양하게 적용하여 창의적으로 움직이는 방법을 찾아보게 함으로써 수학적 사고력의 신장에 도움을 줄 수 있다.

관련 TU : TUAG-4010, TUAG-4020, TUAG-4030, TUPT-0340

TUAG-4110.10 주어진 도형으로 여러 가지 모양 만들기

관련 교육과정	(07) 4(나)②④
	(09) 34(나)⑥②

목표

주어진 도형으로 여러 가지 모양을 만들 수 있다.

자료

도형판(학습지), 색연필, 가위, 칠교판

활동

(1) 한 가지 모양으로 여러 가지 모양 만들기

다음과 같은 모눈종이를 이용하여 삼각형, 사각형, 오각형, 육각형, 칠각형… 등의 다각형을 만들어 보도록 한다.

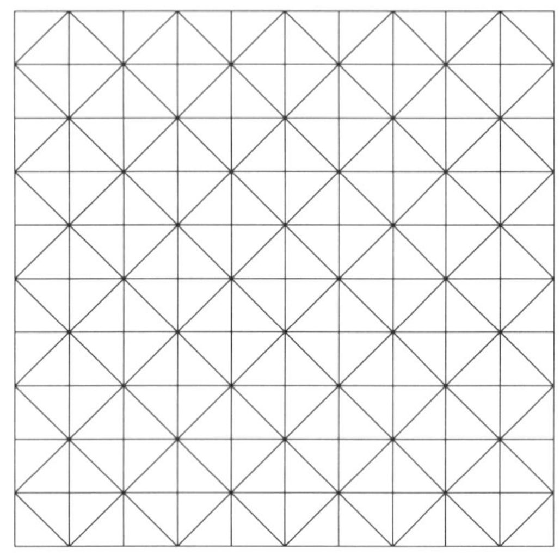

(2) 칠교판으로 여러 가지 모양 만들기

칠교판의 조각 3개를 사용하여 삼각형을 만들어 보게 하거나 4개를 이용하여 삼각형을 만들어보게 한다. 또 칠교판의 조각 4개를 사용하여 직사각형을 만들어 보고, 5개를 사용하여 직사각형을 만들어보게 한다. 이러한 방법으로 다양하게 활동해 볼 수 있다.

배경

칠교판은 정사각형으로 만들며, 큰 직각이등변삼각형이 2개, 작은 직각이등변삼각형이 2개, 그 중간 크기의 직각이등변삼각형 1개, 정사각형 1개, 평행사변형 1개로 모두 7조각으로 되어 있다.

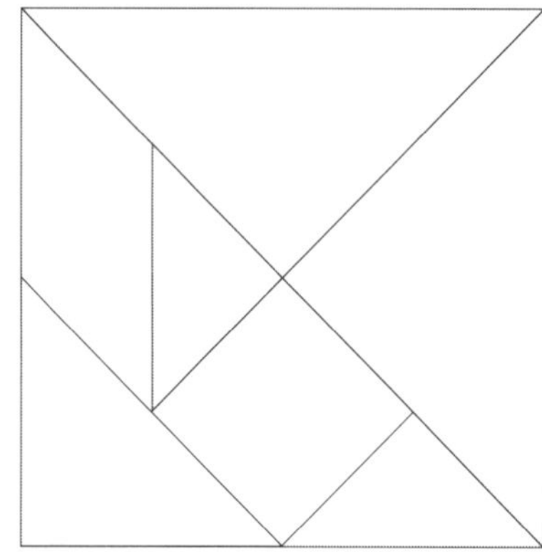

2조각 이상 사용하여 다각형 만들기는 사다리꼴, 삼각형, 오각형, 육각형, 십각형, 십이각형 등을 다룰 수 있다. 2조각, 3조각, 4조각으로 점차 사용하는 조각의 개수를 늘려가면서 만들어보도록 지도한다. 어떤 다각형은 3조각으로 만들 수 없고, 어떤 것은 4조각으로 만들 수 없는 경우도 있음을 구체적인 조작을 통해 스스로 발견할 수 있도록 한다.

관련 TU : TUAG-0170, TUAG-0090, TUAG-4120

TUAG-4120.10 주어진 도형을 여러 가지 모양으로 덮어보기

관련 교육과정	(07) 4(나)2⑤
	(09) 34(나)6③

목표

주어진 도형을 여러 가지 모양으로 덮을 수 있다.

자료

칠교판, 모양조각, 활동판 등

활동

(1) 한 가지 모양으로 여러 가지 모양 덮어보기

다양한 형태의 모양을 제시해 주고 주어진 모양을 칠교조각이나 모양조각 중 한 가지를 활용하여 덮어보도록 한다. 칠교조각이나 모양조각에는 같은 모양이 여러 개 있지 않으므로 종이에 복사하여 오려 쓸 수 있도록 준비해주면 좋다.

(2) 주어진 도형으로 여러 가지 모양 덮어보기

처음에는 주어진 모양 위에 칠교조각이나 모양조각들을 놓아서 형태가 완성되었을 때 크기가 꼭 맞도록 활동을 제시한다. 두 번째로는 만들어야 할 모양의 외곽선만 제시해 주고, 그 다음에는 주어진 모양만을 보고 그대로 만들어보게 하며, 이것이 익숙해지면 스스로 만들고 싶은 모양을 정하여 만들어보도록 지도한다.

배경

칠교판(tangram)을 이용한 학습은 도형의 기본 개념이나 성질의 학습은 물론이고 공간 감각과 사고력을 기르는 교구로서 아주 좋다. 퍼즐 놀이와 같은 오락성이 수학적 학습 내용과 결합됨으로서 학습에 동기를 부여하고, 학습 효과를 높일 수 있다. 이 활동에서는 칠교판의 조각을 사용하여 여러 가지 모양을 만들어보게 함으로써 공간 감각을 기를 수 있다. 모양 조각(pattern block)도 칠교판과 마찬가지로 도형의 성질을 탐구하는 다양한 방법을 제공한다.

관련 TU : TUAG-0100, TUAG-4110

측정

TU일람표

ID	TU 번호	TU 제목	관련 교육과정	
			07개정	09개정
1	TUAM-0010.10	길이 비교(더 길다, 더 짧다)	(07) 1(다)[1]①	(09) 12(다)[1]①
2	TUAM-0020.10	길이 비교(가장 길다, 가장 짧다)	(07) 1(다)[1]①	(09) 12(다)[1]①
3	TUAM-0030.10	높이와 키 비교(더 높다, 더 낮다, 키가 더 크다, 키가 더 작다)	(07) 1(다)[1]①	(09) 12(다)[1]①
4	TUAM-0040.10	키 비교(키가 가장 크다, 키가 가장 작다)	(07) 1(다)[1]①	(09) 12(다)[1]①
5	TUAM-0050.10	들이 비교(더 많다, 더 적다)	(07) 1(다)[1]①	(09) 12(다)[1]①
6	TUAM-0060.10	들이 비교(가장 많다, 가장 적다)	(07) 1(다)[1]①	(09) 12(다)[1]①
7	TUAM-0070.10	무게 비교(더 무겁다, 더 가볍다)	(07) 1(다)[1]①	(09) 12(다)[1]①
8	TUAM-0080.10	무게 비교(가장 무겁다, 가장 가볍다)	(07) 1(다)[1]①	(09) 12(다)[1]①
9	TUAM-0090.10	넓이 비교(더 넓다, 더 좁다)	(07) 1(다)[1]①	(09) 12(다)[1]①
10	TUAM-0100.10	넓이 비교(가장 넓다, 가장 좁다)	(07) 1(다)[1]①	(09) 12(다)[1]①
11	TUAM-0210.10	수의 범위(이상)	(07) 4(다)[4]①	(09) 34(다)[6]①
12	TUAM-0220.10	수의 범위(이하)	(07) 4(다)[4]①	(09) 34(다)[6]①
13	TUAM-0230.10	수의 범위(~이상 ~이하)	(07) 4(다)[4]①	(09) 34(다)[6]①
14	TUAM-0240.10	수의 범위(초과)	(07) 4(다)[4]①	(09) 34(다)[6]①
15	TUAM-0250.10	수의 범위(미만)	(07) 4(다)[4]①	(09) 34(다)[6]①
16	TUAM-0260.10	수의 범위(~초과 ~미만)	(07) 4(다)[4]①	(09) 34(다)[6]①
17	TUAM-0270.10	수의 범위를 수직선에 나타내기	(07) 4(다)[4]①	(09) 34(다)[6]①
18	TUAM-0280.10	수직선을 보고 수의 범위 나타내기	(07) 4(다)[4]①	(09) 34(다)[6]①
19	TUAM-0310.10	반올림	(07) 4(다)[4]②	(09) 34(다)[6]②
20	TUAM-0320.10	올림	(07) 4(다)[4]②	(09) 34(다)[6]②
21	TUAM-0330.10	버림	(07) 4(다)[4]②	(09) 34(다)[6]②
22	TUAM-1010.10	시계를 보고 몇 시인지 말하기	(07) 1(다)[2]①	(09) 12(다)[2]①
23	TUAM-1020.10	몇 시를 모형 시계에 나타내기	(07) 1(다)[2]①	(09) 12(다)[2]①
24	TUAM-1030.10	시계를 보고 몇 시 30분인지 말하기	(07) 1(다)[2]①	(09) 12(다)[2]①
25	TUAM-1040.10	몇 시 30분을 모형 시계에 나타내기	(07) 1(다)[2]①	(09) 12(다)[2]①
26	TUAM-1050.10	시각을 분 단위로 읽기	(07) 2(다)[1]①	(09) 12(다)[2]①
27	TUAM-1060.10	시간의 뜻	(07) 2(다)[1]②	(09) 12(다)[3]①
28	TUAM-1070.10	1시간은 60분	(07) 2(다)[1]②	(09) 12(다)[3]①
29	TUAM-1080.10	'몇 시 몇 분'을 '몇 시 몇 분 전'으로 나타내기	(07) 2(다)[1]②	(09) 12(다)[2]①
30	TUAM-1090.10	하루는 24시간	(07) 2(다)[1]③	(09) 12(다)[3]②
31	TUAM-1100.10	오전과 오후	(07) 2(다)[1]③	(09) 12(다)[3]②
32	TUAM-1110.10	요일과 날짜	(07) 2(다)[1]③	(09) 12(다)[3]②
33	TUAM-1120.10	1주일은 7일	(07) 2(다)[1]③	(09) 12(다)[3]②
34	TUAM-1130.10	1년은 12개월	(07) 2(다)[1]③	(09) 12(다)[3]②
35	TUAM-1210.10	시각과 시간	(07) 3(다)[1]①	(09) 34(다)[1]①
36	TUAM-1220.10	1분은 60초	(07) 3(다)[1]②	(09) 34(다)[1]②
37	TUAM-1230.10	초 단위까지 시각 읽기	(07) 3(다)[1]②	(09) 34(다)[1]②
38	TUAM-1310.10	시간의 덧셈((시간)+(시간)형)	(07) 3(다)[1]③	(09) 34(다)[1]③
39	TUAM-1320.10	시간의 덧셈((시각)+(시간)형)	(07) 3(다)[1]③	(09) 34(다)[1]③
40	TUAM-1330.10	시간의 뺄셈((시간)−(시간)형)	(07) 3(다)[1]③	(09) 34(다)[1]③
41	TUAM-1340.10	시간의 뺄셈((시각)−(시각)형)	(07) 3(다)[1]③	(09) 34(다)[1]③
42	TUAM-1350.10	시간의 뺄셈((시각)−(시간)형)	(07) 3(다)[1]③	(09) 34(다)[1]③
43	TUAM-2010.10	임의단위로 길이 측정하기	(07) 2(다)[2]①	(09) 12(다)[4]①
44	TUAM-2020.10	1cm 단위	(07) 2(다)[2]①	(09) 12(다)[4]①

45	TUAM-2030.10	자로 길이 재기	(07) 2(다)②①	(09) 12(다)④①
46	TUAM-2040.10	1m 단위	(07) 2(다)②①	(09) 12(다)④①
47	TUAM-2050.10	1m는 100cm	(07) 2(다)②②	(09) 12(다)④②
48	TUAM-2060.10	길이를 m와 cm로 나타내기	(07) 2(다)②②	(09) 12(다)④②
49	TUAM-2070.10	길이 어림하기	(07) 2(다)②③	(09) 12(다)④③
50	TUAM-2080.10	길이 재기(어림한 후 확인하기)	(07) 2(다)②③	(09) 12(다)④③
51	TUAM-2090.10	길이에 대한 양감 기르기	(07) 2(다)②③	(09) 12(다)④③
52	TUAM-2110.10	길이의 합	(07) 2(다)②④	(09) 12(다)④⑤
53	TUAM-2120.10	길이의 차	(07) 2(다)②④	(09) 12(다)④⑤
54	TUAM-2130.10	길이를 재어 '조금 더 된다, 조금 못 된다'로 나타내기	(07) 2(다)③①	(09) 12(다)④④
55	TUAM-2140.10	길이를 재어 '약 몇 m 몇 cm'로 나타내기	(07) 2(다)③①	(09) 12(다)④④
56	TUAM-2210.10	1mm 단위	(07) 3(다)②①	(09) 34(다)②①
57	TUAM-2220.10	1km 단위	(07) 3(다)②①	(09) 34(다)②①
58	TUAM-2230.10	1cm는 10mm	(07) 3(다)②②	(09) 34(다)②②
59	TUAM-2240.10	길이를 몇 cm 몇 mm로 나타내기	(07) 3(다)②②	(09) 34(다)②②
60	TUAM-2250.10	자로 mm까지의 길이재기	(07) 3(다)②②	(09) 34(다)②②
61	TUAM-2260.10	cm를 mm로, mm를 cm로 바꾸어 나타내기	(07) 3(다)②②	(09) 34(다)②②
62	TUAM-2270.10	1km는 1000m	(07) 3(다)②②	(09) 34(다)②②
63	TUAM-2280.10	길이를 몇 km 몇 m로 나타내기	(07) 3(다)②②	(09) 34(다)②②
64	TUAM-2290.10	km를 m로, m를 km로 바꾸어 나타내기	(07) 3(다)②②	(09) 34(다)②②
65	TUAM-2510.10	길이의 덧셈(cm, mm)	(07) 3(다)②③	(09) –
66	TUAM-2520.10	길이의 뺄셈(cm, mm)	(07) 3(다)②③	(09) –
67	TUAM-2530.10	길이의 덧셈(m, km)	(07) 3(다)②③	(09) –
68	TUAM-2540.10	길이의 뺄셈(m, km)	(07) 3(다)②③	(09) –
69	TUAM-2550.10	길이 어림하기(mm)	(07) –	(09) 34(다)②③
70	TUAM-2560.10	길이 어림하기 (km)	(07) –	(09) 34(다)②③
71	TUAM-2610.10	직사각형의 둘레	(07) 4(다)②①	(09) 56(다)①①
72	TUAM-2620.10	정사각형의 둘레	(07) 4(다)②①	(09) 56(다)①①
73	TUAM-3010.10	도형의 넓이	(07) 4(다)③①	(09) 56(다)①②
74	TUAM-3020.10	1cm^2	(07) 4(다)③①	(09) 56(다)①②
75	TUAM-3030.10	직사각형의 넓이	(07) 4(다)③②	(09) 56(다)①③
76	TUAM-3040.10	정사각형의 넓이	(07) 4(다)③②	(09) 56(다)①③
77	TUAM-3110.10	평행사변형의 넓이	(07) 5(다)①①	(09) 56(다)①④
78	TUAM-3120.10	삼각형의 넓이	(07) 5(다)①①	(09) 56(다)①④
79	TUAM-3130.10	사다리꼴의 넓이	(07) 5(다)①①	(09) 56(다)①④
80	TUAM-3140.10	마름모의 넓이	(07) 5(다)①①	(09) 56(다)①④
81	TUAM-3210.10	1m^2	(07) 5(다)②②	(09) 56(다)②②
82	TUAM-3220.10	1a	(07) 5(다)②②	(09) 56(다)②②
83	TUAM-3230.10	1ha	(07) 5(다)②②	(09) 56(다)②②
84	TUAM-3240.10	1ha=10000m^2=100a	(07) 5(다)②②	(09) 56(다)②②
85	TUAM-3250.10	1km^2	(07) 5(다)②②	(09) 56(다)②②
86	TUAM-3260.10	알맞은 단위 사용하여 넓이 나타내기	(07) 5(다)②②	(09) 56(다)②②
87	TUAM-3310.10	원주율	(07) 6(다)①①	(09) 56(다)③①
88	TUAM-3320.10	원주율 3.14	(07) 6(다)①①	(09) 56(다)③①
89	TUAM-3330.10	원주율을 이용하여 원주 구하기	(07) 6(다)①②	(09) 56(다)③②
90	TUAM-3340.10	원의 넓이와 정사각형의 넓이	(07) 6(다)①②	(09) 56(다)③②
91	TUAM-3350.10	원의 넓이(몬테카를로 법)	(07) 6(다)①②	(09) 56(다)③②
92	TUAM-3360.10	원의 넓이(원주율)	(07) 6(다)①②	(09) 56(다)③②

93	TUAM-3410.10	원기둥의 전개도	(07) 6(다)3①	(09) 56(다)4①
94	TUAM-3420.10	원기둥의 겉넓이	(07) 6(다)3①	(09) 56(다)4①
95	TUAM-3510.10	직육면체의 겉넓이	(07) 6(다)2①	(09) 56(다)4①
96	TUAM-3520.10	정육면체의 겉넓이	(07) 6(다)2①	(09) 56(다)4①
97	TUAM-4010.10	들이의 비교	(07) 3(다)3①	(09) 34(다)3①
98	TUAM-4020.10	임의단위로 들이 비교하기	(07) 3(다)3①	(09) 34(다)3①
99	TUAM-4030.10	1L, 1mL 단위	(07) 3(다)3①	(09) 34(다)3①
100	TUAM-4040.10	1L=1000mL	(07) 3(다)3①	(09) 34(다)3②
101	TUAM-4050.10	들이를 L와 mL로 나타내기	(07) 3(다)3②	(09) 34(다)3①
102	TUAM-4110.10	들이의 덧셈(L, mL)	(07) 3(다)3③	(09) 34(다)3④
103	TUAM-4120.10	들이의 빼셈(L, mL)	(07) 3(다)3③	(09) 34(다)3④
104	TUAM-4130.10	들이 어림하기(몇 L)	(07) 3(다)3④	(09) 34(다)3③
105	TUAM-4140.10	들이 어림하기(몇 L 몇 mL)	(07) 3(다)3④	(09) 34(다)3③
106	TUAM-4210.10	무게의 비교	(07) 3(다)4①	(09) 34(다)4①
107	TUAM-4220.10	임의단위를 사용한 무게 비교	(07) 3(다)4①	(09) 34(다)4①
108	TUAM-4230.10	1g, 1kg 단위 도입	(07) 3(다)4①	(09) 34(다)4①
109	TUAM-4240.10	1kg=1000g	(07) 3(다)4①	(09) 34(다)4②
110	TUAM-4250.10	저울의 눈금	(07) 3(다)4②	(09) 34(다)4①
111	TUAM-4260.10	무게를 kg과 g으로 나타내기	(07) 3(다)4②	(09) 34(다)4②
112	TUAM-4310.10	무게의 합	(07) 3(다)4③	(09) 34(다)4④
113	TUAM-4320.10	무게의 차	(07) 3(다)4③	(09) 34(다)4④
114	TUAM-4330.10	무게 어림하기	(07) 3(다)4④	(09) 34(다)4③
115	TUAM-4410.10	1t(1톤)	(07) 5(다)2①	(09) 56(다)2①
116	TUAM-4420.10	1t=1000kg	(07) 5(다)2①	(09) 56(다)2①
117	TUAM-4510.10	부피의 비교	(07) 6(다)2②	(09) 56(다)4②
118	TUAM-4520.10	$1cm^3$	(07) 6(다)2②	(09) 56(다)4②
119	TUAM-4530.10	$1m^3$	(07) 6(다)2②	(09) 56(다)4②
120	TUAM-4540.10	$1m^3=1000000cm^3$	(07) 6(다)2②	(09) 56(다)4②
121	TUAM-4550.10	직육면체의 부피	(07) 6(다)2③	(09) 56(다)4③
122	TUAM-4560.10	정육면체의 부피	(07) 6(다)2③	(09) 56(다)4③
123	TUAM-4570.10	원기둥의 부피	(07) 6(다)3①	(09) 56(다)4③
124	TUAM-4610.10	부피와 들이 사이의 관계	(07) 6(다)2④	(09) –
125	TUAM-4620.10	부피의 개념을 이용하여 들이 어림하기	(07) 6(다)2④	(09) –
126	TUAM-5010.10	각의 크기	(07) 4(다)1①	(09) 34(다)5①
127	TUAM-5020.10	1도(°) 단위	(07) 4(다)1①	(09) 34(다)5①
128	TUAM-5030.10	각도기	(07) 4(다)1①	(09) 34(다)5①
129	TUAM-5040.10	각도기를 이용하여 각을 측정하기	(07) 4(다)1①	(09) 34(다)5③
130	TUAM-5050.10	각도가 주어진 각 그리기	(07) 4(다)1②	(09) 34(다)5②
131	TUAM-5110.10	삼각형의 내각의 합(각도기)	(07) 4(다)1③	(09) 34(다)5④
132	TUAM-5120.10	삼각형의 내각의 합(종이자르기)	(07) 4(다)1③	(09) 34(다)5④
133	TUAM-5130.10	삼각형의 내각의 합(종이접기)	(07) 4(다)1③	(09) 34(다)5④
134	TUAM-5140.10	사각형의 내각의 합(각도기)	(07) 4(다)1③	(09) 34(다)5④
135	TUAM-5150.10	사각형의 내각의 합(종이자르기)	(07) 4(다)1③	(09) 34(다)5④
136	TUAM-5160.10	사각형의 내각의 합(삼각형으로 분할)	(07) 4(다)1③	(09) 34(다)5④

TUAM-0010.10 길이 비교(더 길다, 더 짧다)

관련 교육과정	(07) 1(다)1①
	(09) 12(다)1①

목표

두 물건의 길이를 비교하여 어느 것이 더 긴지, 길이가 똑같은지, 어느 것이 더 짧은지 알 수 있다.

자료

길이가 다른 연필, 길이가 다른 줄 등 주변의 구체물(두껍지 않은 물건)

활동

(1) 필통 속에 있는 연필 두 자루의 길이를 비교해 보시오. 똑같은 길이가 있습니까? 똑같지 않다면 어느 것이 더 깁니까?

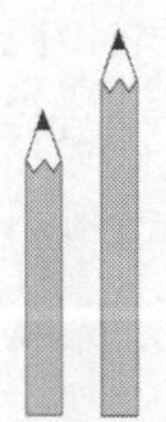

(2) 필통 속에 있는 물건 2개의 길이를 비교해 보시오. 어느 것이 더 깁니까?

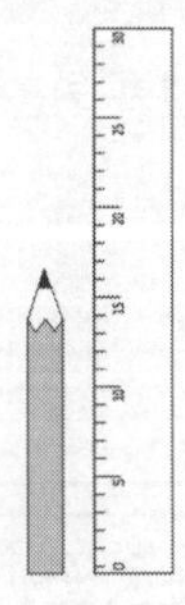

(3) 조금 떨어진 거리(다른 학생의 책상 위에 있는)에서 두 물체의 길이를 비교하여 보시오. 어떤 것이 더 길다고 생각합니까?

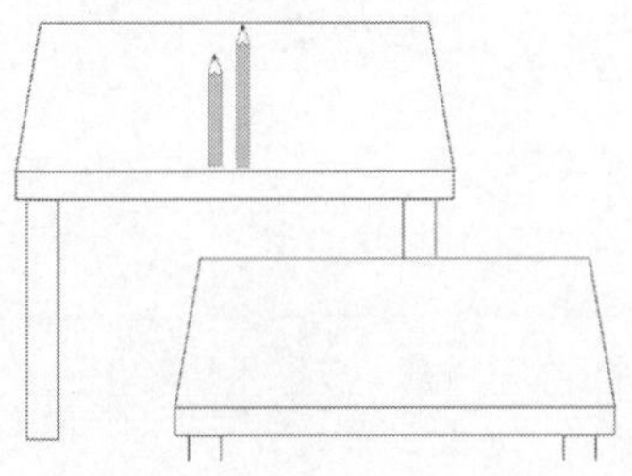

배경

지능적 인식의 첫 단계는 분류이다. 먹는 것과 먹지 못하는 것의 분류, 위험한 것과 위험하지 않는 것의 분류 등 어떤 기준적 성질에 의한 분류로부터 모든 생각이나 개념을 생성해 나아간다.

비교란 분류에 따라 착안한 속성의 크기를 비교하여 크기에 따라 계열화 하는 것이다. 예를 들면, 연필 가와 연필 나가 있을 때, 연필 가, 나의 길이는

가 > 나, 가 = 나, 가 < 나

와 같이 계열화 할 수 있다.

길이 비교는 학생들이 생활 주변에서 직접적인 비교 활동을 통해 양감을 느끼도록 지도하는 경우이다. 길이는 막대, 철사, 노끈 등과 같이 물체 그 자체를 길이로 받아들이는 경우와 책상의 가로, 세로, 병의 둘레 등과 같이 한 물체의 측면을 길이로 받아들이는 경우가 있다.

길이의 개념을 이해하기 위하여 사물들 중에서 길이의 속성을 가지는 여러 가지 물체를 비교하도록 한다. 이때 교사는 학생이 대상에서 측정하고자 하는 중요하고 본질적인 속성에 주의를 기울이도록 배려한다. 먼저 학생들이 쉽게 접할 수 있는 필통 속의 물건들을 소재로 하여 직접 비교 활동을 한다. 직접 비교란 그 대상을 직접 이동하여 다른 대상과 맞대어 보거나 겹쳐보는 것을 말한다.

이 때, 연필 두 자루와 같이 같은 물체끼리 비교를 한 다음 연필, 자와 같은 다른 물체끼리 비교하는 활동을 함으로써 두 물체 중 어느 것이 더 길고 짧은지를 이해하도록 한다. 이와 같은 길이의 직접 비교 활동은 비교하는 양을 직접 이동시켜서 비교하는 것으로 이것이 불편하거나 불가능할 경우, 매개물을 이용한 간접 비교 활동이 필요하다는 것을 느끼도록 지도하는 과정으로 이어질 수 있다.

관련 TU : TUAN-0170, TUAM-0020, TUAM-0030, TUAM-2010

TUAM-0020.10 길이 비교(가장 길다, 가장 짧다)

관련 교육과정	(07) 1(다)[1]①
	(09) 12(다)[1]①

목표

세 개 이상의 물건들의 길이를 비교하여 어느 것이 가장 긴지, 어느 것이 가장 짧은지 알 수 있다.

자료

필통 속에 있는 물건들과 같은 주변의 구체물

활동

(1) 필통 속에 있는 물건들을 긴 순서대로 늘어놓으시오.
가장 긴 것은 어느 것입니까?
가장 짧은 것은 어느 것입니까?

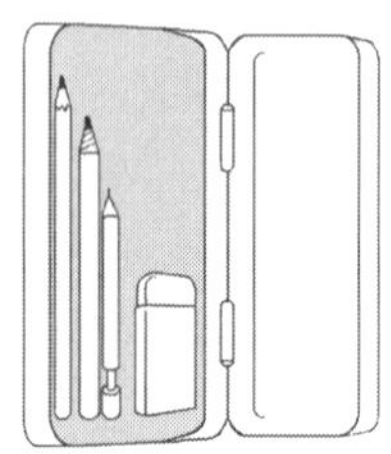

(2) 모둠 학생들의 연필 중에서 가장 긴 것을 찾아보기

(3) 모둠마다 교실에서 가장 긴 신발을 찾아 비교하여 보기

배경

필통 속에 있는 모든 물건들을 직접 비교하여 긴 순서대로 늘어놓고, 가장 긴 물건과 가장 짧은 물건을 찾는 활동이다. 이 활동을 할 때에는 공통 기준선 위에 물체를 나란히 놓도록 지도한다. 이 활동은 3개 이상의 물건들을 한꺼번에 비교하는 경우이다.

이 때 길이를 제외하고는 대상의 다른 성질을 무시하도록 한다. 다시 말해 물건의 다른 성질인 부피, 무게, 넓이 등을 고려하지 말아야 한다는 것이다. 이것은 아동이 길고 가느다란 물건의 속성으로서의 길이 개념을 형성하는 데 도움을 준다.

관련 TU : TUAM-0010, TUAM-0040

TUAM-0030.10 높이와 키 비교(더 높다, 더 낮다, 키가 더 크다, 키가 더 작다)

관련 교육과정	(07) 1(다)[1]①
	(09) 12(다)[1]①

목표

두 물건의 높이와 키의 크기를 비교하여 어느 것이 더 높은지, 어느 것이 더 낮은지, 어느 것이 더 큰지, 어느 것이 더 작은지 알 수 있다.

자료

주변의 구체물(교탁, 책상 등), 리본, 노끈

활동

(1) 교탁의 높이와 학생용 책상의 높이를 비교하시오. 어느 것이 더 높습니까?

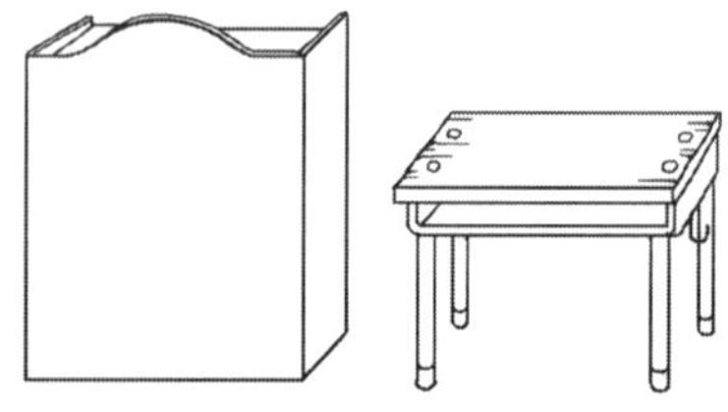

(2) 철봉의 높이와 자신의 키를 비교하시오. 어느 것이 더 낮습니까?

(3) 짝과 키를 비교하여 보시오. 누구의 키가 더 큽니까?

(4) 교실에서 자신의 눈높이가 되는 지점을 찾아 그 앞에 서 봅시다.

(5) 자신의 키에 해당하는 리본을 잘라 짝과 비교하여 봅시다.

(6) 자신의 키에 해당하는 리본을 잘라 자신의 키보다 높은 물건의 위치와 낮은 위치의 물건을 찾아봅시다.

배경

높이 비교는 '높다'와 '낮다'로 나누어 생각할 수 있는데, 실용적인 측면에서 키를 비교할 때는 '크다'와 '작다'로도 생각할 수 있다. 높이는 1차원 공간에서 생각하는 측도로서, 물건들의 수직적인 상태에서 알아보는 것이다. 먼저 교실 안의 교탁의 높이와 학생용 책상의 높이를 비교하는 활동과 철봉과 자기의 키를 비교하는 활동을 하여 어느 것이 더 높은지 또는 더 낮은지를 알아본다. 다음에는 사람들과의 비교 활동을 통해 누가 더 큰지 또는 더 작은지를 알아본다. 높이를 비교할 때에는 길이의 비교와 같이 기준점을 맞추어 비교하는 것에 유의해야 한다. 이와 같이 두 사람 또는 두 개체를 직접 비교하는 활동을 한 후 이어서 3개 이상의 개체들을 직접 비교하는 활동을 하게 된다.

관련 TU : TUAM-0010, TUAM-0040

TUAM-0040.10 키 비교(키가 가장 크다, 키가 가장 작다)

관련 교육과정	(07) 1(다)[1]①
	(09) 12(다)[1]①

목표

세 사람 이상의 키를 비교하여 누가 가장 큰지, 가장 작은지를 알 수 있다.

자료

모둠원들끼리 키를 비교하는 상황, 노끈

활동

(1) 우리 모둠 친구들의 키를 비교해 보시오.
우리 모둠에서 키가 가장 큰 사람은 누구입니까?
우리 모둠에서 키가 가장 작은 사람은 누구입니까?

(2) 자신의 키에 해당하는 노끈을 잘라 서로 비교하여 보시오.

배경

우리 모둠에서 키가 가장 큰 사람과 가장 작은 사람을 찾기 위해 모둠의 모든 학생들이 서로 한 번씩 키를 직접 비교해보는 활동을 한다. 이러한 활동은 사람을 비교하는 경우로 '키가 가장 크다', '키가 가장 작다'라는 용어를 사용한다. 또한 3명 이상의 키에 대한 비교를 이해하는 것으로, 우리 분단에서 키가 가장 큰 사람과 가장 작은 사람을 찾아보는 활동과 우리 반에서 가장 큰 사람과 가장 작은 사람을 찾아보는 활동으로 확대해나갈 수 있다. 이때 자신의 키에 알맞은 노끈을 잘라 친구의 키와 비교함으로써 자신의 키와 친구의 키를 비교, 확인해 볼 수 있는 기회를 줄 수 있다.

관련 TU : TUAM-0020, TUAM-0030

TUAM-0050.10 들이 비교(더 많다, 더 적다)

관련 교육과정	(07) 1(다)[1]①
	(09) 12(다)[1]①

목표

두 물건의 들이를 비교하여 어느 것이 더 많은지, 어느 것이 더 적은지를 알 수 있다.

자료

크기가 같은 유리컵(2개), 크기가 다른 유리컵(2개), 우유 상자, 다양한 유리 음료수 병, 큰 수조

활동

(1) 물을 두 컵에 나누어 담아 보시오.
어느 컵에 물이 더 많이 들어 있습니까?

(2) 어느 컵에 물이 더 적게 들어가는지 알아보시오.

(3) 똑 같은 컵 2개를 준비하여 한 쪽의 컵에는 적당한 물을 채운 다음 나머지 한 컵에 그와 비슷한 양의 물을 부어 봅시다.

(4) 크기가 다른 유리컵 중 하나에 가득 물을 담은 다음 남아 있는 다른 병에 담아 있는 물을 부어 봅시다. 물이 넘치는지 모자라는지 확인하여 보시오. 어느 용기가 들이가 더 큽니까?

(5) 용기의 들이를 비교하는 다른 방법을 찾아봅시다.

배경

들이는 용기(그릇)의 내부 공간에 담을 수 있는 양을 의미하므로, 용기(그릇)를 전제로 한 개념이다. 일반적으로 들이는 용기에 들어가는 액체의 부피로서 측정된다. 그런데 용기의 들이는 그 내부 공간의 크기와 관련된 양이므로 외형만으로는 정확하게 비교할 수 없다. 즉, 용기의 모양이 다를 경우에는 직접 비교할 수 없게 된다.
이 때에는 용기에 들어 있는 액체를 같은 모양의 용기에 부어 그 수면의 높이를 비교하거나, 컵이나 비커를 이용하여 액체를 등분할하는 간접 비교 방법을 이용해야 한다.
들이의 개념을 지도하기 위해서는 컵, 깡통, 그릇, 주전자 등의 용기를 사용하는데, 이 중 학생들이 쉽게 접할 수 있는 도구는 컵이기 때문에 컵을 소재로 한 활동을 한다. 이때 직관적 비교가 이루어진다 하더라도 학생들은 들이보다는 높이를 가지고 비교하는 경향이 강하기 때문에, 먼저 같은 크기의 유리컵을 사용하여 직접 비교해 보는 활동으로 들이 지도를 시작하는 것이 바람직하다.
같은 크기의 유리컵에 물을 서로 다르게 담아봄으로써 학생들이 직접적으로 어느 것이 더 많이 들어 있는지, 어느 것이 더 적게 들어 있는지를 이해하도록 한다. 이후 서로 다른 두 개의 컵에 우유나 물을 부어 어느 컵에 더 많이 들어가는지를 알아봄으로써 직관적 비교를 포함하는 활동을 할 수 있다. 이 때 단순히 용기의 높이로 들이를 이해하지 않도록 직접 비교가 충분히 이루어져야 한다.

관련 TU : TUAM-0030, TUAM-0060, TUAM-4010

TUAM-0060.10 들이 비교(가장 많다, 가장 적다)

관련 교육과정	(07) 1(다)[1]①
	(09) 12(다)[1]①

목표

세 개 이상의 물건의 들이를 비교하여 어느 것이 가장 많은지, 어느 것이 가장 적은지 알 수 있다.

자료

크기가 같은 세 개의 유리컵, 크기가 다른 세 개의 유리컵, 작은 단위의 들이 컵, 메스실린더

활동

(1) 물을 세 컵에 나누어 담아 보시오.

가장 많이 들어 있는 컵은 어느 것입니까?
가장 적게 들어 있는 컵은 어느 것입니까?

(2) 모양과 크기가 다른 용기에 가득 담겨 있는 들이 중 가장 많은 것을 찾아봅시다.

비교하는 방법에 대해 생각해 보시오.

배경

두 물건의 들이를 비교하는 활동에 이어서 세 개 이상의 물건의 들이를 비교하는 활동을 한다. 크기가 같은 3개의 투명한 유리컵에 물을 서로 다르게 담아 보는 활동을 통해 가장 많이 들어 있는 컵과 가장 적게 들어 있는 컵을 알아보도록 한다. 또한 세 컵에 물을 가득 부었을 때 똑같이 들어가는 이유를 말해보도록 함으로써 들이가 용기의 내부 공간의 크기와 관련된 양임을 인식하도록 한다.

또한 서로 다른 용기(음료수 병, 우유 병, 등)를 비교해 봄으로써 들이에 대한 양감을 기르도록 한다.

관련 TU : TUAM-0050

TUAM-0070.10 무게 비교(더 무겁다, 더 가볍다)

관련 교육과정	(07) 1(다)[1]①
	(09) 12(다)[1]①

목표

두 물건의 무게를 비교하여 어느 것이 더 무거운지, 어느 것이 더 가벼운지 알 수 있다.

자료

수학책, 필통 등과 같은 교실의 물건들, 양팔 저울, 동전, 바둑알 등의 구체물, 작고 무거운 것, 크고 가벼운 것.

활동

(1) 수학책과 필통을 양 손에 들어 보시오.

어느 것이 더 무겁다고 생각합니까?

(2) 과자 통을 준비하여 그 속에 바둑돌이나 동전을 조금씩 채워 넣어 가면서 들어 보시오.

(3) 같은 크기와 무게를 지닌 통에 다양한 물체를 넣어 무게를 비교해 보시오.

배경

길이나 부피는 시각적으로 비교하거나 크기를 어림할 수 있지만 무게는 시각적으로 양을 판단할 수 없다. 왜냐하면 다른 대상에 비해 부피가 작더라도 그 재질에 따라 더 무거울 수 있기 때문이다. 무게는 본질적으로 물체와 지구 사이의 인력 작용에 의한 양이기 때문에 시각이나 촉각으로는 알 수 없고, 대상을 직접 들어 보고 근육의 이완 정도에 의해서 판단할 수밖에 없다. 따라서 무게의 개념을 도입하기 위해서는 먼저 물체를 직접 들어보고 비교하도록 해야 한다. 무게의 개념을 쉽게 터득하기 위해

서는 무게의 차이가 큰 두 물체를 들어보는 것이 유리하다.

물건을 직접 들어보고 무게를 비교하기 위해 학생들이 쉽게 접할 수 있는 도구로서 교실에 있는 물건들을 소재로 한다. 학생들에게 손으로 들 수 있는 두 물건을 제시하고 직접 들어보게 하여, 이 과정에서 '더 무겁다', '더 가볍다'로 표현할 수 있도록 한다. 이러한 활동으로 학생들은 물체의 부피만으로 무게를 판단할 수 없음을 지각하게 된다. 이후 세 개 이상의 물건의 무게를 비교하는 활동으로 이어진다.

관련 TU : TUAM-0080, TUAM-4210

TUAM-0080.10 무게 비교(가장 무겁다, 가장 가볍다)

관련 교육과정	(07) 1(다)[1]①
	(09) 12(다)[1]①

목표

여러 가지 물건의 무게를 비교하여 어느 것이 가장 무거운지, 어느 것이 가장 가벼운지 알 수 있다.

자료

책, 공책, 의자 등과 같은 교실의 물건들, 과일(당근, 사과, 귤 …), 양팔저울

활동

(1) 책가방 속에서 가장 무거운 것을 찾아보시오.

(2) 교실에서 가장 가벼운 물건을 찾아보시오.

(3) 여러 가지 물건을 무게 순서대로 배열하여 봅시다.

(4) 5개의 동일한 용기에 무게가 다른 것으로 채운 뒤 가장 가벼운 것에서 무거운 순서대로 놓아 보시오.

배경

두 물건을 양 손에 직접 들어봄으로써 어느 것이 더 무거운지, 또는 어느 것이 더 가벼운지를 비교해 보는 활동에서 더 나아가 3가지 이상의 물건들을 비교하는 활동을 한다. 가방 속의 물건들을 나열하여 들어보는 활동을 통해서 학생들이 직접적으로 어느 것이 가장 무거운지 또는 가장 가벼운지를 이해할 수 있다.

이는 무게에 관한 양감을 기르는 데 유리하다. 한편, 교실에서 가장 가벼운 물건을 찾는다는 것은 굉장히 어려운 일일 것이며, 또한 정답을 찾지 못할 수도 있다. 그러나 가장 가벼운 물건을 찾아본다는 활동 자체는 학생들에게 매우 흥미 있는 일이 될 것이며, 이 활동을 통해 충분한 무게 비교의 경험을 하게 될 것이다.

두 대상의 무게의 차이를 확실하게 느낄 수 없을

때, 비교를 돕기 위해 양팔 저울이 필요하다. 이 때 양팔 저울을 소개하기 위하여 한 쪽이 분명히 무거운 두 물건을 택하는 편이 좋다.

관련 TU : TUAM-0070

TUAM-0090.10 넓이 비교(더 넓다, 더 좁다)

관련 교육과정 (07) 1(다)[1]① (09) 12(다)[1]①

목표

두 물건의 넓이를 비교하여 어느 것이 더 넓은지, 어느 것이 더 좁은지 알 수 있다.

자료

책, 공책, 필통 등과 같은 책가방 속의 물건들, 책상의 표면, 교실의 바닥면, 운동장

활동

(1) 책가방 속 물건들의 넓이를 비교해 보시오.

▸수학책보다 넓이가 더 좁은 것을 찾아보시오.

▸수학책보다 넓이가 더 넓은 것을 찾아보시오.

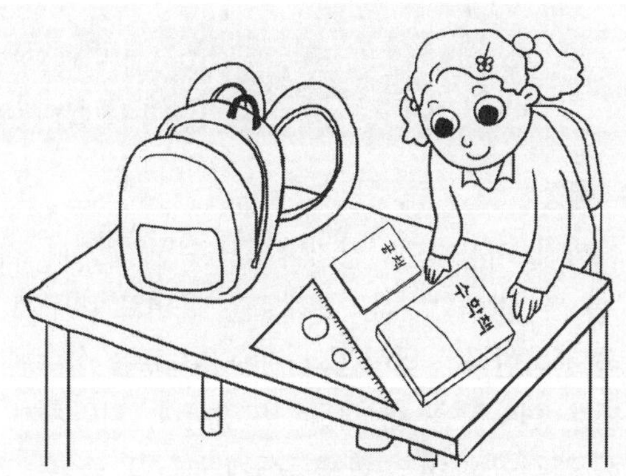

(2) 책상의 면과 교탁 면의 넓이를 비교해 보시오.

(3) 넓이의 차가 큰 다양한 모양의 도형을 만들고 그것의 넓이를 비교하여 보시오.

(4) 운동장에 나가서 넓이가 큰 도형을 그린 후 그 안에 다양한 도형의 그림을 그리고 넓이를 비교하여 보시오.

배경

길이는 선분, 곡선, 둘레의 길이와 같은 1차원의 양인데 비해, 넓이는 2차원 공간에서 생각하는 측도로서 '넓다'와 '좁다'를 지도하는 것이다. 그런데 넓이가 2차원 공간에 대한 크기를 의미함에도 불구하고 길이를 이용하여 구하고 있기 때문에 길이의 중첩으로 넓이를 이해하고 있는 학생들이 많이 있다.

이러한 문제점을 해소하고 넓이를 측정하는 과정을 효과적으로 다루기 위해서는 2차원 공간을 기준으로 하여 넓이를 직접 비교하는 활동을 많이 다뤄보는 것이 필요하다. 맞대어 볼 때에는 모양이 비슷한 물체끼리 맞대어 보는 것이 필요하다.

넓이를 직접 비교한다는 것은 비교하고자 하는 대상을 서로 맞대어 보아 어느 것의 넓이가 더 큰지를 알아보는 것이다. 이 활동에서는 학생들이 쉽게 접할 수 있는 책가방 속의 물건들을 소재로 하여, 수학책을 기준으로 직접 비교해 봄으로써 '더 넓은 것'과 '더 좁은 것'을 찾아본다. 예를 들어, 수학책의 넓이와 스케치북의 넓이를 비교하고자 한다면 수학책과 스케치북을 맞대어 보아 어느 것이 더 넓은지를 비교할 수 있다. 이 경우 하나가 다른 쪽의 내부에 속하여 직접 비교하여 알 수 있는 경우만을 취급하고, 간접 비교를 통해 알 수 있는 것들은 이후에 다루도록 한다.

다시 말해 아동이 넓이에 대한 보존 개념이 발달되어 있지 않은 경우가 많으므로 잘라내어 재배열하는 활동은 가급적 배제하도록 한다.

관련 TU : TUAM-0100, TUAM-3010

TUAM-0100.10 넓이 비교(가장 넓다, 가장 좁다)

관련 교육과정	(07) 1(다)1①
	(09) 12(다)1①

목표

세 가지 이상의 물건의 넓이를 비교하여 어느 것이 가장 넓은지, 어느 것이 가장 좁은지 알 수 있다.

자료

색종이, 수학책, 스케치북 등과 같은 주변의 구체물

활동

(1) 다음 물건들의 넓이를 비교해 보시오.

▶ 어느 것이 넓이가 가장 넓습니까?

▶ 어느 것이 넓이가 가장 좁습니까?

(2) 넓이를 비교하여 넓은 것부터 차례대로 늘어놓으시오.

배경

두 물건의 넓이를 비교하여 ' 더 넓은 것', '더 좁은 것'을 학습한 후, 세 가지 이상의 물건의 넓이를 직접 비교하는 활동을 한다. 이 활동을 통해 '가장 넓다', '가장 좁다'라는 말을 이해하고 사용할 수 있다. 만약 움직이기 힘든 물체라면 본을 떠서 넓이를 직접 비교한다.

관련 TU : TUAM-0090

TUAM-0210.10 수의 범위(이상)

관련 교육과정	(07) 4(다)4①
	(09) 34(다)6①

목표

이상의 뜻을 알 수 있다.

자료

남학생의 키를 나타낸 표

활동

(1) 같거나 큰 수를 알아보시오.

이름	키(cm)	이름	키(cm)
민수	148	현철	153
영호	152	재민	145
윤재	147	준영	147
건우	148	지후	149

남학생의 키에 관한 표를 보면서 한 학생의 키를 기준으로 키가 같거나 큰 사람의 키를 말하게 한다.

(2) 용어

'같거나 큰 수'를 '이상인 수'라고 부른다.

배경

지금까지 사용하던 '같거나 큰 수', '같거나 작은 수'를 '이상'과 '이하'의 새로운 용어로 바꾸어 사용하도록 한다. <남학생의 키>의 자료는 실수에 대응되는 연속량을 대상으로 도입하나, 지나치게 복잡한 실수의 표현은 학생들에게 부담을 줄 수 있으므로 자연수를 많이 사용하는 것이 좋다.

이상과 이하, 미만과 초과는 수의 크기를 기준으로 삼는 아이디어를 수학에 도입한 것이다. 일상생활에서 이상이 이용되는 경우를 알아보면, 입사 시험에서 '키가 160 cm 이상인 자'라고 규정되어 있는 경우는 수의 크기를 비교하는 기준으로서 이상의 사용이다. 그러나 '만 30세 이하인 자'라고 규정되어 있는 경우는 수의 크기의 비교가 아니라 어느 시점을 중심으로 그 이후에 출생하였는지 판단하는 기준으로 이하를 사용한다.

관련 TU : TUAN-0260, TUAN-0270, TUAM-0220

TUAM-0220.10 수의 범위(이하)

관련 교육과정	(07) 4(다)4①
	(09) 34(다)6①

목표

이하의 뜻을 알 수 있다.

자료

여학생의 키를 나타낸 표

활동

(1) 같거나 작은 수를 알아보시오

이름	키(cm)	이름	키(cm)
민영	145	예지	143
진아	142	민서	152
현경	139	나은	146
수진	146	다영	147

여학생의 키를 나타낸 표를 보면서 한 학생의 키를 기준으로 키가 같거나 작은 사람의 키를 말하게 한다.

(2) 용어

'같거나 작은 수'를 '이하인 수'라고 부른다.

배경

지금까지 사용하던 '같거나 큰 수', '같거나 작은 수'를 '이상'과 '이하'의 새로운 용어로 바꾸어 사용하도록 한다. 이러한 표현이 지금까지 사용한 용어보다 간편함을 알고, 특히 '같다'는 경곗값이 포함되고 있음을 이해하도록 한다.

관련 TU : TUAM-0210, TUAM-0230

TUAM-0230.10 수의 범위(~이상 ~이하)

관련 교육과정	(07) 4(다)4①
	(09) 34(다)6①

목표

이상과 이하의 범위에 있는 수를 말할 수 있다.

자료

몸무게를 적어놓은 카드, 숫자 카드, 월별 평균 기온에 관한 카드, 점수를 적어놓은 카드 등

활동

(1) 이상인 수와 이하인 수 찾기 게임을 한다.

① 몸무게를 적어 놓은 카드를 책상 위에 펼쳐 놓는다.

② 교사의 지시에 따라 해당 카드를 찾는다.

예: 몸무게 30 kg 이상을 찾으시오.
몸무게 50 kg 이하를 찾으시오.
35 kg 이상 55 kg 이하를 찾으시오.

※ 숫자카드, 월별 평균 기온, 시험 점수를 적어놓은 카드도 위와 같이 활용할 수 있다.

(2) 다음 물음에 답하시오.

53	50	49	40	51	48	29

- 40 이상인 수를 찾으시오.
- 50 이하인 수를 찾으시오.
- 40 이상인 수와 50 이하인 수를 찾으시오.

배경

용어의 뜻에 따라 이상과 이하의 범위에 있는 수를 정확하게 이해하고 실제 예를 들어 익히게 한다. '이상과 이하의 범위에 있는 수'는 '이상인 수'와 '이하인 수'의 두 가지 조건을 모두 만족할 수 있는 수이다. 다시 말해 이상인 수의 집합과 이하인 수의 집합의 교집합이라고도 할 수 있는데, 학생들은 간혹 이것을 합집합으로 이해하여 전체를 구하려는 경향이 있다. 두 조건을 만족하는 공통부분이라는 것을 구체적인 예를 통해 직관적 사고와 논리적 사고를 모두 활용하여 이해할 수 있도록 한다.

관련 TU : TUAM-0210, TUAM-0220, TUAM-0270

 TUAM-0240.10 수의 범위(초과)

관련 교육과정	(07) 4(다)④①
	(09) 34(다)⑥①

목표

초과의 뜻을 알 수 있다.

자료

남학생의 키에 관한 표

활동

(1) 보다 큰 수를 알아보시오.

이름	키(cm)	이름	키(cm)
민수	148	현철	153
영호	152	재민	145
윤재	147	준영	147
건우	148	지후	149

남학생의 키에 관한 표를 보고 한 학생의 키를 기준으로 더 큰 키를 가진 사람의 키를 모두 말하여 보게 한다.

(2) 용어

'보다 큰 수'를 '초과인 수'라고 부른다.

배경

일상생활에서 주어진 자료에서 기준이 되는 수로 '보다 큰 수'의 쓰임을 알고 의미를 이해한다. '보다 큰 수'는 경곗값이 포함되지 않음을 이해하게 한다. 초과는 일상생활에서 잘 쓰이는 용어는 아니나 뜻을 분명히 해야 하는 신문이나 TV 뉴스 등에서 많이 쓰이는 용어이다. 수학적 용어의 뜻과 활용을 정확히 알고 이를 실생활에서 활용해 보는 경험을 할 수 있도록 지도해야 한다.

관련 TU : TUAM-0210, TUAM-0250

 TUAM-0250.10 수의 범위(미만)

관련 교육과정	(07) 4(다)④①
	(09) 34(다)⑥①

목표

미만의 뜻을 알 수 있다.

자료

여학생의 키에 관한 표

활동

(1) 보다 작은 수를 알아보시오.

이름	키(cm)	이름	키(cm)
민영	145	예지	143
진아	142	민서	152
현경	139	나은	146
수진	146	다영	147

여학생의 키에 관한 표를 보고 한 학생의 키를 기준으로 더 작은 키를 가진 사람의 키를 모두 말하여 보게 한다.

(2) 용어

'보다 작은 수'를 '미만인 수'라고 부른다.

배경

'보다 작은 수'는 주어진 하나의 수를 기준으로 나누어짐을 알고, 그 속에 속하는 수들을 찾아 낼 수 있도록 한다. '보다 작은 수'에는 기준이 되는 수는 포함되지 않음을 이해하도록 한다. '미만'은 앞서 배운 초과와 마찬가지로 일상생활에서 잘 쓰이는 용어는 아니나 뜻을 분명히 해야 하는 신문이나 TV 뉴스 등에서 많이 쓰이는 용어이다. 수학적 용어의 뜻과 활용을 정확히 알고 이를 실생활에서 활용해 보는 경험을 할 수 있도록 지도해야 한다.

관련 TU : TUAM-0240, TUAM-0260

TUAM-0260.10 수의 범위(~초과 ~미만)

관련 교육과정	(07) 4(다)4①
	(09) 34(다)6①

목표

초과와 미만의 범위에 있는 수를 말할 수 있다.

자료

숫자 카드, 몸무게를 적어놓은 카드, 월별 평균 기온에 관한 카드, 점수를 적어놓은 카드 등

활동

(1) 초과인 수와 미만인 수 찾기 게임을 한다.

① 숫자 카드를 책상 위에 펼쳐 놓는다.

② 교사의 지시에 따라 해당 카드를 찾는다.

예: 35 초과인 수를 모두 찾으시오.
25 미만인 수를 모두 찾으시오.
45 초과 52 미만인 수를 모두 찾으시오.

※ 숫자카드, 월별 평균 기온, 시험 점수를 적어놓은 카드도 위와 같이 활용할 수 있다.

(2) 보기를 보고 물음에 답하시오.

153	148	150	145	131	163	146

−145 초과인 수를 모두 고르시오.
−155 미만인 수를 모두 고르시오.
−145 초과 155 미만인 수를 모두 고르시오.

배경

용어의 뜻에 따라 초과나 미만의 범위에 속하는 수를 정확하게 이해하고 익히게 한다. '보다 작은 수'에는 기준이 되는 수는 포함되지 않음을 이해하도록 한다. '초과와 미만의 범위에 있는 수'는 '초과인 수'와 '미만인 수'의 두 가지 조건을 모두 만족할 수 있는 수이다. 다시 말해 초과인 수의 집합과 미만인 수의 집합의 교집합이라고도 할 수 있는데, 학생들은 간혹 이것을 합집합으로 이해하여 전체를 구하려는 경향이 있다. 두 조건을 만족하는 공통부분이라는 것을 구체적인 예를 통해 직관적 사고와 논리적 사고를 모두 활용하여 이해할 수 있도록 한다.

관련 TU : TUAM-0230, TUAM-0240, TUAM-0250, TUAM-0270

TUAM-0270.10 수의 범위를 수직선에 나타내기

관련 교육과정	(07) 4(다)4①
	(09) 34(다)6①

목표

수의 범위를 수직선에 나타낼 수 있다.

자료

수직선

활동

(1) 표시방법

'이상과 이하, 초과와 미만인 수'의 범위를 수직선에 나타내는 방법을 약속한다. 이상이나 이하를 나타낼 때에는 점 ●을 사용하여 경곗값이 포함되도록 하고, 초과나 미만을 나타낼 때에는 점 ○을 사용하여, 경곗값이 포함되지 않음을 알고 나타내도록 한다.

(2) 다음을 수직선에 나타내어 보시오.

① 10 초과인 수

② 3 이상 6 미만인 수

③ 4 이하인 수

④ 8 이상인 수

배경

이상이나 이하에서는 경곗값이 포함되나, 초과나 미만에서는 경곗값이 포함되지 않음을 알고 나타내도록 한다. 구간은 일반적으로 실수의 범위에서 구분하며 경곗값의 포함 여부에 따라 폐구간, 개구간, 반개구간으로 구분한다.

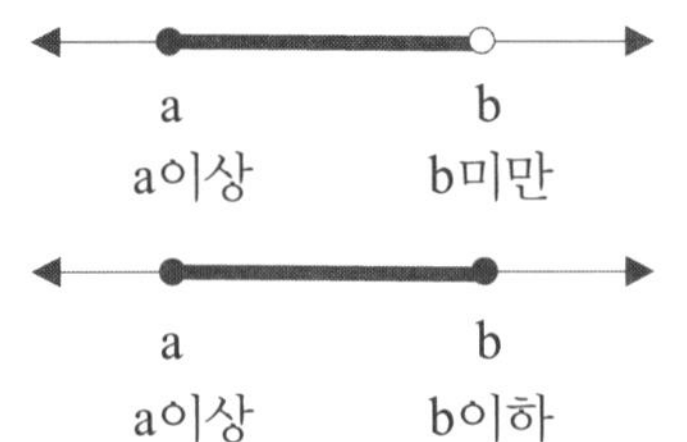

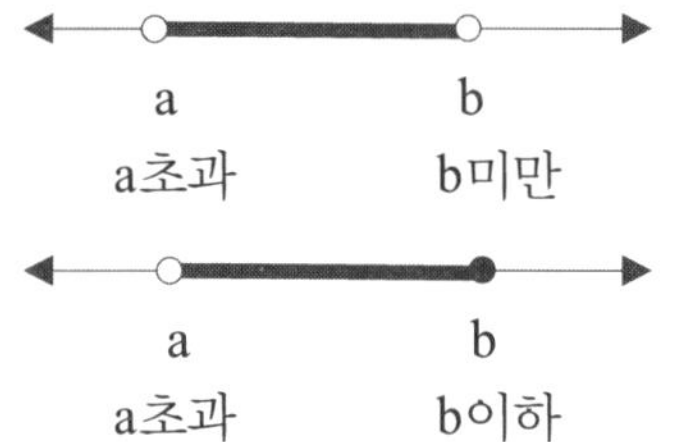

관련 TU : TUAM-0230, TUAM-0260, TUAM-0280

TUAM-0280.10 수직선을 보고 수의 범위 나타내기

관련 교육과정	(07) 4(다)[4]①
	(09) 34(다)[6]①

목표

수직선을 보고, 수의 범위를 나타낼 수 있다.

자료

수의 범위를 나타낸 수직선

활동

(1) 수직선에 나타낸 수의 범위를 말하여 보시오. (전체 활동)

수의 범위를 나타낸 수직선

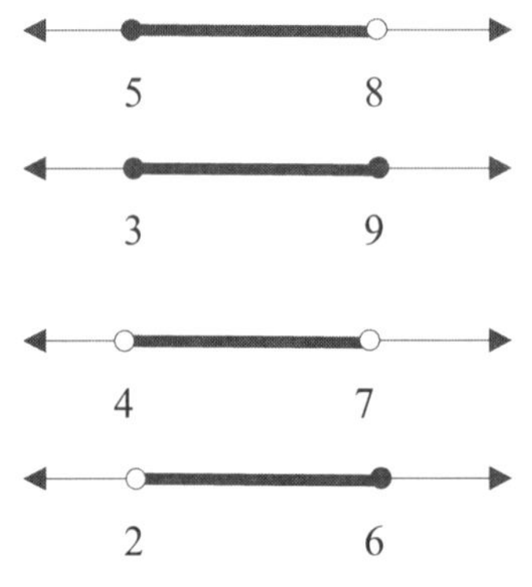

(2) 한 사람이 수직선 위에 수의 범위를 나타내면 다른 한 사람은 수의 범위를 말하여 보시오.(짝활동)

배경

이상, 이하, 초과, 미만을 이용하면 수직선에서 수의 범위를 한정하여 나타낼 수 있다. 반직선이 될 수도 있고, 선분을 나타낼 수도 있다. 또 몇 개의 구간으로 나누어 구분할 수 있다. 이러한 활동은 통계 등에서 활용되는데 실생활에서 얻은 자료를 구분하여 정리할 때, 구간을 나타내는 '계급'이 된다.

또한 체급(몸무게 등)을 제한하는 운동경기에서는 '이상, 이하, 초과, 미만'의 용어를 흔히 사용하는 것을 볼 수 있다.

관련 TU : TUAM-0270

TUAM-0310.10 반올림

관련 교육과정	(07) 4(다)[4]②
	(09) 34(다)[6]②

목표

반올림의 뜻을 알고 반올림하여 어림수로 나타낼 수 있다.

자료

수직선

활동

(1) 남자와 여자의 수를 수직선에 나타내어 보시오.

① 십의 자리까지 나타낸 수직선에 남자의 수(462명)와 여자의 수(547명)를 나타내어 보고 각각 어느 수에 더 가까운지 알아보게 한다.

② 백의 자리까지 나타낸 수직선에 남자의 수(462명)와 여자의 수(547명)를 나타내어 보고 각각 어느 수에 더 가까운지 알아보게 한다.

(2) 용어

구하려는 자리의 한 자리 아래 숫자가 0, 1, 2, 3, 4이면 버리고, 5, 6, 7, 8, 9이면 올리는 방법을 반올림이라고 합니다.

배경

우리는 연속량의 값을 정확히 측정할 수 없기 때문에 어림하여 측정하여야 한다. 이때 어림하여 측정한 값을 나타내기 위하여 반올림을 한다. 논의하고 있는 숫자가 0, 1, 2, 3, 4이면 0으로 생각하고, 5, 6, 7, 8, 9이면 10으로 생각하여 나타내는 것을 반올림이라고 한다. 특히, 5를 10으로 생각하는 이유는 일의 자리 수는 0부터 시작하여 9까지를 말하기 때문이다. 그래서 5는 엄격히 말하여 일의 자리 수에서 가운데의 수가 아니고 수를 양쪽으로 나눌 때 오른쪽에 치우친 것이기 때문이다.

'조금 더 된다', '조금 못 된다'를 써서 측정값을 나타냈던 것을 상기하게 한다. 측정값을 나타낼 때 가까운 쪽의 눈금을 읽었던 것을 바탕으로, 수직선에 표시하여 어느 쪽에 더 가까운지 알아본다.

관련 TU : TUAM-0320, TUAM-0330, TUAM-2130, TUAM-2140

TUAM-0320.10 올림

관련 교육과정	(07) 4(다)[4]②
	(09) 34(다)[6]②

목표

올림의 뜻을 알고, 올림하여 어림수로 나타낼 수 있다.

자료

실생활 소재, 공책

활동

(1) 공책을 몇 권 사야하는지 알아보시오

우리반 학생은 45명입니다. 운동회 날 반 학생들에게 공책을 한 권씩 나누어 주려고 합니다. 소매점, 도매점, 공장에서는 다음과 같이 공책을 판매한다고 합니다.

소매점: 낱권으로 팝니다.
도매점: 10권씩 묶음으로만 팝니다.
공 장: 100권씩 묶음으로만 팝니다.

위에서 제시된 것 외에, 이와 비슷하게 올림이 되는 경우를 찾아 이야기하게 한다.

(2) 용어

284를 십의 자리까지 나타내기 위해서 십의 자리 아래 수를 올려서 290으로 나타낼 수 있고, 백의 자리까지 나타내기 위해서 백의 자리 아래 수를 올려서 300으로 나타낼 수 있습니다. 이와 같이, 구하려는 자리의 아래 수를 올려서 나타내는 방법을 올림이라고 합니다.

배경

길이재기에서 '몇 cm 조금 못 된다', '몇 cm조금 더 된다'는 것을 배웠으나 이것은 가까운 쪽의 눈금을 읽는 것으로 반올림 방법으로 어림하는 것이다. 올림에 대한 것은 처음 배우는 것이므로 생활 주변에서 올림이 일어나는 경우를 충분히 예를 들어 어느 경우에 올림이 쓰이는지 알 수 있도록 해야 한다.

올림이 적용되는 예를 보면, 문방구에서 340원짜리 공책을 사려면 돈을 몇백원을 가져가야 하는지를 알아보는 경우 답은 십의 자리에서 올림하여 400원이다. 이러한 아이디어를 수학에 도입한 것이 올림이다. 논의하고 있는 자리의 숫자 1, 2, 3, 4, 5, 6, 7, 8, 9를 10으로 생각하여 나타내는 것을 올림이라고 한다.

올림을 하여 백의 자리까지 나타낼 때 십의 자리가 0이더라도 일의 자리의 수가 0보다 크면 백의 자리로 올림을 해야 함을 유의한다.

관련 TU : TUAM-0310, TUAM-0330, TUAM-2130, TUAM-2140

TUAM-0330.10 버림

관련 교육과정	(07) 4(다)4②
	(09) 34(다)6②

목표

버림의 뜻을 알고, 버림하여 어림수로 나타낼 수 있다.

자료

실생활 소재, 바둑돌, 달걀판(10개짜리), 모형 돈

활동

(1) 팔 수 있는 달걀의 수를 알아보시오.

진희는 닭을 키웁니다. 닭들이 달걀을 모두 43개 낳았습니다. 달걀을 10개씩 달걀판에 넣어 판매하려고 합니다. 진희는 달걀 몇 개를 팔 수 있습니까?

① 바둑돌 43개를 준비한다.

② 10개씩 넣을 수 있는 달걀판을 준비하여 바둑돌을 넣어 본다.

③ 모두 몇 개를 팔 수 있을지 알아본다.

(2) 우리 반은 불우 이웃 돕기를 위해 10원짜리 동전을 모았습니다. 한 달 동안 모두 1234개를 모았습니다. 이것을 은행에 가서 다른 동전이나 지폐로 바꾸려고 합니다. 어떻게 바꾸면 되는지 알아보시오.

① 100원짜리로 바꾸면 얼마를 바꿀 수 있나요?

② 1000원짜리로 바꾸면 얼마를 바꿀 수 있나요?

③ 10000원짜리로 바꾸면 얼마를 바꿀 수 있나요?

(3) 용어

구하려는 자리의 아래 수를 버려서 나타내는 방법을 버림이라고 합니다.

배경

길이재기에서 '몇 cm 조금 못 된다', '몇 cm조금 더 된다'는 것을 배웠으나 이것은 가까운 쪽의 눈금을 읽는 것으로 반올림 방법으로 어림하는 것이다. 버림에 대한 것은 처음 배우는 것이므로 생활 주변에서 버림이 일어나는 경우를 충분히 예를 들어 어느 경우에 버림이 쓰이는지 알 수 있도록 해야 한다.

연속량의 크기를 측정할 때 반올림을 이용한다. 그러므로 버림은 측정값을 나타낼 때 이용하는 것이 아니라, 반올림과는 다른 곳에 이용한다. 버림이 적용되는 예를 보면, '사과를 한 상자에 100개씩 담아서 상자 단위로 판다고 할 때 사과가 2679개 있다면 사과는 몇 개 팔 수 있는가?'와 같은 경우이다. 여기서 십의 자리 수 79 대신에 무조건 0으로 대신하여 2600개로 생각하여야 할 것이다. 이와 같은 아이디어를 수학에 도입하는 것이 버림이며 논의하고 있는 자리의 숫자 1, 2, 3, 4, 5, 6, 7, 8, 9를 0으로 생각하여 나타내는 것이 버림이다. 수를 기계적으로 고치는 것에 치중하지 말고 올림과 버림의 의미를 알게 한다.

관련 TU : TUAM-0310, TUAM-0320, TUAM-2130, TUAM-2140

TUAM-1010.10 시계를 보고 몇 시인지 말하기

관련 교육과정	(07) 1(다)②①
	(09) 12(다)②①

목표

시계를 보고 몇 시인지 말할 수 있다.

자료

모형 시계, 시각과 관련된 적절한 생활 소재, 특정한 시간에 하는 일상 활동, 시계 그림 사진

활동

(1) 시계를 보고 몇 시인지 말하여 보시오.

(2) 연속적인 그림과 그에 알맞은 시각을 표시하는 시계를 찾아 연결하여 봅시다.

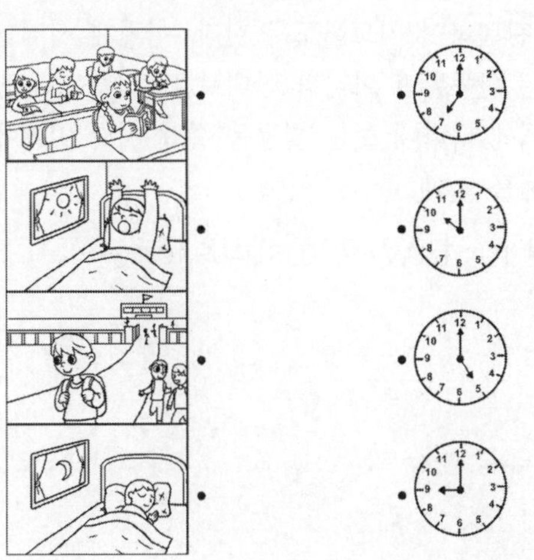

배경

시각은 때의 위치로, 길이나 부피와 같이 눈으로 관찰할 수 있는 양이 아니다. 따라서 개념을 형성하기가 어렵고, 다른 양을 지도할 때와 같은 방법이나 과정으로 지도하기도 어렵다. 시각의 개념을 형성시키기 위해서는 일상생활에서 일어나는 구체적인 활동을 통해 도입해야 한다. 예를 들면, 아침에 일어나는 시각, 등교하는 시각 등을 활용할 수 있다.

시각은 직접 관찰할 수 없으므로 시계를 통하여 관찰하게 한다. 시계보기에서 가장 먼저 지도할 일은 시계판의 구조이다. 즉, 1부터 12까지의 숫자의 위치, 시계 바늘의 모양을 보고 그 특징을 말해보도록 한다. 시계는 원형의 숫자판 위에 두 개의 바늘이 동시에 움직이기 때문에 학생들이 시각의 개념을 이해하기란 쉽지 않다. 따라서 시각 읽기는 생활과 관련하여 시계를 읽는 활동으로 지도한다.

이 활동에서는 긴 바늘이 숫자 12에 있을 때 짧은 바늘이 가리키는 숫자에 '시'를 붙여 시각을 읽고 적을 수 있도록 한다. 또한 그림에 나와 있는 그림을 보며 하루의 생활과 관련시켜 말하게 한다. 시계를 보고 몇 시인지 말하는 활동 다음으로, 반대로 몇 시를 모형 시계에 나타내어 보는 활동으로 이어진다.

관련 TU : TUAM-1020, TUAM-1030

TUAM-1020.10 몇 시를 모형 시계에 나타내기

관련 교육과정	(07) 1(다)②①
	(09) 12(다)②①

목표

'몇 시'를 모형 시계에 나타낼 수 있다.

자료

모형 시계, 시각과 관련된 적절한 생활 소재

활동

(1) 시계판의 숫자를 읽어보고 모형 시계에 나타내어 보시오.

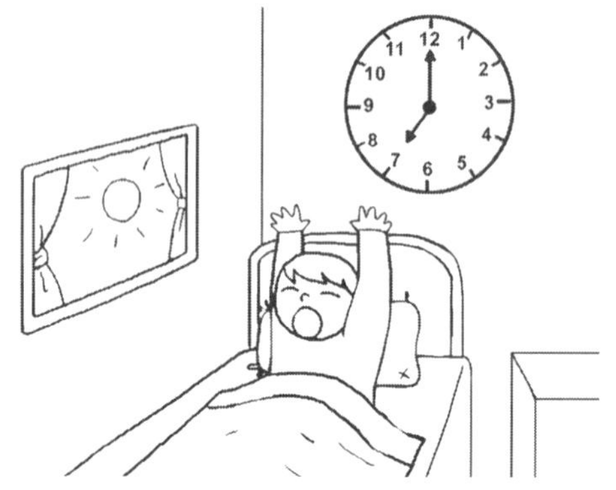

(2) 그림에 해당하는 시각을 모형 시계에 나타내어 보시오.

(3) 하루의 시간 일기를 쓰고 그에 알맞은 시각을 모형 시계에 표현하여 보시오.

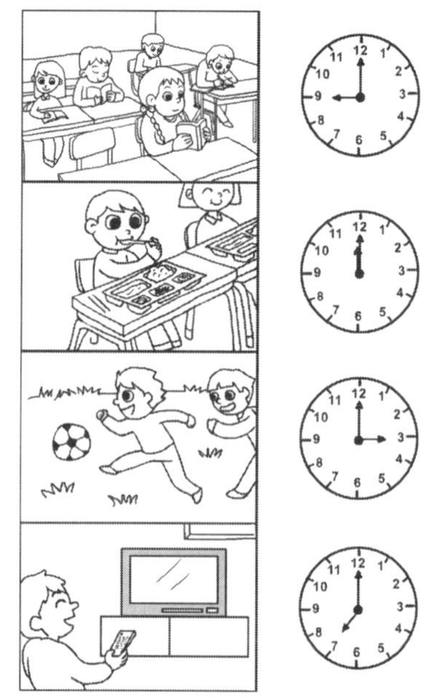

배경

시계를 보고 몇 시인지 읽는 활동에 이어서 그것을 다시 모형 시계에 직접 나타내어 보는 활동을 한다. 이때에는 시침과 분침 그리고 그 바늘이 움직이는 방향과 원리를 알 수 있도록 지도하여야 한다. 첫 번째 활동은 몇 시를 나타내는 시계 그림을 보고 그대로 모형 시계에 나타내는 활동이고, 두 번째 활동은 '몇 시'라는 시각만 제시되었을 때 그것을 모형 시계에 나타내는 활동이다. 이 또한 일상생활과 관련하여 지도하도록 한다. 이렇게 시계를 보고 읽는 활동뿐만 아니라 반대로 그 시각을 직접 모형 시계에 나타내 보는 활동을 통해 시각 읽기에 대한 이해를 깊게 할 수 있다.

관련 TU : TUAM-1010, TUAM-1040

TUAM-1030.10 시계를 보고 몇 시 30분인지 말하기

관련 교육과정	(07) 1(다)②①
	(09) 12(다)②①

목표

'몇 시 30분'을 나타낸 시계를 보고 시각을 읽을 수 있다.

자료

모형 시계, 시각과 관련된 적절한 생활 소재

활동

(1) 시계를 보고 몇 시 30분인지 말하여 보시오.

(2) 연속적인 30분 간격으로 되어있는 시계 그림을 보고 시각을 읽어 봅시다.

(3) 정각의 시계의 모습과 몇 시 30분의 시계의 바늘 위치를 비교하여 봅시다.

배경

모형 시계를 조작하다보면 '몇 시'라는 시각 이외에도 다양한 시각을 시계판 위에서 보게 된다. 따라서 새로운 단위로 분을 도입하여, '몇 시'에서 좀 더 나아가 '몇 시 30분'을 지도한다. 이 때 짧은 바늘만으로도 '몇 시', '몇 시 30분' 정도는 알 수 있으나 좀 더 세밀한 시각을 알기 위해 긴 바늘과 짧은 바늘을 모두 볼 수 있도록 한다. 즉, 시계의 긴 바늘이 나타내는 시각은 분이라는 말로 읽음을 알게 하는 것이다. 여기서는 1분 단위보다는 긴 바늘이 숫자 6을 가리킬 때는 30분임을 익히는 정도에서 지도한다. 예를 들면, 시계에서 짧은 바늘이 8과 9 사이를 가리키고 긴 바늘이 숫자 6을 가리킬 때, 이 시각은 8시 30분이라고 한다.

관련 TU : TUAM-1010, TUAM-1040, TUAM-1050

TUAM-1040.10 몇 시 30분을 모형 시계에 나타내기

관련 교육과정	(07) 1(다)②①
	(09) 12(다)②①

목표

'몇 시 30분'을 모형 시계에 나타낼 수 있다.

자료

모형 시계, 시각과 관련된 적절한 생활 소재, 시각카드(1시, 1시 30분등의 30분 단위의 시계카드), 시계도장

활동

(1) 시각을 모형 시계에 나타내어 보시오.

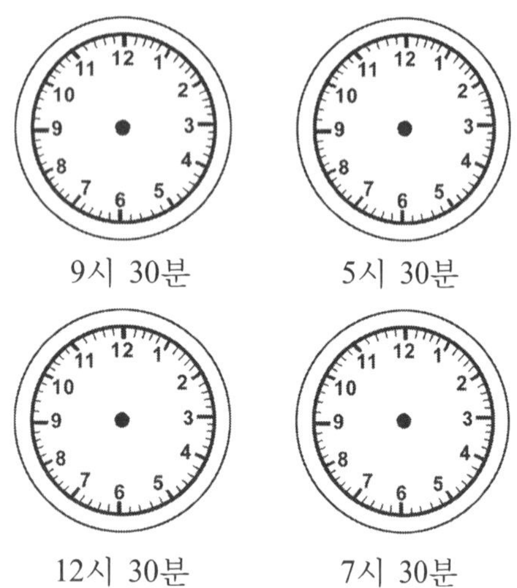

9시 30분 5시 30분

12시 30분 7시 30분

(2) 시각카드를 보고 그 시각에 알맞은 바늘을 그려 봅시다.

(3) 30분 간격으로 연속적으로 시계에 나타내어 봅시다.

(4) 30분 단위로 시각을 움직일 때 분침과 시침을 관찰하여 봅시다.

배경

시계를 보고 몇 시 30분인지 시각을 읽어 본 다음, '몇 시 30분'을 모형시계에 나타내는 활동을 한다. 즉, 제시된 시각을 바늘이 없는 시계 그림에 직접 그려보는 활동이다. 먼저 모형 시계에 9시를 나타내도록 한 후 모형 시계의 분침을 돌려 9시 30분을 나타내도록 한다. 이 때, 분침이 30분만큼 움직이는 동안 시침이 얼마나 움직이는지를 주목해서 살피는 것이 중요하다. 그 다음으로 빈 시계에 연필을 사용하여 그려 넣는 활동을 한다. 이 활동에서 지도할 일은 긴 바늘(분침)과 짧은 바늘(시침)을 구별할 수 있게 그리는 일이다.

관련 TU : TUAM-1020, TUAM-1030, TUAM-1050

TUAM-1050.10 시각을 분 단위로 읽기

관련 교육과정	(07) 2(다)①①
	(09) 12(다)②①

목표

시각을 분 단위로 바르게 읽을 수 있다.

자료

모형 시계, 시각을 나타내는 시계그림(눈금이 자세하게 그려진 것)

활동

(1) 모형 시계의 시각을 읽어 봅시다.

(2) 다음 시각을 모형 시계에 나타내어 보시오.

9시 15분 3시 47분

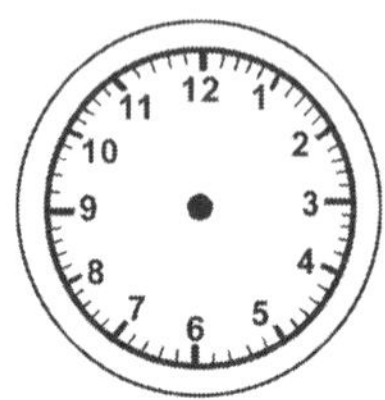
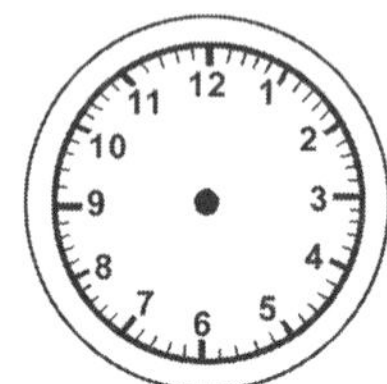

7시 32분　　　　1시 21분

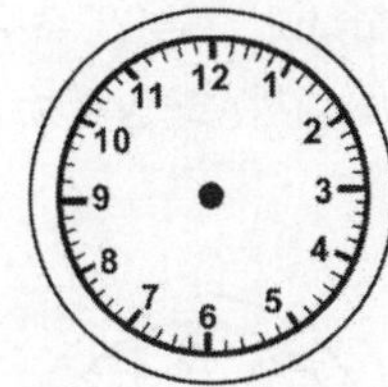
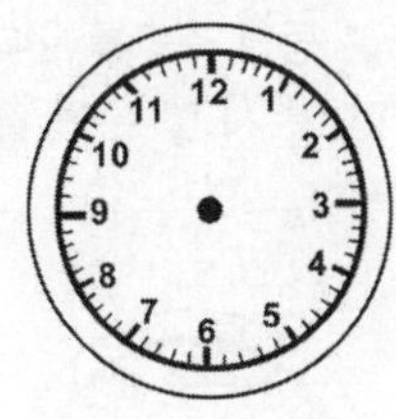

(3) 모형시계를 돌려가며 분 단위로 읽어봅시다.

(4) 모형시계를 돌려가며 5분 단위로 읽어봅시다(긴 바늘이 숫자를 가리킬 때마다 시간을 읽어봅시다.)

(5) 3시 17분의 시계를 빨리 읽는 방법을 찾아봅시다.
먼저 굵은 눈금으로 숫자(3)에 해당하는 분(15분)을 읽은 다음, 16분, 17분 … 과 같이 1분 단위로 읽어 시각을 확인합니다.

배경

'몇 시', '몇 시 30분'의 시각 읽기 다음으로, 1분 단위로 시각을 읽고 나타내게 한다. 시계보기는 일상생활에서 많이 경험하는 것이지만 60진법에 따라 단위가 바뀌기 때문에 학생들이 어려워할 수 있다. 또한 시계에서 긴 바늘이 가리키는 작은 한 눈금이 1분을 나타낸다고 약속하기로 제시하지만, 분 단위의 시각을 처음 읽는 2학년 학생들에게는 분침이 숫자 1을 가리킬 때 5분으로 읽는 것이 이해가 잘 안 될 수밖에 없다. 그래서 분을 나타내는 눈금 중 굵은 눈금은 5분 간격으로 되어있고, 가는 눈금은 1분 간격으로 표시되어 있다는 사실을 지도해야 한다. 그리고 굵은 눈금은 시와 분을 읽을 때 함께 사용되며, 문자판의 숫자는 시를 읽을 때 사용된다는 사실을 학생들에게 지도해야 한다. 따라서 모형시계를 직접 조작하면서 시침과 분침이 어떻게 움직이고 이 때 어떻게 읽어야 되는지를 충분히 경험해야 한다.

관련 TU : TUAM-1030, TUAM-1060

TUAM-1060.10 시간의 뜻

관련 교육과정	(07) 2(다)1②
	(09) 12(다)3①

목표

시각과 시각 사이가 시간임을 이해하고 시간을 구할 수 있다.

자료

모형 시계, 학생들의 일상적인 경험 소재, 바늘이 없는 시계 그림

활동

(1) 소민이는 아침 8시에 집을 나와 8시 20분에 학교에 도착하였습니다.

집에서 출발한 시각과 학교에 도착한 시각을 나타내시오.

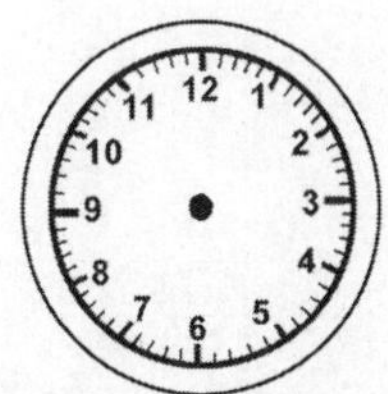
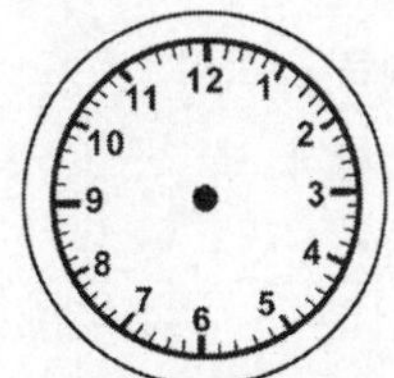

집에서 학교까지 오는 데 걸린 시간을 알아보시오.

(2) 1교시 수업이 9시에 시작해서 9시 40분에 끝났습니다. 1교시 수업 시간은 몇 분입니까? 모형시계로 돌려가며 확인해 봅시다.

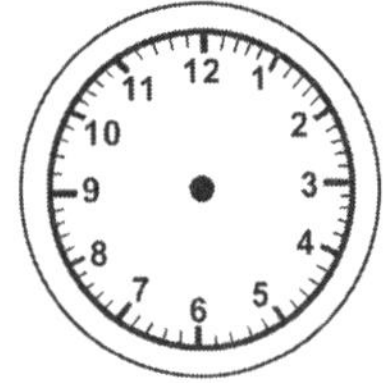

(3) 점심시간이 12:30에 시작해서 1:10분에 끝납니다. 점심시간은 몇 분입니까? 모형시계를 돌려가며 확인해 봅시다.

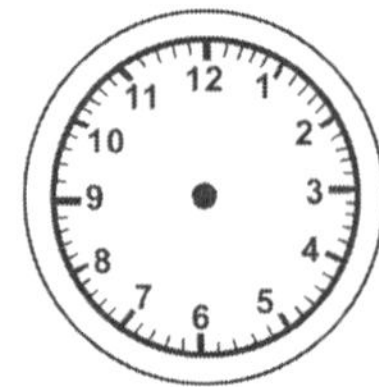
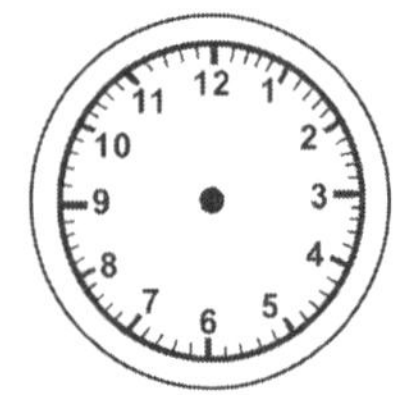

(4) 지금은 5시 10분입니다. 숙제가 30분이 걸린다면 몇 시 몇 분에 끝나겠습니까?

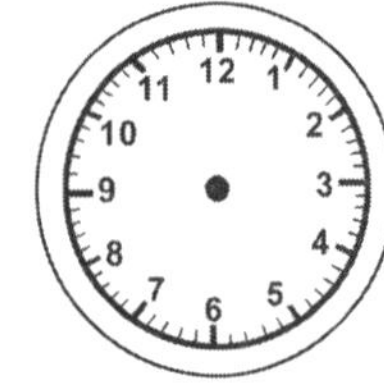

(5) 운동장에서 축구를 낮 3시 30분에 시작하였습니다. 25분 동안 축구를 한다고 합니다. 25분간 축구를 한다면 몇 시 몇 분에 끝나겠습니까? 모형시계로 알아봅시다.

배경

시각은 때의 흐름 가운데 한 점을 나타내는 말이고, 시간은 어떤 시각과 시각과의 사이를 나타내는 말이다. 다시 말해 시각은 ~을 하는 때를 말하고 시간은 ~하는 동안을 말한다. 이 활동은 시각에 대한 학습을 바탕으로 시간을 이해하는 것으로, 시간도 시각과 마찬가지로 관찰할 수 없으므로 시계를 통하여 관찰하게 된다.

시간을 구하려면 모형 시계의 바늘을 출발한 시각에서부터 도착한 시각까지 돌리면서 짧은 바늘(시침)과 긴 바늘(분침)이 얼마나 돌아갔는지를 알아봐야 한다. 시간을 구해야 하는 여러 가지 상황에서 모형 시계를 조작하여 걸린 시간을 알아보게 하는 활동은 시간에 대한 양감을 기르는 데 도움이 된다.

관련 TU : TUAM-1050, TUAM-1070

TUAM-1070.10 1시간은 60분

관련 교육과정	(07) 2(다)[1]②
	(09) 12(다)[3]①

목표

시계 보기를 통하여 1시간이 60분임을 알 수 있다.

자료

모형 시계

활동

(1) 긴 바늘(분침)을 한 눈금씩 이동하면서 분을 말해 봅시다.

▸ 긴 바늘을 한 바퀴 다 돌렸을 때, 몇 분인지 말해 봅시다.

▸ 한 시간은 몇 분과 같습니까?

(2) 시계의 긴 바늘이 한 바퀴 도는 데 걸리는 시간을 알아보시오.

시계의 긴 바늘이 한 바퀴 도는 데 걸리는 시간은 60분입니다. 60분은 1시간입니다.

(3) 시계는 지혜가 독서를 시작한 시각과 독서를 끝낸 시각을 나타내고 있습니다.

독서를 시작한 시각은 □시입니다.
독서를 끝낸 시각은 □시 □분입니다.
독서를 한 시간은 □시간 □분입니다.
1시간 20분은 □분입니다.

배경

시각과 시간에 대한 이해를 바탕으로 모형 시계를 조작하면서 '1시간=60분'임을 학습한다. 이 때 바늘을 거꾸로 돌리지 않고 오른쪽으로 돌리는 것이 매우 중요하다. 모형 시계로 긴 바늘이 한 바퀴 도는 동안 시침은 숫자 한 칸을 움직여 1시간이 지났음을 알게 하는 것이다. 이 때 긴 바늘을 시계판에 쓰인 숫자마다 멈추고 5분 단위로 뛰어 읽으면서 한 바퀴가 60분임을 알게 해야 한다. 또한 '1시간=60분'임을 활용하여 시간과 분 사이의 단위 환산을 하게 한다.

관련 TU : TUAM-1060, TUAM-1080

TUAM-1080.10 '몇 시 몇 분'을 '몇 시 몇 분 전'으로 나타내기

관련 교육과정	(07) 2(다)[1]②
	(09) 12(다)[2]①

목표

'몇 시 몇 분'을 '몇 시 몇 분 전'으로 나타낼 수 있다.

자료

모형 시계

활동

(1) 4시 50분은 5시 □분 전입니다.
10시 15분 전은 □시 □분입니다.

(2) 2시 50분입니다. 몇 분 후에 3시가 되겠습니까?
3시가 되기 10분 전은 몇 시 몇 분입니까?
2시 50분은 3시 □분 전입니다.

(3) 5시 52분입니다. 몇 분 후에 6시가 되겠습니까?
5시 52분은 6시가 되려면 몇 분 남았습니까?
5시 52분은 6시 □분 전입니다.

(4) 10시를 지나 10분 후와 10시가 되기 전 10분을 비교하여 보시오
'시'에서는 어떤 차이가 있습니까?
'분'에서는 어떤 차이가 있습니까?

배경

시각과 시간에 대한 이해를 바탕으로 '몇 시 몇 분'으로 나타낸 시각과 '몇 시 몇 분 전'으로 나타낸 시각 사이의 관계를 이해하는 활동이다. 모형 시계를 이용하여 제시된 시각을 나타내 보고 5시가 되려면 몇 분이 더 있어야 하는지, 10시에서 15분 부족한 시각은 몇 시 몇 분인지를 알아보도록 한다.

관련 TU : TUAM-1050, TUAM-1070

TUAM-1090.10 하루는 24시간

관련 교육과정	(07) 2(다)[1]③
	(09) 12(다)[3]②

목표

시계 보기를 통하여 하루가 24시간임을 이해할 수 있다.

자료

모형 시계, 하루의 생활시간표

자료

(1) 희진이는 아침 7시에 밥을 먹고 저녁 7시에 저녁을 먹습니다. 아침을 먹고 나서 저녁을 먹기까지 걸린 시간은 몇 시간인지 알아보시오.

(2) 자신의 하루 생활 시간표를 만들어 봅시다.

▸그 시간표의 시간을 모형시계에 나타내면서 자신의 생활을 발표해 봅시다.

▸점심시간에서 다음날 점심식사까지 걸린 시간은 몇 시간인지 알아보시오.

－하루는 24시간임을 알려준다.

배경

하루가 24시간임을 이해하기 위해서는 짧은 바늘이 하루에 2바퀴 돈다는 것과 짧은 바늘이 한 바퀴 돌면 12시간이라는 것을 이해해야 한다. 이 활동은 아침 7시부터 저녁 7시까지의 시간을 모형 시계를 돌리면서 알아보는 것으로 짧은 바늘이 한 바퀴 돌면 12시간이라는 것을 이해하도록 하는 활동이다. 이를 바탕으로 하루는 24시간임을 약속한다. 이는 이후 오전과 오후를 알게 하는 데 기본이 된다.

관련 TU : TUAM-1070, TUAM-1100

TUAM-1100.10 오전과 오후

관련 교육과정	(07) 2(다)[1]③
	(09) 12(다)[3]②

목표

오전과 오후를 알고 하루의 시간을 나타낼 수 있다.

자료

하루의 시간 띠그래프, 하루의 시간표 만들기(학습지)

활동

0시에서 낮 12시까지를 오전이라 하고, 낮 12시에서 밤 12시까지를 오후라고 합니다.

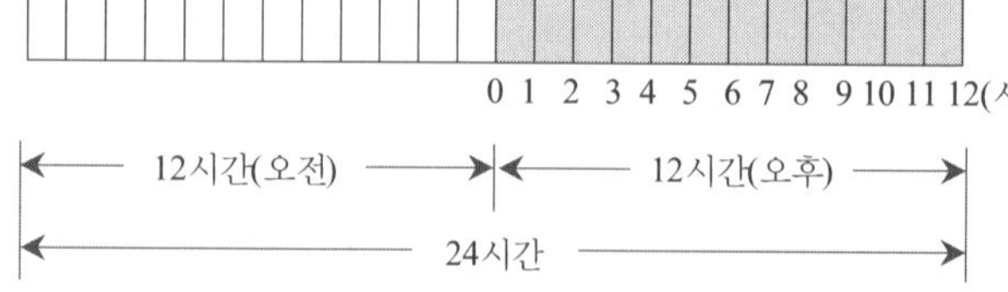

▸아침에 일어나는 시각은 오전 몇 시입니까?

▸잠을 자기 시작한 시각을 말해 보시오.

▸학교 공부가 끝난 시각을 말해 보시오.

(1) 아침과 저녁은 모두 8시에 먹습니다.

▸아침은 하루 중 언제 8시에 먹고, 저녁은 하루 중 언제 8시에 먹는지 이야기해 봅시다.

(2) 하루 동안 7시는 몇 번 있습니까?
아침에 7시와 저녁 7시는 어떻게 다른지 말해봅시다.

(3) 자신의 하루 시간표를 오전과 오후의 표현을 써서 만들어 보시오.

배경

하루 24시간에서 오전과 오후라는 생활 용어를 도입한다. 즉, 하루의 시간을 이해하는 수단으로 사용하는 것으로, 오전과 오후 그 자체의 학습을 강조하기보다는 학생들의 하루 생활 시간을 오전과 오후를 이용하여 나타내면 시간을 알아보기 편리하다는 점을 보여주는 것이 중요하다.

관련 TU : TUAM-1090

TUAM-1110.10 요일과 날짜

관련 교육과정	(07) 2(다)[1]③
	(09) 12(다)[3]②

목표

달력을 보고 요일과 날짜를 알 수 있다.

자료

달력

활동

달력을 보고 요일을 알아보시오.

일	월	화	수	목	금	토
				1	2	3
4	5	6	7	8	9	10
11	12	13	14	15	16	17
18	19	20	21	22	23	24
25	26	27	28	29	30	

▸2일은 무슨 요일입니까?
▸9일은 무슨 요일입니까?
▸월요일인 날을 모두 쓰시오.
▸세 번째 줄 수요일은 며칠입니까?
▸세 번째 토요일은 며칠입니까?

배경

하루의 시간에 대한 학습에서 확장하여, 달력에 대한 학습을 시작한다. 학생들은 취학 전부터 달력을 보고 자기의 생일을 찾아보거나, 가족의 중요한 행사 등을 찾아본 경험이 많다. 이러한 경험과 관련하여 달력이 일상생활과 관련이 깊음을 이해하게 하고 달력을 활용할 수 있게 해야 한다. 달력에서 요일과 날짜를 알아봄으로써 달력을 보는 방법에 관심을 갖게 하고 달력을 보는 방법을 익히는 활동이다.

관련 TU : TUAM-1090, TUAM-1120

TUAM-1120.10 1주일은 7일

관련 교육과정	(07) 2(다)[1]③
	(09) 12(다)[3]②

목표

1주일이 7일임을 알 수 있다.

자료

달력

활동

달력을 보고 요일을 알아보시오.

일	월	화	수	목	금	토
				1	2	3
4	5	6	7	8	9	10
11	12	13	14	15	16	17
18	19	20	21	22	23	24
25	26	27	28	29	30	

첫째 월요일부터 □일 후는 둘째 월요일입니다.
둘째 월요일부터 □일 후는 셋째 월요일입니다.

(1) 같은 요일에 있는 날짜들의 차이의 공통점을 말하여 봅시다.

(2) 21일은 수요일입니다. 7일 전은 무슨 요일입니까? 7일 후는 무슨 요일입니까?

배경

달력에서 같은 요일의 날짜를 알아보는 활동을 통해, 같은 요일은 7일마다 반복된다는 것을 알 수 있다. 이를 바탕으로 일주일은 7일이라는 것을 약속한다.

관련 TU : TUAM-1110, TUAM-1130

TUAM-1130.10 1년은 12개월

관련 교육과정	(07) 2(다)[1]③
	(09) 12(다)[3]②

목표

1년이 12개월임을 알 수 있다.

자료

달력

활동

1년 치 달력을 보고, 각 달의 날수를 조사하여 보시오.

월	1	2	3	4	5	6	7	8	9	10	11	12
날수												

▸ 날수가 31일인 달을 모두 말하시오.
▸ 날수가 30일인 달을 모두 말하시오.
▸ 날수가 가장 적은 달은 어느 달입니까?
▸ 12월이 지나면 어떻게 되는지 말해 봅시다.
▸ 달을 봄, 여름, 가을, 겨울의 사계절로 나누어 봅시다.

배경

달력을 보면서 요일과 날짜를 알아보고, 1주일이 7일임을 알고나면, 전체 1년 치 달력을 보고 한 해는 1월부터 시작하여 12월까지 모두 12개월임을 알게 하고, 각 달의 날수를 조사하여 큰 달과 작은 달이 있음을 알게 한다.
1년은 12개월임을 알게 하면서 동시에 봄, 여름, 가을, 겨울의 사계절도 같이 이해하도록 하는 것이 시간을 생활 속에서 느끼게 하는 데 도움이 된다.

관련 TU : TUAM-1120

TUAM-1210.10 시각과 시간

관련 교육과정	(07) 3(다)[1]①
	(09) 34(다)[1]①

목표

시각과 시간의 의미를 알 수 있다.

자료

모형 시계, 띠그래프(시간을 테이프의 길이로 나타내기 위한 자료), 방학생활 일일계획표

활동

	월요일
1교시	국어
2교시	사회
3교시	체육
4교시	수학
5교시	도덕

(1) 다음은 동수네 반 월요일 시간표입니다. 아침 9시에 1교시를 시작합니다. 수업은 40분씩이고, 쉬는 시간은 10분입니다. 점심시간은 4교시가 끝난 후입니다. 점심시간은 언제부터인지 알아보시오.

① 모형 시계를 이용하여 점심시간이 시작되는 시각을 알아봅시다.

② 띠그래프를 이용하여 수업시간과 쉬는시간에 색을 칠하면서 점심시간이 시작되는 시각을 알아봅시다.

(2) 아래 그림은 영희의 방학 일일 계획표입니다. 할 일을 가장 긴 순서대로 적어보시오.

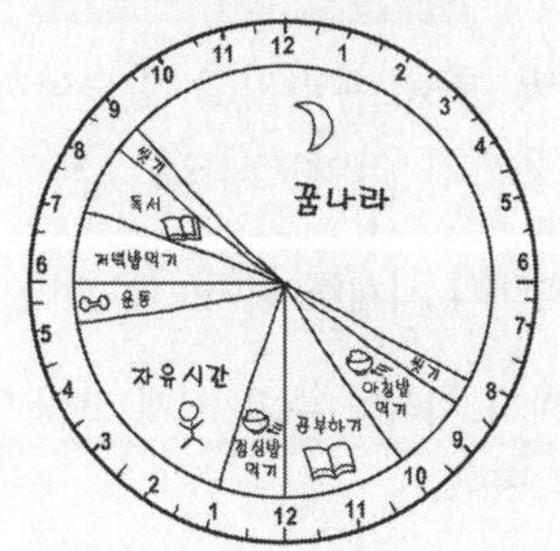

① 할 일을 테이프의 길이로 나타내어 봅시다.

② 테이프의 길이를 비교하여 가장 시간이 많이 걸린 일을 찾아봅시다.

배경

시간에는 측정할 수 있는 속성이 두 가지가 있다. 하나는 '현재의 시간(시각)(a point of time, synchronism)'이고, 다른 하나는 '존속 기간의 길이(시간)(a length of time, isochronism)'가 있다. 즉, 시각은 한 시점을 나타내는 말이고, 시간은 시각과 시각 사이의 양을 나타내는 말이다. 시간은 눈으로 볼 수 없는 양이기 때문에 시계 바늘의 회전과 같은 등속 운동으로 대치시키거나, 시간을 테이프의 길이로 나타내어 시간을 양적으로 알아보도록 하는 것이 필요하다. 학생들은 현재의 시간(시각)을 읽는 것으로부터 두 사건에 대한 기간의 길이(시간)를 인식할 수 있어야 하며, 기간의 길이가 다른 두 사건 중 어느 것이 더 많이 걸렸는지 등을 말할 수 있어야 한다. 이는 시간의 가법성에 의해 시간의 계산(덧셈, 뺄셈)을 하는 기초가 된다.

관련 TU : TUAM-1060, TUAM-1050, TUAM-1070, TUAM-1310

TUAM-1220.10 1분은 60초

관련 교육과정	(07) 3(다)[1]②
	(09) 34(다)[1]②

목표

1분은 60초임을 알고, 초단위까지 시각을 읽을 수 있다.

자료

초시계

활동

(1) 아래 초시계는 민수의 50 m 달리기 기록을 보여주고 있습니다. 민수의 기록을 알아보시오.

① 초시계의 눈금 하나가 1초임을 알게 하고, 민수의 기록을 알아봅시다.

② 초침이 가리키는 시계의 숫자와 초를 알맞게 써봅시다.

③ 초침이 시계를 한 바퀴 도는 데 걸리는 시간이 60초임을 알게 하고 60초 = 1분임을 알게 한다.

(2) '몇 분 몇 초'를 '몇 초'로 나타내본다.

(3) '몇 초'를 '몇 분 몇 초'로 나타내본다.

(4) 10초, 30초, 60초 등 초에 대한 시간 감각을 신장시킬 수 있는 활동을 해 본다.

예1 눈을 감고 있다가 30초가 되었다고 생각하면 손들기

예2 책을 읽다가 1분이 되었다고 생각하면 "그만" 하고 멈추기 등

배경

일상생활에서 필요한 시각의 표현을 통하여 시계의 눈금 읽기와 관련시켜 시, 분, 초 단위를 도입한다. 따라서 '초'를 도입할 때도 일상생활에서 초가 사용되는 상황 즉, 분과 분 사이를 나타내야 하는 상황을 제시하여 '초' 단위의 필요성을 인식하게 하고, 1분=60초임을 알게 한다. 시계의 작은 눈금 한 칸이 5초임에 유의하도록 한다. 또한 시계는 60진법을 사용해야 하므로 단위 환산을 하는 활동이 병행되어야 한다.

관련 TU : TUAM-1070, TUAM-1230

TUAM-1230.10 초 단위까지 시각 읽기

관련 교육과정	(07) 3(다)1②
	(09) 34(다)1②

목표

시계에 나타난 시각을 초 단위까지 읽을 수 있다.

자료

시계그림, 초침이 있는 모형 시계, 다양한 형태의 시계

활동

(1) 시각을 초까지 읽어 보시오.

① 시각이 몇 시 몇 분인지 읽어보시오.

② 초침은 몇 초를 가리키고 있습니까?

③ 시각을 초까지 읽어보시오.

(2) 다양한 형태의 시계를 읽어보게 한다.

(3) 초 단위까지 시각을 주고 시계 그림(모형시계)에 나타내보게 한다.

배경

모형 시계의 초침이 가리키는 숫자와 초와의 관계를 이해시키고, 초 단위까지의 시각을 읽도록 한다. 초 단위까지의 시각 읽기를 지도할 때는 실생활에서 볼 수 있는 다양한 형태의 시계(손목시계, 탁상시계, 디지털시계 등)를 이용하여 읽을 수 있게 지도하는 것이 좋다.

관련 TU : TUAM-1220, TUAM-1310

TUAM-1310.10 시간의 덧셈((시간)+(시간)형)

관련 교육과정	(07) 3(다)①③
	(09) 34(다)①③

목표

받아올림이 있는 초 단위까지의 덧셈 원리와 형식을 알고 계산할 수 있다.

자료

띠그래프, (시간) + (시간)과 관련된 생활 소재

활동

(1) '40초 + 50초'의 계산을 하시오.

〈생활장면〉

줄넘기를 40초 동안 한 후, 잠시 쉬었다가 다시 50초 동안 하였습니다. 줄넘기를 한 시간은 모두 몇 분 몇 초입니까?

① '40초'와 '50초'를 띠그래프에 나타내어 보시오.

② '40초 + 50초'를 구하시오.

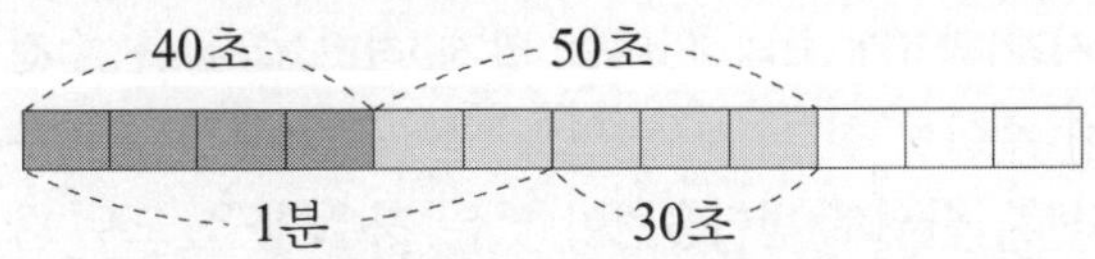

40초 + 50초 = 90초 = 1분 30초

	40초
+	50초
	90초
1분 ⇦	60초
1분	30초

(2) '1분 50초 + 20초'의 계산을 하시오.

〈생활장면〉

혜은이는 환경에 관한 짧은 글을 1분 50초 동안 읽고, 글을 썼습니다. 혜은이가 글을 읽고 쓴 시간은 모두 몇 분 몇 초입니까?

(띠그래프에 나타내어 보고 구하도록 한다.)

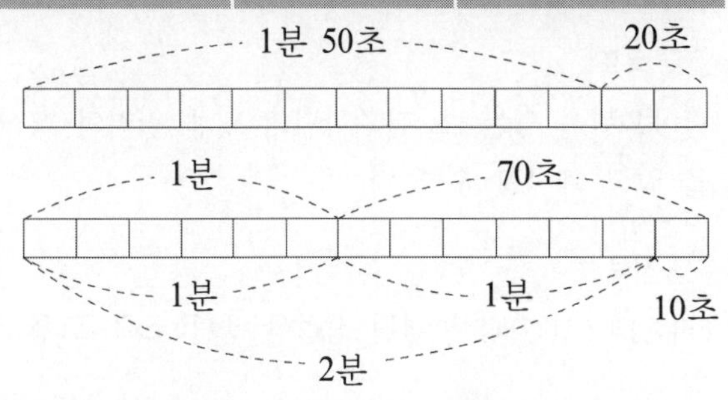

1분 50초 + 20초 = 1분 70초

= 1분 (60 + 10)초

= 2분 10초

	1분	50초
+		20초
	1분	70초
	1분 ⇦	60초
	2분	10초

배경

시간은 양이고, 시각은 시점을 나타내는 것이므로, 직선 위의 점을 나타낸다. 시간의 덧셈에는 다음과 같은 두 가지 유형이 있다. ① (시간) + (시간) = (시간), ② (시각) + (시간) = (시각). 시간의 계산은 언제나 양을 대상으로 하기 때문에 시각을 쓰지만 시각도 양(기준 시각으로부터 그 시각까지의 시간)으로 보고 계산하고 있음에 유의해야 한다. 시간의 계산은 60진법을 쓰므로 단위 환산 계산이 병행되어야 한다. 그림 자료를 이용하여 시간의 가법성을 알게 하고, 계산 원리를 바탕으로 형식화하도록 한다. 먼저 초 단위에서의 계산을 알게 하고, 분, 초 단위의 덧셈 문제뿐만 아니라 시, 분, 초 단위의 덧셈 문제를 제시하여 익히도록 한다.

관련 TU : TUAM-1230, TUAM-1320

TUAM-1320.10 시간의 덧셈((시각)+(시간)형)

관련 교육과정	(07) 3(다)1③
	(09) 34(다)1③

목표

받아올림이 있는 초 단위까지의 덧셈 원리와 형식을 알고 계산할 수 있다.

자료

(시각)+(시간)과 관련된 적절한 생활 소재, 모형시계

활동

(1) '9시 40분 20초+2시간 23분 47초'의 계산을 해 보시오.

〈생활장면〉
운동경기 특집 중계방송이 오전 9시 40분 20초에 시작해서 2시간 23분 47초 동안 방송되었습니다. 이 운동경기 특집 중계방송이 끝난 시각은 몇 시 몇 분 몇 초입니까?

① '9시 40분 20초'를 모형시계에 나타내시오.
② '47초'만큼 시간을 더하시오.
③ '23분'만큼 시간을 더하시오.
④ '2시간'만큼 시간을 더하시오.

시	분	초
9시	1분	20초
+2시간		47초
11시	1분	67초
	1분 ⇦	60초
11시	2분	7초
1시간 ⇦	60분	
12시	4분	7초

▸67초는 몇 분 몇 초입니까?
▸64분은 몇 시간 몇 분입니까?

9시 40분 20초+2시간 23분 47초
=☐시 ☐분 ☐초

배경

(시각)+(시간)=(시각) 형태의 상황으로 (시각)+(시간)의 계산 결과는 (시각)임을 알게 한다. 답을 쓸 때 (시간)을 쓰는 오류를 보이는 경우가 있는데, (시각)과 (시간)의 의미를 알게 하고, 오류를 수정해 주어야 한다. 분 단위로 받아올림이 있는 경우와 시 단위로 받아올림이 있는 경우 등을 모두 다루도록 한다. 유의할 점은 단위 내에서의 계산은 10진법이지만 단위 간의 받아올림은 60진법을 사용한다는 것이다.

관련 TU : TUAM-1310, TUAM-1340

TUAM-1330.10 시간의 뺄셈((시간)-(시간)형)

관련 교육과정	(07) 3(다)1③
	(09) 34(다)1③

목표

받아내림이 있는 초 단위까지의 뺄셈 원리와 형식을 알고 계산할 수 있다.

자료

띠그래프, (시간)-(시간)과 관련된 생활 소재

활동

(1) '3분 40초-2분 50초'의 계산을 하시오.

〈생활장면〉
혜영이는 줄넘기를 3분 40초 동안 뛰고, 나은이는 2분 50초 동안 뛰었습니다. 누가 몇 초 동안 더 뛰었습니까?

① '4분 40초'와 '2분 50초'를 띠그래프에 나타내어 보시오.
② '4분 40초-2분 50초'를 구하시오.

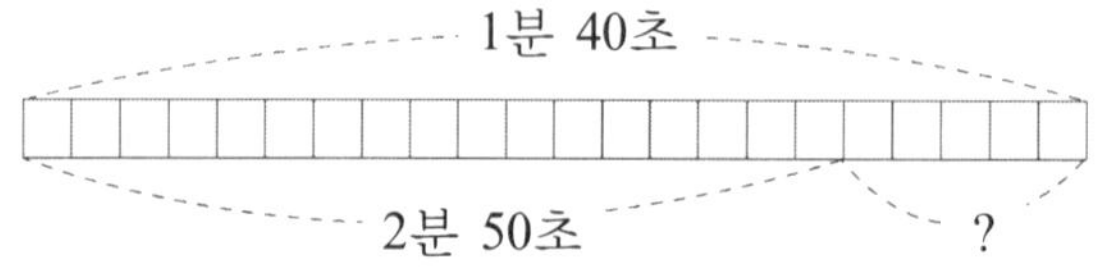

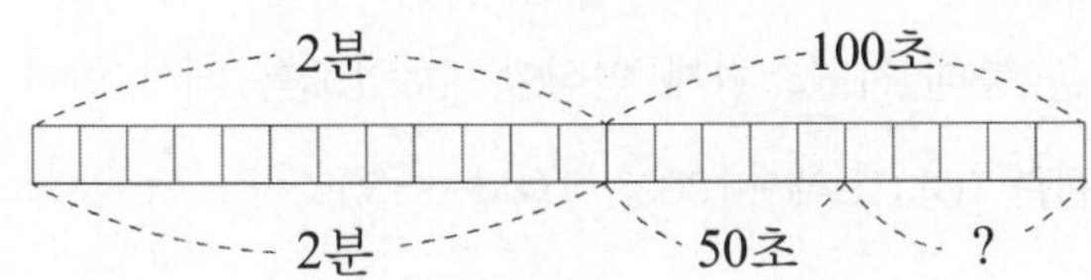

3분 40초−2분 50초＝2분 100초−2분 50초
＝(100−50)초
50초

	2 ~~3~~분	60 40초
−	2분	50초
		50초

배경

시간의 뺄셈에서는 다음과 같은 세 가지 유형이 있다.

① (시간) − (시간)＝(시간)
② (시각) − (시각)＝(시간)
③ (시각) − (시간)＝(시각)

먼저 초 단위까지의 뺄셈 상황을 이해하고 초 단위 수의 뺄셈을 할 수 없는 경우에는 분 단위 속에서 1분을 받아내려 초 단위로 고친 다음 계산할 수 있다. 이러한 계산 원리를 바탕으로 세로 형식의 계산 방법을 이해시켜 익히도록 한다. 분, 초 단위의 뺄셈 문제뿐만 아니라 시, 분, 초 단위의 뺄셈 문제를 제시하여 익히도록 한다.

관련 TU : TUAM−1320, TUAM−1340

TUAM−1340.10 시간의 뺄셈((시각)−(시각)형)

관련 교육과정	(07) 3(다)1③
	(09) 34(다)1③

목표

받아내림이 있는 초 단위까지의 뺄셈 원리와 형식을 알고 계산할 수 있다

자료

(시각)−(시각)과 관련된 생활 소재

활동

(1) '11시 11분 34초−9시 32분 40초'의 계산을 하시오.

〈생활장면〉

특집토론 방송이 오후 9시 32분 40초에 시작해서 오후 11시 11분 34초에 끝났습니다. 특집토론 방송은 모두 몇 시간 몇 분 몇 초 동안 방영되었습니까?

① '11시 11분 34초'를 모형시계에 나타내시오.
② '40초'만큼 시간을 되돌리시오.
③ '32분'만큼 시간을 되돌리시오.
④ '9시'만큼 시간을 되돌리시오.

	11시	10 ~~11~~분	60 34초
−	9시	32분	40초
			54초

⇩

	10 ~~11~~시	60 10 ~~11~~분	60 34초
−	9시	32분	40초
	1시간	38분	54초

11시 11분 34초 − 9시간 32분 40초
＝☐시간 ☐분 ☐초

배경

먼저 생활 장면에서 초 단위까지의 뺄셈 상황을 이해시키고 식을 만들어보게 한다. 여기에서 (시각)−(시각)의 차가 (시간)이 된다는 점에 유의해야 한다. 만들어진 식을 이용하여 받아내림이 있는 뺄셈 원리를 이해시키고 세로 형식으로 형식화하도록 한다. 받아내림이 두 번 있는 문제도 제시하여 익히도록 한다.

(시각)−(시각)의 문제에서 시각이 오전, 오후로 나뉘어 나타나는 수는 24시간 기준으로 고쳐서 계산할 수 있도록 지도한다.

시간에 대한 덧셈, 뺄셈 문제를 제시할 때는 단순한 계산 문제만 제시하지 말고 문제 상황을 제시하여 계산할 수 있도록 한다. 단순히 계산 문제만 제시하면, (시각)으로 답을 해야 하는지, (시간)으로 답을 해야 하는지 어려움을 느끼게 된다.

또한 '(시각)−(시간)은 (시각)으로 답해야 한다.'와 같은 기계적인 해법을 암기해야 하는 부담을 갖게 된다. 따라서 문제의 답을 정확한 시점(시각)으로 답해야 하는지, 기간(시간)으로 답해야 하는지를 문제 상황을 보고 판단할 수 있도록 해야 할 것이다.

(시간) ± (시간) = (시간), (시각) ± (시간) = (시각), (시각) − (시각) = (시간) 등의 개념은 이러한 상황을 통해 자연스럽게 인식할 수 있도록 해야 한다.

관련 TU : TUAM-1330, TUAM-1350

TUAM-1350.10 시간의 뺄셈((시각)-(시간)형)

관련 교육과정	(07) 3(다)[1]③
	(09) 34(다)[1]③

목표

받아내림이 있는 초 단위까지의 뺄셈 원리와 형식을 알고 계산할 수 있다.

자료

(시각)−(시간)과 관련된 생활 소재

활동

(1) 1시간 23분 40초 짜리 연극 공연이 오후 9시 15분 30초에 끝났습니다. 이 연극 공연은 몇시 몇분 몇초에 시작되었습니까?

① '9시 15분 30초−1시간 23분 40초'의 계산을 모형시계를 통하여 알아보시오.

−9시 15분 30초를 모형시계에 나타내시오.

−40초만큼 시간을 되돌리시오.

−23분만큼 시간을 되돌리시오.

−1시간 만큼 시간을 되돌리시오.

② '9시 15분 30초−1시간 23분 40초'의 계산 방법을 알아보시오.

		14	60
	9시	~~15~~분	30초
−	1시간	23분	40초
			50초

⇨

		60	
	8	14	60
	~~9~~시	~~15~~분	30초
−	1시간	23분	40초
	7시	51분	50초

9시 15분 30초 − 1시간 23분 40초

= ☐시 ☐분 ☐초

배경

(시각)−(시간)의 계산 결과를 (시각)으로 나타내는 상황을 제시한다. 받아내림을 고려하여 먼저 초 단위부터 계산하고, 이어서 분 단위의 계산, 그 다음에 시간 단위의 계산을 하도록 한다. 시간의 뺄셈의 세 가지 유형 ① (시간)−(시간) = (시간), ② (시각)−(시각) = (시간), ③ (시각)−(시간) = (시각)을 고루 경험해보도록 상황을 제시하는 것이 바람직하다.

관련 TU : TUAM-1330

TUAM-2010.10 임의단위로 길이 측정하기

관련 교육과정	(07) 2(다)[2]①
	(09) 12(다)[4]①

목표

임의단위를 사용하여 물건의 길이를 잴 수 있다.

자료

손 뼘, 손가락 마디, 주위의 작은 막대, A4용지, B4용지, 빨대, 칠판, 책상 등 직선의 길이를 가지고 있는 구체물

활동

(1) 길이가 서로 다른 연필 두 자루를 맞대어 보고 어느 것이 더 긴지 말해보시오

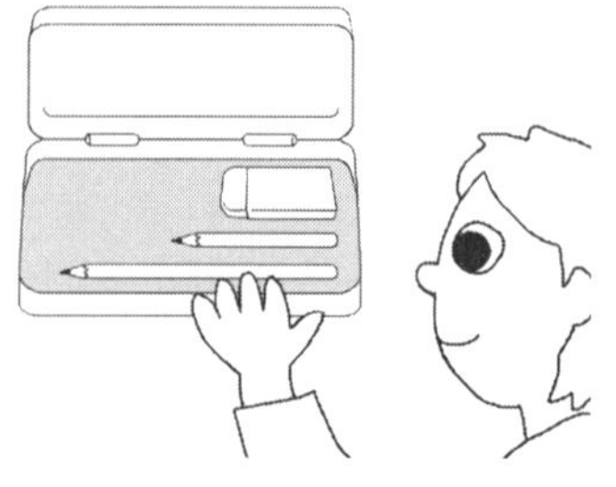

(2) A4용지와 B4용지를 반 접었을 때 세로와 가로의 길이 중 어느 것이 더 길다고 생각합니까?

▸ 길이가 작은 막대기, 클립, 손가락 등을 이용하여 A4용지와 B4용지의 가로와 세로의 길이를 비교하여 봅시다.

(3) 교실의 가로와 세로 중 어느 것이 더 길다고 생각합니까?

▸ 비교하는 방법을 알아봅시다.

▸ 막대기나 자신의 발걸음, 신발 등을 이용하여 어떤 것이 길이가 더 긴지 비교하여 봅시다.

(4) 자신의 발걸음을 이용하여 복도의 길이를 재어보고 발표해 봅시다. 친구들의 발걸음과 발걸음 수를 비교해 봅시다.

(5) 뼘을 단위 길이로 하여 물체의 길이를 재어봅시다.

▸ 칠판의 길이는 몇 뼘입니까?

▸ 책상의 가로의 길이는 몇 뼘입니까?

배경

우리는 생활의 필요에 의해 측정을 하여야만 한다. 자나 저울을 이용하여 정확한 측정을 하기도 하지만 일반적으로 임의단위를 사용하여 대략의 양을 측정하는 경우가 많다. 임의단위를 사용한 측정할 때, 먼저 물체를 선택하고 측정하고자 하는 물체의 특성(길이, 넓이, 무게, 부피)을 선택하고, 물체의 특성에 맞는 측정하고자 하는 임의단위를 선택한다. 그런 다음, 특성을 측정하기 위해 필요한 임의단위의 수를 정한다. 예를 들어 물체의 길이를 측정하기 위해 우리는 손 뼘으로 재어 몇 뼘인가를 알아볼 수 있다. 보다 긴 거리를 측정하기 위해 측정단위로서 '발걸음 거리'를 이용할 수 있다. 보다 짧은 거리를 측정하기 위해서는 임의단위로써 손톱의 길이를 사용할 수 있다.

여기에서 임의단위를 도입하여 직접 비교를 할 수 없는 상황에서 길이 비교를 할 수 있도록 한다. 이 활동은 비교적 엄격하지 않은 방법으로 측정하기 때문에 길이를 측정하는 비형식적 방법이다. 그래서 정확성을 필요로 하지 않을 때 많이 사용한다.

관련 TU : TUAM-0010, TUAM-2020

TUAM-2020.10 1cm 단위

관련 교육과정	(07) 2(다)[2]①
	(09) 12(다)[4]①

목표

1 cm의 단위를 알고 쓸 수 있다.

자료

줄, 책상, 칠판, 빨대, 연필, 클립 등 주변의 구체물, cm 자

활동

(1) 책상의 가로의 길이를 뼘으로 재어보고 자신의 뼘의 수를 친구의 뼘의 수와 비교해 봅시다.

(2) 뼘을 단위 길이로 하여 재어 보시오. 칠판의 길이는 몇 뼘입니까?

▸ 각자가 잰 칠판의 뼘의 수를 칠판에 적어봅시다.

▸ 서로의 뼘의 수가 같은지 확인해 봅시다.

(3) 빨대, 연필, 클립을 단위 길이로 하여 수학책의 가로와 세로의 길이를 재어 보시오.

▸ 여러 가지 단위길이를 이용하여 잴 때의 문제점을 이야기 해 봅시다.

▸ 누구나 똑같이 쓸 수 있는 길이단위를 알아봅시다.

(4) 미영이는 새 연필의 길이를 재려고 자를 샀습니다. 자를 살펴보시오.

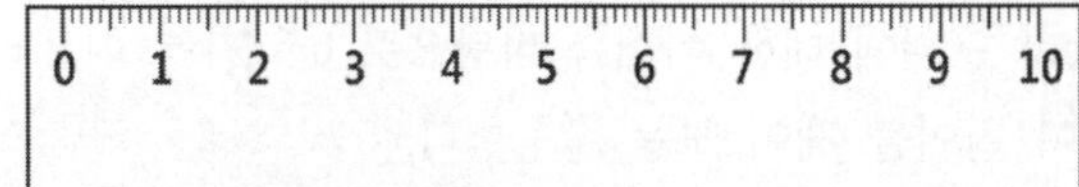

위의 자에서 큰 눈금 한 칸의 길이를 1센티미터라고 합니다. 1센티미터는 1 cm라고 씁니다.

배경

구체물의 길이 비교를 통해 길다와 짧다의 개념을

학습한 후, cm 단위를 도입하게 된다. 길이 개념의 형성 과정은 분류, 비교(직접 비교, 간접 비교), 측정(임의단위에 의한 측정, 보편단위에 의한 측정)의 단계를 거쳐야 하는데, 이 활동은 비교와 임의단위의 측정을 거쳐 보편단위인 1 cm에 의한 길이의 측정을 하도록 하고 있다.

물체를 나란히 놓기 어렵거나 비교하는 양을 이동할 수 없는 경우에는 **활동** (1)에서와 같이 매개물을 사용하는 간접 비교의 방법을 적용해야 한다. 또한 여기서도 비교하는 것이 매개물보다 큰 경우가 있음을 알게 하여 길이를 재는 단위의 필요성을 느끼도록 한다.

이러한 임의단위에 의한 측정은 **활동** (1), (2)에서와 같이 다양한 임의단위를 사용하는 경우 측정값이 다르게 나온다는 불편함이 있다는 것을 확인해야 한다. 이러한 임의단위의 불편함을 인식하여 언제 어디서나 똑같은 길이에 의한 측정 상황을 유지하기 위해 **활동** (4)에서 보편단위 cm를 도입한다. 엄밀하게 말하자면 길이는 표준단위인 1m를 먼저 도입하고 보조단위인 1 cm를 도입하는 것이 체계적이나 초등학교 학생들이 일상생활에서 접하는 대부분의 물건들이 cm를 사용하기 때문에 학생들의 이해를 돕기 위해 cm를 먼저 도입한다.

관련 TU : TUAM–2010, TUAM–2030, TUAM–2040

TUAM–2030.10 자로 길이 재기

관련 교육과정	(07) 2(다)②①
	(09) 12(다)④①

목표

cm 자를 이용하여 길이를 잴 수 있다.

자료

줄자, cm 자, 연필, 수학 교과서 등과 같은 주변의 구체물

활동

(1) 연필의 길이는 몇 cm인지 재어 보시오.

(2) 친구들마다 그림에 따라 물체의 길이를 재보고, 무엇이 잘못 되었는지 발표해 봅시다.

(3) 자를 이용하여 자신이 원하는 길이의 선분을 그어 봅시다.

배경

cm 단위에 대한 이해를 바탕으로 cm 자를 이용하여 길이를 재어 보는 활동이다.

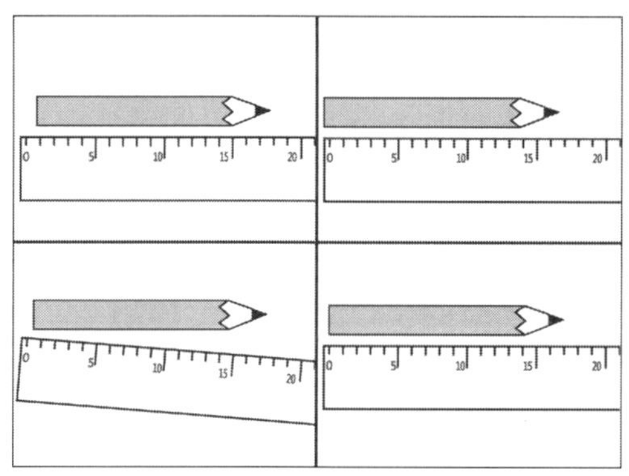

그림에 제시된 여러 가지 방법을 보고 자로 길이를 잴 때에는 넷째 그림과 같이 재고자 하는 길이의 한쪽 끝을 자의 처음 눈금(0)에 맞추고 자를 바르게 놓아야 한다는 것을 알도록 한다. 이렇게 자의 바른 사용법을 알고 여러 가지 구체물과 선분의 길이를 재어 보는 활동을 한다.

여기에서 만약 연필의 길이가 9 cm와 10 cm의 사이에서 9 cm 눈금에 가까울 때, 즉 9 cm가 조금 더 될 때 약 9 cm라고 한다.

같은 방법으로 연필의 길이가 9 cm와 10 cm 사이에서 10 cm 눈금에 가까울 때, 즉 10 cm 조금 못 될 때 약 10 cm라고 한다.

관련 TU : TUAM–2020, TUAM–2060, TUAM–2070

TUAM-2040.10 1m 단위

관련 교육과정	(07) 2(다)2①
	(09) 12(다)4①

목표

1 m의 단위를 알고 쓸 수 있다.

자료

책상, 교탁 등과 같은 교실의 구체물, cm 자, 교실의 칠판, 창문과 문의 가로와 세로의 길이, 길이가 긴 줄자, 1 m 자

활동

▸ 길이를 재어 보시오.

▸ 교실의 칠판의 가로의 길이는 몇 cm입니까? 긴 물체를 잴 때 어떻게 하면 편리하게 길이를 나타낼 수 있을까요?

100 cm를 1미터라고 합니다. 1미터를 1 m라고 씁니다.

배경

구체물의 길이 비교, 임의단위, 보편단위의 도입을 통해 1 cm의 단위를 학습하였다. 이를 바탕으로 1 m 단위를 도입하게 된다. 교실에 있는 구체물 중에서 100 cm보다 작은 길이와 100 cm가 넘는 길이를 30 cm 자로 직접 재어 보아, 길이가 긴 물건의 경우 이를 1 cm 단위로 재면 많은 시간과 노력이 필요하다는 것을 느끼게 한다. 따라서 이러한 불편함을 덜어주기 위해 보다 큰 단위가 필요함을 인식하고, 100 cm를 새로운 단위로 1 m라고 약속한다.

<미터법>

미터법 체계 단위는 다음과 같은 이상적인 단위 체계의 모든 특징을 가지고 있다.

1. 기본적인 단위는 표준과 관계없이 정확하게 재생할 수 있다(재생성)
2. 같은 형태의 단위 사이에는 간단한 비율이 있다(변환성)
3. 단위의 다른 형태들은 간단한 관계를 이용하여 서로 다른 용어를 이용하여 정의한다.(관련성)

관련 TU : TUAM-2020, TUAM-2050

TUAM-2050.10 1m는 100cm

관련 교육과정	(07) 2(다)2②
	(09) 12(다)4②

목표

1 m가 100 cm임을 알 수 있다.

자료

책상 등과 같은 구체물, 1 m자(cm가 표시되어 있는 자), 리본

자료

(1) 1 m자에는 1 cm가 몇 개 들어 있는지 세어 보시오.

(2) 자신의 키와 똑같은 길이의 리본을 잘라봅시다. 자를 이용하여 리본의 길이를 재어 봅시다. 자신의 키에는 1 m가 몇 번 들어 있습니까?

(3) 책상의 가로 길이를 재어 보시오.

▸ 책상의 가로는 몇 cm입니까?

▸ 책상의 가로는 1 m보다 얼마나 더 깁니까?

(4) 교실문의 길이를 재어봅시다. 교실문의 세로의 길이에는 1 m가 몇 번 들어 있습니까?

배경

긴 길이를 잴 때 cm 단위보다 큰 단위인 1 m 단위를 도입한 후 1 m가 100 cm임을 이해하는 활동이다. 책상의 가로 길이를 cm 자로 재어 보아 몇 cm인지 알아보고 1 m가 100 cm임을 이용해 책상의 가로는 1 m보다 얼마나 더 긴지를 알아보는 것이다. 이후 이 길이를 몇 m 몇 cm라고 나타낸다.

관련 TU : TUAM-2040, TUAM-2060

TUAM-2060.10 길이를 m와 cm로 나타내기

관련 교육과정 (07) 2(다)2② (09) 12(다)4②

목표

길이를 m와 cm로 나타낼 수 있다.

자료

길이가 1 m가 넘는 상황, 자, 키 재는 도구, 리본, 1 m 길이의 리본, 50 m 줄자

활동

키를 재어 보시오. 친구의 키는 몇 m 몇 cm입니까?

(1) 자신의 키의 길이에 해당하는 리본을 만들어 봅시다.

▸ 30 cm자로 길이를 재어 봅시다. 1 m가 몇 번 들었습니까?

▸ 남은 길이는 몇 cm입니까?

▸ 자신의 키는 몇 m, 몇 cm입니까?

(2) 교실의 게시판이나 칠판의 길이를, 1 m 길이 리본을 이용해 재어봅시다.

▸ 먼저 1 m의 리본을 이용해 몇 m인지 확인해 봅시다.

▸ 1 m의 리본을 이용해 잰 나머지 길이를 cm자를 이용하여 재어봅시다.

▸ 몇 m 몇 cm입니까?

(3) 길이를 재어 몇 m 몇 cm로 나타내어 보시오.

▸ 나무와 나무 사이의 길이를 재어 보시오.

▸ 놀이 기구 사이의 거리를 재어 보시오.

배경

cm와 m 단위에 대한 학습을 바탕으로 1 m가 넘는 길이를 측정하여 몇 m 몇 cm로 나타내는 것을 지도한다. 즉 길이의 표준단위인 1 m와 보조단위인 1 cm를 학습하였기 때문에 길이를 단명수와 복명수로 나타낼 수 있게 되며, 단명수와 복명수 사이의 전환도 가능하게 된다.

이때, 단명수란 295 cm와 같이 길이를 하나의 단위를 이용하여 나타낸 표기 방법을 말하며 복명수란 2 m 95 cm와 같이 길이를 두 개의 단위를 이용하여 나타낸 표기 방법을 말한다.

길이의 크기를 직관적으로 이해하는 데는 복명수가 좋기 때문에 단명수를 복명수로 고쳐서 표현하는 경우가 많다. 그러나 길이의 연산을 필요로 하는 경우에는 단명수가 좋은 경우가 많기 때문에 복명수를 단명수로 고친다.

관련 TU : TUAM-2030, TUAM-2050, TUAM-2090

TUAM-2070.10 길이 어림하기

관련 교육과정	(07) 2(다)2③
	(09) 12(다)4③

목표
길이를 cm 단위로 어림할 수 있다.

자료
색연필, 수학 책 등과 같은 주변의 구체물

자료
(1) 다음 색연필의 길이를 알아보시오.

색연필의 길이는 몇 cm인지 어림하여 보시오.

(2) 수학책의 가로와 세로의 길이를 알아보시오.

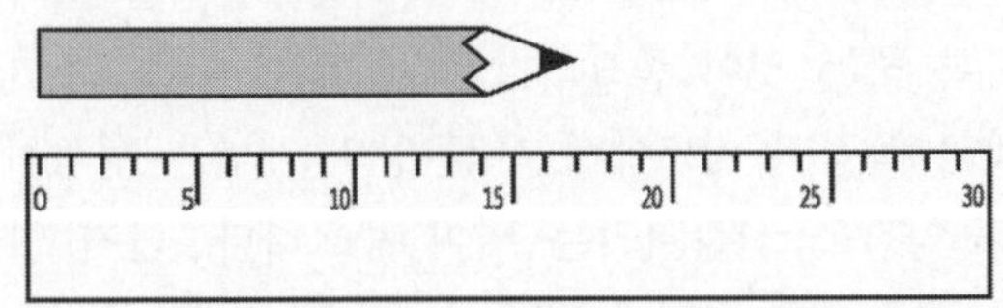

자에서 10 cm를 확인한 다음 수학책의 가로와 세로의 길이는 몇 cm인지 어림하여 보시오.

(3) 길이를 알고 있는 연필을 이용하여 책상의 가로와 세로의 길이를 어림하여 보시오.

(4) 빨대의 길이와 비슷한 길이의 물체를 주변에서 찾아봅시다.

배경
길이의 어림하기란 어떤 길이를 눈짐작으로 실제 길이에 가깝게 알아보는 것이다. 측정 활동에서 어림을 강조하는 이유는 학생이 측정의 속성과 측정 과정에 초점을 맞추도록 도와주며, 측정 활동에 내재적인 동기를 유발하고, 단위를 익히는 데 도움을 주기 때문이다. 즉, 학생들의 측정 능력과 측정 감각을 신장시키기 위해서는 측정의 전 과정에서 어림 활동을 강조해야 한다. 어림을 지도하는 방법으로는 간단하게 측정의 기준을 세우고 어림을 하거나, 특정한 길이를 제시하고 이에 해당하는 물체를 찾는 활동, 물체의 크기를 추측하고 확인하는 활동을 할 수 있다.

이 활동은 물체의 크기를 추측해 보는 활동으로 어림하는 여러 가지 방법을 학생들 스스로 찾게 하는 것이다. 어림한 길이는 길이의 뒤에 "쯤"이라고 붙여서 말한다는 것을 알도록 한다.

관련 TU : TUAM-2030, TUAM-2060, TUAM-2080

TUAM-2080.10 길이 재기(어림한 후 확인하기)

관련 교육과정	(07) 2(다)2③
	(09) 12(다)4③

목표
길이를 어림해 보고 재어 볼 수 있다.

자료
색연필, 수학 책 등과 같은 주변의 구체물, cm 자

활동
(1) 다음 색연필의 길이를 알아보시오.

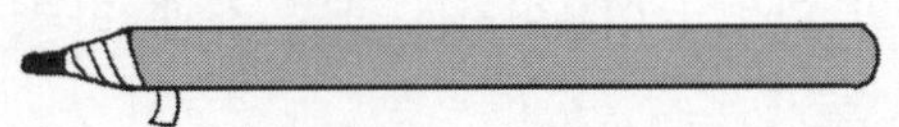

▸ 색연필의 길이는 몇 cm인지 어림하여 보시오.
▸ 색연필의 길이를 재어 보시오.
▸ 어림한 것과 잰 것의 차는 얼마입니까?

(2) A4종이의 가로의 길이를 알아보시오
▸ 클립의 길이는 몇 cm인지 자로 재어보시오
▸ 클립의 길이를 이용하여 A4의 기로의 길이를 어림하시오.
▸ A4의 가로의 길이를 재어보시오.
▸ 어림한 것과 잰 것의 차는 얼마입니까?

배경

물건의 길이를 어림해 보는 활동을 한 후 직접 자로 재어 보아 확인하는 과정이다. 이 때 어림한 길이와 자로 잰 길이의 차를 구해봄으로써 어림의 정확도를 알아볼 수 있다.

처음에는 길이가 몇 cm와 몇 cm 사이일 것이라는 범위로 추측하는 활동으로 시작하는 것이 좋다. 익숙해 진 다음, 몇 cm라는 단일 숫자로 어림하는 편이 학생들에게 흥미와 인지발달에 적합할 것이다.

관련 TU : TUAM-2070, TUAM-2090

TUAM-2090.10 길이에 대한 양감 기르기

관련 교육과정	(07) 2(다)2③
	(09) 12(다)4③

목표

길이에 대한 양감을 가질 수 있다.

자료

손, 발 등과 같은 신체 부위, cm 자, 줄자, 주변의 구체물

자료

(1) 발(손)을 도화지에 대고 본을 떠서 길이를 알아보시오.

▸ 발의 크기를 어림하여 보시오. 몇 cm쯤 된다고 생각합니까?

▸ 발의 크기를 재어 보시오. 몇 cm입니까?

▸ 어림한 길이와 자로 잰 길이를 비교하여 보시오.

(2) 칠판의 길이를 어림하여 봅시다.

▸ 어림하는 다양한 방법을 발표해 봅시다.

▸ 줄자를 이용해 게시판의 실제 길이를 재어봅시다.

▸ 어림한 길이와 자로 잰 길이를 비교하여 보시오

(3) 우리 반 복도의 길이를 어림하여 봅시다.

▸ 발걸음과 팔 둘레 길이 등 자신의 신체를 사용하여 어림해 봅시다.

▸ 실제 길이를 측정하여 어림과 비교해 봅시다.

배경

길이를 어림해 보고, 직접 자로 재어 확인하는 과정을 통해 길이의 양감을 기를 수 있다. 따라서 다양한 전략을 사용하여 여러 가지 물건, 신체 부위의 길이를 어림하여 보고 재어 보는 활동을 해야 한다. 이 때 1 cm를 몇 개 늘어놓았는지를 생각하도록 하는 것이 중요하다.

양과 측정의 지도에서 우선 양의 개념을 형성시키고 양감을 신장시키는 일이 중요하다. 단지 양의 측정에 대한 훈련만으로는 효과적인 지도를 할 수 없는 것이므로 양에 대한 관심을 높이고 그 필요성을 인식시켜야 한다.

양의 개념이 형성되려면 여러 기본적인 양을 감각할 수 있게 하고 경험을 통해서 양에 대한 관심을 높임과 동시에 필요성에 따라서 적절한 계기를 사용하여 능률적으로 양을 측정하는 경험을 갖게 하여야 한다.

양감은 생활 주변에 있는 것과 관련지어서 반복 체험을 갖게 하며 양감을 길러 나가야한다.

관련 TU : TUAM-2070, TUAM-2080, TUAM-2130

TUAM-2110.10 길이의 합

관련 교육과정	(07) 2(다)2④
	(09) 12(다)4⑤

목표

'몇 m 몇 cm'로 나타낸 두 길이의 합을 구할 수 있다.

자료

길이의 덧셈이 이루어지는 생활 소재, 리본, 키의 길이, 줄자

활동

(1) 자신의 키와 친구의 키를 더해 보시오.
- 각각의 학생 키의 길이만큼 리본을 잘라 봅시다.
- 자신의 키의 리본과 친구의 키 리본을 붙여 합쳐진 길이를 구해봅시다.
- 1 m 30 cm(복명수)와 1 m 20 cm(복명수)를 더하여 봅시다.
- 구하는 방법을 알아봅시다.

(2) 1 m 30 cm + 3 m 20 cm를 어떻게 계산하면 되는지 테이프로 알아보시오.
- cm끼리 더하여 보시오.
- m끼리 더하여 보시오.
- 1 m 30 cm + 3 m 20 cm는 얼마입니까?

(3) 키 길이 리본을 이용하여 세 명 친구의 키를 더해 봅시다.
- 세 명의 친구 키의 리본을 각각 붙여 봅시다.
- 1 m 30 cm + 1 m 40 cm + 1 m 25 cm를 m와 cm끼리 계산해 보시오.
- 계산한 결과가 실제 리본의 길이와 맞는지 확인해 봅시다.

배경

'몇 m 몇 cm'에 대해 학습한 이후, 실생활에서 길이의 덧셈이 이루어지는 경우를 바탕으로 '몇 m 몇 cm'로 나타낸 두 길이의 합을 구하는 활동이다. 구체적인 조작 활동을 통해 m끼리 더하고 cm끼리 더한다는 사실을 알게 하고, 합을 구하는 방법을 세로 형식으로 나타내어 계산 방법을 형식화하게 된다. 이 형식화를 통하여 세 길이의 덧셈을 유도해 낼 수 있다.

관련 TU : TUAM-2060, TUAM-2120, TUAM-2510

TUAM-2120.10 길이의 차

관련 교육과정	(07) 2(다)②④
	(09) 12(다)④⑤

목표

'몇 m 몇 cm'로 나타낸 두 길이의 차를 구할 수 있다.

자료

길이의 뺄셈이 이루어지는 생활 소재, 줄자, 리본 자신의 키보다 높은 물건

활동

(1) 친구와 자신의 키의 차이를 구해 보시오.
- 자신의 키의 리본과 친구의 키의 리본을 비교하여 봅시다.
- 차이를 구하는 방법을 말해 봅시다.
- 1 m 40 cm에서 1 m 30 cm를 빼 보시오.
- m끼리 빼보시오.
- cm끼리 빼보시오.
- m를 cm로 고쳐서 빼 보시오.
- 실제 리본의 차이를 재어보고 답이 맞는지 확인하시오.

(2) 손을 높이 올렸을 때의 높이와 자신의 키의 높이 차이를 알아보시오.
- 손을 높이 올렸을 때와 자신의 키 리본을 각각 만들어 보시오.
- m끼리 cm끼리 빼 보시오.
- m를 cm로 고쳐서 빼 보시오.
- 답이 맞았는지 리본의 길이를 재어서 확인하시오.

(3) 3 m 80 cm − 1 m 40 cm를 어떻게 계산하면 되는지 테이프로 알아보시오.
- cm끼리 빼 보시오.
- m끼리 빼 보시오.
- 3 m 80 cm − 1 m 40 cm는 얼마입니까?

배경

실생활에서 길이의 뺄셈이 이루어지는 경우를 바탕으로 '몇 m 몇 cm'로 나타낸 두 길이의 차를 구하는 활동이다. 길이의 덧셈과 마찬가지로 구체적인 조작 활동을 통해 m는 m끼리, cm는 cm끼리 뺀다는 사실을 알게 한다. 또한 차를 구하는 방법을 세

로 형식으로 나타내어 계산 방법을 형식화하게 된다. 그러나 복명수의 형식화뿐만 아니라 단명수로 계산하는 것도 가르칠 수 있다. 이 활동에서는 단위 사이의 받아내림이 없는 경우만을 취급하도록 한다.

관련 TU : TUAM-2060, TUAM-2110, TUAM-2520

TUAM-2130.10 길이를 재어 '조금 더 된다, 조금 못 된다'로 나타내기

관련 교육과정	(07) 2(다)3①
	(09) 12(다)4④

목표

길이를 재어서 '조금 더 된다.', '조금 못 된다.'로 나타낼 수 있다.

자료

연필, 색연필 등과 같은 주변의 구체물(연속량을 가지고 있는 구체물)

활동

(1) 연필의 길이를 재어 보시오.

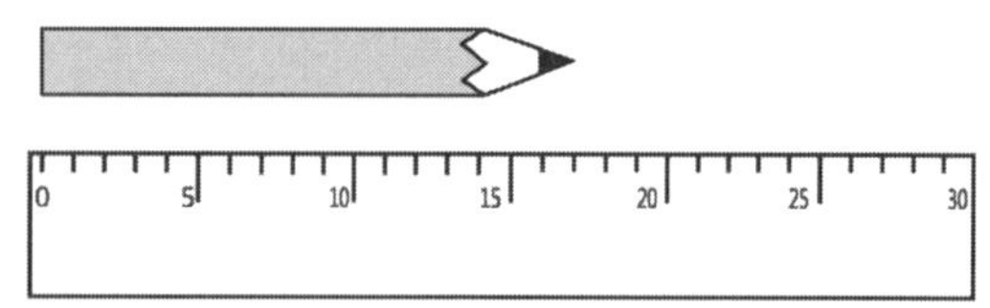

▸ 연필의 길이는 □cm와 □cm 사이에 있습니다.

▸ 연필의 길이는 □cm 눈금에 가깝습니다.

▸ 이 연필의 길이는 몇 cm쯤 된다고 하면 좋겠습니까?

(2) 리코더의 길이를 재어보시오.

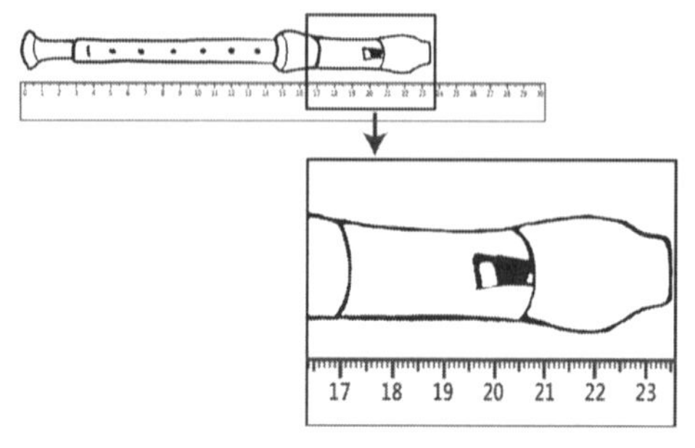

배경

길이의 측정값을 어림수로 '조금 더 된다.', '조금 못 된다.', '약'을 이용하여 표현하는 활동이다. 측정 활동에서 이런 용어가 자주 사용되는 것은 대부분의 측정값은 연속량이므로 정수로 나타낼 수 없기 때문이다. 우리 주위에서 사용되는 자는 대부분 mm 단위까지 표시되어 있으나, 이 경우에는 1 cm 단위까지 만을 사용하도록 한다. 1 cm 단위를 사용하여 눈금과 맞지 않을 때 가장 가까운 눈금을 읽어 길이의 어림수로 '조금 더 된다.', '조금 못된다.'는 용어를 사용하는 것이다.

자를 써서 길이를 잰다는 것은 다른 계기를 사용하여 양을 측정하는 기초가 되므로 세심한 주의를 기울여 자를 바르게 사용할 수 있게 하고 정확한 측정을 하고자 하는 태도를 길러야 한다.

관련 TU : TUAM-2030, TUAM-2070, TUAM-2140

 TUAM-2140.10 길이를 재어 '약 몇 m 몇 cm'로 나타내기

관련 교육과정	(07) 2(다)3①
	(09) 12(다)4④

목표

길이를 재어 '약 몇 m 몇 cm'로 나타낼 수 있다.

자료

교탁, 칠판 등과 같은 주변의 구체물, 자

활동

▸ 칠판의 가로는 약 몇 m 몇 cm인지 어림하여 보시오.

－약 몇 m 몇 cm입니까?

배경

1 m 단위로 어림하고 확인하는 과정에서 cm 사이의 길이는 '조금 더 된다.', '조금 못 된다.'를 '약 몇 m 몇 cm'로 나타내는 활동이다. 이때 '약 110 cm'라고 대답하는 학생들은 '약 몇 m 몇 cm'로 표현하도록 유도해야 한다.

자를 사용해서 길이를 잴 때 일반적으로 유의해야 할 사항은 다음과 같다.

① 처음에는 측정하려고 하는 것의 길이를 어림하여 본 다음에 자를 사용해서 길이를 재게 한다. 그리고 자의 눈금을 읽을 때는 단위가 큰 눈금부터 작은 눈금 순으로 읽어 나간다.

② 자는 재려고 하는 것의 끝에 자의 눈금을 맞추어 자를 반듯하게 댄다.

③ 재는 대상에 따라서 적절한 자를 택할 수 있게 한다.

관련 TU : TUAM-2060, TUAM-2070

 TUAM-2210.10 1mm 단위

관련 교육과정	(07) 3(다)2①
	(09) 34(다)2①

목표

1 mm의 단위를 알고 쓸 수 있다.

자료

mm가 표시된 자, 연필

활동

(1) 자를 이용하여 두 연필(14.1 cm와 14.3 cm)의 길이를 재어 보게 한다.

① 길이를 cm로 말해보세요. (※ 직접 대어보지 않게 한다.)

② 어느 것이 더 깁니까?

③ 직접 대어보고 길이를 비교해 보세요.

④ 두 연필의 길이를 좀 더 정확하게 나타낼 수 있는 방법은 무엇일까요?

(2) mm가 표시된 자를 보고 1 mm 단위를 알게 한다.

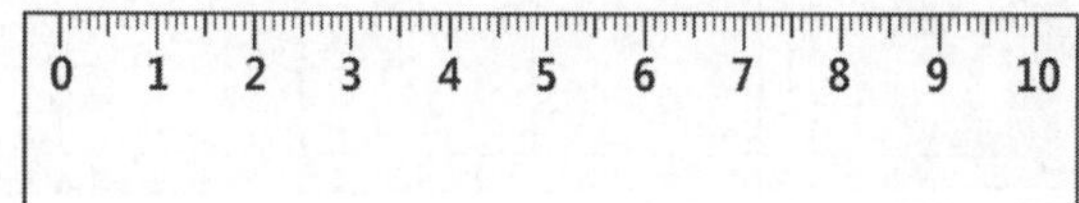

1 cm를 10칸으로 똑같이 나눈 작은 눈금 한 칸의 길이를 1 mm라 쓰고, '일 밀리미터'라고 읽습니다.

1 mm

배경

cm자로 재어 '약 14 cm'로 나타나는 2개의 연필을 제시하고 누구의 연필이 얼마만큼 더 긴지 알아보게 한다. 이 경우, 누구의 연필이 더 긴지 직관적으로 알 수 있지만 얼마만큼 더 긴지는 cm로 나타내기 어렵다는 것을 인식하게 된다. 이런 경우처럼 좀 더 정확하게 길이를 재고 싶거나 1 cm보다 작은 길이를 나타내기 위해서는 더 작은 새로운 단위가 필요하다는 것을 깨닫게 한다. 즉, 1 cm를 배운 다음에 1 cm보다 물체의 길이를 좀 더 자세히 나타내기 위해 더 작은 새로운 단위인 mm를 도입하게 된다.

관련 TU : TUAM-2020, TUAM-2040, TUAM-2220, TUAM-2230, TUAM-2240

TUAM-2220.10 1km 단위

관련 교육과정	(07) 3(다)[2]①
	(09) 34(다)[2]①

목표

1 km 단위를 이해하고 읽고 쓸 수 있다.

자료

그림 카드, 거리가 1000 m가 되는 실생활 소재, 인터넷 지도

활동

(1) 거리가 1 km인 실생활 소재를 제시한다.

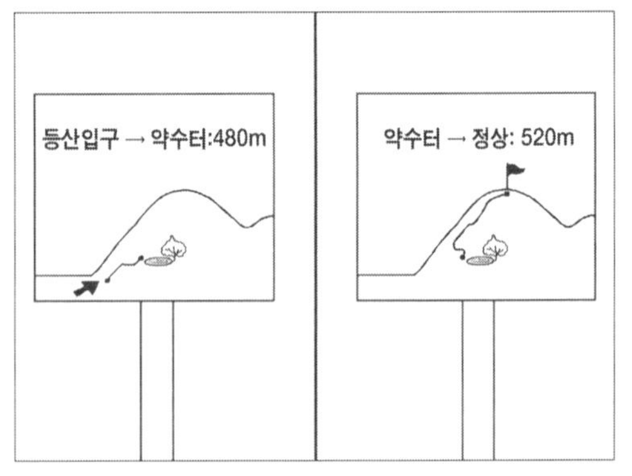

① 인터넷 지도 검색을 활용하여 학생들에게 친숙한 우리 동네의 지도를 찾아본다.

② 학교에서 우리 동네 어느 지점까지의 거리가 1 km인지 알아본다.

③ 실제로 그 거리만큼 걸어보게 하여 거리감을 느낄 수 있도록 한다. (선택사항)

④ 1 km라 쓰고, '일 킬로미터'라고 읽는다고 지도한다.

1 km

⑤ 실생활에서 km를 쓰는 경우에 대하여 알아본다.

배경

실생활에서 긴 거리를 나타낼 때, km 단위를 사용한다. 긴 거리를 m로 나타내면 수가 커져 불편하게 된다. 따라서 더 쉽게 나타내기 위해 큰 단위의 필요성을 알게 한다. 이런 문제를 해결하는 방법으로 m보다 더 큰 단위인 km라는 것이 있음을 알려 준다. 그리고 실생활에서 km를 쓰는 경우를 조사해 보고, 긴 거리는 km로 나타내는 것이 편리함을 알게 하는 것과 실제로 1 km가 얼마나 먼 거리인지 인식할 수 있도록 해 주는 것도 중요한 부분이다. 학생들이 실생활에서 다니는 길을 중심으로 거리를 제시한다면 1 km에 대한 이해를 높일 수 있다.

관련 TU : TUAM-2020, TUAM-2040, TUAM-2210, TUAM-2270, TUAM-2280

TUAM-2230.10 1cm는 10mm

관련 교육과정	(07) 3(다)[2]②
	(09) 34(다)[2]②

목표

1 cm = 10 mm의 관계를 알 수 있다.

자료

mm가 표시된 자

활동

(1) mm가 표시된 자를 보고, 10 mm = 1 cm임을 알게 한다.

① mm가 표시된 자를 관찰하시오.

② 1 cm 안에 눈금이 몇 칸 있습니까?

③ 10 mm = 1 cm임을 확인하시오.

1 cm = 10 mm

배경

1 cm를 배운 다음에 1 cm보다 물체의 길이를 좀 더 자세히 나타내기 위해 더 작은 새로운 단위인 mm를 도입하게 된다. 1 cm 길이 안에 있는 작은 눈금 한 칸의 길이가 1 mm라는 것을 알게 하고 1 mm는 1 cm를 10칸으로 똑같이 나눈 작은 눈금 한 칸의 길이라는 사실을 일반화하여 1 cm = 10 mm의 관계가 있음을 알게 한다.

관련 TU : TUAM-2210, TUAM-2240

TUAM-2240.10 길이를 몇 cm 몇 mm로 나타내기

관련 교육과정	(07) 3(다)2②
	(09) 34(다)2②

목표

물건의 길이를 mm 단위까지 잴 수 있다.

자료

자, 연필 등 구체물

활동

(1) 연필의 길이를 재어 '몇 cm 몇 mm'로 나타내 보시오.

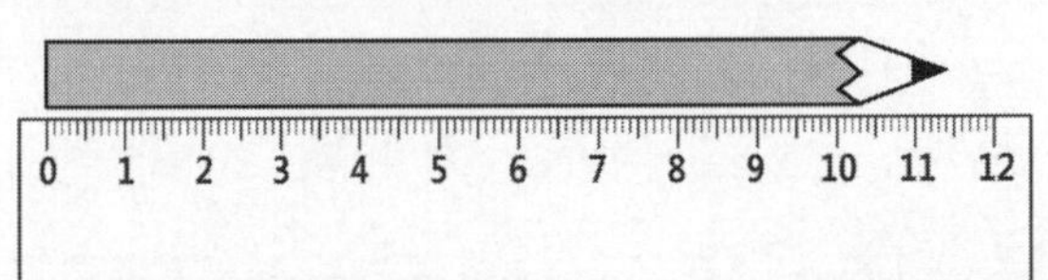

11 cm 보다 4 mm 더 긴 것을 11 cm 4 mm라고 합니다.

11 cm 4 mm를 11센티미터 4밀리미터라고 읽습니다.

(2) 여러 물건의 길이를 재어 '몇 cm 몇 mm'로 나타내어 보시오.

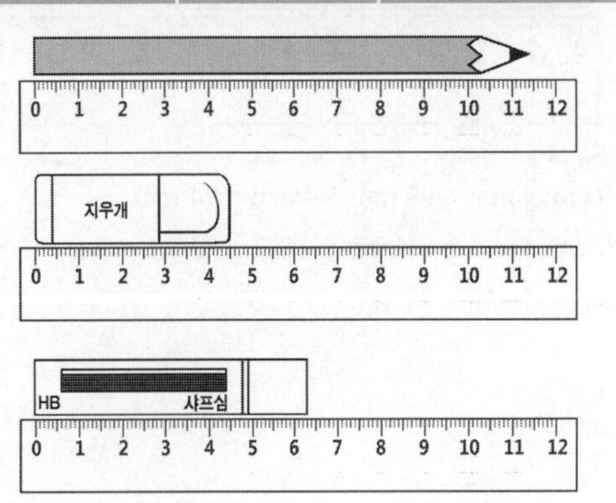

배경

'몇 cm 조금 더 된다.'와 '몇 cm 조금 덜 된다.', '약'으로 나타내었던 길이를 mm 단위까지 나타내게 한다. 연필 끝이 11 cm 눈금을 지나서 1 mm짜리 작은 눈금 4칸까지 더 와 있으므로 11 cm에 4 mm를 더한 것이다. 이것을 11 cm 4 mm라고 쓴다는 것을 알게 하고, m와 cm의 복명수 표기처럼 나타낼 수 있게 한다. 따라서 자의 눈금을 읽을 때는 cm 단위의 눈금을 먼저 읽고, mm 단위를 나중에 읽으면 된다는 것을 알게 한다.

관련 TU : TUAM-2130, TUAM-2230, TUAM-2250

TUAM-2250.10 자로 mm까지의 길이재기

관련 교육과정	(07) 3(다)2②
	(09) 34(다)2②

목표

1 cm = 10 mm의 관계를 활용하여 '몇 cm 몇 mm'를 '몇 mm'로 바꾸어 나타낼 수 있다.

자료

자, 구체물(연필 등)

활동

(1) 연필의 길이를 재어 '몇 mm'로 나타내어 보시오.

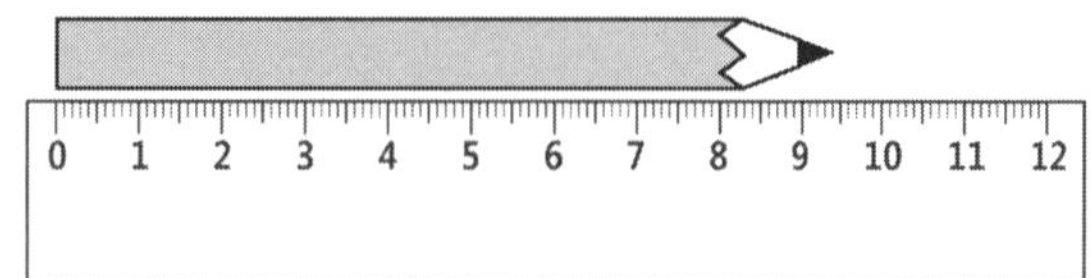

9 cm 4 mm = 90 mm + 4 mm = 94 mm
9 cm 4 mm는 94 mm입니다.
9 cm 4 mm = 94 mm

배경

먼저 1 cm = 10 mm의 관계가 있다는 것을 재인식하고, 9 cm = 90 mm인 관계가 있음을 알게 한다. 9 cm 4 mm는 9 cm와 4 mm이므로 9 cm 4 mm(복명수) = 9 cm + 4 mm = 90 mm + 4 mm = 94 mm(단명수)로 나타내게 한다. 이와 같이, 길이를 복명수 '몇 cm 몇 mm'에서 단명수 '몇 mm'로 바꾸는 방법과 단명수를 복명수로 바꾸는 방법을 알게 한다. 1 cm = 10 mm와 같은 동치 관계를 이해하는 데 있어서의 어려움은 동일한 길이를 작은 단위로 측정할 때에는 측정값을 나타내는 수치(즉, 척도)가 커지고 큰 단위로 측정할 경우에는 작아진다는 것을 깨달아야 한다는 점이다. 즉, 단위가 작아지면 수가 커지고 단위가 커지면 수가 작아지는 것을 이해하고 있는지를 확인해야 한다. 또, 이 때 작은 단위로 나타낸 측정값이나 큰 단위로 나타낸 측정값이나 모두 동일한 대상의 크기를 단위를 달리해서 나타냈을 뿐이라는 점을 인식하도록 해야 한다.

관련 TU : TUAM-2240, TUAM-2260

TUAM-2260.10 cm를 mm로, mm를 cm로 바꾸어 나타내기

관련 교육과정	(07) 3(다)2②
	(09) 34(다)2②

목표

1 cm = 10 mm의 관계를 활용하여 '몇 cm 몇 mm'를 '몇 mm'로, '몇 mm'를 '몇 cm 몇 mm'로 바꾸어 나타낼 수 있다.

자료

자, 구체물(연필 등)

활동

(1) 여러 물건의 길이를 재어 '몇 cm 몇 mm'를 '몇 mm'로 바꾸어 나타내시오.

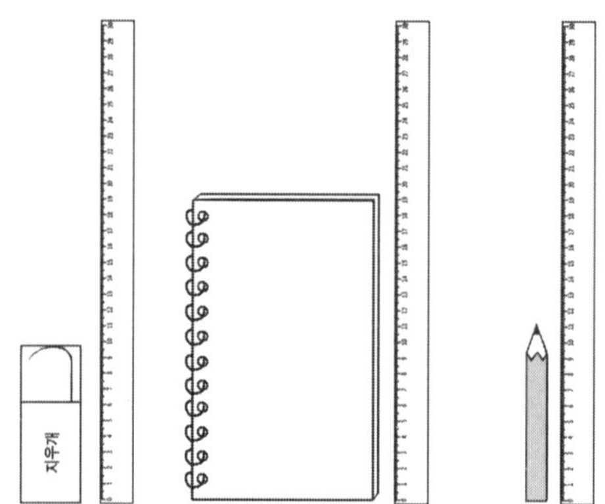

물건	몇 cm 몇 mm	몇 mm
(예) 공책 세로의 길이	25 cm 7 mm	257 mm

(2) 여러 물건의 길이를 재어 '몇 mm'를 '몇 cm 몇 mm'로 바꾸어 나타내시오.

물건	몇 mm	몇 cm 몇 mm
(예) 공책 세로의 길이	152 mm	15 cm 2 mm

배경

먼저 1 cm = 10 mm의 관계가 있다는 것을 인식하고, 길이를 복명수 '몇 cm 몇 mm'에서 단명수 '몇 mm'로 바꾸는 방법과 단명수를 복명수로 바꾸는 방법을 알게 한다. 1 cm = 10 mm와 같은 동치 관계를 이해하는 데 있어서의 어려움은 동일한 길이를 작은 단위로 측정할 때에는 측정값을 나타내는 수치(즉, 척도)가 커지고 큰 단위로 측정할 경우에는 작아진다는 것을 깨달아야 한다는 점이다. 즉, 단위가 작아지면 수가 커지고 단위가 커지면 수가 작아지는 것을 이해하고 있는지를 확인해야 한다. 또, 이 때 작은 단위로 나타낸 측정값이나 큰 단위로 나타낸 측정값이나 모두 동일한 대상의 크기를 단위를 달리해서 나타냈을 뿐이라는 점을 인식하도록 해야 한다.

관련 TU : TUAM-2250, TUAM-2290

TUAM-2270.10 1km는 1000m

관련 교육과정	(07) 3(다)[2]②
	(09) 34(다)[2]②

목표

1 km = 1000 m임을 알 수 있다.

자료

거리를 더하여 1000 m가 되는 실생활 소재

활동

(1) 거리가 1 km(1000 m)인 실생활 소재를 제시한다.

① 인터넷 지도 검색을 활용하여 학생들에게 친숙한 우리 동네의 지도를 찾아본다.

② 학교에서 우리 동네 어느 지점까지의 거리가 1 km인지 알아본다.

③ 학교에서 우리 동네 어느 지점까지의 거리가 1000 m인지 알아본다.

④ 1 km = 1000 m임을 알게 한다.

1 km는 1000 m와 같습니다.

1 km = 1000 m

배경

1 m = 100 cm, 1 cm = 10 mm 즉, 10, 100일 때 단위를 바꿀 수 있는 사실을 귀납, 유추하여 1000일 때도 단위 환산이 필요한 것을 발견하게 된다. 이 때, 이런 문제를 해결하는 방법으로 m보다 더 큰 단위인 km라는 것이 있음을 알려주고, 1000 m를 1 km로 나타냄을 알게 한다.

관련 TU : TUAM-2220, TUAM-2280

TUAM-2280.10 길이를 몇 km 몇 m로 나타내기

관련 교육과정	(07) 3(다)[2]②
	(09) 34(다)[2]②

목표

1 km = 1000 m임을 이용하여, 몇 km 몇 m로 나타낼 수 있다.

자료

'4600 m'를 나타내는 실생활 소재, 거리 축소하여 나타낸 막대 모형

활동

(1) '4600 m'를 '몇 km 몇 m'로 나타내 보시오.

① 1000 m 막대 모형과 100 m 막대 모형을 연결하여 4600 m를 만들어 보시오.

② 1000 m = 1 km를 상기하여 1000 m를 1 km로 바꾸어 보시오.

③ 1 km는 몇 개 있습니까?

④ 100 m는 몇 개 있습니까?

⑤ '4600 m'는 '몇 km 몇 m'입니까?

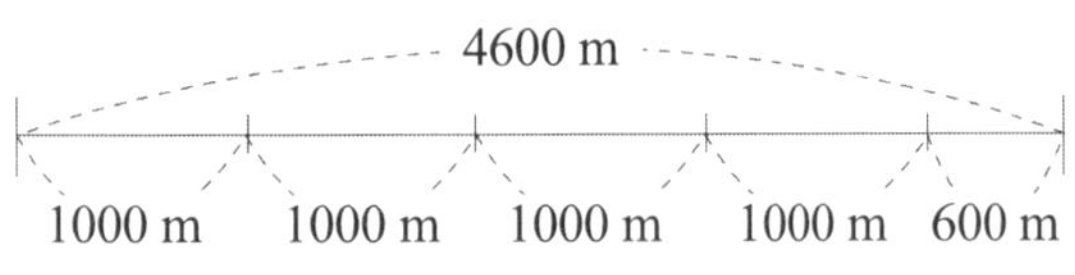

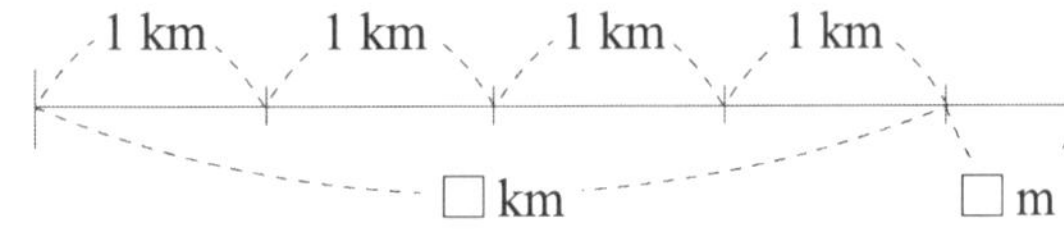

4600 m = 4000 m + 600 m = 4 km + 600 m

4 km 600 m를 '사 킬로미터 육백 미터'라고 읽습니다.

배경

km를 학습한 후, m를 km로 나타낼 수 있는 방법을 알아보게 한다. 4600 m는 1000 m씩 4개와 600 m이므로 다음과 같은 식을 얻을 수 있다.

4600 m
= 1000 m + 1000 m + 1000 m + 1000 m + 600 m
= 1 km + 1 km + 1 km + 1 km + 600 m
= 4 km + 600 m
= 4 km 600 m.

더 간략하게 나타내면 다음과 같다.

4600 m = 4000 m + 600 m
= 4 km + 600 m
= 4 km 600 m.

cm와 mm의 관계처럼 km와 m도 복명수와 단명수로 나타낼 수 있고, 마찬가지로 큰 단위부터 읽는 것이 편리하다는 점을 유추할 수 있도록 해야 한다.

관련 TU : TUAM-2270, TUAM-2290

TUAM-2290.10 km를 m로, m를 km로 바꾸어 나타내기

관련 교육과정	(07) 3(다)[2]②
	(09) 34(다)[2]②

목표

1 km = 1000 m임을 이용하여, km를 m로, m를 km로 바꾸어 나타낼 수 있다.

자료

'3800 m'와 '5 km 300 m'를 나타내는 실생활 소재, 거리를 축소하여 나타낸 막대 모형

활동

(1) '3800 m'를 '몇 km 몇 m'로 나타내 보시오.

① 1000 m 막대 모형과 100 m 막대 모형을 연결하여 3800 m를 만들어 보시오.

② 1000 m = 1 km를 상기하여 1000 m를 1 km로 바꾸어 보시오.

③ 1 km는 몇 개 있습니까?

④ 100 m는 몇 개 있습니까?

⑤ '3800 m'는 '몇 km 몇 m'입니까?

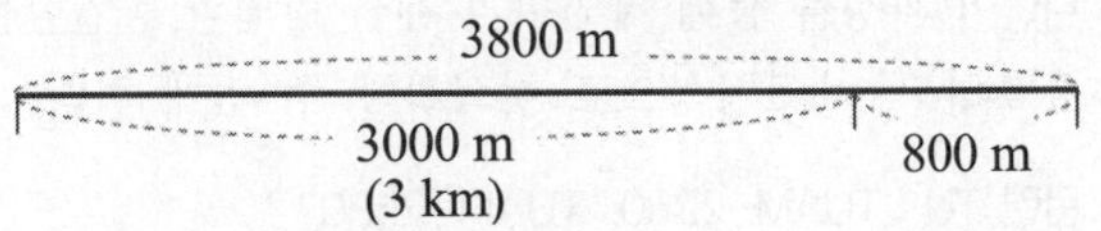

3800 m = 3000 m + 800 m = 3 km + 600 m

(2) '5 km 300 m'를 '몇 m'로 나타내 보시오.

① 1 km 막대 모형과 100 m 막대 모형을 연결하여 5 km 300 m를 만들어 보시오.

② 1000 m = 1 km를 상기하여 1 km를 1000 m로 바꾸어 보시오.

③ 1000 m는 몇 개 있습니까?

④ 100 m는 몇 개 있습니까?

⑤ '5 km 300 m'는 '몇 m'입니까?

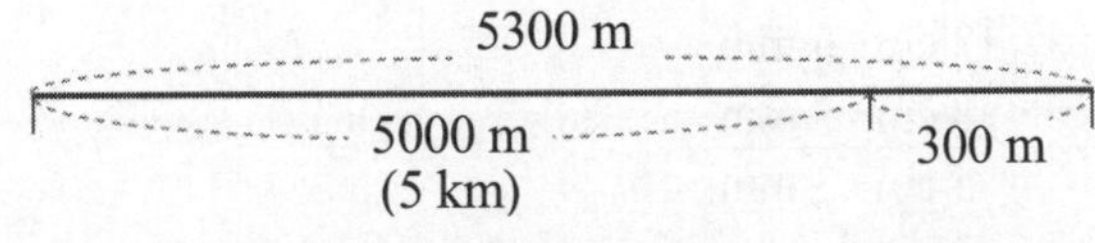

5 km 300 m = 5000 m + 300 m = 5300 m

 배경

km를 학습한 후, m를 km로, km를 m로 나타낼 수 있는 방법을 알아보게 한다. 3800 m는 1000 m씩 3개와 800 m이므로 다음과 같은 식을 얻을 수 있다.

3800 m
= 1000 m + 1000 m + 1000 m + 800 m
= 1 km + 1 km + 1 km + 800 m
= 3 km + 800 m = 3 km 800 m.

더 간략하게 나타내면 다음과 같다.

3800 m
= 3000 m + 800 m
= 3 km + 800 m
= 3 km 800 m.

반대로 5 km 300 m는 1 km가 5개, 300 m이므로,

5 km 300 m
= 5 km + 300 m
= 5000 m + 300 m
= 5300 m

로 나타낼 수 있다. mm와 cm의 관계처럼 km와 m도 복명수와 단명수로 나타낼 수 있고, 마찬가지로 큰 단위부터 읽는 것이 편리하다는 점을 유추할 수 있도록 해야 한다.

관련 TU : TUAM-2280, TUAM-2530, TUAM-2540

TUAM-2510.10 길이의 덧셈(cm, mm)

관련 교육과정	(07) 3(다)②③
	(09) –

목표

cm, mm가 있는 길이의 덧셈 계산 원리를 알고 합을 구할 수 있다

자료

'13 cm 6 mm + 8 cm 3 mm' 실생활 소재, 색테이프, 가위

활동

(1) '13 cm 6 mm + 8 cm 3 mm'의 계산을 하시오.

① 13 cm 6 mm를 색테이프로 나타내시오. (cm와 mm 단위를 구분하여 나타낸다.)

② 8 cm 3 mm를 색테이프로 나타내시오. (cm와 mm 단위를 구분하여 나타낸다.)

③ cm는 cm끼리, mm는 mm끼리 이어붙이시오.

④ '13 cm 6 mm + 8 cm 3 mm'은 얼마입니까?

13 cm 6 mm + 8 mm 3 cm = 21 cm 9 mm

$$\begin{array}{r} 13\text{ cm}\ \ 6\text{ mm} \\ +\ \ 8\text{ cm}\ \ 3\text{ mm} \\ \hline \end{array} \Rightarrow \begin{array}{r} 13\text{ cm}\ \ 6\text{ mm} \\ +\ \ 8\text{ cm}\ \ 3\text{ mm} \\ \hline 9\text{ mm} \end{array} \Rightarrow$$

$$\begin{array}{r} 13\text{ cm}\ \ 6\text{ mm} \\ +\ \ 8\text{ cm}\ \ 3\text{ mm} \\ \hline 21\text{ cm}\ \ 9\text{ mm} \end{array}$$

배경

길이가 13 cm 6 mm, 8 cm 3 mm인 두 테이프를 이을 때 전체의 길이를 구하려면 두 길이를 더해야 한다. 가능하면 학생들은 실제 길이만큼 색테이프를

오려내어 이어붙이고 전체의 길이를 자로 재어보도록 한다. 이러한 활동을 통해 길이의 가법성을 인식시키도록 하고, 조작 활동이 번거롭다는 것을 느낄 수 있게 한다. 간편하게 전체의 길이를 구하는 방법을 생각해보게 하고 cm 단위는 cm끼리, mm 단위는 mm끼리 더하는 계산 원리를 발견하도록 지도한다. 이 과정을 통해 자연수의 계산 방법과 동일함을 유추하고, 세로형식으로 형식화할 수 있게 한다.

관련 TU : TUAM-2260, TUAM-2530

TUAM-2520.10 길이의 뺄셈(cm, mm)

관련 교육과정	(07) 3(다)[2]③
	(09) -

목표

cm, mm가 있는 길이의 뺄셈 계산 원리를 알고 차를 구할 수 있다

자료

'13 cm 6 mm−8 cm 3 mm' 실생활 소재, 색테이프, 가위

활동

(1) '13 cm 6 mm−8 cm 3 mm'의 계산을 하시오.

① 13 cm 6 mm를 색테이프로 나타내시오. (cm와 mm 단위를 구분하여 나타낸다.)

② 8 cm 3 mm를 색테이프로 나타내시오.(cm와 mm 단위를 구분하여 나타낸다.)

③ cm는 cm끼리, mm는 mm끼리 색테이프를 오려내시오.

④ '13 cm 6 mm−8 cm 3 mm'은 얼마입니까?

13 cm 6 mm−8 mm 3 cm=5 cm 3 mm

```
  13 cm  6 mm          13 cm  6 mm
−  8 cm  3 mm   ⇨   −  8 cm  3 mm   ⇨
─────────────        ─────────────
                             3 mm

  13 cm  6 mm
−  8 cm  3 mm
─────────────
   5 cm  3 mm
```

배경

덧셈과 같이 cm 단위는 cm끼리, mm 단위는 mm끼리 빼는 계산 원리를 발견하도록 지도한다. 이 과정을 통해 자연수의 계산 방법과 동일함을 유추하고, 세로형식으로 형식화할 수 있게 한다.

관련 TU : TUAM-2510, TUAM-2540

TUAM-2530.10 길이의 덧셈(m, km)

관련 교육과정	(07) 3(다)[2]③
	(09) -

목표

km, m가 있는 길이의 덧셈 계산 원리를 알고 합을 구할 수 있다.

자료

'2 km 400 m + 1 km 800 m'와 관련한 실생활 상황, 거리를 축소하여 나타낸 막대 모형

활동

(1) '2 km 400 m + 1 km 800 m'의 계산을 하시오.

① 2 km 400 m를 막대 모형으로 나타내시오.(km와 m 단위를 구분하여 나타낸다.)

② 1 km 800 m를 막대 모형으로 나타내시오.(km와 m 단위를 구분하여 나타낸다.)

③ km는 km끼리, m는 m끼리 이어 보시오.

④ 1000 m = 1 km를 이용하여 1000 m를 1 km로 교환한다.

⑤ 1 km는 몇 개 있습니까?

⑥ 100 m는 몇 개 있습니까?

⑦ '2 km 400 m + 1 km 800 m'은 얼마입니까?

2 km 400 m + 1 km 800 m = 3 km 1200 m

= 4 km 200 m

	2 km	400 m
+	1 km	800 m
	3 km	1200 m
	1 ⇦	1000
	□ km	□ m

배경

km, m가 있는 길이의 합은 cm, mm의 길이의 합과 동일한 원리를 적용하여 계산할 수 있음을 알도록 지도한다. m 단위의 합이 1000 m를 넘는 경우는 1 km = 1000 m임을 알고, km로 받아올림하여 나타낼 수 있도록 한다. '3 km 1200 m'로 답을 했을 때는 좀 더 간단하게 나타낼 수 있는 방법을 생각해 보도록 지도한다.

관련 TU : TUAM-2510, TUAM-2540

TUAM-2540.10 길이의 뺄셈(m, km)

관련 교육과정	(07) 3(다)②③
	(09) -

목표

km, m가 있는 길이의 뺄셈 계산 원리를 알고 차를 구할 수 있다.

자료

'2 km 400 m－1 km 800 m'와 관련된 실생활 상황, 거리를 축소하여 나타낸 막대 모형

활동

(1) '2 km 400 m－1 km 800 m'의 계산을 하시오.

① 2 km 400 m를 막대 모형으로 나타내시오. (km와 m 단위를 구분하여 나타낸다.)

② 1 km 800 m를 막대 모형으로 나타내시오. (km와 m 단위를 구분하여 나타낸다.)

③ km는 km끼리, m는 m끼리 막대모형을 제거하시오.

④ 1000 m = 1 km를 이용하여 1 km를 1000 m로 교환하여 제거하시오.

⑤ 1 km는 몇 개 있습니까?

⑥ 100 m는 몇 개 있습니까?

⑦ '2k m 400 m－1 km 800 m'은 얼마입니까?

2 km 400 m－1 km 800 m

= 1 km 1400 m－1 km 800 m

= (1 km－1 km) + (1400 m－800 m)

= 600 m

	1 ~~2~~ km	1000 400 m
−	1 km	800 m
		□ m

배경

km, m가 있는 길이의 차를 구할 때에도 cm, mm의 길이의 차와 동일한 원리를 적용하여 계산할 수 있음을 알도록 지도한다. m 단위에서 뺄셈을 할 수 없을 경우에는 1km = 1000 m임을 이용하여, m로 받아내림하여 계산할 수 있게 지도한다.

관련 TU : TUAM-2520, TUAM-2530

TUAM-2550.10 길이 어림하기(mm)

관련 교육과정	(07) -
	(09) 34(다)[2]③

목표

길이를 mm 단위로 어림할 수 있다.

자료

수학교과서, 공책 등 1 cm 남짓 되는 두께나 길이를 지닌 물건들

활동

(1) 수학교과서 책의 두께를 알아보시오.

▸ 수학교과서 책의 두께는 몇 mm 쯤 되는지 어림하여 보시오.

▸ 수학교과서 책의 두께를 자로 재어 보시오. 몇 mm 입니까?

(2) 공책에 쳐진 줄 사이의 간격의 크기를 알아보시오.

▸ 공책의 두 줄 사이의 간격은 몇 mm 쯤 되는지 어림하여 보시오.

▸ 공책의 두 줄 사이의 간격을 자로 재어 보시오. 몇 mm 입니까?

(3) 5 mm 쯤 되는 선분을 그어보시오.

▸ 자기가 그은 선분의 길이를 재어 보시오. 5 mm와 얼마나 차이가 납니까?

▸ 7 mm 쯤 되는 선분을 그어보고 정확한지 확인하여 보시오.

배경

mm 단위로 길이를 어림하는 일은 매우 정교한 사고를 요구한다. 생활 속에서 1cm 보다 작은 길이를 지닌 물건들을 찾아보고 그 길이를 mm 단위로 어림하여 보게 한다. 또한, mm 단위의 길이를 제시하고 그만큼의 길이를 선분으로 그려보게 한다. 현대 생활에서 각종 전자 기기가 소형으로 발전하는 추세를 볼 때, mm 단위로 물건의 길이나 두께를 어림하는 일은 매우 중요한 생활 기능이 된다.

관련 TU : TUAM-2080, TUAM-2560

TUAM-2560.10 길이 어림하기 (km)

관련 교육과정	(07) -
	(09) 34(다)[2]③

목표

길이를 km 단위로 어림할 수 있다.

자료

지도, 인터넷

활동

(1) 우리 학교에서 우리 마을의 주요 지점까지의 거리를 알아보시오.

▸ 우리 학교의 주변에 있는 은행, 우체국, 파출소, 시장, 공공기관 등에는 어떠한 것들이 있습니까?

▸ 우리 학교에서 1 km쯤 떨어진 곳에 있는 건물은 무엇이라고 생각합니까?

▸ 우리 학교에서 2 km쯤 떨어진 곳에 있는 건물은 무엇이라고 생각합니까?

▸ 지도 또는 인터넷 지도에서 우리 학교와 그 건물 사이의 거리가 얼마인지 확인하여 보시오.

▸ 우리 학교에서 자기 집까지의 거리는 몇 km쯤 된다고 생각합니까?

(2) 자동차를 타고 1 km는 얼마쯤 되는지 알아보시오.

▸ 부모님 또는 선생님의 도움을 받아 자동차를 타고 집 또는 학교에서 1 km쯤 되는 곳으로 가 보시오.

▸ 차에서 내려 집 또는 학교까지 걸어와 보시오. 1 km가 어느 정도의 거리인지 짐작할 수 있습니까?

▸ 자전거를 타고 1 km쯤 되는 곳까지 가 보시오.

▸ 자전거를 타고 2 km쯤 되는 곳까지 가 보시오.

배경

km 단위로 거리를 어림하는 일은 간단한 일이 아니다. 더구나 1km 쯤 떨어진 곳은 눈으로 보기에도

상당히 먼 거리가 되어 시각적으로 파악하기도 어렵다. 따라서 km 단위로 거리를 어림하거나 양감을 기르는 일은 지도 또는 교통 수단 등의 도움을 필요로 한다. 현대 생활에서는 인터넷과 교통수단이 잘 발달해 있으므로, km 단위로 거리를 어림하는 일은 매우 중요한 생활 기능이 된다.

관련 TU : TUAM-2080, TUAM-2550

TUAM-2610.10 직사각형의 둘레

관련 교육과정	(07) 4(다)②①
	(09) 56(다)①①

목표

직사각형의 둘레의 길이를 구할 수 있다.

자료

모눈종이, 자

활동

(1) 가로가 5 cm이고 세로가 3 cm인 직사각형을 모눈종이에 그리고 이 직사각형의 둘레의 길이를 재어 보시오.

(2) 직사각형의 둘레의 길이를 구하는 방법을 말하여 보시오.

배경

평면도형의 둘레는 각기둥과 원기둥의 옆넓이를 계산할 때의 기초가 된다. 예를 들어 삼각기둥의 겉넓이는 (밑넓이) × 2 + (밑면의 둘레) × (높이)이다. 또, 평면도형의 둘레는 생활에서도 필요하다. 예를 들어, 안방에 벽지를 바르기 위하여 안방의 둘레를 알아야 한다.

둘레의 길이를 구하는 방법을 생각해 볼 때, 굳이 (직사각형의 둘레) = {(가로) + (세로)} × 2와 같은 공식을 강조할 필요는 없다.

관련 TU : TUAM-2620, TUAM-3510, TUAM-3420

TUAM-2620.10 정사각형의 둘레

관련 교육과정	(07) 4(다)②①
	(09) 56(다)①①

목표

정사각형의 둘레의 길이를 구할 수 있다.

자료

모눈종이, 자

활동

(1) 한 변의 길이가 5 cm인 정사각형을 모눈종이에 그리고 이 정사각형의 둘레의 길이를 재어 보시오.

(2) 정사각형의 둘레의 길이를 구하는 방법을 말하여 보시오.

배경

정사각형은 직사각형의 특수한 경우이므로, 직사각형의 둘레의 길이를 구하는 방법을 통하여 유추하도록 한다. 직사각형의 둘레의 길이를 구하는 방법과 마찬가지로 하나의 공식을 제시하여 강조할 필요는 없다.

관련 TU : TUAM-2610, TUAM-3520

TUAM-3010.10 도형의 넓이

관련 교육과정	(07) 4(다)③①
	(09) 56(다)①②

목표

도형의 넓이를 이해할 수 있다.

자료

색종이로 만든 다양한 크기의 직사각형

활동

어느 직사각형이 더 넓은지 비교하여 보시오.

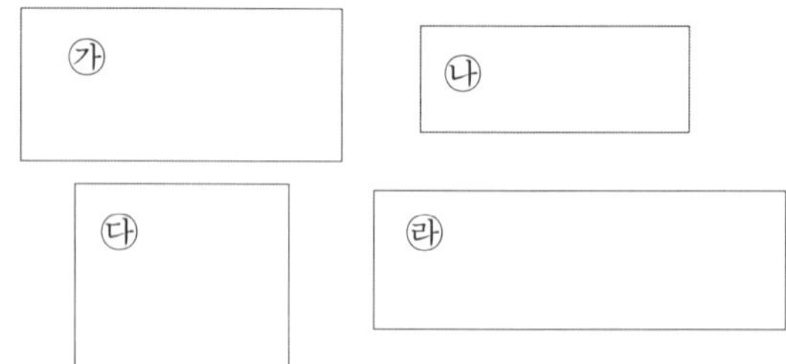

배경

평면도형의 넓이는 입체도형의 넓이와 부피를 계산할 때의 기초가 된다. 예를 들어, 삼각기둥의 부피는 (밑넓이) × (높이)이다. 또, 평면도형의 넓이는 생활에서도 필요하다. 예를 들어 두 땅의 넓이를 직접 비교할 수 없을 때에는 두 땅의 넓이를 구하여 비교하여야 한다. 직사각형의 넓이를 비교하면서 직접 비교할 수 없는 경우에 간접비교, 즉 도형의 넓이를 구하는 것을 이용하여 넓이를 비교해야 한다는 것을 알게 한다.

이 때, 학생이 도형 ㉱를 도형 ㉰에 겹쳐 보고 남는 부분을 잘라서 도형 ㉰의 다른 부분에 대어 보는 활동을 하면서, 도형 ㉰와 도형 ㉱의 크기를 비교한다면 이것은 좋은 생각으로 인정해 주어야 한다. 이 경우에도 다른 방법, 즉 도형의 넓이를 구하는 것을 스스로 생각하게 해야 한다는 사실에 주의해야 한다.

관련 TU : TUAM-0090, TUAM-3020

TUAM-3020.10 1cm²

관련 교육과정	(07) 4(다)③①
	(09) 56(다)①②

목표

$1\ cm^2$의 단위를 알고 쓸 수 있다.

자료

모눈종이, 자

활동

(1) 단위넓이를 이용하여 모눈종이 위의 다양한 직사각형의 넓이를 알아보시오.

① 모눈종이에 한 변이 1 cm인 정사각형을 그린다.

② 이 정사각형의 넓이를 단위넓이로 사용하여 도형의 넓이를 구한다.

③ 모눈종이 위에 가로가 3 cm이고, 세로가 4 cm인 직사각형을 그린다.

④ 직사각형은 한 변이 1 cm인 정사각형 몇 개로 이루어져 있는지 알아본다.

> ▸ 단위넓이 $1\ cm^2$
>
> 도형의 넓이를 나타낼 때에는 한 변이 1 cm인 정사각형의 넓이를 단위넓이로 사용합니다.
> 이 정사각형의 넓이를 $1\ cm^2$라 하고, 일 제곱센티미터라고 읽습니다.

배경

단위넓이를 이용하여 직사각형의 넓이를 알아보고, 그 넓이를 간접적으로 비교하게 한다. $1\ cm^2$는 크기가 나타내듯이 작은 넓이를 측정할 때 사용하는 단위 넓이임을 알게 한다.

관련 TU : TUAM-3010, TUAM-3030

TUAM-3030.10 직사각형의 넓이

관련 교육과정	(07) 4(다)③②
	(09) 56(다)①③

목표

직사각형의 넓이 구하는 방법을 이해하고 구할 수 있다.

자료

모눈종이, 자

활동

(1) 모눈종이에 가로가 3 cm이고 세로가 5 cm인 직사각형을 그리고 직사각형의 넓이를 구하여 보시오.

가로와 세로에 모눈이 몇 칸 놓여있는지 세어보게 한 후, 직사각형의 넓이를 생각하게 한다.

(2) 직사각형의 넓이를 구하는 방법을 말하여 보시오.

(3) 넓이가 12 cm^2인 직사각형을 여러 개 그려 보시오.

배경

학생들은 직사각형의 넓이를 배울 때에 기본 개념을 개발하는 것이 아니라, 넓이는 가로 곱하기 세로(밑변 곱하기 높이)라고 기계적으로 학습할 수 있으므로 주의해야 한다. 학생들이 스스로 직사각형의 넓이를 구하는 방법을 발견하도록 한다. 학생들은 둘레와 넓이를 가끔 혼동하는데, 이는 넓이를 제대로 이해하지 못하였거나, 공식을 너무 빨리 도입하기 때문이다. 학생들에게 둘레가 일정한 도형이 넓이가 여러 가지로 다를 수 있음을 알 수 있게 하는 활동을 하게 한다.

직사각형의 넓이를 구하는 방법은 학생들이 논리적으로 옳게 발견했다면 모두 인정해 주어야 한다. 예를 들어, (직사각형의 넓이) = (가로) × (세로), (직사각형의 넓이) = (세로) × (가로) 모두 인정할 수 있다. 넓이는 기본적으로 단위넓이의 개수를 구하는 것임을 잊지 않도록 한다.

관련 TU : TUAM-3020, TUAM-3040, TUAM-3510

TUAM-3040.10 정사각형의 넓이

관련 교육과정	(07) 4(다)③②
	(09) 56(다)①③

목표

정사각형의 넓이 구하는 방법을 이해하고 구할 수 있다.

자료

모눈종이, 자

활동

(1) 모눈종이에 한 변의 길이가 4 cm인 정사각형을 그리고 정사각형의 넓이를 구하여 보시오.

가로와 세로에 모눈이 몇 칸 놓여있는지 세어보게 한 후, 정사각형의 넓이를 생각하게 한다.

(2) 정사각형의 넓이를 구하는 방법을 말하여 보시오.

배경

학생들은 이미 직사각형의 넓이를 구하는 활동을 하였기 때문에 정사각형은 직사각형의 특수한 경우임을 상기시키고 직사각형의 넓이를 구하는 방법을 통해 정사각형의 넓이를 구하는 방법으로 유추해 내도록 한다.

관련 TU : TUAM-3030, TUAM-3520

TUAM-3110.10 평행사변형의 넓이

관련 교육과정 (07) 5(다)1① (09) 56(다)1④

목표

평행사변형의 넓이를 구하는 방법을 이해하고 넓이를 구할 수 있다.

자료

한 변의 길이가 1 cm인 모눈종이, 자, 가위

활동

(1) 세어 보시오. (모눈종이를 이용한 활동)

① 한 변의 길이가 1 cm인 모눈종이 위에 밑변이 3 cm, 높이가 4 cm인 평행사변형을 그린다.

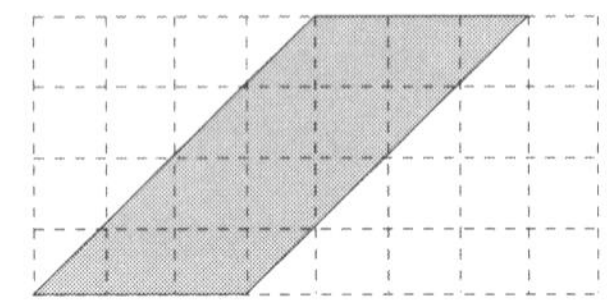

② 그려진 평행사변형을 보고 모양이 몇 개 있는지? 또, 모양이 몇 개있는지 세어 본다.

③ 평행사변형 모양은 1 cm^2 넓이가 몇 개가 되는지를 확인하여 평행사변형의 넓이를 구한다.

(2) 직사각형을 만들어 보시오. (모눈종이를 이용한 활동)

① 한 변의 길이가 1 cm인 모눈종이 위에 밑변이 6 cm이고, 높이가 5 cm인 평행사변형을 그리고 가위로 오린다.

② 오려진 평행사변형을 높이를 따라 자른 다음, 직사각형 모양이 되게 다시 붙이게 한다.

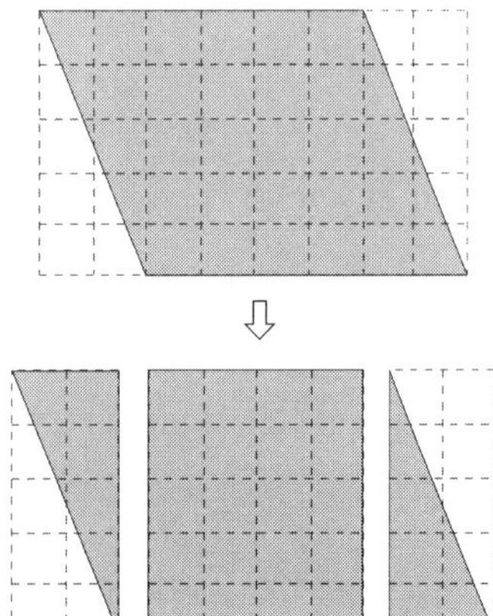

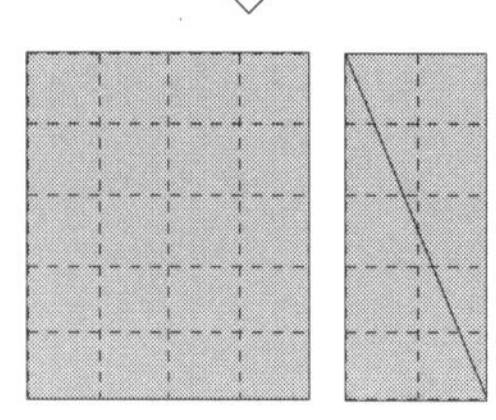

③ 만들어진 직사각형의 넓이를 구하게 하고, 처음 평행사변형의 넓이를 구해보게 한다.

④ (평행사변형의 넓이)
= (직사각형의 넓이)
= (가로) × (세로) = (밑변) × (높이)
임을 발견하게 한다.

배경

도형은 직사각형, 정사각형 이외에도 많은 모양으로 되어 있어서 이를 응용해 넓이를 구해야 할 일들이 많다. 이들의 넓이에 페인트칠을 한다든지 잔디를 깐다든지 할 때, 필요한 양을 알기 위해서 여러 가지 도형의 넓이 구하는 방법을 알아야 한다. 그러나 여러 가지 모양의 도형 각각에 대하여 개별적으로 넓이를 구하는 공식을 알아야 한다면 학생들이 쉽게 기억하기 어려울 것이다. 따라서 이미 배운 직사각형의 넓이를 구하는 공식을 이용하여 평행사변형의 넓이를 구하는 공식을 찾아내게 할 필요가 있다.

학생이 직사각형의 넓이 공식을 다룰 수 있게 된 후 평행사변형의 넓이 공식을 유도할 수 있다. 직사각형과 평행사변형을 비교하는 기하학적 경험을 가질 필요가 있으며, 평행사변형을 잘라 직사각형으로 재배열해 보아야 한다. 그런 다음에 평행사변형의 밑변과 높이를 확인해야 한다. 평행사변형의 어느 변이나 밑변으로 볼 수 있으며 높이는 밑변의 위치에 따라 달라질 수 있다.

관련 TU : TUAM-3030, TUAM-3120, TUAM-3130

TUAM-3120.10 삼각형의 넓이

관련 교육과정 (07) 5(다)[1]① (09) 56(다)[1]④

목표

삼각형의 넓이를 구하는 방법을 알아내고, 넓이를 구할 수 있다.

자료

한 변의 길이가 1 cm인 모눈종이, 자

활동

(1) 세어 보시오. (모눈종이를 이용한 활동)

① 한 변의 길이가 1 cm인 모눈종이 위에 밑변이 5 cm이고, 높이가 4 cm인 삼각형을 그린다.

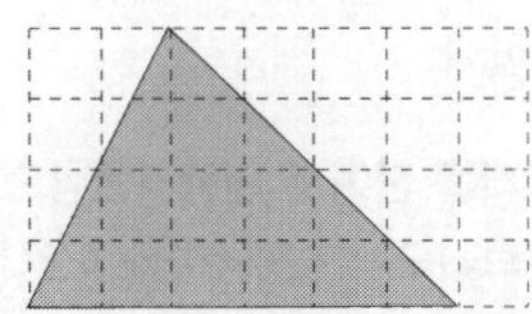

② 그려진 삼각형을 보고 ◢ 모양이 2개이면 넓이가 $1\ \text{cm}^2$인 정사각형 1개가 되고, 또 ◣ 모양이 2개이면 넓이가 $1\ \text{cm}^2$인 정사각형 2개가 됨을 이해한다.

③ 삼각형 모양은 $1\ \text{cm}^2$ 넓이가 몇 개 되는지를 확인하여 삼각형의 넓이를 구한다.

(2) 평행사변형을 만들어 보시오. (모눈종이를 이용한 활동)

① 한 변의 길이가 1 cm인 모눈종이 위에 밑변이 5 cm이고, 높이가 3 cm인 삼각형을 그린다.

② 그려진 삼각형과 합동인 삼각형을 그려서 두 삼각형을 연결하여 높이가 3 cm인 평행사변형을 만든다.

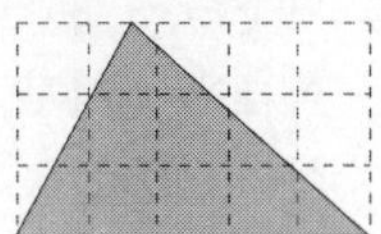 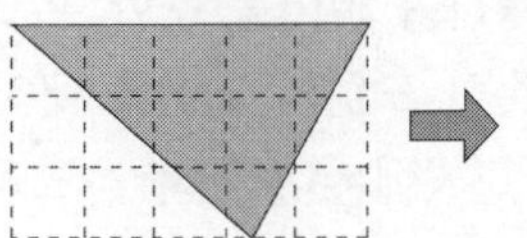 ➡

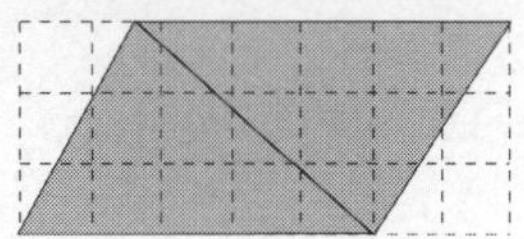

③ 만들어진 평행사변형의 넓이를 구한다.

④ 처음 삼각형의 넓이는 평행사변형의 넓이의 반이 됨을 이해한다.

⑤ (삼각형의 넓이)
= (평행사변형의 넓이) ÷ 2
= (밑변) × (높이) ÷ 2
임을 알게 한다.

배경

삼각형의 높이는 꼭짓점에서 그 대변에 내린 수선의 길이이므로 꼭짓점을 잡는 방법에 따라 3가지 경우가 있다.

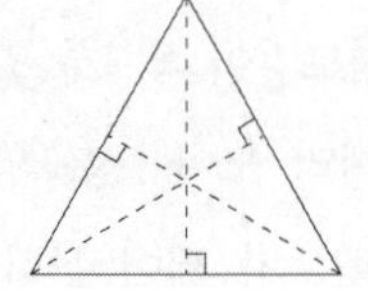 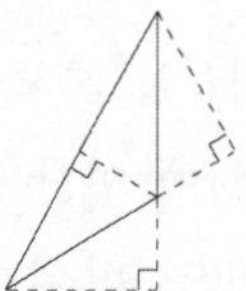 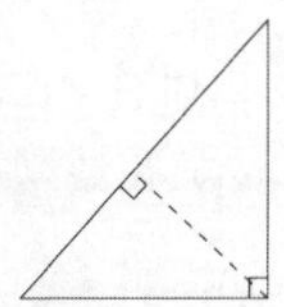

따라서 삼각형의 높이는 점과 직선 사이의 거리를 예로 들어 산의 높이, 사람의 키, 나무의 높이, 다이빙대의 높이 등을 이용하여 꼭짓점에서 그 대변에 내린 수선의 길이로서 지도한다.

넓이 공식을 스스로 이끌어내는 것은 수학을 이해할 수 있다는 신념을 가지게 하고 수학적 사고를 하게하고 이해를 증진시킨다. 적절한 전문적 지식을 발달시키면 덜 잊어버리고 공식을 더 잘 재구성할 수 있고 새로운 공식도 더 고안해낼 수 있을 것이다.

기하학적 경험과 배경이 있어야 삼각형과 평행사변형의 관계를 파악하고 이해할 수 있다.

관련 TU : TUAM-3110, TUAM-3130

TUAM-3130.10 사다리꼴의 넓이

관련 교육과정	(07) 5(다)①①
	(09) 56(다)①④

목표

사다리꼴의 넓이를 구하는 방법을 알아내고, 넓이를 구할 수 있다

자료

한 변의 길이가 1 cm인 모눈종이, 자

활동

(1) 세어 보시오. (모눈종이를 이용한 활동)

① 한 변의 길이가 1 cm인 모눈종이 위에 밑변이 5 cm, 윗변이 3 cm, 높이가 4 cm인 사다리꼴을 그린다.

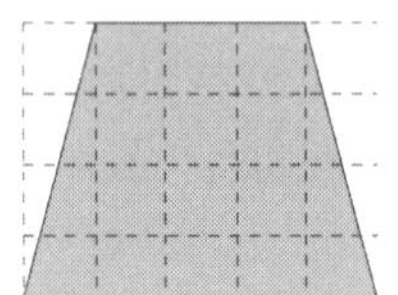

② 그려진 사다리꼴을 보고 ■모양이 몇 개 있는지? 또, ■모양이 아닌 것끼리 모아 ■모양을 만들면 ■모양은 몇 개가 되는지 세어 본다.

③ 사다리꼴 모양은 $1\ cm^2$ 넓이 몇 개가 되는지를 확인하여 사다리꼴의 넓이를 구한다.

(2) 삼각형으로 나누어 넓이를 구하여 보시오. (모눈종이를 이용한 활동)

① 사다리꼴을 두 개의 삼각형의 넓이의 합으로 나타낸다.

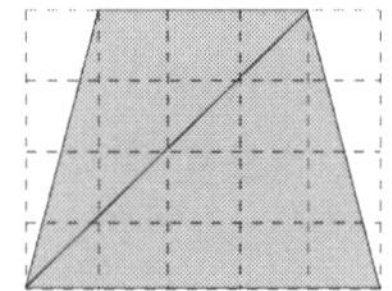

② (사다리꼴의 넓이)
= (윗변) × (높이) ÷ 2 + (아랫변) × (높이) ÷ 2
= {(윗변) + (아랫변)} × (높이) ÷ 2
임을 발견한다.

(3) 평행사변형과 삼각형으로 나누어 넓이를 구하여 보시오. (모눈종이를 이용한 활동)

① 사다리꼴을 평행사변형과 삼각형의 넓이와의 합으로 나타낸다.

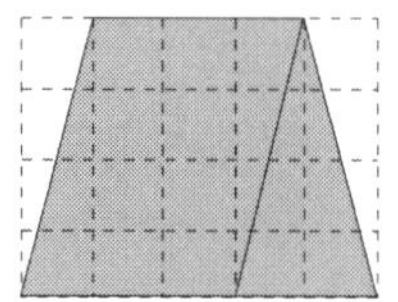

② (사다리꼴의 넓이)
= (윗변) × (높이) + {(아랫변) − (윗변)} × (높이) ÷ 2
= {(윗변) + (아랫변)} × (높이) ÷ 2
임을 발견한다.

(4) 사다리꼴 2개를 붙여서 평행사변형으로 만들어 넓이를 구하여 보시오. (모눈종이를 이용한 활동)

① 같은 사다리꼴을 뒤집어 붙여서 만든 평행사변형의 넓이의 합으로 나타낸다.

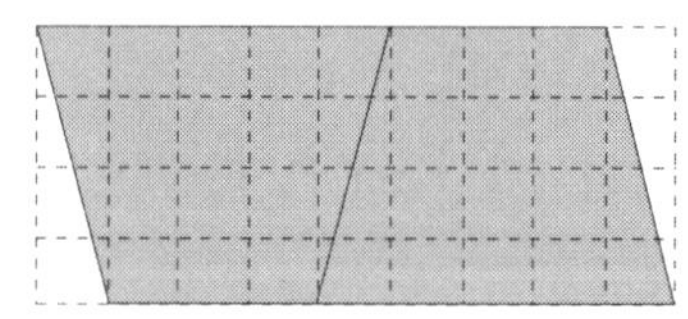

② (사다리꼴의 넓이) = {(윗변) + (아랫변)} × (높이) ÷ 2임을 발견한다.

배경

일반적으로 다각형의 넓이는 삼각형과 사각형으로 분할하고 합성하여 등적 변형하여 구할 수 있다. 따라서 사다리꼴을 2개의 삼각형으로 등적 변형하거나 평행사변형과 삼각형으로 등적 변형하는 활동 또, 주어진 사다리꼴 2개를 붙인 평행사변형으로 변형하여 넓이를 구한 후 2로 나누는 등의 활동은 단순히 도형의 넓이를 구하는 학습에 그치지 않고 그 근저에는 수학적 사고와 수학의 효율성을 체득하게 한다.

관련 TU : TUAM-3110, TUAM-3120

TUAM-3140.10 마름모의 넓이

관련 교육과정	(07) 5(다)[1]①
	(09) 56(다)[1]④

목표

마름모의 넓이를 구하는 방법을 알아내고, 넓이를 구할 수 있다.

자료

한 변의 길이가 1 cm인 모눈종이, 자, 가위

활동

(1) 세어 보시오. (모눈종이를 이용한 활동)

① 한 변의 길이가 1 cm인 모눈종이 위에 대각선의 길이가 각각 6 cm, 4 cm인 마름모를 그린다.

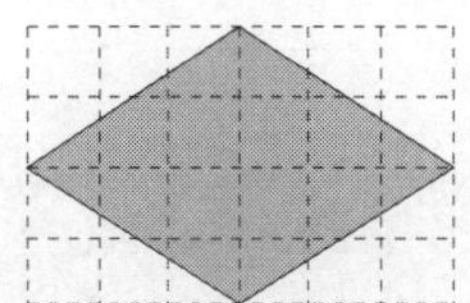

② 그려진 마름모를 보고 ■ 모양이 몇 개 있는지 또, ◢ 모양 2개로 만들어지는 넓이가 2 cm^2인 정사각형은 몇 개 있는지 세어 본다.

③ 마름모 모양은 1 cm^2 넓이 몇 개가 되는지를 확인하여 마름모의 넓이를 구한다.

(2) 직사각형을 만들어 보시오. (모눈종이를 이용한 활동)

① 한 변의 길이가 1 cm인 모눈종이 위에 마름모를 그린다.

② 마름모를 둘러싸는 직사각형을 그린다.

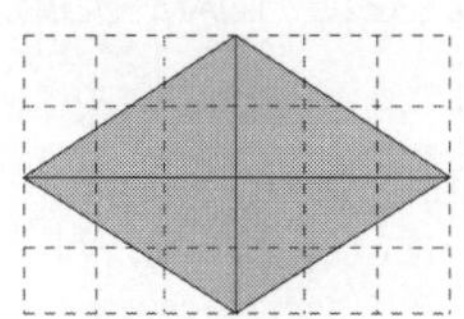

③ (마름모의 넓이)
= (직사각형의 넓이) ÷ 2
= (가로) × (세로) ÷ 2
= (한 대각선의 길이) × (한 대각선의 길이) ÷ 2
임을 발견한다.

(3) 마름모를 삼각형으로 나누어 넓이를 알아보시오. (모눈종이를 이용한 활동)

① 한 변의 길이가 1 cm인 모눈종이 위에 대각선의 길이가 각각 6 cm, 4 cm인 마름모를 그린다.

② 마름모를 2개의 삼각형이 되게 나눈다.

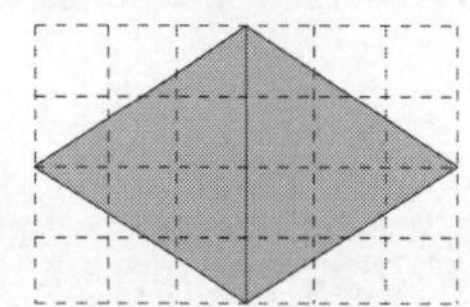

③ (삼각형의 넓이)
= (대각선의 길이) × (다른 대각선의 길이의 $\frac{1}{2}$) ÷ 2
이며, 그런 삼각형이 두 개 있으므로
(마름모의 넓이)
= (한 대각선의 길이) × (한 대각선의 길이) ÷ 2
임을 발견한다.

배경

주어진 마름모를 둘러싸는 직사각형으로 변형하여 넓이를 구한 후 2로 나누어서 마름모의 넓이를 구하는 활동이다. 또 다른 방법으로는 주어진 마름모를 4개의 작은 삼각형으로 등분한 후 그 중 1개의 넓이를 구하여 4를 곱해주는 경우가 있다.

관련 TU : TUAM-3030, TUAM-3120

TUAM-3210.10 1m²

관련 교육과정	(07) 5(다)2②
	(09) 56(다)2②

목표

넓이의 단위 m^2를 이해하고, 쓸 수 있다.

자료

자(1 m)

활동

① 교실 바닥에 자를 이용하여 가로가 1 m, 세로가 1 m인 정사각형을 그린다.

② 그려 놓은 정사각형 속에 한 변이 1 cm인 정사각형이 몇 개나 들어가는지 알아본다.

③ 한 변이 1 m인 정사각형의 넓이를 1 m^2라 하고, '일 제곱미터'라고 읽는다.

배경

1 cm^2인 단위로 측정이 번거로운 대상은 측정 대상에 따라 적당한 새 단위를 만들어 측정할 필요가 있다. 따라서 1 m^2라는 새로운 넓이의 단위를 도입하고 실제로 그 넓이가 얼마나 되는지를 체험하게 하는 활동을 한다.

관련 TU : TUAM-3020, TUAM-3220

TUAM-3220.10 1a

관련 교육과정	(07) 5(다)2②
	(09) 56(다)2②

목표

넓이의 단위 a를 이해하고, 쓸 수 있다.

자료

줄자(50m)

활동

① 운동장에 나가서 한 변이 10 m인 정사각형을 그린다.

② 그려놓은 정사각형 속에 한 변이 1 m인 정사각형이 몇 개나 들어가는지 알아본다.

③ 운동장에 그린 큰 정사각형의 넓이는 100 m^2임을 안다.

④ 한 변이 10 m인 정사각형의 넓이를 '1a'라 하고, '일 아르'라고 읽는다.

⑤ 1 a = 100 m^2임을 안다.

배경

면적의 계량단위인 a는 100 m^2와 같은 넓이이다. a는 미터법의 초기부터 사용된 것으로, 명칭은 표면이라는 뜻의 라틴어 area에서 유래한다. 1 a의 100배는 1헥타르(ha)이다.

관련 TU : TUAM-3210, TUAM-3230

TUAM-3230.10 1ha

관련 교육과정	(07) 5(다)2②
	(09) 56(다)2②

목표

큰 넓이의 단위 ha를 이해하고, 쓸 수 있다.

자료

그림 카드

활동

1 ha를 알아보시오.

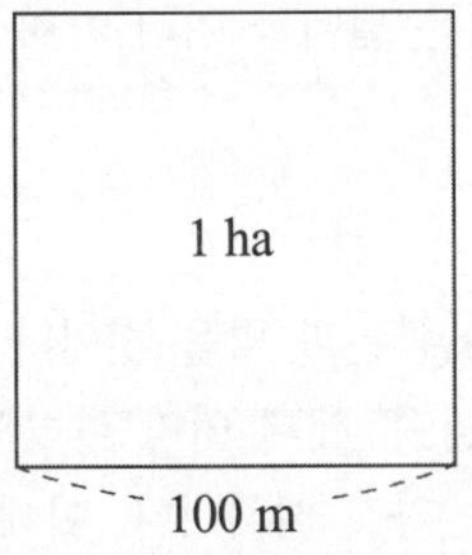

① 한 변이 100 m인 정사각형의 넓이는 10000 m^2임을 안다.

② 한 변이 100 m인 정사각형의 넓이를 1 ha라 하고, '일 헥타르'라고 읽는다.

③ m^2와 ha의 관계를 안다.

-ha가 사용되는 예를 실생활에서 찾아보시오.

배경

교과서나 주위에서 볼 수 있는 작은 화단의 넓이뿐만 아니라, 생활 속에서도 좀 더 큰 곳의 넓이가 궁금해질 시기이다. 학교 운동장, 논과 밭 등에 대해서도 관심을 가지고 있다. 이에 대해 좀 더 넓은 넓이에 대한 단위 개념을 확장함으로써 세상을 넓게 볼 수 있도록 해야 한다.

인터넷 지도를 이용하여 1 ha의 넓이가 얼마인지 양감을 기르는 방법도 바람직하다.

관련 TU : TUAM-3210, TUAM-3220

TUAM-3240.10 1ha=10000m^2=100a

관련 교육과정	(07) 5(다)2②
	(09) 56(다)2②

목표

1 a, 1 ha, 1 m^2 사이의 관계를 알고, 이 단위들을 서로 다른 단위로 바꾸어 나타낼 수 있다.

자료

논, 밭, 광장, 경기장 등의 사진들(각각 9 a, 4 ha, 70000 m^2 등이 적혀 있음.)

활동

(1) 1 a, 1 ha, 1 m^2 사이의 관계를 알아보시오.

① 1 a = 100 m^2임을 안다.

② 1 ha = 10000 m^2임을 안다.

③ 1 ha = 100a임을 안다.

(2) 사진에 알맞은 단위를 찾아보고, 그렇게 생각한 이유를 말하여 보시오.

① 준비한 여러 사진들을 보면서 a 단위를 m^2 단위로, m^2 단위를 a 단위로, ha 단위를 a 단위로, a 단위를 ha 단위로, ha 단위를 m^2 단위로, m^2 단위를 ha 단위로 각각 바꿔본다.

② 주어진 넓이를 여러 가지 단위를 써서 나타낸다.

배경

넓이 단위는 길이 단위를 기본으로 하여 만들어진다. 1 a는 한 변의 길이가 10 m인 정사각형이므로 1 a = 100 m^2이고, 1 ha는 한 변의 길이가 100 m인 정사각형과 같으므로 1 ha = 10000 m^2 = 100 × 100 m^2 = 100 a임을 설명한다. 또, 이들 사이의 단위를 환산할 수 있게 지도한다.

흔히 범하는 오류는 (길이) × (길이) = (넓이)와 같이 지도하는 경우인데, (길이) × (길이)는 단지 넓이를 구하는 과정일 뿐 길이의 곱이 넓이가 될 수는 없다. 넓이는 단위넓이의 개수를 통해 구하는 과정임을 지도할 필요가 있다.

관련 TU : TUAM-3210, TUAM-3220, TUAM-3230

TUAM-3250.10 1km^2

관련 교육과정	(07) 5(다)②②
	(09) 56(다)②②

목표

큰 넓이의 단위 km^{2}를 이해하고, 다른 단위로 바꿔 쓸 수 있다.

자료

사회과 부도 또는 우리나라 지도

활동

① 한 변이 1 cm인 정사각형의 넓이는 1 cm^{2}임을 안다.

② 한 변이 1 m인 정사각형의 넓이는 1 m^{2}임을 안다.

③ 한 변이 1 km인 정사각형의 넓이를 1 km^{2}라 하고, '일 제곱킬로미터'라고 읽는다.

④ 사회과 부도의 '서울 중심부' 지도에서 축척을 보고 한 변의 길이가 1 km가 되는 정사각형을 그려본다.

⑤ 실제 1 km^{2}는 어느 정도인지, 주변의 건물을 이용하여 표현해본다.

⑥ 1 km^2 = 1 km × 1 km = 1000 m × 1000 m = 1000000 m^{2}가 됨을 안다.

⑦ 1 ha = 10000 m^2 임을 상기시킨 후, 1000000 m^2 = 100 ha = 1 km^{2}임을 안다.

⑧ 1 km^2 = 100 ha = 10000a 임을 안다.

⑨ 사회과 부도를 보면서 km^{2}로 나타난 넓이는 ha 단위, ha 단위로 나타난 넓이는 km^2 단위로 각각 환산한다.

⑩ 보다 더 넓은 넓이를 여러 가지 단위를 써서 나타낸다.

배경

학교 운동장이나 논과 밭을 벗어나 산, 나아가서는 우리 국토의 넓이, 세계 여러 나라의 넓이 등에 대해서도 관심을 가질 시기이다. 이에 대해 좀 더 넓은 넓이에 대한 단위 개념을 확장함으로써 세상을 더 넓게 볼 수 있도록 해야 한다.

학생들은 한 눈에 볼 수 있는 넓이의 양에는 익숙해져 있다. 즉, 한 변의 길이가 1 cm인 정사각형의 넓이나 한 변의 길이가 1 m인 정사각형의 넓이는 주변에서 많이 접하는 공간이기 때문에 쉽게 양감을 느낄 수 있다. 그러나 한 변의 길이가 1 km인 공간은 쉽게 상상하기 어렵다. 요즈음에는 인터넷이 발달하였으므로 인터넷 지도를 이용하면 1 km^2 넓이의 양감을 익힐 수 있다.

관련 TU : TUAM-3210, TUAM-3220, TUAM-3230, TUAM-3240

TUAM-3260.10 알맞은 단위 사용하여 넓이 나타내기

관련 교육과정	(07) 5(다)2②
	(09) 56(다)2②

목표

넓이를 크기에 따라 알맞은 단위를 사용하여 나타낼 수 있다.

자료

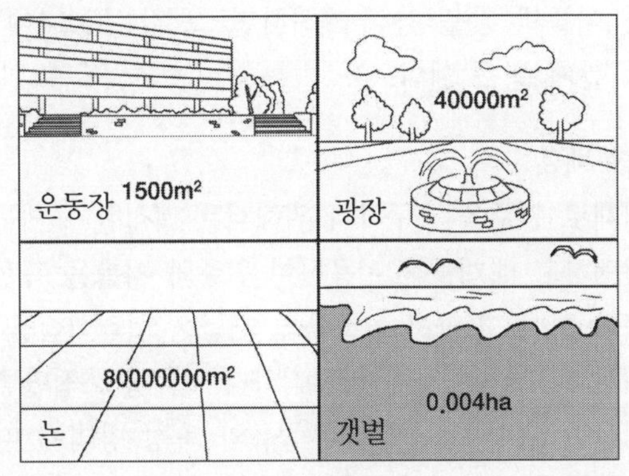

활동

넓이를 나타내는 여러 가지 단위를 알맞은 경우에 사용해 보시오.

① 학교 운동장의 넓이를 다른 단위로 나타내어 보시오.

② 광장의 넓이를 다른 단위로 나타내어 보시오.

③ 논의 넓이를 다른 단위로 나타내어 보시오.

④ 갯벌의 넓이를 다른 단위로 나타내어 보시오.

⑤ 어떤 단위를 사용하는 것이 나타내기 편리합니까?
그 넓이가 어느 정도인지 떠올리기 위해서 어떤 단위를 사용하였습니까?

배경

여러 가지 넓이 단위의 사용하는 적절한 상황을 이해하게 한다. 넓이의 단위를 환산하여 여러 단위를 사용하는 것은 각 단위가 표현하는 적절한 양이 있기 때문이다.

관련 TU : TUAM-3210, TUAM-3220, TUAM-3230, TUAM-3240, TUAM-3250

TUAM-3310.10 원주율

관련 교육과정	(07) 6(다)1①
	(09) 56(다)3①

목표

원주율의 뜻을 이해할 수 있다.

자료

줄자, 막대기, 동전, 물감

활동

① 운동장에 나가서 줄자와 막대기를 이용하여 지름이 10 m인 원을 그린다.

② 원의 둘레가 지름의 몇 배쯤 될지를 생각해 본다.

③ 걸음걸이로 걸어보게 하거나, 눈짐작으로 어림하여 알아본다.

④ 동전에 물감을 묻힌 후, 책 위에 정확하게 1바퀴를 굴린다.

⑤ 굴린 자취가 선으로 나타나면 동전 지름의 몇 배쯤 될지를 생각해본다.

⑥ 원에서 원의 둘레와 지름의 길이의 비는 항상 일정한데, 이 비율을 '원주율'이라고 함을 안다.

배경

지금까지 공부한 평면도형 중에서 길이를 재거나 넓이를 구할 때는 항상 직선으로 된 도형만 잴 수 있었다. 그러나 우리 주변에는 직선으로 이루어진 물건이나 도형도 많지만 곡선으로 된 물건도 많이 볼 수 있다. 이러한 곡선 중에서 원의 일부분으로 구성된 물건들의 길이를 측정하거나 그 넓이를 구하는 데 꼭 필요한 것이 바로 원주율이다. 이 원주율을 이해하지 않고는 원으로 된 부분의 길이나 넓이를 구할 수가 없다.

원과 원주에 대한 연구는 고대 수학자들의 일화에서도 나타난다. 원과 구의 유일성에 대한 호기심에서 출발한 연구는 여러 결과를 낳게 되는데, 평소 학생들의 쉽게 접하는 개념이 아니므로 수학사에서 시작한다면 재미있게 다가갈 수 있을 것이다.

관련 TU : TUAG-0150, TUAG-0520, TUAG-0540, TUAM-2610, TUAM-2620

TUAM-3320.10 원주율 3.14

관련 교육과정	(07) 6(다)[1]①
	(09) 56(다)[3]①

목표

원주율의 뜻을 알고, 그 값이 3.14에 가깝다는 것을 알 수 있다.

자료

병, 음료수 캔, 둥근 컵, 줄자, 자 등

활동

① 준비된 자료의 원주와 지름의 길이를 각각 재어 본다.

② 원주는 지름의 길이의 몇 배가 되는지 계산기를 이용하여 각각 계산한다.

③ 이들의 값을 각각 계산하면 그 값은 3.14에 가깝게 됨을 안다.

배경

실제로 원주율을 구하기 위해서는 적절한 구체물을 선택하고 매개물을 이용하여 원주와 지름을 측정하여야 한다. 따라서 원주율의 개념은 협력학습을 통해서 지도하는 것이 바람직하다. 이 때 소집단별로 계산한 수치는 구체물의 종류와 측정 방법에 따라 다양하게 나타난다. 따라서 각 결과값을 평균하여 자연스럽게 원주율은 '약 3.14'임을 지도한다.

관련 TU : TUAM-3310, TUAM-3330

TUAM-3330.10 원주율을 이용하여 원주 구하기

관련 교육과정	(07) 6(다)[1]②
	(09) 56(다)[3]②

목표

원주율을 이용하여 원주를 구할 수 있다.

자료

동전이나 바퀴, 자 등

활동

① 동전이나 바퀴에 색을 칠한 후, 정확하게 한 바퀴를 굴린다.

② 굴린 자취가 선으로 나타나면, 자를 이용하여 길이를 재고 기록한다.

③ 자를 이용하여 동전이나 바퀴의 지름을 재고 기록한다.

④ 지름의 길이에 각각 원주율 3.14를 곱하면 그 값은 ②에서 기록한 원주에 가깝게 됨을 안다.

⑤ (원주) = (지름) × 3.14 = (반지름) × 2 × 3.14임을 안다.

배경

원주는 곡선으로 이루어져 있기 때문에 자를 이용하여 그 길이를 정확하게 측정할 수가 없다. 줄자나 실, 끈 등을 활용하여 길이를 대략 재어 볼 수는 있지만, 학생들의 능력에 따라 길이의 차가 많이 날 것이다. 따라서 동전이나 바퀴에 물감을 묻혀 종이 위에서 한 바퀴를 굴리면 그 자취가 직선으로 남게 되므로 학생들은 비교적 서로 비슷한 측정값을 얻을 수 있다. 관련된 교수단위로 TUAM-3335.10 원주율을 이용하여 지름구하기를 제시할 수 있는데, 이 책에는 수록하지 못하였다. 현실적으로는 원주율을 이용하여 지름을 구하는 것이 더 실용적인 활동이라고 말할 수 있다.

관련 TU : TUAM-3310, TUAM-3320

TUAM-3340.10 원의 넓이와 정사각형의 넓이

관련 교육과정	(07) 6(다)1②
	(09) 56(다)3②

목표

원의 넓이와 반지름을 한 변으로 하는 정사각형 넓이와의 관계를 그림을 통해 알아볼 수 있다.

자료

컴퍼스, 자

활동

① 컴퍼스를 이용하여 원을 그린다.

② 그림과 같이 정사각형 ㄱㄴㄷㄹ과 마름모 ㅁㅂㅅㅇ을 그린다.

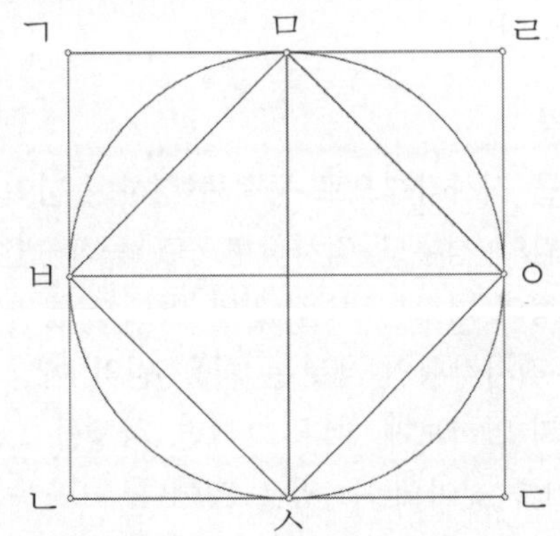

③ 정사각형 ㄱㄴㄷㄹ의 넓이와 원의 넓이를 비교하게 한 후,
(원의 넓이) < (정사각형 ㄱㄴㄷㄹ의 넓이)
임을 안다.

④ 마름모 ㅁㅂㅅㅇ의 넓이와 원의 넓이를 비교하게 한 후,
(원의 넓이) > (마름모 ㅁㅂㅅㅇ의 넓이)
임을 안다.

⑤ (마름모 ㅁㅂㅅㅇ의 넓이) < (원의 넓이)
< (정사각형 ㄱㄴㄷㄹ의 넓이)
임을 안다.

배경

원의 넓이는 직사각형이나 삼각형의 넓이를 구하는 공식을 이용해서는 구할 수 없다. 따라서 원주율을 이용하여 원의 넓이를 구해야 하는데, 그에 앞서 원의 넓이가 얼마나 되는지 어림해 보고, 또, 우리가 이미 알고 있는 직사각형이나 삼각형의 넓이를 구하는 공식을 이용하여 원의 넓이도 구할 수 없는지 학생들이 창의력을 발휘하여 한번쯤 생각하게 할 필요가 있다.

관련 TU : TUAM-3040, TUAM-3140

TUAM-3350.10 원의 넓이(몬테카를로 법)

관련 교육과정	(07) 6(다)1②
	(09) 56(다)3②

목표

원의 넓이를 구하는 방법을 이해할 수 있다.

자료

모눈종이, 컴퍼스

활동

① 모눈종이 위에 컴퍼스를 이용하여 원을 그린다.

② 원의 넓이는 원 안에 있는 정사각형의 수보다는 더 크다는 것을 안다.

③ 원 내부에 있는 작은 정사각형의 수를 세어 본다.

④ 원 밖의 굵은 선까지의 정사각형의 수를 세어 본다.

⑤ 원의 넓이는 ③에서 구한 넓이보다는 크고, ④에서 구한 넓이보다는 작다는 것을 이해한다.

배경

원의 넓이는 먼저 근사적으로 계산하여 귀납하고, 연역적으로 확인하는 2단계의 지도 방법을 생각할 수 있다. 첫 단계는 면적 측정판이나 모눈종이를 이용하여 원에 포함된 모눈의 수를 세어 원의 넓이를 근사적으로 계산하고, 그 넓이가 반지름을 한 변으로 하는 정사각형의 넓이의 몇 배인지를 조사하는 방법이다. 몬테카를로 법(Monte Carlo methed)의 대표적인 예이다.

관련 TU : TUAM-3340, TUAM-3360

TUAM-3360.10 원의 넓이(원주율)

관련 교육과정	(07) 6(다)[1]②
	(09) 56(다)[3]②

목표

원주율을 이용하여 원의 넓이를 구하는 방법을 이해할 수 있다.

자료

원 모양의 색종이, 컴퍼스, 풀, 자, 가위 등

활동

① 원 모양의 색종이를 이용하여 원을 크기가 같은 여러 개의 부채꼴로 자른다. (2등분, 4등분, 8등분, …)

② 잘라낸 부채꼴을 직사각형 모양이 되도록 붙인다.

③ 8등분 한 원을 16등분, 32등분 하여 서로 엇갈리게 붙여 보면서 점차 직사각형에 가까운 도형이 됨을 확인한다.

④ 컴퓨터로 보여주면서 처음의 원은 마침내 하나의 직사각형이 됨을 안다.

⑤ 원의 넓이는 가로의 길이가 원주의 $\frac{1}{2}$이고, 세로의 길이가 반지름의 길이와 같은 직사각형의 넓이와 점점 같아진다는 것을 발견한다.

⑥ (원의 넓이)

$= (\text{원주의 } \frac{1}{2}) \times (\text{반지름})$

$= (\text{지름}) \times (\text{원주율}) \times \frac{1}{2} \times (\text{반지름})$

$= (\text{반지름}) \times (\text{반지름}) \times (\text{원주율})$

임을 안다.

배경

삼각형을 직사각형으로 등적 변형하여 넓이를 구했듯이, 원의 경우도 직사각형으로 등적 변형한 후, 직사각형의 가로는 처음 원의 어느 부분과 같았는지 또, 직사각형의 세로는 처음 원의 어느 부분과 같았는지 알아보게 한다. 그러면, 학생들 스스로 원의 넓이를 찾아낼 수 있을 것이다. 요즈음은 컴퓨터그래픽과 애니메이션 기법을 활용하여 원의 넓이 구하는 공식을 시각적으로 이해하는 데 많은 도움을 줄 수 있다.

관련 TU : TUAM-3340, TUAM-3350, TUAM-3320

TUAM-3410.10 원기둥의 전개도

관련 교육과정	(07) 6(다)[3]①
	(09) 56(다)[4]①

목표

원기둥의 겉넓이를 구하기 위하여 원기둥의 전개도를 이해할 수 있다.

자료

원기둥 모양의 통, 색종이, 가위, 칼, 영상자료

활동

① 원기둥 모양의 통 전체에 색종이를 붙여본다.

② 색종이를 무슨 모양으로 잘랐는지 말한다.

③ 원기둥 모양의 통의 옆면을 모선에 따라 자른다.

④ 원기둥의 전개도에서 밑면은 2개의 원이 되고, 옆면은 직사각형이 됨을 안다.

⑤ 두 밑면의 원이 옆면의 전개도인 직사각형의 양쪽에 하나씩 접한다는 것을 안다.

⑥ 원주의 길이와 직사각형의 가로의 길이가 같다는 것을 안다.

배경

원기둥을 구성하기 위하여 전개도를 이용한다. 원기둥의 옆면을 전개하면 보통 직사각형이 되는데 직사각형의 세로의 길이는 원기둥의 높이와 같고 가로의 길이는 밑면의 원둘레와 같다.
컴퓨터 도형 프로그램을 활용하여 전개도와 입체도형이 만들어지는 과정을 시각적으로 쉽게 살펴볼 수 있다.

관련 TU : TUAG-2370, TUAM-3510, TUAM-3420

TUAM-3420.10 원기둥의 겉넓이

관련 교육과정	(07) 6(다)③①
	(09) 56(다)④①

목표

원기둥의 겉넓이를 구하는 방법을 이해하고, 이를 구할 수 있다.

자료

원기둥의 전개도

활동

① 원기둥의 겉넓이는 원기둥의 전개도에 있는 모든 면의 넓이를 합한 것과 같음을 안다.
② 밑면인 원의 넓이를 구한다.
③ 옆면인 직사각형의 넓이를 구한다.
④ 원기둥의 겉넓이는 두 밑면의 넓이와 옆넓이를 합한 것임을 안다.
⑤ (원기둥의 겉넓이) = (밑넓이) × 2 + (옆넓이)임을 안다.

배경

3차원 도형의 겉넓이는 도형의 외부 표면의 넓이를 합한 것이다. 밑면을 갖는 3차원 도형에 대하여 옆넓이는 겉넓이에서 밑면의 넓이를 뺀 넓이이다. 각뿔과 각기둥 같은 다면체에 대하여 겉넓이는 다면체 표면의 넓이를 합한 것이다.

관련 TU : TUAM-3410

TUAM-3510.10 직육면체의 겉넓이

관련 교육과정	(07) 6(다)②①
	(09) 56(다)④①

목표

직육면체의 겉넓이 구하는 방법을 이해하고, 이를 구할 수 있다.

자료

직육면체 모양의 상자 두 개

활동

① 직육면체 상자 두 개를 놓고, 모두 물감으로 칠하면 어느 직육면체에 물감이 더 많이 들지 생각해본다.
② 직육면체 상자 두 개를 포장한다면, 어느 직육면체에 포장지가 더 많이 필요할지 생각해본다.
③ 두 값을 비교하기 위해서 겉면의 넓이를 구해야 함을 안다.
④ 직육면체의 각 면의 넓이를 모두 더한다.
⑤ 직육면체의 여섯 면의 넓이의 합을 '직육면체의 겉넓이'라고 함을 안다.
⑥ 직육면체의 여섯 면은 합동인 세 쌍의 면임을 안다.
⑦ 서로 다른 직사각형의 넓이를 구하여 더하고, 더한 것을 2배하여 직육면체의 겉넓이를 구할 수 있음을 안다.

배경

직육면체의 겉넓이는 직육면체에 있는 여섯 면의 넓이를 더하면 되는 것이다. 그러므로 학생들은 직육면체의 여섯 면의 넓이를 각각 쉽게 계산하여, 이들을 모두 더하여 직육면체의 겉넓이를 구할 수도 있다.

겉넓이 구하는 방법은 각자 공책에 먼저 적어보고, 모둠별로 의논한 다음 다시 공책에 써볼 수 있다. 그러면 여러 가지 방법에 대해 접근할 수 있을 것이다.

겉넓이를 구하기 위한 직육면체 상자는 가로, 세로, 높이의 길이가 다른 것이 좋으며, 직접 자로 재서 겉넓이를 구할 수 있다면 더욱 생활과 관련될 수 있다.

관련 TU : TUAM-3030, TUAG-2070

TUAM-3520.10 정육면체의 겉넓이

관련 교육과정	(07) 6(다)2①
	(09) 56(다)4①

목표

정육면체의 겉넓이 구하는 방법을 이해하고, 이를 구할 수 있다.

자료

정육면체 모양의 상자

활동

① 정육면체 모양의 상자를 펼쳐서 여섯 면의 넓이를 서로 비교한다.
② 정육면체의 면은 모두 합동이 됨을 안다.
③ 겉넓이는 한 면의 넓이를 6배하여 구한다.
④ (정육면체의 겉넓이) = (밑넓이) × 6임을 안다.

배경

정육면체는 직육면체의 특수한 경우이므로 직육면체의 겉넓이를 구하는 공식을 이용하여 겉넓이를 구한다.

관련 TU : TUAM-3510, TUAG-2100

TUAM-4010.10 들이의 비교

관련 교육과정	(07) 3(다)3①
	(09) 34(다)3①

목표

들이에 대한 개념을 이해하고, 들이를 비교할 수 있다.

자료

들이가 다른 두 그릇

활동

(1) 어느 그릇에 물이 더 많이 들어가는지 알아보시오.

① 모둠별로 들이가 다른 그릇 2개를 준비하시오.
② 한 그릇의 물을 다른 그릇에 넣어 두 그릇의 들이를 비교하여 보시오.

배경

두 그릇의 모양이 같으면 담겨 있는 물의 깊이를 비교하면 된다. 그러나 모양이 다른 경우에는 어느 한 그릇에 다른 그릇의 물을 부어 비교하는 방법으로 알아보아야 한다. 들이가 다른 그릇에 물을 부으면 더 들어가거나 모자라게 될 것이다. 이런 사실로부터 두 그릇에 담긴 물의 양을 직접 비교할 수 있다는 것을 알게 된다.

들이는 용기의 내부 공간의 부피를 말한다. 들이는 물이나 기름 또는 곡식과 같은 액량, 곡량을 주로 다룬다. 그릇의 속성으로 들이는 "어느 것이 더 많이 들어갈까?"와 같은 질문을 통해서 도입될 수 있다. 그릇의 크기에 따라 시각적인 비교가 가능할지라도, 어린 아동들은 들이보다는 그릇의 높이(길이)에 주목하게 된다. 따라서 들이의 비교는 직접적인 비교를 사용하는 것으로부터 시작하는 것이 좋다. 직접 비교를 하기 위해서는 하나를 채우고 그것을 다시 다른 그릇으로 옮겨 담아 봄으로써 그릇의 크기를 비교할 수 있다. 들이를 측정하는 활동은 액체의 양에 대한 보존성이 전제가 되어야 한다.

관련 TU : TUAM-0050, TUAM-4020

TUAM-4020.10 임의단위로 들이 비교하기

관련 교육과정	(07) 3(다)③①
	(09) 34(다)③①

목표

들이를 임의단위로 비교하고, 보편단위의 필요성을 인식할 수 있다.

자료

모양이 다른 두 그릇, 여러 가지 종류의 컵

활동

(1) 두 그릇 중 어느 쪽이 얼마나 많이 들어가는지 알아보시오.

① 주전자와 물통 중 어느 것이 더 많이 들어갈까요?
② 컵을 이용해서 비교해 보시오. (종이컵, 커피 잔 등 모둠별로 다른 컵)
③ 어느 쪽이 더 많은가요?
④ 어느 쪽이 몇 컵(얼마나) 더 많은가요? (조별로 서로 달라진다.)
⑤ 모둠별로 결과가 다른 이유는 무엇일까요?
⑥ 그렇다면 어떻게 해야 할까요?

배경

새로운 단위를 도입할 때는 먼저 임의단위를 도입하여 들이를 재어보게 하면서 보편단위의 필요성을 느끼게 한다. 그러므로 각자 임의의 그릇을 들이의 단위로 택하여 일정한 들이의 양을 측정하게 하고, 임의단위가 다르면 측정값도 다르다는 것을 알게 하여 들이에 대한 보편단위가 필요하다는 점을 알게 한다.

단순히 어느 쪽의 물이 더 많고 적은지는 직접 비교하는 방법으로도 알아낼 수 있지만 얼마나 더 많고 적은지를 알아내기에는 적합한 방법이 아니라는 것을 알게 한다. 어느 쪽의 물이 얼마나 더 많은지 알아내려면 컵의 들이를 임의단위로 사용하여 수량화하는 것이 편리하다는 것을 알게 한다. 이때 개인이나 조별로 사용한 컵의 크기를 다르게 하여 측정하도록 하는 것이 좋다. 그러나 컵의 크기가 다를 경우에는 다른 측정값이 나오므로 이런 현상이 왜 생기는지 논의하여 통일된 단위가 필요하다는 점을 알게 한다.

관련 TU : TUAM-4010, TUAM-4030

TUAM-4030.10 1L, 1mL 단위

관련 교육과정	(07) 3(다)③①
	(09) 34(다)③①

목표

1 L, 1 mL의 단위를 알고, 읽고 쓸 수 있다.

자료

우유나 음료수 등 들이 단위를 볼 수 있는 용기들, 1 mL 주사기, 1 L 용기

활동

(1) 생활 주변에서 찾을 수 있는 들이의 단위를 찾아보고 들이의 단위를 알아보시오.

① 들이의 단위와 들이를 찾아 써 보시오.

용기 이름	사용된 용기의 들이 단위	들이
(예) 우유	mL	200 mL

② 들이의 단위를 읽어봅시다.

들이 단위에는 1리터와 1밀리리터가 있습니다.
1리터는 1 L, 1밀리리터는 1 mL라고 씁니다.
1 L 1 mL

배경

생활주변에서 사용되는 여러 용기에 표시된 들이의 단위를 살펴보게 하여, 들이의 단위에는 L와 mL등이 있음을 알게 한다. 들이의 보편단위는 L, mL등이 주로 사용되는데, 1 L는 안치수로 한 모서리의 길이가 10 cm인 정육면체 모양의 들이이고, 1 mL는 한 모서리가 1 cm인 작은 정육면체 모양의 들이이다.

관련 TU : TUAM-4020, TUAM-4040

TUAM-4040.10 1L=1000mL

관련 교육과정	(07) 3(다)③①
	(09) 34(다)③②

목표

1 L = 1000 mL의 관계를 알 수 있다.

자료

1 L, 1 mL 들이 용기, 100 mL 들이 용기

활동

(1) 1 L와 1000 mL의 관계를 알아봅시다.

① 1 L 들이 용기에 100 mL 들이 용기의 물을 부어보시오.

② 1 L 들이 용기에 100 mL 들이 용기로 물을 몇 번 부어야 가득 찰까요?

③ 1 L는 몇 1 mL와 같습니까?

1 L는 1000 mL와 같습니다.
1 L = 1000 mL

배경

1 m = 1000 mm의 관계와 관련지어 1 L = 1000 mL의 관계를 이해하게 한다. 이는 실제 활동을 통하여 확인시킬 수 있다. 1 L와 1 mL의 양을 실제로 다양한 용기에서 재어보는 기회를 제공함으로써 1 L와 1 mL에 대한 양감을 갖게 할 수 있을 것이다. 1 mL 주사기에 물을 담아 1 L 용기를 채워 보는 활동도 의미있다.

관련 TU : TUAM-2050, TUAM-2230, TUAM-4030, TUAM-4050

TUAM-4050.10 들이를 L와 mL로 나타내기

관련 교육과정	(07) 3(다)③②
	(09) 34(다)③①

목표

들이를 '몇 L와 몇 mL'로 나타낼 수 있다.

자료

1 L, 500 mL 1 L 500 mL 비커(또는 2 L)

활동

(1) 1 L와 500 mL를 합했을 때의 들이를 '몇 L와 몇 mL'로 나타내 보시오.

① 1 L와 500 mL 비커에 물을 가득 채우시오.
② 1 L 500 mL 비커에 1 L비커와 500 mL비커의 물을 부어 보시오.
③ 1 L와 500 mL를 합하면 몇 L 몇 mL입니까?
④ 1 L와 500 mL를 합하면 몇 mL입니까?

1 L와 500 mL를 합하여 1 L 500 mL라고 씁니다.
1 L 500 mL는 1500 mL와 같습니다.

$$\begin{aligned}1\text{ L }500\text{ mL} &= 1\text{ L} + 500\text{ mL}\\ &= 1000\text{ mL} + 500\text{ mL}\\ &= 1500\text{ mL}\end{aligned}$$

(2) L, mL를 mL로, mL를 L, mL로 나타내어 보시오.

배경

길이처럼, L, mL를 mL로, mL를 L, mL로 나타낼 수 있다. 단명수와 복명수는 생활에서 많이 쓰이고, mL로 나타내면 수가 커지므로 복명수로 많이 나타낸다. 따라서 1 L = 1000 mL의 관계를 이용하여 복명수를 단명수로, 단명수를 복명수로 나타낼 수 있게 지도한다.

관련 TU : TUAM-4040, TUAM-4110, TUAM-4120

TUAM-4110.10 들이의 덧셈(L, mL)

관련 교육과정	(07) 3(다)③③
	(09) 34(다)③④

목표

L, mL가 있는 들이의 덧셈 계산 원리를 알고 합을 구할 수 있다.

자료

'2 L 500 mL + 1 L 300 mL'과 관련한 실생활 상황, 비커, 수조

활동

(1) 2 L 500 mL와 1 L 300 mL의 합을 구하시오.

① 비커에 2 L 500 mL만큼 물을 부으시오.
② 비커에 1 L 300 mL만큼 물을 부으시오.
③ 수조에 두 비커의 물을 부으시오.
④ '2 L 500 mL + 1 L 300 mL'은 얼마입니까?

$$\begin{array}{r} 2\text{ L }500\text{ mL}\\ +\ 1\text{ L }300\text{ mL}\\ \hline 3\text{ L }800\text{ mL}\end{array}$$

– 받아올림이 없는 들이의 덧셈은 L는 L끼리, mL는 mL끼리 계산한다.

배경

받아올림이 없는 들이의 덧셈은 km, m의 계산과 관련지어 지도한다. 들이의 계산은 단위 사이의 관계 이해에 중점을 주어 문제 상황에서 해결하도록 한다. 받아올림이 있는 경우에도 동일하게 지도한다. 받아올림이 있는 경우는 1 L = 1000 mL의 관계를 이용하여 받아올림을 할 수 있도록 한다.

관련 TU : TUAM-2530, TUAM-4050

TUAM-4120.10 들이의 뺄셈(L, mL)

관련 교육과정	(07) 3(다)3③
	(09) 34(다)3④

목표

L, mL가 있는 들이의 뺄셈 계산 원리를 알고 차를 구할 수 있다

자료

'2 L 500 mL－1 L 300 mL'와 관련된 실생활 상황, 비커

활동

(1) 2 L 500 mL와 1 L 300 mL의 차를 구하시오.

① 비커에 2 L 500 mL만큼 물을 부으시오.

② 2 L 500 mL 비커에서 1 L 300 mL만큼 물을 덜어내시오.

③ 물은 몇 L 몇 mL 남았습니까?

$$\begin{array}{r} 2\text{ L }\ 500\text{ mL} \\ -\ 1\text{ L }\ 300\text{ mL} \\ \hline 1\text{ L }\ 200\text{ mL} \end{array}$$

－받아내림이 없는 들이의 뺄셈은 L는 L끼리, mL는 mL끼리 계산한다.

배경

받아내림이 없는 들이의 뺄셈도 km, m의 계산과 관련지어 지도한다. 받아내림이 있는 경우에도 동일하게 지도한다. 받아내림이 있는 경우는 1 L＝1000 mL의 관계를 이용하여 받아내림을 할 수 있도록 한다.

관련 TU : TUAM-2540, TUAM-4050

TUAM-4130.10 들이 어림하기(몇 L)

관련 교육과정	(07) 3(다)3④
	(09) 34(다)3③

목표

그릇의 들이를 어림하여 약 몇 L인지 말할 수 있다

자료

1 L 들이 기준 용기(비커 등)와 여러 가지 그릇

활동

(1) 1 L 들이 기준 용기에 물을 담아보고, 다른 그릇에 1 L 만큼 물을 부어 보시오.

① 1 L 들이 용기에 물을 가득 담아 봅시다(1 L인식).

② 다른 그릇에 1 L만큼 부어봅시다.

③ 1 L들이 표준 용기의 물과 자신이 부은 물의 양을 비교해 봅시다.

④ 그릇에 2 L만큼 부어보고, 1 L들이 들이 그릇으로 재어봅시다.

(2) 여러 가지 그릇의 들이가 약 몇 L인지 어림하여 보시오.

① 각 그릇의 들이를 어림하여 보고 약 몇 L인지 말해봅시다.

② 각 그릇의 들이를 어떻게 어림했습니까?

③ 1 L들이 그릇으로 각 그릇의 들이를 재어보고, 자신이 어림한 양과 비교해 봅시다.

배경

먼저 1 L들이가 어느 정도 되는지에 대한 양감을 가져야 한다. 1 L는 다른 그릇의 들이를 어림하는 기준이 된다. 따라서 1 L만큼이 어느 정도인지 관찰하고, 1 L만큼 부어보고, 1 L만큼 들어갈 수 있는 그릇을 찾아보는 등 1 L에 대한 다양한 활동이 필요하다. 이것을 바탕으로 2 L, 3 L, … 등의 들이를 어림해보도록 한다.

측정에서의 어림은 측정 도구를 사용하지 않고, 측정값을 알아보는 지적 과정이다. 측정과 관련하여 어림을 지도하는 이유는 그것이 단위의 크기와 단위들 사이의 관계를 강화하는 데 도움이 되며, 실제로 많이 적용되는 기능이기 때문이다.

어림의 형태에는 두 가지가 있다. 속성(들이)과 대상(주전자)은 정해져 있으나, 측정값을 모르는 경우(주전자의 들이는 얼마인가?)와 측정값은 알고 있고 대상을 선택하는 경우(1 L되는 그릇은 어느 것인가?)이다. 아동들에게는 이 두 가지 형태에 관련한 어림 활동을 다양하게 시켜야 한다.

관련 TU : TUAM-2070, TUAM-4140

TUAM-4140.10 들이 어림하기(몇 L 몇 mL)

관련 교육과정	(07) 3(다)③④
	(09) 34(다)③③

목표

그릇의 들이를 어림하여 약 몇 L 몇 mL인지 말할 수 있다.

자료

1 L, 100 mL 들이 기준 용기(비커 등)와 여러 가지 그릇

활동

(1) 100 mL 들이 기준 용기에 물을 담아보고, 다른 그릇에 100 mL 만큼 물을 부어보시오.

① 100 mL 들이 용기에 물을 가득 담아 봅시다(100 mL 인식).

② 다른 그릇에 100 mL만큼 부어봅시다.

③ 100 mL들이 표준 용기의 물과 자신이 부은 물의 양을 비교해 봅시다.

④ 그릇에 200 mL, 300 mL, …만큼 부어보고, 100 mL 들이 그릇으로 재어봅시다.

(2) 여러 가지 그릇의 들이가 약 몇 L 몇 mL인지 어림해 보시오.

① 각 그릇의 들이를 어림하여 보고 약 몇 L 몇 mL인지 말해봅시다.

② 각 그릇의 들이를 어떻게 어림했습니까?

③ 1 L와 100 mL들이 그릇으로 각 그릇의 들이를 재어보고, 자신이 어림한 양과 비교해 봅시다.

배경

약 '몇 L 몇 mL'인지 어림하는 경우도 약 '몇 L'인지 어림을 지도하는 방법과 마찬가지이다. 1 L와 100 mL에 대한 경험을 바탕으로 어림하게 한다. 어림은 일상적인 활동이므로 다른 분야와도 관련지어 지도할 수 있도록 계획하고, 실생활에서 자주 경험할 수 있도록 지도한다.

관련 TU : TUAM-2560, TUAM-4130

TUAM-4210.10 무게의 비교

관련 교육과정	(07) 3(다)④①
	(09) 34(다)④①

목표

무게에 대한 개념을 이해하고, 무게를 비교할 수 있다.

자료

다양한 구체물 또는 실물, 양팔 저울

활동

(1) 두 구체물의 무게를 비교해 보시오.

① 눈으로 보고 어느 것이 더 무거운지 알 수 있는 것이 있나요?

② 눈으로 알 수 없는 것은 손으로 들어보고 무게를 비교해 봅시다.

③ 손으로도 잘 모르는 경우는 어떻게 해야 할까요?

③ 양팔 저울로 무게를 비교해 봅시다. 어느 것이 더 무거운가요?

배경

물건의 무게에 대한 개념을 이해하도록 하기 위해서 먼저 두 가지 물건을 직관에 의해 어느 것이 무거운지 비교해 보도록 한다. 즉, 책상과 의자, 짝의 필통과 내 필통 등의 무게를 짐작하여 어느 것이 더 무거운지 알아보게 한다. 다음에는 두 물건을 양 손에 들어보고 무게를 비교하여 무게에 대한 개념을 가지게 한다. 무게의 차가 작은 것은 손으로 들어보아도 감각적으로 비교하기가 곤란하다는 것을 알게 하여 시각적으로 비교하는 방법을 알아보게 한다.

학생들이 생활 속에서 무게를 직접 비교하는 경험을 갖게 되는 경우로 시소놀이를 들 수 있다. 무거운 쪽으로 기운다는 것을 상기시켜서 같은 원리의 양팔 저울로 무게를 비교하게 한다.

아동들은 보통 대상이 크면 무게도 더 무거울 것이라고 생각한다. 따라서 대상 중의 일부는 작지만 무겁고 크지만 가벼운 것이 포함되어 있으면 좋다(솜과 쇠구슬, 빈 상자와 작지만 물건이 가득 들어있는 상자 등).

무게를 느끼거나 비교하는 비교적 간단한 방법은 직접 손으로 들어보는 경우이다. 그러나 두 대상의 무게의 차이를 느끼기 어려울 때는 천칭이나 용수철저울, 접시저울 등이 필요하다. 양팔 저울을 사용한다는 것은 이미 무게에 대한 직접 비교를 하고 있다는 것이다.

관련 TU : TUAM-0070, TUAM-4220

TUAM-4220.10 임의단위를 사용한 무게 비교

관련 교육과정	(07) 3(다)④①
	(09) 34(다)④①

목표

무게를 임의단위로 비교하고, 보편단위의 필요성을 인식할 수 있다.

자료

몽당연필, 지우개(작은 것), 클립, 바둑돌, 양팔 저울 2개

활동

(1) 연필과 지우개 중 어느 것이 얼마나 더 무거운지 알아보시오.

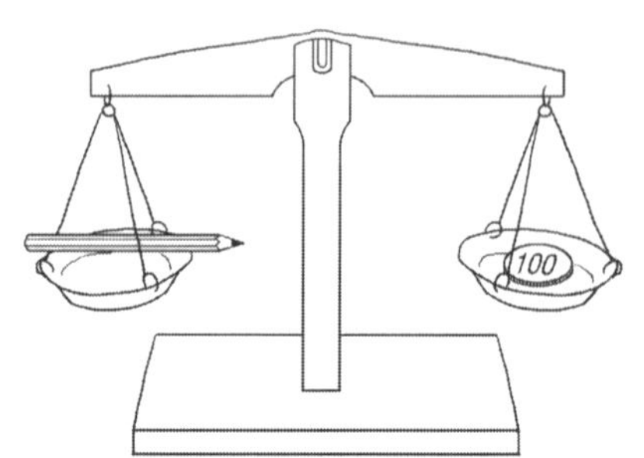

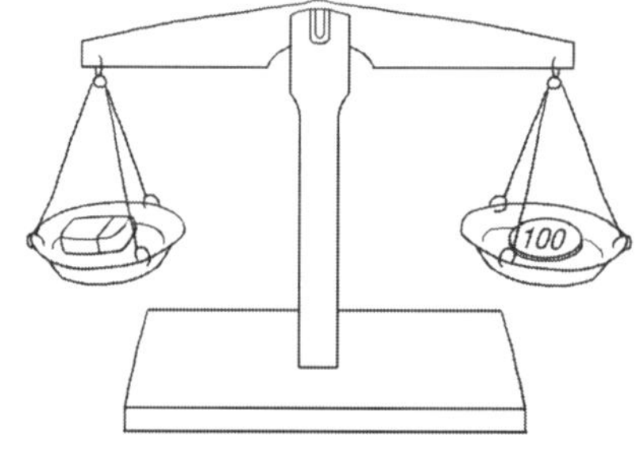

① 연필과 지우개의 무게는 각각 동전(클립) 몇 개의 무게와 같습니까?

② 어느 것이 얼마나 더 무거운가요?

③ 이번에는 클립(동전)으로 연필과 지우개의 무게를 비교해 보세요.

④ 어느 쪽이 얼마나 더 무거운가요?

⑤ 동전, 클립과 같이 무게를 재는 단위를 정하여 무게를 비교할 경우에 좋은 점은 무엇입니까?

⑥ 무게를 재는 단위가 여러 가지일 경우에 불편한 점은 무엇입니까?

배경

양팔 저울, 용수철 등을 이용하면 어느 쪽이 더 무거운지 알 수 있으나 얼마나 더 무거운지 표현하기 어렵다는 것을 알게 하여 얼마나 더 무거운지 알아내는 방법을 찾아보도록 한다. 주변에서 쉽게 구할 수 있는 동전, 클립 등 무게가 동일한 소재를 임의단위로 정하고 양팔 저울을 이용하여 연필과 지우개의 무게를 측정하도록 한다. 이런 방법으로 연필과 지우개 중 어느 것이 더 무겁고, 연필이 지우개보다 동전(클립) 몇 개만큼 더 무겁다는 사실도 알아낼 수 있다는 것을 알게 한다. 이러한 활동을 통하여 임의단위의 개념을 이해하도록 한다. 이처럼 임의단위를 사용하여 물건의 무게를 알아보는 활동은 어느 물건이 얼마나 더 무겁다는 것을 나타낼 수 있어 편리한 반면, 임의단위가 바뀔 때마다 같은 물건의 무게가 다르게 표현된다는 불편함이 있다는 것을 깨닫게 하는 것이 보편단위를 도입하기에 앞서 필요하다.

관련 TU : TUAM-4210, TUAM-4230

TUAM-4230.10 1g, 1kg 단위 도입

관련 교육과정	(07) 3(다)④①
	(09) 34(다)④①

목표

1 g, 1 kg의 단위를 알고 읽고 쓸 있다.

자료

무게 단위가 표시되어 있는 실생활 자료, 눈금 저울

활동

(1) 생활 주변에서 볼 수 있는 무게의 단위를 찾아보고 무게의 단위와 무게를 찾아 써 보시오.

물건	사용된 무게의 단위	무게
(예) 라면	g	120 g

무게의 단위에는 1 kg과 1 g 등이 있습니다. 1 kg은 일 킬로그램, 1 g은 일 그램이라고 읽습니다.

1 kg 1 g

배경

임의단위를 사용하여 무게를 재는 것이 여러 모로 불편함을 느끼게 하고 길이, 들이와 마찬가지로 보편단위를 쓰면 더욱 편리하다는 것을 알게 하고 1 kg과 1 g의 단위를 이해하게 한다. 또한 1 km = 1000 m의 관계와 관련지어 1 kg = 1000 g의 관계를 이해하게 한다. 이는 실제 저울의 눈금을 보며 확인시킬 수 있다.

관련 TU : TUAM-4220, TUAM-4240

TUAM-4240.10 1kg=1000g

관련 교육과정	(07) 3(다)④①
	(09) 34(다)④②

목표

1 kg = 1000 g의 관계를 알 수 있다.

자료

1 kg짜리 물건 1개, 200 g짜리 추 5개, 양팔 저울

활동

(1) 1 kg과 1 g의 관계를 알아봅시다.

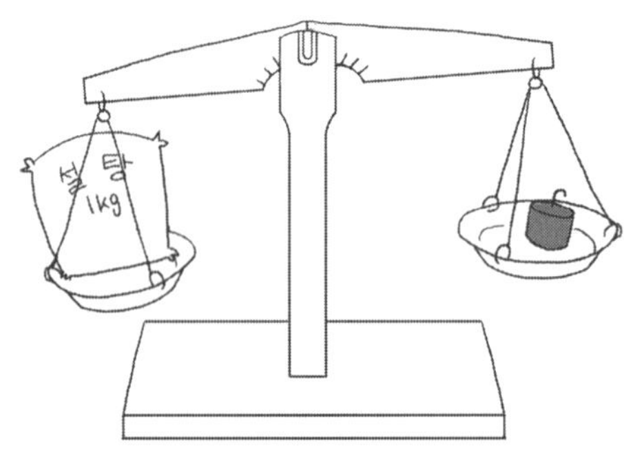

① 양팔 저울 왼쪽에 1 kg짜리 물건을 올려놓으면 양팔 저울은 어느 쪽으로 기울게 됩니까?

② 양팔 저울의 오른쪽에 200 g짜리 추를 계속해서 하나씩 올리면 양팔 저울의 기울기는 어떻게 변합니까?

③ 1 kg은 몇 g과 같습니까?

> 1 kg은 1000 g과 같습니다.

배경

1 km = 1000 m의 관계와 관련지어 1 kg = 1000 g의 관계를 이해하게 한다. 이는 실제 저울의 기울기를 보며 확인시킬 수 있다.

관련 TU : TUAM-2270, TUAM-4230, TUAM-4250

TUAM-4250.10 저울의 눈금

관련 교육과정	(07) 3(다)④②
	(09) 34(다)④①

목표

저울의 눈금을 이해하고 읽을 수 있다.

자료

눈금이 있는 저울, 여러 가지 구체물 및 실물

활동

(1) 여러 가지 구체물 및 실물을 저울에 달아보고 무게를 말해 보시오.

배경

저울의 눈금과 눈금이 가리키는 무게를 알게 하고, 실제로 무게를 재어 눈금을 읽어보게 한다. 저울로 무게를 잴 때는 다음 사항에 유의하도록 해야 한다. ① 재는 물체의 무게의 범위를 알아서 적당한 저울을 선택한다. ② 아무 것도 달지 않을 때의 지침은 0을 가리키고 있어야한다. ③ 물건을 움직이지 않게 가만히 놓아서 잰다. ④ 눈금 하나가 얼마의 무게를 나타내는가를 확인한다. ⑤ 저울의 눈금은 반드시 바로 위에서 읽는다.

관련 TU : TUAM-4240, TUAM-4260

TUAM-4260.10 무게를 kg과 g으로 나타내기

관련 교육과정	(07) 3(다)④②
	(09) 34(다)④②

목표

kg과 g의 관계를 알고, 무게를 '몇 kg과 몇 g'으로 나타낼 수 있다

자료

눈금이 있는 저울, 여러 가지 구체물

활동

(1) 1 kg과 500 g을 합했을 때의 무게를 '몇 kg 몇 g'으로 나타내 보시오.

① 1 kg 물체와 500 g 물체를 저울에 올려놓으시오.

② 몇 kg 몇 g입니까?

③ 몇 g과 같습니까?

1 kg과 500 g을 합하여 1 kg 500 g이라고 씁니다.
1 kg 500 g은 1500 g과 같습니다.

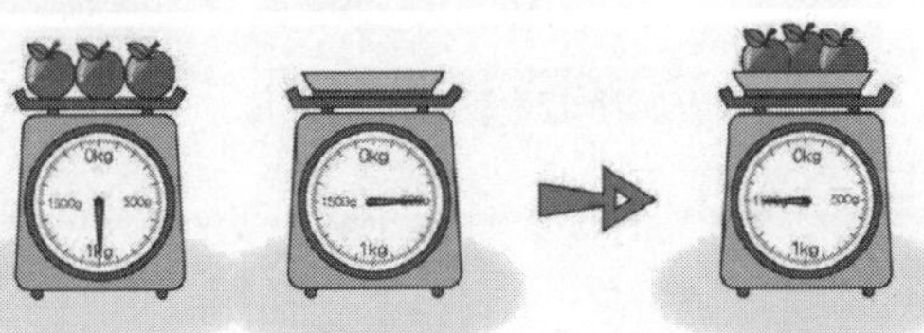

1 kg + 500 g = 1500 g

(2) '몇 kg과 몇 g'을 '몇 g'으로 '몇 g'을 '몇 kg과 몇 g'으로 나타내 보시오.

배경

무게 단위인 1 kg이나 1 g은 새로운 단위이지만 길이 단위인 1 km = 1000 m의 관계와 관련지어 생각하게 하면 별 무리 없이 1 kg = 1000 g의 관계를 이해시킬 수 있다. 1 kg = 1000 g의 관계를 이용하여 단위명을 바꾸어 나타내보게 한다. 2 kg 400 g = 2000 g + 400 g = 2400 g, 그리고 1600 g = 1000 g + 600 g = 1 kg + 600 g = 1 kg 600 g처럼 바꾸어 나타낼 수 있음을 알게 한다. 여기서 무게는 서로 더할 수 있다는 가법성이 전제되어 있는 것이다.

관련 TU : TUAM-4240, TUAM-4310, TUAM-4320

TUAM-4310.10 무게의 합

관련 교육과정	(07) 3(다)④③
	(09) 34(다)④④

목표

kg, g이 있는 무게의 덧셈 계산 원리를 알고 합을 구할 수 있다.

자료

'3 kg 500 g + 2 kg 800 g' 실생활 상황 자료, 색테이프

활동

(1) 3 kg 500 g과 2 kg 800 g의 합을 구하시오.

① 3 kg 500 g을 색테이프로 나타내시오.

② 2 kg 800 g을 색테이프로 나타내시오.

③ kg은 kg끼리, g은 g끼리 이어붙이시오.

④ 몇 kg입니까?

⑤ 몇 g입니까?

⑥ '3 kg 500 g + 2 kg 800 g'은 몇 kg 몇 g입니까?

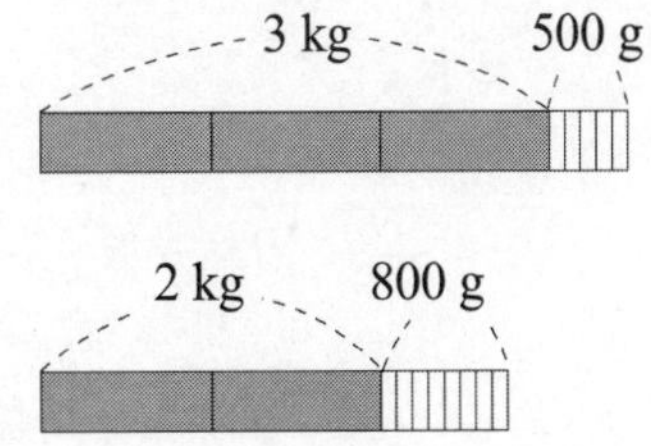

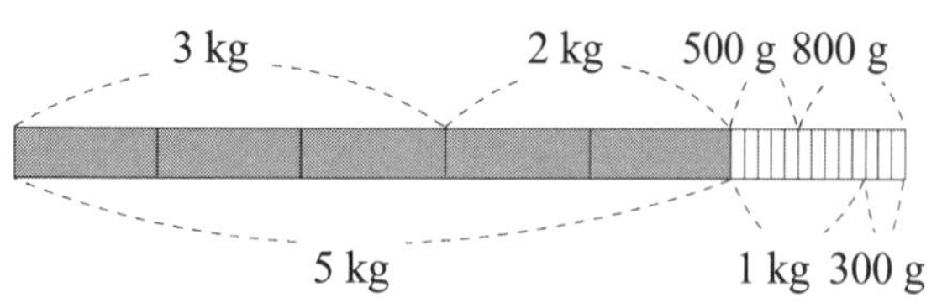

	3 kg	500 g
+	2 kg	800 g
	5 kg	1300 g
	1 kg ⇦	1000 g
	6 kg	300 g

⇨

	3 kg (1)	500 g
+	2 kg	800 g
	6 kg	300 g

배경

무게의 덧셈도 같은 단위끼리 더하고, g단위에서 합이 1000 g을 넘어가면 1 kg = 1000 g의 관계를 이용하여 받아올림하게 한다.

관련 TU : TUAM-4260, TUAM-4320

TUAM-4320.10 무게의 차

관련 교육과정	(07) 3(다)④③
	(09) 34(다)④④

목표

kg, g이 있는 무게의 뺄셈 계산 원리를 알고 차를 구할 수 있다.

자료

'3 kg 500 g − 2 kg 800 g' 실생활 상황 자료, 색테이프

활동

(1) 3 kg 500 g과 2 kg 800 g의 차를 구하시오.

① 3 kg 500 g을 색테이프로 나타내시오.

② 2 kg 800 g을 색테이프로 나타내시오.

③ kg은 kg끼리, g은 g끼리 제거하시오.

④ 1000 g = 1 kg를 이용하여 1 kg를 1000 g으로 교환하여 제거하시오.

④ 몇 g입니까?

⑤ 몇 kg입니까?

⑥ '3 kg 500 g + 2 kg 800 g'은 몇 kg 몇 g입니까?

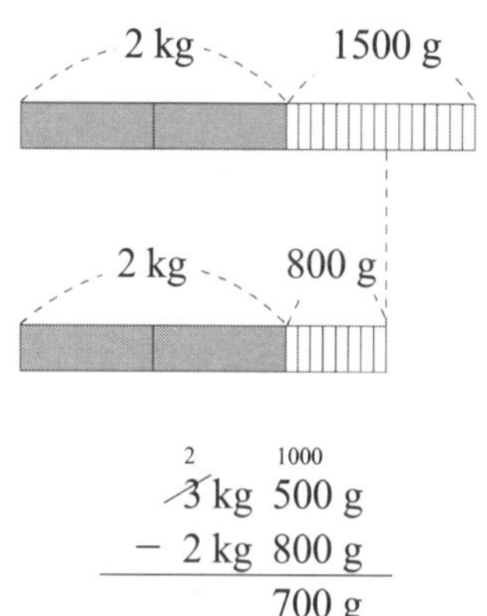

배경

무게의 뺄셈도 같은 단위끼리 빼고, g단위에서 뺄셈이 곤란한 경우에는 1 kg = 1000 g의 관계를 이용하여 kg 단위에서 받아내림해야 한다는 것을 알게 한다.

관련 TU : TUAM-4260, TUAM-4310

TUAM-4330.10 무게 어림하기

관련 교육과정	(07) 3(다)④④
	(09) 34(다)④③

목표

무게를 어림하여 보고, 실제로 재어 비교할 수 있다.

자료

여러 가지 구체물과 실물, 저울, 100 g, 200 g, 500 g, 1 kg짜리 기준 물체, 전자저울

활동

(1) 여러 가지 물건의 무게를 어림하여 보고, 저울로 재어 보시오.

① 한 손에는 1 kg(100 g과 같은 기준 물체)짜리를, 다른 손에는 물체를 들고 무게를 비교해 봅시다.

② 한 손으로만 물체를 들어보고, 무게를 어림하여 봅시다.

③ 실제로 저울로 재어 보고, 어림한 것과 비교해 봅시다.

(2) 100 g, 200 kg, 500 g, 1 kg 정도 될 것 같은 물체를 찾아보고, 저울로 재어 확인하여 보시오.

① 100 g(또는 200 kg, 500 g, 1 kg)쯤 될 것 같은 물체를 찾아봅시다.

② 그 물체의 무게를 저울에 재어봅시다.

배경

무게에 대한 어림은 다른 양(길이, 들이, 부피 등)에 비해서 어렵다. 왜냐하면 길이, 들이, 부피 등은 직관에 의해서도 어느 정도 비교가 가능하지만 무게는 눈으로 확인하기 어렵기 때문이다. 그러므로 반드시 들어보아야 한다. 이 점이 생활 주변의 다양한 물체의 무게에 대한 어림 활동이 필요한 이유이다. 1 kg과 같이 기준으로 삼을 만한 무게에 익숙해지는 것뿐만 아니라 물체의 여러 특성과 상황을 고려하여 그 대상의 무게를 어림할 수 있는 능력도 필요하다.

어림한 것을 옳다 그르다 하고 표시하지 않도록 한다. 좀 더 나은 어림하는 방법을 개발하도록 도와주어야 한다. 어림한 것은 직접 재어 점검하게 한다.

관련 TU : TUAM-4140, TUAM-4260

TUAM-4410.10 1t(1톤)

관련 교육과정	(07) 5(다)②①
	(09) 56(다)②①

목표

무게의 단위 t을 이해한다.

자료

[10 kg]이라고 적힌 포도 상자 그림 1개, [10 kg]이라고 적힌 포도 상자를 100개 실은 트럭 그림 1장

활동

① 포도 상자 그림을 보며, 포도 한 상자의 무게는 몇 kg인지 말한다.

② 이 포도 상자 10개의 무게는 몇 kg인지 말한다.

③ 이 포도 상자 100개의 무게는 몇 kg인지 말한다.

④ 이 포도 상자 100개의 무게를 편리하게 나타내려면 어떻게 하면 좋은지 생각해 본다.

⑤ kg보다 더 큰 무게의 단위로 1000 kg의 무게를 '1 t'이라 쓰고, '일 톤'이라고 읽는다.

배경

무게를 나타내는 새로운 단위로 t을 도입한다. 이미 배운 1 kg의 무게를 가법적으로 10배씩 늘여가면서 1000 kg이 되었을 때 1000 kg과 같은 무게를 나타내는 새로운 단위로 t을 도입한다. 1 t은 1 kg이 1000개인 무게로 4°C의 순수한 물 1 m^3의 무게와 같다.

관련 TU : TUAM-4230, TUAM-4420, TUAM-4530

TUAM-4420.10 1t=1000kg

관련 교육과정	(07) 5(다)2①
	(09) 56(다)2①

목표

1 t은 1000 kg임을 알 수 있다.

자료

1 t, 5 t, 5000 kg, 7500 kg, 8 t 등이 적힌 화물트럭 그림들

활동

① 1000 kg = 1 t임을 안다.

② 5000 kg이 적힌 화물트럭의 그림을 보면서 몇 t인지 말한다.

③ 1 t이 적힌 화물트럭의 그림을 보면서 몇 kg인지 말한다.

③ 그림에 적힌 무게를 kg은 t으로, t은 kg으로 바꿔본다.

배경

1 t의 무게에 대한 양감을 기르기 위하여 1 t짜리 트럭을 본 경험을 말해보게 하거나 1 t짜리 트럭의 사진을 보여주면서 몇 명의 어린이가 한꺼번에 들어 올려야 이 트럭을 옮길 수 있을까를 토의해보게 한다. 그 후, t의 무게를 점점 늘여가면서 양감을 기르게 하고, 그 무게를 kg으로 바꾸어 보게 한다.

관련 TU : TUAM-4410

TUAM-4510.10 부피의 비교

관련 교육과정	(07) 6(다)2②
	(09) 56(다)4②

목표

부피를 비교할 수 있다.

자료

서로 다른 직육면체 모양의 빵 2개, 서로 다른 직육면체 모양의 상자 3개, 우유팩 여러 개

활동

① 서로 다른 직육면체 모양의 빵 2개를 보고 어느 쪽 빵의 양이 더 많은지를 비교한다.

② 직육면체 모양의 큰 상자 속에 직육면체 모양의 작은 상자를 넣어본다.

③ 직육면체 모양의 상자 세 개에 각각 빈 우유팩을 넣어보고, 몇 개씩 들어가는지 기록한다.

④ 직육면체 모양의 세 상자는 각각 빈 우유팩의 몇 배인지를 생각하여 어느 쪽의 부피가 더 큰지를 말한다.

배경

부피는 물건을 보관하거나 저장하기 위하여 외부의 크기를 측정할 때 활용되고, 들이는 물건을 용기에 담기 위하여 내부의 크기를 측정할 때 활용된다. 부피나 들이를 계산하는 방법은 (가로) × (세로) × (높이)로서 서로 같을지 모르나 이들의 의미는 본질적으로 다르다. 즉, 부피는 외형으로 드러나는 양의 크기를 나타낸 것이고, 들이는 그릇의 내면에 담을 수 있는 양의 크기를 나타낸 것이다.

두 길이는 서로 대어 봄으로서 직접 비교가 가능하고, 두 넓이는 하나의 도형이 완전히 포함되면 직접 비교가 가능하다. 완전히 포함되지 않는다 하더라도 다른 방법으로 이용하여 직접 비교가 가능하다. 그러나 두 부피는 직접 비교가 불가능한 경우가 많다. 그러므로 두 부피의 비교는 직접 비교하지 않고 길이나 넓이의 비교를 유추하여 생각하여야 할 것이다. 따라서 빵의 양을 비교하여 임의의 단위의 필요성을 느끼고, 우유팩이라는 임의의 단위를 사용하여 상자의 부피를 유추하는 것이다. 물론 임의의 단위를 어떤 것으로 택하느냐에 따라 부피의 비교가 불가능한 경우가 있으므로 보편단위를 발견하여야 한다.

관련 TU : TUAM-0050, TUAM-4520

TUAM-4520.10 1cm^3

관련 교육과정	(07) 6(다)2②
	(09) 56(다)4②

목표

부피의 단위 1 cm^{3}를 이해할 수 있다.

자료

가로, 세로, 높이가 각각 1 cm인 쌓기 나무

활동

① 쌓기 나무를 가로와 세로로 각각 4줄과 3줄, 높이 5층으로 쌓는다.

② 직육면체 모양의 쌓기 나무는 모두 몇 개인지 세어 본다.

③ 입체도형의 부피를 나타내기 위하여, 한 모서리가 1 cm인 정육면체의 부피를 단위로 사용하는데, 이 정육면체의 부피를 '1 cm^3'라 하고, '일 세제곱센티미터'라고 읽는다.

배경

부피는 입체에 관련된 양이므로 기본단위로서 정육면체를 사용하는 것이 편리하다. 즉, 가로, 세로, 높이가 각각 1 cm인 정육면체의 매스큐브(masscube)를 사용한다. 이 때 이 정육면체의 부피를 1 cm^{3}라고 한다.

한 모서리가 1 cm인 정육면체이므로 부피는 다음과 같이 거듭제곱에 의하여 1 cm^{3}가 되는 것으로 생각할 수 있다. $1\ \text{cm} \times 1\ \text{cm} \times 1\ \text{cm} = 1\ \text{cm}^3$.

1 cm^{3}는 약속한 그대로 즉 한 모서리가 1 cm인 정육면체의 부피를 말한다.

관련 TU : TUAG-3110, TUAM-4510, TUAM-4530

TUAM-4530.10 1m^3

관련 교육과정	(07) 6(다)2②
	(09) 56(다)4②

목표

큰 부피의 단위인 1 m^{3}를 이해할 수 있다.

자료

1 m^3 모형(스폰지 또는 스티로폼)

활동

① 1 m 철사 12개를 이용하여 1 m^3 모형을 만들어 본다.

② 1 m^3 모형 속에 학생들이 몇 명 들어갈 수 있는지 직접 들어가 본다.

③ 이 상자의 가로/세로/높이는 각각 몇 m인지 자를 이용하여 재어본다.

④ 이 상자의 부피는 1 m^{3}임을 안다.

⑤ 큰 상자의 부피를 나타내기 위하여 한 모서리가 1 m인 정육면체의 부피를 단위로 사용하는데, 이 정육면체의 부피를 1 m^{3}라 쓰게 하고, '일 세제곱미터'라고 읽는다.

배경

큰 부피를 재기 위하여 보편단위 1 m^{3}를 도입한다. 이를테면, 수영장이나 우물의 물의 부피를 구하려고 할 때 1 cm^{3}의 매스큐브를 단위로 해서는 너무 많으므로, 한 모서리의 길이가 1 m인 정육면체를 단위로 하면 좋겠다는 것을 이해한다.

관련 TU : TUAM-4520, TUAM-4540

TUAM-4540.10 1m^3=1000000cm^3

관련 교육과정	(07) 6(다)[2]②
	(09) 56(다)[4]②

목표
부피의 단위 사이의 관계를 알 수 있다.

자료
가로, 세로, 높이가 각각 1 m인 상자

활동
① 한 모서리가 100 cm인 정육면체의 부피는 몇 cm^{3}인지 구한다.
② 한 모서리가 1 m인 정육면체의 부피는 몇 m^{3}인지 구한다.
③ 한 모서리가 100 cm인 정육면체의 부피와 한 모서리가 1 m인 정육면체의 부피를 비교한다.
④ 1 m^3 = 1000000 cm^{3}임을 안다.
⑤ 우리 교실의 부피를 잰다면 어떤 단위를 사용해야할지 생각하면서 큰 부피의 단위를 사용하는 경우를 발표한다.

배경
가로, 세로, 높이가 각각 1 m인 상자의 부피는 지금까지 공부했던 부피를 계산하는 방법을 이용하여, 다음과 같이 1 m 자리에 100 cm를 놓아 구하는 것을 생각하도록 한다.

$1(\text{m}) \times 1(\text{m}) \times 1(\text{m})$
$= 100(\text{cm}) \times 100(\text{cm}) \times 100(\text{cm})$
$= 1000000(\text{cm}^3)$

부피 단위 사이의 관계를 암기하기보다는 양감을 길러 주는 것이 중요하다. 상자를 만들어 들어가보거나 교실에 몇 개가 들어가는지 움직여보는 활동을 할 수 있다.
또한 큰 부피 단위의 필요성을 알기 위해 부피를 구하는 공식을 배운 후에, 직접 만든 상자 뼈대를 이용하여 교실의 부피를 재어볼 수 있다.

관련 TU : TUAM-4520, TUAM-4530

TUAM-4550.10 직육면체의 부피

관련 교육과정	(07) 6(다)[2]③
	(09) 56(다)[4]③

목표
직육면체의 부피를 이해하고, 이를 구할 수 있다.

자료
가로, 세로, 높이가 각각 1 cm인 쌓기 나무

활동
① 쌓기 나무를 직육면체 모양으로 쌓는다.
② 가로는 몇 cm인지 알아본다.
③ 세로는 몇 cm인지 알아본다.
④ 밑넓이는 몇 cm^{2}인지 구한다.
⑤ 높이는 몇 cm인지 알아본다.
⑥ 이 직육면체의 부피를 구하는 방법을 찾는다.
(밑넓이) × (높이) = (가로) × (세로) × (높이)

배경
쌓기 나무로 쌓은 직육면체의 부피를 알아보기 위하여 일반적으로 다음과 같은 순서로 활동을 하게 한다.
첫째, 쌓기 나무로 주어진 직육면체의 모양과 같게 쌓는다.
둘째, 쌓은 쌓기 나무의 한 층에는 쌓기 나무가 몇 개 있는지 알기 위하여 가로와 세로의 줄을 생각한다.
셋째, 쌓은 쌓기 나무의 전체 개수를 알기 위하여 몇 층인지를 알아야 하므로, 높이의 층을 생각한다.
넷째, 쌓기 나무의 개수를 이용하여 직육면체의 부피를 생각하게 한다.

관련 TU : TUAG-3110, TUAM-4510, TUAM-4520

TUAM-4560.10 정육면체의 부피

관련 교육과정	(07) 6(다)[2]③
	(09) 56(다)[4]③

목표

정육면체의 부피를 이해하고, 이를 구할 수 있다.

자료

쌓기 나무

활동

① 쌓기 나무를 정육면체 모양으로 쌓는다.
② 가로는 몇 cm인지 알아본다.
③ 세로는 몇 cm인지 알아본다.
④ 밑넓이는 몇 cm^2인지 구한다.
⑤ 높이는 몇 cm인지 알아본다.
⑥ 이 정육면체의 부피를 구하는 방법을 찾는다.
(밑넓이) × (높이)
= (가로) × (세로) × (높이)
= (한 변의 길이) × (한 변의 길이) × (한 변의 길이)

배경

정육면체를 직육면체로 볼 수 있기 때문에, 정육면체의 부피를 두 가지 방법, 즉 정육면체와 직육면체의 부피를 구하는 방법으로 각각 구하여 보게 한다.

관련 TU : TUAM-4550, TUAG-3110

TUAM-4570.10 원기둥의 부피

관련 교육과정	(07) 6(다)[3]①
	(09) 56(다)[4]③

목표

원기둥의 부피를 구하는 방법을 이해하고, 이를 구할 수 있다.

자료

원기둥 모양으로 다듬은 당근이나 오이 또는 호박, 칼, 컴퓨터 프로그램

활동

① 원기둥 모양의 물체를 8등분하여 삼각기둥과 비슷한 모양으로 분할한다.
② 잘라 낸 조각을 서로 엇갈리게 붙여서 각기둥이 되도록 한다.
③ 16등분으로 자르면 입체가 어떤 모양에 가까워지겠는지 말한다.
④ 32등분으로 자르면 입체가 어떤 모양에 가까워지겠는지 말한다.
⑤ 컴퓨터 프로그램으로 원기둥을 아주 잘게 잘라서 이어 붙이면 입체는 점점 직육면체에 가까워짐을 안다.
⑥ (원기둥의 부피) = (원기둥의 한 밑면의 넓이) × (높이)임을 안다.

배경

초등수학에서의 원기둥은 직원기둥을 대상으로 하므로 원기둥의 높이는 모선이 된다. 원은 다각형으로도 접근할 수 있으므로 원기둥의 부피는 각기둥의 부피 공식을 귀납적으로 적용하여 구한다.
원기둥의 부피를 구하기 위해서는 반드시 조작 활동이 필요하다. 당근과 오이 같은 야채를 이용할 수 있으며, 보육사에서 판매하는 백업을 이용하면 힘을 들이지 않고 조각을 낼 수 있으며 접착제를 이용하여 직접 엇갈리게 붙일 수도 있다. 원기둥이 직육면체로 변하는 과정을 보면 그 과정을 인상적으로 기억하게 되어 부피 구하는 공식도 쉽게 이해할 수 있다.

관련 TU : TUAM-3360, TUAM-4550

TUAM-4610.10 부피와 들이 사이의 관계

관련 교육과정	(07) 6(다)2④
	(09) -

목표

부피와 들이 단위 사이의 관계를 이해할 수 있다.

자료

내부의 가로, 세로, 높이가 각각 10 cm인 용기, 부피가 1 cm^3인 쌓기 나무, 물, 비커

활동

① 용기 속에 쌓기 나무를 담는다.
② 쌓기 나무가 가로, 세로, 높이로 각각 몇 개씩 들어갔는지 확인한다.
③ 이 용기의 부피는 몇 cm^3인지 구한다.
④ 용기 속에 물을 가득 부은 후, 그 양을 확인한다.
⑤ 용기 속에 가득 부은 물의 양이 얼마인지 측정한다.
⑥ 1 L의 들이의 양은 1000 cm^3의 물의 부피와 같음을 안다.
⑦ 물건의 들이를 나타내기 위하여 안치수의 가로, 세로, 높이가 각각 10 cm인 단위를 사용하는데, 이 그릇의 들이를 '1 L'라 쓰게 하고, '일 리터'라고 읽는다.

배경

모양이 매우 다른 경우에는 시각적으로 부피의 대소를 비교할 수 없다. 이러한 경우에는 용기의 액량을 이용하여 수면의 변화를 관찰함으로써 비교할 수 있다. 또, 액체나 분말(가루)의 부피는 용기를 이용하여 측정한다. 따라서 부피와 들이는 밀접한 관련이 있다.

관련 TU : TUAM-0050, TUAM-4510, TUAG-3110, TUAM-4030, TUAM-4520, TUAM-4620

TUAM-4620.10 부피의 개념을 이용하여 들이 어림하기

관련 교육과정	(07) 6(다)2④
	(09) -

목표

여러 가지 방법으로 사용하여 들이를 어림할 수 있다.

자료

직육면체 모양의 우산꽂이, 원기둥 모양의 국통, 아래가 더 좁은 쓰레기통, 허리가 들어간 모양의 화분, 물, 컵 등

활동

① 어떤 방법으로 들이를 구할 수 있는지 다양한 방법을 찾아낸다.
② 눈짐작으로 어림값을 써본다.
③ 1 L, 2 L 들이의 우유병이나 페트병을 이용하여 물을 담아 직접 부어 본다.
④ 높이를 재어보고, 그 길이에 따라 cm^3를 mL로 바꾸어본다.
⑤ 부피 공식을 이용하여 각 부분의 길이를 어림한 후 어림한 값을 부피의 단위로 나타낸다.
⑥ 들이의 어림값을 구하려면 어떤 방법을 사용하는 것이 편리한지 토의한다.

배경

실제 생활에서는 부피 공식을 적용하여 정확하게 들이를 구해야하는 경우가 드물다. 또한 주변 사물들은 직육면체나 원기둥처럼 정형화된 모양보다 비정형화된 모양이 많으므로, 어림이 필요하다.

정형화된 모양의 들이를 어림할 때는 직육면체의 부피 구하는 공식과 높이를 이용하여 확대하여 생각하는 방법을 많이 사용하며, 비정형화된 모양의 들이를 어림할 때는 기준 척도를 사용하는 방법이 많이 사용되며 어림값에 가깝다.

관련 TU : TUAM-4610

TUAM-5010.10 각의 크기

관련 교육과정	(07) 4(다)1①
	(09) 34(다)5①

목표

여러 가지 모양의 각을 만들고 각의 크기를 이해할 수 있다.

자료

색도화지, 풀, 가위, 투명 종이, 자, 그림(부채모양 만드는 방법)

활동

(1) 색도화지로 부채모양을 만들어 보시오. (직접 만드는 활동)

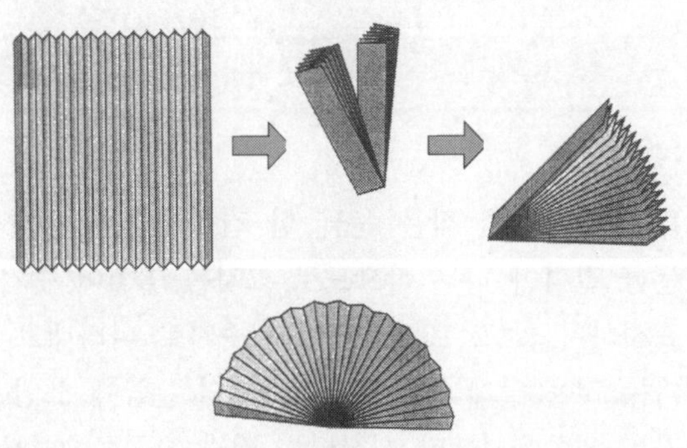

제시된 방법으로 부채 모양을 만들게 한다. 만든 부채를 벌렸다 오므리면서 각의 크기가 어떻게 달라지는지를 알아보게 한다.

(2) 두 각의 크기를 비교하시오. (직접 비교하는 활동)

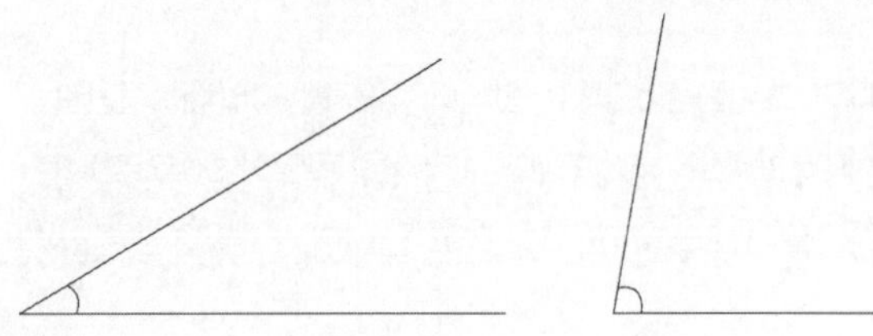

두 각의 크기를 직관적으로 비교하게 하고, 그것을 확인하는 과정으로서 투명종이로 한 각의 본을 떠서 다른 각에 겹쳐 보게 한다.

배경

학생들은 일상생활에서 각을 접할 기회가 많이 있음에도 불구하고 각에 대해 잘 인식하지 못하고 있다. 부채를 펼치면서 각의 크기를 비교하게 하고, 각의 크고 작음을 두 변의 벌어진 정도로 구분할 수 있다는 것을 알게 한다. 각의 크기에 대한 개념이 분명하지 않은 즉, 변의 길이가 길면 각의 크기도 크다고 생각하는 학생에게는 투명종이를 이용하여 실제로 본떠서 겹쳐 보는 활동으로 각의 크기를 비교하게 하여 각의 크기는 그려진 변의 길이와 관계없이 두 변의 벌어진 정도에 따라 다르다는 것을 알게 한다.

관련 TU : TUAG-0310, TUAM-5020

TUAM-5020.10 1도(°) 단위

관련 교육과정	(07) 4(다)1①
	(09) 34(다)5①

목표

각도의 단위를 이해할 수 있다.

자료

모형시계, 각도기

활동

(1) 모형시계가 3시를 가리킬 때의 각의 크기를 어떻게 알 수 있는지 생각하여 보시오.

모형시계가 3시를 가리킬 때의 각의 크기를 직관적

으로 판단하게 하고 시계를 움직이며 직각보다 클 때와 작을 때의 각의 크기를 알 수 있는 방법을 생각하게 한다.

(2) 각도

각의 크기를 각도라고 합니다. 각도를 나타내는 단위는 1직각과 1도가 있습니다. 1직각을 똑같이 90으로 나눈 하나를 1도라 하고, 1° 라고 씁니다.

배경

이미 학습한 직각을 그림으로 보여주면서, 모형 시계가 정확히 3시를 가리킬 때의 각의 크기를 학생 3~4명에게 직관적으로 판단하여 직각과 관련지어 큰지 작은지를 말하게 한다. 학생들이 각의 크기를 다르게 말한 것을 이용하여 각도를 정확하게 알기 위해서는 어떻게 해야 하는지 말하게 한다. 이런 활동을 통해서 길이를 재는 자와 같이 각의 크기를 재는 측정도구가 필요하다는 것을 알게 하고 그러한 측정도구가 각도기임을 설명한다.

관련 TU : TUAG-0340, TUAM-5010, TUAM-5030

TUAM-5030.10 각도기

관련 교육과정	(07) 4(다)1①
	(09) 34(다)5①

목표

각도기의 구조를 알고, 각도를 재어 읽을 수 있다.

자료

각도기, 실물화상기, 그림 카드(각도기로 각도를 잰 그림)

활동

(1) 각도기를 관찰하여 봅시다.
(각도기를 실물화상기로 제시하고 그 구조를 파악하게 한다.)

(2) 각도를 읽어 보시오.

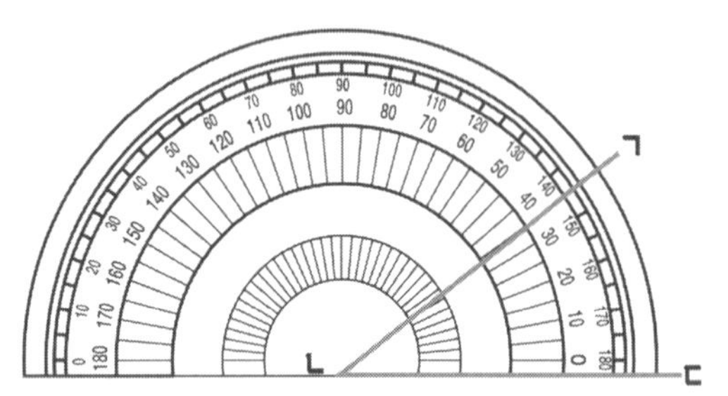

배경

1°는 각도기의 작은 눈금 한 칸을 나타내며 1°의 눈금 간격이 너무 작으므로 그것을 일일이 숫자로 표시하지 않고, 10°씩 뛰어서 숫자로 나타내고 있다는 것을 알게 한다. 또 각도기의 눈금에 쓰인 숫자는 왼쪽에서부터 시작되는 것과 오른쪽에서부터 시작되는 것 두 가지가 있음을 확인하고 그 이유를 **활동 (2)**을 통하여 설명하게 한다. 각도를 읽을 때에는 각의 기선이 오른쪽에 있으면 오른쪽에서 왼쪽으로 매긴 숫자, 즉 아래의 숫자를 읽고 각의 기선이 왼쪽에 있으면 왼쪽에서 오른쪽으로 매긴 숫자, 즉 위의 숫자를 읽는다는 것을 알고 읽게 한다. 각도를 읽는 활동은 각도를 재는 활동과 각도를 그리는 활동의 밑바탕이 되므로 충분히 익히게 한다.

관련 TU : TUAM-5020, TUAM-5040

TUAM-5040.10 각도기를 이용하여 각을 측정하기

관련 교육과정	(07) 4(다)1①
	(09) 34(다)5③

목표

각도기의 사용법을 알고, 주어진 각의 크기를 잴 수 있다.

자료

각도기, 실물화상기

활동

(1) 각도기를 이용하여 각도를 재어 보시오. (제시된 순서에 따라 해보는 활동)

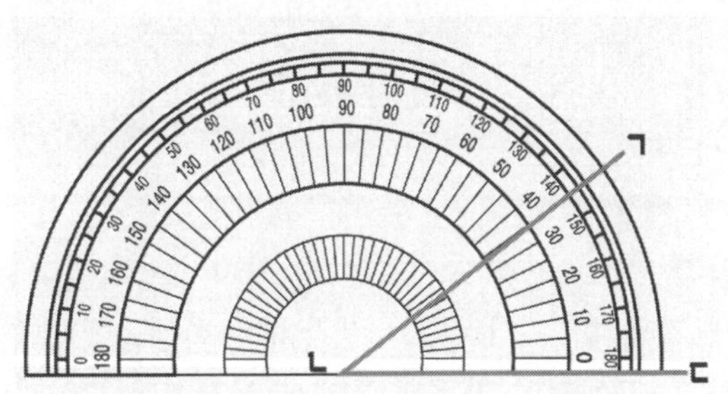

① 각의 꼭짓점에 각도기의 중심을 맞춥니다.
② 각도기의 밑금을 한 변에 맞춥니다.
③ 다른 한 변이 닿은 눈금을 읽습니다.
④ 주어진 각의 각도는 얼마입니까?

각도기를 이용하여 제시한 순서에 의해서 각도를 재는 활동을 하게 한다.

(2) 각의 크기를 각도기로 재어 보시오.

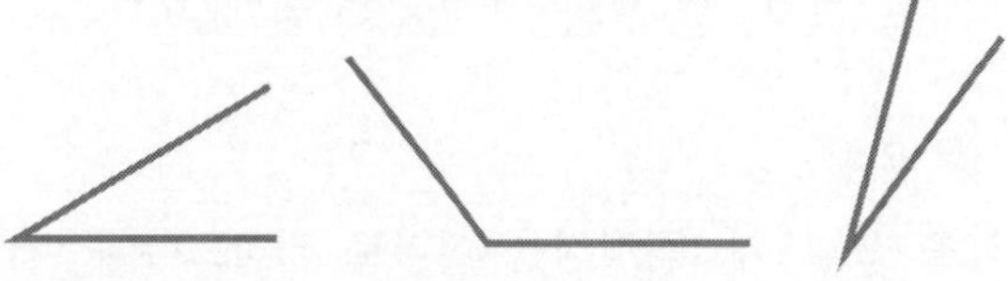

앞의 활동에서 한 순서를 생각하면서 각도를 재는 활동이다.

배경

각도를 재어 보는 활동에서 기선을 어느 변으로 하느냐에 따라서 각도기의 방향이 달라지고, 각도기가 놓이는 방향에 따라 눈금을 읽기가 쉬울 수도 어려울 수도 있음을 알게 한다. 또 각의 변이 짧게 그려져 각도기의 눈금에 미치지 못한 경우를 제시하여 변의 길이를 길게 연장하여 그려도 각도는 변하지 않음을 상기 시킨 후, 변의 길이를 길게 하여 각도를 잰다는 것을 알게 한다.

관련 TU : TUAM-5030, TUAM-5050

TUAM-5050.10 각도가 주어진 각 그리기

관련 교육과정	(07) 4(다)1②
	(09) 34(다)5②

목표

각도기를 사용하여 주어진 크기의 각을 그릴 수 있다.

자료

각도기

활동

(1) 각도기를 이용하여 45°인 각을 다음과 같은 방법으로 그려 보시오

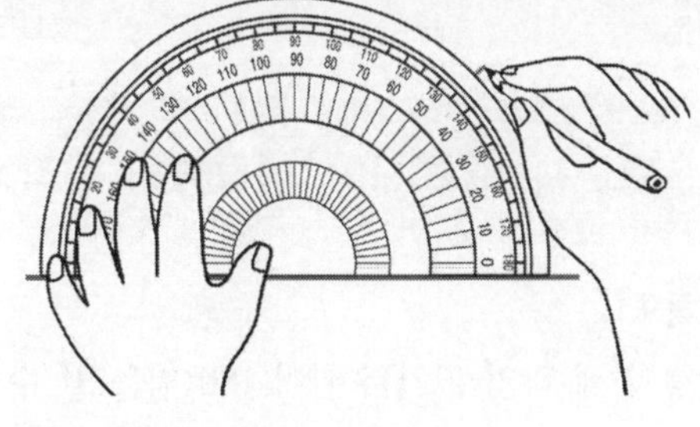

① 각의 한 변 ㄱㄴ을 긋습니다.
② 각도기의 중심을 각의 꼭짓점이 될 점 ㄱ에 맞추고, 각도기의 밑금을 변 ㄱㄴ에 맞춥니다.
③ 각도기에서 45°가 되는 눈금 위에 점 ㄷ을 찍습니다.

④ 점 ㄱ과 점 ㄷ을 이어 각의 다른 한 변 ㄱㄷ을 긋습니다.

각도기를 이용하여 제시한 순서에 의해서 각도를 그리는 활동이다.

(2) 주어진 각도와 크기가 같은 각을 그려 보시오. (직접 해보는 활동)

주어진 각의 크기를 실제로 그려 보게 한다.

배경

각을 그릴 때, 꼭짓점을 어디로 정하느냐에 따라 각의 방향이 달라진다는 것을 알게 한다. 처음에는 기선과 각도를 주고 각도를 그리는 활동을 한 후, 기선을 주지 않고 각도만을 주는 상황을 제시하고 그리게 하여, 공간의 형편을 고려하여 위치와 방향을 선택할 수 있는 능력을 기르게 한다. 또 각도를 10° 단위, 5° 단위, 1° 단위의 순으로 제시하여 점차 세밀한 각도의 각을 그리게 한다.

관련 TU : TUAM-5040

TUAM-5110.10 삼각형의 내각의 합(각도기)

관련 교육과정	(07) 4(다)1③
	(09) 34(다)5④

목표

삼각형의 세 각의 크기의 합이 180°임을 알 수 있다.

자료

각도기

활동

삼각형의 세 각의 크기의 합을 각도기로 재어 알아보시오.

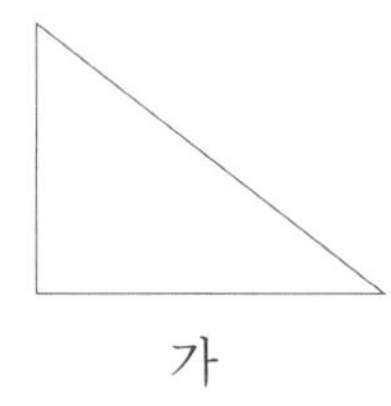

가

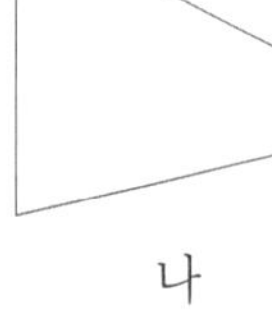

나

배경

삼각형의 모양과 크기가 여러 가지이므로 삼각형의 세 각의 합도 다르다고 생각하는 학생들에게 다양하고, 구체적인 활동을 통해서 삼각형의 모양과 크기가 다르더라도 모든 삼각형의 세 각의 합은 180°임을 알게 한다. 이전 학습에서 각도기로 각의 크기를 재어 본 활동을 기반으로 이루어진다. 각도기로 각도를 재어보는 활동에서 각도기 사용을 잘못하여 오차가 생길 수 있으므로 각도기를 잘 사용할 수 있도록 유의시킨다.

관련 TU : TUAM-5040, TUAM-5120

TUAM-5120.10 삼각형의 내각의 합(종이자르기)

관련 교육과정	(07) 4(다)1③
	(09) 34(다)5④

목표

삼각형의 세 각의 크기의 합이 180°임을 알 수 있다.

자료

삼각형 모양의 종이, 가위

활동

삼각형의 세 각의 크기의 합을 종이를 잘라 알아보시오.

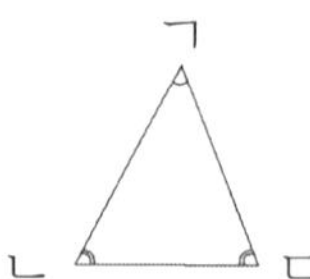

⇨

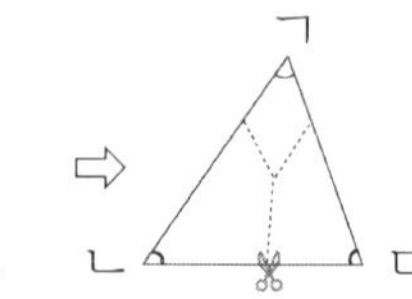

⇨

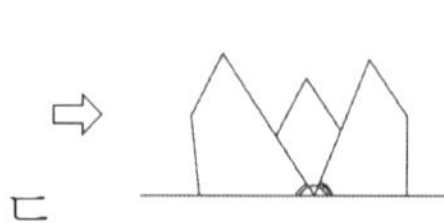

배경

삼각형의 세 각을 오려낸 후 이들을 모아서 180°임을 직관적으로 알 수 있다. 이 외의 방법으로도 삼각형의 세 각의 크기의 합이 180°임을 직관적으로 확인할 수 있게 한다. 삼각형을 오리지 않고 접는 방법으로 세 각의 크기의 합이 180°임을 확인할 수도 있다.

관련 TU : TUAM-5110, TUAM-5130

TUAM-5130.10 삼각형의 내각의 합(종이접기)

관련 교육과정	(07) 4(다)1③
	(09) 34(다)5④

목표

삼각형의 세 각의 크기의 합이 180°임을 알 수 있다.

자료

삼각형이 그려진 종이

활동

삼각형의 세 각의 크기의 합을 종이를 접어 알아보시오.

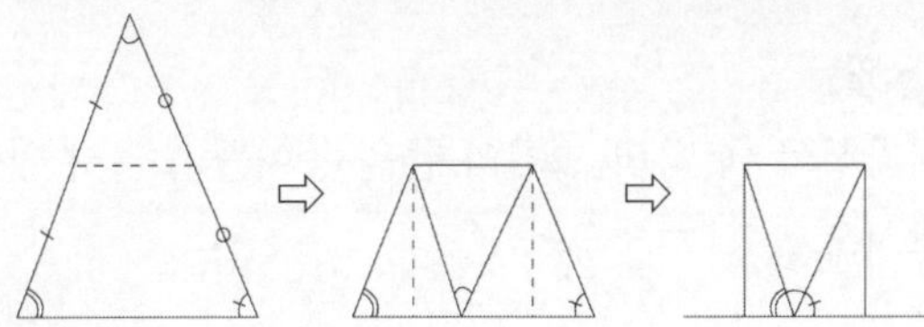

배경

삼각형의 세 각을 오리지 않고 세 각을 접어서 180°임을 직관적으로 알 수 있게 한다. 이 외의 방법으로도 삼각형의 세 각의 크기의 합이 180°임을 직관적으로 확인할 수 있게 한다.

관련 TU : TUAM-5120, TUAM-5160

TUAM-5140.10 사각형의 내각의 합(각도기)

관련 교육과정	(07) 4(다)1③
	(09) 34(다)5④

목표

사각형의 네 각의 크기의 합이 360°임을 알 수 있다.

자료

각도기, 자

활동

(1) 사각형의 네 각의 크기의 합을 각도기로 재어 알아보시오.

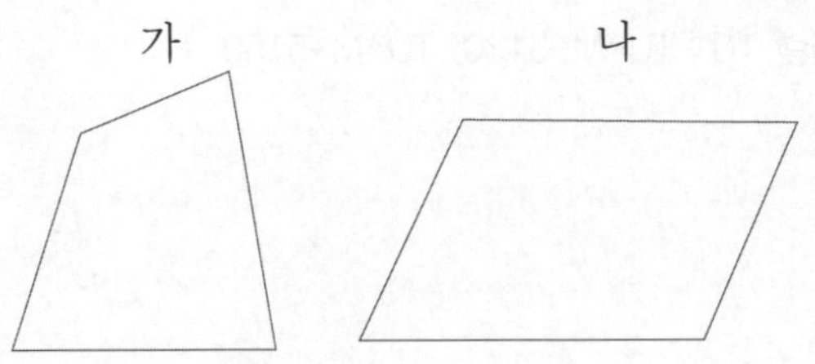

(2) 사각형을 직접 그려보고, 그린 사각형의 네 각의 크기의 합을 알아보시오.

배경

삼각형과 마찬가지로 사각형도 모양과 크기가 여러 가지이므로 사각형의 네 각의 합도 다르다고 생각하는 학생들에게 다양하고 구체적인 활동을 통해서, 사각형의 모양과 크기가 다르더라도 모든 사각형의 네 각의 크기의 합은 360°임을 알게 한다. 먼저 각도가 주어진 사각형의 네 각의 크기를 각도기로 재어 네 각의 크기를 더하게 한다.

관련 TU : TUAM-5040, TUAM-5150

TUAM-5150.10 사각형의 내각의 합(종이자르기)

관련 교육과정	(07) 4(다)[1]③
	(09) 34(다)[5]④

목표
사각형의 네 각의 크기의 합이 360°임을 알 수 있다.

자료
사각형이 그려진 종이, 가위

활동
사각형의 네 각의 크기의 합을 종이를 오려서 알아보시오.

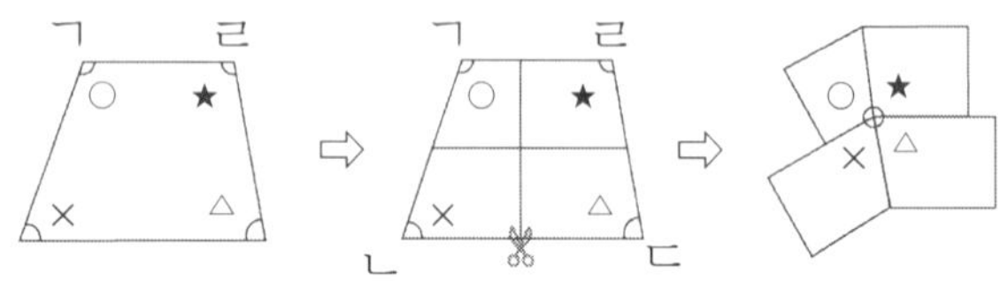

배경
직관적으로 사각형의 네 각의 크기의 합이 360°임을 알게 한다. 직관적으로 사각형의 내각의 크기의 합이 360°임을 알게 한 후, 삼각형의 세 각의 합이 180°라는 것을 이용하여 사각형의 네 각의 크기의 합을 알아보는 방법이 있는지 생각해보게 한다.

관련 TU : TUAM-5140, TUAM-5160

TUAM-5160.10 사각형의 내각의 합 (삼각형으로 분할)

관련 교육과정	(07) 4(다)[1]③
	(09) 34(다)[5]④

목표
사각형의 네 각의 크기의 합이 360°임을 알 수 있다.

자료
사각형이 그려진 종이

활동
사각형의 네 각의 크기의 합을 삼각형을 이용하여 알아보시오.
삼각형을 이용하여 사각형 내각의 합을 구하는 과정

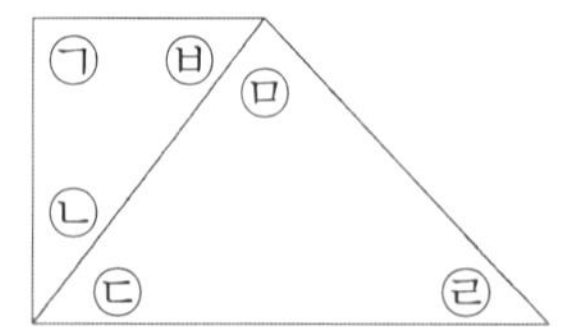

(사각형의 네 각의 크기의 합)
= ㉠ + (㉡ + ㉢) + ㉣ + (㉤ + ㉥)
= (㉠ + ㉡ + ㉥) + (㉤ + ㉢ + ㉣)
= (삼각형의 세 각의 합) × 2
= 180° × 2
= 360°

배경
사각형의 내각의 크기의 합이 360°임을 알게 한 후, 삼각형의 세 각의 합이 180°라는 것을 이용하여 사각형의 네 각의 크기의 합을 알아보는 방법이 있는지 생각해보게 한다. 발전적으로 오각형, 육각형 등의 다각형에 대해서도 이러한 추론이 가능함을 알려주어도 좋다.

관련 TU : TUAM-5130, TUAM-5150

규칙성

TU일람표

ID	TU 번호	TU 제목	관련 교육과정	
			07개정	09개정
1	TUPT-0010.10	규칙찾기(신체활동)	(07) 1(마)[1]①	(09) 12(라)[1]①
2	TUPT-0020.10	규칙 찾기(물체의 배열)	(07) 1(마)[1]①	(09) 12(라)[1]①
3	TUPT-0030.10	규칙 찾기(수의 배열)	(07) 1(마)[1]①	(09) 12(라)[1]①
4	TUPT-0040.10	규칙을 정해서 배열하기	(07) 1(마)[1]②	(09) 12(라)[1]②
5	TUPT-0050.10	규칙 찾기(100까지의 수 배열표)	(07) 1(마)[1]③	(09) 12(라)[1]①
6	TUPT-0110.10	반복 규칙성	(07) 2(마)[1]①	(09) 12(라)[1]①
7	TUPT-0120.10	증가 규칙성	(07) 2(마)[1]①	(09) 12(라)[1]①
8	TUPT-0130.10	다양한 변화 규칙 찾고 설명하기	(07) 2(마)[1]①	(09) 12(라)[1]①
9	TUPT-0210.10	규칙 찾기(수 배열)	(07) 2(마)[1]②	(09) 12(라)[1]①
10	TUPT-0220.10	규칙 찾기(수 배열표)	(07) 2(마)[1]②	(09) 12(라)[1]①
11	TUPT-0230.10	규칙 찾기(곱셈표)	(07) 2(마)[1]③	(09) 12(가)[3]②
12	TUPT-0310.10	무늬 꾸미기(밀기)	(07) 3(마)[1]①	(09) 34(나)[2]②
13	TUPT-0320.10	무늬 꾸미기(뒤집기)	(07) 3(마)[1]①	(09) 34(나)[2]②
14	TUPT-0330.10	무늬 꾸미기(돌리기)	(07) 3(마)[1]①	(09) 34(나)[2]②
15	TUPT-0340.10	여러 가지 무늬 꾸미기	(07) 3(마)[1]①	(09) 34(나)[2]②
16	TUPT-0350.10	무늬 만들기(밀기)	(07) 4(마)[2]①	(09) 34(나)[2]②
17	TUPT-0360.10	무늬 만들기(뒤집기)	(07) 4(마)[2]①	(09) 34(나)[2]②
18	TUPT-0370.10	무늬 만들기(돌리기)	(07) 4(마)[2]①	(09) 34(나)[2]②
19	TUPT-0380.10	무늬 만들기(밀기, 뒤집기, 돌리기)	(07) 4(마)[2]①	(09) 34(나)[2]②
20	TUPT-0410.10	규칙을 수로 나타내기	(07) 4(마)[1]①	(09) 34(라)[1]①
21	TUPT-0420.10	규칙 찾기(놀이 활동)	(07) 4(마)[1]②	(09) 34(라)[2]①
22	TUPT-0430.10	규칙을 표현하기	(07) 4(마)[1]②	(09) 34(라)[1]②
23	TUPT-2010.10	대응표에서 규칙 찾기	(07) 4(마)[3]①	(09) 34(라)[2]②
24	TUPT-2020.10	두 양 사이의 대응 관계(□, △를 사용한 식)	(07) 4(마)[3]①	(09) 34(라)[2]②

TUPT-0010.10 규칙찾기(신체활동)

관련 교육과정	(07) 1(마)①①
	(09) 12(라)①①

목표

신체활동을 통해 규칙을 찾고 배열할 수 있다.

자료

리듬합주용 악기(큰 북, 작은 북, 트라이앵글, 캐스터네츠 등), 색깔 스티커, 바둑돌, 학용품(연필, 지우개, 필통 등)

활동

(1) 2/4박자 노래 부르며 리듬치기를 하시오.

- 2/4박자 '햇볕은 쨍쨍' 노래를 발 구르기와 손뼉으로 2박자 리듬치기를 하며 불러보게 한다.

> 햇볕은 쨍쨍 모래 알은 반짝
> ○ × ○ × ○ × ○ ×……

(2) 다양한 방법으로 2박자 리듬치기를 하시오.

- 리듬에 어떠한 규칙이 있는지 찾아보게 한 다음, 학생들이 가지고 있는 악기를 사용하여 다양한 방법으로 2박자 리듬을 치게 한 후, 어떠한 규칙으로 리듬치기를 하였는지 설명하게 한다.
- 2박자 리듬치기를 확장하여 다양한 리듬을 만들어 본다.

> 햇볕은 쨍쨍 모래 알은 반짝
> ○ ○ × × ○ ○ × × ……
> ○ ○ ○ ○ × × × × ……
> ○ × × ○ × × ……

(3) 여러 가지 방법으로 규칙 표현하시오.

- 학생들이 악기로 나타내었던 규칙을 색깔 스티커, 바둑돌, 학용품, 자신의 신체 등을 이용하여 똑같은 규칙을 여러 가지 방법으로 나타내어 보도록 한다.

> 햇볕은 쨍쨍 모래 알은 반짝
> ● ○ ● ○ ● ○ ● ○ ……
> 뛰기손뼉 손뼉 뛰기손뼉 손뼉……
> 왼쪽 4발자국 걷기 오른쪽 4발자국 걷기……

배경

규칙성을 인식하고 사용하는 능력은 수학의 기초이기 때문에 규칙성과 관계에 초점을 둔 활동은 저학년 때부터 시작되어야 하고 모든 학년에서 계속되어야 한다. 처음에는 신체활동, 소리, 규칙적인 색칠 등의 활동을 통하여 반복규칙을 인식한다. 음악에서 리듬치기 또는 노랫말, 놀이에서 손뼉 치기 및 규칙에 따라 움직이기, 미술에서 색칠하기 등은 규칙에 대해 명확하게 이해하고 인식하는 데 좋은 자료가 될 수 있다.

관련 TU : TUPT-0020

TUPT-0020.10 규칙 찾기(물체의 배열)

관련 교육과정	(07) 1(마)[1]①
	(09) 12(라)[1]①

목표

물체나 무늬의 배열에서 규칙을 찾고 배열할 수 있다.

자료

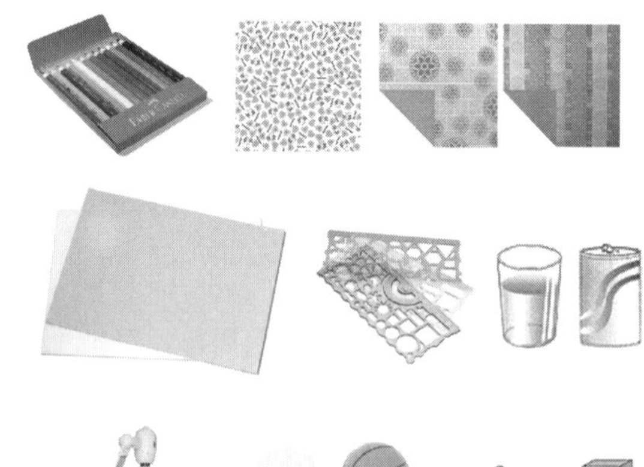

활동

(1) 무늬의 규칙을 찾아보시오.

▸ 학생들에게 포장지를 관찰하고 난 후 느낌을 이야기하게 한다.

▸ 학생들에게 포장지를 자세히 관찰하게 한 뒤 발견한 점을 이야기하게 한다.

(2) 규칙을 찾아 빈칸에 놓여야 할 물건을 찾아보시오.

▸ 여러 가지 모양(상자 모양, 둥근 기둥 모양, 공 모양)을 일정한 규칙에 따라 배열한 후 빈 칸에 어떤 모양을 놓아야 하는지 생각하게 하고, 왜 그와 같이 생각했는지 말해보게 한다.

(3) 도화지에 규칙이 있는 무늬 만들기

▸ 학생들은 자신이 만든 무늬를 이용하여 일정한 규칙을 가진 포장지를 만들어 본다.

▸ 실물화상기를 이용하여, 자신이 만든 포장지를 친구들에게 보여주면서 서로 의견을 교환한다.

배경

포장지는 생활에서 쉽게 접하는 것으로, 포장지를 통해 학생들은 '모양'이 일정한 규칙을 가지고 무늬를 만들어 내는 현상을 관찰할 수 있다. 이러한 무늬의 규칙은 일정한 도형이 반복해 있는 아름다움을 감상하는 일 이외에도 수의 계열을 구성하는 일과도 관련이 있는 수학적으로 중요한 의미를 가지는 활동이라 할 수 있다.

여러 가지 모양의 물건을 늘어놓은 배열에서 규칙을 찾고 그 이유를 밝히는 활동은 학생들의 논리적인 사고력을 기르도록 하는 중요한 과정이다.

관련 TU : TUPT-0010, TUPT-0030

TUPT-0030.10 규칙 찾기(수의 배열)

관련 교육과정	(07) 1(마)[1]①
	(09) 12(라)[1]①

목표

수의 배열에서 규칙을 찾고 배열할 수 있다.

자료

1~10까지의 숫자카드, 스티커, 영상자료(실물화상기)

활동

(1) 수의 규칙을 찾아보시오.

▸ 학생들에게 [1−3−5−7−9]의 수의 배열을 관찰하고 난 후 느낌을 이야기하게 한다.

▸ 그 만큼 숫자의 아래에 스티커를 세로로 붙이도록 한 다음, 스티커의 길이를 보고 어떠한 규칙이 있는지 이야기하게 한다.

(2) 규칙을 찾아 빈칸에 놓여야 할 수를 찾아보시오.

▸ [1−1−3−1−1−3−1−1−□−…… 보고, 빈 칸에 어떤 수를 놓아야 하는지 생각하게 하고, 왜 그와 같이 생각했는지 말해보게 한다. (실물화상

기를 이용하여, 자신이 해결한 학습지를 친구들에게 보여주면서 서로 의견을 교환한다.)

배경

규칙성 찾기는 수, 모양, 움직임, 행동 등의 추상적인 규칙을 탐구하여 이를 수학적으로 나타낼 수 있어야 한다. 또한 규칙에서 사용하는 도구에는 신체, 구체물, 그림, 기호, 수 등이 다양하게 이용되어야 하며, 이들을 고루 경험할 수 있도록 해야 한다. 따라서 숫자 아래 스티커를 붙여 수의 규칙을 시각화하도록 한다.

관련 TU : TUPT-0020, TUPT-0040, TUPT-0050

TUPT-0040.10 규칙을 정해서 배열하기

관련 교육과정	(07) 1(마)①②
	(09) 12(라)①②

목표

자신이 정한 규칙에 따라 물체, 무늬, 수 등을 배열할 수 있다.

자료

색깔 스티커, 격자무늬 학습지, 바둑돌, 학용품(연필, 지우개, 필통 등), 1~9까지 숫자카드, 실물화상기

활동

(1) 자신이 정한 규칙에 따라 색깔 스티커를 붙이시오.

▸ 실제 격자무늬 학습지에 자신이 정한 규칙으로 색깔 스티커를 붙이도록 한다.

▸ 자신의 격자무늬 학습지에 어떠한 규칙으로 색깔 스티커를 붙일 것인지 말해보게 한다. (실물화상기를 이용하여 자신의 규칙을 친구에게 소개하기)

(2) 자신이 정한 규칙에 따라 물체를 배열해 보시오. (구체물을 이용한 활동)

▸ 책상에 자신이 가진 학용품(연필, 지우개, 색연필 등)을 이용하여 규칙에 따라 배열한다.

▸ 짝꿍은 친구가 배열한 물체에 숫자를 적어보고 어떤 규칙에 의해 배열되었는지를 설명한다.

▸ 짝 활동을 끝낸 후 전체 활동을 통해 자신의 규칙을 소개한 후 어떤 배열로 되었는지 친구들과 같이 알아본다.

배경

수학은 모든 종류의 규칙성을 이해하고자 하는 탐구과학이다. 수학적으로 성장하려면, 학생들은 생활 속에서 다양하고 풍부한 규칙성에 노출되어야 하며, 그것을 통해서 그들은 다양성, 규칙성 및 상호관련성을 발견할 수 있게 하여야 한다. 특히 규칙성을 인식하고, 기술하는 데서 스스로 규칙을 창조하는 것은 학생이 수학의 많은 아이디어들을 연결하는 데 도움을 주며 수학을 다양하게 사용할 수 있는 방법을 제공한다.

관련 TU : TUPT-0030, TUPT-0110

TUPT-0050.10 규칙 찾기(100까지의 수 배열표)

관련 교육과정	(07) 1(마)1③
	(09) 12(라)1①

목표

100까지의 수 배열표에서 수의 규칙 찾을 수 있다.

자료

100까지의 수 배열표, 빈칸이 들어간 100까지의 수 배열표, 색연필

활동

(1) 규칙을 찾아보시오.(영상자료를 이용한 활동)

▶100까지의 수 배열표를 영상자료를 이용하여 보여주고, 각 학생들에게도 100까지의 수 배열표를 1장씩 나누어 준다.

▶교사가 제시하는 숫자에 반구체물을 올려놓거나 색칠 또는 스티커를 붙이게 한 다음 ■에 숨겨진 것은 무엇이며, ■ 다음의 수, ■ 앞의 수를 묻는다.

▶임의의 수 위에 ●를 올려놓고, ●에서 시작하여 앞으로 다섯, 뒤로 다섯을 세어보게 한다.

▶임의의 수에 ●를 올려놓은 것을 여러 경우를 정리한 것을 제시하고 어떤 규칙이 있는지 설명하게 한다.

(2) 물음에 답하시오.(영상자료를 이용한 활동)

▶수열표 중 규칙을 정해 다양한 숫자를 덮어놓고 학생들에게 무엇이 숨겨져 있는지 물어본다. (다양한 동물 그림으로 수 배열표를 덮어놓음)

▶덮어놓아 보이지 않는 숫자를 어떻게 알 수 있었는지 이야기하게 한다.

(3) 색을 칠하시오.

▶100까지의 수 배열표에서 새로 발견한 규칙이 무엇인지 그 숫자를 색칠하여 보고(6개), 그 규칙에 따라 나머지 수를 옆 짝꿍이 나머지를 색칠하여 본다.

배경

1~100까지 수가 계열에 맞게 쓰여 있는 수 배열판에서 가로줄의 규칙은 일의 자리의 수가 1씩 커지는 규칙이 있고, 세로줄의 규칙은 일의 자리의 수는 변화가 없고 십의 자리의 수가 1씩 커지는, 즉 10씩 커지는 규칙을 가지고 있다. 이러한 규칙을 학생 스스로 발견할 수 있도록 발문을 한다. '수학은 규칙이다.'라는 말처럼 규칙을 찾는 일은 수학 교육에서 중요하게 강조된다. 제시된 수 사이의 규칙을 발견하는 과정을 통하여 수 감각을 더 계발하고 어림셈 기능을 높인다.

관련 TU : TUPT-0030, TUPT-0220

TUPT-0110.10 반복 규칙성

관련 교육과정	(07) 2(마)1①
	(09) 12(라)1①

목표

물체나 무늬의 배열에서 반복 규칙성 찾고 설명할 수 있다.

자료

여러 가지 물체(농구공, 야구공, 연필, 지우개 등 학용품), 색 반복 규칙 무늬 타일(빨강－파랑－노랑－빨강－파랑－노랑……), 모양 반복 규칙 무늬 타일(○－△－○－△－○－△……), 위치 반복 규칙 무늬 타일(↑－↓－↑－↓－↑－↓……), 수 반복 규칙무늬 타일(1－3－1－3－1－3……), 색연필, 학습지

활동

(1) 물체의 규칙을 찾아보시오.

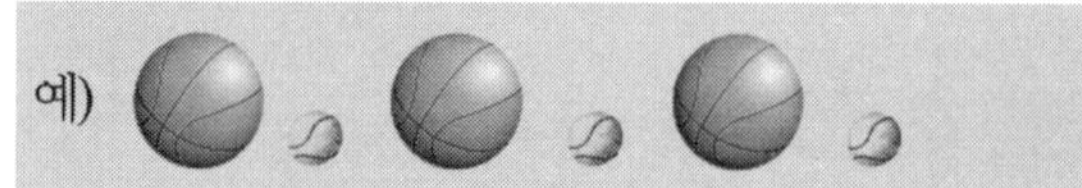

▶여러 가지 물체를 반복 규칙에 따라 배열한 후, 어떤 규칙이 있는지 생각하게 하고, 왜 그와 같이

생각했는지 말해보게 한다.

▸ 다음에 올 물체가 무엇인지 생각하게 하고 말해보게 한다.

▸ 물체(지우개, 연필)를 이용하여 비슷한 반복 규칙을 만들어 보도록 한다.

(2) 무늬 타일의 규칙을 찾아보시오.

▸ 여러 가지 규칙 무늬 타일을 칠판에 붙여 학생들에게 어떤 규칙이 있는지 관찰하게 한 후 이야기하게 한다.

▸ 각 규칙에서 반복되는 부분을 묶어 보게 하고 설명하게 한다.

▸ 여러 가지 규칙 무늬 타일을 이용하여 친구와 함께 규칙을 만들어보게 한다.

(3) 색칠 하시오.

▸ 반복 규칙이 있는 학습지의 미완성된 부분을 학생들이 색을 칠하여 완성하도록 한다.

배경

반복 규칙은 간단할 수도 있고 난해할 수도 있다. 물론 어린 학생들에게는 그들이 파악할 수 있는 규칙들로부터 시작해야만 한다. 단지 두 개의 핵심적 반복 요소들만 포함하는 규칙, 즉 abab와 같은 반복 규칙으로 알려진 것부터 시작하는 것이 좋다. 그리고 학생들이 규칙을 언어화하고 그것이 다른 규칙과 어떻게 같고 어떻게 다른지에 대하여 이야기하는 것은 중요하다. 이는 학생들의 사고를 이해하는 데 도움을 준다.

기본 단위나 기본 규칙이 변화 없이 반복적으로 그대로 유지되면서 계속되는 규칙이 반복 규칙이다. 비록 재료는 다르게 만들어진 두 패턴이더라도 이들이 실제로 같은 규칙을 가졌음을 아는 것은 수학적으로 매우 의미 있는 과정이다. 도전적인 학생들에게는 비록 만들어진 재료가 다를지라도 한 패턴의 재료를 다른 매개물로 변환하면 다른 패턴과 같음을 발견하게 하는 활동은 수학 교육에서 매우 중요하다. 이 활동은 학생이 반복되는 패턴의 본질이라고 하는 관계에 초점을 맞추는 데 도움이 된다.

관련 TU : TUPT-0030, TUPT-0120

TUPT-0120.10 증가 규칙성

관련 교육과정	(07) 2(마)1①
	(09) 12(라)1①

목표

물체나 무늬의 배열에서 증가 규칙성 찾고 설명할 수 있다.

자료

여러 가지 물체(농구공, 야구공, 연필, 지우개 등 학용품), 색 증가 규칙 무늬 타일(빨강－파랑－파랑－빨강－파랑－파랑－파랑……), 모양 증가 규칙 무늬 타일(○－△－○－○－△－△－○－○－○－△－△－△……), 위치 증가 규칙 무늬 타일(↑－↓－↑－↑－↓－↓－↑－↑－↑－↓－↓－↓……), 수 증가 규칙 무늬 타일(1－1－2－1－2－3－1－2－3－4－1－2－3－4－5……), 색연필, 학습지

활동

(1) 물체의 규칙을 찾아보시오.

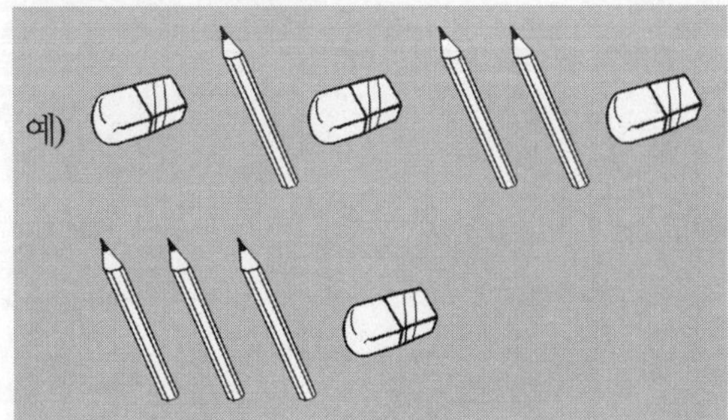

▸ 여러 가지 물체를 증가 규칙에 따라 배열한 후, 어떤 규칙이 있는지 생각하게 하고 말해보게 한다.

▸ 다음에 올 물체가 무엇인지 생각하게 하고 말해보게 한다.

(물체를 이용하여 비슷한 증가 규칙을 만들어 보

도록 한다.)

(2) 무늬 타일의 규칙을 찾아보시오.

▶ 짝꿍과 함께 준비된 타일을 이용하여 직접적인 조작활동을 통해 규칙을 만들어 보고 어떤 규칙에 의해 만들어졌는지를 설명하고 서로 의견 주고받기.

▶ 각 무늬 타일에 어떤 규칙이 있는지 설명하게 하고, 다음에 올 무늬가 무엇인지 말하게 한다.

(3) 색칠 하시오.

▶ 증가 규칙이 있는 학습지의 미완성된 부분을 학생들이 색을 칠하여 완성하도록 한다.

배경

기본 단위나 기본 규칙이 증가 또는 변형되면서 만들어지는 규칙을 증가 규칙이라고 한다. 이 규칙으로 학생들은 규칙의 연장뿐만 아니라 규칙의 일반화를 찾고 규칙이 줄 수 있는 대수적인 관계를 찾을 것이다. 따라서 이 활동은 다른 수학 분야의 수학적 과정의 발전뿐만 아니라 함수 개념의 특수한 예이며 아주 중요한 수학적 아이디어로서 의미 있는 경험을 제공할 수 있다.

관련 TU : TUPT-0110, TUPT-0130

TUPT-0130.10 다양한 변화 규칙 찾고 설명하기

관련 교육과정	(07) 2(마)1①
	(09) 12(라)1①

목표

물체나 무늬의 배열에서 여러 가지 규칙을 찾고 설명할 수 있다.

자료

여러 가지 물체(농구공, 야구공, 연필, 지우개 등 학용품), 회전 무늬 타일(↑－→－↓－←－↑－→－↓－← ……), 대칭 무늬 타일(⊆－⊇－⊆－⊇－⊆－⊇－⊆－⊇……), 색연필, 학습지

활동

(1) 물체의 규칙을 찾아보시오.

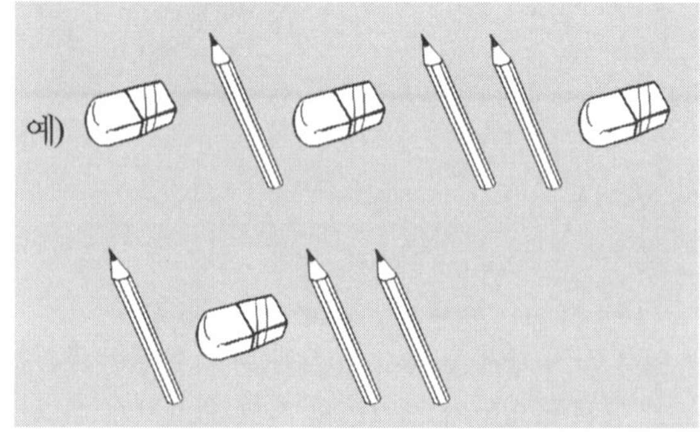

▶ 여러 가지 물체를 다양한 규칙에 따라 배열한 후, 어떤 규칙이 있는지 생각하게 하고 말해보게 한다.

▶ 다음에 올 물체가 무엇인지 생각하게 하고 말해보게 한다.

▶ 물체를 이용하여 규칙을 만들어 보도록 한다.

(2) 무늬 타일의 규칙을 찾아보시오.

▶ 짝꿍과 함께 준비된 타일을 이용하여 직접적인 조작활동을 통해 규칙을 만들어 보고 어떤 규칙에 의해 만들어졌는지를 설명하고 서로 의견 주고받게 한다.

▶ 각 무늬 타일에 어떤 규칙이 있는지 설명하게 하고, 다음에 올 무늬가 무엇인지 말해보게 한다.

(3) 색칠하시오.

▶ 회전규칙이 있는 학습지의 미완성된 부분을 학생들이 색을 칠하여 완성하도록 한다.

배경

반복 규칙, 증가 규칙 외에도 기본 단위가 대칭이 되면서 만들어지는 규칙을 '대칭에 의한 규칙', 기본 단위가 회전되면서 만들어지는 규칙을 '회전에 의한 규칙'이라고 한다. 또한 학생들은 반복과 증가 규칙을 함께 사용할 수 있다. 규칙의 개념을 이해할 수 있도록 하기 위해 규칙이 만들어지는 과정을 다양하게 인식하는 것이 필요하다.

관련 TU : TUPT-0110, TUPT-0120, TUPT-0210

TUPT-0210.10 규칙 찾기(수 배열)

관련 교육과정	(07) 2(마)[1]②
	(09) 12(라)[1]①

목표

수배열에서 뛰어 세기 규칙을 찾을 수 있다.

자료

동전모형(1원, 10원, 100원)

활동

(1) 동전을 세어 보시오.

▶100원짜리 동전을 놓고 세어보기를 한 다음, 얼마씩 늘어나는지 이야기하게 한다.

▶100원짜리 동전 9개를 먼저 세고, 10원짜리 동전을 놓고 세어보기를 한 다음, 얼마씩 늘어나는지 이야기하게 한다.

▶100원짜리 동전 9개와 10원짜리 동전 9개를 먼저 세고, 1원짜리 동전을 놓고 세어보기를 한 다음, 얼마씩 늘어나는지 이야기하게 한다.

▶동전을 이용하여 동전을 늘여 놓으면서 짝과 함께 얼마씩 늘어나는지에 대한 이야기를 한다.

(2) 빈칸을 채우시오.

1. 1-2-3-4-5-( )-7-( )-9
2. ( )-21-( )-41-51-61-71-81-( )
3. 161-261-( )-461-561-( )-( )-861-961

-주어진 수 배열을 보고 그 규칙에 따라 빈칸을 채우도록 한 후, 왜 그렇게 생각하는지 이야기하게 한다.

(2) '수-메뚜기'가 머무는 곳을 찾아보시오.('3-메뚜기'는 매번 3칸씩 뛴다.)

1. '10-메뚜기'가 7에서 출발했습니다. 메뚜기가 지나간 곳을 파란색을 칠하시오.
2. '7-메뚜기'가 32에서 출발했습니다. 메뚜기가 지나간 곳을 빨간색으로 칠하시오.

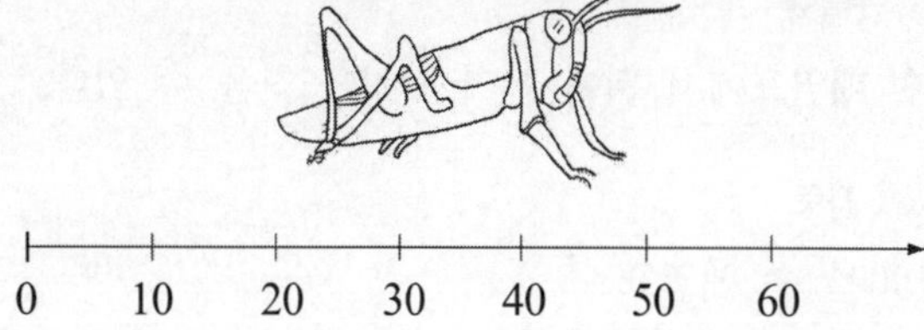

1	2	3	4	5	6	7	8	9	10
11									
21									
31									
41									
51									
61									
71									
81									
91									

▶수 배열표에서 학생들은 1~100까지 수의 계열을 알고, 1~100까지 수 배열표를 제시하여 규칙에 맞게 색을 칠하도록 한다.

▶색이 칠해진 곳의 규칙을 설명하도록 한다.

배경

수, 모양, 움직임, 행동 등의 추상적인 규칙을 탐구하여 이를 수학적으로 나타낼 수 있어야 한다. 또한 규칙에서 사용하는 도구에는 신체, 구체물, 그림, 기호, 수 등이 다양하게 이용되어야 하며, 이들을 고루 경험할 수 있도록 해야 한다. 따라서 숫자 아래 스티커를 붙여 수의 규칙을 시각화하도록 한다.

관련 TU : TUPN-0350, TUPT-0050, TUPT-0220

TUPT-0220.10 규칙 찾기(수 배열표)

관련 교육과정	(07) 2(마)[1]②
	(09) 12(라)[1]①

목표

수 배열표에서 뛰어 세기 규칙을 찾을 수 있다.

자료

100칸 수 배열표

1						7			
	32								
								49	
				65					
									100

100칸 수 배열표

1									
								19	
				55					
	82								
									100

색연필

활동

(1) 수-씩 세어 보시오.

- ▶ 셋째 줄의 임의의 칸에서 시작해서, 앞으로 10개의 칸을 세어 나갔을 때의 수를 말하게 한다.
- ▶ 다른 칸에서 시작해서 앞으로 10칸 전진하게 하고, 몇 번의 되풀이 후 발견된 규칙성을 말하게 한다.
- ▶ 위의 표에서 '10을 더' 세는 빠른 방법을 설명하게 한다.
- ▶ 셋째 줄의 임의의 칸에서 시작해서, 앞으로 9개의 칸을 세어 나갔을 때의 수를 말하게 한다.
- ▶ 다른 칸에서 시작해서 앞으로 9칸 전진하게 하고, 몇 번의 되풀이 후 발견된 규칙성을 말하게 한다.
- ▶ 위의 표에서 '9를 더' 세는 빠른 방법을 설명하게 한다.

(2) 색칠한 곳의 수를 알아보시오.

- ▶ 수 배열표를 작성해 보지 않고, 학생 스스로 어떠한 규칙을 찾아보는 활동으로, 색깔별 규칙을 말로 설명하게 한다.

배경

뛰어 세기에서 하나씩 세는 대신 둘씩, 다섯씩, 열씩, 또는 다른 값만큼씩 셀 수 있다. 시작점과 방향은 선택적이다. 이는 다양한 규칙성을 제공할 뿐만 아니라 곱셈과 나눗셈에 대한 준비 학습을 제공한다.

관련 TU : TUPT-0050, TUPT-0210, TUPT-0230

TUPT-0230.10 규칙 찾기(곱셈표)

관련 교육과정	(07) 2(마)①③
	(09) 12(가)③②

목표

곱셈표에서 규칙을 찾고 설명할 수 있다.

자료

(0이 포함된)곱셈표, 색연필, 영상자료(실물화상기)

활동

(1) 다음 곱셈표를 보고 물음에 답하시오.

×	0	1	2	3	4	5	6	7	8	9
0	0	0	0	0	0	0	0	0	0	0
1	0	1	2	3	4	5	6	7	8	9
2	0	2	4	6	8	10	12	14	16	18
3	0	3	6	9	12	15	18	21	24	27
4	0	4	8	12	16	20	24	28	32	36
5	0	5	10	15	20	25	30	35	40	45
6	0	6	12	18	24	30	36	42	48	54
7	0	7	14	21	28	35	42	49	56	63
8	0	8	16	24	32	40	48	56	64	72
9	0	9	18	27	36	45	54	63	72	81

2의 곱과 6의 곱을 각각 빨간색과 파란색으로 테두리를 칠하도록 한다.

(2) 곱셈표의 규칙을 설명하시오.

▸2의 곱과, 6의 곱의 숫자들을 살펴보게 한 다음, 곱셈표에서 뛰어 세기 규칙을 찾고 설명하게 한다.

▸가로줄 또는 세로줄에 있는 수들은 어떤 규칙을 가지고 있는지, 또 얼마씩 커지는지 알아보게 한다.

▸곱셈표에서 또 다른 규칙이 있는지 찾아보고, 설명하게 한다.

▸실물화상기를 이용하여 직접 찾은 규칙을 학생들에게 보여 주고 친구들 앞에서 자신의 찾은 또 다른 규칙에 대해서 설명하고 질문을 받는다.

배경

곱셈표에서는 곱셈구구의 구성원리를 한 눈에 알아볼 수 있다. 특히 1단에서 9단까지의 곱셈의 여러 가지 규칙을 찾을 수 있다. 학생들이 곱셈표에서 규칙성을 찾도록 도전시켜보아야 할 것이다. 예를 들어, 2, 4, 6, 8단의 가로와 세로 줄은 모두 짝수이며, 1, 3, 5, 7, 9단의 가로, 세로 줄은 짝수와 홀수가 교대로 나온다는 것을 알 수 있어야 한다. 또한 9단의 경우 각 자리의 합이 9라는 특징이 있고, 5단은 일의 자리가 5와 0으로만 끝나는 규칙이 있다. 100까지의 수 배열표에서 각 구구단을 외우며 체크해 나가는 것도 곱셈구구의 규칙을 익히는 방법이다.

관련 TU : TUPT-0050, TUPT-0220, TUPT-3140

TUPT-0310.10 무늬 꾸미기(밀기)

관련 교육과정	(07) 3(마)①①
	(09) 34(나)②②

목표

주어진 도형을 밀어서 무늬를 꾸밀 수 있다.

자료

간단한 도형 조각(⊟, ◰, ◱, ◲, ◳, ◧, ◨, ◩, ◪, ▣, ▣, ◩ 등), 색 사인펜, 도화지, 풀, 영상자료(실물화상기), 학습지(2 × 2 모눈)

활동

(1) 다음에 올 무늬를 꾸며보시오.

▸같은 모양의 도형 조각을 밀어서 꾸민 무늬의 다음 빈칸을 그려보도록 한다.

(2) 밀기 방법으로 무늬를 꾸며보시오.

▸같은 모양의 간단한 도형 조각을 나누어 준 후, 밀어서 도화지에 붙이도록 한다.

(3) 실물 화상기를 이용하여 자신의 무늬를 보여준다.

▸ 자신이 해결한 도화지의 무늬를 친구들에게 보여주면서 서로 의견을 나눈다.

(4) 도화지 뒷면에 자신이 정한 기본 도형 조각을 만들고 밀기 방법을 이용하여 무늬를 완성하여 보시오.

배경

주변 환경에서 미적 요소나 균형미를 갖추기 위해 도형을 일정한 규칙에 따라 배열한 물건을 찾아볼 수 있다. 이러한 물건들은 대개 기본적인 도형을 어떤 규칙에 따라 연속적으로, 또는 대칭적으로 배열함으로써 미적으로 더 아름답게 나타내려고 노력한 것들이다. 도형밀기는 도형의 평행이동이다. 밀기의 방법으로 무늬를 꾸며보고, 이러한 이동을 통하여 꾸며진 모양을 통하여 규칙을 찾는 기본적인 개념을 갖게 된다. 모양조각을 컴퓨터를 이용한 출력자료나 이를 EVA등에 붙여 활용할 수 있다.

또 **활동** (1)과 같이 반복적인 무늬를 많이 사용해야 하는 경우 컴퓨터(한글 프로그램)를 이용하면 손쉽게 학습해 볼 수 있다.

관련 TU : TUPT-0110, TUAG-4010, TUPT-0320, TUPT-0330, TUPT-0340, TUPT-0350

TUPT-0320.10 무늬 꾸미기(뒤집기)

관련 교육과정	(07) 3(마)[1]①
	(09) 34(나)[2]②

목표

주어진 도형을 뒤집어서 무늬를 꾸밀 수 있다.

자료

간단한 도형 조각(⊟, ◰, ◱, ◲, ◳, ◧, ◨, ◩, ◪, ◙, ▣, ◸ 등), 색 사인펜, 도화지, 풀, 영상자료(실물화상기), 학습지(2 × 2 모눈)

활동

(1) 다음에 올 무늬를 꾸며보시오.

▸ 같은 모양의 도형 조각을 뒤집어서 꾸민 무늬의 다음 빈칸을 그려보도록 한다.

(2) 뒤집기 방법으로 무늬를 꾸며보시오.

▸ 같은 모양의 간단한 도형 조각을 나누어 준 후, 뒤집어서 도화지에 붙이도록 한다.

(3) 실물화상기를 이용하여 자신이 만든 무늬를 친구들에게 보여준다.

▸ 자신이 해결한 도화지 무늬를 친구들에게 보여주면서 서로 의견을 나눈다.

(4) 도화지 뒷면에 자신이 정한 기본 도형 조각을 만들고 뒤집기 방법을 이용하여 무늬를 완성하여 보시오.

배경

도형 뒤집기는 도형조각을 위·아래 또는 왼쪽·오른쪽으로 뒤집는 것을 말한다. 따라서 같은 방향으로 연속하여 두 번 도형뒤집기를 한 도형은 처음 도형과 같게 된다. 뒤집기의 방법으로 무늬를 꾸며보고, 이러한 이동을 통하여 꾸며진 모양을 통하여 규칙을 찾는 기본적인 개념을 갖게 된다.

관련 TU : TUPT-0310, TUPT-0330, TUAG-4020, TUPT-0340, TUPT-0360

TUPT-0330.10 무늬 꾸미기(돌리기)

관련 교육과정	(07) 3(마)1①
	(09) 34(나)2②

목표

주어진 도형을 돌려서 무늬를 꾸밀 수 있다.

자료

간단한 도형 조각(⊟, ◰, ◱, ◲, ◳, ◧, ◨, ◩, ◪, ◙, ▣, ◫ 등), 색 사인펜, 도화지, 풀, 영상자료(실물화상기), 학습지(2 × 2 모눈)

활동

(1) 다음에 올 무늬를 꾸며보시오.

▸ 같은 모양의 도형 조각을 돌려서 꾸민 무늬의 다음 빈칸을 그려보도록 한다.

(2) 돌리기 방법으로 무늬를 꾸며보시오.

▸ 같은 모양의 간단한 도형 조각을 나누어 준 후, 돌려서 도화지에 붙이도록 한다.

(3) 실물화상기를 이용하여 자신이 만든 무늬를 친구들에게 보여준다.

▸ 자신이 해결한 도화지 무늬를 친구들에게 보여주면서 서로 의견을 나눈다.

(4) 도화지 뒷면에 자신이 정한 기본 도형 조각을 만들고 돌리기 방법을 이용하여 무늬를 완성하여 보시오.

배경

주변 환경에서 미적 요소나 균형미를 갖추기 위해 도형을 일정한 규칙에 따라 배열한 물건을 찾아볼 수 있다. 이러한 물건들은 대개 기본적인 도형을 어떤 규칙에 따라 연속적으로, 또는 대칭적으로 배열함으로써 미적으로 더 아름답게 나타내려고 노력한 것들이다. 돌리기의 방법으로 무늬를 꾸며보고, 이러한 이동을 통하여 꾸며진 모양을 통하여 규칙을 찾는 기본적인 개념을 갖게 된다. 도형돌리기는 도형을 시계방향 또는 반시계방향으로 90°, 180°, 270°, 360° 등으로 회전하여 변환시키는 것을 말한다. 도형을 360° 회전한 것은 회전하기 전의 도형과 같은 도형이 된다.

관련 TU : TUPT-0310, TUPT-0320, TUPT-0340, TUAG-4030, TUPT-0370

TUPT-0340.10 여러 가지 무늬 꾸미기

관련 교육과정	(07) 3(마)1①
	(09) 34(나)2②

목표

주어진 도형을 여러 가지 방법을 사용하여 무늬를 꾸밀 수 있다.

자료

간단한 도형 조각(⊟, ◰, ◱, ◲, ◳, ◧, ◨, ◩, ◪, ◙, ▣, ◫ 등), 색 사인펜, 도화지, 풀, 영상자료(실물화상기)

활동

(1) 여러 가지 방법으로 무늬를 꾸며보시오.

▸ 같은 모양의 간단한 도형 조각을 나누어 준 후, 밀기, 뒤집기, 돌리기의 방법을 사용하여 도화지에 붙이도록 한다.

▸ 제시된 기본 도형 조각을 이용하여 여러 가지 방법으로 무늬를 만들어 본다.

(2) 실물화상기를 이용하여 자신이 만든 무늬를 친구들에게 보여주고 어떤 방법으로 만들었는지 설명하도록 한다.

(3) 도화지 뒷면에 자신이 정한 기본 도형 조각을 만들고 밀기, 뒤집기, 돌리기 방법을 이용하여 무늬를 완성하여 보시오.

배경

도형을 밀기, 뒤집기, 돌리기의 방법으로 움직여 여러 가지 무늬를 만들어보고, 규칙을 발견하여 보도록 한다. 여러 가지 방법으로 무늬를 꾸며보고, 이러한 이동을 통하여 꾸며진 모양을 통하여 규칙을 찾는 기본적인 개념을 갖게 된다. 또 **활동** (1)과 같이 반복적인 무늬를 많이 사용해야하는 경우 컴퓨터(한글 프로그램)를 이용하면 도형 밀기, 뒤집기, 돌리기 등을 손쉬운 조작으로 할 수 있다. 컴퓨터를 이용한 무늬꾸미기도 흥미로운 방법이 될 수 있다.

관련 TU : TUPT-0310, TUPT-0320, TUPT-0330, TUAG-4040, TUPT-0380

TUPT-0350.10 무늬 만들기(밀기)

관련 교육과정	(07) 4(마)2①
	(09) 34(나)2②

목표

주어진 무늬를 밀어서 새로운 무늬를 꾸밀 수 있다.

자료

간단한 무늬, 색 사인펜, 도화지, 풀, 영상자료(실물화상기), 모눈종이

활동

(1) 다음에 올 무늬를 꾸며보시오.

▸ 간단한 무늬를 밀어서 꾸민 새로운 무늬를 다음 빈칸에 그려보도록 한다.

(2) 밀기 방법으로 새로운 무늬를 꾸며보시오.

▸ 간단한 무늬 조각을 나누어 준 후, 밀어서 도화지에 붙이도록 한다.

(3) 밀기 방법으로 아름다운 무늬를 꾸며보시오.

▸ 한 변의 길이가 2 cm인 정사각형 4칸(⊞)에 자신만의 무늬를 그린 다음, 모눈종이에 색연필이나 사인펜으로 밀기 방법으로 꾸며본다.

▸ 실물화상기를 이용하여, 자신이 해결한 학습지를 친구들에게 보여주면서 서로 의견을 나눈다.

배경

도형은 학생이 일상생활에서 항상 접하는 일부분으로 수학 교육의 중요한 위치를 차지한다. 학생은 경험에 의해 직관적 개념을 획득하고 기하학적 관계, 공간에서의 물체의 위치, 방향, 모양에 초점을 둔 공간 감각이 길러진다. 무늬를 움직이는 것은 학생이 겪는 일상생활의 실제 상황이다. 밀기, 뒤집기, 돌리기 등의 움직임은 도형 이해의 수학적 사고력을 신장시키며, 규칙의 공부를 통해서 학생은 연관된 관계를 알고 앞으로의 관계를 예측할 수 있게 된다. 또, 새로운 상황을 연결하는 능력을 길러준다.

무늬를 이동하는 방법으로는 밀기, 뒤집기, 돌리기 등으로 구분되는데 가장 기본적인 것이 밀기이다. 관점에 따라 여러 가지 결과가 나올 수 있으므로 이런 내용을 모두 인정한 상태에서 수업을 하도록 한다.

관련 TU : TUPT-0310, TUPT-0360, TUPT-0370, TUPT-0380

TUPT-0360.10 무늬 만들기(뒤집기)

관련 교육과정	(07) 4(마)2①
	(09) 34(나)2②

목표

주어진 무늬를 뒤집어서 새로운 무늬를 꾸밀 수 있다.

자료

간단한 무늬, 모눈종이, 색 사인펜, 컴퓨터 프로그램(테스), 색연필, 영상자료(실물화상기)

활동

(1) 다음에 올 무늬를 꾸며보시오.

▸ 간단한 무늬를 뒤집어서 꾸민 새로운 무늬를 다음 빈칸에 그려보도록 한다.

(2) 뒤집기 방법으로 새로운 무늬를 꾸며보시오.

▸ 컴퓨터 프로그램(테스)를 활용하여 새로운 무늬를 꾸며보도록 한다.

(3) 뒤집기 방법으로 아름다운 무늬를 꾸며보시오.

▸ 한 변의 길이가 2 cm인 정사각형 4칸(⊞)에 자신만의 무늬를 그린 다음, 모준종이에 색연필이나 사인펜으로 뒤집기 방법으로 꾸며본다.

▸ 실물화상기를 이용하여, 자신이 해결한 학습지를 친구들에게 보여주면서 서로 의견을 나눈다.

배경

도형 뒤집기는 종이에 세로 방향으로 긴 직사각형을 그리고, 사각형 안에 대칭이 되어 만나면 완성되는 도형이나 재미있는 무늬가 생기는 도형의 반쪽을 그려 넣어 기본 도형을 만들어서 사용한다. 종이의 한 면에만 무늬가 프린트된 것을 뒤집기 할 경우, 뒷면은 백지로 학생들에게 혼란을 줄 수 있어, 컴퓨터를 활용하면 더욱 재미있고, 유용할 것이다.

관련 TU : TUPT-0320, TUPT-0350, TUPT-0370, TUPT-0380

TUPT-0370.10 무늬 만들기(돌리기)

관련 교육과정	(07) 4(마)2①
	(09) 34(나)2②

목표

한 가지 무늬를 돌려서 새로운 무늬를 꾸밀 수 있다.

자료

간단한 무늬, 모눈종이, 색 사인펜, 도화지, 풀, 색연필, 영상자료(실물화상기)

활동

(1) 다음에 올 무늬를 꾸며보시오.

▸ 간단한 무늬를 돌려서 꾸민 새로운 무늬를 다음 빈칸에 그려보도록 한다.

(2) 돌리기 방법으로 새로운 무늬를 꾸며보시오.

▸ 간단한 무늬 조각을 나누어 준 후, 돌려서 도화지에 붙이도록 한다.

(3) 돌리기 방법으로 아름다운 무늬를 꾸며보시오.

▸ 한 변의 길이가 2 cm인 정사각형 4칸(⊞)에 자신만의 무늬를 그린 다음, 모눈종이에 색연필이나 사인펜으로 돌리기 방법으로 꾸며본다.

▸ 실물화상기를 이용하여, 자신이 해결한 학습지를 친구들에게 보여주면서 서로 의견을 나눈다.

배경

무늬 만들기에서 사용되는 도형은 배열 방법에 따라 다양한 무늬가 나타나는 것을 사용해야 한다. 특히 도형 돌리기에 사용되는 도형은 변화가 확실히 구분되는 도형들이어야 한다.

관련 TU : TUPT-0330, TUPT-0350, TUPT-0360, TUPT-0380

TUPT-0380.10 무늬 만들기(밀기, 뒤집기, 돌리기)

관련 교육과정	(07) 4(마)2①
	(09) 34(나)2②

목표

한 가지 무늬를 여러 가지 방법을 사용하여 새로운 무늬로 꾸밀 수 있다.

자료

간단한 무늬, 모눈종이, 색 사인펜, 도화지, 풀, 색연필, 영상자료(실물화상기)

활동

(1) 여러 가지 방법으로 무늬를 꾸며보시오.

▸ 간단한 무늬를 나누어 준 후, 밀기, 뒤집기, 돌리기의 방법을 사용하여 도화지에 붙이도록 한다.

(2) 여러 가지 방법으로 아름다운 무늬를 꾸며보시오.

▸ 한 변의 길이가 2 cm인 정사각형 4칸(田)에 자신만의 무늬를 그린 다음, 모눈종이에 색연필이나 사인펜으로 밀기, 옮기기, 뒤집기 방법으로 꾸며본다.

▸ 실물화상기를 이용하여, 자신이 해결한 학습지를 친구들에게 보여주면서 서로 의견을 나눈다.

배경

우리 주변의 자연을 관찰해 보면 그 속에 무수히 많은 법칙과 규칙성이 있다. 그 법칙과 규칙성을 연역해 내는 과정에 수학적 아름다움이 깃들여져 있다. 우리가 의미 없이 사용하고 보아 온 보도블록, 포장지, 벽지, 옛 건물의 창틀, 옷의 무늬 등에 나타난 수학은 본질적인 흥미거리를 가지고 있다. 학생들에게 간단한 무늬를 나누어 준 후, 무늬를 이동하여 새로운 무늬가 만들어지면 그것의 특징을 말해보게 하고, 이를 실생활에 이용할 수 있는 방법을 논의해 보는 것도 가치 있는 일이다.

관련 TU : TUPT-0340, TUPT-0350, TUPT-0360, TUPT-0370

TUPT-0410.10 규칙을 수로 나타내기

관련 교육과정	(07) 4(마)1①
	(09) 34(라)1①

목표

규칙을 찾아서 수로 나타낼 수 있다.

자료

바둑돌, 영상자료(실물화상기), 그림 카드, 격자종이

활동

(1) 수로 나타내어 보시오.

(실물화상기) 삼각형 모양으로 늘어나는 바둑돌 1, 3, 6, 10

▸ 실물화상기 위에 바둑돌 배열을 잠깐 보여 주고 모양이나 규칙을 기억해 똑같이 바둑돌을 놓아보게 한다.

▸ 다음에 어떤 모양이 될지 놓아보게 한 다음 설명하도록 한다.

▸ 바둑돌을 어떤 규칙으로 놓았는지 말해보게 한다.

▸ 그림을 그리지 않고, 7번째 올 바둑돌의 수를 말하도록 한 다음 설명하도록 한다.

(2) 수로 나타내어 보시오.

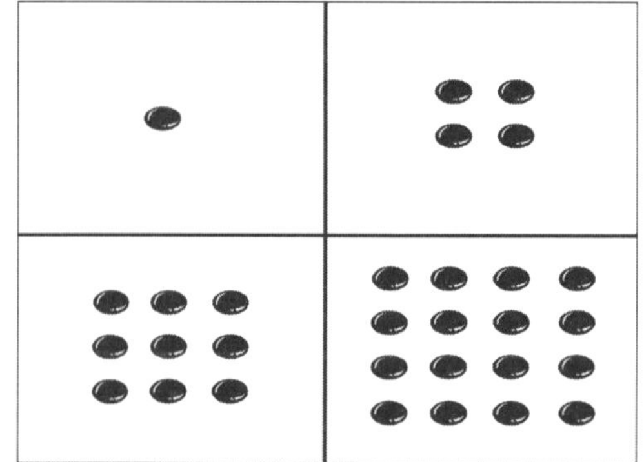

▸ 실물화상기 위에 바둑돌 배열을 잠깐 보여 주고 모양이나 규칙을 기억해 똑같이 바둑돌을 놓아

보게 한다.

▸ 다음에 어떤 모양이 될지 놓아 보게 한 다음 설명하도록 한다.

▸ 바둑돌을 어떤 규칙으로 놓았는지 말해보게 한다.

▸ 그림을 그리지 않고, 7번째 올 바둑돌의 수를 말하도록 한 다음 설명하도록 한다.

(3) 바둑돌을 이용한 규칙 만들어보기

▸ 격자학습지에 바둑돌을 올려놓고 나만의 규칙적인 수를 만들어 본다.

▸ 다음에 어떤 모양이 될지를 짝과 함께 활동을 하여 보고 맞추어보는 활동을 한다.

▸ 짝과의 활동 후, 전체 활동을 통해 실물화상기를 통해 다음에 올 것이 무엇인지 맞추어보면서 서로 의견을 나눈다.

배경

이 활동은 변화의 규칙을 수로 나타내는 것으로, 삼각수, 사각수 등의 모양수에서 여러 가지 규칙을 찾아 수로 나타내어 보는 활동이다. 고대의 수학자들은 수의 신비감을 표현하기 위해 다양한 방법으로 수를 나열하는 시도를 해 보았다. 학생들로 하여금 바둑돌을 이용하여 다양한 수의 규칙을 발견해보게 하는 것도 좋은 방법이 될 수 있다.

관련 TU : TUPT-0030, TUPT-0430

TUPT-0420.10 규칙 찾기(놀이 활동)

관련 교육과정	(07) 4(마)1②
	(09) 34(라)2①

목표

규칙 찾기 놀이에서 규칙을 찾고 추측할 수 있다.

자료

학습지, 영상자료(실물화상기), 학습지

활동

(1) 다음 그림에 직사각형이 몇 개 있는지 세어 보시오.

▸ 학생들이 직사각형이 14개가 있다고 할 경우, 작은 문제부터 시작하도록 안내한다.

▸ □에서 사각형이 몇 개인지 알아보도록 한다.

▸ □□에서 사각형이 몇 개인지 알아보도록 한다.

▸ □□□에서 사각형이 몇 개인지 알아보도록 한다.

▸ 사각형을 하나씩 늘려갈 때마다 정사각형의 수, 긴 직사각형의 수, 합계가 몇인지를 표로 완성하도록 한다.

▸ 도움이 되는 규칙을 찾아보고, 직사각형의 수를 추측해보도록 한다.

▸ 실물화상기를 이용하여, 자신이 해결한 학습지를 친구들에게 보여주면서 서로 의견을 나눈다.

배경

기하의 많은 규칙성은 흥미로운 수 규칙을 만들어 낸다. 규칙 찾기를 할 때에는 주어진 조건을 잘 파악하여 이해하고, 조건 범위를 만족하는 대상을 찾아내도록 한다. 또 대상을 찾을 때, 임으로 찾는 것보다 대상을 작은 부분으로 또는 큰 부분으로 나눈 다음, 순서를 정하여 서로 겹치지 않도록 하는 것이 중요하다.

관련 TU : TUPT-0020, TUPT-0430

TUPT-0430.10 규칙을 표현하기

관련 교육과정	(07) 4(마)1②
	(09) 34(라)1②

목표

규칙을 추측하고 말이나 글로 표현할 수 있다.

자료

여러 가지 수 규칙 자료 제시, 원고지, 영상자료(실물화상기)

활동

(1) 규칙 알아맞히기

- 실물화상기를 통하여 교사는 수 규칙 자료를 보여주고 학생들은 그 자료를 보고 말로 표현하여 본다.
- 수 규칙 자료를 통해 학생들은 원고지에 글로 표현하여 본다.
- 제시된 여러 가지 수 규칙 자료를 보고 어떤 규칙이 있는지 글로 표현해보게 한다.
- 실물화상기를 이용하여, 자신이 작성한 원고지를 친구들에게 보여주면서 서로 의견을 나눈다.

배경

규칙 알아맞히기 놀이는 서로 도와 규칙에 따라 답을 정확히 말해 주어야 놀이를 할 수 있다. 규칙 알아맞히기 놀이를 전체 학급에서 해 보고 놀이 방법을 알게 된 다음 소모둠이나 짝끼리 규칙 알아맞히기 놀이를 한다. 이때, 규칙에 적용되는 연산은 간단한 덧셈, 뺄셈, 곱셈구구 범위의 곱셈으로 한정한다.

관련 TU : TUPT-0410, TUPT-0420, TUPT-2020

TUPT-2010.10 대응표에서 규칙 찾기

관련 교육과정	(07) 4(마)3①
	(09) 34(라)2②

목표

두 양 사이의 대응 관계를 나타낸 표에서 규칙을 찾을 수 있다.

자료

사람과 사탕을 그릴 수 있는 활동지, 영상자료(실물화상기)

활동

(1) 두 양 사이의 관계를 알아보시오.

> 선생님께서 반 학생들에게 사탕을 두 개씩 나누어 주려고 합니다. 학생 수에 따라 필요한 사탕의 수는 어떻게 변하는지 알아보시오.

학생 수(명)	1	2	3	4	5	6	…
사탕 수(개)	2	4					

- 대응표를 완성하도록 한 다음, 반 학생 수와 필요한 사탕 수 사이의 관계를 수학적으로 말하도록 하며, 대응표에서 어떤 규칙이 있는지 찾고 정리해 보도록 한다.
- 실물화상기를 이용하여, 자신이 해결한 학습지를 친구들에게 보여주면서 서로 의견을 나눈다.

배경

일상생활 및 자연 현상의 대부분이 일정한 규칙에 의하여 변하고 있다. 예를 들어, 식물의 잎이 나는 규칙도 질서 정연하게 이루어져 있으며, 일과 에너지 소비의 관계도 규칙에 의하여 변하고 있다. 즉, 일정한 규칙에 따라서 대응하는 두 경우를 수학적으로 해결하는 능력을 길러 주어야 한다는 것이다. 관찰한 규칙성을 수학적 모델로 만들어 변화를 예측할 수 있는 힘을 기르게 하는 데 있어 두 수의 관계를 지도할 필요가 있다.

관련 TU : TUPT-0220, TUPT-2020

TUPT-2020.10 두 양 사이의 대응 관계 (□, △를 사용한 식)

관련 교육과정	(07) 4(마)③①
	(09) 34(라)②②

목표

표에 나타난 두 양 사이의 대응 관계를 □, △를 사용하여 식으로 나타낼 수 있다.

자료

사람, 인라인스케이트가 있는 활동지, 간단한 것부터 일반화된 것까지의 단계별 문항, 학습지, 영상자료(실물화상기)

활동

(1) 표를 완성하시오.

> 공원에 인라인스케이트를 타는 사람들이 □명 있습니다. 인라인스케이트의 바퀴 수의 총합은 △개입니다. (단, 바퀴가 4개 달린 인라인스케이트임)

▸ 활동지를 이용하여 간단한 단계에서부터 대응표를 완성하도록 한다.

(2) 두 양 사이의 관계를 알아보시오.

▸ □와 △ 사이의 관계를 알게 하기 위하여 두 수의 짝을 지어 보게 하고, 공통적인 요소를 찾아 규칙을 발견하여 □와 △ 사이의 관계를 말로 표현해 보게 한다.

▸ □와 △ 사이의 관계를 그림으로 표현하는 활동을 한 후 완성하게 한다.

▸ 실물화상기를 이용하여, 자신이 해결한 학습지를 친구들에게 보여주면서 서로 의견을 나눈다.

배경

□와 △ 사이의 관계를 알게 하기 위하여 대응하는 두 수를 짝지어 보게 하여 규칙을 발견하게 한다. 그 다음에는 찾은 규칙을 말로 표현해보게 한다. 학생들에게 여러 가지 관계를 그림, 언어, 표 그리고 변수의 다양한 방식 등으로 표현하게 하는 것이 좋다. 이러한 활동은 학생들로 하여금 사고를 자유롭게 하고 수학적 능력을 기를 수 있도록 도와준다.

관련 TU : TUPT-2010, TUPT-1010

확률과 통계

TU일람표

ID	TU 번호	TU 제목	관련 교육과정	
			07개정	09개정
1	TUST-0010.10	자료 조사(한 가지 기준)	(07) 1(라)[1]①	(09) 12(마)[1]①
2	TUST-0020.10	자료 분류(한 가지 기준)	(07) 1(라)[1]①	(09) 12(마)[1]①
3	TUST-0030.10	분포 측정(한 가지 기준)	(07) 1(라)[1]①	(09) 12(마)[1]①
4	TUST-0050.10	자료를 정리하여 표로 나타내기	(07) 2(라)[1]①	(09) 12(마)[2]①
5	TUST-0060.10	표를 보고 알 수 있는 사실 말하기	(07) 2(라)[1]①	(09) 12(마)[2]①
6	TUST-0110.10	간단한 그림을 이용하여 그래프로 나타내기	(07) 2(라)[1]②	(09) 12(마)[3]①
7	TUST-0120.10	그래프를 보고 자료의 크기 비교하기	(07) 2(라)[1]②	(09) 12(마)[3]①
8	TUST-0130.10	막대그래프	(07) 3(라)[1]①	(09) 34(마)[2]①
9	TUST-0140.10	그림그래프	(07) 3(라)[1]①	(09) 34(마)[1]①
10	TUST-0150.10	자료의 특징에 따라 막대그래프나 그림그래프 선택하기	(07) 3(라)[1]①	(09) –
11	TUST-0210.10	표에서 자료의 특성을 찾고 설명하기	(07) 3(라)[1]②	(09) 34(마)[1]①
12	TUST-0220.10	막대그래프에서 자료의 특성을 찾고 설명하기	(07) 3(라)[1]②	(09) 34(마)[2]①
13	TUST-0230.10	그림그래프에서 자료의 특성을 찾고 설명하기	(07) 3(라)[1]②	(09) 34(마)[1]①
14	TUST-0240.10	꺾은선그래프	(07) 4(라)[1]①	(09) 34(마)[2]②
15	TUST-0250.10	꺾은선그래프 읽기	(07) 4(라)[1]①	(09) 34(마)[2]②
16	TUST-0260.10	물결선	(07) 4(라)[1]①	(09) 34(마)[2]②
17	TUST-0270.10	물결선을 이용한 꺾은선그래프 그리기	(07) 4(라)[1]①	(09) 34(마)[2]②
18	TUST-0280.10	물결선을 이용한 꺾은선그래프 읽기	(07) 4(라)[1]①	(09) 34(마)[2]②
19	TUST-0290.10	막대그래프와 꺾은선그래프	(07) 4(라)[1]②	(09) 34(마)[2]③
20	TUST-0300.10	막대그래프와 꺾은선그래프 선택하기	(07) 4(라)[1]③	(09) 34(마)[2]③
21	TUST-0310.10	막대그래프와 꺾은선그래프 읽기	(07) 4(라)[1]③	(09) 34(마)[2]③
22	TUST-0410.10	줄기와 잎 그림	(07) 5(라)[1]①	(09) 중(라)[1]①
23	TUST-0420.10	줄기와 잎 그림 읽기	(07) 5(라)[1]①	(09) 중(라)[1]①
24	TUST-0430.10	줄기와 잎 그림 나타내기	(07) 5(라)[1]①	(09) 중(라)[1]①
25	TUST-0510.10	그림그래프(평면적 분포)	(07) 5(라)[1]①	(09) 56(마)[2]①
26	TUST-0520.10	그림그래프 그리기	(07) 5(라)[1]①	(09) 56(마)[2]①
27	TUST-0530.10	그림그래프 읽기	(07) 5(라)[1]①	(09) 56(마)[2]①
28	TUST-0550.10	줄기와 잎 그림, 그림그래프 선택하여 그리기	(07) 5(라)[1]③	–
29	TUST-0560.10	줄기와 잎 그림, 그림그래프 읽기	(07) 5(라)[1]③	–
30	TUST-0610.10	띠그래프	(07) 6(라)[1]①	(09) 56(마)[3]①
31	TUST-0620.10	띠그래프 읽기	(07) 6(라)[1]①	(09) 56(마)[3]②
32	TUST-0630.10	띠그래프 그리기	(07) 6(라)[1]①	(09) 56(마)[3]①
33	TUST-0650.10	원그래프	(07) 6(라)[1]①	(09) 56(마)[3]①
34	TUST-0660.10	원그래프 읽기	(07) 6(라)[1]①	(09) 56(마)[3]②
35	TUST-0670.10	원그래프 그리기	(07) 6(라)[1]①	(09) 56(마)[3]①
36	TUST-0680.10	알맞은 그래프로 나타내기	(07) 6(라)[1]①	(09) 56(마)[3]①
37	TUST-0690.10	비율그래프에 나타난 자료의 특성	(07) 6(라)[1]②	(09) 56(마)[3]②
38	TUST-2010.10	평균	(07) 5(라)[1]②	(09) 56(마)[1]②
39	TUST-2020.10	평균 구하기	(07) 5(라)[1]②	(09) 56(마)[1]②
40	TUST-2030.10	평균이 이용되는 경우	(07) 5(라)[1]②	(09) 56(마)[1]②
41	TUST-2040.10	평균을 이용한 문제해결	(07) 5(라)[1]②	(09) 56(마)[1]②
42	TUST-5010.10	경우의 수	(07) 6(라)[2]①	(09) 중(라)[2]①
43	TUST-5020.10	한 가지 일이 일어나는 경우의 수	(07) 6(라)[2]①	(09) 중(라)[2]①
44	TUST-5030.10	동시에 일어나는 일의 경우의 수	(07) 6(라)[2]①	(09) 중(라)[2]①
45	TUST-5040.10	순서가 있는 일의 경우의 수	(07) 6(라)[2]①	(09) 중(라)[2]①
46	TUST-5050.10	나뭇가지 그림	(07) 6(라)[2]①	(09) 중(라)[2]①
47	TUST-5100.10	실생활 속에서 가능성을 수치로 나타내는 예	(07) –	(09) 56(마)[1]①
48	TUST-5105.10	사건이 일어날 가능성을 수치로 나타내기	(07) –	(09) 56(마)[1]①
49	TUST-5110.10	확률	(07) 6(라)[2]②	(09) 중(라)[2]②
50	TUST-5120.10	확률 구하기	(07) 6(라)[2]②	(09) 중(라)[2]②
51	TUST-5130.10	확률 비교하기	(07) 6(라)[2]②	(09) 중(라)[2]②

TUST-0010.10 자료 조사(한 가지 기준)

관련 교육과정	(07) 1(라)Ⅱ①
	(09) 12(마)Ⅱ①

목표

조사 목적에 알맞은 자료를 수집할 수 있다.

자료

학생들이 좋아하는 과일 등의 조사 활동을 위한 소재(식구 수, 꿈, 좋아하는 음식, 과목, 잘 하는 것), 사인펜

활동

(1) 우리 반 학생들이 좋아하는 과일을 조사하여 보시오.

가람 귤	민수 사과	선희 포도
소희 복숭아	재선 수박	현아 사과
희철 딸기	영진 사과	찬수 딸기
⋮	⋮	⋮

(2) 우리 반 학생들이 좋아하는 과목을 조사하여 보시오.

(3) 우리 반 학생들이 좋아하는 놀이를 조사하여 보시오.

줄넘기	공기놀이	줄넘기	숨바꼭질
축구	줄넘기	수건돌리기	달리기
달리기	줄넘기	축구	공기놀이

(4) 우리 반 학생들의 장래 희망을 조사하여 봅시다.

배경

통계학이란 불확실한 상황에서 현명한 의사 결정을 하기 위한 이론과 방법의 체계이며, 이를 위해 자료의 수집, 분류, 분석과 해석을 포함한다. 통계학의 가장 기본적인 요소 가운데 하나는 정보라고 할 수 있다. 수집, 조직, 분석, 해석할 정보가 없다면 통계적인 방법을 이용하거나 연구할 필요가 없기 때문이다. 흔히 통계학에서 이용하는 정보를 자료라고 한다. 따라서 통계는 자료 수집에서부터 시작한다.

합리적인 의사결정을 위해서는 적절한 방법으로 자료를 조직하고 표현해야 하는데, 자료의 종류에 따라 이용할 수 있는 분석 방법이 달라진다. 자료는 질적 자료와 양적 자료로 구분된다. 장래 희망, 좋아하는 계절 등과 같이 종별에 대한 통계 자료를 질적 자료라고 하고, 키나 성적 등과 같이 집단의 양적 구조를 나타내는 자료를 양적 자료라고 한다. 이 활동은 질적 자료에 해당하는 좋아하는 과일을 조사하는 것으로, 3명의 학생에게 좋아하는 과일이 무엇인지 물어보게 한 후 조사한 과일을 빈 칸에 직접 그려보게 함으로써 흥미를 높이고 조사 대상의 속성을 확인할 수 있게 한다. 다음에는 이렇게 조사된 대상을 한 가지 기준에 따라 분류해 보는 활동으로 이어진다.

관련 TU : TUST-0020

TUST-0020.10 자료 분류(한 가지 기준)

관련 교육과정	(07) 1(라)[1]①
	(09) 12(마)[1]①

목표

수집한 자료를 속성에 따라 알맞게 분류할 수 있다.

자료

학생들이 좋아하는 놀이 등의 조사 활동을 위한 소재, 조사활동의 표, 운동종목

자료

(1) 우리 반 학생들이 좋아하는 놀이에는 어떤 것이 있는지 말해 보시오.

줄넘기							

(2) 우리 반 학생들의 장래희망을 조사하여 봅시다.

운동 선수							

배경

자료 수집의 다음 단계로, 수집된 자료를 한 가지 기준에 따라 분류해 보는 활동에 해당한다. 먼저 학생들이 좋아하는 놀이를 조사하는 것은 학생들의 관심과 흥미를 끌게 하는 좋은 조사 활동이 될 수 있다. 이렇게 조사된 자료를 이름에 따라 분류하여 보게 한다. 즉, 분류의 기준이 '이름'이 되는 것이다. 이때, 어떤 학생들은 이름을 중복되게 기록할 수도 있기 때문에 한 번 기록한 이름은 표시를 해 나가도록 함으로써 실수를 예방하도록 지도한다. 조사 활동의 내용을 이름에 따라 써 보고, 우리 반 학생들이 좋아하는 놀이의 종류를 분류해 봄으로써, 통계의 유용성과 의미를 감각적으로 느낄 수 있게 될 것이다. 다음에는 분류한 자료의 수를 세어보는 활동으로 이어진다.

관련 TU : TUST-0010, TUST-0030

TUST-0030.10 분포 측정(한 가지 기준)

관련 교육과정	(07) 1(라)[1]①
	(09) 12(마)[1]①

목표

한 가지 기준에 따라 분류한 자료의 개수를 셀 수 있다.

자료

좋아하는 음식, 친구의 생일날 주고 싶은 선물 등의 조사 활동을 위한 소재

활동

(1) 우리 반 학생들이 좋아하는 음식을 조사하여 보시오.

짜장면	불고기	김밥	피자	김치찌개
스파게티	짜장면	스파게티	피자	짜장면

▸ 음식에 따라 사람 수를 세어 보시오.

음식	짜장면	불고기							
사람 수									

(2) 우리반 학생들의 생일을 몇 월인지 조사하여 보시오.

3월	2월	7월	4월	2월
5월	5월	6월	11월	9월

▸ 생일은 월별로 몇 명이 들어 있는지 자료를 찾아 정리하여 보시오.

배경

자료 수집에서 시작하여 수집된 자료를 분류하고, 분류한 자료의 개수를 세는 활동이다. 이 때 학생들에게 쉽고 친근한 소재를 택하는 편이 좋다. 또한 조사의 내용이 학생의 수준에 맞게 분류 기준이 명확하고 간단한 소재를 선정해야 한다.

먼저 우리 반 학생들이 좋아하는 음식에 대해 직접 반 친구들의 기호를 조사해보고 조사한 대상을 그 속성에 따라 분류한 후, 음식의 종류에 따라 사람 수를 센다. 이 때, 학생은 조사 대상의 항목, 즉 음식의 종류를 직접 표 안에 기입함으로써 자료 간의 차별성을 파악하게 된다. 이어서 음식의 종류에 따라 사람 수를 세어 기록해 봄으로써 조사 대상을 표로 정리할 수 있는 능력을 갖게 된다. 이렇게 자료를 정리하는 가장 큰 이유는 얻어진 자료를 일정한 형태로 배열함으로써 자료가 가지는 특징을 밝혀내거나 분석을 간편하게 할 수 있기 때문이다.

관련 TU : TUST-0020, TUST-0050

TUST-0050.10 자료를 정리하여 표로 나타내기

관련 교육과정	(07) 2(라)[1]①
	(09) 12(마)[2]①

목표

수집한 자료를 알맞게 분류하고 정리하여 표로 나타낼 수 있다.

자료

좋아하는 음식 등의 조사 활동을 위한 소재(가족의 수, 좋아하는-운동, 계절, 색, 과일), 학급문고의 종류별 책 수(위인전, 소설 등의 종류)

활동

우리 반 학생들은 어떤 음식을 좋아하는지 조사하여 보시오.

학생별 좋아하는 음식

이름	좋아하는 음식	이름	좋아하는 음식	이름	좋아하는 음식

▸ 위에서 조사한 것을 보고, 음식별로 좋아하는 학생 수를 표로 만들어 나타내시오.

음식별 좋아하는 학생 수

좋아하는 음식						계
학생 수 (명)						

배경

주어진 한 가지 기준에 따라 자료를 수집하고 구체물을 분류하여 각각의 개수를 세어보는 활동에 이어지는 활동이다. 이 활동에서는 여러 가지 통계 자료를 실제로 조사하여 알맞게 정리할 필요가 있음을 알게 하고, 조사된 통계 자료를 표로 나타내도록 한다. 수집된 자료에서 어떤 범주에 속하는 측정값이 발생한 전체 횟수를 빈도라고 하는데, 빈도를 이용하여 자료를 정리하는 표에는 자료를 집단화하지 않는 빈도표와 자료를 집단화한 도수분포표가 있다. 이 활동은 빈도표에 해당한다. 이렇게 표를 만들어 보는 활동 다음으로 표를 보고 알 수 있는 사실을 찾아보는 활동을 학습하게 된다.

특히 자료를 분류하거나 표로 나타내는 지도를 할 경우에는 다음과 같은 점에 유의하도록 하여야 한다.

첫째, 목적을 명확히 하여 목적에 알맞도록 분류하는 항목을 정하고 표를 어떻게 만들 것인가를 연구한다.

둘째, 항목에 대한 의미를 명확히 하며 자료의 누락이나 중복이 없도록 한다.

관련 TU : TUST-0030, TUST-0060

TUST-0060.10 표를 보고 알 수 있는 사실 말하기

관련 교육과정	(07) 2(라)1①
	(09) 12(마)2①

목표

표를 보고 알 수 있는 사실을 말할 수 있다.

자료

조사표(좋아하는 음식, 가족 수, 학급문고의 종류별 책의 수, 좋아하는 색 등)

활동

다음은 우리 반 학생들이 좋아하는 음식을 조사하여 표로 나타낸 것입니다. 물음에 답하시오.

음식별 좋아하는 학생 수

좋아하는 음식	떡볶이	피자	짜장면	탕수육	햄버거	계
학생 수 (명)	7	9	6	5	3	30

▸ 가장 많은 학생이 좋아하는 음식은 무엇입니까?
▸ 가장 적은 학생이 좋아하는 음식은 무엇입니까?
▸ 몇 명의 학생 수를 조사한 것입니까?
▸ 학생들이 좋아하는 음식을 학생이 많은 순서대로 말하시오.

배경

학생들이 좋아하는 음식을 조사하고 이를 정리하여 표로 나타내는 활동을 한 후, 표를 보고 여러 가지 통계적 사실들을 알아보는 활동을 한다. 표를 보면 각 음식별로 좋아하는 사람 수를 알 수 있고 이를 비교하여 가장 많은 학생이 좋아하는 음식과 가장 적은 학생이 좋아하는 음식을 쉽게 알아볼 수 있다. 즉 한눈에 정보를 파악할 수 있는 장점이 있다. 그러나 학생 개개인이 좋아하는 과일에 대해서는 알 수 없다는 단점이 있다. 따라서 좋아하는 음식을 조사한 자료와 음식별 좋아하는 학생 수를 나타낸 표의 쓰임이 각각 다르다는 것을 알게 해야 한다. 이후 표를 보고 그래프로 나타내는 활동을 하게 된다.

관련 TU : TUST-0050, TUST-0210, TUST-0110

TUST-0110.10 간단한 그림을 이용하여 그래프로 나타내기

관련 교육과정	(07) 2(라)1②
	(09) 12(마)3①

목표

표를 보고 ○표나 간단한 그림을 이용하여 그래프로 나타낼 수 있다.

자료

좋아하는 과일 등의 조사 활동을 위한 소재(과일이나 색깔 스티커, 좋아하는 동물 스티커)

활동

과일별로 좋아하는 학생 수를 알아보기 쉽게 표로 나타내시오.

과일별 좋아하는 학생 수

과일	복숭아	수박	포도	바나나	귤	계
학생 수(명)						

▸ 위의 표를 보고, 과일별로 좋아하는 학생 수만큼 ○표를 하거나 과일 스티커를 붙여 그래프로 나타내어 보시오.

8					
7					
6					
5					
4					
3					
2					
1					
학생 수 (명) / 과일	복숭아	수박	포도	바나나	귤

배경

수집된 자료를 정리하여 표로 나타낸 후, 표를 보고 그래프로 나타내는 활동이다. 그래프는 자료를 시각적으로 표현하여 요약하는 방법으로, 이를 통해 표와는 다른 특성을 부각시킬 수 있다. 저학년에서는 그래프의 초보 단계이므로 그래프의 양식을 제시해 주고 ○와 같은 표시나 간단한 그림을 이용하여 그래프로 나타내는 것을 학습한다. 이 때 하나의 그림은 하나의 대상을 나타낸다. 이렇게 학생 수만큼 ○ 표를 하여 나타낸 그래프는 그림그래프의 성격을 지니기도 하고 막대그래프의 성격을 지니기도 한다. 그러므로 그림그래프로 볼 수도 있고 막대그래프로 볼 수도 있다. 한편, 제시된 활동에는 그래프의 가로와 세로가 이미 제시되어 있지만, 각각이 무엇을 나타낸 것인지를 살펴보도록 하는 것도 중요하다. 이렇게 그린 그래프를 바탕으로 이후 그래프를 보고 자료의 크기를 비교하는 활동을 하게 된다.

관련 TU : TUST-0060, TUST-0120

TUST-0120.10 그래프를 보고 자료의 크기 비교하기

관련 교육과정 (07) 2(라)1②
(09) 12(마)3①

목표

그래프를 보고 자료의 크기를 비교할 수 있다.

자료

좋아하는 과일 등의 조사 활동을 위한 소재(가족 수, 좋아하는 계절, 색깔 스티커 등)

활동

▸ 다음은 학생들이 좋아하는 과일을 조사한 후 ○ 표 스티커를 붙여 그래프로 나타낸 것입니다. 그래프를 보고 물음에 답하시오.

8				○	
7		○		○	
6		○		○	
5	○	○		○	
4	○	○		○	○
3	○	○	○	○	○
2	○	○	○	○	○
1	○	○	○	○	○
학생 수(명) / 과일	복숭아	수박	포도	바나나	귤

▸ 복숭아를 좋아하는 학생은 몇 명입니까?

▸ 가장 많은 학생이 좋아하는 과일은 무엇입니까?

▸ 가장 적은 학생이 좋아하는 과일은 무엇입니까?

▸ 포도를 좋아하는 학생은 복숭아를 좋아하는 사람과 몇 명 차이가 납니까?

▸ 학생의 수는 모두 몇 명입니까?

배경

수집한 자료를 그래프로 나타낸 후, 이를 보고 통계적 사실들을 찾아 해석하는 활동을 한다. 그래프를 보면, 특정 항목에 대한 도수, 가장 많은 도수, 가장 적은 도수뿐만 아니라 각 항목 간의 도수의 차이를 쉽게 알 수 있다. 즉 조사한 것을 표로 나타내면 각 항목별 학생 수를 쉽게 알아볼 수 있고, 이것을 그래프로 나타내면 각 항목 사이의 수량적 차이를 한 눈에 비교할 수 있어서 편리하다는 것이다. 이러한 활동을 통해 목적에 따라 통계 자료를 얻는 방법과 얻어진 자료를 어떻게 활용할 것인지에 대한 이해를 깊게 할 수 있다. 이후 막대그래프와 그림그래프를 학습하게 된다.

관련 TU : TUST-0110, TUST-0130, TUST-0140

TUST-0130.10 막대그래프

관련 교육과정	(07) 3(라)1①
	(09) 34(마)2①

목표

표에 나타난 수량의 크기를 막대그래프로 나타낼 수 있다.

자료

막대그래프, 좋아하는 계절의 조사 표

활동

(1) 조사한 표를 보고 표에 나타난 수량의 크기를 그래프에 막대로 나타내시오.

좋아하는 계절

계절	봄	여름	가을	겨울
(명)	4	9	7	8

좋아하는 계절

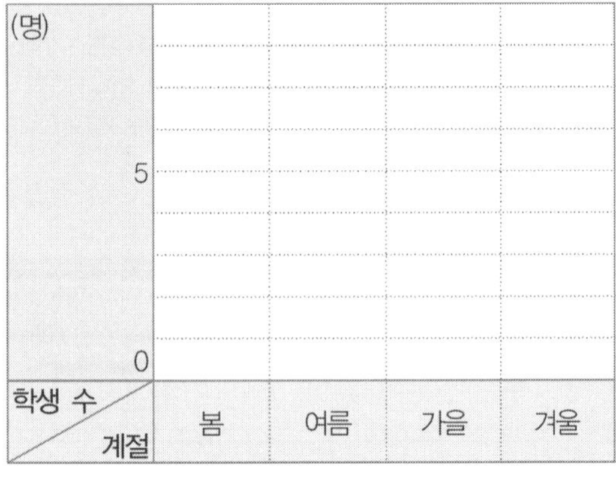

- ▶ 계절은 가로축과 세로축 중 어느 쪽에 나타냅니까?
- ▶ 학생수는 어느 쪽에 가로축과 세로축 중 어느 쪽에 나타냅니까?
- ▶ 눈금이나 단위의 크기를 어떻게 나타내면 좋을지 말해 보시오.
- ▶ 막대의 폭을 생각하며 그려봅시다.

조사한 수를 막대로 나타낸 그래프를 막대그래프라고 합니다.

배경

그래프는 자료를 활용하는 한 방법으로 확률과 통계를 학습하는 데 있어서 반드시 탐구되어야 할 부분이다. 그래프 기능은 그래프를 구성하고 읽는 기능뿐만 아니라 그래프로 된 정보를 해석하는 것까지를 포함한다. 막대그래프는 보통 이산형 자료에 사용하며, 자료의 범주를 시각적으로 빠르게 비교하는 데 사용된다. 막대그래프를 그리고 막대그래프의 짜임을 알아보게 하여, 막대그래프에 대한 이해를 분명하게 하고 막대그래프 그리는 방법과 순서를 분명히 알도록 지도한다. 또한 막대그래프의 특징이 잘 드러낼 수 있도록 막대의 폭을 어떻게 잡아야 할 지 학생들에게 지도해야 한다.

관련 TU : TUST-0110, TUST-0140

TUST-0140.10 그림그래프

관련 교육과정	(07) 3(라)1①
	(09) 34(마)1①

목표

표에 나타난 수량의 특징에 알맞게 그림그래프를 그릴 수 있다.

자료

그림그래프, 조사 대상을 표현하는 스티커(모양은 같고 크기가 다른 것)

활동

(1) 조사한 표를 보고 표에 나타난 특징에 알맞게 그림그래프를 그리시오.

반별 폐휴지 무게

모둠	1반	2반	3반	4반
무게(kg)	17	23	30	25

반별 폐휴지 무게

1반	⬜ □□□□□□□	3반	
2반		4반	

⬜ 10 kg □ 1 kg

조사한 수를 그림으로 나타낸 그래프를 그림그래프라고 합니다.

▸ 10 kg을 나타내는 그림은 각 반마다 몇 개 필요합니까?

▸ 1 kg을 나타내는 그림은 각 반마다 몇 개 필요합니까?

배경

그림그래프에서 자료는 그림으로 나타내며, 그림그래프를 적절하게 해석하려면 각각의 대상이 얼마를 나타내는가를 알아야 한다. 그림그래프를 그릴 때 주의할 점은 주어진 자료의 특징에 알맞은 그림을 활용하는 것이다. 그리고 자료의 수와 관련하여 각 그림의 크기의 수를 적절하게 조정하여야 한다. 또한 자료의 크기가 큰 것을 표현하는 그림을 먼저 그리고 작은 그림을 나중에 그린다. 그림그래프는 시각적으로, 직관적으로 수량을 파악할 수 있으며, 자세한 숫자가 필요 없을 때 주로 사용된다.

관련 TU : TUST-0110, TUST-0130

TUST-0150.10 자료의 특징에 따라 막대그래프나 그림그래프 선택하기

관련 교육과정	(07) 3(라)1①
	(09) -

목표

주어진 자료의 특징에 알맞게 막대그래프나 그림그래프로 나타낼 수 있다.

자료

막대그래프, 그림그래프, 조사하여 활용할 수 있는 구체물

활동

(1) 주어진 표를 보고 그림그래프나 막대그래프로 나타내시오.

① 조사한 표를 그래프로 나타내려고 합니다. 어떤 그래프가 좋을까요?

② 그림그래프나 막대그래프로 나타내시오.

도서관의 책

책	과학책	위인전	동화책	만화책	그림책
권수	210	160	320	410	130

배경

필요한 정보를 효율적으로 나타낼 수 있는 적당한 그래프를 선택하는 의사결정 능력은 중요한 능력이라 할 수 있다. 막대그래프나 그림그래프는 모두 이산형 자료를 나타내는 그래프로 큰 차이는 없으나 얻고자 하는 정보의 특징과 자료의 특징을 고려하여 수량이 커지면 그림그래프로 나타내는 것이 더 효율적이다. 또한 막대그래프는 시간의 흐름 속에 있는, 기간별로 정리된 자료의 직관적인 비교를 하는 경우에 그림그래프보다 더 유용하다.

관련 TU : TUST-0130, TUST-0140

TUST-0210.10 표에서 자료의 특성을 찾고 설명하기

관련 교육과정	(07) 3(라)[1]②
	(09) 34(마)[1]①

목표

수집된 자료를 표로 나타내고, 여러 가지 사실을 찾을 수 있다.

자료

조사 자료, 도수분포표

활동

(1) 우리반 학생들이 좋아하는 계절을 조사하고 정리하여 표로 나타내시오.

〈은서〉 봄	〈영범〉 여름	…		

좋아하는 계절

계절	봄	여름	가을	겨울
(명)	4	9	7	8

(2) 표를 보고 알 수 있는 사실을 모두 적어보시오.

▸가장 많은(적은) 학생들이 선택한 계절은 언제입니까?

▸가장 많은 학생들이 선택한 계절부터 차례로 말하시오.

▸학생들은 어느 계절을 가장 좋아합니까?

(3) 조사한 자료와 표를 비교해 보시오.

▸가장 많은(적은) 학생들이 선택한 계절을 알아보는 데는 어느 것이 편리합니까?

▸가장 많은 학생들이 선택한 계절부터 차례로 알아보는 데는 어느 것이 편리합니까?

▸학생 개개인이 좋아하는 계절을 알아보는 데 조사한 자료와 표 중 어느 것이 편리합니까?

배경

자료(data)를 수집, 정리, 분석하는 이유는 정보(information)를 얻어 상황을 이해하고, 의사결정을 하기 위함이다. 따라서 원 자료는 한 집단이 가지는 특성이나 경향(정보)을 알아보는 데 어려움이 있다. 따라서 조사표보다 더 알아보기 쉬운 방법으로 표가 필요함을 알게 한다. 표를 만든 다음에는 표가 주는 정보를 찾고, 원 자료와 표를 비교하여 어느 것이 편리한지 알도록 한다.

관련 TU : TUST-0060

TUST-0220.10 막대그래프에서 자료의 특성을 찾고 설명하기

관련 교육과정	(07) 3(라)[1]②
	(09) 34(마)[2]①

목표

조사한 표를 막대그래프로 나타내고, 여러 가지 사실을 찾을 수 있다.

자료

표 자료

활동

(1) 조사한 자료를 보고 막대그래프를 그리시오.

좋아하는 과목

과목	국어	수학	사회	과학	영어	음악	미술	체육
명	2	4	5	6	7	4	5	8

(2) 막대그래프에서 자료의 특성을 찾아보고, 표와 막대 그래프의 장단점을 알아보시오.

▸ 가장 많은(적은) 학생들이 선택한 과목은 무엇입니까?

▸ 가장 많은 학생들이 선택한 과목부터 차례로 말하시오.

좋아하는 과목

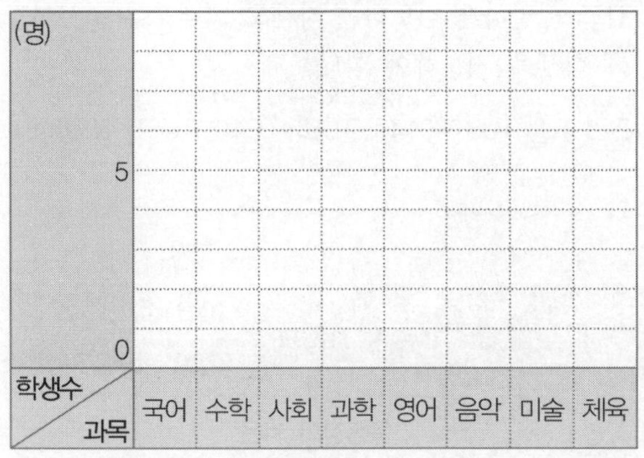

▸ 학생들은 어느 과목을 가장 좋아합니까?

▸ 가장 많은 학생들이 좋아하는 과목을 알아보려면, 표와 그래프 중에서 어느 것이 더 편리합 니까?

▸ 표가 막대그래프보다 더 좋은 점은 무엇입니까?

배경

표에서는 항목별로 도수가 기록되어 있어 수량의 크기를 쉽게 읽을 수는 있으나 수량의 크기순으로 한 눈에 알아보는 데는 불편하므로, 이러한 불편을 줄이기 위해서 막대그래프가 필요하게 된다. 표는 항목별로 수량을 정확한 수치로 나타내며 수량의 합계도 나타낼 수 있다. 이에 비하여 막대그래프는 수량을 직접 막대의 길이로 나타내는 것이기 때문에 항목 사이의 상호 비교가 직관적으로 쉽게 알아볼 수 있다. 또한 막대그래프는 시간의 기간에 따라 곧바로 직관적인 비교를 하기 위하여 유용하게 이용된다. 도수분포표보다 변화를 쉽게 알아볼 수 있는 장점도 있다.

이 활동은 막대그래프를 그리는 순서와 방법을 익힌 다음에 하게 된다.

관련 TU : TUST-0130, TUST-0210, TUST-0230

TUST-0230.10 그림그래프에서 자료의 특성을 찾고 설명하기

관련 교육과정	(07) 3(라)1②
	(09) 34(마)1①

목표

조사한 표를 그림그래프로 나타내고, 여러 가지 사실을 찾을 수 있다.

자료

표 자료, 자료를 상징할 수 있는 그림 스티커

활동

(1) 조사한 자료를 보고 그림그래프를 그리시오.

도서관의 책

책	과학책	위인전	동화책	만화책	그림책
권수	210	160	320	410	130

도서관의 책

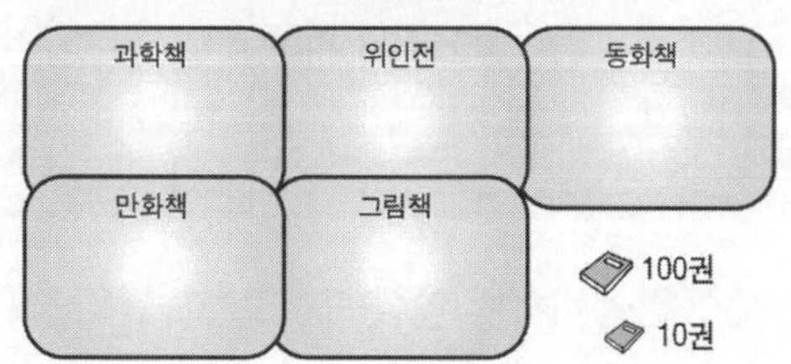

▸ 큰 책과 작은 책 그림은 각각 몇 권을 나타냅니까?

▸ 가장 많은 책은 어떤 책입니까?

▸ 가장 많은 책부터 차례로 말하시오.

▸ 가장 많은 책과 가장 적은 책의 차는 몇 권입니까?

배경

그림그래프를 그릴 때에는 자료의 특징을 가장 쉽게 나타낼 수 있는 그림이나 도안을 선택하는 일과 선택한 도안의 의미를 이해하는 일이 중요하다. 그림 하나가 얼마의 수량을 나타내는지를 분명히 하고 정해진 단위에 따라 그림으로 나타내게 한다. 그래프를 그리고 난 후에는 그림그래프의 그림 수를 헤아려보면서 통계적인 사실을 해석할 수 있도록 지도한다.

그래프 그리는 기능을 발달시킴에 있어 중요한 요소는 그래프를 비판적으로 검토하고 제시된 자료를 올바르게 해석하는 능력이다. 때로는 그림그래프가 정보를 왜곡하는 경우가 있어 주의를 할 필요가 있다. 학생들은 그래프에 제시된 수치를 무시하고 시각적 표현에만 주목할 수도 있다. 그래서 그림의 비로써 그래프를 해석하기도 한다. 특히 2차원과 3차원으로 나타내면 크기의 비율을 바르게 전달하지 못하는 단점이 있다. 이를 극복하기 위해서는 주의 깊고 세밀하게 검토하는 자세로 그래프를 조사하도록 학생을 지도해야 한다.

관련 TU : TUST-0140, TUST-0210, TUST-0220

TUST-0240.10 꺾은선그래프

관련 교육과정 (07) 4(라)1① (09) 34(마)2②

목표

꺾은선그래프의 특징을 이해할 수 있다.

자료

운동장의 기온 변화를 나타낸 표, 모눈종이, 자

활동

(1) 운동장의 기온을 나타낸 표를 보고, 그래프를 그려 보시오.

운동장의 기온

시간(시)	9	10	11	12	1	2	3	4
온도(°)	7	9	10	12	13	14	13	10

모눈종이를 준비하여 앞의 표를 보고 꺾은선그래프를 직접 그려 보게 한다.

▸가로 눈금에서 시각을 찾습니다.

▸세로의 눈금에서 온도를 찾습니다.

▸가로선과 세로선을 따라 두 선이 만나는 곳에 점을 찍습니다.

▸점을 선분으로 잇습니다.

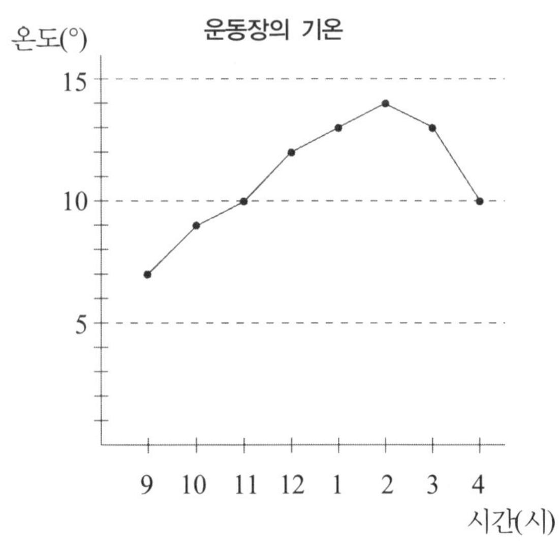

(2) 용어

이와 같이 그린 그래프를 꺾은선그래프라고 합니다.

(3) 꺾은선그래프를 보고 알 수 있는 것을 생각하여 보시오.

꺾은선그래프를 보고 질문에 대답하게 한다. 막대그래프만 보고는 잘 알 수 없었던 것을 잘 알 수 있게 되었는지에 중점을 둔다.

▸12시의 기온은 몇 도입니까?

▸12시 30분의 기온은 약 몇 도라고 할 수 있습니까?

▸기온의 변화가 가장 심한 때는 몇 시와 몇 시 사이입니까?

▸ 변화의 정도를 더 잘 나타내기 위해서는 가로 눈금의 간격을 어떻게 조절하면 좋은지 알아보시오.
▸ 변화의 정도를 알아보기에는 막대그래프와 꺾은선그래프 중에서 어느 것이 편리합니까?

배경

운동장의 기온은 연속적인 변화 상황이므로 막대그래프로 나타내는 것보다 꺾은선그래프로 나타낼 때 시간에 따른 온도의 변화를 알아보기 쉽다. 여기에는 꺾은선그래프의 다음 두 가정이 들어 있다. 첫째는 자료는 이산적이 아니라 연속적인 것이다. 둘째로 자료의 변화는 곡선이 아니라 직선(일차함수)에 의해 정확히 표현된다. 그래서 막대그래프로 나타낼 때에는 12시의 기온과 오후 1시의 기온은 알 수 있지만 12시 30분의 기온은 알 수 없었다. 그러나 꺾은선그래프에서는 각 수량을 점으로 표시하고, 그 점들을 곡선이 아닌 선분으로 이음으로써 그 중간값인 12시 30분의 기온도 대략 짐작할 수 있게 한다. 꺾은선그래프는 선분이 오른쪽으로 올라가면 늘어난 것을 나타내고, 내려가면 줄어드는 것을 나타낸다. 증가 상태와 감소 상태를 쉽게 찾을 수 있는 것이 꺾은선그래프의 특징이다.

관련 TU : TUST-0130, TUST-0250

TUST-0250.10 꺾은선그래프 읽기

관련 교육과정	(07) 4(라)1①
	(09) 34(마)2②

목표

꺾은선그래프를 읽을 수 있다.

자료

초등학생 수의 변화를 나타낸 꺾은선그래프

활동

꺾은선그래프를 보고, 물음에 답하시오.
(초등학생 수의 변화를 나타낸 꺾은선그래프)

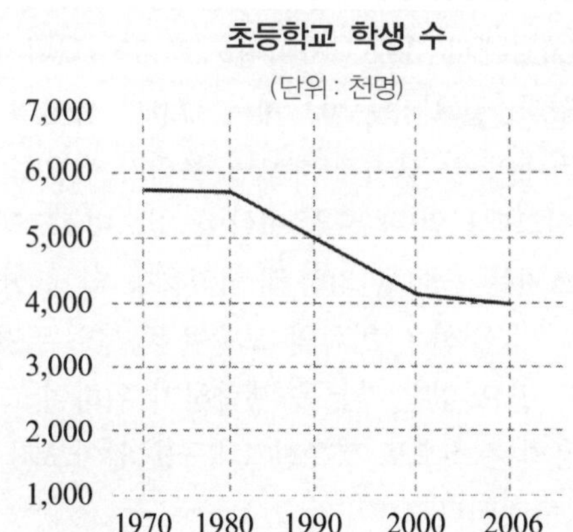

꺾은선그래프가 나타내는 것을 질문을 통하여 알 수 있게 한다.

▸ 가로 눈금은 무엇을 나타냅니까?
▸ 세로 눈금은 무엇을 나타냅니까?
▸ 초등학생 수의 변화가 가장 심한 때는 몇 년과 몇 년 사이입니까?
▸ 1995년의 초등학생 수는 약 몇 만 명이라고 할 수 있습니까?
▸ 그래프의 변화 과정이 어떠한지 말해보시오.

배경

꺾은선그래프를 보고 알아낼 수 있는 사실은 가로의 눈금, 세로의 눈금이 나타내는 것, 최댓값과 최솟값, 증가와 감소, 변화가 심한 것과 변화가 없는 것, 연속량의 한 구간의 중간점의 수량을 짐작해 보기이다. 주어진 꺾은선그래프를 보고 그 내용을 해석하는 단계이므로 최댓값과 최솟값, 증가와 감소가 있고, 중간값을 짐작할 수 있는 자료를 선택한다.

꺾은선그래프를 해석하기 위해서는 그래프의 가로축과 세로축을 모두 확인해야 하는데, 이는 좌표에 대한 선수학습의 좋은 기회를 제공한다.

관련 TU : TUST-0240, TUST-0260

TUST-0260.10 물결선

관련 교육과정	(07) 4(라)1①
	(09) 34(마)2②

목표

물결선을 사용한 꺾은선그래프의 특징을 알 수 있다.

자료

모눈종이, 자, 지영이의 체온을 나타낸 표

활동

▸ 지영이는 몸이 아파 30분마다 체온을 재었고, 병원치료를 받았더니 열이 떨어졌습니다. 표를 보고, 체온의 변화를 꺾은선그래프로 나타내어 보시오.

시각	9시	9시 30분	10시	10시 30분	11시	11시 30분	12시
체온(℃)	37.5	37.9	38.4	37.8	37.5	37.0	36.5

(가) 물결선을 사용하지 않은 그래프

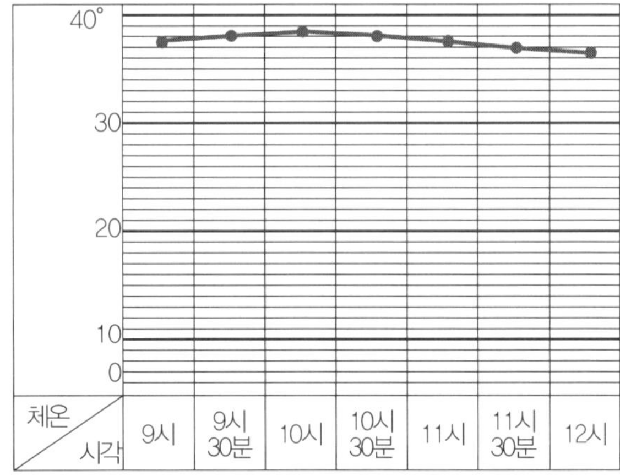

(나) 물결선을 사용한 그래프

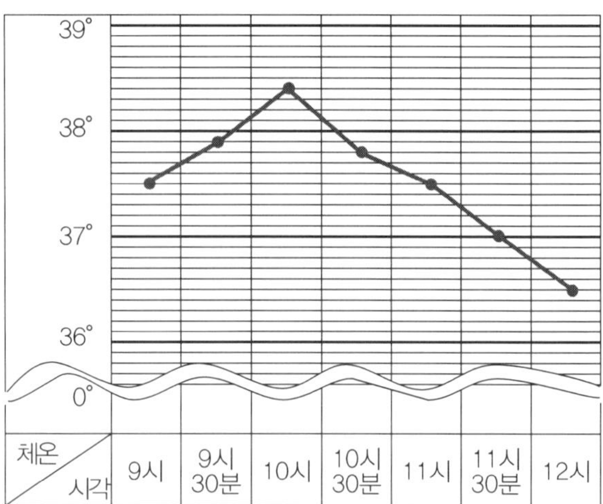

물결선을 사용하지 않은 꺾은선그래프 (가)와 물결선을 사용한 꺾은선그래프 (나)를 그려보게 한다. 꺾은선그래프 (가)와 (나)를 잘 살펴보게 한 다음, 꺾은선그래프 (가)는 꺾은선의 변화가 크지 않아 체온의 변화를 쉽게 알 수 없는 반면, (나)는 체온의 변화가 뚜렷하게 나타남을 인식하게 한다.

▸ 꺾은선그래프에 물결선을 그렸을 때 편리한 점과 불편한 점을 말해 봅시다.

배경

표를 보면, 꺾은선그래프를 그리는 데에 필요한 구간은 37.0℃에서 38.5℃사이이므로 37.0℃이하는 필요가 없다. 필요 없는 0℃에서 37.0℃ 사이의 부분을 잘라내어 안 보이게 해보면 우리가 필요로 하는 꺾은선그래프의 부분은 변함이 없으며, 그래프 전체의 크기는 줄어 편리하게 되었음을 알게 한다. 이와 같이 물결선은 변화의 모습을 좀 더 뚜렷이 나타내고, 필요 없는 부분을 생략하기 위하여 그래프에 이용하는 것으로 꺾은선그래프를 알아보기 좋도록 하는 것이다.

관련 TU : TUST-0250, TUST-0270

TUST-0270.10 물결선을 이용한 꺾은선그래프 그리기

관련 교육과정	(07) 4(라)1①
	(09) 34(마)2②

목표

표를 보고, 물결선을 사용한 꺾은선그래프를 그릴 수 있다.

자료

식물의 키를 나타낸 표, 모눈종이, 자

활동

일주일 동안 식물이 자라는 모습을 꺾은선그래프로 그려 보시오.

요일	일	월	화	수	목	금	토
식물의 키(cm)	28.0	28.3	28.5	28.6	28.9	29.1	29.3

물결선을 사용한 꺾은선그래프 그리는 순서

1. 식물의 키의 최댓값과 최솟값을 확인합니다.
2. 물결선으로 나타낼 부분을 정합니다.
3. 세로의 작은 눈금 한 칸의 크기를 정합니다.
4. 가로 눈금과 세로 눈금이 만나는 자리에 점을 찍습니다.
5. 점을 선분으로 잇습니다.

배경

여기에서는 물결선을 이용하여 꺾은선그래프를 그리면 수치의 변화 추이를 잘 살필 수 있다는 것을 확인할 수 있다. 물결선은 막대그래프에도 사용될 수 있다. 즉 막대그래프의 길이가 모두 길면서 동시에 그 차이가 눈에 드러나지 않을 경우에도 물결선을 사용한다. 막대그래프에서는 물결선이 최댓값과 최솟값 구간 사이에 가로지를 수 있으나, 꺾은선그래프는 물결선을 필요한 구간을 가로지르게 그릴 경우 꺾은선의 기울기를 사실대로 나타낼 수 없으므로 사용해서는 안 된다.

관련 TU : TUST-0260, TUST-0280

TUST-0280.10 물결선을 이용한 꺾은선그래프 읽기

관련 교육과정	(07) 4(라)1①
	(09) 34(마)2②

목표

물결선을 이용한 꺾은선그래프에 제시된 의미를 알 수 있다.

자료

물결선을 이용한 꺾은선그래프(성호의 체온 변화)

활동

성호는 열이 많이 나서 1시간마다 체온을 재었습니다. 성호의 체온이 어떻게 변하였는지 알아보시오.

성호의 체온

시각(시)	7	8	9	10	11	12
체온(℃)	37.9	38.4	38.7	38.5	37.9	37.5

성호의 체온 변화표를 보고 물결선(≈)을 사용하여 꺾은선그래프를 그려보시오.

(나) 성호의 체온

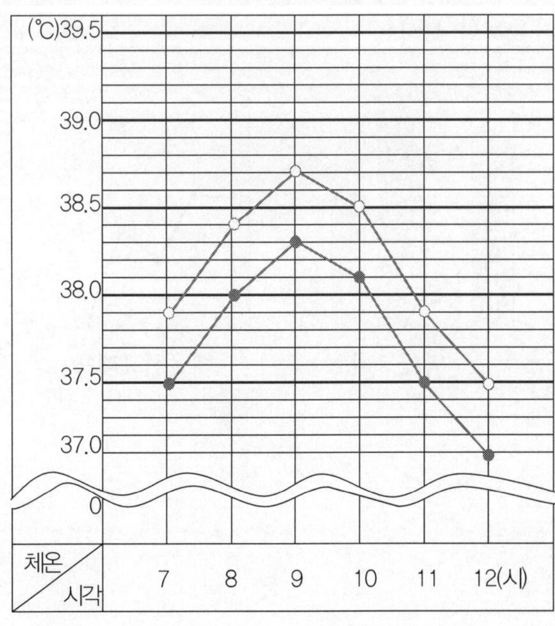

▸ 세로의 작은 눈금 한 칸의 크기는 얼마입니까?
▸ 체온의 변화가 가장 큰 시간은 몇 시부터 몇 시 사이입니까?
▸ 세로 눈금에 0℃에서 37.0℃ 사이를 어떻게 나타내었습니까?
▸ 37℃ 아래에 물결선을 사용한 이유는 무엇입니까?
▸ 오후 1시 이후의 체온은 어떻게 변할 것이라고 예상합니까?

배경

꺾은선그래프의 각 점을 이은 선분의 기울기는 변화의 정도를 나타낸다. 이 변화의 정도를 보다 쉽게 알아보기 위해서 물결선을 사용한다. 물결선을 사용하면 세로 눈금 한 칸이 나타내는 양이 적어져서 그만큼 선분의 기울기를 강조하여 나타낼 수 있다. 물결선을 사용할 때 물결선을 표시할 위치를 잘 선택하여야 한다. 각 선분의 기울기가 조사한 내용의 변화를 강조하여 나타내므로, 조사되지 않은 부분의 변화도 예측하기가 쉬워진다.

관련 TU : TUST-0270

TUST-0290.10 막대그래프와 꺾은선그래프

관련 교육과정	(07) 4(라)①②
	(09) 34(마)②③

목표

막대그래프와 꺾은선그래프의 특성을 비교할 수 있다.

자료

막대그래프와 꺾은선그래프, 사회과부도, 무역에 관한 잡지, 날씨에 관한 책, 통계책자 등

활동

▸ 막대그래프의 특성과 꺾은선그래프의 특성을 비교하여 보시오.

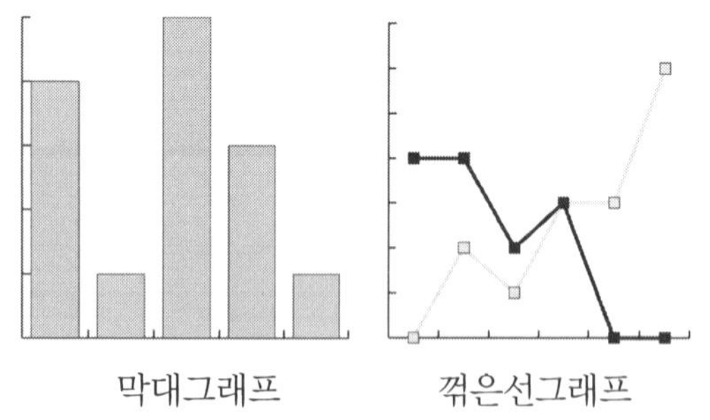

▸ 막대그래프와 꺾은선그래프의 용도를 알아보시오.

배경

막대그래프와 꺾은선그래프는 각각 나름대로의 장점을 갖고 있다. 그래프는 서술되어 있거나 표로 되어 있는 자료를 보기 쉽게 나타내기 위해 활용된다. 따라서 나타내고자 하는 자료의 특성을 쉽게 표현할 수 있는 그래프를 선택하여 나타내면 된다. 막대그래프는 각 계급의 상대적 크기를 비교하기 쉽고, 수치의 크기를 정확하게 나타낼 수 있는 장점이 있으며, 전체적인 자료의 분석이 가능하다. 꺾은선그래프는 시간에 따른 연속적인 자료의 변화를 파악하기 용이하며, 자료의 증감이나 상황을 알아보기 쉽다. 또 자료간의 부분적 비교가 가능하다.

관련 TU : TUST-0130, TUST-0240, TUST-0300

TUST-0300.10 막대그래프와 꺾은선그래프 선택하기

관련 교육과정	(07) 4(라)1③
	(09) 34(마)2③

목표

표를 보고, 막대그래프와 꺾은선 그래프 중에서 알맞은 그래프를 선택할 수 있다.

자료

훌라후프 돌린 횟수를 나타낸 표, 요일별 멀리뛰기 최고 기록을 나타낸 표

활동

(1) 표를 보고, 알맞은 그래프로 나타내어 보시오.

줄넘기 넘은 횟수

이름	진석	용수	승희	민영	우영	다희
횟수(회)	230	180	290	160	250	180

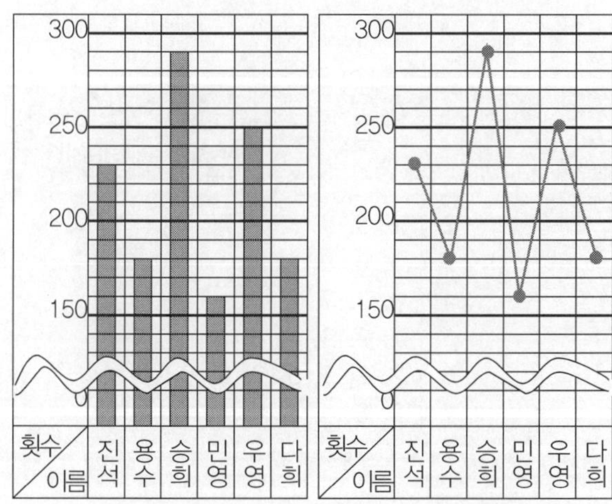

막대그래프　　　　꺾은선그래프

표를 보고, 누가 훌라후프를 가장 많이 돌렸는지 알아보기 위한 그래프를 생각하게 한다. 막대그래프와 꺾은선그래프 중 선택하여 나타내어보게 한다. 왜 그렇게 생각했는지 말해보게 한다.

(2) 표를 보고, 알맞은 그래프로 나타내어 보시오.

요일별 멀리뛰기 최고 기록

요일	일	월	화	수	목	금	토
뛴 거리(cm)	112	130	125	115	135	138	132

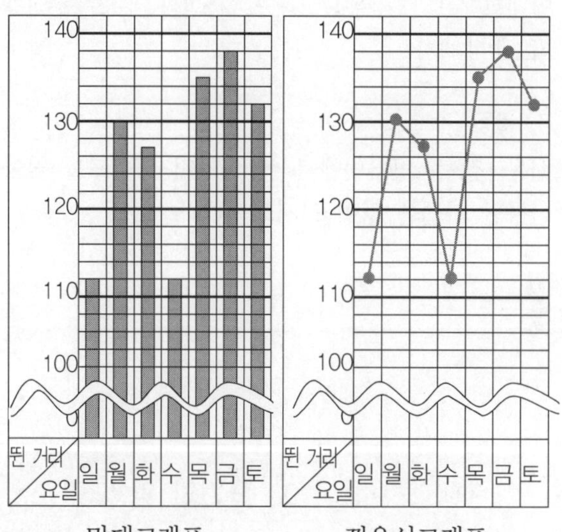

막대그래프　　　　꺾은선그래프

요일별 멀리뛰기 최고 기록의 변화는 어떤 그래프가 좋은지 선택하여 알맞은 그래프로 나타내어보게 한다.

배경

각 부분의 상대적인 크기를 비교하기 쉬운 것은 막대그래프이고 변화 상태를 뚜렷이 나타내려면 꺾은선그래프로 나타내어야 함을 알게 한다. 꺾은선그래프는 막대그래프에 비해 수량에 대한 변화 상태를 알아보기에 편리한 그래프이나 막대그래프로 나타내어야 할 자료를 굳이 꺾은선그래프로 나타내는 일이 없도록 한다.

관련 TU : TUST-0290, TUST-0310

TUST-0310.10 막대그래프와 꺾은선그래프 읽기

관련 교육과정	(07) 4(라)[1]③
	(09) 34(마)[2]③

목표

막대그래프와 꺾은선그래프에 나타난 사실을 읽을 수 있다.

자료

막대그래프와 꺾은선그래프, 사회과 부도, 무역책자, 통계책자

활동

신문, 잡지, 인터넷에서 여러 가지 그래프를 찾아 나타난 사실을 읽어 보시오.

배경

막대그래프와 꺾은선그래프는 각각 나름대로의 장점을 갖고 있다. 그래프는 서술되어 있거나 표로 되어 있는 자료를 보기 쉽게 나타내기 위해 활용된다. 따라서 나타내고자 하는 자료의 특성을 쉽게 표현할 수 있는 그래프를 선택하여 나타내면 된다. 막대그래프는 각 계급의 상대적 크기를 비교하기 쉽고, 수치의 크기를 정확하게 나타낼 수 있는 장점이 있으며, 전체적인 자료의 분석이 가능하다. 꺾은선그래프는 시간에 따른 연속적인 자료의 변화를 파악하기 용이하며, 자료의 증감이나 상황을 알아보기 쉽다. 또 자료간의 부분적 비교가 가능하다.

관련 TU : TUST-0290, TUST-0300

TUST-0410.10 줄기와 잎 그림

관련 교육과정	(07) 5(라)[1]①
	(09) 중(라)[1]①

목표

줄기와 잎 그림의 특징을 알 수 있다.

자료

성민이네 마을 어른들의 나이 표

21	36	47	54	25	34
43	72	62	56	29	48
52	39	51	63	69	67
40	53	68	62	78	65

활동

(1) 조사 기록을 보고, 나이대별로 분류하여 보시오.

(2) 분류한 표를 다음 방법으로 나타내어 보시오.
세로선을 긋고 21살을 2 | 1과 같이 십의 자리 숫자는 세로선의 왼쪽, 일의 자리 숫자는 세로선의 오른쪽에 나타내어 보시오.

2	1, 5, 9
3	4, 6, 9
4	0, 3, 7, 8
5	1, 2, 3, 4, 6
6	2, 2, 3, 5, 7, 8, 9
7	2, 8

(3) 용어
이와 같이 나타낸 그림을 '줄기와 잎 그림'이라고 합니다. 이 때, 세로선의 왼쪽에 있는 수를 '줄기', 오른쪽에 있는 수를 '잎'이라고 합니다.

배경

줄기와 잎 그림은 마을 어른들의 나이를 나타낸 표보다는 통계적 사실을 직관적으로 파악하기가 쉽다는 것을 알게 한다. 일반적으로 자료의 가장 큰 자릿값이 줄기로 이용되며 다음의 자릿값은 잎들이 된다. 세 자리 수인 경우는 백의 자리와 십의 자리에 있는 줄기를 이용하고 일의 자리 수는 잎을 이

용한다.

줄기와 잎 그림은 각 자료의 주어진 정보를 잃을 수 있으나, 구간 별로 점수들의 도수를 한 눈으로 쉽게 알 수 있으며, 점수를 크기 순서대로 알 수 있다는 특징이 있다. 줄기와 잎 그림은 여러 상이한 자료 간의 비교나 정보를 제시하는 효과적인 방법을 제공한다. 전형적인 도수분포표나 히스토그램을 이용하는 경우보다 자료를 조직적으로 표현한다. 즉 개인적인 측정값을 보전하면서 두 집단에 대한 분명한 시각적 비교도 가능하게 하는 것이다.

관련 TU : TUST-0050, TUST-0420, TUST-0130

TUST-0420.10 줄기와 잎 그림 읽기

관련 교육과정: (07) 5(라)1① / (09) 중(라)1①

목표

줄기와 잎 그림에 나타난 여러 가지 통계적 사실을 알아낼 수 있다.

자료

학생들의 윗몸일으키기 기록에 대한 줄기와 잎 그림

윗몸일으키기 기록 (단위: 회)	
줄기	잎
0	2, 3, 7, 8
1	1, 2, 3, 6, 6, 7, 8
2	2, 2, 3, 5, 6, 7, 8, 9
3	2, 3, 4, 5, 6, 9
4	0, 4, 6

활동

▸줄기의 잎 그림을 보고 다음 물음에 답하시오.
▸줄기를 찾아보시오.
▸줄기가 4인 잎을 찾아 써 보시오.
▸잎이 가장 많은 줄기를 말하여 보시오.

배경

줄기와 잎 그림을 그려 통계적 사실을 직관적으로 판단할 수 있는 능력을 기르게 한다. 줄기와 잎 그림은 막대그래프를 뉘여 놓은 것으로 생각하여 막대의 길이로 분포의 상태를 직관적으로 파악할 수 있고, 분포의 중심을 찾아낼 수 있다. 그리고 분포의 전체적인 모양을 가늠해 볼 수 있다. 줄기와 잎을 바르게 정하여 그림을 그리도록 한다.

관련 TU : TUST-0130, TUST-0410, TUST-0430

TUST-0430.10 줄기와 잎 그림 나타내기

관련 교육과정: (07) 5(라)1① / (09) 중(라)1①

목표

자료에 알맞은 줄기와 잎 그림을 그릴 수 있다.

자료

원영이네 반 학생들의 수학 점수

79	92	86	76	69	52	85	72
87	62	79	88	99	84	78	63
95	87	81	70	84	92	87	95
84	68	57	86	78	61		

활동

▸기록표를 보고, 줄기와 잎 그림을 그려 보시오
▸줄기와 잎 그림을 그리는 순서를 읽어보시오.

줄기와 잎을 정한다.
→ 세로선을 긋는다.
→ 세로선을 중심으로 왼쪽에 줄기로 정한 수를 쓴다.
→ 세로선을 중심으로 오른쪽에 잎으로 정한 수를 쓴다.

→ 줄기와 잎 그림의 수를 읽어 보도록 한다.

▸ 줄기는 무엇을 나타내면 좋습니까?

▸ 잎은 무엇으로 나타내면 좋습니까?

▸ 수학 점수를 보고 표를 완성하여 보시오.

구간	50~59	60~69	70~79	80~89	90~99
학생수					

▸ 표를 보고, 줄기와 잎 그림으로 나타내시오.

배경

줄기와 잎 그림은 히스토그램을 기술적으로 변형시킨 것이라 할 수 있다. 줄기와 잎 그림을 사용하면 자료를 좀 더 조직적으로 표현할 수 있으며, 히스토그램의 일반적인 모양을 유지하면서도 개개의 값을 제시할 수 있다. 또한 자료가 얼마나 넓게 분포되어 있는지, 어디에 집중적으로 분포되어 있는지, 자료의 분포가 대칭적인지, 어느 범위에 공백에 있는지 등을 보여준다. 이를 선 그림과 비교해보면, 자료의 수가 커지더라도 선 그림처럼 다루기 어렵지 않다는 장점이 있다.

관련 TU : TUST-0410, TUST-0420, TUST-0550

TUST-0510.10 그림그래프(평면적 분포)

관련 교육과정	(07) 5(라)1①
	(09) 56(마)2①

목표

그림그래프의 특징을 이해한다.

자료

도별로 기르고 있는 소의 그림그래프

활동

▸ 경기도의 소는 몇 만 마리입니까?

▸ 전라남도의 소는 몇 만 마리입니까?

▸ 경상북도의 소는 몇 만 마리입니까?

▸ 소가 가장 많은 도와 가장 적은 도의 차를 구하시오.

▸ 전체 소는 몇 만 마리입니까?

배경

그림으로 된 자료를 이용하는 많은 도표와 그래프가 있다. 그림그래프는 독립변인이 선형성이나 순서성을 지니지 않고 평면적 분포를 이루고 있을 때 사용하면 편리하다. 그림그래프는 그림을 2차원, 3차원 이상으로 나타내면 비율을 바르게 전달하지 못한다는 단점이 있으나, 그림그래프는 간단하면서 직관적으로 쉽게 자료를 파악할 수 있다는 장점이 있다. 수량을 그림으로 나타내어 통계적인 사실을 파악하는 데에 편리하도록 그림으로 나타낸 것을 그림그래프라고 한다. 그러나 그림의 크기 때문에 자료에 대해 오해할 수 있다. 따라서 주의 깊고 세밀하게 검토하며 그래프를 조사하도록 지도해야 한다. 동일한 자료에 대해서 다른 그래프를 그릴 수 있다는 것은 그래프가 어떻게 정보를 왜곡하거나 잘못 표현할 수 있는가를 보여준다.

관련 TU : TUST-0140, TUST-0520

TUST-0520.10 그림그래프 그리기

관련 교육과정	(07) 5(라)1①
	(09) 56(마)2①

목표

표에 맞게 그림그래프를 그릴 수 있다.

자료

마을별 학생 수를 나타낸 표

마을	학생 수	마을	학생 수
가	150	마	240
나	260	바	160
다	40	사	330
라	390	아	180

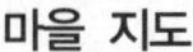

마을 지도

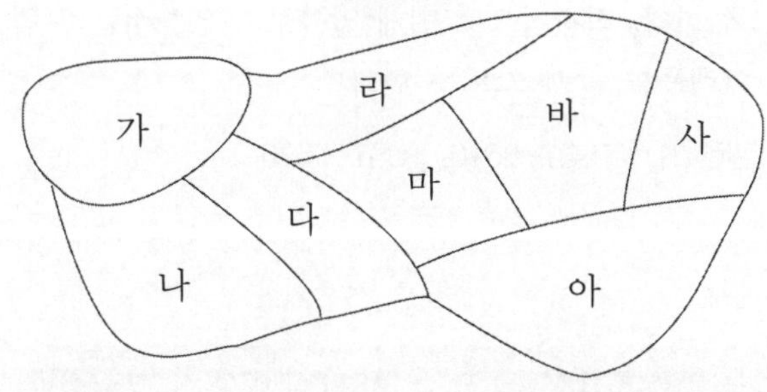

활동

표를 보고, 마을 지도에 그림그래프를 완성하여 보시오.

100명은 [그림] 로, 10명은 [그림]로 그려 보게 한다.

배경

그림그래프를 그리는 데에 치중하지 말고, 통계적인 사실을 바르게 해석할 수 있도록 해야 하고, 그림그래프와 표의 차이점을 이해하는 것도 중요하다. 너무 시각적인 효과를 위하여 복잡하고 현란한 그림이나 도안은 사용하지 않도록 한다. 그림이나 도안의 선택은 그림그래프를 그리는 데에 중요한 의미를 지니며 단위량의 설정은 그림그래프를 그리는 데에 매우 중요함을 알게 한다.

단위량이 너무 크면 표의 통계적 사실을 제대로 나타낼 수 없으며 단위량이 너무 작으면 표의 내용이 너무 세밀하게 나타나므로, 직관적으로 파악하기 어려우므로 단위량을 조사한 자료를 직관적으로 잘 나타낼 수 있는 크기로 정하게 한다.

표에 비해 그림그래프는 통계적인 사실을 직관적으로 쉽게 알 수 있고 각 변량간의 통계적인 사실을 서로 비교하기 쉬움을 알 수 있다.

관련 TU : TUST-0510, TUST-0530

TUST-0530.10 그림그래프 읽기

관련 교육과정	(07) 5(라)1①
	(09) 56(마)2①

목표

그림그래프를 보고 여러 가지 통계적 사실을 안다.

자료

효진이네 집의 월별 전화 사용료를 나타낸 그림그래프

1월	만 만 만 천 천
2월	만 만 천 천 천 천 천
3월	만 만 천 천 천 천
4월	만 만 만 천 천 천 천
5월	만 만 만 천 천
6월	만 만 만 천
7월	만 만 만 만 천
8월	만 만 천 천 천
9월	만 만 만 천 천 천
10월	만 만 만 천 천 천 천
11월	만 만 만 만 천
12월	만 만 만 천 천 천 천

(만: 만 원, 천: 천 원)

활동

- ▸그림그래프를 보고 다음을 알아보시오.
- ▸전화 사용료를 어떤 방법으로 나타냈습니까?
- ▸전화 사용료를 가장 많이 낸 달은 어느 달입니까?
- ▸전화 사용료를 가장 적게 낸 달은 어느 달입니까?
- ▸어린이날이 있는 달의 전화 사용료는 얼마입니까?
- ▸전화 사용료가 가장 많은 달과 가장 적은 달의 차는 얼마입니까?
- ▸1년 동안 사용한 전화 사용료는 얼마입니까?

배경

주어진 표를 보고 통계적 사실을 확인하게 하여 통계적 사실을 직관적으로 알아보기 어려움을 느끼도록 한다. 직관적으로 쉽게 알아보기 위해서는 그림그래프를 그려 보도록 한다.

관련 TU : TUST-0510, TUST-0520

TUST-0550.10 줄기와 잎 그림, 그림그래프 선택하여 그리기

관련 교육과정	(07) 5(라)1③
	–

목표

자료를 보고, 줄기와 잎 그림과 그림그래프 중 알맞은 그래프를 선택하여 그릴 수 있다.

자료

우리 학교 주변에 있는 4개 초등학교의 학생 수와 선생님 수가 얼마인지 조사해서 정리한 표.

학교	강동	강남	강서	강북
학생 수(명)	567	32	497	611
선생님 수(명)	32	30	31	35

활동

- ▸4개 초등학교의 학생 수와 선생님 수를 알아보려면 어떻게 해야 합니까?
- ▸다른 학교와 비교하여 우리 학교 학생 수와 선생님 수는 많은 편인지, 적은 편인지 예상하여 보시오.
- ▸이를 이용하여 조사하고 표로 나타내시오.
- ▸4개 초등학교 학생 수의 평균을 구하시오.
- ▸4개 초등학교 선생님 수의 평균을 구하시오.
- ▸표를 보고, 미리 생각한 초등학교 학생 수는 평균보다 많은지, 적은지 말하여 보시오.
- ▸어떤 그래프로 나타내는 것이 좋을지 생각하여 보시오.
- ▸알맞은 방법으로 나타내어 보시오.
- ▸학교에 따라 학생 수와 선생님 수의 관계를 이야기해 보시오.
- ▸이러한 자료는 어떤 경우에 이용될 수 있는지 생각해 보시오.

배경

줄기와 잎 그래프는 줄기와 잎을 정하는 것이 중요하며, 그림그래프는 단위량을 정하는 것이 중요함을 인식하고 알맞은 그래프를 선택하게 한다.

그래프를 지도할 때는 그래프의 타당성을 강조하기 위해 관련 자료를 수집하는 문제로 시작하거나 예측과 정보 교환의 필요성을 먼저 느끼게 한다. 그래프 활동은 목적이 있어야 하며, 그래프는 만드는 방법보다는 그래프 해석에 중점을 두어야 한다.

각 그래프의 특징과 장점을 언급하는 것은 암기하기 위해서가 아니라, 각각의 유형이 가지는 장점을 알고 또 그 한계를 인식하면서 해당 그래프의 장점이 극대화되는 경우를 적절하게 선택하는 것이 중요하기 때문이다.

그림그래프는 신문과 보고서에 자주 쓰이며, 사용하기 편리하지만 시각적으로 오해를 불러일으킬 수 있다. 자료 코드와 단서가 있어야 이해할 수 있다는 한계가 있다.

막대그래프는 대부분 이산적인 자료에 이용되는데, 해석하기 편리하며 자료 코드가 있어야 이해할 수 있다.

꺾은선그래프는 신문과 보고서에 자주 쓰이며, 패턴, 경향, 비교, 시간에 따른 변화를 보여주는 데 효과적이다. 가로축과 세로축의 눈금을 확인해야 하며 좌표에 익숙하게 하는 기회를 제공한다.

줄기와 잎그래프는 막대그래프와 비슷한 시각적 효과를 내지만 세부적인 자료를 보여준다.

관련 TU : TUST–0410, TUST–0510

TUST–0560.10 줄기와 잎 그림, 그림그래프 읽기

관련 교육과정	(07) 5(라)[1]③
	–

목표

줄기와 잎 그림, 그림그래프에 나타난 실생활 자료를 해석할 수 있다.

자료

여러 가지 그래프 자료

활동

- ▸신문, 잡지, 인터넷에서 여러 가지 그래프를 찾아보시오.
- ▸그래프를 통해 알 수 있는 사실을 3가지씩 써보시오.

배경

주변에서 볼 수 있는 자료들에서 그동안 배운 그래프들을 찾아보게 한다. 교과서에서만 제한하지 말고, 따로 기간을 정해 스크랩을 하게 하는 것도 좋다. 최근 들어 줄기와 잎 그림이 잡지나 신문에서 종종 이용되는데, 여러 상이한 자료 간의 비교나 정보를 제시하는 효과적인 방법을 제공하기 때문이다. 그림그래프 또한 신문과 보고서에 자주 쓰이고 사용하기 편리하지만 시각적으로 오해를 불러일으킬 수 있음에 주의하게 한다.

관련 TU : TUST–0410, TUST–0510

TUST–0610.10 띠그래프

관련 교육과정	(07) 6(라)[1]①
	(09) 56(마)[3]①

목표

전체에 대한 부분의 비율을 나타내는 띠그래프를 이해할 수 있다.

자료

학생들의 혈액형을 조사한 표

혈액형	A	B	AB	O	계
학생 수(명)	37	21	18	24	100

활동

① 전체 학생에 대한 각 혈액형 별 학생들의 백분율을 구한다.

A형(37%)	B형(21%)	AB형 (18%)	O형(24%)

② 백분율만큼 띠 모양의 그림을 분할하여 나타낸다.
③ 전체에 대한 각 부분의 비율을 띠의 모양으로 나타낸 그래프가 '띠그래프' 임을 안다.
④ 여러 가지 띠그래프를 관찰한다.

배경

그래프를 해석하고 그래프에 대한 특정한 질문에 대하여 답하는 활동은 학생들이 그래프의 가치를 이해하고 인식하는 데 도움이 된다. 더욱이, 학생들로 하여금 여러 유형의 그래프가 가지고 있는 장점과 제한점을 이해하도록 할 수 있다.

비율그래프는 전체에 대한 부분의 양의 비율을 그래프로 나타낸 것으로, 그래프의 모양에 따라 띠그래프와 원그래프가 있다. 띠그래프는 길이를 이용하여 전체에 대한 부분의 양을 비율로 나타낸 것으로, 그리기 쉽고 그려진 그래프를 보고 자료를 읽기 쉽다. 그러나 부분의 차를 알아보기 쉽지 않으며 비율이 낮은 부분들은 명확하게 표현하기 어렵다는 단점이 있다.

관련 TU : TUST-0130, TUST-0620

TUST-0620.10 띠그래프 읽기

관련 교육과정: (07) 6(라)1①, (09) 56(마)3②

목표

띠그래프를 이해하고, 띠그래프에 제시된 정보를 읽을 수 있다.

자료

학생들이 좋아하는 계절을 조사한 표와 띠그래프

계절	봄	여름	가을	겨울	계
학생 수(명)	7	6	8	4	25

봄	여름	가을	겨울

활동

① 띠그래프를 보고 학생들이 가장 좋아하는 계절이 어떤 계절인지 말한다.
② 학생들이 좋아하는 계절별로 그래프에서 차지하는 백분율을 구한다.
③ 백분율의 크기를 비교하여 학생들이 좋아하는 어느 계절이 다른 계절의 약 몇 배인지를 알아본다.
④ 자료를 조사한 표를 보고 띠그래프로 그렸을 때 좋은 점을 말한다.

배경

띠그래프의 주요한 특징을 살펴보면 다음과 같다.

① 부분과 전체, 부분과 부분의 비율을 알기 쉽다.
② 길이로 비율을 나타내므로 보기에 쉽다.
③ 그리기, 읽기가 쉽다.
④ 수치가 적은 항목은 나타내기 곤란하다.
⑤ 부분의 차를 보는 데는 쉽지 않다.

관련 TU : TUST-0610, TUST-0630

TUST-0630.10 띠그래프 그리기

관련 교육과정	(07) 6(라)[1]①
	(09) 56(마)[3]①

목표

주어진 통계 자료를 정리하여 띠그래프를 그릴 수 있다.

자료

학생들이 좋아하는 운동을 조사한 표

운동	축구	야구	탁구	수영	기타	계
학생 수(명)	15	21	7	10	17	70

활동

① 표에서 각 운동이 차지하는 백분율을 계산한다.
② 계산한 백분율을 표에 나타낸다.
③ 백분율만큼 띠에 나타낸다.
④ 띠그래프에 제목을 붙인다.

배경

학생에게는 그래프를 그리고 그래프로 표현된 정보를 해석하는 경험이 중요하다. 그리고 그래프를 그리는 기능에는 그래프상의 정보를 해석하는 것은 물론이고 그래프를 그리고 읽는 것이 포함된다.

관련 TU : TUST-0610, TUST-0620

TUST-0650.10 원그래프

관련 교육과정	(07) 6(라)[1]①
	(09) 56(마)[3]①

목표

전체에 대한 부분의 비율을 나타내는 원그래프를 이해할 수 있다.

자료

어린이 회장 선거에서 입후보자들의 득표수를 기록한 표

입후보자	A	B	C	계
득표수	30	70	150	250

활동

① 전체 학생에 대한 각 입후보자별 득표율을 구한다.
② 득표율만큼 원 모양의 그림을 분할하여 나타낸다.

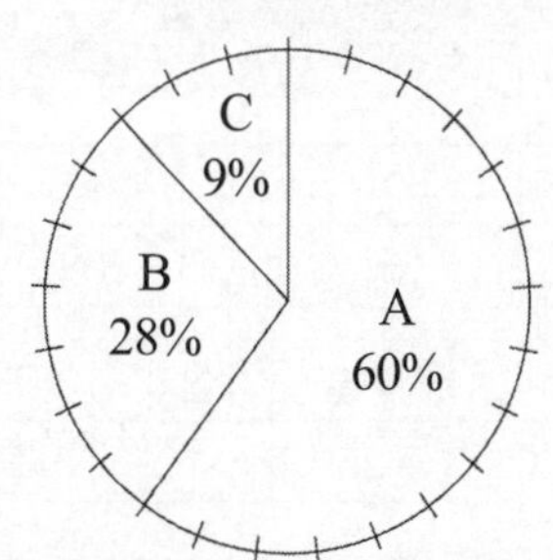

③ 전체에 대한 각 부분의 비율을 원에 나타낸 그래프가 '원그래프'임을 안다.
④ 여러 가지 원그래프를 관찰한다.

배경

그래프를 해석하고 그래프에 대한 특정한 질문에 대하여 답하는 활동은 학생들이 그래프의 가치를 이해하고 인식하는 데 도움이 된다. 더욱이, 학생들로 하여금 여러 유형의 그래프가 가지고 있는 장점과 제한점을 이해하도록 할 수 있다.

원그래프는 중심각의 크기를 이용하여 전체에 대한 부분의 양을 나타낸 것이다. 이는 부분과 전체, 부분과 부분 사이의 비율을 한 눈에 알 수 있고, 낮은 비율도 비교적 쉽게 나타낼 수 있으며, 전반적인 관계를 알기 쉽게 보여주기 때문에 각종 통계 수치를 발표할 때 가장 많이 사용된다. 부분을 나타내는 호의 중심각은 주어진 퍼센트를 이용하여 구할 수 있으나, 그래프를 이해하고 그리는 데 초점을 둔 초등과정에서는 정확한 중심각을 구하기보다는 원을 20등분하여 5%마다 눈금을 그어 제시하는 방법이 바람직하다.

띠그래프와 마찬가지로 상대적인 양을 나타낸 것이

므로, 전체의 크기가 다른 경우에도 상대적인 크기의 직관적 비교는 가능하다. 그러나 절대적인 양을 나타내지 못한다는 것에 주의하여 지도할 필요가 있다.

관련 TU : TUST-0610, TUST-0660

TUST-0660.10 원그래프 읽기

관련 교육과정	(07) 6(라)[1]①
	(09) 56(마)[3]②

목표

원그래프를 이해하고, 원그래프에 제시된 정보를 읽을 수 있다.

자료

종류별 쓰레기 발생량을 조사한 표와 원그래프

쓰레기 종류	음식물	폐지	캔	유리병	플라스틱	기타	계
발생량 (kg)	30	15	5	20	10	20	100

활동

① 원그래프를 보고 우리 마을에서 가장 많이 발생되는 쓰레기는 어떤 것인지 말한다.

② 백분율의 크기를 비교하여 어느 종류의 쓰레기 발생량이 다른 종류의 쓰레기 발생량의 약 몇 배인지를 알아본다.

③ 쓰레기 발생량을 가장 많이 줄여야 할 것은 무엇인지 말한다.

④ 자료를 조사한 표를 보고 원그래프로 그렸을 때 좋은 점을 말한다.

배경

원그래프의 주요한 특징을 살펴보면 다음과 같다.

① 전반적인 관계를 알기 쉽다.

② 부분과 전체, 부분과 부분 상호간의 비율을 한 눈에 알 수 있다.

③ 좁은 공간에 띠그래프보다는 많은 항목을 넣을 수 있고, 낮은 비율도 비교적 쉽게 넣을 수 있다.

④ 그리기가 어렵고, 실제량의 크기나 변화의 상황을 나타내는 데 적당하지 않다.

관련 TU : TUST-0650, TUST-0670

TUST-0670.10 원그래프 그리기

관련 교육과정	(07) 6(라)[1]①
	(09) 56(마)[3]①

목표

주어진 통계 자료를 정리하여 원그래프를 그릴 수 있다.

자료

학생들이 가장 좋아하는 과목을 조사한 표

과목	도덕	국어	사회	수학	과학	체육
학생 수	5	15	10	20	10	30

과목	음악	미술	실과	영어	계
학생 수	40	35	10	25	200

활동

① 표에서 각 과목이 차지하는 백분율을 계산한다.
② 계산한 백분율을 표에 나타낸다.
③ 백분율만큼 원에 나타낸다.
④ 원그래프에 제목을 붙인다.

배경

원그래프에서 부분의 넓이는 그것이 나타내고자 하는 분수 또는 퍼센트이다. 부분을 나타내는 호의 중심각은 360°의 주어진 퍼센트이다.

각 그래프의 특징과 장점을 언급하는 것은 암기하기 위해서가 아니라, 각각의 유형이 가지는 장점을 알고 또 그 한계를 인식하면서 해당 그래프의 장점이 극대화되는 경우를 적절하게 선택하는 것이 중요하기 때문이다.

원그래프는 신문과 보고서에 자주 쓰이며, 자료 전체 즉 100%를 기초로 자료의 분할 상태를 보여준다. 사용하고 읽기에 편리하며 공학을 이용할 때 그리기가 더 쉽다.

관련 TU : TUST-0650, TUST-0660

TUST-0680.10 알맞은 그래프로 나타내기

관련 교육과정 (07) 6(라)[1]① / (09) 56(마)[3]①

목표

여러 가지 자료를 띠그래프나 원그래프로 나타낼 수 있다.

자료

상준이의 하루 일과표

시간	일과
07:00	일어나기
07:00 ~ 08:00	세면 및 식사
07:00 ~ 09:00	등교
07:00 ~ 15:00	학교생활
15:00 ~ 18:00	운동 및 놀이
18:00 ~ 19:00	세면 및 식사
19:00 ~ 22:00	독서 및 공부
22:00 ~	잠자기

활동

① 상준이의 하루 일과표를 보고, 표를 완성하시오.

구분	잠자기	학교 생활	운동, 놀이	독서, 공부	기타	계
시간						
백분율(%)						

② 표를 보고, 원그래프로 나타내어 보시오.
③ 원그래프를 보고, 상준이의 하루 동안의 생활을 말해보시오.

배경

한 가지 주제를 정하여 자료를 조사하고 이를 비율그래프로 나타내고 설명하는 활동과 비율그래프의 형태를 보고 현상들을 설명하거나 예상하는 활동을 제시함으로써 통계 교육의 본질에 좀 더 접근하는 교수학적 장치를 제공하고 있다.

통계 그래프 그리기 활동의 횟수를 최대한으로 제공하면, 학생들로 하여금 통계 그래프를 이해하기 뿐만 아니라 통계 그래프 그리기, 알맞은 통계 그래프 선정하기, 주어진 통계 그래프를 바탕으로 예상하기 활동을 복합적으로 제공할 수 있다. 활동을 직접 해보고, 활동을 마친 다음에 활동을 통해 알게 된 점을 학생이 직접 자신의 언어로 표현해보도록 하는 것은, 습득한 수학적 지식을 재음미하고 지식의 구조를 더욱 확고하게 하며, 잘못 습득된 지식에 대해서는 지식의 재구성도 도울 수 있다.

관련 TU : TUST-0630, TUST-0670

TUST-0690.10 비율그래프에 나타난 자료의 특성

관련 교육과정	(07) 6(라)1② (09) 56(마)3②

목표

조사활동을 통하여 나타난 통계적 사실을 바탕으로 원그래프를 그리고, 이를 보고 자료의 특징을 설명할 수 있다.

자료

띠그래프, 원그래프

활동

① 6학년 학생들을 대상으로 한 가지 주제를 정하여 조사 활동을 한다.

② 조사 활동 결과를 표로 나타낸다.

③ 표를 보고 원그래프로 나타낸다.

④ 원그래프를 보고, 자료의 특징 및 알게 된 점을 설명한다.

⑤ 띠그래프에서는 전체의 양을 직사각형인 띠의 가로 길이로 나타냄을 안다. 띠그래프에서는 부분의 양을 그의 백분율에 의해서 구분한 그래프임을 안다. 원그래프에서는 전체의 양을 원에서 차지하는 넓이로 나타냄을 안다. 원그래프에서는 구분된 부채꼴의 넓이가 전체와 부분, 부분과 부분간의 구성 비율을 나타냄을 안다.

배경

비율그래프에는 띠그래프, 사각형그래프, 원그래프 등이 있다. 이들은 전체를 100으로 하여 전체에 대한 부분의 크기 또는 비율을 알아보는 데 편리하다. 그래프의 특징을 알고 목적에 따라 알맞은 그래프로 나타내거나 적절히 이용한다는 것은 매우 중요한 일이다. 각종 그래프는 각기 특색을 가지고 있지만 어떤 점을 적절히 나타내고자 하느냐에 따라 달리 선택된다. 이런 점에서 각종 그래프의 장단점을 잘 알고 있지 않으면 그래프를 잘못 이용하게 되고 목적 달성이 어렵게 된다.

학생들이 그래프를 그리고 활용하기보다는 주어진 그래프를 읽어 통계를 사용하는 의미를 파악하는 것이 더 중요하나, 여러 연구 결과에서 비율을 구하고 그래프를 그리는 것보다 자료 이해하기나 상황 이해하기 과제에 대한 성취율이 낮은 것으로 나타났다. 이는 기초 정보를 잘 읽고 자료들 사이의 관계를 잘 이해하고 있으나, 이를 바탕으로 다른 상황에 적용해보고 예측하고 일반화하는 데는 어려움을 겪고 있다는 것이다. 더 나아가 그래프에 표현된 상황을 이해하고 이를 일상 언어로 표현하는 데에는 상당히 많은 학생들이 어려움을 보이므로 지도시 주의해야 한다.

관련 TU : TUST-0620, TUST-0660

TUST-2010.10 평균

관련 교육과정	(07) 5(라)①②
	(09) 56(마)①②

목표

평균의 뜻을 이해한다.

자료

더하기 테이프 모델, 블록 모델

활동

(1) 더하기 테이프 모델

시험 1	시험 2
45	75

▸ 시험 1의 점수만큼 테이프에 길이를 표시하고 표시에 따라 잘라보시오.

▸ 시험 2의 점수만큼 테이프에 길이를 표시하고 표시에 따라 잘라보시오.

▸ 시험 1과 시험 2의 테이프를 연결하시오.

▸ 연결한 테이프를 반으로 접어보시오. 접은 테이프의 길이는 두 시험 점수의 '평균'입니다.

(2) 블록 모델

▸ 일주일 동안 한 학급에서 결석한 학생의 수를 나타낸 그림이 있습니다. 가능한 한 블록의 높이가 같게 만들어보시오.

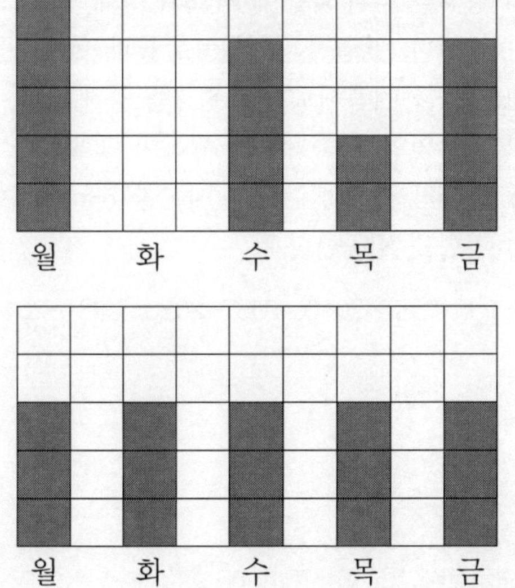

▸ 하루 몇 명 정도가 결석했습니까?

(3) 용어

시험 점수의 합을 시험 횟수로 나눈 것과 같이, 전체를 더한 합계를 개수로 나눈 것을 '평균'이라고 합니다.

배경

전체를 비교하려면, 전체를 나타낼 수 있는 점수가 필요할 것이다. 그래서 생각한 것이 중심 경향의 측정이다. 중심 경향을 측정하는 3가지는 최빈수, 중앙치, 평균이다. 자료 전체의 중심 경향을 나타내는 수치를 구하는 이유는 자료의 특성을 비교하고, 통계적으로 유용하게 처리·분석하며, 어떤 값을 중심으로 분포되어 있는가를 규명하기 위함이다.

전체를 더한 합을, 더한 횟수로 나눈 것이 평균임을 알게 한다. 즉, 평균은 그 변량 전체를 대표하는 극단적인 값으로, 자료 전체의 고른 값이라는 의미로 지도하여야 한다.

하지만 평균은 모든 점수들이 계산되기 때문에 대단히 큰 점수나 낮은 점수에 의하여 영향을 받는다. 통계에서 평균, 즉 산술평균이 많이 이용되는 이유는 수리적으로 계산하기에 편리하고, 추측통계학에서 여러 가지 바람직한 성질 때문에 많이 이용되나 극단적인 값의 영향을 많이 받는다는 단점이 있다.

평균에 대한 이해는 어림셈과 문제해결에 있어 강력한 도구이다. 그러나 미국학력평가에서도 나타난 것처럼 많은 학생이 평균을 구할 수는 있지만 평균의 개념에 대한 이해는 깊지 않았다. 평균을 지도할 때에는 산술적인 계산 기능이 아니라 평균의 의미를 이해할 수 있는 다양한 조작 활동과 모델이 필요하다.

관련 TU : TUST-0130, TUST-2020

TUST-2020.10 평균 구하기

관련 교육과정	(07) 5(라)[1]②
	(09) 56(마)[1]②

목표

주어진 자료의 평균을 구할 수 있다.

자료

식당 이용자 수를 나타낸 표

요일	월	화	수	목	금	토	일
이용자 수(명)	116	98	95	121	86	92	78

활동

▸ 이용자 수의 평균을 구하시오.

▸ 요일별 식당 이용자 수의 평균을 구하는 식을 써 보시오.

▸ 계산기를 이용하여 요일별 식당 이용자 수의 평균을 구하시오.

배경

전체를 더한 합을 더한 횟수로 나누는 과정을 식으로 표현할 수 있게 한다. 이외에도 물리적인 모델을 조작하는 경험의 기회를 제공하여 평균에 관련된 기본 개념, 즉 평균은 자료들 간의 균형을 이루는 위치에 놓여야 한다는 것을 이해하도록 한다.

관련 TU : TUST-2010, TUST-2030

TUST-2030.10 평균이 이용되는 경우

관련 교육과정	(07) 5(라)[1]②
	(09) 56(마)[1]②

목표

평균이 이용되는 경우를 이해한다.

자료

요일별 결석한 학생 수

요일	월	화	수	목	금	토
희수네 학교	7	4	2	8	3	6
수연네 학교	0	6	3	5	9	4

활동

▸ 표를 보고, 학교별 결석한 학생 수의 평균을 구하시오.

▸ 희수네 학교의 결석한 학생은 모두 몇 명입니까?

▸ 학교에 가는 날은 모두 며칠입니까?

▸ 희수네 학교의 결석한 학생 수의 평균을 구하시오.

▸ 수연네 학교의 결석한 학생 수의 평균을 구하시오.

▸ 어느 학교가 하루 평균 결석한 학생 수가 더 많습니까?

▸ 평균을 이용하는 경우를 찾아 써보시오.

배경

우리 생활에서 평균은 평균기온, 평균 가족 수입, 평균 시험 점수, 평균 타율, 평균 기대 수명 등 알게 모르게 이용하는 경우를 많이 볼 수 있어 학생들에게 익숙한 통계 용어이다.

평균으로 자료를 판단할 경우에 평균은 극단적인 값에 영향을 받기 때문에 자료의 상태나 분포를 살펴봐야 한다. 평균을 구하는 활동과 함께, 평균을 통해 자료를 예측해보거나 평균을 통해 알 수 있는 사실이 무엇인지 파악하는 활동이 필요하다. 이를 통해 비판적 사고와 논리적 사고를 자극할 수 있는 좋은 경험을 제공한다.

관련 TU : TUST-2010, TUST-2020, TUST-2040

TUST-2040.10 평균을 이용한 문제해결

관련 교육과정	(07) 5(라)1②
	(09) 56(마)1②

목표

평균이 이용되는 문제를 해결할 수 있다.

자료

어느 도시의 하루 동안 기온, 도별 쌀 생산량, 학업 성취도 평가 성적 등 실제적인 자료

활동

- 하루 동안의 평균 기온은 몇 도입니까?
- 쌀 생산량이 가장 많은(적은) 도는 어디입니까?
- 도별 쌀 생산량을 쉽게 알아볼 수 있습니까?
- 우리 반의 진단 평가 수학의 평균은 몇 점입니까?
- 평균이 이용되는 다른 경우를 찾아보시오.
- 어느 공장에서 하루에 평균 470개씩 인형을 만든다고 합니다. 30일 동안에는 모두 몇 개의 인형을 만듭니까?

배경

평균은 여러 번 측정한 결과의 합을 측정한 횟수로 나눔으로써, 한 횟수에 대한 결과를 예상할 수 있다. 이와 같이 평균을 바탕으로 하여 전략과 계획을 세워 실생활에 유용하게 활용할 수 있음을 알게 한다.

통계와 확률은 방법을 선택하고 결과를 해석하기 위한 판단이 필요한 의미 있는 상황에서 계산 활동의 기회를 제공한다. 통계와 확률은 양적인 이해와 수학적 사고를 발전시키는 효과적인 방법을 제공하기 때문에, 그 자체만을 목적으로 가르쳐서는 안된다. 예를 들어, 가게별로 물건의 가격을 조사하고 평균을 계산하는 것은 수학에서 진부한 문제이다. 그러나 그 가격을 살펴보고 어떤 것을 사는 것이 가장 효과적인 구매인가 결정하고 얼마가 절약될 수 있는가를 생각하는 것은 수학적 사고를 발달시킬 뿐 아니라 수학의 힘과 유용성을 느끼게 할 것이다. 많은 의사결정이 시장 조사와 판매 계획에 근거를 두고 이루어진다. 만약 많은 사람에게 이들 자료를 이해하고 이용하는 것이 허용된다면, 교육을 통하여 그러한 정보를 효율적이고 효과적인 방법으로 처리할 수 있도록 가르치는 것이 중요하다.

관련 TU : TUST-2010, TUST-2020, TUST-2030

TUST-5010.10 경우의 수

관련 교육과정	(07) 6(라)2①
	(09) 중(라)2①

목표

경우의 수의 뜻을 안다.

자료

동전

활동

① 동전을 던져 나오는 면을 살펴본다.
② 동전을 모두 10번 던지면서 나오는 면을 기록한다.
③ 동전을 던졌을 때, 나오는 면은 그림면과 숫자면 뿐임을 안다.
④ 동전을 던져서 나오는 면은 결국 그림면과 숫자면 2가지뿐임을 안다.
⑤ 어떤 일이 일어날 수 있는 경우의 가짓수를 '경우의 수'라고 함을 안다.

배경

어떤 일이 일어날 수 있는 경우의 가짓수를 '경우의 수'라고 한다. 이 의미를 가르치기 위해서 초등학교에서는 학생들이 일상생활과 밀접한 관련을 가진 생활소재를 사용하는 것이 바람직하다. 놀이를 활용하여 경우의 수를 직접 찾아보고, 나온 경우의 수를 기록한다면 확률을 학습할 때도 이용할 수 있다.

관련 TU : TUST-5020

TUST-5020.10 한 가지 일이 일어나는 경우의 수

관련 교육과정	(07) 6(라)2①
	(09) 중(라)2①

목표

한 가지 일이 일어나는 경우의 수를 이해하고, 이를 구할 수 있다.

자료

1, 2, 3, 4가 적혀 있는 원판

활동

① 원판을 돌렸다가 멈추었을 때 바늘이 가리키는 숫자를 확인한다.
② 원판을 모두 10번 돌리면서 바늘이 가리키는 숫자를 기록한다.
③ 원판을 돌렸을 때, 바늘이 가리키는 숫자는 1, 2, 3, 4뿐임을 안다.
④ 한 가지 일이 일어나는 경우의 수를 구할 때는 일어나는 모든 경우를 기록해서 확인함을 이해한다.

배경

어린이들의 생활 주변에서 일어날 수 있는 사건, 예컨대 동전 또는 주사위를 던졌을 때 결과로서 가능한 경우를 알아보게 하여 '경우의 수'에 대한 개념을 지도한다.

관련 TU : TUST-5010, TUST-5030

TUST-5030.10 동시에 일어나는 일의 경우의 수

관련 교육과정	(07) 6(라)2①
	(09) 중(라)2①

목표

동시에 일어나는 일의 경우의 수의 뜻을 알고, 이를 구할 수 있다.

자료

동전, 주사위

활동

① 동전 한 개와 주사위 한 개를 동시에 던져서 나온 결과를 기록한다.
② 동전을 던졌을 때 나올 수 있는 경우는 모두 2가지임을 안다.
③ 주사위를 던졌을 때 나올 수 있는 경우는 모두 6가지임을 안다.
④ 동전의 그림면이 나왔을 때, 주사위의 눈이 나올 수 있는 경우는 모두 몇 가지인지 순서쌍을 그려서 알아본다.
⑤ 동전의 숫자면이 나왔을 때, 주사위의 눈이 나올 수 있는 경우는 모두 몇 가지인지 순서쌍을 그려서 알아본다.
⑥ 동시에 일어나는 일의 경우의 수를 구할 때는 각각의 시행에서 일어날 수 경우의 수를 구하여 곱을 구하면 됨을 안다.

배경

일상생활에서 어떤 상황에 대한 수학적인 판단을 하기 위해서는 경우의 수를 알아볼 때가 있다. 이때, 같은 범주 내에 소속되는 사상에 대한 분류, 정리의 과정이 필요하다. 이와 같이, 동종의 사상을 분류 정리하게 되고, 그러한 사상에 대한 수량적인 판단을 위해 해당 사상에 대한 경우의 수를 구하게 된다.

관련 TU : TUST-5020, TUST-5040

TUST-5040.10 순서가 있는 일의 경우의 수

관련 교육과정	(07) 6(라)2①
	(09) 중(라)2①

목표

순서가 있는 일의 경우의 수의 뜻을 알고, 이를 구할 수 있다.

자료

1, 2, 3이 적혀 있는 숫자 카드 3장

활동

① 숫자 카드 3장을 한 장씩 늘어놓아 세 자리 수를 만들어 본다.
② 이와 같은 방법으로 만들 수 있는 세 자리 수는 모두 몇 개인지 생각해 본다.
③ 백의 자리에 올 수 있는 경우의 수를 써 본다.
④ 백의 자리에 1을 놓았을 때 만들 수 있는 세 자리 수를 써본다.
⑤ 백의 자리에 2를 놓았을 때 만들 수 있는 세 자리 수를 써본다.
⑥ 백의 자리에 3을 놓았을 때 만들 수 있는 세 자리 수를 써본다.
⑦ 세 자리 수를 만들 수 있는 경우는 모두 몇 가지인지 말한다.

배경

어떤 일이 일어나는 가짓수를 생각할 때 순서를 생각하지 않는 경우와 순서를 생각하는 경우는 전혀 다르다. 특히, 순서를 생각하는 경우는 그렇지 않은 경우보다 경우의 수가 커짐을 알아야 한다.

관련 TU : TUST-5030, TUST-5050

TUST-5050.10 나뭇가지 그림

관련 교육과정	(07) 6(라)2①
	(09) 중(라)2①

목표

나뭇가지 그림을 이용하여 경우의 수를 구할 수 있다.

자료

빨간색, 파란색, 초록색 구슬이 하나씩 들어 있는 주머니

활동

① 주머니에서 구슬을 하나씩 꺼낸다.
② 구슬이 나온 순서대로 색깔을 적는다.
③ 첫째 번에 꺼낼 수 있는 구슬의 색깔은 모두 몇 가지인지 말한다.
④ 구슬을 차례로 꺼내면서 나뭇가지 그림에 색깔을 써 넣는다.

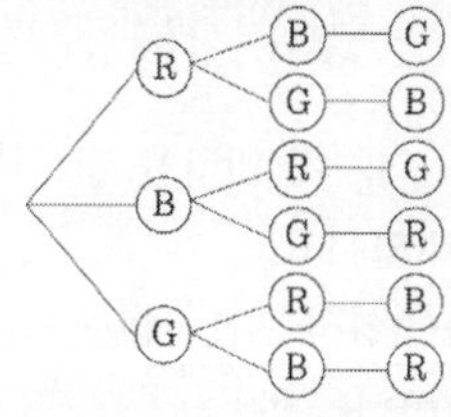

⑤ 첫째 번 나뭇가지에 올 수 있는 구슬의 색깔은 모두 몇 개인지 말한다.
⑥ 둘째 번 나뭇가지에 올 수 있는 구슬의 색깔은 각각 몇 개인지 말한다.
⑦ 마지막 나뭇가지에 올 수 있는 구슬의 색깔은 모두 몇 개인지 말한다.
⑧ 순서를 생각해서 경우의 수를 구하는 경우에는 나뭇가지 그림을 이용하면 편리하다는 것을 안다.

배경

어떤 시행에서는 표본 공간의 모든 결과를 나열하는 것은 비효과적일 수 있는데, 이 때 나뭇가지 그림은 시행의 결과를 나타내기 위하여 이용할 수 있

다. 즉, 나뭇가지 그림은 결과를 나타내거나 셀 때, 수행되는 복잡한 시행에서 확률을 결정하는 데 이용한다.

관련 TU : TUST-5040

TUST-5100.10 실생활 속에서 가능성을 수치로 나타내는 예

관련 교육과정	(07) -
	(09) 56(마)I①

목표

실생활 속에서 가능성을 수치로 나타내는 예를 찾을 수 있다.

자료

일기예보를 게재한 신문 또는 방송 장면 녹화물, 야구팀과 야구 선수들의 기록을 게재한 신문 또는 방송 장면 녹화물

활동

(1) 일기예보를 보고 비가 올 가능성을 어떻게 나타내는지 알아보시오.

▸비가 올 가능성을 나타내는 수치가 작으면 어떤 날씨를 기대할 수 있습니까?

▸비가 올 가능성을 나타내는 수치가 크면 어떤 날씨를 기대할 수 있습니까?

(2) 야구 선수 중 타자가 안타를 칠 가능성을 어떻게 나타내는지 알아보시오.

▸안타를 칠 가능성을 나타내는 수치가 작다는 것은 무엇을 의미합니까?

▸안타를 칠 가능성을 나타내는 수치가 크다는 것은 무엇을 의미합니까?

▸야구 선수에 대한 기록 중, 투수의 방어율은 어떻게 정합니까?

▸투수의 방어율 기록을 보고 우리는 무엇을 알 수 있습니까?

▸야구팀에 대한 기록 중, 승률은 어떻게 정합니까?

▸야구팀의 승률을 보고 우리는 무엇을 알 수 있습니까?

배경

2009 개정 수학과 교육과정에서는 '확률' 개념의 지도에 앞서 '사건이 일어날 가능성'을 수로 표현하는 활동을 지도하도록 하고 있다. 이를 위해서 먼저 사건이 일어날 가능성을 수치로 나타내는 실생활의 예를 찾아보게 한다. 일기예보의 강수확률, 야구 선수의 타율, 방어율, 야구팀의 승률 등은 사건이 일어날 가능성을 수치로 나타낸 좋은 예들이다. '확률'이라는 용어를 직접 도입하는 교수-학습 방법도 가능하지만, 확률 용어의 직접 도입에 앞서 '사건이 일어날 가능성'이라는 용어를 사용하게 하는 것도 확률 개념을 지도하는 하나의 교수-학습 방법이 될 수 있다.

관련 TU : TUST-5105, TUST-5100

TUST-5105.10 사건이 일어날 가능성을 수치로 나타내기

관련 교육과정	(07) -
	(09) 56(마)[1]①

목표

사건이 일어날 가능성을 수치로 나타낼 수 있다.

자료

바둑돌, 주머니

활동

(1) 주머니 속에 흰 바둑돌 5개를 넣고 다음을 알아보시오.

- 주머니 속에서 검은 바둑돌을 꺼낼 가능성을 어떤 수로 나타낼 수 있습니까?
- 주머니 속에서 흰 바둑돌을 꺼낼 가능성을 어떤 수로 나타낼 수 있습니까?

(2) 주머니 속에 흰 바둑돌 1개와 검은 바둑돌 1개를 넣고 다음을 알아보시오.

- 주머니 속에서 바둑돌 1개를 꺼낼 때, 그것이 흰 바둑돌일 가능성을 어떤 수로 나타낼 수 있습니까?
- 주머니 속에서 바둑돌 1개를 꺼낼 때, 그것이 검은 바둑돌일 가능성을 어떤 수로 나타낼 수 있습니까?

(3) 주머니 속에 흰 바둑돌 3개와 검은 바둑돌 1개를 넣고 다음을 알아보시오.

- 주머니 속에서 바둑돌 1개를 꺼낼 때, 그것이 흰 바둑돌일 가능성을 어떤 수로 나타낼 수 있습니까?
- 주머니 속에서 바둑돌 1개를 꺼낼 때, 그것이 검은 바둑돌일 가능성을 어떤 수로 나타낼 수 있습니까?

배경

2009개정 수학과 교육과정에서는 '확률' 개념의 지도에 앞서 '사건이 일어날 가능성'을 수로 표현하는 활동을 지도하도록 하고 있다. 이때 사건이 일어날 가능성을 나타내는 수치를 0, $\frac{1}{4}$, $\frac{1}{2}$, $\frac{3}{4}$, 1의 5가지 경우로 제한하고 있다. 이러한 5 가지의 경우를 보여주는 예는 비교적 많지는 않지만, 비교적 간단한 상황에서 유도해 낼 수 있다. 예를 들어, 동전을 한 개 던졌을 때, 동전의 앞면 또는 뒷면이 나오는 가능성을 알아보는 상황이라든지, 동전을 두 개 던졌을 때 두 동전이 모두 앞면 또는 뒷면이 나오는 가능성을 알아보는 상황 같은 것이 있다. '확률'이라는 용어를 직접 도입하기에 앞서 '사건이 일어날 가능성'이라는 용어를 사용하게 하는 교수-학습 방법에서는 이와 같이 확률이 되는 수치의 경우를 제한할 수밖에 없다.

관련 TU : TUST-5100

TUST-5110.10 확률

관련 교육과정	(07) 6(라)[2]②
	(09) 중(라)[2]②

목표

확률의 의미를 이해할 수 있다.

자료

동전

활동

① 동전을 던져서 나온 면을 기록한다.

② 동전을 10번 던졌을 때, 그림면이 나온 횟수를 기록한다.

③ 동전을 20번 던졌을 때, 그림면이 나온 횟수를 기록한다.

④ 동전을 30번 던졌을 때, 그림면이 나온 횟수를 기록한다.

⑤ 그림면이 나온 경우의 수의 비율을 각각 구한다.

⑥ 모든 경우의 수에 대한 어떤 사건이 일어날 경우의 수의 비율을 '확률'이라고 함을 안다.

배경

확률은 불확실한 상황을 그럴듯하게 예측하게 하는 수학의 한 분야이다. 과학이나 스포츠, 게임, 사업 등에서 확률을 이용하거나 적용하는 경우가 많다. 확률의 이용이 넓기 때문에 확률의 연구는 수학교육 과정의 필수적인 구성 요소이다.

확률을 학습할 때에는 학생에게 직관적 예측을 하고 확률적 언어를 사용하도록 권한다. 일상의 사건, 과학 실험, 게임은 모두 사건의 가능성을 비형식적으로 평가하도록 하는 진정한 기회로 제공될 수 있다. 반드시 일어나는, 확실한, 분명하지 않은, 불확실한, 있음직한, 있음직하지 않은 등의 용어에 익숙해진다면 확률의 개념을 더 잘 이해할 수 있다.

확률 게임은 확률적 감각을 기르고 비형식적 해결 전략을 고안하고 연습하는 데 좋은 방법이다. 게임은 일상생활에서의 불확실성과 기회의 역할을 토론하고 확률적 언어를 도입하며 예측하게 하는 기회를 제공할 수 있다.

관련 TU : TUST-5100, TUST-5120

TUST-5120.10 확률 구하기

관련 교육과정	(07) 6(라)2②
	(09) 중(라)2②

목표

여러 가지 경우의 확률을 구할 수 있다.

자료

주사위, 동전

활동

① 주사위를 한 번 던졌을 때, 4의 눈이 나올 확률을 구한다.

② 동전을 한 번 던졌을 때, 숫자면이 나올 확률을 구한다.

③ 주머니 속에 크기가 같은 노란 구슬 2개와 흰 구슬 3개를 넣고 한 개의 구슬을 꺼냈을 때 노란 구슬이 나올 확률을 구한다.

④ 서로 다른 2개의 주사위를 던질 때, 두 눈의 합이 1이 될 확률을 구한다.

배경

확률은 역사적으로 조금씩 다르면서도 서로 관련된 여러 개념들과 결합되어 사용되어 왔는데, 그 의미에 대해서는 수학자와 철학자들 사이에 의견의 일치를 보지 못하고 있다. 그러나 수학자들은 대체로 확률을 수학적 확률, 통계적 확률, 공리적 확률 등 세 가지로 분류하고 있다.

확률의 개념을 이해한 후, 학생의 사건의 확률을 자세하게 설명할 수 있도록 하기 위하여 비형식적 전문용어를 형식적 전문용어나 기호와 연결시킨다. 처음에는 구슬 5개가 든 주머니에서 흰 구슬 2개를 선택하는 확률을 비형식적으로 '5개의 구슬 중에서 2개'로 기술하고, 나중에는 '5에서 2의 가능성', 또는 '5에서 2'라고 기술할 수 있으며 분수 '$\frac{2}{5}$'로 연결시킬 수 있다.

확률 문제를 해결할 때 형식적 절차를 강조하기보다는 학생이 가지고 있는 확률 감각과 비형식적 방법으로 이용하는 것이 바람직하다. 개인적으로 익숙한 사건의 가능성을 고려하는 경험을 한 후에, 실제 사건의 자료를 수집함으로써 또는 동전이나 주사위 같은 모델을 활용함으로써 경험적 확률을 정할 수 있다. 실제로 검은 구슬과 흰 구슬을 섞어 넣은 빨간, 녹색 주머니 등을 가지고 실험을 반복하여 경험적 확률을 구해보는 것은 유용하다.

관련 TU : TUST-5110, TUST-5130

TUST-5130.10 확률 비교하기

관련 교육과정	(07) 6(라)2②
	(09) 중(라)2②

목표

여러 가지 상황에서 확률을 구하고, 각각의 경우를 말로 표현할 수 있다.

자료

A B D C

A B D C

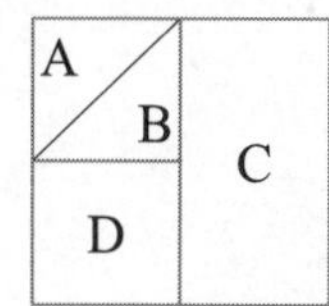

활동

① 각 다트판에 다트를 던져 어떤 글자가 나오는지 표를 작성한다.

② 경우의 수는 얼마이며, 일어날 수 있는 모든 경우를 말한다.

③ 넓이와 확률의 관계를 자신의 말로 표현한다.

④ 다른 모양의 다트판을 만들어 활동을 해보고 확률을 구해본다.

배경

실제로 다트판에 다트를 던져 본 결과와 이론적 확률이 차이를 보임을 인식할 필요가 있으며, 횟수를 늘렸을 때 이론적 확률에 가까워짐을 인식할 수 있다. 다트판의 모양에 따라 이론적 확률과의 차이가 나타나는 사실을 인식하고, 차이가 나타나는 이유에 대해 토의해본다면 확률을 이해하는 데 도움이 된다. 확률 지도시 체험 및 조작 활동을 통하여 감각적으로 지각할 수 있어야 한다. 다양한 주사위, 회전판, 다트판, 구슬 주머니 등의 교구를 사용하면 유용하다. 또한 확률을 실생활과 연계해서 지도하여, 실제 생활에서 경험하게 되는 확률적인 상황들을 논리적으로 해석하고 수학적으로 추론할 수 있어야 한다. 그리고 추론을 유도하는 발문과 활동, 의사소통 과정이 포함된 학습 프로그램을 통하여 스스로 예상하고 결정하며 증명할 수 있는 능력을 기를 수 있도록 지도해야 한다.

관련 TU : TUST-5120

제7장 비와 비례

TU일람표

ID	TU 번호	TU 제목	관련 교육과정	
			07개정	09개정
1	TURT-0010.10	절대적 크기와 상대적 크기	(07) 5(마)[1]①	(09) 56(라)[1]①
2	TURT-0020.10	비	(07) 5(마)[1]②	(09) 56(라)[1]①
3	TURT-0030.10	두 양의 크기를 비교하여 분수로 나타내기	(07) 5(마)[1]①	(09) 56(라)[1]①
4	TURT-0040.10	기준량, 비교하는 양	(07) 5(마)[1]②	(09) 56(라)[1]①
5	TURT-0050.10	비율	(07) 5(마)[1]②	(09) 56(라)[1]②
6	TURT-0060.10	비를 분수와 소수로 나타내기	(07) 5(마)[1]③	(09) 56(라)[1]②
7	TURT-0070.10	백분율	(07) 5(마)[1]③	(09) 56(라)[1]②
8	TURT-0080.10	할푼리	(07) 5(마)[1]③	(09) –
9	TURT-0090.10	분수, 소수, 백분율	(07) 5(마)[1]③	(09) 56(라)[1]②
10	TURT-1010.10	두 수의 대응 관계(x와 y를 사용한 식)	(07) 6(마)[4]①	(09) 56(라)[3]①
11	TURT-1110.10	정비례	(07) 6(마)[4]②	(09) 56(라)[3]②
12	TURT-1120.10	정비례 나타내기	(07) 6(마)[4]②	(09) 56(라)[3]②
13	TURT-1130.10	정비례 관계에 있는 두 양 찾기	(07) 6(마)[4]②	(09) 56(라)[3]②
14	TURT-1140.10	정비례 관계를 이용하여 문제 해결하기	(07) 6(마)[4]③	(09) 56(라)[3]③
15	TURT-1210.10	반비례	(07) 6(마)[4]②	(09) 56(라)[3]②
16	TURT-1220.10	반비례 나타내기	(07) 6(마)[4]②	(09) 56(라)[3]②
17	TURT-1230.10	반비례 관계에 있는 두 양 찾기	(07) 6(마)[4]②	(09) 56(라)[3]②
18	TURT-1240.10	반비례 관계를 이용하여 문제 해결하기	(07) 6(마)[4]③	(09) 56(라)[3]③

TURT-0010.10 절대적 크기와 상대적 크기

관련 교육과정	(07) 5(마)[1]①
	(09) 56(라)[1]①

목표

절대적 크기와 상대적 크기에 대해 알 수 있다.

자료

학습지, 영상자료(실물화상기), PPT자료

활동

(1) 그림을 보고 비교하여 봅시다.

A초등학교

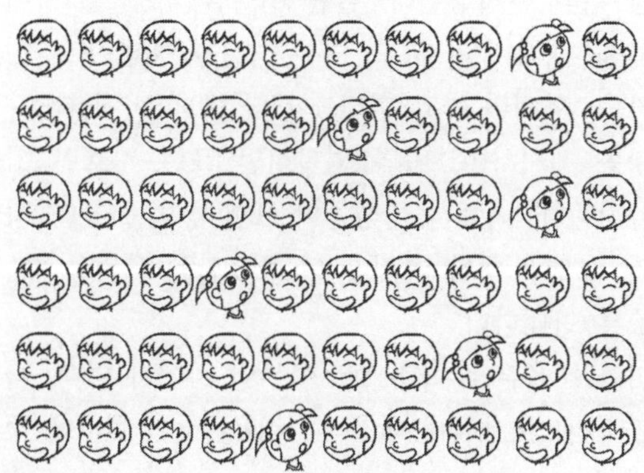

B초등학교

- 제시된 자료를 보고 어느 쪽 학교의 여학생이 남학생보다 더 많다고 생각합니까?
- 왜 그렇게 생각하였습니까?
- A학교 학생들은 자신의 학교에 정말 여학생이 남학생보다 많다고 생각할까요?
- 왜 그렇게 생각하였습니까?
- 남학생 수에 따른 여학생 수를 비교하면 어느 학교 여학생이 남학생보다 더 많은 것입니까?

(2) 문제를 해결하시오.

운천초등학교 5학년 4반 24명의 학생들 중에 안경을 쓴 학생은 8명입니다. 강천초등학교 5학년 4반 30명의 학생들 중에 안경을 쓴 학생은 9명입니다.

운천초등학교와 강천초등학교의 안경을 쓴 학생의 수를 비교할 때, 전체 학생 수를 고려하지 않고 안경을 쓴 학생의 수만을 비교했을 때와 전체 학생 수를 기준으로 하여 안경을 쓴 학생의 수를 비교했을 때의 차이를 알고 어떻게 비교하는 것이 더 적절한지에 대한 판단을 내리게 한다.

(2) 문제를 해결하시오.

국가	PC대수	인구수
미국(1위)	2억2400만대	2억 9000만 명
중국(3위)	5300만대	12억 8900만 명
한국(7위)	2600만대	4900만 명

학생들에게 순위를 정하게 한 기준이 무엇인지를 묻고, 중국과 한국의 PC대수를 비교하였을 때 과연 어느 나라의 PC 대수가 더 많다고 답할 수 있을지에 대한 질문을 제시한다.

배경

'상대적 크기'라는 의미의 이해는 비와 비율의 개념을 이해하는 데 있어 선행 학습이 되어야 할 매우 중요한 개념이다. 기준이 다른 두 대상을 비교를 하는 데 있어 어떠한 비교가 더 적절할지 스스로 판단해 보는 활동을 통하여 상대비교를 하는 것이 기준이 다른 비교를 할 때 더 적절한 방법임을 인식하게 될 것이다.

관련 TU : TURT-0020

TURT-0020.10 비

관련 교육과정 (07) 5(마)[1]② (09) 56(라)[1]①

목표

비의 의미를 알 수 있다.

자료

학습지, 영상자료(실물화상기)

활동

(1) 문제를 해결하시오.

> 민호네 모둠에는 남학생이 3명 여학생이 6명입니다. 남학생 수와 여학생 수를 비교해 봅시다.

▸ 질문을 통하여 학생들에게 가법적 비교와 승법적 비교의 차이를 알게 하여, 비 개념을 도입한다.
▸ 단순 비교에 의해서 설명하여 본다.
▸ 남학생과 여학생의 비가 얼마인가?

(2) 문제를 해결하시오.

> 어느 시간에 실제 물건의 길이에 대한 그림자의 길이의 비를 구했더니 그림자의 길이는 실제 물건의 1/2이었다. 그림자와 실제 물건의 비는 얼마인가?
>
> 그림자 : 실제 물건 = 1 : 2

▸ 학생들은 실제 물건과 그림자 길이의 비를 보고 알 수 있는 점을 해석하는 활동을 통하여 비를 의미 있게 인지하도록 한다.
▸ 구한 비 $1:2$와 비율 $\frac{1}{2}$은 어떤 관계를 가지고 있는가 설명하여 보세요.

배경

두 수를 비교하는 방법에는 가법적 비교와 승법적 비교가 있다. 가법적 비교는 뺄셈을 통해 그 차를 알아보는 방법이고, 승법적 비교는 나눗셈을 통해 그 몫을 알아보는 방법이다. '비'는 승법적 비교의 결과이다.

비는 a, $b(b \neq 0)$가 두 수 또는 어떤 같은 종류의 양일 때 a가 b의 몇 배인가의 관계를 $a:b$로 나타낸 수의 순서쌍이다. 같은 성질을 가진 양 사이의 비를 '내적비'라 하고, 다른 성질을 가진 양 사이의 비를 '외적비'라고 한다. 학생들에게 비에 대한 정의를 제시하며, 비의 외형적인 표현 기호인 ':'을 알려준다. 비에서 학생들이 표현 방법보다 그 사이의 관계에 대한 이해가 더 중요함을 깨달을 수 있도록 안내한다.

비와 비율은 수학적으로 아무런 차이가 없다. 다만 관습적으로 비는 '내적비', 비율은 '외적비'에 주로 사용된다. 예를 들어 3m와 5m의 비는 3:5 또는 $\frac{3}{5}$으로 나타내고 5초에 3m를 갖는 동물의 운동 속도는 $\frac{3}{5}$(m/초)로 나타내는데 이러한 속도는 "비율"에 해당된다.

관련 TU : TURT-0010, TURT-0030, TURT-0050

TURT-0030.10 두 양의 크기를 비교하여 분수로 나타내기

관련 교육과정 (07) 5(마)[1]① (09) 56(라)[1]①

목표

두 양의 크기를 비교하여 분수로 나타낼 수 있다.

자료

학습지(4 × 4 모눈), 색연필(파랑, 노랑)

활동

(1) 두 양의 크기를 비교하여 분수로 나타내기

▸ 가로 4칸, 세로 4칸의 정사각형을 파란색 부분과 노란색 부분으로 나누고 이를 전체에 대한 부분,

부분에 대한 부분의 크기를 나타내도록 한다.

(2) 문제를 해결하시오.

마지막 농구 경기에서 신나라 초등학교 선수 중 세 명만이 득점하였습니다. 경기 결과 기록은 아래 표와 같습니다. 선수들의 슛 시도 횟수에 따른 골의 수를 분수로 나타내시오.

선수	슛 시도 회수	골인 수
순철	4	2
광수	10	4
영호	20	6

▸ 학생들에게 자료를 비교하는 데 분수로 나타내고 공통분모를 찾아 동치분수를 만들어 분수의 크기를 비교하게 한다.

배경

학생들이 자연스럽게 비율의 개념을 표현하도록 하는 것이다. 이 활동을 통하여 학생들은 하나의 수가 다른 것과 견주어 비교하였을 때 그 크기가 다름을 깨닫고, 전체에 대한 부분의 비율 혹은 부분에 대한 부분의 비율을 분수의 형태를 빌려 표현할 수 있을 것이다.

관련 TU : TURT-0010, TURT-0040

TURT-0040.10 기준량, 비교하는 양

관련 교육과정	(07) 5(마)①②
	(09) 56(라)①①

목표

기준량과 비교하는 양에 대하여 알 수 있다.

자료

3 × 3 타일 10개, 2 × 2타일 20개, 1 × 1타일 30개, 영상자료(실물화상기), 모눈종이

활동

(1) 모눈종이에 채워 비교하기

▸ 9 × 9모눈종이에 3 × 3타일 1개와 1 × 1타일을 나머지 부분에 채워 넣는다.

▸ 9 × 9격자에 3 × 3타일은 어느 정도 차지하는가?

▸ 위에서 비교하는 양은 무엇이었으며, 기준이 된 양은 무엇이었는가?

▸ 10 × 10 격자에 2 × 2타일과 3 × 3타일을 채워 무엇을 기준으로 비교할 것인지를 정한다.

▸ 기준량과 비교하는 양이 무엇인지 알아본다.

▸ 짝과 함께 준비된 타일을 이용하여 기준량과 비교하는 양이 무엇인지 알아본다.

(2) 문제를 해결하시오.

강산초등학교 5학년 3반 30명의 학생들 중에서 남학생은 20명, 여학생은 10명입니다. 남학생의 수와 여학생의 수를 비교하는 방법을 알아보시오.

▸ 기준에 따라 비교하는 양의 크기가 달라짐을 알 수 있도록 한다.

▸ 먼저, 남학생 수 20명이 전체 학생 수를 기준으로 할 때와 여학생의 수를 기준으로 할 때 그 상대적인 크기가 어떻게 달라지느냐 하는 질문을 하고, 답이 다른 이유에 대하여 학생 스스로 설명하도록 한다.

▸ 그 다음, 여학생의 수 10명이 기준에 따라 그 상대적인 크기가 어떻게 달라지는지 질문을 하며 그 이유를 생각하도록 한다.

배경

수 또는 양 a, $b(b \neq 0)$에서 a와 b를 비교하기 위해 비 $a : b$와 같이 나타낸다. 이때, 기준이 되는 b를 기준량이라 하고, 비교하는 대상이 되는 a를 비교하는 양이라고 한다. 기준량과 비교하는 양을 부분과 부분, 전체와 부분의 예를 들어 설명하여 학생들의 이해를 돕는다. 비는 비의 값, 비율 등을 공부하기 위한 기초가 되므로 기본 개념을 충실히 익

힐 수 있도록 지도해야 한다.

관련 TU : TURT-0020, TURT-0050

TURT-0050.10 비율

관련 교육과정	(07) 5(마)[1]②
	(09) 56(라)[1]②

목표

비율의 의미를 알 수 있다.

자료

표 자료,(생수와 리터당의 가격), 영상자료(실물화상기)

활동

(1) 그림을 그리시오.

> 우리가 살고 있는 자연이나 사용하고 있는 물건 속에는 깜짝 놀랄 만큼 수학적인 원리가 많이 숨어 있습니다. 그 중에서도 특히 황금분할은 모든 사람이 느끼는 아름다움의 중요한 기준을 말합니다. 아름다운 꽃이나 훌륭한 그림, 도자기의 곡선, 멋있는 가구의 선, 건축물의 기하학적인 아름다움 등은 동서양을 막론하고 누구나 느끼는 아름다움의 대상입니다. 이 아름다움의 기준이 바로 황금분할입니다. 아름다운 자연, 아름다운 물건들은 모두 일정한 비를 이루고 있습니다. 고대 그리스 사람들은 인간에게 가장 안정감을 줄 수 있는 조화의 비를 연구하여 다음과 같은 황금비율을 찾아내었는데 약 $\frac{5}{8}$랍니다.
>
> 황금비율은 사람들이 가장 편안하고 아름답게 느끼는 비율로 알려져 있으며, 이런 이유 때문에 예부터 건축과 미술 등에서 자주 이용되어 왔습니다.

▸ 5:8이라는 황금비율을 이용하여 직사각형을 그려보아라.

▸ 주변에서 쉽게 접할 수 있는 황금비율의 예를 조사하는 활동을 한다.

▸ 주변에서 발견한 황금비율을 친구들 앞에서 소개하여본다.

(2) 문제를 해결하시오.

> 지훈이네 어머니는 알뜰하셔서 항상 물건을 싸게 사려고 합니다. 식료품 가게에서 물건을 사다가 아래와 같은 생수 가격을 보았습니다. 무엇을 사야 가장 싸게 사는 것입니까?

▸ 리터와 가격이 다르게 제시된 자료를 보고, 비율을 사용하여 문제를 해결하도록 한다. 무엇을 살 때 가장 싸게 사는 것인지 생각하게 하고 말해보게 한다.

배경

실생활과 깊은 관련이 있어 수학의 필요성에 대한 인식을 높일 수 있다. 우리 생활과 자연 속, 예술작품 속에 자주 등장하는 황금비율에 대한 설명을 바탕으로 학생들은 두 가지 활동을 하게 된다. 기준량과 비교하는 양을 부분과 부분, 전체와 부분의 예를 들어 설명한다. 전체에 대한 부분의 비율과 부분에 대한 부분의 비율을 자연스럽게 분수의 형태를 빌어 설명하도록 한다.

관련 TU : TURT-0020, TURT-0040

TURT-0060.10 비를 분수와 소수로 나타내기

관련 교육과정	(07) 5(마)[1]③
	(09) 56(라)[1]②

목표

비를 분수와 소수로 나타낼 수 있다.

자료

학습지, 영상 자료(실물화상기)

활동

(1) 비를 분수로 나타내기

▸ 2:4를 분수로 나타내어 보시오.

▸ 2:4에서 기준량은 무엇이고, 비교량은 무엇입니까?

(2) 문제를 해결하시오.

미정이의 일주일 용돈을 표시한 표입니다. 다음 표를 보고 물음에 답하시오.

5월 3주 미정이의 용돈 기록		
수입	받은 용돈	5,000원
지출	은영이 생일 선물	2,000원
지출	맛있는 떡볶이 사먹은 날	500원
지출	미술 준비물	1,000원
남은 돈		1,500원

▸ 미정이가 받은 용돈 중 지출한 돈의 비를 분수와 소수로 나타내도록 한다.

▸ 미정이의 지출한 돈 중 지출항목에 대한 비를 분수와 소수로 나타내도록 한다.

(3) 문제를 해결하시오.

비	분수	소수
1:2		
1:4		
1:5		
1:15		

▸ 표에서 왼쪽의 비를 분수, 소수로 나타내도록 한다.

배경

비교되는 양이 기준양의 몇 배인가를 나타낸 수를 비 또는 비율이라고 한다. 기준량을 1로 하여 나타낸 비율을 비의 값이라 하고 우리가 흔히 분수와 소수로 표현을 한다. 한편 양을 비교할 때는 비의 기호인 $a:b$ 또는 두 양의 몫 $\frac{a}{b}$로 나타낼 수 있다. 이때 a를 b로 나눈 몫 $\frac{a}{b}$를 $a:b$의 비의 값이라고 한다. 학생들이 비와 비율을 연결 지어 생각할 수 있게 하기 위하여 비를 비율(비의 값) 분수와 소수로 표현하게 하였다.

비, 비율, 비의 값은 수학적으로 아무런 차이가 없다. 다만 관습적으로 3:5와 같은 경우 하나의 양 또는 수로 인식하기 어렵다고 보여서 이것을 $\frac{3}{5}$이나 0.6과 같이 나타내고 이것을 "비율" 또는 "비의 값"이라고 부르는 것이다.

관련 TU : TURT-0020, TURT-0030, TURT-0040, TURT-0050, TURT-0070

TURT-0070.10 백분율

관련 교육과정	(07) 5(마)[1]③
	(09) 56(라)[1]②

목표

비를 백분율로 나타낼 수 있다.

자료

연령대별 안경착용률 도표, 학습지

활동

(1) 문제를 통해 백분율로 나타내는 방법 알아보기

지훈이는 수학 시험에서 20문제 중에 17문제를 맞았습니다. 그리고 사회 시험에서 25문제 중에 21문제를 맞았습니다. 어떤 과목이 더 잘한 것인지 백분율로 나타내시오.

- ▸ 지훈이의 수학 점수와 사회 점수를 비교하기 위해서 어떻게 하면 좋을지 그 방법을 설명하도록 한다.
- ▸ 표를 통하여 전체 문항을 100점으로 하였을 때 맞은 문항의 수를 점수로 환산하여 수학과 사회의 점수를 100점이라는 공통된 기준으로 비교하도록 한다.
- ▸ 위의 문제 상황을 백분율로 나타내었을 때 좋은 점이 무엇인지 발표한다.

(2) 문제를 해결하시오.

오늘의 NEWS : 성인 2명중 1명이 안경을 쓴다 [S일보 2005.08.23]
우리나라 성인 2명 중 1명이 안경을 쓰고 있으며, 연령대별로는 20대와 50대의 안경착용률이 가장 높은 것으로 나타났다.
또한 우리나라 전체 초·중·고생 가운데 여고생 안경착용률이 초등학생 안경착용률(27.9%)에 비해 2배 이상 높은 61.1%에 달한 것으로 파악됐다.

- ▸ 우리나라 연령대별 안경착용률을 살펴보고 학생들 자신의 반의 안경 쓴 학생을 백분율로 구하고, 우리나라 전체 초등학생들과 비교하였을 때 안경을 더 많이 쓰고 있는가 혹은 덜 쓰고 있는가 하는 물음을 한다.

배경

$\frac{n}{100}=n\%$이다. 시험 채점의 상황은 학생들이 %라는 기호를 사용하지는 않지만 100을 기준으로 하는 가장 접하기 쉬운 백분율의 예로, 백분율은 신문과 방송에서 매우 쉽게 접할 수 있는 개념이다. 이 문제를 통하여 실제 백분율의 개념이 숨어있는 이와 비슷한 기사를 학생들이 접했을 때 기사의 내용을 바르게 해석할 수 있는 능력을 기르고 또한 수학의 필요성과 실용성을 인식할 수 있어야 할 것이다.

백분율은 서양에서 발달한 개념으로 비율의 한 종류이며, 본질적으로 비의 값 또는 비의 또 다른 표현일 뿐이다.

관련 TU : TURT-0050, TURT-0060, TURT-0080

TURT-0080.10 할푼리

관련 교육과정	(07) 5(마)[1]③
	(09) -

목표

비를 할푼리로 나타낼 수 있다.

자료

ppt자료, 영상 자료(실물화상기), 학습지

활동

(1) 야구 선수 타율과 방어율

▸ 야구선수의 타율과 방어율의 의미 알기

▸ 할푼리 적용하여 설명하기

(2) 문제를 통해 할푼리로 나타내는 방법 알아보기

영수는 야구 시합에서 8타수 중에서 5개의 안타를 쳤습니다. 영수의 타율을 알아보시오.

▸ 영수의 타율을 분수와 소수, 백분율로 나타내어 보도록 한 다음, 다른 방법은 없는지 생각하도록 한다.

▸ 할푼리를 이용하는 방법 소개하기

(3) 문제를 해결하시오.

어느 프로 야구 선수의 지난 시즌 타율이 '2할 8푼 8리' 입니다. 올해에는 지난 시즌보다 더 좋은 성적을 올리려고 합니다. 이 선수가 올해 약 140경기에 출전하여 500번 정도 타석에 선다면, 최소한 몇 개 이상의 안타를 쳐야 합니까?

▸ 지난 시즌에 500번 타석에 섰다면, 안타를 몇 개 쳤는지를 물어본 다음, 올해에는 몇 개의 안타를 쳐야하는지 답하게 한다. 그리고 그렇게 구한 이유를 설명하도록 한다.

배경

학생들은 야구와 친숙하기 때문에, 야구를 소재로 비율을 나타내는 다른 방법으로 할푼리의 소개와 할푼리의 쓰임을 알게 한다. 타율은 타자가 타석에서 공을 치고 나간 수, 즉 안타를 얼마나 쳤는가를 나타내는 비율이다.

할푼리는 동양에서 발달한 개념으로서 비율의 한 종류이며, 본질적으로 비의 값 또는 비의 또다른 표현일 뿐이다.

관련 TU : TURT-0050, TURT-0070

TURT-0090.10 분수, 소수, 백분율

관련 교육과정	(07) 5(마)[1]③
	(09) 56(라)[1]②

목표

분수와 소수를 백분율로, 백분율을 분수와 소수로 고칠 수 있다.

자료

학습지, 영상자료(실물화상기)

활동

(1) 백분율 알아보기

▸ 여러 가지 통계 자료를 통해 백분율의 의미 알기

(2) 문제를 통해 분수와 소수를 백분율로, 백분율을 분수와 소수로 고치기

도서관에 책이 420권 있습니다. 이 중에서 15%가 역사책이라고 합니다.

▸ 전체의 양과 부분의 백분율 값이 주어진 후, 부분의 값이 얼마인가를 묻는 문제로 거꾸로 풀어 해결하도록 한다.

▸ 백분율을 분수 또는 소수로 나타내도록 한다.

▸ 다른 부분의 책의 권수를 제시하고 그 비율을 분수와 소수, 백분율로 나타내도록 한다.

(3) 문제를 해결하시오.

> 한 변의 길이가 20 cm인 정사각형이 있습니다. 이 정사각형의 가로의 길이를 5 cm, 세로의 길이를 10 cm 줄여 직사각형을 만들었습니다.

▸ 정사각형과 직사각형의 넓이의 비를 분수와 소수, 백분율로 나타내도록 한다.

(3) 문제를 해결하시오.

비	분수	소수	백분율(%)	할푼리
			50	
1:4				
		0.2		
1:15				
				2할 3푼 5리

▸ 학습지의 문제 상황을 표의 빈칸 채우기를 통해 완성하시오.

▸ 다음의 문제의 해답이 어떻게 도출되었는지 실물화상기를 통해 친구들에게 소개하고 설명하여 보시오.

배경

비는 둘 혹은 그 이상의 수를 비교하는 것이다. 비는 돈, 측도, 구매, 축도, 청사진과 같이 여러 가지 형태를 취할 수 있고 다양하게 적용될 수 있다. 비의 개념발달은 문제해결 기능을 강화시켜줄 뿐만 아니라 계산 기능을 연습할 기회를 제공해 준다. 비는 또한 100개의 비교 단위를 갖는 백분율을 학습할 자연스러운 수단을 제공한다. 백분율만큼이나 실용적으로 활용되는 수학의 내용이 흔하지 않기 때문에, 백분율의 개념을 의미 있고 체계적으로 발달시키는 것이 핵심적이다.

관련 TU : TURT-0030, TURT-0050, TURT-0060, TURT-0070

TURT-1010.10 두 수의 대응 관계(x 와 y 를 사용한 식)

관련 교육과정 (07) 6(마)4① (09) 56(라)3①

목표

두 수 사이의 대응 관계를 x 와 y 를 사용한 식으로 나타낼 수 있다.

자료

대응표

활동

(1) 책상과 의자를 식으로 나타내기

> 책상 한 개에 의자가 2개씩 놓여 있습니다. 책상과 의자 수의 관계를 구하시오.

▸ 책상 한 개에 의자 2개씩 그림으로 그려보고 그것을 대응표로 나타내어보게 한다.

▸ 대응표에서 의자의 수를 x, 책상의 수를 y 라고 하여 x, y 의 관계를 찾아보게 한다.

▸ 책상 수와 의자 수의 관계를 찾아 x, y 를 사용한 관계식으로 나타내게 한다.

배경

두 양 사이의 관계를 □, △로 나타내는 방법을 발전시켜서 새로운 약속 기호로서 x 와 y 사이의 관계를 알게 한다. 대응하는 두 수의 짝을 지어 보게 하여 규칙을 발견하게 한다. 그리고 그 다음에는 찾은 규칙을 말로 표현하게 하여 보게 한다. 학생들에게 여러 가지 관계를 그림, 언어, 표 그리고 변수의 다양한 방식 등으로 표현하게 하면 할수록, 그들은 수학적 힘을 더 많이 갖게 된다. 문자의 사용은 대수의 형식적 언어 사용의 출발로서 문자에 대한 올바른 이해는 앞으로의 대수 학습을 보다 의미 있게 해 나가기 위한 기초이다. 어떤 문제 상황이나 관계를 문자나 기호를 사용하여 식으로 표현하여 다루는 것은 일반화를 위한 토대가 되는 것은 물론 수학을 학습해 나가는 데 필요한 여러 가지 이점을 제공한다.

관련 TU : TUPT-2020, TURT-1110

TURT-1110.10 정비례

관련 교육과정	(07) 6(마)④②
	(09) 56(라)③②

목표

정비례 관계를 이해할 수 있다.

자료

문제카드

활동

(1) 자동차의 걸린 시간에 따른 움직인 거리 나타내기

자동차가 시속 60 km의 속도록 움직이고 있습니다. 걸린 시간과 움직인 거리를 표로 나타내어 보고 걸린 시간과 움직인 거리의 관계를 알아보시오.

걸린 시간					
움직인 거리					

▸ 표의 걸린 시간과 움직인 거리를 완성하여 본다. 걸린 시간과 움직인 거리가 어떻게 변하는지 알아보게 한다.

▸ x시간 후의 움직인 거리 y km라고 할 때, x의 값이 변함에 따라 y의 값이 어떻게 변하는지를 알아보게 한다.

▸ 이러한 x와 y의 관계를 무엇이라고 부르면 좋을지 생각해보게 한다.

배경

변화하는 두 양 x, y에서 x의 값이 2배, 3배, 4배, …로 됨에 따라 y도 2배, 3배, 4배, …로 될 때 y는 x에 정비례한다고 한다고 한다.

물체의 위치와 운동은 과학 내용에 포함된 것으로 학생들이 걸린 시간과 움직인 거리와의 관계를 그래프로 표현한 적이 있어 학생들에게는 익숙하면서 정비례의 개념으로 선행학습한 내용이라 할 수 있다.

관련 TU : TURT-0020, TURT-1120

TURT-1120.10 정비례 나타내기

관련 교육과정	(07) 6(마)④②
	(09) 56(라)③②

목표

정비례 관계를 표나 식으로 나타낼 수 있다.

자료

문제카드

활동

(1) 시간에 따른 물의 높이를 표나 식으로 나타내기

수영장에 물을 채우는 데 1분에 5 cm씩 물의 높이가 올라간다고 합니다. 시간에 따른 물의 높이를 다음 표로 나타낼 때, 표를 완성하고, 시간에 따른 물의 높이를 식으로 나타내어 보시오.

시간(분)	1	2	3	4	5
높이(cm)	5				

▸ 표를 완성하고 시간이 흐름에 따라 물의 높이가 어떻게 변하는지 알아보게 한다.

▸ x분 후의 물의 높이를 y cm라고 할 때, x와 y 사이의 관계를 식으로 나타내도록 한 다음, x의 값이 변함에 따라 y의 값이 어떻게 변하는지를 알아보게 한다.

배경

함께 변화하는 두 양 또는 수에 있어서, 한쪽이 2배, 3배…로 되면, 다른 한쪽도 2배, 3배…로 될 때, 이 두 양은 정비례한다고 한다. 이를테면, 철사의 길이와 무게, 일정한 속도로 달리는 자동차의 속도와 주행거리 등은 모두 여기에 해당한다. 이때 함께 변화하는 두 양을 x, y라 하면 x와 y 사이에는 $y = kx$인 관계가 성립한다. k는 x나 y와 관계없는 일정한 수로서 비례상수라 한다. 일반적으로 정비례관계의 그래프는 원점을 지나는 직선이다.

관련 TU : TURT-1110, TURT-1130

 TURT-1130.10 정비례 관계에 있는 두 양 찾기

관련 교육과정	(07) 6(마)[4]②
	(09) 56(라)[3]②

목표

생활 주변에서 정비례 관계에 있는 두 양을 찾을 수 있다.

자료

문제카드

활동

(1) 정비례 관계 찾아보기

▸ 학생들이 정비례 관계를 이해하고, 우리 주변에서 이러한 관계에 있는 것을 찾아 적도록 한다.

▸ 개인이 찾은 내용을 모둠별로 정비례 관계인지 서로 논의하게 하고 정리하여 발표하게 한다.

배경

서술식의 대답을 요구하는 문항은 학생들의 성취 수준, 정확도, 지식의 통합 정도를 분석하고 이해하는데 매우 탁월하다. 생활 주변, 가깝게는 과학 시간에 배운 여러 정비례 관계의 현상들을 생각해낼 수 있을 것이다. 또한 모둠별로 정비례 관계인지 아닌지 논의함으로써 자연스럽게 수학적인 의사소통이 가능하게 한다.

관련 TU : TURT-1120, TURT-1140

 TURT-1140.10 정비례 관계를 이용하여 문제 해결하기

관련 교육과정	(07) 6(마)[4]③
	(09) 56(라)[3]③

목표

정비례 관계를 활용하여 실생활 문제를 해결할 수 있다.

자료

문제카드

활동

(1) 자동차가 얼마나 갈 수 있을까?

> 철수는 지난 토요일에 자동차를 타고 가족들과 함께 여행을 갔습니다. 그런데, 가는 도중에 자동차 연료가 부족해서 주유소에 들르게 되었습니다.
>
> 철수 : 아빠! 이 차는 기름 1 L로 몇 km를 갈 수 있어요?
> 아빠 : 8 km를 갈 수 있단다.
> 철수 : 그러면 2 L로는요?
> 아빠 : 16 km 갈 수 있겠지?
> 철수 : 그러면, 방금 넣은 기름이 52 L니까. 음…
> 아빠 : 계산을 해 보렴

▸ 3 L와 4 L로는 각각 몇 km를 갈 수 있는지 묻는다.

▸ 휘발유의 양에 따른 이동할 수 있는 거리를 나타낼 수 있는 표를 만들어보도록 한다.

▸ 위의 표를 완성하여 휘발유의 양이 2배, 3배, 4배… 될 때, 자동차가 이동할 수 있는 거리는 어떻게 변하는지 생각해본다.

▸ 휘발유의 양과 자동차가 이동할 수 있는 거리는 정비례 관계에 있다고 생각한다면 그 이유는 무엇이며, 반비례 관계에 있다고 생각한다면 그 이유는 무엇인지 이야기해보도록 한다.

▸ 표를 보고 기름의 양을 x 리터, 자동차가 이동할 수 있는 거리를 y km로 놓을 때, x와 y 사이의 관계식을 나타내어 보도록 한다.

▸ 철수네 자동차가 52리터의 기름으로 몇 km를 갈 수 있는지 구해본다.

배경

정비례 관계를 지도할 때는 개념의 이해에 중점을 두도록 하며, 학생들에게 정비례 관계에 있는 다양한 예를 접할 수 있는 기회를 제공해야 한다.

관련 TU : TURT-1130

TURT-1210.10 반비례

관련 교육과정	(07) 6(마)④②
	(09) 56(라)③②

목표

반비례 관계를 이해할 수 있다.

자료

모눈종이, 가위, 투명접착테이프

활동

넓이가 24cm²인 직사각형을 그릴 때, 가로의 길이를 여러 가지로 바꾸면, 세로의 길이는 어떻게 변하는지 알아보자.

다음 표는 가로의 길이를 1cm, 2cm, 3cm, 4cm, 6cm, 8cm, 12cm, 24cm로 할 때, 세로의 길이를 알아본 것이다.

가로(cm)	1	2	3	4	6	8	12	24
세로(cm)	24	12	8	6	4	3	2	1

▸가로가 처음 길이의 2배, 3배, …로 되면, 세로의 길이는 1/2, 1/3, …로 된다.

▸또, 가로가 처음 길이의 1/2, 1/3, …로 되면, 세로의 길이는 2배, 3배, …로 된다.

▸가로의 길이를 x, 세로의 길이를 y라고 할 때, x, y 사이의 관계식을 세워 보아라.

▸변화하는 두 양 x, y에서 한 쪽의 값이 2배, 3배, …로 되면, 이에 따라 다른 쪽의 값이 1/2, 1/3, …로 될 때, 이 두 양은 서로 "반비례"한다고 한다.

배경

변화하는 두 양 x, y에서 x의 값이 2배, 3배, 4배, …로 됨에 따라 y는 1/2, 1/3, 1/4, …로 될 때 x와 y는 반비례한다고 한다. 직사각형의 넓이가 주어졌을 때, 가로와 세로의 길이는 반비례 상황의 대표적이 예이다.

관련 TU : TURT-1110, TURT-1220

TURT-1220.10 반비례 나타내기

관련 교육과정	(07) 6(마)④②
	(09) 56(라)③②

목표

반비례 관계를 표나 식으로 나타낼 수 있다.

자료

문제카드

활동

(1) 사람 수에 따라 먹는 양의 관계를 식으로 나타내기

돼지 삼겹살이 1200 g 있습니다. 모든 사람이 같은 양을 먹는다고 할 때, 사람 수에 따른 한 사람이 먹을 수 있는 양을 표로 완성하고 사람 수에 따라 먹는 양의 관계를 식으로 나타내어 보시오.

사람 수(명)	1	2	3	4	5
먹는 양(g)	1200	600	400		

▸사람 수에 따른 먹는 양을 표에 완성해보게 한다.

▸사람 수에 따라 먹는 양이 어떻게 달라지는지 알아보게 한다.

▸x명이 먹을 때, 먹을 수 있는 양을 y g이라고 할 때, x와 y사이의 관계를 식으로 나타내도록 한 다음, x의 값이 변함에 따라 y의 값이 어떻게 변하는지를 알아보게 한다.

배경

함께 변화하는 두 양이 있을 때, 한쪽 양을 2배, 3배, …하면, 그 양에 대응하는 다른 쪽 양이 1/2배, 1/3, …로 되는 관계를 반비례라고 한다. 반비례하는 두 양을 x, y라 하면 $y = k/x$ 또는 xy = k(k는 상수)의 관계가 성립한다. 이를테면, 어떤 사람이 매시 x km의 속도로 y시간 걸어 30 km 떨어진 곳에 도착한다면 xy = 30(속도 × 시간 = 거리)이며, 여기서 x(속도)를 2배, 3배, …하면, y(소요시간)는 1/2, 1/3, …이 된다.

관련 TU : TURT-1210, TURT-1230

TURT-1230.10 반비례 관계에 있는 두 양 찾기

관련 교육과정	(07) 6(마)④②
	(09) 56(라)③②

목표

생활 주변에서 반비례 관계에 있는 두 양을 찾을 수 있다.

자료

문제카드

활동

(1) 반비례 관계 찾기

▸ 학생들이 반비례 관계를 이해하고, 우리 주변에서 이러한 관계에 있는 것을 찾아 적도록 한다.

▸ 개인이 찾은 내용을 모둠별로 정비례 관계인지 서로 논의하게 하고 정리하여 발표하게 한다.

배경

서술식의 대답을 요구하는 문항은 학생들의 성취 수준, 정확도, 지식의 통합 정도를 분석하고 이해하는데 매우 탁월하다. 생활 주변, 가깝게는 과학 시간에 배운 여러 반비례 관계의 현상들을 생각해낼 수 있을 것이다. 또한 모둠별로 반비례 관계인지 아닌지 논의함으로써 자연스럽게 수학적인 의사소통이 가능하게 한다.

관련 TU : TURT-1220, TURT-1240

TURT-1240.10 반비례 관계를 이용하여 문제 해결하기

관련 교육과정	(07) 6(마)④③
	(09) 56(라)③③

목표

반비례 관계를 활용하여 실생활 문제를 해결할 수 있다.

자료

문제카드

활동

(1) 사과를 몇 상자에 나누어 담을 수 있을까?

> 사과가 60개 있습니다. 상자에 담기는 사과의 수를 똑같이 하여 담으려고 합니다. 각각의 경우에 한 상자에 담겨져 있는 사과의 수를 구하여 보시오.

▸ 필요한 상자의 수와 한 상자에 담을 수 있는 사과의 수를 표로 나타내어 보도록 한다.

▸ 위의 표를 보면 필요한 상자의 수가 2배, 3배, 4배, …로 될 때, 한 상자에 담을 수 있는 사과의 수는 어떻게 변하는지 생각해 본다.

▸ 필요한 상자의 수와 한 상자에 담을 수 있는 사과의 수 사이에 정비례 관계에 있다고 생각한다면 그 이유는 무엇이며, 반비례 관계에 있다고 생각한다면 그 이유는 무엇인지 이야기 하도록 한다.

▸ 표를 보고 필요한 상자의 수를 x, 한 상자에 담을 수 있는 사과의 수를 y 로 놓을 때 x와 y 사이의 관계식을 나타내어 보도록 한다.

▸ 실생활에서 반비례 관계에 있는 두 양의 예를 들어 보게 한다.

배경

표를 완성하면서 규칙성을 발견하게 한다. 또한 정비례 관계와 반비례 관계에 대해서 다시 한 번 생각해보게 한다. 실생활에서 반비례 관계식으로 말할 수 있는 것이 많음을 다양한 예를 통해서 알게 한다. 반구체물인 바둑돌과 종이컵 등을 이용하여 직접 담아보는 것도 학생의 이해를 돕는 좋은 방법이 될 수 있다.

관련 TU : TURT-1230

방정식

TU일람표

ID	TU 번호	TU 제목	관련 교육과정	
			07개정	09개정
1	TUEQ-0010.10	□의 의미	(07) 1(마)[2]①	(09) 12(가)[2]⑤
2	TUEQ-0110.10	어떤 수를 □로 나타내기	(07) 2(마)[2]①	(09) 12(가)[2]⑤
3	TUEQ-0120.10	덧셈식에서 □의 값 구하기	(07) 2(마)[2]①	(09) 12(가)[2]⑤
4	TUEQ-0130.10	뺄셈식에서 □의 값 구하기	(07) 2(마)[2]①	(09) 12(가)[2]⑤
5	TUEQ-0140.10	곱셈식에서 □의 값 구하기	(07) 2(마)[2]①	(09) –
6	TUEQ-1010.10	미지수를 로 나타내기	(07) 6(마)[1]①	(09) 중(나)[2]①
7	TUEQ-1100.10	등식의 성질	(07) 6(마)[1]②	(09) 중(나)[2]②
8	TUEQ-1110.10	등식의 성질을 이용하여 간단한 방정식 풀기	(07) 6(마)[1]②	(09) 중(나)[2]②
9	TUEQ-2010.10	비례식	(07) 6(마)[2]①	(09) 56(라)[2]①
10	TUEQ-2020.10	비례식으로 나타내기	(07) 6(마)[2]①	(09) 56(라)[2]①
11	TUEQ-2030.10	비례식의 성질	(07) 6(마)[2]②	(09) 56(라)[2]①
12	TUEQ-2040.10	비례식 풀기	(07) 6(마)[2]②	(09) 56(라)[2]①
13	TUEQ-2110.10	연비	(07) 6(마)[3]①	(09) –
14	TUEQ-2120.10	연비로 나타내기	(07) 6(마)[3]①	(09) –
15	TUEQ-2130.10	비례배분	(07) 6(마)[3]②	(09) 56(라)[2]②
16	TUEQ-2140.10	비례배분방법	(07) 6(마)[3]②	(09) 56(라)[2]②

TUEQ-0010.10 □의 의미

관련 교육과정	(07) 1(마)②①
	(09) 12(가)②⑤

목표

□가 사용된 덧셈식이나 뺄셈식에서 □의 의미를 이해한다.

자료

숫자카드(1~9), □, +, −, = 가 쓰여 있는 카드, 바둑돌

활동

(1) 식으로 나타내시오.(그림을 이용한 활동)

진아는 양말을 6켤레 가지고 있었는데, 어머니가 몇 켤레 더 사주셔서 9켤레가 되었습니다. 어머니가 새로 사 준 양말은 몇 켤레인지 알아보시오.

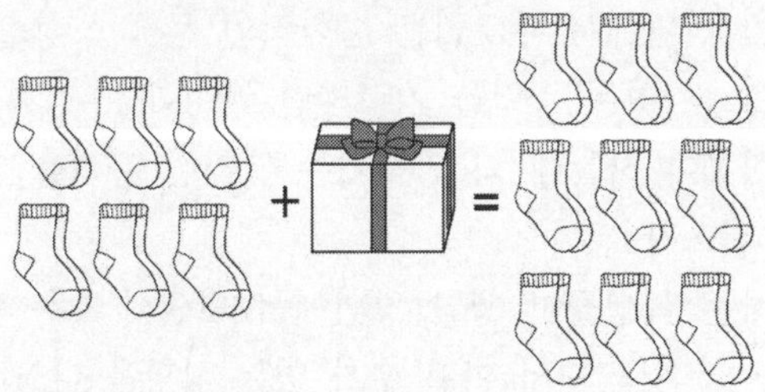

▸ 선물 상자 속의 양말 수를 알아보는 활동으로, 먼저 바둑돌을 이용한 덧셈식 카드로 나타내어 모르는 수는 □로 나타내는 것이 편리함을 알게 하고, 이를 형식화하여 6 + □ = 9로 나타내보게 한다.

(2) 식으로 나타내시오.(그림을 이용한 활동)

수진이는 사탕 7개를 가지고 있습니다. 영은이에게 몇 개 주었더니 4개가 남았습니다. 영은이에게 사탕 몇 개를 주었는지 알아보시오.

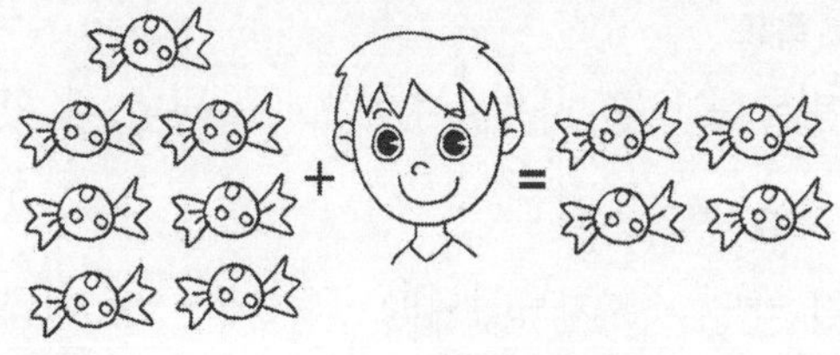

▸ 친구에게 준 사탕의 수를 알아보는 활동으로, 먼저 바둑돌로 나타내어 보도록 한 다음, 모르는 수는 □로 나타내는 것이 편리함을 알게 하고, □를 사용하여 뺄셈식으로 나타내보게 한다.

배경

수학적 사고의 본질을 이해하고 이를 통해 수학적 안목을 형성하기 위해 대수적 사고에 대한 분석과 이해 없이는 성공적인 수학 학습을 기대하기 어렵다. 대수적 사고는 변화하는 주변세계와 사물에 대해 인식하고 판단하여 경험을 조직화함으로써 문제를 해결하고 관계를 파악하는 데 필요한 사고이며, 수학 학습의 전반에서 요구되는 사고이다.

생활에서 덧셈식(혹은 뺄셈식)이 적용되는 상황에서 어떤 수 또는 모르는 수를 이야기해 보고, 활동을 통하여 몇 개를 □(또는 △, ○)로 나타내어야 함을 인식시켜 □를 사용한 식으로 나타내보게 한다. 이야기한 장면을 구체물을 가지고 조작 활동을 하면서 어떤 수는 어떻게 표시하면 좋은지 이야기해보게 한다. 이 때, 자연스럽게 모르는 수는 □를 사용하여 나타내면 편리함을 알게 한다.

관련 TU : TUEQ-0110, TUEQ-1010

TUEQ-0110.10 어떤 수를 □로 나타내기

관련 교육과정	(07) 2(마)[2]①
	(09) 12(가)[2]⑤

목표

어떤 수를 □를 사용하여 식으로 나타낼 수 있다.

자료

그림 카드, 숫자카드([1]~[9]), □, +, −, = 가 쓰여 있는 카드, 사탕 , 과자

활동

(1) 다음을 식으로 나타내시오. (덧셈)

사탕이 접시에 5개, 손수건으로 덮인 접시에도 사탕이 몇 개 있습니다. 두 접시에 있는 사탕은 모두 8개입니다.

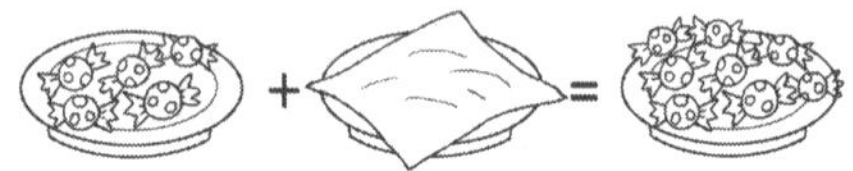

▸ 그림을 보고, 사탕을 이용하여 직접 조작을 하고 구체물을 통해 덧셈식으로 만들어 보는 활동을 한다.

(2) 다음을 식으로 나타내시오. (뺄셈)

수정이는 맛있는 과자 15개를 만들었습니다. 그런데 강아지 포포가 와서 과자 몇 개를 몰래 먹어버리는 바람에 수정이는 남은 과자 7개를 먹었습니다.

▸ 그림을 보고, 과자를 이용하여 직접 조작을 하고 구체물을 통해 뺄셈식으로 만들어 보는 활동을 한다.

(3) 다음을 식으로 나타내시오. (□를 사용하여 식으로 나타내게 한다.)

1. 성구는 어제 동화책을 23쪽 읽었습니다. 오늘 몇 쪽을 더 읽었더니 오늘과 어제 읽은 동화책의 쪽수는 모두 38쪽이었습니다.
2. 현우는 아파트 17층에 삽니다. 현우는 엘리베이터를 타고 몇 층을 내려왔더니 9층 미림이네 집입니다.
3. 병아리 9마리가 마당에서 모이를 먹고 있습니다. 몇 마리가 모이를 먹고 헛간으로 돌아가서 마당에는 5마리만 남아있습니다.

배경

식 만들기는 문제 해결력을 기르는 데 기초가 된다. 생활 장면에서 부딪히는 수학적인 문제 상황을 해결할 수 있는 능력을 기르려면 단순화, 추상화, 기호화해야 하는데 식 만들기는 그러한 능력을 기르는 기초가 된다.

교사는 학생들이 생활 장면에서 덧셈식(혹은 뺄셈식)이 적용되면서 어떤 수가 있는 상황을 다양하게 이야기해보게 하여, 어떤 수는 □(또는 △, ○)로 나타내면 편리함을 알게 하고, □를 사용하여 식으로 나타내도록 한다.

대수적인 해석은 문제 상황에 적합한 문자를 선택하여 주어진 상황을 식으로 표현한 것으로, 프로이덴탈(Freudenthal)은 대수적인 해석을 산술과 대수를 구분하는 중요한 대수적인 전략으로 보았다. 산술에서는 수의 성질이나 수 사이의 관계가 문제를 해결하는 과정에서 직접 나타나는 데 비해, 대수에서는 주어진 상황이 문자나 식을 통해 간접적으로 표현되고 다시 이것을 대상으로 한 연산을 수행하게 된다.

관련 TU : TUEQ-0010, TUEQ-0120, TUEQ-1010

TUEQ-0120.10 덧셈식에서 □의 값 구하기

관련 교육과정	(07) 2(마)[2]①
	(09) 12(가)[2]⑤

목표

덧셈식에서 □의 값을 구할 수 있다.

자료

동화책(교과서), 바둑돌, 수직선 학습지, 영상자료(실물화상기)

활동

(1) 문제를 해결하시오.

어제부터 새로 산 동화책을 읽기 시작했습니다. 어제는 12쪽 읽고, 오늘도 몇 쪽을 더 읽었더니 모두 25쪽을 읽었습니다. 오늘 몇 쪽을 읽었는지 알아보시오.

- 동화책이나 교과서를 이용한 실제 조작 활동을 통하여 □의 값을 구하여 보게 한다.
- 간단하게 그림으로 표현하여 □의 값을 구하여 보게 한다.
- □를 이용한 덧셈식을 만들어 보고, 왜 그렇게 생각하는지 설명하도록 한다. (실물화상기를 이용하여, 자신이 해결한 학습지를 친구들에게 보여주면서 서로 의견을 나눈다.)

(2) 문제를 해결하시오.

자영이가 영주에게 구슬을 23개 받아서 모두 29개의 구슬을 가지고 있습니다. 처음에 자영이가 가지고 있던 구슬은 몇 개인지 알아보시오.

? + ●●●●●●●●●●●●●●●●●●●●●●● = ●●●●●●●●●●●●●●●●●●●●●●●●●●●●●

- 바둑돌을 이용하여 실제 조작 활동을 통하여 □의 값을 구하여 보게 한다.
- 간단하게 그림으로 표현하고, □의 값을 구하여 보게 한다.
- □를 이용한 덧셈식을 만들어 보고, 왜 그렇게 생각하는지 설명하도록 한다.(실물화상기를 이용하여, 자신이 해결한 학습지를 친구들에게 보여주면서 서로 의견을 나눈다.)

배경

덧셈식으로 나타낼 수 있는 문제 상황을 덧셈식으로 나타내고 다양한 방법으로 □의 값을 구하여 보게 한다. 아직 구체적 조작기에 있는 학생들이 문제상황을 인식하는 데 구체물 조작 활동이 매우 중요하므로 소홀히 다루지 않도록 하며, 다양한 방법으로 □를 구하여 보도록 한다.

관련 TU : TUEQ-0110, TUEQ-0130, TUEQ-1110

TUEQ-0130.10 뺄셈식에서 □의 값 구하기

관련 교육과정	(07) 2(마)②①
	(09) 12(가)②⑤

목표

뺄셈식에서 □의 값을 구할 수 있다.

자료

동화책 13권, 바둑돌

활동

(1) 문제를 해결하시오.

학급문고에 동화책이 13권 있었습니다. 그 중에 친구들이 몇 권을 빌려가고 남은 동화책을 세어 보니 9권이었습니다. 친구들이 빌려 간 동화책은 몇 권인지 알아보시오.

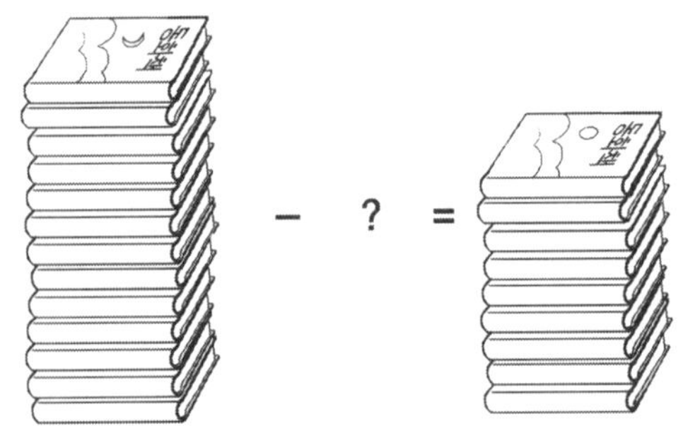

- 바둑돌을 이용한 조작 활동을 통하여 □의 값을 구하여 보게 한다.
- 위의 상황을 그림으로 간단하게 표현하고, □의 값을 구하여 보게 한다.
- □를 구하는 뺄셈식을 만들어보고 설명하도록 한다.

(2) 문제를 해결하시오.

영호는 동전을 몇 개 가지고 있습니다. 그 중에서 돼지저금통에 8개를 넣었더니 주머니에 3개가 남았습니다. 영호가 가지고 있던 동전은 모두 몇 개 입니까?

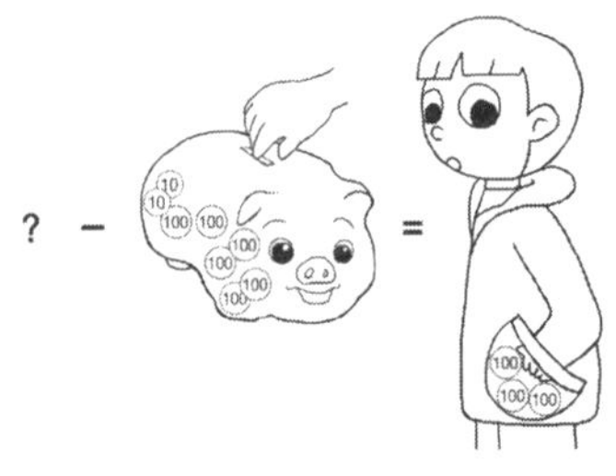

- 바둑돌을 이용한 조작 활동을 통하여 □의 값을 구하여 보게 한다.
- 위의 상황을 그림으로 간단하게 표현하고, □의 값을 구하여 보게 한다.
- □를 구하는 뺄셈식을 만들어보도록 하고 설명하도록 한다.

배경

덧셈 상황과 같이 뺄셈 상황에서도 다양한 방법으로 □의 값을 구하여 보게 한다. 구체적 조작활동을 위해 실제 동화책을 이용하여 볼 수 있으나 어려울 경우 바둑돌과 같은 구체물을 사용한다. 또한 빼지는 수가 앞에 있는 경우도 다루어 다양한 문제를 학생들이 경험할 수 있도록 한다. 덧셈과 뺄셈에 대한 다양한 방법의 유연한 사고를 조장하여야 한다.

관련 TU : TUEQ-0120, TUEQ-0140, TUEQ-1110

TUEQ-0140.10 곱셈식에서 □의 값 구하기

관련 교육과정	(07) 2(마)[2]①
	(09) -

목표

곱셈식에서 □의 값을 구할 수 있다.

자료

바둑돌, 영상자료(실물화상기)

활동

(1) 문제를 해결하시오.

한 개의 모둠책상에는 4명이 앉을 수 있습니다. 우리 반 친구들이 모둠책상에 모두 앉았습니다. 우리 반 친구들은 모두 32명입니다. 모둠책상이 모두 몇 개 있습니까?

- 바둑돌을 이용한 조작활동을 통하여 몇 묶음인지를 알아보게 한다.
- 몇 모둠이 있는지 □를 사용하여 곱셈식을 만들어보도록 한다.
- □안에 알맞은 수가 얼마인지 생각하게 하고 설명하도록 한다. (실물화상기를 이용하여, 자신이 해결한 학습지를 친구들에게 보여주면서 서로 의견을 나눈다.)

(2) 문제를 해결하시오.

감 3봉지를 바구니에 쏟아 놓으니 15개가 되었습니다. 감은 한 봉지에 몇 개씩 담겨 있었는지 알아보시오.

- 바둑돌을 이용한 조작활동을 통하여 한 봉지에 몇 개인지 알아본다.
- 몇 개 들이 3묶음이면 감 15개가 나올지 바둑돌을 이용하여 생각해보도록 한다.
- 한 봉지에 담긴 감의 수를 □를 사용하여 곱셈식으로 만들어보도록 한다.
- □안에 알맞은 수가 얼마인지 생각하게 하고 설명하도록 한다. (실물화상기를 이용하여, 자신이 해결한 학습지를 친구들에게 보여주면서 서로 의견을 나눈다.)

배경

미지항이 들어 있는 곱셈 상황의 문장제를 제시하고 □를 써서 곱셈식을 만들어 보도록 한다. 여기서는 □에 여러 가지 값을 대입하여 변수를 찾는 것이 좋다. 이 식의 □에 어떤 수를 넣느냐에 따라 등식은 참, 거짓 중의 하나가 된다. □의 값을 구한 후 왜 그렇게 생각하였는지 여러 가지 생각을 발표해보게 한다.

관련 TU : TUEQ-0130, TUEQ-1110

TUEQ-1010.10 미지수를 x로 나타내기

관련 교육과정	(07) 6(마)1①
	(09) 중(나)2①

목표

미지수를 x로 나타낼 수 있다.

자료

마법의 수 활동지

활동

(1) 마법의 수 맞추기

단계 1: 종이 위에 임의의 수를 써라.
단계 2: 그 수에 8을 더하여라.
단계 3: 그 합을 두 배 하여라.
단계 4: 6을 빼라.
단계 5: 2로 나누어라.
단계 6: 단계 1에서 선택한 임의의 수를 빼라.

▸ 처음에 학생들은 임의의 수를 아무거나 맘속으로 생각하게 하고, 교사는 학생들의 단계 6이 끝나고 나오는 수를 맞춘다. 모두 5가 되지만, 학생들에게 왜 그렇게 되는지를 묻는다.

▸ 학생들은 먼저 선택한 수를 가지고 계산을 해 보고, 두 번째로 □로 상징 표시를 하며, 마지막으로 미지수 x를 사용하게 한다.

배경

학생들은 이미 모르는 수를 □로 표현하는 법을 배웠다. 대수는 일반적인 문장과 설명을 간결하게 표현하는 도구 역할을 하는데, □를 대신하여 학생들에게 미지수 x를 제시한다. 수학사와 관련하여 설명하는 것도 좋은 방법이다.

관련 TU : TUEQ-0010, TUEQ-0110, TUPS-0030

TUEQ-1100.10 등식의 성질

관련 교육과정	(07) 6(마)1②
	(09) 중(나)2②

목표

등식의 성질을 이해할 수 있다.

자료

양팔저울, 추(10 g, 20 g, 50 g)

활동

(1) 무게재기를 통해 등식의 성질 이해하기

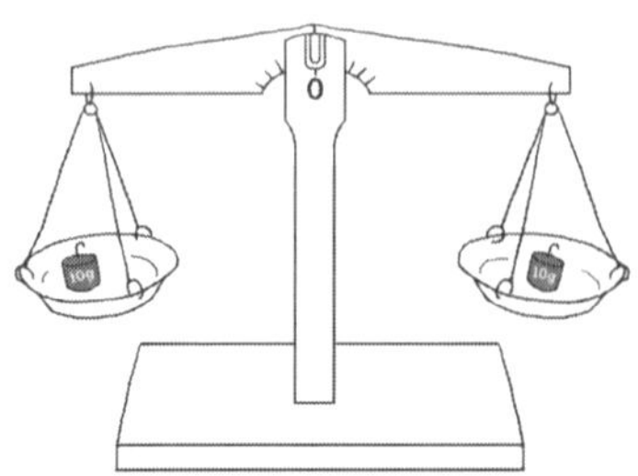

▸ 양팔저울의 왼쪽에는 10 g 추를 4개 올려놓고, 반대편은 추를 몇 g 올려야 평형이 되어 양쪽이 같을지 묻는다.

▸ 왼쪽에 추를 20 g 더 추가 했을 때, 양팔 저울을 평형을 이루게 하려면 어떻게 해야 하는지 묻는다.

▸ 또한 왼쪽의 추의 무게를 뺐을 때, 추의 무게를 배로 하였을 때와 몇으로 나눴을 때 용수철저울의 무게가 어떻게 변할지 생각하게 한다.

▸ 그리고 등식의 성질을 학생들에게 생각하게 하고 말해보게 한다.

배경

등식의 성질이란, $a=b$이고 c가 0이 아닌 임의의 수일 때,

(1) $a+c=b+c$,

(2) $a-c=b-c$,

(3) $a\times c=b\times c$,

(4) $a\div c=b\div c\,(c\neq 0)$

가 되는 것을 말한다. 등식의 성질은 방정식을 해결하는 가장 기본적인 개념을 제공한다.

관련 TU : TUEQ-1110

TUEQ-1110.10 등식의 성질을 이용하여 간단한 방정식 풀기

관련 교육과정	(07) 6(마)[1]②
	(09) 중(나)[2]②

목표

등식의 성질을 이용하여 간단한 방정식을 풀 수 있다.

자료

컵 3개, 흰 바둑돌 8개, 검은 바둑돌 1개, 그림 카드

활동

(1) 간단한 방정식 풀기

$3x-1=8$을 해결하시오.

▶빈 세 개의 컵에 똑같이 들어가야 할 흰 바둑돌의 수가 얼마인지 생각해보게 하고 직접 활동을 통해 왼쪽과 오른쪽이 같도록 흰 바둑돌을 두도록 한다.

▶직접 활동을 통해 문제를 해결하기 위해 등식의 어떠한 성질을 이용하였는지 활동 속에서 찾아보도록 한다.

▶직접 활동이 끝나면 표나 그림으로 표현해보고 그것을 직접 등식으로 표현하여 해결하도록 한다.

배경

등식의 성질을 이용한 간단한 방정식 풀기는, 뒤에 나올 비례식의 성질을 이용한 간단한 비례식 풀기 및 다양한 장면에서 활용될 수 있는 유용한 것이다. '이항'이라는 기계적인 방법보다는 "양변에 같은 수를 더한다", "양변에서 같은 수는 뺀다", "양변에 같은 수를 곱한다", "양변을 0이 아닌 같은 수로 나눈다"와 같은 사고에 익숙해지도록 하는 것이 좋다.

관련 TU : TUEQ-1100, TUEQ-2010

TUEQ-2010.10 비례식

관련 교육과정	(07) 6(마)[2]①
	(09) 56(라)[2]①

목표

비례식을 이해할 수 있다.

자료

막대기(50 cm, 1 m), 줄 자, 바둑돌

활동

(1) 막대와 그림자의 비를 표로 나타내기

▶서로 다른 막대의 그림자의 길이를 직접 구해본다.

▶각 막대와 그림자의 길이를 표로 나타내어보고 각 막대의 그림자와의 비의 값을 비교한다.

▶막대와 그림자의 길이를 표로 나타내어 보도록 한다. 학생들이 스스로 비의 값을 구해보고 서로 같음을 알 수 있도록 한다.

(2) 비례식을 알고 나타내기

빵 1개를 만드는 데에 달걀이 3개 필요합니다. 내일 실과시간에 친구들과 3명과 함께 먹을 빵을 만들려고 합니다. 한 사람이 빵을 1개씩 먹는다고 할 때, 빵 3개를 만드는 데에는 달걀이 몇 개 필요한지 알아보시오.

▶바둑돌을 이용하여 빵(검은 바둑돌)과 달걀의 관계를 직접 놓아보게 한다.

▶달걀 수에 대한 빵 수의 각각의 경우의 비의 값을 구하고 비교해보게 한다.

▶1:3과 3:9를 등식으로 나타낼 수 있는지 묻고 설명하게 한다.

▶비의 값이 같은 두 비를 등식으로 나타낸 식을 '비례식'이라고 부른다. 비에서 항, 전항, 후항을, 비례식에서 외항과 내항이라는 용어를 알려준다.

배경

비와 비례 사고의 이용은 일상생활에서 많이 일어나기 때문에, 문제 해결 상황 뿐 아니라 일반적인 생각 패턴의 발전에서도 학생에게는 매우 중요할 수 있다. 대수 학습에 있어서도 비례는 가장 추상적인 관계를 수적인 표현으로 바꿀 수 있는 교량 역할을 할 뿐만 아니라 함수의 토대가 되는 개념이며, 이로 인해 일차방정식까지 표현할 수 있으므로 매우 유용한 수학적 주제라 할 수 있다.

관련 TU : TUEQ-2020, TURT-0020

TUEQ-2020.10 비례식으로 나타내기

관련 교육과정	(07) 6(마)2①
	(09) 56(라)2①

목표

물체 사이의 관계를 비례식으로 나타낼 수 있다.

자료

책, 책가방, 우유, 체중계

활동

(1) 지구와 달에서의 물체의 무게를 비례식으로 나타내기

▸ 지구에서 60 kg인 물체가 달에서는 10 kg입니다. 여러분들의 몸무게가 지구와 달에서 각각 얼마인지 비례식으로 나타내어 보시오.

▸ 교실에 있는 각 물체의 무게를 측정하여 지구와 달에 있을 때 각각 얼마인지 비례식으로 나타내어 보도록 한다.

배경

비와 비례 개념을 과학적인 지식과 접목한 상황이다. 직접적인 상황에서 활동을 통해 개념을 더욱 구체화 해야 할 것이다. 각 물체의 무게를 측정한 후 지구와 달에서의 무게를 표나 다양한 방법으로 작성한 후 비례식으로 나타낼 수 있도록 한다.

관련 TU : TUEQ-2010, TUEQ-2030

TUEQ-2030.10 비례식의 성질

관련 교육과정	(07) 6(마)2②
	(09) 56(라)2①

목표

비례식의 성질을 이해한다.

자료

검은 바둑돌, 흰 바둑돌

활동

(1) 물체에 같은 수 곱하기

▸ 검은 바둑돌 2개, 흰 바둑돌 3개에 같은 수를 각각 곱해봄으로써 검은 바둑돌과 흰 바둑돌 개수의 비율을 구해본다.

▸ 직접 활동을 통해 바둑돌을 놓아보고 검은 바둑돌과 흰 바둑돌의 수를 표로 작성하여 비율을 구하도록 한다.

▸ 표로 작성된 검은 바둑돌과 흰 바둑돌의 각 비율이 어떠한 성질을 갖고 있는지 스스로 발견하도록 한다.

(2) 물체에 0이 아닌 같은 수 나누기

▸ 검은 바둑돌 24개, 흰 바둑돌 32개에 0이 아닌 같은 수를 각각 나누어 봄으로써 검은 바둑돌과 흰 바둑돌 수의 비율을 구해본다.

▸ 직접 활동을 통해 바둑돌을 나눠보고 검은 바둑돌과 흰 바둑돌의 수를 표로 작성하여 비율을 구하도록 한다.

▸ 표로 작성된 검은 바둑돌과 흰 바둑돌의 각 비율이 어떠한 성질을 갖고 있는지 스스로 발견하도록 한다.

(3) 비례식 성질 발견하기

▸ 외항과 내항의 의미를 알고 외항과 내항 사이의 성질을 비례식 상에서 직접 구해보도록 한다.

배경

비례식에서 외항의 곱과 내항의 곱이 같다는 비례식의 성질을 논리적인 설명을 통해서 이해하게 하려는 것보다 여러 경우의 비례식에서 이와 같은 성질을 확인해 봄으로써 귀납적으로 익히게 한다.

관련 TU : TUEQ-2020, TUEQ-2040

TUEQ-2040.10 비례식 풀기

관련 교육과정	(07) 6(마)2②
	(09) 56(라)2①

목표

비례식의 성질을 이용하여 간단한 비례식을 풀 수 있다.

자료

도식$(5:1 = 4000:x)$

활동

(1) 간단한 비례식 풀기

아버지께서 이번 주 용돈을 나와 동생에게 5:1의 비로 주신다고 합니다. 아버지께서 나에게 4000원을 주시면, 동생에게는 얼마를 주시게 되는지 알아보시오.

▸ 구하려고 하는 것이 무엇이며, 5:1이 무엇을 나타내는 비인지를 알게 한다.

▸ 학생 스스로 해결계획을 수립하도록 하며, 비례식을 풀어서 나와 동생의 돈을 구하도록 한다.

▸ 해결 과정에 잘못이 없는지 검토하고, 답이 맞는지 검토해보게 한다.

배경

'비례식 $5:1=4000:x$를 어떻게 풀 것인가?'라는 발문으로부터 앞에서 알아본 비례식의 성질을 이용해 보려는 생각을 가지도록 한 다음에, 외항의 곱과 내항의 곱을 등식으로 나타내도록 한다. 그리고 등식의 원리에 의하여 문제를 해결하도록 한다. 해결 과정에 잘못이 없는지 검토하고, 답이 맞는지 검토하도록 한다.

2009개정교육과정에서는 등식의 성질을 지도하지 않도록 하고 있으므로, 미지수 □로 표시하고, 거꾸로 해결하기 방법을 사용하여 문제를 풀도록 지도할 수도 있다.

관련 TU : TUEQ-2030, TUEQ-1110

TUEQ-2110.10 연비

관련 교육과정	(07) 6(마)③①
	(09) -

목표

연비의 뜻을 알 수 있다.

자료

그림 카드

활동

(1) 연비 알아보기

소라는 9 kg, 재하는 5 kg, 수미는 7 kg의 헌 종이를 모았습니다. 세 사람이 모은 헌 종이 무게의 비를 한꺼번에 어떻게 나타내는지 알아보시오.

▸ 그림을 보고 폐지 무게의 비를 한꺼번에 나타내려면 어떻게 해야 하는지 알아보게 한다.

▸ 두 가지 물체를 비로 나타내었던 것을 토대로 세 가지 이상의 물체를 한꺼번에 나타내려면 어떻게 해야 하며, 이것을 무엇이라고 부르면 좋을지 생각해보게 한다.

(2) 연비로 나타내기

민호는 $\frac{1}{2}$L, 영희는 $\frac{1}{3}$L, 철수는 $\frac{1}{4}$L의 우유를 마셨습니다. 세 사람이 마신 우유의 양을 연비로 나타내시오.

배경

두 가지 물체의 비 뿐 아니라, 우리의 일상생활에서 세 가지 이상의 양을 비로 나타내어야 하는 상황을 많이 접하게 함으로써 연비를 쉽게 익히도록 한다. 또한 연비는 비례배분을 배우는 데 도움이 된다.

관련 TU : TUEQ-2120, TURT-0020

TUEQ-2120.10 연비로 나타내기

관련 교육과정	(07) 6(마)③①
	(09) -

목표

세 양 사이의 관계를 연비로 나타낼 수 있다.

자료

문제카드

활동

(1) 연비로 나타내기

줄넘기를 경수는 150번, 상미는 120번, 경림이는 180번을 넘었습니다. 세 사람이 넘은 줄넘기의 횟수를 연비로 나타내시오.

▸ 경수와 상미의 줄넘기 횟수를 비로 나타내보게 한다. 상미와 경림이의 줄넘기 횟수를 비로 나타내보게 한다. 경수와 상미와 경림이의 비를 한꺼번에 나타내게 하려면 어떻게 하는 게 좋은지 생각해보게 한다.

▸ 경수, 상미, 경림이의 줄넘기 횟수를 그림이나 수 막대, 표 등 다양한 방법으로 나타내어 연비가

경수 : 상미 : 경림 = 150 : 120 : 180

임을 알게 한다.

배경

전에 배운 비로 나타내어 그것을 한꺼번에 연비로 나타낼 수 있도록 유도한다. 한편, 그림을 그리거나, 수 막대로 나타내어 보도록 하여 연비로 나타내는 데 직관적으로 쉽게 다가갈 수 있도록 한다.

관련 TU : TUEQ-2110

TUEQ-2130.10 비례배분

관련 교육과정	(07) 6(마)③②
	(09) 56(라)②②

목표

비례배분의 뜻을 알 수 있다.

자료

바둑돌

활동

(1) 비례배분 알아보기

> 공책 10권을 오빠와 동생이 3:2의 비로 나누어 가지려고 합니다. 각각 몇 권씩 가져야 하는지 알아보시오.

▸ 10개의 바둑돌을 가지고 3:2의 비로 나누어 3개, 2개씩 번갈아 가며 없어질 때까지 나누어 보게 한다.

▸ 활동을 바탕으로 3개, 2개씩 번갈아 가며 주어진 10개가 없어질 때까지 나누어 그려 봄으로써 더욱 직관적으로 확인하게 한다.

▸ 공책 10권을 수 막대에 나타내고, 비례배분하는 간편한 방법을 알아보도록 한다. 오빠와 동생이 나누어 가지는 몫을 수 막대를 보고 알아보게 한다.

▸ 전체를 주어진 비로 나누는 것을 비례배분이라고 하며 이때의 전체를 분모로 하여 각각의 비대로 나누어 가지는 것임을 알게 한다.

배경

우리는 일상생활에서 비례배분을 활용하여 해결해야 하는 상황들을 많이 접하게 된다. 따라서 비례배분 하는 방법을 익혀 생활에서 비례배분을 활용하여 해결하여야 하는 문제를 해결할 수 있게 한다.

관련 TU : TUEQ-2040, TUEQ-2140

TUEQ-2140.10 비례배분 방법

관련 교육과정	(07) 6(마)③②
	(09) 56(라)②②

목표

비례배분하는 방법을 이해하고, 주어진 비로 비례배분할 수 있다.

자료

바둑돌

활동

(1) 주어진 비로 바둑돌을 비례배분하기

▸ 바둑돌 10개를 가지고 불러주는 비(2:3, 4:1)에 맞게 두 부분으로 나누어 보게 한다.

▸ 바둑돌 20개를 가지고 불러주는 비(2:3, 4:1)에 맞게 두 부분으로 나누어 보게 한다.

▸ 바둑돌 비례배분 한 것을 그림이나 수 막대로 나타내어 보게 하여 직관적으로 확인 하게 한다.

(2) 24000원 비례배분하기

▸ A(3명), B(5명) 가족에게 1인당 똑같이 돈을 분배한다면, A, B 가족에게 얼마씩 나눌 수 있는지 모형 돈을 이용하여 직접 나누어 보게 한다.

▸ 활동한 것을 그림이나 수 막대를 이용하여 그려 보게 하고 식을 이용하여 직접 구해보게 한다.

배경

활동을 통하여 직접 나누어 봄으로써 전체에 해당하는 양과 각 항에 해당하는 양을 구분하는 비례배분을 쉽게 배울 수 있게 한다.

관련 TU : TUEQ-2130, TUEQ-2040

문제해결

TU일람표

ID	TU 번호	TU 제목	관련 교육과정	
			07개정	09개정
1	TUPS-0010.10	문제 해결(실제로 해보기)	(07) 1(마)③①	(09) –
2	TUPS-0020.10	문제 해결	(07) 1(마)③①	(09) –
3	TUPS-0030.10	문제 해결(식 만들기)	(07) 1(마)③①	(09) –
4	TUPS-0050.10	식으로 나타내기	(07) 2(마)③①	(09) –
5	TUPS-0060.10	식에 알맞은 문제 만들기	(07) 2(마)③②	(09) –
6	TUPS-0110.10	문제 해결(규칙찾기)	(07) 2(마)④①	(09) –
7	TUPS-0120.10	문제 해결(거꾸로 풀기)	(07) 2(마)④①	(09) –
8	TUPS-0130.10	문제 해결(표 만들기)	(07) 3(마)②①	(09) –
9	TUPS-0140.10	문제 해결(예상과 확인)	(07) 3(마)②①	(09) –
10	TUPS-0150.10	문제 해결(단순화하기)	(07) 4(마)④①	(09) –
11	TUPS-0160.10	문제 해결(논리적 추론)	(07) 4(마)④①	(09) –
12	TUPS-0170.10	문제해결 과정 설명하기	(07) 4(마)④②	(09) –
13	TUPS-0210.10	여러 가지 방법으로 해결하기	(07) 5(마)②①	(09) –
14	TUPS-0220.10	문제해결 방법 비교하기	(07) 5(마)②①	(09) –
15	TUPS-0230.10	문제에서 필요 없는 정보 찾기	(07) 5(마)②②	(09) –
16	TUPS-0240.10	문제에서 부족한 정보 찾기	(07) 5(마)②②	(09) –
17	TUPS-0250.10	정보를 추가하여 새로운 문제 만들기	(07) 5(마)②②	(09) –
18	TUPS-0260.10	문제해결 과정의 타당성 검토하기	(07) 5(마)②③	(09) –
19	TUPS-0270.10	문제해결 방법 비교하기	(07) 6(마)⑤①	(09) –
20	TUPS-0280.10	적절한 문제해결 방법 선택하기	(07) 6(마)⑤①	(09) –
21	TUPS-0290.10	조건을 바꾸어 새로운 문제 만들기	(07) 6(마)⑤②	(09) –
22	TUPS-0300.10	문제해결 과정의 타당성 설명하기	(07) 6(마)⑤③	(09) –

TUPS-0010.10 문제 해결(실제로 해보기)

관련 교육과정	(07) 1(마)③①
	(09) -

목표

실제로 해보기 방법을 사용하여 문제를 해결할 수 있다.

자료

수모형(낱개), 바둑돌, 초콜릿 볼, 달력

활동

(1) 수모형을 이용한 덧셈 이해하기

> 현재 나의 나이는 몇 살입니까?
> 5년 후 나의 나이는 얼마일까요?
> 11년 후 나의 나이는 얼마일까요?

- 수모형(바둑돌)으로 나의 나이만큼 놓게 한 다음, 낱개 모형 5개(11개)를 더 놓도록 한다. 그리고 수모형을 보고 알맞은 식을 쓰도록 한다.
- 수모형을 이용하여 덧셈식으로 나타내어 본 후 이를 형식화하도록 한다.

(2) 수모형을 이용한 뺄셈 상황 이해하기

> 각자 초콜릿 볼 10개를 책상 위에 올려놓습니다.
> 처음에 초콜릿 볼을 5개 먹었다면 몇 개 남아 있습니까?
> 두 번째는 초콜릿 볼을 3개 먹었습니다. 몇 개 남아 있습니까?

- 수모형을 이용하여 초콜릿 볼 만큼 놓아보도록 한다.
- 수모형을 이용하여 뺄셈식으로 나타내어 본 후 이를 형식화하도록 한다.

배경

이 전략은 학생이 문제에 제시되어 있는 것들을 시각화 할 수 있도록 해준다. 학생은 자신이 직접 움직이거나 물건을 조작하면서 실제로 행동을 실행해 본다. 이러한 신체적 활동을 통해 학생은 문제 내의 구성 성분들 사이의 관계를 보다 명확하게 마음속으로 파악하게 된다. 학생에게 실제로 해보기 전략을 사용하는 방법을 지도할 때에는, 실제물 대신에 다른 대상이 사용될 수 있음을 강조하는 것이 중요하다. 초콜릿 볼이 문제에 제시되어 있다고 해서 실제로 초콜릿 볼을 가지고 해 볼 필요는 없다. 단지 초콜릿 볼이라는 표시를 한 무엇인가가 있으면 된다. 학생이 대상보다도 행동에 관심을 두도록 하는 것이 중요하다.

관련 TU : TUPS-0020

TUPS-0020.10 문제 해결

관련 교육과정	(07) 1(마)③①
	(09) -

목표

그림 그리기 방법을 사용하여 문제를 해결할 수 있다.

자료

학습지

활동

(1) 그림으로 나타내기

1층에서 엘리베이터를 탔습니다. 먼저 6층만큼 올라간 후 3층만큼 내려오고 거기서 8층만큼 올라갔습니다. 현재 몇 층에 있는지 알아보시오.

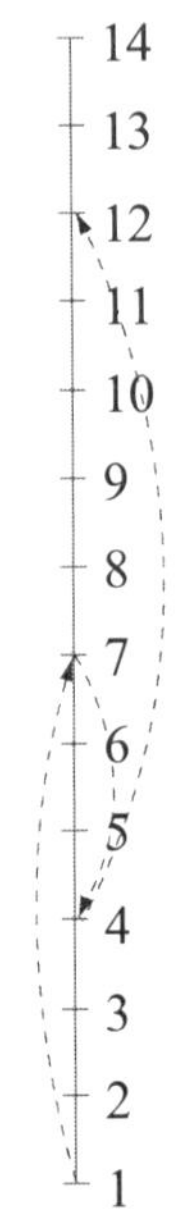

▸ 엘리베이터에서 움직인 거리를 학생 스스로 그림으로 표현해보도록 한다. 그리고 현재 몇 층에 있는지 생각하게 하고, 왜 그와 같이 생각했는지 말해보게 한다.

▸ 그림을 이용하거나 새로운 방법으로 스스로 표현해 본 그림을 덧셈식과 뺄셈식으로 나타내 보도록 한다.

(2) 그림으로 나타내기

혜선이는 과녁에 첫 번째 4점을, 두 번째는 8점을 맞추었습니다. 명옥이는 과녁에 첫 번째는 7점을 맞추었습니다. 명옥이가 혜선이랑 같은 점수를 얻으려면 두 번째는 과녁에 몇 점을 맞추어야 하는지 그림으로 표현하여 문제를 해결하세요.

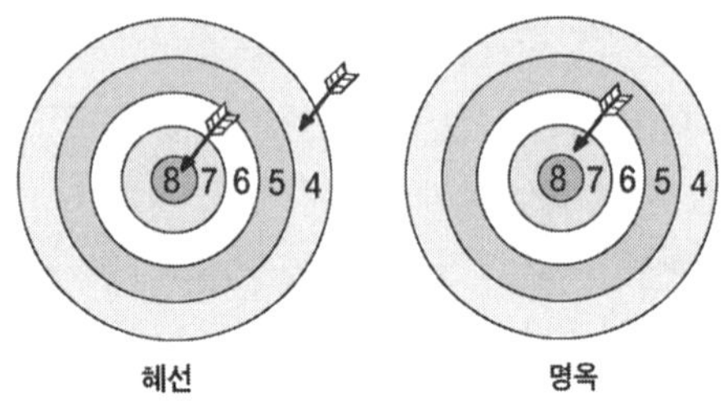

▸ 혜선이가 얻은 점수와 명욱이가 얻은 점수를 각각 ○표로 나타낸 후, 선으로 하나씩 연결하도록 한다. 그리고 그림을 보고 알맞은 식으로 표현하게 한다.

배경

이 전략은 문제에 있는 정보들을 그림으로 그려서 주어진 관계를 명확하게 하는 방법을 제공한다. 이 전략을 가르칠 때에는 학생에게 자세한 그림을 그릴 필요까지는 없다는 것을 강조해야 한다. 문제를 설명하는 데 필수적인 것만 그림으로 표현하도록 지도한다.

관련 TU : TUPS-0010, TUPS-0030

TUPS-0030.10 문제 해결(식 만들기)

관련 교육과정	(07) 1(마)③①
	(09) -

목표

덧셈식과 뺄셈식을 만들어 문제를 해결할 수 있다.

자료

숫자카드, +, −, =, 수모형

활동

(1) 덧셈식을 만드시오.

영민이는 구슬 12개를 가지고 있습니다. 민우와 구슬치기를 하여 3개를 땄습니다. 영민이는 구슬을 모두 몇 개 가지고 있습니까?

▸바둑돌을 이용하여 반구체물로 덧셈 상황을 직접 놓아보고, 그것을 바탕으로 수모형 카드를 이용하여 식으로 만들어 본다.

(2) 뺄셈식을 만드시오.

민우는 영민이와 구슬치기를 했습니다. 원래 가지고 있던 구슬 12개가 있었는데, 구슬치기를 해서 영우에게 구슬 3개를 줬습니다. 그럼 민우는 지금 구슬 몇 개를 가지고 있습니까?

▸바둑돌을 이용하여 반구체물로 뺄셈 상황을 직접 놓아보고, 그것을 바탕으로 수모형 카드를 이용하여 식으로 만들어 본다.

(3) 문제를 해결하시오.

▸영민이는 사탕 13개를 가지고 있었는데 오늘 사탕을 4개를 먹었습니다. 영민이가 먹고 남은 사탕의 수를 구하시오.

배경

처음에 식을 세우는 것은 어려운 일이다. 어떤 문제들은 이 전략으로 쉽게 해결되지 않는다. 먼저 문제를 명확하게 이해하기 위해서 학생들로 하여금 자신의 언어로 구술해보게 할 필요가 있다. 특히 학생은 식을 세우기 위해서 먼저 주어진 정보와 구하고자 하는 정보 사이의 관계를 알아야 한다. 또한 학생은 어떤 문제를 해결하는 데에는 여러 가지 해결 방법이 있다는 것을 학습할 필요가 있다.

관련 TU : TUPS-0020, TUPS-0050

TUPS-0050.10 식으로 나타내기

관련 교육과정	(07) 2(마)③①
	(09) -

목표

문제를 보고, 식을 만들 수 있다.

자료

모형 동전, 수모형, 영상자료(실물화상기)

활동

(1) 문제를 해결하시오.

이웃돕기 모금함에 영수는 370원, 주희는 540원을 넣었습니다. 두 사람이 넣은 돈은 모두 얼마인지 알아보시오.

▸구하는 것이 무엇인지 알아보도록 한 다음, 모형 동전을 놓고 두 사람이 넣은 돈이 모두 얼마인지 구해보도록 한다.

▸두 사람이 넣은 돈을 그림으로 표현해 보도록 한다.

▸두 사람이 넣은 돈을 식으로 나타내어 보도록 한 다음, 자신이 만든 식을 발표해 보도록 한다. (실물화상기를 이용하여, 자신이 해결한 학습지를 친구들에게 보여주면서 서로 의견을 나눈다.)

(2) 문제를 해결하시오.

어느 자동차 공장에서 오늘 자동차를 250대를 만들었습니다. 그 중 120대를 판매하였습니다. 남아 있는 자동차는 몇 대인지 알아보시오.

▸구하는 것이 무엇인지 알아보도록 한 다음, 수모

형으로 남아 있는 자동차의 수가 얼마인지 구해 보도록 한다.

▸ 수모형을 통해 알아본 해결책을 그림으로 표현하여 보도록 한다.

▸ 남아 있는 자동차의 수를 식으로 나타내어 보도록 한 다음, 자신이 만든 식을 발표해 보도록 한다. (실물화상기를 이용하여, 자신이 해결한 학습지를 친구들에게 보여주면서 서로 의견을 나눈다.)

배경

문제 해결의 핵심은 문제의 이해와 문제를 해결하는 방법(또는 전략)을 찾아내는 데 있다. 문제를 보고, 식을 만들어 보는 활동은 문제를 이해하고, 문제 해결 전략을 찾는 것이므로 매우 중요하다고 할 수 있다.

관련 TU : TUPS-0030, TUPS-0060

TUPS-0060.10 식에 알맞은 문제 만들기

관련 교육과정	(07) 2(마)③②
	(09) -

목표

식에 알맞은 문제를 만들 수 있다.

자료

바구니, 사과 모형 5개, 복숭아 모형 6개, 문제카드

$4+7=\square$ $11-4=\square$

활동

(1) 과일 사세요.

▸ 학생들에게 과일을 사고파는 과일가게 역할극을 하게 한다. 학생들이 사과와 복숭아를 몇 개씩 사서 바구니에 담았을 때, 바구니에 들어 있는 과일이 모두 몇 개인지 묻는 문제를 만들어 보게 한다. 또한 가게 주인이 되어 팔고 남은 과인이 모두 몇 개인지 묻는 문제를 만들어 보게 한다.

(2) 덧셈에 알맞은 문제를 만드시오.

$4+7=\square$

▸ 4+7에 알맞은 문제 만들기의 예를 보여준다.

▸ 스스로 식을 만들고, 보기와 같이 그 식에 알맞은 문제를 만들어 보도록 한다.

▸ 다른 학생들과 문제를 바꾸어 풀어보도록 한다.

(3) 뺄셈에 알맞은 문제를 만드시오.

$11-4=\square$

▸ 11－4에 알맞은 문제 만들기의 예를 보여준다.

▸ 스스로 식을 만들고, 보기와 같이 그 식에 알맞은 문제를 만들어 보도록 한다.

▸ 다른 학생들과 문제를 바꾸어 풀어보도록 한다.

배경

문제 만들기는 문제 해결력을 기르는 데 기초가 되는 활동이다. 또한 문제 만들기는 논리적 사고력과 합리적 사고력을 기르는 데 바탕이 되므로 필요하다. 여기서는 문제의 답을 구하는 것이 아니라 식에 알맞은 문제를 만드는 학습이므로 자기가 가지고 있는 물건을 가지고 문제를 만들어 보게 하는 것도 좋다. 또한 생활 주변에서 합과 차를 알아볼 수 있는 상황을 찾아보고, 그에 알맞은 문제를 다양하게 만들어 볼 수 있도록 한다.

관련 TU : TUPS-0050

TUPS-0110.10 문제 해결(규칙찾기)

관련 교육과정	(07) 2(마)④①
	(09) -

목표

규칙을 찾아서 문제를 해결할 수 있다.

자료

그림 카드, 달력, 학습지, 영상자료(실물화상기)

활동

(1) 문제를 해결하시오.

달력이 냉장고에 가려져 일부분이 보이지 않습니다. 셋째 주 수요일은 며칠인지 알아보시오.

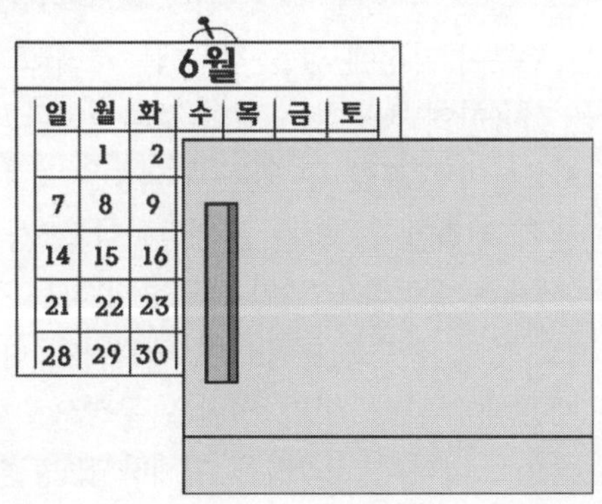

▸ 준비된 달력을 이용하여 달력의 특성을 관찰하고, 제시된 그림을 통해 가려진 부분을 해결하는 과정을 그림으로 표현하여 본다.

▸ 셋째 주 수요일이 며칠인지 생각하게 한 후 설명하게 한다. (실물화상기를 이용하여, 자신이 해결한 학습지를 친구들에게 보여주면서 서로 의견을 나눈다.)

▸ 달력에서 가로줄과 세로줄의 규칙을 찾아보고 설명하도록 한다.

(2) 문제를 해결하시오.

민정이는 첫날 1분단, 둘째 날은 2분단, 셋째 날은 3분단, 넷째 날은 4분단에 앉았습니다. 그리고 5일째 되던 날 다시 1분단에 앉았습니다. 그럼 민정이는 14일째 되는 날 몇 분단에 앉겠습니까?

▸ 규칙을 스스로 알게 하고, 알게 된 규칙을 그림으로 표현하거나, 구체적 조작을 통해 학습지에 정리한다.

▸ 학생들 스스로 규칙을 찾아 복잡한 문제를 간단하게 해결할 수 있도록 한다.

▸ 문제의 상황에서 학생들이 그려서 문제를 해결하려고 할 때, 교사는 14보다 좀 더 큰 숫자를 말하여 학생 스스로 규칙을 찾아야 한다는 것을 인식시킨다.

▸ 해결한 문제는 실물화상기를 이용하여, 자신이 해결한 학습지를 친구들에게 보여주면서 서로 의견을 나눈다.

배경

규칙을 찾는 능력은 문제 해결의 전략뿐만 아니라 수학 학습 전반에 걸쳐 많은 영향을 주고 있다. 규칙 찾기는 어떤 문제 상황에서 일정한 규칙을 찾아내고, 그 규칙을 이용하여 문제를 해결하는 전략이다. 또, 이 전략은 다른 문제해결 전략에 이용되기도 하기 때문에 매우 중요하다.

관련 TU : TUPT-0130, TUPS-0030, TUPS-0120

TUPS-0120.10 문제 해결(거꾸로 풀기)

관련 교육과정	(07) 2(마)④①
	(09) -

목표

거꾸로 생각하여 문제를 해결할 수 있다.

자료

동전모형(100원, 50원, 10원), 연필, 영상자료(실물화상기)

활동

영주가 문방구점에서 150원짜리 지우개를 사고, 선물의 집에서 280원짜리 카드를 샀더니 70원이 남았습니다. 영주가 처음 가지고 있던 돈은 얼마인지 알아보시오.

▸ 짝꿍과 함께 역할을 정해 물건값을 지불하고 남은 돈 70원을 손에 만들어 보는 활동을 통해 알아본다.

▸ 구체적 조작활동을 통해 처음 가진 돈이 왜 그렇게 나왔는지 설명하게 해본다.

(실물화상기를 이용하여, 자신이 해결한 학습지를 친구들에게 보여주면서 서로 의견을 나눈다.)

(2) 문제를 해결하시오.

영은이는 가지고 있던 연필 중에서 3자루를 동수에게 주었습니다. 그런데 언니가 연필 2자루를 주어서 영은이의 연필은 6자루가 되었습니다. 영은이가 처음에 가지고 있던 연필은 몇 자루인지 알아보시오.

▸ 각자 가지고 있는 연필을 이용하여 짝과 함께 직접하여 보고, 그러한 상황을 간단한 그림으로 표현하여 본다.

▸ 영은이가 처음에 가지고 있던 연필은 몇 자루인지 생각하게 하고 설명하도록 한다. (실물화상기를 이용하여, 자신이 해결한 학습지를 친구들에게 보여주면서 서로 의견을 나눈다.)

배경

문제를 가정과 결론 부분으로 나누었을 때 많은 문제에서 결론 부분을 묻게 된다. 그러나 구하고자 하는 부분이 가정에 있을 경우에는 거꾸로 풀기 전략을 사용하여 해결하는 것이 효과적이다. 이 전략을 사용하여 해결할 수 있는 문제들은 보통 방정식을 세워 해결할 수 있는 문제들이다. 초등학교 학생들에게는 방정식을 세워 해결하게 하는 것보다는 거꾸로 풀기 전략을 사용하여 해결하게 하는 경험을 제공해야 한다. 이런 경험은 문장으로 된 문제를 식으로 나타내는 과정을 이해하고, 방정식을 풀기 위한 역연산의 기능을 익히는 데 도움이 된다.

관련 TU : TUPS-0110, TUPS-0130, TUEQ-1020

TUPS-0130.10 문제 해결(표 만들기)

관련 교육과정	(07) 3(마)②①
	(09) -

목표

표를 만들어 문제를 해결할 수 있다.

자료

동전 모형(500원짜리 1개, 50원짜리 10개, 10원짜리 5개), 영상자료(실물화상기), 학습지, 바둑돌

활동

(1) 문제를 해결하시오.

지은이는 500원짜리 동전을 50원짜리나 100원짜리 동전으로 바꾸려고 합니다. 모두 몇 가지 방법이 있는지 알아보시오.

▸ 100원짜리 동전, 50원짜리 동전들을 어떻게 합하면 500원이 될지 생각해 보도록 한다.

▶ 500원이 되도록 표를 만들어 보도록 한 후, 모두 몇 가지 방법이 있는지 알아보도록 한다.
▶ 실물화상기를 이용하여, 자신이 해결한 학습지를 친구들에게 보여주면서 서로 의견을 나눈다.

(2) 문제를 해결하시오.

원석이와 현미는 게임 CD를 12장 가지고 있습니다. 현미는 원석이보다 2장 더 많습니다. 원석이와 현미가 가지고 있는 게임 CD는 각각 몇 장인지 알아보시오.

▶ 어떤 방법으로 구하면 효과적인지를 이야기 하여 본다.
▶ 바둑돌을 이용하여 CD 12장이 되게 하기 위해서 어떻게 조합을 해야 하는지 활동을 하여 본다.
▶ 학습지를 통하여 표로 나타내어 문제를 해결하여 본다.
▶ 실물화상기를 이용하여, 자신이 해결한 학습지를 친구들에게 보여주면서 서로 의견을 나눈다.

배경

표 만들기 전략은 문제에 나타난 사실들을 표로 나타냄으로써 그 사실들과 관계를 일목요연하게 볼 수 있어서 답을 쉽게 구할 수 있다. 표 만들기 전략은 만든 표에서도 직접 답을 구하거나 해결 방법을 찾아낼 수도 있지만, 예상과 확인, 규칙 찾기 등 다른 전략과 더불어 사용되기도 하기에 중요하다.

관련 TU : TUPS-0110, TUPS-0140

TUPS-0140.10 문제 해결(예상과 확인)

관련 교육과정	(07) 3(마)2①
	(09) -

목표

예상하고 확인하여 문제를 해결할 수 있다.

자료

계산 도식, 그림자료(3 × 3), 영상자료(실물화상기)

활동

(1) 문제를 해결하시오.

칠판에 쓰인 문제의 일부가 지워졌습니다. 지워진 숫자는 무엇인지 알아보시오.

```
    24
 ×  4□
 ─────
   216
   96
 ─────
  1176
```

▶ □안에 들어갈 수를 예상하게 한 후, 왜 그렇게 생각했는지 이야기하도록 한다.
▶ 예상한 수를 각각 써 넣고, 맞는지 계산하여 □ 안에 들어갈 수를 구하도록 한다.

(2) 문제를 해결하시오.

1에서 9까지의 수를 써 넣어, 가로, 세로의 세 수의 합이 모두 같게 하려고 합니다. 빈 칸에 들어갈 숫자를 알아보시오.

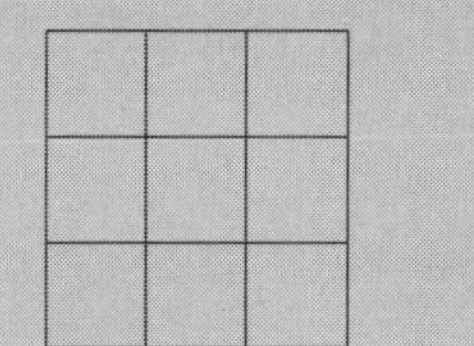

▶ 세 수의 합이 서로 같아지는 방법을 알고 학생들이 해결할 수 있도록 한다.
▶ 빈칸에 들어가는 숫자가 무엇인지 생각하게 하고, 왜 그와 같이 생각했는지 말해보게 한다.
▶ 교사는 자주 왜 그렇게 생각하는지를 물어 학생들이 학생들의 사고의 폭을 넓히도록 유도한다.
▶ 실물화상기를 이용하여, 자신이 해결한 학습지를 친구들에게 보여주면서 서로 의견을 나눈다.

배경

예상과 확인은 어떤 문제를 해결할 때 답이 얼마라고 예상해 보고, 그것이 문제의 조건에 적절한지 확인해 보는 전략으로 일상생활에서도 널리 사용되고 있다. 처음 예상이 틀렸을 경우에는 다시 예상하여 확인한다. 이 과정을 반복하면 답을 찾을 수 있다. 자칫 잘못하면 이 전략은 주먹구구식이 될 수 있다. 전략으로서 활용되기 위해서는 조직적인 예상을 해야 한다. 두 번째 예상을 할 때에는 처음 예상보다 더 크게 예상할 것인지 더 작게 예상할 것인지를 판단해야 한다.

관련 TU : TUPS-0130, TUPS-0150

TUPS-0150.10 문제 해결(단순화하기)

관련 교육과정	(07) 4(마)④①
	(09) -

목표

단순화하기 방법으로 문제를 해결할 수 있다.

자료

달력, 학습지, 영상자료(실물화상기)

활동

(1) 문제를 해결하시오.

오늘은 월요일이고 1일입니다. 오늘부터 100일 후가 운동회 날이라면, 운동회 날은 무슨 요일인지 알아보시오. (단, 한 달은 30일입니다.)

▸ 주어진 문제에서 수를 간단히 하여 10일 후 또는 20일 후로 바꾸어 구해보게 한다. 20일 후의 요일은 20을 7로 나눈 나머지 일 수 후의 요일과 같다. 100일 후도 같은 방법으로 해결해보게 한다.

▸ 문제 해결 전략을 수립하였다면, 학습지를 이용하여 자신의 해결방법을 학습지에 정리하여 본다.

배경

문제 해결이 어려워 보이는 문제를 접했을 때, 간단한 문제로 바꾸어서 해결책을 모색할 수 있다. 간단히 하여 푸는 방법은 주어진 문제를 해결할 수 있는 간단한 문제로 바꾸어서 해결하고, 다시 원래의 문제에 쉽게 접근해 가는 방법이다. 어려운 문제를 포기하지 않고 문제 자체를 변형시키면서 도전해 보는 기회를 가질 수 있다.

관련 TU : TUPS-0140, TUPS-0160

TUPS-0160.10 문제 해결(논리적 추론)

관련 교육과정	(07) 4(마)④①
	(09) -

목표

논리적 추론의 방법으로 문제를 해결할 수 있다.

자료

그림 카드(세 명이 걸어가는 그림), 학습지, 영상자료(실물화상기)

활동

(1) 문제를 해결하시오.

자인, 동진, 영우는 골프선수입니다. 셋 중 최고 선수인 자인은 항상 진실을 말합니다. 동진은 가끔 진실을 말하는 반면, 최하의 선수인 영우는 언제나 거짓을 말합니다. 세 명이 나란히 길을 걸어가며 말하고 있습니다.
갑: 가운데 선수가 자인이야.
을: 나는 동진이야.
병: 가운데 선수가 동진이야.

▸ 누가 누구인지 알 수 있는지, 어떻게 아는지를 설명하도록 한다. 또한 위의 인물을 확인하기 위하여 학생들이 어떻게 추리를 했는지 답이 옳다는 것을 증명하도록 한다.

(2) 문제를 해결하시오.

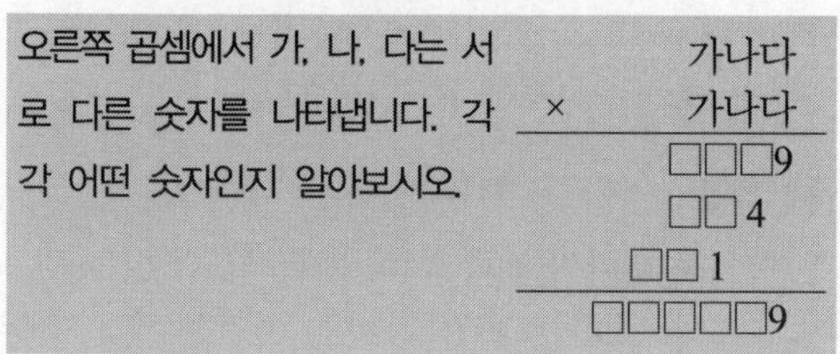
오른쪽 곱셈에서 가, 나, 다는 서로 다른 숫자를 나타냅니다. 각각 어떤 숫자인지 알아보시오.

```
        가나다
×       가나다
       □□□9
       □□4
      □□1
    □□□□□9
```

▸ 123 × 123, 243 × 243, 421 × 421의 곱셈을 보기와 같이 풀이해보고, 어떤 규칙이 있는지를 생각하고 말하여본다.

▸ 발견된 규칙을 이용하여 543 × 543을 계산을 이용하기 보다는 찾아낸 규칙을 이용하여 문제를 해결하여 본다.

▸ 주어진 곱셈 문제를 단계적으로 차례대로 예상해 보는 과정을 통하여 해결하게 한다.

▸ 문제를 이해하게 하여 구하고자 하는 것은 무엇이며, 가, 나, 다는 어떤 수인지를 알게 한다.

▸ 문제를 단계적으로 해결하여 보게 하여, 어떤 자리의 곱부터 생각하는 것이 좋겠는지 알게 하고, 예상하고 결과를 확인해 보도록 한다.

배경

규칙성 찾기와 논리적 결론 도출은 초등학교 수학 수업의 통합적인 요소가 되어야 한다. 이 활동의 목적은 어떤 문제, 게임 등이 추론 능력 증진에 이용될 수 있는지에 대한 감각을 제공하는 것이다.

관련 TU : TUPS-0150, TUPS-0170

TUPS-0170.10 문제해결 과정 설명하기

관련 교육과정	(07) 4(마)④②
	(09) –

목표

문제 해결의 과정을 설명할 수 있다.

자료

학습지, 영상자료(실물화상기)

활동

(1) 문제를 해결하시오.

민지가 집을 떠난 지 10분 뒤에 오빠가 민지를 만나기 위해 자전거를 타고 뒤따라갔습니다. 민지는 1분에 50 m를 걸어가고, 오빠는 자전거로 1분에 150 m를 간다고 합니다. 오빠는 몇 분 뒤에 민지를 만날 수 있습니까?

▸ 문제를 읽고 자신이 이해한 내용으로 다시 정리하여 문제를 써보도록 한다.

▸ 문제를 다양한 방법으로 해결해 보도록 한다.(그림으로 나타내기, 거꾸로 풀기 방법 등으로)

▸ 문제 해결한 것을 친구들에게 설명해보고 서로 비교해 보도록 한다.

배경

문제해결에 대한 가장 좋은 학습은 문제의 풀이를 얻은 후에 일어날 수 있다. 어떻게 문제를 해결하였는지에 대해 생각해 보는 것은 중요한 일이다. 학생이 문제해결을 잘 할 수 있도록 돕는 데에는 다른 어떤 문제해결 전략보다 그들의 사고에 대해 반성하고 논의하는 시간이 중요하다.

관련 TU : TUPS-0160, TUPS-0210

TUPS-0210.10 여러 가지 방법으로 해결하기

관련 교육과정	(07) 5(마)[2]①
	(09) -

목표

하나의 문제를 여러 가지 방법으로 해결할 수 있다.

자료

영상자료(실물화상기), 학습지

활동

(1) 문제를 해결하시오.

> 자전거 공장에서 두발자전거와 세발자전거를 만듭니다. 두발자전거와 세발자전거를 합쳐 50대를 만들었습니다. 사용된 바퀴의 수는 127입니다. 두발자전거와 세발자전거를 모두 몇 대씩 만들었습니까?

▸ 문제를 읽고 자신이 이해한 언어로 다시 문제를 정리해 보도록 한다.

▸ 자신이 생각한 방법으로 문제를 해결해 보도록 한다.

▸ 친구들의 해결 방법을 보고 비교하여 새로운 해결 방법으로 문제를 해결해 보도록 한다.

배경

문제가 꼭 하나의 전략으로만 해결될 수 있는 경우는 드물다. 또한 주어진 문제를 해결하는 데 모든 전략이 효과적으로 사용될 수 있는 것은 아니다. 한 문제를 해결하는 데에는 종종 하나 이상의 전략이 사용되어야 한다. 그리하여 학생들은 모든 가능성을 고려해 보기 시작할 것이다.

예상하고 확인하기는 예상하고 확인하는 과정을 몇 번 실행하여 어떤 규칙을 찾을 수 있을 때에 적절한 방법이다. 그러므로 학생들이 예상과 확인의 방법을 사용하게 되면, 예상하여 생긴 결과값이 어떤 규칙을 따라 변화하는지를 주의 깊게 찾아야 한다. 또한 표를 이용하는 방법은 두 값이 관련되어 변화할 때 적절한 방법이 된다.

관련 TU : TUPS-0140, TUPS-0170, TUPS-0220

TUPS-0220.10 문제해결 방법 비교하기

관련 교육과정	(07) 5(마)[2]①
	(09) -

목표

여러 가지 문제해결 방법을 비교할 수 있다.

자료

영상자료(실물화상기), 학습지 , 삼각형 조각, 가위, 풀

활동

(1) 문제를 해결하시오.

> 창수 아버지의 나이는 43살이고, 창수는 10살, 형은 13살, 동생은 6살입니다. 창수네 3형제 나이의 합과 아버지의 나이가 같아질 때는 지금부터 몇 년 후입니까?

▸ 실물화상기를 통해 자신이 해결한 방법을 친구들에게 소개해 보도록 한다.

▸ 친구들의 해결 방법을 비교하여 새로운 방법으로 문제를 해결해 보도록 한다.

(2) 삼각형의 넓이 구하기

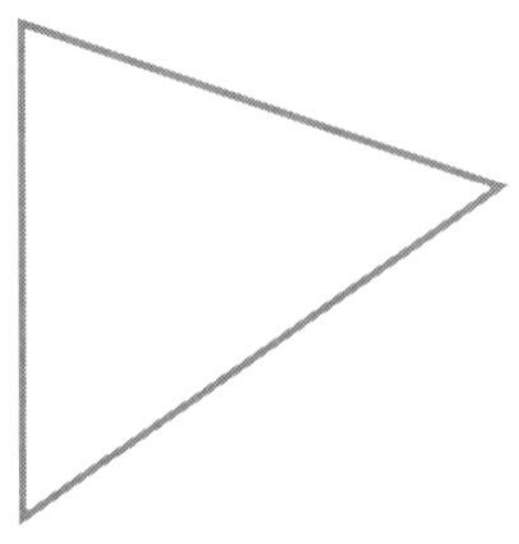

▸ 삼각형은 직사각형의 넓이 구하는 방법으로 얻을 수 있다. 직사각형을 이용하여 삼각형의 넓이 구하는 방법을 알아보시오.

▸ 학생들은 삼각형 조각, 풀, 가위를 이용하여 삼각

형의 넓이 구하는 방법을 알아본다.

배경

대부분의 문제는 다양한 전략에 의해서 해결될 수 있다. 각 전략을 사용해 보는 것은 문제에 대한 이해를 증대시킨다. 특히 같은 집단의 학생들의 의사소통은 자신들의 사고와 이해에 유용한 통찰을 얻을 수 있다.

관련 TU : TUPS-0170, TUPS-0210, TUPS-0230, TUPS-0270

TUPS-0230.10 문제에서 필요 없는 정보 찾기

관련 교육과정	(07) 5(마)2②
	(09) -

목표

문제에 제시된 조건을 검토하여 필요 없는 정보를 찾을 수 있다.

자료

학습지, 영상자료(실물화상기)

활동

(1) 문제를 해결하시오.

다음은 뽀식이가 될 수 있는 조건입니다.
다음 수 중 뽀식이는 누구일까요?
또한 필요 없는 조건은 어떤 것인가요?

조건

1. 숫자 1, 3은 항상 가지고 있습니다.
2. 나는 네 자리 숫자입니다.
3. 모든 숫자의 합은 16입니다.
4. 왼쪽부터 홀수, 짝수, 홀수, 짝수 순입니다.
5. 나는 짝수입니다.

① 1836 ② 4183 ③ 3814 ④ 5416

- 문제에서 구하고자 하는 것이 무엇인지 알고, 여러 가지 방법을 이용하여 문제를 해결하게 한다.
- 주어진 조건에서 필요한 정보와 필요 없는 정보를 구분하도록 한다.
- 구분한 정보를 친구들 앞에서 설명하여 보고 왜 그렇게 생각하였는지 친구들과 함께 의견을 나눈다.

배경

학생들은 단순히 문제에 있는 수들을 가지고 무언가를 하는 대신에 적절한 정보와 부적절한 정보를 가려내도록 격려 받는다. 학생들은 이용할 수 있는 정보로부터 필요한 사실을 가려낸다. 대부분 실생활 문제는 복잡하기 때문에 우선, 해야할 일은 현재 가지고 있는 정보를 분명히 파악하고, 앞으로 향해 갈 목표를 결정하고, 목표에 도달하는 데 필요한 정보를 조사하는 것이다. 그런 후에 답해야 할 문제가 무엇인지를 결정하고, 해를 얻기 위해 필요한 정보를 수집하고, 적절한 해결 과정을 선택할 필요가 있다.

관련 TU : TUPS-0220, TUPS-0240

TUPS-0240.10 문제에서 부족한 정보 찾기

관련 교육과정	(07) 5(마)2②
	(09) -

목표

문제에 제시된 조건을 검토하여 부족한 정보를 찾을 수 있다.

자료

활동지, 실물화상기

활동

(1) 도전! 여행을 떠나요.

가족 여행을 가기 위한 계획을 세워보시오.

▸ 가족 여행에 필요한 모든 조건을 고려하여 계획서를 작성하도록 한다.

▸ 여행을 가는 데 있어서 필요한 항목들이 무엇인지 정리하여 본다.

▸ 친구들에게 계획서를 보여주고 계획서에 부족하게 작성한 정보가 무엇인지 이야기해 보도록 한다.

배경

학생은 그들이 직접 정보와 자료를 수집해야 하는 문제를 해결해 볼 필요가 있다. 교과서에 제시되는 전형적인 문제들은 필요한 사실들을 모두 제시하고 있다. 그러나 일상생활에서는 직접 필요한 자료를 구해야하는 상황이 자주 발생하다.

관련 TU : TUPS-0230, TUPS-0250

TUPS-0250.10 정보를 추가하여 새로운 문제 만들기

관련 교육과정	(07) 5(마)2②
	(09) -

목표

정보가 부족한 문제에 필요한 정보를 추가하여 새로운 문제를 만들 수 있다.

자료

학습지, 영상자료(실물화상기)

활동

(1) 문제를 해결하시오.

철수는 매일 아침 턱걸이를 하였다. 첫째날은 2개를 했고 둘째날은 4개를 하였다. 그렇다면 철수가 철봉을 시작한 날로부터 2주째가 되는 날은 턱걸이를 몇 개 하였을까?

▸ 학생들은 문제에서 제시된 조건을 살펴본 다음, 학생들에게 답을 유추하도록 한다.

▸ 학생들의 답이 다른 이유에 대해서 묻고, 그렇다면 어떤 조건이 더 필요한지 생각해보게 한다.

▸ 위 문제 상황을 완성된 문제로 만들어 보시오.

(2) 문제 만들기

▸ 정보가 부족한 문제 상황을 짝에게 제시하여 어떤 정보가 부족한지 알아맞히는 활동을 하고 새로운 문제를 만드는 활동을 한다.

▸ 짝과의 활동 이후, 전체 활동을 통하여 문제를 제시하고 풀어보는 활동을 한다.

배경

첫날 1분간의 휴식시간과 둘째 날의 2분간의 휴식시간만으로는 규칙성을 유추해 내기가 어렵다. 그러므로 학생들은 부족한 정보가 무엇인지를 알고, 문제에 필요한 정보를 추가하여 새로운 문제 만들어 문제를 해결한다.

관련 TU : TUPS-0240, TUPS-0260

TUPS-0260.10 문제해결 과정의 타당성 검토하기

관련 교육과정	(07) 5(마)[2]③
	(09) -

목표

문제해결 과정의 타당성을 검토할 수 있다.

자료

성냥개비 모형, 학습지, 영상 자료(실물화상기)

활동

(1) 바르게 고쳐 계산하시오.

성냥개비로 다음과 같이 사각형 모양을 만들었습니다. 사각형이 12개가 되기 위해서는 성냥개비가 모두 몇 개 필요할까요?

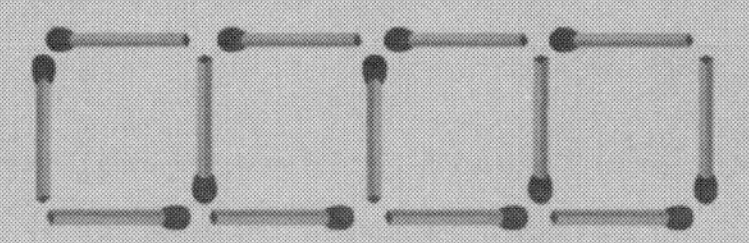

[형은이의 풀이]
사각형 1개를 만들기 위해서는 성냥개비가 4개 필요하니까 12개가 되기 위해서는 (4 × 12)로 계산하면 되겠지? 그럼 성냥개비는 모두 48개가 필요한거네.

▶ 형은이가 문제를 풀이한 방법을 보고, 잘못된 부분이 있다면 어떤 부분이 잘못되었는지 쓰고 바르게 고쳐 계산하도록 한다.

(2) 문제를 해결하시오.

우정이네 밭은 가로와 세로의 길이가 각각 20 m입니다. 이 중 가로와 세로 길이의 $\frac{4}{5}$만큼에만 채소를 심었습니다. 밭에서 채소를 심은 부분의 넓이는 밭 전체의 넓이의 몇 배인지 알아보시오.

▶ 각자 개인의 해결방법으로 문제를 해결하여 본다.
▶ 모둠원과 같이 서로의 문제의 해결방법이 타당한지를 상호 의사소통을 통해 알아본다.
▶ 전체 활동을 통해 새로운 해결방법으로 해결한 학생들을 소개하고, 그 타당성을 친구들과 함께 알아본다.

배경

어떤 방법을 사용해서 문제를 해결했는지에 초점을 맞추는 것이 아니라, 해결 방법을 비교하는 데에 초점을 맞추고 있다. 교수학적인 방법으로 친구와 자신의 방법을 비교하도록 요구한다. 학생들은 논의를 통해 자신의 해결 방법을 검토하고, 다양한 사고를 통해 문제에 접근한다.

관련 TU : TUPS-0250, TUPS-0300

TUPS-0270.10 문제해결 방법 비교하기

관련 교육과정	(07) 6(마)[5]①
	(09) -

목표

하나의 문제에 대해 여러 가지 문제해결 방법을 비교할 수 있다.

자료

문제카드

활동

(1) 여러 해결 방법 비교하기

주머니 속에 0과 1이 적힌 공이 각각 1개, 2가 적힌 공이 2개, 3이 적힌 공이 3개 있습니다. 공을 하나씩 꺼내어 공에 적힌 수를 차례대로 백의 자리, 십의 자리, 일의 자리로 하기로 하였습니다. 세 자리 수를 모두 몇 개 만들 수 있는지 알아보시오.

▶ 주머니에서 숫자가 적힌 공을 꺼내 세 자리 수를 만드는 문제에서, 문제 해결 전략을 이용하여 나올 수 있는 모든 수의 경우를 알아보게 한다.

▸ 자신이 선택한 전략을 전체 앞에 발표한다.
▸ 자신의 방법과 다른 친구의 방법을 다 해봄으로써 어떤 문제 해결 방법이 더 적절했는지 이야기하도록 한다.

배경

그림 그리기, 식만들기, 표 만들기, 거꾸로 풀기, 규칙찾기, 예상과 확인, 단순화하기 등의 다양한 문제 해결 전략을 학습하였다. 그러나 어떤 하나의 전략이 모든 문제를 해결하는 데 적절한 것은 아니다. 문제 해결 과정의 각 단계에 따라 다양한 전략이 사용될 수 있고, 어떤 문제 해결 전략은 다른 전략들보다 더 자주 사용되기도 한다. 따라서 문제에 접하게 되었을 때에 다양한 방법의 해결 전략을 사용하고, 비교를 통하여 그 속에서 보다 나은 방법을 선택할 수 있는 학습 경험이 필요한 것이다.

관련 TU : TUPS-0220, TUPS-0280

TUPS-0280.10 적절한 문제해결 방법 선택하기

관련 교육과정	(07) 6(마)5①
	(09) –

목표

문제 상황에 가장 적절한 문제해결 방법 선택할 수 있다.

자료

문제카드

활동

(1) 적절한 해결방법을 선택하여 문제 해결하기

영민이는 가지고 있던 돈의 $\frac{1}{3}$로 누나의 생일 선물을 샀습니다. 그리고 남은 돈의 $\frac{2}{3}$를 저금하였더니 300원이 남았습니다. 영민이가 처음에 가지고 있던 돈은 얼마입니까?

▸ 주어진 문제를 읽고, 문제에서 구하려는 것이 무엇인지 확인한다.
▸ 문제에서 나타나 있는 조건을 확인하고, 문제 해결하는 데 사용할 수 있는 해결 방법들을 생각하여 본다.
▸ 가장 적절한 문제해결 방법을 선택하여 문제를 해결하도록 한다.
▸ 각 해결 방법에 대하여 옳고, 그름은 없으며, 전체 앞에 나의 해결 방법을 발표하게 함으로써 다른 사람과의 비교를 통하여 사고의 폭을 넓히도록 한다.

배경

다양한 문제 해결 전략과 이용 방법 중에서 적절한 것을 선택하는 것은 중요한 문제해결능력에 해당한다. 어떤 하나의 전략이 모든 문제를 해결하는 데 적절한 것은 아니다. 문제의 유형에 따라, 사용된 수의 종류에 따라, 또 문제 해결자의 수학적 경험에 따라 그에 적절하고 편한 문제 해결 전략과 그렇지 못한 것이 있다. 또, 문제 해결 과정에서 다양한 전략이 사용되기도 한다. 실생활 문제를 여러 전략 중에서 보다 적절한 방법을 선택하여 효율성을 높인다.

관련 TU : TUPS-0270, TUPS-0290

TUPS-0290.10 조건을 바꾸어 새로운 문제 만들기

관련 교육과정	(07) 6(마)⑤②
	(09) -

목표

주어진 문제의 조건을 바꾸어 새로운 문제 만들 수 있다.

자료

문제카드

활동

(1) 제시된 문제 해결하기

> 50원, 100원, 500원짜리 동전으로 950원을 지불하려고 합니다.
> 모두 몇 가지 방법이 있습니까? (단, 동전은 개수에 상관없이 사용할 수 있음)

▸ 제시된 문제에서 구해야 하는 것을 알아보게 한 후, 문제의 조건을 찾아본다.
▸ 전에 해결했던 유사한 문제가 있다면 그에 맞는 해결 전략을 생각해보게 한다.
▸ 문제의 조건에 맞는 다양한 해결 전략을 생각해 보게 한다.
▸ 가장 적절한 해결 전략을 선택하여 문제를 해결하게 한다.

(2) 조건을 바꾸어 새로운 문제 만들기

▸ 문제의 조건을 새롭게 바꾸어 보게 한다.
▸ 제시된 문제를 해결했던 방법과 같이 문제를 해결해보게 한 후, 모둠 친구들과 서로 문제를 바꾸어 해결해보게 한다.

(3) 문제의 조건을 바꾸어 문제 만들기

> 둘레의 길이가 460 cm인 직사각형이 있습니다. 세로의 길이가 가로의 길이보다 40 cm 더 짧다고 할 때, 직사각형의 넓이를 구하시오.

▸ 문제를 제시하여 주고 그 문제에서 제시된 조건을 찾아보게 한다.
▸ 제시된 문제의 조건을 바꾸어 새로운 문제를 만들게 한다.
▸ 새롭게 바꾼 문제를 친구들과 서로 바꾸어 해결해보게 한다.

(4) 새로운 문제 만들기

▸ 교과서에 있는 문제를 참고하여 새로운 문제를 만들어 보게 한다.
▸ 만든 새로운 문제를 해결하여 보고 이상이 없는지 검토해보게 한다.

배경

각 문제를 해결할 때에는 문제이해 → 문제 해결 계획 → 문제 해결 실행 → 검토 및 반성의 과정을 거치면서 해결할 수 있도록 유도한다. 문제에서 필요한 조건과 필요하지 않는 조건을 잘 구분하여 조건을 새롭게 바꿈으로써 문제를 새롭게 만들 수 있음을 인지시킨다.

처음부터 갑자기 새로운 문제를 만들어 내는 것은 학생들에게 무리한 일이므로 기존의 문제를 바탕으로 조건을 달리하여 새로운 문제를 만들게 하고 적응이 된 후 새로운 문제를 만들어 보게 한다. 새롭게 만든 문제를 직접 해결하여 봄으로써 문제에 오류가 있는지 확인하게 한다.

관련 TU : TUPS-0280

TUPS-0300.10 문제해결 과정의 타당성 설명하기

관련 교육과정	(07) 6(마)5③
	(09) -

목표

문제해결 과정의 타당성 설명할 수 있다.

자료

문제카드

활동

(1) 문제 해결하기

> 넓이가 36 m^2인 밭에 배추, 무, 고추를 심었습니다. 배추는 밭 전체의 $\frac{5}{9}$에, 무는 그 나머지의 $\frac{3}{8}$에 심었습니다. 고추는 배추와 무를 심고 남은 나머지의 $\frac{2}{5}$에 심었습니다. 아무것도 심지 않은 밭의 넓이는 얼마인지 알아보시오.

- ▸ 문제에서 요구하는 것이 무엇인지 확인하고 해결하는 데 필요한 조건을 확인하게 한다.
- ▸ 문제를 해결할 수 있는 다양한 전략을 생각하고 가장 적절한 전략을 선택하여 문제를 해결하게 한다.
- ▸ 문제를 제대로 해결하였는지 검토하게 한다.

(2) 해결 과정의 타당성 설명하기

- ▸ 자신의 문제 해결 과정이 타당한지 확인할 수 있는 다양한 방법을 생각하게 한다.
- ▸ 문제를 해결하여 보면서 산출된 결과가 타당한지 되풀이 하면서 검토한다.
- ▸ 문제를 해결하여 보면서 산출된 결과가 타당한지 해를 직접 대입하여 확인한다.
- ▸ 자신이 선택한 검토 방법에 따라 검토한 후, 친구들과 자신의 문제 해결 과정의 타당성에 대하여 설명한다.

배경

문제해결 과정의 타당성을 설명하는 것은 학생들이 단순히 해를 구하는 것에서 그치지 않고, 그 해가 타당한지를 조사하게 함으로써 그들 자신의 실수를 정확하게 파악할 수 있도록 하는 방법이다. 방법 중 하나는 행한 절차를 되풀이 해 보는 것이며, 또 다른 방법은 해의 타당성을 확인하는 것이다. 이러한 방법을 직접 알려 주지 말고, 학생들이 스스로 그런 방법을 발견하여 해결 과정의 타당성을 보이도록 한다.

관련 TU : TUPS-0260

■ 지은이

강완
서울교육대학교 수학교육과 교수

나귀수
청주교육대학교 수학교육과 교수

백석윤
서울교육대학교 수학교육과 교수

이경화
서울대학교 사범대학 수학교육과 교수

초등수학 교수 단위 사전

지은이 강완 · 나귀수 · 백석윤 · 이경화
펴낸이 박문규
펴낸곳 경문사
펴낸날 2013년 3월 5일 1판 1쇄
등 록 1979년 11월 9일 제313-1979-23호
주 소 121-818, 서울특별시 마포구 와우산로 174
전 화 (02)332-2004 팩스 (02)336-5193
이메일 kyungmoon@kyungmoon.com

값 36,000원

ISBN 978-89-6105-267-2

★ 경문사 홈페이지에 오시면 즐거운 일이 생깁니다.
http://www.kyungmoon.com

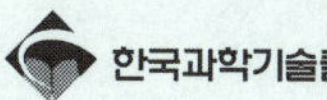